Commentaire Littéral Sur Tous Les Livres De L'ancien Et Du Nouveau Testament, Volume 19

Augustin Calmet

COMMENTAIRE LITTERAL SUR TOUS LES LIVRES DE L'ANCIEN ET DU NOUVEAU TESTAMENT.

Par le R. P. D. AUGUSTIN CALMET, *Religieux Bénédictin, de la Congrégation de S. Vanne & de S. Hydulphe.*

L'EVANGILE DE S. MATTHIEU.

A PARIS, QUAI DES AUGUSTINS,

Chez { EMERY, Fils, à saint Benoist.
SAUGRAIN, l'aîné, à la Fleur de Lys.
PIERRE MARTIN, à l'Ecu de France.

M. DCCXXV.

Avec Approbation, & Privilége du Roy.

PERMISSION DE LA DIETE DE LA CONGREGATION de Saint Vanne, & de Saint Hydulphe.

NOUS President, Visiteurs & Superieurs de la Congrégation de S. Vanne, & de S. Hydulphe, Ordre de S. Benoît, assemblez en la Diéte tenuë dans l'Abbaye de S. Mihiel, avons permis, & permettons à D. Augustin Calmet Religieux de nôtre Congregation, de faire imprimer, après les Approbations & Permissions ordinaires, un Livre qui a pour titre : *Commentaire litteral sur tous les Livres de l'Ancien, & du Nouveau Testament.* Fait en ladite Diéte le 26. Octobre 1706.

PAR ORDONNANCE DE LA DIETE.

D. CHARLES VASSIMON,
Secretaire de la Diéte.

APPROBATION DE MONSIEUR PASTEL, Docteur, & ancien Professeur de Sorbonne.

J'AY lû par l'ordre de Monseigneur le Chancelier, un Manuscrit intitulé, *Commentaire litteral sur l'Evangile de S. Matthieu, & sur l'Evangile de S. Marc*; je n'y ai rien trouvé de contraire à la Foi, ni aux bonnes mœurs : & cet Ouvrage me paroît d'autant plus utile, qu'il contient de savantes Dissertations ; les differentes leçons du Texte, & des anciennes Versions ; avec des Explications tirées des Saints Peres, & des meilleurs Interprétes ; lesquelles contribuënt beaucoup à faire entendre ce qu'il y a de plus difficile, & de plus obscur dans ces divins Livres. Fait à Paris ce 22. Juin 1714. PASTEL.

PRIVILEGE DU ROY.

LOUIS, par la grace de Dieu, Roy de France & de Navarre, A nos amez & feaux Conseillers les gens tenans nos Cours de Parlement, Maîtres des Requêtes ordinaires de notre Hôtel, grand Conseil, Prevôt de Paris, Baillifs, Senéchaux, leurs Lieutenans civils, & autres nos Justiciers qu'il appartiendra ; Salut. Nôtre bien amé Pierre Emery, pere, Doyen des Syndics des Libraires & Imprimeurs de Paris, Nous ayant très-humblement fait remontrer, que dans les Lettres de Privilege que Nous lui avons accordées le deuxiéme Févrièr dernier, pour trente années, pour l'impression de tous les Ouvrages du Sieur Abbé Fleury, nôtre Confesseur, il n'y est fait mention que de son Histoire Ecclesiastique, qui ne fait qu'une partie de ses Ouvrages, ayant encore composé ceux intitulez, le Catéchisme Historique & son Abregé, les Mœurs des Israëlites, les Mœurs des Chrétiens, Institution au Droit Ecclesiastique, le Traité du Choix & de la Méthode des Etudes, & les Devoirs des Maîtres & des Domestiques ; & que comme nôtre intention avoit été de lui accorder nos Lettres de Privilege pour tous les Ouvrages dudit Sieur Abbé Fleury, il se trouvoit neanmoins privé de cette grace, par la seule omission des titres desdits Livres dans nosdites Lettres du deuxiéme Février dernier, ce qu'il ne peut faire sans que Nous lui accordions de nouvelles Lettres de Privilege, qu'il nous a très-humblement fait supplier de lui vouloir accorder. A ces causes, voulant favorablement traiter ledit Emery pere, & le récompenser de son application à nous avoir donné depuis quarante ans l'impression de plus de soixante Volumes, tant *in folio*, qu'*in quarto*, dont quelques-uns n'ont pas eu tout le succès qu'il avoit esperé : Nous lui avons permis & accordé, permettons & accordons par ces Presentes, d'imprimer ou faire imprimer tous les Ouvrages dudit Sieur Abbé Fleury, intitulez : *Histoire Ecclesiastique de M. l'Abbé Fleury, son Catéchisme Historique avec son Abregé & en toutes Langues, les Mœurs des Israëlites & des Chrétiens, l'Institution au*

Droit Ecclesiastique, *le Traité du Choix & de la Méthode des Etudes*, *& son Traité du Devoir des Maîtres & des Domestiques. Commentaire Literal sur tous les Livres de l'Ecriture sainte, avec des Dissertations ou Prolégoménes, par le Pere Calmet, avec son Histoire de l'Ancien & du nouveau Testament, & le Dictionnaire Historique, Géographique, Chronologique, Critique & Litteral de la Bible du même Auteur*, en tels volumes, forme, marge, caractére, en tout ou en partie, conjointement ou séparément, & autant de fois que bon lui semblera, & de les vendre, faire vendre, & debiter par tout notre Royaume, pendant le tems de *trente années* consecutives, à compter du jour de la date desdites Presentes. Faisons défenses à toutes sortes de personnes de quelque qualité & condition qu'elles soient, d'en introduire d'impression étrangere dans aucun lieu de notre obeïssance; à peine de trente livres pour chaque volume desdits Ouvrages qui se trouveront contrefaits. Comme aussi à tous Libraires, Imprimeurs & autres, d'imprimer, faire imprimer, vendre, faire vendre, débiter ni contrefaire aucuns desdits Ouvrages ci-dessus expliquez, en general ou en particulier, ni d'en faire aucuns extraits, sous quelque prétexte que ce soit, d'augmentation, correction, changement de titre, même de traduction étrangere ou autrement, que nous entendons être saisis en quelque lieu qu'ils soient trouvez sans le consentement exprès & par écrit dudit Exposant ou de ceux qui auront droit de lui; à peine de confiscation des exemplaires contrefaits, de dix mille livres d'amende contre chacun des contrevenans, dont un tiers à Nous, un tiers à l'Hôtel-Dieu de Paris, l'autre tiers audit Exposant, & de tous dépens, dommages & interêts; à la charge que ces Presentes seront enregistrées tout au long sur le Registre de la Communauté des Libraires & Imprimeurs de Paris, & ce dans trois mois de la datte d'icelles; que l'impression desdits Livres ci-dessus specifiez sera faite dans notre Royaume & non ailleurs, en bon papier & en beaux caractéres, conformément aux Reglemens de la Librairie, & qu'avant de les exposer en vente, les manuscrits ou imprimez qui auront servi de copie à l'impression desdits Livres, seront remis dans le même état où les approbations y auront été données, ès mains de nôtre très-cher & feal Chevalier Garde des Sceaux de France le sieur de Voyer de Paulmy Marquis d'Argenson, & qu'il en sera ensuite remis deux exemplaires de chacun dans notre Bibliotheque publique, un dans celle de notre Château du Louvre, & un dans celle de notredit très-cher & feal Chevalier Garde des Sceaux de France le sieur de Voyer de Paulmy Marquis d'Argenson. Le tout à peine de nullité des Presentes. Du contenu desquelles vous mandons & enjoignons de faire joüir ledit Exposant ou ses ayant cause pleinement & paisiblement, sans souffrir qu'il leur soit fait aucun trouble ou empêchement. Voulons que la copie desdites Presentes qui sera imprimée tout au long au commencement ou à la fin desdits Livres, soit tenuë pour düement signifiée, & qu'aux copies collationnées par l'un de nos amez & feaux Conseillers & Secretaires, foi soit ajoûtée comme à l'original. Commandons au premier notre Huissier ou Sergent de faire pour l'execution d'icelles tous actes requis & necessaires, sans demander autre permission, & nonobstant clameur de Haro, Charte Normande, & Lettres à ce contraires: Car tel est notre plaisir. Donné à Paris le dix-huitiéme jour du mois de May, l'an de grace 1719. & de notre Regne le quatriéme. *Signé*, Par le Roy, en son Conseil,

DE SAINT HILAIRE.

J'ai fait part à Monsieur Mariette de la moitié du present Privilege, pour ce qui regarde les Ouvrages de M. l'Abbé Fleury seulement. Et de l'autre moitié desdits Ouvrages, comme aussi de la totalité du present Privilege, pour ce qui regarde les Ouvrages du R. P. Calmet à Emery mon fils, Saugrain & Martin, mes gendres, pour en joüir en mon lieu & place, suivant l'accord fait entre nous, à Paris le 20. May 1719. *Signé*, P. EMERY.

Registré le present Privilege, ensemble les cessions ci-dessus sur le Registre IV. de la Communauté des Libraires & Imprimeurs de Paris, page 480. Numero 525. conformément aux Reglemens, & notamment à l'Arrest du Conseil du 13. Aoust 1709. A Paris le 16. Juin 1719.

Signé, DELAULNE, Syndic.

PREFACE

PRÉFACE
SUR LES LIVRES
DU
NOUVEAU TESTAMENT.

D*IEU ayant parlé autrefois à nos peres en diverses occasions, & en diverses maniéres par les Prophétes, nous a enfin parlé lui-même par son propre Fils, qu'il a fait héritier de toutes choses, & par qui il a créé les siécles.* (a) Il a parlé à nos peres dans l'ancien Testament; il nous a parlé dans le nouveau. Moyse a été le médiateur de l'ancienne Alliance; les Prophétes en ont été les Ministres. Le premier a donné la Loi, les autres nous ont annoncé la venuë du Messie. La Loi, & les Prophéties avoient rapport à autre chose. Elles ne pouvoient ni donner la perfection à ce qu'elles ébauchoient, (b) ni accorder ce qu'elles prometroient, ni accomplir ce qu'elles représentoient. Elles laissoient les hommes dans l'attente, & ne remplissoient pas leurs espérances.

Mais JESUS-CHRIST ayant paru dans le monde, & la nouvelle Alliance ayant pris la place de l'ancienne, les ombres sont dissipées, les figures accomplies, les Prophéties éxécutées, la Loi perfectionnée; un peuple nouveau a pris la place de l'ancien, & les tems sont venus, suivant la prédiction de Jérémie, (c) que *le Seigneur fait une nouvelle allian-*

(a) *Hebr.* I. 1. 2.
(b) *Hebr.* VII. 19. *Nihil ad perfectum adduxit Lex.*
(c) *Jerem.* XXXI. 31.

ce avec la maison d'Israël, & la maison de Juda; non suivant l'alliance qu'il a faite autrefois avec leurs peres, au jour qu'il les prit par la main pour les faire sortir de l'Egypte; parce qu'ils ne sont point demeurez dans l'alliance qu'il avoit faite avec eux : c'est pourquoi je les ai méprisé, dit le Seigneur. Mais voici l'alliance que je ferai avec la maison d'Israël : J'imprimerai mes Loix dans leur esprit; & je les graverai dans leur cœur; & ils seront mon peuple, & je serai leur Dieu.

L'alliance faite à Sinaï étoit bornée à la maison d'Israël. La nouvelle est générale, & embrasse tous les enfans des hommes. La premiére fut ratifiée par le sang des victimes, des boucs, & des taureaux : la nouvelle a été cimentée par le sang du Fils de Dieu. Celle-ci est la premiére dans l'intention du souverain Legislateur; (a) c'est à elle que se rapporte tout ce qui est écrit dans les Livres de l'ancien Testament. L'esprit de crainte, & de servitude, est celui de la Loi ancienne : l'esprit d'amour, & de liberté, est l'ame de la Loi nouvelle. L'ancienne alliance étoit passagére, & ne devoit durer qu'un certain tems : La nouvelle est éternelle, elle doit s'étendre dans tous les siécles, & dans toutes les parties du monde. Celle-ci a pour objet des biens infinis, & éternels, celle-là ne promettoit que des biens périssables & temporels.

L'Eglise Chrétienne, héritiére des promesses que Dieu a faites à la Synagogue, conserve précieusement, & avec un souverain respect les Ecritures de l'ancien Testament, comme les titres de sa possession, & de son élection, & de la réprobation de la Synagogue sa rivale. Mais elle garde avec une attention, & une vénération encore plus grande, les Livres du Nouveau, comme la preuve de son adoption, comme le gage de son Seigneur, & comme le code de la vie, des miracles, & de la Doctrine de son Dieu, & la régle qu'elle doit suivre dans ses actions, & dans sa conduite.

Nôtre-Seigneur JESUS-CHRIST n'a rien laissé par écrit; (b) il n'a pas même ordonné à ses Apôtres d'écrire sa Vie, ou ses Maximes. Il s'est contenté de prêcher de vive voix, & de parler en public, & en particulier, à tout le peuple, & à ses Apôtres, & de leur inculquer pendant trois ans les veritez du salut : mais avant que de les quitter, il leur promit (c) qu'il leur donneroit un Maître invisible & intérieur, qui leur

---

(a) *August. contra duas Epist. Pelag. lib.* 3. *cap.* 4. *n.* 7.

(b) *Vide August. lib.* 1. *de Consensu Evangel. cap.* 7. *&* 9. *& lib.* XXVIII. *contra Faustum Manich. cap.* 4. *& Ep.* 237. *nov. Edit.* Il y parle d'un hymne qu'on attribuoit à Jesus Christ, & en rapporte quelques paroles. Il parle encore d'un ouvrage prétendu écrit par nôtre Seigneur, & adressé à saint Pierre, & à saint Paul; mais c'étoit un Livre magique. Tout le monde sait ce que l'on dit de l'Epître du Sauveur à Abgare. Mais toutes ces piéces sont rejettées comme fausses par les Savans.

(c) *Joan.* XIV. 26. XVI. 13.

enſeigneroit toute vérité, & qui leur inſpireroit tout ce qu'ils auroient à dire, ou à répondre dans l'emploi qu'il leur donnoit, d'inſtruire tous les peuples, & de prêcher l'Evangile par tout le monde.

C'eſt en éxécution de ces promeſſes que les Apôtres reçûrent le Saint Eſprit, cinquante jours après la Réſurrection de JESUS-CHRIST; & qu'animez de ſon ardeur, & éclairez de ſa lumiére, ils nous ont laiſſé les ſaints Evangiles, & les autres Livres du nouveau Teſtament, que nous conſidérons avec raiſon, comme l'ouvrage de JESUS-CHRIST même, & le doigt de ſon Eſprit. (*a*) Ne diſons donc point, dit S. Auguſtin, (*b*) heureux, ceux qui ont vû le Sauveur, & qui ont entendu les paroles de vie de ſa bouche. Pluſieurs de ceux-là l'ont perſécuté, & l'ont fait mourir; & pluſieurs de ceux qui ne l'ont point vû, ont crû en lui: Car nous liſons, nous entendons, nous conſervons dans les Livres ſacrez tout ce qu'il diſoit au peuple. JESUS-CHRIT eſt dans le Ciel, & il prêche encore ſur la terre. *Etiam hic eſt veritas Dominus.*

Les Apôtres ne ſe hâtérent point d'écrire; ils commencérent, à l'imitation de leur Maître, à enſeigner de vive voix, & à pratiquer les véritez qu'ils avoient appriſes. Ils ne craignoient pas d'oublier ce qu'ils avoient oüi, ni de varier dans leurs prédications; ils avoient trop profondément gravées dans le cœur, & dans l'eſprit, les véritez qu'ils avoient reçûës de ſa bouche, & ils ſe tenoient trop aſſurez des promeſſes qu'il leur avoit faites, que ſon Eſprit ne les abandonneroit point. Mais dans la ſuite le zéle, & la ſainte curioſité des Fidéles les engagérent à mettre par écrit ce qu'ils ſavoient, pour la conſolation, & l'inſtruction de leurs Diſciples. C'eſt-là le motif qui engagea ſaint Matthieu à écrire; & apparemment ſaint Marc n'eut point d'autre raiſon que celle-là, d'abréger ce qui avoit été écrit par ſaint Matthieu, & d'y ajoûter quelques faits, & quelques circonſtances, qu'il avoit connus d'ailleurs.

Saint Luc (*c*) nous apprend qu'il s'étoit déterminé à écrire, en voyant qu'il couroit dans le monde pluſieurs eſſais de la Vie, & de la Doctrine de JESUS-CHRIST, ſuivant ce que les Apôtres en avoient enſeigné: que pour lui ayant appris éxactement toutes choſes de la bouche de ceux-mêmes qui en avoient été témoins, & qui étoient chargez de les prêcher, il avoit crû rendre ſervice à l'Egliſe, d'écrire fidélement, & dans l'ordre, tout ce qui s'étoit paſſé dés le commencement. Enfin les Peres (*d*) nous enſeignent que ce qui porta ſaint Jean à nous donner ſont

(*a*) *Auguſt. lib. 1. c. 15. de Conſenſu Evang. Non aliter accipiet quod narrantibus Diſcipulis Chriſti in Evangelio legerit, quàm ſi ipſam manum Domini, quam in proprio corpore geſtabat, ſcribentem conſpexerit.*

(*b*) *Aug. tract. 30. in Joan.*

(*c*) *Luc. I. 1. 2.*

(*d*) *Iren. l. 3. c. 11. Ieronym. de Vir. Illuſtr. c. 9. Victorin. Petav. in Apocal.*

Evangile, fut l'hérésie de Cérinthe, & celle des Nicolaïtes, qui nioient la divinité de JESUS-CHRIST.

Pour les Actes des Apôtres, c'est une suite de l'Evangile de saint Luc; un récit de ce qui arriva à l'Eglise naissante de Jérusalem, jusqu'à la conversion de saint Paul; & ensuite de ce qui arriva à ce grand Apôtre jusqu'à son premier voyage de Rome. Saint Luc n'y décrit presque que ce dont il a été témoin, comme compagnon inséparable des travaux, & de la prédication de l'Apôtre. Saint Paul écrivoit ses Epîtres, suivant les occurrences, & les besoins des Eglises, sans aucun dessein prémédité de rédiger par écrit, ni de faire un corps des maximes, & des véritez qu'il prêchoit; quoique par un effet de la Providence, il nous ait donné une infinité d'instructions trés-importantes, & comme une espéce de supplément des Evangiles. Les autres Apôtres dont nous avons des Epîtres, les ont écrites de même, uniquement pour l'instruction des Eglises ausquelles ils les écrivoient. Bien assurez toutefois qu'elles se communiqueroient à toutes les autres, par le respect qu'on avoit pour tout ce qui venoit de leur part, & par l'empressement des Fidéles à conserver des monumens si précieux.

Canon du nouveau Testament. Nous ne nous étendons point ici à prouver la canonicité des Livres sacrez du nouveau Testament, ni à en marquer le tems, l'occasion, les Auteurs, le dessein. Nous éxécuterons tout cela dans les Préfaces particuliéres sur chaque Livre. Il y a dans le nouveau, comme dans l'ancien Testament, des ouvrages dont la canonicité n'a jamais été contestée. Il y en a d'autres, dont on a douté quelque tems dans quelques Eglises particuliéres. Mais il n'y en a aujourd'hui aucun dans le Canon, qui n'ait été reconnu par la plûpart des anciennes Eglises. Inutilement les anciens hérétiques ont forgé de faux Evangiles, ou ont essayé de corrompre les vrais, ils n'ont jamais pû gâter les originaux des Eglises Catholiques: & tous les Livres corrompus par eux, tronquez, altérez, ou faits à plaisir, sont tombez dans le mépris, & dans l'oubli: l'Eglise les a supprimez, proscrits & condamnez.

On ne peut pas dire précisément l'année dans laquelle le Canon des Livres du nouveau Testament a été formé; mais on le voit bien marqué dés le second siécle de l'Eglise. Eusébe (a) nous apprend que les Evêques d'Asie ayant présenté à saint Jean les Evangiles de trois Evangélistes, qui avoient écrit avant lui, & qui étoient publics, & connus de tout le monde, saint Jean les approuva, & les reçut; & pour suppléer à ce qui y manquoit, il écrivit le sien, où il rapporta ce que JESUS-

(a) *Euseb. lib. 3. cap. 24. Hist. Eccles.* Τῶν προαναγραφέντων τριῶν εἰς πάντας ἤδη, καὶ εἰς αὐτὸν διαδεδομένων, ἀποδέξασθαι μέν φασιν, ἀλήθειαν αὐτοῖς ἐπιμαρτυρήσαντα.

CHRIST avoit fait au commencement de sa prédication, & qui avoit été omis par les autres Evangélistes. Ainsi fut formé le Canon des Evangiles. On trouve les trois premiers Evangiles citez dans l'Epître de saint Clément aux Corinthiens, écrite avant l'Evangile de saint Jean. Saint Polycarpe dans son Epître aux Philippiens, cite aussi cinq ou six fois les Evangiles de saint Matthieu, & de saint Luc, sans les nommer. Saint Barnabé dans son Epître, cite assez souvent les quatre Evangélistes. Saint Ignace les cite de même souvent dans ses sept Lettres, & y fait allusion, sur tout à l'Evangile de saint Jean.

Saint Justin (a) le Martyr parle expréssement *des Commentaires des Apôtres*; c'est ainsi qu'il appelle les Evangiles, qui ont, dit-il, été écrits par les Apôtres, ou par leurs Disciples. Tertullien (b) en appelle à l'Evangile, qui a été dés le commencement donné par les Apôtres, & qui se conserve comme un dépôt sacré dans les Eglises Apostoliques. *Si constat id verius quod prius, id prius quod & ab initio; id ab initio quod ab Apostolis; pariter utique constabit id esse ab Apostolis traditum, quod apud Ecclesias Apostolorum fuerit sacrosanctum.* Il dit (c) que ce qui démontre l'antiquité & l'autenticité de nos Evangiles, est que les hérétiques les corrompoient. Ils ne les corromproient pas s'ils n'étoient pas plus anciens: *Itaque dum emendat, utrumque confirmas, & nostrum anterius, id emendans quod invenit, & id posterius quod de nostri emendatione constituens, suum, & novum fecit.* Saint Irénée (d) oppose aux nouveaux écrits des hérétiques, les anciens & autentiques originaux des Apôtres. Il ne reconnoît que quatre Evangiles, & rapporte des raisons de ce nombre de quatre. (e)

Voilà donc dés la fin du premier, & dés le commencement du second siécle, & dans le troisiéme, le Canon des quatre Evangiles reçû, reconnu, & autorisé dans l'Eglise par les Apôtres eux-mêmes, puisque saint Jean a vû les Evangiles de saint Matthieu, de saint Marc, & de saint Luc; & que saint Paul cite ordinairement l'Evangile selon le texte de saint Luc. Ce Canon s'est fait, non dans une assemblée solemnelle, ni dans un Concile; mais par le consentement des Eglises, & par le jugement des Evêques, dont la plûpart avoient vû, & connu les Apôtres, & leurs Disciples.

Les Epîtres des Apôtres ne sont pas moins autentiques, & leur recueil est à peu prés de même tems que celui des quatre Evangiles. Saint Polycarpe cite distinctement les Epîtres de saint Paul, & celles de saint Pierre, & de saint Jean. Il est vrai qu'il ne cite pas l'Epître aux Hébreux, ni

(a) *Justin. Apolog.* 2. Ἃ καλεῖται Εὐαγγέλια. *Et Dialog. cum Tryph* Ἀπομνημονεύμασι ὑπὸ τῶν Ἀποστόλων αὐτῶν, καὶ τῶν ἐκείνοις παρακολουθησάντων συντετάχθαι.

(b) *Tertull. l.* 4. *c.* 5. *contra Marcion.*

(c) *Idem. l.* 4. *c.* 4

(d) *Iren. l.* 5. *c.* 30. Σπουδαῖα καὶ ἀρχαῖα ἀντίγραφα.

(e) *Iren l.* 3. *c.* 12. *n.* 7. 8.

la seconde de saint Pierre, ni les deuxiéme & troisiéme de saint Jean, parce qu'apparemment elles ne se trouvoient pas dans les premiers recueils; l'Eglise avoit déja un corps des Evangiles, & des Epîtres, avant Marcion, (a) qui à l'imitation des Catholiques voulut avoir son livre des Evangiles, & son *Apostolique*, ou recueil des Epîtres des Apôtres. Saint Ignace dans son Epître aux Philadelphiens, (b) marque clairement l'Evangile, les Apôtres, & les Prophétes, comme composant tout le corps des Ecritures. *Ayons recours à l'Evangile, comme à la chair de* JESUS-CHRIST, & à tous *les Apôtres;* regardons les Epîtres de ces saints hommes, *comme le Sénat Ecclésiastique. Aimons aussi les Prophétes*, ou les Livres de l'ancien Testament. Tertullien (c) témoigne qu'encore de son tems on conservoit les Originaux des Epîtres des Apôtres en quelques endroits: *Authentica ipsæ litteræ Apostolorum sonantes vocem, & repræsentantes faciem uniuscujusque.*

On lit dans Eusébe (d) que Pantænus Philosophe Chrétien, qui enseignoit à Aléxandrie vers l'an de JESUS-CHRIST 184 trouva dans les Indes un Evangile Hébreu de saint Matthieu, que l'on disoit y avoir été porté par saint Barthelemy. Saint Jérôme, & Rufin disent que Pantænus rapporta cet Exemplaire à Aléxandrie. Le même saint Jérôme (e) assure que le texte Hébreu de saint Matthieu étoit conservé dans la Bibliothéque de Pamphile à Cézarée de Philippe; ce qui prouveroit qu'il avoit été transporté d'Aléxandrie à Cézarée, supposé que ce fût le même Original; & que celui de Cézarée ne fût pas une simple copie. A Ephése du tems de saint Pierre d'Alexandrie, c'est-à-dire, sur la fin du troisiéme, ou au commencement du quatriéme siécle, il y avoit encore un exemplaire Original de l'Evangile de saint Jean, écrit de la main de cet Apôtre, & qui y étoit dans une trés-grande vénération. (f) Je ne dis rien ici de celui qui se garde à Venise, comme étant l'Original de saint Marc; j'en ai parlé assez au long dans la Préface sur cet Evangéliste. En l'an 488. on trouva dans l'Isle de Chypre, sur la poitrine du corps de saint Barnabé, un exemplaire de l'Evangile écrit, disoit-on, de la main de saint Barnabé même, (g) sur un bois dur & précieux, que l'on conserva assez longtems à Constantinople, & qu'on y lisoit même tous les ans au jour du Jeudy Saint.

(a) Cet hérésiarque commença à paroître 127. de J. C.

(b) *Ignat. ad Philadelp.* Προσφυγὼν τῷ Εὐαγγελίῳ ὡς σαρκὶ Ἰησοῦ, καὶ τοῖς Ἀποστόλοις, ὡς τῷ πρεσβυτερίῳ ἐκκλησίας, καὶ τοὺς Προφήτας δὲ ἀγαπῶμεν, &c.

(c) *Tertull. de Præscript. c. 36.*

(d) *Euseb. Hist. Eccl. lib. 5. cap. 10.* Αὐτοῖς τε Ἑβραίων γράμμασι τὴν τοῦ Ματθαίου καταλεῖψαι γραφήν.

(e) *Ieronym. Catalog. script. Eccles. c. 3.*

(f) *Fragment. ms. Petri Alex. de Paschate, apud Petav.* Καθὼς τὰ ἀκριβῆ βιβλία περιέχει, αὐτό τε ἰδιόχειρον τοῦ Εὐαγγελιστοῦ Ἰωάννου ὅπερ μέχρι τοῦ νῦν πεφύλακται χάριτι Θεοῦ ἐν τῇ Ἐφεσίων ἁγιωτάτῃ ἐκκλησίᾳ.

(g) *Vide Theodor. Lect. l. 2. p. 557. Edit. Vales. Surium vita S. Matth. XI. Junii.*

En voilà plus qu'il n'en faut pour fermer la bouche à ceux qui prétendent que le Canon des Livres ſacrez du nouveau Teſtament n'a été formé que bien avant dans le ſecond ſiécle, ou qui veulent que le nombre des Evangiles, & des Epîtres n'ait été fixé & déterminé qu'aſſez tard. Quoique dans les premiers ſiecles de l'Egliſe il y ait eu pluſieurs Livres faux & apocryphes, forgez, ou corrompus par les hérétiques; il eſt certain que le nombre des Livres ſacrez, canoniques & autentiques, en a toûjours été trés-diſtingué, & trés-ſéparé.

Texte original du nouveau Testament

Le texte original des Livres du nouveau Teſtament, eſt le Grec. L'Evangile de ſaint Matthieu fut d'abord écrit en Hébreu, (*a*) ou en Syriaque, qui étoit la Langue vulgaire d'alors dans la Paleſtine; mais il fut traduit en Grec de trés-bonne heure. Le Texte original en Hébreu ſe conſervoit encore du tems de ſaint Epiphane, & de ſaint Jérôme; mais depuis ce tems il eſt entiérement perdu. Les alterations qu'y firent les Ebionites, & d'autres anciens hérétiques, le firent mépriſer & abandonner par les Anciens. Pour la traduction Grecque que nous en avons, & qui paſſe aujourd'hui pour originale, elle eſt trés-ancienne, & eſt attribuée par les uns à ſaint Jacque, (*b*) & par les autres à ſaint Jean. (*c*) La Verſion Latine, qui n'eſt guéres moins ancienne, eſt d'un Auteur inconnu, mais éxact & fidéle.

Quelques-uns (*d*) ont conjecturé que S. Marc avoit écrit ſon Evangile en Latin; mais ce ſentiment eſt entiérement abandonné. D'autres (*e*) ont voulu dire que l'Epître aux Hébreux avoit d'abord été compoſée en Hébreu, & enſuite traduite en Grec: mais c'eſt de quoi on n'a aucune preuve; perſonne ne l'ayant jamais vûë qu'en Grec. Comme les Auteurs qui ont écrit les Livres du nouveau Teſtament, étoient Juifs d'origine, & habituez de jeuneſſe à la langue Hébraique, ou Syriaque, leur ſtyle s'en ſent beaucoup, & on n'y trouve pas cette élégance, & cette politeſſe, qui ſe fait ſentir dans les bons Auteurs Grecs de ce tems-là. Saint Luc lui-même, qui eſt celui qui parle plus purement, n'eſt pas exemt de ces défauts. Mais la grandeur & l'importance des choſes fait aiſément paſſer par-deſſus tout cela. Les effets de la prédication de l'Evangile, ſont d'autant plus admirables, qu'il n'y a rien dans tout cela de la ſageſſe, ni de l'éloquence humaine. (*f*) *Non in doctis humanæ ſapientiæ verbis, ſed in doctrina Spiritus.*

(*a*) *Papias apud. Euſeb l. 3. c. 39. Hiſt. Eccl Irena. Origen. Euſeb. Cyrill. Jeroſoly. Epiphan. Ieronym alii.*

(*b*) *Synopſ. S. Script ſeu Author addition in fine Synopſ.* ἡρμηνεύθη. Cequi peut ſignifier que ſaint Jacque l'expliqua aux Fidéles.

(*c*) *Theophyl. Ex famâ tantùm.*

(*d*) *Ita Syr. Arab. Mſ. Quidam Græci. Baron. Selden.* Voyez nôtre Preface ſur S. Marc.

(*e*) *Clem. Alex. apud Euſeb Hiſt. Eccl. lib 6. cap. 14. Ieronym. Catalog. voce Paul. Vide & Theodoret &c.*

(*f*) 1. *Cor.* II. 13.

Traductions du N. T.

Comme l'Evangile fut bien-tôt répandu dans diverses parties du monde, on en vit aussi de bonne-heure des Traductions en différentes Langues. Eusébe (*a*) dit que de son tems, c'est-à-dire, au quatriéme siécle, l'Evangile étoit traduit en toutes sortes de Langues, d'écritures, de caractéres, en sorte qu'il est entendu par toutes les Nations. Mais comme entre toutes les Langues la Latine, & la Syriaque étoient après la Grecque, les plus étenduës, il est très-croyable que c'est en ces Langues que se sont faites les premieres Traductions du nouveau Testament.

Version Syriaque.

Les Syriens croyent que la Version Syriaque du nouveau Testament, est du tems du Roi Abgare, qui envoya, dit-on, à JESUS CHRIST, & qui lui offrit une retraite dans sa ville d'Edesse. Saint Thadée, qui fut député par le Sauveur à ce Prince, travailla à cette Version. Mais & l'ambassade d'Abgare à JESUS-CHRIST, & la députation de saint Thadée de la part de J. C. à ce Prince, passent aujourd'hui pour très-incertaines, pour ne rien dire de plus. Ainsi tout ce qui en est une suite, n'est pas plus assuré. Valton sans entrer dans la discussion de ce fait, croit que cette Version est des tems Apostoliques; & sa principale preuve est, que ni la seconde Epître de S. Pierre, ni la seconde de S. Jean, ni celle de S. Jude, ni l'Apocalypse, ne se trouvent point dans leurs Livres; ce qui fait juger que leur Version a été faite, avant que ces quatre piéces eussent été reçûës dans le Canon. Mais les Syriens les tiennent sûrement pour canoniques, ils les ont en Syriaque, comme le reste du nouveau Testament. Valton lui-même les a fait imprimer dans sa Polyglotte. S'il y a des Bibles Syriennes où elles ne se trouvent point, c'est que ces lettres sont plus rares, & de moins d'usage que les autres Livres du nouveau Testament.

Quelques-uns attribuent cette Traduction à Thomas Evêque d'Héraclée. Mais Thomas n'en est au plus que le reviseur, & le correcteur: elle subsistoit plusieurs siécles avant qu'il allât en Egypte pour corriger les exemplaires Syriaques, sur les anciens exemplaires Grecs du Monastere de saint Antoine. Depuis ce tems les Syriens ont accoûtumé de corriger leurs exemplaires sur ceux de Thomas, qui passent pour les meilleurs qu'ils ayent parmi eux. (*b*)

Quelques Syriens (*c*) ont prétendu que saint Marc l'Evangéliste ayant d'abord écrit en Latin son Evangile, le traduisit en Hébreu commun de ce tems-là, c'est à-dire, en Syriaque, & mit ensuite dans la même Lan-

(*a*) *Euseb. in Isai. XLV. 20.* Παντοίᾳ δὲ καὶ γλώττῃ, πάσῃ φωνῇ, χαρακτῆρσι δὲ τοῖς καθ' ἕκαστον ἔθνος παραδέδοται εἰς ἐξάκουσον πᾶσι τοῖς ἔθνεσι.

(*b*) *Euseb. Renaudot, in addend. ad Bibliot. sacr. R. P. Jacobi le Long, p. 659.*

(*c*) *Guillel. Postel. uti narrat Guido Fabric. Boderian. in Præfat. tom. 5. Bibl. Polyglott. Antuerp.*

gue

que les autres Livres du nouveau Testament. M. Simon (a) a crû que la Version Syriaque ne fut pas faite ni à Antioche, ni dans la Syrie proprement dite, où la langue Grecque étoit vulgaire ; mais au-delà de l'Euphrate, où l'on ne parloit que Syriaque. Cette conjecture n'est pas convaincante : quoique le Grec fût vulgaire dans Antioche, & dans les bonnes villes du pays, cela n'empêchoit pas qu'on ne parlât encore Syriaque dans le pays, & sur tout à la campagne. Saint Ephrem au quatriéme siécle, & Moyse Bar-cepha au dixiéme, ont écrit en Syriaque dans ce pays-là : & nous voyons dans les Conciles plusieurs Evêques qui ne savoient que le Syriaque.

Vidmanstad & Guide Fabricius ont crû que l'Evangile de saint Matthieu s'étoit conservé en original parmi les Syriens : & en effet, quelle nécessité de le traduire en Syriaque, puisqu'il étoit originairement écrit en cette langue ? Mais pour se persuader que la Version Syriénne de saint Matthieu est faite sur le Grec, il n'y a qu'à la comparer avec l'Original en cette langue : on y sent le Grec par tout : on y remarque même des fautes qui ne viennent que du Grec ; & il faut que l'Exemplaire Grec sur lequel elle a été faite, soit tout des plus anciens, copié avant que l'usage de mettre des accens sur les voyelles fût introduit, & écrit en lettres unciales, où les mots ne sont pas bien distinguez ; car il y a dans le Syriaque des fautes qui ne viennent que de la diverse maniére de lire, d'accentüer, de ponctüer, & de distinguer les mots dans le Grec. (b)

Une autre chose qui est encore trés-remarquable, c'est que le Syriaque est entiérement conforme au Grec qu'a suivi l'Auteur de la Vulgate ; en sorte qu'il se rencontre avec elle presque dans tous les endroits, où elle s'éloigne du Grec imprimé, ou des manuscrits. Cette conformité est telle, qu'elle avoit d'abord fait naître à M. Mille (c) le soupçon que le Syriaque auroit été réformé sur la Version Latine ; mais ayant examiné la chose de plus prés, il a reconnu que sa conjecture étoit insoûtenable.

La Version Latine du nouveau Testament est presque aussi ancienne, que les Originaux mêmes. Elle est des tems Apostoliques ; mais on n'en sait ni l'Auteur, ni le tems précis. Comme l'Empire Romain étoit trés-étendu, & que la langue Latine se parloit presque par tout l'Empire, plusieurs personnes dans les commencemens entreprirent de faire des Versions de l'Ecriture. C'étoit assez qu'un homme eût quelque connoissance de la langue Grecque, & de la Latine, pour oser traduire quelque partie Version Latine.

(a) Simon Hist. Crit. du N. T. p. 162.
(b) Voyez les Prolegom. de M. Mille, Prolegom. 1237. & suiv.
(c) Mill. Proleg. 1249. 1250.

du nouveau Testament. De là vint que le nombre des Versions se multiplia si fort, qu'il étoit presque innombrable, comme le remarque saint Augustin. (*a*) On peut compter les Traducteurs qui ont rendu l'ancien Testament d'Hébreu en Grec, dit-il; mais on ne peut compter ceux qui ont traduit les Ecritures de Grec en Latin: *Qui Scripturas ex Hebraïca lingua in Græcam transtulêre, numerari possunt; Latini autem interpretes nullo modo. Ut enim cuique primis fidei temporibus in manus venit codex Græcus, ausus est interpretari.*

C'est ce qui produisit cette infinie variété de leçons qu'on remarquoit dans les exemplaires Latins, (*b*) & qui obligea le Pape Damase à prier saint Jerôme d'en faire une nouvelle Version. Parmi ces anciennes Traductions celle qui fut la plus autorisée, & la plus généralement suivie, est *l'Italique*, (*c*) autrement nommée, *la Commune*, *la Vulgate*, (*d*) *l'Ancienne*, (*e*) que l'on trouva la plus éxacte, & la plus expressive: *Verborum tenacior, cum perspicuitate sententiæ.* (*f*) Depuis la Traduction de saint Jérôme, on en a ramassé quelques fragmens, ou quelques livres, comme l'Evangile de saint Matthieu, l'Epître de saint Jacque, Job, les Pseaumes, & quelques autres Livres qu'on a donnez depuis peu au Public dans la nouvelle Edition de saint Jérôme, & dans un petit Volume séparé. Nobilius avoit essayé de rétablir l'ancienne Vulgate de l'ancien Testament, dans son Edition Romaine; mais comme les Peres, dont il a tiré de longs fragmens, citoient assez souvent de mémoire; on ne peut pas s'assurer d'avoir dans son Ouvrage la vraye ancienne Vulgate en son entier. Cependant on ne doit pas désespérer de trouver cette ancienne Vulgate de tout le nouveau Testament, après la découverte que nous avons faite du manuscrit de Corbie, qui en contient indubitablement les quatre Evangiles.

Quand on dit que saint Jérôme traduisit le nouveau Testament: *Novum Testamentum Græcæ reddidi autoritati*; (*g*) on ne doit pas s'imaginer qu'il l'ait entiérement refondu, en sorte qu'il n'y conservât rien de l'ancienne Italique. Il nous avertit lui-même (*h*) qu'il y fit le moins de changemens qu'il put, & qu'il y conserva autant qu'il fut possible les anciennes ma-

(*a*) *Aug. l. 2. c. 11. de Doctrin. Christ.*

(*b*) *Ieronym. Præfat. in quatuor Evangel. Tot enim sunt exemplaria penè, quot codices.*

(*c*) *Aug. l. 2. de Doctrin. Christ. c. 15.*

(*d*) *Ieronym. in Isai. XIX. & XLIX.*

(*e*) *Gregor. Magn. Præfat. Moral.*

(*f*) *Aug. de Doctr. Christ. l. 2. c. 15.*

(*g*) *Ieronym. ad Lucinium Ep. olim 28. nunc 52. nova edit.*

(*h*) *Ieronym. Præfat in quatuor Evang. ad Damas. ita calamo temperavimus, ut his tantùm quæ sensum videbantur mutare correctis, reliqua pateremur manere ut fuerant. Idem ad Sun. & Fretell. Noluimus ergo immutare quod ab antiquis legebatur, quia idem sensus erat... Et nos antiquam interpretationem sequentes, quod non nocebat, mutare noluimus.*

niéres de parler ; ce qui ne contribua pas peu à faire recevoir sa Traduction par toute l'Eglise, & à faire oublier l'ancienne. Il reste toutefois assez de monumens de l'ancienne Italique dans la Vulgate d'aujourdhui, dans les Peres, & dans les Manuscrits ; par exemple, dans celui de Clermont, & de Saint Germain des Prez, Grec & Latin, pour discerner ce qui est de l'ancien Interpréte, de ce qui vient de saint Jérôme.

M. Mille dit que l'Interpréte Latin de saint Matthieu étoit fidéle, & éxact jusqu'au scrupule ; en sorte que souvent sans se mettre en peine des régles de la Grammaire, il exprime dans son Texte jusqu'aux cas, au genre, aux régimes des noms, & des verbes Grecs. Il juge que l'Interpréte Latin de saint Marc, est different de celui de saint Matthieu ; parce qu'il se sert de termes divers pour exprimer la même chose, & qu'il rend quelquefois un peu plus heureusement la force des mots Grecs. Il croit que l'Interpréte de saint Luc est encore différent des deux premiers, & de celui de saint Jean ; & cela, pour les mêmes raisons. Mais je crains que cette critique ne passe pour un peu trop subtile. Où est le Traducteur Latin qui soit toûjours uniforme dans l'usage des mêmes termes, & dont le style soit égal, lorsqu'il s'attache à traduire à la lettre des Ecrivains d'un goût, & d'un style aussi divers que celui par exemple de saint Matthieu, de saint Luc, & de saint Jean ?

On n'est pas d'accord si la Traduction du nouveau Testament en Arabe, est faite sur le Texte Grec, ou sur le Syriaque. M. Simon (a) croit qu'elle est faite sur le Syriaque ; Badvel, & Valton, sur le Grec ; (b) M. Mille (c) qui a éxactement comparé la Version Syriaque, & l'Arabe avec le Texte Grec, montre fort bien que l'Arabe n'est pas prise sur le Syriaque, puisqu'elle s'en éloigne en plusieurs endroits, & en particulier dans la maniére de lire les noms propres de lieu, de ville ; & de province. Erpenius croit que les quatre Evangélistes furent traduits de Grec en Arabe par un nommé Nesjulaman fils d'Azalkefat, & que le reste du nouveau Testament fut traduit sur le Syriaque par un Auteur inconnu ; (d) & c'est ce qui est aussi confirmé par quelques autres Savans. Version Arabe.

La Version Ethiopienne du nouveau Testament a été faite sur un Exemplaire Grec Aléxandrin trés-éxact, (e) quoique le Traducteur n'ait pas toûjours rencontré fort heureusement la force du Grec ; soit qu'il ne l'entendît pas parfaitement, ou qu'il manquât quelquefois d'attention. La différence du style qui se remarque dans les différens Livres du nouveau Version Ethiopienne.

(a) M. Simon Hist. Crit. du N. T. c. 18.

(b) *Badvel. in Ep. 1. Johan. ad calcem. Valton. Prolegom. c. 14. n. 23.*

(c) *Mill. Prolegom.* 1295.

(d) *Erpenius Præfat. in N. T. Arab. editum Leid.* 1616.

(e) *Mill. Prolegom.* 1472.

Testament, fait juger que sa Version de tout l'Ouvrage n'est pas d'un seul Auteur. (*a*) En général, la Version des quatre Evangélistes est plus correcte, & plus fidelle que celle des autres Livres, où le Traducteur se donne quelquefois la liberté de gloser. Il y a même de tems en tems des lacunes, que les Editeurs ont été obligez de suppléer, en recourant aux Exemplaires Grecs, ou Latins.

On ignore le tems, & l'Auteur de cette Version. Il est trés-croyable qu'elle fut faite au commencement de la conversion des Ethiopiens, que les uns mettent au quatriéme siécle, du tems de saint Athanase; & les autres au milieu du sixiéme, du tems de l'Empereur Justinien. Les uns l'attribuënt aux Moines, qui furent menez par Frumentius aux Ethiopiens nouvellement convertis; (*b*) d'autres à Frumentius lui-même. On remarque dans cette Version une assez grande conformité avec le tres-ancien Manuscrit Aléxandrin, qui se conserve aujourd'hui en Angleterre. Il y a même des fautes qui ne peuvent venir que de cet ancien Manuscrit, ou d'un pareil.

M. l'Abbé Renaudot (*c*) n'est pas bien persuadé de la grande antiquité que l'on donne aux Versions Ethiopiennes. Il croit qu'elles sont prises sur les Versions Cophtes, ou Egyptiennes, lesquelles sont elles-mêmes tirées sur des anciens manuscrits Grecs d'Egypte, d'où vient la conformité qui se fait remarquer entre l'Ethiopien, & le manuscrit d'Aléxandrin. Au reste, il est bon d'observer que la langue Ethiopienne dans laquelle cette Version est faite, n'est pas l'Ethiopien vulgaire, que parlent aujourd'hui ces peuples; mais un Ethiopien plus ancien, inusité aujourd'hui, (*d*) & qu'ils parloient avant qu'ils eussent quitté la ville d'Auxume.

Version Cophte.

La Version Cophte, ou Egyptienne n'a jamais été imprimée, quoiqu'elle méritât de l'être beaucoup mieux que quantité d'autres Versions Orientales que l'on a données au Public; par exemple, l'Arabe, & la Persane, dont la derniére n'est qu'une version d'une autre version. La Cophte est faite sur d'anciens, & excellens manuscrits. M. Mille nous a donné dans son édition du nouveau Testament plusieurs variétez de leçons, tirées des exemplaires Cophtes par les soins de M. Maréchal; & on en avoit déja imprimé plusieurs autres dans le nouveau Testament d'Oxford de l'an 1675.

Quelques-uns (*e*) croyent que dés le tems de saint Antoine, c'est-à-

(*a*) *Idem Prolegom* 1188.

(*b*) *Vide Ludolf. Hist. Æthiop. l. 3 c. 4. & Epist. ad Hottinger. & Hottinger. Dissert. 3. de Translatione Bibl. in ling. vernac.*

(*c*) *In addend. ad Bibliot. sacr. P. le Long. p. 666.*

(*d*) *Ludolf Hist. Æth. l. 1. c. 15. n. 6. 10. 11. 20.*

(*e*) *Vide Jacob. le Long. Bibl. sacr. t. 1. c. 2. sect. 9.*

dire, au commencement du quatriéme, ou à la fin du troisiéme siécle, il y avoit déja une version Egyptienne ; puisque ce Saint qui n'entendoit que l'Egyptien, (a) savoit par cœur une grande partie de l'Ecriture, & s'en servoit fort à propos dans ses discours. Le Pere Kircher (b) croit qu'on commença à traduire les Livres saints en Cophte, vers le milieu du quatriéme siécle. Sa preuve est que dans un ancien Martyrologe Cophte, il est dit qu'en ce tems-là la principale occupation des Moines, étoit de traduire du Grec, de l'Hébreu, & du Caldéen, les Livres sacrez en langue Cophte. M. Pik (c) ne met les Traductions Cophtes que vers le huitiéme siécle, ou peu auparavant. Au reste, le Cophte est une langue matrice, & primitive. C'est l'ancien Egyptien, quoique fort altéré.

Version Persane.

On a deux versions Persanes ; l'une plus récente, & faite sur le Grec, traduite, & imprimée par les soins d'Abraham Vécloch, Professeur en Arabe à Cambrige ; l'autre plus ancienne & meilleure, faite sur le Syriaque, & imprimée dans la Polyglotte de Valton. (d) Celle-ci est assez fidelle ; mais quelquefois elle s'éloigne du Texte, & y ajoûte des gloses peu nécessaires.

Version Armenienne.

Les Arméniens veulent que la version de l'Ecriture en leur langue, soit du tems de saint Chysostome. (e) On l'attribuë à deux hommes ; l'un, nommé Moyse le Grammairien ; & l'autre, David le Philosophe. Elle est entiérement faite sur le Grec, tant l'ancien que le nouveau Testament. Elle fut imprimée à Anvers en 1666. & ensuite en plusieurs autres endroits. Quelques-uns (f) ont attribué cette Version à saint Chrysostome, qui la fit, disent-ils, durant son éxil à Cucuse. D'autres (g) disent que le Bienheureux Mesropas ayant conçû l'envie de donner à sa nation une traduction de l'Ecriture en Arménien, envoya sous le regne de Théodose le Jeune, deux de ses disciples Eznar & Joseph, dans la ville d'Edesse, pour y travailler. Ils traduisirent donc les Livres saints sur le Syriaque : mais ce second sentiment n'est guéres mieux fondé que le premier. Il est constant que la version Arménienne est faite sur le Grec ; (h) & pour l'Auteur, il est incertain.

(a) *Pallad. Hist. Lausiac. c. 26.*

(b) *Kircher. Prodrom Copht. c. 8. Ita & Simon Disquis critic. variis Bibl. Edit. c. 21.*

(c) *Pik Epist. ad V Cl Mill. Prolegom. ad novum Test.*

(d) *Vide Mill. Prolegom. in N. T. G. Proleg. 1369.*

(e) Uscam Evêq. Armen. chez M. Simon Hist. Crit. du V. T. l. 2. c. 16.

(f) *Georg. Alex. qui claruit an. 620. & post eum Sixt. Sen. l. 6.*

(g) *Autor Vita S. Mesrop. apud P. le Long Bibl. Sacr. c. 2. sect. 8. p. 230.*

(h) *Mill. Proleg. 1402.*

Version Gothique.

L'Auteur de la version Gothique est Ulphilas Evêque des Goths, (a) qui vivoit vers l'an 360. de JESUS-CHRIST. Socrates, Sozoméne, Philostorge racontent qu'il inventa les caractéres Gothiques, qu'il les communiqua à sa nation, & qu'il traduisit en sa langue toute l'Ecriture, à l'exception des Livres des Rois. Il craignoit, dit-on, qu'en traduisant ces Livres qui sont remplis de récits de guerres, & de combats ; sa nation, déja trop belliqueuse, ne sentît son courage se rallumer, & ne se portât de plus en plus à la guerre.

Cette Version a été pendant fort long-tems entiérement perduë, jusqu'à ce qu'on en retrouva quelques fragmens dans un manuscrit de l'Abbaye de Verden, prés de Cologne. Ce manuscrit étoit sur du vélin fort ancien, & le corps de l'écriture étoit en lettres d'argent, & les lettres initiales étoient en or ; ce qui lui a fait donner le nom de *Codex argenteus*. Ce rare monument tomba entre les mains de M. de la Gardie Chancelier de Suéde, qui l'acheta cinq cens ducats. Il en laissa tirer copie à François Junius, qui le fit imprimer en 1665. avec les Notes de M. Maréchal, & un léxicon pour l'entendre.

Ulphilas étoit Arien ; mais soit qu'il ait fait sa traduction avant qu'il fût tombé dans l'Arianisme, soit que la bonne foi dont il faisoit profession, ou que la crainte d'être convaincu de faux, le retinssent ; il est certain que les passages qui sont les plus forts contre cette hérésie, se trouvent trés-bien dans sa traduction. Il n'y a qu'un endroit du Chapitre XIII. de saint Jean, qui pourroit être suspect : mais la comparaison que l'on a faite de ce passage, avec d'autres du même Traducteur, le justifie pleinement de mauvaise foi. Cet Auteur a suivi un Original Grec ancien, & trés-correct & il l'a rendu avec une fidélité qui fait fort regretter la perte du reste d'un si précieux monument.

Comme nous avons cité de tems en tems ces Versions dans nôtre Commentaire, les Lecteurs seront bien-aises de savoir ce qu'elles sont, & quelle estime on en doit faire. La plus réelle utilité que l'on en puisse tirer, est de savoir par leur moyen la maniére de lire des anciens exemplaires, sur lesquels elles ont été faites ; car du reste on sait aujourd'hui la langue Grecque, aussi-bien que la pouvoient savoir ces anciens Traducteurs. Je pense que nos modernes ne leur cedent point en cela. Mais on ne convient point toûjours de la véritable, & ancienne leçon des Originaux Grecs, à cause des variétez que l'on rencontre aujourd'hui dans les Exemplaires en cette langue. On est bien-aise de savoir comment les Anciens

(a) *Vide Mill. Prolog.* 1396. *& Præfat. in novum Test. Goth.*

lisoient, afin de fixer par-là la leçon de nos exemplaires.

Nous ne parlerons point ici des traductions modernes en Latin, ou de celles qui ont été faites en langue vulgaire. Cela nous méneroit trop loin, & ne seroit pas d'une grande utilité. Nous avons tâché de réduire la Version Françoise dont nous nous servons, au Texte Latin, & de la conformer autant que nous avons pû à la Vulgate, même dans les endroits, où le Grec semble donner un meilleur sens que le Latin. Nous avons aussi marqué éxactement les différences du Grec, & du Latin, & les diverses leçons des Exemplaires Grecs entr'eux, lorsqu'elles nous ont paru de quelque importance. Mais pour ne pas embarasser le. Texte, nous les avons mises dans les Notes au bas de la page.

La méthode que nous avons suivie dans le Commentaire sur le nouveau Testament, est toute la même que celle que nous avons employée dans ceux que nous avons donnez sur l'ancien; avec cette différence néanmoins que nous y avons beaucoup plus employé les témoignages des Peres Grecs, & Latins, qui sont les Interprétes naturels de ces divins Livres. Nous y avons joint les sentimens des Auteurs Catholiques, qui continuënt après les Peres, la Chaîne de la Tradition Ecclésiastique sur le sens de ces Textes sacrez. Nous n'avons pas négligé les Interprétes Protestans dans les points de Critique, & dans les explications littérales des Textes. Nous devons avoüer que dans cet Ouvrage nous avons rencontré beaucoup plus de secours, que dans les Commentaires sur l'ancien Testament. Le Texte Grec du nouveau, est une langue beaucoup plus connuë, que l'Hébreu de l'ancien Testament; & si nous avons trouvé de la difficulté, ç'a été plûtôt à concilier les Evangélistes entr'eux, ou à développer les sens élevez de saint Paul, qu'à découvrir la propre signification des termes.

Pour ce qui est de la Chronologie qu'on a suivie dans l'Histoire Harmonique, & Chronologique de la vie de JESUS-CHRIST selon les quatre Evangélistes, nous avons adopté presque en tout le Systême, & l'ordre de M. Toynard, dont on a donné la nouvelle Harmonie depuis peu. Nous supposons avec les plus habiles Chronologistes, que l'Ere Vulgaire que l'on a suivi dans l'Eglise Latine depuis Denis le Petit, c'est-à-dire, depuis le sixiéme siécle, est de trois ans plus tard que la vraye Epoque de la naissance de nôtre Sauveur; en sorte qu'au lieu que nous comptons aujourd'hui l'an 1715. de JESUS-CHRIST, il faudroit compter 1718. C'est pour éviter l'équivoque, qu'en marquant les années, nous donnons toûjours une double Epoque, savoir la vulgaire, & la véritable; en sorte que la premiére année de JESUS CHRIST suivant l'Ere Vulgaire, est la quatriéme de la naissance de JESUS-CHRIST; & au lieu que suivant l'Ere

Vulgaire on dit que JESUS-CHRIST est mort à l'âge de trente-trois ans, il faut dire en suivant la vraye Chronologie, qu'il est mort âgé de trente-sept ans.

Nous avons mis à la marge de nôtre Histoire Harmonique, & Chronologique, non-seulement les dattes des évenemens ; mais aussi les Chapitres, & les Versets des Evangélistes ; afin que d'un coup d'œil on puisse voir en quoi ils différent, ou en quoi ils s'accordent. Ainsi on aura tout à la fois un Abregé suivi des quatre Evangélistes, rangez selon l'ordre des tems, une Chronologie, & une Concorde. Pour la Carte Géographique, c'est la même que nous avons donnée sur Josué ; mais corrigée, & augmentée en plusieurs endroits.

PRÉFACE
SUR L'EVANGILE DE
S. MATTHIEU.

SAINT Matthieu, Auteur de l'Evangile que nous allons expliquer étoit fils d'Alphée, (*a*) & Galiléen de naissance, Juif de Religion, & Publicain de profession. Les autres Evangélistes lui donnent le nom de *Lévi*, & ne parlent pas expressément de sa qualité de *Publicain*, ou de Commis pour recevoir les impôts; parce que cèt emploi étoit odieux, & méprisable parmi les Juifs. (*b*) Pour lui, il n'a point observé ces ménagemens. Il a publié sans détour & son nom, & son métier; afin de faire éclater davantage la grandeur de la grace que JESUS-CHRIST lui avoit faite en l'appellant à l'Apostolat, & pour montrer que personne ne doit désesperer de la miséricorde de Dieu. (*c*) Il demeuroit dans la ville de Capharnaüm; mais il avoit son bureau hors de la ville, & sur le bord de la mer de Tibériade. (*d*) C'est là où il étoit, lorsque le Sauveur l'appella à sa suite.

Le surnom *d'Alphée*, ou *de fils d'Alphée*, que lui donne saint Marc, (*e*) a fait dire à quelques Anciens, (*f*) & à tous les nouveaux Grecs, (*g*) qu'il

(*a*) *Marc.* II. 14. *Luc.* v. 27.
(*b*) *Ieronym. in Matt.*
(*c*) *Chrysost.* t. 6. *homil.* 28.
(*d*) *Marc.* II. 13. 14. *Luc.* v. 28.
(*e*) *Marc.* II. 14. *Vidit Levi Alphæi sedentem ad telonium.*
(*f*) *Chrysost. homil.* 23. *Theodoret. in Psalm.* LXVII. ℣. 28.
(*g*) *Vide Bolland.* 21. *Maii. p.* 19.

étoit frere de saint Jacques fils d'Alphée, ou le Mineur; mais il n'y a en cela aucune apparence.

Grotius (*a*) a rapporté quelques raisons pour affoiblir la créance où l'on est que saint Matthieu est le même que Lévi fils d'Alphée, dont parlent saint Marc, & saint Luc. Il dit 1°. que saint Matthieu n'est jamais nommé Lévi, ni Lévi appellé Matthieu dans les Livres du nouveau Testament. 2°. Héracléon cité par saint Clément d'Aléxandrie, (*b*) marque saint Matthieu, & Lévi, comme deux personnes differentes; & saint Clément ne réfute point cette opinion d'Héracléon. 3°. Origénes écrivant contre Celse, (*c*) dit que Lévi le Publicain qui suivit JESUS CHRIST, n'étoit pas du nombre des Apôtres; *Si ce n'est*, dit-il, *selon quelques Exemplaires de l'Evangile de saint Marc*. En effet, l'ancien manuscrit de Cambrige, & quelques autres dans S. Marc Ch. II. ℣. 14. lisent: *Jesus vit Jacques fils d'Alphée*. Et d'autres: *Il vit Matthieu le Publicain*, au lieu de, *Lévi fils d'Alphée*, qu'on lit dans la Vulgate, & dans le plus grand nombre des manuscrits Grecs, & dans tous les imprimez. Grotius ajoûte que peut-être Lévi étoit le Fermier du Bureau, & saint Matthieu seulement son Commis, & que le festin dont parle saint Matthieu, auquel assista JESUS, se fit non dans sa maison, mais dans celle de Lévi.

Voila les conjectures de Grotius: mais suffisent-elles pour détruire une opinion si ancienne, si bien fondée, que toutes les circonstances de l'Histoire, comme il l'avouë lui-même, concourent à l'établir? Le sentiment particulier d'Héracléon, le doute d'Origénes, le silence de saint Clément d'Aléxandrie, & la Leçon d'un manuscrit, doivent-ils l'emporter sur le consentement de tous les autres Exemplaires imprimez, & manuscrits, sur le témoignage de tous les Ecrivains Ecclésiastiques, & sur une possession de dix-sept siécles?

Fauste de Manichéen (*d*) avoit déja autrefois voulu nier que saint Matthieu fût Auteur de Evangile que nous avons sous son nom, parce qu'en parlant de la vocation de Matthieu, il n'avoit pas dit: *Jesus me vit, m'appella, & me dit de le suivre*. Mais cette raison est si foible, qu'elle ne mérite pas une réponse aussi solide, & aussi sérieuse, que celle que lui fait saint Augustin. Rufin, (*e*) Socrates, (*f*) & quelques autres, (*g*) écrivent que saint Matthieu précha dans l'Ethiopie. Saint Ambroise, (*h*) saint Paulin, (*i*) & d'autres, qu'il prêcha dans la Perse, ou chez les Parthes. La

(*a*) *Grot. ad Matt.* IX. 9. *Vide & Cleric. in Hamm. ad Luc.* v 27.

(*b*) *Clem. Alex. l.* 4. *c.* v.

(*c*) *Origen. l.* 1. *contra Cels.* Εἰ μὴ κατά τινα τῶν ἀντιγράφων τοῦ κατὰ Μάρκον Εὐαγγελίου.

(*d*) *Aug. l.* 17. *c.* 4. *contra Faust. Manich.*

(*e*) *Rufin. l.* x. *c.* 9. *Hist. Eccl.*

(*f*) *Socrat. l.* 1. *c.* 19. *Hist Eccl.*

(*g*) *Eucher. qu. l.* 1. *p* 379 *Fortunat. l.* 5. *c.* 1. *Greg. in Reg.* IX. *Stromat.*

(*h*) *Ambros. in Psalm.* XLV.

(*i*) *Paulin. carm* 26. *Ita & Martyrolog. sub nomine Ieron. & alii.*

chose n'est nullement certaine ; & comme chez les anciens le nom d'Ethiopie se prenoit dans un sens fort étendu, il est assez croyable que sous ce nom on a voulu marquer quelque Province du Royaume des Parthes ; & ainsi les deux sentimens se concilieront aisément.

Ce fut avant son départ de la Judée pour aller prêcher l'Evangile dans les Provinces éloignées, (a) qu'il fut prié par les Fidéles de la Palestine, de leur laisser le récit de ce qu'ils avoient entendu de sa bouche. Pour les satisfaire, il écrivit son *Evangile*, c'est à-dire, la bonne nouvelle du salut, & de la délivrance du genre humain, procurée par Nôtre-Seigneur JESUS-CHRIST. Quelques Peres (b) écrivent qu'il en fut prié, ou qu'il en reçut la commission de la part des Apôtres. Il écrivit à Jérusalem, (c) & en Hébreu, ou en Syriaque ; (d) c'est-à-dire, dans la langue que parloient alors les Juifs de la Palestine. C'est ce qui est avancé comme indubitable par tous les Anciens.

On croit que (e) saint Matthieu commença à travailler à son Evangile, la huitiéme année aprés la Résurrection du Sauveur ; c'est-à-dire, l'an 41. de l'Ere Vulgaire. Presque tous les anciens manuscrits Grecs le marquent ainsi à la fin de son Volume. Les Peres enseignent qu'il est le premier qui ait écrit l'Evangile ; & le rang qu'il tient dans tous les Exemplaires du nouveau Testament, à la tête des autres Evangélistes, en est encore une bonne preuve. Saint Irénée (f) veut qu'il ne l'ait écrit que vers l'an 61. de J. C. puisqu'il dit qu'il le composa dans le tems que saint Pierre & saint Paul prêchoient à Rome, & fondoient l'Eglise de JESUS-CHRIST. Mais s'il est vrai que saint Matthieu, soit le premier Ecrivain de l'Evangile, & que saint Marc ait toutefois fait le sien vers l'an 43. il faudra de nécessité abandonner saint Irénée en cet endroit. (g) Cornélius à Lapide, & Baronius, aprés l'Auteur Imparfait sur saint Matthieu, croyent qu'il l'écrivit à l'occasion de la premiére dispersion des Apôtres, vers la troisiéme, ou quatriéme année aprés la Résurrection de JESUS-CHRIST. Mais le tems de cette dispersion étant douteux, il ne peut guéres servir à fixer celui de l'Evangile que nous examinons.

Les Anciens (h) enseignent unanimement que saint Matthieu écrivit

---

(a) *Eusebl. l. 3. Hist. Eccl. c. 24. Chrysost. in Matt homil. 1. Iren. l. 3. c. 1. Ierom. de Viris illustribus, alii.*

(b) *Irenaus. Euseb.*

(c) *Euseb. Demonst. l. 3. c. 24. & manuscripta Graca Evangelii secundùm Matt. ad calcem. Ita & Chrysost. Theophyl. &c.*

(d) Τῇ Ἑβραΐδι διαλέκτῳ ἔγραψεν. *Ita codd. mss. plures. Syr. Arab. Pers. Athan. in Synopsi, Iren. Orig. Ieronym. Epiphan. Chryst. Theophyl. Euthym. alii passim.*

(e) *Athan. in Synops. de Matt. Theophyl. Euthym. in Matt. Nicephor. l. 2. c. 45. Euseb. in Chronico*

(f) *Iren. l. 3. c. 1.* Τοῦ Πέτρου καὶ τοῦ Παύλου, ἐν Ῥώμῃ εὐαγγελιζομένων, καὶ θεμελιούντων τὴν ἐκκλησίαν.

(g) V. la Note 5. de M. de Tillemont sur S. Matthieu.

(h) *Origen. homil. 2. in Matth. Iren. apud Euseb. l. 5. c. 10. Ieronym. in Catalog. Epiphan. hæres. 29. Theodoret. de hæres. &c.*

son Evangile en Hébreu, ou en Syriaque, qui étoit la langue vulgaire de la Palestine : *Chaldaïco, Syroque sermone, sed Hebraïcis litteris scriptum*, dit saint Jérôme. (*a*) Il fut en usage dans la Palestine, parmi les Juifs convertis au Christianisme. Ils le portérent de Jérusalem à Pella au-delà du Jourdain, lorsqu'ils s'y retirerent peu de tems avant le dernier siége de Jérusalem par les Romains. De Pella cet Evangile se répandit dans la Décapole, & dans tout le pays de delà le Jourdain; & les Chrétiens de ce canton-là s'en servoient encore du tems de saint Epiphane, (*b*) & d'Eusébe. (*c*)

Saint Jérôme nous apprend qu'il avoit eu en main un Exemplaire de l'Evangile de saint Matthieu, ou selon les Hébreux; qu'il l'avoit même traduit en Grec, & en Latin. Il dit qu'Origenes le cite assez souvent, & il ne doutoit point, non plus que S. Epiphane, que ce ne fût le vrai Original de S. Matthieu, (*d*) quoique beaucoup altéré par les Chrétiens hébraïsans, dont la plûpart ne conservérent pas bien long-tems le dépot de la foi dans sa pureté primitive.

Ils commencérent par y mêler diverses particularitez, qu'ils disoient avoir apprises de la bouche des Apôtres, ou des premiers Disciples. Cela le rendit d'abord suspect aux autres Fidéles. Ensuite les Ebionites l'ayant corrompu par des additions, & des retranchemens favorables à leurs erreurs, il fut absolument abandonné des autres Eglises. Dés le tems d'Origenes, (*e*) c'est-à-dire, au troisiéme siécle, cet Evangile ne passoit déja plus pour authentique. Eusébe le met parmi les écrits supposez : & les passages que l'on en cite dans saint Ignace, dans saint Clément d'Aléxandrie, dans saint Jérôme, & ailleurs, lesquels ne se trouvent pas dans le Grec qui est entre nos mains, ne font que trop voir qu'il étoit fort altéré.

Il y avoit même des choses ridicules, & des erreurs, comme ce qu'on y lisoit de cet homme, *qui grattoit sa tête*, lorsque JESUS-CHRIST lui dit : *Allez, vendez tous vos biens, & donnez-les aux pauvres, & suivez-moi.* (*f*) Et ce qu'il racontoit que JESUS fut conduit au Baptême de saint Jean malgré lui. (*g*) Saint Jérôme (*h*) cite encore cette sentence de l'Evangile des Hébreux : *Ne soyez jamais dans la joye, sinon lorsque vous voyez vôtre frere dans la charité.*

Saint Clément d'Aléxandrie (*i*) cite de même Evangile ces paroles :

(*a*) *Ieronym. l. 3. advers. Pelag. c. 1.*
(*b*) *Epiphan. hæres. 29. c. 7.*
(*c*) *Euseb. l. 3. c. 25. Hist. Ecclef.*
(*d*) *Vide Ieron. in Catalog. voce, Matthæus, & voce, Jacobus. & in Matt. XII.*
(*e*) *Homil. 8. in Matt. Edit. Lat.*
(*f*) *Vide Origen. in Matt. homil. 8.*
(*g*) *Apud Ieron. l. 3. contra Pelag. c. 1.*
(*h*) *Ieronym. in Ephes. v. 4.*
(*i*) *Clem. Alex. l. 1. Stromat* Ὁ θαυμάσας βασιλεύσει· καὶ ὁ βασιλεύσας, ἀναπαύσεται.

Celui qui admirera, regnera: & celui qui regnera, se reposera. Et ces autres: (*a*) *Mon secret est à moi, & à ceux de ma maison.* Mais cette derniére sentence pourroit bien être prise de l'Evangile selon les Egyptiens, que saint Clément cite quelquefois. Origénes sur saint Jean (*b*) fait dire à JESUS-CHRIST suivant l'Evangile des Hébreux: *Ma mere, le saint Esprit m'a pris par un de mes cheveux, & m'a transporté sur la haute montagne du Thabor.* Il est bon de remarquer en passant, qu'en Hébreu le mot *Rouah*, qui signifie *l'Esprit*, est féminin, d'où vient qu'il dit: *Ma mere le Saint Esprit.* On lisoit dans le même Evangile que le saint Esprit parlant à JESUS-CHRIST, lorsqu'il sortit de l'eau du Baptême de Jean, lui dit: *Mon Fils, j'attendois vôtre venuë dans tous les Prophétes: vous êtes mon Fils aîné, qui regnez éternellement.* Et ailleurs: (*c*) *La mere de Jesus, & ses freres lui disoient: Voila Jean qui baptise pour la rémission des pechez. Allons nous faire baptiser par lui. Mais il leur répondit: Quel mal ai-je fait, pour me faire baptiser par lui? Si ce n'est que cela même que je viens de dire, ne soit un péché d'ignorance.* On remarquera encore une assez bon nombre d'autres passages tirez de cet Evangile, que nous avons rapportez dans la suite du Commentaire.

Il y a beaucoup d'apparence que c'est le même Evangile Hébreu de saint Matthieu qui se trouve cité sous le nom *d'Evangile des douze Apôtres.* (*d*) C'est ainsi que les Chrétiens hébraïsans l'appelloient, prétendant apparemment l'avoir reçû du Collége des Apôtres, & y avoir réüni tout ce qu'ils avoient appris de leur bouche. On lui donna aussi le nom *d'Evangile des Nazaréens*, (*e*) parce qu'il étoit entre les mains des premiers Chrétiens, nommez Nazaréens, à cause de la patrie de Nôtre-Seigneur, qui étoit de Nazareth. Ce nom d'abord n'eut rien d'injurieux; mais dans la suite il signifia une sorte d'hérétiques, attachez trop opiniâtrement aux cérémonies de la Loi, sans lesquelles ils ne croyoient pas que l'on pût se sauver.

Cet Evangile demeura assez long-tems dans sa pureté entre les mains des Nazaréens, ou des premiers Fidéles: (*f*) même après qu'il fut corrompu par les Ebionites qui se séparérent d'eux, & tombérent dans plusieurs erreurs sur la Divinité de JESUS-CHRIST, & sur la virginité de Marie.

(*a*) *Idem l. 5. Strom.* Μυστήριον ἐμὸν ἐμοί, καὶ τοῖς υἱοῖς τοῦ οἴκου μου.

(*b*) *Origen. in Johan. t. 2. p. 58.* Ἄρτι ἔλαβέ με ἡ μήτηρ μου τὸ ἅγιον πνεῦμα ἐν μιᾷ τῶν τριχῶν μου, καὶ ἀπήνεγκέ με εἰς τὸ ὄρος τὸ μέγα Θαβώρ. *Vide & homil. 15. in Jerem. p. 148. Edit. Huët. & Ieronym. in Isai.* XL. 11.

(*c*) *Ieronym. l. 3. contra Pelagg. c. 1.*

(*d*) *Apud Origen. homil. 8. in Matt. Ambros. proœm. in Luc. Ieronym. l. 3. contra Pelag. c. 1.*

(*e*) *Iren. l. 1. c. 26. & l. 3. c. 11. Ieronym. in Matth.* XII.

(*f*) S. Ignace dans Eusébe l. 3. c. 36. Hist. Eccles. Saint Jérôme sur S. Matthieu, S. Epiphane Hérésie 29. sur la fin, cite cet Evangile, comme le vrai Evangile de saint Matthieu.

Il y avoit encore des Nazaréens du tems de saint Jérôme, (*a*) & on ne leur reproche aucune erreur pareille à celle des Ebionites. Ils ne retranchoient rien à l'Evangile, & rejettoient avec mépris les traditions des Pharisiens, quoique fort zélez d'ailleurs pour les observations de la Loi.

Théodoret (*b*) nous apprend que l'on appelloit aussi quelquefois, *Evangile de saint Pierre*, (*c*) ou *Evangile selon saint Pierre*, (*d*) celui dont se servoient les Nazaréens. Cet Evangile selon saint Pierre étoit à l'usage des *Docétes*, hérétiques du second siécle, qui soûtenoient que JESUS-CHRIST n'étoit né, n'avoit souffert, n'étoit mort qu'en apparence. Ils avoient pour chef *Julius Cassianus*, (*e*) disciple de Valentin, qui donna naissance à cette hérésie, sous l'Empire de Marc-Auréle. Sérapion Evêque d'Antioche sous l'Empereur Commode, attaqua Marcien disciple (*f*) de Cassianus.

Peut-être aussi que *la prédication de saint Pierre*, (*g*) dont se servoit Héracléon ami de Valentin, étoit le même que l'Evangile selon saint Pierre, dont on vient de parler. Tous ces hérétiques étoient sortis du sein des prémiers Hébreux convertis. Ils avoient tous le même Evangile. Chacun y ajoûtoit, ou en retranchoit conformément à ses idées. Le fond de tout cela étoit l'Evangile de saint Matthieu écrit en Hébreu.

On ne trouve plus aujourd'hui l'Evangile Original de saint Matthieu: car ceux qui ont été donnez au Public par Munster, (*h*) & par du Tiller, (*i*) ne sont d'aucun autorité. Les Savans (*k*) les croyent modernes, & de simples traductions faites sur le Latin. On y remarque des traits de Rabinisme, & divers autres caractéres qui les convainquent de fausseté, & de nouvauté. Celui de Munster est beaucoup plus défectueux que l'autre, parce qu'il fut pris sur un éxemplaire mutilé, & imparfait.

M. Mille croit après Tite de Bostres, (*l*) que *l'Evangile des Hébreux* dont on a parlé, fut composé bien-tôt après la Passion de Nôtre-Seigneur, par quelque Chrétien de Jérusalem, qui avoit vû JESUS-CHRIST, & que cet ouvrage, aussi bien que l'Evangile selon les Egyptiens, est un de ces essais, dont parle saint Luc à la tête de son Evangile, (*m*) qui avoient été entrepris par diverses personnes, dans le dessein de donner une histoire

---

(*a*) *Ieronym. in Is.* VIII. 9. XXIX. 20. XXXI. 6. IX. 1.

(*b*) *Theodoret. haeres. Fabul l.* 2. *c* 2.

(*c*) *Fragm. Serapion.* Τὸ ὀνόματι Πέτρου Εὐαγγέλιον.

(*d*) *Euseb. l.* 6. *c.* 3. Τὸ κατὰ Πέτρον ὀνομαζόμενον Εὐαγγέλιον *Orig. in Matt. p.* 223. *edit. Huët.* Τὸ ἐπιγεγραμμένον κατὰ Πέτρον Εὐαγγέλιον.

(*e*) *Clem. Alex l.* 3. *Strom.*

(*f*) *Euseb. l.* 6. *c.* 12. *Hist. Eccles.*

(*g*) Κήρυγμα Πέτρου *Origen. Clem. Alexand. Euseb.*

(*h*) *Basilea* 1537.

(*i*) *Parisiis* 1555.

(*k*) *Grot. initio Comment. in Matth. Huët. de claris Interpp* § 12. *Heidegger. Enchirid. Bibl. l.* 3. *c.* 2 *Mill Proleg* 1236.

(*l*) *Tit. Bostr. in ms. Colleg. novi apud Mille Proleg. p.* 120 *col.* 2.

(*m*) *Luc.* I. 1.

de ce qui s'étoit passé dés le commencement. Cette conjecture pose pour fondement un fait que nous tenons comme trés-douteux, pour ne pas dire, comme entiérement faux, qui est que l'Evangile des Hébreux étoit différent de celui des Nazaréens, & de celui qui avoit été écrit par saint Matthieu. Nous croyons qu'il n'en différoit que par quelques additions, ou quelques retranchemens que les hérétiques y avoient faits.

Quelques Modérnes (*a*) ont révoqué en doute tout ce que nous venons de dire de l'Original Hébreu de saint Matthieu. Ils soûtiennent qu'il a écrit en Grec, & que tout ce que les Peres nous disent de son Evangile écrit en Syriaque, en Caldéen, ou en Hébreu, est faux, ou incertain, ou du moins mal entendu. Les anciens ne conviennent pas entr'eux; & souvent ne s'accordent pas avec eux-mêmes sur cet article. Saint Jérôme (*b*) en parle quelquefois comme d'un excellent Original. (*c*) Il le cite avec éloge; & toutefois lorsqu'il s'agit de réformer les éxemplaires du nouveau Testament, & de traduire l'Evangile selon l'ordre du Pape Damase, il n'eut point recours à ce prétendu Original; il n'alla qu'au Grec. (*d*) Origénes qui le cite souvent, (*e*) en parle toutefois comme d'un ouvrage d'une trés-légére autorité. Saint Epiphane (*f*) qui en fait l'éloge en un endroit comme d'une piéce autentique, dit ailleurs (*g*) qu'il est corrompu & mutilé.

D'ailleurs la langue Grecque étant la langue vulgaire de la Palestine, comme on le suppose, il étoit naturel que saint Matthieu écrivît en Grec, puisqu'il écrivoit plûtôt pour le peuple, que pour les Savans. S'il eût écrit en Hébreu, comment son Ouvrage seroit-il tombé dans le mépris, & enfin dans l'oubli? Car on avouë que les Evangiles Hébreux qui ont été imprimez depuis quelques années, ne sont point l'Original de saint Matthieu, non plus que le Syriaque, quoiqu'en ayent pû dire les Editeurs du nouveau Testament Syriaque. On dit de plus que si saint Matthieu avoit écrit originairement en Hébreu, on n'y verroit pas les interprétations des noms Hébreux en Grec, comme on les y voit. L'Auteur n'y citeroit pas l'Ecriture comme il la cite, suivant la version des Septante. La langue Grecque étoit alors la langue de commerce de tout l'Empire. Saint Paul écrivit en Grec aux Romains mêmes. Saint Pierre, & saint Jacques écrivirent dans la même langue aux Juifs dispersez, & saint Paul à ceux de la

---

(*a*) *Erasm. in Matth.* VI. 2. V. 22. VIII. 22. XIX. 5. *Apol. ad Stunicam*, *Cajet ad Matt.* I. 23. *Calvin ad Matt.* II. 6. *Gomar. Dissert. Oper. tom.* 3. *p.* 513. *Ligfoot, Hor. Hebr. ad Matt.* I. 23. *Vittaker. Schmith Frißen. Disquis. p.* 661. 662 *Beza ad Matt.* I. *Casaubon in Baron. Illiric Cleric. Dissert.* 3. *in Suan. Concord. Evang. alii plures.*

(*b*) *Ieron. lib.* 2. *de Scriptorib. Ecclesiast.* & *in Matt.* XII.

(*c*) *Idem Præfat. in quatuor Evang.*

(*d*) *Ieronym. Comment. in Matt.* XII.

(*e*) *Origen. homil.* 8. *in Matt. in Edit. Lat.*

(*f*) *Epiphan. hæresi* 29 Ναζωραίων.

(*g*) *Idem hæresi* 30. & 51.

Palestine. Pourquoi donc saint Matthieu seul auroit-il écrit en Hébreu, pendant que tous les Auteurs du nouveau Testament écrivoient en Grec? On fait venir au secours de cette opinion les décisions des Rabbins, qui disent qu'il n'est pas permis d'écrire les Livres sacrez en une autre langue que la Grecque. (*a*) Voilà les preuves de cette opinion.

Isaac Vossius (*b*) traite les deffenseurs de ce sentiment avec sa hauteur ordinaire. Il ne les estime pas dignes de réfutation : ***Stulti simus si istiusmodi deliriis aliquid reponamus.*** Mais il donne, sans y penser, des armes à ses adversaires, en soûtenant, comme il fait, que la langue Grecque étoit la langue vulgaire de la Palestine du tems de Nôtre-Seigneur, & que le Caldéen, ou le Syriaque n'étoit entendu que des Savans; que JESUS-CHRIST, les Apôtres, & tous les Juifs de Jérusalem ne parloient que Grec. Mais d'où vient donc que les Evangélistes nous rapportent des paroles Hébraïques, ou Syriaques, que JESUS CHRIST prononça en divers endroits? (*c*) D'où vient que saint Paul voulant haranguer les Juifs de Jérusalem dans le Temple, leur parla Hébreu, ou Syriaque? (*d*) D'où viennent les Paraphrases Caldaïques faites peu de tems aprés Nôtre-Seigneur, en faveur du peuple, s'il n'entendoit que le Grec?

Mais pour répondre directement aux raisons de ceux qui nient que saint Matthieu ait écrit en Hébreu, on peut dire 1°. que les prétenduës contrariétez qu'on croit remarquer dans les témoignages des Anciens sur le Texte Hébreu que l'on voyoit de leur tems, ne sont qu'apparentes. Le même Texte considéré en differens tems, & par rapport aux diverses personnes qui s'en sont servies, est fort différent de lui-même, & a donné lieu d'en parler si diversement. D'abord il fut pur, sacré, authentique; ensuite il fut altéré par quelques additions peu importantes, mais peu certaines; & demeura ainsi dans les mains des Nazaréens jusqu'au quatriéme siécle. D'un autre côté dés la fin du premier siécle il fut corrompu, & gâté par les Ebionites, & ne fut regardé entre leurs mains par les Catholiques, que comme une piéce sans aveu, sans aûtorité, & rejettée comme herétique par toute l'Eglise. Voila ce qui a causé le partage des expressions qu'on remarque dans les Anciens.

2°. Il est faux que le Grec fût la langue vulgaire de la Palestine. JESUS-CHRIST parloit ordinairement Hébreu, comme on le voit par l'Evangile même. 3°. L'explication des noms Hébreux en Grec, ne prouve pas plus que l'Evangile ait été écrit en Grec, que dans la Génese les noms Hé-

(*a*) *Vide Jerosolym. Megillat fol. 9. apud Ligfoot in Matt. Hor. Hebr. Vide & Byna. de Natali Christi, l. 1. c. 2. art. 15.*

(*b*) *Isaac Voss. Præfat. Append. in l. de 70. Interpret. Audio Semitheologos quosdam Rabbinistas omnium Patrum, omniumque Ecclesiarum testimonia conculcare, ac seriò affirmare Matthæum non Hebraïcè, sed Græcè scripsisse.*

(*c*) *Matt.* XXVII. 46. *Marc.* XIV. 36. V. 41.

(*d*) *Act.* XXI. 40. XXII. 2. XXVI. 14.

breux

breux rendus en Grec, ou en Latin, prouvent que le Livre a été écrit originairement dans l'une de ces deux langues. Cela montre tout le contraire. On ne donne des interprétations des noms Hébreux en une autre langue, que parce que les Traducteurs Grecs ont voulu faire entendre la valeur des noms dont ils parloient.

4°. Ce qu'on dit que saint Matthieu cite l'Ecriture de l'ancien Testament suivant les Septante, est plus spécieux; & s'il étoit exactement vrai, ce seul argument seroit plus fort que tous les autres, quoiqu'en rigueur il ne seroit pas concluant; étant fort possible que le Traducteur auroit suivi dans sa version celle des Septante, comme la plus autorisée, dans les endroits où S. Matthieu citoit l'Hébreu: mais le fait n'est nullement vrai. S. Matthieu cite ordinairement non les paroles, mais le sens des Prophétes; & de dix passages de l'ancien Testament qu'il a rapportez, il y en a sept, (a) où il parle d'une maniere qui approche plus de l'Hébreu, que des Septante. Il y en a seulement trois (b) qu'il traduit conformément aux Septante; mais alors les Septante sont semblables à l'Hébreu, & ainsi la conformité ne prouve rien. On peut voir S. Jérôme, (c) qui remarque expressément que S. Matthieu ne cite pas l'Ecriture suivant les Septante, mais suivant l'Hébreu.

Lors donc qu'on parle de l'Evangile Hébreu de S. Matthieu, on doit bien distinguer les tems, & les personnes, pour ne pas tomber dans l'équivoque, & dans l'erreur. Cet Evangile sorti des mains de l'Evangéliste, étoit dans sa pureté, & dans son integrité originale. Les Traductions Grecques, & Latines, que l'on tira sur ce Texte dès le commencement, sont aussi tout-à fait pures, & authentiques. Les Chrétiens hébraïsans, soit zéle, ou ignorance, ou présomption, y ajoûtérent d'abord innocemment quelques circonstances, ou quelques particularitez qu'ils avoient apprises de ceux qui avoient vû JESUS-CHRIST, & les Apôtres. Les Nazaréens Catholiques le conservérent assez long-tems dans cet état, qui ne peut pas véritablement être appellé d'une intégrité entiere, & parfaite; mais les additions qu'on y avoit faites n'étoient pas telles, qu'elles méritassent qu'on rejettât entiérement ce Livre, ni qu'on retranchât du nombre des Fidéles ceux qui s'en servoient.

Du milieu de l'Eglise des Nazaréens, ou des Chrétiens hébraïsans, il s'éleva dès la fin du premier siécle, & au commencement du second, une foule d'hérétiques qui nioient la Divinité du Sauveur, & la virginité de Marie, & qui soûtenoient plusieurs autres erreurs capitales. Pour donner du crédit à leur sentiment; ils les insérérent dans l'Evangile de S. Mat-

(a) Voyez *Matt.* I, 23, II. 6. 15. 17. IV. 10. 15. XXII. 17.

(b) *Matth.* III. 3. IV. 4. 7.

(c) *Ieronym. in Catalogo Scriptor. in Matt.*

thieu, qui étoit le ſeul qu'ils reçuſſent pour la plûpart, (*a*) à cauſe de pluſieurs choſes qui leur étoient favorables; & en retranchérent diverſes autres qui leur étoient contraires. Ainſi le même Evangile fut conſidéré, & loüé comme authentique entre les mains des Nazaréens, & rejetté comme hérétique entre les mains des Ebionites. Pour le déguiſer encore davantage, & afin qu'on ne pût pas les convaincre de falſifications, ces hérétiques en changérent le titre, & le nom, & l'appellerent *Evangile des douze Apôtres*, *Evangile de ſaint Pierre*, *Evangile des Nazaréens*, ou *des Ebionites*, *&c.*

On ne doit pas être fort ſurpris que l'Evangile Hébreu de ſaint Matthieu ſe ſoit perdu, & ait été enveloppé dans l'oubli, puiſqu'il fut altéré de ſi bonne-heure. Depuis que les Ebionites l'eurent corrompu, comme il ne pouvoit être d'aucun uſage aux Catholiques, l'Egliſe ne s'intéreſſa point à ſa conſervation. Elle eut quelque attention pour celui qui étoit conſervé par les Nazaréens: mais comme ils n'étoient pas en grand nombre, & qu'ils furent enfin eux-mêmes conſidérez comme hérétiques, à cauſe de leur trop grand attachement aux cérémonies de la Loi, l'Evangile dont ils ſe ſervoient diſparut avec eux. Il y avoit trés-peu de Catholiques qui entendiſſent l'Hébreu de ce Livre, & qui puſſent, ou vouluſſent s'en ſervir. On aima mieux s'en tenir au Grec, dont perſonne ne conteſtoit l'authenticité, ou aux verſions faites ſur le Grec, que d'avoir recours aux ſources des Hébreux, qui étoient viſiblement altérées, ou du moins trés-ſuſpectes.

On ne s'arrête point à l'autorité des Rabbins, qui diſent qu'il n'eſt point permis d'écrire les Livres ſaints, ſi ce n'eſt en Grec: l'objection eſt ridicule. Enfin dans une matiére de fait comme celle-ci, le conſentement unanime des Anciens, qui ont vû, connu, traduit, examiné cet ancien Original, doit l'emporter ſur tous les raiſonnemens de convenance des Modernes; & il ne ſert de rien de dire que l'ancien Texte Hébreu, vû & cité par Origénes, par ſaint Jérôme, & les autres, avoit été traduit ſur le Grec. C'eſt ce qu'il faudroit prouver, & c'eſt ce qu'on ne fera jamais ſolidement.

La Verſion Grecque de ſaint Matthieu que nous avons, & qui paſſe aujourd'hui pour originale, depuis la perte de l'Hébreu, a été faite dés les tems Apoſtoliques. On l'a attribuée au haſard, & en devinant, à ſaint Jacques Evêque de Jéruſalem, (*b*) à ſaint Jean l'Evangéliſte, (*c*) à ſaint Paul, (*d*) à ſaint Barnabé, à ſaint Luc, à ſaint Matthieu lui-même, qui

---

(*a*) *Iren. l. 1. c. 26. & l. 3. c 11.*
(*b*) *Athanaſ. ſeu alius in addit. ad Synopſ.*
(*c*) *Theophylact. Præfat. in Matt.*
(*d*) *Anaſtaſ. Sinaïta Serm. 8. in Geneſ. A Luca, & Paulo.*

auroit ainsi écrit son propre ouvrage en Hébreu, & en Grec. Mais le vrai est qu'on ignore qui en est l'auteur, quoiqu'on sache que la Version est trés-ancienne. Papias dans Eusébe, (a) dit que chacun s'est mêlé de l'interpréter en Grec, comme il a pû. L'Auteur de la Traduction Latine faite sur le Grec dès le commencement de l'Eglise, est encore plus incertain, comme on l'a montré dans la Préface générale.

Le but principal de saint Matthieu dans son Evangile, a été, selon saint Augustin, (b) de rapporter la Race Royale de JESUS-CHRIST, & de représenter la vie humaine qu'il a menée parmi les hommes. Il s'est principalement arrêté à nous décrire les actions, & les instructions dans lesquelles le Sauveur a tempéré en quelque sorte sa sagesse, & sa majesté divine, pour rendre l'exemple de sa vie plus proportionné à nôtre foiblesse. Saint Ambroise (c) remarque que nul autre Evangéliste n'est entré dans un plus grand détail que S. Matthieu, & ne nous a donné des régles de vie, & des instrustions morales, plus conformes à l'humanité de JESUS-CHRIST. Le vénérable Pierre de Damien (d) dit qu'il tient le même rang parmi les autres Evangélistes, que Moyse parmi les Ecrivains de l'ancien Testament, ayant été le premier Ecrivain de la Loi nouvelle, comme Moyse l'est de l'ancienne.

Lorsque saint Matthieu écrivit son Evangile, la grande question entre les Apôtres, & les Juifs, étoit de savoir si JESUS-CHRIST étoit le Messie. Les Juifs ne nioient pas que JESUS ne fût fils de Marie, né à Bethléem, nourri à Nazareth, de la famille de David. Tout le monde savoit l'histoire de sa Prédication, & de sa Mort: mais les Juifs nioient qu'il fût Fils de Dieu, qu'il fût le Messie, que sa mere fût vierge. Ils attribuoient ses miracles à la magie; ils le traitoient de séducteur, & de destructeur de la Loi. Ils accusoient ses Apôtres d'être de faux témoins, & d'avoir violé son corps, pour faire croire qu'il étoit ressuscité.

Saint Matthieu prouve contre eux que JESUS est Fils de Dieu, que Marie sa mere est vierge; qu'il est venu pour perfectionner la Loi, & non pour la détruire; que ses miracles ne sont ni des effets de l'adresse humaine, ni des illusions de la Magie: mais qu'étant vrais, & divins, ils prouvent indubitablement que JESUS-CHRIST est le vrai Messie. Enfin, que sa Résurrection est un fait incontestable. Voilà le dessein général de S. Matthieu.

On remarque, en comparant cet Evangéliste avec les trois autres, une assez grande diversité dans l'arrangement des faits, & des événemens

(a) *Apud Euseb. l. 3. c. 39. Hist. Eccl.* Ἡρμήνευσε δ' αὐτὰ ὡς ἠδύνατο ἕκα. &c.

(b) *Aug. lib. 1. de Consensu Evang. Vide & Tertull. de Carne Christi c. 22. Vide & Theophylact. Proœm. in Matthæum.*

(c) *Ambros. Præfat. in Luc.*

(d) *Petr. Damiani Serm. de S. Matthæo.*

de la vie de nôtre Sauveur : ce qui donne beaucoup d'embarras aux Chronologistes, & aux Interprétes ; les uns pretendant que S. Matthieu a mieux suivi l'ordre des tems ; & les autres soûtenant au contraire que S. Matthieu étant seul contre les trois autres, il y a lieu de croire que c'est lui qui s'est éloigné de l'ordre chronologique. Cette opinion est confirmée par saint Marc, qui dans tout le reste ayant toûjours suivi assez exactement saint Matthieu, l'abandonne pourtant quant à l'ordre des tems.

D'où vient celà dans S. Matthieu ? Est-ce le hasard, ou le dessein, qui a produit cette diversité ? C'est ce qu'il n'est pas aisé de décider. Quelques-uns (a) ont crû que c'étoit à dessein, & que l'Evangéliste avoit exprès rapporté ensemble plusieurs histoires qui servoient à son sujet, pour convaincre plus facilement les Juifs incrédules, contre lesquels il écrivoit. D'autres attribuent tout cela au hasard, & d'autres (b) au dérangement casuel, mais très-ancien, des cahiers de ce saint Evangéliste.

Mais si cela est, il faut que ce dérangement ne soit arrivé que depuis S. Marc ; puisque ce dernier s'est conformé à l'ordre chronologique, qu'il trouva selon toutes les apparences dans l'Exemplaire de S. Matthieu, sur lequel il travailloit. Quoiqu'il en soit, nous nous sommes conformez à l'ordre des événemens, & des tems marquez dans S. Marc, dans S. Luc, & dans S. Jean ; & nous avons abandonné celui de S. Matthieu depuis le Chapitre IV. 22. jusqu'au XIV. 13.

(a) Vantil.

(b) Toynard. Prolegom. ad Harmon. c. 2. p. 5.

HARMONIE
DES
QUATRE EVANGILES,
OU
HISTOIRE ABREGÉE
DE LA VIE
DE JESUS-CHRIST,
Rangée selon l'Ordre des Tems.

L'an du Monde 3999. de la Période Julienne 4709. la 2e année avant la naissance de J. C. & la 5e avant l'Ere Vulgaire.

Conception de Jean-Baptiste.

DIEU voulant préparer un Précurseur au Messie, fit annoncer à Zacharie, Prêtre de la famille d'Abias, la naissance d'un fils, qui devoit être nommé Jean. Zacharie étoit dans le Saint, où il offroit l'encens au Seigneur, lorsque l'Ange Gabriel lui apparut, & lui annonça cette nouvelle. Ayant été incrédule aux paroles de l'Ange, sur le champ il devint muet. (a) Elisabeth son épouse conçut peu de jours après le retour de Zacharie dans sa maison à Hébron.

(a) Luc. I. 5.... 22.

An du Monde 4000. de la Période Julienne 4710. avant l'Ere Vulgaire 4. la premiere année de J. C.

Annonciation de la naissance de Jesus-Christ.

Six mois après l'Ange Gabriel fut envoyé à Marie épouse de Joseph, & lui annonça la naissance future du Sauveur du monde, qui devoit s'appeller JESUS. Marie conçut par l'opération du Saint Esprit, (*a*) & peu de tems après partit de Nazareth, pour aller trouver sa cousine Elisabeth, qui depuis six mois étoit enceinte du Précurseur du Messie.

Visitation.

Elisabeth n'eut pas plûtôt oüi la voix de Marie, que pénétrée de joye, elle sentit son enfant qui tressaillit dans son sein. Elle connut par une lumiere surnaturelle toute la grandeur de celle qui la venoit visiter, & Marie de son côté rendit à Dieu des actions de graces, par un Cantique qu'elle chanta. (*b*)

Naissance de Jean-Baptiste.

Elisabeth ayant heureusement enfanté, tous ses parens, & ses voisins vinrent la congratuler; & au huitiéme jour, lorsqu'on vint pour circoncire l'enfant, les parens vouloient lui donner le nom de Zacharie; mais Elisabeth voulut qu'on l'appellât Jean. On fit donc signe à son pere, pour savoir quel nom il vouloit qu'on lui donnât; & ayant demandé des tablettes, il écrivit : *Jean est son nom*. Alors la langue de Zacharie se délia, & il commença à loüer Dieu par un Cantique qu'il composa sur le champ, étant rempli d'un saint enthousiasme de l'Esprit Saint. (*c*)

Soupçon de Joseph.

Marie étant retournée à Nazareth, après avoir été trois mois auprès de sa cousine, (*d*) Joseph son époux s'apperçut de sa grossesse; & comme il savoit qu'il ne l'avoit point touchée, il ne voulut point la faire punir selon la rigueur de la Loi; mais il résolut de la répudier sécretement. Il étoit rempli de ces pensées, lorsque l'Ange du Seigneur lui apparut en songe, & lui découvrit le Mystére. Il la prit donc dans sa maison, & la retint comme son épouse; (*e*) mais il la traita comme sa sœur.

Naissance de Jesus-Christ le 25. Décembre, un Jeudi 7. de Thebat.

Environ neuf mois après l'Incarnation du Fils de Dieu, on publia un Edit de l'Empereur Auguste, qui ordonnoit que chaque pere de famille se feroit inscrire dans le lieu de sa naissance, ou de son origine. Joseph partit donc de Nazareth avec Marie son épouse, pour venir à Bethléem, qui étoit le lieu de leur origine. Ils se logerent dans l'hôtellerie publique de la ville, & Marie y accoucha de

(*a*) *Luc.* I. 26.... 38.
(*b*) *Luc.* I. 39. 56.
(*c*) *Luc.* I. 57.... 79.
(*d*) *Luc.* I. 56.
(*e*) *Matt.* I. 18.... 25.

son Premier-né. Et comme il n'y avoit point de lieu dans l'hôtellerie pour placer commodément un enfant, elle fut obligée de le mettre dans la créche des animaux. (*a*)

An I. de J. C. 3. ans avant l'Ere Vulgaire.

Aussi-tôt que le Sauveur fut né à Bethléem, l'Ange du Seigneur annonça sa naissance à des Pasteurs, qui étoient au voisinage, & qui veilloient la nuit en paissant leurs troupeaux. Les Pasteurs partirent, & allerent à Bethléem dans l'hôtellerie, où ils trouverent Marie, Joseph, & l'Enfant dans la créche. Ils publierent tout ce qu'ils avoient vû, & entendu; & tous ceux qui l'entendirent, en furent remplis d'admiration. (*b*)

Les Pasteurs adorent J. C.

An du Monde 4001. de la Per. Jul. 4711. avant l'Ere Vulg. 3. la premiere année de J. C.

L'an du monde 4001. de la Période Julienne 4711. la premiere année de JESUS-CHRIST*, trois ans avant l'Ere Vulgaire.*

HUit jours après la naissance du Fils de Dieu, on vint pour le circoncire, & on lui donna le nom de JESUS, ainsi qu'il avoit été ordonné par l'Ange. (*c*)

Circoncision un Jeudi 1. Janvier, 14. de Thébat.

Quelque tems après les Mages vinrent de l'Orient à Jérusalem, conduits par une étoile qui leur étoit apparuë à la naissance de JESUS. A leur arrivée toute la Ville fut émuë, sur tout lorsqu'on leur entendit dire qu'ils cherchoient un Roi des Juifs nouveau-né, dont ils avoient vû l'étoile dans l'Orient. Hérode étoit alors malade à Jérico; il y fit venir les Prêtres, pour savoir d'eux en quel lieu le Messie devoit naître. Ils lui répondirent que c'étoit à Bethléem. Alors le Roi fit secretement venir les Mages, & leur dit d'aller trouver le nouveau Roi, & qu'aussi-tôt qu'ils l'auroient vû, ils lui vinssent dire, afin qu'il allât aussi l'adorer. Ils partirent; & l'étoile qu'ils avoient vûë en Orient, leur apparut de nouveau, & les conduisit à Bethléem, où elle s'arrêta sur l'endroit où étoit l'enfant. Ils y entrerent, l'adorerent, & lui présenterent leurs présens. La nuit suivante un Ange leur apparut en songe, & leur dit de ne pas retourner à Hérode. Ils prirent donc une autre route, & s'en retournerent à leur pays. (*d*)

Adoration des Mages.

Quarante jours après la naissance de JESUS, le tems de la Purification de Marie étant accompli, elle alla de Bethléem à Jérusalem, pour présenter son Fils premier-né au Temple du Seigneur, & pour y offrir les victimes prescrites par la Loi aux femmes après leurs couches. Le saint vieillard Simeon rempli du Saint Esprit, vint à l'heure même au Temple; & ayant pris l'Enfant JESUS entre ses bras, rendit graces

Purification de Marie, le 2. Février, 17. de Sébat, selon le calcul des Juifs.

(*a*) *Luc.* II. 1.... 7.
(*b*) *Luc.* II. 8.... 20.
(*c*) *Luc.* II. 21.
(*d*) *Matt.* II. 1.... 12.

An I. de J. C. 3. ans avant l'Ere Vulgaire.

à Dieu, & lui dit qu'il sortoit content de ce monde, puisqu'il avoit vû le Sauveur, qui étoit l'attente d'Israël. Il prédit à Marie que son cœur seroit percé de douleur, & que son Fils seroit pour la chûte, & la résurrection de plusieurs. Il y avoit en même-tems dans le Temple une sainte Veuve, nommée Anne fille de Phanuël, qui loüa Dieu de ce qu'elle avoit vû, & qui le répandit dans tout Israël. (a)

Fuite en Egypte, 3. Février.

Aprés cela comme Marie, & Joseph se disposoient à retourner à Nazareth, un Ange avertit Joseph en songe de mener l'Enfant en Egypte; parce que Hérode devoit bien-tôt le faire chercher, pour le mettre à mort. Joseph obéit, & prit le chemin de l'Egypte. (b)

Massacre des Innocens, 4. de Février.

Hérode voyant que les Mages ne revenoient point le trouver, comme il les en avoit priez, entra dans une cruelle défiance; & craignant que ce nouveau Roi ne vînt pour le dépoüiller, il envoya à Bethléem, & y fit mettre à mort, tant dans la ville, que dans ses confins, tous les enfans mâles, au-dessous de deux ans. (c)

Retour de Joseph en Judée, vers le 2. Avril.

Hérode étant mort cinq ou six jours aprés ce massacre, son fils Archelaüs lui succeda; & l'Ange du Seigneur apparut à Joseph, peut-être un mois aprè, & lui dit de retourner en Judée. Il se retira à Nazareth, ville de Galilée, (d) où JESUS-CHRIST demeura jusqu'à l'an 30. de l'Ere vulgaire, trente-trois de son âge.

L'an du Monde 4012. de la Période Julienne 4722. de l'Ere Vulgaire 9. de l'âge de JESUS-CHRIST, *douze.*

An 12. de J. C. 9. de l'Ere Vulg.

Voyage de Jesus à Jérusalem, le 30. & 31 Mars, 15. & 16. de Nisan.

JESUS étant âgé de douze ans, alla à Jérusalem avec Joseph & Marie, pour la Fête de Pâque. Aprèsy avoir satisfait à ce que la Loi demandoit, Joseph & Marie s'en retournerent; & croyant que JESUS étoit dans la compagnie avec leurs parens, ou amis, ils marcherent un jour sans se douter de son absence. Mais le soir ne l'ayant point trouvé, ils retournerent à Jérusalem, où ils le rencontrerent dans le Temple, assis au milieu des Docteurs, leur faisant des questions, & les écoutant. Joseph & Marie lui dirent la peine où ils avoient été à son occasion. Il leur dit qu'ils devoient savoir, qu'il ne pouvoit être qu'au Temple de son Pere. Il retourna donc avec eux à Nazareth, & leur demeura soûmis. (e)

(a) *Luc.* II. 22. . . . . 38.
(b) *Matt.* II. 13. . . . . 15.
(c) *Matt.* II. 16. 18.
(d) *Matt.* II. 19. 23.
(e) *Luc.* II. 42. . . . . 52.

L'an

An 31. de J. C. 28. de l'Ere Vulgaire.

L'an du Monde 4032. *de la Période Julienne* 4742. *de* JESUS-CHRIST 31. *de l'Ere Vulgaire* 28.

Commencement de la Prédication de Jean-Baptiste, l'an 31. de J.C. 28. de l'Ere Vulgaire, 32. de Jean-Baptiste.

JEan fils de Zacharie, après avoir vêcu dans le désert jusqu'à l'âge de trente-deux ans, vint sur le Jourdain prêcher le Baptême de la Pénitence; & tout le pays venoit à lui pour recevoir son Baptême, & pour confesser ses péchez. Il leur parloit avec force, & autorité, & ne ménagoit personne; disant que la coignée étoit déja à la racine de l'arbre, & que s'ils ne retournoient à Dieu par une sincére conversion, ils sentiroient bien-tôt les effets de sa colére. Il donnoit des leçons aux Soldats, aux Publicains, aux Pharisiens, aux Saducéens, à tous ceux qui venoient à lui. Sa maniére de vivre étoit trés-austére, ne vivant que de sauterelles, & de miel sauvage; & étant vêtu d'un habit de poil de chameau, & ceint d'une ceinture de cuir. (*a*)

Jean-Baptiste confesse que Jesus-Christ est le Messie.

La vertu, & la maniére de vivre de S. Jean, firent naître à plusieurs le soupçon, qu'il pourroit bien être le Messie qu'on attendoit: mais il déclara qu'il ne l'étoit point; que pour lui il baptisoit du Baptême de l'eau pour disposer le peuple à la pénitence, & à recevoir celui qu'ils attendoient, qui étoit plus fort, & plus grand que lui, & dont il n'étoit pas digne de délier la courroye des souliers; que celui-là les baptiseroit par le Saint Esprit, & par le feu; qu'il avoit déja le van à la main, & qu'il étoit prêt de nettoyer son aire, & de jetter la paille inutile à un feu qui ne s'éteint point. (*b*)

L'an du Monde 4033. *de la Période Julienne* 4743. *de* JESUS-CHRIST 33. *de l'Ere Vulgaire* 30.

Jesus-Christ reçoit le Baptême de Jean, l'an 33. de J. C. 30. de l'Ere Vulgaire.

COmme tout le monde venoit à Jean pour être baptisé, JESUS vint aussi de Galilée, pour recevoir son Baptême. Jean l'empêchoit disant: C'est à vous de me baptiser. Mais JESUS lui ayant dit qu'il falloit qu'il remplît, comme lui, tous les devoirs de la Justice, Jean lui donna le Baptême. Et comme JESUS sortoit de l'eau, & faisoit sa priére, les Cieux s'ouvrirent; & le Saint Esprit descendit sur lui en forme d'une colombe; & on entendit une voix

(*a*) *Matt.* III. 1.... 10.
Marc. I. 1.... 6.
Luc. III. 1.... 14.

(*b*) *Matt.* III. 11. 12.
Marc I. 7. 8.
Luc. III. 15. 16. 17.

An 33. de J. C. & 30. de l'Ere Vulgaire.

du Ciel, qui disoit : Vous êtes mon Fils bien-aimé, en qui j'ai mis ma complaisance. (*a*)

Jesus va dans le désert.

JESUS aussi-tôt après son Baptême, comme il vouloit retourner à Nazareth, fut conduit par l'Esprit dans le désert, pour y être tenté du démon : & après avoir jeûné quarante jours, & quarante nuits, il eut faim ; & le tentateur s'approchant, lui dit de changer en pains les pierres qu'il lui présenta : mais JESUS lui dit : L'homme ne vit pas seulement de pain, mais de tout ce que Dieu veut lui donner pour sa nourriture. Ensuite le démon le transporta sur une haute montagne, d'où il lui fit voir tous les Royaumes de la terre, & il lui dit : Je vous donnerai tout cela, si vous voulez m'adorer. Mais JESUS lui répondit : Il est écrit : Vous n'adorerez que le Seigneur vôtre Dieu. Enfin, le démon le transporta sur le haut du Temple, & lui dit de se jetter à bas, & que les Anges le recevroient entre leurs mains, de peur qu'il ne se blessât. Mais le Fils de Dieu lui dit : Il est écrit : *Vous ne tenterez point le Seigneur vôtre Dieu.* Après cela le démon le laissa pour un tems, & les Anges vinrent lui servir à manger (*b*)

Députation des Juifs vers S. Jean.

Jean-Baptiste avoit quitté le désert de Judée, où il baptisoit d'abord, & étoit venu à Béthanie au-delà de Jourdain, où il continuoit à instruire, & à baptiser le peuple. Le bruit de ses prédications, & de sa vie obligea les principaux des Juifs de lui envoyer une députation de Prêtres & de Lévites, pour lui demander s'il étoit le Christ. Il répondit que non. On lui dit : Etes-vous Elie ? Il répondit : Non. Etes-vous Prophéte ? Il répondit qu'il ne l'étoit point. Qu'êtes-vous donc, ajoûtérent-ils, & pourquoi baptisez-vous, si vous n'êtes ni le Christ, ni Elie, ni Prophéte ? Il dit : Je suis la Voix de celui qui crie dans le désert : Préparez la voye au Seigneur. Je vous baptise dans l'eau ; mais celui que vous cherchez est au milieu de vous, & vous ne le connoissez point. (*c*)

Jean confesse de nouveau que Jesus-Christ est le Messie.

Le lendemain matin Jean vit JESUS qui venoit à lui, & il dit au peuple en le leur montrant : Voilà l'Agneau de Dieu ; voilà celui qui ôte les péchez du monde : Voilà celui dont je vous ai dit : Il viendra après moi un Sauveur, qui est avant moi. Je ne le connoissois point ; mais celui qui m'a envoyé baptiser, m'a dit : Celui sur qui vous verrez descendre le Saint Esprit, est le Fils de Dieu ; & j'ai vû le Saint Esprit qui descendoit sur lui ; c'est ce qui me l'a fait connoître. (*d*)

(*a*) *Matt* III. 13.... 17.
Marc. I. 9.... 11.
Luc III. 21. 22.
(*b*) *Matt.* IV. 1..... 11.
Marc. I. 12. 13.
Luc. IV. 1.... 13.
(*c*) *Johan.* I. 19.... 28. 30.
(*d*) *Johan.* I. 29..... 34.... 36.

Le jour suivant Jean voyant passer JESUS, dit encore en présence de deux de ses disciples : Voilà l'Agneau de Dieu. Ces deux disciples suivirent JESUS, vinrent au lieu où il demeuroit, & demeurérent ce jour-là avec lui. Vers le quatre heures après midi André ayant trouvé son frere Simon, l'amena à JESUS. JESUS lui dit : Vous êtes Simon, fils de Jona ; vous vous appellerez ci-après *Céphas*, c'est-à-dire, Pierre. (*a*)

An 33. de J. C. 30. de l'Ere Vulgaire.

Jean confesse une troisiéme fois Jesus-Christ.

Vocation de saint André, & de saint Pierre.

Le lendemain JESUS partit pour s'en retourner à Nazareth en Galilée ; il rencontra Philippe, & lui dit de le suivre. Philippe le suivit ; & ayant trouvé Nathanaël, il l'invita aussi à suivre JESUS, en lui disant : Nous avons trouvé celui que Moyse, & les Prophétes nous ont annoncé, en la personne de JESUS fils de Joseph de Nazareth. Nathanaël répondit : Peut-il venir quelque chose de bon de Nazareth ? Philippe repartit : Venez, & voyez-le vous-même. JESUS ayant vû Nathanaël qui venoit, dit de lui : Voilà un vrai Israëlite, dans lequel il n'y a point de fraude. Nathanaël répondit : D'où me connoissez-vous ? JESUS repliqua : Avant que Philippe vous appellât, je vous avois vû sous le figuier. Je vois bien, dit Nathanaël, que vous êtes le Fils de Dieu, le Roi d'Israël. JESUS lui dit : Vous verrez bien d'autres choses, & vous serez témoin lorsque les Cieux s'ouvriront, & que les Anges descendront, & monteront sur le Fils de l'homme (*b*)

Jesus va à Nazareth.

Vocation de Philippe, & de Nathanaël.

Trois jours après le départ de JESUS de Béthanie, ou Béthabara, il vint à Cana ville de Galilée, où il se faisoit une nôce, à laquelle il fut invité avec sa mere, & ses Disciples. Le vin étant venu à manquer, Marie mere de JESUS l'en avertit, & il changea en vin six grandes cruches pleines d'eau. Voilà le premier des miracles de JESUS, depuis le commencement de sa mission. (*c*)

Nôces de Cana en Galilée.

Premier miracle de Jesus-Christ.

Après la cérémonie des nôces, qui duroit ordinairement sept jours, JESUS alla à Capharnaüm sur la mer de Tibériade, où il demeura peu de jours avec sa Mere, & ses Disciples. De là il se rendit à Jerusalem, pour y célébrer la premiére Pâque après son Baptême. Y étant arrivé il chassa du Temple les changeurs, & ceux qui vendoient des animaux pour les sacrifices. Comme on lui demandoit en vertu de quoi il faisoit cela, il répondit ; Détruisez ce Temple & je le rebâtirai dans trois jours ? ce qu'il entendoit de la mort, & de la résurrection de son corps. Plusieurs crurent en voyant les miracles qu'il faisoit ; mais JESUS ne se confioit point à eux. (*d*)

Jesus va à Capharnaüm, & de là à Jérusalem pour la Fête de Pâque.

Premiére Paque de Jesus-Christ depuis sa Prédication.

(*a*) *Johan.* I. 35..... 44.
(*b*) *Johan.* I. 45..... 52.
(*c*) *Johan.* II. 12..... 25.
(*d*) *Johan.* III. 1..... 21

An 33. de J.C. 30. de l'Ere Vulgaire.

Nicodeme vient trouver Jesus-Christ.

Un des principaux des Juifs, nommé Nicodéme, vint le trouver, comme il étoit encore à Jérusalem, & lui dit qu'il falloit que Dieu fût avec lui, puisqu'il faisoit de si grands prodiges. JESUS lui parla de la régénération, ou du Baptême de l'eau, & du Saint Esprit; ce que Nicodéme ne comprit pas bien. Il lui dit aussi qu'il étoit descendu du Ciel, qu'il étoit la lumiére du monde, & le Fils de Dieu. (*a*)

Jesus vient en Judée, où il baptise.

JESUS ayant fait la Fête de Pâque à Jérusalem, & y ayant demeuré deux jours, en sortit, & vint en Judée, où il baptisoit avec ses Disciples. (*b*)

Jean-Baptiste vient à Ænon.

Les Disciples de Jesus baptisent.

Jean-Baptiste aussi quitta Béthanie, ou Béthabara, & vint à Ænon prés de Salim, où il continuoit de baptiser. Comme il venoit beaucoup de monde au Baptême de JESUS, les disciples de Jean en conçurent quelque jalousie, & lui dirent que tout le monde alloit à celui à qui il avoit rendu témoignage. Jean leur répondit d'une maniére pleine de sagesse, qu'il n'étoit point le Messie, & qu'il n'étoit que son Précurseur, & comme son Paranymphe. (*c*)

An du Monde 4034. *de la Période Julienne* 4744. *de* JESUS-CHRIST 34. *de l'Ere Vulgaire* 31.

Prison de Jean-Baptiste, l'an 34. de J.C 31. de l'Ere Vulgaire.

COmme Jean-Baptiste ne cessoit de crier contre le mariage incestueux d'Hérodes avec Hérodiade, qu'il avoit enlevée à son frere Philippe; Hérodes à l'instigation d'Hérodiade, fit arrêter Jean-Baptiste, (*d*) sous prétexte qu'il s'assembloit autour de lui une trop grande multitude de peuple, & le fit mettre en prison dans le Château de Machéronte. (*e*)

Jesus se retire en Galilée.

Entretien de Jesus-Christ avec la Samaritaine.

JESUS ayant appris la détention de Jean, & craignant que les Juifs ne portassent Pilate à l'arrêter, sous le même prétexte que Philippe avoit arrêté Jean, il quitta la Judée, & se retira dans la Galilée, qui étoit du Royaume de Philippe; mais où Pilate n'avoit aucune autorité. Il devoit passer par la Samarie; & étant arrivé auprés de la ville de Sichar, il envoya ses Disciples pour acheter à manger dans la ville; & lui s'assit prés du puits de Jacob, vers la porte de Sichar. Comme il y étoit, une femme de la ville y vint pour puiser de l'eau. JESUS lui demanda à boire. Cette femme lui témoigna sa surprise, de ce qu'un homme Juif demandoit de l'eau à une femme Sa-

(*a*) *Johan.* III. 1.... 21.
(*b*) *Johan.* III. 22.
(*c*) *Johan.* III. 25..... 36.

(*d*) *Matt.* XIV. 3. 4.
Marc. I. 14. VI. 17. 18.
Luc. III. 19. 20.
(*e*) *Joseph. Antiq. l.* 18. *c.* 7.

maritaine; car les Juifs n'avoient point de commerce avec les Samaritains.

An 34. de J C. 31. de l'Ere Vulgaire.

Mais Jesus l'instruisit, lui découvrit ce qu'elle avoit fait, lui déclara qu'il étoit le Messie, & que bien-tôt les vrais adorateurs adoreroient le Pere en esprit, & en vérité; non à Garizim, ou au Temple de Jérusalem; mais en tout lieu. Les Disciples étant arrivez avec de la nourriture, pressérent Jesus de manger; mais il leur dit qu'il avoit une autre nourriture qu'ils ne connoissoient point, qui étoit de faire la volonté de son Pere. La femme étant allée à Sichar, raconta ce qui lui étoit arrivé, & l'entretien qu'elle avoit eu avec Jesus. Ceux de la ville vinrent le prier d'y entrer: il y vint, y demeura deux jours, & plusieurs crurent en lui. (a)

Jesus prêche à Nazareth. On veut le précipiter du haut de la montagne.

Etant arrivé en Galilée, il y prêchoit dans les Synagogues. Il vint à Nazareth sa patrie; il entra dans la Synagogue, & y ayant lû un passage d'Isaïe, il leur déclara que cette prophétie étoit accomplie en sa personne, & qu'il étoit le Messie promis par les Prophétes. Tout le monde admiroit sa doctrine; mais comme on savoit la bassesse de son origine, parce qu'on le croyoit fils de Joseph, ceux de Nazareth prirent du scandale de sa personne; & Jesus ne fit point de miracles parmi eux, comme il en avoit fait à Capharnaüm. Il leur dit que nul Prophéte n'étoit en honneur dans sa patrie; & enfin ces peuples irritez des reproches qu'il leur faisoit de leur incrédulité, le saisirent, & le menérent au haut de la montagne, où leur ville étoit bâtie pour le précipiter. Mais Jesus passant au milieu d'eux, se retira de Nazaréth, (b) & établit sa demeure la plus ordinaire à Capharnaüm, (c) & prêcha par toute la Galilée, où il fut écouté favorablement. (d)

Guérison du fils d'un Officier du Roi, à Capharnaüm.

Etant allé à Cana pour la seconde fois, comme il y étoit, un Officier du Roi, qui demeuroit à Capharnaüm, & dont le fils étoit fort malade, vint l'y trouver, & le pria instamment de venir guérir son fils. Jesus le renvoya, & lui dit que son fils étoit guéri. Cet homme sur sa parole s'en retournoit; & comme il approchoit de la ville, ses serviteurs vinrent lui dire que son fils avoit été guéri le jour précédent à la septiéme heure, c'est-à-dire, à une heure après midi, au tems que Jesus lui avoit parlé. (e)

Seconde vocation de S. André, & de S. Pierre.

Quelque jours après étant sur la mer de Tibériade, il vit deux freres, Simon, autrement nommé Pierre, & André, qui travail-

(a) *Johan* IV. 1.... 43.
(b) *Luc.* IV. 14.... 30.
(c) *Matt.* IV. 13. 16.
(d) *Johan* IV. 45.
(e) *Johan.* IV. 46.... 54.

An 34. de J.C. 31. de l'Ere Vulgaire.

loient à la pêche. Il leur dit de le suivre ; & aussi-tôt ils quittérent leurs filets, & leur barque, & le suivirent. (a)

Vocation de Jacques, & de Jean, fil. de Zebédée.

Etant allé un peu plus loin, il vit deux autres freres, Jacques, & Jean, qui étoient dans un nasselle, avec leur pere Zébédée, & qui raccommodoient leurs filets. Il les appella de même à sa suite, & aussi-tôt ils quittérent tout, & le suivirent. (b)

Guérison d'un possédé à Capharnaüm.

JESUS ayant donc établi sa demeure ordinaire à Capharnaüm, commença à y prêcher les jours de Sabbat. Il y avoit dans la Synagogue un homme possédé du démon, qui lui crioit: Je sçai qui vous êtes ; vous êtes le Saint de Dieu. Mais JESUS lui imposant silence, commanda au démon de sortir. Il sortit, en causant à cet homme d'étranges convulsions ; mais sans lui faire d'autre mal. (c)

Belle-mere de S. Pierre, guérie de la fiévre.

Etant sorti de la Synagogue, il entra dans la maison de Simon, autrement Pierre, & y guérit la belle-mere de Simon, qui avoit une grande fiévre. (d)

Sur le soir tous ceux de la ville qui avoient des malades, les aménerent à la porte de la maison où étoit JESUS : il les guérit tous. (e)

Jesus dans le désert.

Le lendemain de trés-grand matin il se retire dans un lieu désert, pour y prier. Pierre, & les autres Disciples l'y viennent trouver, & lui disent que tout le monde l'attend. JESUS les méne dans les bourgades, où il prêche l'Evangile du Royaume, & parcourt ainsi toute la Galilée. (f)

Guérison de Magdelaine.

On croit que c'est dans ce voyage qu'il guérit Marie Magdelaine, d'où il chassa sept démons ; (g) & Jeanne femme de Chuza, & quelques autres, qui dans la suite de sa Prédication suivirent JESUS, & le servirent dans ses voyages. (h)

La réputation de JESUS se répandit dans toute la Syrie, & on lui amenoit des malades de toutes parts. (i)

Pêche miraculeuse.

A son retour du voyage, ou de sa Mission de Galilée, il vint sur le lac de Génézareth, où il se vit accablé d'une foule de peuple, qui venoit pour l'entendre. Il se mit dans la barque de Simon-Pierre ; & commença de là à enseigner le peuple. Il ordonna ensuite à saint Pierre de s'avancer en pleine mer, & de jetter ses filets. Pierre

(a) *Matt.* IV. 18..... 20.
Marc I. 16..... 18.
(b) *Matt.* IV. 21. 22.
Marc. I. 19. 20.
(c) *Marc.* I. 21..... 28.
Luc. IV. 31 .... 37.
(d) *Marc.* I. 29. 30. 31.
Matt. VIII. 14. 15.
Luc. IV. 38. 39.
(e) *Matt.* VIII. 16.
Marc. I. 32. 33. 34.
Luc. IV. 40. 41.
(f) *Matt.* VIII. 23.
Marc. IV. 23.
Luc. IV. 42.
(g) *Marc.* XVI. 9.
Luc. VIII. 2.
(h) *Matt.* XXVII. 55. 56.
Marc. XV. 40. 41.
Luc. VIII. 2. 3. & XXIII. 49. 55.
(i) *Matt.* VIII. 24. 25.

obéït, & prit une si grande quantité de poissons, que ses filets en brisoient. (*a*)

An 34. de J.C. 31. de l'Ere Vulgaire.

Guérison d'un lépreux.

Vers ce tems-là JESUS guérit un lépreux par son toucher, & lui ordonna de se montrer aux Prêtres, & de ne pas dire qui étoit celui qui l'avoit guéri. (*b*)

Ce miracle s'étant divulgué, on accourut à lui de tous côtez; en sorte qu'il ne pouvoit entrer qu'en secret dans les villes. Il passa la mer de Génésareth, puis il revint à Capharnaüm, où il guérit plusieurs malades; entre autres un paralytique que l'on descendit dans la maison par le toît. (*c*)

Guérison d'un paralytique.

Vocation de S. Matthieu.

De là JESUS alla sur le lac de Génézareth, & ayant vû un Publicain nommé Lévi, ou Matthieu, il l'appella à sa suite. Matthieu donna à manger à JESUS; ce qui fournit aux Pharisiens un sujet de murmure contre le Sauveur. JESUS justifia sa conduite, & leur déclara qu'il vouloit la miséricorde plûtôt que la rigueur, & que le tems viendroit que ses Disciples jeûneroient. (*d*)

Seconde Pâque depuis le Baptême de Jesus-Christ. Guérison du Paralytique sur la piscine probatique.

Il alla ensuite à Jérusalem pour la Fête de Pâque, & guérit un paralytique, qui l'étoit depuis trente-huit ans, sur la piscine nommée *Bétesda*, sans avoir pû y être jetté, pour y recevoir sa guérison. Le malade ayant emporté son lit ce jour-là, qui étoit le grand jour du Sabbat, c'est-à-dire, le plus proche de la Pâque, cela fit du bruit parmi les Juifs. L'homme ne connoissoit point JESUS-CHRIST; mais quelque tems après le Sauveur l'ayant rencontré dans le Temple, lui dit de ne plus pécher. Alors cet homme divulgua que c'étoit JESUS, qui l'avoit guéri. Les Juifs irritez prirent la résolution de faire périr JESUS-CHRIST; parce qu'il avoit violé le Sabbat, & parce qu'il avoit déclaré que Dieu étoit son Pere. (*e*)

Les Disciples arrachent des épis de bled, pour les manger.

Le Sabbat qui suivit le jour de Pâque, JESUS, & ses Disciples passérent dans les bleds, qui étoient presque mûrs; & comme ses Disciples pressez par la faim, froissoient dans leurs mains des épis, quelques Pharisiens s'en plaignirent à JESUS; mais le Sauveur justifia ses Apôtres par l'éxemple de David, qui dans la nécessité mangea des pains de proposition; & par celui des Prêtres, qui travaillent dans le Temple le jour du Sabbat. Enfin, il leur dit nettement qu'il étoit plus grand que le Temple, & qu'il étoit maître du Sabbat. (*f*)

(*a*) *Luc.* v. 1. 2.
(*b*) *Luc.* v. 12.
(*c*) *Matt.* IX. 2.
Marc. II. 3.
Luc. v. 18. 19.
(*d*) *Matt.* IX. 10.
Marc. II 15.
Luc. v. 29.
(*e*) *Johan.* v. 1..... 47.
(*f*) *Matt.* XII. 1..... 8.
Marc. II. 23 ... 27.
Luc. VI. 1.... 5.

An 34. de J.C. 31. de l'Ere Vulgaire.

Guerison d'un homme perclus.

Le Samedi suivant étant entré dans la Synagogue de Capharnaüm, il y enseigna à son ordinaire, & y guérit un homme qui avoit la main séche, après avoir montré aux Pharisiens qu'il n'y avoit rien en cela de contraire à la Loi. (a)

Pharisiens & Hérodiens.

Les Pharisiens irritez contre JESUS, résolurent avec les Hérodiens de le perdre Mais JESUS-CHRIST connoissant leurs mauvais desseins, se retira vers la mer de Galilée. Il y fut suivi par une infinité de peuples, qui venoient de tous côtez pour l'entendre, & pour être guéris de leurs maladies. (b)

Election des douze Apôtres,

Le Sauveur ordonna qu'on lui tînt prête une nasselle, afin qu'il pût se débarrasser des troupes qui l'accabloient. Il se retira sur la montagne, & y passa la nuit en priéres. Le lendemain matin il descendit, & appella ceux de ses Disciples qu'il désigna, & il en choisit douze de leur nombre, pour en faire ses Apôtres. (c)

Sermon sur la montagne.

Etant descendu de la montagne, il se plaça sur une butte qui étoit dans la plaine, & commença à enseigner ses Apôtres, & tout le peuple. Il y publia les huit béatitudes, & y fit cet admirable sermon de la montagne, lequel comprend l'abrégé de tout l'Evangile. (d)

Guérison d'un lépreux.

Comme JESUS descendoit de la montagne, ou de la hauteur où il s'étoit placé pour enseigner les troupes, un lépreux se présenta devant lui. JESUS-CHRIST le toucha, le guérit, & lui dit d'aller se montrer aux Prêtres. (e)

Guérison du serviteur du Centenier de Capharnaüm.

De là il revint à Capharnaüm, où un Centenier Gentil l'envoya prier par les principaux Juifs de la Ville, de venir rendre la santé à son serviteur, qui étoit dangereusement malade. Comme JESUS avançoit vers la maison du Centenier, cet homme lui envoya de ses amis, pour lui dire qu'il ne se jugeoit pas digne de le recevoir dans sa maison. Enfin il vint lui-même, & dit à JESUS la même chose. Le Sauveur admira la foi de cet homme, & guérit son serviteur sur le champ. (f)

Jesus-Christ guerit le fils de la Veuve de Naïm.

JESUS alla de Capharnaüm à Naïm, où il ressuscita le fils d'une veuve, que l'on portoit en terre (g)

Jean-Baptiste envoye deux de ses disciples à J. C.

Saint Jean-Baptiste étant en prison, apprit les miracles que JESUS-CHRIST, faisoit par tout. Il députa vers lui deux de ses disciples, pour lui dire: *Etes-vous celui qui doit venir, ou en devons-nous attendre*

(a) *Matt.* XII. 9.... 13.
Marc. III. 1..... 5.
Luc. VI. 6..... 10.
(b) *Matt.* XII. 14. 15.... 21.
Marc III. 6..... 8.
Luc. VI. 11.
(c) *Marc.* III. 9...., 19.
Luc. VI. 12..... 17.
(d) *Matt.* V. VI. VII.
Luc. VI. 17..... 49.
(e) *Matt.* VIII. 1..... 4.
(f) *Matt.* VIII. 5.... 13.
Luc. VII. 1..... 9.
(g) *Luc.* VII. 11..... 17.

un autre ? Dans ce moment JESUS fit plusieurs guérisons, & répondit aux disciples de Jean : Allez dire à vôtre Maître ce que vous avez vû, & oüi. Les aveugles voyent ; les sourds recouvrent l'oüie ; les morts sont ressuscitez : les lépreux sont guéris, &c. Après le départ des disciples de Jean-Baptiste, JESUS-CHRIST rendit témoignage à la sainteté, & au mérite de son Précurseur, & fit son éloge de la maniére la plus magnifique ; déclarant que Jean étoit le plus grand des enfans des hommes, & que c'étoit lui qui étoit Elie marqué dans les Prophétes. (*a*) Il reprocha aux Juifs de ne l'avoir point connu, ni reçû.

An 34. de J. C. 31. de l'Ere Vulgaire.

Etant encore à Naïm, il fut invité à manger par un Pharisien, nommé Simon. Là une femme connuë dans la ville pour une pécheresse, vint arroser les pieds de JESUS-CHRIST d'une parfum précieux, & de ses larmes. Le Pharisien choqué de cette action, doute si JESUS est le Messie. JESUS-CHRIST lui fait voir le tort qu'il a de juger si légérement, par la parabole de deux débiteurs, dont l'un devoit beaucoup, & l'autre devoit peu, ausquels le maître remit toutes leurs dettes. (*b*)

Jesus-Christ mange chez Simon le Pharisien. Femme pécheresse.

JESUS parcouroit ainsi toute la Galilée, prêchant par tout ; & il avoit à sa suite quelques femmes qui le servoient. (*c*)

Etant venu à Capharnaüm, il se trouva tellement accablé par la foule, qu'il n'avoit pas même le tems de manger. Ses parens vinrent pour le tirer de là, disant qu'il étoit hors de lui-même, (*d*)

Les parens de Jesus-Christ viennent pour le prendre.

Il guérit au même endroit un possedé, qui étoit aveugle, & muet. (*e*)

Possedé, aveugle, & muet, guéri.

Les Scribes, & les Pharisiens entendant le bruit de tant de merveilles, formoient des jugemens trés-désavantageux de JESUS-CHRIST, disant qu'il ne chassoit les démoins qu'au nom de Béelsébub ; mais le Sauveur réfuta leur blasphême par plusieurs raisons, & leur déclara que leur péché, qui étoit contre le Saint Esprit, étoit de sa nature irrémissible. (*f*)

Ils lui démandérent après cela un prodige, ou un signe ; & il leur répondit qu'il ne leur en donneroit point d'autre, que celui du Prophéte Jonas. Il les menaça d'un châtiment plus rigoureux, que celui des Ninivites, & il leur dit que la Reine du Midi s'eleveroit contre eux au jour du jugement. Il leur proposa la parabole du démon,

Signe du Prophéte Jonas promis.

(*a*) *Matt.* XII. 1.... 19.
Luc. VII. 18.... 35.
(*b*) *Luc* VII. 36.... 50.
(*c*) *Luc.* VIII. 1.... 3.
(*d*) *Marc.* III. 20. 21.
(*e*) *Matt.* XII. 2..
(*f*) *Matt.* XII. 14.... 37.
Marc. III. 22.... 30.

An 34. de J.C. 31. de l'Ere Vulgaire.

qui est sorti d'un homme, & qui y revient avec sept autres démons, plus méchans que les premiers. (a)

La mere, & les freres de Jesus viennent pour lui parler.

La mere, & les freres de Jesus étant venus pour lui parler, on l'avertit, & il répondit que sa mere, & ses freres sont ceux qui l'écoutent, & qui obéïssent à la voix de Dieu. (b)

L'après-diner Jesus alla sur le bord de la mer, & le peuple s'étant assemblé autour de lui, il monta dans un barque, & commença à leur parler de dessus la barque, pour n'être pas accablé de la foule. Il leur proposa la parabole du semeur, (c) celle de la lampe qui ne se met pas sous le boisseau, celle de l'yvraye que l'ennemi seme parmi le froment, celle du grain de moutarde, celle du levain.

Diverses paraboles proposées par Jesus.

Explication des paraboles.

Lorsqu'il eut renvoyé les troupes, & qu'il fut assis dans sa maison, les Disciples le priérent de leur exposer le sens de ces paraboles. Il le fit, & leur fit remarquer le bonheur de leur condition, à qui il étoit donné d'écouter, & de comprendre ce que les autres n'entendoient qu'en paraboles. (d) Il leur proposa encore la parabole du trésor caché, que l'on découvre; de la perle que l'on trouve; du filet jetté dans la mer, qui amasse du poisson, bon & mauvais. (e)

Le soir après qu'il leur eut expliqué ces paraboles, il leur dit de le passer au-delà de la mer de Génezareth. (f) Il se trouva là un savant dans la Loi, qui vouloit se mettre à sa suite: mais Jesus-Christ lui dit: Les renards ont des taniéres, & les oiseaux des nids; mais le Fils de l'homme n'a pas où reposer sa tête. Un autre lui demanda permission, avant de le suivre, d'aller enterrer son pere. Laissez les morts enterrer leurs morts, lui répondit Jesus-Christ. (g)

Savant dans la Loi, qui veut suivre J. C.

Tempête sur la mer de Galilée.

Etant entré dans la barque, il s'endormit; & il s'éleva une tempête, qui mit la nasselle en danger d'être submergée. Les Disciples éveillérent Jesus. Il commanda aux vents, & rendit aussi-tôt le calme à la mer; ce qui remplit de terreur & d'admiration, ceux qui étoient dans la barque. (h)

Guérison de deux possedez au pays de Gérasa.

Il arriva aux bords des Géraséniens, où il y avoit deux démoniaques; un entr'autres qui étoit terrible, & qui étoit possedé d'une

(a) *Matt.* XII. 33.....45.
(b) *Matt.* XII. 46..... 50.
Marc. III. 31..... 35.
Luc. VIII. 19. 20. 21.
(c) *Matt.* XIII. 1.... 36.
Marc. IV. 1..... 33.
Luc. VIII. 4.... 18.
(d) *Matt.* XII. 8.... 23.
Marc. IV. 10..... 20.
Luc. VIII. 9..... 51.
(e) *Matt.* XIII. 44. 45... 52.
(f) *Matt.* VIII. 18.
Marc. IV. 35.
Luc. VIII. 22.
(g) *Matt.* VIII. 19..... 22.
(h) *Matt.* VIII. 23.... 26.
Marc. IV. 36.... 40.
Luc. VIII. 23..... 25.

légion de démons. Il vint au devant de JESUS. Les démons se plaignirent qu'il venoit avant le tems les tourmenter, le priérent de ne les pas envoyer dans l'abysme de l'enfer; mais de leur donner permission d'entrer dans un troupeau de porcs, qui passoient dans les montagnes du voisinage. JESUS-CHRIST le leur permit; & aussi-tôt le troupeau qui étoit d'environ deux mille porcs, se précipita dans la mer de Galilée. Les Géraséniens craignant quelque nouveau malheur, priérent JESUS-CHRIST de sortir de leur pays. (*a*)

An 34. de J.C. 31. de l'Ere Vulgaire.

JESUS étant prêt de rentrer dans la barque, pour repasser à Capharnaüm, le possedé qu'il venoit de guérir, le pria de lui permettre d'aller avec lui; mais JESUS-CHRIST ne le lui permit pas: seulement il lui dit de s'en retourner, & de publier la grace que Dieu lui avoit faite. (*b*)

Possedé qui veut suivre J. C.

JESUS repassa la mer, & trouva les troupes qui l'atendoient. Etant prés de la mer, Jaïr Prince de la Synagogue de Capharnaüm, vint le prier de rendre la santé à sa fille unique, âgée de douze ans. JESUS va dans la maison de Jaïr; (*c*) mais en chemin une femme incommodée d'un flux de sang ayant touché le bord de son habit, fut tout d'un coup guérie. JESUS fit connoître le miracle qui étoit secret, afin que l'on sçût & la foi de cette femme, & la vertu de Dieu. (*d*)

Jesus ressuscite la fille de Jaïr.

Comme il étoit en chemin, on vint dire à Jaïr que sa fille étoit morte. JESUS l'exhorta à la confiance, & continua de le suivre. Etant entré dans la maison avec trois de ses Disciples, il en fit sortir les joüeurs d'instrumens, qui venoient pour célébrer les funérailles de cette enfant. Tout le monde étant sorti, il ressuscita la fille, & ordonna qu'on lui donnât à manger, & qu'on tînt le miracle secret. (*e*)

Comme JESUS alloit avec ses Disciples à Nazareth sa patrie, (*f*) deux aveugles le suivirent jusques dans sa maison, lui demandant instamment qu'il leur rendît la vûë. Etant arrivé dans la maison, il leur demanda s'ils croyoient qu'il eût le pouvoir de les guérir. Ils lui répondirent qu'ils en étoient trés-persuadez. En même-tems il les toucha, & les guérit, & leur ordonna de n'en rien dire: mais ils ne laissérent pas de divulguer le miracle par tout. (*g*)

Guérison de deux aveugles à Nazareth.

(*a*) *Matt.* VIII. 28. ... 34.
Marc. V. 1. ... 17.
Luc. VIII 26. ... 37.
(*b*) *Marc.* V. 18. ... 20.
Luc. VIII. 38. ... 40.
(*c*) *Marc.* V. 22. ... 25.
Luc. VIII. 41. 42.
(*d*) *Matt.* IX. 20. ... 22.
Matt. V. 25. ... 34.
Luc. VIII. 43. ... 48.
(*e*) *Matt.* IX. 18. ... 26.
Marc. V. 35. ... 43.
Luc. VIII. 49. ... 56.
(*f*) *Marc.* VI. 1.
(*g*) *Matt.* IX. 27. ... 31.

An 34. de J.C. 31. de l'Ere Vulgaire.

Possedé muet, guéri.

Jesus dans la Synagogue de Nazareth.

Presqu'en même-tems, il guérit un possedé qui étoit muet : ce qui donna lieu aux Pharisiens de l'accuser de guérir les malades au nom de Béelsébub. (*a*)

Il entra le jour du Sabbat dans la Synagogue, où il fut admiré de tout le monde. Plusieurs prirent un sujet de scandale de la bassesse de sa naissance, & ils se demandoient l'un à l'autre : N'est-ce pas le fils de ce Chanpentier ? Sa mere ne s'appelle-t'elle pas Marie ; ses freres, & ses sœurs ne sont-ils pas parmi nous ? (*b*) JESUS quitta Nazareth, & n'y retourna plus. Il dit en la quittant, qu'un Prophéte n'est sans honneur que dans sa patrie.

Le Sauveur parcourut les bourgs, & les bourgades de la Galilée, prêchant par tout, & guérissant les malades. (*c*)

An 35. de J. C. 32. de l'Ere Vulgaire.

L'an du Monde 4035. de la Période Julienne 4745. de JESUS-CHRIST, *35. de l'Ere Vulgaire 32.*

Moisson abondante. Mission des Apôtres pour prêcher.

JESUS voyant les peuples avides de la parole, il dit à ses Apôtres que la moisson étoit grande ; mais qu'il y avoit peu d'ouvriers, & qu'il falloit prier le maître de la moisson d'y en envoyer. Il députa en même-tems ses Disciples, & les fit partir deux à deux, leur donnant le pouvoir de faire des miracles, & leur ordonnant de ne porter ni provisions, ni armes, ni habits à changer, ni deux paires de sandales ; mais d'aller annoncer la venuë du Royaume céleste aux Juifs, & non aux Gentils, ni aux Samaritains : d'entrer dans les maisons des plus dignes, & des plus gens de bien dans chaque ville, & d'y demeurer, sans changer de logis, tandis qu'ils seroient dans ce lieu. Que si on ne les veut pas recevoir, de secoüer même la poussiére de leurs souliers contre eux, & de se retirer. (*d*) Il leur donne en cette occasion plusieurs excellentes instructions, rapportées dans saint Matthieu. (*e*)

Prédication, & miracles des Apôtres.

Les Apôtres étant donc partis, prêchérent par tout, & firent une infinité de miracles. Le Sauveur d'un autre côté alla prêcher dans les villes du pays, où les Apôtres avoient été avant lui. (*f*)

Mort de Jean-Baptiste.

Ce fut en ce tems-là que saint Jean-Baptiste fut décollé dans la

(*a*) *Matt.* IX. 32. 33. 34.
(*b*) *Matt.* XIII. 54. ... 58.
Marc. VI. 1. .... 5.
(*c*) *Matt.* IX. 35.
Marc. VI. 6.
(*d*) *Matt.* IX. 36. 37. 38. X. 1. .... 17.
Marc. VI. 7. .... 11.
(*e*) *Matt.* X. 17. ... 42.
(*f*) *Matt.* XI. 1.
Marc. VI. 12.
Luc. IX. VI.

An 35. de J. C. 32. de l'Ere Vulgaire.

prison par les ordres d'Hérodes-Antipas, après que Salomé fille d'Hérodiade eut dansé devant ce Prince. (*a*)

Reproches contre les villes de Bethsaïde, Corozaïm, & Capharnaüm.

JESUS ayant prêché par tout, & ayant opéré une infinité de miracles, principalement dans les villes qui sont au bord de la mer de Tibériade, il leur fit des reproches de leur incrédulité, disant que si Tyr, & Sidon avoient vû les prodiges qu'il avoit faits à Bethsaïde, à Capharnaüm, & à Corozaïm, il y auroit long-tems qu'elles se seroient converties. (*b*)

Hérodes croit que Jean-Baptiste est ressuscité en la personne de J. C.

En ce même tems Hérodes ayant oüi le bruit des miracles de JESUS-CHRIST, alla s'imaginer que Jean-Baptiste étoit ressuscité, & que c'étoit lui qui faisoit ces prodiges. (*c*)

Retour des Apôtres de leur mission.

Les Apôtres étant de retour de leur Mission, viennent rendre compte à JESUS du succés de leur prédication. (*d*) Le Sauveur en rend graces à son Pere, & invite tout le monde à porter son joug, & à le suivre. (*e*)

Jesus se retire au-delà du lac de Génézareth.

Ayant appris ce qu'Hérodes disoit de lui, il se retira dans un lieu désert avec ses Disciples pour se reposer. Mais comme ils étoient toûjours accablez des peuples, qui ne leur laissoient pas même le tems de manger, il entra avec ses Apôtres dans une barque, & ayant passé le lac de Génézareth, il se retira avec eux sur une montagne. (*f*)

Les troupes ayant sçû que JESUS alloit au-delà du lac, s'y rendirent aussi par terre, & arrivérent avant lui dans le désert de Bethsaïde. JESUS descendit de la montagne, & touché de compassion, guérit les malades qu'on lui présenta, & commença à enseigner le peuple. (*g*)

Jesus-Christ rassasie cinq mille hommes.

L'heure de manger étant passée, & le jour commençant à baisser, les Apôtres représentérent à JESUS-CHRIST, qu'il falloit renvoyer le peuple, afin qu'il pût aller acheter de quoi manger dans les villages. JESUS répondit : Il n'est pas necessaire qu'ils y aillent : donnez-leur à manger vous-mêmes. Il leur demanda combien ils avoient de pains ; & ayant appris qu'ils en avoient cinq, & deux poissons, il leur dit de faire asseoir le peuple, & de lui donner à manger. JESUS fut obéi : le peuple mangea, & fut rassasié, & on recüeillit douze paniers, pleins de ce qui avoit été de reste. Il y

(*a*) *Matt.* XIV. 1...... 12.
Marc. VI. 14..... 30.
Luc. IX. 7. 8. 9.
(*b*) *Matt.* XI. 20. 21. 22. 23. 24.
(*c*) *Matt.* XIV. 1. 2.
Marc. VI. 14..... 16.
Luc. VII. 7..... 9.
(*d*) *Marc.* VI. 30.
Luc. IX. 10.
(*e*) *Matt.* XI. 25..... 30.
(*f*) *Matt.* XIV. 13.
Marc. VI. 31. 32. 33.
Johan VI. 1. 2. 3.
(*g*) *Matt.* XIV. 14.
Marc. VI. 34.
Johan. VI. 4. 5. 6. 7.

An 35. de J.C. 32. de l'Ere Vulgaire.

Jesus marche sur les eaux. Saint Pierre y marche aussi Ils arrivent à Capharnaüm.

avoit cinq mille hommes, sans les femmes, & les enfans. (a)

Le soir étant venu, JESUS sachant que le peuple avoit dessein de l'établir Roi, contraignit ses Disciples d'entrer dans la barque, & de passer le lac. Il renvoya les troupes, & monta seul sur une montagne pour prier. Cependant ses Apôtres étoient au milieu du lac, occupez à combattre contre les vagues, & les vents contraires. Ils étoient environ à vingt-cinq, ou trente stades du bord, lorsque JESUS vint à eux, marchant sur la mer, & il feignoit de vouloir passer outre. Ils le prirent d'abord pour un phantôme; mais il les rassura en leur parlant, & saint Pierre lui dit: Seigneur, si c'est vous, commandez que j'aille vers vous, en marchant sur les eaux. JESUS lui dit de venir. Il vint: mais voyant un tourbillon, ou une vague, il eut peur, il commençoit à enfoncer. Il s'écria, & JESUS le retint par la main. Les Disciples priérent JESUS d'entrer dans la barque; il y entra; & aussi-tôt elle se trouva à bord. (b)

Les Disciples avoient d'abord voulu aller à Bethsaïde; mais ils en furent empêchez par le vent du Nord. Il vinrent donc à Tibériade, & de là à Capharnaüm.

Les troupes qui savoient que JESUS n'étoit point entré dans la barque avec ses Disciples, crurent qu'il étoit demeuré dans le désert de Bethsaïde. Elles le cherchérent donc avec empressement le lendemain, pour le faire Roi; espérant qu'il continuëroit de les nourrir, comme il venoit de faire. Mais quelques barques étant venuës de Tibériade au même endroit, leur apprirent que JESUS avoit abordé dans le territoire de Tibériade. Aussi-tôt le peuple retourna en deça de la mer, & vint trouver JESUS, qui durant cet intervalle s'étoit rendu à Capharnaüm.

Ayant trouvé JESUS dans la Synagogue de cette ville, ils lui demandérent comme il étoit venu. JESUS leur dit: Vous me cherchez, non à cause des miracles, mais à cause que je vous ai donné à manger le jour précédent. Il les exhorta à chercher une autre nourriture, qui ne perisse point. Il leur dit qu'il est lui-même le Pain du Ciel, fort different de la Manne que Moyse avoit donnée à leurs peres. Ce discours les offensa; sa qualité de fils d'un artisan les scandalisoit. Il continua toutefois de leur parler de la différence qu'il y avoit entre la manne, dont leurs peres avoient été nourris, & le pain qu'il leur offroit. Il leur déclara que sa chair étoit vraiment

(a) *Matt.* XIV. 15..... 21.
Marc. VI. 35..... 44.
Luc. IX. 11..... 17.
Johan. VI. 8..... 13.

(b) *Matt.* XIV. 13..... 34.
Marc. VI. 47..... 53.
Johan. VI. 16..... 21.

nourriture, & son sang véritablement breuvage. Ce discours fut cause que la plûpart de ses Disciples l'abandonnérent. JESUS demanda à ses Apôtres, s'ils vouloient aussi s'en aller. Mais Pierre répondit qu'il avoit dans lui les paroles de la vie éternelle, & qu'ils étoient tous persuadez, qu'il étoit le vrai Christ, Fils du Dieu vivant. JESUS lui dit qu'il les avoit choisis tous douze, mais qu'un d'eux étoit un traître: il parloit de Judas d'Iscarioth. (*a*)

An 35. de J.C. 32. de l'Ere Vulgaire.

On amena à JESUS de tous côtez des malades à Capharnaüm. Il les guérit; mais il partit bien-tôt pour aller célébrer la Pâque à Jérusalem.

Troisiéme Pâque marquée dans l'Evangile depuis le Baptême de Jesus-Christ, l'an de J. C. 35. de l'Ere Vulgaire 32.

JESUS revint en Galilée, & guérit par tout les malades. On souhaitoit d'avoir seulement le bonheur de toucher la frange de ses habits, pour être guéri. (*b*)

Quelques Pharisiens, & quelques Scribes qui étoient venus de Jérusalem après la Fête de Pâque, ayant remarqué que contre la tradition des Juifs, les Disciples de JESUS ne lavoient pas leurs mains avant que de manger, en portérent leurs plaintes à JESUS-CHRIST. Mais il leur dit qu'ils étoient de vrais hypocrites, qui négligeoient l'observation des principaux préceptes de la Loi, & en particulier celui de rendre honneur à ses parens, pour garder leurs traditions; (*c*) & ayant appellé les troupes du peuple, il leur dit que ce n'étoit point ce qui entroit dans la bouche, qui soüilloit l'homme; mais ce qui en sortoit: par où il faisoit entendre que les soüillures légales en elles-mêmes, ne soüilloient point l'ame. (*d*)

Scandalé des Pharisiens de ce que les Disciples de Jesus ne lavoient pas leurs mains avant le repas.

Comme il se fut retiré, ses Apôtres lui dirent que les Pharisiens avoient été scandalisez de son discours. Laissez-les, leur dit il; ce sont des aveugles, qui conduisent des aveugles. Toute plante que mon Pere Céleste n'aura point plantée, sera arrachée. Ensuite les Disciples lui ayant demandé l'explication de ce qu'il avoit dit, que ce n'étoit pas ce qui entroit dans l'homme, qui soüilloit l'homme; il leur fit voir que tout ce qui entroit dans la bouche, étoit digéré par l'estomach, & que ce qui n'étoit pas utile à la nourriture, étoit rejetté par les voyes ordinaires: au lieu que ce qui sortoit de la bouche de l'homme, venoit du cœur de l'homme, & le rendoit coupable aux yeux de Dieu; comme les querelles, les mensonges, les mauvais désirs, les pensées, & les actions deshonnêtes. (*e*)

Scandale des Pharisiens.

(*a*) *Joan.* VI. 22..... 71.
(*b*) *Matt.* XIV. 36.
Marc. VI. 56. 57.
Johan. VII.
(*c*) *Matt.* XV. 1.... 4.
Marc. VII. 1..... 9.
(*d*) *Matt.* XV. 10..... 14.
Marc. VII. 14. 15.
(*e*) *Matt.* XV. 15..... 20.
Marc. VII. 18. 19.... 23.

An 35. de J. C. 32 de l'Ere Vulgaire.

Fille de la Cananéenne guérie

Au commencement de Mai il partit pour aller aux environs de Tyr, & de Sidon. Il vouloit demeurer caché; mais il fut bien-tôt découvert. Une femme Cananéenne vint lui demander la guérison de sa fille. JESUS ne lui répondit rien d'abord; mais comme elle continuoit à crier, & que ses Apôtres le sollicitoient de lui accorder ce qu'elle demandoit, & de la renvoyer, il dit qu'il n'étoit venu que pour les brebis égarées de la maison d'Israël. Dés qu'il fut arrivé dans la maison, cette femme vint se jetter à ses pieds, lui demandant instamment qu'il guérît sa fille. JESUS lui répondit qu'il n'étoit pas juste de donner aux chiens le pain des enfans. Il est vrai, repliqua-t'elle; mais les petits chiens mangent au moins les miettes, qui tombent de la table de leurs maîtres. JESUS admirant sa foi, lui accorda sa demande. (*a*)

Sourd, & muet, guéri.

Il continua sa route par Sidon, & par la Décapole, & vint au-delà de la mer de Galilée. On lui présenta un homme sourd, & muet; & l'ayant tiré à l'écart, il lui mit les doigts dans les oreilles, & toucha sa langue avec sa salive, & lui rendit ainsi la parole, & l'oüie. (*b*)

Multiplication des sept pains, & de quelques petits poissons.

Il monta sur une montagne; & y demeura trois jours. Pendant ce tems il vint une infinité de malades, qu'il guérit dés qu'il fut descendu. Et comme les troupes l'attendoient depuis trois jours, il dit à ses Disciples qu'il ne falloit pas les laisser retourner à jeûn dans leurs maisons: Ils avoient sept pains, & quelques petits poissons pour la provision de la suite de JESUS. Il les fit distribuer à toute la multitude, qui étoit d'environ quatre mille hommes, sans compter les femmes, & les enfans. Ils furent tous rassasiez; & il en demeura encore sept paniers de reste, qu'on recüeillit. (*c*)

Signe du Prophéte Jonas, promis aux Pharisiens.

JESUS s'embarqua aussi-tôt après, & alla à Magédan dans le canton de Dalmanutha, sur le même bord de la mer; mais plus au Midi du lieu où il s'étoit embarqué. Comme il y étoit, les Pharisiens, & les Saducéens vinrent pour le tenter, lui demandant un prodige dans le Ciel. Mais JESUS leur dit qu'eux qui étoient si habiles pour discerner la face du Ciel, & pour prévoir le beau, ou le mauvais tems, n'avoient pas assez de discernement pour connoître les tems, & pour voir que les Prophéties étoient accomplies dans sa personne. Enfin il leur déclara qu'il n'avoit point d'autre signe à leur donner que celui du Prophéte Jonas; & les ayant quittez, il s'embarqua de nouveau sur le lac de Génézareth pour aller à Bethsaïde,

(*a*) *Matt.* XV. 22 ... 28. *Marc.* VII. 25 .... 30.

(*b*) *Marc.* VII. 32 .... 35.

(*c*) *Matt.* XV. 32 .... 39. *Marc.* VIII. 1 .... 10.

ville

ville située à l'extrémité septentrionale du lac. (*a*)

An 35. de J.C. 32. de l'Ere Vulgaire.

Levain des Pharisiens, des Saducéens, & d'Hérodes.

En s'embarquant les Apôtres avoient oublié de prendre du pain pour leur provision, & ils se trouvérent de l'autre côté du lac, n'ayant qu'un seul pain. JESUS leur dit qu'ils se gardassent bien du levain des Pharisiens, & des Saducéens, & de celui d'Hérodes. Il vouloit marquer la doctrine, & les sentimens de ces gens-là. Mais les Disciples ne songeoient qu'au pain matériel qu'ils avoient oublié. JESUS-CHRIST leur reprocha leur peu de foi; les fit souvenir des deux miracles dont ils avoient été témoins, & comment une fois il avoit nourri cinq mille hommes avec cinq pains, & une autre fois quatre mille hommes avec sept pains. Alors ils comprirent qu'il leur parloit de la doctrine des Pharisiens, des Saducéens, & des Hérodiens, dont il falloit se donner de garde. (*b*)

Aveugle guéri à Bethsaïde.

Il prit terre à Bethsaïde, qui étoit au nord du lac, & on lui aména un aveugle pour le prier de le guérir. Il le tira hors de la ville, lui mit de la salive sur les yeux, lui imposa les mains, & lui demanda s'il voyoit. Je vois, dit-il, des hommes comme des arbres qui marchent. JESUS mit une seconde fois les mains sur ses yeux, & l'aveugle vit parfaitement. Il le renvoya, & lui dit de ne pas publier ce qui lui étoit arrivé. (*c*)

Confession de S. Pierre que Jesus est le Messie.

JESUS partit de Bethsaïde, & alla plus avant vers le nord du côté de Césarée de Philippe. Un jour étant seul en priéres avec ses Disciples, il leur demanda ce qu'on disoit de lui. Ils lui répondirent que les uns disoient qu'il étoit Elie, d'autres Jérémie, d'autres Jean-Baptiste, ou quelqu'un des Prophétes ressuscitez. Et vous, dit JESUS, que pensez-vous de moi? Vous êtes le CHRIST, Fils de Dieu, répondit Pierre. Alors JESUS loüa sa foi, & lui dit: Vous êtes Pierre, & sur cette pierre je bâtirai mon Eglise, & les portes de l'enfer ne prévaudront pas contre elle; & je vous donnerai les clefs du Royaume des Cieux, & tout ce que vous lierez sur la terre, sera aussi lié dans le Ciel; & tout ce que vous délierez sur la terre, sera aussi délié dans le Ciel. Alors il leur ordonna de ne dire à personne qu'il étoit le CHRIST. (*d*)

Prédiction des souffrances de Jesus-Christ.

Après cela JESUS commença à prédire à ses Apôtres, les maux qu'il devoit souffrir à Jérusalem. Saint Pierre le tirant à l'écart, lui dit: A Dieu ne plaise que cela vous arrive. Mais JESUS jettant les yeux sur ses Apôtres, reprit fortement Pierre, en lui disant: Reti-

(*a*) *Matt.* XV. 39. & XVI. 1.... 5. *Marc* VIII. 10.... 13.

(*b*) *Matt.* XVI. 4 ... 12. *Marc.* VIII. 13.... 21.

(*c*) *Marc.* VIII. 22..... 26.

(*d*) *Matt.* XVI. 13.... 20. *Marc.* VIII. 27.. ..29. *Luc.* IX. 18.

An 35. de J.C. 32. de l'Ere Vulgaire.

rez-vous de moi, Satan, vous m'êtes un sujet de scandale. En même-tems il appella les troupes, & leur dit : Si quelqu'un veut venir après moi, qu'il renonce à soi-même, qu'il prenne sa croix, & qu'il me suive. Car celui qui veut conserver sa vie, la perd ; & celui qui la perd pour l'amour de moi, la conserve. Celui qui rougira de moi devant les hommes, je rougirai de lui, lorsque je paroîtrai dans la gloire de mon Pere avec ses Anges. Je vous dis en vérité qu'il y a ici quelqu'un qui ne mourra point, qu'il n'ait vû le Royaume de Dieu, qui doit venir avec sa puissance. (a) Il parloit sans doute ou de sa Transfiguration, ou de la vengeance qu'il devoit éxercer contre les Juifs par les armes des Romains.

Transfiguration du Sauveur.

Six jours après cet entretien, JESUS conduisit trois de ses Apôtres, Pierre, Jacques, & Jean, sur une montagne à l'écart, où s'étant mis en priéres pendant la nuit, il parut tout d'un coup tout brillant de gloire, & ses habits blancs, & éclatans comme la neige. Cependant les Apôtres étoient tombez dans l'assoupissement, d'où s'étant enfin éveillez, ils furent témoins de la Transfiguration de leur Maître. Ils virent Moyse, & Elie, qui s'entretenoient avec lui, & parloient de la mort qu'il devoit souffrir à Jérusalem. Pierre transporté de joye, & ne sçachant bonnement ce qu'il disoit, proposa à JESUS de faire sur cette montagne trois tentes, pour JESUS, pour Moyse & pour Elie : mais pendant ce tems ces deux Saints disparurent, & une nuée enveloppa les Disciples. Alors ils oüirent une voix qui cria : Celui-ci est mon Fils bien-aimé, en qui j'ai mis ma complaisance ; écoutez-le. A cette voix ils se prosternérent, saisis de frayeur ; mais JESUS les releva, & leur dit le matin en descendant de la montagne, de ne dire à personne ce qu'ils avoient vû, jusqu'après sa Résurrection. (b)

Elie est venu en la personne de Jean-Baptiste

Ce que JESUS-CHRIST avoit dit, *qu'il devoit ressusciter*, n'avoit pas bien été entendu par les Apôtres. Ils se demandoient entre eux ce que cela vouloit dire, & ils dirent à JESUS : Comment donc les Scribes disent-ils qu'Elie doit venir auparavant ? JESUS leur dit, qu'à la vérité Elie devoit venir avant le dernier jour, pour rétablir toutes choses : mais qu'il étoit déja venu en esprit dans la personne de Jean-Baptiste, que les Juifs n'ont pas reçû, & qu'ils ont traité comme ils ont voulu. Ils en doivent faire de même du Fils de l'homme. (c)

(a) *Matt.* XVI. 21.... 28.
Marc. VIII. 31.... 39.
Luc. IX. 22.... 27.
(b) *Matt.* XVII. 1.... 9.
Marc. IX. 1.... 8.
Luc. IX. 28.... 36.
(c) *Matt.* XVII. 9.... 13.
Marc. IV. 9.... 13.

An 35. de J. C. 32. de l'Ere Vulgaire.

Guérison d'un enfant lunatique, muet, & possedé du démon.

Comme la Transfiguration s'étoit faite pendant la nuit, dés le matin JESUS étant descendu de la montagne avec Pierre, Jacques, & Jean, vint trouver ses autres Disciples, qui étoient au milieu d'une grande troupe, & en dispute avec les Scribes, sur ce qu'ils n'avoient pû rendre la santé à un jeune homme qui étoit lunatique, épileptique, muet, & possedé du démon. Lorsque JESUS parut, tout le monde vint au-devant de lui pour le recevoir, & entr'autres le pere de l'enfant, qui lui raconta la maladie de son fils, & le conjura de lui rendre la santé. JESUS répondit : O race incredule, & perverse, jusqu'à quand demeurerai-je au milieu de vous ? Amenez-moi ce jeune homme. Aussi-tôt le démon commença à le tourmenter. Alors JESUS dit au pere que s'il avoit la foi, rien n'étoit impossible à celui qui croyoit. Le pere fondant en larmes, répondit : Seigneur, je crois ; mais aidez mon peu de foi. En même-tems JESUS menaça le démon, & le força de quitter le jeune homme. (a)

Démon qu'on ne peut chasser que par la priére, & par le jeûne.

JESUS étant entré dans la maison, ses Disciples vinrent lui demander en particulier, pourquoi ils n'avoient pû guérir ce malade. JESUS leur répondit que c'étoit à cause de leur peu de foi, & que s'ils avoient de la foi comme un grain de senévé, ils transporteroient les montagnes. Cette sorte de démon, ajoûta-t'il, ne sort que par la priére, & par le jeûne. (b)

Il parcourut ensuite la Galilée, & ne vouloit pas que l'on sçût qui il étoit. Il disoit à ses Apôtres que le Fils de l'homme devoit être livré entre les mains des Juifs ; qu'il devoit être mis à mort, & ressusciter le troisiéme jour. Mais cela n'entroit point dans leur esprit. Ils ne laissoient pas d'entrevoir que cela désignoit la venuë du Royaume du Fils de Dieu ; & ils parloient en chemin de la primauté, disputant qui d'entre eux seroit le premier dans le Royaume des Cieux. (c)

Jesus paye les deux drachmes pour le Temple.

JESUS, & Pierre arrivérent à Capharnaüm avant les autres ; & les receveurs des deux drachmes par tête, qui se payoient au Temple, vinrent demander à saint Pierre, si son Maître ne payoit pas les deux drachmes, ou le demi-sicle. Pierre répondit : Oüi, il le paye. JESUS aussi-tôt qu'il fut arrivé à la maison, & avant que Pierre lui eût parlé, lui dit : Les Rois de la terre de qui tirent-ils le tribut ? Est-ce de leurs enfans, ou des étrangers ? Des étrangers, répondit Pierre. Les enfans en sont donc éxemts, repliqua JESUS, voulant dire qu'é-

(a) *Matt.* XII. 14..... 18.
Marc. IX. 14..... 27.
Luc. IX. 37..... 42.
(b) *Matt.* XVII. 19.... 21.
Marc. IX. 18..... 29.
(c) *Matt.* XVII. 22. 23.
Marc. IX. 30.... 32.
Luc. IX. 44. 45.

An 35. de J.C. 32. de l'Ere Vulgaire.

tant le Fils de Dieu, il n'étoit pas obligé à payer ce qu'on levoit pour la Maison de son Pere. Toutefois, ajoûta-t'il, afin que nous ne leur soyons pas un sujet de scandale, allez à la mer, & le premier poisson que vous tirerez avec vôtre ligne, vous donnera de quoi payer pour moi, & pour vous. Pierre y alla, & il tira un poisson qui avoit dans la bouche un stater, ou un sicle. Il le donna au receveur pour JESUS, & pour lui. (*a*)

Dispute entre les Apôtres sur la primauté dans le Royaume de Dieu.

Dans ce même moment les Disciples arrivérent; car il paroît qu'ils n'etoient point présens à tout ce qui se passa pour le payement du demi-sicle, & qu'ils étoient demeurez derriére, disputant, comme nous l'avons dit, sur la primauté. En arrivant donc ils demanderent à JESUS, qui étoit le plus grand dans le Royaume des Cieux? JESUS qui savoit ce qui s'étoit passé entr'eux pendant son absence, leur demanda de quoi ils avoient disputé en chemin. Mais ils demeurérent confus, & dans le silence. Ensuite pour répondre à leur question, il leur dit que pour devenir le premier, il falloit chercher à être le dernier de tous; & prenant un petit enfant, il le mit auprès de soi, & leur dit, que s'ils vouloient entrer dans le Royaume des Cieux, ils devoient devenir comme cet enfant. (*b*)

Homme qui chasse les demons au nom de Jesus-Christ, quoiqu'il ne fût pas de ses Disciples.

Jean raconta à JESUS qu'ils avoient vû un homme qui chassoit les démons en son nom, & que comme il n'étoit pas de leur compagnie, ils l'avoient empêché. JESUS lui dit qu'il le falloit laisser, & qu'un homme qui faisoit des miracles en son nom, ne seroit pas disposé à parler mal de lui; & que quiconque n'étoit pas contre lui, étoit pour lui. (*c*)

Danger du scandale.

Il ajoûta que quiconque donneroit un verre d'eau à ses Disciples en son nom, il en recevroit la récompense; & que malheur à celui qui scandaliseroit le moindre des siens: qu'il vaudroit mieux qu'on lui mît au coû une meule de moulin, & qu'on le jettât dans la mer; qu'il falloit qu'il y eût des scandales dans le monde; mais que malheur à celui qui les causeroit: que si nôtre main, nôtre pied, nôtre œil, nous sont un sujet de scandale, il faut les arracher, & les jetter loin de nous: que le ver des damnez ne mourra point, ni leur feu ne s'eteindra point: que le sel est bon; mais s'il vient à s'affadir, à quoi sera-t'il bon? (*d*)

Parabole de la brebis égarée.

Il dit de plus qu'on ne doit point mépriser les moindres des Fidéles, puisque leurs Anges voyent la face du Pere Céleste: qu'il est

---

(*a*) *Matt.* XVII. 24..... 27.
(*b*) *Matt.* XVIII. 1..... 5.
Marc IX 34.... 37.
Luc. IX. 47. 48.

(*c*) *Marc.* IX. 38..... 41.
Luc IX. 49. 50.
(*d*) *Matt.* XVIII. 6.... 9.
Marc. IX. 41..... 50.

An 35. de J.C. 32. de l'Ere Vulgaire.

venu chercher ce qui étoit perdu. Il proposa la parabole d'un homme, qui ayant cent brebis, en va chercher une seule qui s'étoit égarée, & laisse les quatre-vingt-dix-neuf sur les montagnes. Il donna les régles de la correction fraternelle. Il faut premiérement reprendre nôtre frere seul à seul; puis l'avertir en présence de deux, ou trois témoins. S'il ne se corrige pas encore, on peut le dénoncer à l'Eglise. S'il n'écoute pas l'Eglise, il faut se séparer de lui, & le regarder comme un payen, & un publicain. Il dit que ce que ses Apôtres auront lié, ou délié sur la terre, sera lié, ou délié dans le Ciel. Que quand deux, ou trois personnes s'assembleront en son nom, il se trouvera au milieu d'eux. Et que s'ils s'accordent à demander quelque chose, elle leur sera accordée par le Pere Céleste. (a)

Régles pour la correction fraternelle.

A l'occasion de ce que JESUS avoit dit de la correction fraternelle, Pierre lui demanda combien de fois on devoit pardonner à son frere. S'il falloit lui pardonner jusqu'a sept fois. JESUS répondit: Je ne vous dis pas jusqu'à sept, mais jusqu'à septante fois sept fois. Il ajoûta une parabole d'un Roi, qui ayant voulu faire rendre compte à ses serviteurs, on lui en présenta un qui lui devoit dix mille talens, & qui ayant demandé du tems, fut renvoyé quitte de sa dette. Mais au sortir de chez son maître, ayant rencontré un de ses conserviteurs, qui lui devoit cent deniers, il le prit au collet, & malgré ses priéres, & ses larmes, le jetta en prison. Le Roi ayant appris la cruauté de ce serviteur envers son conserviteur, le fit prendre, & le livra aux bourreaux, jusqu'à ce qu'il eût rendu toute la somme qu'il devoit. Ainsi le Pere Céleste pardonnera à ceux qui useront d'indulgence envers leurs freres. (b)

Voyage de Jesus-Christ à Jérusalem, pour la Pentecôte.

JESUS étant entré dans l'année qui devoit être la derniére de sa vie, résolut d'aller à Jérusalem pour la fête de la Pentecôte. Il envoya devant lui quelqu'un pour lui préparer un logement dans un bourg des Samaritains; mais on ne voulut pas l'y recevoir. Deux de ses Disciples, Jacques, & Jean, lui demandérent s'il trouveroit bon qu'ils fissent descendre le feu du Ciel sur cette bourgade. Mais JESUS leur dit: qu'ils ne savoient à quel esprit ils appartenoient. Que pour lui il étoit venu pour sauver, & non pour perdre les hommes. C'est ce zéle trop ardent de ces deux Disciples, qui leur fit donner le nom de *Boanergés*, ou fils du tonnerre. (c)

Dispositions pour suivre comme il faut Jesus-Christ.

Un homme vint lui dire qu'il le vouloit suivre par tout. JESUS lui répondit: Les renards ont des taniéres, & les oiseaux du Ciel des

(a) *Matt.* XVIII. 10.... 20.
(b) *Matt.* XVIII. 15.... 35.
(c) *Luc.* IX. 51. 56.....

An 35. de J.C. de l'Ere vulgaire.

nids pour se retirer ; mais le Fils de l'homme n'a pas où reposer sa tête. JESUS ayant dit à un autre de le suivre ; celui-ci lui demanda le tems d'aller donner auparavant la sépulture à son pere. Mais le Sauveur répondit qu'il devoit laisser aux morts le soin d'ensevelir leurs morts. Il dit à un autre, qui lui demanda le loisir d'aller dire adieu à ses parens : Celui qui met la main à la charuë, ne doit pas regarder derriére soi. (a)

Mission des soixante-douze Disciples.

JESUS outre ses douze Apôtres, choisit encore soixante-douze Disciples qu'il envoya devant lui, dans tous les lieux où il devoit passer. En allant à Jérusalem, il leur dit que la moisson étoit grande, mais qu'il y avoit peu d'ouvriers ; qu'il les envoyoit comme des moutons au milieu des loups ; qu'ils ne prissent ni bourse, ni provisions, ni souliers à changer : qu'ils ne salüassent personne dans leur chemin : qu'en entrant dans une maison, ils lui souhaitassent la paix, & toute sorte de prospéritez : si ceux de la maison sont dignes de vous recevoir, la paix viendra sur eux ; sinon, elle retournera vers vous. Il leur dit de demeurer dans la même maison sans en sortir, tandis qu'on voudroit bien les y souffrir ; de manger ce qu'on leur serviroit, de guérir les malades, de prêcher la venuë du Royaume de Dieu. Il ajoûta : Lorsque vous serez entrez dans une ville, & qu'on ne voudra pas vous recevoir, secoüez sur eux la poussiére de vos pieds, & sortez-en. Cette ville sera traitée au jour du Jugement, avec plus de sévérite, que Sodome, & Gomorrhe. Malheur à Corozaïm, à Capharnaüm, à Bethsaïde : au jour du Jugement, Tyr & Sidon seront traitées moins rigoureusement que ces trois villes. (b)

Retour des soixante-douze Disciples après leur prédication.

Les soixante-douze Disciples ayant ainsi reçû leur mission, vont dans tous les lieux où JESUS devoit les suivre, prêchent la venuë du Royaume de Dieu, & font toute sorte de prodiges. Ils reviennent quelque tems après, JESUS étant déja arrivé a Jérusalem, ou au voisinage, & lui racontent les heureux succez de leur prédication, & que les Démons mêmes leur sont soumis. JESUS leur répondit qu'il voyoit Satan, qui tomboit du Ciel comme un éclair. Il donna ensuite à ses Disciples la force de marcher sans rien craindre sur les serpens, & les scorpions, & la vertu de resister à toute sorte de venins, & de choses dangereuses. Il rendit graces à son Pere de ce qu'il avoit découvert ses Mystéres aux simples, & aux petits, pendant qu'il les cachoit aux grands, & aux superbes. Il ajoûta que son Pere lui avoit mis tout en main ; que nul ne connoissoit le Pere que le Fils, ni le Fils que le Pere, ou ceux à qui l'un & l'autre l'avoit vou-

---

(a) *Luc.* IX. 56. 1.... 62. | (b) *Luc.* X. 1..... 16.

lu révéler. Que bienheureux étoient ses Disciples, qui voyoient celui que bien des Rois, & des Prophétes avoient désiré de voir, & de connoître. (a)

An 35. de J. C. 32. de l'Ere Vulgaire.

Parabole de l'homme blessé en allant à Jéricho, & secouru par un Samaritain.

Un Savant dans la Loi vint tenter JESUS, en lui demandant: Que ferai-je pour avoir la vie éternelle? JESUS répondit: Que porte la Loi? Le Scribe lui dit: Vous aimerez le Seigneur vôtre Dieu de tout vôtre cœur, & vôtre prochain comme vous-même. JESUS répliqua: Vous avez bien dit; faites cela, & vous vivrez. Le Scribe ajoûta: Mais quel est mon prochain? JESUS lui proposa cette parabole: Un Juif allant de Jérusalem à Jéricho, fut arrêté sur le chemin par des voleurs qui le blessérent, le dépoüillérent, & le laissérent demi-mort sur la place. Un Prêtre passant par-là vit cet homme blessé, & passa sans lui donner du secours. Un Lévite quelque tems après, passa de même sans lui rien faire. Enfin, un Samaritain passant par la même route, le releva, banda ses playes, le prit sur sa monture, le conduisit à l'hôtellerie, en prit grand soin pendant qu'il y fut, & en sortant donna de l'argent au maître de la maison, afin qu'il en eût soin. Qui de ces trois a été le prochain de ce pauvre blessé? Le Scribe répondit: C'est celui qui a été touché de son malheur. Allez, lui répondit JESUS; faites-en de même. (b)

Jesus reçû à Béthanie dans la maison de Marthe, & de Marie.

JESUS fut reçû un jour dans la maison d'une femme, nommée Marthe, qui demeuroit à Béthanie, à quinze stades, ou trois quarts de lieüe de Jérusalem. Marthe s'empressoit de préparer à manger à JESUS, pendant que Marie sa sœur, assise à ses pieds, écoutoit tranquillement sa parole. Marthe s'en plaignit à JESUS, & lui dit: Seigneur, vous ne pensez pas que ma sœur me laisse seule occupée à vous servir; dites-lui donc de m'aider. Mais JESUS lui répondit: Marthe, vous vous occupez à bien des choses; Marie a choisi la meilleure part, qui ne lui sera point ôtée. (c)

Formule de priére donnée par Jesus-Christ à ses Apôtres.

Comme JESUS étoit sur le mont des Oliviers, vis-a-vis de Jérusalem, après qu'il eut achevé sa priére, ses Disciples le suppliérent de leur donner une formule de priere, comme Jean-Baptiste en avoit donné à ses Disciples. JESUS leur enseigna l'Oraison Dominicale, qu'il leur avoit déja donnée dans le Sermon sur la montagne. (d) Il continua à les instruire sur la vertu, & les qualitez d'une bonne oraison. Il leur proposa la parabole d'un homme, qui ayant besoin de trois pains, à cause d'un ami qui lui étoit venu de dehors, les alla demander à son voisin. Celui-ci étoit couché, & toute sa famille. Il

---

(a) *Luc.* XVI. 24.
(b) *Luc.* X. 25.... 37.
(c) *Luc.* IX. 38.... 42.
(d) *Matt.* VI. 9.... 13.

An 35. de J.C. 32. de l'Ere Vulgaire.

s'en excusa d'abord; mais enfin vaincu par l'importunité de son voisin, il se leva, & lui donna tout ce qu'il lui demandoit. Il conclut: Demandez donc, & vous recevrez: cherchez, & vous trouverez: frappez, & on vous ouvrira. Qui est le pere qui donne une pierre, ou un serpent, à son fils qui lui demande du pain, ou un œuf? (a)

Possédé muet, délivré, & guéri

On présenta à JESUS un possedé, qui étoit muet. JESUS le guérit; mais les Pharisiens l'accusérent de ne chasser les Démons que par Béelsébub, Prince des Diables. D'autres Pharisiens vinrent lui demander un miracle dans le Ciel: mais JESUS connoissant leurs pensées, leur dit: Tout Royaume divisé se ruinera, & ne subsistera point. Si le regne de Satan est divisé, comment se soûtiendra-t'il? Si je chasse les Démons au nom de Béelsébub, au nom de qui vos enfans les chassent-ils? C'est pourquoi ils seront vos juges. Or si je chasse les Démons par le doigt de Dieu, certainement le Royaume de Dieu est venu. Quand un vaillant homme, & bien armé, est chargé de la garde d'une maison, nul n'y entrera qu'il n'ait desarmé, & vaincu le gardien. Celui qui n'est point avec moi, est contre moi; & celui qui ne ramasse pas avec moi, dissipe. L'esprit impur étant chassé de sa demeure, cherche par tout à se reposer; mais ne trouvant point de retraite, il s'en retourne à sa maison, & s'y fortifie de nouveau, avec sept autres esprits plus mauvais que lui; ensorte que l'état de celui qui avoit été délivré, devient pire qu'auparavant. (b)

Royaume divisé ne peut subsister.

Reproches de Jesus-Christ contre les Pharisiens.

JESUS continua d'invectiver contre les Pharisiens. Il leur déclara pour la troisiéme fois qu'il n'avoit point d'autre signe à leur donner que celui du Prophéte Jonas. (Voyez *Matt.* XII. 39. XVI. 4.) Que la Reine de Saba, & les Ninivites s'éleveront contre eux au jour du Jugement, & condamneront leur incrédulité, & leur indifférence pour la vérité. Que l'on ne met point une lampe allumée sous un boisseau, mais dans un lieu apparent, pour y éclairer. Que la lumiére du corps est l'œil: que si l'œil est clairvoyant, tout le corps sera dans la lumiére; sinon, tout est dans l'obscurité. Craignez donc que la lumiére qui est dans vous ne soit obscure, & tenébreuse. (c)

Jesus mange chez un Pharisien, qui se scandalise de ce qu'il ne lave pas ses mains, en se mettant à table.

Un Pharisien ayant invité JESUS à dîner, fut surpris qu'il ne se fût pas lavé les mains avant que de se mettre à table. Mais JESUS lui répondit que pour eux Pharisiens, ils avoient grand soin de nettoyer les dehors du vase, pendant que le dedans étoit plein de rapines, & de malice. Il invectiva ensuite contre ceux d'entre eux, qui donnoient la dîme de la mente, & de la ruë, pendant qu'ils abandonnoient la

(a) *Luc.* XI. 1.... 13.
(b) *Luc.* XI. 14.... 28.
(c) *Luc.* XI. 29.... 36.

justice

justice, & la charité. Il leur reprocha qu'ils recherchoient avec empressement les premiéres places dans les Synagogues, & dans les places publiques, & qu'ils étoient comme des sépulchres blanchis, sur lesquels on marchoit sans s'en défier : Il ajoûta : Malheur à ceux qui chargent les autres hommes de fardeaux insupportables, pendant qu'eux-mêmes ne les touchent pas du bout du doigt, pour aider ceux qui les supportent avec peine. Malheur à ceux qui bâtissent des tombeaux aux Prophétes, que leurs peres ont fait mourir. Malheur à ceux qui se sont saisis de la clef de la science, & qui n'y veulent pas entrer eux-mêmes, ni y laisser entrer les autres. Les Scribes, & les Pharisiens irritez de ce que JESUS leur venoit de dire, l'observoient, & l'engageoient à parler sur plusieurs choses, tâchant de le surprendre dans ses discours. (a)

An 35. de J. C. 32. de l'Ere Vulgaire.

Un jour JESUS parlant à ses Disciples au milieu d'une grande troupe de peuple, leur disoit : Donnez-vous de garde du levain des Pharisiens, qui est l'hypocrisie : car il n'y a rien de si caché, qui ne se découvre ; ni de si secret, qui ne se sache un jour. Ce que vous avez dit dans le secret, sera un jour publié devant tout le monde ; & ce que vous avez dit à l'oreille, sera un jour prêché de dessus les toîts. Ne craignez pas ceux qui peuvent tuer les corps ; mais celui qui peut donner la mort à l'ame, en la précipitant dans l'enfer. Deux petits oiseaux du prix de deux sols, ne sont point en oubli devant Dieu ; à plus forte raison ne vous oubliera-t'il pas : les cheveux mêmes de vos têtes sont comptez. Quiconque me confessera devant les hommes, je le confesserai devant mon Pere ; & quiconque me renoncera, je le renoncerai. Les outrages prononcez contre le Fils, seront pardonnez ; mais ceux qu'on aura dits contre le Saint Esprit, ne seront point pardonnez. Lorsqu'on vous fera comparoître devant les assemblées, & les Magistrats, ne soyez pas en peine de ce que vous aurez à répondre ; car le Saint Esprit vous enseignera sur l'heure ce que vous aurez à dire. (b)

Levain des Pharisiens, qui est l'hypocrisie.

Un homme vint prier JESUS d'obliger son frere de partager avec lui. JESUS lui dit qu'il n'étoit point établi juge pour ces sortes de choses. Il en prit occasion de parler contre l'avarice. Il proposa sur cela la parabole d'un homme riche, qui voulant détruire ses gréniers pour en faire de plus vastes, & se proposant de vivre à son aise, fut tout d'un coup enlevé du monde. Il ne faut donc point s'inquiéter du vivre, & du vêtement. Les oiseaux sont vêtus, & nourris par les soins de Dieu ; à plus forte raison les hommes le seront-ils.

Jesus est prié de faire un partage entre deux freres.

(a) *Luc.* XI. 37.... 54. (b) *Luc* XII. 1.... 12.

An 35. de J. C. 32. de l'Ere Vulgaire.

Il est inutile de s'inquiéter pour cela. L'homme ne peut ajoûter à sa taille la hauteur d'une coudée : s'il ne peut le moins, pourra-t'il le plus ? Les lys ne pensent point à leur vêtement ; cependant Dieu les revêt avec magnificence. Cherchez donc premiérement le Royaume des Cieux, & tout cela vous sera donné par surcroît. Vendez ce que vous avez, & donnez l'aumône, & amassez-vous des trésors dans le Ciel. Ayez toûjours vos reins ceints, & vos lampes allumées, afin que quand vôtre maître reviendra du festin, vous le puissiez recevoir. Je vous dis en vérité que s'il vous trouve en cet état, il vous fera mettre à table, & vous servira lui-même à manger. Si le pere de famille savoit à quelle heure le voleur devroit venir pour percer sa muraille, il ne s'endormiroit pas. Ainsi soyez toûjours prêts, parce que vous ne savez pas à quelle heure le Fils de l'homme doit venir. (a)

Paraboles du dispensateur fidéle, du mauvais serviteur, du serviteur desobeïssant.

Pierre demanda à JESUS-CHRIST, si ce qu'il disoit regardoit tout le monde, ou s'il ne parloit qu'à ses Disciples ? JESUS lui proposa à ce sujet diverses paraboles. 1°. Celle du dispensateur fidéle, & prudent, qui en récompense de sa fidélité, est établi sur toute la famille. 2°. De celui qui abusant de l'absence de son maître, maltraite ses conserviteurs, & se divertit. Cependant le maître revient, & fait mourir ce dispensateur infidéle. 3°. Du serviteur qui sachant la volonté de son maître, ne l'éxécute point, & est sévérement puni ; & de celui qui ne la sachant pas, est châtié moins rigoureusement. On demande beaucoup à celui à qui l'on a confié beaucoup. Je suis venu apporter le feu sur la terre, & je ne demande que de le voir allumé. Je suis venu pour être baptisé d'un baptême de sang ; je suis dans la peine, jusqu'à ce que ce baptême soit accompli. Je ne suis pas venu apporter la paix sur la terre, mais la division. Je viens répandre la division dans les familles entre les enfans, & leurs peres ; entre les peres & les enfans, &c. (b)

S'accorder avec sa partie avant le jugement rendu.

JESUS reprocha aux Pharisiens qu'ils savoient fort bien prédire le beau, ou le mauvais tems, par l'inspection du Ciel ; mais qu'ils ne pouvoient discerner le tems de la venuë du Messie. Il ajoûta : Lorsque vous êtes en chemin avec vôtre partie pour aller devant les Juges, ne différez pas de vous accommoder avec lui ; de peur que le Juge ne vous condamne, & ne vous fasse mettre en prison, jusqu'à ce que vous ayez rendu jusqu'au dernier sol. (c)

Sang des Galiléens, mêlé à leurs sacrifices par Pilate.

En ce tems-là on dit à JESUS que Pilate avoit mêlé le sang de

(a) *Luc.* XII. 13..... 41.
(b) *Luc.* XII. 41..... 53.
(c) *Luc.* XII. 54..... 58.

quelques Galiléens, avec leurs sacrifices. JESUS repondit: Croyez-vous que ces Galiléens étoient les plus coupables du pays? Non sans doute; & ceux sur qui la tour de Siloë est tombée, n'étoient pas non plus les plus criminels de la ville de Jérusalem. Ainsi, si vous ne faites pénitence, vous périrez tous de même. Il leur proposa la parabole d'un figuier, qui ne produisant point de fruit, fut condamné par son maître à être arraché. Mais son vigneron le pria d'avoir patience encore un an, & que dans ce tems-là il le cultiveroit, & lui donneroit de l'amendement; & qu'au cas qu'il ne produisît rien, il l'arracheroit. (a)

An 35. de J. C. 32. de l'Ere Vulgaire.

Comme il enseignoit à son ordinaire dans les Synagogues un jour du Sabbat, il guérit une femme qui étoit depuis dix-huit ans si courbée, qu'elle ne pouvoit regarder en haut. Le Chef de la Synagogue s'en plaignit, disant que la semaine étoit assez longue, sans venir encore guérir les malades au jour du Sabbat. JESUS lui répondit: Hypocrites que vous êtes, qui de vous fait scrupule de délier son bœuf, ou son âne le jour du Sabbat, pour le mener boire; & vous vous fâchez que j'aye délivré de son infirmité cette femme, qu'il y a dix-huit ans qui souffre? (b)

Guérison d'une femme courbée depuis dix-huit ans.

JESUS leur proposa ensuite pour la seconde fois la parabole du grain de sénevé, qui devient aussi grand qu'un arbre; & celle du levain, qui fait lever la pâte de trois mesures de farine. Il continuoit ainsi son chemin vers Jérusalem, enseignant par tout dans les Synagogues. Etant dans cette Ville le jour de la Pentecôte, on lui demanda s'il y auroit bien peu de personnes sauvées; il répondit: Efforcez-vous d'entrer par la porte étroite: le tems viendra que plusieurs chercheront à y entrer, & n'y entreront point; & tous ceux qui viendront frapper à la porte, disant: Seigneur, Seigneur, n'entreront point pour cela. On leur dira: Je ne vous connois point: retirez-vous, ouvriers d'iniquité; allez dehors: là il y aura des pleurs, & des grincemens de dents. Quelque jour vous verrez venir de toutes les parties du monde des étrangers, qui viendront s'asseoir à table avec Abraham, Isaac, & Jacob, pendant que les Juifs seront chassez dehors. Ainsi ceux qui sont les premiers, seront les derniers, & ceux qui sont les derniers, seront les premiers. (c)

Parabole du grain de sénevé, & du levain.

Fête de la Pentecôte, l'an 35. de J. C. & 32. de l'Ere Vulgaire.

Le même jour quelques Pharisiens vinrent donner avis à JESUS qu'Hérodes vouloit le faire mourir. Il leur dit: Dites à ce renard que je guéris les malades encore aujourd'hui, & demain, & que dans

Hérodes veut faire mourir Jesus-Christ.

(a) *Luc.* XIII. 1.... 9
(b) *Luc.* XIII. 10.... 17.
(c) *Luc.* XIII. 19 20.

An 35. de J.C. 32. de l'Ere Vulgaire.

trois jours j'acheve ma course. Il faut que je continuë encore quelque tems dans l'éxercice de mon ministére ; mais je dois mourir à Jérusalem. Il n'est pas permis qu'un Prophéte meure ailleurs. Il prédit ensuite la destruction de cette Ville meurtriére des Prophétes, qui s'opposoit toûjours à la volonté qu'il avoit de rassembler ses enfans, comme la poule rassemble ses petits. Il conclut en disant : Vous ne me verrez plus jusqu'au tems que vous direz : Beni soit celui qui vient au nom du Seigneur. (a)

Hydropique guéri en présence des Pharisiens.

JESUS ayant quitté Jérusalem, revint à Capharnaüm, où un des principaux Pharisiens l'invita à manger un jour de Sabbat. Les Pharisiens l'observoient pour voir s'il guériroit quelque malade ce jour là, afin d'en tirer occasion de l'accuser comme violateur du Sabbat. Il y avoit devant lui un hydropique. Il demanda aux Pharisiens s'il étoit permis de guérir un malade le jour du Sabbat. Comme ils ne répondoient pas, il prit l'hydropique, & le guérit ; & en même-tems il interrogea les Pharisiens, en leur disant : Ne retireriez-vous pas vos bestiaux d'une fosse, où ils seroient tombez le jour du Sabbat ? Et ils ne purent lui répondre. (b)

Ne pas prendre la premiére place à table, lorsqu'on est invité à manger.

Ayant remarqué que les Pharisiens qui étoient invitez avec lui, prénoient avec empressement les premiéres places, il leur dit par une maniére de parabole : Quand vous serez invité à manger, prenez toûjours la derniére place, afin que celui qui vous a invité, vous fasse monter plus haut ; & gardez-vous de choisir la premiére place, de peur qu'il n'en vienne quelqu'un plus honoré que vous, à qui vous soyez contraint de céder celle que vous auriez prise : Car quiconque s'éleve, sera abaissé ; & quiconque s'abaisse, sera élevé. Lorsque vous faites un festin, n'invitez pas vos parens, & vos amis puissans, de peur qu'à leur tour ils ne vous invitent, & ne vous rendent la pareille : mais invitez les pauvres, les malades, les aveugles, afin que Dieu vous en donne la récompense dans la résurrection des justes. (c)

Parabole du grand festin, dont les conviez s'excusent de venir.

Un des conviez prit occasion des discours de JESUS, de dire : Heureux celui qui mangera à la table du Royaume de Dieu. JESUS en prit occasion de leur dire cette parabole : Un homme fit un grand festin, & y invita plusieurs personnes : mais les conviez s'excusérent tous d'y aller, disant l'un qu'il avoit acheté une métairie, l'autre qu'il avoit acheté des bœufs, l'autre qu'il s'étoit marié. Le maître du festin irrité du refus de ses amis, ordonna qu'on fit venir à son repas tout ce qu'on trouveroit de pauvres & d'estropiez dans la ville.

(a) *Luc.* XIII. 31.... 35.
(b) *Luc.* XIV. 1 ... 6.
(c) *Luc.* XIV. 1..... 14.

Il envoya même dans les champs, & ramassa tout ce qu'il y avoit de misérables sur les chemins, & dans les hayes; & il dit à ses serviteurs, qu'aucun de ces premiers conviez ne goûteroit de la bonne-chere qu'il leur avoit préparée. (*a*)

An 35. de J.C. 32. de l'Ere Vulgaire.

Parabole du bâtisseur, qui compte à loisir s'il a de quoi achever son bâtiment.

JESUS parcouroit la Galilée, enseignant dans les Synagogues, & toûjours suivi par de grandes troupes de peuple, à qui il disoit, que pour devenir Disciple du Fils de l'homme, il falloit quitter son pere, sa mere, ses parens, & renoncer à soi-même: Qu'il falloit porter sa croix, & le suivre. Il leur proposa la parabole d'un homme, qui conçoit le dessein de bâtir une maison, & qui avant que de commencer, éxamine à loisir s'il est assez riche pour l'achever; & celle d'un Roi, qui voulant entreprendre la guerre contre un autre Roi, considére mûrement s'il pourra avec dix mille hommes, résister à celui qui en améne vingt mille contre lui. Ainsi celui qui ne veut pas renoncer à toutes choses, ne peut devenir mon Disciple. Le sel est une fort bonne chose; mais s'il vient à s'affadir, avec quoi lui rendra-t'on sa force? Il n'est plus bon ni à fumer les terres, ni à mettre au fumier; mais on le jette dehors comme inutile. Que ceux qui ont des oreilles pour écouter, écoutent. (*b*)

Jesus mange avec les Publicains. Parabole de la brebis égarée.

JESUS revint à Capharnüm, & les Publicains, & les pécheurs venoient à lui pour l'entendre. JESUS ne dédaignoit pas de manger avec eux. Les Pharisiens en murmuroient: mais il leur dit cette parabole: Un homme avoit cent brebis; une d'entr'elles s'étant égarée, il laissa les quatre-vingt-dix-neuf dans le désert, & alla chercher celle qui étoit perduë: il la chargea sur ses épaules, la rapporta au troupeau; & étant de retour en sa maison, il appella ses amis, & leur dit de le féliciter sur ce qu'il avoit trouvé sa brebis qui étoit perduë. Ainsi les Anges se rejoüiront dans le Ciel sur la conversion d'un pécheur.

Parabole de l'enfant prodigue.

Il leur en dit encore une autre de l'enfant prodigue, qui ayant obligé son pere de lui donner la part qui lui devoit venir de sa succession, s'en alla dans un pays éloigné, où il mangea tout ce qu'il avoit dans de mauvaises compagnies. Il se vit bien-tôt réduit à la derniére pauvreté, & contraint de garder les porcs. Rentrant dans lui-même, il prit la résolution de retourner chez son pere. Il y vint; son pere le reçut à bras ouverts, lui fit donner des habits, & fit un grand festin pour témoigner sa joye de son arrivée. Le frere aîné de ce jeune homme étant arrivé des champs, se fâcha de l'ac-

(*a*) *Luc.* XIV. 15..... 25 | (*b*) *Luc.* XIV. 25..... 35.

An 35. de J. C. 32. de l'Ere Vulgaire.

cüeil que son pere avoit fait à son jeune frere. Mais le vieillard lui dit qu'il falloit se réjoüir du retour de son frere, qui étoit en quelque sorte revenu en vie, & qui étoit heureusement retrouvé (*a*)

Après cela JESUS passa le Jourdain, & vint par le pays qui est au-delà de ce fleuve, dans le pays de Judée. Il étoit suivi à son ordinaire par beaucoup de peuple, & par plusieurs malades, à qui il rendoit la santé. (*b*)

Parabole de l'économe infidéle, & mauvais ménager.

Il dit à ses Disciples la parabole de l'économe infidéle, qui ayant dissipé les biens de son maître, & n'étant point en état de rendre compte, prit en particulier chacun des débiteurs de son maître, leur donna des quittances, afin qu'ils le reçussent dans leurs maisons, lorsqu'il seroit destitué de sa charge d'Intendant des biens de son maître. Faites-vous donc des amis avec les richesses d'iniquité, afin qu'après cette vie ils vous reçoivent dans les demeures éternelles. Celui qui est fidéle dans les petites choses, le sera aussi dans les grandes; & celui qui ne l'est pas dans celles qui ne sont pas à lui, comment le sera-t'il dans les siennes? Nul ne peut servir à deux maîtres. On ne peut servir Dieu, & être esclave des richesses. (*c*)

Les Pharisiens qui étoient des avares, se railloient de ces discours du Sauveur: mais il leur dit que Dieu pénétroit le fond des cœurs, & que ce qui passoit pour élevé aux yeux des hommes, étoit en abomination aux yeux de Dieu. Jusqu'à Jean-Baptiste, la Loi, & les Prophétes ont subsisté. Depuis ce tems, le Royaume des Cieux est attaqué de toute part. Il est plus aisé que le Ciel, & la terre passent, que la moindre lettre de la Loi demeure sans effet. (*d*)

Est-il permis de faire divorce avec sa femme?

Les mêmes Pharisiens lui demandérent ensuite pour le tenter, s'il étoit permis de faire divorce avec sa femme. JESUS leur demanda à son tour ce que Moyse en avoit dit. Ils répondirent qu'il avoit permis de lui donner un écrit de divorce, & de la répudier. Il est vrai, dit JESUS: mais ce n'est qu'à la dureté de vôtre cœur qu'il a accordé cela: car n'avez vous pas lû qu'au commencement Dieu créa l'homme, & la femme; & que l'homme quittera son pere, & sa mere, pour s'attacher à son épouse. Ainsi que nul homme ne sépare ce que Dieu a uni. Or je vous dis que quiconque répudie sa femme, si ce n'est en cas d'adultére, & en épouse une autre, commet lui-même un adultére; de même que celui qui épouse celle qui a été répudiée par son mari. (*e*)

(*a*) *Luc.* XV. 1. . . . . 32.
(*b*) *Matt.* XIX. 1. 2.
Marc. X. 1. 2.
(*c*) *Luc.* XVI. 1 . . . . 13.
(*d*) *Luc.* XVI. 14. . . . 17.
(*e*) *Matt.* XIX. 3. . . . 9.
Marc. X. 3. . . . 9.
Luc. XVI. 18.

An 35. de J.C. 32. de l'Ere Vulgaire.

Eunuques de trois sortes. Virginité recommandée.

Lorſque JESUS fut de retour dans la maiſon, les Apôtres vinrent lui parler de nouveau ſur le même ſujet ; mais il leur répeta la même choſe qu'il avoit dite aux Phariſiens. Ils lui dirent : Si cela eſt ainſi, il vaut mieux ne ſe pas marier. JESUS répondit : Tout le monde n'eſt pas capable de cela. Il y a des eunuques de trois ſortes ; les uns par nature, ou par tempérament ; les autres, par néceſſité ; & les troiſiémes, volontaires. Ces derniers ſont ceux qui vivent dans la continence, pour gagner le Royaume des Cieux. (a)

Parabole de Lazare, & du mauvais riche.

Il leur propoſa un jour la parabole de Lazare, & du mauvais riche. Celui-ci étoit vêtu magnifiquement, & faiſoit tous les jours bonne-chere. Lazare étoit couché à la porte du riche, deſirant de ſe raſſaſier ſeulement des miettes qui tomboient de ſa table. Ils vinrent à mourir l'un, & l'autre. Lazare fut porté dans le ſein d'Abraham, & le riche dans l'enfer. Celui-ci voyant de loin Abraham, le prioit de lui envoyer Lazare, pour le refraîchir ſeulement par une goutte d'eau au bout de ſon doigt. Mais Abraham lui dit que pendant ſa vie il avoit eu toute ſorte de plaiſirs, & qu'à preſent c'étoit le tour de Lazare. De plus, il y a un chaos impénétrable entre vous, & nous ; & Lazare ne peut paſſer par-delà. Le riche continuoit en diſant : Je vous prie au moins d'envoyer dans le monde à cinq de mes freres, qui y ſont encore ; afin qu'ils ſe gardent de tomber dans l'état où je ſuis. Mais Abraham lui répondit : Ils ont Moyſe, & les Prophétes ; ils peuvent les écouter ; & s'ils ne les écoutent pas, écouteront-ils davantage un homme qui retournera vers eux ? (b)

Malheur, & danger des ſcandales.

Il eſt impoſſible qu'il n'arrive des ſcandales dans le monde, dit JESUS en parlant à ſes Diſciples : mais malheur à celui qui eſt la cauſe du ſcandale. Il vaudroit mieux qu'on lui mît au coû une meule de moulin, & qu'on le précipitât dans la mer, que d'être un ſujet de ſcandale au moindre des miens. Si vôtre frere tombe dans quelque faute contre vous, vous pouvez le reprendre. S'il ſe corrige, pardonnez lui ; & quand il vous offenſeroit ſept fois le jour, & qu'autant de fois il vous témoignât du repentir, pardonnez-lui. Les Apôtres lui dirent : Seigneur, augmentez nôtre foi. Il leur répondit : Si vous aviez autant de foi qu'un grain de moutarde, vous diriez à un ſycomore de s'arracher, & de ſe jetter dans la mer, & il vous obéïroit. (c)

Nous ne ſommes que des ſerviteurs inutiles.

Pour montrer que quoique nous faſſions pour Dieu, nous ſommes des ſerviteurs inutiles, il dit cette parabole : Un maître qui a un ſer-

(a) *Matt.* XIX. 10.... 12. *Marc.* X. 10.... 12.

(b) *Luc.* XVI. 19.... 31.

(c) *Luc.* XVII. 1.... 6.

An 35. de J. C. 32. de l'Ere Vulgaire.

viteur qui travaille à la campagne, ou qui conduit des troupeaux, lui dira-t'il aussi-tôt qu'il sera retourné des champs : Mettez-vous là, & soupez ; & ne lui ordonnera-t'il pas plûtôt de lui préparer à manger, & de le servir à table, & qu'après cela il prendra sa refection. Si le serviteur fait cela, le maître croira-t'il lui en avoir une grande obligation ? (a)

Fête des Tentes, ou de la Scénopégie, le 19. de Tizri, 11. d'Octobre, l'an de J.C. 35. de l'Ere Vulgaire. 32. Jesus est sollicité par ses parens d'aller à Jerusalem.

La Fête de la Scénopégie, ou des Tabernacles, étant proche, JESUS fut sollicité par ses parens d'aller à Jérusalem, afin que les Disciples qu'il y avoit faits au commencement de sa prédication, deux ans & demi auparavant, (*Johan.* II. 32.) vissent les merveilles qu'il faisoit, & s'affermissent dans leur créance, & qu'il se manifestât au monde : car ses parens ne croyoient pas en lui. Mais JESUS leur dit qu'ils pouvoient eux mêmes aller à Jérusalem, que pour lui il n'y alloit pas, parce que son tems n'étoit pas encore venu. Il ne laissa pas de s'y rendre, lorsqu'ils y furent. Cependant le peuple le cherchoit, & il y avoit sur son sujet une grande rumeur parmi les troupes. (b)

Jesus enseigne dans le Temple. Admiration des Juifs sur sa doctrine.

Les huit jours de la Fête étoient déja à moitié, lorsqu'il alla au Temple, & commença à y enseigner. Les Juifs qui savoient qu'il n'avoit point étudié, admiroient sa doctrine. Mais JESUS leur dit que sa doctrine n'étoit pas la sienne, mais celle du Pere Céleste, qui l'avoit envoyé. Comme il savoit les mauvais desseins qu'ils avoient contre lui, il leur dit que nul d'entr'eux n'observoit la Loi de Moyse, qui défendoit l'homicide, puisqu'ils étoient résolus de le faire mourir. Le peuple qui ne savoit pas la volonté des Prêtres, & des Pharisiens, lui répondit : Vous êtes un démoniaque ; qui est-ce qui pense à vous faire mourir ? JESUS leur dit : J'ai fait une seule action miraculeuse, en guérissant le malade, qui étoit sur la piscine probatique, (*Johan.* V. 1. . . . 15.) & vous en êtes tous dans l'étonnement. Vous trouvez mauvais que je guérisse un homme le jour du Sabbat, & vous ne faites pas difficulté de circoncire un homme le même jour, pour obéir à Moyse ; ou plûtôt aux anciens, de qui vient cette cérémonie. (c)

Quelques-uns de ceux de Jérusalem disoient : N'est-ce pas là cet homme, que les Pharisiens vouloient faire mourir ? Le voilà qui parle hautement, & ils ne lui font rien. Est-ce que les Princes des Prêtres ont reconnu qu'il étoit le Messie ? Mais d'autres disoient : Non ; car nous savons d'où est celui-ci, & nous ne savons d'où viendra le Messie.

On ne sçait d'où viendra le Messie.

(a) *Luc.* XVII. 7. . . . . 10.
(b) *Johan.* VII. 2 . . . 13.
(c) *Johan.* VII. 14 . . . . 24.

Messie. Mais Jesus crioit dans le Temple : Vous me connoissez, & vous savez d'où je viens ; mais vous ne connoissez point celui qui m'a envoyé. Pour moi je le connois, parce que je viens de lui, & qu'il m'a envoyé. On voulut se saisir de lui, mais on ne le put, parce que son heure n'étoit pas venuë. Cependant plusieurs d'entre le peuple crurent en lui, disant : Quand le Christ viendra, pourra-t'il faire plus de miracles que celui-ci en fait ? (a)

An 35. de J.C. 32. de l'Ere Vulgaire.

Les Prêtres, & les Pharisiens ayant appris ces sentimens du peuple envoyérent du monde pour l'arrêter. Mais Jesus-Christ leur dit : Je suis encore pour un peu de tems avec vous, & je m'en retourne à celui qui m'a envoyé. Vous me chercherez, & vous ne me trouverez point ; car vous ne pouvez venir où je vais. Les Juifs qui ne pénétroient pas le sens de ce discours, se disoient entr'eux : Que veut-il dire par ces paroles : Vous me chercherez & vous ne me trouverez point ? Ira-t'il dans la dispersion des Gentils ; ira-t'il enseigner les peuples étrangers ? (b)

Les Prêtres envoyent du monde, pour arrêter J.C.

Le dernier jour de la Fête des Tentes, Jesus étant dans le Temple, disoit : Si quelqu'un a soif, qu'il vienne à moi, & qu'il boive. Et si quelqu'un croit en moi, il sortira de son cœur des fleuves d'eau vive, marquant par-là le Saint Esprit, que les fideles devoient recevoir. Le peuple qui entendoit cela, disoit : Cet homme est vraiment Prophéte. D'autres disoient : Il est le Christ. D'autres disoient : Le Christ peut-il venir de la Galilée ? L'Ecriture ne marque-t'elle pas qu'il viendra de la race de David, & du bourg de Bethléem ? & il y avoit une division dans la troupe à cause de lui. Ceux qui étoient venus de la part des Prêtres pour l'arrêter, s'en retournerent sans rien faire, disant que jamais homme n'avoit parlé comme lui. Les Prêtres, & les Pharisiens leur répondirent : Etes-vous séduits aussi bien que les autres ? Avez vous vû que quelques-uns des Princes des Prêtres ayent crû en lui ? Il n'y que cette maudite populace qui ne sait pas la Loi. Nicodéme qui étoit un Disciple caché du Sauveur, (*Johan.* III. 1.... 21.) leur dit : La Loi condamne-t'elle quelqu'un, sans l'entendre ? Mais ils lui répondirent : Vient-il des Prophétes de la Galilée ? Etes-vous aussi Galiléen ? Le soir étant venu, chacun se retira ; & Jesus alla passer la nuit sur la montagne des Oliviers. (c)

Jesus-Christ, source d'eau vive.

Jamais homme n'a parlé comme Jesus-Christ.

Le lendemain il revint au Temple, & commença à y enseigner. Les Pharisiens lui amenerent une femme surprise en adultére, & lui

Femme surprise en adultere, amenée à Jesus-Christ.

(a) *Johan.* VII. 25.... 31.
(b) *Johan.* VII. 32.... 36.
(c) *Johan.* VII. 37.... 53.

An 35. de J. C. 32. de l'Ere Vulgaire.

demanderent d'une maniere captieuse ce qu'il en falloit faire. Jesus sans leur répondre, écrivoit sur la terre ; & s'étant relevé, il leur dit que celui d'entr'eux qui étoit sans péché, lui jettât la premiere pierre ; puis recommença à écrire comme devant. Les accusateurs voyant cela, se retirerent les uns après les autres, & la femme demeura seule dans la place. Alors Jesus se levant, lui dit : Où sont vos accusateurs ? Personne ne vous a-t'il condamnée ? Je ne vous condamne point aussi. Allez, & ne péchez plus. (a)

Jesus est la lumiere du monde.

Jesus continuant à enseigner, disoit au peuple : Je suis la lumiere du monde : celui qui me suit, ne marche point dans les ténébres. Les Pharisiens lui dirent : Vous vous rendez témoignage à vous-même, vôtre témoignage n'est d'aucune force. Jesus répondit : Quand je me rends témoignage à moi-même, mon témoignage est vrai ; parce que je sai où je vais, & d'où je viens : pour vous, vous ne savez ni l'un, ni l'autre. Quand je juge, mon jugement est certain ; parce que je ne suis pas seul, & que mon Pere est avec moi. Or suivant la Loi, le témoignage de deux personnes est reçû pour certain. Ils lui demanderent où étoit son Pere. Il leur dit : Vous ne connoissez ni mon Pere, ni moi : si vous me connoissiez, vous connoîtriez aussi mon Pere. Il leur dit cela dans le trésor du Temple, & nul n'osa mettre la main sur lui, parce que son heure n'étoit pas encore venuë. (b)

Jesus s'en ira, & les Juifs mourront dans leur péché.

Jesus leur dit de nouveau qu'il s'en alloit, qu'ils le chercheroient inutilement, qu'ils mourroient dans leurs péchez, qu'ils ne pouvoient venir où il devoit aller. Ils dirent : Est-ce qu'il se tuëra, puisque nous ne pouvons aller où il ira. Il dit : Je ne suis pas d'ici-bas, ni de ce monde : pour vous, vous êtes de ce monde ; & si vous ne croyez point en moi, vous mourrez dans vos péchez. Ils lui demanderent : Qui êtes-vous ? Il leur répondit : Pensez premierement à ce que je vous dis. J'ai bien des choses à vous dire, & je ne vous dis que ce que j'ai appris de celui qui m'a envoyé. Lorsque vous aurez élevé le Fils de l'homme, vous me connoîtrez, & vous saurez que je ne dis rien de moi-même ; mais que tout ce que je dis, je l'ai appris de lui. Plusieurs de ceux qui l'écoutoient, crurent en lui. Il leur dit : Celui qui demeure dans la verité, est vraiment mon Disciple, & la verité le délivrera. Les Juifs répondirent : Nous sommes enfans d'Abraham ; nous n'avons jamais été esclaves. Jesus dit : Celui qui péche, est esclave du péché ; & vous ne serez véritablement libres, que quand le Fils vous aura délivrez. Je sçai que vous

(a) *Johan.* VIII. 1...... 11. (b) *Johan.* VIII. 12...... 21.

êtes enfans d'Abraham ; mais vous voulez me faire mourir, parce que mes paroles n'entrent pas dans vos cœurs. Si vous êtes enfans d'Abraham, imitez les œuvres de vôtre pere. Pourquoi voulez-vous me faire mourir ? Est-ce là ce qu'a fait Abraham ? Ils dirent ; Nous avons Dieu pour pere. JESUS leur répondit : Si vous étiez les enfans de Dieu, vous m'aimeriez sans doute, puisque je suis venu de Dieu, & que je retourne à Dieu. Vous êtes plûtôt les enfans du Diable, puisque vous suivez ses volontez : car il est homicide & menteur, dès le commencement du monde. (*a*)

An 35. de J. C. 32. de l'Ere Vulgaire.

Jesus irrépréhensible ; celui qui est de Dieu, écoute les paroles de Dieu.

Il leur dit ensuite : Qui de vous m'accusera de péché ? Si je vous dis la verité, pourquoi ne la croyez-vous pas ? Celui qui est de Dieu, écoute les paroles de Dieu : vous ne les écoutez pas, parce que vous n'êtes pas de lui. Les Juifs lui dirent : N'avons-nous pas bien dit que vous étiez un Samaritain, & un démoniaque. JESUS répondit : Je ne suis pas possedé du démon ; mais j'honore mon Pere, & vous me déshonorez. Je ne cherche pas ma gloire, il y en a un autre qui la cherche pour moi, & qui me vengera de vos outrages. Quiconque accomplira mes paroles, ne verra point la mort. Les Juifs lui dirent : Nous reconnoissons à présent que vous êtes possedé du démon. Abraham nôtre peré est mort, & vous dites que quiconque suivra vos Commandemens, ne verra point la mort. Etes-vous plus grand que nôtre pere Abraham ? Les Prophétes eux mêmes sont morts ; qui prétendez-vous être ? JESUS répondit : Si je me glorifie moi-même, ma gloire n'est rien. C'est mon Pere qui me glorifie, lui que vous appellez vôtre Dieu, & que vous ne connoissez pas : pour moi je le connois, & j'observe ses ordres. Abraham vôtre pere s'est réjoüi dans l'esperance de voir mon jour ; il l'a vû, & s'en est réjoüi. Il lui dirent ; Vous n'avez pas encore cinquante ans, & vous avez vû Abraham ? Il répondit : Je vous dis en vérité, qu'avant qu'Abraham fût, j'étois déja. Alors ils prirent des pierres pour le lapider. Mais JESUS se cacha, & sortit du Temple. (*b*)

Aveugle dès sa naissance guéri.

Le lendemain JESUS passant par la ruë vit un homme qui étoit aveugle dès sa naissance. Ses Disciples lui demandérent si c'étoit pour ses péchez, ou pour ceux de ses parens, que cet homme étoit né aveugle. JESUS répondit, que ce n'étoit ni l'un ni l'autre ; mais seulement afin que les œuvres de Dieu se manifestassent en lui. Tandis qu'il est jour je dois faire les œuvres que mon Pere m'a commandées : je suis la lumiere du monde. En même-tems crachant à terre, il fit de la boüe avec la terre détrempée de sa salive, en frot-

(*a*) *Johan.* VIII. 22. . . . . 45. (*b*) *Johan.* VIII. 46. . . . . 50.

An 35. de J. C. 32. de l'Ere Vulgaire.

ta les yeux de l'aveugle-né ; lui dit d'aller se laver les yeux dans la fontaine de Siloé. L'aveugle y alla, se lava, & revint clairvoyant. Comme cet homme étoit un mendiant fort connu, ceux qui le virent après sa guerison, ne pouvoient se persuader que ce fût lui ; mais il assuroit que c'étoit lui-même, & racontoit à tout le monde, de quelle maniere il avoit recouvré la vûë. (a)

L'aveugle-né guéri, paroît devant les Prêtres.

Le lendemain on l'amena aux Pharisiens, pour dire de quelle sorte il avoit été guéri. Les Pharisiens soûtenoient que JESUS n'étoit pas un homme envoyé de Dieu, puisqu'il n'observoit pas le sabbat ; car cet aveugle avoit été guéri un jour de sabbat. D'autres disoient: Comment un pécheur peut-il faire de tels miracles ? L'aveugle soûtenoit que JESUS étoit un vrai Prophéte. Au milieu de cette contestation, on fit venir les parens de l'aveugle guéri, pour savoir si cet homme étoit leur enfant, & s'il étoit né aveugle. Ceux-ci répondirent, que rien n'étoit plus vrai que cela ; mais qu'à l'égard de sa guérison, ils ne sçavoient comment elle s'étoit faite ; que leur fils étoit en âge de répondre, & qu'ils pouvoient l'interroger. Ils disoient cela dans la crainte qu'ils avoient des Pharisiens, parce qu'ils savoient qu'on étoit résolu de chasser de la Synagogue, ceux qui reconnoîtroient JESUS pour le Messie. Ils firent donc de nouveau venir l'aveugle-né, & lui dirent : Rend gloire à Dieu, & dis-nous la vérité. Nous savons que cet homme est pécheur. L'homme leur dit: Je ne sai si il est pécheur, mais je sai qu'il m'a ouvert les yeux. Et comme on lui demandoit encore comment JESUS avoit fait, il leur répondit : Je vous l'ai déja dit, & vous ne l'avez pas voulu entendre. Ne voulez-vous pas devenir aussi ses Disciples ? Va, lui dirent-ils, sois de ses disciples toi-même ; pour nous nous sommes les disciples de Moyse. Nous savons que Dieu a parlé à Moyse : mais nous ne savons d'où est cet homme ? Voilà qui est admirable, dit l'aveugle-né, que vous ne sachiez d'où est cet homme qui m'a ouvert les yeux. Nous savons que Dieu n'écoute point les méchans ; mais les gens de bien. Il est inoüi qu'un simple homme ait ouvert les yeux à un aveugle-né ; & si JESUS n'étoit pas un homme de Dieu, il ne l'auroit jamais pû faire. Ils répondirent : Tu n'es que péché dès ta naissance, & tu prends la liberté de nous enseigner? En même-tems ils le chasserent du Temple. (b)

L'aveugle-né croit en Jesus-Christ.

JESUS ayant sçu ce qui s'étoit passé, rencontra l'aveugle dans les ruës, & lui demanda s'il croyoit au Fils de Dieu ? Et qui est le Fils de Dieu, répondit l'aveugle ? JESUS lui dit : C'est moi-même. Aussi-

(a) Johan. IX, 1, . . . 12. (b) Johan. IX. 13, . . . 34.

tôt l'aveugle se jetta à ses pieds, & l'adora. JESUS ajoûta, qu'il étoit venu dans le monde, afin que les aveugles vissent la lumiere, & que ceux qui voyent la lumiere devinssent aveugles. Les Pharisiens qui se trouverent présens lui dirent : Sommes-nous aussi des aveugles ? Il répondit : Si vous vous reconnoissiez pour aveugles, vous seriez sans péché ; mais parce que vous croyez être clairvoyans, vous demeurez dans vôtre péché. (*a*)

An 35. de J. C. 32. de l'Ere Vulgaire.

Alors JESUS dit aux Pharisiens cette parabole : Celui qui n'entre pas par la porte dans la bergerie, est un voleur : mais le pasteur entre par la porte ; les brebis le connoissent, & le suivent. JESUS est lui-même la porte. Tous ceux qui sont venus sans entrer par cette porte, sont des voleurs : celui qui entrera par-là sera sauvé JESUS est le bon Pasteur, il donne sa vie pour ses brebis. Mais le mercenaire abandonne les brebis au loup, & se sauve. JESUS a d'autres brebis, qui ne sont pas de cette bergerie là ; de la Synagogue, il doit les amener avec les autres, afin qu'elles ne fassent toutes qu'une seule bergerie, & qu'il n'y ait qu'un Pasteur. (*b*)

Le vrai Pasteur entre dans la bergerie par la porte, le voleur y entre par ailleurs.

Le Pere aime le Fils, parce que celui-ci livre son ame, pour la reprendre de nouveau. Nul ne peut la lui ravir, qu'il ne veuille bien la lui livrer. Ces discours causérent une espéce de schisme parmi les Juifs. Les uns disoient de lui, qu'il étoit possédé du démon. Les autres disoient, il ne l'est pas. Ces discours-là ne sont pas d'un possedé. Un démoniaque guérira-t'il un aveugle-né ? (*c*)

JESUS allant à Jérusalem pour la fête de la Dédicace du Temple, passa par le milieu de la Galilée, & de la Samarie, & étant prés d'entrer dans une certaine ville, dix lépreux lui criérent de loin : *Jesus Maître, ayez pitié de nous.* Il leur dit de s'en aller, & de se montrer aux Prêtres. En allant ils se trouverent guéris. L'un d'eux qui étoit Samaritain, revint à JESUS pour lui rendre graces. Le Sauveur lui dit : N'y en a-t'il pas dix de guéris ? Où sont donc les neuf autres ? Il ne s'est trouvé que cet étranger, qui soit venu rendre graces à Dieu. Allez, vôtre foi vous a sauvé. (*d*)

Fête de la Dédicace du Temple le 22. de Casleu, 15. Décembre. 35. année de J. C. 32. de l'Ere Vulgaire. Guérison de dix Lépreux.

JESUS étant dans le Temple, fut interrogé par les Pharisiens, quand viendroit le Royaume de Dieu ? Il leur répondit, que le Royaume de Dieu ne viendra pas d'une maniere sensible & manifeste, ni avec un éclat qui le fasse remarquer ; qu'au reste le Royaume de Dieu est au milieu d'eux. Il dit alors à ses Disciples : Le tems viendra que vous désirerez de voir un jour du Fils de l'homme,

Le Royaume de Dieu ne viendra pas d'une maniére sensible.

(*a*) *Johan.* IX. 35..... 41.
(*b*) *Johan.* X. 1..... 17.
(*c*) *Johan.* X. 17..... 21.
(*d*) *Luc.* XVII. 11..... 17.

An de J. C 35. de l'Ere Vulgaire 32.

ſans le pouvoir obtenir. Qu'on leur diroit, il eſt ici, ou il eſt là; mais qu'ils ſe gardaſſent bien de le croire: Que le jour du Fils de l'homme viendroit ſubitement, comme un éclair. Mais qu'avant cela ils auroient beaucoup de maux à ſouffrir de la part des Juifs. Que le jour de ſa vengeance arrivera, lorſque les hommes y penſeront le moins: De même que le déluge au tems de Noé, & l'incendie de Sodome & Gomorrhe au tems de Loth. Les hommes buvoient & mangeoient, ſe marioient, & faiſoient des mariages. Ainſi ſera le jour du Fils de l'homme. Alors que celui qui ſera ſur le toît, ne deſcende pas pour prendre ce qui eſt dans ſa maiſon; & que celui qui eſt au champ, ne retourne point en arriére. Souvenez-vous de la femme de Loth. Celui qui voudra ſauver ſa vie, la perdra; & celui qui croira la perdre, la ſauvera. De deux perſonnes qui ſeront dans un lit, une ſera priſe, & l'autre ſe ſauvera. Deux ſervantes ſeront à la meule, l'une ſera garantie, & l'autre ſera priſe. Deux hommes ſeront dans un champ, l'un ſera pris, & l'autre échappera. Les Apôtres lui demanderent quand cela devoit arriver? Il leur répondit d'une maniere énigmatique: Là où ſera le corps mort, là ſe trouveront les aigles. (a)

Parabole du Juge qui ne craint ni Dieu, ni les hommes.

A cette occaſion il dit à ſes Apôtres une parabole, pour montrer qu'il faut prier ſans ceſſe. Un Juge qui ne craignoit ni Dieu, ni les hommes, étoit importuné par une veuve qui lui demandoit juſtice contre ſon adverſaire. Le Juge fut aſſez long-tems ſans la vouloir écouter: toutefois laſſé de ſes importunitez, il lui fit juſtice, pour ſe délivrer de ſes ſollicitations. Ainſi Dieu tout éloigné qu'il ſoit de la vengeance, ne laiſſera pas de venger ſes Elûs, qui crient à lui jour & nuit. (b)

Lorſque le Fils de Dieu viendra ſur la terre, y trouvera-t'il de la foy?

Il demanda à ſes Diſciples, ſi lorſqu'il viendroit ſur la terre, il y trouveroit encore de la foy? Il leur propoſa enſuite une parabole ſur certaines perſonnes qui ſe croyoient juſtes, & qui mépriſoient les autres. Deux hommes montérent au Temple, l'un Phariſien, &

Parabole du Phariſien, & du Publicain qui vont au Temple.

l'autre Publicain. Le Phariſien ſe tenant de bout, diſoit à Dieu: Seigneur, je vous rends graces de ce que je ne ſuis pas comme les autres hommes, injuſtes, raviſſeurs, adultéres, & de ce que je ne reſſemble pas à ce Publicain qui eſt ici. Le Publicain ſe tenant loin, & à l'écart, n'oſoit qu'à peine lever les yeux au ciel; mais frappant ſa poitrine, il diſoit: Seigneur, ayez pitié de moi, pécheur. Je vous dis en vérité, que celui-ci ſortit du Temple plus agréable à Dieu que le premier. (c)

(a) *Luc.* XVII. 20. . . . . 37.
(b) *Luc.* XVIII. 1. . . . . 7.
(c) *Luc.* XVIII. 8. . . . . 14.

Comme il marchoit dans le Temple dans le portique de Salomon, les Juifs l'environnérent, & lui dirent: Jusqu'à quand nous tenez-vous en suspens? Si vous êtes le CHRIST, dites-le nous. JESUS leur répondit, qu'il le leur avoit déja dit, & que les œuvres qu'il faisoit parloient assez. Mais pour vous, vous ne le croyez pas, parce que vous n'êtes pas mes brebis. Mes brebis entendent ma voix, & me suivent. Je les garde, & personne ne les ravira de ma main. Mon Pere qui me les a données est tout-puissant, & nul ne peut les ravir de ses mains: & moi, & mon Pere ne sommes qu'un. Alors les Juifs coururent prendre des pierres, pour le lapider; mais il leur dit: Je vous ai comblé de bienfaits au nom de mon Pere; pour quel de ces bienfaits me voulez vous lapider? Ils lui répondirent: Ce n'est point pour vos bienfaits, mais pour vos blasphêmes que nous vous lapiderons, parce que n'étant qu'un homme, vous voulez passer pour Dieu. (a)

An de J. C. 35. de l'Ere Vulgaire 32.

Les Juifs veulent lapider J. C. parce qu'il se dit Fils de Dieu.

JESUS leur dit: N'est-il pas écrit dans l'Ecriture: J'ai dit: vous êtes des Dieux? Si donc ceux à qui Dieu a parlé sont qualifiez Dieux; pourquoi dites-vous que celui qui a éte envoyé & sanctifié par le Pere, est un blasphémateur, parce qu'il est Fils de Dieu? Si je ne fais pas les œuvres de mon Pere, ne me croyez point: & si je les fais, croyez au moins à mes œuvres, & reconnoissez que je suis dans mon Pere, & mon Pere dans moi. Ils cherchérent une seconde fois à l'arrêter, mais il se tira de leurs mains. (b)

Il alla ensuite à Béthanie au-delà du Jourdain, où Jean-Baptiste baptisoit auparavant. Il y demeura environ un mois. Plusieurs Juifs vinrent l'y trouver, & plusieurs crurent en lui, disant que Jean-Baptiste n'avoit fait aucun miracle; mais que de toutes les paroles de JESUS, il n'y en avoit eu aucune qui ne se trouvât vraye. (c)

Jesus va au-delà du Jourdain.

L'an du Monde 4036. de la Période Julienne 4746. de JESUS-CHRIST 36. de l'Ere Vulgaire 33.

LAzare frere de Marthe & de Marie, étant tombé malade, on envoya un messager pour en informer JESUS, qui étoit à Béthanie, au-delà du Jourdain. Il répondit que cette maladie n'étoit pas à la mort; mais qu'elle tourneroit à la manifestation de la gloire de Dieu. Il demeura encore deux jours au même lieu. (d)

An de J C. 36. de l'Ere Vulgaire 33.

Maladie de Lazare.

(a) *Johan.* x. 23..... 34.
(b) *Johan.* x. 34..... 39.
(c) *Johan.* x. 40 .... 42.
(d) *Johan* xi. 1..... 6.

An 36. de J. C. & 33. de l'Ere Vulgaire.

On présente des enfans à J. C.

On présentoit des enfans à JESUS, afin qu'il leur imposât les mains. Les Disciples les empêchoient de venir à lui : mais le Sauveur leur dit de les laisser, parce que le Royaume des Cieux est à eux, & à leurs semblables. (a)

Mort de Lazare.

Pendant ce tems Lazare mourut. Alors JESUS voulut aller en Judée. Ses Disciples lui dirent qu'il n'y avoit, pour ainsi dire, qu'un moment que les Juifs l'avoient voulu lapider ; & comment il osoit aller de nouveau au milieu d'eux. JESUS leur répondit qu'il y avoit douze heures dans la journée ; que Lazare étoit endormi, & qu'il l'alloit éveiller. Les Apôtres l'entendoient du sommeil naturel : mais il leur déclara nettement qu'il étoit mort. Alors Thomas dit : Allons aussi mourir avec lui. (b)

Que faut-il faire pour avoir la vie éternelle ?

Comme il étoit en chemin, un jeune homme des premiers des Juifs vint se jetter à ses pieds, lui disant : Mon bon Maître, que dois-je faire pour acquerir la vie éternelle ? JESUS lui répondit : Pourquoi m'appellez-vous bon, & pourquoi me demandez-vous ce que vous devez faire pour gagner la vie éternelle ? Il n'y a que Dieu qui soit bon ; & à l'égard de la vie éternelle, le moyen d'y parvenir, est d'observer les commandemens. L'homme lui dit qu'il les avoit observez dès sa jeunesse. JESUS l'ayant regardé avec un air gratieux, lui dit : Il vous manque une chose ; c'est de quitter tous vos biens, de les donner aux pauvres, & de me suivre. A ces mots le jeune homme se retira tout triste, car il étoit fort riche. JESUS se tournant vers ses Disciples, leur dit : Qu'il est difficile qu'un riche entre dans le Royaume des Cieux : cela est plus impossible qu'à un chameau de passer par le trou d'une éguille. Les Apôtres entendant cela, furent surpris d'étonnement, & disoient : Qui pourra donc être sauvé ? JESUS leur répondit : Cela est impossible aux hommes, mais tout est possible à Dieu. (c)

Récompense de ceux qui ont tout quitté pour suivre Jesus-Christ.

Alors Pierre lui dit : Seigneur, nous avons tout quitté pour vous suivre, quelle récompense donc en recevrons-nous ? JESUS lui dit que lui, & tous ceux qui avoient tout quitté pour lui, seroient assis dans son nouveau Royaume, sur douze trônes, pour juger les douze tribus d'Israël. Il ajoûta, que ceux qui quitteroient leurs biens, & leur famille pour son nom, & pour l'Evangile, en recevroient le centuple en ce monde, non toutefois sans traverse, & la vie éternelle en l'autre. Car plusieurs de ceux qui sont les premiers seront

(a) *Matt.* XIX. 13. . . . . 15.
Marc. X. 13 . . . 16.
Luc. XVIII. 15. . . . . 17.
(b) *Johan.* XI. 7. . . . . 16.

(c) *Matt.* XIX. 16. . . . . 26.
Marc X 17. . . . 27.
Luc. XVIII. 18. . . . . 27.

les

An 36. de J.C. 33. de l'Ere Vulgaire.

les derniers ; & de ceux qui sont les derniers, seront les premiers. (*a*)

Parabole des ouvriers envoyez à la vigne.

Il leur dit à cette occasion cette parabole : Le Royaume des Cieux est semblable à un pere de famille, qui envoya de grand matin des ouvriers à sa vigne, après avoir fait marché avec eux pour un denier par jour. Il y en envoya encore d'autres à la troisiéme, à la sixiéme, à la neuviéme, & enfin à la onziéme heure. Le soir étant venu, le pere de famille ordonna à son économe de payer les ouvriers, & de leur donner à tous le même salaire. Ceux qui avoient travaillé dés le matin, en murmuroient, disant qu'ils avoient souffert tout le fort du travail, & de la chaleur, & qu'on ne leur donnoit pas davantage qu'à ces autres, qui n'avoient travaillé qu'une heure. Mais il leur dit : Je ne vous fais point de tort ; n'êtes-vous pas convenus avec moi pour un denier par jour ? Ainsi les derniers seront les premiers, & les premiers les derniers. (*b*)

Résurrection de Lazare.

JESUS étant enfin arrivé à Bethanie, trouva Lazare qui étoit enterré depuis quatre jours. Il y avoit beaucoup de monde qui étoit venu de Jérusalem pour consoler les deux sœurs Marthe & Marie, sur la mort de leur frere, lorsque l'on vint dire dans la maison, que JESUS arrivoit. Marthe alla au-devant de lui, & lui dit que s'il eût été là, Lazare ne seroit pas mort. JESUS lui dit : Vôtre frere ressuscitera. Je sai, dit Marthe, qu'il ressuscitera au dernier jour. JESUS répondit : Je suis la résurrection & la vie. Celui qui croit en la vie, vivra même après sa mort ; & celui qui vit, & qui croit en moi, ne mourra jamais. Vous croyez cela ? Oüi, Seigneur, répondit Marthe ; je crois que vous êtes le CHRIST Fils du Dieu vivant. Aussi-tôt elle envoya avertir Marie sa sœur, que JESUS étoit arrivé. Marie accourut, & se jettant à ses pieds, lui dit : Si vous eussiez été ici, mon frere ne seroit pas mort. JESUS la voyant fondante en larmes, avec ceux qui l'avoient suivie, se troubla lui-même, & demanda où on avoit mis Lazare. On le conduisit à son tombeau ; il le fit ouvrir, & rendant graces à son Pere, qui avoit exaucé sa priére, il cria : Lazare, sortez dehors ; & aussi-tôt il sortit environné comme il étoit de ses linges, & de ses suaires. JESUS dit qu'on le développât, & qu'on le laissât en liberté. (*c*)

Résolution que les Pharisiens prennent de faire mourir J. C.

Plusieurs Juifs qui avoient assisté à ce miracle, crurent en JESUS-CHRIST, & d'autres allérent donner avis aux Prêtres, & aux Pharisiens, de ce qui s'étoit passé. Ceux-ci craignant que tout le

---

(*a*) *Matt.* XIX. 27. . . . 30. *Marc.* X. 28. . . . 31. *Lu.* XVIII. 18. . . . 28.

(*b*) *Matth.* XX. 1. . . . 16.

(*c*) *Johan.* XI. 17. . . . 45.

An 36 de J.C. 33. de l'Ere Vulgaire.

monde ne crût en JESUS, & que les Romains ne vinssent détruire leur Temple, & leur nation, s'assemblérent pour délibérer sur cette affaire. Caïphe qui étoit grand-Prêtre cette année-là, leur dit: Qu'il falloit qu'un seul homme fût mis à mort, afin que toute la nation fût conservée. Ce qu'il dit par un esprit de prophétie, parce que la mort de JESUS devoit être le salut, non-seulement des Juifs, mais encore de tous les enfans de Dieu. Depuis ce tems les Prêtres & les Pharisiens résolurent de faire périr JESUS: mais il évita de se trouver au milieu d'eux; il se retira dans la ville d'Ephrem, qui étoit dans un lieu écarté, avec ses Disciples. Il y demeura jusqu'au Mardi 24. Mars, & quatriéme de Nisan. (*a*)

Jesus vient à Jérusalem pour la fête de Pâque.

Quelques jours avant la fête de Pâque, plusieurs Juifs des environs d'Ephrem vinrent à Jérusalem, pour se disposer à célébrer la fête, & JESUS vint avec eux. (*b*) JESUS les enseignoit dans le chemin, & ils admiroient sa doctrine. (*c*) Et prenant à part ses Disciples, il leur déclara ce qui devoit lui arriver à Jérusalem, que les Prêtres l'arrêteroient, le condamneroient, lui feroient toutes sortes d'insultes, & d'outrages, qu'ils le couvriroient de crachats, & de coups de foüet; enfin qu'on l'y mettroit à mort, & que le troisiéme jour il ressusciteroit. Mais ils ne comprirent rien à cela: c'étoit pour eux un mystére inconnu. (*d*)

Demande de la mere des enfans de Zébédée pour ses fils.

En ce tems-là la mere des enfans de Zébédée vint avec ses fils se présenter à JESUS, & se jettant à ses pieds, elle lui demanda les deux premiéres places de son Royaume pour ses deux enfans. JESUS lui dit: Vous ne savez ce que vous demandez. Pouvez-vous boire le calice que je boirai, & être lavé dans le bain, où je serai lavé. Ils lui dirent: Nous le pouvons. JESUS répondit: Vous boirez en effet mon calice, & vous serez lavé dans mon bain. Mais à l'égard des premiéres places de mon Royaume, ce n'est point à moi d'en disposer souverainement, elles sont pour ceux à qui mon Pere les a destinées. La demanda des deux freres indigna les autres Apôtres. Mais JESUS les appellant tous, leur dit: Les Rois des Nations exercent sur eux leur domination; mais il n'en sera pas ainsi parmi vous; car celui qui est le plus grand, doit devenir comme le plus petit; & celui qui est le maître, doit être comme le serviteur. De même que je ne suis point venu pour recevoir des serviteurs, mais pour en rendre, & pour livrer ma vie pour le rachat de plusieurs. (*e*)

(*a*) *Johan.* XI. 45.... 54.
(*b*) *Johan.* XI. 55.
(*c*) *Marc.* X. 32.
(*d*) *Matt.* XX. 17.... 19.
Marc. X. 32.... 34.
Luc. XVIII. 31.... 34.
(*e*) *Matt.* XX. 20.... 28.
Marc. X. 35.... 45.

An 36. de J.C. 33. de l'Ere Vulgaire.

Aveugle guéri à Jéricho.

JESUS approchant de Jéricho, un aveugle qui mandioit sur le chemin, ayant oüi le bruit de la foule qui le suivoit, & apprenant que c'étoit JESUS, lui cria : JESUS fils de David, ayez pitié de moi. JESUS l'ayant fait approcher, lui rendit la vûë sur le champ, en consideration de sa foy. (a)

Zachée converti au Seigneur.

Comme il passoit dans la ville de Jéricho, un nommé Zachée chef des Publicains, & homme riche, désiroit depuis long-tems de voir JESUS ; mais comme il étoit de petite taille, il monta sur un sycomore, à l'endroit où JESUS devoit passer, afin qu'il le vît plus à son aise. JESUS passant auprès de lui, lui dit de descendre, & qu'il vouloit aller loger chez lui. Zachée le reçut dans sa maison avec toute sa suite ; ce qui fit murmurer le peuple, qui disoit que JESUS alloit dans la maison d'un pécheur. Mais Zachée ravi de l'honneur qu'il recevoit, dit au Sauveur : Seigneur, je donne aujourd'hui la moitié de mes biens aux pauvres ; & si j'ai fait tort à quelqu'un, je lui en rends quatre fois autant. JESUS lui dit : Cette maison reçoit aujourd'hui le salut ; & celui-ci est aussi un fils d'Abraham : car je suis venu chercher, & sauver ce qui étoit perdu. (b)

Parabole d'un Roi qui va demander un Royaume en pays éloigné.

A cette occasion il proposa la parabole d'un Roi, qui voulant partir pour demander un Royaume en pays éloigné, distribuë dix mines à dix de ses serviteurs, une à chacun d'eux ; afin que pendant son absence ils fissent profiter cet argent, & qu'à son retour ils lui en rendissent compte. Ses sujets ne l'aimoient point ; & lorsqu'il fut parti, ils envoyérent après lui, disant qu'ils ne vouloient pas qu'il regnât sur eux. Mais le Roi étant de retour, & ayant heureusement obtenu ce qu'il désiroit, fit venir ses serviteurs, & leur demanda quel profit ils avoient fait de son argent. Le premier lui présenta dix mines qu'il avoit gagnées, avec la mine qu'il avoit reçûë de lui. Le Roi en récompense l'établit sur dix villes. Le second lui présenta cinq mines ; le Roi lui donna l'intendance sur cinq villes. Il en vint un autre qui rapporta l'argent qu'il avoit reçû, & qu'il avoit mis dans un bourse, de crainte, disoit-il, que son Roi ne le maltraitât, parce que c'étoit un maître dur, & avare, qui moissonnoit où il n'avoit pas semé, & qui prenoit où il n'avoit pas mis. Le Roi le reprit sévérement ; le condamna par sa propre confession, lui ôta l'argent qu'il avoit, & l'envoya à celui qui avoit déja dix mines : Car ajoûta-t'il, on donnera à celui qui a déja ; & à celui qui n'a pas, on lui ôtera même ce qu'il paroît avoir. Quant à ces sujets ré-

(a) Luc. XVIII. 35. ... 43. (b) Luc. XIX. 1. ... 10.

An 36. de J.C. 33. de l'Ere Vulgaire.

belles, qui ne vouloient pas le reconnoître, il les fit venir, & les fit égorger en sa présence. (*a*)

Deux aveugles guéris au sortir de Jéricho.

Le Vendredy 7. de Nisan, 17. Mars.

JESUS étant parti de Jéricho pour venir à Jérusalem, il se trouva au sortir de la ville deux mendians aveugles, qui ayant appris que JESUS passoit par-là, lui demandoient avec de grands cris, qu'il leur rendit la vûë. L'un d'eux s'appelloit le fils de Timée, fort connu dans ce canton-là. JESUS les appella, leur demanda ce qu'ils vouloient, & touché de compassion, leur rendit la vûë. (*b*)

Le Samedy 8. de Nisan, 18. Mars.

JESUS ne parut point à Jérusalem le jour du sabbat qui précéda la Pâque. Toutefois comme on savoit qu'il étoit venu pour la fête, on le cherchoit au Temple, & on en demandoit des nouvelles. Car les Princes des Prêtres, & les Pharisiens avoient donné ordre, si on savoit où il étoit, de l'arrêter. (*c*)

Dimanche 9. de Nisan, 29. Mars, Jesus soupe chez Simon le Lépreux, & Marie lui répand une boëte de parfum sur les pieds.

Six jours avant la fête de Pâque, JESUS étant à Béthanie, soupa chez Simon le Lépreux. Marthe servoit à table, & Lazare étoit un des conviez. Marie leur sœur prenant un boëte de parfum de nard, le répandit sur les pieds du Sauveur, & les essuya de ses cheveux. Judas le traître en murmura, disant qu'on auroit pû vendre ce parfum trois cens deniers, & en donner l'argent aux pauvres. Mais JESUS prit la défense de Marie, & dit qu'elle avoit répandu par avance ce parfum pour l'embaumer, & que l'action qu'elle avoit faite, seroit publiée par tout le monde, où l'Evangile seroit prêché. Plusieurs Juifs vinrent de Jérusalem à Béthanie, non pas seulement à cause de JESUS, mais aussi pour voir Lazare. (*Joan* XII. 1..... 9.) Les Prêtres allarmez du bruit que faisoit le miracle de la résurrection de Lazare, résolurent de faire périr JESUS, & Lazare lui-même. (*d*)

Le Lundy 10. de Nisan, 30. Mars Entrée triomphante de Jesus-Christ à Jérusalem.

Le lendemain matin étant parti de Béthanie, il s'avança vers Jérusalem, & étant prés de Bethphagé, il envoya deux de ses Disciples, & leur dit d'aller dans le prochain village, qu'ils y trouveroient une ânesse, avec son ânon, qui n'avoit jamais été monté de personne; qu'ils le lui amenassent, & que si quelqu'un leur disoit quelque chose, qu'ils lui dissent que JESUS en avoit affaire. Ils y allérent, & amenérent l'ânesse & l'ânon. Ils mirent leurs habits sur l'ânon, & JESUS monta dessus. Les troupes qui suivoient, & qui accompagnoient le Sauveur, jettoient leurs habits par terre, dans les lieux où il devoit passer; les autres prenoient des branches d'ar-

(*a*) *Luc.* XIX. 11...... 28.
(*b*) *Matt.* XX. 29..... 44.
Marc. X. 46.... 52.
(*c*) *Johan.* XI. 56. 57.

(*d*) *Matt.* XXVI. 6.... 13.
Marc. XIV 3..... 9.
Johan XII. 10. 11.

An 36. de J.C. 33. de l'Ere Vulgaire.

bres, & en couvroient le chemin, & crioient à haute voix: *Hosanna* au Fils de David: Beni soit le Roi qui vient au nom du Seigneur, & faisoient d'autres acclamations de cette sorte. Les Pharisiens les entendant, dirent à JESUS de les faire taire. Mais il leur répondit que s'ils se taisoient, les pierres crieroient. (*a*)

Jesus-Christ pleure en voyant Jerusalem.

Lorsqu'il fut prés de la ville, jettant les yeux sur elle, il commença à dire en pleurant: Si tu connoissois que ce jour est pour toi un jour de paix; mais cela est caché à tes yeux. Le tems viendra que tes ennemis t'assiégeront, & te resserreront de toutes parts; ils te renverseront de fond en comble, & ne laisseront en toi pierre sur pierre; parce que tu n'as pas connu le tems de ta visite. (*b*)

Les troupes ayant appris que JESUS venoit à Jérusalem, sortirent au-devant de lui, portant en main des branches de palmier, & criant, *Hosanna:* Beni soit le Roi d'Israël, qui vient au nom du Seigneur. (*c*)

Jesus entre dans le Temple, & en chasse les marchands.

Il entra dans la Ville au bruit de ces acclamations, & étant monté au Temple, il en chassa ceux qui y vendoient, & qui y achetoient. Il renversa les tables des changeurs, & les chaises de ceux qui vendoient des colombes, en disant: Il est écrit: Ma maison est une maison de priére, & vous en faites une caverne de voleurs. Il guérit les aveugles, & les boiteux qui y étoient. Les Prêtres, & les Scribes au désespoir de voir ce qui se passoit, & d'entendre les enfans qui crioient: *Hosanna, au Fils David*, lui dirent: Entendez vous ce que disent ces enfans? JESUS répondit: N'avez vous jamais lû l'Ecriture, qui dit: Vous avez tiré une loüange parfaite de la bouche des enfans? (*d*)

Etrangers qui désirent voir Jesus-Christ.

Quelques Grecs qui n'étoient pas Juifs, & qui étoient venus pour adorer le Seigneur à la Fête de Pâque, vinrent trouver l'Apôtre saint Philippe, & lui demandérent à voir JESUS. Philippe le dit au Sauveur, & JESUS lui dit, que l'heure étoit venuë où son Pere l'alloit glorifier; que le grain de froment ne produit son fruit, que quand il a été semé, & mortifié dans la terre; que celui qui aime sa vie, la perd; & que celui qui la hait dans ce monde, la conserve pour l'éternité. Que celui qui me sert, me suive, & qu'il se trouve avec moi. Alors il se troubla, & pria son Pere de le glorifier. En même-tems on oüit une voix du Ciel, qui dit: Je vous ai glorifié, & je vous glorifierai encore. Le peuple qui étoit présent, en fut étonné;

(*a*) *Matt.* XXI. 1..... 9.
Marc. XI. 1..... 10.
Luc. XIX. 29..... 40.
(*b*) *Luc.* XIX. 39..... 44.

(*c*) *Johan.* XII. 12..... 19.
(*d*) *Matt.* XXI. 10..... 15.
Marc. XI. 11.
Luc. XIX. 45. 46.

An 36. de J.C. 33 de l'Ere Vulgaire.

& les uns disoient que c'étoit le tonnerre, & d'autres qu'un Ange lui avoit parlé. Mais JESUS leur dit : Ce n'est pas pour moi, mais pour vous que cette voix s'est fait entendre. Voici le jugement du monde. Le Prince de monde va être chassé dehors. Il faut que le Fils de l'homme soit élevé de terre ; & lorsque j'en serai élevé, j'attirerai tout à moi. Il marquoit par-là quel devoit être le genre de sa mort. Il ajoûta que la lumiére du monde étoit avec eux encore pour un peu de tems. Il les exhorta à marcher à la lueur de cette lumiére, de peur qu'ils ne fussent enveloppez de ténébres. (*a*)

JESUS ayant dit cela, se retira, & se cacha des Juifs ; & après tant de prodiges qu'il avoit faits, ils ne croyoient point en lui. Il y eut toutefois un assez grand nombre des Princes du peuple qui crurent en lui ; mais à cause des Pharisiens ils n'osoient se déclarer. JESUS se montra ensuite, & cria à haute voix : Celui qui croit en moi, croit en celui qui m'a envoyé ; & celui qui me voit, voit mon Pere. Je suis la lumiére du monde, & celui qui croit en moi, n'est pas dans les ténébres. Je ne suis pas venu pour juger le monde, mais pour le guérir. Celui qui ne croit point en moi, sera jugé au dernier jour par la parole que je lui annonce. Je ne parle que selon ce que j'ai appris de mon Pere. (*b*)

Jesus-Christ est la lumiére du monde.

Les Princes des Prêtres, & les principaux du peuple délibéroient de se saisir de JESUS : mais comme le peuple lui étoit attaché, ils craignoient d'en venir à l'exécution. (*c*)

Le Mardy 11. de de Nisan, & 31. de Mars.

Malédiction donnee au figuier qui n'avoit point de fruits.

Le soir étant venu, JESUS se retira à Béthanie avec tous ses Disciples. Le lendemain matin comme il retournoit à Jérusalem, il eut faim, & s'approcha d'un figuier qui avoit des feüilles, pour y chercher du fruit ; mais n'y en ayant point trouvé, parce que ce n'étoit pas la saison des figues, il le maudit, & aussi-tôt il commença à se sécher. (*d*)

Jesus-Christ chasse de nouveau les marchands du Temple.

JESUS étant arrivé au Temple, & y ayant vû des marchands qui y trafiquoient, il les en chassa de nouveau, & renversa leurs tables, & leur bureau. Les Princes des Prêtres cherchoient l'occasion de l'arrêter ; mais ils craignoient le peuple, qui étoit dans l'admiration de ses discours. Sur le soir il s'en retourna à Béthanie. (*e*)

Le Mercredy 12. de Nisan, 1. d'Avril.

Effets admirables de la foy.

Le lendemain matin comme il retournoit à Jérusalem avec ses Disciples, ils virent le figuier dessèché, & l'ayant montré à JESUS-CHRIST, il leur dit que s'ils avoient de la foi, ils feroient non seulement sécher un figuier ; mais qu'ils diroient à une montagne de

(*a*) *Johan.* XII. 29.... 34.
(*b*) *Johan.* XII. 37.... 50.
(*c*) *Luc.* XIX. 47 48.
(*d*) *Matt.* XXI. 18. 19.
Marc. XI. 12. 13. 14.
(*e*) *Marc.* XI. 15.... 19.

An 36 de J.C. 33. de l'Ere Vulgaire.

se jetter dans la mer, & qu'elle s'y précipiteroit à leur commandement: Il ajoûta: Soyez assurez que tout ce que vous demanderez dans vos priéres, vous sera donné. Pardonnez à ceux qui vous ont offensez, afin que vôtre Pere vous pardonne; car si vous ne pardonnez point, vous n'obtiendrez pas le pardon. (*a*)

Le Baptême de Jean étoit-il du Ciel, ou de la terre?

Ce jour-là JESUS-CHRIST étant venu au Temple, les Princes des Prêtres, & les Sénateurs vinrent lui demander par quelle autorité il faisoit ces choses. JESUS leur dit qu'il avoit aussi une question à leur faire: Le Baptême de Jean étoit-il du Ciel, ou des hommes? Mais les Princes des Prêtres faisant réfléxion que s'ils répondoient qu'il étoit du Ciel, JESUS leur demanderoit pourquoi donc ils n'y avoient pas crû; & que s'ils disoient qu'il venoit des hommes, ils craignoient que le peuple ne les lapidât; ils jugérent à propos de lui dire qu'ils n'en savoient rien. Et JESUS leur dit: Je ne vous réponds pas aussi par quelle autorité je fais cela. (*b*)

Parabole des deux fils envoyez travailler à la vigne, dont l'un y va, & l'autre n'y va pas.

JESUS leur proposa ensuite la parabole de deux fils, qui furent envoyez travailler à la vigne par leur pere. Le premier répondit d'abord qu'il n'iroit point, & y alla: le second dit qu'il y alloit, & n'y alla point. Lequel des deux a fait la volonté de son pere? Celui qui est allé à la vigne, répondirent-ils. Alors JESUS leur dit: Les Publicains, & les femmes de mauvaise vie vous précéderont dans le Royaume des Cieux. Jean est venu à vous dans la voye de la justice; & vous n'avez point crû en lui; au lieu que les Publicains, & les femmes débauchées y ont crû. (*c*)

Parabole de la vigne loüée à des vignerons.

Il leur proposa ensuite une autre parabole d'un pere de famille, qui loüe sa vigne à des vignerons, & qui au tems des vendanges envoye de ses serviteurs, pour en recüeillir le fruit. Mais les fermiers se saisirent de ces serviteurs, chassérent les uns, maltraitérent les autres, & en tuérent quelques-uns. Enfin le maître croyant que la présence de son fils les contiendroit, l'y envoya. Mais les fermiers se dirent l'un à l'autre: Celui-ci est l'heritier: mettons-le à mort, & l'héritage sera à nous. En effet ils se jettérent sur lui, le traînérent hors de la vigne, & le tuérent. Lorsque le maître de la vigne viendra, que fera-t'il à ces meurtriers? Quelqu'un de la troupe répondit: Il fera périr ces mauvais fermiers, & loüera sa vigne à d'autres. Mais les Prêtres, & les Pharisiens voyant que JESUS-CHRIST vouloit faire l'application de cette parabole à leur personne, répondirent: A Dieu ne plaise que cela soit ainsi. JESUS continua, & leur

(*a*) *Matt.* XXI. 20.... 22. *Marc.* XI. 10... 26.
(*b*) *Matt.* XXI. 24..... 29. *Marc.* XI. 29.... 33. *Luc.* XX. 2.... 7.
(*c*) *Marc.* XXI. 28..... 32.

An 36. de J. C. 33. de l'Ere Vulgaire.

dit : N'avez-vous pas lû ce qui est écrit : La pierre qui a été rejettée par les bâtisseurs, est devenuë la pierre angulaire. Or je vous dis que le Royaume des Cieux vous sera ôté, & sera donné à un peuple, qui en fera profit ; & cette pierre que vous avez rebutée, écrasera ceux sur qui elle tombera, & froissera ceux qui tomberont sur elle. Les Princes des Prêtres n'eurent pas de peine à comprendre que ces paraboles les regardoient : ils cherchoient à se saisir de JESUS : mais ils craignoient le peuple, qui regardoit JESUS comme un Prophéte. (a)

Parabole des nôces du fils du Roi, ausquelles les conviez ne veulent pas assister.

Il leur dit encore cette parabole : Le Royaume des Cieux est semblable à un Roi, qui fait les nôces de son fils, & qui y invite plusieurs personnes. Il leur envoya ses serviteurs pour les convier ; mais ils refusérent d'y venir. Il leur envoya encore d'autres serviteurs, & au lieu de venir avec eux, les uns s'excusérent sous diverses prétextes, & les autres saisirent les serviteurs, les outragérent, & en tuérent quelques-uns. Le pere de famille irrité protesta que nul de ceux qui avoient été invitez, ne goûteroit de son souper ; & en même-tems il envoya sur les chemins pour ramasser tout ce qu'on trouveroit de gens, pour remplir la salle du festin. Le Roy y étant entré, y vit un homme qui n'avoit point la robe nuptiale. Il lui fit lier les pieds, & les mains, & jetter dans la ruë, au milieu des ténébres. Il conclut en disant que plusieurs sont appellez, mais que peu sont élûs. (b)

Les Pharisiens & les Hérodiens essayent de surprendre Jesus-Christ.

Les Pharisiens ayant quitté JESUS, résolurent de le surprendre dans ses discours. Ils lui envoyérent dans ce dessein de leurs disciples avec des Hérodiens, qui lui demandérent s'il étoit permis de payer le tribut à César, ou non ? JESUS connoissant leur malice, leur demanda à voir la monnoye dont se payoit le tribut, & leur dit : De qui est cette image, & cette inscription ? Ils lui répondirent : De César. Il leur dit : Rendez donc à César ce qui est à César, & à Dieu ce qui appartient à Dieu. (c)

Saducéens confondus.

Le même jour les Saducéens qui nient la résurrection des morts, l'immortalité de l'ame, & l'existence des esprits, vinrent le tenter, en lui disant : Une femme a épousé sept freres les uns après les autres : Au jour de la résurrection auquel des sept demeurera-t'elle pour femme ? JESUS leur répondit, qu'ils ignoroient & les Ecritures, & la puissance de Dieu. Qu'à la résurrection ils ne se marieroient point, & n'auroient point de femmes ; mais ils seroient comme les

(a) *Matt.* xxi. 33.... 46.
Marc xii. 1..... 12.
Luc. xx. 9..... 19.

(b) *Matt.* xxii. 1.... 14.

(c) *Matt.* xxii. 14..... 22.
Marc. xii. 12..... 17.
Luc. xx. 22..... 26.

Anges

Anges du Ciel. A l'égard de la résurrection des morts que vous niez, n'avez-vous pas lû ce que Dieu dit à Moyse dans le buisson ardent : Je suis le Dieu d'Abraham, le Dieu d'Isaac, le Dieu de Jacob. Or Dieu n'est pas le Dieu des morts : Ces Patriarches sont donc vivans ? Depuis ce jour les Saducéens n'osérent plus l'interroger. (*a*)

An 36. de J.C. 33. de l'Ere Vulgaire.

Quel est le plus grand commandement de la Loi ?

Après cela les Docteurs de la Loi vinrent aussi le tenter, en lui demandant quel étoit le plus grand commandement de la Loi. JESUS répondit, que le premier commandement étoit celui de l'amour du Dieu : & le second, celui de l'amour du prochain. Que dans ces deux préceptes étoit contenuë toute la Loi, & les Prophétes. Celui qui l'avoit interrogé, approuva sa réponse, & JESUS lui dit : Vous n'êtes pas éloigné du Royaume de Dieu. (*b*)

De qui le Christ est il Fils ?

Depuis ce tems nul n'osa faire des questions à JESUS ; mais il leur en fit qui les embarassérent. Il leur demanda ce qui leur sembloit du CHRIST, & de qui il étoit Fils ? Ils répondirent sans hésiter : De David. D'où vient donc répliqua JESUS, que David rempli du saint Esprit, l'appelle son Seigneur, en disant : Le Seigneur a dit à mon Seigneur, asseyez vous à ma droite : S'il est le Fils de David, comment est il son Seigneur ? Cette demande les réduisit au silence, & ils ne se hazardérent plus de s'addresser à lui. (*c*)

Les Scribes, & les Pharisiens sont assis sur la Chaire de Moyse.

Alors JESUS addressant sa parole aux troupes du peuple, & à ses Apôtres, il leur dit : Les Scribes, & les Pharisiens sont assis sur la chaire de Moyse : suivez ce qu'ils vous disent, mais ne faites point ce qu'ils font ; car ils imposent aux autres des fardeaux insupportables qu'ils ne voudroient pas toucher du bout du doigt ; toute leur attention est de se faire remarquer, d'occuper par tout les premieres places, d'être appellez maîtres. C'est dans cette vûë qu'ils portent leurs phylactéres, les franges, & les houpes de leurs habits, plus longues que le commun du peuple. Pour vous, ne recherchez point ces vains titres d'honneur ; mais que celui d'entre vous qui est le plus grand, se rende le plus petit ; car celui qui s'éleve, sera humilié : & celui qui s'humilie, sera élevé. (*d*)

Invectives contre les Pharisiens.

Il continua à invectiver contre les Pharisiens, & à leur dénoncer leur malheur prochain. Il leur reprocha, 1°. De fermer le Ciel aux autres, & de n'y entrer pas eux-mêmes. 2°. De manger les maisons des veuves, sous prétexte de longues priéres qu'ils affectoient de

(*a*) *Matt.* XXII. 23.... 33.
Marc. XII. 18..... 27.
Luc XX. 27..... 39.
(*b*) *Matt.* XXII. 34.... 40.
Marc. XII. 28..... 34.
(*c*) *Matt.* XXII. 41.... 46.
Marc. XII. 35..... 37.
Luc. XX. 41..... 44.
(*d*) *Matt.* XXIII. 1.... 13.
Marc. XII. 38.
Luc. XX. 45. 46.

An 36. de J.C. 33. de l'Ere Vulgaire.

faire. 3°. De parcourir la terre & la mer pour faire un prosélyte, & après cela de le rendre plus méchant qu'il n'étoit auparavant. 4°. Il leur dit qu'ils étoient des guides aveugles, & qui séduisoient le peuple par leurs fausses explications de la Loi : par exemple sur le serment, en disant que ce que l'on promet en jurant par l'or du temple, & par le présent qui est offert à l'autel, oblige ; mais non pas ce que l'on promet en jurant par le Temple, ou par l'autel : comme si l'autel & le Temple qui sanctifient l'or & les offrandes, n'étoient pas eux-mêmes plus sanctifiez que ces choses là. (a)

Hypocrisie des Pharisiens.

Il leur reprocha de plus, de donner la dixme de la menthe, & de la ruë, & des autres herbes des jardins, pendant qu'ils négligeoient les pratiques essentielles de la Loi ; la justice, la miséricorde, la bonne foy. Ils passent au couloir un moucheron, & avalent un chameau ; ils ont grand soin de nettoyer le dehors du vase, mais ne songent point au-dedans ; ce sont des sépulchres blanchis, beaux au dehors, & pleins de corruption au dedans. Ils rebâtissent les tombeaux des Prophétes, & ils disent, que s'ils avoient vécu du tems de leurs peres, ils n'auroient pas imité leur conduite, en répandant le sang des Prophétes ; mais ils remplissent la mesure de leurs peres par leur cruauté, en faisant mourir ceux qui leur sont envoyez de la part de Dieu ; ensorte qu'ils attirent sur eux-mêmes tout le sang répandu depuis Abel le juste, jusqu'à Zacharie fils de Barachie, qui a été mis à mort entre le Temple & l'autel. Jérusalem, ville de sang, qui tuë les Prophétes, & qui lapides ceux qui te sont envoyez : combien de fois ai-je voulu rassembler tes enfans, comme la poule rassemble ses poussins, & tu ne l'as pas voulu ? Ta maison va demeurer déserte : Et pour vous, ajouta-t'il en parlant au peuple, vous ne me verrez plus jusqu'à ce que vous disiez : Béni soit celui qui vient au nom du Seigneur. (b)

Tronc des offrandes, où l'on jettoit beaucoup d'argent.

JESUS s'étant assis vis-à-vis le tronc où l'on jettoit les offrandes, remarqua que quelques riches y jettoient avec ostentation de grosses sommes ; & en même-tems une pauvre veuve y vint jetter deux petites piéces de monnoye, qui valoient la quatriéme partie du sicle. JESUS appella ses Disciples, & leur dit : Cette pauvre veuve a plus donné qu'aucun de ceux que vous venez de voir ; car tous les autres ont donné de leur superflu, & celle-ci a offert ce qui lui étoit le plus nécessaire ; elle a donné tout ce qu'elle avoit. (c)

(a) *Matt.* XXIII. 13.... 23. *Marc.* XII. 40.
(b) *Matth.* XXIII. 23.... 39.

(c) *Marc.* XII. 41.... 44. *Luc.* XXI. 1.... 4.

Sur le soir comme JESUS sortoit du Temple, ses Disciples lui montrérent la somptuosité de l'édifice, la richesse des présens, & la grandeur des pierres dont il étoit bâti: JESUS leur dit, que le tems viendroit que ce Temple seroit tellement détruit, qu'on n'y laisseroit pierre sur pierre. Et étant arrivé sur le penchant du mont des Oliviers, d'où l'on voyoit tout le Temple, il s'assit, & ses Disciples vinrent lui demander en particulier, quand on verroit l'exécution de ce qu'il avoit prédit sur la ruine du Temple, & quel signe il donneroit de son avénement, & de la consommation des siécles. (a)

An 36. de J C. 33. de l'Ere Vulgaire.

Magnificence du bâtiment du Temple. Prédiction de sa ruine prochaine.

JESUS leur répondit: Prenez garde qu'on ne vous séduise, car plusieurs viendront en mon nom, disant qu'ils sont le Christ: vous entendrez parler de toutes parts de guerres, de combats, de révoltes; il faut que tout cela arrive, mais ce n'est là que le commencement des grands maux. On verra des nations s'armer les unes contre les autres; il y aura des pestes, des famines, des tremblemens de terre, des signes terribles dans le Ciel; tout cela n'est que le prélude de ce qui doit arriver. Avant tout cela ils vous saisiront, vous livreront aux Juges; ils vous feront comparoître devant leurs assemblées, pour rendre témoignage à mon nom. Mais dans ces occasions n'ayez point d'inquiétude sur la maniére dont vous aurez à vous défendre; je vous donnerai une éloquence & une sagesse à laquelle vos ennemis ne pourront résister; car ce n'est pas vous qui parlerez, mais l'Esprit de mon Pere parlera en vous. Vos plus proches parens, vos meilleurs amis vous livreront à vos persécuteurs; vous serez odieux à tout le monde à cause de moi; on vous trahira, on vous fera mourir. Il s'élevera plusieurs faux freres, & plusieurs faux prophétes; mais celui qui persévérera jusqu'à la fin, sera sauvé; & avant la fin de toutes ces choses l'Evangile sera prêché à toutes les nations. (b)

Plusieurs faux Christs, & plusieurs faux Prophétes.

Il continua à leur parler en cette sorte: Lorsque vous verrez la ville de Jérusalem assiégée par ses ennemis, & l'abomination de la désolation assise dans le lieu Saint, suivant la prédiction de Daniel, alors vous jugerez que le jour de sa perte est arrivé. Que ceux qui se trouveront alors dans la Judée, s'enfuyent dans les montagnes; que celui qui est sur le toît se sauve au plûtôt sans entrer dans sa maison, pour y prendre quelque chose: que ceux qui sont dans les champs, ne retournent pas dans la ville pour chercher des habits; qu'ils se sauvent sans retard, car le jour de la vengeance est proche. Malheur

Lorsque Jérusalem sera assiégée, fuyez sur les montagnes.

(a) *Matt.* XXIV. 1. . . . 3.
Marc. XIII. 1. . . . 4.
Luc. XXI. 5. . . . 7.

(b) *Matt.* XXIV. 5. . . . 14.
Marc. XIII. 6. . . . 13.
Luc. XXI. 8. . . . 19.

An 36. de J.C. 33. de l'Ere Vulgaire.

aux femmes enceintes, & à celles qui allaittent, & à ceux qui seront obligez de fuir pendant l'hyver, ou au jour du sabbat; parce qu'ils ne pourront se sauver avec assez de promtitude; & que le malheur qui les menace est tel, qu'on n'en a jamais vû de pareil, depuis le commencement du monde. Et si Dieu n'avoit abrégé ces jours en considération de ses Elûs, personne n'en seroit echappé. Alors si l'on vous dit que le Christ est ici, ou là, n'y allez point; car il s'élevera de faux-Christs, & de faux Prophétes, qui feront des prodiges, capables de tromper les Elûs mêmes. Or la venuë du Fils de Dieu se fera comme un éclair, & par tout où il y aura des Juifs, il y aura aussi des éxécuteurs de la Justice de Dieu contr'eux. (a)

Signes dans le Soleil, & dans la Lune, &c.

Après tout cela on verra des signes dans le soleil, & dans tous les astres. Toutes les nations seront dans la douleur, & dans la consternation, attendant les malheurs dont elles sont menacées. Tous les peuples déploreront leurs disgraces. Le signe du Fils de l'homme paroîtra dans les nuées: il viendra lui-même sur les nuës accompagné de ses Anges, qui rassembleront ses Elûs des quatre coins du Ciel. Lorsque vous verrez tout cela, levez la tête, & croyez que vôtre salut est proche. Quand le figuier commence à pousser son bouton, & ses feüilles, vous jugez que l'été est proche. Ainsi lorsque tout cela sera arrivé, vous pouvez vous assurer que le Royaume des Cieux est venu. La génération qui vit aujourd'hui ne passera pas, que tout cela n'arrive. Le Ciel, & la terre passeront; mais mes paroles ne passeront point. (b)

La venuë du Fils de l'homme sera comme celle du déluge.

La venuë du Fils de l'homme sera comme celle du déluge, au tems de Noé. Les hommes buvoient, & mangeoient; se marioient, & donnoient en mariage leurs enfans, lorsque tout d'un coup les eaux du déluge les surprirent, & les firent tous périr. Ainsi lorsque le Fils de l'homme viendra, il y aura deux personnes dans un champ; l'une sera prise, & l'autre se sauvera. Deux femmes seront dans un moulin à bras; l'une sera prise, & l'autre s'échappera. Veillez donc; car vous ne sçavez quand ces choses arriveront. Soyez comme ces serviteurs qui attendent le retour de leur maître, & qui ne savent à quelle heure il doit arriver. Si un pere de famille savoit l'heure où un voleur doit venir pour percer sa maison, il veilleroit sans doute; & préviendroit le voleur. Ainsi soyez vigilans, & attentifs, parce que le moment de la venuë du Fils de l'homme vous est inconnu. (c)

(a) *Matt.* XXIV. 15..... 27. *Marc.* XIII. 14.... 23. *Luc.* XXI. 20..... 24.

(b) *Matt.* XXIV. 28.... 36. *Marc.* XIII. 24.... 32. *Luc.* XXI. 25..... 34.

(c) *Marc.* XXIV. 38..... 44. *Marc.* XIII. 33.... 37.

An 36. de J.C. 33. de l'Ere Vulgaire.

Parabole de deux serviteurs ; l'un fidéle, & l'autre infidéle.

Il leur proposa ensuite la parabole d'un serviteur, qui ayant été établi par son maître pour donner à ses conserviteurs la mesure ordinaire de nourriture, & s'étant aquitté fidellement de cet emploi, fut fait Intendant de la maison de son maître. Mais si au contraire ce serviteur s'éleve insolemment de l'autorité qui lui a été donnée, & qu'il se mette à battre, & à maltraiter ses conserviteurs ; qu'il se divertisse en buvant, & mangeant ; son maître viendra dans le moment où il l'attend le moins, & punira ce mauvais serviteur comme il le mérite, il le jettera en prison, & le traittera comme un serviteur infidéle, & insolent. (*a*)

Parabole des dix vierges.

JESUS continua de leur proposer encore d'autres paraboles, qui tendoient à la même fin. Par exemple, il leur proposa celle des dix vierges dont cinq étoient sages, & cinq folles. Les premiéres prirent avec elles de l'huile pour leurs lampes, & les autres n'en prirent point. Lorsque l'époux arriva, elles étoient toutes endormies : mais les vierges sages ayant de l'huile, eurent bien-tôt disposé leurs lampes ; au lieu que les folles n'en ayant point, furent obligées d'en demander à leurs compagnes : celles-ci leur dirent qu'elles n'en avoient que pour elles-mêmes, & qu'elles feroient mieux d'en aller acheter. Elles y allérent ; mais l'époux étant arrivé en leur absence, elles furent excluës du festin des nôces. Ainsi veillez continuellement, parce que vous ne savez ni le jour, ni l'heure de l'arrivée du Fils de l'homme. (*b*)

Parabole du pere de famille, qui distribuë des talens à ses serviteurs.

Il leur dit encore une autre parabole, d'un homme qui voulant faire un voyage, distribua de l'argent à ses serviteurs, afin qu'ils le fissent profiter pendant son absence. Il donna à l'un cinq talens, à l'autre trois, à l'autre un. A son retour il fit venir ses serviteurs, & celui qui avoit reçû cinq talens, en offrit à son maître encore cinq autres qu'il avoit gagnez. Celui qui en avoit reçû trois, en présenta de même trois autres. Leur maître loüa leur conduite, & les fit entrer dans son festin. Le troisiéme qui n'avoit reçû qu'un talent, le vint rapporter à son maître, disant qu'il l'avoit caché dans la terre, de peur qu'on ne lui prît, & qu'il ne le perdît ; & que saçhant la duréte, & l'avarice de son maître, il n'avoit pas osé risquer de le trafiquer. Son maître irrité lui fit ôter son talent, le donna à celui qui en avoit dix, & le chassa de sa maison. (*c*)

Description du Jugement du Fils de Dieu.

Il ajoûta : Lorsque le Fils de l'homme viendra aveo ses Anges, pour juger les hommes, il s'assëiera sur le trône de sa gloire, & met-

(*a*) *Matt.* XXIV. 42.... 51.
(*b*) *Matt.* XXV. 1.... 13.
(*c*) *Matt.* XXV. 14.... 30.

An 36. de J. C. 33. de l'Ere Vulgaire.

tra les brebis à sa droite, & les boucs à sa gauche. Il invitera les uns à entrer dans la gloire de son Royaume, & envoyera les autres au feu éternel, qui est préparé au Démon, & à ses Anges. Il dira aux Elûs qu'ils l'ont soulagé dans sa faim, dans sa soif, & dans ses disgraces; parce qu'il tient comme fait à lui-même, ce que l'on fait au moindre des siens. Il reprochera aux méchans qu'ils l'ont vû dans le besoin, dans la faim, & dans la soif, sans vouloir lui donner le moindre secours; parce qu'ils ont refusé cette consolation à ses serviteurs qu'il regarde comme d'autres lui-même. Ceux donc qui seront à sa droite, iront à la gloire éternelle, & ceux qui seront à sa gauche, au supplice éternel. (*a*)

Jesus-Christ prédit sa mort, & ses souffrances à à ses Disciples.

Après tous ces discours JESUS dit à ses Apôtres: Vous savez que la Pâque doit se célébrer dans deux jours, & le Fils de l'homme sera livré à ses ennemis, & crucifié. (*b*) En ce même tems les Princes des Prêtres délibérerent entr'eux comment ils pourroient arrêter JESUS; mais ils disoient qu'il ne falloit pas l'arrêter le jour de la Fête, de peur que le peuple ne se mutinât. (*c*) Un des douze Apôtres, nommé Judas, ayant été choqué de ce que JESUS lui dit à l'occasion de son murmure, lorsqu'il desapprouva l'action de Marie, qui oignit d'un parfum précieux les pieds de son maître, alla trouver les Prêtres, & leur promit de leur livrer JESUS, moyennant une somme d'argent dont ils convinrent. Depuis ce tems-là Judas ne cherchoit que l'occasion de faire arrêter JESUS, lorsqu'il seroit seul, & sans ces grandes troupes de peuple, qui l'accompagnoient toûjours. (*d*)

Le Jeudi 2. Avril, 13. de Nisan. Préparation pour faire la Pâque.

JESUS passa le Jeudi au mont des Oliviers, ou à Béthanie, & ne vint à Jérusalem que sur le soir. Mais comme il n'avoit point de logement assuré à Jérusalem, ses Disciples lui demandérent où il souhaitoit qu'on lui préparât une salle, pour y faire la Pâque. Il dit à Pierre, & à Jean d'aller à la Ville, & de suivre le premier homme qu'ils rencontreroient chargé d'une vase plein d'eau. Ils le suivirent, & il leur prêta une salle avec des lits de table, & ce qui étoit necessaire, pour y faire la Pâque. Ils y firent la perquisition du levain, préparérent à soûper; & sur le soir ils revinrent le trouver au mont des Oliviers, où ils lui dirent que tout été preparé. (*e*)

Au soir du Jeudi 13. de Nisan, auquel commençoit le 14. du même mois 3. Avril.

Sur le soir JESUS entra dans la Ville, & alla dans la maison où

(*a*) *Matt.* xxv. 31.... 46.
(*b*) *Matt.* xxvi. 1. 2. *Marc.* xiv. 1.
(*c*) *Matt.* xxvi. 3. 4. 5. *Marc.* xiv. 1. 2. *Luc.* xxii. 1. 2.
(*d*) *Matt.* xxvi. 14.... 16. *Marc.* xiv. 10. 11. *Luc* xxii. 3.... 6.
(*e*) *Matt.* xxvi. 17. 18. 19. *Marc.* xiv. 12.... 16. *Luc.* xxii. 7.... 13.

An 36. de J. C. 33. de l'Ere Vulgaire.

Dernier souper de Jesus-Christ à Jérusalem.

Pierre & Jean avoient disposé toutes choses pour la Pâque. Il se mit à table avec ses Apôtres, & comme ils soupoient ensemble, il leur dit que l'un d'eux le devoit trahir. Cette nouvelle les affligea étrangement, & ils commencérent à lui demander tous : Est-ce moi, Seigneur ? JESUS sans s'expliquer davantage pour lors, dit simplement, que l'un de ses douze Apôtres, un de ceux qui mangeoient avec lui au même plat, le livreroit à ses ennemis. Que quant à lui, il falloit qu'il s'en allât pour accomplir les Ecritures ; mais malheur ajoûta-t'il, à celui qui me trahira ; il vaudroit mieux qu'il ne fût jamais né. En même tems Judas lui dit : Est-ce moi, mon Maître ? JESUS lui répondit : Vous l'avez dit. Il lui fit cette réponse apparemment assez bas, puisque les autres Apôtres ne l'entendirent pas. (*a*)

Institution du Corps, & du Sang de J. C. dans l'Eucharistie.

Comme il étoit à table, il leur témoigna qu'il avoit toûjours eu un trés-grand désir de faire cette Pâque avec eux ; que c'étoit la derniére fois qu'ils la feroient ensemble : & ayant pris la coupe, il leur dit qu'il ne boiroit plus de vin, jusqu'à ce qu'il en bût de nouveau dans le Royaume de Dieu ; & ayant rendu graces, il leur dit de boire les uns aprés les autres. *Luc.* XXII. 15....18. Et prenant du pain, il le bénit, le rompit, & le leur distribua à tous, en disant : Ceci est mon Corps, qui doit être livré pour vous. Et ensuite ayant pris le calice, il le bénit, & leur dit d'en boire tous, parce que c'étoit son Sang, qui devoit être répandu pour le salut de tout le monde. Il leur enjoignit d'en faire de même en mémoire de lui, lorsqu'ils boiroient, & qu'ils mangeroient ; ajoûtant qu'il ne boiroit & ne mangeroit plus avec eux, jusqu'à ce qu'il fût dans son Royaume. (*b*) Et s'addressant à saint Pierre, il lui dit, que le démon avoit demandé de cribler ses Apôtres comme le froment ; mais j'ai prié pour vous, dit-t'il, afin que vous ne tombiez point dans l'infidélité ; c'est pourquoi confirmez vos freres dans la foy. (*c*)

Contestation entre les Apôtres, sur la primauté.

Les Apôtres entrérent alors en contestation, pour savoir qui d'entr'eux étoit le prémier. JESUS leur dit : Les Rois de la terre exercent leur domination sur leurs sujets : mais il n'en sera pas ainsi entre vous. Celui qui sera le prémier, doit se rendre le dernier ; & celui qui est le maître, doit se considérer comme le serviteur. Vous me considérez avec raison, comme vôtre Maître, & vôtre Seigneur ; toutefois j'ai vêcu parmi vous comme un serviteur. Comme vous êtes demeuré attaché à moi au milieu de toutes mes tentations, aussi je vous prépare un Royaume, comme mon Pere me l'a prépa-

(*a*) *Matt.* XXVI 20.... 25. *Marc.* XIV. 17.... 2[illegible]. *Marc* XIV 22.... 25. *Luc.* XXII. 19. 20. Comparez 1. *Cor.* XI. 23. 25.

(*b*) *Matt.* XXVI. 26..... 29.

(*c*) *Luc.* XXII. 24.... 32.

An 36. de J.C. 33. de l'Ere Vulgaire.

ré ; afin que vous beuviez à ma table dans mon Royaume, & que vous soyez assis sur douze trônes, pour juger les douze tribus d'Israël.

Lavement des pieds des Apôtres.

Après le souper JESUS voulant donner à ses Disciples un exemple d'humilité, & une preuve du tendre amour qu'il avoit pour eux ; il sort de table, quitte ses habits, se ceint d'un linge, & commence à leur laver les pieds, & à les essuyer avec le linge dont il étoit ceint. Quand il vint à S. Pierre, & qu'il voulut lui laver les pieds, Pierre s'en défendit, & protesta qu'il n'y consentiroit jamais. JESUS lui dit : Si je ne vous lave point les pieds, vous n'aurez point de part avec moi. Alors Pierre répondit : Seigneur, lavez-moi donc non-seulement les pieds, mais aussi les mains & la tête. Après que JESUS eut achevé, il reprit ses habits, & leur dit qu'il leur donnoit l'exemple, afin qu'ils l'imitassent : que le serviteur n'est pas meilleur que son maître, & que s'il leur avoit lavé les pieds, ils devoient se les laver les uns aux autres. (a)

Jesus-Christ designe Judas, qui le devoit trahir.

Alors JESUS se troubla ; & dit à ses Apôtres que l'un d'eux le devoit trahir ; ce qui les jetta dans une nouvelle inquiétude, & saint Pierre fit signe à saint Jean, qui avoit la tête prés de la poitrine de JESUS, de lui demander qui c'étoit. JESUS trempa un morceau de pain dans la sausse, & l'ayant donné à Judas, il dit à Jean que c'étoit celui-là qui le trahiroit. Aussi-tôt Judas emporté par le mauvais esprit qui possédoit son cœur, sort de table, & s'en va. JESUS lui dit, comme il sortoit : Faites vîte ce que vous faites ; ce qui fut pris par les autres Apôtres, comme s'il lui eût dit d'acheter ce qui étoit nécessaire pour la solemnité, ou de donner quelques aumônes aux pauvres ; car c'étoit Judas qui portoit la bourse. (b)

Charité & union entre les Apôtres.

JESUS continua à leur parler, en leur disant, qu'il ne seroit plus avec eux que pour un peu de tems ; qu'ils le chercheroient sans le pouvoir trouver. Il leur recommanda la charité, & l'union, comme le caractére qui les feroit reconnoître pour ses Disciples. Alors saint Pierre lui demanda, où il alloit ? JESUS lui dit : Vous ne pouvez à présent venir où je vais, mais un jour vous m'y suivrez. Pierre répondit : D'où vient que je n'y puis point aller ? Je donnerai ma vie pour vous. JESUS reprit : Vous donnerez vôtre vie pour moi ? & moi je vous dis, que le coq ne chantera pas aujourd'hui, que vous ne m'ayez renoncé. (c)

Il ajoûta : Lorsque je vous ai envoyé prêcher sans provisions,

(a) *Johan.* XIII. 1......21.
(b) *Johan.* XIII. 21.... 32.
(c) *Luc.* XXII. 33. 34. *Johan.* XIII. 33.....38.

sans argent, sans souliers, avez-vous manqué de quelque chose? Ils répondirent: De Rien. Mais à présent, leur dit-il, que celui qui a une bourse, prenne aussi une bésace; & que celui qui n'a point d'épée, vende son habit pour en acheter une. Il vouloit leur marquer par-là la disette où ils devoient tomber, & les persécutions qu'ils devoient souffrir. Les Apôtres ayant pris à la lettre ce qu'il venoit de leur dire, lui répondirent: Seigneur, il y a ici deux épées. Mais JESUS ayant autre chose de plus pressé à leur expliquer, ne releva point cela; il leur dit: C'est assez; sachant qu'après sa Résurrection ils comprendroient mieux ce qu'il avoit voulu dire. (*a*)

An 36. de J. C. 33. de l'Ere Vulgaire.

Il leur fit ensuite un assez long discours sur la confiance qu'ils devoient avoir en lui; il leur déclara qu'il s'en alloit leur préparer la place dans la maison de son Pere, où il y a plusieurs demeures Qu'il reviendroit les prendre, & les amener avec lui: Vous savez où je vais, leur dit-il, & vous en savez le chemin. Thomas lui dit: Seigneur, nous ne savons où vous allez; & comment en pourrions-nous savoir le chemin? JESUS répondit: Je suis le chemin, la vérité, & la vie. Nul n'arrive à mon Pere que par moi: & si vous me connoissez, vous connoissez aussi mon Pere. Philippe lui dit: Seigneur, montrez-nous vôtre Pere, & cela nous suffit. JESUS répondit: Philippe, qui me voit, voit mon Pere: ne croyez-vous pas que je suis en mon Pere, & mon Pere en moi? C'est mon Pere qui parle en moi, & qui opére en moi les œuvres que vous voyez. Tout ce que vous demanderez à mon Pere en mon nom, vous l'obtiendrez; & si vous m'aimez, vous observerez mes Commandemens, & je demanderai pour vous à mon Pere un autre Consolateur, & il vous l'accordera. Je ne vous laisserai point orphelins: Je m'en vais, mais je reviendrai vers vous. Le monde ne me verra plus long tems; mais pour vous, vous me verrez, & vous connoîtrez que je suis en mon Pere, & vous en moi, & moi en vous. Celui qui garde mes préceptes, m'aime véritablement; mon Pere l'aimera, & je l'aimerai aussi, & je me manifesterai à lui. (*b*)

Jesus-Christ s'en va, & les Apôtres savent où il va.

Jude ou Thadée lui demanda: Seigneur, d'où vient que vous vous manifesterez à nous, & non au monde? JESUS lui dit: Celui qui m'aime, garde mes Commandemens, & mon Pere l'aimera, & nous viendrons dans lui, & nous y établirons nôtre demeure. L'Esprit Consolateur que mon Pere vous envoyera en mon nom, vous donnera l'intelligence de toutes les choses que je vous ai dites. Je vous donne ma paix, non pas comme le monde a accoutumé de

Jesus-Christ se manifestera à ses Disciples, & non au monde.

(*a*) *Luc.* XXII. 35.... 38.

(*b*) *Johan.* XIV. 1..... 21.

An 36. de J.C. 33. de l'Ere Vulgaire.

la donner. Ne vous troublez point, & n'ayez point de peur. Je vous ai dit que je m'en allois, & que je reviendrois vers vous: si vous m'aimez, vous vous réjoüirez que je m'en retourne vers mon Pere, parce que mon Pere est plus grand que moi. Je ne vous parlerai pas désormais beaucoup, parce que le prince du monde vient, & qu'il n'a rien en moi. Mais afin que le monde sache que j'aime mon Pere, & que j'observe ses préceptes, levez-vous, allons-nous-en. (a)

Jesus va au mont des Oliviers.

JESUS sortit donc de la salle où il avoit soupé, après avoir récité l'hymne d'action de graces, & il s'en alla au mont des Oliviers. (b)

Jesus-Christ est la vigne, & son Pere est le vigneron; ses Disciples sont les branches du sep.

En chemin JESUS leur dit: Je suis la vigne, & mon Pere est le vigneron: Toute branche qui ne produira point de fruit en moi, sera retranchée; & toute branche qui porte du fruit, sera nettoyée, afin qu'elle en porte davantage. Je suis la vigne, & vous êtes les branches, ou les provins. Celui qui demeure en moi porte beaucoup de fruits; car sans moi vous ne pouvez rien faire. Si vous demeurez en moi, vous obtiendrez tout ce que vous demanderez. Les fruits que vous porterez feront la gloire de mon Pere. Je vous aime, comme mon Pere m'a aimé. Si vous observez mes préceptes, vous demeurerez dans mon amour, comme j'observe les commandemens de mon Pere, & que je demeure dans son amour. Mon commandement est que vous vous aimiez les uns les autres, comme je vous ai aimé; & on ne peut porter l'amour plus loin, que de donner sa vie pour un ami. Je vous ai dit tout ceci pour rendre vôtre joye parfaite. (c)

Les Apôtres sont les amis de J. C.

Je ne vous appelle pas mes serviteurs, car le serviteur ne connoît pas les desseins de son maître: mais je vous appelle mes amis, parce que je vous ai découvert tout ce que j'ai reçû de mon Pere. Ce n'est pas vous qui m'avez choisi; mais c'est moi qui vous ai choisis, & qui vous ai destinez à porter un fruit permanent. Si le monde vous hait, sachez qu'il m'a haï avant vous. Si vous eussiez été du monde, le monde vous auroit aimé; mais comme vous n'en êtes pas, & que je vous ai choisis & tirez du monde, c'est pour cela que le monde vous hait. Souvenez-vous de ce que je vous ai dit: Le serviteur n'est pas de meilleure condition que le maître. S'ils m'ont persécuté, ils vous persécuteront; s'ils ont gardé mes paroles, ils garderont les vôtres. Si je n'étois pas venu, & si je ne leur avois pas parlé, ils se-

(a) *Johan* XIV. 22.... 31.
(b) *Matt.* XXVI, 30. *Marc.* XIV. 26. *Luc.* XXIII. 39.
(c) *Johan.* XV. 1.... 13.

roient ſans péché ; mais à préſent ils n'ont aucune excuſe de leur péché : Celui qui me hait, hait celui qui m'a envoyé. Si je n'avois pas fait parmi eux des œuvres que nul autre n'a faites, ils ſeroient ſans péché ; mais ils ſont inexcuſables, après ce qu'ils ont vû, de me haïr ſans raiſon, moi & mon Pere. Lorſque l'Eſprit Paraclet, qui doit venir, ſera envoyé vers vous, il me rendra témoignage ; & vous-même vous rendrez témoignage qu'il eſt avec moi dés le commencement. (a)

An 36. de J.C. 33. de l'Ere Vulgaire.

Je vous ai dit tout cela, afin que vous ne tombiez point dans l'erreur, ou dans l'infidélité. On vous chaſſera des Synagogues, & le tems eſt venu, que quiconque vous fera mourir, croira rendre ſervice à Dieu : ils vous traiteront de cette ſorte, parce qu'ils ne connoiſſent ni mon Pere ni moi. Je vous dis ceci afin que dans le tems vous vous en ſouveniez. Je m'en vais à préſent à celui qui m'a envoyé, & nul de vous ne me demande où je vais ; mais la triſteſſe a ſaiſi vos cœurs. Je vous dis en vérité qu'il vous eſt utile que je m'en aille : car ſi je ne m'en vas point, l'Eſprit Conſolateur ne viendra point vers vous ; & lorſqu'il ſera venu, il accuſera le monde de péché, de juſtice, & de jugement. Il l'accuſera de péché, parce qu'il n'a pas crû en moi ; de juſtice, parce que je m'en vais vers mon Pere, & que déſormais vous ne me verrez plus ; de jugement, parce que le prince du monde eſt déja jugé. (b)

Jeſus-Chriſt prédit les perſécutions que les Apôtres auront à ſouffrir.

J'ai encore beaucoup de choſes à vous dire ; mais vous ne les pouvez ſupporter à préſent. Lorſque cet Eſprit de vérité ſera venu, il vous conduira dans toute vérité, parce qu'il ne parlera pas de lui-même, mais il dira tout ce qu'il aura appris, & il vous annoncera ce qui doit arriver. Il me glorifiera, parce qu'il recevra de moi ce qu'il vous enſeignera. Tout ce qui eſt à mon Pere, eſt à moi : Dans peu de tems vous ne me verrez plus, & dans peu de tems vous me verrez de nouveau ; parce que je m'en vais à mon Pere. Il diſoient donc, que veut dire cela ; Dans peu de tems vous ne me verrez plus ; & dans peu de tems vous me verrez. JESUS voyant leur penſée, les prévint & leur dit : En vérite je vous dis que le monde ſe réjoüira, & pour vous vous ſerez dans la triſteſſe ; mais vôtre triſteſſe ſe changera en joye. Lorſque la femme eſt dans les douleurs de l'enfantement, elle eſt dans la peine ; mais lorſqu'elle eſt délivrée d'un fils, elle ſe réjoüit, & ne penſe plus à ſes douleurs. Ainſi vous ſerez quelque tems dans la triſteſſe ; mais je vous verrai de nouveau, & vôtre cœur ſera dans une joye que rien ne troublera. Juſqu'ici vous

Le Saint Eſprit inſtruira les Apôtres.

(a) *Joban.* xv. 25. . . . 27. | (b) *Joban.* xvi. 1. . . . 11.

An de J C. 36. 33. de l'Ere Vulgaire.

n'avez rien demandé à mon Pere en mon nom : demandez & vous recevrez, afin que vôtre joye soit pleine. Je vous ai parlé en paraboles ; mais ci-après je vous parlerai sans figure. Je suis sorti de mon Pere, & je suis venu au monde : je vais à présent sortir du monde, pour retourner à mon Pere. Alors les Apôtres lui dirent : Voilà parler sans figures, & sans paraboles. Nous savons à présent que vous savez tout, & qu'il n'est pas nécessaire de vous interroger. Nous croyons à présent que vous êtes venu du Pere. JESUS leur dit : Vous le croyez enfin maintenant. (*a*)

Prédiction du scandale des Apôtres à l'occasion de la mort du Sauveur.

Alors JESUS dit ses Apôtres : Vous serez tous scandalisez à cause de moi dans cette nuit. Voici l'heure que chacun de vous sera dispersé, & que je serai abandonné seul ; parce qu'il est écrit : Je frapperai le pasteur, & les brebis du troupeau seront dispersées. Mais aprés ma Résurrection, je vous précéderai en Galilée. Vous serez exposez à la tribulation, mais ayez confiance : J'ai vaincu le monde. Pierre lui répondit : Quand tous les autres devroient être scandalisez à cause de vous, je ne le serai jamais. JESUS lui dit : Je vous dis en vérité, que dans cette même nuit, avant que le cocq ait chanté deux fois, vous me renierez trois fois. Mais saint Pierre soûtenoit hardiment, que quand il lui faudroit mourir avec JESUS-CHRIST, il ne le renonceroit jamais. Les autres Apôtres en dirent de même. (*b*)

Priére de J. C. à son Pere, en faveur de ses Apôtres.

Après cela JESUS levant les yeux au Ciel, dit : Mon Pere, l'heure est venuë, glorifiez vôtre Fils, afin qu'il vous glorifie. Accordez la vie éternelle à ceux que vous avez donné à vôtre Fils ; & la vie éternelle consiste à vous connoître, & à connoître celui que vous avez envoyé. Je vous ai glorifié sur la terre, & j'ai achevé l'ouvrage, que vous m'avez ordonné. Glorifiez-moi donc maintenant par la même gloire que j'ai euë auprès de vous, avant que le monde fût créé. J'ai manifesté vôtre nom à ceux que vous m'avez donné ; ils savent tout ce que je leur ai enseigné de vôtre part. Ils savent que je suis sorti de vous, & que vous m'avez envoyé. Je vous prie de les conserver ; parce que je les laisse dans le monde, & que j'en sors. Qu'ils soient un entr'eux, comme nous sommes un. Je les ai conservé tant que j'ai été avec eux. Maintenant que je quitte le monde, conservez-les dans le monde, & délivrez-les du démon : Ils ne sont point du monde, de même que je n'en point été : Je les envoye, comme vous m'avez envoyé. Je vous prie, non-seulement pour eux ;

(*a*) *Johan.* XVI. 23.... 31. | *Marc.* XIV. 27.... 31.
(*b*) *Matt.* XXVI. 31.... 36. | *Johan.* XVI. 32. 33.

mais pour tous ceux qui croiront en moi par leurs paroles. Qu'ils soient un entr'eux, comme nous sommes un; afin que le monde sache que je les ai envoyez. Que ceux qui sont à moi, soient où je serai moi-même; afin qu'ils voyent la gloire que j'ai euë avant la création du monde. Pere Saint, le monde ne vous connoît pas; mais je vous connois, & mes Apôtres savent que vous m'avez envoyé. Je vous ai fait connoître à eux, afin que l'amour que vous avez eu pour moi, demeure en eux, comme j'y suis moi-même. (*a*)

An 36. de J.C. 33. de l'Ere Vulgaire.

Jesus au Jardin des Oliviers.

Alors JESUS passa le torrent de Cédron, qui étoit à l'orient de la ville de Jérusalem, & vint dans un lieu nommé Gethsémani où il y avoit un Jardin: il y entra avec ses Disciples; & comme il y avoit été fort souvent, Judas qui le trahissoit, savoit parfaitement l'endroit. Lors donc quil y fut arrivé, il dit à ses Apôtres de l'attendre, jusqu'à ce qu'il eût fait sa priére; & prenant avec lui Pierre Jacques & Jean, il commença à sentir une profonde tristesse; & il leur dit: Mon ame est triste jusqu'à la mort. Demeurez ici, veillez, & priez, de peur que vous n'entriez en tentation. Et s'étant éloigné d'eux environ à un jet de pierre, il se mit à genoux, & se prosternant le visage contre terre, il dit: Mon Pere, toutes choses vous sont possibles; faites s'il vous plaît, que ce calice passe loin de moi: toutefois que vôtre volonté soit faite, & non pas la mienne. (*b*)

Alors un Ange du Ciel vint pour le consoler: Et JESUS étant dans cette agonie, continua plus long-tems sa priére; & il sortoit de tout son corps une sueur comme de gouttes de sang, qui couloient jusqu'à terre. (*c*)

Oraison de Jesus-Christ dans le Jardin.

Sommeil des Apôtres.

S'étant levé de son oraison, il vint à ses Apôtres, qu'il trouva endormis de tristesse. Il dit à Pierre: Simon, vous n'avez pû veiller une heure avec moi: Levez-vous, veillez & priez, afin que vous ne soyez pas exposé à la tentation. L'esprit est promt, mais la chair est foible. Il retourna une seconde fois au lieu de sa priére, & se jettant le visage contre terre, il prioit comme auparavant: Mon Pere, s'il est possible, faites que ce calice s'éloigne de moi; toutefois s'il le faut boire, que vôtre volonté soit faite. De-là il revint à ses Apôtres, qu'il trouva profondément endormis, & ils ne savoient que lui répondre. Il retourna pour la troisiéme fois faire la même priére à son Pere; & étant revenu à ses Apôtres, il leur dit: Dormez à présent, & reposez-vous; c'est assez. Celui qui me trahit est

(*b*) *Johan.* XVII. 1.... 26.
(*b*) *Matt.* XXVI. 36.... 39.
Marc. XIV. 32.... 36.
Luc. XXII. 40.... 42.
Johan. XVIII. 1. 2.
(*c*) *Luc.* XXII. 43. 44.

An 36. de J. C. 31. de l'Ere Vulgaire.

proche : Levez-vous, allons au-devant de lui. (a)

Judas vient au Jardin des Oliviers, il présente le baiser à J. C.

Judas qui le devoit trahir, ayant pris une compagnie de soldats chez les Princes des Prêtres, vint au Jardin, avec une grande troupe de gens armez, portant des flambeaux, & des lanternes, quoique la lune fût claire ; car il étoit pleine lune. Ce traître avoit donné pour signal à ceux qui le suivoient, le baiser qu'il devoit donner à JESUS. S'étant donc approché, il salüa JESUS, en lui disant : Je vous saluë, mon Maître ; & en même-tems l'embrassa pour le baiser. Mais JESUS lui dit : Mon ami, qu'êtes-vous venu faire ici ? Vous livrez le Fils de l'homme par un baiser. (b)

Jesus-Christ renverse les troupes par sa parole.

Aussi-tôt Judas se retira vers la troupe qu'il avoit amenée, & JESUS sachant ce qui lui devoit arriver, alla au-devant d'eux, & leur dit : Qui cherchez-vous ? Ils répondirent : JESUS de Nazareth. Il dit : C'est moi. A ces paroles toute cette troupe fut renversée en arriére. Il leur demanda une seconde fois : Qui cherchez-vous ? Ils répondirent : JESUS de Nazareth. Il dit : Je vous ai déja dit que c'étoit moi. Si donc vous ne cherchez que moi, laissez aller ceux-ci, en parlant de ses Apôtres. (c)

Jesus-Christ arrété par les soldats.

Alors ils se jettérent sur JESUS, & le saisirent. Aussi-tôt un de ceux qui étoient avec JESUS, c'est-à-dire saint Pierre, tirant un épée qu'il avoit, frappa un serviteur du grand-Prêtre, & lui fit une blessure à l'oreille. Ce serviteur s'appelloit Malc ; & JESUS dit : Laissez-moi faire un moment, car il étoit serré par les soldats ; il toucha donc l'oreille de Malc, & la guérit sur le champ. Et il dit à Pierre : Remettez vôtre épée dans le fourreau ; car tous ceux qui prendront l'épee, périront par l'épée : Croyez-vous que je ne saurois demander à mon Pere plus de douze légions d'Anges, pour me défendre ? Ne voulez-vous pas que je boive le calice que mon Pere m'a donné ? Et comment s'accompliront les Ecritures, qui portent que cela se doit faire ainsi ? (d)

En même-tems JESUS s'adressant aux Prêtres, aux Sénateurs, & aux Capitaines de la garde du Temple, qui étoient venus pour le prendre, leur dit : Vous êtes venus en armes contre moi, comme pour prendre un voleur. Que ne m'arrêtiez-vous pendant que j'étois au milieu de vous, enseignant dans le Temple. Mais voici vôtre

(a) *Matt.* XXVI. 40.... 46. *Marc.* XIV. 37..... 42. *Luc* XXII. 45. 46.

(b) *Matth.* XXVI. 47.....50. *Marc.* XIV. 40.... 45. *Luc.* XXII. 47. 48.

(c) *Johan.* XVIII. 4.... 9.

(d) *Matt.* XXVI 50.... 54. *Marc.* XIV. 46. 47. *Luc.* XXII. 49..... 51. *Johan.* XVIII. 10. 11.

heure, & la puissance des ténébres. Alors les Apôtres l'abandonnant s'enfuirent tous. Il y eut un jeune homme qui le suivit, vêtu d'un simple linceul ; les gardes le saisirent ; mais il leur laissa le linceul, & se sauva tout nud de leurs mains. Ayant donc ainsi arrêté JESUS, ils le liérent, & le conduisirent d'abord à Anne, beau-pere de Caïphe ; ce dernier étoit alors Grand-Prêtre, & c'étoit lui qui avoit inspiré la résolution d'arrêter JESUS. (a)

An 36. de J. C. 33. de l'Ere Vulgaire.

Fuite des Apôtres.

Or Simon suivit JESUS d'assez loin, avec un autre Disciple ; mais celui-ci, qui étoit connu dans la maison du Grand-Prêtre, entra dans la cour, & en sortit ensuite pour y faire entrer Pierre, qui étoit demeuré à la porte. La troupe qui avoit arrêté JESUS, alluma un grand feu dans la cour, car il faisoit froid ; & ils commencérent à se chauffer, & Pierre avec eux. (b)

Simon Pierre entre chez le grand-Prêtre.

Le Grand-Prêtre Anne interrogea donc JESUS sur ses Disciples, & sur sa doctrine. JESUS dit : Qu'il avoit toûjours enseigné publiquement dans le Temple, & dans les Synagogues, qu'il pouvoit interroger ceux qui l'avoient oüi ; qu'il n'avoit rien enseigné en secret ; en disant cela un des serviteurs de Caïphe, lui donna un soufflet, & lui dit : Est-ce ainsi que tu réponds au Pontife ? JESUS répondit : Si j'ai mal parlé, faites-le voir : sinon, pourquoi me frappez-vous ? (c)

Jesus-Christ interrogé par le grand-Prêtre.

Anne renvoya JESUS à Caïphe son gendre, qui demeuroit apparemment dans la même maison. Alors les Princes des Prêtres, les Sénateurs, & les Docteurs de la Loi s'assemblérent chez lui, & ils cherchoient contre JESUS des témoignages pour pouvoir le condamner à mort : mais ils n'en trouvoient point, quoi qu'ils eussent oüi plusieurs faux témoins, qui déposerent contre lui. Enfin il s'en présenta deux, qui déclarérent qu'ils lui avoient oüi dire, qu'il détruiroit le Temple de Dieu, & qu'en trois jours il le rétabliroit. Mais cela n'étoit pas suffisant pour le condamner à mort. Comme JESUS pendant toutes ces accusations demeuroit dans un profond silence, le Grand-Prêtre lui demanda pourquoi il ne parloit point : mais JESUS ne lui répondit rien. Alors Caïphe lui dit : Je te conjure par le Dieu vivant, de nous dire si tu es le CHRIST, Fils de Dieu ? JESUS répondit : Vous l'avez dit, je le suis : Mais je vous dis que vous verrez un jour le Fils de l'homme à la droite de la vertu du Pere, qui viendra sur les nuës pour exercer le Jugement. Alors le Grand-Prêtre déchira ses habits, & dit : Qu'avons-nous encore besoin de témoins ; vous

Jesus-Christ est conduit de chez Anne chez Caïphe. Il comparoît devant l'assemblée des Prêtres.

(a) *Matt.* XXVI. 55.... 57.
Marc. XIV. 48.... 53.
Luc. XXII. 52.... 54.
Johan. XVIII. 12. 13.

(b) *Johan.* XVI. 15..... 18.
Matth. XXVI. 58.
(c) *Johan.* XVIII. 19..... 23.

An 36. de J.C. 33. de l'Ere Vulgaire.

avez tous oüi ses blasphêmes ; qu'en pensez-vous ? Ils répondirent : Il est digne de mort. (a)

Jesus abandonné au milieu des soldats, est outragé en mille maniéres.

L'assemblée étant sortie, JESUS fut remis entre les mains des soldats, & des gardes qui étoient dans la cour. Alors ces gens lui crachérent au visage, & lui couvrirent la face avec une linge, & lui donnant des soufflets, & des coups de poing, lui disoient, en lui insultant : Devine qui t'a frappé. Saint Pierre étoit dans cette même cour auprès du feu, avec les autres ; & la servante du Grand-Prêtre l'ayant consideré attentivement, dit : Assurément cet homme étoit avec JESUS de Nazareth. Pierre répondit devant tout le monde : Je ne sai ce que vous voulez dire, je ne connois point cet homme là. Un moment après il sortit de la cour, & alla dans le vestibule, & aussi-tôt le cocq chanta. Un peu après une autre servante l'ayant remarqué, dit : Cet homme étoit avec JESUS de Nazareth. Pierre le nia avec serment. Environ une heure après, un de la compagnie assura qu'il étoit des Disciples de JESUS. Les autres dirent qu'assurément il en étoit, & que son langage même montroit qu'il étoit Galiléen. Enfin un parent de Malc, que Pierre avoit blessé à l'oreille, lui demanda : Ne vous ai-je pas vû avec lui dans le jardin ? Mais Pierre le nia avec serment, protestant qu'il ne connoissoit point cet homme. En même-tems le cocq chanta pour la seconde fois. JESUS se tournant vers Pierre, le regarda, & Pierre se souvenant de ce que JESUS lui avoit dit, qu'avant que le cocq chantât deux fois, il le renieroit trois, sortit de la cour de Caïphe, & pleura amérement. (b)

Les trois renoncemens de saint Pierre.

Au matin du Vendredy 14. de Nisan, 3. Avril.

Assemblée des Prêtres dans le Sanhédrin.

Aussi-tôt qu'il fut jour, les Prêtres, le Senat, & les Docteurs de la Loi s'assemblérent dans le Sanhédrin pour faire mourir JESUS. Ils firent comparoître JESUS devant eux, & ils lui demandérent, s'il étoit le CHRIST ? Il répondit : Quand je vous le dirai, vous ne me croirez point ; & quand je vous interrogerai, vous ne me répondrez point, & ne me laisserez point aller. Mais un jour vous verrez le Fils de l'homme assis à la droite de Dieu. Ils lui dirent tous : Vous êtes donc le Fils de Dieu ? Il répondit : Je le suis. Alors ils conclurent tous qu'il n'étoit pas necessaire d'entendre des témoins contre lui, puisqu'il avoüoit le fait ; & qu'il étoit digne de mort. Toute l'assemblée se leva donc, & amena JESUS à Pilate Gouverneur de la Province. Ils n'osérent pas toutefois entrer dans le Prétoire, de peur qu'ils ne se soüillassent ; mais afin qu'ils pûssent faire la Pâque. (c)

Jesus-Christ est conduit chez Pilate.

(a) Matt. XXVI. 59.... 66.
Marc. XIV. 54.... 64.
(b) Matt. XXVI. 67.... 75.
Marc. XIV. 18. 65.... 72.
Luc. XXII. 56.... 63.
Johan XVIII. 25. 26.
(c) Matt. XXVIII. I. 2.
Marc. XV. I. 2.
Luc. XXII. 66.... 71.

Judas

Judas qui avoit trahi JESUS, voyant qu'il étoit condamné à mort, se repentit de ce qu'il avoit fait, & rapporta aux Princes des Prêtres, & aux Sénateurs l'argent qu'il avoit reçû d'eux, leur déclarant qu'il avoit péché, en livrant le sang innocent. Ils lui répondirent: Cela ne nous regarde pas; ce sont vos affaires. Mais Judas ayant jetté l'argent dans le Temple, s'en alla, & se pendit. Alors les Prêtres ayant pris l'argent, s'assemblérent, & dirent: Il ne faut pas mettre ceci dans le trésor du Temple, parce que c'est l'argent du Sang. Ils en achéterent donc le champ d'un potier de terre, pour y enterrer les étrangers. (*a*)

An 36. de J.C. 33. de l'Ere Vulgaire.

Repentir & desespoir de Judas.

JESUS ayant été livré à Pilate, comme ses accusateurs étoient demeurez au dehors, le Gouverneur l'amena en leur présence, & leur demanda de quoi ils l'accusoient. Ils répondirent: S'il n'étoit pas coupable, nous ne vous l'aménerions pas. Pilate répondit, Prenez-le vous-mêmes, & le jugez selon vôtre Loi. Ils dirent: Il ne nous est pas permis de faire mourir un homme. Ils ajoûtérent que cet homme étoit un perturbateur du repos public, qui enseignoit qu'il ne falloit pas payer le tribut à César, & qu'il se disoit le Christ Roi des Juifs. Pilate rentra dans le Prétoire, s'assit sur son tribunal, & demanda à JESUS s'il étoit Roi des Juifs. JESUS lui dit: Dites-vous cela de vous-même, ou d'autres vous l'ont-ils dit de moi? Pilate répliqua: Suis-je Juif? Ce sont vos Prêtres, & vôtre peuple qui vous ont mis entre mes mains: Qu'avez-vous fait? JESUS lui répondit: Mon Royaume n'est pas de ce monde; s'il en étoit, mes gens combattroient, pour empêcher que je ne fusse livré aux Juifs; mais mon Royaume n'est pas de ce monde. Vous êtes donc Roi? ajoûta Pilate. Oüi je le suis, répondit JESUS, & je suis venu dans le monde pour rendre témoignage à la vérité. Qu'est-ce que la vérité? dit Pilate; & en même tems il sortit pour dire aux Juifs qu'il ne trouvoit dans cet homme aucun sujet de condamnation. (*b*)

Accusation des Prêtres contre Jesus.

Les Princes des Prêtres continuërent à accuser JESUS; mais JESUS ne répondit rien ni à leurs accusations, ni aux demandes de Pilate, ensorte que celui-ci en étoit éxtrémement surpris. Toutefois comme ses accusateurs crioient qu'il soûlevoit le peuple dans tout le pays à commencer depuis la Galilée, jusqu'à Jérusalem, Pilate ayant oüi le mot de Galilée, demanda si cet homme étoit Galiléen, & ayant appris qu'il étoit sujet d'Hérode, il le lui renvoya. (*c*)

Silence de Jesus devant Pilate.

(*a*) *Matt.* XXVII. 3.... 10.
(*b*) *Matt.* XXVII. 11.
Marc. XV. 2.
Luc. XXIII. 2. 3.
Johan XVIII. 29.... 38.
(*c*) *Matt.* XXVII. 12. 13.
Marc. XV. 4. 5.
Luc. XXIII. 5. 6.

An 36. de J.C. 33. de l'Ere Vulgaire.

Jesus est envoyé à Herode.

Hérode fut ravi de voir JESUS; car il y avoit long-tems qu'il avoit envie de le connoître. Il lui fit plusieurs questions : mais JESUS ne lui répondit par un seul mot, quoique ses accusateurs, qui l'avoient suivi, le chargeassent de plusieurs accusations. Hérode, & toute sa Cour ne conçurent que du mépris pour le Sauveur, & ils le revêtirent par dérision d'un habit d'écarlate, pour insulter à sa Royauté. Après cela ils le dépoüillérent, & le renvoyérent à Pilate; & depuis ce tems-là Pilate & Hérode devinrent bons amis; car ils étoient auparavant mal ensemble. (*a*)

Pilate est informé de l'injuste accusation des Juifs contre Jesus.

Pendant cet intervalle, Pilate avoit été informé de la jalousie des Juifs contre JESUS. D'ailleurs averti par sa femme, qui avoit eû de fâcheux songes à son sujet pendant la nuit, (*b*) il cherchoit à le délivrer de leurs mains. Il sortit donc une troisiéme fois du Prétoire avéc JESUS, & leur dit qu'ayant interrogé l'accusé, il ne lui avoit trouvé aucune cause de condamnation; que l'ayant renvoyé à Hérode, ce Prince ne l'avoit point condamné; qu'ainsi il le feroit châtier, & le renvoyeroit. (*c*)

Barabbas est préféré à Jesus.

Il avoit coûtume à la fête de Pâque de leur délivrer à leur choix, un des criminels qui se trouvoient dans les prisons. Or il y avoit alors un nommé Barabbas, qui y avoit été mis pour un meurtre qu'il avoit commis dans une sédition. Pilate leur demanda donc lequel des deux ils vouloient qu'il relachât, de JESUS, ou de Barabbas. Mais les Prêtres, & les Sénateurs engagérent le peuple à demander qu'on leur donnât Barabbas, & qu'on fist mourir JESUS. Il leur fit la même demande une seconde fois, & ils demandérent encore Barabbas. Pilate leur dit: Que voulez-vous donc que je fasse au Roi des Juifs? Ils criérent tous: Crucifiez-le, crucifiez-le. Mais, ajoûta-t'il, quel crime a-t'il fait? Je ne trouve rien en lui, qui mérite un telle condamnation. Je le châtierai donc, & je le renvoyerai. Ils insistérent plus fort qu'auparavant qu'il fut crucifié. (*d*)

Pilate fait foüetter Jesus.

Alors Pilate fit foüetter JESUS, & les soldats lui mirent sur la tête une couronne d'épines, & le revêtirent d'un manteau de pourpre pour lui insulter; & lui donnant des soufflets, ils lui disoient: Prophétise, qui t'a frappé. Les soldats l'ayant ramené à Pilate, il sortit avec lui, & le montrant au peuple dans l'état où ils l'avoient mis, il leur dit: Voilà l'Homme; croyant qu'ils seroient contens de ce qu'il lui avoit fait souffrir. Mais ils crioient plus fort qu'auparavant, qu'on le crucifiât. Pilate leur dit qu'ils le prissent eux-

(*a*) *Luc.* XXIII. 8..... 12.
(*b*) *Matt.* XXVII. 19.
(*c*) *Luc.* XXIII. 13...., 16.

(*d*) *Matt.* XXVII. 15...... 23.
Marc. XV. 6.... 13.
Luc. XXIII. 18.... 23.

An 36. de J. C. 33. de l'Ère Vulgaire.

mêmes, & qu'ils le fissent mourir; que pour lui, il ne pouvoit se résouder à le condamner, ne trouvant en lui aucune cause de condamnation. Les Juifs repondirent: Il est digne de mort, selon nos Loix puisqu'il se veut faire passer pour Fils de Dieu. Pilate ébranlé par ces clameurs, rentre dans le Prétoire, s'assit sur son tribunal, & interroge de nouveau JESUS, lui demandant d'où il est. Mais JESUS ne lui répondit rien. Pilate lui dit: Vous ne me répondez rien? Ne savez-vous pas que j'ai le pouvoir de vous absoudre, ou de vous condamner? JESUS répondit: Vous n'auriez point de puissance sur moi, si elle ne vous avoit été donnée d'enhaut; c'est pourquoi le crime de celui qui m'a livré à vous, est plus grand que le vôtre. (*a*)

Clameurs du peuple contre Jesus.

Pilate cherchant toûjours à délivrer JESUS, en fut empêché par les Juifs, qui lui criérent que s'il le relâchoit, il n'étoit point ami de l'Empereur, puisque quiconque se déclaroit Roi, étoit ennemi de César. Alors il fit apporter son tribunal au dehors, dans la cour, en présence du peuple, & il leur dit: Voila vôtre Roi. Ils répondirent: Crucifiez-le. Pilate leur dit: Voulez-vous que je crucifie vôtre Roi? Ils lui répondirent: Nous n'avons point d'autre Roi que César. Alors le Gouverneur voyant qu'il ne pouvoit le délivrer, & que le tumulte croissoit de plus en plus, demanda de l'eau, se lava les mains, & dit: Je suis innocent du sang de cet homme. Ils criérent tous: Que son sang soit sur nous, & sur nos enfans. Alors Pilate leur livra JESUS pour être crucifié, comme ils le demandoient, & il délivra Barabbas. Il étoit environ la troisiéme heure, ou neuf heures du matin (*b*)

Pilate le condamne à être crucifié.

Jesus outragé par les soldats.

Les soldats de Pilate ayant pris JESUS, le conduisirent dans le Prétoire, & appellant toute la compagnie des gardes, le dépoüillérent de ses habits, & le revêtirent d'un manteau de pourpre, lui mirent une couronne d'épines sur la tête, & un roseau en main, en forme de sceptre; & fléchissant le génou devant lui, ils lui insultoient en lui crachant au visage, & lui frappant la tête avec le roseau qu'il avoit en main, en disant: Salut au Roi des Juifs. (*c*)

Jesus est conduit au Calvaire.

Après cela ils lui rendirent de nouveau ses habits, & le chargeant de sa Croix, ils le conduisirent au Calvaire, pour y être crucifié. Comme ils sortoient de la Ville, JESUS ne pouvant plus porter sa croix, à cause de l'épuisement où il étoit, les soldats Romains contraignirent un nommé Simon, à la porter derriére lui. (*d*)

(*a*) *Johan.* XIX. 1.... 12.
(*b*) *Matt.* XXVII. 24.... 26.
Marc. XV. 15.
Luc. XXIII. 24. 25.
Johan. XIX. 12.... 16.

(*c*) *Matt.* XXVII. 27.... 29.
Marc. XV. 16. 19.
(*d*) *Matt.* XXVII. 31. 32.
Marc. XV 20. 21.
Luc. XXIII. 26.

An 36. de J.C. 33. de l'Ere Vulgaire.

Pleurs des femmes de Jérusalem sur Jesus.

JESUS étoit suivi d'une grande multitude de peuple, & de femmes, qui pleuroient, & lamentoient son triste sort. JESUS se tournant vers elles, leur dit : Filles de Jérusalem, ne pleurez point sur moi, mais pleurez sur vous-mêmes, & sur vos enfans : car le tems viendra que l'on dira : Heureuses celles qui sont steriles, & qui n'ont jamais eu d'enfans. Alors on dira aux montagnes : Tombez sur nous ; & aux collines : Couvrez-nous. Car si cela arrive au bois verd, que fera-t'on au bois sec ? Alors on conduisit avec JESUS deux voleurs, pour être crucifiez avec lui. (*a*)

Jesus arrive au Calvaire, & est crucifié.

Lorsqu'il fut arrivé au Calvaire, on lui donna à boire du vin mêlé avec de la myrrhe, ou du fiel ; mais l'ayant goûté, il n'en voulut point boire. Il fut donc mis en croix entre deux voleurs ; l'un à sa droite, & l'autre à sa gauche. Alors JESUS pria pour ceux qui le crucifioient, disant : Mon Pere, pardonnez-leur ; car ils ne savent ce qu'ils font. (*b*)

Inscription de la Croix de Jesus-Christ.

On attacha au haut de sa croix une inscription, qui portoit en lettres Grecques, Latines, & Hébraïques : *Jesus de Nazareth, Roi des Juifs*. Plusieurs personnes ayant lû cette inscription, dirent à Pilate : Ne mettez point *Roi des Juifs* ; mais, *qui se dit Roi des Juifs*. Pilate répondit : Ce que j'ai écrit, est écrit. (*c*) Il étoit environ la troisiéme heure, ou neuf heures du matin. (*d*)

Les soldats partagent les habits du Sauveur.

Les soldats qui avoient crucifié JESUS-CHRIST, partagérent entr'eux ses habits, dont ils firent quatre lots : mais pour sa tunique qui étoit sans couture, & d'une seule piéce, ils ne voulurent pas la déchirer, mais ils la tirérent au sort. Ils s'assirent donc auprès de la croix, pour garder les corps, afin que personne ne les détachât, & & ne les enlevât. (*e*)

Le peuple, & les Magistrats insultent Jesus-Christ à la Croix.

Le peuple, & les Magistrats des Juifs, qui étoient sur le Calvaire, insultoient à JESUS lui disant : Il a sauvé les autres, & il ne peut se sauver lui même. Qu'il se sauve à présent, s'il est Fils de Dieu. Les soldats se mocquoient aussi en lui offrant du vinaigre, & lui disant : Si tu es Roi des Juifs, sauve-toi à présent. D'autres secoüant la tête lui disoient : Toi qui détruis le Temple de Dieu, & qui le rebâtis en trois jours, descends de la croix, si tu es Fils de Dieu. Les Princes des Prêtres lui faisoient les mêmes insultes, & disoient : Qu'il

---

(*a*) *Luc* XXIII. 27.... 32.
(*b*) *Matt*. XXVII. 33.
Marc. XV. 22.
Luc. XXIII. 33. 34.
(*c*) *Matt*. XXVII. 37.
Marc. XV. 26.
Luc. XXIII. 38.
(*d*) *Marc*. XV. 25.
(*e*) *Matt*. XXVII. 35.... 36.
Marc. XV. 24.
Luc. XXIII. 34.

descende maintenant de la croix, & nous croirons en lui. L'un des voleurs qui étoit crucifié avec lui, l'outrageoit aussi par ses reproches, & lui disoit : Si tu es le Christ, sauve toi, & nous avec toi; mais son compagnon le reprit, en disant : Est-ce que tu ne crains pas Dieu; même dans l'état où tu es ? Car pour nous, nous avons bien mérité ceci; mais pour lui, qu'a t'il fait ? Et s'adressant à JESUS, il lui dit : Seigneur ayez pitié de moi, lorsque vous serez dans vôtre Royaume. Et JESUS lui dit : Je vous dis en vérité que vous serez aujourd'hui avec moi dans le Paradis. (*a*)

An 36. de J. C. 33. de l'Ere Vulgaire.

Marie mere de JESUS, Marie de Cléophas, & Marie Magdelaine étoient près de la croix du Sauveur. JESUS donc voyant sa mere, & le Disciple qu'il aimoit, dit à sa mere : Femme, voila vôtre fils, en parlant de saint Jean; & s'adressant à cet Apôtre, il lui dit : Voilà vôtre mere : & depuis ce moment le Disciple bien-aimé la prit auprès de lui, & dans sa maison. (*b*)

Jesus recommande sa mere à saint Jean.

Or il étoit environ la sixiéme heure du jour, c'est à-dire midi, & le Soleil fut couvert de ténébres jusqu'à l'heure de None, ou trois heures après midi. A l'heure de None les ténébres se dissipérent; & JESUS ayant crié à voix haute : *Eli, Eli, Lamma sabachtani*, c'est-à-dire : Mon Dieu, mon Dieu, pourquoi m'avez vous abandonné. Quelqu'un des assistans dit : Il appelle Elie; & un soldat courut lui présenter du vinaigre dans une éponge au bout d'un baton d'hyssope. D'autres disoient : Laissez; voyons si Elie viendra pour le détacher de la Croix. JESUS ayant goûté du vinaigre; dit : Tout est consommé. Mon Pere, je vous recommande mon ame, & baissant la tête, il expira. (*c*)

Eclypse du Soleil, pendant que J. C. fut attaché à la Croix.

Alors le voile du Temple se déchira depuis le haut jusqu'en bas, la terre trembla, les rochers se brisérent, & les tombeaux s'ouvrirent. Or le Centenier, & les soldats qui étoient là, & qui gardoient les corps, ayant remarqué toutes ces circonstances, furent saisis de crainte, & glorifiérent Dieu, en disant : Cet homme étoit un homme juste; il étoit vraiment Fils de Dieu; & les troupes qui étoient venuës pour voir ce spectacle, s'en retournoient frappant leur poitrine. (*d*)

Jesus étant expiré, le voile du Temple se rompit.

Les amis de JESUS, & les femmes qui l'avoient suivi de la Ga-

(*a*) *Matt.* XXVII. 39.... 44.
Marc. XV. 29.... 32.
Luc XXIII 35..... 43.
(*b*) *Johan.* XIX. 25.... 27.
(*c*) *Matt.* XXVII. 48.... 50.
Marc. XV. 34..... 37.
Luc. XXIII. 46.
Johan XIX. 28.... 30.
(*d*) *Matt.* XXVII. 51... 54.
Marc XV. 38 39.
Luc. XXIII. 47. 48.

An 36 de J.C. 33. de l'Ere Vulgaire.

lilée, étoient sur la montagne, mais assez loin de la Croix, & furent témoins de toutes choses. (a)

Or les Juifs, afin que les corps ne demeurassent pas à la croix, le lendemain, qui étoit le grand jour du Sabbat, & la Pâque, demandérent à Pilate que l'on les ôtât, & qu'on leur rompît les jambes, pour les faire mourir plus promptement. Les soldats vinrent donc au premier voleur, & lui rompirent les jambes. Ils en firent de même au second; mais étant venus à JESUS, ils trouvérent qu'il étoit mort, & ne lui rompirent pas les jambes: mais un des soldats lui perça le côté avec sa lance, d'où il sortit de l'eau & du sang; ainsi que le témoigne le Disciple bien-aimé, qui en fut témoin. (b)

On perce le côté à J. C.

Joseph d'Arimathie demande le Corps de J. C & l'enseveit dans son tombeau.

Sur le soir Joseph d'Arimathie, qui étoit un Sénateur fort distingué, vint hardiment à Pilate, pour lui demander le Corps de JESUS, afin qu'il pût l'enterrer avant le coucher du soleil; car c'étoit le jour de la préparation pour le Sabbat, qui commençoit vers le coucher du Soleil. Pilate s'étonna que JESUS fût déja mort, & ayant demandé au Centenier si véritablement il étoit mort, il accorda le Corps à Joseph. Celui-ci le détacha de la croix; & l'enveloppa dans un linceul blanc, après l'avoir embaumé avec cent livres de myrrhe & d'aloës, que Nicodéme avoit apporté. Après cela ils le mirent dans le tombeau que Joseph d'Arimathie s'étoit fait creuser pour lui-même dans son jardin, qui étoit prés de là, & où personne n'avoit encore été mis. Il ferma le sépulchre avec une pierre qui lui servoit de porte, & s'en alla. (c)

Les femmes qui avoient suivi JESUS en venant de Galilée, demeurerent là pendant tout ce tems, considérant l'endroit du sépulchre, & voulant elles-mêmes venir l'embaumer de nouveau, après que la solemnité, qui alloit commencer, seroit passée. (d)

On met une garde au tombeau de Jesus-Christ.

Cependant les Princes des Prêtres, & les Pharisiens allérent trouver Pilate pour lui dire, que JESUS pendant sa vie avoit dit à ses Disciples, qu'il ressusciteroit dans trois jours: qu'il y avoit du danger qu'ils ne vînssent la nuit enlever son corps, & qu'après cela ils ne publiassent qu'il étoit ressuscité; ce qui causeroit un nouveau mal, plus grand que le premier. Pilate leur dit, qu'ils avoient la compagnie des soldats destinez pour la garde du Temple, qu'ils la pouvoient prendre pour garder le tombeau. Ils y mirent donc des gardes, &

(a) *Matt.* XXVII. 55.
Marc. XV. 40. 41.
Luc. XXIII. 49.
(b) *Johan* XIX. 31.... 37.
(c) *Matth.* XXVII. 57.... 60.
Marc. XV. 42.... 46.
Luc. XXIII. 50.... 54.
Johan. XIX. 38. 40.
(d) *Matt.* XXVII. 61.
Marc. XV. 47.
Luc. XXIII. 55. 56.

y apposérent le sceau, le soir même de sa mort, avant que le sabbat commençât. (a)

An 36. de J. C. 33. de l'Ere Vulgaire.

Le S. medy 4. Avril, 15. de Nisan.

Les saintes Femmes achettent des parfums, & se disposent à aller embaumer le Corps du Sauveur.

Le jour de la Pâque les saintes femmes demeurérent en repos, suivant que la Loi l'ordonne: mais dés le soir, auquel le sabbat finit, & où commence le premier jour de la semaine; elles furent acheter des aromates, pour aller le lendemain de grand matin, embaumer le Corps de JESUS. Elles partirent de la ville avant le jour, & comme elles étoient en chemin, elles se disoient l'une à l'autre; qui nous ôtera la pierre, qui ferme le monument? Car cette pierre étoit fort grande. Alors elles sentirent un grand tremblement de terre. C'étoit le signal de la Résurrection du Sauveur, & de la descente de l'Ange; qui vint ôter la pierre qui fermoit le sépulchre; & qui s'étant assis dessus en la présence des gardes, les remplit de frayeur, & les obligea de se retirer. (b)

Le Dimanche 5. Avril, 16. de Nisan.

Resurrection de Jesus-Christ.

Apparition de deux Anges au tombeau de J. C.

Les femmes étant arrivées au tombeau, virent deux Anges en forme humaine, vêtus d'habits blancs, & étincellans comme des éclairs, ce qui les remplit de frayeur. Alors l'un d'eux leur dit: Ne craignez point; je sais que vous cherchez JESUS crucifié, il n'est point d'ici, il est ressuscité: venez, & voyez le lieu où il étoit. Mais allez dire à ses Disciples, & à Pierre qu'il est ressuscité, & qu'il sera avant vous en Galilée; c'est-là ou vous le verrez, comme il vous l'a promis. (c)

Marie Madelaine va donner avis aux Apôtres que Jesus-Christ est ressuscité.

Marie Madelaine, plus prompte que les autres, courut rapidement à Jérusalem annoncer aux Apôtres, que l'on avoit enlevé le Corps du Seigneur, & qu'elle ne savoit ce que l'on en avoit fait. Et en même tems elle vint de nouveau au sépulchre. Pierre & Jean y accoururent aussi, tout saisis de crainte & d'étonnement. Le Disciple bien-aimé ayant couru plus vite que saint Pierre, arriva le premier au tombeau, & s'étant panché pour voir au-dedans, il vit les linges dont JESUS CHRIST avoit été envelopé; mais il n'entra pas. Pierre arriva aussi-tôt, & entra dans le tombeau, où il vit les linges à part, & le suaire qui enveloppoit la tête de JESUS. Saint Jean y entra aussi, & vit comme saint Pierre, tout ce qui y étoit. Après cela ils s'en retournérent à Jérusalem. (d)

Saint Pierre & saint Jean viennent au tombeau de Jesus-Christ.

Marie demeura auprès du tombeau, & s'étant inclinée pour voir au-dedans de la grotte, elle y vit les deux Anges assis, l'un au pied,

---

(a) *Matt.* XXVII. 62.... 66.
(b) *Matt.* XXVIII. 1..... 4.
Marc. XVI. 2.... 4.
Luc. XXIV. 1.... 4.
Johan. XX. 1. 2.

(c) *Matt.* XXVIII. 5..... 8.
Marc. XVI. 6.... 8.
Luc. XXIV. 5.... 8.
(d) *Johan.* XX. 2.... 8.

An 36. de J. C. 33. de l'Ere Vulgaire.

Premiere apparition de J. C. à Marie Madelaine.

& l'autre à la tête du sépulchre, qui lui dirent : Femme, pourquoi pleurez-vous ? Elle répondit : On a emporté mon Seigneur, & je ne sai où on l'a mis. En même-tems s'étant retournée, elle vit JESUS sous la forme d'un Jardinier, qui lui dit : Pourquoi pleurez-vous, que cherchez vous ? Marie croyant que c'étoit le Jardinier, lui dit : Seigneur, si c'est vous qui l'avez pris, dites-moi où vous l'avez mis, afin que je l'emporte. JESUS lui dit : Marie. Aussi-tôt elle se tourna, le reconnut, & se jetta à ses pieds pour les baiser. Mais le Sauveur lui dit : Ne me touchez point, car je ne vais pas encore à mon Pere ; vous aurez le loisir de me voir. Mais allez à mes freres, & dites-leur, que je vai monter à mon Dieu, & à leur Dieu ; à mon Pere, & à leur Pere. (*a*)

Seconde apparition de J. C. aux saintes Femmes, qui venoient du sépulchre.

Marie revint donc à Jérusalem, & dit aux Disciples affligez, qu'elle avoit vû le Seigneur ; & elle leur raconta ce qu'il lui avoit dit. Durant ces entrefaites, JESUS se fit voir aussi aux autres femmes, qui revenoient de visiter son tombeau. Il leur dit : Je vous saluë ; ne craignez point ; allez dire à mes Disciples qu'ils aillent en Galilée, & que là ils me verront. Ces femmes se jettérent à ses pieds, & l'adorérent. Et étant arrivées à Jérusalem, elles racontérent tout aux Apôtres ; mais ceux-ci regardérent tout ce qu'elles leur disoient comme des rêveries. (*b*)

Pierre alla une seconde fois au tombeau & y vit comme la premiére fois, les linges où JESUS avoit été enveloppé. (*c*)

Faux bruits répandus sur l'enlevement du Corps de Jesus-Christ.

Pendant tout ce mouvement les gardes qui avoient été mis au tombeau vinrent à Jérusalem, & racontérent aux Prêtres tout ce qui s'étoit passé. Les Prêtres s'étant assemblez, recommandérent le silence aux soldats, leur donnérent une grosse somme d'argent, & les engagérent à dire, que les Disciples de JESUS étoient venus la nuit, & l'avoient enlevé pendant qu'ils dormoient. Ils promirent aux soldats que si le Gouverneur vouloit leur faire quelque affaire pour cela, ils sauroient les mettre en sûreté. De maniére que le bruit est encore aujourd'hui répandu parmi les Juifs, que le corps de JESUS a été enlevé par ses Disciples. (*d*)

Quatriéme apparition de J. C. aux deux Disciples allant à Emaüs.

Le même jour seiziéme de Nisan, lendemain de la fête de Pâque, sur le soir : deux Disciples de JESUS s'en retournoient de Jérusalem vers la Galilée. Ils alloient coucher à Emaüs, à soixante stades de Jérusalem ; & en chemin ils s'entretenoient de tout ce qui s'y étoit fait

(*a*) *Marc.* XVI. 9. 10. *Johan.* XX. 11.... 17.
(*b*) *Matt.* XXVIII. 9, *Marc.* XVI. 10. 11. *Luc.* XXIV. 9. 11. *Johan.* XX. 18.
(*c*) *Luc.* XXIV. 12.
(*d*) *Matt.* XXVIII. 11.... 15.

les

les jours précedens. Comme ils parloient, JESUS se joignit à eux sous la forme de voyageur, & leur ayant demandé de quoi ils s'entrenoient, l'un d'eux nommé Cléophas lui dit : Etes-vous si étranger à Jérusalem, que vous ignoriez ce qui s'y est passé ces jours-ci? Et quoi? répondit JESUS : Ils lui dirent, touchant JESUS de Nazareth, qui a été un Prophéte puissant en œuvres, & en paroles, devant Dieu, & devant tout le peuple: & de quelle maniére les Princes des Prêtres, & nos Magistrats l'ont livré pour être condamné à la mort, & l'ont crucifié. Nous espérions que ce seroit lui qui racheteroit Israël, & toutefois voici le troisiéme jour que tout cela s'est fait. Il est vrai que quelques femmes des nôtres ayant été dès le matin à son tombeau, ne l'ont point trouvé; elles assurent même que des Anges leur ont apparu, qui disent qu'il est vivant: & quelques-uns des nôtres ayant aussi été au sépulchre, ne l'ont point trouvé.

An 36. de J. C. 33. de l'Ere Vulgaire.

Alors JESUS les reprit de leur peu de foy, & leur montra par toutes les Ecritures, qu'il falloit que le CHRIST souffrît, & qu'il entrât ainsi dans sa gloire. Lorsqu'ils furent à Emmaüs, JESUS fit semblant de vouloir aller plus loin; mais ils le forcerent de demeurer avec eux. Et étant à table, il bénit le pain, & le leur donna. Alors leurs yeux s'ouvrirent : ils le reconnurent, & il disparut à leurs yeux. A l'heure même ils retournérent à Jérusalem, & allérent raconter aux Apôtres ce qui leur étoit arrivé. Ils les trouvérent assemblez, & ils apprirent d'eux, que le Seigneur étoit aussi apparu à Pierre. (*a*)

Troisiéme apparition, faite à S. Pierre avant ceux aux Disciples qui alloient à Emmaüs.

Comme ils étoient tous ensemble dans la maison, les portes étant bien fermées, JESUS parut tout d'un coup au milieu d'eux, & leur dit : La paix soit avec vous. Cette vûë les troubla, & ils croyoient voir un esprit. Mais JESUS leur dit: Que craignez-vous? Considérez mes pieds, & mes mains; & voyez que c'est moi même. Touchez-moi, & voyez qu'un esprit n'a ni chair, ni os. En disant cela il leur montra ses pieds, ses mains, & son côté; & comme ils hésitoient encore, il leur demanda s'ils avoient là quelque chose à manger. On lui présenta un morceau de poisson rôti, & un rayon de miel, & il en mangea en leur présence. Il leur dit de nouveau: La paix soit avec vous; je vous envoye comme mon Pere m'a envoyé: en même-tems il souffla sur eux, & leur dit : Recevez le Saint Esprit. Les pechez seront remis à ceux à qui vous les remettrez, & ils seront retenus à ceux à qui vous les retiendrez. (*b*)

Cinquiéme apparition de J. C. aux Apôtres ensemble.

(*a*) *Marc.* XVI. 12. *Luc.* XXIII. 13. . . . 34.

(*b*) *Luc.* XXIV. 36. . . . 41. *Joan.* XX. 19. . . . 23.

An 36. de J.C. 33. de l'Ere Vulgaire.

Saint Thomas tombe dans l'incrédulité.

Le Dimanche au soir, 24. de Nisau 12. Avril.

Sixiéme apparition à saint Thomas, & aux autres Apôtres.

Or Thomas un des douze n'étoit point avec eux, lorsque JESUS vint. On lui dit donc : Nous avons vû le Seigneur. Mais il répondit : Si je ne vois dans ses pieds, & dans ses mains les trous des cloux ; si je n'y mets les doigts ; si je ne porte ma main dans son côté, je n'en croira rien. Huit jours après les Apôtres étant encore assemblez, & Thomas avec eux, JESUS parut dans la Chambre, les portes étant fermées. Il leur dit : La paix soit avec vous ; puis s'adressant à Thomas, il lui dit : Mettez vôtre doigt dans les trous des cloux, & portez vôtre main dans mon côté, & ne soyez plus incrédule ; mais croyez fermement. Thomas répondit : Mon Seigneur, & mon Dieu. JESUS lui dit : Thomas, vous avez crû, parce que vous avez vû : Bienheureux ceux qui croiront sans voir. JESUS fit plusieurs autres miracles qui ne sont point écrits dans l'Evangile. Ceux qui sont écrits, ne le sont que pour procurer la vie à ceux qui croyent en son nom. (a)

Septiéme apparition, faite aux Disciples sur la mer de Tibériade.

Les Apôtres se retirérent en Galilée après l'octave de la Pâque ; & JESUS se manifesta encore à eux sur la mer de Tibériade. Pierre, Thomas, Nathanaël, Jacque & Jean, & deux autres Disciples étoient sur le lac de Génézareth. Pierre dit : Je m'en vais pêcher. Les autres répondirent, nous y allons aussi avec vous. Ils montérent donc sur une barque, & travaillérent toute la nuit sans rien prendre. Le matin JESUS parut sur le bord, sans que ses Disciples le connussent. Il leur cria : N'avez vous rien pris ? Ils répondirent que non. Jettez vos filets à la droite de vôtre barque, & vous en prendrez. Ils les jettérent, & leurs filets se trouvérent si pleins de poissons qu'ils ne les pouvoient tirer. Le Disciple bien-aimé dit à Pierre : C'est le Seigneur. Aussi-tôt Pierre se ceignit, car il étoit nud, & se jetta à la nage pour arriver au bord. Les autres amenérent leur barque, & leur filet, où étoient cent cinquante-trois gros poissons ; & quoiqu'il y en eût une si grande quantité, toutefois le filet ne fut pas rompu. Etant donc au bord, JESUS leur dit d'apporter de leur pêche, & ils virent du feu préparé, avec un poisson qui rotissoit, & du pain. Il leur dit ; venez dîner. Et nul n'osoit lui demander qui il étoit ; car ils savoient que c'étoit le Seigneur. Il leur présenta donc du pain, & du poisson, & ils mangérent. C'est la troisiéme fois qu'il se manifesta à eux étant plusieurs ensemble, depuis sa Résurrection. (b)

Pêche miraculeuse.

Jesus donne à saint Pierre la conduite de son troupeau.

Après qu'ils eurent mangé, JESUS dit à Pierre : Simon Pierre, m'aimez vous plus que tous ceux-là ? Pierre répondit : Seigneur, vous savez que je vous aime. JESUS lui dit : Paissez mes agneaux.

(a) *Johan.* XX. 26. . . . 31.

(b) *Johan.* XXI. 1. . . . 14.

Il lui demanda une seconde fois : M'aimez-vous ? Pierre répondit : Seigneur, vous savez que je vous aime. JESUS lui dit : Paissez mes brebis. Enfin une troisiéme fois JESUS lui fit la même demande, & Pierre attristé qu'il lui eût fait trois fois la même question, lui répondit : Seigneur vous connoissez toutes choses ; vous savez combien je vous aime. JESUS lui dit : Paissez mes brebis. Je vous dis en vérité que quand vous étiez jeune, vous vous ceigniez comme un voyageur, & vous alliez où vous vouliez : Mais lorsque vous serez vieux, un autre vous ceindra, & vous menera où vous ne voudriez point aller : Suivez-moi. Pierre le suivit : mais s'étant tourné il vit aussi ce Disciple que JESUS aimoit, qui le suivoit ; & il dit : Seigneur, & celui-ci que fera-t-il ? JESUS lui répondit : Si je veux qu'il demeure jusqu'à ma venuë, que vous importe ? Suivez-moi. Le bruit se répandit donc parmi les freres, que ce Disciple ne mourroit point. Mais le Seigneur ne lui dit pas qu'il ne mourroit point ; mais simplement : Si je veux qu'il demeure jusqu'à ma venuë, que vous importe ? C'est ce Disciple même qui a écrit ce détail, & qui rend témoignage à la vérité ; & son témoignage est vrai. (*a*) An 36 de J.C. 33. de l'Ere Vulgaire.

Huitiéme apparition de J. C. sur une montagne de Galilée, à plus de cinq cens personnes.

Les Disciples de JESUS s'étant assemblez dans la Galilée, ainsi que les Anges le leur avoient ordonné, se trouvérent tous sur une certaine montagne, où JESUS se montra à eux tous ; & c'est apparemment dans cette occasion, où il se fit voir à plus de cinq cens freres ensemble, dont plusieurs étoient encore en vie, lorsque saint Paul écrivit la premiére Epître aux Corinthiens. (1. *Cor.* xv. ꝟ. 6.) L'ayant vû ils l'adorérent ; mais quelques-uns doutérent que ce qu'ils avoient vû fût un vrai corps : car pour la Résurrection, elle étoit indubitable. JESUS leur dit : Toute puissance m'a été donnée au Ciel, & en la terre : Allez instruisez toutes les Nations, & baptisez-les au nom du Pere, du Fils, & du saint Esprit ; enseignez-leur à observer tout ce que je vous ai dit, & je demeure avec vous jusqu'à la fin des siécles. (*b*)

Neuviéme apparition. Jesus-Christ se trouve avec ses Disciples sur la montagne des Oliviers.

Les Apôtres s'en retournérent à Jérusalem parce que JESUS y devoit monter aux Cieux sur le mont des Oliviers. Ce fut là qu'il se fit encore voir à eux, & qu'il mangea avec eux, & leur reprocha leur incredulité sur le sujet de sa Passion, & de sa Résurrection, leur faisant voir par les Ecritures, que tout cela devoit s'accomplir de cette sorte. Alors il leur ouvrit l'esprit, & leur donna l'intelligence des Ecritures, qui portoient qu'il devoit souffrir, & ressusciter le troisiéme jour ; & que l'on doit prêcher la pénitence, & la rémis-

(*a*) *Johan.* XXI. 15... 24. | (*b*) *Matt.* XXVIII. 16... 20.

An de J. C. 36. 33. de l'Ere Vulgaire.

sion des péchez en son nom, parmi tous les peuples, à commencer par Jérusalem. Allez donc par tout le monde, prêcher l'Evangile à toutes les Nations. Celui qui croira & sera baptisé, recevra le salut : Celui qui ne croira point, sera condamné. Et voici les prodiges qui accompagneront ceux qui croiront en moi : Ils chasseront les démons, parleront des Langues inconnuës, feront périr les serpens, & guériront les maladies par l'imposition des mains. (*a*)

Jesus-Christ mont au Ciel en la présence de ses Disciples.

Il leur ordonna de demeurer à Jérusalem après qu'ils l'auroient vû monter au Ciel, jusqu'à ce qu'ils fussent revêtus d'une vertu d'en-haut ; par le baptême du saint Esprit qu'ils devoient recevoir. (*Act.* I. 5. 6. 7.) Après qu'il leur eut ainsi parlé, il les conduisit hors de Jérusalem, jusqu'à Béthanie, & levant les yeux au Ciel, il les bénit, & disparut à leurs yeux, étant élevé par une nuée qui le déroba à leur vuë. Et comme ils le suivoient des yeux montant au Ciel, deux Anges se présentérent à eux, & leur dirent : Hommes de Galilée, qu'admirez-vous, ayant les yeux élevez au Ciel, ce JESUS qui vient de s'élever dans les Cieux, viendra un jour comme vous l'avez vû s'élever dans les Cieux. Ils revintent donc du mont des Oliviers à Jérusalem, & ils y demeurérent tous ensemble en oraison, avec Marie Mere de JESUS, & ses parens selon la chair, jusqu'au jour de la Pentecôte, auquel ils reçûrent le Saint Esprit. (*b*)

(*a*) *Marc.* XVI. 14. . . . 18.
Luc. XXIV. 44. . . . 48.
Act. I. 3. . . . IX. 41.

(*b*) *Marc.* XVI. 19.
Luc. XXIV. 49. . . . 53.
Act. I. 5. . . . 14.

DISSERTATION SUR LES EVANGILES APOCRYPHES.

SAint Luc nous apprend au commencement de ſon Evangile, que pluſieurs avant lui avoient entrepris de donner l'Hiſtoire des choſes qui s'étoient paſſées dans l'origine du Chriſtianiſme. Mais comme apparemment la plûpart de ces Ecrivains étoient ou trop abregez, ou trop diffus, ou trop peu éxacts, cet Evangéliſte ſe crut obligé de compoſer quelque choſe de meilleur, pour faire tomber ces écrits trop défectueux. Il y réüſſit heureuſement. Les quatre vrais Evangiles, ſavoir celui de S. Matthieu, de ſaint Marc, de ſaint Luc, & après eux celui de ſaint Jean, ayant été les ſeuls approuvez par les Apôtres, & reçûs par les principales Egliſes, les autres Evangiles tombérent dans le mépris; & on eſt en doute s'il en reſte aujourd'hui quelques-uns de ceux, qui avoient été écrits avant ſaint Luc.

Mais le pere du menſonge qui avoit ſuſcité de faux Chriſts, de faux Prophétes, & de faux faiſeurs de miracles, pour décréditer JESUS-CHRIST, & ſes prodiges, ſuſcita en même-tems des impoſteurs, qui corrompirent les vraies Ecritures, ou qui en compoſérent de fauſſes, pour diminuer l'autorité de celles qui étoient l'ouvrage du Saint Eſprit, & qui contenoient la parole de vie, & la révélation des véritez éternelles. Ce qu'il y a de plus étonnant en cela, c'eſt que des perſonnes mêmes pieuſes, & à bonne intention; mais peu inſtruites, ſe mêlérent auſſi par un exemple dangereux, de forger des ouvrages utiles, à ce qu'elles croyoient, à la Religion, & voulurent par une fraude pieuſe attirer dans leur parti les Juifs, ou les Payens incrédules; en propoſant aux uns des livres ſous le nom d'Auteurs célébres de leur nation, comme Eſdras, ſaint Jacques, ou S. Pierre: & aux Payens des vers des Sybilles, & des Oracles ſi favorables au Chriſtianiſme, que s'ils euſſent été vrais, perſonne n'auroit pû tenir contre leur autorité, & leur évidence.

Ces perſonnes faiſoient beaucoup plus de tort au Chriſtianiſme qu'elles ne penſoient. Car en mêlant ainſi la vérité avec le menſonge, & le certain avec le douteux dans leurs ouvrages, elles fourniſſoient, ſans y penſer, aux ennemis de la Religion des armes pour attaquer les vrayes Ecritures & leur montroient l'exemple de forger, à leur tour, des écrits sous des noms respectables, & anciens, tout contraires à nos principes, & à la vérité de nos Ecritures. Celse, Porphyre, & Julien l'Apostat n'ont pas manqué de se prévaloir de cette ouverture qu'on leur donnoit; & nos incrédules encore aujourd'hui s'en servent pour détruire la vérité de la Religion, & l'autenticité de nos Livres saints.

Les Peres se sont bien apperçû des pernicieux effets de cette liberté; & c'est ce qui les a rendu si religieux à conserver les Livres sacrez, & si circonspects à n'en recevoir que de vrais, & d'autentiques. C'est ce qui a retenu si long-tems plusieurs Eglises, à ne vouloir pas admettre certains Livres de l'Ecriture, parce qu'elles les voyoient contestez par d'autres Eglises: & qu'enfin les Conciles, & les saints Peres ont si souvent donné les catalogues des livres sacrez, & ont réfuté, condamné, supprimé avec tant de soin, ceux que la malice des Hérétiques, ou la mauvaise simplicité de quelques Chrétiens, auroient voulu introduire, à l'ombre des grands noms des Apôtres; ou des anciens Disciples du Sauveur.

Les Fidéles aujourd'hui sont assez instruits sur le sujet des Livres apocryphes. Nous ne connoissons personne qui s'intéresse à les défendre. Ces ouvrages sont tombez dans le mépris, dans l'obscurité, & dans le néant; & peu de gens en ont connoissance. A Dieu ne plaise que nous voulions ici les remettre en crédit: mais puisqu'il n'y a plus de danger de les faire connoître, qui empêche que nous ne les mettions en évidence, pour leur faire perdre toute la vaine estime que leur rareté pourroit peut-être leur avoir acquise dans certains esprits défians, qui croyent qu'on ne les cache, que parce qu'on ne sauroit les réfuter solidement? Ils portent avec eux des caractéres si sensibles de fausseté, & de supposition, qu'il ne faut que les ouvrir, pour les mépriser.

Voici la liste des faux Evangiles qui sont venus à nôtre connoissance, & qui sont marquez dans les Peres. Il y en a qu'on trouve encore aujourd'hui. D'autres sont entiérement perdus.

1. L'Evangile selon les Hébreux.
2. L'Evangile selon les Nazaréens.
3. L'Evangile des douze Apôtres.
4. L'Evangile de saint Pierre.

} Ces quatre Evangiles sont apparemment les mêmes, sous différens titres.

5. L'Evangile selon les Egyptiens.
6. L'Evangile de la Naissance de la Sainte Vierge. On l'a en Latin.
7. Le Protevangile de saint Jacques. On l'a en Grec, & en Latin.
8. L'Evangile de l'Enfance du Sauveur. On la en Grec, & en Arabe.
9. L'Evangile de S. Thomas. C'est le même que le précédent.
10. L'Evangile de Nicodéme. On l'a en Latin.
11. L'Evangile Eternel.

12. L'Evangile de saint André.
13. L'Evangile de saint Barthélemy.
14. L'Evangile d'Apellés
15. L'Evangile de Basilide.
16. L'Evangile de Cérinthe.
17. L'Evangile des Ebionites.
18. L'Evangile des Encratites. C'est le même que celui de Tatien.
19. L'Evangile d'Eve.
20. L'Evangile des Gnostiques.
21. L'Evangile de Marcion. C'est le même que celui de saint Paul.
22. L'Evangile de saint Paul. Le même que celui de Marcion.
23. Les Interrogations grandes, & petites de Marie.
24. Le Livre de la Naissance du Sauveur. Apparemment le même, que le Protevangile de saint Jacques.
25. L'Evangile de saint Jean; autrement le Livre du Trépas de la Sainte Vierge.
26. L'Evangile de saint Matthias.
27. L'Evangile de la Perfection.
28. L'Evangile des Simoniens.
29. L'Evangile selon les Syriens.
30. L'Evangile de Tatien. Le même que celui des Encratites.
31. L'Evangile de Thadée, ou de saint Jude.
32. L'Evangile de Valentin. Le même que celui de la Vérité.
33. L'Evangile de Vie, ou l'Evangile Vivant.
34. L'Evangile de saint Philippe.
35. L'Evangile de saint Barnabé.
36. L'Evangile de saint Jacques le Majeur.
37. L'Evangile de Judas d'Iscarioth.
38. L'Evangile de la Vérité. Le même que celui de Valentin.
39. Les faux Evangiles de Leucius, de Séleucus, de Lucianus, d'Hésychius.

Il y a plusieurs de ces Evangiles qui ont plus d'un titre, & nous croyons qu'on peut les réduire à un bien moindre nombre, que celui qu'on vient de voir : mais il est certain que leur nombre est grand, comme on le verra ci-aprés.

Outres ces faux Evangiles, les faussaires ont aussi composé de faux Actes des Apôtres, & de fausses Epîtres de JESUS-CHRIST, de la Sainte Vierge, & des Apôtres, & enfin de fausses Apocalypses. On en parlera dans les Préfaces sur les Actes des Apôtres, & dans celles sur l'Apocalypse, & sur les Epîtres des Apôtres.

Dans la Préface sur saint Matthieu, nous avons essayé de montrer que

1. *L'Evangile selon les Hébreux*, 2. *L'Evangile des Nazaréens*, 3. *L'Evangile des douze Apotres*, & 4. *Celui de saint Pierre*, n'étoient autres que l'Evangile Hébreu de saint Matthieu. Nous ne répetons point ici ce que nous avons dit en cet endroit.

5. L'Evangile selon les Egyptiens, qui est cité dans saint Clement Pape, (*a*) dans saint Clément d'Aléxandrie, (*b*) dans saint Epiphane, (*c*) dans saint Jérôme, (*d*) dans Théodote, (*e*) & dont Origénes, (*f*) Tite de Bostres, & Théophylacte sur saint Matthieu font aussi mention, est le plus ancien des Evangiles apocryphes, dont nous ayons connoissance. Saint Clément Pape cite de cet Evangile qu'un certain homme ayant un jour demandé à JESUS-CHRIST quand le monde devoit finir, le Sauveur lui répondit : (*g*) *Lorsque deux ne feront qu'un ; quand ce qui est au dehors, sera dedans ; & lorsque l'homme, & la femme ne seront ni mâle, ni femelle.* Saint Clément d'Aléxandrie ajoûte : *Et lorsque vous foulerez aux pieds les habits de vôtre nudité.* Il paroît que cela ne veut dire autre chose, sinon que le second avenement de JESUS-CHRIST n'arrivera, que lorsque les hommes seront ressuscitez, & qu'ils seront nuds, sans ressentir les mouvemens de la concupiscence, & en quelque sorte en l'état des Anges qui ne se marient point, & qui n'épousent point de femmes. Il semble aussi insinüer un sentiment qui a été soûtenu par quelques Anciens, qu'à la résurrection il n'y aura point diversité de séxes. On peut aussi l'entendre, comme s'il vouloit dire que le Christianisme ne s'établira que par l'union des deux peuples, du Juif & du Gentil, dans l'Eglise.

On lisoit dans le même Evangile, que Salomé ayant demandé au Sauveur, (*h*) *Jusqu'à quand les hommes mourront-ils ? Jesus répondit : Tant que vous autres femmes produirez des enfans. J'ai donc bien fait de n'avoir point d'enfans, repliqua Salomé. Mais le Sauveur lui dit : Nourrissez-vous de toute sorte d'herbes, à l'exception de celle qui est amére.* Saint Clément d'Alexandrie en cite encore ces paroles : *Je suis venu pour détruire les œuvres de la femme.* Il entendoit l'amour, & la génération. On comprend bien quels étranges abus on pouvoit faire de ces maximes. Aussi les Hérétiques ennemis de la génération, & passionnez pour la débauche, &

(*a*) *Clem. Rom. Ep. 2. §. 12.*
(*b*) *Clem Alex. l. 3. Strom. p. 445.*
(*c*) *Epiphan. hæres. 62.*
(*d*) *Ieronym Proœm. in Matt.*
(*e*) *Theodot. in calce Oper. S. Clem. Alex.*
(*f*) *Origen. in Matt. p. 331.*
(*g*) *Apud Clem Rom. loco citato.* Ὅταν ἔσται τὰ δύο ἕν, καὶ τὰ ἔξω ὡς ἔσω, καὶ τὸ ἄρσεν μετὰ τῆς θηλείας οὔτε θῆλυ. *Clem. Alex.* Ὅταν τὸ τῆς αἰσχύνης ἔνδυμα πατήσητε.
(*h*) *Apud Clem. Alex. lib. 3. Strom.* Μέχρι τίνος οἱ ἄνθρωποι ἀποθανοῦνται; μέχρις ἂν, εἶπεν, ὑμεῖς αἱ γυναῖκες τίκτετε. Φαμένης γὰρ αὐτῆς καλῶς οὖν ἐποίησα μὴ τεκοῦσα, ἀμείβεται λέγων ὁ Κύριος. Πᾶσαν φάγε βοτάνην, τὴν δὲ πικρίαν ἔχουσαν μὴ φάγῃς. *Idem p. 452.* Ἦλθον καταλῦσαι τὰ ἔργα τῆς θηλείας καὶ τῆς ἐπιθυμίας, ἔργα δὲ γένεσιν, καὶ φθοράν.

le libertinage, s'en servoient pour s'autoriser dans leurs désordres. Comme tout cela étoit énigmatique, on pouvoit aussi leur donner un bon sens. Sous le nom *d'herbe amére*, on pouvoit entendre le péché; & sous celui *d'œuvres de la femme*, on pouvoit entendre le peché originel, causé par la désobéissance de la premiére femme.

Saint Epiphane dit que les Sabelliens y cherchoient l'appui de leur erreur, prétendant que le Sauveur y avoit dit, *Que le Pere, le Fils, & le Saint Esprit ne sont qu'un*; ce qui est vrai dans le sens Catholique, puisque les trois personnes divines ne sont qu'une même essence. Mais il est faux que le Pere, le Fils, & le Saint Esprit, ne soient pas trois personnes distinctes, & que ce ne soit que trois noms d'un même être.

Quelques uns (*a*) ont crû que cet Evangile étoit le même que celui de Basilide, sur ce fondement que Basilide a répandu son erreur dans l'Egypte. Baronius (*b*) a conjecturé que quelques hérétiques d'Egypte l'avoient forgé sous le nom de saint Marc. M. Grabe (*c*) juge qu'il fut composé par les Chrétiens d'Egypte, avant que saint Luc y eût écrit le sien. Il croit que c'est principalement cet Evangile des Egyptiens qu'il avoit en vûë, lorsqu'il disoit à la tête de son Evangile, que plusieurs avant lui avoient tenté d'écrire l'Histoire de ce qui s'étoit passé dés le commencement du Christianisme. M. Mille (*d*) veut qu'il ait été composé en faveur des Esséniens, qui furent, selon lui, les premiers, & les plus parfaits Chrétiens de l'Egypte. On sait quel étoit leur goût pour les paraboles, & les explications allégoriques, & combien ils estimoient la chasteté. On remarque dans le peu de fragmens qui nous en restent, qu'il y avoit de quoi les contenter sur ces deux articles. Mais pour en porter un jugement plus certain, il faudroit l'avoir entier. Il est absolument perdu, aux fragmens prés, que nous avons citez.

6. *L'Evangile de la Naissance de la Vierge.* L'on connoît jusqu'à trois Evangiles de la Naissance de la Sainte Vierge, & nous en avons encore deux entiers. Le principal est le Protevangile attribué à saint Jacques le Mineur, Evêque de Jérusalem. On l'a en Grec, & en Latin. Le second est l'Evangile de la Nativité de la Vierge, que l'on n'a qu'en Latin, avec une lettre des prétendus Chromace, & Héliodore à saint Jérôme, qui le prient de traduire cet ouvrage d'Hébreu en Latin, & la réponse prétenduë de saint Jérôme, qui se charge de ce travail. Mais & ces lettres, & cet ouvrage sont également apocryphes. L'Evangile Latin de la Naissance de Marie, n'est que l'abrégé *du Protevangile de saint Jacques*, dont nous avons parlé plus au long dans la Dissertation, où nous tâchons de conci-

(*a*) *Apud Albert Fabric. de Apocryph N. T. pag.* 335

(*b*) *Baron. ad An.* 41. *n.* 48.

(*c*) *Grabe Spicileg. Patrum t.* 1. *p.* 31.

(*d*) *Mill. Proleg.* 50. *in N. T. Græc*

P

lier saint Luc avec saint Matthieu sur la Généalogie de nôtre Sauveur.

Enfin le troisiéme Evangile de la naissance de la Sainte Vierge ne se trouve plus. Seulement saint Epiphane en rapporte une circonstance remarquable, mais fabuleuse, dont parle aussi Sérapion Evêque de Tmuis, dans son Livre contre les Manichéens. Voici ce qui dit saint Epiphane : (*a*) Zacharie, pere de Jean-Baptiste, étant dans le Temple, où il offroit l'encens, vit un homme avec la forme d'un âne, qui se présenta devant lui. Etant sorti du Temple, il s'écria : Malheureux que vous êtes, qu'est-ce que vous adorez ? Mais la figure qu'il avoit vûë, lui ferma la bouche, & l'empêcha d'en dire davantage. Après que la voix lui eut été renduë à la naissance de Jean-Baptiste, ayant osé publier ce mystére d'iniquité, les Juifs le firent mourir dans le Temple, où les marques de son sang demeurérent long-tems imprimées sur le pavé.

Saint Augustin (*b*) nous apprend aussi que le Livre de la Naissance de Marie, dont se servoient les Manichéens, portoit que Joachim pere de la sainte Vierge, étoit de la tribu de Lévi ; (*c*) au lieu que les livres que nous avons sous les mêmes titres, marquent distinctement qu'il étoit de le race de David, & par conséquent de la tribu de Juda. Le Protevangile ne marque point expressément sa famille : il insinuë qu'il étoit puissamment riche, & qu'il avoit de grands troupeaux à la campagne. On ne peut douter que ces faux Evangiles, dont le Protevangile paroît être l'original, ne soient trés-anciens, puisqu'on les voit citez dés les premiers siécles. Saint Epiphane (*d*) les attribuë aux Gnostiques. Origénes, (*e*) & Tertullien (*f*) y font quelquefois allusion. Sérapion (*g*) qui vivoit au quatriéme siécle, saint Grégoire de Nysse, (*h*) saint Jérôme, (*i*) saint Zénon de Verone, (*k*) l'Auteur de l'Ouvrage imparfait sur saint Matthieu, (*l*) Eustathe d'Antioche, (*m*) ou l'Auteur publié sous son nom par Allatius, saint Pierre d'Aléxandrie, (*n*) & plusieurs autres en font aussi mention expresse, ou y font allusion dans leurs Ouvrages.

8. *L'Evangile de l'Enfance du Sauveur* a été fort connu par les Anciens. (*o*) Nous l'avons entier en Arabe, & il a été donné en cette langue, avec la Version d'Henri Sikius. M. Cótelier en a donné un fragment en Grec

---

(*a*) *Epiphan. Hæres. 26. n. 12.*
(*b*) *Aug. l. 23. contra Faust. c. 29.*
(*c*) *August. ibidem.*
(*d*) *Epiphan. Hæresi 26. n. 12.*
(*e*) *Origen. l. X1. in Matt. p. 223.*
(*f*) *Tertull. Scorpiac. c. 8.*
(*g*) *Serapion contra Manichæos.*
(*h*) *Greg. Nyss. homil. de Nativit. B. M.*
(*i*) *Ieronym. contra Helvid.*
(*k*) *Zeno Veron. homil. 6. de Nativit.*
(*l*) *Opus imperfect. homil. 2.*
(*m*) *Eustat. in Hexaëmer. p. 70.*
(*n*) *Petr. Alex. Can. 13. de Pœnitentia.*
(*o*) *Iren. advers. hæres. l. 1. c. 17. Epiphan. hæres. 51. n. 20. Orig. homil. 1. in Luc. Chrys. hom. 16. & 20. in Johan. Ambros. prœm. in Luc. Ieronym. Præf. in Matt. Euseb. l. 3. Hist. Eccl. c. 25. Cyrill. Jerosol. Catech. 4. & 6. Athanas. in Synops. Alii plures apud Albert. Fabric. de Apocryp. N. T.*

où l'Auteur prend le nom de Thomas. Cet ouvrage est rempli des miracles qu'il suppose avoir été faits par JESUS depuis sa plus tendre enfance, dans son voyage d'Egypte, & après son retour à Nazareth, jusqu'à l'âge de douze ans. Mais la plûpart sont si incroyables, & si puériles, qu'il n'y a qu'une crédulité excessive, & ignorante, qui soit capable de s'en accommoder. D'ailleurs S. Jean l'Evangéliste nous dit expressément que le changement d'eau en vin aux nôces de Cana, est le premier prodige que le Sauveur eût fait. (*a*) Et en effet, JESUS-CHRIST seroit-il demeuré si long-tems dans l'obscurité, s'il eût opéré un si grand nombre de merveilles, dés les premiéres années de sa vie?

Quelques-uns ont attribué cet Evangile à saint Pierre; d'autres à saint Matthieu, & d'autres à S. Thomas. Mais il y a beaucoup d'apparence qu'il fut composé par les premiers hérétiques du Christianisme. Saint Irénée (*b*) dit que les Marcotiens, sorte de Gnostiques, s'en servoient. Origénes, saint Ambroise, & saint Jérôme en parlent sous le nom d'Evangile de saint Thomas Apôtre. Mais saint Cyrille de Jérusalem (*c*) assure qu'il n'est point de cet Apôtre, mais de Thomas l'un des trois Disciples de l'hérésiarque Manés. Ces trois Disciples sont Thomas, Buddas, & Hermas. Mais si Thomas disciple de Manés est auteur du livre de l'Efance du Sauveur, il faut le distinguer de celui que nous avons aujourd'hui, & qui est cité par saint Irénée, & par Origénes, & qui paroît plus ancien que Manés. Gélase, & le Prêtre Timothée (*d*) distinguent l'Evangile de Thomas, de celui de l'Enfance. Mais il est plus probable que c'est le même, & que saint Cyrille n'a pas été bien informé, lorsqu'il a crû que l'Evangile de l'Enfance étoit de Thomas le Manichéen. Il n'a pû avoir d'autre fondement de son opinion, sinon que les Manichéens s'en servoient ordinairement, comme saint Augustin le remarque, & plusieurs autres après lui. (*e*)

Voici le précis des miracles qui se lisent dans le livre de l'Enfance, & comme il commence. Il est dit dans le livre de Joseph, autrement Caïphe, que JESUS parla dans le berceau. (Cela se trouve aussi plus d'une fois dans l'Alcoran) Joseph, & Marie approchant de Bethléem, Marie dit à Joseph que le terme de ses couches étoit venu; & n'ayant pû arriver jusqu'à la ville, elle entra dans une caverne, où elle accoucha. Dans cet intervalle Joseph étoit allé pour chercher une sage-femme. En arrivant avec elle, il trouva la caverne toute brillante de lumiére, & l'enfant nou-

(*a*) *Joan. II. 11.*

(*b*) *Iren. lib. 1. c. 17.*

(*c*) *Cyrill. Jerosol. Cathech.* 6. Μηδεὶς ἀναγινωσκέτω τὸ κατὰ Θωμᾶν εὐαγγέλιον· οὐ γάρ ἐστιν ἑνὸς τῶν δώδεκα ἀποστόλων, ἀλλ᾽ ἑνὸς τῶν κακῶν τριῶν τοῦ Μανιχαίου μαθητῶν.

(*d*) *Timoth. Presb. Constantinop. lib. de his qui ad Eccles. accedunt, edito à Meursio de variis divin. p. 117.*

(*e*) *Aug. contra Adimant. c. 17. & lib. 22. contra Faust. c. 79. & l. 1. de Serm. Domini in monte c. 20. n. 65.*

veau né couché dans la créche, & enveloppé de ses langues. La femme qui étoit venuë ayant touché l'enfant, fut aussi-tôt nettoyée de la lépre, dont elle étoit incommodée. Les Anges apparurent aux Pasteurs avec une grande lumiére, comme il est raconté dans saint Luc. L'enfant fut circoncis dans la caverne, & son prépuce fut gardé par la même femme, qui avoit été guérie de sa lépre quelques jours auparavant. Cette pélicule fut conservée dans un vase d'albâtre, avec des onguents précieux. C'est ce même vase qui fut acheté par Marie la Pécheresse, qui oignit les pieds du Sauveur.

Le quatriéme jour aprés sa naissance il fut présenté au Temple, accompagné des Anges, qui l'environnoient comme des gardes. Le vieillard Siméon le reçut entre ses bras, & Anne la Prophétesse en rendit graces à Dieu. Les Mages étant venus à Bethléem, suivant la prédiction de Zaroastre, Marie leur donna une des bandes dans lesquelles elle enveloppoit le petit JESUS; & les Mages, en suivant l'Ange qui leur avoit apparu sous la forme d'une étoile, s'en retournérent dans leur pays.

Cette bande que les Mages avoient reçuë de Marie, ayant été jettée dans le feu, en fut tirée entiére. Hérode ayant résolu de mettre à mort tous les enfans de Bethléem, Joseph fut averti en songe de se sauver en Egypte. Etant arrivé à Alexandrie, l'idole (de Sérapis) tomba, tout le pays fut agité d'un grand tremblement de terre, & l'enfant du Prêtre fut délivré des démons qui le possedoient, en touchant les langes de JESUS. Joseph, & Marie craignant les Payens, se retirérent d'Aléxandrie, & se sauvérent dans le désert, où ils entrérent dans une caverne de voleurs. Les voleurs effrayez par un grand bruit qu'ils croyoient entendre, lâchérent ceux qu'ils avoient pris, & se sauvérent. Une femme possédée fut guérie. Une jeune épousée étant devenuë muette, recouvra la parole en embrassant le petit JESUS. Une autre femme fut délivrée d'un démon en forme de serpent, qui la tourmentoit toutes les nuits. Une autre femme incommodée de la lépre, fut guérie en se frottant avec de l'eau, où JESUS avoit été lavé. Un enfant, né lépreux, fut guéri par le même reméde.

Un homme fut délivré d'un malefice, qui l'empêchoit de consommer son mariage. Un jeune homme changé en mulet, fut rétabli dans son prémier état. Deux voleurs nommez Titus & Dumacus, ayant laissé passer Joseph & Marie, sans leur faire de mal, JESUS-CHRIST prédit que l'un & l'autre seroit attaché à la croix avec lui. Etant arrivez à Matara auprès d'une fontaine, la sainte Vierge y lava la tunique du Sauveur, de la sueur de laquelle nâquit le baume. (Sozomene liv. 5. ch. 21. raconte quelques autres miracles arrivez en cet endroit.) Ils demeurérent trois ans en Egypte, & JESUS y fit une infinité de miracles, qui ne sont écrits nulle part. Joseph ayant été averti par un Ange de retourner à Nazareth, alla d'abord à Bethléem, où il guerit un enfant qui étoit fort incommodé; & en ressuscita un autre avec l'eau dont J. C. avoit été lavé.

Deux femmes épouses d'un même Mari, avoient chacune un enfant malade; l'une s'adressa à Marie, en obtint une bandelette de JESUS, l'appliqua sur son fils, & le guerit. L'enfant de sa rivale mourut, ce qui causa entr'elles une étrange jalousie. La mere de l'enfant mort, jetta le fils de l'autre dans un four chaud; mais il n'en ressentit aucun mal. Elle le jetta ensuite dans un puits, dont on le retira sans aucune incommodité. Quelques jours après celle qui avoit fait tout ce mal, tomba dans le puits & y perit. Une autre femme avoit deux enfans, dont l'un étant mort, & l'autre en extrême danger, celui-ci fut gueri ayant été mis dans le lit du petit JESUS; c'est celui qui est nommé Barthelemy dans l'Evangile. Une femme lépreuse fut guerie avec l'eau dont JESUS avoit été lavé. Une autre fut guérie de même, & de la même maladie. Une fille fut délivrée d'un démon, qui lui apparoissoit sous la figure d'un dragon, qui la vouloit dévorer.

Une femme avoit un enfant nommé Judas, possédé du démon; (c'est Judas Iscariotte,) on l'apporta prés de JESUS, il lui mordit le côté, & fut guéri. (C'est ce même côté qui fut percé de la lance à la Passion.) Un jour des enfans joüant avec JESUS, faisoient de petits animaux de terre. JESUS en faisoit comme eux; mais il leur donnoit la vie, en sorte qu'ils alloient & venoient, buvoient & mangeoient. (Il est parlé de ce miracle dans l'Alcoran, surat 3. & 5. & dans *Toldos de Jesus*.) JESUS étant entré dans la boutique d'un Teinturier, jetta dans la poëlle tout ce qu'il y trouva d'habits & d'étoffes, & les rendit ensuite à chacun de la couleur qu'ils voulurent. Joseph alloit avec JESUS par les maisons de la ville, travaillant de son métier de charpentier, ou menuisier; tout ce qui se trouvoit trop-long, ou trop court, JESUS l'allongeoit, ou le racourcissoit, selon le besoin. Il agrandit ainsi le trône du Roi de Jérusalem, composé d'un bois précieux, conservé depuis le tems de Salomon, & auquel Joseph avoit travaillé deux ans.

JESUS s'étant mêlé avec des enfans qui joüoient, il les changea en boucs, & ensuite il les remit en leur premier état. Un jeune homme ayant été mordu d'une vipére, JESUS fit venir l'enfant sur le trou du serpent, appella la vipére, lui fit succer le venin qu'elle avoit répandu dans la playe, la fit créver, guérit l'enfant, & lui prédit qu'il seroit un jour son disciple; c'est Simon, surnommé le Zélé. Joseph envoya Jacques son fils avec JESUS, chercher du bois dans la forêt. Jacques ayant été mordu d'une vipére, JESUS le guérit. Un enfant avec qui JESUS étoit, étant tombé du toît, se tua. On accusa JESUS de l'avoir tué: mais JESUS le fit parler, & déclarer que ce n'étoit pas lui qui l'avoit fait tomber. Marie envoya un jour JESUS puiser de l'eau. La cruche s'étant rompuë, JESUS ramassa l'eau dans son manteau ; & l'apporta à sa Mere.

Un jour de sabbat JESUS fit une petite fontaine avec de la bouë, & mit sur ses bords douze moineaux de même matiére. On avertit Anani que JESUS violoit le sabbat ; il accourut, & il vit avec étonnement que les petits moineaux de bouë s'envoloient. Le fils d'Anani ayant voulu détruire la fontaine, l'eau disparut, & JESUS lui dit que sa vie disparoîtroit de même. Aussi-tôt il sécha, & mourut. Un autre enfant voulant faire tomber JESUS, JESUS lui-même le menaça de le faire tomber. Il tomba, & mourut sur le champ. Un maître d'école de Jérusalem ayant souhaité d'avoir JESUS-CHRIST pour disciple, JESUS lui fit des questions qui l'embarasserent, & qui lui firent voir qu'il en savoit plus que lui. Ensuite il récita seul l'alphabet, & laissa son maître tout interdit. Ce maître l'ayant voulu frapper, sa main se sécha, & il mourut sur le champ.

JESUS étant allé à Jérusalem à l'âge de douze ans, s'assit au milieu des Docteurs ; & leur fit des questions, & des réponses, non-seulement sur la Loi, mais aussi sur la Philosophie, l'Astronomie, & toutes sortes de sciences, qui les ravirent en admiration. De là il s'en retourna à Nazareth avec Joseph & Marie, où il demeura jusqu'à l'âge de trente ans, *cachant ses miracles, & étudiant la Loi.* Voilà le précis de l'Evangile de l'Enfance, comme il a été donné en Arabe par Sikius.

Il paroît par le fragment qu'a fait imprimer M. Cotelier, que le Grec en étoit un peu different, & quant à l'ordre des miracles, & quant aux circonstances. Le premier miracle qu'il raconte, est celui des douze moineaux de terre, à qui JESUS donna la vie. Il dit qu'il éclaircit les eaux de ses fontaines, & rendit la santé, & le mouvement au fils d'Anani, qu'il avoit rendu perclus, pour avoir répandu l'eau de ses fontaines. Il lui laissa toutefois un membre desséché, pour le faire souvenir du miracle. Un jour JESUS marchant dans la ruë, un enfant l'arrêta par l'épaule ; JESUS lui dit : Ne passeras-tu pas ton chemin, & aussi-tôt l'enfant tomba roide mort. Les parens de cet enfant en ayant porté leurs plaintes à Joseph, furent rendus aveugles par JESUS. Joseph entendant les plaintes qu'on lui en faisoit, s'approcha de JESUS, & lui tira les oreilles. JESUS en colére lui dit : Qu'il vous suffise que ces gens cherchent sans trouver, vous n'avez pas fait sagement : Souvenez vous que je suis vôtre fils, & laissez-moi en repos. Il rapporte après cela l'histoire du maître d'école, & celle du teinturier. On voit par cet échantillon, que l'Evangile Grec, étoit encore plus impertinent, que l'Arabe, dont nous avons donné le Précis.

10. *L'Evangile de Nicodéme* n'est point connu des anciens. On ne le trouve point dans les Auteurs Grecs. Le *Synaxarion* des Grecs, livre fort nouveau, en fait mention ; mais seulement sur une oüi-dire. Il ne l'avoit apparemment jamais vû. Les anciens citent souvent les *Actes de Pi-*

late, (*a*) qui ont fourni le fond de ce faux Evangile. On trouve dans l'Evangile de Nicodéme ce qui étoit dans les anciens actes, mais mêlez avec une infinité de circonstances fabuleuses. Du tems de Paul Orose, (*b*) & de Grégoire de Tours, (*c*) on ne connoissoit point d'Evangile de Nicodéme. Mais ils citent les Actes de Pilate.

M. Fabricius (*d*) conjecture que ce sont les Anglois, qui ont forgé l'Evangile de Nicodéme, tel que nous l'avons, depuis qu'ils ont voulu se donner Nicodéme pour leur premier Apôtre. Ce qui est certain, c'est que l'Evangile tel qu'il est, est plus nouveau que les anciens Peres qui ont connu les Actes de Pilate. Le Latin de l'Evangile de Nicodéme est trés-barbare, & de la plus basse Latinité. Il n'a jamais été en Grec; on y trouve des maniéres de parler qui n'ont été en usage que plusieurs siécles après JESUS-CHRIST.

Les anciens Actes de Pilate, étoient un ouvrage tiré apparemment d'une Lettre de Pilate à Tibére, où ce Gouverneur lui rendoit compte de ce qui étoit arrivé à l'occasion de JESUS; au lieu que l'Evangile de Nicodéme, est une longue, ennuyeuse, barbare, & fabuleuse narration supposée sous le nom de Nicodéme Juif, & que l'on prétend faussement avoir d'abord été écrite en Hébreu.

La vraye Lettre de Pilate fut apparemment corrompuë, & interpolée d'assez bonne heure, & quelque Chrétien, par un zéle qui n'étoit pas selon la science, en composa d'abord un livre assez ample, sous le nom des Actes de Pilate; lequel ayant été perdu, on en a fabriqué un autre en Latin, sous le nom d'Evangile de Nicodéme.

Quoi qu'il en soit, cet Evangile raconte qu'Anne, Caïphe, Summas, Datam, Gamaliel, Judas, Lévi, Nephtalim, Aléxandre & Cyrus vinrent accuser JESUS-CHRIST devant Pilate: que Pilate se défendit beaucoup de le condamner. Mais qu'enfin vaincu par leurs importunitez & leurs menaces, il le leur livra pour être crucifié. Les interrogatoires de Pilate, les accusations des Juifs, & les réponses de JESUS y sont exprimées fort au long. Nicodéme paroît pour justifier JESUS, aussi bien que le malade qu'il avoit guéri à la piscine probatique; l'aveugle-né à qui il avoit rendu la vûë, & la femme qui ayant touché le bord de la frange de JESUS-CHRIST, fut guerie du flux de sang qui la tourmentoit depuis douze ans. Il donne à cette femme le nom de Véronique. D'autres témoins en grand nombre comparurent ensuite pour JESUS, & racontérent les miracles que JESUS-CHRIST avoit fait sur eux, ou dont ils avoient

(*a*) *Justin. Martyr. Apol.* 1. *pag.* 76 & 84. *Tertull. Apologet cap* 21. *Euseb Chronic. lib.* 2. *ad an.* 2051. & *Hist. lib.* 2. *cap.* 2. *Epiph. hær*, 50. *n.* 1. *Chrysost: homil.* 7. *in Pasch.*

(*b*) *Paul. Oros. lib.* 7. *Hist. cap.* 4.

(*c*) *Gregor. Turon. l.* 1. *Hist Franc. c.* 21.

(*d*) *Fabric. de Apocryph. N. T. p* 215.

été témoins. Mais tout cela n'empêcha pas que Pilate ne le condamnât à mourir en croix entre deux voleurs, dont l'un s'appelloit *Dimas*, & l'autre *Gestas*.

Il fut donc conduit au Calvaire, & attaché à la croix, ayant Dimas à sa droite, & Gestas à sa gauche. Longin perça le côté de JESUS; & Dimas se convertit. JESUS fut mis au tombeau par Joseph d'Arimathie: Les principaux des Juifs l'ayant appris, mirent Joseph en prison. Mais il en fut délivré pendant la nuit, par quatre Anges, qui ayant levé les murs de la prison, les laissérent ensuite descendre au même endroit, lorsqu'il fut sorti. Les soldats qui avoient gardé le tombeau, raconterent aux Juifs comme JESUS étoit ressuscité. Mais on leur donna de l'argent pour les empêcher de dire la vérité. Trois hommes vinrent dire aux Sénateurs, qu'ils avoient vû JESUS sur le mont des Oliviers, parlant avec ses Disciples. Mais on ne les voulut pas croire. Joseph d'Arimathie raconta à Anne & Caïphe, comment plusieurs anciens étoient ressuscitez avec JESUS-CHRIST, & en particulier les deux freres du vieillard Siméon, qui avoit reçû JESUS dans ses bras. Il leur dit que ces deux freres étoient encore vivans, & demeuroient actuellement à Arimathie. On les fit venir à Jérusalem, & ils racontérent diverses choses merveilleuses de la descente de JESUS-CHRIST dans les enfers, & de la maniére dont ils étoient ressuscitez avec plusieurs autres. Ils rapportérent le dialogue de Sathan prince de la mort, avec Lucifer prince de l'enfer, qui prétendoit que JESUS lui seroit amené comme les autres morts. Mais JESUS ouvrant les portes de l'enfer, emmena avec lui tous les Saints, & y laissa les démons avec les réprouvez.

Comme tous ces Saints alloient au Ciel, Henoch & Elie vinrent au-devant d'eux, & racontérent ce qu'ils devoient faire au dernier jour contre l'Antechrist. Enfin le bon Larron vint aussi portant sa croix, & entra avec eux tous dans le Paradis. C'est ce que *Charinus* & *Lenthius*, freres du vieillard Simeon attestérent dans Jérusalem. Ils écrivirent même leur récit, & furent subitement transportez au-delà du Jourdain.

Pilate ayant appris ces choses alla au Temple, & se fit montrer par les Prêtres, les Livres sacrez: il leur fit avoüer que JESUS-CHRIST étoit le Messie marqué dans leurs Ecritures. L'Evangile de Nicodéme finit par ces termes. *Au nom de la Très-sainte Trinité, fin du récit des choses qui ont été faites par nôtre Sauveur Jesus-Christ, & qui a été trouvé par le Grand Théodose Empereur, dans le Prétoire de Pilate, & dans les écrits publics. Fait l'an dix-neuf de Tibére, & le dix-sept d'Hérode Roi de Galilée; le huitiéme des Calendes d'Avril, le vingt-troisiéme Mars, l'an de la 202. Olympiade, sous les Princes des Juifs Anne & Caïphe. Tout cela a été écrit en Hébreu par Nicodéme.*

On trouve deux lettres Latines de Pilate à Tibére, sur la mort de JEsus-Christ ; mais on convient qu'elles ſont récentes, & ſuppoſées. Lambecius les avoit vûës en Grec. Nous ne les rapportons pas ici On peut voir les Livres apocryphes du nouveau Teſtament, par M. Fabricius. (*a*)

Euſébe (*b*) nous apprend que les Payens ſous l'Empire de Maximien, publiérent de faux actes de Pilate, pleins de blaſphêmes contre Jesus-Christ, & qu'on les répandit par tout avec affectation, par ordre de l'Empereur ; & qu'on obligeoit les maîtres d'écoles de les faire apprendre aux enfans. Ces actes ſont entiérement perdus, & Euſébe (*c*) en montre la fauſſeté par la datte, qui portoit que cela étoit arrivé ſous le quatriéme Conſulat de Tibére, qui revient à la ſeptiéme année de ſon Empire ; quoiqu'il ſoit certain que Pilate ne fut envoyé en Judée que la douziéme année de cet Empereur. Enfin nous n'avons plus aucuns vrais actes de Pilate, & peut-être n'en a-t'on jamais eu de ſinceres. Tous ceux que l'on a, & qui ſont en aſſez grand nombre, tant imprimez que manuſcrits, ſont tous faux. On peut voir cette matiere traitée plus au long dans nôtre Diſſertation *ſur les actes de Pilate*. (*d*)

11. *L'Evangile Eternel*, eſt nouveau. Il fut compoſé par un Religieux Mandiant du treiziéme ſiécle. Il fut flétri par Aléxandre IV. & condamné au feu, mais avec ordre de le faire ſecrettement, de peur de cauſer du ſcandale aux freres, (*e*) Le nom d'*Evangile Eternel*, eſt pris de l'Apocalypſe, (*f*) où un Ange porte cet Evangile Eternel, & le publie dans toute la terre, & à tous les peuples du monde. L'auteur qui compoſa celui qui parut au treiziéme ſiécle, prétendoit que l'Evangile de Jesus-Christ que nous avons entre les mains, ſeroit aboli, ou du moins abrogé, de même que la Loi de Moyſe a été abrogée par l'Evangile, quant à ſes cérémonies, à ſes loix judicielles. Nous en pourrons parler plus au long ſur l'Apocalypſe.

12. *L'Evangile de ſaint André*, n'eſt guéres connu que par le Decret de Gélaſe qui l'a condamné. On parlera ailleurs des Actes de ſaint André, qui ſont plus fameux, & plus connus.

13. *L'Evangile de ſaint Barthelemy*, eſt condamné par Gélaſe. Saint Jérôme, (*g*) & Béde (*h*) en font mention. Mais il y a aſſez d'apparence que ce n'eſt autre choſe que l'Evangile Hébreu de ſaint Matthieu, qu'Euſébe, (*i*) & quelques autres après lui (*k*) ont dit avoir été porté par ſaint Barthelemy dans les Indes, où Pantænus le trouva, & l'apporta à Aléxandrie. Le faux Denys l'Areopagite cite ces paroles comme de ſaint Barthelemy : (*l*) *La Théologie eſt abondante, & tout à la fois reſſerrée. Et l'Evan-*

(*a*) *Vide pag.* 298. *& ſequ.*
(*b*) *Euſeb. l.* 9. *c.* 5. *Hiſt. Eccleſ.*
(*c*) *Euſeb. l.* 1. *c.* 9. *&* 11. *Hiſt. Eccleſ.*
(*d*) Diſſertations t. 3. p. 651.
(*e*) *Matth. Paris ad* 1257.
(*f*) *Apoc.* XIV. 6.
(*g*) *Ieronym. Proleg. Comment. in Matth.*
(*h*) *Beda, Proëm. in Lucam.*
(*i*) *Euſeb. l.* 5. *c.* 10. *Hiſt. Eccleſ.*
(*k*) *Niceph. l.* 4. *c.* 32. *Ieron. Catal. c.* 46.
(*l*) *Dionyſ. de Myſtica Theol. c.* 1. Οὕτω γοῦν ὁ θεῖος Βαρθολομαῖος φησὶ, καὶ πολλὴν τὴν θεολογίαν εἶναι, καὶ ἐλαχίστην. καὶ τὸ Εὐαγγέλιον πλατὺ, καὶ μέγα, καὶ αὖθις συντετμημένον.

gile de même, est en même-tems ample & concis. Quelques-uns croyent qu'elles sont tirées de l'Evangile de saint Barthelemy ; (*a*) d'autres, de quelques-unes de ses Lettres : (*b*) D'autres, (*c*) de la tradition qui s'est conservée dans la mémoire des Fidéles.

14. *Le faux Evangile d'Apelles*, est connu dans saint Jérôme, (*d*) & dans Béde. (*e*) Il ne paroît pas que cet Hérésiarque ait composé un Evangile nouveau ; mais à l'imitation des autres Hérétiques qui l'avoient précédé, il corrompit les vrais Evangiles. C'est ce qu'Origénes (*f*) lui reproche fort vivement. Et saint Epiphane (*g*) lui attribuë ces paroles, qui marquent assez quelle étoit sa pratique. *Soyez*, disoit-il, *comme de bons changeurs, usez des Ecritures, & choisissez en ce qu'il y a de meilleur.* Marcion son Disciple l'imita dans la suite, en retranchant & ajoûtant dans les anciens Evangiles, ce qu'il jugea à propos.

15. *L'Evangile de Basilide*, est célebre chez les Anciens ; (*h*) mais il n'en reste rien aujourd'hui. M. Fabricius semble croire que ce n'étoit autre chose, que les vingt-quatre livres qu'il avoit écrit sur l'Evangile, & dont parle Eusébe. On a quelques fragmens de ces Livres dans le Spicilege de M. Grabe. (*i*) Basilide se vantoit d'avoir appris sa doctrine de Glaucias, interpréte de saint Pierre. (*k*) Origénes, & saint Jérôme marquent distinctement un Evangile, selon Basilide. Il n'y chercha pas tant de détours que les autres hérésiarques, qui donnoient à leurs Livres des noms de quelque Apôtre. Pour lui il intitula le sien sans façon : *Evangile selon Basilide.*

16. *L'Evangile de Cérinthe*, est selon saint Epiphane, (*l*) un de ceux qui avoient été écrits avant que saint Luc entreprît le sien, & dont cet Evangéliste a parlé, en disant (*m*) que plusieurs avant lui avoient essayé d'en composer. Le même saint Epiphane semble dire en quelque endroit, (*n*) que Cérinthe se servoit de l'Evangile de saint Matthieu. Et ailleurs (*o*) il dit, que les Alogiens attribuoient à cet hérétique l'Evangile de saint Jean.

17. *L'Evangile des Ebionites*, n'étoit autre que celui de saint Matthieu, que ces hérétiques recevoient, & qu'ils tronquoient à leur fantasie. (*p*)

(*a*) *Itting. p. 124. Append. de hæresiarch. Dalla l. 1. c. 27. de scriptis Dionys. apud Fabric. de apocryph. N. T.*

(*b*) *Corder. in Not. ad Dionys.*

(*c*) *Maxim. & Pachym. Vide Combesis ad Nicet. p. 496.*

(*d*) *Ieronym. Proëm. Comment. in Matt.*

(*e*) *Beda. Prolog. Comment. in Lucam.*

(*f*) *Origen. Epist. ad Ambros in Apologia Rufini pro Origene.*

(*g*) *Epiphan. hæres. 44. n. 2.* Γίνεσθε δόκιμοι τραπεζῖται. Χρῶ γὰρ, φησὶν, ἀπὸ πάσης γραφῆς ἀναλέγων τὰ χρήσιμα.

(*h*) *Origen. & Ambros. Proëm. in Luc. Ieronym. Præfat. in Matth. Origen. l. 26. in Matth. XXIII. 34. 35. Euseb. l. 4. c. 7. Hist. Eccles.*

(*i*) *Vide Grab. Spicileg. PP. parte 2. p. 39.*

(*k*) *Clem. Alex l. 7. Strom.*

(*l*) *Epiphan. hæres. 51.*

(*m*) *Luc. I. 1.*

(*n*) *Epiphan. hæres. 30. c. 14.*

(*o*) *Epiphan. hæres. 51. n. 3.*

(*p*) *Apud Epiphan. hæres. 30. c. 13.*

Ils le commençoient par ces paroles : *Au tems d'Hérode Roi de Judée, Jean vint baptiser du baptême de la pénitence dans le Jourdain, & tout le monde venoit à lui pour être baptisé. Or Jean étoit de la race d'Aaron, fils de Zacharie, & d'Elizabeth.* On lisoit que JESUS y étoit venu aussi, & que le Ciel s'étoit ouvert aussi-tôt qu'il étoit sorti de l'eau ; & que *le Saint Esprit avoit paru sur lui, & étoit entré en lui sous la forme d'une colombe. Alors on oüit une voix du Ciel, qui disoit : Vous êtes mon Fils bien-aimé, en qui j'ai mis ma complaisance. Et encore : Je vous ai engendré aujourd'hui. Et en même-tems il parut un grand éclat de lumiére ; ce que Jean ayant vû, il dit : Qui êtes-vous, mon Seigneur ? Et aussi-tôt on oüit une voix du Ciel, qui dit : C'est mon Fils bien-aimé, en qui j'ai mis ma complaisance. Alors Jean se jettant à ses pieds, lui dit : Seigneur, c'est à vous à me baptiser ; mais Jesus l'empêcha, disant : Il faut que nous accomplissions toutes choses.* On voit par-là que les Ebionites avoient beaucoup altéré le vrai Evangile de saint Matthieu, pour favoriser leur dogme, contraire à la Divinité du Sauveur.

Dans un autre endroit (*a*) les Ebionites faisoient dire à JESUS-CHRIST : *Je suis venu pour détruire les sacrifices : & si vous ne cessez de sacrifier, la colére de Dieu ne cessera pas de vous attaquer.* Ils lisoient ainsi ce que J. C. dit à ses Apôtres dans la derniére Cene : (*b*) *Ay-je désiré de manger cette Pâque charnelle*, (ou *cette chair, de la Pâque*) *avec vous ?* Au lieu que dans saint Luc il dit simplement : (*c*) *J'ai ardemment désiré de manger cette Pâque avec vous.* Ces deux Passages paroissent avoir été contre les Nazaréens, qui observoient encore les cérémonies légales.

Saint Epiphane (*d*) dit que ces Hérétiques pour seduire les simples, admettoient les noms des douze Apôtres, & avoient certains livres qu'ils disoient avoir été composez par eux : par exemple, *celui de saint Jacques.* Il veut parler apparemment du Protevangile dont on a fait mention ci-devant.

18. *L'Evangile des Encratites*, n'est point un Evangile différent des quatre Evangiles Canoniques. Mais Tatien les ayant fondus ensemble, en composa un seul de quatre, qui fut appellé *l'Evangile de Tatien*, ou *des Encratites* ; (*e*) ou *selon les Hébreux.* Théodoret (*f*) témoigne que non seulement les Encratites, mais aussi les Catholiques des Provinces de Syrie, & de Cilicie se servoient de l'Evangile de Tatien.

(*a*) *Ibidem n.* 16. Ὅτι ἦλθον καταλῦσαι τὰς θυσίας, καὶ ἐὰν μὴ παύσησθε τοῦ θύειν, οὐ παύσεται ἀφ' ὑμῶν ἡ ὀργή.

(*b*) *Ibid. n.* 22. Μὴ ἐπιθυμίᾳ ἐπεθύμησα κρέας τοῦτο τὸ πάσχα φαγεῖν μεθ' ὑμῶν.

(*c*) *Luc.* XXII. 15.

(*d*) Epiphan. *hæres.* Ebionit. *n.* 23.

(*e*) Epiphan *hæres.* 47. *n.* 1. Λέγεται δὲ τὸ διὰ τεσσάρων Εὐαγγέλιον ὑπ' αὐτοῦ γεγενῆσθαι, ὅπερ κατὰ Ἑβραίους τινὲς καλοῦσι.

(*f*) *Theodoret. Hæretic. fabul. l.* 1. *c.* 20.

19. *L'Evangile d'Eve*, étoit en uſage chez les Gnoſtiques. (*a*) On n'en ſait que peu de particularitez ; on y liſoit par exemple : *J'ai vû un arbre, qui portoit chaque année douze fois ſon fruit : c'eſt l'arbre de Vie.* Ils expliquoient cela du flux ordinaire des femmes. On y liſoit encore cette autre eſpéce d'énigme. (*b*) *J'étois ſur une haute montagne, & je vis un homme fort grand, & un autre trés-court, & j'oüis comme la voix d'un tonnerre. Alors m'étant approché, j'entendis ces paroles : Je ſuis ce que vous êtes, & vous êtes ce que je ſuis ; & je ſuis par tout où vous êtes, & je ſuis répandu par tout. Vous me recueillez par tout où vous voulez, & en me recueillant, vous vous ramaſſez vous mêmes.* On peut lire ſaint Epiphane, qui révéle la turpitude de ces hérétiques. Nous ne pouvons donner en François, le ſens infame de ces paroles énimatiques.

20. *L'Evangile des Gnoſtiques*, n'étoit pas un ſeul Evangile particulier. Comme ces hérétiques étoient en grand nombre, & diviſez en pluſieurs ſectes, ils avoient auſſi un grand nombre d'Evangiles ; (*c*) comme ceux *de l'Enfance*, celui *de la naiſſance de Marie* ; le Livre *des interrogations de Marie* ; *l'Evangile de la Perfection* ; ceux *de Baſilide*, *d'Appelles*, de *Valentin*, & *d'Eve*, étoient à leurs uſages. C'eſt des Gnoſtiques que ſont venus la plûpart des mauvais livres qui parurent dans les premiers ſiécles.

21. *L'Evangile de Marcion*, n'eſt autre que l'Evangile de ſaint Luc que cet héréſiarque avoit écourté, & altéré à ſa fantaiſié. (*d*) Nous avons dans Tertullien, & dans S. Epiphane, pluſieurs exemples des retranchemens & des altérations que les Marcionites y avoient faites. Ils attribuoient cet Evangile non à S. Luc, mais à S. Paul ; qui étoit le ſeul des Ecrivains ſacrez qu'ils reçuſſent, & encore comme nous l'avons dit, ne le recevoient-ils pas entier, retranchant & de l'Evangile de ſaint Luc, & des Epîtres de cet Apôtre, tout ce qui étoit contraire à leurs erreurs. Nous avons remarqué aſſez éxactement dans le Commentaire, les endroits auſquels ils avoient touché.

22. *L'Evangile de ſaint Paul*, eſt celui dont il parle dans ſes Epîtres : par exemple : (*e*) *Dieu jugera ce que les hommes ont fait de plus caché, ſelon mon Evangile.* Et encore : (*f*) *Jeſus-Chriſt eſt reſſuſcité des morts, ſelon mon Evangile.* Soit qu'on l'entende en général de l'Evangile de Je-

(*a*) *Epiphan. hæreſ.* 26. *n.* 2. 5. Εἶδον δένδρον φέρον δώδεκα καρποὺς τοῦ ἐνιαυτοῦ, καὶ εἶπέ μοι· Τοῦτό ἐστι τὸ ξύλον τῆς ζωῆς. Ὅ αὐτοὶ ἀλληγοροῦσιν εἰς τὴν κατὰ μῆνα γινομένην γυναικείαν ῥύσιν.

(*b*) *Ibidem n.* 3. Ἐγὼ σὺ, καὶ σὺ ἐγώ, καὶ ὅπου ἐὰν ᾖς, ἐγὼ ἐκεῖ εἰμι, καὶ ἐν ἅπασίν εἰμι ἐσπαρμένος. Καὶ ὅθεν ἐὰν θέλῃς συλλέγεις με, ἐμὲ δὲ συλλέγων ἑαυτὸν συλλέγεις.

(*c*) *Vide Epiphan. hæreſ.* 26. *n.* 8 & 11.

(*d*) *Iren. l.* 3. *c.* 12. *Hi qui à Marcione ſunt, non habent Evangelium ; hoc enim quod ſecundum Lucam decurtantes gloriantur ſe habere Evangelium, &c. Vide & Tertull. l.* 4. *c.* 3. *contra Marcion. & Epiphan. hæreſ.* 42.

(*e*) *Rom.* II. 16.

(*f*) 2. *Timot.* II. 8.

sus-Christ, que saint Paul avoit appris par révélation, (*a*) soit qu'on l'entende de l'Evangile de saint Luc, comme quelques Anciens l'ont expliqué, (*b*) supposant que saint Luc, qui avoit été le compagnon presque inséparable des voyages de saint Paul, avoit rédigé en écrit, ce qu'il lui avoit oüi prêcher. Les Marcionites, comme on le vient de voir, soûtenoient que cet Evangile étoit absolument de saint Paul. Mais le mal auroit été peu considérable, s'ils l'eussent reçû tel qu'il est, & leur erreur auroit été pardonnable, d'attribuer au maître l'ouvrage du disciple; leur crime consistoit en ce qu'ils corrompoient ce divin Livre, par les changemens qu'ils y faisoient. On ne doit donc pas s'imaginer qu'il y ait eu un Evangile des Marcionites, différent quant au fond de celui de saint Luc, ou de saint Paul.

23. *Les Interrogations de Marie.* Il y avoit chez les Gnostiques deux livres de ce nom; l'un intitulé, *Les grandes Interrogations de Marie*; & l'autre, *Les petites interrogations de Marie.* On y lisoit des turpitudes si abominables, qu'on n'ose les rapporter. Les Gnostiques se corrompoient de la maniére la plus criminelle, & mangeoient ce qui sortoit d'euxmêmes dans cette corruption, disant que Jesus-Christ leur avoit enseigné d'en user ainsi. Il y a sur cela dans saint Epiphane (*c*) des choses si monstrueuses, qu'on auroit peine à croire que des hommes raisonnables fussent capables seulement de les penser.

24. *Le Livre de la Naissance du Sauveur*, est connu dans le Decret de Gelase, qui le condamne. Comme il le met sous un même titre avec celui *de la Vierge*, *& de la Sage-femme*, je conjecture que c'étoit le même à peu prés que le Protevangile de saint Jacques, où l'on raconte la naissance du Sauveur, & l'épreuve que la Sage-femme voulut faire de l'intégrité de Marie aprés son enfantement.

25. *L'Evangile de saint Jean*, autrement dit, *Le Livre du Trépas de la sainte Vierge*, est condamné dans le Decret de Gelase. On le trouve encore en Grec dans quelques Bibliotheques. (*d*) Il y a des Manuscrits qui l'attribuent à saint Jacques, frere du Seigneur; & d'autres à saint Jean l'Evangéliste. Il n'a pas encore été donné au public, & le public n'en a nul besoin.

26. *L'Evangile de saint Matthias*, est connu dans Origénes, (*e*) dans saint Ambroise, (*f*) dans saint Jérôme, (*g*) dans Béde le Vénérable. (*h*) Mais ils ne nous en ont conservé que le nom. Le Pape Gelase l'a mis au

(*a*) *Galat.* I. 12. *Ephes.* III. 3.

(*b*) *Iren. l.* 3. *c.* 1. *Euseb. l.* 5. *c.* 4. *Hist. Eccles. Ieronym in Catalog Quotiescumque in Epistolis dicit Paulus, juxta Evangelium meum, de Luca significat volumine.*

(*c*) *Epiphan. hæres.* 26. *c.* 8.

(*d*) *Cod. Labb.* 453. *Lambec. l.* 4. *de Bibliot. Vindob.* 232. 244. *& l.* 5. *p.* 24.

(*e*) *Origen. in Luc. homil.* 1.

(*f*) *Ambros. in Lucam Præfat.*

(*g*) *Ieronym. Prœm. in Matth.*

(*h*) *Beda Præfat. in Lucam.*

rang des apocryphes. On a aussi des actes apocryphes de saint Matthias, *& des Traditions*, ou des maximes, qui étoient peut-être ou son Evangile, ou du moins extraites de son Evangile. On disoit par exemple, qu'il avoit enseigné, (*a*) que le premier dégré de la connoissance étoit *d'admirer les choses présentes*; il vouloit dire apparemment qu'il ne falloit point s'y accoutumer, ni en regarder l'usage comme indifférent. Les Carpocratiens lui faisoient dire aussi: *Qu'il falloit combattre la chair, & en abuser.* C'est le sens que lui donnoient ces hérétiques; mais il vouloit dire, *qu'il faut la mortifier, & ne lui rien accorder pour le plaisir sensuel; & qu'il faut procurer l'avancement de l'ame par la foy, & la science.* On y lisoit aussi (*b*) que cet Apôtre avoit accoutumé de dire, *que si le voisin d'un élû péche, l'élû péche lui-même; car si l'élû s'étoit conduit comme le verbe*, où la raison *le demande, son voisin l'auroit respecté, & se seroit abstenu de pécher.* Cette sentence peut avoir un fort bon sens, en disant, que la vie du Chrétien doit être telle, qu'elle retienne même ceux qui voudroient pécher devant lui, ou prés de lui. Saint Clément d'Aléxandrie, (*c*) qui nous a conservé ces sentences, nous apprend que non-seulement les Carpocratiens, mais aussi Marcion, Valentin, & Basilide, abusoient du nom de saint Matthias, pour soûtenir leurs erreurs, & leurs abominations.

27. *L'Evangile de la Perfection*, étoit un faux Evangile, forgé par le Gnostiques, pour autoriser leurs extravagances, & leurs actions honteuses. On ne le connoît que par le mépris que les Peres en ont témoigné. Saint Epiphane (*d*) dit que c'est un ouvrage diabolique, plus digne d'être appellé la consommation de la douleur & du deüil, qu'Evangile de Perfection; c'est-à-dire, bonne nouvelle de Perfection; ou bonne nouvelle excellente.

28. *L'Evangile des Simoniens*, ou des disciples de Simon le Magicien, est marqué dans les Constitutions des Apôtres, (*e*) & dans la Préface des Canons Arabiques du Concile de Nicée. (*f*) Ce dernier écrit nous apprend, que les Simoniens avoient partagé leur Evangile en quatre tomes, ou en quatre livres, à qui ils donnoient le nom *des quatre angles du*

(*a*) *Clem. Alex. l.* 2. *Strom* Ματθίας ἐν ταῖς παραδόσεσι παραινῶν, θαύμασον τὰ παρόντα. Βαθμὸν τοῦτον πρῶτον τῆς ἐπέκεινα γνώσεως ὑποθέμενος.

(*b*) *Clem. Alex. l.* 3. *Strom. & Euseb. l.* 3. *c.* 29. *Hist. Eccl.* Τῇ σαρκὶ μάχεσθαι, καὶ παραχρῆσθαι, μηδὲν αὐτῇ πρὸς ἡδονὴν ἀκόλαστον ἐνδιδόντα. Ψυχὴν δὲ αὔξειν διὰ πίστεως καὶ γνώσεως.

(*c*) *Clem. Alex. lib.* 7. *Strom. pag.* 748. Ὅτι ἐὰν ἐκλεκτοῦ γείτων ἁμαρτήσῃ, ἥμαρτεν ὁ ἐκλεκτός, εἰ γὰρ οὕτως ἑαυτὸν ἦγε, ὡς ὁ λόγος ὑπαγορεύει, κατῃδέσθη ἂν αὐτοῦ τὸν βίον, καὶ ὁ γείτων εἰς τὸ μὴ ἁμαρτεῖν.

(*d*) Epiphan. hæres. 26. n. 2. Εὐαγγέλιον τελειώσεως τοῦτο φάσκοντες. Καὶ ἀληθῶς οὐκ Εὐαγγέλιον τοῦτο, ἀλλὰ πένθους τελείωσις. Πᾶσα γὰρ ἡ τοῦ θανάτου τελείωσις ἐν τῇ τοιαύτῃ ὑποσπορᾷ τοῦ διαβόλου ἐμφέρεται.

(*e*) *Constit. Apost. l.* 6. *c.* 16. *p.* 392.

(*f*) *Canones Arabic. Concil. Nicæni t.* 2. *Concil. p.* 386.

monde, ou des quatre gonds sur lesquels rouloit toute la machine du monde. Les Constitutions Apostoliques nous disent que *Simon*, & *Cleobius* avoient composé plusieurs livres dangereux, sous le nom des anciens Patriarches, & des Apôtres, dans lesquels ils combattoient la création, la providence, le mariage, la génération, la Loi, les Prophétes. On n'en sait pas d'autres particularitez.

29. *L'Evangile selon les Syriens*, n'est connu que de saint Jérôme, (*a*) & d'Eusébe. (*b*) C'est apparemment le même Evangile que celui des Nazaréens, ou l'Evangile Hébreu de saint Matthieu ; ou peut-être celui de Tatien, composé des quatre Evangiles, dont Théodoret dit que se servoient plusieurs Catholiques de Syrie, & des Provinces voisines. Saint Jérôme dit que les Nazaréens de Bérée en Syrie lui avoient prêté l'Evangile Hébreu de saint Matthieu. Ce qui favorise davantage l'opinion, qui veut que cet *Evangile selon les Syriens*, soit le même que celui des Nazaréens. Toutefois saint Epiphane (*c*) confond l'Evangile des Syriens avec celui de Tatien dont nous allons parler.

30. *L'Evangile de Tatien*, est plûtôt une Concorde Evangélique, composée des textes des quatre Evangiles, (*d*) qu'un Evangile proprement dit. Tatien avoit été disciple de saint Justin le Martyr ; & quelques-uns (*e*) croyent qu'il avoit composé son harmonie des quatre Evangiles, avant que d'être tombé dans l'hérésie, & pendant qu'il étoit encore à la suite de saint Justin. Mais les retranchemens qu'il faisoit dans le texte des Evangélistes, prouve assez qu'il n'étoit plus Catholique, lorsqu'il le fit. Théodoret (*f*) dit qu'il en ôtoit les généalogies, & tout ce qui prouvoit que JESUS-CHRIST étoit né de la race de David, selon la chair. Il ajoûte que plusieurs Catholiques se servoient de l'Evangile de Tatien, parce qu'il abrégeoit le chemin de l'étude, étant plus court que les quatre ensemble. Il ajoûte qu'il en avoit trouvé jusqu'à deux cens exemplaires dans les mains des Fidéles, & qu'il les en avoit tirez pour leur donner les quatre Evangiles Canoniques. On lit aujourd'hui dans les Orthodoxographes, & dans les Bibliothéques des Peres une Harmonie, ou un Evangile, sous le nom de Tatien. Mais les généalogies de JESUS-CHRIST qui s'y trouvent au chapitre cinq, montrent assez que ce n'est point le vrai Evangile de Tatien ; c'est l'Harmonie d'Ammonius Aléxandrin. On croit que celle de Tatien est entiérement perduë aujourd'hui, au moins en Grec ; car on en promet une version ancienne faite en Tudesque, ou ancien Allemand. (*g*)

(*a*) *Ieronym. in Catalog.*

(*b*) *Euseb. lib. 4 cap. 22. Hist Eccl.* Ἔκ τε τοῦ καθ' Ἑβραίους Εὐαγγελίου, καὶ τοῦ Συριακοῦ, καὶ ἰδίως ἐκ τῆς Ἑβραΐδος διαλέκτου τινὰ τίθησι.

(*c*) *Epiphan. hæres. 47 n. 1.*

(*d*) *Euseb. Histor. Eccles. l. 4. c. 29.*

(*e*) *Victor Capuan. Præfat. ad Harmon. Tatiani.*

(*f*) *Theodoret. Hæret. fabul. l. 1. c. 20.*

(*g*) Voyez les Notes de M. Fabricius sur l'Evangile de Tatien, p. 379.

31. *L'Evangile de Thadée*, ou *de Jude*, se trouve condamné dans le Decret de Gelase contre les Livres apocryphes. Mais M. Fabricius (*a*) doute qu'il y ait jamais eu un Evangile de Thadée : premiérement, parce que les anciens n'en parlent point. Et secondement, parce que Vincent de Beauvais, & un ancien manuscrit de l'Abbaye de saint Claude, portent *Matthias*, au lieu de Thadée. Or dans le texte de Gelase on sait, qu'il y a un faux Evangile de saint Matthias. Quoiqu'il en soit, on ne connoît point cet Evangile de Thadée.

L'Evangile de saint Thomas, est fort célébre parmi les Anciens. C'est le même que le faux Evangile de l'Enfance de JESUS dont nous avons parlé au long ci-devant n. 8. Quelques Savans ont crû qu'il y avoit eu deux Evangiles de l'Enfance ; l'un à l'usage des Gnostiques, & l'autre à l'usage des Manichéens. Saint Augustin (*b*) cite un passage tiré d'un livre apocryphe des Manichéens, qui étoit apparemment un de leurs Evangiles. Les Apôtres ayant demandé à JESUS-CHRIST ce qu'ils devoient penser des Prophétes ; le Sauveur leur répondit : *Vous abandonnez celui qui est vivant, & qui est devant vous, & vous vous informez des morts ?*

32. *L'Evangile de Valentin*, (*c*) ou plûtôt des Valentiniens ; car on ne lit pas que Valentin lui-même ait écrit un Evangile ; n'est autre apparemment que celui à qui ils donnoient le titre d'*Evangile de la Vérité*, & dont parle saint Irénée. (*d*) *Qui sunt à Valentino in tantum processerunt audaciæ, ut quod ab his non olim conscriptum est, veritatis Evangelium titulent, in nihilò conveniens Apostolorum Evangeliis.*

C'est apparemment de là que S. Epiphane (*e*) a tiré ce qu'il dit de leurs dogmes. Voici comme commençoit leur Evangile : *L'ame*, ou la pensée *d'une grandeur indestructible*, ou indéfectible par son élevation, *souhaite le salut aux indestructibles qui sont parmi les prudens, les Psychiques*, ou les animaux, *les charnels, les mondains : je vais vous parler des choses ineffables, sécretes, & qui sont élevées au dessus des Cieux ; qui ne peuvent être entenduës, ni par les principautez, ni par les puissances, ni par les sujets, ni par aucuns autres, que par l'entendement immuable, &c.* Le reste de l'ouvrage est de même style. Ce sont des impertinences incomprehensibles, & tout à fait propres à étourdir des ignorans, qui veulent passer pour savoir plus que le commun des hommes. Valentin se vantoit d'avoir appris ce qu'il savoit, auprès de Theudas ami de saint Paul. (*f*)

33. *L'Evangile de Vie*, ou *L'Evangile Vivant*, étoit à l'usage des Ma-

---

(*a*) *Fabricius de Apocryph. N. T. p. 136. not. ad Gelas. decretum.*

(*b*) *Aug. lib. 2. contra advers. Legis & Prophetar. l. 2. c. 4.*

(*c*) *Tertull. de Præscrip. adversùs hæres. c. 47. Evangelium habet etiam suum, (Valentinus) præter hæc nostra.*

(*d*) *Iren. l. 3. c. 13.*

(*e*) *Epiphan. hæres. 31.*

(*f*) *Clem. Alex. l. 7. Strom. p. 764.*

nichéens.

nichéens. (*a*) On le trouve nommé chez quelques Anciens; (*b*) mais on n'en sait rien de particulier. Ces Hérétiques se servoient aussi du faux Evangile de saint Thomas, ou de l'Enfance du Sauveur, ou d'un autre composé par un Egyptien nommé Sythianus, & d'un autre nommé *Adda*, ou *Modion*, ouvrages entiérement inconnus aujourd'hui.

34. *L'Evangile de saint Philippe* étoit aussi à l'usage des Manichéens, comme on le voit par les anathêmes que l'on faisoit prononcer à ceux qui revenoient de cette hérésie. Mais les Gnostiques en avoient aussi un sous le nom de Philippe, dont saint Epiphane (*c*) rapporte un fragment que voici: *Le Seigneur m'a découvert ce que l'ame devoit dire, lorsqu'elle seroit arrivée dans le Ciel, & ce qu'elle devoit répondre à chacune des Vertus Célestes: Je me suis reconnuë, & recüeillie, & j'ai ne point engendré d'enfans au Prince* de ce monde, au Démon; *mais j'ai arraché, & exstirpé ses racines. J'ai réüni les membres ensemble: je connois qui vous êtes, étant moi-même du nombre des choses célestes. Ayant dit ces choses, on la laisse passer; que si elle a engendré des enfans, on la retient jusqu'à ce que ses enfans soient revenus à elle, & qu'elle les ait retirez des corps qu'elles animent sur la terre.* Il ne seroit malaisé de faire le commentaire de ces paroles, & de montrer que les abominations des Gnostiques y sont renfermées, si l'on n'en étoit retenu par la pudeur. On peut voir saint Epiphane Hérésie 26.

35. *L'Evangile de saint Barnabé* est mis au rang des apocryphes par le Pape Gélase. On sait qu'en l'an 488. on découvrit dans l'Isle de Chypre le corps de saint Barnabé, & qu'on trouva sur sa poitrine un Livre qu'on disoit avoir été écrit de sa main (*d*) Les uns ont avancé que c'étoit une copie de l'Evangile Hébreu de saint Matthieu; (*e*) d'autres une Version Grecque du même Evangile. (*f*) Quelques-uns même ont prétendu que c'étoit l'Evangile de S. Marc. (*g*) Mais ce n'est aucun de ces Evangiles, qui fut condamné par le Pape Gélase. C'étoit apparemment quelque Evangile composé par les Hérétiques. Mais il faut avoüer qu'on ne sait pas distinctement quel est l'Evangile condamné par Gélase.

36. *L'Evangile de saint Jacques le Majeur* fut trouvé, dit on, en Espagne l'an 1595. Bivarius (*h*) dit qu'on le découvrit en cette année sur une montagne du Royaume de Grenade, avec les reliques de Tesiphon, & de Cæcilius, Disciples de saint Jacques, & dix-huit Livres écrits sur des plaques de plomb, dont quelques-unes étoient de la main de ce saint Apô-

(*a*) *Vide Timoth. Constantinop. l. de his qui ad Ecclesiam accedunt. Anathematis. Manich apud Coteler. t. 1. Patr. Apostolic.*

(*b*) *Phot. codd 85 & ms. contra Manich. l. 1. apud Fabric. de Apocryph. N T. p. 141. & 381*

(*c*) *Epiphan. hæres. 26. n. 13.*

(*d*) *Theodor. Lector. l. 2. Cedren &c.*

(*e*) *Sigebert. Gemblac. an 489.*

(*f*) *Casaubon. in Baron c. 12.*

(*g*) *Græci in Synaxario.*

(*h*) *Bivarius not. ad Chronic. Lucii Dextri an. 37.*

tre, & entr'autres une Messe des Apôtres avec son Cérémoniel, & une Histoire Evangélique. Mais le Pape Innocent XI. en 1682. condamna tous ces prétendus écrits.

37. *L'Evangile de Judas d'Iscarioth* fut composé par les Caïnites, pour soûtenir leurs extravagances. (a) Ils reconnoissoient une vertu supérieure à celle du Créateur. La premiére s'appelloit *Sagesse*, & celle du Créateur, *Vertu inférieure*. Ils enseignoient que tous les plus grands scélérats de l'ancien Testament; Caïn, Coré, les Sodomites & Judas lui-même, avoient connoissance de ce premier principe, & avoient combattu pour lui contre la vertu du Créateur du monde. Pour autoriser ces impiétez, ils avoient forgé un Evangile de Judas le Traître, qui dévelòppoit tout ce mystére d'iniquité, dont lui seul entre tous les Apôtres avoit eu connoissance. Cet Evangile ne se trouve plus; mais les Anciens en ont beaucoup parlé.

38. *L'Evangile de la Vérité* n'est autre, comme je l'ai dit plus haut Article 33. que celui de Valentin.

39. On cite encore les faux Evangiles corrompus par Leucius, Lucianus, Seleucus & Hesychius: (b) mais ce sont ou de simples corruptions des vrais Evangiles de saint Matthieu, de saint Marc, de saint Luc, & de saint Jean; ou ce sont les mêmes que quelques-uns de ceux, que nous avons examinez ci-devant: M. Grabbe (c) dit qu'il a trouvé dans la Bibliothéque du Corps de Nôtre-Seigneur à Oxford, le faux Evangile de Leucius; & il en rapporte un fragment, qui se trouve dans l'Evangile de l'Enfance. C'est celui où il est raconté comment JESUS ayant été envoyé à l'école, montra à son maître qu'il en savoit plus que lui, par les questions qu'il lui fit.

Voila quels ont été les Evangiles apocryphes, connus dans l'Antiquité. La haine, & le mépris que l'Eglise a témoigné contre leurs auteurs, a fait supprimer ces ouvrages de ténébres. Les passages qu'on en a rapportez dans cette Dissertation, ne sont nullement propres à en faire regretter la perte; & si l'Eglise aujourd'hui n'avoit point de plus dangereux ennemis, que des Hérésiarques tels que ceux dont nous avons parlé, elle pourroit demeurer assez en repos. Mais en ce tems-là le Démon n'avoit en vûë que de rendre la Réligion Chrétienne odieuse, & méprisable: pour lui susciter des ennemis au dehors.

(a) *Iren. l. 1 c. 35. contra hæres. Epiphan. hæres. 28. n. 1. Theodoret. hæretic. Fabul. l. 1. c. 15. Tertull. Præscript. c. 47.*

(b) *Vide Decret. Gelasii, & Epist. tertiam Innocentii III. c. 7.*

(c) *Grabe in Iren. l. 1. c. 17.*

DISSERTATION SUR LES MAGES,

Qui vinrent adorer JESUS-CHRIST.

LA venuë des Mages au berceau de JESUS-CHRIST, & l'adoration qu'ils lui rendent dans son enfance, est un de plus éclatans miracles du nouveau Testament, une de plus fortes preuves de la Divinité de JESUS-CHRIST, & un des plus grands triomphes de la grace, & de la foi, comme le remarque saint Chrysostome. (a) L'étoile qui leur apparoît porte tout d'un coup la lumiére, & l'ardeur dans leur esprit, & les engage à enterprendre un voyage long & périlleux, pour venir chercher un nouveau Roi. Une ancienne prophétie, prononcée quinze çens ans auparavant par Balaam, leur revient dans l'esprit à la vûë de ce phénoméne. Ils se souviennent qu'il a été prédit: (b) *Qu'une Etoile sortira de Jacob, & qu'un Dominateur paroîtra dans Israël.* La lumiére intérieure de la grace leur fait connoître, que ce nouvel astre est le signe de ce Dominateur. Ils viennent à Jérusalem; ils demandent hardiment où est le nouveau Roi; on leur dit que le lieu de la naissance du Messie est Bethléem; ils y vont; ils trouvent un enfant, pauvre, foible, sans aucune apparence de Royauté: ils l'adorent; ils lui présentent leurs présens. Se peut-il un évenement plus singulier, & un effet plus surprenant de la foi la plus vive, & la plus éclairée?

Nous n'entreprenons pas ici d'éxaminer toutes les circonstances de la venuë des Mages. Nous nous bornons à ce qui regarde leur personne, leur pays, & l'etoile qui leur apparut.

La nom de *Mages* se prend ou dans un sens générique, pour toute sorte de magiciens, de devins, de tireurs d'horoscopes, d'interpréres des songes; ou pour les Prêtres, & les Devins des Perses, ausquels le nom de Mages étoit particuliérement affecté. On dérive ce nom de l'Hébreu *Moug*, ou *Mag*, qui signifie se fondre, s'écouler, & dans un sens figuré, se décourager, (c) On croyoit que la magie avoit la vertu d'inspirer de la frayeur aux armées, & que les Mages pouvoient par leur art, causer cet

(a) *Chrysost. homil. 6. in Matt.*
(b) *Num.* XXIV. 17.
(c) מוג *Dissolvi, diffluere. Vide Stanlei part. 14. Philosoph. Persar. & Clerici. Indic. P[illegible]leg.*
[(d) I]*bidem.*

gisj

effet dans leurs ennemis. D'autres le dérivent de l'Hebreu *Hagah*, (*a*) d'où vient *Mehagah*, marmoter, parler bas, & entre ses dents, comme faisoient les magiciens dans leurs priéres, & leurs cerémonies magiques.

La plûpart des Anciens (*b*) enseignent que les Mages des Perses devoient être nez d'un inceste du fils avec sa mere, ou du pere avec sa fille, chose qui n'étoit nullement rare dans ce pays-là, où ces sortes de mariages n'étoient pas défendus. Leur étude principale étoit la Théologie, & la Religion. Ils étoient les Prêtres, & les Devins des Perses. (*c*) Leur profession étoit en trés-haute considération, & les Rois mêmes étoient obligez de se faire instruire sous leur discipline. (*d*) Ils tenoient rang parmi les Conseillers du Prince; (*e*) On ne décidoit rien sans avoir leur avis. Ils punissoient, ou récompensoient à leur gré. Cambyses en partant pour son expédition contre l'Egypte, leur laissa le Gouvernement de l'Empire, & aprés la mort de ce Prince ils s'emparérent de la souveraine autorité, & en demeurérent pendant quelque tems les maîtres.

La plûpart des Mages méprisoient les richesses, vivoient dans une grande retraite, & pratiquoient d'extrêmes austéritez. (*f*) Ils couchoient sur la terre nuë, & ne se nourrissoient que de pain, de légumes, & de fromage. Leur habit étoit blanc. Ils obéïssoient à un Supérieur tiré de leur corps. Ils ne brûloient point leurs morts, craignant de soüiller le feu, pour qui ils avoient un souverain respect. L'objet principal de leur étude étoit la magie; non la magie noire, & diabolique; (*g*) mais la magie naturelle. Ils se mêloient de prédire l'avenir, d'interprêter les songes, & de lire dans les astres la bonne, ou la mauvaise fortune des hommes. Ils n'avoient ni temples, ni autels, ni statuës, ne croyant pas que la Divinité pût être renfermée dans un lieu: mais ils entrenoient un feu perpétuel dans un grand enclos découvert, où ils entroient tous les matins, tenant un faisceau de verges, faisant de longues priéres, & ayant la tête couverte d'un bonnet, avec des pendans qui leur tomboient sur les jouës, & jusques sur les lévres. (*h*) Ils sacrifioient sur les montagnes dans un lieu pur. Le Mage faisoit d'abord une longue priére, ayant sa tiare sur la tête. Puis on assommoit la victime d'un coup de massuë, on la mettoit en piéces, on plaçoit ses parties sur un lit d'herbes fraîches, & aprés avoir chanté la Théogonie, ou la Généalogie des Dieux, ils emportoient la chair de la victime, & en faisoient ce qu'ils jugeoient à propos. Voilà quels étoient les Mages des Perses.

(*a*) הגה *Meditari, mussitare. Vide Isai.* VIII. 19.

(*b*) *Vide Menag. Not. in Laërt. Proœm.*

(*c*) *Hesych* Μαγον, τὸν θεοσεβῆ, καὶ θεόλογον, [illegible] Πέρσαι λέγουσι.

(*d*) *Cicero de Divin. l.* 1. *c.* 41.

(*e*) *Dio Chrys. orat. Boristhenicâ.*

(*f*) *Laërt. in Proœm. Ieronym. l.* 2. *contra Jovinianum.*

(*g*) *Laërt. in Proœm. ex Dinonis Persicis.*

(*h*) *Vide Herodot. l.* 1. *c.* 131. *& Strabon. l.* 15. *p.* 503.

C'eſt apparemment l'idée qu'on a euë que les Mages étoient les Philoſophes des Perſes, qui a fait écrire à pluſieurs Anciens, (*a*) que ceux dont nous parlons étoient venus de la Perſe pour adorer JESUS-CHRIST. Cette opinion a trouvé un grand nombre de défenſeurs, parmi les nouveaux Commentateurs. (*b*) Les Arméniens (*c*) prétendent que les Mages étoient natifs du village de Maveg, ſur le lac de Ran en Arménie; & qu'à leur retour de Béthléem, ils y furent martyriſez. L'Evangile apocryphe de l'Enfance du Sauveur croit qu'ils étoient diſciples de Zoroaſtre, & par conſéquent qu'ils étoient venus de la Perſe. Béde, & l'Abbé Rupert (*d*) ſemblent croire qu'ils étoient venus des trois parties du monde, de l'Aſie de l'Afrique, & de l'Europe. Du moins ils diſent qu'ils déſignoient les trois parties de la terre: & c'eſt ce que nos Peintres ont voulu ſignifier en dépeignant un Ethiopien, un Perſe & un Grec, ou un Romain. Un ancien Auteur qui ſe trouve dans les Ouvres de ſaint Auguſtin, (*e*) les fait venir du fond de l'Ethiopie. L'Auteur *De Mirabilibus ſacræ Scripturæ*, (*f*) parmi les Oeuvres du même Pere, les améne de la terre d'Evilath. Tertullien (*g*) inſinuë qu'ils venoient du pays de Damas.

Mais la plûpart de ces conjectures ſont inſoûtenables: ni l'Afrique, ni l'Egypte, ni l'Ethiopie ne ſont point à l'Orient de la Judée; l'Arménie, & Damas ſont au Nord. Pour ce qui eſt du nom des Mages, qui a fait croire que ceux-ci venoient de la Perſe, il ne prouve rien du tout pour le tems dont nous parlons: car depuis que les Perſes eurent étendu leur Empire ſous Cyrus, & ſous ſes ſucceſſeurs, dans la plus grande partie de l'Orient, on donna le nom de Mages à la plûpart des Prêtres, & des Devins des nations ſoûmiſes à cette Monarchie; & de là eſt venu l'équivoque de ce terme. On comprit ſous ce nom les Devins, ou les Prophétes des Caldéens, des Arabes, & des autres peuples; & il y a toute ſorte d'apparence que ſaint Matthieu a pris ici le nom de Mages dans toute l'étenduë, qu'il avoit de ſon tems dans tout l'Orient, pour ſignifier des hommes qui faiſoient profeſſion de ſageſſe, & de prédire l'avenir par l'inſpection des aſtres, ou autrement.

Deux raiſons principales nous perſuadent de ce que nous venons de dire: la premiére, eſt le pays d'où venoient ces hommes; & la ſeconde, eſt la profeſſion de ſageſſe qu'ils faiſoient. Ils venoient de l'Orient, (*h*) & étoient de la même profeſſion que Balaam, qui avoit prononcé la Prophé-

---

(*a*) *Chryſoſt. homil. 7. in Matt. Autor Oper. imperf. Cyrill. Alex. l. 4 in Iſai. Juvencus Poeta, Clem. Alex. l. 1. Strom. Baſil. de humanâ Chriſti Nativit. Theophil. in Matt.*

(*b*) *Maldon. Spanheim, Druſ. Genebr. Petav. Scalig. Alii innumeri.*

(*c*) Chardin Voyage de Perſe t. 3. p 131

(*d*) *Beda & Rupert. in Matt. II.*

(*e*) *Aug. Serm. olim 9. de Sanctis, nunc 128. in Appendice.*

(*f*) *Autor de Mirabilibus ſacr. Script. q. 4.*

(*g*) *Tertull. contra Judæos.*

(*h*) *Matt. 2. 1. Ecce Magi ab Oriente venerunt Jeroſolymam.*

tie de l'apparition de l'étoile, qui les attira à Bethléem. L'Ecriture sous le nom d'Orient, entend pour l'ordinaire, l'Arabie déserte, la Mésopotamie, la Caldée. Balaam étoit de l'Arabie déserte : ces pays avoient des Mages, ou des hommes qui se piquoient de sagesse, & de prédire l'avenir. C'est ce qu'il faut montrer avec plus d'étenduë. Balaam dit lui-même qu'il étoit venu (a) *du pays d'Aram, & des montagnes d'Orient.* Il étoit de la ville de *Péthura, sur le fleuve des enfans de son peuple,* (b) c'est-à-dire de *Péthora*, ou *Pacora* sur l'Euphrate. Eusébe met Péthora au dessus, ou au delà de la Mésopotamie. (c) Il ne dit point si elle est au deça, ou au delà de l'Euphrate. J'aimerois mieux la mettre au deça, & dans la Syrie, ou dans l'Arabie déserte.

Tous ces pays sont connus dans les Livres saints, sous le nom d'Orient. *Qui a fait venir le juste de l'Orient*, dit Isaïe (d) en parlant d'Abraham, *& qui lui a dit de le suivre?* Il veut marquer sa vocation de la ville d'Ur de Caldée. (e) Jérémie désigne sous le nom d'enfant de l'Orient, les Arabes Scénites, & les Sarrasins, (f) peuples sans villes, sans maisons, sans demeure fixe, qui habitoient sous des tentes, & coupoient leurs cheveux en rond. (g) *Levez-vous* dit Jérémie, *marchez contre Cédar, & ravagez les enfans de l'Orient. L'ennemi prendra leurs tentes, & leurs troupeaux; il enlevera leurs chameaux, & répandra la frayeur dans tout le pays. Marchez contre ce peuple qui vit en paix, & sans aucune crainte. Ils n'ont ni barres ni serrures : je vais disperser à tous les vents ces peuples, qui portent leurs cheveux coupez en rond.*

Ezéchiel (h) joint les enfans de l'Orient, avec les peuples de Moab, & d'Ammon, comme peuples voisins, & limitrophes; & par conséquent il entend des Arabes Scénites, dont on vient de parler. Job qui demeuroit dans l'Idumée Orientale, à Bozra, ou aux environs, (i) est qualifié, *Un homme puissant entre les peuples de l'Orient;* c'est-à-dire, entre les Syriens, les Arabes, & les Caldéens. Les Prophétes (k) marquent en plusieurs endroits que les Hébreux captifs, reviendront de l'Orient dans leurs pays; c'est-à-dire, de la Caldée, dans la Judée. Il est donc indubitable que l'Arabie déserte, la Mésopotamie, & la Caldée, sont nommées Orient dans les Livres saints. Ainsi il y a toute sorte de vraisemblance, que les Mages étoient venus de ce pays-là dans la Judée.

L'autre raison qui nous en persuade, est la profession de sagesse qu'ils

---

(a) *Num.* XXIII. 7.

(b) *Num.* XXIV. 5. פתורה אשר על הנהר ארץ בני עמו (ε) לפאור ארם דעל פרת

(c) *Euseb. in locis.* Παθουρὰ ὑπὲρ τὴν Μεσοποταμίαν πόλις.

(d) *Isai.* XLI. 2.

(e) *Vide Genes.* XV. 7.

(f) *Jerem.* XLIX. 28.

(g) *Herodot. l.* 3. *c.* 8.

(h) *Ezech.* XXV. 10.

(i) Voyez le Commentaire sur Job. I. 3.

(k) *Isai.* XLIII. 5. *Baruch.* IV. 37. V. 5. *Zach.* VIII. 7.

faisoient, & le nom de Mages qu'ils portoient. On sait que les Caldéens avoient des sages, qui se mêloient de prédire l'avenir. Daniel en nomme de plusieurs sortes, & toute son histoire est une preuve de l'attachement qu'avoient les Caldéens, à l'interprétation des songes, & des prodiges. L'exemple de Nabuchodonosor, & de Balthasar le montre assez. Les Profanes nous apprennent mille choses des sages de Caldée. M. Stanley (*a*) a donné toute la treiziéme partie de son histoire de la Philosophie, à nous décrire celle des Caldéens. Les Arabes, & les Iduméens, connus aussi dans l'Ecriture sous le nom d'Orientaux, se piquoient de sagesse, & de connoissance relevées. *N'y a-t'il plus de sagesse dans Théman*, dit Jérémie? (*b*) Théman étoit dans l'Idumée méridionale. Et Abdias: (*c*) *Je perdrai les sages de l'Idumée*, Job, & ses amis étoient de ces sages d'Orient. Il est dit de Salomon (*d*) que sa sagesse surpassoit celle de tous les Orientaux. Enfin les Grecs reconnoissent que leurs Philosophes ont beaucoup profité du commerce, & des leçons des Sages d'Orient. Porphyre assure que Pythagore consulta les Sages d'Arabie.

Balaam qui étoit du même pays, étoit un Devin, ou un Prophéte fameux du tems de Moyse. Les Peres & les Commentateurs reconnoissent que les Mages qui vinrent adorer JESUS-CHRIST, étoient des successeurs de cet ancien Sage, & que ce fut sur sa prophétie qu'ils vinrent à Jérusalem chercher le nouveau Roi, dont ils avoient vû le signe dans leur pays. Ils s'en expliquent eux-mêmes d'une maniére assez claire: (*e*) *Où est celui qui est Roi des Juifs; car nous avons vû son étoile dans l'Orient?* En quel Endroit de l'Ecriture la venuë du Messie est-elle désignée sous le nom du lever d'une étoile, & par quelle autre voye ces étrangers pouvoient-ils connoître que ce nouveau phénoméne désignoit la venuë du Messie attendu des Juifs, sinon par la prophétie de Balaam, qui s'étoit conservée dans leur nation, & qui étoit passée jusqu'à eux par une tradition de pere en fils? Les Philosophes d'Orient, de Caldée, de Mésopotamie, d'Arabie, de Cappadoce, n'étoient guéres connus alors, que sous le nom général de Mages. (*f*) Les Septante donnent d'ordinaire le nom de Mages, aux sages qui étoient à Babylone du tems de Daniel. Il est donc fort vrai-semblable que saint Matthieu a voulu marquer sous ce nom, des Sages de Caldée, ou de l'Arabie déserte, en un mot des Savans du pays du fameux Prophéte Balaam, soit qu'on le mette au deça, ou au delà de l'Euphrate.

L'opinion que nous venons d'appuyer sur le païs des Mages, en les fai-

---

(*a*) *Stanley Hist. Philosoph. l.* 2. *parte* XIII.
(*b*) *Jerem.* XLIX. 7.
(*c*) *Abdias* ℣. 8.
(*d*) 3. *Reg.* IV. 30.
(*e*) *Matt.* II. 1. 2.
(*f*) *Vide Plin. lib.* 30. *cap.* 1. & *Grot. ad Matt.* II.

sant venir de l'Arabie déserte, de la Caldée, ou de la Mésopotamie; car il faut avoüer qu'on ne sauroit précisément fixer le lieu de leur demeure, est assez commune parmi les Peres, (*a*) & les Commentateurs; (*b*) & elle a par-dessus l'autre, de bonnes preuves tirées de la notion du terme *d'Orient*, que l'Ecriture fixe aux pays que nous avons nommez. Ajoûtez la facilité de venir de ces pays qui sont sur l'Euphrate en peu de jours à Jérusalem, ville fort connuë dans toutes ces Provinces.

Quant à la profession des Mages, nous savons que plusieurs Peres (*c*) ont crû que les Mages qui vinrent adorer le Sauveur, étoient de vrais magiciens, qui exerçoient les arts curieux, & diaboliques de la devination, de l'Astrologie judiciaire, & des enchantemens. On a pû remarquer sur les Nombres, (*d*) que la plûpart des Anciens avoient porté le même jugement de Balaam, & qu'ils le croyoient idolâtre, & vrai magicien. L'Evangile apocryphe de l'Enfance du Sauveur dit qu'ils vinrent en suivant les prédictions de Zoroastre, fameux Philosophe des Perses.

Mais d'autres Peres; (*e*) & plusieurs Commentateurs (*f*) ont crû que leur magie, n'avoit rien de diabolique; que ce n'étoit qu'une magie permise, & naturelle. Saint Epiphane (*g*) croit qu'ils étoient de la race d'Abraham, & de Céthura, dont les enfans s'établirent dans la Magodie. L'Abbé Rupert (*h*) leur donne le nom de Prophétes, & d'hommes inspirez. Origénes (*i*) croit que les Mages s'étant apperçû dans leurs operations magiques, que le pouvoir du Démon étoit fort affoibli, s'appliquérent à en découvrir la cause, & qu'ayant apperçû dans le même tems un astre extraordinaire, ils jugérent que c'étoit l'astre dont avoit parlé Balaam, qui marquoit la naissance d'un nouveau Roi d'Israël, lequel auroit sans doute un pouvoir beaucoup plus grand que les démons, & les spectres, qu'ils avoient consultez jusqu'alors. C'est ce qui les détermina à l'aller chercher, pour lui rendre leurs adorations. Saint Basile (*k*) & saint Ambroise, (*l*) ont eu à peu prés la même pensée.

Tertullien (*m*) semble dire que ce fut par l'Astrologie que les Mages

---

(*a*) *Tertull. contra Judæos; & l. 3. contra Marcion Justin. Dialog. cum Tryphone Epiphan. Epitome fidei Cathol. Alii nonnulli.*

(*b*) *Tostat. Mariana, Barrad. Grotius, Cornelius à Lapide, Ligfoot.*

(*c*) *Ignat. Epist. ad Ephes. Justin. Dialog. cum Tryph. Origen. homil. 13. in Num & l. 1. contra Celsum. Ambros. l. 2. in Luc. Tertull. de Idololat. Basil. de humana Christi Nativit. Ieronym. in Matth.* II. *& in Isai.* XIX. *&* XLVIII. *Hilar. l. 4. de Trinit. n. 36. Aug. Serm. 2. & 5. de Epiphan.*

(*d*) Voyez sur les Nombres Ch. XXII. 5.

(*e*) *Ieronym in Dan. 2. Consuetudo, & sermo communis Magos pro maleficis habet, qui aliter habentur apud gentem suam, eò quòd sint Philosophi Caldæorum, & ad artis hujus scientiam Reges quoque, & Principes ejus gentis omnia faciunt. Vide Auth. Oper. imperf. in Matt. & Author. quæst ex N. T. qu. 63*

(*f*) *Vatt. Brug. Hamm. Jans. Iprens. Erasmus Ligfoot, Mald. &c.*

(*g*) *Epiphan. Epitome fidei Cathol.*

(*h*) *Rupert in Matt* II.

(*i*) *Origen l. 1. contra Cels. Vide & homil. 13. in Num.*

(*k*) *Basil. de humana Christi gener.*

(*l*) *Ambros. in Luc l. 2. p. 1297.*

(*m*) *Tertull. de Idololatriâ.*

connurent

connurent la venuë de Jesus-Christ. Jusqu'alors, dit-il, cette science étoit permise; mais depuis la naissance du Messie, elle est interdite, & condamnée. *Atenim scientia ista usque ad Evangelium fuit concessa, ut Christo edito nemo exinde nativitatem alicujus de cœlo interpretetur.* Saint Jérôme (*a*) semble avoir pris d'Origénes ce qu'il dit, que les Mages instruits par les démons, ou par la prophétie de Balaam, que le Fils de Dieu étoit né pour détruire toute la vertu de la magie, étoient venus de l'Orient pour adorer le Roi nouveau-né. *Magi de Oriente docti à dæmonibus vel juxta prophetiam Balaam intelligentes natum Filium Dei, qui omnem eorum artis destrueret potestatem, venerunt Bethleem.* Mais il nous paroît plus convenable de dire qu'ils étoient de ces Sages adorateurs du vrai Dieu, comme ont été Job & ses amis, & peut-être beaucoup d'autres, qui sans avoir la Loi Ecrite, ni les cérémonies des Hébreux, adoroient le Dieu tout-puissant, & attendoient la venuë de ce Dominateur prédit par Balaam. Nous savons par Joseph, (*b*) & même par les Auteurs profanes de ce tems-là, (*c*) que tout l'Orient étoit alors dans l'attente d'un Monarque qui devoit sortir de la Judée, & qui devoit posséder l'empire du monde.

On dit communément que les Mages étoient Rois dans leurs pays, (*d*) & qu'ils étoient au nombre de trois. (*e*) Mais les Anciens n'en ont pas parlé d'une maniére si positive. Il est vrai qu'on cite Tertullien, (*f*) comme s'il les avoit reconnu pour Rois; mais cet Auteur aprés avoir cité ces paroles du Pseaume: (*g*) *Les Rois d'Arabie, & de Saba lui offriront des présens*, ajoûte simplement, car l'Orient a d'ordinaire des Mages pour Rois: *Nam & Magos Reges ferè habet Oriens.* Je n'éxamine point ce qu'il dit, que les Rois d'Orient étoient Mages pour la plûpart. Ce sentiment est assurément trés contestable, & trés-douteux, pour ne rien dire de plus. Et si la Royauté des Mages n'est fondée que sur cela, on peut sans détour la nier absolument.

Saint Hilaire, (*h*) que l'on cite en faveur de cette opinion, est encore plus obscur que Tertullien. En parlant de la venuë des Mages, il dit que le travail de l'Egypte a été comme consacré par le travail de ses Princes: *In Principum labore totius Ægypti labor demonstratus est.* Il fait allusion à un passage d'Isaïe, (*i*) où il est dit, que l'Egypte & l'Ethiopie ont travaillé pour le Seigneur. On allégue encore pour ce sentiment saint Chry-

(*a*) *Ieronym. in Isai. XIX.*
(*b*) *Joseph. de Bello l. 7. c. 12. p. 961.*
(*c*) *Tacit. l. 5. Sueton. in Vespas.*
(*d*) *D. Thom. Strabus seu Gloss. ordinar. Albert. Magn. Lyran. Carthus in Matth. Incognitus in Psalm. Mald. alii plerique.*
(*e*) *Leo Ser. 1. 4. 5. 6. 7. 8. de Epiphan. serm. 133. & 136. Append. t. 5. S. August. Beda, Rupert.*
(*f*) *Tertull. contra Judæos, & l. 3. contra Marcion.*
(*g*) *Psal. LXXI. 10.*
(*h*) *Hilar. l. 4. de Trinit. n. 38.*
(*i*) *Isai. XLV. 14.*

fostome, Homélie 6. sur saint Matthieu, l'Auteur de l'Ouvrage imparfait, saint Basile, Homélie sur la Naissance du Sauveur, l'Auteur du Commentaire sur les Pseaumes, sous le nom de saint Jérôme. (*a*) Mais on ne trouve rien dans tous ces Ecrivains de favorable à l'opinion qu'on leur attribuë.

L'Auteur du Sermon sur le Baptême, cité sous le nom de saint Cyprien, (*b*) donne expressément aux Mages le nom de Rois. Mais cet Ouvrage est d'un ami de saint Bernard, nommé Arnaud Abbé de Bonnevalle. Celui qui a composé les Sermons *Ad Fratres in Eremo*, (*c*) sous le nom de saint Augustin, leur fait le même honneur ; mais tout le monde sait que cet Ecrivain est fort récent, & ne passe pas le treiziéme, ou peut-être le quatorziéme siécle. Le Sermon douziéme, publié autrefois sous le nom de saint Ambroise, (*d*) leur donne expressément le nom de trois Rois. Mais ce Sermon est de saint Cézaire d'Arles, qui vivoit au sixiéme siécle ; & encore le nom de *Rois* y est fort douteux, & paroît ajoûté après coup. Paschase Radbert (*e*) qui fleurissoit au neuviéme siécle, dans l'Abbaye de Corbie, est tout-à-fait exprés pour la royauté des Mages. *Magos Reges extitisse nemo qui historias legit gentilium, ignorat.* Theophylacte (*f*) parmi les Grecs reconnoît les Mages pour Rois. Mais Nicéphore (*g*) plus ancien que lui, se contente de dire qu'ils étoient illustres, & par leur science, & par leur puissance. Voilà ce que nous trouvons de plus fort pour cette opinion parmi les anciens, & les modernes.

Si l'Eglise s'intéressoit beaucoup à soûtenir la qualité de Rois dans les saints Mages, nous ferions quelques efforts, pour la leur assurer. Mais comme ni l'Ecriture, ni les plus anciens Peres n'en parlent pas d'une maniére bien expresse, & que l'Eglise jusqu'ici n'a éxigé sur ce fait aucune créance certaine, & a laissé la liberté d'en examiner les preuves, & d'en contester la vérité ; nous avoüons que cette Royauté ne nous paroît pas assez bien appuyée, pour la recevoir comme indubitable. Il est vrai que les Mages ont eu autrefois dans la Perse une assez grande autorité, & que les Rois mêmes se faisoient instruire par les Mages : mais ils n'ont jamais regné ordinairement dans aucun pays que nous sachions : & sur tout au tems de la naissance de Nôtre-Seigneur, il n'y avoit nul pays, ni de Perse, ni de Caldée, ni de Mésopotamie, ni d'Arabie, où l'on nommât

(*a*) *In Psalm.* LXXI.
(*b*) *Cyprian. seu Arnald. Abb. Bonavall. serm. a. de septem Cardinal. operib. Non satis est quod Angeli locuti sunt, quod apparuit stella Regibus.*
(*c*) *Serm. 43. ad Fratres in Eremo.*
(*d*) *Cazar. serm. 139. in app. tom. 5. Sancti August. inter Cazarian. 43.*
(*e*) *Paschas. Radb. in Matth. II.*
(*f*) *Theophylact. in Matth. II.*
(*g*) *Niceph. or. l. 1. c. 13. Hist. Eccles.* Σοφοὶ τίνες ὄντες, καὶ τῶν ἐυγεγονότων, καὶ μεγάλα πολλῶν διαφέροντες.

les Rois Mages, ni où il fallût être Mage pour regner.

Quant au nombre des Mages, il y a fort long-tems qu'il est fixé à trois. Saint Léon le suppose par tout; (*a*) saint Cézaire le dit expressément dans le Sermon que nous avons cité. (*b*) On voit la même chose dans deux Sermons attribuez autrefois à saint Augustin; mais le premier de ces deux Sermons (*c*) se trouve ailleurs sous le nom d'Eusébe d'Emése, & le second (*d*) porte le nom de saint Léon, dans tous les Manuscrits. Béde, l'Abbé Rupert, (*e*) & après eux une foule de Commentateurs l'enseignent de même; & c'est le sentiment le plus commun, & presque le seul qui soit aujourd'hui suivi dans l'Eglise. Il est fondé principalement sur ce qui est dit dans l'Evangile, qu'ils présentérent à JESUS-CHRIST de l'or, de la myrrhe, & de l'encens. (*f*) On a supposé que chacun d'eux lui avoit fait son présent.

Mais ce sentiment n'a pas toûjours été reçû dans l'Eglise. L'Auteur de l'Ouvrage imparfait sur saint Matthieu, (*g*) cite d'anciens Livres apocryphes, qui portoient le nom de Seth, & qui disoient que les Mages avoient été douze, choisis de toute leur nation, & se succédant de pere en fils depuis plusieurs siécles, pour observer le moment de l'apparition de l'étoile, prédite autrefois par Balaam. Ils montoient pour cela sur une certaine montagne, d'où ils observoient le lever des astres, jusqu'à ce qu'enfin ils découvrirent l'étoile qu'ils attendoient depuis tant de siécles. L'Auteur de la Glose ordinaire, sans limiter leur nombre, dit simplement qu'ils étoient en grand nombre.

On donne aujourd'hui communément aux Mages des noms inconnus à toute l'antiquité. On les appelle Gaspar, Melchior, Balthasar: mais ces noms sont nouveaux, & on en trouve d'autres aussi douteux que ceux-là, dans quelques Auteurs peu certains: Par exemple, on veut qu'ils ayent porté en Grec les noms de *Magalat*, *Galgalat*, *Saracin*; & en Hébreu, *Apellius*, *Amerus*, *Damascus*; ce qui a été inventé par des gens également ignorans en Grec, & en Hébreu. D'autres les nomment *Ator*, *Sator*, *Paratoras*; (*h*) tous noms forgez à plaisir, & inconnus avant le douziéme siécle.

L'Auteur de l'Ouvrage imparfait sur saint Matthieu, (*i*) dit que saint Thomas ayant trouvé les Mages dans la Perse, les instruisit, les baptisa,

(*a*) *Leo Mag. sermonib.* 1. 4. 5. 6. 7. 8. *de Epiph. & Epist* 16. *c.* 2.

(*b*) *Cæsar. serm.* 139. *Append. tom.* 5. *S. August.*

(*c*) *Serm.* 136. *Append. olim* 29. *de Temp.*

(*d*) *Serm. nunc* 133. *append. tom.* 5. *olim* 33. *de Tempore.*

(*e*) *Beda & Rupert. in Matth.* II.

(*f*) *Matth.* II.

(*g*) *Auth. oper. imperf homil.* 2.

(*h*) *Vide Casaub. in Baron & Bolland. Maii.* t. 1. p. 7. 8.

(*i*) *Homil.* 2. *in Matth.*

& les employa avec lui à la prédication de l'Evangile. On veut qu'ils ayent souffert le martyre dans une ville d'Arabie. Les Arméniens les font mourir à Maueg en Arménie. On montre leurs corps à Cologne, & on les y honore d'un culte particulier. Voila ce que nous trouvons de plus remarquable sur la personne des Mages.

Le tems de leur arrivée dans la Judée, est un point qui a beaucoup exercé les Chronologistes. La décision de cette difficulté dépend principalement de la distance du pays, d'où on les fait venir. Ceux qui veulent qu'ils soient partis de la Perse, (*a*) leur donnent deux ans pour faire leur voyage; supposant que l'étoile leur apparut deux ans avant la naissance du Sauveur, suivant ce qui est dit dans l'Evangile, qu'Hérode fit mourir les enfans de Bethléem depuis deux ans & au-dessous, selon le tems que les Mages lui avoient dit. (*b*) D'autres (*c*) ne les font arriver à Bethléem que deux ans après la naissance du Sauveur, supposant que l'étoile ne leur apparut qu'au moment de sa naissance. D'autres enfin les font partir au moment de la naissance de Jesus-Christ, & de l'apparition de l'étoile, & les aménent à Bethléem pour le treziéme jour après cette naissance. Mais afin de leur faire faire la diligence nécessaire pour treize jours de la Perse à Bethléem, ils leur donnent des dromadaires, qui sont des animaux fort promts & fort légers.

S. Chysostome (*d*) sans déterminer le tems de leur arrivée, & pour n'être pas resserré dans le terme de deux ans, dit que l'étoile a pû paroître auparavant la naissance de Nôtre-Seigneur; & qu'Hérode craignant de manquer celui qu'il cherchoit, prit plus de tems qu'il n'y en avoit que l'étoile étoit apparuë, pour faire mourir les enfans de Bethléem. Quelques-uns (*e*) ont voulu que l'étoile ait paru dés le tems de l'Incarnation du Fils de Dieu. D'autres, (*f*) dés le tems de la conception de saint Jean-Baptiste. Mais personne n'a osé fixer le tems précis du départ des Mages; quoique la plûpart ayent fixé leur arrivée à Bethléem le treiziéme jour après la naissance de Jesus-Christ. En les faisant venir des bords de l'Euphrate; c'est-à-dire, des environs de Pathura, ou même de la Caldée, ou de la Babylonie, ils ont pû arriver à Jérusalem en moins de vingt jours, en traversant l'Arabie Déserte sur des chameaux, qui est la monture ordinaire de ce pays-là. Il n'y a pas de l'Euphrate à Jérusalem plus de deux cens lieües.

Venons maintenant à l'étoile qui apparut aux Mages & que saint Au-

---

(*a*) *Quid. apud Theophyl. Auth. serm.* 131. & 132. *in Epiphan. appendic. t.* 5. 8. *Aug.*

(*b*) *Matth.* II. 16.

(*c*) *Epiphan. hæres.* 52. *Euseb. seu Ieronym. in Chronico. Nicephor. l.* 1. *c.* 13. *Beda. alii.*

(*d*) *Chrysost. homil.* 7. *in Matth.*

(*e*) *Bolland. April. t.* 1. *pag.* 8. *Maii tom.* 1. *pag.* 7.

(*f*) *Bolland. Mai. t.* 1. *supplement. pag.* 519. 520. *Toynard Harmon. Evang. anno* 1. *ante Christi nativ. art.* 3.

gustin (*a*) appelle la magnifique langue du Ciel. Quelques anciens (*b*) ont avancé que c'étoit un astre nouveau, créé exprés pour annoncer aux hommes la naissance du Messie. D'autres (*c*) que c'étoit une espéce de comére, qui avoit paru extraordinairement dans l'air. Ligfoot (*d*) veut que ç'ait été la même lumiére qui avoit apparu aux Pasteurs prés de Bethléem, & qui se fit aussi voir de loin aux Mages qui étoient dans leur pays, & qui la virent comme une étoile arrêtée sur la Judée. Plusieurs autres (*e*) ont avancé que c'étoit un Ange revêtu d'un corps lumineux en forme d'étoile, & qui ayant son mouvement déterminé du côté de la Judée, détermina les Mages à le suivre. Saint Chysostome, Euthyme, Cézarius, & Théophylacte confirment ce sentiment, parce que cet astre sembloit intelligent, & raisonnable : paroissant, disparoissant, s'arrêtant, s'avançant lorsqu'il le jugeoit à propos.

L'Auteur du Commentaire imparfait sur S. Matthieu, dit que cette étoile descendit sur la montagne où les Mages l'attendoient depuis plusieurs générations, & qu'elle leur apparut ayant au milieu de soi comme la forme d'un jeune enfant, avec une croix au-dessus de lui; qu'il leur parla, & leur ordonna de se transporter en Judée. Saint Epiphane (*f*) a suivi la même tradition, qui est tirée du livre apocryphe de Seth. D'autres (*g*) ont avancé que cette étoile étoit le Saint Esprit, lequel apparut aux Mages sous cette figure, comme il se fit voir ensuite au Baptême de JESUS-CHRIST sous la forme d'une Colombe. Saint Ignace (*h*) dit que cette étoile jettoit un éclat qui surpassoit celui de toutes les autres étoiles, & que le soleil, la lune, & les autres astres lui servoient comme de compagnie, & formoient son cortége. Elle dominoit sur tout cela par son éclat, & tout le monde étoit dans l'admiration en considérant cette nouvelle lumiére.

Il semble que ce phénoméne n'ait pas été inconnu aux Auteurs profanes. Je ne parle point d'une cométe qui parut à Rome sept jours de suite après la mort de Jules César, au commencement du regne d'Auguste, & qui ayant été prise pour l'ame de César, fut adorée à Rome dans un temple particulier. (*i*) Plusieurs de nos auteurs l'ont prise comme un présa-

(*a*) *Aug. t. 5. serm. 100. nov. edit. olim. 30. de Tempore. Quid erat nisi magnifica lingua cœli? Et Serm. 203. olim 64. de Divers. initio. Stella sibi apparentem, & pro Infante verbo visibiliter loquentem, velut linguam cœli secuti sunt.*

(*b*) *Leo Magn. serm. 1. de Epiphan. Chrysost. in Matth. homil. 6. Basil. de Humana Christi nativ. Ambros. l. 2. in Luc. c. 2. Author de Mirabilib. sacr. Script. Fulgent. homil. de Epiph. author serm. 131. append. t. 5. S. August.*

(*c*) *Origen. l. 1. contra Cels. Maldon. Grot. Scultet.*

(*d*) *Ligfoot, Hor. Talmud. & in Harmon.*

(*e*) *Ita Evangel. Infantia. Chrysost. & Theophyl. in Matth. Author de Mirabilib. sacr. Script. Cæsar. dialog. 20. Maldon.*

(*f*) *Epiphan. hæres. 26. & 39.*

(*g*) *Quid. apud Author. de Mirabilib. sacræ Script. apud August.*

(*h*) *Ignat. Epist. ad Ephes. ita & Evangel. Infantia.*

(*i*) *Vide Plin. l. 2. c. 25.*

ge de la venuë de JESUS-CHRIST. Mais elle a paru trop long-tems avant la naissance du Sauveur, pour pouvoir lui être rapportée. (*a*) Le même Pline (*b*) dit quelque chose de plus précis, lorsqu'il raconte qu'il parut une comète avec une espéce de chevelure couleur d'argent, & si brillante qu'à peine en pouvoit-on supporter sa vûë. Elle représentoit au-dedans de sa capacité, un Dieu sous la forme humaine : *Specie humanâ Dei effigiem in se ostendens.*

Il est vrai que ce passage est suspect à quelques Critiques, & je veux bien ne pas insister pour le soûtenir. En voici un autre de Chalcidius Philosophe Platonicien, & adorateur de JESUS-CHRIST, dont on ignore l'âge, (*c*) qui est formel pour nôtre sujet. *Il faut remarquer*, dit-il, *une autre histoire bien plus sainte, & plus digne de vénération, qui nous parle de l'apparition d'une certaine étoile, qui ne présageoit ni des maladies, ni la mortalité; mais la descente de Dieu sur la terre, pour vivre parmi les hommes, & pour les combler de ses faveurs. Des Sages de Caldée ayant apperçu cette étoile durant la nuit, comme ils étoient instruits dans la connoissance des astres, ils se mirent à chercher ce Dieu nouveau-né, & lorsqu'ils l'eurent trouvé, ils lui offrirent des vœux convenables à une telle majesté.*

Pour revenir à la nature de l'étoile, & pour nous fixer au milieu de cette variéte de sentimens, nous croyons que c'étoit un météore enflammé dans la moyenne région de l'air, (*d*) qui ayant été remarqué par les Mages, avec des circonstances & des qualitez extraordinaires, fut prise par eux pour un phénoméne miraculeux; & que se souvenant de ce qui avoit été autrefois prédit par Balaam, ils se déterminérent à le suivre, pour savoir des nouvelles de ce nouveau Monarque qui devoit être né dans la Judée. L'inspiration interieure du Saint Esprit, & la lumiére qu'il répandit dans leur esprit, jointe à l'opinion, qui étoit alors commune dans tout l'Orient, que le Messie devoit bien-tôt paroître, (*e*) furent des motifs plus que suffisans pour leur faire entreprendre ce voyage. C'étoit donc apparemment un feu qui marchoit devant & au-dessus d'eux, à peu prés comme la nuée qui conduisoit les Hébreux dans le désert. (*f*).

On n'est pas d'accord si tout le monde vit l'étoile qui apparut aux Mages. Il y a des Auteurs (*g*) qui croyent que ce privilége ne fut que pour eux seuls. D'autres (*h*) soûtiennent qu'ils ne la virent qu'une ou deux

(*a*) Jesus-Christ ne naquit que quarante-un ans aprés la mort de Jules César.

(*b*) *Plin l. 2. c. 25. Hist. Natur*

(*c*) On ne sait en quel tems il a vêcu. Il a fait un Commentaire sur le Timée de Platon, où ce passage se trouve p. 19.

(*d*) *Spanhem ex Origen. & August. Brug. Le Clerc, Author Praadamit. l. 4. c. 3.*

(*e*) *Sueton. in Vespas. Tacit. Hist. l. 5. Cicero l. 2. de Divinat*

(*f*) Exod. XIII. 21.

(*g*) *Author Praadamit. l. 4. c. 3.*

(*h*) *Basil. homil. de Humana Christi nativ. Author de mirabil. sacr. Scrip. q. 4.* Tillemont Note XI. sur J. C. Toynard Harmon. Evang.

fois dans leur pays, après quoi elle ne leur parut plus, si ce n'est au sortir de Jérusalem. D'autres (*a*) soûtiennent qu'ils la suivirent toûjours, depuis leur pays jusqu'à Jérusalem, & qu'alors ayant disparu, cela les mit dans la nécessité de demander en quel lieu le Messie devoit naître. Enfin d'autres (*b*) prétendent qu'elle parut à la face de tout le monde; & que si les autres peuples ne la suivirent pas, c'est ou qu'ils ne furent pas attirez par le mouvement intérieur de l'Esprit de Dieu, ou qu'ils ne comprirent pas le mystére de ce nouveau phénoméne. Les Mages arrivant à Jérusalem, demandérent hautement: *Où est le Roi des Juifs nouveau-né; car nous avons vû son étoile dans l'Orient?* Ils supposent qu'il n'y a personne qui ne sache ce que c'est que cet astre.

Mais s'il eût été vû de tout le monde dans la Judée, comment Hérode eût-il demandé avec tant d'inquiétude, depuis quel tems l'étoile s'étoit manifestée? Il y a donc beaucoup d'apparence qu'après avoir paru d'abord dans l'Orient, & au pays des Mages, elle les conduisit jusqu'à Jérusalem, sans les abandonner, & qu'ayant disparu pendant quelques jours à Jérusalem, elle se fit voir de nouveau, & les mena à Bethléem, & disparut après cela entiérement; puisqu'elle n'étoit plus necessaire aux desseins de Dieu. L'Auteur de l'Evangile de l'Enfance dit qu'elle les reconduisit dans leur pays. Mais on sait quel fond on peut faire sur ces sortes de Livres. Le Protevangile de saint Jacques porte qu'elle entra dans la caverne où Jesus étoit né, & qu'elle se posta au haut de la grotte, pendant que les Mages faisoient leurs adorations, & leurs présens. (*c*) Cela donne l'idée d'un corps lumineux assez petit. Saint Matthieu ne nous dit pas assez de choses sur ce sujet, pour contenter absolument nôtre curiosité.

Le tems auquel l'étoile apparut aux Mages, est encore un de ces points douteux, qu'on ne peut décider ni par le Texte sacré, ni par la tradition, ni par aucune autorité certaine. Se fit-elle voir un ou deux ans avant la naissance du Sauveur, ou seulement au moment de sa naissance, ou quelque tems après? c'est ce qui nous est entiérement inconnu, & sur quoi il est inutile de faire des recherches ennuyeuses. Si les Mages sont venus du fond de la Perse, & qu'ils soient arrivez à Bethléem le treiziéme jour après la naissance du Sauveur, il faut qu'ils soient partis assez long-tems avant qu'il fût né. Et quand même ils ne seroient partis que des bords de l'Euphrate, ou de la Caldée, s'ils sont venus à Bethléem le sixiéme Jan-

(*a*) *Chrysost. homil. 6. in Matth Author oper. imperf. & Ambros. l. 2. in Luc.* II. *Bern. serm. 3. in Epiphan Aug. serm. 100. 201. 203. nov. edit. Theophyl. Chronic. Alex.*

(*b*) *Evangel. Infantia. Ignat. ad Ephes.*

(*c*) Le Grec ne dit pas qu'elle soit entrée dans la caverne. Ἰδοὺ ἀστὴρ ὃν εἶδον ἐν τῇ ἀνατολῇ, προῆγεν αὐτοὺς, ἕως ὃ ἐλθὼν ἔστη ἐπάνω τοῦ σπηλαίου ὃ ἦν τὸ παιδίον. Mais le Latin de Postel le porte.

vier, dans la supposition que JESUS-CHRIST soit né le vingt-cinquiéme Décembre, il faudra encore les faire partir avant sa naissance. Mais comme rien n'oblige à fixer leur arrivée dans la Judée dans ce tems préfix, il nous suffit qu'ils y soient venus dans l'espace des quarante jours que la sainte Vierge demeura à Bethléem, suivant la Loi (a) qui prescrivoit ce terme aux femmes nouvellement accouchées, pour leur purification. Ils purent donc arriver le vingt, ou le vingt-cinquiéme, ou même le trentiéme Janvier à Bethléem. La sainte Vierge alla au Temple le deuxiéme Février, & le massacre des Innocens arriva quelques jours aprés lorsque Joseph étoit en chemin pour se sauver en Egypte.

Quoique l'Eglise Latine ait fixé la fête de l'Epiphanie au sixiéme de Janvier, elle n'a pas prétendu que les trois mystéres qu'elle honore ce jour-là, savoir la venuë des Mages, le premier miracle fait aux nôces de Cana, & le Baptême de JESUS-CHRIST, y soient arrivez précisement. Le sixiéme Janvier a été long-tems en Orient la fête de la nativité de nôtre Seigneur. Les Grecs d'aujourd'hui n'y honorent que le Baptême de JESUS-CHRIST; & ils célébrent la venuë des Mages le vingt-cinquiéme Décembre, avec la naissance du Sauveur. (b) Il n'y a donc nulle obligation de mettre l'arrivée des Mages à Bethléem le sixiéme de Janvier, & par conséquent on a tout le tems nécessaire pour les faire venir commodément de la Mésopotamie, de la Caldée, ou du pays de dessus l'Euphrate, à la créche du Sauveur, avant le départ de la sainte Vierge pour le voyage d'Egypte.

Les termes dont s'est servi l'Evangéliste saint Matthieu (c) en parlant de l'apparition de l'étoile, ont fait naître deux sentimens contraires sur le sens qu'on doit leur donner. Les uns (d) soûtiennent que les Mages en arrivant à Jérusalem voulurent dire qu'ils avoient vû l'étoile *dans l'Orient*. Et les autres, (e) qu'ils l'avoient vû *à son lever*. Mais la premiére version est la plus naurelle. L'Evangeliste se sert de la même expression au ÿ. 9. du même Chapitre, où naturellement on ne peut pas l'entendre du lever de l'étoile. *L'astre qu'ils avoient vû dans l'Orient marchoit devant eux jusqu'au lieu où étoit l'Enfant*, & non pas: *L'astre qu'ils avoient vû à son lever*. Ce qui ne feroit pas un bon sens en cet endroit-là.

Pour conclure cette Dissertation, nous dirons que les *Mages* n'étoient pas des Sages de ce nom, connus autrefois dans la Perse; mais des Savans de l'Arabie Déserte, de la Caldée, ou de la Mésopotamie, aux environs de l'Euphrate, qui étoient apparemment de la même profession que le fa-

---

(a) *Levit.* XII. 2. 3. 4.

(b) Voyez M. de Tillemont, Note XX. sur Jesus-Christ.

(c) *Matth.* II. 2. Εἴδομεν γὰρ αὐτοῦ τὸν ἀστέρα ἐν τῇ ἀνατολῇ.

(d) *Chrysost. Mald. Grot. Brug. Hammond, alii.*

(e) *Berremans, & alii quidam.*

meux

meux devin Balaam, & qui ſachant par tradition, ou autrement, qu'à l'apparition d'une nouvelle étoile, il naîtroit un Roi dans Jacob, qui devoit être le Sauveur, & le déſiré de toutes les Nations; ils ſe déterminérent à ſuivre celle qui leur apparut, pour aller chercher ce nouveau Roi. L'inſpiration ſurnaturelle du Saint Eſprit, & peut-être quelque ſonge envoyé de Dieu, les y portérent encore plus efficacement. Il y a beaucoup d'apparence que ce phénomene n'étoit pas une étoile, ni une cométe, mais un météore paſſager, qui parut dans l'air ſous la forme d'une étoile, qui les accompagna juſqu'à Jéruſalem; & enſuite après deux ou trois jours d'abſence, elle reparut de nouveau, & les conduiſit à Béthléem. Il n'eſt pas neceſſaire qu'elle ſe ſoit fait voir avant la naiſſance du Sauveur, ni que les Mages ſoient arrivez à Bethléem treize jours après la naiſſance de JESUS-CHRIST: il ſuffit qu'ils y ſoient venus avant la fin des quarante jours de la Purification de la ſainte Vierge.

DISSERTATION

SUR LA DERNIERE PAQUE DE NOTRE Seigneur JESUS-CHRIST.

ON a tant écrit depuis quelques années ſur la derniére Pâque de nôtre Sauveur, qu'il eſt preſqu'impoſſible d'en rien dire de nouveau. Et ſi nôtre Commentaire ne devoit tomber qu'entre les mains des Savans, je me garderois bien de travailler ſur cette matiére. Je me contenterois d'avertir les Lecteurs que je m'en tiens à une telle hypothéſe, ſans entrer dans une plus grande explication. Il leur ſeroit aiſé de ſuppléer à ce que je ne leur dirois point. Mais comme bien des gens ne ſont point inſtruits de ce qui s'eſt dit de part & d'autre dans ce grand nombre d'écrits qu'on a publié ſur la Pâque; j'ai crû devoir au moins propoſer les divers ſyſtêmes qu'on a formé ſur cette matiére, & produire les raiſons qui m'ont déterminé à prendre le parti que j'ai pris dans cette diſpute.

Le ſentiment commun des deux Egliſes, de la Grecque, & de la Romaine, eſt que Nôtre-Seigneur avoit célébré la Pâque légale avec ſes Diſciples, le Jeudy au ſoir, quatorze de Niſan, & que le Vendredy jour de Pâque, quinziéme du même mois, il avoit été crucifié, & mis à mort.

C'eſt ſur cela qu'eſt fondé l'uſage de n'employer dans l'Egliſe Latine, que du pain azyme, ou ſans levain dans nos myſtéres, dans la ſuppoſition que nôtre Sauveur ayant célébré la Pâque comme les Juifs, n'a point uſé d'autre pain. Il eſt inutile d'alléguer pour ce ſentiment les témoignages des Peres, & des nouveaux Docteurs. On avouë que preſque généralement tous l'ont ſuivi; & il eſt même ſuppoſé dans le Concile de Trente, (*a*) comme communément reçû dans l'Egliſe.

Ce ſentiment toutefois n'a jamais été décidé comme article de foy; & des Auteurs trés-Catholiques n'ont fait nulle difficulté de propoſer d'autres ſyſtêmes, & de les ſoûtenir publiquement, sans que l'Egliſe en ait témoigné aucun mécontentement, & ſans que les Fidéles en ayent ſouffert aucun ſcandale. Les uns ont crû que le Sauveur avoit fait la Pâque légale un jour, & les Juifs un autre jour. JESUS-CHRIST la fit le Jeudy, & les Juifs le Vendredy au ſoir. (*b*) D'autres, qu'une partie des Juifs l'avoit faite le Jeudy, & une autre partie le Vendredy. Les Galiléens, & les Iſraëlites des Tribus qui étoient répanduës dans la Paleſtine, la firent le Jeudy; les Juifs de Jéruſalem, & ceux qui habitoient la Judée proprement dite, le Vendredy. (*c*)

D'autres (*d*) ont nié tout net que JESUS-CHRIST ait fait la Pâque légale, & ont ſoûtenu que ſon dernier ſouper étoit un repas ordinaire. Comme nous nous ſommes déclaré pour ce dernier ſentiment dans le Commentaire, nous allons rapporter ici les preuves qui nous y ont déterminé; ſans entrer dans l'examen des raiſons des autres ſyſtêmes, & ſans nous attacher à les réfuter. Si le nôtre eſt bien établi, c'en eſt aſſez; il ne peut pas y en avoir plus d'un qui ſoit vrai.

Il eſt certain que le nom de *Paſcha* ſe prend dans l'Ecriture dans un ſens fort étendu. 1°. Il ſignifie *le paſſage* de l'Ange exterminateur, (*e*) qui tua les premiers nés des Egyptiens, & épargna les Hébreux. C'eſt ſa premiére & plus litterale notion. 2°. *L'agneau* que l'on immoloit (*f*) en mémoire de la délivrance d'Iſraël, de l'épée de l'Ange exterminateur. 3°. *La fête* que l'on célébra dans la ſuite des générations, (*g*) pour conſerver la mémoire de ce fameux événement de la ſortie d'Egypte. 4°. *Les autres victimes* que l'on immoloit ce jour-là; (*h*) car l'agneau s'im-

---

(*a*) *Concil Trident. ſeſſ.* XIII. *c.* I.

(*b*) Paul de Burgos, Paul de Midelbourg, Lucidus, Grotius, Onuphre, Henten. Cornel Janſen. Mald. Scalig. Calviſius, le P. Lallemant. On peut auſſi mettre de ce ſentiment Saint Epiphane, & Euthyme Zigabéne, dont on parlera ci-aprés

(*c*) Le P. Hardouin, traité de la derniere Pâque de Jeſus-Chriſt. Voyez auſſi le P. Pezron, Hiſtoire Evangélique.

(*d*) M. Toynard Harmonie Evang. p. 107. 108. le P. Lami dans ses divers Ecrits sur la Pâque.

(*e*) *Exod* XII. 11. 12.

(*f*) *Exod.* XII. 21.

(*g*) *Exod.* XII. 14. 15. 16. *& paſſim.*

(*h*) 2. *Par.* XXX. 22. 23. 24. *Deut.* XVI. 1. 2. *Num.* XXVIII. 18. 19.

moloit la veille ; c'est-à-dire, le quatorziéme, & se mangeoit au commencement du quinzieme, c'est-à-dire à l'entrée de la nuit. 5°. *Pour les azymes*, (*a*) ou pain sans levain, qu'on mangoit alors. 6°. *Pour les repas de l'agneau Pascal.* (*b*) 7°. Pour la veille, & pour tous les sept jours de la fête de Pâque. (*c*) 8°. Pour toutes les cérémonies qui précédoient, & qui accompagnoient cette solemnité ; en sorte que *préparer la Pâque*, se peut entendre de la préparation du lieu, où elle se devoit faire, de l'achat de la victime, de son immolation, de la recherche du pain levé, de tout ce qu'il falloit faire pour paîtrir, cuire, accommoder les pains azymes.

C'est de ces circonstances, ou d'une partie d'entr'elles seulement, qu'on doit entendre dans les Evangélistes, ce qui y est dit, (*d*) que JESUS-CHRIST envoya ses Disciples pour préparer la Pâque, & qu'ils la préparérent en effet. En un mot, la Pâque se prend dans un sens strict, & rigoureux, ou dans un sens vague & étendu, de même que le verbe *préparer* se prend pour une préparation prochaine, ou pour une préparation éloignée. Par exemple, lorsque les Juifs qui étoient en Egypte reçurent ordre de Moyse de préparer dés le dixiéme de Nisan l'agneau qu'ils devoient immoler le quatorziéme au soir, ou au commencement du quinziéme, *Exod.* XII. 3. . . . . 21. Cet agneau dés le dixiéme de Nisan, est déja nommé, *la Pâque*, & l'achat de cette victime s'appelle, *préparer la Pâque.* Je ne parle point ici des sens moraux qu'on donne à ce terme. On sait que saint Paul (*e*) dit que JESUS-CHRIST est nôtre Pâque, & a été immolé pour nous.

C'est encore un autre principe reconnu & mis en pratique par tous ceux qui se mêlent d'interpréter les saintes Ecritures que pour les concilier les unes avec les autres, il faut éclaircir ce qui est obscur, par ce qui est plus clair, & tirer de la lumiére des endroits plus lumineux, pour la répandre sur ceux qui le sont moins ; fixer les termes équivoques, par ceux qui sont univoques, & ne pas renverser l'ordre en quittant ce qui est clair, pour suivre ce qui est confus ; en abandonnant ce qui est certain, pour embrasser ce qui est douteux. Or dans la question que nous allons traiter, il y a dans saint Jean, par exemple, cinq ou six passages qui sont d'une clarté qui va jusqu'à l'évidence, pour montrer que JESUS CHRIST n'a pas fait la Pâque légale avec ses Disciples. On ne doit donc pas se

---

(*a*) *Luc.* XXII. 1. *Dies festus azymorum, qui dicitur Pascha.*

(*b*) Exod. XII. 43. 44. 45. 47.

(*c*) *Num.* IX 2. XXXIII. 1. 2. *Par.* XXX. 1. 2. *& sequ. Ezech.* XLV. 21. *Et in Evangelio passim.*

(*d*) *Matth* XXVI. 17. . . . 19. *Marc.* XIV. 12. . . . 16. *Luc.* XXII. 7. 8. 12. 13.

(*e*) 1. *Cor.* V. 7.

départir de ces passages, pour en suivre d'autre douteux, incertains, obscurs, ou équivoques, quiserencontrent dans les autres Evangélistes & qui peuvent favoriser l'opinion contraire. On peut expliquer saint Matthieu, saint Marc, & saint Luc, dans l'hypothése qui veut què JESUS-CHRIST n'ait pas fait la derniére Pâque ; & on ne peut pas expliquer saint Jean dans l'hypothése contraire. Saint Jean a écrit après tous les autres Evangélistes, il a fixé leurs sens ; il faut donc s'en tenir à celui qu'il offre naturellement à l'esprit.

Les Textes de l'Ecriture sont les preuves décisives de cette difficulté. On convient qu'il y a de l'embarras à concilier les Evangélistes entr'eux; sans cela on n'auroit pas disputé si long-tems : mais l'opinion qui sauve plus aisément les difficultez, & qui explique plus commodement les passages des Evangélistes, doit passer pour la meilleure. Or dans nôtre hypothése nous croyons satisfaire à tout.

Le Dimanche *sixiéme jour avant la fête de Pâque*, *Jesus vint à Béthanie* (*a*) soupa *chez Simon le Lépreux*, (*b*) où Marie sœur de Lazare répandit sur ses pieds une boëte de parfum du Nard dépy. *Le lendemain* (*c*) Lundy dixiéme de Nisan, JESUS vint à Jérusalem, & y fut reçû comme en triomphe. (*d*) *Sur le soir* (*e*) il rétourna à Béthanie, & y passa la nuit. *Le lendemain* (*f*) *matin*, Mardy onziéme de Nisan, il revint à Jérusalem, & maudit en chemin le figuier, qui étoit chargé de feuilles, & n'avoit point de fruits. *Le soir* (*g*) il sortit de Jérusalem, & alla coucher à Béthanie. *Le lendemain* (*h*) Mercrédy douziéme de Nisan, *il vint de nouveau à Jérusalem.* Les Disciples virent avec étonnement le figuier à qui il avoit donné sa malédiction, desséché. JESUS leur dit, que s'ils avoient la foy, ils en pourroient faire encore davantage. Il passa tout le jour dans le Temple à enseigner.

Sur le soir il sortit du Temple, (*i*) & ses Disciples lui ayant montré les pierres & la magnificence du bâtiment, il leur dit, que tout cela seroit un jour détruit, sans qu'il y restât pierre sur pierre. Etant sorti de la ville, comme il étoit assis vis à vis le Temple, sur le mont des Oliviers, (*k*) ses Disciples lui demandérent en quel tems on verroit l'accomplissement de ce qu'il avoit dit. JESUS leur répondit par un long discours, qui n'est pas de nôtre dessein en cet endroit. *Or la Pâque*, *& le jour des*

(*a*) *Joan* X I. 1.
(*b*) *Matth* XXVI. 6.
(*c*) *Joan* XII 12.
(*d*) *Matth.* XXI. 1. *Marc* XI. 1. *Luc.* XIX. 29.
(*e*) *Marc.* XI. 11. *Matth.* XXI. 17.
(*f*) *Marc.* XI. 12. *Matth.* XXI. 18.
(*g*) *Marc.* XI. 19.
(*h*) *Marc* XI. 20. . . . 27.
(*i*) *Matth.* XXIV. 1. *Marc.* XIII. 1.
(*k*) *Matth.* XXIV. 3. *Marc.* XIII. 3.

azymes. (*a*) devoient se célébrer dans deux jours, JESUS avertit ses Disciples, que dans ce tems-là il devoit être livré aux Juifs, & crucifié.

Le lendemain (*b*) (Jeudy treiziéme de Nisan,) *qui étoit le premier jour des azymes, auquel il falloit immoler la Pâque*, c'est-à-dire, au soir duquel commençoit le quatorziéme, de Nisan, qui étoit le jour auquel commençoit l'usage des pains sans levain, & auquel l'agneau Pascal devoit être immolé; l'obligation d'user de ces pains ne commençoit qu'après midi du quatorziéme, & l'agneau ne s'immoloit qu'à deux heures après midi, du même jour. (*c*) Mais comme il falloit préparer la sale où l'on devoit manger l'agneau, & la nettoyer de tout levain, & qu'il auroit été trop tard d'en aller retenir une la veille de la Pâque, & au moment que l'on immoloit la victime pascale; *Les Disciples vinrent demander à Jesus, où il souhaitoit qu'on lui préparât un lieu pour y manger la Pâque*, (*d*) non ce jour-là, mais le jour suivant. JESUS y envoya Pierre & Jean, *qui préparérent la Pâque*; c'est-à-dire, disposérent toutes choses pour célébrer la Pâque le lendemain. Ils nettoyérent la chambre de tout levain, ils dressérent la table, & les lits; puis revinrent trouver JESUS, & lui dirent que tout étoit fait, comme il l'avoit ordonné. L'Evangile ne dit pas un mot qui nous insinuë que les Apôtres ayent été au Temple, ni qu'ils ayent immolé la Pâque. D'ailleurs il ne convenoit pas que cela se fist pas d'autres que par le maître de la compagnie; il falloit qu'il fût dans la ville, & qu'il présentât lui-même sa victime.

Sur le soir, du même jour, Jeudy treiziéme de Nisan, *Jesus vient dans la ville, & se met à table avec ses Disciples; &* (*e*) *avant la fête de Pâque:* (Remarquez bien: la Pâque n'étoit donc pas encore commencée.) *Ayant toûjours aimé les siens*, il voulut leur donner encore avant sa mort, les derniéres marques de sa tendresse: Il se léve de table, *après souper, & leur lave les pieds à tous.* (*f*) Après quoi il leur dit, *qu'il avoit toûjours eû un trés-grand désir de manger cette Pâque avec eux*, (*g*) parlant de l'Eucharistie qu'il venoit d'instituer: (*h*) Ou bien voulant leur dire, qu'il auroit fort désiré faire le lendemain la Pâque avec eux, comme toutes choses y étoient disposées; mais qu'il prévoyoit que ses ennemis ne lui en laisse-

---

(*a*) *Marc.* XIV. 1.
Matth. XXVI. 2.
(*b*) *Matth* XXVI. 17.
Marc. XIV. 12.
Luc. XXII. 7.
(*c*) *Exod.* XII. 18. 19.
Levit XXIII. 5.
Num. XVIII. 16.
(*d*) *Matth.* XXVI. 17. 18.
Marc. XIV. 13. 14.
Luc. XXII 8. 9.
(*e*) *Matth.* XXVI. 20.
Marc. XIV. 17.
Luc. XXII. 14.
(*f*) *Joan.* XIII. 1. 2. *& seq.*
(*g*) *Idem* ℣℣. 15. 16.
(*h*) *Origen. Chrysost. homil.* 82. 83.

roient point le loisir ; & que c'étoit-là le dernier repas qu'il feroit avec eux avant sa Résurrection.

Après le lavement des pieds, (*a*) il leur déclara de nouveau qu'un d'entr'eux le devoit trahir, & livrer aux Princes des Prêtres. Saint Jean lui demanda qui c'étoit : & JESUS lui dit que c'étoit celui à qui il alloit présenter un morceau trempé dans la sausse. En même-tems il présenta le morceau à Judas, en lui disant : Faites vîte ce que vous faites. Quelques-uns des Disciples crurent que JESUS lui disoit d'aller acheter ce qu'il falloit pour la Fête ; circonstance qui ne convient nullement au repos de la Pâque, si elle eût été commencée dès cette nuit-là ; non plus que ce que fit JESUS après le souper, en lavant les pieds à ses Disciples, & en sortant de la Ville ; car on devoit coucher dans la maison où l'on avoit fait la Pâque. (*b*)

Etant au Jardin des Oliviers, il y fut pris par une troupe d'archers, & de ministres du Grand-Prêtre, & par conséquent Juifs, armez, & disposez à lui faire violence (*c*) s'il eût résisté ; ce qui est encore entiérement contraire aux loix, & usages des Juifs ; & ce qui prouve que ce jour-là n'étoit pas le jour de Pâque. On le conduisit chez Anne, puis chez Caïphe ; on l'interrogea juridiquement ; on entendit des témoins ; on le condamna : autre infraction de toutes les Loix qui devoient s'observer aux jours de Fê.e. Le matin on s'assembla dans le Sénat, où JESUS fut de nouveau présenté, accusé, & condamné. Après quoi on le conduisit à Pilate ; *mais* les accusateurs de JESUS *n'osérent entrer dans le Prétoire, de peur de se soüiller, parce qu'ils vouloient manger la Pâque ce jour-là* ; (*d*) ce qui est bien à remarquer. Ils ne l'avoient donc pas mangée la veille.

Il est superflu de nous dire que cette Pâque qu'ils vouloient manger, étoit les victimes qui s'immoloient dans le Temple le jour de Pâque, & pendant l'Octave, & dont Moyse a parlé dans le Deutéronome. (*e*) Car ces victimes qui sont effectivement appellées *Phasé*, ou Pâque, étoient des holocaustes, comme on le voit par les Nombres ; (*f*) & par conséquent on n'en mangeoit point : elles étoient toutes consumées sur l'Autel. Il est vrai qu'on pouvoit aussi immoler des victimes pacifiques, dont il étoit permis de faire des repas ; mais ces victimes n'avoient rien de particulier. On pouvoit les offrir dans quel jour on vouloit ; rien n'obligeoit de les manger ni le jour de Pâque, ni les autres jours : elles étoient de pure dévotion. Est-il croyable que pour une cause aussi légere, & sans aucune obligation, ni nécessité, les Juifs ayent voulu s'abstenir de poursui-

(*a*) *Joan.* XIII. 21. *& seq. Luc.* XXII. 21. *& seq.*
(*b*) *Maimonid. Halac. Pesach.*
(*c*) *Matt.* XXVI. 47. *& seq. Marc.* XIV. 42. *& seq. Luc.* XXII. 47. *& seq. Johan.* XVIII. 4. *& suiv.*

(*d*) *Johan.* XVIII. 28.
(*e*) *Deut.* XVI. 1. 2.
(*f*) *Num.* XVIII. 17. 23. 24.

tre JESUS-CHRIST, de l'accuser devant le tribunal de Pilate, & donner à ce Président la peine d'aller, de venir, de retourner de son Prétoire devant sa porte pour parler aux Juifs, & aux troupes? Est-il croyable que Pilate auroit eu cette complaisance, s'il n'y eût été obligé par quelque grande raison, comme étoit celle de laisser aux Juifs la liberté de faire leur Pâque ce jour-là?

Après bien des mouvemens fort contraires au repos d'une grande Fête, comme auroit été celle de la Pâque, si elle fût venuë ce jour-là, ils obtinrent enfin la condamnation de JESUS-CHRIST. On le conduisit au Calvaire; il y fut crucifié; il y expira *vers trois heures après midi*. (*a*)

Quelque tems après les Juifs demandérent à Pilate que l'on rompît les jambes aux crucifiez, afin que leurs corps ne demeurassent point en croix le jour du Sabbat; *Car ce jour de Sabbat étoit un grand jour*, ou une grande fête, comme le remarque saint Jean. (*b*) Pourquoi? sinon parce que c'étoit le jour de Pâque? On détacha donc les corps de la croix. Joseph d'Arimathie prit celui de JESUS. Nicodéme acheta des parfums; ils l'embaumérent, l'envelloppérent de bandes, & d'un linceul; le mirent dans un tombeau; en fermérent l'entrée, & se retirérent promptement; parce que ce jour-la étoit celui de la *Parascéve*; (*c*) c'est-à-dire, la Préparation au jour de la Fête, ou du Sabbat, qui commençoit au coucher du Soleil, quant à l'obligation au repos.

J'ai voulu donner de suite toute l'histoire de la Passion, depuis le Dimanche sixiéme jour avant la Pâque, afin que le Lecteur comparant les dattes & les jours, puisse voir plus distinctement que le jour de Pâque ne pouvoit être cette année que le Samedi, & que les actions, & les poursuites que les Juifs firent contre JESUS le Vendredi, sont entiérement incompatibles avec le repos d'une aussi grande Fête que la Pâque. Lorsqu'Agrippa après avoir fait mourir saint Jacques le Majeur, eut fait arrêter saint Pierre, il ne voulut pas le faire éxécuter pendant les jours des Azymes, (*d*) ou de la Pâque. Il voulut différer son supplice jusqu'après la Fête. Il savoit trop les Loix, & les usages des Hébreux. Ici les Juifs par un semblable motif se hâtent de faire condamner J. C. la veille de Pâque, de peur que pendant les jours de la Fête, il ne leur échappât, ou qu'il ne survînt quelque chose qui les empêchat de le faire mourir.

Je ne m'arrête pas à réfuter ceux qui veulent que l'on ait pû célébrer cette Fête deux jours de suite. Le Pere Lamy a fait voir après Bochart, que tout ce que les Rabbins peuvent dire sur ce sujet est nouveau, & fort

(*a*) *Matt.* XXVII. 48. & *seq.*
(*b*) *Johan.* XIX. 31. Ἦν γὰρ μεγάλη ἡ ἡμέρα ἐκείνη τοῦ σαββάτου.
(*c*) *Luc.* XXIII. 5. 6. *Johan.* XIX. 42.
(*d*) *Act.* XII. 4.

différent de la véritable pratique des anciens Hébreux. (a) Quand on auroit pû faire la Pâque deux jours de suite dans les Provinces éloignées, à cause de l'incertitude de la phase de la Lune, cela ne pouvoit avoir lieu à Jérusalem. La translation prétenduë des Fêtes qui tomboient le Vendredi, n'est nullement prouvée. On montre fort bien le contraire par les Rabbins même. On peut voir Ligfoot, & Bochart.

Une preuve qui doit être d'un grand poids pour nôtre sentiment, c'est que la fête de la Pentecôte a toûjours été célébrée dans l'Eglise le Dimanche: Elle tomba donc le Dimanche en l'année de la mort de nôtre Sauveur. Or la Pentecôte des Juifs se célébroit le cinquantiéme jour, à compter du lendemain des azymes, où l'on offroit *l'homer*, ou la gerbe de l'orge nouveau, & qui étoit le seiziéme du mois. Le quinziéme étoit donc le Samedi, & par conséquent le jour de Pâque: & le quatorziéme, le Vendredi, ou la *Parascéve*; c'étoit ce jour-là que l'Agneau Pascal devoit être immolé, & mangé. Or JESUS a fait la Cêne le treiziéme au soir; ce ne peut donc être la Cêne Paschale. On peut voir cet Argument mis dans tout son jour par le Pere Lamy, (b) & par M. Toynard. (c)

Si on suppose que le Jeudi auquel JESUS-CHRIST fit la derniére Cêne, étoit le quatorziéme de la Lune, & le Vendredi le quinziéme, & le jour de la Pâque, l'oblation de la gerbe se sera faite au matin du jour du Sabbat; car la rencontre du jour du Sabbat n'empêchoit pas qu'on ne la moissonnât, & qu'on ne l'apportât au Temple; (d) & par conséquent le jour de la Pentecôte de cette année tombera un Samedi, ce qui est contre la pratique universelle de l'Eglise dés les premiers siécles.

Une autre ancienne Tradition commune dans l'une & dans l'autre Eglise, est que le Mercredi de la Passion fut le jour auquel les Juifs, je veux dire les Prêtres & les Pharisiens, complottérent d'arrêter JESUS-CHRIST, & de le faire mourir. L'Eglise Grecque & Latine avoient établi ce jour-là un jeûne, que la plûpart, ou du moins les plus pieux d'entre les Chrétiens observoient religieusement, en mémoire de la trahison de Judas, & du complot des Juifs. Or les Evangélistes nous apprennent expressément que cela se fit deux jours avant la Pâque: *Erat autem Pascha, & azyma post biduum*, dit saint Marc (e) *& quærebant summi sacerdotes quomodo Jesum dolo tenerent*. Et saint Matthieu: (f) *Vous savez que dans deux jours*, c'est-à-dire, Vendredi prochain, *la Pâque s'immolera, & le Fils de l'homme sera livré pour être crucifié. Or les Princes des Prêtres s'assemblérent*

(a) Lami Lettre sur la Pâque p. 33. Voyez Boch *De animal. sacr. l.* 2. *c.* 50. & le P. Petau Note sur l'Hérésie 51. de S. Epiphane.

(b) Lamy Lettre sur la Pâque p. 66.

(c) Toynard Harmon. des Evangiles, not. p. 151.

(d) *Mischna* VI. *l.* 18. *n.* 1.

(e) *Marc.* XIV. 1.

(f) *Matt,* XXVI. 1. 2.

pour

pour délibérer des moyens d'arrêter Jesus. Du Mercredi au Jeudi, il n'y a pas deux jours. Ce n'est donc pas ce jour-là, que se fit la Pâque : c'est donc le Vendredi au soir, dans le même tems que JESUS-CHRIST expira sur la Croix.

Les Hébreux regloient alors leurs mois, suivant la cours de la Lune ; tout le monde en convient. La Fête de Pâque commençoit au soir du quatorziéme de la Lune, & duroit tout le quinziéme. (*a*) C'est encore un fait incontestable. Les Fêtes des Hébreux commençoient au soir, & finissoient de même, comme l'Ecriture le marque expressément. (*b*) Pour fixer donc la Fête de Pâque, un moyen infaillible est de montrer par des calculs astronomiques que le quatorziéme de Nisan, cette année trente-trois de l'Ere Vulgaire, étoit le Vendredi. Or c'est ce qui a été fait avec toute l'éxactitude que l'on peut désirer, par de trés-habiles Astronomes. Il faut donc avoüer que le quatorziéme de cet année étoit la veille de Pâque ; & que ce jour-là JESUS-CHRIST ayant été mis à mort, & crucifié après midi, il n'a pû faire la Pâque avec les autres Juifs. (*c*)

On ne peut opposer à cela que deux choses : La premiére, que l'année trente-trois de l'Ere Vulgaire n'est pas celle de la mort de JESUS-CHRIST ; & la seconde, que la supputation de nos Astronomes est fautive, ou que celle des Hébreux du tems de nôtre Sauveur, n'étoit pas éxacte. Quant à la derniére, on ne peut raisonnablement la soûtenir, sans en donner de bonnes preuves. Il n'est pas à présumer que les Juifs, scrupuleux comme ils étoient sur toutes leurs cérémonies, ayent négligé de s'instruire dans une chose de cette importance. Ils en avoient tout le moyen ou par eux-mêmes, ou par des Mathématiciens étrangers, qui étoient en grand nombre, sur tout en Egypte, prés de chez eux.

La fidélité, & la capacité des Astronomes, (*d*) qui ont été employez à cette supputation par le Pere Lancelot, & par M. Toynard, ne peuvent être suspects. On peut éxaminer leurs calculs, & leurs preuves ; elles sont publiques. Voyez les Auteurs que je viens de cotter.

Si le Texte des Evangiles étoit précis, & formel, pour prouver que JESUS-CHRIST a célébré la derniére Pâque, les supputations des Astronomes me toucheroient peu, & je ne balancerois pas à passer le peu d'éxactitude, & de ponctualité que l'on imputeroit aux Juifs : mais n'ayant contre eux ni un Texte formel, ni aucune autre raison de reproche, il n'est pas permis de les accuser d'avoir manqué cette année-là dans la fixation de leur Fête.

(*a*) *Exod.* XII. 2. 6. *Levit.* XXIII. 5.

(*b*) *Levit.* XXIII. 32.

(*c*) On peut voir les Tables imprimées à la fin de la Bible de Vitré pag. 51. & M. Toynard Harmon. not. p. 148.

(*d*) M. le Févre, & M. Bouillaud. Paul de Mildebourg.

Quant à l'année de la mort de JESUS-CHRIST, on peut démontrer que ce ne peut être que la trente-troisiéme de l'Ere Vulgaire. Saint Jean commença à faire sa fonction de Précurseur, la quinziéme année de l'Empire de Tibére. (*a*) Cette année répond à la vingt-neuviéme de l'Ere Vulgaire. JESUS fut baptisé quelque tems après que ce saint Précurseur eut commencé à prêcher. Nôtre Seigneur a prêché au moins deux ans & demi depuis son Baptême. Saint Jean (*b*) marque clairement deux Pâques sans celle de sa mort. (*c*) Donc ce ne peut être avant l'an vingt-neuf de l'Ere Vulgaire que JESUS-CHRIST est mort.

Il mourut sous le gouvernement de Pilate. Pilate fut chassé de la Judée avant la mort de Tibére. Tibére mourut constamment l'an 37. de l'Ere Vulgaire; il faut donc mettre la mort de JESUS-CHRIST entre la vingt-neuviéme, & la trente-septiéme année de cette Ere. Or de toutes ces années on ne connoît par les supputations astronomiques, que la trente-troisiéme où la Pâque ait pû se faire le Jeudi, ou le Vendredi quatorze de Nisan. Donc il faut necessairement placer la derniére Pâque en cette année. On peut voir cela plus au long dans le Pere Lamy. Voyez aussi les supputations de M. Boüillaud, & les raisons de M. Toynard dans son Harmonie des Evangiles. (*d*) Or suivant les calculs dont on a parlé, la Pâque devoit tomber le Vendredi quatorze de Nisan, en cette année trente-trois de JESUS-CHRIST. C'est donc la vraye Epoque de la Pâque, & de la mort de nôtre Sauveur.

Quoique nôtre Systême ne soit pas le plus généralement suivi dans l'antiquité, il n'a pas laissé d'y trouver des défenseurs, & des approbateurs; & après le sentiment qui veut que JESUS-CHRIST ait fait la derniére Pâque légale avec ses Apôtres, il n'y en a aucun qui soit plus suivi, ni mieux fondé en autorité que le nôtre. Je ne rapporte pas ici le sentiment de saint Chrysostôme, (*e*) qui a crû que nôtre Seigneur avoit fait la derniére Pâque; mais non pas les Prêtres, & les Scribes, & les autres Juifs qui poursuivirent sa mort. Il croit que leur fureur, & leur malice, ne leur permirent pas de remplir ce devoir le jour ordonné; mais qu'ils le remirent au lendemain. Ce sentiment est trop singulier, pour en tirer aucun avantage: seulement je remarquerai que le Texte de saint Jean a paru si clair à ce saint Docteur, qu'il n'a pas cru le pouvoir expliquer autrement, qu'en disant qu'au moins les persécuteurs de JESUS-CHRIST firent la Pâque le jour de sa mort.

(*a*) *Luc.* III. 1.
(*b*) *Joan.* II. 13. VI. 4.
(*c*) *Joan.* XI. 55. XII. 1. XIII. 1.
(*d*) *Toynard. Harmon. p.* 48. & *in not. pag* 148. 149.

(*e*) *Chrysost. in Matt. Homil.* 85. Οὐ γὰρ ἂν ὁ Χριστὸς παρέβη τὸν καιρὸν τοῦ Πάσχα, ἀλλ' ἐκεῖνοι οἱ πάντα τολμῶντες εἴλοντο, καὶ τὸ Πάσχα ἀφεῖναι, ὑπὲρ τοῦ τὴν φονικὴν αὐτῶν ἐμπλῆσαι ἐπιθυμίαν.

Victor d'Antioche, (*a*) qui vivoit au cinquième siécle, puisqu'il cite saint Jean Chrysostome comme vivant, dit que les Juifs déliberérent de prendre JESUS-CHRIST deux jours avant l'Pâque, & avant sa Passion, c'est-à-dire, le Mercrédi; car il falloit que le quatorze du premier mois, le vrai Agneau Pascal fût immolé sur la Croix. Il ajoûte que quand saint Matthieu dit: *Apud te facio Pacha.* Je vais faire la Pâque chez vous; cela peut signifier, non la manducation, mais la préparation de la Pâque. Car saint Jean dit expressément que le jour de la Passion les Juifs n'avoient pas encore mangé la Pâque. Il falloit que ce jour-là la Pâque Typique fût immolée dans le Temple, & que le véritable Agneau fût sacrifié sur la Croix.

Apollinaire (*b*) n'est pas moins exprés pour ce sentiment. Il remarque que saint Jean a fort bien dit, qu'après le souper de JESUS-CHRIST ce n'étoit point encore la Pâque: *Avant la Fête de Pâque, Jesus ayant aimé les siens, les aima jusqu'à la fin.* La Pâque n'étoit donc pas encore mangée; elle devoit se manger dans le même tems, que JESUS le vrai Agneau de la Pâque devoit consommer son sacrifice. Il faut donc croire, ajoûte-t'il, que quand les Evangélistes ont dit que *le premier jour des azymes* JESUS envoya ses Disciples lui préparer une salle, il faut l'entendre *du jour de devant les azymes*, c'est-à-dire, *du treiziéme du mois*, auquel jour les Apôtres préparérent le lieu; mais le souper ne fut pas celui de la Pâque. C'est ainsi qu'il faut l'expliquer pour concilier S. Jean avec les autres Evangélistes: & certes saint Matthieu l'insinuë lui-même, lorsqu'il raconte que JESUS-CHRIST dit à ses Disciples: *Vous savez que dans deux jours la Pâque se doit faire, &c.* En sorte que JESUS fut crucifié dans le même tems que la Pâque s'immoloit. C'est ce que dit Apollinaire.

Saint Epiphane (*c*) croit que la plûpart des Juifs avancérent dans l'année de la mort de Nôtre-Seigneur, la Pâque de deux jours; que Nôtre-Seigneur la fit avec eux; mais que ceux d'entre les Juifs qui étoient mieux instruits, la différérent jusqu'au Vendredi. Nous ne voulons point approuver un sentiment si singulier: mais il montre toûjours l'embarras où les Anciens ont été, pour concilier saint Jean avec les autres Evangélistes. Casaubon, (*d*) le Pere Petau, (*e*) & après eux le Pere Lamy, ont cité

(*a*) *Victor Antioch. Caten. in Marc.* XIV. 1. *Cod. Reg.* 1058. *&* 437. *apud Toynard Harmon. not. pag.* 151. Ἐν τούτῳ γὰρ τῷ μηνὶ καὶ ἐν ταύτῃ τῇ ἡμέρᾳ τὸ ἀληθινὸν Πάσχα ἔδει τυθῆναι. *Idem in Marci* XIV. 13. Τὸ πρὸς σὲ ποιῶ τὸ Πάσχα. Δύναται δὲ ἐνταῦθα τὴν παρασκευὴν τοῦ Πάσχα δηλοῦν, οὐ τὴν βρῶσιν. . . . . ἔχρην γὰρ κατὰ τὴν αὐτὴν ἡμέραν, καὶ ἄμφω, τό τε τυπικὸν Πάσχα, καὶ τὸ ἀληθὲς ἐπιτελεσθῆναι.

(*b*) *Apollinarius Caten. in Joan.* XVIII. 28. *Cod. Reg.* 247. Ἔστιν οὖν ὑπολαβεῖν, καὶ περὶ τῶν ἄλλων Εὐαγγελιστῶν, ὅτι πρώτην τῶν ἀζύμων, τὴν πρὸ ἀζύμων καλοῦσι, τουτέστι τὴν τρεισκαιδεκάτην, καὶ ὅτι προητοιμάσθη μὲν κατ᾽ αὐτὰς ἐν ταύτῃ τὸ Πάσχα ὑπὸ τῶν μαθητῶν, τὸ δὲ δεῖπνον οὐκ ἦν ἡ τοῦ Πάσχα βρῶσις.

(*c*) *Epiphan. Panarii hæresi* 52. *Et ita Petavius in animadvers. in Epiphan.*

(*d*) *Casaubon. Exercit.* 17. *n.* 24.

(*e*) *Petav. l. de Doctr. Temp. c.* 15.

un paſſage, qui eſt dans la Préface de la Chronique d'Aléxandrie, (*a*) & qui eſt attribué à Pierre Evêque de cette ville, qui dit que Nôtre-Seigneur, la derniére année de ſa vie, ne mangea point l'agneau Paſcal; mais qu'il fut immolé lui-même, à l'heure que l'on immoloit dans le Temple l'agneau Paſcal.

Cet Auteur, ou celui de la Chronique, pour autoriſer ce ſentiment cite un paſſage de S. Hippolyte Martyr, Evêque de Porto en Italie, tiré du Livre contre les Héréſies, dans lequel l'Auteur, pour ſaper par le fondement l'opinion des Quartodecimans, qui raiſonnoient ainſi: Jesus-Christ a fait la Pâque le quatorziéme de la Lune; donc je la dois faire le même jour, ſoûtient que Jesus-Christ ne mangea pas la Pâque légale dans le tems de ſa Paſſion, parce qu'il étoit lui-même la véritable Pâque, qui fut immolée à l'heure qui avoit été prédite. On cite encore un autre paſſage du Livre de la Pâque du même Auteur, qui dit la même choſe.

Dans la même Chronique on lit un paſſage d'Apollinaire Evêque d'Hieraple, (*b*) qui deſaprouve le ſentiment de ceux qui croyent que Jesus-Christ mangea la Pâque avec ſes Diſciples le quatorziéme du mois. Enfin on y voit un autre paſſage, que l'on veut attribuer à ſaint Clément d'Aléxandrie, (*c*) mais qui certainement n'eſt pas de lui, qui ſuppoſe que les Apôtres préparerent la Pâque, mais que Jesus Christ ne la mangea pas, & qu'il fut immolé comme le véritable Agneau, dont celui des Juifs n'étoit que la figure. On veut bien convenir que ces paſſages ne ſont pas tous des Auteuts, dont ils portent le nom: mais ils ſont anciens, & d'autant plus conſidérables, qu'ils ſont faits exprès contre les Hérétiques Quartodecimans. L'Auteur des queſtions aux Orthodoxes qu. 65. dit expreſſément que J. C. eſt mort, & a été condamné le jour de la paraſceve, ou de la préparation de la Pâque. Eutymius Zigalerus dans ſon Commentaire ſur S. Matthieu s'étend à prouver que J. C. a fait la Pâque le Jeudi 13. de la Lune, qu'il eſt mort le 14. & que la Pâque étoit le 15.

Philoponus qui vivoit en 604. ſous Phocas, a traité exprès cette queſtion, & ſoûtient fortement l'opinion qui veut que Jesus-Christ n'ait pas fait la Pâque la derniere année de ſa vie. Photius (*d*) parle auſſi de Métrodore, & de deux autres Auteurs, qui avoient écrit des Traitez contre les Juifs, & les Quartodecimans, où ce ſentiment étoit établi. Théophy-

(*a*) *Petr. Alex. in Chronic. Alex. Præf.* Τὸ νομικὸν, καὶ σκιῶδες Πάσχα ἐπετέλεσεν; ἐσθίων τὸν τυπικὸν ἀμνὸν.... ἐπεὶ δὲ ἐκήρυξεν οὐκ ἔφαγε τὸν ἀμνὸν, ἀλλ' αὐτὸς ἔπαθεν ὡς ἀληθινὸς ἀμνὸς ἐν τῇ τοῦ Πάσχα ἑορτῇ.... ἐν αὐτῇ οὖν τῇ ἡμέρᾳ ἐν ᾗ ἔμελλον οἱ Ἰουδαῖοι πρὸς ἑσπέραν ἐσθίειν τὸ Πάσχα ἐσταυρώθη ὁ Κύριος ἡμῶν, καὶ σωτὴρ Ἰησοῦς Χριστὸς θῦμα γινόμενος τοῖς μέλλουσι μεταλήψεσθαι, &c.

(*b*) *Apollinaris Hierap. Epiſt. 6.* Ἡ ιδ' τοῦ ἀληθινοῦ τοῦ Κυρίου Πάσχα ἡ θυσία ἡ μεγάλη, ὁ ἀντὶ ἀμνοῦ παῖς Θεοῦ ὁ δεθεὶς, ὁ δήσας τὸν ἰσχυρὸν, &c.

(*c*) *Clem. Alex. p. 7.* Τοῖς μὲν παρεληλυθόσιν ἔτεσι τὸ θυόμενον πρὸς Ἰουδαίων ἤσθιεν, ἑορτάζων ὁ Κύριος Πάσχα· ἐπεὶ δὲ ἐκήρυξεν αὐτὸς ὢν τὸ Πάσχα ὁ ἀμνὸς τοῦ Θεοῦ ὡς πρόβατον ἐπὶ σφαγὴν ἀγόμενος αὐτίκα ἐδίδαξε τοὺς μαθητὰς τοῦ τύπου τὸ μυστήριον τῇ ιγ.

(*d*) *Metrodor. & duo Anonymi apud Phot. Codd.* 115. 16.

lacte, & Euthyme témoignent que de leur tems il y avoit encore des gens, qui ne croyoient pas que JESUS-CHRIST eût fait la Pâque la veille de sa mort. Photius lui même dit que c'est une chose à examiner.

Dans la nouvelle Edition de saint Jean Damascene (a) on a publié deux piéces, où l'on soûtient le même sentiment. On y trouve aussi un fragment d'un Auteur Grec, (b) qui prend le nom de saint Jean Damascene, & qui dit que nôtre Seigneur fit la Cêne mystique le Jeudy à six heures du soir ; mais que les azymes ne commencérent que le Vendredi, lorsque JESUS-CHRIST étoit déja dans le tombeau. Euthyme Zygabéne, Grec schismatique, enseigne que Nôtre-Seigneur anticipa d'un jour la Pâque Judaïque; qu'il la fit le Jeudi, au lieu que les autres Juifs ne la firent que le jour suivant ; qu'il usa du pain azyme, pendant qu'il mangea l'agneau Paschal ; mais qu'il prit du pain ordinaire, lorsqu'il voulut instituer le Sacrement de son Corps, & de son Sang.

Casaubon cite aussi Cedréne, qui dit que Nôtre-Seigneur ne célébra pas la Pâque Judaïque l'année de sa mort, & qu'il se contenta de la nouvelle Pâque, dont il étoit lui-même l'instituteur, & la victime.

Pierre d'Antioche dans sa lettre à Dominique Patriarche de Grade, (c) confirme cette opinion, pour prouver que Nôtre-Seigneur ne s'étoit point servi du pain sans levain dans l'institution de l'Eucharistie ; parce, dit-il, que ce n'étoit encore que le treiziéme jour de la Lune, & que l'agneau Paschal ne se mangeoit que le quatorziéme, & que les azymes n'étoient commandez que pour le quinziéme. On pourroit encore ajoûter à ces témoignages celui des Juifs, (d) qui disent que JESUS-CHRIST, qu'ils appellent le fils de *Pandir*, & de *Satda*, fut crucifié à Lydde, ou Diospolis, par le jugement du grand Sanhédrin, la veille de Pâque.

Tertullien (e) parmi les Peres Latins, paroît entierement dans nôtre sentiment. Il dit que le Passion de JESUS-CHRIST fut achevée le premier jour des azymes, auquel Moyse avoit commandé qu'on immolât l'agneau Paschal au soir. *Quæ Passio perfecta est die octavo Kal. April. die primo azymorum, quo agnum ut occiderent ad vesperam, à Moyse fuerat imperatum. Itaque omnis synagoga filiorum Israël, illum interfecit, &c.* Par ces derniéres paroles il fait allusion à celles-ci de Moyse : (f) *Omnis cœtus*, (les Septante, *Synagoga*) *filiorum Israël faciet illud* (*Pascha.*) Et il insinuë que tout Israël concourut à l'immolation du vrai Agneau Paschal, en demandant la mort de JESUS-CHRIST, & en le faisant mourir dans le même tems, que l'on devoit immoler l'agneau figuratif dans le Temple.

(a) *Vide nov. Edit. S. Joannis Damasceni t. I. p. 647. 648*

(b) *Dissert. de Azymis p XII.*

(c) *Apud Michael. le Quien Dissert. tom. I. Joann. Damasc. p. LXXI.* Τὰ γὰρ ἄζυμα τῇ ιε. Τῆς σελήνης γίνεσθαι νενομοθέτηνται. Τῇ δὲ ιδ. Ἀμνὸν, καὶ μόνον θύεσθαι.

(d) *Talmudist. Tract. Sanhedrin.*

(e) *Tertull. contra Judæos c 8.*

(f) *Exod. XII. 47.*

L'Auteur des Queſtions ſur l'ancien, & le nouveau Teſtament, que l'on croit être Hilaire Diacre de l'Egliſe Romaine ſous Libére, propoſe comme une choſe communément reçuë dans l'Egliſe, cette queſtion : (*a*) Pourquoi Nôtre-Seigneur a voulu être crucifié à la même heure, que les Juifs devoient faire la Pâque ? Dans ſa réponſe il ſuppoſe ce fait comme indubitable ; & dans la réponſe à la queſtion quatre-vingt-quatorze, il répete la même choſe, ſans témoigner le moindre doute : *Veſperè enim eâdem die Pacha acturi erant.* Saint Auguſtin (*b*) paroît auſſi favoriſer ce ſentiment, lorſqu'il dit que la premiére Pâque Judaïque fut célebrée lorſque les Hébreux ſortirent de l'Egypte ; mais que la vérité, dont cette Pâque n'étoit que la figure, fut accomplie, lorſque JESUS-CHRIST fut conduit à la Croix comme un agneau que l'on va immoler. Mais je n'inſiſte point ſur ce paſſage, parce qu'il n'eſt point bien exprés.

Je remarquerai ſeulement en général que les Peres Latins ne paroiſſent pas avoir aſſez approfondi cette queſtion. Lorſqu'ils expliquent le Texte de ſaint Jean, ils parlent comme s'ils croyoient que JESUS-CHRIST n'a pas mangé la Pâque avec les Juifs. Les Peres Grecs, comme ſaint Chryſoſtome, (*c*) & Théophylacte, (*d*) le prennent de même ; & quant à ces mots de ſaint Matthieu : (*e*) *Primâ die azymorum*, ils les entendent du jour de devant les azymes. Les Modernes étoient ſi peu diſpoſez à entrer dans l'éxamen de cette difficulté, que l'on traitoit comme des hérétiques, ou des viſionnaires, ceux qui oſoient s'en ouvrir. Vechiettus fut mis dans les priſons de l'inquiſition, pour avoir oſé s'éloigner du ſentiment commun. Le Pere Lamy, (*f*) qui a le premier donné au public ſon ſyſtême ſur la Pâque, a balancé pendant pluſieurs années à ſe déclarer ; & il ne l'a fait qu'après avoir vû que M. Toynard établiſſoit la même opinion dans ſon Harmonie, qu'il préparoit depuis ſi long-tems, & que nous n'avons vûë qu'après ſa mort. Le grand nombre des approbateurs de l'autre ſentiment ne doit donc pas être d'un grand poids. La choſe juſqu'ici n'avoit point été éxaminée à fond.

L'ancien uſage du pain levé dans le Sacrifice de l'Autel, eſt nôtre derniére preuve pour montrer que JESUS-CHRIST ne mangea pas la Pâque, la derniére année de ſa vie. On convient que cet uſage eſt très-ancien

---

(*a*) *Author Quaſt. tom. 3. nova Edit. qu. 55. p 63. Quid cauſa fuit ut illo tempore crucifigi ſe permitteret Dominus, quo octavo Calendas Aprilis Paſcha celebraturi erant Judai? Vide & qu. 94. p. 85. B.*

(*b*) *Aug. tract. 55. in Joan. n. 1. Tunc primum Paſcha celebravit Filius Dei, quando ex Ægypto fugientes rubrum mare tranſierunt. Nunc ergo figura illa prophetica in veritate completa eſt, cùm ſicut ovis ad immolandum ducitur Chriſtus.*

(*c*) *Chryſoſt in Matt.* XXVI.

(*d*) *Theophyl. in Matt.* XXXI. *& in Luc.* XXII : Voyez la Differt. *De Azymis*, que le P. le Quien a mis à la tête du premier tome de S. Jean Damaſcene.

(*e*) *Matt* XXVI. 7.

(*f*) Lamy Lettre ſur la Pâque p. 26. 27.

dans l'Orient. Saint Epiphane (*a*) remarque que les Ebionites ufoient de pain azyme une fois l'année, c'est-à-dire durant les jours de la Pâque; par où il insinuë que tout le reste de l'année, ils employoient le pain levé. Les Arméniens sont les premiers des Orientaux qui ayent quitté le pain levé, pour se servir des pains azymes. (*b*) Jean Philoponus, (*c*) qui vivoit, comme on l'a dit, au sixiéme siécle, témoigne que les Egyptiens de son tems n'usoient que de pain levé pour le saint Sacrifice. Ludolf (*d*) assure la même chose des Ethiopiens d'aujourd'hui, & Vansleb (*e*) des Egyptiens. Abraham Echellensis (*f*) dit que dans le Canon des Jacobites, & des Nestoriens, on lit: *Et prenant du pain levé, il le benit, &c.* Parmi les Grecs la chose est publique encore aujourd'hui, & on ne sauroit en montrer ni le commencement, ni l'origine. Elle est donc dés le commencement.

Dans l'Eglise Latine le Pere Sirmond, (*g*) & le Cardinal Bona (*h*) ont soûtenu que l'on s'étoit servi de pain levé; jusques vers le dixiéme siécle. Le Pere Mabillon (*i*) a prétendu au contraire, que l'usage des azymes étoit beaucoup plus ancien. Il veut même qu'il ait toûjours été usité dans l'Eglise Latine. Il se fonde sur le témoignage du Pape Leon IX. (*k*) qui répondant aux Grecs, avance que depuis mille vingt ans on y employoit les pains sans levain, & que tous les Martyrs de l'Eglise Latine avoient été engraissez de ce pain. Il est certain que du tems de Michel Cérularius, & des disputes avec les Grecs, cette pratique étoit génerale dans l'Occident. Alcuin, (*l*) Raban Maur, (*m*) saint Isidore de Séville (*n*) en parlent comme d'une chose très-ancienne. Il faut pourtant avoüer qu'on ne peut pas prouver que la chose soit de toute antiquité.

Martin Polonois dans sa Chronique, dit que ce fut Aléxandre premier, qui ordonna qu'on useroit de pain levé; particularité que l'on ne trouve pas dans les fausses Décretales d'Isidore. Les anciens Scolastiques (*o*) disoient, mais sans aucun fondement que l'on sache, qu'un certain Pape Leon avoit ordonné que l'on usât de pain levé, pour s'opposer aux Ebionites, qui soûtenoient qu'il falloit consacrer avec des azymes: mais que ces hérétiques étant dissipez, on étoit revenu au pain sans levain. Les

(*a*) *Epiphan. hæres 30.*

(*b*) *Narratio de rebus Armen. t. 2. auctu. Biblioth. PP. Col 294.*

(*c*) *Philopon. tract. de Azymo.*

(*d*) *Ludolf. lib. 2. Histor. Æthiop. proœm. 1. num. 28.*

(*e*) Vansleb. Voyage d'Egypte.

(*f*) *Abrah. Echell. ep. ad Joan. Morin. inter Morini Epist. 85.*

(*g*) *Sirmond. tract. de Azymis.*

(*h*) *Bona de Rebus Liturgie.*

(*i*) *Mabillon. de Fermentato, & Azymo.*

(*k*) *Leo IX. Ep. 6. ad Michael. Cernel. Idem Epist. 1.*

(*l*) *Alcuin. Ep. 69.*

(*m*) *Raban. Maur l. 1. Instit. Cleric. c. 31.*

(*n*) *Isidor. Hispal. l. 1. de Officiis Eccles.*

(*o*) *Alens. Bonavent. Scotus, Durand. Thom. in 4. Sentent. Distinct. 11.*

nouveaux Grecs ſchiſmatiques (*a*) ſoûtiennent que l'on n'a commencé à mettre en uſage le pain ſans levain, que depuis Charlemagne. Ce Prince s'étant rendu maître de Rome avec les Vandales Ariens, introduiſit, diſent-ils, cette coûtume par l'autorité du Pape Félix, qui les favoriſoit. Mais ces témoignages ne méritent pas même qu'on les réfute.

L'Auteur le plus certain que nous ayons pour montrer l'antiquité du pain ordinaire, & levé, dans l'Egliſe Latine, eſt celui qui eſt imprimé ſous le nom de ſaint Ambroiſe, (*b*) ſur les Sacremens. Il vivoit vers le cinquiéme, ou le ſixiéme ſiécle, & il dit expreſſément que dans l'Euchariſtie on employoit *uſitatum panem*; & on cite (*c*) comme de ſaint Grégoire le Grand, un paſſage où ce ſaint Pape déclare que l'Egliſe Romaine ſe ſert indifféremment de pain levé, ou de pain azyme, pour l'Euchariſtie. Mais ce paſſage ne ſe lit pas dans ſes Ouvrages imprimez. Les Peres de l'Egliſe Latine, & les Conciles parlent toûjours du pain Euchariſtique, comme d'un pain ordinaire. (*d*) Ils ne marquent point d'obligation de n'y pas mettre de levain, ce qu'ils n'auroient pas manqué de relever, ſi la choſe eût été jugée néceſſaire. Si l'on trouve quelque choſe d'ordonné ſur cela, c'eſt ſeulement qu'on ne préſentât point du pain ſale, noir, commun. On vouloit du pain blanc, propre, préparé exprés. (*e*) On n'eſt donc pas perſuadé que JESUS-CHRIST ait célébré la derniére Pâque, qui ne ſe pouvoit faire qu'avec des pains azymes.

Je ne parle point ici des raiſons de convenance qu'on produit, pour montrer que JESUS-CHRIST ne devoit point faire la Pâque la derniére année de ſa vie. Puiſqu'il étoit venu ſubſtituer la nouvelle Pâque à l'ancienne, il devoit conſommer ſon ſacrifice dans le même tems, que les Juifs immoloient l'agneau Paſchal dans le Temple. Il devoit mettre la réalité, en la place de la figure. Les Peres ont ſouvent relevé cette raiſon, & ſaint Irénée (*f*) dit expreſſément que le Fils de Dieu en mourant ſur la Croix, donna l'accompliſſement à la Pâque: *Paſſus eſt Dominus adimplens Paſcha.* Origénes, (*g*) & ſaint Jérôme (*h*) expliquent ces paroles de JESUS-CHRIST: *Vous ſavez que dans deux jours la Pâque ſe fera*, ils l'expliquent de la nouvelle Pâque, qui ne s'étoit jamais faite, & qui ſe devoit faire alors pour la premiére fois; de la Pâque réelle, oppoſée à la figurative: *Finem carnali feſtivitati volens imponere, umbrâque tranſeunte; Paſcha reddere veritatem*, de la mort de JESUS-CHRIST, au lieu de

(*a*) *Epiphan. Conſtantinopolit. & alii apud Michaël. le Quien Diſſert. de Azymis.*

(*b*) *Ambroſ. ſeu quis alius lib. 4. de Sacram. cap. 4.*

(*c*) *Gregor. Mag. apud D. Thom. Catenâ in Matt. c. 26. & l. 2. contra errores Græcorum. Vide & Phot. Cod. 252.*

(*d*) *Tertull. l. 2. c. 5. ad uxorem. Aug. Ser. 227. & 229. & Ep. 59. Alii paſſim.*

(*e*) *Concil. Tolet. XVI. can. 4.*

(*f*) *Iren. l. 4. c. 23.*

(*g*) *Origen. in Johan. t. 3.*

(*h*) *Ieronym. in Matt. XXVI.*

l'immolation de l'agneau Pascal. Ces sortes de raisons, quoique fort solides, ne sont bonnes, que lorsqu'on a bien prouvé la chose, ou le fait dont il s'agit. Toutes les convenances du monde ne décident rien contre un fait certain; mais il est permis de tirer des convenances, & de relever celles qui suivent naturellement d'un fait bien prouvé.

Puis donc que l'Eglise a laissé la liberté de s'exercer sur cette matiere, & qu'elle n'a rien défini ni pour, ni contre le systême que nous avons proposé, & que ce systême satisfait à toutes les difficultez, explique les Textes des Evangelistes, les concilie entr'eux, & n'est sujet à aucun fâcheux inconvenient; qu'il n'est contraire ni aux Loix de l'Histoire, ni de la Chronologie, ni aux usages des Juifs; & qu'au contraire il s'y accorde mieux qu'aucun autre: puisqu'il est fondé sur la très-ancienne tradition de la fête de la Pentecôte fixée au Dimanche, & sur le jeûne du Mercredi, établi dès les premiers siecles en mémoire du complot que les Juifs formerent contre JESUS ce jour-là, deux jours avant la Pâque; & sur l'usage très-ancien de l'Eglise Grecque, de consacrer l'Eucharistie avec du pain levé; usage qui a été suivi même dans l'Eglise Latine, pendant plusieurs siecles. Enfin puisque ce sentiment est fondé sur l'autorité de plusieurs anciens Peres, comme Tertullien, & Hilaire Diacre, & les Auteurs citez sous les noms de saint Clement d'Alexandrie, & de saint Pierre d'Alexandrie, & sur celle de Philopone, Metrodore, Cedrene, & quelques autres entre les anciens; que Vechiettus, M. Toynard, & le Pere Lami l'ont soûtenu depuis peu d'années; que les Juifs mêmes le croyent ainsi; nous n'avons pû nous refuser à cette foule de témoins, & de preuves; & nous nous sommes déterminez à soûtenir que JESUS-CHRIST la derniere année de sa vie, ne fit point la Pâque légale, ni avec le reste des Juifs, ni avant eux.

COMMENTAIRE

COMMENTAIRE

COMMENT

COMMENTAIRE LITTERAL SUR L'EVANGILE DE S. MATTHIEU.

CHAPITRE PREMIER.

Généalogie de JESUS-CHRIST. *Sa conception dans le sein de la Vierge. Soupçons de Joseph, époux de Marie. Il est rassuré par un Ange. Naissance de* JESUS *à Bethléem.*

℣. 1. *Liber generationis JESU-CHRISTI, filii David, filii Abraham.*

℣. 1. Livre de la généalogie de JESUS-CHRIST, fils de David, fils d'Abraham.

COMMENTAIRE.

℣. 1. LIBER GENERATIONIS JESU-CHRISTI. *Livre de la généalogie de* JESUS-CHRIST. C'est-là comme le titre de tout l'Evangile de saint Matthieu. (a) On peut traduire le Texte par: *Livre de la vie de* J. C. Ou: Livre contenant l'Histoire de la vie, des actions, de la mort de JESUS-CHRIST. Les Hébreux donnent le nom de *Livre* à toutes sortes d'écrits. Le nom de *Générations*, se prend souvent pour

(a) *Ita Maldonat. Menoch. Hamond. alii plures.*

toute l'histoire d'un homme, par exemple: (*a*) *Hic est Liber generationis Adam.* Voilà l'histoire de la vie d'Adam. Et ailleurs: (*b*) *Hæ sunt generationes Joseph.* Voici le récit de la vie de Joseph. Et dans les Nombres: (*c*) *Hæ sunt generationes Aaron, & Moysi, in die quâ locutus est Dominus, &c.* Voilà l'histoire de Moyse, & d'Aaron, depuis que le Seigneur lui parla au mont Sinaï. Et en parlant de la création du Ciel, & de la Terre: (*d*) *Voilà la génération du Ciel, & de la Terre, au jour qu'ils furent créez*; c'est-à-dire, voilà l'histoire de leur création. Les Juifs donnent au Roman qu'ils ont fait de la vie de JESUS-CHRIST, le nom de (*e*) *Sepher Toledoth Jesu*: qui est le même que, *Liber generationis Jesu-Christi.*

D'autres (*f*) prennent ces premiers mots en ce sens: *Voici le catalogue généalogique des Ancêtres de* JESUS-CHRIST. Ou: Voici le dénombrement de ses Ayeux. Il eût pour pere David, Abraham, & les autres, qui forment la plus illustre race qui fut jamais. On y voit la Royauté, la Prophétie, le Sacerdoce réünis, dans la personne d'Abraham, & de David. David fut Roi, & Prophéte; & Abraham Prêtre, & Prophéte. JESUS-CHRIST fut tout cela d'une maniére suréminente. Saint Matthieu auroit pû aisément, comme S. Luc, remonter jusqu'à Adam; mais il suffisoit de commencer à Abraham: De là au premier homme le retour est aisé.

JESU-CHRISTI. *De Jesus-Christ.* Saint Matthieu donne à JESUS le surnom de *Christ*, qui signifie celui qui a reçû l'onction; marque de la Royauté, ou de la Prêtrise, & qui répond à l'Hébreu (*g*) *Messiah*, qui est le nom que les Juifs ont toûjours donné au Rédempteur qu'ils attendoient, & qu'ils attendent encore aujourd'hui. Le Sauveur étoit déja connu parmi les Fidéles sous ce nom, lorsque l'Evangéliste écrivoit ceci, comme il le marque ci-après: (*h*) *De laquelle est né Jesus, qui est surnommé le Christ.* Et à l'égard de ceux qui ne croyoient point, & qui ne le reconnoissoient point, il prouve dans la suite qu'il étoit véritablement le Messie.

FILII DAVID, FILII ABRAHAM. *Fils de David, fils d'Abraham.* L'Evangéliste nomme David le premier, quoiqu'il fût plus jeune qu'Abraham, parce qu'il avoit au dessus d'Abraham la qualité de Roi, & qu'il étoit le plus illustre des Ayeux de JESUS-CHRIST; (*i*) & parce que les promesses générales (*k*) de la naissance du Messie, qui avoient été faites à Abraham, & ensuite confirmées à la race de Juda, (*l*) avoient été dé-

(*a*) *Genes.* V. 1.
(*b*) *Genes.* XXXVII. 2.
(*c*) *Num.* III. 1.
(*d*) *Genes.* II. 4.
(*e*) ספר תולדות יהושוע
(*f*) *Grot. Cleric. Annot. in Hamond. Vatab. alii.*
(*g*) משיח Χριστὸς, vel ἠλειμμένος. *Unctus.*
(*h*) *Infra* ℣. 16.
(*i*) *Irenaus. l.* 3. *c.* 18. *Chrysost. in Matth. homil.* 2. *Autor Operis imperfect. homil.* 1. *alii.*
(*k*) *Genes.* XIII. 15. 16. XVII. 7. XXI. 13. XXII. 17. 18. *Galat.* III. 17.
(*l*) *Genes.* XLIX. 10.

2. *Abraham genuit Isaac. Isaac autem genuit Jacob. Jacob autem genuit Judam, & fratres ejus.*

3. *Judas autem genuit Phares & Zaram de Thamar. Phares autem genuit Esron. Esron autem genuit Aram.*

2. Abraham engendra Isaac. Isaac engendra Jacob. Jacob engendra Juda & ses freres.

3. Juda engendra de Thamar Pharés, & Zara. Pharés engendra Esron. Esron engendra Aram.

COMMENTAIRE.

terminées, à la famille de David. (*a*) Les veritez, & la révélation se donnant ainsi du jour l'un à l'autre, & descendant du général au particulier. De plus, comme parmi les Juifs JESUS-CHRIST étoit connu sous le nom de *fils de David;* au lieu que tous les Hébreux se disoient fils d'Abraham; il falloit pour le différencier, marquer d'abord le nom de David. Dans la langue Hébraïque, le nom de *fils* ne signifie pas toûjours le fils immédiat, mais celui qui descend d'un autre, à quelque distance que ce soit. On peut traduire le Grec par. (*b*) *Jesus fils de David, & fils d'Abraham,* ou *Jesus fils de David*, lequel David étoit *fils d'Abraham.* Mais la premiere traduction vaut mieux, & est plus conforme au dessein de saint Matthieu.

Comme les Juifs convertis, pour qui il écrivoit principalement, ne doutoient point de la Divinité de JESUS-CHRIST, il n'a pas jugé nécessaire d'en parler ici. (*c*) Il se contente de montrer son Incarnation, & sa naissance d'une Vierge; non que ces deux véritez fussent contestées par les Fideles, mais parce qu'elles étoient contredites par les Juifs incrédules & endurcis. S. Jean au contraire, qui écrivoit parmi les Payens s'est appliqué à relever, & à faire connoître la Divinité du Sauveur, parce que c'étoit la chose à quoi les Gentils trouvoient plus de répugnance, & de difficulté.

℣. 2. ABRAHAM GENUIT ISAAC. *Abraham engendra Isaac.* On ne fait entrer ici que les personnes nécessaires pour former la branche généalogique des ancêtres directs de JESUS-CHRIST; (*d*) on n'y insére ni Ismaël fils d'Abraham, ni Esaü fils d'Isaac, & entre les douze fils de Jacob, on ne parle que de Juda.

℣. 3. PHARES, ET ZARAM DE THAMAR. *Juda engendra de Thamar, Pharés & Zara.* On sait l'histoire de la naissance de ces deux jumeaux; (*e*) il semble que l'Evangeliste l'ait exprès rappellée ici, pour relever le mystére de la préférence du puîné à l'aîné, qui étoit la figure de

(*a*) 2. *Reg.* VII. 12. 13. 14. 16. 1. *Par.* X. 11. 10. *Psalm.* LXXXVIII. 3. *Psalm.* CXXXI. 11. *Act* XIII. 23.

(*b*) Υἱοῦ Δαβὶδ, υἱοῦ Ἀβραάμ.

(*c*) *Author oper. imperfect.*

(*d*) *Chrysost. & Theophylact. hic.*

(*e*) *Genes.* XXXVIII.

4. *Aram autem genuit Aminadab. Aminadab autem genuit Naasson. Naasson autem genuit Salmon.*

5. *Salmon autem genuit Booz de Rahab. Booz autem genuit Obex ex Ruth. Obed autem genuit Jesse. Jesse autem genuit David Regem.*

4. Aram engendra Aminadab. Aminadab engendra Naasson. Naasson engendra Salmon.

5 Salmon engendra Booz de Rahab. Booz engendra Obed de Ruth. Obed engendra Jessé. Et Jessé engendra David *qui fut* Roi.

COMMENTAIRE.

ce qui devoit arriver entre l'Eglise, & la Synagogue. (*a*) On remarque aussi (*b*) que l'on ne parle dans cette généalogie que de quatre femmes, dont la réputation n'est pas exemte de reproches. Thamar avoit commis un inceste avec Juda. Ruth étoit Moabite. Rahab étoit Cananéenne, & d'une profession honteuse. Bersabée tomba dans l'adultére avec David. On vouloit nous montrer par ces exemples, que Jesus-Christ, qui est venu pour sauver les pécheurs, ne dédaignoit pas d'en reconnoître parmi ses ancêtres, & qu'il appelloit au falut tous les hommes indifféremment, les justes, & les injustes; les pécheurs, & les Saints. Maldonat en donne une raison plus simple. L'Evangéliste a omis les femmes légitimes, & celles dont le mariage, ou la condition n'avoient rien d'extraordinaire. Il n'étoit pas nécessaire de parler de ce qui étoit commun: il ne releve que ce qui a quelque circonstance remarquable. Les Hébreux ne rapportent pas ordinairement les femmes dans les génealogies, à moins que comme ici, quelque cause particuliére n'y oblige.

℣. 5. Salmon genuit Booz de Rahab *Salmon engendra Booz de Rahab*. Salmon épousa Rahab, qui avoit reçû les espions à Jéricho. (*c*) L'Ecriture ne nous apprend en aucun endroit le mariage de Salmon avec Rahab; (*d*) elle nous dit simplement, (*e*) qu'Aminadab de la Tribu de Juda, fut pere de Naasson; que celui-ci fut pere de Salmon, & Salmon pere de Booz, sans nous dire qui étoit la mere de ce dernier. Mais on ne doute pas que l'Evangéliste n'ait suivi en cela une tradition reçûë de son tems, comme indubitable. Car alors on conservoit encore avec une très-grande diligence les Registres Généalogiques des familles illustres. (*f*) Ces Registres sont perdus depuis plus de seize siécles. Eusébe (*g*) dit qu'Hérode fit brûler les archives où ces monumens autentiques se conservoient. Saint Matthieu a vêcu après Hérode; mais ce Prin-

(*a*) *Auth. oper. imperf. &. homil.* 1. *Chrysost. Euthym*

(*b*) *Ieronym. in Matth. c* 1. *Theodoret. qu.* 1. *in Ruth. Theophilact. in Matt. Chrysost. Euthym. hic.*

(*c*) *Josue* II. 1.

(*d*) *Grot. Hamon. Ligfoot.*

(*e*) *Ruth.* IV 20. 21.

(*f*) *Ioseph contra Appion. l.* 1. *p* 1036.

(*g*) *Euseb. Hist Eccles. l.* 1. *c.* 7. Ἡρώδης τῷ συνειδότι τῆς δυσγενείας κρουόμενος ἐνέπρησεν αὐτῶν τὰς ἀναγραφὰς τῶν γενῶν.

ce n'en brûla pas toutes les copies, qui étoient répanduës dans le public, & qu'on gardoit dans les maisons particuliéres. Et quand tous ces écrits auroient été perdus, la mémoire des hommes auroit pû les conserver encore assez long-tems. En effet, le même Eusébe (*a*) remarque que ceux de la famille de David, qui se glorifioient d'avoir JESUS-CHRIST pour parent, selon la chair, montroient leur généalogie dans des registres fort exacts, par le moyen desquels on concilioit très-aisément les contrariétez apparentes, qui se remarquent aujourd'hui entre saint Matthieu & saint Luc.

Et certes, si ces généalogies rapportées dans nos Evangiles eussent été fausses, rien n'étoit plus facile aux Juifs d'alors, que de les convaincre de fausseté, & d'ôter par-là toute créance aux Evangélistes, pour tout le reste. L'animosité des Juifs, & leur haine conte les Chrétiens ne les auroient pas épargné dans cette occasion, s'ils avoient eû en main de quoi les convaincre d'imposture. Et à quel reproche ne se seroient point exposé nos Ecrivains, si de gayeté de cœur ils eussent corrompu les Tables généalogiques, dans un tems où tout le monde connoissoit si parfaitement la race Royale de David? Si donc les Hébreux ne leur ont rien reproché sur cela; c'est qu'alors la vérité étoit notoire. Du tems d'Origénes, & d'Africain (*b*) on avoit encore dans l'Eglise une tradition venuë de la famille même de David, & de JESUS-CHRIST, qui résoudoit ces difficultez, & qui concilioit ces contradictions, comme nous le verrons ci-après. Celse, Porphyre, & Julien, qui ont formé quelques difficultez là-dessus, n'ont jamais rien produit de solide contre la croyance de l'Eglise.

Quelques-uns (*c*) ont voulu douter que Rahab, qui est nommée ici, soit la même qui reçut les espions de Jéricho. D'autres (*d*) ont crû qu'il y avoit eu trois Booz au lieu d'un; parce que l'Ecriture ne nous donne que trois ou quatre personnes pour remplir l'espace de trois cens trente-six ans, qui s'écoulerent depuis la prise de Jéricho, jusqu'à la naissance de David. Mais le premier sentiment est dénué de toutes sortes de preuves; & le second n'est fondé ni sur aucun Texte de l'Ecriture, ni sur la nécessité. Le Texte sacré (*e*) ne parle jamais que d'un seul Booz, & quoiqu'il ne soit pas ordinaire que quatre homme se succédant l'un à l'autre, remplissent l'espace de trois cens trente-six ans; la chose n'est toutefois

---

(*a*) *Idem ibid.* ὀλίγοι δὲ τῶν ἐπιμελῶν ἰδιωτικὰς ἑαυτοῖς ἀπογραφὰς ἢ μνημονεύσαντες τῶν ὀνομάτων ἢ ἄλλως ἔχοντες ἐξ ἀντιγράφων ἐναβρύνονται σωζομένης τῇ μνήμῃ τῆς εὐγενείας.

(*b*) *African. apud Euseb. loco cit.*

(*c*) *Theophilact. dubitat. Author oper. imperfecti non audet affirmare.*

(*d*) *Liran. & alii nonnulli.*

(*e*) *Ruth.* IV. 20. 21. & 1. *Par.* II. 11. 12. & *Luc.* III. 32.

6. *David autem Rex genuit Salomonem ex ea quæ fuit Uriæ.*

7. *Salomon autem genuit Roboam. Roboam autem genuit Abiam. Abias autem genuit Asa.*

8. *Asa autem genuit Josaphat. Josaphat autem genuit Joram. Joram autem genuit Oziam.*

6. Le Roi David engendra Salomon, de celle qui avoit été femme d'Urie.

7. Salomon engendra Roboam. Roboam engendra Abias. Abias engendra Asa.

8. Asa engendra Josaphat. Josaphat engendra Joram. Joram engendra Ozias.

COMMENTAIRE.

pas absolument impossible, dans un tems où plusieurs hommes vivoient encore plus d'un siécle.

℣. 6. GENUIT SALOMONEM, EX EA QUÆ FUIT URIÆ. *Il engendra Salomon, de celle qui avoit été femme d'Urie.* On pourroit traduire le Grec: (*a*) *David eut Salomon de la femme d'Urie*; comme si Salomon étoit le fruit de l'adultére de David. Mais on sait que Salomon nâquit en légitime mariage, après la mort du premier fils que David eut de Bersabée, & après qu'il l'eut prise pour femme légitime. (*b*) Aussi l'Interpréte Latin a suppleé le verbe *fuit*, que nous avons rendu par: *Elle avoit été femme d'Urie*, pour marquer qu'alors elle ne l'étoit plus.

℣. 8. JORAM GENUIT OZIAM. *Joram engendra Ozias*, autrement, *Azarias*, (*c*) connu par l'entreprise qu'il fit de vouloir offrir l'encens dans le Temple, & par la lépre dont Dieu le frappa sur le champ. (*d*) Ozias n'étoit pas fils immédiat de Joram; il y a trois Rois entr'eux. Joram fut pere d'*Ochozias*. Ochozias engendra *Joas*. Et Joas eut pour fils *Amasias*, pere d'*Ozias*. C'est ce qui paroît par tous les dénombremens, & par la succession incontestable des Rois de Juda.

Mais d'où vient que l'Evangéliste a omis ces trois Princes, Ochozias, Joas, & Amasias? On en rapporte deux raisons principales. La premiére est, que saint Matthieu s'étant proposé de garder le nombre de trois fois quatorze dans le dénombrement des ancêtres de JESUS-CHRIST, a été obligé de retrancher trois Rois, qui se trouvoient de trop dans son Catalogue. (*e*) Mais encore, pourquoi ces trois Rois, Ochozias, Joas, & Amasias plûtôt que d'autres? C'est, dit-on, à cause de leur impiété, ou plûtôt, à cause de la prédiction d'Elie, (*f*) qui avoit dit, que toute la race d'Achab seroit exterminée; ce qui fut exécuté à la lettre, par la mort

(*a*) Δαβὶδ δὲ ὁ Βασιλεὺς ἐγέννησε τὸν Σολομῶντα ἐκ τῆς τοῦ Οὐρίου.
(*b*) 2. *Reg.* XI. 27. XII. 24.
(*c*) 4. *Reg.* XV. 1. 1. *Par.* III. 12.
(*d*) 2. *Par.* XXVI. 21. 4. *Reg.* XV. 5.
(*e*) *Ieronym. hic; Ita & D. Thom. Jansen. c. 6. Concord. Mariana hic, Barad. l. 5. c. 12. Jansen. Ipr. hic. Abul. qu. 17. Grot. Jun. Vide & Hilar. & Rupert. hic, & Auth. qu. in Matth. inter opera Aug. t. 3. q. 85.*
(*f*) 3. *Reg.* XXI. 21.

9. *Ozias autem genuit Joatham. Joatham autem genuit Achaz. Achaz autem genuit Ezechiam.*

10. *Ezechias autem genuit Manassen. Manasses autem genuit Amon. Amon autem genuit Josiam.*

9. Ozias engendra Joatham. Joatham engendra Achaz. Achaz engendra Ezéchias.

10. Ezéchias engendra Manaſſé. Manaſſé engendra Amon. Amon engendra Joſias.

COMMENTAIRE.

de Joram Roi d'Iſraël, & de ſes enfans, par la main de Jéhu, (*a*) & d'une maniére civile, & morale, par le retranchement d'Ochozias fils d'Athalie, fils d'Achab, & de Jézabel, & par celui de Joas, & d'Amazias, dont la naiſſance étoit ſoüillée, à cauſe d'Athalie leur ayeule. Mais ces raiſons ne contentent pas tous les Critiques. Les crimes d'Athalie n'étoient pas une raiſon pour tronquer une génération. Il ne s'agit point ici de ſçavoir ſi ces Princes ſont ſortis d'une femme impie ; mais ſimplement, s'ils ſont de la race de David.

D'autres (*b*) ont crû que le retranchement de ces trois noms étoit purement caſuel ; que l'Auteur n'y avoit aucune part, & qu'il étoit uniquement ſur le compte du Copiſte, qui avoit été trompé par la reſſemblance des noms. Mais d'où vient donc la diſtribution que fait ſaint Matthieu de cette généalogie, en trois claſſes, composées chacune de quatorze perſonnes ? Il eſt certain que le nombre ne s'y trouvera plus, ſi vous y ajoûtez ces trois Rois. Saint Matthieu n'a pas fait cette omiſion par ignorance ; l'erreur eſt trop groſſiere. Il ne l'a pas faite non plus pour tromper ſon Lecteur ; il n'avoit nul interêt à cela ; & il riſquoit beaucoup à le faire, puiſqu'il décrioit par-là ſon Evangile.

Mais il a pû, ſans donner atteinte à la vérité, diſpoſer ces généalogies d'une maniére plus propre à les faire retenir. Il avoit dans l'Ecriture même des exemples qui l'autoriſoient. Les Auteurs ſacrez dans des choſes fort connuës, négligent aſſez ſouvent certaines circonſtances, & dans les généalogies ils vont à leur but, & ne rapportent que les perſonnes qui leur ſont néceſſaires. Dans les Paralipoménes, (*c*) on met Sobal comme fils immédiat de Judas, quoiqu'il ne fût que cinq ou ſix générations après lui. On remarque pluſieurs noms omis dans le ſecond Chapitre du premier Livre d'Eſdras, comparé au Chapitre ſeptiéme du ſecond Livre. Saint Luc compte dix-neuf perſonnes entre Salathiel, & ſaint Joſeph, & ſaint Matthieu n'en met que dix. Dans les Auteurs profanes les catalogues des Rois des anciennes Monarchies, ne ſont pas toûjours remplis. (*d*)

(*a*) 4. *Reg.* IX. X.
(*b*) *Quid apud Toſt. Sanct. in* 4. *Reg.* XIX 18.
(*c*) 1. *Par.* IV. 1.
(*d*) *Vide Grot. ad* ✝. 17. *Ligfoot. hor. Hebr.*

11. *Josias autem genuit Jechoniam, & fratres ejus, in transmigratione Babylonis.*

11. Josias engendra Jéchonias & ses freres, vers le tems que les Juifs furent transportez en Babylone.

COMMENTAIRE.

Dans les supputations des années, les Historiens omettent assez souvent les anarchies, les tems de troubles, & de disgraces. Plus on est de bonne foi, moins on est circonspect dans des minuties.

℣. 11. JOSIAS AUTEM GENUIT JECHONIAM, ET FRATRES EJUS, IN TRANSMIGRATIONE BABYLONIS. *Josias engendra Jéchonias & ses freres, vers le tems que les Juifs furent menez à Babylone.* Voici encore un passage où l'Evangeliste parlant d'une chose très connuë, s'est exprimé d'une maniére peu exacte; supposant que le Lecteur étoit assez au fait, pour suppléer à ce qui manquoit à son récit. Josias n'eut point de fils du nom de Jéchonias, mais seulement un petit-fils, qui succéda à Joakim dans le Royaume de Juda. Quelques-uns (*a*) ont crû que les Copistes avoient omis ici le nom de Joakim, & qu'il falloit restituer le passage de cette sorte: (*b*) *Josias engendra Joachim & ses freres; & Joachim engendra Jéchonias, qui fut mené captif à Babylone: & depuis la transmigration, Jéchonias engendra Salatiel.* De cette façon la génealogie est entiére.

D'autres (*c*) soûtiennent que Jéchonias en cet endroit est le même qui porte le nom de *Joakim*, d'*Eliacim*, ou de *Joachim*, dans les Livres des Rois, & des Paralipoménes, (*d*) & qu'il est mis ici pour deux personnes; pour lui-même, & pour son fils; en sorte que pour lire le passage dans son intégrité, il faudroit mettre: (*e*) *Josias engendra Jéchonias*, autrement Joachim; & le même *Jéchonias*, ou *Joachim engendra un autre Jéchonias*, ou *Joachim*, qui fut mené captif à Babylone. Sanctius (*f*) soûtient que le nom de Jéchonias étoit commun à tous les fils de Josias; il essaye de le prouver par le troisiéme Livre d'Esdras, (*g*) comparé au quatriéme des Rois, & au second des Paralipoménes. Celui qui est appellé Joachaz dans ces deux derniers Livres, est nommé Jéchonias dans le troisiéme Livre

(*a*) *Vide Epiphan. Haref. Epicur. Opus. imperfect. in Matt. Maldonat. Pareum, Kemmit. Jac. Capell alios.*

(*b*) *Ita ferè legunt Laud. 2. Seld. 4. Mori 1.* Ἰωσίας δὲ ἐγέννησε τὸν Ἰωακίμ, Ἰωακὶμ δὲ ἐγέννησε τὸν Ἰεχονίαν. *Alii;* ἐγέννησε τὸν Ἰωακίμ, *&c. Ita plures in variant. lect. à Millio collectis. Et alii apud D. Bern. de Montfauc. Diarii Ital. lib. 1. c. 21.*

(*c*) *August. de Consensu Evangel. l. 2. c. 4. Epiphan. Haref Epicur. Ieronym hic. Ambros. in Luc. l. 3. alii passim.*

(*d*) *4 Reg.* XXIII. 34. XXXIV. 1. 2. *Par.* XXXV. 4. 5. 8.

(*e*) *Vide Maldonat. hic, & Sanct. in 4. Reg. c.* XIV. 18.

(*f*) *Sanct. loco citato.*

(*g*) 3. *Esdr.* I. 34. *Collatum cum 4. Reg.* XXIII. 30. & 2. *Par.* XXXVI. 1.

des

des Maccabées. Et ſaint Clément d'Aléxandrie (*a*) donne le nom de *Joachim*, à celui que nous appellons communément *Jéchonias*. Mais de quelque maniére qu'on l'entende, il faudra toûjours reconnoître qu'il manque ici le nom d'un Roi, pour remplir la ſeconde, ou la troiſiéme claſſe composée de quatorze perſonnes; car ſi l'on met JOAKIM dans la ſeconde claſſe, il n'y en aura que treize; & ſi l'on joint Jéchonias à cette ſeconde claſſe, il n'en reſtera que treize dans la derniére. C'eſt ce que ſaint Jérôme a reconnu, en écrivant ſur Daniel, où il reproche à Porphyre ſon ignorance. (*b*)

1. Abraham.	1. Salomon.	1. Jéchonias.
2. Iſaac.	2. Roboam.	2. Salathiel.
3. Jacob.	3. Abias.	3. Zorobabel.
4. Juda.	4. Aza.	4. Abiud.
5. Pharés.	5. Joſaphat.	5. Eliacim.
6. Eſron.	6. Joram.	6. Azor.
7. Aram.	7. Ozias.	7. Sadoc.
8. Aminadab.	8. Joathan.	8. Achim.
9. Naaſſon.	9. Achaz.	9. Eliud.
10. Salmon.	10. Ezéchias.	10. Eléazar.
11. Booz.	11. Manaſſé.	11. Mathan.
12. Obed.	12. Amon.	12. Jacob.
13. Jeſſé.	13. Joſias.	13. Joſeph.
14. David.	14. *Joakim*, ou *Joachim*.	14. Jeſus.

JECHONIAM ET FRATRES EJUS, IN TRANSMIGRATIONE BABYLONIS. *Joſias engendra Jéchonias & ſes freres, vers le tems que les Juifs furent tranſportez à Babylone.* Il y a ici trois difficultez conſidérables. La premiere, en ce qu'il eſt dit, que Joſias engendra Jéchonias. Joſias n'étoit pas pere, mais ayeul de ce Prince. La ſeconde roule ſur les freres de Jéchonias; ce Prince n'en eut jamais, que l'on ſache. La troiſieme, ſur le tems de la captivité de Babylone. Joſias n'arriva pas juſques là, étant mort vingt ans auparavant. Mais en rétabliſſant Joachim dans le Texte, toutes ces difficultez diſparoiſſent. Joſias fut pere immédiat de Joachim, ou

(*a*) *Clemen. Alexand. l. 1. Strom.*

(*b*) *Ieronym. in Dan. 1. Initio in Evangelio ſecundùm Matthæum, una videtur deeſſe generatio; quia ſecunda Τεσσαρεσκαιδεκὰς in Joachim deſinit filio Joſiæ, & tertia incipit à Joachim filio Joachim. Quod ignorans Porphyrius calumniam ſtruit Eccleſiæ, ſuam oſtendens imperitiam, dum Evangeliſtæ Matthæi arguere nititur falſitatem. Vide & Ieronym. in Matth.*

12. *Et post transmigrationem Babylonis : Jechonias genuit Salathiel. Salathiel autem genuit Zorobabel.*

12. Et depuis qu'ils furent transportez à Babylone, Jéchonias engendra Salathiel. Salathiel engendra Zorobabel.

COMMENTAIRE.

Eliacim, ou Joakim, & de ses freres, qui sont *Johanan*, *Sédécias*, & *Sellum.* (*a*) Ou selon les Livres des Rois, (*b*) *Joachas*, *Matthanias*, ou *Sédécias.* On ne sait ce que devint Johanah; on croit que *Sellum* est le même que Joachaz. Joakim, ou Eliacim, ou Joachim, fut pere de *Joachin*, ou *Jéchonias*, vers le tems de la captivité de Babylone.

Car on peut compter trois tems de la captivité de Babylone. La premiere captivité arriva la quatriéme année de Joakim fils de Josias, l'an du monde 3398. Cette année, Nabuchodonosor ayant pris Jérusalem, emmena un grand nombre de captifs à Babylone. La seconde captivité arriva sous le regne de Jéchonias, fils de Joachim, lequel ayant regné trois mois, fut pris captif en 3405. & conduit à Babylone, avec les principaux du pays. Enfin la derniere captivité arriva après la ruine de Jérusalem, la onziéme année de Sédécias, l'an du monde 3416. Voici donc comme il faudroit expliquer le ℣. 11. *Josias engendra Joachim & ses freres : Joachim engendra Jéchonias vers le tems de la* premiere *captivité de Babylone ; & Jechonias engendra Salathiel, après le transport des captifs à Babylone.*

℣. 12. Et post transmigrationem Babylonis, Jechonias genuit Salathiel. *Et depuis qu'ils furent transportez à Babylone, Jéchonias engendra Salathiel.* Jéchonias ayant été pris par Nabuchodonosor, & transporté à Babylone, demeura dans une espece de prison jusqu'après la mort de ce Prince. Alors Evilmérodach étant monté sur le trône, tira Jéchonias de cet état d'humiliation, & l'établit en honneur dans sa Cour, & plaça son trône audessus des autres Princes qui y étoient. (*c*) Jéchonias eut des enfans, & Salathiel son fils continua la race royale de David.

Jérémie avoit menacé Jéchonias de le réduire en état d'un homme sans enfans : (*d*) *Scribe virum istum sterilem, virum qui in diebus suis non prosperabitur : nec enim erit de semine ejus vir, qui sedeat super solium David.* Ce que quelques-uns ont expliqué, comme s'il n'eût jamais eu d'enfans : mais le vrai sens de Jérémie est, que Jéchonias mourra sans laisser de successeur, qui joüisse de son Royaume. Ses enfans mourront en captivité en simples particuliers, sans marque d'honneur, sans dignité. En effet, Jéchonias ayant été pris par Nabuchodonosor, eut pour successeur sur le trône

(*a*) 1. *Par.* III. 15.
(*b*) 4. *Reg.* XXIII. 30. 34. & XXIV. 17.
(*c*) *Jerem.* XXII. 30. *Vide Text. Hebr.*
(*d*) *Jerem.* XXII. 30.

13. *Zorobabel autem genuit Abiud. Abiud autem genuit Eliacim, Eliacim autem genuit Azor.*

14. *Azor autem genuit Sadoc. Sadoc autem genuit Achim. Achim autem genuit Eliud.*

15. *Eliud autem genuit Eleazar. Eleazar autem genuit Mathan. Mathan autem genuit Jacob.*

16. *Jacob autem genuit Joseph virum Mariæ, de qua natus est* JESUS, *qui vocatur Christus.*

13. Zorobabel engendra Abiud. Abiud engendra Eliacim. Eliacim engendra Azor.

14. Azor engendra Sadoc. Sadoc engendra Achim. Achim engendra Eliud.

15. Eliud engendra Eléazar. Eléazar engendra Mathan. Mathan engendra Jacob.

16. Et Jacob engendra Joseph l'époux de Marie, de laquelle est né JESUS, qui est appellé le CHRIST.

COMMENTAIRE.

Sédécias son oncle; sous lequel le Royaume de Juda fut détruit. Les Paralipoménes (*a*) donnent pour fils à Jéchonias *Asir*, & *Salathiel*; mais ni l'un, ni l'autre ne revit jamais la Judée. Salathiel eut pour fils Zorobabel, qui revint de captivité, & continua la race de David par *Abiud*, selon saint Matthieu, & par *Resa*, selon saint Luc.

℣. 16. JOSEPH VIRUM MARIÆ. *Joseph époux de Marie*. Il étoit époux de Marie, suivant le style des Hébreux, & Marie étoit son épouse, quoiqu'ils ne fussent encore que fiancez; (*b*) car les Hébreux donnent aux fiancez le nom d'époux, & d'épouse, selon S. Jérôme. (*c*) Les fautes qu'une personne pouvoit commettre pendant le tems des fiançailles, étoient regardées comme des adultéres; & celui qui auroit corrompu une fille fiancée, auroit été puni de mort, comme coupable d'adultére. *Deut.* XXII. 25. 28. Le fiancé avoit action contre lui, & le faisoit condamner selon la rigueur des Loix. Les fiançailles ne pouvoient être rompuës, que par un écrit de divorce; c'est ce que montre fort au long Selden, par le témoignage des Auteurs Juifs. (*d*) Le mariage ne consiste pas dans l'union des corps, mais dans le consentement des esprits, comme le dit saint Augustin; (*e*) & quoique le mariage entre Joseph & Marie n'ait jamais été consommé, il ne laissoit pas de subsister veritablement.

℣. 17. GENERATIONES QUATUORDECIM. *Quatorze générations.*

(*a*) 1. *Par.* III. 16.

(*b*) *Chrysost. in hunc locum homil.* IV. Γυναῖκα δὲ ἐνταῦθα τὴν μνηστὴν λέγει. Ὥσπερ οὖν καὶ γαμβροὺς ἔκαθεν ἡ γραφὴ λέγει, καὶ πρὸ τοῦ γάμου τοὺς μνηστῆρας.

(*c*) *Ieronym. hic.* ℣. 16. *Recordare consuetudinis Scripturarum, quod sponsi viri, & sponsæ vocantur uxores. Ita & in* ℣ 20. *& lib. contra Helvid.*

(*d*) *Selden. uxor Hebr. l.* 2. *c.* 1. *&* 8.

(*e*) *Aug. l.* 2. *de Consensu Evangel. c.* 1. *Posse permanere vocarique conjugium, non permixto corporis sexu, sed custodito mentis affectu Vide & l.* 1. *de Nuptiis, & concupisc. c.* 11. *& lib.* 5. *contra Julian. cap.* 9. *S. Chrysost. homil.* 4. *in Matth.* ℣. 20.

17. *Omnes itaque generationes ab Abraham usque ad David, generationes quatuor ecim : & à David usque ad transmigrationem Babylonis, generationes quatuordecim : & à transmigratione Babylonis usque ad Christum, generationes quatuordecim.*

18. *Christi autem generatio sic erat : Cùm esset desponsata mater ejus Maria Joseph, antequam convenirent, inventa est in utero habens de Spiritu Sancto.*

17. Il y a donc en tout depuis Abraham jusqu'à David, quatorze générations : depuis David jusqu'à ce que les Juifs furent transportez à Babylone, quatorze générations: & depuis qu'ils furent transportez à Babylone, jusqu'à Jesus-Christ, quatorze générations.

18. Quant à la naissance de *Jesus*-Christ, elle arriva de cette sorte : Marie sa Mere étant fiancée à Joseph, se trouva grosse, ayant conçû dans son sein, *par l'opération* du Saint Esprit, avant qu'ils eussent été ensemble.

COMMENTAIRE.

C'est apparemment pour aider la mémoire, que saint Matthieu a partagé ainsi la généalogie de Jesus-Christ. Il n'ignoroit pas que depuis Abraham jusqu'à Jesus-Christ il n'y eût plus de quarante-deux générations, pour remplir l'espace de près de deux mille ans; (*a*) mais il a voulu conserver ce nombre, pour la raison que nous avons dite ; & dans cette vûë il a omis exprès quelques générations, comme on l'a remarqué plus haut. On a y vû que la seconde classe qui devoit être de quatorze personnes, n'en a que treize à cause de l'absence de *Joachim*, dont on ne peut guéres imputer l'omission qu'aux copistes.

℣. 18. Cum esset desponsata mater Jesu. *La Mere de Jesus étant fiancée à Joseph.* Le terme *desponsata* signifie proprement être fiancée, & il répond exactement au Grec, (*b*) qui signifie la même chose; & c'est ainsi que l'entend Origénes, (*c*) S. Hilaire, (*d*) S. Jérôme, (*e*) saint Basile, (*f*) saint Epiphane, (*g*) saint Bernard, (*h*) S. Chrysostôme, (*i*) & plusieurs Interprétes ; (*k*) & toute la suite du discours insinuë ce sentiment. Voyez le ℣. 20. D'autres Peres, & d'autres Interprétes en grand nombre soûtiennent que dès le tems de l'Incarnation de Jesus-

(*a*) Abraham est né l'an du monde 2008. J. C. est né l'an du monde 4000.

(*b*) Μνηστευθείσης γὰρ τῆς μητρὸς αὐτοῦ Μαρίας τῷ Ἰωσήφ.

(*c*) *Origen. seu alius author in divers. Evangel. homil.* 2.

(*d*) *Hilar. hic. Ergo & conjugis nomen sponsa sus epit. Et post partum in conjugem recognita tantùm Jesu mater ostenditur.*

(*e*) *Ieronym hic. Joseph penè licentiâ maritali futura uxoris omnia noverat. Et* ℣. 16. *Cum virum audieris, suspicio tibi non subeat nuptiarum. Ita &* ℣. 20.

(*f*) *Basil. homil. de Human. Christi generatione*, p. 507.

(*g*) *Epiphan. Hæres.* 78.

(*h*) *Bernard. super* Missus est, *seu de Laudib. B. M. homil.* 2. *n.* 12 *Mos Judaorum erat, ut à die desponsationis sua, usque ad tempus nuptiarum, sponsis sponsa traderentur custodienda, &c.*

(*i*) *Chrysost. homil.* 4. *in Matt* ℣. 20.

(*k*) *Erasm. Martianay, Baronius, Hammond, Le Clerc, Beze, Schomith, &c.*

CHRIST, Marie étoit veritablement mariée, & épouse de Joseph. L'Auteur de l'Ouvrage imparfait sur saint Matthieu, saint Ambroise l. 2. sur saint Luc, Théophylacte, & plusieurs autres prennent le Texte comme signifiant un vrai mariage.

Mais peut être que tout ceci n'est qu'une dispute de nom, puisque les fiancées parmi les Hébreux étoient considérées comme des épouses, ainsi qu'on l'a déja dit; en sorte qu'on ne pouvoit les répudier sans des lettres de divorce. Saint Chrysostome, (a) l'Auteur de l'ouvrage imparfait, (b) & saint Bernard (c) supposent que c'étoit la coûtume des Juifs de donner aux fiancez la garde de leur future épouse; pratique qui paroît contraire à ce que nous voyons usité dans l'Ecriture, & enseigné par les Rabbins, & qu'on ne peut considérer que comme une coûtume singuliére des Juifs de certains pays, contraire à ce qui se pratiquoit par tout ailleurs; mais cela confirme toûjours ce que nous avons dit, que parmi les Hébreux les fiancées étoient déja considérées comme les épouses de leurs fiancez, & qu'apparemment les fiançailles ne différoient du mariage, que par la consommation. Saint Hilaire (d) enseigne expressément qu'il n'y eut proprement de mariage entre la Vierge, & saint Joseph, qu'après la naissance de JESUS-CHRIST.

ANTEQUAM CONVENIRENT, INVENTA EST IN UTERO HABENS. *Marie se trouva grosse, avant qu'ils eussent été ensemble.* Ou avant que la Vierge fût conduite dans la maison de son époux, (e) & que son mariage eût été accompli. Car parmi les Hébreux c'est une très-ancienne coûtume que les fiancées demeurent en promesse dans la maison de leurs peres pendant plusieurs mois avant la célébration des nôces, & avant qu'elles soient données à leurs maris. La femme de Samson (f) demeura longtems chez ses parens depuis les fiançailles, jusqu'aux nôces. Les filles de Loth (g) étoient chez leur pere, quoique promises en mariage, lorsque les Anges vinrent pour détruire la ville de Sodome. Encore aujourd'hui chez les Juifs, les filles demeurent en promesse quelquefois six mois, quelquefois un an, ou deux, selon que l'on en est convenu, & selon que l'âge de la personne promise le demande; (h) car parmi eux on fiance les filles de fort bonne heure. Il semble que dans l'Afrique la même chose étoit en usage. Saint Augustin: (i) *Institutum est ut jam pactæ sponsæ non tra-*

(a) *Chrysost. Homil. 4.*

(b) *Author Op. imperfecti. Homil. 1.*

(c) *Bern. serm 2. super Missus est.*

(d) *Hilar. in Matth. Ergo & conjugis nomen sponsa suscepit, & post partum in conjugem recognita tantùm, Jesu mater ostenditur.*

(e) *Bez. Vat. Spanh. Syr. Ligfoot Grot. alii passim.*

(f) *Judic.* XIV. XV.

(g) *Gen. c.* XIX.

(h) *Selden uxor Hebr.* Basnage, Histoire des Juifs, liv. 5. Chap. 19. art. 12. Leon de Modene partie 3. c. 3. *Byna. de Natali Christi lib. 1. c. 2. art. 5.*

(i) *August. l. 8. Confess.*

dantur statim, ne vilem habeat maritus, quam non suspiraverit sponsus dilatam.

Quelques anciens Hérétiques dans Origénes, (a) Tertullien, (b) Bonose Evêque de Macédoine dont parle saint Ambroise Ep. 79. & Helvidius (c) concluoient de ses paroles, *Avant qu'ils eussent été ensemble*, que la Vierge, & saint Joseph n'avoient point vêcu dans la continence depuis la naissance de JESUS-CHRIST, & qu'ils avoient eu de leur mariage des enfans qui sont nommez dans l'Evangile (d) les freres de JESUS-CHRIST; mais ce sentiment n'a eu que peu de sectateurs, & il a été vivement réfuté par saint Jérôme. On dit tous les jours qu'un homme est mort avant que d'executer ses projets; s'ensuit-il qu'il les ait executez après sa mort? On dit qu'un Juge condamne un coupable avant que de l'entendre; s'ensuit-il qu'il l'entende après l'avoir condamné? Les discours ordinaires des hommes sont pleins de pareilles expressions. L'Ecriture elle-même s'exprime ainsi en cent occasions. Voyez *Genes.* VIII. 7. 2. *Reg.* V. *ult. Psal.* CIX. I. XCIII. 15. CXXII. 3. *Matth.* XII. 20. & XXVIII. 20. & I. *Cor.* XV. 25. &c.

L'Auteur de l'Ouvrage imparfait sur saint Matthieu, rapporte sur la foi d'une ancienne histoire, que lorsque l'Ange vint trouver Marie pour lui annoncer le mystére de l'Incarnation, & pendant tout le tems de son voyage dans les montagnes de Juda, Joseph étoit absent de la maison; & qu'à son retour, après une absence de plusieurs mois, s'étant aperçû de la grossesse de Marie, qui étoit sensible, il lui fit des reproches de son incontinence, & la menaça des jugemens de Dieu. Mais la Vierge ne pouvant s'excuser, lui répondit en soûpirant: *Vive le Seigneur, je ne sai d'où cela est venu.* Cette réponse effraya Joseph, & examinant de près la conduite de Marie, & n'y trouvant rien qui pût la faire soupçonner de libertinage, il aima mieux croire qu'elle avoit conçû sans aucun commerce avec un homme, que de l'accuser d'adultére. Mais cet Auteur est sujet à rapporter quelquefois des faits apocryphes. Il ne paroît pas par l'Evangile que Joseph ait témoigné son inquiétude à Marie, ni que Marie ait cherché à lui découvrir le mystére de ce qui s'étoit passé en elle. Elle attendit en paix, & avec humilité que Dieu découvrît son innocence, à son époux.

Mais pourquoi le Sauveur a-t'il choisi pour mere une femme mariée, ou au moins fiancée, puisqu'il devoit naître d'une Vierge, & que sa naiss-

---

(a) *Origen. Homil.* 7. *in Luc p.* 138.

(b) *Tertull. de Monogam cap* 8 *& de hum. Christi c.* 7. *Vide Ieronym. advers. Helvid.*

(c) *Vide Ieronym. contra Helvid. c.* 2. *& in hunc loc. & Chrysost. Homil.* 4. *Jovinian. apud August l de Haresib. Epiphan, heres.* 78. *de Antidico-Marian.*

(d) *Matth.* XII. 46. 47. XIII. 55. *Marc.* XIII. 31. 33. *Luc.* VIII. 19. 20.

19. *Joseph autem vir ejus, cum esset justus, & nollet eam traducere, voluit occultè dimittere eam.*

19. Or Joseph son mari étant Juste, & ne voulant pas la déshonorer, résolut de la renvoyer secretement.

COMMENTAIRE.

sance miraculeuse devoit faire un article de nôtre Foi? N'étoit-ce pas là exposer ce mystére à la calomnie, & fournir des armes, & des prétextes à l'incrédulité, & à la malice de ses ennemis? On apporte plusieurs raisons de cette conduite. La premiere, afin de donner un voile à la pudeur de Marie, & une couverture à sa réputation, en attendant que la merveille de sa virginité féconde se manifestât par les miracles de son Fils. (*a*) Si l'on eût vû une simple fille enceinte, quel scandale dans le peuple, quelle honte pour Marie? Le Sauveur a mieux aimé que l'on doutât pendant quelque tems de la pureté de sa naissance, que d'exposer la pudeur de sa Mere au moindre reproche: *Maluit aliquos de sua generatione, quàm de matris pudore dubitare; nec putavit ortus sui fidem, matris injuriis astruendam*, dit saint Ambroise. (*b*) 2°. Pour fournir à Marie & à Jesus, un conducteur dans les voyages qu'ils devoient faire de Nazareth à Bethléem, & de Bethléem en Egypte; pour leur donner un aide qui pût gagner par son travail la vie à l'un & à l'autre; & un homme qui pût être le gardien de la pureté de Marie, & le témoin de la naissance miraculeuse, & de la vie admirable de JESUS-CHRIST. Quelques anciens (*c*) ajoûtent une troisiéme raison: C'étoit pour cacher au démon l'Incarnation du Messie. L'ennemi du genre humain n'ignoroit pas que le Christ ne dût naître d'une Vierge, ainsi il ne pouvoit soupçonner une femme mariée d'être sa mere. Il le vit donc naître, grandir, & paroître dans le monde, sans pouvoir le distinguer du reste des hommes. Si le démon l'eût connu, auroit-il osé le tenter, & engager les Juifs à le crucifier? *Si enim cognovissent, numquam Dominum gloriæ crucifixissent.* (*d*)

℣. 19. JOSEPH CUM ESSET JUSTUS, ET NOLLET EAM TRADUCERE. *Joseph étant juste, & ne voulant pas la déshonorer.* Quelques-uns (*e*) ont crû que saint Joseph sachant le mystére de l'Incarnation du Verbe, & pénétré d'une profonde vénération pour la sainte Vierge, prit la résolution de la quitter ne se croyant pas digne de demeurer avec elle. Mais l'opinion contraire est bien plus suivie, (*f*) & plus probable. Jo-

---

(*a*) *Origen. Homil. 1. in divers. Evang. Hilar. can. 1. Matth. Chrysost. Homil. 4. Basil. Homil. de humana Christi gener. Theophilact hic. Bern. ser. 2. in Missus est.*

(*b*) *Ambros. l. 2. in Luc.*

(*c*) *Ignatius Martyr. Epist. ad Ephesios. Origen. Homil. 6. in Luc. Ieronym. Chrysost. hic, Author Oper. imperfect. Homil. 5. alii plerique.*

(*d*) 1 Cor II 8.

(*e*) *Origen. Homil. 1. in divers. Evang. Basil. tom. 1. Homil 25 Bernard. super Missus est.*

(*f*) *Chrysost. hic Aug. Ep Olim. 54. nunc 153. & ser. olim. 16. de Verb. Domini, nunc 82. Ieronym. in Matth.*

ſeph n'apprit le myſtére qu'après que l'Ange lui eut dit. ℣. 20. *Ne craignez point de prendre Marie pour vôtre épouſe ; car ce qui eſt engendré en elle, eſt du Saint Eſprit.*

Avant cette apparition étant perſuadé de la pudeur, & de la vertu de Marie, il n'oſa ni la condamner, ni la diffamer, comme adultére. Il crut que ce qu'il voyoit dans elle, venoit plûtôt de quelque violence qu'elle auroit ſoufferte, ou de quelque autre cauſe qui lui étoit inconnuë, que d'un commerce honteux & illicite. Il jugea que le parti qu'il pouvoit prendre, ſuivant la juſtice, étoit de ſuſpendre ſon jugement, & de ſe retirer de ſon pays, ſous quelque prétexte ; ou de donner ſecrettement à Marie un écrit de divorce en préſence de deux témoins, au lieu de la répudier d'une maniére éclatante, & ignominieuſe; car on prétend que cette maniére de répudier ſans ſolemnité étoit quelquefois en uſage parmi les Hébreux. (*a*) Ou enfin, de lui dire ſecrettement qu'il renonçoit à tout engagement avec elle, & qu'elle pouvoit ſe marier à qui elle vouloit. Ces ſortes de ſéparations & de divorces, qui ſe faiſoient librement de part & d'autre, & ſans formalitez, étoient les plus ſimples, & les plus aiſées, ſur tout lorſque le mariage n'étoit encore ni conclu, ni conſommé.

L'on n'eſt point d'accord ſur le ſens du terme de *Juſte* en cet endroit. Quelques-uns (*b*) l'entendent de la juſtice rigoureuſe, qui nous rend exacts à rendre à chacun ce qui lui eſt dû, & ponctuels à obſerver les ordonnances du Seigneur. Joſeph voyant ſa fiancée enceinte, ne crut pas pouvoir ſans péché, demeurer plus long-tems avec elle, ſuivant cette parole de l'Ecriture : (*c*) *Celui qui retient une adultére, eſt un inſenſé, & un impie.* Il prit donc la réſolution de la quitter, ou de la répudier. Mais comme il n'étoit pas certain qu'elle ſe fût proſtituée volontairement, il ne voulut pas la diffamer, ni l'expoſer à la rigueur de la Loi, qui condamnoit l'adultére à être lapidée. (*d*) Il ſuivit en tout cela les regles de la plus exacte juſtice. Il ne porta pas ſon jugement au-delà de ſes connoiſſances. La preuve de la groſſeſſe de Marie étoit évidente ; c'en étoit aſſez pour l'autoriſer à l'abandonner; mais il n'étoit pas certain qu'elle fût coupable d'adultére, ni par conſéquent qu'elle méritât la mort.

D'autres (*e*) prennent le nom de *Juſte*, dans le ſens de doux, de clément, de miséricordieux. Joſeph étoit perſuadé que la Loi lui permettoit, mais ne l'obligeoit pas de faire punir ſon épouſe adultére ; (*f*) il aima

(*a*) *Vide Byna. de Natali Chriſti, l.* 1. *c.* 2. *art.* 9. 10. 11. 12.

(*b*) *Brug. Piſc.*

(*c*) *Prov.* XVIII. 22. *Vide Chryſoſt. & Ieron. hic. Aug l.* 1. *c.* 19 *Retract. Baſil. can.* 9. *&* 21. *ad Amphiloch.*

(*d*) *Levit.* XX. 10.

(*e*) *Grot. Druſ Hammon. Spanh dub. Evang. Camer. Pricaus, Martianaus, Cnatbul. Gataker., Cleric. ad Hammon. Toynar. Vide & Aug. Serm.* 5 *nov. edit. n* 9 *& Chryſoſt Homil.* 4. *&*

(*f*) *Ambroſ. in Pſal.* CXVIII. *Ser.* 7.

mieux

20. *Hæc autem eo cogitante, ecce Angelus Domini apparuit in somnis ei, dicens: Joseph fili David, noli timere accipere Mariam conjugem tuam; quod enim in ea natum est, de Spiritu Sancto est.*

20. Mais lorsqu'il étoit dans cette pensée, un Ange du Seigneur lui apparut en songe, & lui dit: Joseph fils de David, ne craignez point de prendre avec vous Marie vôtre femme; car ce qui est formé dans elle vient du Saint Esprit.

COMMENTAIRE.

mieux user de clémence, & se retirer, ou la répudier, que la diffamer, & l'exposer à une mort ignominieuse. Il est certain que dans l'ancien & le nouveau Testament, le nom de *Juste* se prend souvent pour *miséricordieux*, & celui de justice, pour miséricorde: Par exemple: (*a*) *Délivrez-moi du sang, & ma langue publiera vôtre justice.* Et ailleurs: (*b*) *Exaucez-moi dans vôtre justice.* Et l'Ecclésiaste: (*c*) *Ne soyez point trop juste*; c'est-à-dire, selon les Hébreux, (*d*) n'usez point d'une trop grande clémence, comme Saül envers Agag Roi des Amalécites. (*e*) Et S. Paul (*f*) en parlant de JESUS-CHRIST: *Le Seigneur nous a donné le pardon de nos péchez par son sang, pour nous donner des preuves de sa justice.* Et ailleurs: (*g*) *Dieu a répandu ses biens, il les a départis aux pauvres; sa justice subsiste dans tous les siécles.* Et l'Apôtre saint Jean: (*h*) *Nous avons pour Avocat auprès du Pere Céleste Jesus-Christ, qui est tout rempli de justice*; c'est-à-dire, de miséricorde: *Jesum Christum justum.* Rien n'empêche que l'on ne l'explique en ce sens dans ce passage.

Les Peres (*i*) prennent communément ici le nom de *Juste*, pour un homme vertueux, agréable à Dieu, orné de toutes les qualitez qui rendent un homme moralement bon, juste, & parfait. On peut réünir les trois sens, & dire que saint Joseph avoit toutes les vertus qui peuvent être renfermées sous le nom de Juste, soit qu'on l'entende de la justice rigoureuse, ou de la clémence, ou de la vertu la plus parfaite.

Le verbe *traducere*, que nous traduisons par *diffamer*, signifie, selon la force de l'original Grec, (*k*) faire un exemple de quelqu'un, l'exposer à la honte, & à l'ignominie, par un supplice public & exemplaire, comme les voleurs, les meurtriers qu'on fait mourir sur les potences, & sur les échaffaux, pour inspirer de la terreur aux autres. Saint Augustin (*l*) dit

---

(*a*) *Psalm.* L. 16.
(*b*) *Psalm.* CXLII. 1.
(*c*) *Eccle.* VII 17. *Noli esse justus multum.*
(*d*) *Chald. & Midras, & Rabb. Haccados, & Salom in eund. locum.*
(*e*) 1. *Reg.* XV 22. 23.
(*f*) *Rom.* III 25. 26.
(*g*) 2. *Cor.* IX. 9. & *Psalm.* CXI. 9. *Prov.* XI. 18. 24.
(*h*) 1. *Joan* II. 1.
(*i*) *Chrysost. Author operis imperfecti. Ita Maldon.*
(*k*) Παραδειγματίσαι. *Vide Grot. hic. Scultet. alios in Synopsi critic.*
(*l*) *August. serm.* 51. *nov. Edit. n.* 9.

21. *Pariet autem filium : & vocabis nomen ejus* Jesum *: ipse enim salvum faciet populum suum à peccatis eorum.*

21. Et elle enfantera un Fils, à qui vous donnerez le nom de Jesus ; parce que ce sera lui qui sauvera son peuple, *en le délivrant* de ses pechez.

COMMENTAIRE.

que plusieurs Exemplaires Latins lisent : *Nolens eam divulgare.*

℣. 20. Noli timere accipere Mariam conjugem tuam. *Ne craignez point de prendre avec vous Marie vôtre femme.* Ne craignez point de l'épouser, & de la prendre dans vôtre maison. Car nous supposons que jusqu'alors Marie étoit demeurée dans la maison de son pere, (a) suivant la coûtume du pays. Après ceci Joseph la prit pour femme ; il la conduisit dans sa maison. ℣. 24. *Accepit conjugem suam.*

Quod enim in ea natum est, de Spiritu Sancto est. *Car ce qui est formé dans elle, vient du Saint Esprit.* N'ayez nulle inquiétude sur l'intégrité, & sur la fidélité de vôtre épouse ; car le fruit qu'elle porte, n'est pas une production du crime, & de l'adultére, c'est l'œuvre du Saint Esprit. Marie n'a point vû d'autre époux que le Saint Esprit, qui a formé dans son sein le germe du salut. Ce n'est pas à dire que le Saint Esprit soit le pere de Jesus-Christ, en y prenant ici ce nom de *Pere*, d'une maniére grossiére & charnelle. (b) Mais le Saint Esprit par sa vertu a donné la fécondité à Marie, & une fécondité surnaturelle, & toute miraculeuse. Toute la Sainte Trinité a concouru sans doute à l'Incarnation du Verbe, suivant cette maxime reçûë dans l'Ecole, que toute la Trinité concourt aux œuvres qui se font hors d'elle ; mais on rapporte communément l'Incarnation au Saint Esprit, comme au principe des œuvres de vie, de libéralité, de bonté ; de même qu'on attribuë pour l'ordinaire au Pere celles qui regardent la puissance, & le domaine ; & au Fils celles où la sagesse éclate principalement.

Ce qui est dit : *Quod in ea natum est*, ne prouve pas, comme l'ont prétendu quelques-uns, (c) que le Corps du Sauveur ait été créé tout d'un coup dans le sein de la Vierge ; mais simplement, que Marie est vraiment la mére de Jesus-Christ, qu'elle a fourni la matiére à son Corps ; que ce Corps s'est formé insensiblement dans son sein, comme les corps des autres enfans.

(a) *Ita Origen. Basil. Epiphan. Hilar. alii sup. citati, ad* ℣. 18. *Vide & Vatab. Pisc. Drus. Bez. Grot. Toynard, alios.*

(b) *Autor operis imperfecti. Unigenito Deo Virginem ingressuro, Spiritus Sanctus præcessit, ut præcedente Spiritu Sancto, in sanctificatione nascatur Christus secundùm Corpus, divinitate ingrediente pro semine.*

(c) *Basilius homil. 25. tom. 1. de Human. Christ. generat.* Ἐντεῦθεν δῆλον ὅτι οὐ παρὰ τὴν κοινὴν φύσιν τῆς σαρκὸς ἡ σύστασις ἐγένετο τοῦ Κυρίου. Εὐθὺς γὰρ τέλειον ἐν τῇ σαρκὶ τὸ κυοφορούμενον, οὐ ταῖς κατὰ μικρὸν διαπλάσεσι μορφωθὲν, ὡς δηλοῖ τὰ ῥήματα.

22. *Hoc autem totum factum est, ut adimpleretur quod dictum est à Domino per Prophetam dicentem :*	22. Or tout cela se fit pour accomplir ce que le Seigneur avoit dit par le Prophéte, en ces termes :

COMMENTAIRE.

℣. 21. PARIET AUTEM FILIUM, ET VOCABIS NOMEN EIUS JESUM. *Elle enfantera un Fils, à qui vous donnerez le nom de Jesus.* L'Ange rassure S. Joseph, en lui donnant pour signe une chose future, mais prochaine. Marie est enceinte d'un Fils qui portera le nom de *Jesus*, & qui sera le Sauveur de son peuple. Dans le style de l'Ecriture, il est assez ordinaire de dire qu'une chose *sera appellée*, pour dire qu'elle sera. Ainsi quand l'Ange dit que le Fils de Marie sera appellé *Jesus*, ou *Sauveur*, il veut marquer qu'il en remplira tous les devoirs; qu'il sera Sauveur de nom & d'effet. On donne ici à Joseph l'honneur de nommer JESUS. Mais dans saint Luc, l'Ange dit à Marie : (*a*) *Vous lui donnerez le nom de Jesus.* Chez les Hébreux c'étoit tantôt le pere, & tantôt la mere qui imposoit le nom à ses enfans; il n'y avoit sur cela aucun usage uniforme. On voit divers exemples pour l'un, & pour l'autre. Le premier auteur du nom de JESUS, étoit Dieu même. Joseph & Marie n'étoient que les exécuteurs de ses ordres.

℣. 22. HOC AUTEM TOTUM FACTUM EST, UT ADIMPLERETUR, &c. *Tout cela se fit pour accomplir ce que le Seigneur avoit dit par le Prophéte.* La plûpart des Grecs après saint Chrysostome (*b*) croyent que ceci est une suite du discours de l'Ange à saint Joseph. Tout ce qui est arrivé à Marie vôtre épouse, le secret dans lequel tout ceci s'est passé, le silence qu'on a gardé à vôtre égard; tout cela étoit dans les desseins de Dieu, pour accomplir ce qu'il avoit autrefois prédit par ses Prophétes : ainsi rassurez-vous, & dissipez les soupçons qui se sont formez dans vôtre cœur.

Mais les autres Peres, & les Commentateurs croyent que c'est une réflexion de l'Evangéliste, qui dit que l'Incarnation de JESUS-CHRIST dans le sein de Marie, est une suite de la Prophétie d'Isaïe, que nous allons rapporter. Au reste, cette maniére de parler : *Afin que la Prophétie s'accomplît*, ne se prend pas toûjours dans la rigueur, comme si réellement la chose prédite étoit la raison de ce qui arrive; ou que la chose qui arrive, soit une suite, & un effet de ce qui est prédit. Souvent cela ne veut dire autre chose, sinon : en cela se vérifie ce qui a été dit par le Prophéte. Ou bien: Alors se vit l'accomplissement de la Prophétie, &c. Cet-

(*a*) *Luc.* I. 32.
(*b*) *Chrysostom. homil.* 5. *Theophilact. Euthym. alii Græci.*

23. *Ecce Virgo in utero habebit, & pariet Filium, & vocabunt nomen ejus Emmanuël; quod est interpretatum nobiscum Deus.*

24. *Exurgens autem Joseph à somno, fecit sicut præcepit ei Angelus Domini, & accepit conjugem suam.*

23. Une Vierge concevra, & elle enfantera un Fils, à qui on donnera le nom d'Emmanuël; c'est-à-dire, Dieu est avec nous.

24. Joseph s'étant donc éveillé, fit ce que l'Ange du Seigneur lui avoit ordonné, & prit sa femme avec lui.

COMMENTAIRE.

te remarque doit avoir lieu en plusieurs endroits du nouveau Testament, (a) comme on le verra ci-après.

℣. 23. ECCE VIRGO IN UTERO HABEBIT, &c. *Une Vierge concevra, & elle enfantera un Fils à qui on donnera le nom d'Emmanuël.* On ne peut rien de plus exprès que cette prophétie, pour l'intégrité de la sainte Vierge. Nous avons examiné dans une Dissertation expresse sur Isaïe, les divers sens qu'on lui donne, & nous avons montré, qu'on ne pouvoit raisonnablement douter qu'elle ne regardât la naissance du Messie d'une mere Vierge, 1°. A cause de la clarté des termes dans lesquels elle est conçûë. 2°. Par l'autorité des Apôtres, & des Juifs de leur tems, qui l'entendoient ainsi. Si ce n'eût pas été la tradition constante de l'Eglise Juive, que le Messie devoit naître d'une Vierge, les Apôtres & les Disciples se seroient-ils avisez d'avancer une chose si incroyable, & si difficile à prouver? Et les Juifs, persuadez comme ils l'étoient, que le Messie devoit naître d'une Vierge, auroient-ils pû croire en JESUS-CHRIST, si on ne leur eût clairement montré que Marie, Mere de JESUS, étoit véritablement Mere, & Vierge?

Emmanuël signifie, *Dieu est avec nous.* C'étoit une prophétie de la Divinité du Fils de Dieu. Si JESUS n'a pas porté dans le monde le nom d'*Emmanuël*, il en a possédé toute la réalité, (b) il a été un Dieu caché; il a prouvé sa Divinité par une infinité de miracles. C'en est assez pour montrer l'accomplissement de la prophétie. *Etre appellé* se met très-souvent pour *être* simplement, comme on l'a déja vû. Saint Jean a dit de JESUS-CHRIST: (c) *Le Verbe s'est fait chair, & a habité parmi nous.*

℣. 25. ET NON COGNOSCEBAT EAM, DONEC PEPERIT FILIUM SUUM PRIMOGENITUM. *Et il ne l'avoit point connuë, lorsqu'elle enfanta son Fils premier-né.* Joseph prit Marie dans

(a) *Vide Hammond. hic, & Grot.*
(b) *Justin. qu. 132. ad Orthodox. Tertull. contra Judæos, & l. 3. contra Marcion, Lactant. l. 4. c. p. 12. de Vera Sapientia, &c.*
(c) *Joan. I. 14.*

25. *Et non cognoscebat eam, donec peperit Filium suum primogenitum: & vocavit nomen ejus* JESUM.

25. Et il ne l'avoit point connuë, quand elle enfanta son Fils premier-né, à qui il donna le nom de JESUS.

COMMENTAIRE.

sa maison, & la reçut pour son épouse, selon les coûtumes de sa Nation; mais il garda toûjours avec elle une parfaite continence, tant avant qu'après la naissance de JESUS. Quelques Héretiques, (a) comme on l'a déja remarqué, s'étoient imaginé que la sainte Vierge avoit eu quelques enfans de saint Joseph depuis la naissance de son premier-né. Ce nom de *premier-né*, joint à cette particule *donec, jusqu'à ce qu'elle eût enfanté*, & les freres de JESUS-CHRIST denommez dans l'Evangile, sembloient donner quelque couleur à cette opinion. Mais elle est réfutée par toute l'antiquité Chrétienne, qui a toûjours cru que Marie avoit conservé sa virginité après comme avant son enfantement. Le terme de *premier-né* n'emporte pas toûjours l'idée d'autres enfans qui seroient venus après; (b) il marque simplement que Marie n'en avoit point eu auparavant. (c) *Primogenitum non eum vocant (Scripturæ) quem fratres sequantur, sed qui primus natus sit*, dit saint Jérôme sur cet endroit.

La particule *jusqu'à ce que*, ne dit pas non plus que la chose dont on parle, soit arrivée après cela; mais seulement, qu'elle n'arriva pas jusqu'à ce tems. Quand on dit que JESUS-CHRIST regnera jusqu'à ce que son Pere lui mette tous ses ennemis sous les pieds, (d) veut-on marquer qu'il cessera de regner quand il lui aura assujetti tous ses ennemis? Quand on dit qu'un homme n'a pas voulu pardonner à son ennemi jusqu'à la mort, cela veut-il dire, qu'il lui a pardonné après sa mort? Quand S. Paul dit à Timothée: (e) *Vaquez à la lecture jusqu'à ce que je vienne*; est-ce à dire qu'il n'y vaquera plus après la venuë de saint Paul? Voyez *Genes.* XXVIII. 15. I. *Reg.* XV. 35. *Isai.* XLVI. 4. *Matth.* XII. 20. & ci-devant sur le ℣. 18.

Saint Hilaire, (f) saint Epiphane, (g) Théophylacte, (h) & plusieurs autres (i) anciens, ont crû que saint Joseph avoit eu des enfans d'une autre femme avant son mariage avec la sainte Vierge, & que ce sont ces

(a) *Eunom. apud Author. Oper. imperfect. Helvid. apud Ieronym. Iovinian. apud Augustin. Anti-dicoman. apud Epiphan.*

(b) *Vide* 1. *Par.* IX. 3. XXIII. 16. 17.

(c) *Vide Ieronym. hic, & advers. Helvid. Epiphan. Hæresi* 78 *Opus imperfect. in Matth. Maldonat. Grot. alios passim.*

(d) *Psalm.* CIX. 1. 1. *Cor.* XV. 25.

(e) 1. *Timoth.* IV. 13.

(f) *Hilar. in Matth. hic.*

(g) *Epiphan. hæres.* 78. *n.* 7.

(h) *Theophylact. in Matth.* XIII.

(i) *Origen. in Matth.* XIII.

enfans que l'Ecriture appelle les freres de JESUS-CHRIST. Origénes (*a*) remarque que c'est le faux Evangile de saint Pierre, ou celui de saint Jacques, qui ont donné lieu à cette opinion. Saint Epiphane dit ailleurs, (*b*) que la Vierge avoit échu à saint Joseph par le sort, qu'on jettoit sur les veuves, & sur les vierges que l'on nourrissoit dans le Temple, pour les donner à des hommes de leurs tribus. Mais toutes ces traditions n'ayant aucun fondement dans la veritable Histoire, ne sont dignes d'aucune considération.

Saint Hilaire, cité dans saint Thomas sur cet endroit, & l'Auteur de la Glosse ordinaire, avancent que la sainte Vierge pendant tout le tems qu'elle porta nôtre Sauveur dans son sein, avoit la face si resplendissante, que Joseph son époux ne pût la regarder fixement, ni remarquer les traits & la forme de son visage; & c'est, disent-ils, ce que l'Evangéliste a voulu marquer ici, en disant que *Joseph ne connut Marie son épouse, qu'après qu'elle eut enfanté son premier-né*. Car alors l'éclat qui brilloit sur son visage ayant disparu, Joseph commença à la voir, & à la connoître des yeux du corps; mais non pas d'une maniére charnelle. Opinion indigne de saint Hilaire, où on ne la trouve point, & qui ne mérite pas d'être relevée.

CHAPITRE II.

Adoration des Mages. Fuite de JESUS *en Egypte. Meurtre des enfans de Bethléem par Hérode. Retour de* JESUS *de l'Egypte.*

℣. 1. *Cum ergo natus esset* JESUS *in Bethleem Juda, in diebus Herodis Regis; ecce Magi ab Oriente venerunt Jerosolymam,*	℣. 1. JESUS étant donc né dans Bethléem, *ville de la tribu* de Juda, du tems du Roi Hérode; des Mages vinrent de l'Orient en Jérusalem,

COMMENTAIRE.

℣. 1. CUM ERGO NATUS ESSET JESUS IN BETHLEEM JUDA. *Jesus étant né à Bethléem de Juda.* Les Exemplaires

(*a*) Origen. ibid.

(*b*) Epiphan. in Anchorato.

Grecs, & les Peres qui ont écrit en cette Langue lisent: (a) *Bethléem de Judée*. Mais les Exemplaires Latins portent: *Bethléem de Juda*, (b) pour la distinguer d'une autre Bethléem de la tribu de Zabulon. (c) Celle de Juda étoit au midi, & à deux lieuës de Jérusalem. On verra dans saint Luc (d) comment la Providence permit que la sainte Vierge, qui avoit sa demeure à Nazareth, vint dans la tribu de Juda, & à Bethléem, pour y faire ses couches, afin que les Prophéties fussent accomplies.

IN DIEBUS HERODIS REGIS. (e) *Du tems du Roi Hérode.* C'est le grand Hérode, fils d'Antipater, & Iduméen d'origine, qui regna trente-sept ans dans la Judée, à commencer au tems qu'il fut établi Roi de ce pays par les Romains. JESUS-CHRIST nâquit la derniere année de son regne. Comme il y a plusieurs Princes de ce nom marquez dans les Livres du nouveau Testament, il est bon d'en donner ici la liste, & la généalogie.

Hérode le Grand, fils d'Antipater, épousa jusqu'à dix femmes, dont il eut des enfans. (f) La premiére fut *Doris*, que l'on croit avoir été Iduméenne, qu'il épousa n'étant encore que particulier, dont il eut *Antipater*, l'aîné de ses fils, qu'il fit mourir cinq jours avant sa mort. (g)

La seconde fut *Mariamne*, de la race des Asmonéens, qui fut mere d'*Aléxandre*, & d'*Aristobule*, qu'Hérode fit mourir à Sébaste. (h) Aristobule laissa des enfans, dont on parlera ci-après.

La troisiéme fut *Mariamne*, fille du Grand-Prêtre Simon, qui fut mere d'*Hérode*, autrement *Philippe*, & de *Salomé*. Hérode, ou Philippe épousa Hérodias, mere de cette danseuse, qui demanda la tête de Jean-Baptiste. (i) Salomé avoit été mise dans le testament du grand Hérode comme seconde héritiére après Antipater; mais son nom en fut rayé, lorsqu'on eut découvert que *Mariamne* sa mere étoit complice des crimes d'*Antipater*, fils aîné du Grand Hérode. (k)

La quatriéme femme du Grand Hérode, fut *Maltace*, Samaritaine, qui eut pour fils *Archelaüs*, & *Philippe*. Le premier posséda la moitié du Royaume de son pere, sous le nom de Tétrarchie;

(a) Ἐν Βηθλεὲμ τῆς Ἰουδαίας.
(b) *Ieronym. hic. & in Mich.* v.
(c) *Josue.* XIX. 15. *Judic.* XII. 8.
(d) *Luc.* I. 26. II. 1. *& seq*
(e) Ces paroles ne se trouvent point dans plusieurs Manuscrits Grecs. *Vide Not. Mill. hic.*
(f) *Eusob. l.* 1. *c.* 9. *p.* 27.
(g) *Joseph. lib.* 1. *de bello c.* 21. *& Antiq. l.* XVII. *c.* 10.
(h) *Ioseph. Antiq. l.* XVI. *c.* 13. *de bello l.* 1. *cap.* 17.
(i) *Marc.* VI. 21.
(k) *Ioseph. de bello l.* 1. *c.* 18 19. 20.

ſçavoir, l'Idumée, la Judée, & la Samarie. (*a*) Il regna neuf ans. Ayant été accusé devant l'Empereur Auguſte, il fut relégué à Vienne dans les Gaules, où il mourut. (*b*) C'eſt cet Archélaüs dont il eſt parlé ici ỳ. 22.

Son frere *Philippe* épouſa Salomé la danſeuſe, fille d'Hérodias, & mourut ſans enfans.

La cinquiéme femme du Grand Hérode, fut *Cléopatre*, native de Jéruſalem. Elle fut mere d'*Hérode*, ſurnommé *Antipas*, lequel épouſa *Hérodias*, femme de ſon frere Philippe, & de ſon vivant. Il en fut repris par ſaint Jean-Baptiſte. (*c*) Et ayant fait mettre ce ſaint Précurſeur en priſon, il lui fit trancher la tête, ſuivant la promeſſe qu'il en avoit faite témérairement à la fille d'Hérodias ſon épouſe, qui lui avoit plû en danſant devant lui. (*d*) C'eſt lui-même qui tâcha de prendre Jesus-Christ, & qui avoit deſſein de le faire mourir. (*e*) C'eſt à lui que Pilate renvoya le Sauveur durant ſa Paſſion. (*f*) Il fut relégué à Lyon; & s'étant ſauvé en Eſpagne, il y mourut avec Hérodias ſon épouſe. (*g*)

La ſixiéme fut *Pallas*, dont il eut Phaſaël, dont l'hiſtoire n'a nul rapport au nouveau Teſtament.

La ſeptiéme nommée *Phadre*, fut mere de Roxane, laquelle épouſa le fils de Phéroras.

La huitiéme fut *Elpide*, mere de Salomé, laquelle épouſa un autre fils de Phéroras.

Le nom des deux autres femmes d'Hérode ne nous eſt pas connu, & ne fait rien à nôtre hiſtoire, non plus que Pallas, Phædre, & Elpide, dont nous ne rapportons ici les noms que pour ſuppléer au défaut d'exactitude que l'on pourroit nous reprocher.

Ariſtobule fils d'Hérode le Grand, & de Mariamne Aſmonéene, laiſſa deux fils & une fille; ſçavoir, *Agrippa*, *Hérode*, & *Hérodias*, fameuſe par ſon mariage inceſtueux avec Antipas, qu'elle épouſa du vivant de Philippe ſon frere.

Agrippa, autrement nommé *Hérode*, fut mis en priſon par Tibére, pour quelques diſcours inconſidérez qu'il avoit fait contre lui, & en fut enſuite délivré par Caligula, qui l'établit Roi en Judée. (*h*) C'eſt lui qui fit mourir ſaint Jacques, & qui mit ſaint Pierre en priſon, com-

(*a*) *Joſeph. Antiq. l.* xvii. *c.* 11. *& de bello l.* 2. *c.* 1. 2.

(*b*) *Joſeph. Antiq. l.* xvii. *c.* 15.

(*c*) *Matth.* xiv. 3. *Marc.* vi. 17. *Luc.* III. 19.

(*d*) *Matt.* xiv. 6. *Marc.* vi. 22.

(*e*) *Luc.* xiii. 31. 32.

(*f*) *Luc.* xxiii. 7.

(*g*) *Joſeph. Antiq. l.* xv. *c.* 14. *& de bello lib.* 2. *c.* 8.

(*h*) *Joſeph. Antiq. lib.* xviii. *c.* 8. *& de bello, l.* 2. *c.* 8.

me

me il est marqué dans les Actes. (*a*) Il mourut à Cézarée de la maniére qui est racontée dans les Actes, & dans Joseph. (*b*) Il laissa un fils nommé *Agrippa*, dont on parlera ci-après.

Hérode, second fils d'Aristobule, fut Roi de Calcide, & après la mort de son frere obtint de l'Empereur le droit de conserver les ornemens du Grand-Prêtre, & de choisir le souverain Pontife à sa volonté. (*c*) Il eut un fils nommé Aristobule, à qui Néron donna la petite Arménie, & qui épousa Salomé la danseuse, fille d'Hérodias.

Agrippa, fils d'Hérode Agrippa Roi de Judée, & petit-fils d'Aristobule, & de Mariamne, fut d'abord Roi de Calcide, puis Tétrarque de Galilée, en la place de son oncle Philippe. (*d*) C'est devant lui que saint Paul parla, (*e*) & devant sa sœur Bérénice, & devant Félix, qui avoit épousé Drusille seconde fille d'Agrippa.

Hérodias, fille de Mariamne & d'Aristobule, est celle dont nous avons déja parlé, qui épousa successivement les deux freres, Philippe & Antipas ses oncles, & qui fut l'occasion de la mort de saint Jean-Baptiste. Elle eut de son premier mari *Salomé* la danseuse, qui fut mariée à Philippe Tétrarque de la Trachonite, & fils du Grand Hérode. N'en ayant point eu d'enfans, elle se remaria à Aristobule son cousin germain, fils d'Hérode Roi de Calcide, frere d'Agrippa, & d'Hérodias, & elle en eut plusieurs enfans. Voilà à peu près ce qu'il est nécessaire de savoir de la race d'Hérode, pour distinguer les personnes de cette famille, qui sont marquées dans les Livres du nouveau Testament.

ECCE MAGI AB ORIENTE VENERUNT JEROSOLYMAM. *Des Mages vinrent de l'Orient à Jérusalem.* Ils y arriverent environ un mois après la naissance du Sauveur, (*f*) en la derniere année du regne d'Hérode. Ces Mages étoient des Sages, qui venoient de l'Arabie Déserte, du côté de l'Euphrate. On peut voir nôtre Dissertation sur les Mages. Ils vinrent à Jérusalem; & il étoit naturel de venir dans la Capitale d'un pays, pour y chercher le Roi. On croit que l'étoile qui les avoit conduit jusques-là, disparut alors, ou s'arrêta, (*g*) afin que toute la ville de Jérusalem fût témoin du récit de ces étrangers, & qu'Hérode effrayé, eût occasion de consulter les Prêtres, & les Savans du

(*a*) *Act.* XII. 2.

(*b*) *Act.* XII. 22. 23. *Ioseph. Antiq. lib.* XIX. *cap.* 7.

(*c*) *Ioseph. Antiq. l.* XX. *c.* I.

(*d*) *Ioseph. Antiq. l.* XX. *c.* 5.

(*e*) *Act.* XXV. XXVI.

(*f*) M. Toinard veut qu'ils soient arrivez à Jérusalem le vingt-huit Janvier. Ils furent à Jéricho le vingt-neuf; ils y séjournerent le trente, & le trente-un. Ils allerent à Bethléem le premier Février. Jesus-Christ étoit né, selon cet Auteur, le vingt-cinquiéme Décembre précédent.

(*g*) *Chrysostom. homil.* 7. *Author operis imperfecti, Basil. alii passim.*

2\. *Dicentes : Ubi est qui natus est Rex Judaeorum ? Vidimus enim stellam ejus in Oriente, & venimus adorare eum.*

2\. Et ils demanderent : Où est le Roi des Juifs, qui est *nouvellement* né ? car nous avons vû son étoile en Orient, & nous sommes venus l'adorer.

COMMENTAIRE.

pays, pour savoir d'eux où le CHRIST devoit naître. La Povidence ménageoit cette occasion, pour tirer de leur aveu une preuve de sa venuë, & pour affermir la foi des Mages, qui apprirent que Bethléem étoit le lieu de la naissance du Messie. Mais il n'est nullement certain par l'Ecriture, que cet astre ait accompagné les Mages jusqu'à Jérusalem.

℣. 2. UBI EST QUI NATUS EST REX JUDÆORUM ? *Où est le Roi des Juifs, qui est nouvellement né ? Car nous avons vû son étoile en Orient.* Nous l'avons vû étant dans nôtre pays, dans l'Orient. C'est-là où elle s'est levée ; & nous avons compris qu'elle étoit le signe de la venuë de ce Prince, prédit autrefois par Balaam, en ces termes : (a) *Il s'élevera une Etoile de Jacob, & un sceptre du milieu d'Israël, & elle frappera les Chefs de Moab, & elle détruira tous les enfans de Seth. L'Idumée sera son partage, Sehir sera livré à ses ennemis ; & Israël agira avec valeur. Il sortira de Jacob un Dominateur, qui perdra les restes de la ville.* C'est ce Roi, ce Dominateur, ce Conquérant, que les Mages venoient chercher. Balaam étoit de leur pays. Sa prédiction étoit demeurée dans la mémoire des peuples. Les Mages & les Savans étoient attentifs à son accomplissement. Une lumiére intérieure leur découvrit que c'étoit-là le signe du Dominateur promis depuis si long-tems. Ils ne furent pas sans doute les seuls qui virent l'étoile : ils s'expriment en arrivant à Jérusalem, comme persuadez que tout le monde l'avoit vûë comme eux. Mais tout le monde n'avoit pas reçû la connoissance de ce mystére ; eux seuls avoient suivi le mouvement de la grace, & les lumiéres de la foi.

ET VENIMUS ADORARE EUM. *Nous sommes venus l'adorer.* Ils reconnoissent que celui dont la naissance leur étoit marquée par un phénoméne si extraordinaire, & si miraculeux, & dont la venuë avoit été prédite si long-tems auparavant par Balaam, n'étoit autre que le Messie, attendu par les Hébreux, & annoncé par leurs Prophétes. C'étoit une persuasion répanduë dans tout l'Orient, qu'il devoit paroître vers ce temslà. (b) On ne doutoit point parmi les Juifs que ce Messie ne dût être

(a) *Num. XXIV. 17.*
(b) *Vide Tacit. Hist. l. V. Sueton. in Vespas. Cicero. l. 2. de Divinat. Virgil. Eclog. 4. Suidam in Αὐγοῦστος.*

3. *Audiens autem Herodes Rex, turbatus est, & omnis Jerosolyma cum illo.*

4. *Et congregans omnes Principes Sacerdotum, & Scribas populi, sciscitabatur ab eis ubi Christus nasceretur.*

3. Ce que le Roi Hérode ayant appris, il en fut troublé, & toute la ville de Jérusalem avec lui.

4. Et ayant assemblé tous les Princes des Prêtres, & les Scribes, *ou Docteurs* du peuple, il s'enquit d'eux où devoit naître le CHRIST.

COMMENTAIRE.

Dieu. Les Mages viennent donc pour lui rendre leurs hommages en cette qualité. C'est le sens de leurs paroles; c'est ainsi que toute l'antiquité l'a entendu. S'ils n'avoient cherché qu'un simple Roi de la terre, Hérode auroit-il assemblé tout le Sanhédrin, & tous les Savans de la Nation, pour leur demander où le CHRIST devoit naître? Et lorsque les Mages arriverent à Bethléem, & qu'ils virent JESUS dans l'obscurité, dans la pauvreté, sans aucune apparence de Royauté, se seroient-ils prosternez devant lui, & lui auroient-ils rendu leurs hommages, en lui offrant leurs présens, s'ils n'avoient rien reconnu en lui au dessus de l'homme?

℣. 3. AUDIENS AUTEM HERODES REX, TURBATUS EST. *Le Roi Hérode en fut troublé, & toute la ville de Jérusalem avec lui.* L'arrivée de ces étrangers à Jérusalem, leur équipage, leur demande, le sujet de leur voyage attirerent toute l'attention de la ville, & de la Cour. Hérode étoit pour lors à Jéricho, (a) où il se faisoit traiter d'une maladie de langueur, qui l'emporta à quelque tems de là. Ayant appris ce qui se passoit à Jérusalem à l'arrivée des Mages, il en fut troublé. Ce Prince étoit naturellement défiant & soupçonneux; il n'ignoroit pas qu'il ne fût très-odieux aux Juifs; il craignoit que cette nouvelle remuant les esprits ne causât quelque révolte, & n'attirât quelque révolution. En effet, la ville de Jérusalem en fut troublée, & chacun raisonna sur cette affaire à sa maniére; toutefois personne ne se mit en devoir de chercher le nouveau Roi; la crainte qu'on avoit d'Hérode tenoit tout le monde en suspens.

℣. 4. CONGREGANS OMNES PRINCIPES SACERDOTUM, ET SCRIBAS. *Ayant assemblé tous les Princes des Prêtres, & les Scribes*, ou les Docteurs du peuple. *Les Princes des Prêtres* étoient ou les Chefs des principales familles de la race d'Aaron, ou ceux qui avoient quelque dignité, ou quelque office dans le Temple; car il y avoit plusieurs Officiers

---

(a) *Joseph. Antiq. lib. XVII. cap. 8. & de Bello lib. I. c. 21. Toinard, Harmoni. Evangel. hic.*

ſubordonnez au Grand-Prêtre; ſavoir les Vicaires, & les Chefs des vingt-quatre claſſes des Prêtres. (*a*) Enfin, on peut entendre ſous ce nom, tant celui qui étoit actuellement Grand-Prêtre, que ceux qui avoient joüi de cette dignité auparavant; car depuis quelque tems la dignité du Grand-Prêtre n'étoit plus à vie, & on en changeoit preſque tous les ans au gré des Empereurs, ou du Roi. Hérode fit venir les Mages, & tous les Prêtres & les Docteurs à Jéricho. Ce fut en ſa préſence, & en préſence des Mages que ſe tint la conférence.

Les Scribes du peuple dans l'ancien Teſtament, & avant la captivité de Babylone, avoient une autorité fort étenduë tant dans les affaires de la guerre, que dans celles de la judicature. (*b*) Mais dans le nouveau Teſtament on voit leur autorité plus bornée; ils ne ſe mêlent proprement que des affaires de la Religion, de lire, d'interpréter, d'enſeigner la Loi. Il y en avoit de toutes les Tribus, mais principalement de celle de Levi; parce que ceux de cette Tribu étant moins occupez que les autres aux travaux de la campagne, avoient plus de loiſir pour cultiver les lettres, & pour étudier la Loi. S. Luc (*c*) nomme quelquefois *Docteurs de la Loi*, ceux qui ſont appellez *Scribes* dans les autres Evangéliſtes, quoiqu'il ſe ſerve auſſi du nom de *Scribes*; (*d*) & JESUS-CHRIST leur reproche d'abuſer de l'autorité qu'il avoient parmi le peuple, en qualité de ſucceſſeurs de Moyſe, dans la chaire de vérité, (*e*) pour ſéduire les peuples par leur pernicieuſe doctrine, & par leurs fauſſes traditions, & pour les ſcandaliſer par leur mauvaiſe conduite. Il leur dit qu'ils impoſent aux autres des fardeaux inſupportables, qu'ils ne voudroient pas toucher du bout du doigt; il reprend leur vanité, leur orguëil, leur hypocriſie; il les accuſe de fermer l'entrée du Ciel à ceux qu'ils conduiſent, & de n'y entrer pas eux-mêmes. Enfin, il dit que ce ſont des aveugles qui conduiſent d'autres aveugles. Tout cela prouve deux choſes: la premiére, qu'ils avoient la clef de la ſcience, & qu'ils étoient aſſis ſur la chaire de Moyſe; & la ſeconde, qu'ils étoient très-corrompus.

Outre cette autorité que leur donnoit l'emploi de Maîtres, & de Docteurs de la Loi dans la décision des cas, & dans l'exercice de la juriſdiction libre, & volontaire qu'ils exerçoient ſur les eſprits, & ſur les conſciences, ils avoient auſſi beaucoup de crédit dans les affaires contentieuſes, & dans les jugemens qui regardoient les matiéres de la Loi. Le Fils de Dieu dit qu'il ſera livré aux Princes des Prêtres, & aux Scribes, pour être con-

(*a*) 1 *Par.* XXIV. 5. 2. *Par.* XXXV. 14.

(*b*) Voyez nôtre Diſſert. ſur les Officiers des Rois de Juda, à la tête des Paralipp. & le Comment. ſur *Judit.* ℣. 14.

(*c*) *Luc.* II. 46. Ἐν μέσῳ τῶν διδασκάλων. Et VII. 30. Οἱ δὲ Φαρισαῖοι, καὶ οἱ νομικοί. *Ita & XI.* 45. 46. 52. XIV. 3.

(*d*) *Luc.* V. 21. Ἤρξαντο οἱ γραμματεῖς. *Ita & V.* 30. VI. 7. *&c.*

(*e*) *Matth.* XXIII. 15.

5. *At illi dixerunt ei : In Bethleem Judæ : Sic enim scriptum est per Prophetam :*

6. *Et tu, Bethleem terra Juda, nequaquam minima es in principibus Juda : ex te enim exiet Dux, qui regat populum meum Israël.*

5. Ils lui dirent *que c'étoit* dans Bethléem *de la tribu* de Juda, selon ce qui a été écrit par le Prophéte :

6. Et toi Bethléem, terre de Juda, tu n'es pas la derniere entre les principales villes de Juda; car c'est de toi que sortira le Chef, qui conduira mon peuple d'Israël.

COMMENTAIRE.

damné à mort. (a) Et en effet, les scribes se trouvent avec les Princes des Prêtres chez Caïphe, où JESUS-CHRIST fut condamné : (b) Et dans l'assemblée où les Apôtres furent présentez. (c) Ils menoient l'esprit du peuple comme ils vouloient, & l'engageoient à demander la vie ou la mort de ceux dont ils avoient entrepris la perte, ou la conservation. L'Auteur de l'Ecclésiastique (d) dit que le Seigneur répand l'éclat de sa gloire sur la face du Scribe ; ce qui montre l'honneur où ils étoient parmi les Juifs.

℣. 6. ET TU, BETHLEEM TERRA JUDA, NEQUAQUAM MINIMA ES. *Et toi, Bethléem terre de Juda, tu n'es pas la derniére d'entre les principales villes de Juda.* C'est la réponse des Prêtres, & des Scribes, qui montre qu'alors on expliquoit communément cette Prophétie du Messie. S. Jérôme (e) remarque que l'Evangéliste ne l'a pas rapportée mot pour mot, comme elle est dans Michée; mais il est indubitable qu'il en a pris le véritable sens. Voici le Texte de Michée à la lettre : (f) *Et toi, Bethléem*, autrement *Ephrata*, qui es trop *petite pour être mise au nombre des villes de Juda, il sortira de toi un Dominateur, qui gouvernera Israël.* Ce Texte paroît directement contraire à S. Matthieu, en ce qu'il affirme ce que l'Evangéliste nie. Il dit que *Bethléem est une trop petite ville*, & l'Evangéliste au contraire assure *qu'elle n'est point des plus petites de Juda*. Mais en lisant l'Hébreu avec une interrogation, toute la diversité se concilie : (g) *Et vous Bethléem*, autrement *Ephrata, êtes-vous trop petite, pour devenir une des principales villes de Juda ? Vous me produirez un Dominateur, qui gouvernera Israël.* Ou autrement : (h) *Et toi Bethléem Ephrata, c'est un des moindres de tes avantages d'être le lieu de la naissance des Chefs de Juda ; tu produiras un Prince qui dominera mon peuple.*

(a) *Matt.* xx. 18. *Macc.* xiv. 53. *Luc.* xxii. 66.
(b) *Matt.* xxvi. 57.
(c) *Act.* iv. 6.
(d) *Eccli.* x. v.
(e) *Ieronym. hic, & in Michaam c.* 5. ℣. 2. *& ad Pammach.*
(f) *Mich.* ℣. 2 ואתה ביתלחם אפרתה צעיר להיות באלפי יהודה ממך לי יצא להיות מושל בישראל
(g) *Ita Ians. Grot. Ribera, Iun. Glass. Le Clerc. Alii.*
(h) *Osiander. Lud. de Dieu, Forster. Pfeiffer.*

7. *Tunc Herodes clam vocatis Magis, diligenter didicit ab eis tempus stellæ quæ apparuit eis.*

7. Alors Hérode ayant fait venir les Mages en particulier, s'enquit d'eux avec grand ſoin du tems que l'étoile leur étoit apparuë.

COMMENTAIRE.

Quelques Critiques ſoûtiennent (*a*) que le mot Hébreu que l'on traduit ordinairement par *petit*, ſignifie ſouvent tout le contraire. On cite pour le prouver Jérémie XLVIII. 4. XLIX. 20. & Zacharie XIII. 7. où du conſentement des Juifs (*b*) il ſignifie les chefs, les principaux du peuple. D'autres (*c*) veulent que les Docteurs Juifs rapportent ce paſſage à Hérode, ſelon qu'il étoit expliqué dans les gloſes de ce tems-là, qu'on liſoit au peuple, ſans s'attacher aux paroles du Texte, qui n'étoit entendu que des ſavans. Quelques Exemplaires Grecs des Septante (*d*) liſent dans Michée une négation, de même que S. Matthieu dans l'Evangile; mais il y a beaucoup d'apparence que c'eſt une correction de quelque Chrétien, qui a voulu corriger le Prophéte par l'Evangéliſte.

Saint Jérôme, (*e*) & pluſieurs autres après lui ont crû que S. Matthieu a ſimplement rapporté ce paſſage en hiſtorien, de la maniére qu'il avoit été allégué par les Docteurs, pour relever en paſſant leur négligence, ou leur ignorance: mais la premiere explication qu'on a apportée paroît la plus ſimple, & la meilleure. Les Juifs (*f*) depuis JESUS-CHRIST ont voulu faire l'application de cette Prophétie à Zorobabel; mais il eſt certain que Zorobabel étoit né à Babylone, & comment lui appliquer ce qui eſt dit dans Michée du Dominateur d'Iſraël? *Sa ſortie*, ou ſa génération, *eſt dès le commencement, ou dès les jours de l'éternité.*

℣. 7. CLAM VOCATIS MAGIS, &c. *Ayant fait venir les Mages en particulier, s'enquit d'eux avec grand ſoin du tems que l'étoile leur étoit apparuë.* Hérode ne jugea pas à propos de parler aux Mages devant l'aſſemblée; il venoit d'apprendre des Prêtres que Bethléem étoit le lieu de la naiſſance de ce nouveau Roi; il tâche à préſent de découvrir le tems précis auquel il eſt né, afin de prendre des meſures sûres pour s'en ſaiſir, & pour le faire périr. La politique de ce Prince fut toûjours cruelle, & ſanguinaire; & quand il s'agiſſoit de ſe conſerver dans la ſouveraine autorité, il n'y avoit point de crimes qu'il ne ſe crût permis.

(*a*) *Pokoch, Hottinger, Friſchmut. Hammond Mill. hic.*

(*b*) Voyez le Caldéen, & les Rabb. le Syr & l'Arabe ſur ces paſſages.

(*c*) Simon Hiſt. Critiq. du nouveau Teſtament ch. 22.

(*d*) *V de Nobil ad Mich. v. 2.* Saint Cyprien & Tertullien y liſent une négation.

(*e*) *Ieronym. in Mich. v D. Thom. in Matt. Melchior. Can. l. 2 c. 14 Maldon. Ium.*

(*f*) *Apud Chryſoſt. & Theophylact. hic. & Theodoret. in Mich.*

8. *Et mittens illos in Bethleem, dixit: Ite, & interrogate diligenter de puero: & cum inveneritis, renuntiate mihi, ut & ego veniens adorem eum.*

8. Et les envoyant à Bethléem, il leur dit: Allez, informez-vous exactement de cet enfant; & lorsque vous l'aurez trouvé, faites-le moi savoir, afin que j'aille aussi l'adorer moi-même.

9. *Qui cùm audissent Regem, abierunt; & ecce stella quam viderant in Oriente, antecedebat eos; usque dum veniens staret supra, ubi erat puer.*

9. Ayant oüi ces paroles du Roi, ils partirent. Et en même-tems l'étoile qu'ils avoient vûë en Orient alloit devant eux, jusqu'à ce qu'étant arrivée sur le lieu où étoit l'enfant, elle s'y arrêta.

COMMENTAIRE.

℣. 8. ITE, ET INTERROGATE DILIGENTER DE PUERO. *Allez, informez-vous diligemment de cet enfant.* Il est assez étrange qu'Hérode défiant comme il étoit, n'envoyât pas avec les Mages pour savoir des nouvelles de cet enfant. Il affecta peut-être un air de confiance pour gagner les Mages, & pour savoir plus sûrement ce qui se passeroit. Il craignit que la présence de ses gens ne donnât de l'inquiétude, & de la défiance à ceux de Bethléem, & aux parens du nouveau-né. Les Prêtres, & les Docteurs, & toute la ville de Jérusalem demeurerent tranquilles après cette nouvelle, comme si l'affaire ne les eût pas regardez. Personne ne pense à s'informer de cet enfant, à le chercher, à le connoître. Il faut que des étrangers viennent des pays éloignez pour lui rendre des hommages. Les Prêtres firent dans cette occasion comme ces pierres qui montrent le chemin, & qui ne se remuënt point de leur place, dit saint Augustin. (*a*)

℣. 9. STELLA QUAM VIDERANT IN ORIENTE, ANTECEDEBAT EOS. *L'étoile qu'ils avoient vûë en Orient, alloit devant eux.* On croit (*b*) que l'étoile avoit disparu, lorsque les Mages arriverent à Jérusalem; & qu'elle parut de nouveau, lorsqu'ils eurent appris que le Roi qu'ils cherchoient, devoit naître en Bethléem, & qu'ils se furent mis en chemin pour le chercher; mais cette opinion n'est pas sans difficulté. Depuis leur sortie de Jérusalem, cet astre, ou ce phénomene alloit devant eux, & à leur portée. Un ancien Auteur (*c*) dit qu'il s'arrêta sur la tête de JESUS; & Origénes ajoûte que puisque l'Ecriture ne dit nulle part qu'il se soit retiré, on doit croire qu'il demeura toûjours sur sa personne sacrée, & qu'il étoit une marque sensible de sa Divinité. Grégoire de Tours (*d*) dit que

(*a*) *Aug. Serm* 1. *de Epiphan. qui est* 199. *nov. Edit.*

(*b*) *Opus Imperfectum hîc. Ambros l.* 2. *in Luc. c.* 2. *Chrysost. Homil.* 7. *& Theophilact hîc. Basil. Homil. de hum. Christi gener. Aug. Serm.* 30. 31 35. *de temp. nunc* 200. 201. 203. *Bernard. Serm.* 3. *in Epiphan.*

(*c*) *Idem. Vide & Origen. in Numer. Homiliâ* 22.

(*d*) *Gregor. Turon. l.* 1. *miracul. c.* 2.

10. *Videntes autem stellam gavisi sunt gaudio magno valdè.*

11. *Et intrantes domum, invenerunt puerum cum Maria matre ejus, & procidentes adoraverunt eum: & apertis thesauris suis, obtulerunt ei munera aurum, thus, & myrrham.*

10. Lorsqu'ils virent l'étoile, ils furent transportez de joye;

11. Et entrant dans la maison, ils trouverent l'enfant avec Marie sa mere, & se prosternant en terre, ils l'adorerent. Puis ouvrant leurs trésors, ils lui offrirent pour présens de l'or, de l'encens, & de la myrrhe.

COMMENTAIRE.

cet astre s'étoit précipité dans un puits, où les personnes qui avoient le cœur pur, le voyoient encore de son tems. Cette tradition fabuleuse s'est conservée jusqu'aujourd'hui, & on montre encore ce puits aux voyageurs. (*a*) Saint Chrysostome est bien plus croyable lorsqu'il dit que l'étoile s'arrêta d'abord sur le faîte de la maison où étoit l'enfant, & qu'après cela elle se plaça sur sa tête, & puis disparut.

℣. 11. INTRANTES DOMUM, INVENERUNT PUERUM. *Entrant dans la maison, ils trouverent l'enfant.* Ils entrerent dans l'hôtellerie, & trouverent l'enfant, ou dans l'étable & dans la crêche où il étoit né, ainsi que l'ont crû plusieurs Peres, (*b*) ou dans un endroit plus propre de cette hôtellerie; (*c*) car la foule n'étant plus si grande que lorsque Marie & Joseph arriverent, ils purent se loger plus commodément. Ceux qui ont crû que les Mages ne vinrent à Bethléem que deux ans après la naissance de JESUS-CHRIST, (*d*) ne doutent point qu'ils n'ayent trouvé le Sauveur dans une maison bourgeoise, plus propre que celle où il étoit né.

Il est bon de se faire une juste idée de ces hôtelleries des Orientaux, telles qu'on les voit encore aujourd'hui dans tout le Levant. Ce sont de grands bâtimens quarrez, à peu près comme les cloîtres de nos Religieux, & n'ont d'ordinaire qu'un étage. Une grande porte donne entrée dans la cour, où l'on voit en face à droit & à gauche plusieurs chambres destinées aux voyageurs. Ces chambres sont toutes nuës, & il faut se pourvoir de tout pour le manger, & pour le coucher. Les premiers venus choisissent, & demeurent maîtres de la chambre qu'ils ont prise. Derriére les chambres sont les écuries, pour les chevaux, & autres voitures. On ne paye rien à la campagne pour le logement des *carvanseras*, c'est le nom de ces hôtelleries; mais dans les villes on donne certains petits droits. La nuit le Concierge ferme la porte, & doit répondre de tout.

La Tradition veut que nôtre Sauveur soit né dans une caverne, qui

(*a*) Maundrel Voyage d'Alep à Jérusalem.

(*b*) *Iustin. contra Tryphon. Author oper. imperfecti hic. Chrysost. Homil. 7. Euthym. Thom. Raban. hic. Aug. Serm. 2. & 3. de Epiphan. Bernard. Serm. de Epiphan. Ieronym. hic, & Ep. 17*

(*c*) *Maldon. Grot. alii.*

(*d*) *Epiphan. hæres. 31. Theophylact. hic.*

servoit

ſervoit d'étable à l'hôtellerie, où Marie & Joſeph allerent pour loger. Cette grotte a toûjours été, & eſt encore aujourd'hui en grande vénération parmi les Chrétiens. Les étrangers mêmes la révérent, & la viſitent. La crêche où il fut mis, ſe conſerve à Rome.

Saint Joſeph ne paroît point dans l'hiſtoire de l'adoration des Mages; ſoit que l'Evangéliſte ait omis la circonſtance de ſa préſence, qui ne faiſoit rien à ſon ſujet, ſoit que véritablement il ne ſe ſoit pas trouvé alors dans la maiſon, Dieu l'ayant ainſi permis, de peur que les Mages ne le priſſent pour le pere de l'enfant JESUS. (*a*)

APERTIS THESAURIS SUIS, OBTULERUNT EI MUNERA. *Ouvrant leurs tréſors, ils lui offrirent pour préſens de l'or, de l'encens, & de la myrrhe.* Les Hébreux nomment *tréſors* tout ce qui ſe met en réſerve; or, argent, vin, froment, huile, aromates. Ils donnent le même nom à ce qui renferme ces choſes. Ainſi une chambre, un cellier, un garde-meuble, un coffre, une caſſette, peuvent quelquefois être appellez tréſors, en vertu de ce qu'ils renferment. Les Mages ouvrirent donc leur caſſette, ou leur valiſe, (*b*) & offrirent à JESUS ce qu'ils avoient de plus précieux. Dans ce pays-là, & dans tout l'Orient, on ne ſe préſente guéres devant des perſonnes de conſidération, ſans leur faire, au moins la premiere fois, quelques preſens. C'eſt une maniére d'hommage que les Grands exigent de ceux qui les approchent. Le Seigneur même avoit ordonné à ſon peuple de ne paroître pas devant lui les mains vuides. (*c*) *Non apparebis in conſpectu meo vacuus.* Il n'y avoit rien de plus précieux dans le pays d'où venoient les Mages, que l'or, & les aromates. L'ancienne tradition des Juifs du tems de S. Epiphane, (*d*) étoit qu'Abraham avoit donné aux enfans de Céthura des préſens d'or, d'encens, & de myrrhe; & on diſoit que c'étoit à ſon imitation que les Mages ſes deſcendans en avoient offert à JESUS-CHRIST.

Quelques Interprétes (*e*) ont crû que chacun des Mages avoit fait à JESUS-CHRIST trois préſens; l'un d'or, l'autre de myrrhe, & le troiſiéme d'encens. D'autres (*f*) conjecturent qu'ils les firent tous enſemble, & ſe préſentérent tous à la fois. Mais l'opinion la plus commune aujourd'hui eſt que chacun d'eux lui offrit un préſent; le premier, de l'or; le ſecond, de la myrrhe; & le troiſiéme de l'encens. Tout cela ſe dit dans la ſuppoſition qu'ils n'étoient que trois, ce qui n'eſt pas indubitable, au ſentiment des anciens. Voyez nôtre Diſſertation ſur les Mages.

(*a*) *Raban. Cornel. à Lapide, Janſ. hic.*

(*b*) Saint Epiphane remarque que quelques Exemplaires Grecs portoient πήρας, des bourſes, au lieu de *theſauros.* Le Perſant lit auſſi, *des bourſes.*

(*c*) *Exod.* XXIII. 15. XXXIV. 20. *Deuteron.* VI. 16.

(*d*) *Epiphan. Expoſit. Cathol. fidei.*

(*e*) *Chryſtian. & Remig. in Bibl. Patrum.*

(*f*) *Vide Strab. ſeu Gloſſam ordinar. hic.*

12. *Et responso accepto in somnis ne redirent ad Herodem, per aliam viam reversi sunt in regionem suam.*

12. Et ayant reçû pendant qu'il dormoient un avertissement de n'aller point retrouver Hérode, ils s'en retournerent en leur pays par un autre chemin.

13. *Qui cùm recessissent, ecce Angelus Domini apparuit in somnis Joseph, dicens: Surge, & accipe puerum: & matrem ejus, & fuge in Ægyptum, & esto ibi usque dum dicam tibi. Futurum est enim ut Herodes quærat puerum, ad perdendum eum.*

13. Après qu'ils furent partis, un Ange du Seigneur apparut à Joseph pendant qu'il dormoit, & lui dit: Levez-vous, prenez l'enfant & sa mere, fuyez en Egypte, & n'en partez point jusqu'à ce que je vous le dise; car Hérode cherchera l'enfant pour le faire mourir.

COMMENTAIRE.

Les Peres (*a*) ont presque tous remarqué dans ces présens un mystere qui désignoit la divinité, la royauté, & l'humanité de JESUS-CHRIST. L'encens convient à Dieu, l'or à un Roi, la myrrhe à un homme mortel, dont le corps doit être embaumé. Saint Bernard (*b*) outre l'explication mystique dont on a parlé, croit que Dieu permit qu'on offrît de l'or à JESUS pour soulager sa pauvreté, de l'encens pour ôter l'infection du lieu de sa naissance, de la myrrhe pour affermir ses membres encore tendres. Il y a assez d'apparence que ces trésors ne furent pas bien grands, puisqu'au tems de la purification de la Vierge, elle n'offrit au Temple que deux tourterelles (*c*), au lieu d'un agneau, ainsi que Moyse l'avoit ordonné pour les plus pauvres. (*d*) Les Mages ne présenterent apparemment que quelques piéces d'or, plûtôt pour marquer leur dépendance, que pour faire montre de leurs richesses.

℣. 12. RESPONSO ACCEPTO IN SOMNIS. *Ayant reçû pendant qu'ils dormoient un avertissement.* Le terme Grec (*e*) marque un oracle, ou une réponse de la part de Dieu. Après avoir rendu leurs hommages à JESUS-CHRIST, ils devoient le lendemain retourner à Jéricho, pour donner avis à Hérode de ce qu'ils avoient trouvé; mais la nuit même ils furent avertis en songe de s'en retourner par un autre chemin. Ils prirent apparemment leur route par derriére la mer morte, pour regagner les déserts de l'Arabie déserte par où ils étoient venus. Les Peres l'entendent tous dans le sens moral, d'un changement de foi, de Religion, & de conduite.

℣. 13. ANGELUS DOMINI APPARUIT IN SOMNIS JOSEPH.

(*a*) *Irenaus l. 3. c. 10. Origen. contra Cels. Basil. de hum. Christi generatione. Ambros. l. 1. de fide c. 2. Aug. Serm. 1. de Epiphan. Ieronym. h. . Iuvenc. & Sedul. &c. Hilar. in Matt. Bernard. Serm. 2. in Epiphan.*

(*b*) *Bern. Serm. 3. de Epiph.*

(*c*) *Luc. II. 24.*

(*d*) *Levit. XII. 8.*

(*e*) Χρηματισθέντες.

Un Ange apparut à Joseph pendant qu'il dormoit, & lui dit: Prenez l'enfant, & fuyez en Egypte. Cette apparition n'arriva que quelques jours après le retour des Mages; car aussi tôt après leur adoration, (*a*) le tems de la purification de Marie étant accompli, elle alla à Jérusalem, & s'y présenta au Temple avec l'enfant JESUS. (*b*) Ce fut peut-être à Jérusalem même, & la nuit qui suivit la purification de Marie, que l'Ange apparut à Joseph: car Hérode inquiet de ce que les Mages, qui étoient partis de Jéricho trois ou quatre jours auparavant, ne lui rendoient point de réponse, envoya à Bethléem pour en avoir des nouvelles. On lui rapporta qu'ils y avoient été deux jours auparavant, mais qu'ils s'en étoient retournez. Ce fut ce même jour que Joseph s'enfuit en Egypte.

Le Sauveur choisit ce pays pour sa retraite, comme le plus près, & le plus à portée. Les Peres appliquent à cette fuite le passage qui porte: (*c*) *Le Seigneur montera sur une nuée légére, & entrera en Egypte, & les statuës des Egyptiens seront ébranlées en sa présence.* Cette nuée légére est la sainte Vierge. L'ancienne Tradition des Grecs (*d*) veut que quand le Sauveur entra dans l'Egypte, toutes les idoles du pays ayent été renversées en sa présence. Evagre dans la vie des Peres, dit qu'il a vû le temple d'où les idoles étoient tombées, lorsque JESUS-CHRIST y entra; ce qui insinuë que ce renversement des statuës ne fut pas général. On ajoûte que la Vierge, & saint Joseph s'arrêterent dans la ville d'Hermopolis; & on montre encore entre le Caire & Héliopolis un lieu nommé Matara, où se voit un jardin de baume, & une chapelle près de la fontaine, où l'on prétend que la sainte Vierge lavoit les langes de son fils. Ce lieu est encore aujourd'hui en vénération dans le pays. Sozoméne dit de plus que JESUS entrant dans la ville d'Hermopolis, un grand pescher qui étoit près de la porte, s'inclina jusqu'à terre devant lui, comme pour l'adorer. Tout cela n'est rien moins que certain. Ce qu'on peut dire de plus vrai sur cela, est que JESUS-CHRIST par sa présence dans l'Egypte, commença à y détruire l'empire du démon, & de l'idolâtrie, qui y fut en effet entierement ruinée dans la suite par la prédication de ses Apôtres. C'est le sens que l'on doit donner à plusieurs expressions des Peres, (*e*) qui semblent favoriser l'opinion populaire de la chûte des Idoles. Eusébe (*f*) dit que les démons qui faisoient leur demeure dans les idoles des Egyptiens & qui séduisoient les peuples par leurs faux oracles, furent réduits au silence, troublez & chargez de confusion à la venuë du Sauveur dans ce pays. Saint Jérôme dit à

(*a*) *Toynard. Harmon. Evang.*

(*b*) *Luc.* II. 22.

(*c*) *Isaï* XIX. 1.

(*d*) *Athan. de Incarnat. Verbi.* Τίς τῶν δικαίων ἢ τῶν βασιλέων κατῆλθεν εἰς Αἴγυπτον, καὶ τῇ τούτου καθόδῳ τὰ τῶν Αἰγυπτίων εἴδωλα πέπτωκεν. *Vide Sozomen. Hist. Eccles l. 5. c 21.*

(*e*) *Vide Origen seu alium Homil. 3. de divers. Cyrill. Catechef.* x. *Opus imperfect. in Matt.*

(*f*) *Euseb. l. 6. Demonst. c.* 20.

14. *Qui consurgens accepit puerum, & matrem ejus nocte, & secessit in Ægyptum.*

15. *Et erat ibi usque ad obitum Herodis: ut adimpleretur quod dictum est à Domino per Prophetam dicentem: Ex Ægypto vocavi filium meum.*

14. Joseph s'étant levé, prit l'enfant, & sa mere durant la nuit, & se retira en Egypte:

15. Où il demeura jusqu'à la mort d'Hérode, afin que cette parole que le Seigneur avoit dite par le Prophéte fût accomplie: J'ai rappellé mon fils de l'Egypte.

COMMENTAIRE.

peu près la même chose dans son Commentaire sur Isaïe. (*a*)

℣. 15. ERAT IBI USQUE AD OBITUM HERODIS. *Il y demeura jusqu'à la mort d'Hérode.* Hérode mourut l'année même de la naissance de JESUS-CHRIST, & du meurtre des Innocens. Cinq jours avant sa mort il avoit fait mourir Antipater son fils aîné. Il y en a qui mettent quelques mois d'intervalle entre le meurtre des Innocens, & sa mort. D'autres (*b*) n'y mettent que cinq jours. La maladie, & la mort de ce Prince furent considérées comme un effet de la vengeance divine. (*c*) Il étoit brûlé d'un feu intérieur, qui le consumoit insensiblement; c'étoit une chaleur lente, qui ne se faisoit pas beaucoup sentir au dehors, mais qui agissoit sur ses entrailles, & lui causoit une faim canine, qui demandoit continuellement de la nourriture. Ses intestins étoient ulcerez, & il souffroit d'horribles coliques. Il avoit les pieds enflez, & chargez d'une eau transparente. Lenflure occupoit aussi tous les environs de l'aine, & les vers sortoient de ses parties naturelles avec une puanteur insupportable. Outre cela il étoit tourmenté d'un asthme violent, & d'un contraction de nerfs. Cette complication de maux faisoit dire aux devins, & à ceux qui se mêlent de juger des choses surnaturelles, que cela ne pouvoit être qu'un châtiment visible de l'impiété du Roi. Malgré tous ces maux, il se flattoit encore de sa guérison, & il ne négligeoit rien pour rétablir sa santé; mais enfin il mourut accablé de douleurs.

EX ÆGYPTO VOCAVI FILIUM MEUM. *J'ai rappellé mon Fils de l'Egypte.* JESUS ne se retire pas dans l'Egypte pour accomplir cette Prophétie, comme il sembleroit que l'Evangéliste l'a voulu dire par ces paroles: *Afin que la Prophétie fût accomplie*, &c. Cela ne marque pas la cause, mais simplement l'évenement. (*d*) La prédiction se trouva vérifiée en sa personne, lorsqu'il revint de l'Egypte. Les Hébreux qui sortirent de ce pays sous la conduite de Moyse, étoit une figure de ce qui devoit

---

(*a*) *Ieronym in Isaï. XIX.*

(*b*) *Toynard Harmon.*

(*c*) *Joseph. Antiq. l. XVII. c. 8.* Δίκην ἂν παρεχομένοις ἐκπληρουμένην τοῦ Θεοῦ .... ἐλέγετο ἂν. ὑπὸ τῶν θειαζόντων, καὶ ὅσοι ταῦτα προαποφθέγγεσθαι σοφίᾳ πρόκειται, ποινὴν τοῦ πολλοῦ δυσσεβοῦς ταύτην ὁ Θεὸς εἰσπράσσεσθαι παρὰ τοῦ βασιλέως.

(*d*) *Vide Maldonat. hic Jans. Hammon. alios.*

16. *Tunc Herodes videns quoniam illusus esset à Magis, iratus est valdè: & mittens occidit omnes pueros, qui erant in Bethleem, & in omnibus finibus ejus, à bimatu & infrà, secundùm tempus, quod exquisierat à Magis.*

16. Alors Hérode voyant que les Mages s'étoient moquez de lui, entra en une grande colére; & il envoya tuer dans Bethléem, & en tout le pays d'alentour, tous les enfans âgez de deux ans & au-dessous, selon le tems dont il s'étoit enquis exactement des Mages.

COMMENTAIRE.

arriver à JESUS-CHRIST. Il faut que les Juifs du tems de nôtre Seigneur entendissent cet endroit du Messie, puisque l'Evangéliste lui en fait ici l'application.

Il y a plusieurs maniéres dont une prophétie peut s'accomplir, 1°. Quelquefois elle s'éxecute à la lettre, comme lorsqu'Isaïe dit, (*a*) qu'*une Vierge enfantera un fils, qui sera appellé Dieu avec nous.* Ce qui arriva littéralement à la naissance de JESUS-CHRIST. 2°. Lorsqu'une chose déja arrivée en figure, s'execute dans la réalité. Ainsi ce qui est dit de Salomon, comme figure du Messie, se vérifie en JESUS-CHRIST, comme original, & chose figurée. 3°. Lorsqu'il se fait une simple application de ce qui est arrivé autrefois, à une chose qui arrive encore à présent; ou d'une parole d'un Prophéte, ou d'un autre Auteur sacré, à quelque circonstance de la vie, ou de la mort du Sauveur; par exemple, ce qu'Isaïe avoit dit des Hébreux de son tems: (*b*) *Ce peuple ne m'honore que du bout des lévres;* est appliqué par les Evangélistes, aux Juifs du tems de JESUS-CHRIST. (*c*) 4°. Enfin, lorsqu'une chose ayant été autrefois prédite, & accomplie sous l'ancienne Loi, s'accomplit de nouveau dans la nouvelle: Par exemple ce que Daniel (*d*) a prophétisé touchant l'abomination de la désolation, fut accompli la premiere fois sous les Maccabées, (*e*) pendant la persécution d'Antiochus; & ensuite sous les Romains, au dernier siége de Jérusalem: (*f*) Et enfin il s'accomplira encore pendant les persécutions de l'Antechrist, à la fin du monde.

Quant au passage que nous expliquons: *J'ai appellé mon fils de l'Egypte;* il est bon de remarquer que les Peres Grecs (*g*) qui ont vêcu avant saint Jérôme, ont crû que ce passage étoit tiré du Livre des Nombres, où on lit: (*h*) *Le Seigneur a tiré son peuple de l'Egypte.* Mais depuis la traduc-

(*a*) *Isaï.* VII. 14.
(*b*) *Isai.* XXIX. 13.
(*c*) *Matth.* XV. 7. 8.
(*d*) *Dan.* IX. 14.
(*e*) 1. *Macc.* I. 51.
(*f*) *Matth.* XXIV. 15.

(*g*) *Theodor. Heracl. in Caten. Grac. in Matth.* Simon, Histoire Critique du nouveau Testament Chap. XX.
(*h*) *Num* XXIII. 22. & XXIV. 8. Θεὸς ὁ ἐξαγαγὼν αὐτὸν ἐξ αἰγύπτου.

17. *Tunc adimpletum est quod dictum est per Jeremiam Prophetam dicentem :*

17. On vit alors s'accomplir ce qui avoit été dit par le Prophéte Jérémie :

COMMENTAIRE.

tion de S. Jérôme, la plûpart ont crû avec plus de raison que l'Evangéliste avoit en vûë ce passage d'Osée, où nous lisons suivant l'Hébreu : (*a*) *J'ai rappellé mon Fils de l'Egypte.* Au lieu que les Septante portent : *J'ai appellé ses fils de l'Egypte.* Cette variété a donné lieu à Julien l'Apostat, d'accuser saint Matthieu de mauvaise foi ; ne sachant pas que l'Evangéliste citoit ce passage suivant l'Hébreu. (*b*)

℣. 16. HERODES VIDENS QUONIAM ILLUSUS ESSET A MAGIS. *Hérode voyant que les Mages s'étoient moquez de lui*, il entra dans une furieuse colére. Il s'imagina que les Mages avoient découvert ses mauvais desseins. Il ne savoit pas que Dieu les avoit avertis en songe de se retirer. Leur fuite lui parut un coup prémédité ; sa vûë avoit été de les faire périr, avec le nouveau Roi des Juifs ; ses desseins se trouvent tout d'un coup déconcertez.

OCCIDIT OMNES PUEROS, ... A BIMATU ET INFRA. *Il envoya tuer dans Bethléem, & dans tout le pays d'alentour, tous les enfans âgez de deux ans, & au-dessous.* Plusieurs anciens (*c*) ont crû que ce meurtre des enfans, n'étoit arrivé que deux ans après la naissance du Sauveur. Ce sentiment est fondé sur ce qui est dit ici, qu'Hérode les fit tuer depuis l'âge de deux ans, & au-dessous ; & sur la supposition que les Mages n'étoient venus adorer le Sauveur que deux ans après sa naissance. D'autres (*d*) mettent quinze mois entre la naissance de JESUS-CHRIST, & l'exécution de l'ordre d'Hérode. Il y a sur cela vingt autres varietez de sentimens, qu'il n'est pas nécessaire de rapporter ici. Il suffit de dire que tous nos meilleurs Chronologistes (*e*) placent l'arrivée des Mages au plus tard un mois après la naissance de J. C. & la mort d'Hérode, peu de mois, ou même peu de jours après le massacre des Innocens. Il est certain qu'on ne peut mettre sa mort plus tard que la fête de Pâque de la même année ; c'est-à-dire, au plus deux mois & demi après la naissance de JESUS-CHRIST. Ainsi il faut de nécessité placer le meurtre des Innocens entre la fin de Décembre, & le mois de Mars suivant.

Mais pourquoi donc faire tuer tous ces enfans depuis l'âge de deux ans & au-dessous ? Hérode voulut par ce moyen envelopper plus sûrement

---

(*a*) Osee. XI. 1. ממצרים קראתי לבני. 70. Ἐξ Αἰγύπτου μετεκάλεσα τὰ τέκνα αὐτοῦ.
(*b*) *Ieronym. hic, & in Osee* XI.
(*c*) *Epiphan. Theophilact.*
(*d*) *Euseb. in Chronico. Eucher. Anselm. Lyran &c.*
(*e*) *Usser. Lancelot, Toynard, alii Authores Concordantiarum Evangel.*

le nouveau Roi, en tuant tous les enfans qui étoient nez à Bethléem deux ans auparavant l'apparition de l'étoile aux Mages. (*a*) Il présuma que cette étoile ne leur étoit point apparuë avant la naissance du Messie. (*b*) Il étoit par conséquent inutile de rechercher ceux qui étoient nez depuis son apparition. Mais comme l'étoile avoit pû ne paroître que quelque tems après la naissance de l'enfant, il résolut de faire périr tout ce qui étoit né deux ans auparavant. C'est le sentiment qui paroît le plus simple, & le plus probable. (*c*) Cnathcbulle croit qu'Hérode fit mourir tous les enfans qui étoient alors dans leur seconde année; c'est-à-dire, qui avoient un an & quelques mois. C'est ainsi qu'il explique ces paroles: *A bimatu & infrà*. Dans l'Ecriture, *l'enfant de l'année*, ne dit pas un enfant qui a un an complet, mais seulement celui qui est de l'année. Ainsi *l'enfant de deux ans*, ne marque que celui qui court sa seconde année.

On s'étonne que Joseph, qui nous a donné une histoire assez circonstanciée de la vie d'Hérode, ne nous ait rien dit de ce massacre des Innocens. Il y a apparence que Nicolas de Damas, dont Joseph a suivi les mémoires, avoit supprimé cette action, si peu honorable à la mémoire d'Hérode. Mais Macrobe Auteur Payen, (*d*) de la fin du quatriéme siécle, ne l'a point ignorée. Il raconte entre les bons mots d'Auguste, que ce Prince ayant un jour appris qu'Hérode avoit fait mourir en Syrie les enfans au-dessous de deux ans, & que son propre fils avoit été enveloppé dans ce carnage; il dit: *Il vaut mieux être le porc d'Hérode que son fils*. C'est qu'Hérode avoit fait ôter la vie à Antipater son fils aîné, presqu'en même-tems qu'aux enfans de Bethléem; & la nouvelle en ayant été portée à Rome tout à la fois, fit dire à Auguste, ce qu'on a rapporté. Hérode avoit horreur du porc, de même que tous les Juifs, & les Arabes; ils n'en tuoient point, & n'en mangeoient point.

Les Ethiopiens lisent dans leur Liturgie, & les Grecs dans leur Calendrier, que le nombre des enfans massacrez à Bethléem, & aux environs, fut de quatorze mille. Mais ce nombre est fort incertain, de même que les Reliques des Saints Innocens que l'on montre en plusieurs endroits. (*e*) Il est certain que leur culte est fort ancien dans l'Eglise, qui les a toûjours considérez comme les prémices des Martyrs.

(*a*) M Toinard croit que les Mages déclarerent à Hérode que l'étoile leur étoit apparuë dix-huit mois avant leur arrivée; c'est-à-dire seize mois avant la naissance de Jesus-Christ. La Chronique d'Aléxandrie la fait paroître deux ans pleins avant la naissance de Jesus-Christ.

(*b*) *Matth.* II. 2.

(*c*) *Euthym. Strabus, Maldon. Jans. Estius Sa, Brug.*

(*d*) *Macrob. Saturnal. l. 2. cap. 4 Cùm audisset inter pueros quos in Syria Herodes Rex Judæorum, infrà bimatum jussit interfici, filium quoque ejus occisum, ait: Melius est Herodis porcum esse quàm filium.*

(*e*) Baillet, Vie des Saints Innocens.

18. *Vox in Rama audita est, ploratus & ululatus mul us: Rachel plorans filios suos, & noluit consolari, quia non sunt.*

18. Un grand bruit a été entendu dans Rama; *on y a oüi* des plaintes, & des cris lamentables: Rachel pleurant ses enfans, & ne voulant point recevoir de consolation, parce qu'ils ne sont plus.

COMMENTAIRE.

℣. 18. VOX IN RAMA AUDITA EST, &c. *Un grand bruit a été entendu dans Rama; Rachel pleurant ses enfans, & ne voulant poi t rececevoir de consolation, parce qu'ils ne sont plus.* La prophétie de Jérémie (*a*) qui est citée ici, est un discours du Seigneur, qui console Rachel de l'enlévement de ses enfans, des tribus d'Ephraïm, & de Manassé, qui étoient fils de Joseph, le bien-aimé de Rachel, & qui lui promet que bien-tôt elle les verra de retour dans leur pays. Voici comme il parle à cette mere désolée: J'ai oüi vos cris, & vos lamentations sur l'exil & la captivité de vos enfans. J'ai oüi Ephraïm allant en captivité, qui disoit: Vous m'avez frappé, Seigneur, & depuis que vous m'avez châtié, je suis rentré en moi même. Mais voici ce que dit le Seigneur: Cessez de pleurer, ô Rachel, que vos yeux cessent de répandre des larmes; car bien-tôt vous verrez la fin de vos peines. Et vous, Ephraïm, vous êtes mon fils bien-aimé; je me souviendrai encore de vous. Jérémie ne prédit pas la captivité d'Ephraïm, & de Manassé en cet endroit; il y avoit cent vingt-trois ans que Salmanasar avoit ruiné Samarie, & enlevé les restes des dix tribus. Il raconte ce qui étoit arrivé dans cette occasion; il exprime les cris & les larmes des meres de ces captifs, représentées ici par Rachel, mere de Joseph, & par conséquent ayeule d'Ephraïm, & de Manassé. (*b*) Le nom de *Rama* se peut prendre dans un sens générique, pour une hauteur. (*c*) Le pays d'Ephraïm étoit rempli de montagnes, & il étoit ordinaire dans les deüils publics de monter sur les hauteurs pour faite ses lamentations. C'est ici une belle prosopopée, où l'on met la mere d'un peuple, pour le peuple même qui déplore son malheureux sort.

La plûpart des Commentateurs (*d*) sur cet endroit, croyent que le Prophéte avoit en vûë la captivité de Juda, & de Benjamin, & qu'il représente Rachel mere de Benjamin comme déplorant la perte de ses enfans, qu'on emmenoit à Babylone. Il la représente à *Rama*, petite ville au nord

(*a*) *Jerem.* XXXII. 15.
(*b*) *Vide Ieronym. ad Jerem.* XXXI. 15. *Raban. ibid. Castr. Muis Prolog. in Psal.* LXVIII.
(*c*) ברמה *Origen. in Catena in Matth. Quid. legunt:* Ἐν τῇ ὑψηλῇ. *Vide & Ieronym. seu Vulgat in Jerem.* XXXI. 15.
(*d*) *Maldonat. Grot. Spanh. alii.*

de

19. *Defuncto autem Herode, ecce Angelus Domini apparuit in somnis Joseph in Ægypto,*

20. *Dicens: Surge, & accipe puerum, & matrem ejus, & vade in terram Israël: defuncti sunt enim, qui quærebant animam pueri.*

21. *Qui consurgens, accepit puerum, & matrem ejus, & venit in terram Israël.*

22. *Audiens autem quòd Archelaus regnaret in Judæa pro Herode patre suo, timuit illò ire, & admonitus in somnis, secessit in partes Galilææ.*

19. Hérode étant mort, un Ange du Seigneur apparut à Joseph en Egypte, pendant qu'il dormoit,

20. Et lui dit: Levez-vous, prenez l'enfant & sa mere, & retournez dans le pays d'Israël; car ceux qui cherchoient l'enfant pour lui ôter la vie, sont morts.

21. Joseph s'étant levé, prit l'enfant, & sa mere, & se mit en chemin pour revenir dans le pays d'Israël.

22. Mais ayant appris qu'Archelaüs regnoit en Judée à la place d'Hérode son pere, il apprehenda d'y aller; & ayant reçû pendant qu'il dormoit un avertissement *du Ciel*, il se retira dans la Galilée,

COMMENTAIRE.

de Jérusalem, & dans la tribu de Benjamin, (*a*) où Nabuzardan rassembla les captifs après la prise de Jérusalem. (*b*) Mais il est visible par le Texte du Prophéte, qu'il parle d'une chose passée, & non d'une chose à venir, & qu'il décrit, non la captivité future de Juda, mais celle d'Ephraïm, qui étoit arrivée long-tems auparavant, & dont il prédit la fin, & le retour. C'est le sens littéral & historique du passage de Jérémie.

Saint Matthieu fait ici allusion à ce qui se passa dans la captivité d'Ephraïm, aux pleurs, & aux lamentations que l'on entendit alors sur les hauteurs, & il leur compare les cris des meres de Bethléem, & des environs sur la mort de leurs enfans. C'est une simple application fondée sur la ressemblance des événemens.

℣. 19 DEFUNCTO AUTEM HERODE. *Hérode étant mort.* Il mourut bien-tôt après le massacre des Innocens, comme on l'a déja dit. Mais l'Ange n'avertit Joseph de revenir en Judée, que quelque tems après; car lorsqu'il arriva en Judée, c'est-à-dire, sur les frontiéres de Juda, aux environs de Gaze & de la tribu de Siméon, Archelaüs étoit en possession du Royaume. On ne convient pas du tems précis de son retour, ni de celui de son séjour en Egypte. M. Toinard ne l'y laisse qu'environ deux mois. D'autres (*c*) l'y font demeurer quatre ou cinq mois, d'autres un, ou deux ans: d'autres jusqu'à cinq ou six, ou même neuf ou dix ans.

℣. 20. DEFUNCTI SUNT, &c. *Ceux qui cherchoient l'enfant pour lui ôter la vie, sont morts.* Le plurier est mis pour le singulier. Hérode qui vouloit le faire mourir, est mort. Ainsi dans l'Exode Dieu dit à Moyse: (*d*) *Retournez en Egypte; car ceux qui cherchoient à vous faire mourir sont morts*, c'est à-dire, Pharaon n'est plus.

(*a*) *Josue XVIII. 25. XIX. 13.*
(*b*) *Jerem. XL. 1.*
(*c*) *Vide Jansen. hic.*
(*d*) Exode IV. 19. comparé à Exode II. 15.

23. *Et veniens habitavit in civitate, quæ vocatur Nazareth; ut adimpleretur quod dictum est per Prophetas : Quoniam Nazaræus vocabitur.*

23. Et vint demeurer dans une ville appellée Nazareth ; afin que cette prédiction des Prophétes fût accomplie : Il sera appellé Nazaréen.

COMMENTAIRE.

℣. 22. AUDIENS AUTEM QUOD ARCHELAUS REGNARET IN JUDÆA. *Ayant appris qu'Archelaüs regnoit en Judée, en la place d'Hérode son pere.* Hérode ayant fait mourir Antipater son fils aîné, cinq jours avant son décez, changea son testament, (*a*) & donna à Antipas la Tétrarchie de la Galilée, & de la Perée, & à Philippe la Tétrarchie de la Gaulanite, de la Trachonite, de la Batanée, & de Paneade, & laissa le Royaume de Judée à Archelaüs l'aîné des fils qui lui restoient. Aussitôt que le Roi fut mort à Jéricho, on assembla les soldats, & le peuple dans l'amphitéatre, & on y lut le testament d'Hérode. Archelaüs y fut proclamé Roi, & fit faire de magnifiques funérailles à son pere, dont le corps fut conduit au Château d'Hérodium, à deux cens stades de Jéricho. Le peuple de Jérusalem s'étant soulevé la veille même de la fête de Pâque, Archelaüs en fit tuer plus de trois mille dans le Temple, dans la ville, & dans la campagne. (*b*) Peu de tems après la fête de Pâque il alla à Rome, pour y faire confirmer le testament d'Hérode, qui étoit fait sous le bon plaisir d'Auguste. On doute si ce fut avant ce voyage, ou après le retour d'Archelaüs que Joseph revint d'Egypte. Ce Prince revint en Judée vers l'Automne de la même année. Nous suivons ceux qui rappellent Joseph dans le pays, avant le départ d'Archelaüs.

La Galilée où se retira saint Joseph, étoit du domaine d'Antipas. Ce Prince n'avoit pas moins d'interêt, ni peut-être moins d'envie de se défaire de JESUS, s'il en eût eu connoissance, qu'en pouvoit avoir Archelaüs; mais outre qu'Antipas étoit plus modéré qu'Archelaüs, la naissance du Sauveur n'avoit point éclaté en Galilée, & à Nazareth, comme elle avoit fait à Bethléem, & même à Jérusalem, par l'arrivée des Mages, & par ce qui étoit arrivé à la Purification de la sainte Vierge. De plus Antipas partit pour Rome en même-tems que son frere Archelaüs, dans le dessein de lui contester le Royaume, en vertu d'un premier testament qui lui étoit favorable. Toutes ces circonstances étoient favorables à la retraite de JESUS à Nazareth, qui étoit une bourgade assez obscure au pied du mont Thabor. On croit que c'étoit la patrie de la sainte Vierge, & que saint Joseph étoit de Capharnaum, ville située sur le bord occidental de la mer de Tibériade.

(*a*) *Joseph. de Bello l.* 1. *c.* 21. *& Antiq. lib.* XVII. *cap.* 10.

(*b*) *Antiq. lib.* XVII. *cap.* 11. *de Bello lib.* 2. *cap.* 1.

℣. 23. QUONIAM NAZARÆUS VOCABITUR. *Il sera appellé Nazaréen.* Il semble que lorque S. Matthieu écrivoit ceci, l'on donnoit à JESUS-CHRIST, & à ses Sectateurs, le surnom de Nazaréens. L'Evangéliste prétend montrer que ce nom ne leur est point donné au hazard, mais qu'il a été prédit par les Prophétes. Et par quel Prophéte? Il n'en cite aucun en particulier. Peut-être citoit-il ce passage sur une ancienne tradition; (*a*) car les Juifs en avoient conservé plusieurs dans la mémoire du peuple, & sans écriture; par exemple, les noms de Jannés, & de Mambrés, qui résisterent à Moyse dans l'Egypte; (*b*) & la Prophétie d'Enoch, citée par S. Jude. (*c*) D'autres (*d*) veulent que saint Matthieu fasse allusion aux *Nazaréens* de l'ancien Testament, qui étoient des personnes qui faisoient quelques vœux au Seigneur, & qui s'engageoient à des œuvres d'une plus grande perfection que le commun des Juifs. (*e*) En ce sens JESUS-CHRIST est vraiment *Nazaréen*, puisque sa vie a été d'une perfection suréminente, & sa doctrine d'une sainteté toute divine. Toutes les Ecritures, & tous les Prophétes rendent témoignage à sa sainteté, & à sa souveraine perfection.

Dans les bénédictions que Jacob, (*f*) & que Moyse (*g*) donnent au Partiarche Joseph, ils l'appellent, *le Nazaréen d'entre ses freres*, c'est-à-dire, le plus glorieux, le plus illustre, le plus saint d'entre ses freres. Joseph étoit une figure des plus expresses du Sauveur. L'Evangéliste pouvoit aussi faire allusion à ce passage d'Isaïe: (*h*) *Il sortira un rejeton de la racine de Jessé, & une fleur*, (Hébreu nézer,) *s'élevera de son tronc.* JESUS-CHRIST est indubitablement ce rejetton, ou cette fleur (*nézer*) qui est sortie de la racine de Jessé. S. Jérôme (*i*) appuye ce dernier sentiment, & dit que c'est le sentiment de plusieurs Savans Hébreux, (*k*) par où il entend apparemment les Nazaréens, pour qui saint Matthieu avoit écrit son Evangile. Ce Pere n'ignoroit pas que le mot *nézer*, lorsqu'il signifie une fleur, s'écrit autrement que quand il signifie un *Nazaréen*, (*l*) puisqu'il en fait une remarque dans son Commentaire sur Isaïe: mais il suffisoit que ces deux termes eussent le même son, pour autoriser saint Matthieu à faire l'allusion qu'il fait ici. Il veut dire que la demeure de

---

(*a*) *Vide Chrysost. hic. Homil.* 9. & *Theophylact. Euthym. Author operis imperfecti.* Ex libris non canonizatis. *Vide Cleric. hic. Not. ad Hammond. & Menard. not. in Epist. Barnab. pag.* 176.

(*b*) 2. *Timoth* III. 8.

(*c*) *Epist. Juda* ℣ 14.

(*d*) *Maldon. Grot. Spanhem. alii.*

(*e*) *Num.* VI. 18. & *sequ Judic.* XIII. 5. XVI. 17. *Thren.* IV. 7. *Amos.* II. 11. & 1. *Macc.* III. 49.

(*f*) *Genes.* XLIX. 26.

(*g*) *Deut.* XXXIII. 16.

(*h*) *Isai.* XI. 1. & LX. 21.

(*i*) *Ieronym. hic.* & *in Isai.* XI. 1. & *Opus imperfectum in Matth. Ita Jansen.* & *Est. hic. Hammond.*

(*k*) *Idem in Isai.* XI. 1.

(*l*) נצר *une fleur.* נזרי *Nazaréen* נצרת *Nazareth.*

JESUS à Nazareth, a rendu sensible le rapport qu'il y a entre le nom de *Nazaréen*, & celui de *nézer*, rejetton, ou fleur, que les Prophétes lui ont donné. Il étoit *Nazaréen*, par le rapport que sa vie avoit à la sainteté des Nazaréens, qui se consacroient au Seigneur. Il étoit *Nazaréen*, parce qu'il étoit connu dans les Prophétes sous le nom de *nézer*, une fleur ; & enfin par sa demeure à Nazareth.

CHAPITRE III.

Prédication & Baptême de saint Jean. Description de ses habits, & de sa manière de vivre. Ses discours. JESUS-CHRIST *vient à lui pour être baptisé.*

℣. 1. *IN diebus autem illis venit Joannes-Baptista prædicans in deserto Judææ,*	℣. 1. EN ce tems-là, Jean Baptiste vint prêcher au désert de Judée,

COMMENTAIRE.

℣. 1. IN DIEBUS AUTEM ILLIS VENIT JOANNES-BAPTISTA. *En ce tems-là Jean-Baptiste vint prêcher dans le désert de Judée.* Cette expression, *en ce tems-là*, ne marque pas que ce qu'on va lire soit arrivé immédiatement après ce qui précéde. C'est une maniére de liaison du discours qui ne décide rien pour le tems auquel la chose est arrivée. S. Jean-Baptiste ne commença à prêcher, & à baptiser, que la quinziéme année de Tibére, (*a*) la trente-deuxiéme année de son âge, & la trente-uniéme de JESUS-CHRIST, qui est la vingt-huitiéme de l'Ere vulgaire, que nous suivons ordinairement dans nos supputations, laquelle devance de trois ans, la véritable époque de la naissance de JESUS-CHRIST.

Les Juifs avoient fixé l'âge auquel il étoit permis de prêcher à trente ans. C'étoit autrefois dans l'Eglise Chrétienne l'âge ordinaire pour l'Episcopat, & même pour la Prêtrise.

JOANNES-BAPTISTA PRÆDICANS IN DESERTO JUDÆÆ. *Jean-Baptiste vint prêcher au désert de Judée.* Jean fils de Zacharie, & d'Elizabeth, dont on donnera l'histoire dans saint Luc, après avoir passé plu-

(*a*) *Luc.* III. 1.

2. *Et dicens : Pœnitentiam agite; appropinquavit enim regnum Cœlorum.*	2. En disant : Faites pénitence ; car le Royaume des Cieux est proche.

COMMENTAIRE.

sieurs années dans la retraite, vint prêcher dans les déserts de la Judée, c'est-à-dire, dans ceux qui sont au midi de la Palestine, dans le lot de la tribu de Juda, & aux environs de Jéricho ; car il n'y avoit que ce canton des déserts de Juda, qui fût à portée du Jourdain, où Jean baptisoit le peuple. ℣. 6. C'est ce qui lui a acquit le surnom de *Baptiste*, ou de baptiseur. Il plongeoit le peuple tout entier dans l'eau, à la maniére des Hébreux. Voyez le ℣. 11.

℣. 2. POENITENTIAM AGITE: APPROPINQUAVIT ENIM REGNUM COELORUM. *Faites pénitence ; car le royaume des Cieux est proche* ; ou plûtôt, *il est arrivé*. Voilà quel étoit le sujet ordinaire des prédications de S. Jean. Il prêchoit la pénitence, pour préparer les hommes à recevoir JESUS-CHRIST ; il joignoit à la prédication le baptême, ou l'ablution dans l'eau, pour leur montrer par ce symbole à se purifier de leurs soüillures intérieures. La pénitence qu'il leur prêchoit n'étoit pas une simple douleur de leurs péchez, ou simple regret du passé, & une attention sur eux-mêmes pour l'avenir ; il exigeoit de dignes fruits de pénitence, des œuvres laborieuses, médecinales, & satisfactoires. (*a*) Si vous êtes blessé, dit saint Chrysostome, il ne suffit pas d'arracher la fléche qui a fait la playe, il faut y appliquer des remédes pour guérir la blessure. Il faut joindre les œuvres de penitence à la conversion du cœur, à la sincére détestation du péché. La vie, l'extérieur, toute la conduite de saint Jean étoit une leçon de la pénitence qu'il exigeoit d'eux. Ce saint Précurseur leur montroit dans sa personne ce qu'ils devoient être. (*b*) Les Ninivites firent pénitence dans le sac, & dans la cendre. (*c*) Joël (*d*) recommande le jeûne, la mortification, l'humiliation, les habits de deüil, la douleur. Et JESUS-CHRIST (*e*) dit que si les Tyriens, & les Sidoniens avoient été témoins de ses miracles, ils auroient depuis long-tems fait pénitence dans le sac, & dans la cendre.

Le Royaume des Cieux est proche, ou il est venu ; car c'est ici la même chose, signifie en cet endroit, que Dieu est près d'exercer sa vengeance

(*a*) *Chrysost. Homil.* x. *pag.* 120. Μετάνοιαν δὲ λέγω οὐ τὸ τῶν προτέρων ἀποστῆναι κακῶν μόνον, ἀλλὰ, καὶ τὸ ἀμείνονα ἐπιδείξασθαι καλὰ, &c. Οὐ γὰρ ἀρκεῖ εἰς ὑγείαν ἡμῖν τὸ βέλος ἐξελεῖν μόνον, ἀλλὰ δεῖ, καὶ τῷ τραύματι φάρμακα ἐπιθεῖναι.

(*b*) *Chrysost. Homil.* x. *p.* 117. Μετανοίας εἶχε σύμβολον τὸ σχῆμα ἐκεῖνο. *Vide & pag.* 119. & 120. *Vide & Ambros plurib. locis, & Cyprian. l. de Lapsis. pag.* 295. *Edit. Rigalt.*

(*c*) *Jonas.* III 5.

(*d*) *Joel.* II. 15. 16. 17.

(*e*) *Matth.* XI. 21. Ἐν σάκκῳ καὶ σποδῷ μετενόησαν.

contre les méchans : (*a*) que le souverain Juge est prêt de prononcer son arrêt, que le pere de famille a le van, ou la péle en main pour nettoyer son aire, & qu'il tient la coignée toute prête pour couper les arbres infructueux, & de mauvais rapport. Toutes ces maniéres de parler sont synonimes en cet endroit. Le Royaume des Cieux se prend dans le même sens dans la parabole des dix Vierges, (*b*) & dans celles des serviteurs, à qui le pere de famille donne des talents pour les faire profiter. (*c*) Le Sauveur après avoir prédit les signes terribles qui devoient précéder la derniére ruine de Jérusalem, dit à ses Apôtres : (*d*) Quand vous verrez tout cela, *levez vos têtes, car vôtre délivrance est proche.* Et un peu après: *Le Royaume de Dieu est proche* ; c'est-à-dire, le Seigneur est prêt à venger les maux qu'on vous a fait, & à vous récompenser de vos travaux. Il est prêt à paroître dans sa gloire, & à exercer sa vengeance. Et encore : (*e*) *Il y en a de ceux qui sont ici présens, qui ne mourront point, qu'ils ne voyent le Fils de Dieu venant dans son Royaume*, c'est-à-dire, lorsqu'il viendra exercer sa vengeance contre Jérusalem.

Dans l'ancien Testament, l'on remarque des maniéres de parler toutes semblables. Par exemple : (*f*) *Le Seigneur a regné ; que la terre se réjoüisse, que les isles tressaillent de joye : la nuée, & l'obscurité sont autour de lui, & la justice & le jugement sont l'appui de son trône. Le feu marchera devant lui, & consumera tous ses ennemis.* Et au Pseaume XCVIII. 1. *Le Seigneur a regné, que les peuples soient saisis de frayeur; celui qui est assis sur les Chérubins*, va exercer son jugement ; *que la terre en soit ébranlée... Que tout le monde confesse vôtre saint Nom, parce qu'il est saint & terrible, & que l'honneur de ce grand Roi aime le jugement, &c.* Voyez Abdias, ℣. 21.

Quelquefois *le Royaume de Dieu* marque la manifestation du Messie. *Si c'est par le doigt de Dieu que je chasse les démons, certainement le Royaume de Dieu est arrivé jusqu'à vous*, dit le Sauveur. (*g*) Et saint Matthieu dit (*h*) que JESUS-CHRIST parcouroit les villes, & les bourgades, *annonçant la bonne nouvelle de la venuë du Royaume de Dieu.* Et saint Luc : (*i*) *Le Royaume de Dieu est au milieu de vous.* Ce qui est semblable à ce que dit saint Jean : (*k*) *Vous avez au milieu de vous, celui que vous ne connoissez pas.*

On prend aussi *Le Royaume de Dieu*, pour la béatitude éternelle, dont joüissent les Anges, & les Bienheureux dans le Ciel. *Celui qui fait la*

(*a*) *Vide Chrysost. hic. Hammond. Le Clerc.*
(*b*) *Matth.* XXV. 1. 2. *& seq.*
(*c*) *Matth.* XXV. 23. *Luc* XIX. 12.
(*d*) *Luc.* XXI. 18. 31.
(*e*) *Matth.* XVI. 28.
(*f*) *Psalm.* XCVI. 1.
(*g*) *Luc.* XI. 19.
(*h*) *Matth.* IX. 35.
(*i*) *Luc* XVII. 21.
(*k*) *Joan.* I. 26.

volonté de mon Pere Céleste, entrera dans le Royaume des Cieux. (*a*) Et ailleurs : (*b*) *Laissez venir à moi les petits enfans ; car à eux appartient le Royaume du Ciel.* Et encore : (*c*) *Bienheureux les pauvres d'esprit ; car le Royaume des Cieux leur appartient.* Par ces derniers termes on peut aussi entendre l'Eglise, & la Synagogue respectivement ; par exemple, JESUS-CHRIST dit que le Royaume des Cieux est semblable à un pere de famille, qui envoye des ouvriers dans sa vigne de grand matin. (*d*) Il est visible que cette vigne est la Synagogue, & que le Royaume des Cieux, en cet endroit, n'est autre que la conduite que Dieu a tenuë envers les Juifs, & ensuite envers les Gentils, qu'il a appellez les derniers dans sa vigne. Et ailleurs, (*e*) après avoir parlé de la foi du Centenier, il prédit la vocation des Gentils, & la réprobation des Juifs, en disant, que *les enfans du Royaume seront chassez dehors.* Ce Royaume ne peut être autre que la Synagogue, ou les Juifs qui étoient les héritiers naturels des promesses, & du Royaume de Dieu. On doit prendre dans le même sens les paraboles du Roi, qui fait un grand festin pour les nôces de son fils, (*f*) & qui au refus de ses amis, y fait entrer des étrangers. Et celles des fermiers, qui chassent les domestiques du maître, (*g*) & mettent à mort son propre fils. Tout cela désignoit la réprobation des Juifs, & la vocation des Gentils.

Mais l'acception la plus ordinaire de ces expressions, est celle qui l'entend de l'Eglise de JESUS-CHRIST. C'est à cela que se raportent la plûpart des similitudes que le Sauveur propose, en disant que le Royaume des Cieux est semblable, par exemple, (*h*) à un trésor caché, qui ayant été trouvé par un homme, est acheté aux dépens de tout ce qu'il a : Et à une pierre précieuse qu'un marchand achete en donnant tous ses biens. (*i*) Et ensuite il compare le Royaume des Cieux à un champ, où l'ennemi séme de mauvais grains ; (*k*) & à un filet de pêcheurs, où il y a de bons, & de mauvais poissons. (*l*) Il est visible que ce ne peut être que de l'Eglise qu'il parle, comme le remarque S. Grégoire Pape, (*m*) puisque aussi-tôt après il dit : *C'est ainsi qu'il arrivera à la consommation des siécles ; les Anges viendront, & sépareront les bons des mauvais, & jetteront ceux-ci dans une fournaise de feu, où il n'y aura que pleurs, & grincemens de dents.* Il dit ailleurs : (*n*) Que le Royaume des Cieux est exposé à la violence des méchans, & que des hommes violens le déchirent. Il parle sans

(*a*) *Matth.* VII. 21.
(*b*) *Matth.* XIX. 14.
(*c*) *Matth.* V. 3.
(*d*) *Matth.* XX. 1. 2. 3.
(*e*) *Matth.* VIII. 12.
(*f*) *Matth.* XXII. 2.
(*g*) *Marc.* XII. 8.
(*h*) *Matth.* XIII. 44.
(*i*) *Matth.* XIII. 45.
(*k*) *Matth.* XIII. 3. 4. 18. 19.
(*l*) *Ibid.* ℣. 47 48.
(*m*) *Greg. Homil.*
(*n*) *Matth.* XI. 12.

3. Hic est enim, qui dictus est per Isaiam Prophetam dicentem: Vox clamantis in deserto: Parate viam Domini; rectas facite semitas ejus.

3. C'est lui qui a été marqué par le Prophéte Isaïe, lorsqu'il dit: *On a entendu* la voix de celui qui crie dans le désert: Préparez la voye du Seigneur; rendez droits ses sentiers.

COMMENTAIRE.

doute des persécutions que souffrent les gens de bien dans l'Eglise.

En un mot, J. C. exprime sa venuë, sa prédication, l'établissement de son Eglise, la vocation des Fidéles, la maniére dont l'Evangile est prêché, la vengeance qu'il doit exercer contre les infidéles & les incrédules; les récompenses qu'il doit donner à ses amis, & à ses serviteurs; l'empire qu'il doit exercer sur les esprits, & sur les cœurs. Il exprime tout cela sous le nom de Royaume de Dieu, ou de Royaume des Cieux. Les Hébreux attendoient le Messie, comme un Roi, qui devoit rétablir l'Empire d'Israël, & qui devoit dominer sur toute la terre. Ils suivoient en cela l'idée que les Prophétes leur avoient donnée. (*a*) Les Disciples de J. C. s'attendoient à ce regne temporel: *Seigneur, est-ce en ce tems que vous devez rétablir le royaume d'Israël?* lui disoient-ils. (*b*) Le Sauveur, pour se proportionner à leurs préjugez, sans toutefois donner atteinte à la vérité, leur parle d'un royaume qu'il vient établir, il leur promet le Royaume du Ciel; il leur parle du trône où il sera assis à la droite du Pere. Mais en même-tems il leur annonce (*c*) que son Royaume n'est pas de ce monde, que ceux qui se flattent d'y être reçûs, en seront exclus; (*d*) que d'autres y entreront en leur place. Qu'il saura distinguer les bons des mauvais; que ceux qui s'opposeront à l'établissement de ce Royaume tout spirituel, seront exterminez: & qu'après avoir exercé sa juste vengeance contr'eux, il regnera, & ses élus avec lui, pendant que ses adversaires seront jettez dans les ténébres extérieures, & dans une fournaise de feu, où ils seront brûlez d'un feu éternel, & qui ne s'éteindra jamais. Ces paroles ne doivent pas s'entendre du Jugement dernier, mais de la vengeance que Dieu a exercée contre les Juifs incrédules à sa parole, & de la récompense qu'il a donnée à ses Martyrs, & aux Justes, qui ont cru en lui & qui ont confessé son nom. Et de peur que l'on ne s'imagine qu'après cette vengeance, ses serviteurs seront dans un parfait repos, il les avertit que le Royaume des Cieux ne sera point sans traverses, & sans persécutions, & que c'est par-là qu'il purifiera ses serviteurs, & ses élus.

℣. 3. VOX CLAMANTIS IN DESERTO: PARATE VIAM DOMINI. *On a entendu la voix qui crie dans le désert; Préparez la voye du*

(*a*) *Psalm.* x. 16. xxi. 29. lxxi. 8 *Isai.* xl. 10. ix. 7 l. 1. 7. *Jerem.* xxiii. 5. *Dan.* vii. 13. 14.

(*b*) *Act* 1 6.

(*c*) *Joan* xviii. 36.

(*d*) *Matth.* viii. 13.

Seigneur

4. Ipse autem Joannes habebat vestimentum de pilis camelorum, & zonam pelliceam circa lumbos suos : esca autem ejus erat locustæ, & mel silvestre.

4. Or Jean avoit un vêtement de poil de chameau, & une ceinture de cuir autour des reins ; & sa nourriture étoit des sauterelles, & du miel sauvage.

COMMENTAIRE.

Seigneur. Les Evangélistes (*a*) de concert appliquent ces paroles au divin Précurseur. On ne doutoit point alors qu'elles ne dûssent s'accomplir dans celui qui devoit préparer les voyes au Messie. Les Juifs attendoient qu'Elie viendroit en personne faire cette fonction. Mais JESUS-CHRIST nous avertit que Jean-Baptiste est lui-même Elie ; (*b*) c'est-à-dire, qu'il est venu dans l'esprit, & dans la vertu d'Elie, pour disposer les cœurs des grands & des petits, à recevoir le Sauveur. Isaïe (*c*) avoit proféré ces paroles en parlant du retour de la captivité de Babylone : j'entens déja l'ordre que le Seigneur a donné aux nations de préparer les voyes, pour le retour de son peuple captif. Ce retour & cette délivrance étoient la figure, & comme la promesse de la liberté que le Fils de Dieu devoit procurer au genre humain. L'on ne travailla jamais réellement à applanir les voyes aux Hébreux dans leur retour ; ces expressions d'Isaïe étoient figurées & hyperboliques à cet égard. Mais à l'égard de S. Jean, nous voyons ici qu'il travaille avec zéle à disposer les cœurs des Juifs à recevoir JESUS-CHRIST. Il abat les hauteurs, & comble les vallées ; tout cela dans un sens spirituel, mais très-beau & très-juste.

℣. 4. JOANNES HABEBAT VESTIMENTUM DE PILIS CAMELORUM. *Jean avoit un vêtement de poil de chameau.* Le vêtement de saint Jean-Baptiste n'étoit pas d'une peau de chameau, (*d*) comme il a plû à nos peintres de le représenter, & à quelques Commentateurs de l'expliquer, mais d'une étoffe faite de poil de chameau, grossiére, d'un tissu rude, d'une couleur brune & sombre, telle qu'il convenoit à un homme qui prêchoit la pénitence encore plus par ses actions, que par ses paroles. *Qu'êtes-vous allé voir dans le désert ?* disoit JESUS-CHRIST en parlant de saint Jean ; (*e*) *est-ce un homme vêtu mollement ?* L'Evangéliste ne dit pas que le Précurseur ait été vêtu de la laine du chameau, mais de son crin, (*f*) ou de son plus gros poil. La laine de cet animal est fine, & on l'employe aux habits les plus délicats ; mais le poil est rude, & n'est propre qu'aux pauvres, aux gens de la campagne. (*g*) C'est ce qui a fait dire

(*a*) *Marc* I. 3. *Luc.* III. 4. *Joan.* I. 23.

(*b*) *Matth* XI. 14. XVII. 10. 11. 12. *Marc.* IX. 10 11.

(*c*) *Isai.* XL. 3.

(*d*) *Ita Brug. Schmid. Piscat.*

(*e*) *Matth.* XI. 8.

(*f*) *Matth.* III. 4. Εἶχε τὸ ἔνδυμα αὐτοῦ ἀπὸ τριχῶν καμήλου.

(*g*) *Author oper. imperf. hîc Non dixit de lana cameli, sed de pilis cameli, . . . Quoniam autem non de lana camelina, sed de pilis cameli habebat vestimentum, ipse Dominus manifestat dicens de Iohanne : Quid existis in deserto videre ? Hominem mollibus vestitum ?*

à quelques Peres (*a*) que ce saint Précurseur étoit vêtu d'un cilice. Elien (*b*) raconte que sur la mer Caspienne il y a des chameaux, dont la laine est si fine qu'elle ne cede point en finesse à celle de Milet; que non-seulement les Prêtres du pays, mais aussi les plus riches se revêtent de l'étoffe qu'on en fait. Paul de Venise (*c*) parle d'une étoffe nommée *zambilotti*, faite d'une laine blanche, & de laine de chameaux, qui est des plus belles que l'on voye. Les Talmudistes citez dans Braunius, (*d*) enseignent que si l'on a mêlé de la laine de chameaux, avec de la laine de moutons, en sorte que celle de chameaux excede par sa quantité, on peut s'en servir pour faire une étoffe avec du lin; mais non pas si la laine de moutons étoit égale, ou en plus grande quantité.

L'usage des étoffes faites du poil de chameaux n'étoit donc pas entiérement inconnu aux Juifs, comme le veut Casaubon; (*e*) mais il étoit rare de voir des habits de poils seuls de chameaux. Ordinairement on y mêloit de la laine de brebis; ou bien on choisissoit la laine de chameau, & on la séparoit du gros poil, qui ne servoit qu'aux pauvres, aux gens de la campagne, & à faire ces habits de deüil, que l'Ecriture nomme sacs, ou cilices. Ce que nous appellons camelot, tire son nom de chameau, parce qu'apparemment autrefois on le faisoit de laine de chameaux. Mais aujourd'hui c'est un tissu de poil de chévres d'Orient fort fin, tissu avec de la soye, ou de la laine.

ET ZONAM PELLICEAM CIRCA LUMBOS. *Il avoit une ceinture de cuir autour des reins.* La matiére des ceintures ordinaires étoit le lin, ou la laine. On les faisoit d'un tissu fin, & souvent précieux. (*f*) Mais les Prophétes, (*g*) les Nazaréens, (*h*) les personnes qui étoient dans le deüil, & dans la pénitence les portoient de cuir, ou de corde. C'est encore ainsi que les portent parmi nous, ceux qui par leur profession s'engagent à une vie austére & pénitente. (*i*)

ESCA AUTEM EJUS ERAT LOCUSTÆ. *Sa nourriture étoit des sauterelles.* La Loi de Moyse permet de manger une espéce de sauterelles. On en use dans plusieurs Provinces d'Orient. Les Parthes, les Syriens, les peuples de Lybie, d'autres peuples d'Afrique & d'Asie, les Grecs mêmes en mangeoient autrefois, & en mangent encore aujourd'hui dans plusieurs endroits. Un Religieux qui a voyagé en Afrique, assure qu'il y a mangé de ces sauterelles, & qu'on s'en nourrit à la campagne plus de

(*a*) *Athan. Emissen. Anselm. hic. Hammond. Brug. Scult.*

(*b*) *Ælian. hist. Animal. l. 17. c. 34. Vide & Apollon. de Admirabilib. c. 10.*

(*c*) *Paul. Venet. Peregrinat. l. 1. c. 33.*

(*d*) *Vide Braun. de Vestib. Sacerdot. Hebr. l. 1. cap. 9.*

(*e*) *Casaubon. Exercit. 13. in Baron.*

(*f*) *4. Regum. l. 8. de Elia.*

(*g*) *Grot. ex Hebrais.*

(*h*) *S. Bened. Reg. c. 22. Cincti cingulis, aut funibus.*

(*i*) *Levit. XI. 22.*

quatre mois de l'année. Clénard (*a*) qui avoit été dans ce pays, assure qu'on en porte des chariots chargez à Fez. On dit que l'on fait tomber ces sauterelles de dessus les arbres, par le moyen de la fumée; on les sale, on les fait sécher à la fumée, ou au four, & on les conserve en masse toute l'année. La chair, quand elles sont fraîches, en est très-délicate. Leon dans la description d'Afrique, dit qu'on les sale, qu'on les grille, qu'on les séche au soleil, & qu'ensuite on les réduit en farine pour les manger. Le revenu qu'on tire des sauterelles à Tripoli, vaut mieux que celui des cailles dans l'isle de Capra, dans le Royaume de Naples. Saint Jérôme contre Jovinien, (*b*) parle des nuées de sauterelles dont on se nourrit. Pline (*c*) dit qu'il y a certains peuples d'Ethiopie qui ne vivent que de sauterelles séchées, & salées. *Pars quadam Æthiopum locustis tantù vivit, fumo & sale duratis in annua alimenta.* Enfin ce fait est si connu, & appuyé sur un si grand nombre de témoignages des Anciens, & des Modernes, qu'il n'est pas permis de le révoquer en doute. On peut voir Bochart. (*d*)

Mais si cela est, dira-t'on, quelle merveille que saint Jean ait mangé des sauterelles, puisque tout le monde en mangeoit, & qu'à la campagne on s'en fait même un régal? Pour satisfaire à cette objection, quelques Anciens ont dit (*e*) que ce que S. Jean-Baptiste mangeoit n'étoit point des sauterelles, mais des extrémitez, ou des bourgeons des herbes, ou des arbres. Saint Epiphane dit, que les Ebionites avoient retranché ce terme de leur Evangile, de peur qu'on ne crût que saint Jean avoit mangé de la chair. Le sentiment de ceux qui ont crû que le Précurseur mangeoit des bourgeons d'arbres, a trouvé un assez grand nombre d'approbateurs. (*f*) La chose n'est nullement incroyable. Les Sarmates, ou les Germains se nourrissoient de bourgeons des arbres, & de l'eau qu'ils puisoient avec la main, comme font encore les Encratites, ou les Abstinens, dit saint Clément d'Aléxandrie. (*g*) Ovide décrit les premiers hommes, n'ayant point d'autre nourriture que l'herbe qu'ils broutoient, & les bouts des branches d'arbres qu'ils cueilloient. (*h*)

Et modò carpebant vivaci cespite gramen,
Nunc epula tenerâ fronde cacumen erat.

Les premiers Disciples de saint Bernard à Clairvaux, (*i*) ont souvent

---

(*a*) *Clenard. in Epistolis.*

(*b*) *Ieronym. l. 2. contra Iovinian.*

(*c*) *Plin. lib. 6. c. 30. Vide, si lubet, Ludolf. Histor. Æthiop. l. 1. c. 13.*

(*d*) *Bochart. de Animal. sacr. parte 1. lib. 1. cap. 5.*

(*e*) *Isidor. Pelus. l. 1. Epist. 5. & 132.* Αἱ ἀκρίδες ἃς Ἰωάννης ἐτρέφετο, οὐ ζῶά εἰσιν, ὥς τινες οἴονται ἀμαθῶς, κανθάροις ἀπεοικότα, μὴ γένοιτο, ἀλλὰ ἀκρέμονες βοτανῶν, ἢ φύλλων.

(*f*) *Euthym. Nil. Carm. de Ioan. Baptista. Pantaleon. Diacon serm. de Luminib. SS. & ex recentiorib. non pauci.*

(*g*) *Clement. Alexan. l. 1. Strom.*

(*h*) *Ovid. Fast. l. 4.*

(*i*) *Vita S. Bern. l. 1. c. 5.*

usé de mets faits de feuilles de hêtre. Diodore (*a*) parle de certains peuples d'Ethiopie, qui se nourrissoient d'herbes, & de bourgeons d'arbres.

Brocard (*b*) & Jacques de Vitry (*c*) se sont laissez persuader que ce que l'on prend communément pour des sauterelles dans saint Matthieu, n'est autre chose qu'une certaine herbe nommée locuste, que l'on donne à manger aux Religieux de ce pays-là, comme ces Religieux même l'assuroient. Le Pere Eugéne Roger (*d*) dit que ces prétenduës sauterelles sont un fruit, rouge comme du sang, de la forme de silique, ou gousse de féve, doux comme du pain d'épices, & de qualité astringeante. L'arbre qui porte ce fruit, est aux environs du désert de saint Jean, & on l'appelle siliquastre. Quelques-uns (*e*) se sont imaginez qu'il se nourrissoit d'écrevisses de mer, nommées en Grec d'un nom fort approchant de celui qui signifie des sauterelles. D'autres (*f*) lui donnent des fruits sauvages. Theophylacte & Euthyme disent que quelques-uns entendoient l'Evangile d'une herbe nommée *mélagra*; & d'autres des noix, ou des fruits sauvages. (*g*) Cnatcbul & quelques autres croyent qu'il ne mangeoit que des fruits, ou des bourgeons d'arbres, que les Italiens appellent des *carobes*, & les François des *carrouges*, dont l'enfant Prodigue souhaitoit de se rassasier avec les pourceaux. (*h*)

Mais pourquoi se fatiguer à chercher des explications forcées à un Texte qui est si clair? Les sauterelles sont une nouriture commune, simple, aisée à trouver, sans apprêt, qui ne coûte rien: tout cela convient à la maniére de vivre de saint Jean-Baptiste. Il ne mangeoit que des sauterelles, & du miel sauvage; aucune autre nourriture. Il en mangeoit en si petite quantité, que les Juifs disoient qu'il étoit possédé du démon. (*i*) Aprés cela a-t'il besoin d'apologie sur le sujet de sa nourriture?

ET MEL SILVESTRE. *Et du miel sauvage.* L'Evangile selon les Hébreux, cité par saint Epiphane, (*k*) lisoit en cet endroit: *Du miel sauvage, dont le goût étoit comme celui de la manne, comme d'un gâteau paîtri à l'huile.* Saumaise a crû aussi que le miel sauvage de saint Jean n'étoit autre

---

(*a*) *Diodor. l. 3. p. 111.* Οἱ δὲ ὑλοφάγοι μετὰ τέκνων, καὶ γυναικῶν ἐπὶ τὰς νομὰς ἐξιόντες ἀναβαίνουσιν ἐπὶ τὰ δένδρα, καὶ τοὺς ἁπαλοὺς τῶν ἀκρεμόνων προσφέρονται.

(*b*) *Brocard. Descript. Terræ Sanctæ, pag 330.*

(*c*) *Iacob. de Vitriaco, Histor. de Ierosol. c. 53.*

(*d*) *Eugen. Roger. l. 1. p. 224.*

(*e*) *Quid. apud Boch. de Animal. parte 1. l. 1. c. 9.* Ils lisent καρίδας, au lieu de ἀκρίδας, des sauterelles.

(*f*) *Beza hîc legit*, Ἀχράδας; des poires sauvages.

(*g*) *Theophilact. & Euthym. hîc.* Μέλαγρα... τὰ ἀκρόδρυα, ἤτοι ὀπώρας ἀγρίας.

(*h*) *Luc.* XV. 16.

(*i*) *Matth.* XI. 18. *Luc.* VII. 33.

(*k*) *Epiphan. Hæres 30.* Μέλι ἄγριον, οὗ ἡ γεῦσις ἦν τοῦ μάννα, ὡς ἐγκρὶς ἐν ἐλαίῳ.

5. *Tunc exibat ad eum Jerosolyma, & omnis Judaea, & omnis regio circa Jordanem,*

6. *Et baptizabantur ab eo in Jordane, confitentes peccata sua.*

5. Alors la ville de Jérusalem, toute la Judée, & tout le pays des environs du Jourdain, venoient à lui ;

6. Et confessant leurs pechez, ils étoient baptisez par lui dans le Jourdain.

COMMENTAIRE.

que la manne que l'on trouve encore aujourd'hui au mont Liban, & dans l'Arabie, & dont il prétend que les Hébreux se nourrirent dans le désert. Il se fonde sur le témoignage de Suidas, qui dit, sur la foi d'un ancien Auteur, que le miel sauvage étoit recueilli sur les feüilles des arbres, & que plusieurs le nommoient manne. Raban-Maur, & Arculphe (*a*) enseignent que ce miel sauvage est une certaine feuille blanche, ronde, large, & très-tendre, qui étant froissée dans la main, donne une odeur, & un goût comme de miel. Saint Isidore de Péluse (*b*) nie que le miel sauvage soit une sorte d'herbe ; mais il croit que c'étoit un miel de montagne, composé par des abeilles champêtres, & qui étoit très-amer au goût.

Mais ces remarques sont réfutées par l'Ecriture même, qui nous parle du miel sauvage, comme d'une chose fort commune dans la Judée, & qui n'avoit aucune mauvaise qualité. Il étoit plus insipide, & moins doux que l'autre ; mais on en usoit communément à la campagne. Il s'en trouvoit en grande quantité dans les rochers, dans les trous des arbres, dans les creux mêmes de la terre. Et nos Voyageurs assurent qu'il est encore très-commun dans la Palestine. On peut voir ce que nous en avons remarqué sur l'histoire de Saül, & de Jonathas dans les Livres des Rois. (*c*) L'Evangéliste remarque cette circonstance de la vie de S. Jean-Baptiste, pour nous donner une idée de sa vie simple, frugale, pauvre & commune : Il mangeoit de ce qu'on trouvoit à la campagne, & dont il n'y avoit que les pauvres qui se servissent.

℣. 6. BAPTIZABANTUR AB EO IN JORDANE. *Ils étoient baptisez par lui dans le Jourdain.* Le baptême des Juifs consistoit à se plonger tout le corps dans l'eau, & non pas à répandre un peu d'eau sur la tête, comme il se pratique aujourd'hui parmi nous dans le baptême, & comme les Peintres nous répresentent le baptême de JESUS-CHRIST. Les ablutions étoient communes sous la Loi de Moyse, pour se purifier de certaines soüillures légales. Dans ces cas on se plongeoit dans l'eau tout le

(*a*) *Raban. Maur. & Arculphus in Caten. aurea D. Thom.*

(*b*) *Isidor. Pelus. l. 1. ep. 132.* Ὅτι δὲ ποά τις ἐστὶ πάλιν τὸ μέλι τὸ ἄγριον, ἀλλὰ μέλι ὄρειον, ἀπὸ μελισσῶν ἀγρίων γινόμενον. Πικρότατον δὲ καὶ πάνυ γεύσει πολέμιον.

(*c*) 1. *Reg.* XIV. 26. 27.

corps avec ſes habits, ou ſéparément, l'homme & les habits. C'eſt ainſi qu'on ſe purifioit après avoir touché à un corps mort, (a) d'un homme, ou d'un animal immonde, (b) ou après avoir aſſiſté à des funérailles, ou après avoir touché ou porté un animal impur; (c) ou après avoir été affecté de la lepre, (d) ou après avoir ſouffert quelque pollution, même involontaire, la nuit, ou le jour; (e) & dans pluſieurs autres occaſions.

Le baptême que ſaint Jean donnoit aux Juifs, étoit d'une autre nature; il étoit purement volontaire, & de dévotion, & nulle loi n'y obligeoit. C'étoit un ſymbole de la rémiſſion des péchez qu'il promettoit à ceux qui s'en approchoient dans un eſprit de componction, & de pénitence, après avoir confeſſé leurs péchez. Il vouloit leur marquer par-là la néceſſité de changer de vie, à peu près comme les Hébreux obligeoient les proſélytes qui entroient dans leur Religion, à recevoir le baptême, avec la circonciſion, (f) afin de figurer par ce baptême une eſpece de renaiſſance ſpirituelle, & de vie nouvelle. Comme nous nous étendrons davantage ſur cette matiére dans une Diſſertation exprès, nous n'en dirons pas davantage en cet endroit.

CONFITENTES PECCATA SUA. *Confeſſant leurs péchez.* Il demandoit cette diſpoſition dans ceux à qui il donnoit le baptême, comme Moyſe l'éxigeoit de ceux qui offroient des ſacrifices pour le péché. (g) Ceux-ci préſentant leur victime tout en vie, mettoient leurs mains ſur ſa tête, & confeſſoient devant le Prêtre le péché pour lequel ils offroient leur hoſtie: priant tacitement le Seigneur, par cette cérémonie, de tranſporter ſur la tête de l'animal qu'ils offroient, la peine de leurs fautes. On diſpute s'ils confeſſoient leurs péchez dans le détail, ou ſeulement en gros & en général. Mais on convient que la confeſſion étoit ordonnée dans ces cas. Et nous trouvons dans l'Ecriture pluſieurs priéres, (h) qui ſont comme des formules générales de confeſſions parmi les Hébreux. Grotius (i) ne doute pas que l'on ne fiſt ſa confeſſion particuliére & détaillée devant le Prêtre, dans les cas qui n'emportoient pas la peine de mort; mais que dans d'autres occaſions il ſuffiſoit de confeſſer ſes fautes en général devant le Seigneur. Il ajoûte qu'il eſt très-croyable que les Juifs qui venoient à ſaint Jean, lui faiſoient leur confeſſion, avec d'autant plus de confiance, qu'ils le connoiſſoient, non-ſeulement pour

(a) *Num.* v. 2. vi. 6. *&c.*
(b) *Levit.* xi. 25.
(c) *Levit.* xi 28. 40.
(d) *Levit* xiii. 6. xiv. 6.
(e) *Levit.* xv. 5. 6. 7.
(f) *Selden. de Jure Nat. & Gent. lib.* 2. *cap.* 2. *Hammond. hic.*
(g) *Levit.* iv. 4. 15. 24. *Num.* v. 7.
(h) *Dan.* ix. 4. 5. *Baruch.* I. 17. 18. *Pſalm.* xxxi. 5. 2 *Eſdr.* I. 16. ix. 2.
(i) *Grot. hic. & Ianſ. Eſt.*

7. *Videns autem multos Pharisæorum, & Saducæorum, venientes ad baptismum suum, dixit eis: Progenies viperarum, quis demonstravit vobis fugere à ventura ira?*

7. Mais voyant plusieurs des Pharisiens, & des Saducéens qui venoient à son baptême, il leur dit: Race de vipéres, qui vous a appris à fuir la colére qui doit tomber sur vous?

COMMENTAIRE.

un homme très-fidéle, mais aussi pour Prêtre, & pour Prophéte. Les Hébreux enseignent que la confession des péchez est absolument nécessaire pour en obtenir la rémission. (*a*)

Saint Jean pour disposer les peuples à recevoir la parole de salut, & à se soumettre à la foi de Jesus-Christ, les oblige de se confesser pecheurs, de se purifier par la pénitence, par la confession, par le baptême. Pour avoir recours au Médecin, il falloit qu'ils reconnussent leurs playes. Pour désirer le Sauveur, il falloit qu'ils sçûssent le besoin qu'ils avoient du salut. Le grand mal des Juifs étoit, qu'ils ne se croyoient point assez pécheurs. Le Précurseur travaille principalement à leur ôter cette vaine & dangereuse confiance. (*b*)

℣. 7. Videns autem multos Pharisæorum, et Saducæorum. *Voyant plusieurs des Pharisiens & des Saducéens.* Les Pharisiens, & les Saducéens étoient alors les deux plus puissantes sectes qui fussent chez les Juifs. Leurs principes étoient fort différens: Les premiers croyoient l'existence des Anges, & une autre vie après la résurrection. Les Saducéens nioient tout céla. Comme nous ne pouvons ici nous étendre assez sur ces deux sectes, nous avons remis à les traiter sur saint Luc, dans une Dissertation particuliére.

Il n'est pas certain que les Pharisiens ayent reçû le baptême de saint Jean. Irritez de ses vifs reproches, & confus de la maniére dont il leur avoit parlé, ils se retirerent apparemment sans rien faire. Saint Luc dit, (*c*) *qu'ils méprisérent les desseins que Dieu avoit sur eux, en ne recevant pas le baptême de Jean.* Dieu avoit sur eux des desseins de bonté, & de miséricorde, dont ils empêcherent l'effet par leur malice. Et Jesus-Christ lui-même insinuë qu'ils avoient rejetté le baptême de saint Jean, lorsqu'il leur dit: (*d*) *Le baptême de Jean étoit-il de Dieu, ou des hommes? Mais ils raisonnoient en eux-mêmes, disant: Si nous répondons qu'il étoit du Ciel, il nous dira: Pourquoi donc n'y avez-vous pas crû? Et*

(*a*) *Vide Maimon. apud Ligfoot. Lir. Hebr. 45. Buxtorf. Synag. Jud. c. 20.*

(*b*) *Chrysost. Homil. x. in Matth.*

(*c*) *Luc. VII. 30. Pharisæi & legisperiti consilium Dei spreverunt in semetipsos, non baptizati ab eo.*

(*d*) *Matth. XXI. 24. 25.*

8. *Facite ergo fructum dignum pœnitentiæ.*	8. Faites donc un digne fruit de pénitence.

COMMENTAIRE.

si nous disons qu'il étoit des hommes, nous craignons les troupes : car tout le monde tenoit Jean pour un vrai Prophéte. Ils répondirent donc à Jesus : Nous n'en savons rien.

PROGENIES VIPERARUM, &c. *Race de vipéres, qui vous a appris à fuir la colére qui doit tomber sur vous?* Espérez-vous que vivans comme vous faites, vous éviterez la colére de Dieu ? Avez-vous assez de présomption pour vous flatter du salut, en vivant comme des scélérats, & des scélérats de race ; trop fidéles imitateurs de la malice, & des crimes de vos peres ? Vipéres, & enfans de viperes. Pécheurs endurcis, & incorrigibles. Il faut que les désordres des Pharisiens, & des Saducéens ayent été extrêmes, puisque saint Jean les apostrophe avec tant de véhémence, & de force. JESUS-CHRIST nous en donne une idée toute pareille, par les invectives presque continuelles qu'il fait contr'eux. (*a*) Le Précurseur voyoit apparemment dans leur cœur un fond d'hypocrisie, & de malice, (*b*) qui les faisoient venir à son baptême, pour se conserver l'estime des peuples, sans aucune envie de se convertir ; ou dans le dessein de le censurer lui-même ; & de décrier sa doctrine, & sa conduite. Dans S. Luc (*c*) ces paroles sont adressées aux troupes des peuples. Saint Jean ou par son geste, ou par la suite du discours, fait entendre qu'il en vouloit principalement aux Pharisiens, & aux Saducéens, qui étoient mêlez dans la foule.

℣. 8. FACITE ERGO FRUCTUM DIGNUM (*d*) POENITENTIÆ. *Faites un digne fruit de pénitence.* Joignez à la douleur intérieure, & à la détestation de vos péchez, des œuvres laborieuses, & satisfactoires ; l'amour & la pratique des vertus contraires à vos péchez. *Car*, ajoûte-t'il, (*e*) *tout arbre qui ne produit pas de bons fruits, sera coupé & jetté au feu.* Les fruits sont les œuvres. Que celui qui étoit voleur, & ravisseur, restituë, & cesse de voler. Que celui qui s'étoit livré à l'ambition, aux plaisirs, à l'amour impur, quitte ces habitudes, pratique l'humilité, la mortification, & la temperance. Voilà ce qu'il appelle faire de dignes fruits de pénitence. (*f*) Joseph parlant de saint Jean-Baptiste, (*g*) dit

(*a*) *Matth.* XXIII. 32. 33.

(*b*) *Ieronym. in Isai.* XXX. *Gregor. Homil.* XX *in Evang. Theophylact. hic.*

(*c*) *Luc.* III. 7.

(*d*) *Plures legunt :* Καρποὺς ἀξίους. *Ita Lucas, & Græc. impress. sed Origen. in Joan.* Καρπὸν ἄξιον; *Et alii quamplurimi. Vide Mill. var. lect.*

(*e*) *Infrà* ℣. 10.

(*f*) *Vide Chrysost. hic. & Gregor. Magn. Homil.* XX. *in Evangelia.*

(*g*) *Joseph. Antiq. lib.* XVIII. *cap.* 7. τὸν πάντα ἀγαθὸν ἄνδρα, καὶ τοῖς Ἰουδαίοις κελεύοντα ἀρετὴν ἐπασκοῦσιν, καὶ τῇ πρὸς ἀλλήλους δικαιοσύνῃ, καὶ τῇ πρὸς θεὸν εὐσεβείᾳ χρωμένοις βαπτισμῷ συνιέναι, *&c.*

que

9. *Et ne velitis dicere intra vos : Patrem habemus Abraham: dico enim vobis, quoniam potens est Deus de lapidibus istis suscitare filios Abrahæ.*

9. Et ne pensez pas dire en vous-mêmes: Nous avons Abraham pour pere ; puisque je vous déclare que Dieu peut faire naître de ces pierres mêmes des enfans à Abraham.

COMMENTAIRE.

que c'étoit un saint homme, qui recommandoit aux Juifs de pratiquer la vertu, & de s'approcher du baptême, en exerçant la justice envers leurs égaux, & la pieté envers Dieu. Il leur disoit, que ce baptême ne pouvoit être agréable à Dieu, si l'on se contentoit de s'abstenir seulement de quelques péchez; mais qu'il falloit joindre à la pureté du corps, celle de l'ame, qui ne s'acquiert que par l'exercice de la justice. Voilà quelle étoit la doctrine de Jean-Baptiste.

℣. 9. ET NE VELITIS DICERE INTRA VOS: PATREM HABEMUS ABRAHAM. *Et ne pensez pas dire en vous-mêmes: Nous avons Abraham pour pere.* Les Juifs étoient fort jaloux de la qualité d'enfans d'Abraham. Ils se vantoient de cette glorieuse origine en plusieurs endroits de l'Ecriture. (*a*) Rien en effet ne pouvoit leur être plus avantageux, puisque par-là ils étoient les enfans des promesses, & la race sainte, & choisie parmi tous les peuples du monde, pour être les enfans, & les élus de Dieu. Mais ils n'avoient pas le même zéle pour faire les œuvres d'Abraham, comme leur dit le Sauveur: (*b*) *Si filii Abrahæ estis, opera Abrahæ facite.* Ils étoient enfans d'Abraham selon la chair, mais non pas selon l'esprit. Or ce n'est pas à Abraham charnel que les promesses sont faites, mais à Abraham selon l'esprit. (*c*) Abraham est pere des Croyans, des Fidéles, des Justes, & non des incrédules, des méchans, des impies. *Non enim successio carnis quæritur*, dit saint Hilaire sur cet endroit, *sed fidei hæreditas, . . . & prosapia gloria fidei imitatione detinetur.*

POTENS EST DEUS DE LAPIDIBUS ISTIS, &c. *Dieu peut faire naître de ces pierres mêmes des enfans à Abraham.* Il montroit de la main les rochers du désert où il étoit: ou même, selon quelques-uns, (*d*) les pierres que les enfans d'Israël avoient mises dans le lit du Jourdain, lorsqu'ils le passerent sous Josué. (*e*) D'autres (*f*) croyent que le Précurseur faisoit allusion à ce passage d'Isaïe: (*g*) *Considérez la carriére d'où vous êtes tirez, & la caverne d'où vous êtes sortis.* Regardez Abra-

(*a*) *Joan.* VIII. 33. *Act.* XIII. 26. *Rom.* IX. 7. XI. 1. 2. *Cor.* XI. 22. *Hebr.* II. 16. *&c.*
(*b*) *Joan.* VIII. 39.
(*c*) *Rom.* IX. 8. & IV. 11. 12. 13.
(*d*) *Anselm. Remig. Pineda.*
(*e*) *Josue.* IV. 7.
(*f*) *Chrysost. Jans. Grot. alii.*
(*g*) *Isai.* LI. 1.

10. *Jam enim securis ad radicem arborum posita est. Omnis ergo arbor, quæ non facit fructum bonum, excidetur, & in ignem mittetur.*

11. *Ego quidem baptizo vos in aqua in pœnitentiam: qui autem post me venturus est, fortior me est, cujus non sum dignus calceamenta portare: ipse vos baptizabit in Spiritu Sancto, & igni.*

10. Car la coignée est déja mise à la racine des arbres. Tout arbre donc qui ne produit point de bon fruit, sera coupé, & jetté au feu.

11. Pour moi je vous baptise dans l'eau pour *vous porter* à la pénitence; mais celui qui doit venir après moi est plus puissant que moi, & je ne suis pas digne de porter ses souliers. C'est celui qui vous baptisera dans le Saint Esprit, & dans le feu.

COMMENTAIRE.

ham & Sara vos peres & meres. Dieu peut tirer des hommes justes & fidéles de ces pierres; c'est-à-dire, des Payens mêmes, & des infidéles; par le même miracle qui lui a fait autrefois avoir Isaac de Sara, quoique stérile, & étant lui-même hors d'état d'avoir des enfans. La plûpart des Peres (*a*) croyent que sous le nom de pierres, saint Jean entendoit les peuples Gentils, & les infidéles. Des peuples dont vous ne vous seriez jamais douté, deviendront les enfans de Dieu. C'est ce que l'évenement fit voir la dans la vocation des Gentils.

℣. 10. JAM ENIM SECURIS AD RADICEM ARBORUM POSITA EST. *Car la coignée est déja mise à la racine des arbres.* Car la vengeance du Seigneur est prête à éclater contre vous. Voici le tems qui décidera de vôtre réprobation, ou de vôtre élection; de vôtre perte, ou de vôtre bonheur. Tout dépend de recevoir, ou de ne pas recevoir JESUS-CHRIST; de suivre, ou de rejetter sa doctrine; d'imiter ou de n'imiter pas sa conduite. Jusqu'ici les Prophétes vous menaçoient de loin; leurs menaces étoient conditionnelles, & Dieu mettoit des bornes à sa vengeance; ici vôtre perte entiere est résoluë. Si vous ne prenez le parti que je vous présente, la coignée est à la racine de l'arbre. On ne menace plus les branches, ni même le tronc; on en veut à la racine. La Synagogue est abandonnée, & réprouvée, si elle manque cette occasion de recourir à Dieu, & de recevoir son Messie. Dieu est sur le point de rompre l'alliance qu'il a jurée avec vos peres, & avec vous. (*b*) *Tout arbre qui ne produira point de bon fruit, sera retranché, & mis au feu.* Il ne dit pas que tout Israël périra; il y en eut un bon nombre qui crut en JESUS-CHRIST: mais que tous ceux d'entr'eux qui ne se convertiront point, & qui ne suivront pas l'avis qu'il leur donne, périront, & seront retranchez de l'alliance d'Abraham, & du peuple du Seigneur.

(*a*) *Ieronym. & Chrysost. hic. Ambros. in Luc. Irenæus l. 4. c. 16. Origen. Clem. Alex. Theophylact. Alii passim.*

(*b*) *Marian. Grot. Maldon. &c.*

ỹ. 11. EGO BAPTIZO VOS IN AQUA.... IPSE VOS BAPTIZABIT IN SPIRITU SANCTO, ET IGNI. (*a*) *Pour moi je vous baptise dans l'eau.... Mais il vous baptisera dans le Saint Esprit, & dans le feu.* Le Baptême de S. Jean-Baptiste n'étoit qu'une préparation à celui de JESUS-CHRIST; il disposoit les pécheurs par la pénitence, & par les œuvres de justice, à écouter le Messie, & à recevoir la rémission de leurs péchez par le Baptême de JESUS-CHRIST. Il dit que ce dernier Baptême est un Baptême de feu, & par le S. Esprit; c'est-à-dire, que ce ne sera pas une simple ablution, où le corps est plongé dans l'eau; mais qu'outre cela l'ame sera échauffée, & éclairée du Saint-Esprit. Dans le Baptême du Sauveur, où son corps fut sensiblement plongé dans les eaux du Jourdain, le Saint-Esprit descendit sur lui en forme d'une Colombe, & on y vit le feu lorsque le Ciel s'ouvrit, & qu'on oüit comme un tonnerre, qui crioit: (*b*) *Celui-ci est mon Fils bien-aimé, &c.* Au jour de la Pentecôte, les Disciples reçurent le Saint-Esprit qui descendit sur eux en forme de langue de feu, après un grand vent & un grand bruit. (*c*) S. Jean pouvoit avoir en vûë toutes ces choses. On s'étendra plus au long sur cela dans la Dissertation sur ce Baptême de JESUS-CHRIST.

CUJUS NON SUM DIGNUS CALCEAMENTA PORTARE. *Je ne suis pas digne de porter ses souliers.* C'étoit l'office des plus viles esclaves, de porter les souliers de leurs maîtres, & de leurs maîtresses, (*d*) lorsqu'ils voyageoient, ou qu'ils marchoient par la ville. C'étoient des souliers de réserve que l'on mettoit dans des étuis. Les Juifs se déchaussoient, dit-on, en entrant dans le Temple, & donnoient leurs souliers à leurs valets. Cela se pratique aujourd'hui chez les Turcs, les Africains, & les Ethiopiens. Ils n'entrent que nuds pieds dans leurs Eglises, & dans leurs Mosquées. On se déchaussoit aussi en se mettant à table, ou plutôt en s'y couchant, suivant la coûtume de ce tems-là, & on donnoit à garder ses souliers à un esclave. Les Disciples faisoient à l'égard de leurs maîtres, ce que les esclaves devoient faire envers ceux qu'ils servoient. Cela paroît par toute l'Ecriture. Josué étoit serviteur de Moyse, (*e*) & Elisée *versoit de l'eau sur les mains d'Elie.* (*f*) S. Jean Baptiste dit qu'il se croit fort honoré de rendre à JESUS-CHRIST les offices les plus bas. Il se reconnoît comme son serviteur, & son disciple. (*g*)

(*a*) Ce terme & *igni*, καὶ πυρὶ, ne se trouve pas dans un très grand nombre de manuscrits Grecs. R. bert Etienne en marque sept où il manque. Mille en remarque plus de vingt autres où il ne se lit point. Mais les Peres Latins, & la plûpart des Grecs l'ont lû. Saint Chrysost. saint Cyrill. Origen. Justin Mart.

(*b*) Ci-après ỹ. 17.

(*c*) *Act.* II. 1. 2.

(*d*) *Pignor de serv. p.* 205. 206. *Plaut. Act.* 3. *Scen.* 5. *Pueri sandalisgeruli. Idem. Trinum. Puella sandaligerula.*

(*e*) *Exod.* XXV. 12.

(*f*) 3 *Reg.* XIX. 2.

(*g*) *Hammond. Brug. Grot. Alii.*

12. *Cujus ventilabrum in manu sua: & permundabit aream suam: & congregabit triticum suum in horreum, paleas autem comburet igni inextinguibili.*	12. Il a son van en sa main, & il nettoyera parfaitement son aire: Il amassera son bled dans le grenier; mais il brûlera la paille dans un feu qui ne s'éteindra jamais.

COMMENTAIRE.

Saint Luc dans l'endroit paralléle à celui-ci, porte: (*a*) *Je ne suis pas capable de délier la courroye de ses sandales.* Ce qui revient au même, puisque l'un & l'autre est l'office des esclaves; déchausser son maître, délier ses courroyes, porter ses souliers, les nettoyer, le chausser, &c. (*b*) Les Hébreux ne portoient gueres de chaussures que hors de la maison. Ils alloient nuës jambes, & chaussoient leurs sandales à crud. Ils n'usoient point de souliers couverts, & qui enveloppassent tout le pied comme les nôtres.

℣. 12. CUJUS VENTILABRUM IN MANU SUA. *Il a son van en sa main.* Quelques Anciens lisoient: (*c*) *Il tient sa pêle en sa main.* Dans la Palestine on avoit des aires à la campagne battuës, durcies, applanies, & préparées exprès pour y battre le grain. On y amassoit les gerbes, & on les y battoit non avec des fléaux, comme parmi nous, mais sous les pieds des chevaux, ou des bœufs, ou avec de grosses planches armées de fer, ou de pierres que l'on traînoit par dessus; ou enfin, par des espéces de chariots fort bas, ayant des rouës fort épaisses. Quand le grain est battu, on enleve la grosse paille, & on la met dans des sacs pour la nourriture des animaux; mais la même paille qui est réduite en poussiére, on la jette au vent avec des pêles, & le bon grain retombe dans l'aire. Quand l'aire, & le bon grain sont nettoyez, on met le feu à la même paille, ou aux balayeures, & on les laisse brûler jusqu'à ce qu'elles soient entiérement consumées. (*d*)

Cette similitude de l'aire que l'on nettoye, & des menuës pailles que l'on brûle à un feu qui ne s'éteint point qu'elles ne soient consumées, est une suite des menaces de saint Jean contre les Juifs. Dieu est prêt à faire la séparation du grain, & de la paille; des bons, & des mauvais. Il réprouvera, & abandonnera à leur endurcissement, & à leur malheur, ceux qui demeureront dans l'incrédulité, & dans l'impénitence; & il ramassera

---

(*a*) *Luc* III. 16. Οὐκ εἰμὶ ἱκανὸς λῦσαι τὸν ἱμάντα τῶν ὑποδημάτων αὐτοῦ.

(*b*) *Terent. Accurrunt servi, soccos detrahunt. Tibull. Vinclaque de niveo detrahet ipse pede. Æschyl. Agammem.* Ὑπαί τις ἀρβύλας λύοι τάχος, πρόδουλον ἔμβασιν ποδός.

(*c*) *Tertull. S. Cyprian. Aug in Psalm.* XCII. *Vide Erasm. Brug. hic. & Martian. nov. Edit. Evang. S. Matt. juxta edit. Italic.*

(*d*) *Vide Isaï.* XLI. 16. *Hammond. hic. Homer. Iliad.* E. 499 Ὡς δ' ἄνεμος ἄχνας φορέει ἱερὰς κατ' ἀλωάς.

Ἀνδρῶν λικμώντων, ὅτε τε ξανθὴ Δημήτηρ.
Κρίνῃ ἐπειγομένων ἀνέμων καρπόν τε καὶ ἄχνας.

13. *Tunc venit Jesus à Galilea in Jordanem ad Joannem, ut baptizaretur ab eo.*

13. Alors JESUS vint de la Galilée au Jourdain trouver Jean, pour être baptisé par lui.

COMMENTAIRE.

dans son Eglise, & au nombre de ses enfans ceux qui lui seront dociles, & obéïssans. On vit l'execution de ces menaces dans l'endurcissement des Juifs, qui firent crucifier JESUS-CHRIST, & dans la ruine de leur Temple, & de leur Ville, & dans la dispersion de leur nation par les Romains, quelques années après la mort de JESUS-CHRIT. (*a*) On verra la même chose, mais d'une maniére plus générale au Jugement dernier, où tous les réprouvez seront séparez des prédéstinez pour toute l'éternité. (*b*) Enfin, le Seigneur dans tous les tems purge son aire, & sépare les bons des mauvais, par les persécutions qui s'élevent, & où les bons se purifient, pendant que les méchans y périssent. (*c*)

ỷ. 13. VENIT JESUS A GALILÆA IN JORDANEM AD JOANNEM. *Jesus vint de la Galilée au Jourdain trouver Jean.* S. Jean, & JESUS-CHRIST ne s'étoient jamais vûs des yeux du corps, mais ils se connoissoient parfaitement. S. Jean avoit connu JESUS-CHRIST avant même qu'il fût né, losqu'il tressaillit dans le sein de sainte Elisabeth, en présence de la sainte Vierge, qui portoit le Sauveur incarné. (*d*) L'an trente-trois de la naissance de JESUS-CHRIST, qui étoit la seconde année de la prédication de S. Jean, JESUS vint de Galilée sur le Jourdain, vis-à-vis de Jéricho, pour y recevoir le Baptême de Jean. Mais qu'est-ce qui l'obligeoit à faire cette démarche, puisqu'il n'avoit nul besoin de ce Baptême? C'étoit 1°. pour engager les autres par son exemple, à recevoir son propre Baptême, dont ils avoient besoin. (*e*) 2°. Pour faire paroître son humilité, en pratiquant, comme il le dit ci-après, toute justice, & toute vertu. 3°. Pour autoriser le Baptême de saint Jean, & pour lui donner par-là son approbation. (*f*) 4°. Pour attirer le témoignage que le S. Esprit, & son Pere Eternel, & S. Jean lui-même lui devoient rendre; & disposer ainsi les peuples à l'écouter, & à le suivre. 5°. Pour sanctifier les eaux du Jourdain, & les préparer par sa présence, & par la vertu secrete qu'il y répandoit, à devenir un jour salutaires aux autres, & capables de donner la rémission des péchez, (*g*) par le Sacrement qu'il devoit

(*a*) *Hammond. Cleric.*
(*b*) *Chrysostom. hic. Aug. alii.*
(*c*) *Irenaus l. 3. c. 28. Tertull. de fuga in persecut. c. 1.*
(*d*) *Luc. I. 44.*
(*e*) *Aug. in cap. 1. Johan. tract. 4. Chrysost. Homil. 12. Ieronym. hic.*
(*f*) *Ieronym. hic*
(*g*) *Opus imperfect. hic. Hilar. hic. & in Psalm LXV. & Ambros. in Luc. II. & Origen. in Iohan. Aug. pluribus locis. Ieronym hic.*

14. *Joannes autem prohibebat eum, dicens: Ego à te debeo baptizari, & tu venis ad me?*

15. *Respondens autem Jesus, dixit ei: Sine modò: sic enim decet nos implere omnem justitiam. Tunc dimisit eum.*

14. Mais Jean s'en défendoit, en disant: C'est moi qui dois être baptisé par vous, & vous venez à moi?

15. Et JESUS lui répondit: Laissez-moi faire pour cette heure; car c'est ainsi que nous devons accomplir toute justice. Alors Jean ne lui résista plus.

COMMENTAIRE.

instituer avant sa mort. 6°. Il abolit par cette cérémonie le Baptême Judaïque, & établit son propre Baptême, (a) dont il ne publia toutefois le précepte qu'assez long-tems après.

Saint Jérôme (b) rapporte une circonstance tirée de l'Evangile selon les Hébreux, qui mérite d'avoir ici sa place. *La mère du Seigneur, & ses freres lui disoient: Voilà Jean qui baptise pour la rémission des péchez; allons, & faisons-nous baptiser par lui: Mais Jesus leur dit: Quel péché ai-je commis, pour aller recevoir son Baptême? Si ce n'est peut-être que ce que je viens de dire, ne soit un péché d'ignorance.* Mais on ne doit faire aucun fond sur ces circonstances, qui ne sont point autorisées par le Texte des Evangiles Canoniques. La sainte Vierge ne pouvoit ignorer que JESUS-CHRIST ne fût absolument impeccable. Le même faux Evangile disoit que la mere de JESUS CHRIST étoit le Saint-Esprit. Il répétoit cette impertinence en plus d'un endroit. (c)

ỷ. 14. EGO DEBEO A TE BAPTIZARI. *C'est moi qui dois être baptisé par vous.* S. Jean reconnoît JESUS-CHRIST d'abord qu'il l'apperçoit, il ne peut se résoudre à lui donner son Baptême, qui n'étoit que pour les pécheurs. Il sait que JESUS est sans péché, & que c'est lui qui ôte les péchez du monde. Il craint qu'en lui voyant recevoir son Baptême, le peuple ne le confondît avec les pécheurs qui se faisoient baptiser. Il confesse que c'est lui qui a besoin du Baptême de JESUS-CHRIST, pour être purifié; il semble par-là se reconnoître pécheur, comme le reste des hommes. L'Eglise croit que saint Jean-Baptiste a été sanctifié dès le sein de sa mere; (d) mais elle ne le croit pas impeccable, ni sans péché; il avoit dans lui-même la concupiscence, qui est la racine de tout péché; & quoiqu'il ait vêcu d'une maniére très-sainte, & très-innocente, il

(a) *Chrysost. Homil.* 12. *Aug. in Iohan.* I. *tract* 4.

(b) *Ieronym l.* 3. *contra Pelag. c.* 1. *Ecce mater Domini, & fratre ejus dicebant ei: Iohannes baptizat in remissionem peccatorum: eamus & baptizemur ab eo. Dixit autem eis: Quid peccavi ut vadam, & baptizer ab eo? Nisi fortè hoc ipsum quod dixi, ignorantia est.*

(c) *Vide Ieronym. in Isaï.* XI. & XL. & *in Ezech.* XVI. *Origen. in Johan. p.* 8.

(d) *Vide Catenam auream sancti Thomæ in hunc loc. S. Aug. Serm.* 293. *in natali Johan. Bapt ist. & lib.* 4. *Oper. imperfect. contra Julian. c.* 134. *Ieremias & Johannes quamvis sanctificati in uteris matrum, traxerunt tamen originale peccatum.*

16. *Baptizatus autem Jesus confestim ascendit de aqua, & ecce aperti sunt ei Cœli : & vidit Spiritum Dei descendentem sicut columbam, & venientem super se.*	16. Or JESUS ayant été baptisé, sortit aussi-tôt hors de l'eau; & en même-tems les Cieux lui furent ouverts : il vit l'Esprit de Dieu qui descendit en forme de Colombe, & qui vint *se reposer* sur lui.

COMMENTAIRE.

avoit besoin du Baptême de JESUS-CHRIST pour entrer dans la nouvelle alliance, s'il eût survêcu à l'institution des Sacremens. Plusieurs Anciens (*a*) ont crû qu'effectivement JESUS l'avoit baptisé, après avoir été baptisé par lui. On ne peut nier qu'au moins JESUS-CHRIST n'ait donné à saint Jean le Baptême de l'Esprit, après avoir reçû de lui le Baptême de l'eau.

℣. 15. SINE MODO: SIC ENIM DECET NOS IMPLERE OMNEM JUSTITIAM. *Laissez-moi faire pour cette heure; car c'est ainsi que nous devons accomplir toute justice.* Je veux bien pour cette heure me trouver dans la foule des pécheurs, & m'humilier jusqu'à recevoir le Baptême, que vous ne donnez que pour la rémission des péchez; (*b*) mon Pere Eternel saura en son tems me distinguer, & faire connoître mon innocence. C'est à moi de m'humilier, & de m'anéantir; & à lui de me relever, & de me glorifier. Je dois accomplir tout ce qui est de meilleur, & de plus parfait; & remplir non seulement tous les devoirs & les obligations de la Loi; (*c*) mais aussi toutes les pratiques saintes, & loüables qui sont pratiquées par les autres. (*d*)

℣. 16. BAPTIZATUS JESUS CONFESTIM ASCENDIT DE AQUA. *Jesus ayant été baptisé, sortit aussi-tôt hors de l'eau.* Euthyme croit que JESUS-CHRIST sortit aussi-tôt hors de l'eau pour se distinguer des autres qui y demeuroient plus long-tems, pendant que saint Jean Baptiste leur tenoit la main sur la tête, & qu'ils confessoient leurs péchez. JESUS n'ayant point de péchez à confesser, se retira aussi-tôt, & sortit hors de l'eau. Mais la plûpart des Interprétes (*e*) croyent qu'il faut rapporter *aussi-tôt* à ce qui suit : *Jesus étant baptisé sortit de l'eau, & aussi-tôt les Cieux s'ouvrirent sur lui.* Saint Marc favorise cette explication; (*f*) *Car aussi-tôt sortant de l'eau*, dit-il, *il vit les Cieux s'ouvrir.*

Mais comment s'ouvrirent-ils les Cieux ? doit-on entendre une séparation réelle, ou simplement une lumiére subite qui parut sortir du

---

(*a*) *Auth. oper. imperfecti: Quamvis in sanctioribus libris manifestè hoc scriptum sit: Et Iohannes quidem baptisavit illum in aqua, ille autem Iohannem in Spiritu. Ieronym. hic. Theophylact. Euthym.*

(*b*) *Aug. l. 5. contra Donatist. c. 10. Ieronym. hic. Nazianz. orat. 34.*

(*c*) *Chrysost. hic. Ieron. Euthym.*

(*d*) *Maldon. Brugens. Grot. Jans.*

(*e*) *Maldon. Brug. Grot.*

(*f*) *Marc. I. 10.* Καὶ εὐθέως ἀναβαίνων ἀπὸ τοῦ ὕδατος, εἶδε σχιζομένους τοὺς οὐρανούς.

17. *Et ecce vox de Cœlis, dicens: Hic est Filius meus dilectus, in quo mihi complacui.*

17. Et au même instant une voix se fit entendre du Ciel qui disoit: Celui ci est mon Fils bien-aimé, dans lequel j'ai mis toute mon affection.

COMMENTAIRE.

fond du Ciel, ou d'une nuée; comme quand on voit les éclairs, ou la foudre fendre l'air, & se faire jour au travers de la nuë. C'est sans doute en ce dernier sens qu'on doit l'entendre. (*a*) Les Cieux ne sont point de nature à pouvoir se rompre. Saint Marc s'exprime d'une maniére populaire. Les Hébreux concevoient les Cieux massifs, & solides. Ils croyoient que les feux qui tombent d'enhaut sur la terre, sortent du Ciel, & se font ouverture à travers la vaste voute qui nous environne.

L'Evangéliste dit que *les Cieux s'ouvrirent sur lui*, sans dire précisément si c'est sur saint Jean, ou sur JESUS-CHRIST; mais la suite du discours fait assez comprendre que tout cela arriva en faveur de JESUS-CHRIST. Il ne fut pas le seul qui vit ce prodige; saint Jean, & tout le peuple en furent témoins. Mais la Colombe qui descendit sur lui, le rayon qui tomba sur sa tête, l'éclat dont il fut environné, cela fit connoître à tout le peuple, que la voix qui suivit n'étoit que pour lui seul: *Celui-ci est mon fils bien-aimé, en qui j'ai mis mon affection.* Saint Luc ajoûte; *Ecoutez le.* Ce qui montre que cette voix fut entenduë des troupes.

VIDIT SPIRITUM DEI DESCENDENTEM SICUT COLOMBAM. *Il vit l'Esprit de Dieu qui descendoit en forme d'une Colombe.* Saint Jean vit la Colombe, comme nous l'apprend un autre Evangéliste; (*b*) mais est-il croyable que les troupes ne l'ayent pas vû aussi? Quelques Nouveaux (*c*) croyent qu'il y a de l'indécence à dire que le Saint-Esprit ait paru sous la forme d'une Colombe. Dieu dans l'ancien Testament ne s'est jamais fait voir sous la forme d'aucun animal. Ils veulent que le feu soit tombé du Ciel sur JESUS-CHRIST avec la même rapidité que la Colombe, ou qu'un feu représentant grossiérement une Colombe, vint se reposer sur lui.

Mais toute l'Antiquité Chrétienne (*d*) a crû que le Saint-Esprit avoit paru sous la forme d'une vraye Colombe, & non pas d'une simple flamme, ou d'un feu semblable à une Colombe. Ils n'ont point eu sur cela la délicatesse de nos nouveaux Interprétes. Ils n'ont trouvé nulle indécence à ce que le Saint-Esprit parut en forme d'une Colombe, puisque dans tou-

(*a*) *Ieron. hic. & in Ezech. I. & Author. oper. imperfect. & Maldon. Grot. & alii.*

(*b*) *Ioan. I. 32.*

(*c*) *Boch. de animal. parte 2. l. 1. c. 6. Hammon. le Clerc, Ligfoot.*

(*d*) *Ita Patres omnes. fatente Grotio. Ita Grotius ipse, Mald. Brug. Spanh. alii.*

te l'Ecriture le Fils de Dieu est figuré sous le nom de Lion de Juda, de Vermisseau de Jacob, d'Agneau, de Pierre angulaire, d'Aigle, &c. Les Peres ont reconnu dans la Colombe que Noë lâcha de l'arche, pour savoir si les eaux s'étoient retirées, un symbole de la Colombe qui parut au Baptême de nôtre Sauveur. La Colombe est un animal doux, innocent, bénin, chaste, fécond, aimable; ce qui désigne les dons du Saint-Esprit, sa bonté, sa douceur, sa libéralité, sa fécondité. Les Anciens (*a*) nous apprennent qu'il parut du feu, & qu'on entendit du tonnerre au Baptême du Sauveur. C'est ce qu'on a examiné à part dans la Dissertation sur le Baptême.

CHAPITRE IV.

JESUS-CHRIST *conduit dans le désert, jeûne quarante jours. Il a faim, & est tenté du Démon. Il se retire en Galilée, & fixe sa demeure à Capharnaüm. Il prêche dans le pays. Vocation de Pierre, & d'André, de Jacques, & de Jean. Guérisons miraculeuses opérées par* JESUS.

℣. 1. *Tunc Jesus ductus est in desertum à Spiritu, ut tentaretur à diabolo;*

℣. 1. Alors JESUS fut conduit par l'Esprit dans le désert, pour y être tenté du diable;

COMMENTAIRE.

℣. 1. TUNC JESUS DUCTUS EST. *Alors Jesus fut conduit par l'Esprit dans le désert.* Aussi-tôt après que JESUS eut reçû le Baptême, il se retira dans le désert, inspiré, & poussé par l'Esprit saint, qui étoit descendu sur lui. S. Marc (*b*) se sert d'un terme plus fort. L'Esprit le poussa, ou *le chassa dans le désert.* Il n'y fut point poussé malgré lui; il y alla volontairement; (*c*) mais en suivant l'impression forte, & efficace que l'Esprit saint lui inspiroit pour la solitude. Quelques-uns veulent qu'il ait été emporté en l'air, comme autrefois Habacuc. D'autres, (*d*)

(*a*) *Iustin. Dialogo cum Tryphone. Nazaræi apud Ieron. l. 4. Comment. in Isaïam* XI. *Idem, seu alius ejus sub nomine in Psalm.* LXXV. 17. *Euthym. in Psalm.* XXVIII. 3.

(*b*) *Marc. l. 12.* Εὐθὺς τὸ πνεῦμα ἐκβάλλει αὐτὸν εἰς τὴν ἔρημον.

(*c*) *Vide Opus imperfect. hîc. Ieronym. & Hilarium.*

(*d*) *Vide Cleric. not. in Hammond.*

qu'il ait été conduit simplement en esprit dans le désert. Mais ces opinions sont toutes démenties par la suite du discours, & par les paroles mêmes du Texte. Les Peres remarquent que le Démon commence à nous tenter, aussi-tôt après le Baptême. (*a*) Il nous laisse en repos, tandis que nous sommes à lui ; il nous attaque dès que nous l'avons quitté, pour retourner à Dieu. Cnatcbulle (*b*) semble dire qu'il y fut conduit par le Démon, par le mauvais esprit, *à spiritu*, pour y être tenté. L'expression de S. Marc, (*c*) & un endroit de S. Luc, (*d*) où il dit que le mauvais esprit poussoit des hommes qu'il possédoit dans le desert ; enfin la raison qui est marquée ici, *pour y être tenté*, semblent favoriser cette opinion. Au fond, elle n'est pas plus injurieuse à JESUS-CHRIST, que ce que nous lisons ci-après, que le Démon le transporta à Jérusalem, &c.

UT TENTARETUR A DIABOLO. *Pour y être tenté du diable.* Il entra en lice avec le Démon pour le vaincre, & pour le terrasser. Il voulut être tenté, pour nous donner la victoire : (*e*) *Ideò tentatus est Christus, ne vincatur à tentatore Christianus.* Il voulut nous fournir un modéle de la maniére dont nous devons combattre contre le Démon. Il commence sa mission par un combat où il surmonte le tentateur, afin de réparer la défaite du premier homme dans le désert. Il nous enseigne la nécessité de passer par la tentation, & par les épreuves, pour arriver à la gloire. Il passe par tous les états les plus laborieux, & les plus dangereux, afin de nous les rendres sûrs & aisez. Il veut essayer lui-même de nos maux, & de nos travaux, afin d'apprendre la compassion envers ceux qui y sont exposez. *Car nous n'avons pas un Pontife, qui ne puisse compatir à nos infirmitez ; mais il a éprouvé comme nous toute sorte de tentations, hormis le péché.* (*f*)

Plusieurs Anciens (*g*) ont crû qu'outre les tentations rapportées dans l'Evangile, JESUS-CHRIST en souffrit plusieurs autres dans le désert. Origénes (*h*) dit qu'il fut tenté chaque jour ; mais la plûpart des Peres ont crû que le Démon l'ayant observé pendant quarante jours, n'osa s'approcher de lui pour le tenter, que lorsqu'il vit qu'il avoit faim. Ils supposent que cet ennemi ignoroit qui étoit JESUS-CHRIST. Il ne savoit s'il étoit un Dieu incarné, ou un simple homme ; mais plus parfait qu'un autre. La voix du Pere qui avoit déclaré : (*i*) *Celui-ci est mon Fils bien-aimé, en qui j'ai mis ma complaisance*, l'avoit effrayé ; mais il ne savoit encore en

(*a*) *Hilar. Chrysost. Autor oper. imperfect.*
(*b*) *Cnatcbull. ad Matt.* XII. 43.
(*c*) *Marc* I. 12. *Expulit eum in desertum.*
(*d*) *Luc.* VIII. 24. *Agebatur à dæmonio in deserto.*
(*e*) *Aug. in Psalm.* XC.
(*f*) *Hebr.* IV. 15.
(*g*) *Autor oper. imperfect. Euseb. l.* 9. *Démonst. Aug. de consensu Evang. c.* 4. *Beda, Euthym. &c.*
(*h*) *Origen. Homil.* 29. *in Luc.*
(*i*) *Matt.* III. 17.

2. *Et cùm jejunaſſet quadraginta diebus, & quadraginta noctibus, poſteà eſuriit.*	2. Et ayant jeûné quarante jours, & quarante nuits, il eut faim enſuite.

COMMENTAIRE.

quel ſens il devoit prendre ces paroles, *Mon Fils bien-aimé*; ſi c'étoit par une ſimple adoption, ou s'il étoit Fils de Dieu par nature, & égal à ſon Pere. Il vient donc pour *le tenter*; c'eſt-à-dire, pour éprouver s'il étoit vraiment Dieu, ou ſeulement homme; & ſuppoſé qu'il ne fût qu'un homme, pour eſſayer de le faire tomber dans le péché de gourmandiſe, ou de vanité, ou de curioſité, ou d'ambition.

On ne ſait pas diſtinctement quel eſt le déſert, où JESUS-CHRIST ſe retira: mais il y a toute apparence que c'étoit dans quelques montagnes de la Judée, c'eſt-à-dire, de la partie méridionale de la Paleſtine, où il y avoit beaucoup de lieux ſauvages & déſerts; puiſqu'auſſi-tôt après, il eſt dit qu'ayant appris la détention de Jean-Baptiſte, il ſe retira de Judée, & vint dans la Galilée. Mais comme ſaint Matthieu ne ſuit pas l'ordre des tems dans ſa narration, cette preuve n'eſt pas ſans replique. D'autres (*a*) conjecturent qu'il alla dans les montagnes de Galaad, qui ſont fort ſauvages, & aſſez éloignées de la Judée. Ce qui pourroit favoriſer cette opinion, c'eſt qu'après ſa tentation, JESUS vint une ſeconde fois trouver Jean, qui baptiſoit à Béthanie au-delà du Jourdain. (*b*) On montre aux Voyageurs une montagne au nord de Jéricho, que l'on nomme *la montagne de la quarantaine*, dans la perſuaſion que c'eſt celle où JESUS-CHRIST paſſa les quarante jours de ſa retraite. C'eſt une montagne extrémement haute, ſtérile, eſcarpée, où l'on voit un grotte dans laquelle on prétend qu'il mangea, après avoir vaincu le Démon. C'eſt, dit-on, du ſommet de cette montagne que le Démon lui fit voir tous les Royaumes du monde. Mais l'on ne peut pas faire un grand fond ſur les relations des Voyageurs modernes. S. Marc (*c*) dit que le Sauveur étoit dans le déſert parmi les bêtes ſauvages. Or cette montagne eſt ſi ſtérile, que les bêtes les plus ſauvages n'y ſauroient vivre.

℣. 2. CUM JEJUNASSET QUADRAGINTA DIEBUS, &c. *Ayant jeûné quarante jours, & quarante nuits.* Il paſſa tout ce tems ſans boire, ni manger; car l'abſtinence du boire a toûjours paſſé dans la Synagogue, comme dans l'Egliſe, pour auſſi eſſentielle au jeûne, que l'abſtinence du manger. Les Hébreux dans leurs jeûnes ne mangent qu'à la fin du jour. Les Mahométans jeûnent pendant le jour, mais mangent pendant la nuit

---

(*a*) *Cleric. in hunc locum. Vide & Drutmar. hic.*

(*b*) *Toynard. Harmon. Johan.* I. 28.

(*c*) *Marc.* I. 13.

3. *Et accedens tentator dixit ei : Si Filius Dei es, dic ut lapides isti panes fiant.*

3. Et le tentateur s'approchant de lui, lui dit : Si vous êtes le Fils de Dieu, dites que ces pierres deviennent des pains.

COMMENTAIRE.

durant leur Ramadan. L'Eglise Chrétienne a jeûné de même jusqu'au soir, pendant environ douze cens ans. Pour ôter l'équivoque, & afin qu'on ne crût pas que JESUS-CHRIST avoit jeûné simplement, comme on faisoit alors, c'est-à dire, en ne faisant qu'un repas au soir ; l'Evangéliste dit qu'il fut quarante jours, & autant de nuits sans manger. Il ne voulut pas jeuner plus de quarante jours, de peur qu'on ne crût qu'il n'étoit pas homme. (*a*) Il jeûna autant qu'avoient fait Moyse & Elie, pour ne pas paroître au-dessous d'eux.

POSTEA ESURIIT. *Il eut faim ensuite.* Les Peres (*b*) croyent communément que J. C. n'eut faim, qu'après quarante jours de jeûne. Jusques-là le Démon avoit été dans l'appréhension, & dans l'inquiétude sur l'état & la personne du Sauveur ; mais en voyant qu'il sentoit la faim, il ne douta plus que ce ne fût un vrai homme. JESUS-CHRIST qui jusques-là avoit suspendu l'impression de la faim, voulut enfin s'y livrer, & par-là il engagea le Démon à le tenter. Il l'attira, pour ainsi dire, au combat. C'est une espece de fraude pieuse de sa part pour surprendre le tentateur, dit S. Ambroise. (*c*) Il lui ouvrit une occasion favorable en apparence, mais qui devoit tourner à sa honte, & à sa confusion. *Permittitur esurire corpus, ut diabolo tentandi tribuatur occasio*, dit saint Jérôme. (*d*) Estius croit que ce jeûne fut très-pénible à JESUS-CHRIST, & beaucoup plus qu'il ne l'avoit été à Moyse, & à Elie ; parce que ceux-ci étoient soutenus par une force divine, & surnaturelle, au lieu que JESUS entreprit le jeûne, comme une action de penitence ; & que pour en souffrir toute la rigueur, il suspendit l'effet de sa puissance.

℣. 3. ACCEDENS TENTATOR, DIXIT EI, &c. *Le tentateur s'approchant lui dit : Si vous êtes le Fils de Dieu, dites que ces pierres deviennent des pains.* Le tentateur, le démon, sathan, le diable, l'ennemi ; tous ces termes signifient la même chose. L'Hébreu *Sathan*, signifie *adversaire* ; & *Diabolus, calomniateur.* Saint Augustin (*e*) a crû que c'étoit le Prince des Démons, qui avoit tenté JESUS-CHRIST dans cette occasion, & que le Sauveur ne se découvrit à cet esprit impur, qu'autant qu'il jugea à propos : *Tantùm innotuit, quantùm voluit : tantùm autem voluit, quantùm*

(*a*) *Chrysost. Theophil.*
(*b*) *Opus imperfect. hic. Chrysost. Ieronym. Hilar. Ambros. alii.*
(*c*) *Ambros. in Luc. l. 4. Fames Domini, pia fraus est.*
(*d*) *Chrysost. Homil. 13. in Matt. & Ieronym. hic.*
(*e*) *Aug. l. 9. de Civit. c. 21.*

4. *Qui respondens, dixit: Scriptum est: Non in solo pane vivit homo, sed in omni verbo quod procedit de ore Dei.*

4. Mais JESUS lui répondit: Il est écrit: L'homme ne vit pas seulement de pain, mais de toute parole qui sort de la bouche de Dieu.

COMMENTAIRE.

oportuit. Le Démon ne connut parfaitement que JESUS-CHRIST étoit Dieu, & Fils de Dieu, qu'après sa Résurrection. (*a*) Le tentateur se présenta donc à lui sous une forme humaine; il le flatte, en lui disant: *Si vous êtes Fils de Dieu;* ou, puisque vous êtes Fils de Dieu, (*b*) *dites que ces pierres se changent en pain.* Cette ruse lui avoit réüssi autrefois dans nos premiers parens, ausquels il promit qu'en mangeant du fruit défendu, ils deviendroient semblables à Dieu. Il n'a garde de lui parler de la faim, pour ne pas rappeller l'idée d'une chose qui marquoit de la foiblesse. (*c*)

℣. 4. NON IN SOLO PANE VIVIT HOMO, &c. *L'homme ne vit pas seulement de pain, mais de toute parole qui sort de la bouche de Dieu.* Ces paroles avoient été dites par Moyse long-tems auparavant, à l'occasion de la manne: (*d*) *Le Seigneur vous a éprouvez par la faim, & vous a donné ensuite la manne, qui est une nourriture que vous ignoriez, vous, & vos peres; pour vous apprendre que ce n'est pas seulement par le pain que l'homme se nourrit, mais aussi par toute parole qui sort de la bouche de Dieu.* Dieu peut par sa parole toute-puissante donner une vertu nourrissante à tout ce qu'il juge à propos. Ces pierres mêmes deviendroient une nourriture solide, s'il le commandoit. Ou bien, en prenant *verbum*, pour chose: (*e*) Dieu peut donner à l'homme une nourriture dans tout ce qu'il juge à propos. Tout peut devenir nourrissant par l'ordre de Dieu. Dans cette réponse J. C. sans nier qu'il fût Dieu, prouve fort bien qu'il est homme, & renvoye le tentateur aussi incertain qu'il l'étoit auparavant. (*f*)

On peut aussi entendre ainsi le passage: Ce n'est pas seulement la nourriture corporelle qui nourrit l'homme, c'est son obéïssance, & sa fidélité aux ordres de Dieu. Moyse par ces paroles vouloit dire aux Israëlites, que dès qu'ils avoient voulu obéïr au Seigneur, ils n'avoient manqué de rien. JESUS-CHRIST de même pouvoit dire au tentateur: Dieu ne laisse jamais dans le besoin, ceux qui sont exacts à suivre ses commandemens.

(*a*) *Vide 1. Cor II. 7. Loquimur Dei sapientiam in mysterio . . . quam nemo principum hujus sæculi cognovit. Si enim cognovissent, numquam Dominum gloriæ crucifixissent.*

(*b*) *Maldon. Menoch. Ligf.*

(*c*) *Vide Chrysost. hîc.*

(*d*) *Deut.* VIII 3.

(*e*) דבר *Verbum*, ou *Res.*

(*f*) *Hilar. Ambros. Aug. Jenn. Chrysost. alii.*

5. *Tunc assumpsit eum diabolus in sanctam civitatem, & statuit eum super pinnaculum Templi.*	5. Le diable alors le transporta dans la ville sainte, & le mettant sur le haut du Temple,

COMMENTAIRE.

℣. 5. TUNC ASSUMPSIT EUM DIABOLUS IN SANCTAM CIVITATEM. *Alors le diable le transporta en la ville sainte.* S. Luc (*a*) met cette tentation pour la troisiéme; mais la plûpart des Commentateurs suivent l'ordre marqué dans S. Matthieu. Le démon transporta-t'il JESUS par le milieu de l'air, d'une maniére invisible, au-dessus des villes & des campagnes, pour le placer dans Jérusalem, & sur le haut du Temple; comme autrefois un Ange emporta Habacuc de Judée en Babylone, en le prenant par les cheveux? (*b*) Ou l'y conduisit-il avec une rapidité extraordinaire, comme il arriva au Diacre Philippe, (*c*) après qu'il eut baptisé l'eunuque de la Reine Candace? Ou enfin, l'engagea-t'il simplement à le suivre à Jérusalem, comme un ennemi qui attire son ennemi à la campagne. Ce dernier sens est assez commun; on le trouve même dans quelques Anciens; (*d*) & plusieurs nouveaux (*e*) ont crû que c'étoit le plus conforme au Texte Grec, (*f*) & le moins indécent à la dignité de JESUS-CHRIST. Mais le sentiment qui croit qu'il fut réellement transporté au travers de l'air, depuis le désert où il étoit jusqu'au faîte du Temple, est suivi presque généralement par les anciens, & les nouveaux Commentateurs. (*g*) Un ancien Auteur qu'on a publié sous le nom de saint Cyprien, (*h*) veut qu'il ait été conduit à Jérusalem par le même esprit qui le conduisit dans le désert; & qu'il fut amené, non pas réellement & corporellement, mais en esprit, sur le haut du Temple, & ensuite sur la montagne. Mais cette opinion n'est point suivie. Tout le récit de saint Matthieu nous persuade que ceci se passa très-réellement.

SUPER PINNACULUM TEMPLI. *Sur le haut du Temple.* Quelques-uns croyent que le Démon plaça nôtre Seigneur sur une tour haute de cent vingt coudées, qui étoit à l'entrée du Saint. (*i*) Mais nous avons fait voir sur les Livres des Paralipoménes, qu'il n'y avoit point de tour en cet endroit, & que tout l'édifice du Saint, & du Sanctuaire étoit d'une hauteur

(*a*) *Luc.* IV. 9.
(*b*) *Dan.* XIV. 32. *& sequ.*
(*c*) *Act* VIII. 39.
(*d*) *Auth. Operis imperfecti. In sequente Domino non infirmitas, sed patientia est: in ducente diabolo non virtus, sed superbia est. Vide & Euthym.*
(*e*) *Maldon. Spanh. Le Clerc. Ita & Christian. Drutmar, hic.*
(*f*) Παραλαμβάνει. *Hebr* לקח *Confer Matth.* XVIII. 2. XXV. 33. *Johan.* VIII. 3. *Num.* XXII. 41. XXIII. 14. 20.
(*g*) *Ita Patres passim, & Erasm. Brug. Pisc. Ligfoot. Spanh. Grot. alii plerique.*
(*h*) *Cyprian. serm. de Jejunio & tentatione Christi.*
(*i*) 2. *Par.* III. 4.

6. *Et dixit ei : Si Filius Dei es, mitte te deorsum. Scriptum est enim : Quia Angelis suis mandavit de te, & in manibus tollent te, ne fortè offendas ad lapidem pedem tuum.*

6. Il lui dit : Si vous êtes le Fils de Dieu, jettez-vous en bas ; car il est écrit : Qu'il a ordonné à ses Anges *d'avoir soin* de vous ; & qu'ils vous soûtiendront de leurs mains ; de peur que vous ne vous heurtiez le pied contre quelque pierre.

7. *Ait illi Jesus : Rursum scriptum est : Non tentabis Dominum Deum tuum.*

7. JESUS lui répondit : Il est écrit aussi : Vous ne tenterez point le Seigneur vôtre Dieu.

8. *Iterum assumpsit eum diabolus in montem excelsum valdè : & ostendit ei omnia Regna mundi, & gloriam eorum.*

8. Le diable le transporta encore sur une montagne fort haute, & lui montrant tous les Royaumes du monde, & *toute* la gloire qui les accompagne,

COMMENTAIRE.

égale. D'autres veulent que le Texte de saint Matthieu marque ou un toît fort élevé, & en pointe, comme sont ceux des tours parmi nous, & que JESUS-CHRIST fut placé tout au haut de la faîtiére du toît, ou même au-dessus du tourniquet qui étoit au haut de la tour. Mais on n'a aucune preuve que dans le Temple il y ait eu des tours de la forme des nôtres. Joseph nous apprend (*a*) que le toît du Temple étoit hérissé de broches d'or, pour empêcher que les oiseaux ne s'y reposassent, & n'y fissent quelque ordure qui le soüillassent. Dans la Palestine les toîts étoient en platte forme. Autour de la platte forme il y avoit un mur à hauteur d'appui, pour empêcher qu'on ne se laissât tomber du haut du toît, (*b*) où l'on fréquentoit beaucoup. C'est apparemment sur le bord de ce mur, ou de ce parapet, que le démon transporta JESUS CHRIST. S'il se fût jetté à bas, il seroit tombé dans le parvis des Prêtres, à la vûë de tout le monde. (*c*)

IN MANIBUS TOLLENT TE. *Ses Anges vous soûtiendront de leurs mains.* Sathan abuse visiblement de ce passage. Le Psalmiste avoit dit, que le Seigneur protége les Justes, & qu'il les soûtient dans leurs voyes par la main de ses Anges, pour empêcher qu'ils ne fassent aucun faux pas ; & le démon en infére que si JESUS-CHRIST se jette à bas d'un édifice très-élevé, Dieu fera un miracle pour le sauver. C'est ce que ni le Prophéte, ni Dieu n'avoient promis. C'auroit été tenter Dieu de lui demander sans nécessité une marque miraculeuse de son pouvoir. ℣. 7. *Non tentabis Dominum Deum tuum.* Quelques Peres (*d*) ont pris ce passage,

(*a*) *Joseph. Antiq. lib.* VI. *cap.* 6. *in Latino In Græc.* Κεφάλ ιδ΄. Κατὰ κορυφὴν δ' χρυσέους ὀβελοὺς ἀνεῖχε τετηγμένους ὡς μή τινι προσκαθεζόμενον μολύνοιτο τῶν ὀρνέων.

(*b*) *Vide Deut.* XXII. 8.

(*c*) *Ita Maldon. Grot. Hamm. alii passim.*

(*d*) *Hilar. hic. Ambrof. in Luc.*

9. *Et dixit ei : Hæc omnia tibi dabo, si cadens adoraveris me.*

10. *Tunc dicit ei Jesus : Vade, sathana : Scriptum est enim : Dominum Deum tuum adorabis, & illi soli servies.*

9. Il lui dit : Je vous donnerai toutes ces choses, si en vous prosternant *devant moi*, vous m'adorez.

10. Mais JESUS lui répondit : Retire-toi, sathan ; car il est écrit : Vous adorerez le Seigneur vôtre Dieu, & vous ne servirez que lui seul.

COMMENTAIRE.

comme JESUS-CHRIST disoit au démon : *Tu ne me tenteras point, moi qui suis le Seigneur ton Dieu.* Mais le premier sens qu'on a proposé, est plus littéral.

℣. 8. ITERUM ASSUMPSIT EUM DIABOLUS IN MONTEM EXCELSUM. *Le diable le transporta sur une montagne fort haute, & lui montra tous les Royaumes du monde.* On voit ici dans les Commentateurs la même diversité de sentimens sur la maniére dont le démon a conduit JESUS-CHRIST sur la montagne, qu'on a vû ci-devant sur sa conduite à Jérusalem, & au haut du Temple. Les uns veulent qu'il y ait été transporté dans un moment, & les autres qu'il s'y soit laissé mener volontairement. On dispute aussi sur la montagne où il fut conduit. Les uns la placent près de Jéricho, & soûtiennent que c'est celle qu'ils appellent la *montagne de la quarantaine*, & dont on a déja parlé sur le verset 1. D'autres croyent que c'est le mont Hermon, au-delà, ou le mont Thabor au-deçà du Jourdain. Mais on n'a rien de certain sur cela. Il ne faut pas s'imaginer que sathan ait cherché la plus haute montagne du monde, ni qu'il ait réellement montré de là à JESUS-CHRIST tous les Royaumes de la terre ; il suffisoit que du sommet d'une haute montagne il lui montrât de la main, de ce côté est l'Empire Romain ; ici l'Empire des Perses, là la Syrie, ici les Indes ; & ainsi du reste. Je suis maître de ces Etats, comme Prince du monde, & je les donne à qui je veux. Pour les obtenir je ne vous demande qu'une chose, c'est que vous m'adoriez, que vous me reconnoissiez pour vôtre Dieu. La suite demande qu'on l'explique d'une véritable adoration de latrie.

℣. 10. VADE, (a) SATHANA ; SCRIPTUM EST ENIM : DOMINUM DEUM TUUM ADORABIS. *Retire-toi, sathan ; car il est écrit : Vous adorerez le Seigneur vôtre Dieu.* JESUS-CHRIST dissipe les tentations du démon, sans toutefois lui découvrir qui il est ; en sorte que ce tentateur le quitta aussi incertain s'il étoit le Fils de Dieu, qu'il l'étoit

(a) *Plures Codd. legunt*, Vade retro, *vel*, vade post me, *ὀπίσω μου. Ex Matt.* XVI. 23. *Marc.* VIII. 33.

lorsqu'il

11. *Tunc reliquit eum diabolus : & ecce Angeli accesserunt, & ministrabant ei.*

11. Alors le diable le laissa ; & en même-tems les Anges s'approcherent, & ils le servoient.

COMMENTAIRE.

lorsqu'il commença à le tenter. Il lui répond que l'adoration, & le culte de latrie ne sont dûs qu'à Dieu seul. Il réfute aussi par-là indirectement le mensonge, & la présomption du démon, qui avoit dit, qu'il étoit maître de tous les Etats du monde. Dieu seul est maître des Empires, & des Monarchies ; lui seul mérite des hommages & des adorations.

Quelques Peres (*a*) ont prétendu que dans cette derniére tentation, le Fils de Dieu avoit usé de son autorité, & de son pouvoir absolu contre le démon, en lui ordonnant de se retirer : *Vade, sathana*, & en lui disant implicitement, que c'étoit à lui, à JESUS-CHRIST, comme Dieu & Homme, que le démon devoit ses adorations, & ses respects. *Dominum Deum tuum adorabis*. Il est bon de remarquer que le Sauveur ne cite pas les propres paroles du Texte ; mais seulement la substance. Dans l'Exode il est écrit : (*b*) *Je suis le Seigneur vôtre Dieu, . . . Vous n'aurez point d'autre Dieu en ma présence, &c.* Et au Deutéronome : (*c*) *Vous craindrez le Seigneur Dieu, vous le servirez.*

℣. 11. TUNC RELIQUIT EUM DIABOLUS. (*d*) *Alors le diable le laissa*. Pressé par la force des raisons de JESUS-CHRIST, & par la vertu de l'Esprit Saint, il se retira confus, malgré lui ; aussi peu instruit de ce qu'il désiroit savoir, qu'avant la tentation. Il avoit employé inutilement contre lui les trois motifs les plus capables de séduire les cœurs ; la bonne chére, l'avarice, & la vaine gloire ; mais le Sauveur sut dissiper tous ses artifices. On ne peut s'empêcher de considérer ici avec frayeur d'un côté, la force du démon, lorsque Dieu le laisse agir suivant l'étenduë de son pouvoir, & de sa malice ; & de l'autre, son impuissance, & son ignorance, lorsque Dieu juge à propos de le réprimer, & de mettre des bornes à ses malicieux efforts. Il méne JESUS à Jérusalem, il le transporte sur les crénaux du Temple ; il le conduit, ou il le transporte sur une haute montagne. Qui n'est effrayé au seul récit de ce transport ? Et à quoi les plus justes ne seroient-ils pas exposez de la part de cet ennemi du genre humain, si Dieu ne mettoit des bornes à sa puissance, & à son envie de nous nuire !

(*a*) *Chrysost. Auth. Oper. imperfecti. Vide & Hilar. & Ieronym. hic*

(*b*) *Exod.* XX. 2. 3.

(*c*) *Deut.* VI. 13.

(*d*) Saint Luc IV. 13. ajoûte : *Pour un tems*, Ἄχρι καιροῦ [as printed: A'πέση ἀπ' αὐτῦ ἄχει καιρῦ]. Parce qu'en effet il revint souvent depuis.

12. *Cùm autem audiſſet Jeſus, quòd Joannes traditus eſſet, ſeceſſit in Galilæam.*

12. Or JESUS ayant oüi dire que Jean avoit été mis en priſon, ſe retira dans la Galilée.

COMMENTAIRE.

ANGELI ACCESSERUNT, ET MINISTRABANT EI. *Les Anges s'approcherent, & ils le ſervoient.* Les Anges furent témoins des tentations, & de la victoire de JESUS-CHRIST. Auſſi-tôt qu'il eut chaſſé le tentateur, ils ſe préſenterent pour lui rendre leurs ſervices, & leurs aſſiduitez. Ils ne ſe préſenterent pas devant le démon, ils ſe tinrent éloignez pendant la tentation; le Prince des ténébres n'auroit pû ſoûtenir leur préſence. (*a*) Mais après qu'il ſe fut retiré, ils vinrent d'abord préſenter à manger à JESUS-CHRIST. Et dans toute la ſuite de ſa vie ils lui rendirent leurs ſervices dans la guériſon des malades, & dans les autres miracles qu'il fit; & cela ſans aucune néceſſité de ſa part; car ſa Toute-puiſſance ſuffiſoit à tout; mais pour marquer ſa grandeur, ſa majeſté, & ſon empire. (*b*)

℣. 12. CUM AUTEM AUDISSET JESUS, QUOD JOANNES TRADITUS ESSET. *Jeſus ayant oüi dire que Jean avoit été mis en priſon, ſe retira en Galilée.* Il s'eſt paſſé bien des choſes entre les tentations de J. C. & ſa retraite en Galilée. Jean-Baptiſte ne demeura pas longtems dans le déſert de Jéricho, après qu'il eut baptisé JESUS. Il ſe retira au-delà du Jourdain à Béthanie, où il continua à baptiſer. JESUS après ſon jeûne de quarante jours, l'y vint trouver, & commença à y faire quelques diſciples, de ceux qui s'étoient d'abord attachez à Jean-Baptiſte, & qui ayant entendu le témoignage qu'il rendoit à JESUS, le ſuivirent. André, Barthelemi, Simon, Philippe, & Nathanaël furent de ce nombre. Ils allerent avec lui à Cana en Galilée, & furent témoins du premier miracle qu'il y fit. De là il vint à Capharnaum, où il fit divers miracles. Enfin il ſe rendit à Jéruſalem pour y célebrer la Pâque.

De là il alla ſur le Jourdain, dans la Judée, & y baptiſa pluſieurs perſonnes, qui venoient à lui. (*c*) Durant ce tems Jean Baptiſte paſſa le Jourdain, & vint à Enon près de Salim, où il continua à baptiſer. Mais comme il ne ceſſoit de crier contre la conduite ſcandaleuſe d'Hérode Antipas, qui avoit épousé Hérodias épouſe de ſon frere Philippe, quoiqu'il fût encore vivant; il encourut ſa diſgrace, & fut arrêté & mis en priſon par ſes ordres. (*d*)

(*a*) *Chryſ. & Author Operis imperfecti. hic.*
(*b*) *Vide Opus imperfect. ad fin. Homil.* 5.
(*c*) *Johan.* III. 23. 24.
(*d*) *Marc.* VI. 17. *Luc.* III. 19.

13. *Et relictâ civitate Nazareth, venit, & habitavit in Capharnaum maritima, in finibus Zabulon, & Nephthalim.*	13. Et quittant la ville de Nazareth, il vint demeurer à Capharnaüm, ville maritime, sur les confins de Zabulon, & de Nephthali;

COMMENTAIRE.

JESUS ayant donc appris la détention de saint Jean, se retira de la Judée, & vint dans la Galilée. Mais qu'alloit-il faire dans ce pays, où regnoit Hérode, qui venoit de faire arrêter saint Jean? Que ne demeuroit il plûtôt dans la Judée, où Antipas n'avoit point de pouvoir? C'est qu'il craignoit les Pharisiens, qui offensez de la liberté qu'il prenoit de condamner leurs maximes, & leur conduite, auroient pû le rendre suspect à Pilate, qui gouvernoit alors la Province, en lui faisant entendre, que comme Hérode s'étoit saisi de Jean, parce qu'il attiroit auprès de lui un trop grand nombre de peuple, il devoit lui Pilate, se saisir de JESUS, pour la même raison. JESUS qui ne passoit point pour disciple de Jean-Baptiste, & qui ne s'étoit point expliqué sur le mariage d'Hérode, & qui baptisoit bien moins que Jean-Baptiste, s'appliquant principalement à la prédication, & à l'instruction, n'avoit pas les mêmes sujets de craindre Hérode. Ainsi il ne feignit point d'aller dans son Royaume.

℣. 13. RELICTA CIVITATE NAZARETH, VENIT, ET HABITAVIT IN CAPHARNAUM. *Quittant la ville de Nazareth, il vint à Capharnaüm, où il demeura.* JESUS venant de Judée s'arrêta à Nazareth sa patrie, où il prêcha à son ordinaire. Mais un jour étant entré dans la Synagogue, & ayant reproché à ses compatriotes leur incrédulité, & leur indocilité, ils le conduisirent au haut de la montagne, où leur ville est située, & voulurent le précipiter de là, au bas des rochers. Mais JESUS ayant passé au milieu d'eux, se retira à Capharnaüm; & y fixa sa demeure. Marie sa mere y vint aussi apparemment, & on présume que saint Joseph, dont il n'est plus parlé dans l'Evangile, étoit mort quelques années auparavant. Quelques-uns croyent que Capharnaüm étoit la patrie de saint Joseph, comme Nazareth étoit celle de Marie. Mais c'est de quoi je ne trouve aucune preuve. *Capharnaüm* étoit située sur le bord occidental de la mer de Tibériade. (*a*) Joseph (*b*) parle de la fontaine de Capharnaüm, qui tomboit dans cette mer. Il parle aussi d'un lieu nommé *Caphernoma*, à l'orient de ce lac, (*c*) & au-delà du Jourdain. La situation de Capharnaüm étoit bien plus propre à son dessein, que celle de

(*a*) *Johan.* VI. 17. 24. & IV. 46. 47. & *Matth.* IV. 13.

(*b*) *Ioseph. de Bello Iud. l.* 3. *c.* 28.

(*c*) *Lib. de Vita sua, pag* 1019.

14. *Ut adimpleretur quod dictum est per Isaiam Prophetam :*

15. *Terra Zabulon, & terra Nephthalim, via maris trans Jordanem, Galilaea gentium,*

16 *Populus qui se lebat in tenebris, vidit lucem magnam : & sedentibus in regione umbra mortis, lux orta est eis.*

14. Afin que cette parole du Prophéte Isaïe fût accomplie :

15. Le pays de Zabulon, & le pays de Nephthali, qui est le chemin pour aller vers la mer, au-delà du Jourdain, la Galilée des Nations ;

16. Ce peuple qui étoit assis dans les ténébres, a vû une grande lumiére : & la lumiére s'est levée sur ceux qui étoient assis dans la région de l'ombre de la mort.

COMMENTAIRE.

Nazareth, à cause de l'affluence du peuple qui trafiquoit sur la mer de Génézaréth.

℣. 14. UT ADIMPLERETUR QUOD DICTUM EST PER ISAIAM PROPHETAM : (℣. 15.) TERRA ZABULON, &c. *Afin que cette parole du Prophéte Isaïe fût accomplie.* (℣. 16.) *Le pays de Zabulon, & le pays de Nephthali, ... ont vû une grande lumiére.* On a déja remarqué que souvent ces paroles : *Ut adimpleretur, &c.* marquent l'événement, & non pas la fin. La premiere intention d'Isaïe n'a pas été de décrire ce qui devoit arriver, lorsque J. C. paroîtroit dans la Galilée. Mais l'Evangéliste fait remarquer qu'alors on vit quelque chose de semblable à ce qu'Isaïe avoit prédit. Il applique à cet événement ce que le Prophéte avoit dit de la captivité des Tribus de Zabulon, & de Nephthali, & du bonheur qui arriva à Juda dans le même tems, par la victoire que Téglatphalassar remporta sur les ennemis d'Achaz ; ou plûtôt de ce qui arriva sous Ezéchias, à la défaite de l'armée de Sennachérib. Voici l'explication littérale & historique d'Isaïe : (a) Juda ne verra de toute part, que douleur, que ténébres, que découragement, que malheurs inévitables. La terre de Zabulon, & celle de Nephthali seront des premiéres maltraitées par Téglatphalassar : ensuite il tombera sur les cantons qui sont au-delà de la mer de Tibériade, & de la Galilée des Gentils. Alors la terre de Juda, qui jusqu'alors avoit été comme dans de profondes ténébres, commencera à découvrir la lumiére ; elle commencera à espérer de voir la fin de ses maux. Dans le sens accommodé, la même terre de Zabulon, & de Nephthali, la Galilée des Gentils, & le pays de delà le Jourdain, qui jusqu'alors avoient été dans les ténébres, sans Prophétes, sans lumiéres, loin du Temple, & de la ville sainte, ont vû tout d'un coup une lumiére éclatante en la personne de JESUS-CHRIST.

Zabulon, & Nephthali étoient au-deça du Jourdain, dans la basse Gali-

(a) *Isai.* VIII. 22. & IX. 1. 2. 3.

17. *Exinde cœpit Jesus prædicare, & dicere : Pœnitentiam agite ; appropinquavit enim Regnum Cœlorum.*

17. Depuis ce tems-là, JESUS commença à prêcher, en disant : Faites pénitence, parce que le Royaume des Cieux est proche.

18 *Ambulans autem Jesus juxta mare Galilææ, vidit duos fratres, Simonem, qui vocatur Petrus, & Andream fratrem ejus, mittentes rete in mare, (erant enim piscatores.)*

18. Or JESUS marchant le long de la mer de Galilée, vit deux freres, Simon appellé Pierre, & André son frere, qui jettoient leurs filets dans la mer; car ils étoient pêcheurs.

COMMENTAIRE.

lée ; *le chemin de la Mer, & la Galilée des Gentils*, étoient au-delà, & à l'orient de ce fleuve. Le chemin de la mer semble marquer une route qui venoit de Damas à la mer de Tibériade, ou même à la mer Méditerranée.

℣. 17. EXINDE COEPIT JESUS PRÆDICARE, ET DICERE: POENITENTIAM AGITE, &c. *Depuis ce tems-là Jesus commença à prêcher, en disant: Faites pénitence.* JESUS commence à parler, lorsque saint Jean-Baptiste est réduit dans le silence. La Loi & la Prophétie finissent en saint Jean ; la grace de la Loi nouvelle recommence dans JESUS-CHRIST. Le Sauveur confirme & achéve ce que le Précurseur avoit dit: (a) *Faites pénitence, car le Royaume des Cieux est venu*. Retournez à Dieu par une sincére conversion, si vous voulez avoir part aux promesses de l'Evangile, & éviter les maux qui sont prêts de tomber sur les incrédules. En confirmant la prédication de Jean, JESUS confirme le témoignage que ce saint Précurseur lui avoit rendu : il travaille indirectement à sa propre gloire, & à l'avancement de l'Evangile.

℣. 18. JUXTA MARE GALILÆÆ. *Le long de la mer de Galilée.* Elle est quelquefois nommée, *la mer de Tibériade*, & quelquefois *le lac*, ou *l'étang de Genézareth :* Et dans l'ancien Testament, *la mer de Cinereth.* Les Hébreux donnent le nom de Mer, aux lacs, & aux autres grands amas d'eau. Celui dont il s'agit, est dans la Galilée, & est traversé du Jourdain.

VIDIT DUOS FRATRES; SIMONEM, &c. *Il vit deux freres ; Simon, appellé Pierre, & André son frere.* Il les avoit déja vû auparavant, comme on l'a remarqué sur le ℣. 12. lorsqu'il alla visiter Jean-Baptiste à Béthanie, après le jeûne de quarante jours. (b) Ces deux Disciples étoient retournez à leur travail, après la détention de Jean-Baptiste, à qui ils étoient principalement attachez. Mais JESUS ayant

(a) *Matth.* III. 1. 2.

(b) *Johan.* I. 35.

19. *Et ait illis : Venite post me , & faciam vos fieri piscatores hominum.*

20. *At illi continuò relictis retibus, secuti sunt eum.*

21. *Et procedens inde , vidit alios duos fratres , Jacobum Zebedæi , & Joannem fratrem ejus, in navi cum Zebedæo patre eorum, reficientes retia sua: & vocavit eos.*

22. *Illi autem statim relictis retibus, & patre , secuti sunt eum.*

23. *Et circuibat Jesus totam Galilæam, docens in Synagogis eorum , & prædicans Evangelium Regni, & sanans omnem languorem, & omnem infirmitatem in populo.*

19. Et il leur dit : Suivez-moi , & je vous ferai devenir pêcheurs d'hommes.

20. Aussi-tôt ils quitterent leurs filets, & ils le suivirent.

21. De là s'avançant il vit deux autres freres, Jacque fils de Zébédée , & Jean son frere , qui étoient dans une barque avec Zébédée leur pere , & qui racommodoient leurs filets ; & il les appella.

22. En même-tems ils quitterent leurs filets, & leur pere, & ils le suivirent.

23. Et Jesus alloit par toute la Galilée , enseignant dans leurs Synagogues , prêchant l'Evangile du Royaume, & guérissant toutes les langueurs, & toutes les maladies parmi le peuple.

COMMENTAIRE.

établi sa demeure à Capharnaüm , où Pierre & André demeuroient , il les appella de nouveau , & leur dit de quitter pour toûjours les exercices de la pêche, pour ne s'employer désormais qu'à la prédication de l'Evangile. (*a*)

℣. 21. VIDIT ALIOS DUOS FRATRES, JACOBUM ZEBEDÆI, ET JOANNEM *Il vit deux autres freres, Jacque fils de Zébédée, & Jean son frere.* Ces deux freres furent appellez à l'Apostolat immédiatement après Pierre & André. Jacque fils de Zébédée, est celui qui est nommé *saint Jacque le Majeur*, ou l'ainé, pour le distinguer de *Jacque fils d'Alphée*, & surnommé *le Mineur*, (*b*) & le frere, ou le parent de JESUS-CHRIST. Jean fils de Zébédée, & frere de Jacque, est le Disciple bien-aimé, autrement saint Jean l'Evangéliste.

℣. 22. RELICTIS RETIBUS ET PATRE. *Ils quitterent leurs filets, & leur pere.* Le Grec lit : (*c*) *Qu'ils abandonnerent leur nasselle, & leur pere.* Théophylacte dit qu'ils abandonnerent leur pere, parce qu'il ne crut point en JESUS-CHRIST.

℣. 23. DOCENS IN SYNAGOGIS EORUM. *Enseignant dans leurs Synagogues.* Les Synagogues étoient les lieux d'assemblée de Religion pour les Juifs. Ils s'y trouvoient les jours de Sabbat, & les jours de fête de leur Religion pour prier, pour lire, & entendre la parole de Dieu, & pour y exercer les autres pratiques de leurs Loix. L'antiquité des Syna-

(*a*) *Luc.* v. 2.
(*b*) *Marc.* xv. 40.
(*c*) Ἀφέντες τὸ πλοῖον, καὶ τὸν πατέρα αὐτῶν.

gogues est contestée par plusieurs Savans ; ils n'en remarquent aucun vestige certain dans Juda avant la captivité de Babylone. Mais je crois pouvoir montrer le contraire, même par l'Ecriture. Il est certain par l'exemple de la Sunamite hôtesse d'Elisée, que les personnes de piété dans Israël, n'ayant pas la liberté d'aller au Temple du Seigneur, ni d'écouter les Prêtres, parce qu'ils étoient bannis du pays, s'assembloient les jours de Sabbat chez quelque Prophéte, qui leur expliquoit la Loi. (*a*) Asaph qui écrivoit durant la captivité de Babylone, & qui raconte ce qui étoit arrivé durant la derniere guerre de Nabuchodonosor, dit que ce Prince avoit *brûlé les Synagogues du Seigneur.* (*b*) Il y en avoit donc alors dans Juda. Judith passa la nuit dans la Synagogue, ou dans le lieu de l'assemblée. (*c*) On croit que son histoire arriva sous le regne de Manassé, Roi de Juda. Voilà encore une autre preuve de la grande antiquité des Synagogues. Ezéchiel témoigne que le peuple s'assembloit auprès de lui, comme il avoit accoûtumé, pour écouter sa parole ; ce qui marque une longue habitude. (*d*) *Et veniunt ad te, quasi ingrediatur populus, & sedent coram te populus meus, &c.* Enfin, saint Jacque dans les Actes, dit que Moyse avoit dans les tems anciens des gens qui le lisoient dans les Synagogues. (*e*) Comment auroit-on pû pendant tant de siécles conserver la science de la Religion dans tout le pays, s'il n'y avoit eu des Ecoles, & des lieux publics, où l'on entendît la lecture, & l'explication de la Loi ?

Durant la captivité on ne peut douter que le peuple ne se soit rassemblé auprès des Prêtres & des Prophétes, pour s'instruire, & se consoler. Ce que nous venons de voir d'Ezéchiel, en est une preuve authentique. On lit dans Esther (*f*) que Mardochée rassembla dans le lieu de Priéres, tous les Juifs qui étoient à Suses, pour recommander au Seigneur l'entreprise d'Esther. Mais il faut avoüer que depuis la captivité, leur nombre fut bien plus grand, qu'il n'avoit été jusqu'alors. Il se trouve toutefois des Auteurs qui soutiennent qu'on n'en vit point avant les Maccabées. Mais ils n'ont pour toute preuve qu'un argument négatif, qui consiste à dire que jusqu'alors on n'en voit rien dans les Livres saints, ni dans Joseph ; & qu'Antiochus Epiphanes ne brûla ni Synagogue, ni lieu d'assemblée que l'on sache. Mais cette preuve n'est nullement convaincante. La Secte, ou la Synagogue des Assidéens, ou des *Asdaniens* est connuë sous les Maccabées. (*g*) On parle dans les mêmes Livres du lieu d'Oraison qui étoit à Maspha, où le peuple assemblé ouvrit, & étendit en présence du Sei-

(*a*) *Vide* 4. *Reg.* IV. 23.
(*b*) *Psalm.* LXXIII. 8.
(*c*) *Judith.* VI. 21.
(*d*) *Ezech.* XXXIII. 31.
(*e*) *Act.* XV. 21.
(*f*) *Esther.* IV. 16.
(*g*) 1. *Macc.* II. 42. & 2. *Macc.* VII. 13. XIV. 7. & 4. *Macc.* VI. & *Psalm.* LXXVIII.

gneur le Livre de la Loi. (*a*) L'Auteur de l'Ecclesiastique, (*b*) qui vivoit vers le tems des Maccabées, parle en plus d'un endroit des assemblées du Très-haut, où les Sages faisoient admirer leur savoir ; ce qu'on ne peut guéres entendre que des Synagogues, où les Savans prêchoient, & enseignoient. L'Auteur du troisiéme des Maccabées parlant de la persécution que Ptolémée Philopator fit souffrir aux Juifs, parle distinctement des Proseuques, ou Synagogues. (*c*) Or Philopator regnoit en Egypte assez long-tems avant la persécution, qu'Antiochus Epiphanes excita contre les Juifs.

Depuis les Maccabées, le nombre des Synagogues s'augmenta de telle sorte dans Israël, qu'il y en avoit dans presque tous les lieux du pays. Dans Jérusalem même elles étoient en si grand nombre, qu'on y en comptoit, dit-on, (*d*) jusqu'à quatre cens soixante, ou quatre cens quatre-vingt. Chaque corps de métier avoit la sienne. Les étrangers y en avoient aussi plusieurs. Ceux d'Aléxandrie y en avoient bâti une pour eux à leurs dépens. On donnoit aux Synagogues le nom de *Proseuques*, c'est-à-dire, Lieux de prieres : ou *Didascaleïa*, Ecoles : ou *Phrontistéria*, Ecoles de Sagesse. On les nomme aussi *Ecclesia*, ou lieu d'assemblée. Dans les lieux où il n'y avoit point de Synagogue, les particuliers prioient Dieu dans leur logis, & c'étoit ordinairement sur le toît, ou sur la platte forme de la maison que se formoit l'assemblée de la famille, ou des amis, pour lire quelque partie de la Loi les jours de Sabbat. D'autres fois ils s'assembloient hors la ville, & sur le bord des riviéres, pour faire leurs priéres. (*e*) C'est-là où ils plaçoient leurs Proseuques, ou lieux de priéres. C'étoient quelquefois des enclos découverts, (*f*) à peu près sur le modéle des parvis du Temple de Jérusalem. De là vient que les Payens qui ne voyoient point de statuës dans ces lieux, les accusoient de n'adorer que le Ciel, & les nuës. (*g*)

Nil præter nubes, & cœli lumen adorant.

Chaque Synagogue avoit son Chef, ou ses Chefs, & ses Officiers, selon la grandeur des villes, & le plus, ou moins grand nombre de Juifs qui s'y assembloit. Il y avoit telle Synagogue, qui avoit soixante & dix Anciens qui y présidoient. D'autres en avoient dix ; d'autres, neuf ; d'autres, seulement quatre ou cinq, ou même un seul Chef, ou Docteur. (*h*) La Synagogue étoit un édifice public, ou dedans, ou dehors la ville, se-

(*a*) 1. *Macc.* III 46.
(*b*) *Eccli.* XV. 15. XXI. 20. XXII. 2.
(*c*) 3. *Macc. c. ult* Ἀνιερώσαντες ἐν στήλῃ, καὶ τὸν τῆς συμποσίας τόπον προσευχῆς κατιδρύσαντες.
(*d*) *Gemar. ad tit. Megilla c.* 3. *ad tit. Cethubot. c.* 13.
(*e*) *Act.* XVI. 13. *Philo advers. Flacc.*
(*f*) *Tertull. de Pudicit. c.* 16. *& Epiphan. de hæres. hæres.* 80.
(*g*) *Juvenal Satyr.* XIV. *versu* 97.
(*h*) Voyez Basnage liv. 7. ch. 6. Hist. des Juifs, art. 11. 12. 13.

ſon qu'ils avoient la commodité, ou la liberté de les bâtir. On a remarqué que quelquefois leurs Synagogues, ou lieux de Priéres, étoient découverts; mais réguliérement, elles étoient couvertes, & fort élevées. Les Juifs veulent qu'elles dominent ſur tous les autres édifices, ou maiſons particuliéres; & ils ne manquent point à cela, à moins qu'ils n'en ſoient empêchez par une puiſſance ſupérieure.

Au milieu de cet édifice eſt une tribune, ou pupitre ſur lequel on apporte le rouleau de la Loi, & où on le lit en cerémonie. C'eſt-là où celui qui veut expliquer les Livres ſacrez, monte, & où il parle. Il ſe couvre la tête par reſpect, en liſant, & en interprétant; car parmi les Hébreux demeurer la tête découverte, eſt une marque de liberté, & d'hardieſſe. Il y a au fond de la Synagogue une armoire, où ſe conſerve le rouleau de la Loi dans un linge précieux, & ouvragé. Les femmes ne ſont point mêlées avec les hommes; elles ſont placées dans des tribunes, & ſéparées par des jalouſies, en ſorte qu'on ne les peut pas diſtinguer. On s'aſſemble à la Synagogue; principalement les Samedis, & les jours de fête.

S'il ſe trouve dans l'aſſemblée quelque perſonne diſtinguée par ſa capacité, ou par ſon mérite; *l'Ange de la Synagogue*, c'eſt-à-dire, le ſurveillant, & celui qui étoit chargé de lire la Loi, & de former les priéres publiques au nom du peuple, la prioit de faire la lecture, & de dire quelques paroles d'édification. C'eſt ainſi que JESUS-CHRIST étant entré dans la Synagogue de Nazareth, ſe préſenta pour lire, & on lui donna le Livre. (*a*) Il l'ouvrit, il lut, il le roula, & le rendit au Miniſtre; & commença à prêcher, & à expliquer la lecture. Saint Paul étant venu à Antioche de Piſidie, (*b*) & etant entré dans la Synagogue le jour du Sabbat, s'aſſit dans l'aſſemblée, & après la lecture de la Loi, & des Prophétes, les Princes de la Synagogue lui envoyerent dire, & à ſa compagnie, que s'il y avoit quelqu'un parmi eux, qui fût préparé à parler à l'aſſemblée, il le pouvoit; ſaint Paul ſe leva, & ayant étendu la main pour impoſer ſilence, il parla, & leur annonça JESUS-CHRIST. Saint Matthieu nous dit ici que JESUS prêchoit, & enſeignoit par toute la Galilée dans les Synagogues; ce qui eſt une preuve de la haute idée que l'on avoit de ſa capacité. Tertullien (*c*) avertit que l'on n'admettoit point indifféremment toute ſorte de gens à parler dans ces aſſemblées; mais ſeulement des perſonnes bien connuës, éprouvées, & recommandables par leur mérite. *Sed etſi paſſim Synagoga adiretur, non tamen ad docendum, niſi ab optimè cognito, & explorato, & probato jam pridem in hoc ipſum, vel aliundè commendato.*

(*a*) *Luc.* IV. 16.
(*b*) *Act.* XIII. 13. 14. 15.
(*c*) *Tertull. l.* 4. *contra Marcion.*

Les Synagogues avoient plusieurs sortes d'Officiers. L'Evangile parle du Chef, ou Prince de la Synagogue, sous le nom d'*Archisynagogus.* (*a*) Les Juifs les nomment (*b*) *Chachamim*, ou Sages. Ils jugeoient des affaires pécuniaires, des larcins, & autres intérêts, & dommages. Ils avoient droit de faire foüetter ceux qui étoient convaincus de quelques contraventions à la Loi. Ils pouvoient aussi excommunier, & retrancher de la Synagogue; c'est ce qui paroît distinctement dans l'Ecriture. JESUS-CHRIST dit à ses Disciples, (*c*) que les Juifs les prendront, les foüetteront, les chasseront des Synagogues, les livreront aux Rois, & aux Magistrats. Saint Paul fut chargé par les Prêtres de Jérusalem de poursuivre les Chrétiens par tout, & de les faire foüetter dans les Synagogues. (*d*) Depuis sa conversion il expérimenta plus d'une fois la rigueur de cette discipline. Il dit qu'il y a reçû cinq fois trente-neuf coups. (*e*) C'étoit le nombre ordinaire des coups de foüet, que les Juifs donnoient aux coupables.

Nous n'entrons pas ici dans un plus grand détail des Officiers de la Synagogue. S'il se présente occasion d'en parler dans la suite du Commentaire, nous le ferons plus au long. Ceci suffira pour se former une idée générale des Synagogues des Juifs du tems de nôtre Seigneur. Les premieres assemblées des Chrétiens avoient assez de conformité avec les Synagogues, quant aux coûtumes, & à la discipline. L'Evêque en étoit le Prince, ou le President. Il avoit sous lui les Prêtres, ou les Anciens, qui formoient comme son Conseil; & au dessous d'eux les Diacres, ou les Ministres. Saint Paul (*f*) souhaite que l'on établisse dans l'Eglise des personnes de probité, & de mérite, qui jugent des affaires qui surviennent parmi les freres. On excluoit de l'assemblée, & de la participation des choses saintes, ceux qui vivoient d'une maniére scandaleuse, & déréglée, témoin l'incestueux de Corinthe. (*g*) L'Evêque étoit le Ministre ordinaire de la parole, & de l'instruction; mais il pouvoit permettre à d'autres, même à des laïques savans & vertueux, de parler dans l'assemblée. (*h*)

EVANGELIUM REGNI. *Jesus-Christ prêchoit l'Evangile du Royaume.* Il leur annonçoit la bonne nouvelle que le Regne du Messie étoit venu, (*i*) que le Royaume des Cieux étoit proche, que le tems marqué par les Prophétes pour la redemption d'Israël, étoit arrivé. *Evangelium* en Grec, signifie *une bonne nouvelle.*

(*a*) *Marc.* V. 22. 35. 36. 38. *Luc.* XIII. 14 *Act* XVIII. 8.
(*b*) חכמים *Sapientes.*
(*c*) *Matt.* X. 17.
(*d*) *Act* XXII. 19.
(*e*) 2. *Cor.* XI. 24. *Quinquies quadragenas unà minùs accepi.*
(*f*) 1. *Cor.* VI. 5. 6.
(*g*) 1. *Cor.* V. 1. . . 5.
(*h*) *Euseb. Hist. Eccles. l.* 6. *c.* 27 *&* 29.
(*i*) *Vide Dan.* II. 44. *& sup. Matt.* III. 2.

24. *Et abiit opinio ejus in totam Syriam, & obtulerunt ei omnes malè habentes, variis languoribus, & tormentis comprehensos, & qui Dæmonia habebant, & lunaticos, & paralyticos, & curavit eos.*

24. Sa réputation s'étant répanduë par toute la Syrie, ils lui présentoient tous ceux qui étoient malades, & diversement affligez de maux, & de douleurs; les possédez, les lunatiques, les paralytiques, & il les guérissoit.

COMMENTAIRE.

ỳ. 24. QUI DÆMONIA HABEBANT. *Les possédez*. On en voyoit un très-grand nombre du tems de nôtre Sauveur. Souvent l'obsession du Démon est occasionnée par la noire mélancholie & par la mauvaise disposition du corps. On en voit un exemple fameux dans la personne de Saül. (*a*) Celui qui est possédé du Démon dans saint Luc, (*b*) est simplement nommé lunatique dans saint Matthieu. (*c*) Ici il distingue clairement les lunatiques, des possédez. Souvent aussi l'obsession, ou la possession du Diable, étoit une punition de Dieu, envoyée pour les péchez de celui à qui ce malheur arrivoit.

LUNATICOS. *Des Lunatiques*. On confond souvent *les Lunatiques* (*d*) avec les Epileptiqûes. On croyoit que la Lune par ses influences caussoit cette fâcheuse maladie, parce qu'on voyoit les Lunatiques agitez, & tourmentez chaque mois vers la pleine Lune, ou au déclin de la Lune. Les Epileptiques ne différent des Lunatiques, que du plus au moins. L'Arabe explique le Lunatique par, *Celui qui tombe au commencement de chaque mois*. Les Epileptiques, ou ceux qui tombent du mal caduc, ne sont pas tous également attaquez. Les uns tombent plus rarement, & les autres plus souvent. Les uns chaque mois, les autres chaque semaine; d'autres tous les jours, ou même plus d'une fois chaque jour. Le Syriaque rend le nom de *Lunatique* par *Un homme sauvage*, ou qui fuit les maisons, & les demeures des hommes. Les Payens, aussi bien que les Juifs, attribuoient cette maladie à la Lune; ou, comme ils parloient, à Diane irritée. (*e*)

Ut mala quem scabies, aut morbus regius urget,
Aut fanaticus error, & iracunda Diana.

Saint Jérôme (*f*) soûtient que les Lunatiques dont il est parlé ici, étoient de vrais possédez, & que ce n'est que par erreur que le peuple les nommoit Lunatiques; le Démon affectant malicieusement de les tourmenter pendant les lunaisons, afin que les peuples en imputassent la cause à la Lune, & en prissent occasion de blasphémer contre le Créateur.

(*a*) 1. *Reg.* XVI.
(*b*) *Luc.* IX. 39.
(*c*) *Matt.* XVII. 15.
(*d*) Σεληνιαζομένοι.
(*e*) *Horat. de Arte Poëtica ad finem.*
(*f*) *Ieronym. hic.*

25. *Et secuta sunt eum turbæ multæ de Galilæa, & Decapoli, & de Jerosolymis, & de Judæa, & de trans Jordanem.*

25. Et une grande multitude de peuple le suivit de Galilée, de Décapolis, de Jérusalem, de Judée, & de delà le Jourdain.

COMMENTAIRE.

℣. 25. GALILÆA. *De Galilée.* Elle s'étendoit au deça, & au delà du Jourdain. JESUS la parcourut toute entiére, & généralement tout le pays, tant au deça, qu'au delà de ce fleuve, comme il paroît par le dénombrement que fait ici l'Evangéliste.

ET DECAPOLI. *Et de Décapolis.* Pline (*a*) nomme ces dix villes qui composoient la Décapole; savoir, *Damas*, *Philadelphie Raphana*, *Scythopolis*, *Gadare*, *Hippos*, *Dion*, *Pella*, *Gelasa*, *Canatha.* Mais il avouë que tout le monde n'étoit pas d'accord sur cela. Il est certain que Damas, Raphana, & Philadelphie n'étoient point aux Juifs, & ainsi JESUS-CHRIST n'y alla point prêcher. Toutes ces villes, hormis Scythopolis étoient au delà du Jourdain, & à l'orient de la mer morte. *Gelasa* est vrai-semblablement la même que *Gerasa*, capitale du petit pays des Gérazeniens, dont il est parlé dans l'Evangile, (*b*) & qui étoit incontestablement dans la Décapole Voyez *Marc.* V. 1. 2. 18. 19. 20. Il y a quelque difficulté sur un autre passage de saint Marc, (*c*) qui dit que JESUS *étant parti de Tyr, vint par Sidon à la mer de Galilée, par le milieu de la Décapole;* ce qui sembleroit dire que la Décapole est à l'occident du lac de Génézareth, & dans la basse Galilée. Mais si l'on y fait attention, JESUS tourne le dos à la mer de Galilée, en allant de Tyr à Sidon. Il alla apparemment de Sidon dans le pays du Liban, vers Césarée de Phrygie, au-dessus des sources du Jourdain, & de-là se rendit sur la mer de Tibériade par la haute Galilée, ou par la Galilée des Gentils, où étoient situées la plûpart des villes de la Décapole. Voyez *Marc.* VIII. 10. & *Matt.* XV. 39. où ils rapportent que JESUS se rendit de Sidon, au-delà du Jourdain.

La Judée se prend ici pour la partie méridionale de la Palestine, depuis le pays de Samarie, jusqu'à l'Idumée.

Le pays de delà le Jourdain en cet endroit-ci, marque ce qui est depuis la Décapole, jusqu'à la mer morte; car il a deja parlé de la partie septentrionale de ce canton, sous le nom de *Galilée;* & ensuite, de ce qui est vis à vis la mer de Tibériade, sous le nom de *Décapole*: il ne restoit donc que la partie méridionale du même pays.

(*a*) *Plin. l.* 5. *c.* 18.

(*b*) *Matt.* VIII. 28. *Marc.* V. 1. *Luc.* VIII. 26. 37.

(*c*) *Marc.* VII. 31. *Exiens de finibus Tyri, venit per Sidonem ad mare Galilææ, inter medios fines Decapoleos.*

CHAPITRE V.

Sermon de JESUS-CHRIST *sur la Montagne. Huit Beatitudes.* JESUS *n'est pas venu pour détruire la Loi, mais pour la perfectionner. Il exige de ses Disciples une plus grande perfection, que celle des Scribes, & des Pharisiens.*

℣. 1. *VIdens autem Jesus turbas, ascendit in montem, & cùm sedisset, accesserunt ad eum Discipuli ejus.*

℣. 1. JEsus voyant les troupes, monta sur une montagne, où s'étant assis, ses Disciples s'approcherent de lui.

COMMENTAIRE.

℣. 1. VIDENS JESUS TURBAS, ASCENDIT IN MONTEM. *Jesus voyant les troupes, monta sur une montagne.* Ce discours de JESUS ne fut prononcé que long tems après ce qui est raconté au Chapitre précédent. Depuis qu'il eut appellé les Apôtres Simon, André, Jacques, & Jean, il parcourut tout le pays, enseignant, & faisant des miracles par tout. Il guérit un lépreux (*a*) dans une certaine ville; il revint à Capharnaüm, & y rendit la santé à un paralytique, que l'on descendit par la toiture de la maison où il étoit. (*b*) Après cela il appella Lévi, ou Matthieu, qui étoit Publicain. (*c*) Il va à Jérusalem, pour y faire la seconde Pâque depuis le commencement de sa Prédication. (*d*) C'est-là où il guérit le paralytique, qui étoit sur la piscine depuis trente huit ans. (*e*) Au retour de ce voyage, ses Disciples marchant dans la campagne un jour de Sabbat, arrachoient des épis pour les froisser, & en manger le grain; (*f*) ce qui déplut aux Pharisiens. Mais JESUS couvrit ceux-ci de confusion, & justifia ses Disciples. Un autre jour de Sabbat, étant entré dans une Synagogue, il y guérit un homme qui avoit la main séche, & sans mouvement. Ces guérisons irritoient les Pharisiens; ils prirent la résolution avec les Hérodiens de faire périr JESUS. (*g*) Mais JESUS

(*a*) *Luc.* IV. 12.
(*b*) *Matt.* IX. 2. *Marc.* II. 3 *Luc.* V. 18.
(*c*) *Matt.* IX. 9. *Marc.* II. 13. *Luc.* V. 17.
(*d*) *Iohan.* V. 1.
(*e*) *Iohan.* V. 2. 3.
(*f*) *Luc.* VI. 1 *Matt.* XII. 1. *Marc.* II. 23.
(*g*) *Matt.* XII. 14.

voyant leur mauvaise volonté, se retira sur la mer de Génézareth, & comme il étoit accablé de la foule, il se fit amener une nasselle, afin que de là il pût sans danger enseigner les peuples. La nuit étant venuë, & les troupes s'étant retirées, il monta sur une montagne, & y passa la nuit en priére. Le lendemain il appelle ses Disciples, & en choisit douze, qu'il nomma Apôtres; (a) & étant descendu avec eux de la montagne, il s'arrêta sur une butte sur le penchant de la hauteur, & commença à enseigner les troupes, comme il est marqué ici. Voilà la suite des actions de JESUS-CHRIST depuis la vocation des quatre premiers Apôtres.

Quant à ce discours, on peut le considérer comme le précis de toute la doctrine du Sauveur, & comme l'abrégé de l'Evangile. On y voit distinctement le plan que JESUS-CHRIST s'est proposé dans l'établissement de la Loi nouvelle, qui est de réformer, & de perfectionner l'ancienne Loi, & de rétablir dans leur pureté les regles de morale, que les mauvaises interprétations des Juifs avoient corrompuës. Saint Matthieu a ramassé dans cet endroit plusieurs maximes de JESUS-CHRIST, publiées dans d'autres rencontres.

Nous lisons dans saint Luc, (b) cette histoire, d'une maniére un peu différente de ce qui est dit dans saint Matthieu. Saint Luc raconte que JESUS étant monté sur une montagne pour prier, y passa la nuit, & qu'ayant appellé ses Disciples, il en choisit douze d'entre eux à qui il donna le nom d'Apôtres; & qu'étant descendu avec eux, il s'arrêta dans la plaine, (c) ou *dans un lieu plein & égal*; & élevant les yeux sur ses Disciples, il leur proposa seulement quatre Béatitudes; au lieu que saint Matthieu (d) dit que JESUS voyant les troupes, monta sur une montagne, & les enseigna, en leur proposant d'abord huit Béatitudes; puis d'autres instructions que l'on verra ci-après.

L'Auteur de l'Ouvrage imparfait sur saint Matthieu, croit que S. Luc a rapporté le discours que JESUS fit à ses Apôtres sur la montagne, comme un abrégé de celui qu'il fit ensuite aux troupes, en étant descendu. S. Augustin ne paroît pas éloigné de cette opinion. (e) D'autres croyent que JESUS descendit jusqu'à un certain endroit de la hauteur, où la montagne étendant sa racine, donnoit aux troupes une assez grande étenduë pour se placer, & à JESUS la facilité de se faire entendre d'un lieu éminent. D'autres enfin croyent que JESUS étant descendu de la montagne, monta sur un tertre qui se trouva au milieu de la campagne, & commença à enseigner de là tous ses Apôtres, & en même-tems les troupes. Tous ces sentimens respectivement pris, n'ont rien que de très-probable. A l'é-

(a) *Marc.* III. 13. 14. *Luc.* VI. 11. 12.
(b) *Luc.* VI. 12. 13.
(c) *Ibid.* ℣. 17. Καὶ καταβὰς μετ' αὐτῶν, ἔστη ἐπὶ τόπου πεδινοῦ.
(d) *Matt.* V. 1. 2. *& seq.*
(e) *Aug. l.* 2. *de Consensu Evang. c.* 19.

2. *Et aperiens os suum docebat eos, dicens:*

2. Et ouvrant sa bouche il les enseignoit, en disant :

COMMENTAIRE.

gard des quatre Béatitudes de saint Luc, S. Ambroise (*a*) fait voir qu'elles renferment les huit de S. Matthieu. Celui-ci a raconté plus au long, ce que S. Luc n'a dit qu'en abrégé.

On demande quelle étoit cette hauteur sur laquelle JESUS prononça cet admirable Sermon ? Quelques-uns, au rapport de saint Jérôme, (*b*) croyent que c'étoit le mont des Oliviers, près de Jérusalem : pour lui il aime mieux croire que c'est le Thabor. Mais il paroît en comparant (*c*) saint Marc à saint Luc, & à saint Matthieu, que cette montagne n'étoit pas loin de la mer de Génézareth, puisque JESUS s'étant retiré près de cette mer, y demeura sur une nasselle jusqu'à la nuit, puis il monta sur la hauteur, & le lendemain après avoir achevé son discours, il entra aussi-tôt à Capharnaüm, (*d*) qui étoit une ville au-deça, & à l'occident du Jourdain. Or le Thabor est environ à cinq ou six lieuës de Capharnaüm.

ỷ. 2. APERIENS OS SUUM DOCEBAT. *Ouvrant sa bouche il les enseignoit.* Les Peres ont trouvé du mystére & de l'emphase dans ces paroles ; ils ont crû qu'elles marquoient ou l'importance de la matiére, ou la profondeur des mystéres, ou la nouveauté de ce qu'il va annoncer. D'autres les prennent comme un simple hébraïsme ; il commença à parler. Mais je crois qu'il y a de l'emphase, & qu'ayant attendu que le peuple fût placé, & qu'on eût fait silence, il commença à parler avec la majesté, & la grace qui lui étoient ordinaires. Les Profanes ont de pareilles maniéres de parler, quand ils font parler les Dieux, les Héros, les Grands, les Sages.

. . . . . Donec sua Jupiter ora
Solvit, & ô, nostri si qua est reverentia, dixit.

Origénes, (*e*) & saint Chrysostome (*f*) croyent que JESUS-CHRIST adressa sa parole à ses Disciples, pour exciter par-là l'attention, & la curiosité du peuple qui étoit présent.

ỷ. 3. BEATI PAUPERES SPIRITU, &c. *Bienheureux les pauvres d'esprit, parce que le Royaume des Cieux est à eux.* Les Juifs étoient accoûtumez de regarder les biens de ce monde, comme un effet des bénédictions de Dieu ; & la pauvreté, comme une malédiction. Les

(*a*) *Ambrof. l. v. in Lucam.*
(*b*) *Ieronym. hic. In Matth. v.*
(*c*) *Confer Marc.* III. 7. 12. *cum Matth.* III. 14. 15. V. 1. 2. 3. *Luc.* VI. 12. *& seq.*
(*d*) *Luc.* VII. 1.
(*e*) *Origen. Tract.* 24. *c.* 25. *in Matth.*
(*f*) *Chrysost. Homil.* 15. *in Matth.*

3. *Beati pauperes spiritu : quoniam ipsorum est Regnum Cœlorum.*

3. Bienheureux les pauvres d'esprit ; parce que le Royaume des Cieux est à eux.

COMMENTAIRE.

saintes Ecritures de l'ancien Testament sembloient favoriser ces idées, en promettant les richesses aux gens de bien, & menaçant les méchans de la pauvreté. Le Sauveur réforme ici ces sentimens, & déclare que les pauvres sont vraiment heureux, pourvû qu'ils le soient en esprit : *Pauperes spiritu ;* c'est à dire, que leur pauvreté ne soit ni forcée, ni plaintive, ni chagrine, ni séditieuse, ni insolente ; qu'elle ne soit ni une suite de leur paresse, & de leur mauvaise économie, ni une punition de leur mauvaise conduite, ni un prétexte pour colorer leur faineantise, & leur mollesse. Isaïe (*a*) avoit déja prévenu les Juifs sur cela : il leur avoit prédit, en parlant dans la personne du Messie : *L'Esprit de Dieu s'est reposé sur moi, parce que le Seigneur m'a donné son onction. Il m'a envoyé pour annoncer son* Evangile *aux pauvres*, & aux doux de cœur, &c. Et JESUS-CHRIST, pour donner aux Disciples de Jean-Baptiste, une preuve qu'il étoit le Messie, leur dit : (*b*) *Les pauvres reçoivent l'Evangile, les lépreux sont guéris, les aveugles voyent, &c.*

Quoique le Texte Grec (*c*) parle d'une pauvreté réelle, qu'il signifie proprement ceux qui sont réduits à la mendicité ; toutefois la plûpart des Peres (*d*) l'entendent de l'humilité, de la douceur. Un pauvre d'esprit, est celui qui n'a que des sentimens humbles de lui même, qui ne s'en fait point accroire, qui n'a nulle enflure de cœur, qui est en quelque sorte rentré dans les sentimens, & la nature des enfans. Il peut aussi marquer la simplicité, & docilité nécessaire pour entrer dans les maximes de l'Evangile, & dans la créance des mystéres, qui sont si contraires à la nature, & aux fausses lumiéres de la raison humaine. Enfin on peut l'expliquer de l'humilité, & de la soumission aux ordres de la Providence ; de la componction du cœur, de la patience dans les disgraces, du détachement des richesses, & de toutes les affections terrestres. On a expérimenté de tout tems que l'amour des richesses, & la crainte de la pauvreté, sont des obstacles presque insurmontables à la sagesse & à la vertu. Les Philosophes eux-mêmes l'ont reconnu, & éprouvé.

QUONIAM IPSORUM EST REGNUM COELORUM. *Parce que le*

(*a*) *Isai.* LXI. 1.
(*b*) *Matth* XI. 5.
(*c*) Πτωχοὶ. *Mendici. Grot. Mald. Scult. alii. Et ita ex Patrib. Tertull. lib. advers. Marcion. Ieronym. hic. alii.*
(*d*) *Hilar. in Matth. Author Oper. imperfecti Homil.* 9. *Chrysost in Matth Homil.* 15. *Ambros. lib.* 5. *in Luc. August. lib.* 1. *de Serm. Domini in monte. D. Leo Homil. de omnib. SS. Greg. Magn. lib.* 36. *in Job. Ieronym. alii passim.*

Royaume

4. *Beati mites : quoniam ipsi possidebunt terram.*

5. *Beati qui lugent : quoniam ipsi consolabuntur.*

4. Bienheureux ceux qui sont doux ; parce qu'ils posséderont la terre.

5. Bienheureux ceux qui pleurent ; parce qu'ils seront consolez.

COMMENTAIRE.

Royaume des Cieux est à eux. Ils sont les vrais enfans du Royaume, les vrais Disciples du Messie, les héritiers des promesses. La pauvreté d'esprit les dispose à recevoir l'Evangile, & à pratiquer les maximes du salut, qui les conduiront au bonheur du Ciel. *Le Royaume du Ciel*, comme on l'a déja remarqué, (*a*) marque souvent la vocation des Gentils à la Foi, & la pratique de l'Evangile ; & souvent aussi le bonheur éternel.

℣. 4. BEATI MITES: QUONIAM IPSI POSSIDEBUNT TERRAM. *Bienheureux ceux qui sont doux, parce qu'ils posséderont la terre.* Ceux qui sont doux, complaisans, pacifiques, patiens, qui tâchent de bien vivre avec tout le monde, & qui évitent tous les sujets de bruit, & de querelle ; qui rendent le bien pour le mal, (*b*) *possedent* véritablement *la terre ;* ils sont aimez de tout le monde, gagnent tous les cœurs, joüissent d'une paix, & d'une douceur que les esprits turbulens, inquiets, violens, coléres, ne connoissent point. Moyse avoit promis une longue vie dans la Terre Promise, à ceux qui seroient fidéles à observer les Loix du Seigneur. (*c*) JESUS-CHRIST fait ici la même promesse à ceux qui sont doux. (*d*) Mais sous cette premiere idée d'une félicité temporelle, & d'une vie paisible dans le monde, il nous éléve à une autre terre, & à une autre vie, (*e*) qui ne finira point ; je veux dire à *la terre des vivans*, (*f*) & à la félicité éternelle.

℣. 5. BEATI QUI LUGENT, &c. *Bienheureux ceux qui pleurent ; parce qu'ils seront consolez.* Les larmes d'impatience, de désespoir, de dépit ; celles qui sont produites par la cupidité, par la haine des ennemis, par la crainte des maux temporels ; celles en un mot qui n'ont qu'un motif purement temporel, naturel, & intéressés ne doivent point attendre de récompense de la part de Dieu. Il n'en promet qu'aux larmes qui ont sa crainte, ou son amour pour principe ; celles qu'on répand pour ses péchez, ou pour ceux des autres ; (*g*) celles que la componction, ou la

---

(*a*) *Matth.* III. Voyez aussi *Matth.* XI. 5.

(*b*) *Vide August. lib.* 1. *de Serm. Domini in monte.*

(*c*) *Exod.* XX. 12. *Deut.* V. 16. XXII. 7. XXXI. 47.

(*d*) *Chrysost. hic. Ita Euthym. & Theophylact.*

(*e*) *Ita Origen. in Num.* XXVI. *Basil in Psal.* XXXIII. *Cyrill. in Isai.* XXXVIII. *Author Oper. imperfect. homil.* 9. *Ieronym. hic.*

(*f*) *Isai.* LXI. 3. *Vide August. l.* 1. *de Serm. Domini in monte.*

(*g*) *Vide Chrysost. & Hilar. & Opus imperfect & Ieron. hic. Ambros. l.* 6. *in Luc. S. Leo hom de omnib. SS. Cyrill. l.* 5. *in Isai. alii.*

6. *Beati qui esuriunt, & sitiunt justitiam : quoniam ipsi saturabuntur.*	6. Bienheureux ceux qui sont affamez, & altérez de la justice; parce qu'ils seront rassasiez.

COMMENTAIRE.

compassion, ou la douleur de se voir si long-tems éloigné de sa fin, & de son bonheur; celles-là seront essuyées, & ceux qui les répandent seront consolez en ce monde, par l'infusion de la douceur de la grace; & dans l'autre, par la pleine joüissance de souverain bonheur. On peut aussi l'entendre de ceux qui pleurent à cause des maux, & des persécutions qu'ils souffrent en ce siécle; ceux qui répandent des larmes de douleur dans la maladie, dans la disgrace, dans la pauvreté, dans les autres maux de cette vie, s'ils souffrent cela avec patience dans la soumission aux ordres de Dieu; ils seront un jour consolez dans le Ciel. C'est le sens qui paroît le plus simple, & le plus littéral. (*a*)

℣. 6. BEATI QUI ESURIUNT, ET SITIUNT JUSTITIAM, &c. *Bienheureux ceux qui sont affamez & altérez de la justice; parce qu'ils seront rassasiez.* Ceux qui aiment la justice, la volonté de Dieu, & qui la recherchent avec autant d'ardeur qu'un homme affamé ou altéré cherche à se rassasier, ou à se désaltérer, ne manqueront pas de trouver ce qu'ils désirent avec tant d'empressement. (*b*) Dieu qui est l'auteur de ces désirs, ne les laissera point inutiles. C'est déja posséder la justice, que de l'aimer, & la souhaiter. La grace qui nous prévient, & qui nous inspire ce désir, est un feu qui ne s'éteindra pas, si par nôtre faute nous ne l'étouffons, & ne le laissons mourir dans nous-mêmes. Ce sens est fort suivi par les Peres, & par les Interprétes.

D'autres l'entendent d'une autre maniére : S. Luc (*c*) lit simplement: *Vous êtes bienheureux, vous qui souffrez la faim maintenant, parce que vous serez rassasiez.* Il ne met point le mot de *justice*; ainsi on peut l'expliquer de cette sorte : (*d*) *Heureux ceux qui souffrent la faim, & la soif pour la justice; parce qu'ils seront rassasiez.* C'est ainsi que saint Paul & les Martyrs ont été exposez aux tourmens, à la faim, à la soif, à la nudité, pour la défense de la vérité & de la justice. D'autres : (*e*) *Heureux ceux qui au milieu* de la disette, *de la faim & de la soif, conservent le goût, & l'amour de la justice*; comme Tobie qui disoit : (*f*) *Nous menons à la vé-*

(*a*) *Aug. lib. 1. de Serm. Domini in monte. Nyssen. l. de Beatitudinib. Grot. Hammon. Mald. alii.*

(*b*) *Author Oper. imperfecti. Hilar. & Ieron in hunc loc. Ambros. l. 6. in Luc. August. lib. 1. de Serm. Domini in monte. S. Leo Serm. de omnib SS. Chrysost. hic. Bern. Serm. de omnib. SS. Euthym. & Theophylact. hic. alii.*

(*c*) *Luc.* VI. 2.

(*d*) *Maldon. Jansen. Cornel. à Lapide.*

(*e*) *Theophylact. Mariana. Le Clerc, alii.*

(*f*) *Tob.* IV. 23.

7. *Beati misericordes : quoniam ipsi misericordiam consequentur.*

8. *Beati mundo corde : quoniam ipsi Deum videbunt.*

7. Bienheureux ceux qui sont misericordieux ; parce qu'ils obtiendront eux-mêmes miséricorde.

8. Bienheureux ceux qui ont le cœur pur ; parce qu'ils verront Dieu.

COMMENTAIRE.

rité une vie pauvre ; mais nous serons comblez de biens , si nous craignons le Seigneur , si nous évitons le mal , & pratiquons le bien. Autrement : Heureux ceux qui se privent volontairement des commoditez de la vie , pour acquérir la justice , & pour pratiquer la vertu , comme ceux qui renoncent à toutes choses ponr suivre JESUS-CHRIST.

℣. 7. BEATI MISERICORDES, &c. *Bienheureux ceux qui sont miséricordieux ; parce qu'ils obtiendront eux-mêmes miséricorde.* Les Juifs étoient insolens , & cruels envers les étrangers ; vindicatifs , & impitoyables envers leurs ennemis. La Loi de Moyse avoit toléré bien des choses , à cause de la dureté de leur cœur. JESUS-CHRIST recommande ici la clémence , la miséricorde , la douceur envers tout le monde , le pardon des injures , l'amour des ennemis. Il développe ces préceptes en d'autres endroits d'une maniére plus distincte. (*a*) Mais ici il en dit assez pour faire comprendre qu'il n'y a point de miséricorde à espérer , pour ceux qui en manqueront envers leur prochain. Que ceux qui ne pardonneront point , ne recevront point le pardon ; que ceux qui exerceront leur vengeance & leur ressentiment , sans miséricorde , seront punis de Dieu dans toute sa rigueur.

℣. 8. BEATI MUNDO CORDE, QUONIAM IPSI DEUM VIDEBUNT. *Bienheureux ceux qui ont le cœur pur , parce qu'ils verront Dieu.* On donne trois sens à ces mots , *ceux qui ont le cœur pur*. 1°. Bienheureux ceux dont la conscience est pure des soüillures , & des crimes qui nous rendent ennemis de Dieu , (*b*) & qui nous éloignent de sa vision , & de sa joüissance. 2°. Ceux qui ont la droiture , la simplicité , la candeur , la sincérité propres aux enfans de Dieu. (*c*) 3°. Enfin ceux dont le corps est exempt des péchez qui corrompent la chair , & qui gâtent le cœur. (*d*) Rien n'est plus capable de nous éloigner de Dieu , & de nous priver de sa vûë bienheureuse , que les péchez contraires à la pudeur , & à l'honnêteté. Ils répandent d'épaisses ténébres dans l'ame dès cette vie. Le Juif faisoit consister sa pureté dans l'exemption des soüillures légales.

(*a*) *Vide infrà* ℣. 44. & 45. & *Matt.* VI. 12. &c.

(*b*) *Basil. Regul. brev.* 280. *Hilar. in Matt. can.* 4. *Nyssen. Homil. de Beatit. Ieron.* & *Author Oper. imperfect. hic*

(*c*) *Aug. l.* 1. *de Serm Domini in monte.*

(*d*) *Chrysost. Euthym. Theophylact. hic.*

9. *Beati pacifici : quoniam filii Dei vocabuntur.*

10. *Beati qui persecutionem patiuntur propter justitiam : quoniam ipsorum est Regnum Cœlorum.*

9. Bienheureux les pacifiques ; parce qu'ils seront appellez enfans de Dieu.

10. Bienheureux ceux qui souffrent persécution pour la justice ; parce que le Royaume des Cieux est à eux.

COMMENTAIRE.

Jesus-Christ demande la pureté du cœur, l'exemption du péché, la candeur, la chasteté, l'innocence ; & il lui promet la vision de Dieu, qui est le plus grand bonheur que l'homme puisse désirer. Dieu se découvre à nous dans ce monde, d'une maniére obscure & énigmatique dans ses Ecritures, & dans ses sacrez mystéres ; mais dans l'autre vie nous le verrons face à face, & sans nuages. (*a*) Les Payens tout grossiers qu'ils étoient, comprenoient que le souverain bonheur étoit de voir leurs Dieux sans figure. (*b*)

Felices illi qui non simulacra, sed ipsos,
Quique Deûm coram corpora vera vident.

℣. 9. Beati pacifici, quoniam filii Dei vocabuntur. *Bienheureux les pacifiques ; parce qu'ils seront appellez enfans de Dieu.* Le Grec (*c*) signifie proprement : *Heureux ceux qui procurent la paix ;* (*d*) qui la conservent, qui la rétablissent, qui la cherchent par tout ; qui savent vivre en paix au milieu de ceux qui sont disposez à la troubler ; qui par leur douceur, leur patience, leur clémence, leur complaisance, conservent la paix en public, & en particulier, au dedans & au dehors. C'est-là l'esprit du Christianisme, éloigné des contestations, des broüilleries, des brigues, de la vanité, de l'interêt propre. Dieu est appellé dans l'Ecriture, (*e*) *le Dieu de paix ;* & ceux qui vivent en paix sont justement nommez les enfans de Dieu. S. Augustin (*f*) entend ici la paix du cœur, qui s'aquiert par la victoire sur ses passions, lorsque la chair obéit à l'esprit ; & l'esprit & le cœur à Dieu. Moyse & Josué étoient venus avec le glaive, porter la mort, & la désolation par tout, pour établir Israël dans l'héritage promis à ses peres. Jesus-Christ vient dans la douceur, dans la patience, & dans la paix. Il ne recommande à ses Disciples que la souffrance, & la tranquillité. Son regne est un regne de paix & de miséricorde.

℣. 10. Beati qui persecutionem patiuntur propter

(*a*) 1. *Cor.* XIII. 12.
(*b*) *Ovid. de Ponto, l.* 2. *Eleg.* 8.
(*c*) Μακάριοι εἰρηνοποιοί.
(*d*) *Vide Chrysost. Euthym. Theophylact.*
(*e*) *Rom.* XV. 33. XVI. 20. & 1. *Cor.* XIV. 33.
(*f*) *Aug. l.* 1. *de Serm. Domini in monte.*

11. *Beati estis cùm maledixerint vobis, & persecuti vos fuerint, & dixerint omne malum adversum vos mentientes, propter me :*

11. Vous êtes heureux, lorsque les hommes vous chargeront de malédictions, & qu'ils vous persécuteront, & qu'ils diront faussement toute sorte de mal contre vous à cause de moi.

12. *Gaudete, & exultate, quoniam merces vestra copiosa est in Cœlis : sic enim persecuti sunt Prophetas, qui fuerunt ante vos.*

12. Réjoüissez-vous *alors*, & tressaillez de joye ; parce qu'une grande récompense vous est réservée dans les Cieux. Car c'est ainsi qu'ils ont persécuté les Prophétes qui ont été avant vous.

COMMENTAIRE.

JUSTITIAM. *Bienheureux ceux qui souffrent persécution pour la justice ; parce que le Royaume des Cieux est à eux.* Souffrir la persécution, être maltraité, avoir des ennemis, n'est pas toûjours une marque de prédestination, ni un bonheur, selon Dieu. Mais c'en est un de souffrir la persécution *pour la justice.* On persécute les méchans, on punit les malfaicteurs ; ils sont malheureux en ce monde & en l'autre ; ils sont odieux à Dieu, & aux hommes. Dieu nous garde d'être persécutez pour une telle cause : (*a*) *Nemo vestrûm patiatur ut homicida, aut fur, aut maledicus, aut alienorum appetitor : Si autem ut Christianus, non erubescat.* Un Chrétien doit conserver sa foi, son innocence, la vérité, la justice, malgré toute la malice, & la rage du monde, & de l'enfer. Il doit défendre la vertu opprimée, & la pieté persécutée. Ce n'est point la persécution qui nous mérite des récompenses, c'est la bonté de la cause que nous défendons ; c'est le motif, la maniére, & la fin pour laquelle nous souffrons. S. Hilaire entend par cette justice, JESUS-CHRIST. Heureux ceux qui souffrent pour ce divin Sauveur.

℣. 11. BEATI ESTIS CUM MALEDIXERINT VOBIS. *Vous êtes heureux, lorsque les hommes vous chargeront de malédictions.* Il faut y ajoûter deux conditions, qui sont exprimées ci-après, 1°. Que ce soit *injustement, & faussement* ; & 2°. que ce soit *pour Dieu :* (*b*) Sans cela il ne sert de rien, & il nuit beaucoup d'être exposé à la calomnie, aux médisances, aux malédictions, aux persécutions. (*c*) Les Juifs, & les Gentils n'oubliérent rien pour rendre JESUS-CHRIST & ses Disciples odieux à tout le monde. On les accusa d'impiété, de magie, d'homicide, d'inceste ; ils n'opposerent à tout cela que la patience. Ils se réjoüissoient même de leurs persécutions ; (*d*) & après avoir réfuté sans aigreur la calomnie,

(*a*) 1. *Petri.* IV. 15.

(*b*) Ἕνεκεν ἐμοῦ. *Plures Codd.* ἕνεκεν δικαιοσύνης. *Vide Mill. Var. lect.*

(*c*) *Vide Author. Oper. imperfect.*

(*d*) *Act.* V. 41. *Rom.* V. 3. 2. *Cor.* XII. 9. *Galat.* VI. 14.

13. *Vos estis sal terræ. Quòd si sal evanuerit, in quo salietur? Ad nihilum valet ultrà, nisi ut mittatur foras, & conculcetur ab hominibus.*

13. Vous êtes le sel de la terre. Que si le sel perd sa force, avec quoi le salera-t'on? Il n'est plus bon à rien qu'à être jetté dehors, & à être foulé aux pieds par les hommes.

COMMENTAIRE.

& l'imposture, ils demeuroient tranquilles, & laissoient à Dieu le soin de leur justification & de leur honneur. C'est par-là que le Christianisme s'est établi: C'est à ceux qui souffrent, que le Royaume des Cieux est promis. Ce sont les Disciples de la Croix, & les imitateurs de Jesus-Christ, qui ont droit au glorieux titre de Chrétien. (*a*) Le Grec à la lettre: (*b*) *Vous êtes bienheureux, lorsqu'on vous outragera de paroles, & qu'on vous persécutera, & qu'on dira contre vous toute sorte de mauvais discours*; ou qu'on vous accusera de toute sorte de crimes, & de mauvaises choses, *faussement, pour l'amour de moi.*

ỳ. 13. Vos estis sal terræ. *Vous êtes le sel de la terre: Que si le sel perd sa force, avec quoi le salera-t'on?* Saint Luc (*c*) nous donne ouverture pour connoître quel est ce sel de la terre. Il dit que quand une fois il a perdu sa force, il ne vaut plus rien ni pour la terre, ni pour le fumier; mais qu'on le jette dehors. Et saint Jérôme reconnoît que cet exemple est tiré de l'agriculture: (*d*) *Exemplum de agricultura sumptum est.* Il faut donc chercher un sel qui serve dans l'agriculture, qui ayant perdu sa force, ne vaille plus rien, ni pour la terre, ni pour le fumier, & qui soit incapable d'être salé par un autre sel. Or je remarque tout cela dans la marne, dont on fume les terres en bien des endroits; ou dans la cendre des herbes, des feuilles, des racines, ou des halliers qu'on brûle sur les champs. Il y a dans ces choses un sel propre à engraisser, & à fumer la terre. La pluye dissout ce sel, & son mélange avec la terre, la rend féconde. Que si on laisse affadir ce sel; si on laisse la marne, ou la cendre trop long-tems exposée à l'air, & à la pluye dans un lieu stérile, dur & pierreux, elles perdent leur vertu, & ne sont plus propres à rien, ni à fumer la terre, ni à jetter sur le fumier: on ne peut leur rendre leur sel, ni les employer comme auparavant.

(*a*) 1. *Petri.* II. 21. & III. 14.

(*b*) Μακάριοί ἐστε ὅταν ὀνειδίσωσιν ὑμᾶς, καὶ διώξωσιν, καὶ εἴπωσιν πᾶν πονηρὸν ῥῆμα καθ' ὑμῶν ψευδόμενοι ἕνεκεν ἐμοῦ. *Quidam omittunt*: ψευδόμενοι.

(*c*) *Luc.* xiv. 35. Οὐδὲ εἰς γῆν, οὐδὲ εἰς κοπρίαν εὔθετον ἐστι.

(*d*) *Ieronym. hîc.* M. le Clerc dans ses Notes sur Hammond dans saint Luc xiv. 34. conjecture que c'est le sel lexivial des cendres qui servent à fumer les terres, & les prez. Il faut voir Hammond sur le même endroit de saint Luc.

Les Voyageurs nous apprennent que dans l'Orient on n'use point de fumier pour fumer les terres ; & en particulier dans la Palestine, (*a*) on ne les engraisse jamais à la maniére de ce pays-ci. Mais il paroît qu'on les engraissoit avec la marne, & avec la cendre. Le Psalmiste (*b*) fait allusion à cette coûtume : *Nos os sont* répandus sur l'entrée du tombeau, comme la graisse de la terre est jettée sur les champs. Jérémie (*c*) parlant des outrages que les Caldéens devoient faire aux tombeaux des Rois de Juda, dit qu'ils jetteront leurs os sur la terre, comme ce qui sert à engraisser les champs. On sait que la marne est une terre fossile, blanche, ou grisâtre, & quelquéfois rouge, grasse, argilleuse, salée, que l'on tire du fond de la terre, & que l'on répand assez rare sur la terre ; car si on la met trop épaisse, elle brûle : *Si nin ia injecta est, exurit solum*, dit Pline ; (*d*) *inspergitur rara ; sale eam misceri putant.* Elle est si féconde, qu'elle engraisse les terres pour cinquante ans. *Hoc genus semel injectum in quinquaginta annos valet, & frugum & pabuli ubertate.* On l'employe dans les champs qui portent du grain, & dans ceux qui ne portent que du foin, & de l'herbe. L'usage en est très-ancien, non-seulement dans la Bretagne, & dans les Gaules, où on l'employe encore aujourd'hui ; mais encore dans l'Orient, & dans la Gréce. (*e*)

La cendre des branches, des herbes, & des feuilles brûlées, & répanduës sur la terre, peut aussi passer pour le sel de la terre ; elle a toutes les mêmes qualitez que la marne, & le fumier ; à cela près que sa force n'est pas si grande, & que le sel dont elle est remplie, n'est pas si abondant. Pline (*f*) remarque qu'en Italie on fait si grand cas de la cendre, pour engraisser les terres, qu'on la préfére au fumier, & qu'on brûle le fumier même pour en faire de la cendre. Il remarque que la cendre des fours à chaux est bonne principalement pour les oliviers ; & la cendre de sarment, aux vignes qui sont maigres. Saint Paul (*g*) dit qu'une terre qui ne produit que des épines, & des chardons, est réprouvée, & digne de malédiction. Le dernier remède qu'on y apporte, est de la brûler, c'est-à-dire, d'y brûler les halliers, les herbes, les racines qui s'y trouvent, pour essayer de lui rendre sa fertilité, par le sel de cette cendre.

Les Peres, & les Interprétes expliquent communément ce passage dans le sens moral, sans entrer dans l'explication de ce qui sert de sujet & de fondement à l'allégorie, ou à la parabole. JESUS-CHRIST veut dire ici à ses Apôtres, qu'ils doivent être dans le monde comme un sel, qui rend la fécondité aux champs, & fait revivre ce qu'il y a de vertu

(*a*) *Eugene Roger l.* I. *c.* 2. *p.* 6.
(*b*) *Psal.* CXL. 7.
(*c*) *Jerem.* VIII. 2. *&* XVI. 4.
(*d*) *Plin. l.* XVII. *c.* 6. 7.
(*e*) *Plin. ibidem. & Varro de Re. Rust. lib.* I. *cap.* 7.
(*f*) *Plin. l.* XVII. *c.* 8.
(*g*) *Hebr.* VI. 8.

14. *Vos estis lux mundi. Non potest civitas abscondi supra montem posita,*	14. Vous êtes la lumiére du monde. Une ville située sur une montagne ne peut être cachée :
15. *Neque accendunt lucernam, & ponunt eam sub modio, sed super candelabrum, ut luceat omnibus qui in domo sunt.*	15. Et on n'allume point une lampe pour la mettre sous le boisseau ; mais on la met sur un chandelier, afin qu'elle éclaire tous ceux qui sont dans la maison.

COMMENTAIRE.

dans la terre, pour lui faire porter des fruits en abondance. Ils doivent par leurs discours, & par leurs exemples inspirer à ceux qui les voyent, & qui les entendent, l'amour de la vertu, & le goût des choses du Ciel ; ils doivent leur faire porter des fruits de bonnes œuvres, & les animer à la persévérance dans le bien. Il les avertit que si eux-mêmes viennent à se corrompre, à perdre leurs qualitez, & qu'au lieu d'édifier, ils détruisent ; alors ils ne trouveront personne qui leur rende ce qu'ils auront perdu. Ils ne seront plus bons à rien, & seront abandonnez à leur malheureux sort. *Si sal infatuatum fuerit,* (a) *ad nihilum valet ultra.* Saint Hilaire dit : *Si sal infatuatum fuerit, ad nihilum valet id quod salietur.* Si le sel perd sa force, ce qui en sera salé ne sera bon à rien.

℣. 14. VOS ESTIS LUX MUNDI. *Vous êtes la lumiére du monde.* Les Apôtres, & les Disciples de JESUS-CHRIST sont la lumiére du monde, dans le même sens qu'ils sont le sel de la terre. Ils doivent éclairer les peuples, & leur porter la lumiére de l'Evangile. Mais s'ils viennent à s'éteindre, & à répandre les ténébres au lieu de la lumiére, qui pourra les éclairer eux-mêmes, & dans quelle horreur le monde entier ne tombera-t'il point ? *On n'allume point la lumiére pour la placer sous un boisseau, mais pour la mettre sur un chandelier.* Ainsi JESUS-CHRIST n'envoye point ses Apôtres pour retenir la vérité cachée dans eux-mêmes, mais pour la publier, & la faire connoître à tout le monde par leurs exemples comme par leurs discours. Craignez donc que vôtre lumiére ne s'éclipse par le crime, & ne s'éteigne par l'erreur, & l'hérésie. Ces chandeliers sur lesquels on met la lumiére, sont de ces anciens chandeliers fort hauts, qu'on plaçoit au milieu d'une sale, & sur lesquels on mettoit une lampe allumée. Voyez 4. *Reg.* IV. 10. & ce qu'on a dit sur l'Exode, (b) du chandelier d'or, qui étoit dans le Saint, & ce que dit Homére des chandeliers qu'on voyoit dans le palais d'Alcinoüs. (c)

NON POTEST CIVITAS ABSCONDI SUPRA MONTEM POSI-

(a) Ἐὰν τὸ ἅλας μωρανθῇ ; *alii* μαρανθῇ. *Emarcuit.*

(b) *Exod.* XXV. 31. *& sequ.*

(c) *Homer. Odyss.* H. 100.
Χρύσειοι δ' ἄρα κοῦροι ἐϋδμήτων ἐπὶ βωμῶν,
Ἕστασαν αἰθομένας δαΐδας μετὰ χερσὶν ἔχοντες.

TA-

16. *Sic luceat lux vestra coram hominibus, ut videant opera vestra bona, & glorificent patrem vestrum qui in Cælis est.*

17. *Nolite putare quoniam veni solvere Legem, aut Prophetas: non veni solvere, sed adimplere.*

16. Ainsi que vôtre lumiére luise devant les hommes, afin qu'ils voyent vos bonnes œuvres, & qu'ils glorifient vôtre Pere qui est dans les Cieux.

17. Ne pensez pas que je sois venu détruire la Loi, ou les Prophétes: je ne suis pas venu les détruire; mais les accomplir.

COMMENTAIRE.

ꝟ. 14. *Une ville située sur une montagne ne peut être cachée.* Cette ville est l'Eglise de JESUS-CHRIST, (*a*) qui est fondée sur les Prophétes, & les Apôtres, qui sont comme des montagnes par leur élévation, & par la solidité de leur doctrine. Les Apôtres, & les Prédicateurs de l'Evangile sont eux-mêmes comme une ville bâtie sur une montagne, (*b*) & exposée à la vûë de tout le monde. Leur vie, leur doctrine, leur sagesse doivent être l'édification des peuples. Ils troublent l'ordre de Dieu, si par leur négligence, ils refusent de se communiquer aux autres; ou si par leur déréglement ils leur deviennent un sujet de chûte & de scandale. Ces deux dernieres paraboles, de *la lumiére du monde,* & de *la ville bâtie sur une montagne*, ne sont point développées dans le Texte. Mais il est aisé d'en voir le sens par la suite du discours.

ꝟ. 16. LUCEAT LUX VESTRA CORAM HOMINIBUS, &c. *Que vôtre lumiére luise devant les hommes, afin qu'ils voyent vos bonnes œuvres, & qu'ils glorifient vôtre Pere qui est dans les Cieux.* JESUS-CHRIST nous défend ailleurs (*c*) de faire nos bonnes actions devant les hommes, & par vaine gloire; il nous avertit que ceux qui cherchent les applaudissemens & l'estime des hommes, ont déja reçû leur récompense. Il veut quand on fait l'aumône, que ce soit si secrettement, que la main droite ignore ce que fait la gauche. Mais ces préceptes ne sont nullement contraires à ce qu'il dit ici. Il n'est jamais permis de faire le bien pour être vû & loüé du monde; mais il est toûjours commandé de bien faire, afin que ceux qui en seront témoins en loüent Dieu. La gloire de Dieu, (*d*) nôtre sanctification, l'utilité du prochain doivent être nos véritables motifs. *Vivez parmi les Gentils d'une maniére si loüable*, dit l'Apôtre saint Pierre, (*e*) *qu'au lieu des calomnies qu'ils répandent contre vous, comme si vous étiez des malfaiteurs, ils commencent à glorifier Dieu, en considérant vos bonnes œuvres.*

(*a*) *Author Oper. imperfect. Ierem. plurib. locis.*
(*b*) *Maldon. Brug. Spanh. Grot. alii plerique.*
(*c*) *Matt. VI. 1. 2. 5.*
(*d*) *August. l. 1. de Serm. Domini in monte. Hil. hic.*
(*e*) *1. Petri. II. 12.*

℣. 17 NOLITE PUTARE QUONIAM VENI SOLVERE LEGEM. *Ne penſez point que je ſois venu détruire la Loi, ou les Prophétes.* A la lettre: (*a*) *Que je ſois venu délier la Loi.* Les Rabbins ont acoutumé de ſe ſervir de ce terme pour dire, *permettre*, ou enſeigner que quelque choſe eſt permiſe. Au contraire *lier*, ſignifie qu'une choſe eſt illicite, & défenduë. (*b*) L'origine de cette expreſſion, vient de ce qu'on regarde les Loix, comme des liens qui empêchent de faire ce qu'on voudroit. JESUS-CHRIST veut donc marquer ici qu'il n'eſt point venu en ce monde pour ſe diſpenſer d'obéïr à la Loi, ni pour en abolir l'obſervance, ni pour délivrer les hommes de ſon aſſujettiſſement; mais au contraire pour perfectionner la Loi, pour ſuppléer à ce qui y manque, pour en remplir tous les devoirs, pour en montrer toute la grandeur, & toute l'étenduë; (*c*) & pour montrer l'accompliſſement des figures, & des Prophéties dans ſa perſonne. (*d*) Il veut prévenir par-là favorablement l'eſprit des Juifs à qui il parle, ſur ce qu'il a à leur dire, & leur ôter tout le ſoupçon qu'ils pourroient concevoir contre lui, voyant qu'il décrioit la conduite, & les maximes des Phariſiens, qui paſſoient pour les plus exacts, & les plus zélez obſervateurs de la Loi.

Sous le nom *de Loi* on entend ici les cinq Livres de Moyſe; & ſous le nom de *Prophétes*, tout le reſte de l'Ecriture. *La Loi* ſe prend auſſi ſouvent pour toute l'économie de l'ancien Teſtament, pour la Synagogue opposée à l'Egliſe, pour l'ancien Teſtament opposé au nouveau, pour la Loi de Moyſe opposée à l'Evangile; pour le Juif opposé au Chrétien. Et on peut fort bien prendre ici ce terme dans toute cette étenduë. JESUS-CHRIST en ce ſens ne vient point pour détruire la Loi, mais pour la perfectionner. Les préceptes qu'il nous donne, ne ſont point de nouvelles obligations qui détruiſent les anciennes: ce ſont des explications qui développent le ſens de celles que Dieu avoit imposées par Moyſe; ou des moyens qui en facilitent la pratique, ou des reſtrictions qui en limitent la liberté, ou qui en révoquent les tolérances; ou des régles qui en découvrent le veritable eſprit.

Les Juifs nous objectent, que contre la parole & la promeſſe de JESUS-CHRIST, les Apôtres, & les Chrétiens ont abrogé & abandonné la Loi de Moyſe. Nous ne l'avons point abandonnée dans ce qu'elle a d'eſſentiel, & d'immuable. (*e*) JESUS-CHRIST n'a point touché aux préceptes moraux, ſi ce n'eſt qu'il les a perfectionnez, & qu'il en a porté

(*a*) Καταλῦσαι τὸν νόμον.

(*b*) Voyez M. le Clerc ſur cet endroit.

(*c*) *Auguſt. l. 1. de Serm. Domini in monte, n. 20. Chriſtus Legem adimplevit, aut addendo quod minus habet, aut faciendo quod habet; nam qui addit quod minus habet, non utique ſolvit quod invenit, ſed magis perficiendo confirmat, &c*

(*d*) *Hilar. & Chryſoſt. hîc.*

(*e*) *Irenaus lib. 4. cap. 27. Dominus naturalia Legis non diſſolvit, ſed extendit, ſed & implevit.*

18. *Amen quippe dico vobis, donec transeat Cœlum & terra, iota unum, aut unus apex non præteribit à Lege, donec omnia fiant.*

18. Car je vous dis en vérité, que le Ciel & la terre ne passeront point que tout ce qui est dans la Loi, ne soit accompli parfaitement jusqu'à un seul iota, & à un seul point.

COMMENTAIRE.

la pratique à un plus haut point d'exactitude, & de perfection. Pour les Loix cérémoniales, dont les Prophétes eux-mêmes (*a*) avoient prédit l'abolition, & dont ils avoient montré l'inutilité, les Apôtres s'en sont délivrez, comme d'un joug insupportable, & inutile; (*b*) & encore l'ont-ils fait de telle maniére qu'ils en ont conservé l'esprit. Ils sont entrez dans l'intention du Legislateur, & ont fait voir le véritable usage de ces pratiques sensibles & extérieures, en leur substituant d'autres pratiques plus aisées, plus utiles, & plus relevées. *Christus Dei creatoris præcepta supplendo, & conservavit, & auxit*, dit Tertullien. (*c*) Ils ont accompli & développé les réalitez qui étoient cachées sous ces figures, & en déchargeant les Fidéles de l'observation des Loix figuratives & cérémonielles, ils leur ont donné la Loi de la charité. D'un mauvais tableau, & d'une ébauche grossiére, ils ont fait un ouvrage achevé.

℣. 18. AMEN DICO VOBIS. *Je vous dis en vérité.* JESUS-CHRIST se sert ordinairement de cette maniére de parler: *Amen dico vobis*, ou *Amen, amen dico vobis*. Je vous dis, oüi je vous dis en vérité. Ce terme *Amen*, se prend aussi quelquefois pour appouver: *Que cela soit ainsi.* Nôtre Sauveur, qui étoit la vérité même, donnoit cela à la foiblesse du peuple, d'affirmer ce qu'il lui disoit. Il réveilloit par-là son attention.

DONEC TRANSEAT COELUM ET TERRA, IOTA UNUM, &c. *Le Ciel, & la terre ne passeront point, que tout ce qui est dans la Loi ne soit accompli, jusqu'à un seul iota, & un seul point.* Ou bien: *Le Ciel & la terre passeroient plûtôt, & seroient anéanties, que tout ce qui est contenu dans la Loi ne soit éxécuté, jusqu'à un iota, ou un point.* Cette expression hyperbolique & proverbiale, prouve bien ce que le Sauveur a dit ci-devant, qu'il n'étoit pas venu pour détruire, mais pour perfectionner la Loi. Non seulement je n'ai point dessein de l'abolir; je reconnois qu'elle est éternelle, & qu'il est aussi peu possible qu'elle soit entiérement abrogée, qu'il l'est que le Ciel & la terre soient anéantis. Elle durera autant que le monde, (*d*) & elle subsistera en son entier; en sorte qu'il n'y aura pas un mot,

---

(*a*) *Isai.* I. 11. 12. 13. *Jerem.* VI. 29. *Psal.* L. 18. *Amos* V. 21.
(*b*) *Act.* XV. 10. *Gal.* V. 1.
(*c*) *Tertull. l. de Patientia.*
(*d*) *Psal.* LXXI. 5. 17. LXXXVIII. 38 *Eccli.* XXVII. 12.

19. *Qui ergo ſolverit unum de mandatis iſtis minimis, & docuerit ſic homines, minimus vocabitur in Regno Cœlorum: qui autem fecerit, & docuerit, hic magnus vocabitur in Regno Cœlorum.*

19. Celui donc qui violera l'un de ces moindres Commandemens, & qui apprendra aux hommes à les violer, ſera regardé dans le Royaume des Cieux comme le dernier; mais celui qui fera, & enſeignera, ſera grand dans le Royaume des Cieux.

COMMENTAIRE.

pas une ſyllabe, pas une lettre, pas la pointe d'une lettre, pas un trait qui ne s'accompliſſe. L'*Iota*, ou le Jod eſt la plus petite lettre de l'Ecriture Hébraïque, elle reſſemble à une petite virgule. (*a*) *Unus apex*, un point, un trait, ſelon le Grec; (*b*) l'extrémité, la pointe d'une lettre. Quelques uns l'entendent des points voyels que les Hébreux joignent à leurs lettres, pour ſuppléer aux voyelles qui y manquent très-ſouvent, & pour fixer la lecture du Texte; mais cette invention eſt beaucoup plus récente que JESUS-CHRIST.

Tout ce qui eſt écrit dans la Loi, & dans les Prophétes s'accomplira donc avec la derniere ponctualité. Tous les traits qui marquent le Meſſie, ſe ſont trouvez exprimez dans la perſonne de JESUS-CHRIST. (*c*) Toutes les Prophéties qui le promettoient, & qui fixoient ſa venuë; toutes les figures qui le repréſentoient, toutes les cérémonies qui avoient rapport à ſa Perſonne, à ſa Vie, à ſon Egliſe; tout cela s'eſt accompli dans la derniére exactitude. Ce qui n'eſt point encore exécuté, s'exécutera. La certitude du paſſé nous répond de la certitude de l'avenir. Toutes les Loix morales, & eſſentielles à la Religion des Juifs, ſubſiſtent, & ſont en vigueur dans le Chriſtianiſme, dans une plus haute perfection, qu'elles n'ont jamais été dans la Synagogue. Si nous n'obſervons plus les Loix cérémonielles, c'eſt qu'elles n'étoient que figuratives, & qu'elles ſont avantageuſement ſuppléées par d'autres plus utiles, & plus parfaites. Celui qui répare un édifice, & qui le rend beaucoup plus ſolide, plus commode, plus riche, plus grand qu'il n'étoit, peut-il paſſer pour le deſtructeur de ce bâtiment? C'eſt ce que JESUS-CHRIST a fait à l'égard de la Loi de Moyſe.

℣. 19. QUI ERGO SOLVERIT UNUM DE MANDATIS ISTIS MINIMIS. *Celui qui violera un de ces moindres commandemens, & qui apprendra aux hommes à les violer, ſera regardé dans le Royaume des Cieux comme le dernier, ou comme le moindre*; ou même, *ſera entiérement exclus du Royaume du Ciel*, ſelon pluſieurs Interprêtes; (*d*) c'eſt-à-dire, n'aura

(*a*) ' *Jod.*
(*b*) *Μία κεραία.*
(*c*) Voyez S. Chryſoſt. & S. Hilaire ſur le verſet précédent.
(*d*) *Chryſoſt. Theophil. Aug. l. 1 de Serm. Domini. Author Oper. imperfecti hic. homil. XI. initio. Grot. Mald. Hamm. Brug. alii.*

20. *Dico enim vobis, quia nisi abundaverit justitia vestra plus quàm Scribarum, & Pharisæorum, non intrabitis in Regnum Cœlorum.*

20. Car je vous dis que si vôtre justice n'est plus abondante que celle des Scribes, & des Pharisiens, vous n'entrerez point dans le Royaume des Cieux.

COMMENTAIRE.

aucune part aux récompenses éternelles, & sera condamné au Jugement de Dieu. Il y a dans l'Ecriture plusieurs maniéres de parler semblables : or le même mot se prend dans la même phrase dans deux sens divers, (*a*) comme : *Laissez les morts ensevelir leurs morts.* Et ailleurs, comme on eut dit à JESUS que sa mere, & ses freres l'attendoient, il dit : (*b*) *Ceux qui font la volonté de mon Pere, sont mes freres, ma sœur, & ma mere.* D'autres (*c*) l'entendent ainsi de l'exclusion de l'Eglise : Il n'est point digne d'être au nombre des disciples de JESUS-CHRIST. Il ne sera point du nombre des enfans du Royaume. JESUS-CHRIST s'engage, lui & les siens, à observer la Loi, à en remplir tous les devoirs dans toute leur perfection; & déclare qu'il rejettera du nombre des siens ceux qui les violeront, ou qui les feront violer aux autres.

Mais quels sont ces petits commandemens, dont il parle? *Unum de mandatis istis minimis?* Les uns (*d*) croyent qu'il fait attention à ces paroles du verset précédent : *Toute la Loi sera observée jusqu'à un ïota, ou un point.* Cet ïota, & ce point désignent les plus petits préceptes de la Loi. Selon d'autres, (*e*) il veut marquer les préceptes dont il vient de parler; ou ceux dont il va parler, (*f*) c'est-à-dire, ceux de la Loi nouvelle. Il les appelle petits par modestie, ou il parle suivant l'idée des Scribes, & des Pharisiens; (*g*) ces préceptes que vos maîtres regardent comme peu de chose : Car les Docteurs faisoient bien plus d'état des préceptes cérémoniels, que des moraux. Saint Jérôme dit qu'il ne sert de rien de bien enseigner, si l'on vit mal; & que la souveraine perfection est de pratiquer ce qu'on enseigne : *Beatitudo perfecta est, quæ sermone docueris, opere complere.*

℣. 20 NISI ABUNDAVERIT JUSTITIA VESTRA PLUS QUAM SCRIBARUM, &c. *Si vôtre justice n'est plus abondante que celle des Scribes, & des Pharisiens, vous n'entrerez point dans le Royaume des Cieux.* Ici, comme aux versets précédens, *le Royaume des Cieux* se prend ou pour l'Eternité, & le bonheur de l'autre vie; ou pour l'Eglise de JESUS CHRIST, & la profession du Christianisme. Etre du nombre des Disciples du Sau-

(*a*) *Matt.* v. xix.
(*b*) *Matt.* xii. 50.
(*c*) *Gregor Mag. l.* xix. *Moral. c.* 3. *Est. Jans. Hamm.*
(*d*) *Ligfoot, Hor. Heb.*
(*e*) *Aug. l.* 1. *de Serm. Grot. Iti & Ieron.*
(*f*) *Author Oper. imperfect. Mald. Chrysost. & Theophil. hic.*
(*g*) *Menoch. Tyr. Pisc. Brug. Spanh. Vide Ieron. hic.*

veur, & observer ses ordonnances, est une félicité anticipée, c'est un gage du bonheur éternel. JESUS-CHRIST demande à ses Disciples, comme on l'a vû, l'observation de la Loi dans toute sa perfection. Celui qui la viole, ou qui enseigne aux autres à la violer, mérite d'être exclus de sa société, & de son Royaume. Il ajoûte ici que ce n'est point assez de l'observer, comme les Scribes & les Pharisiens, qui passoient pour les plus éclairez, & les plus exacts observateurs de la Loi; (a) il entend que ses Disciples les surpassent de beaucoup en fidélité, en exactitude; & il va nous donner quelques exemples de ce qu'il exige d'eux au dessus des Pharisiens.

En général ces derniers se contentoient de l'action extérieure, sans se mettre en peine de l'accompagner de sentimens intérieurs de charité, d'humilité, & de contrition. Ils ne songeoient qu'à régler les dehors, & à retenir la main. Ils comptoient pour rien les mauvaises pensées, & les mauvais désirs qui n'étoient point suivis de l'action. Joseph l'Historien lui-même, qui étoit Pharisien, nous apprend cette maxime de sa secte. (b) Polybe avoit dit qu'Antiochus Epiphanes avoit été frappé de Dieu, pour avoir voulu piller le Temple de Diane. Joseph réfléchissant sur cette pensée de Polybe, dit que la volonté seule, qui n'est point suivie de l'effet, ne mérite aucune peine. Le Rabbin Kimchi, & plusieurs autres sont encore dans le même sentiment. (c) Saint Paul (d) qui avoit été Pharisien, avouë que d'abord il ne savoit ce que c'étoit que des désirs criminels, & qu'il ne les avoit découverts dans la Loi, que depuis sa conversion. Il est vrai que les Talmudistes (e) enseignent qu'il est permis de tuer un homme, qu'on sait certainement être dans la disposition de faire une action mauvaise; mais alors c'est pour prévenir l'action criminelle, & non pour punir son mauvais dessein, qu'on le fait mourir.

De plus, les Pharisiens avoient substitué de leur chef une tradition sans crédit, contre l'esprit, & l'intention du Legislateur, au vrai sens, & à la vraye pratique de la Loi; & en conséquence appuyez sur un long usage, ils ne se faisoient nul scrupule de faire plusieurs choses contraires à la Loi. Ils en avoient autorisé d'autres, comme la vengeance, le divorce, &c. qui n'étoient tout au plus que tolérées par Moyse. De sorte que par le moyen de leurs explications, & de leurs restrictions, il n'y avoit plus presque aucun précepte de morale qu'ils n'anéantissent, & qu'ils n'affoiblissent extrémement. JESUS-CHRIST déclare qu'il exige des siens une observance plus parfaite, plus litterale, plus exacte, plus conforme au véritable es-

---

(a) *Act.* XXVI. 5.

(b) *Antiq. l.* XII. *c.* 13. Τὸ γὰρ μηκέτι ποιῆσαι τὸ ἔργον βουλευσάμενον, οὐκ ἔστι τιμωρίας ἄξιον.

(c) *Vide ad Psal.* LXV. 18. *Iniquitatem si aspexi in corde meo, non exaudiet Dominus.*

(d) *Rom.* VII. 7. *Vide Grotium hic.*

(e) *Misna tit. Sanhed. c.* 8. *& Maimon tract. Rotza c.* 1. *Vide Selden de jure nat. & G. l.* 4. *cap.* 3.

21. *Audistis, quia dictum est antiquis: Non occides: qui autem occiderit, reus erit judicio.*

21. Vous avez appris qu'il a été dit aux anciens : Vous ne tuerez point ; & quiconque tuera, méritera d'être condamné par le jugement.

COMMENTAIRE.

prit de la Loi. Et saint Chrysostome (*a*) ajoûte que si la Loi ne conduisoit point au Royaume des Cieux, ce n'étoit pas qu'elle fût mauvaise ; mais que le tems étoit venu d'y parvenir par des préceptes plus parfaits. La Loi étoit parvenuë à sa fin ; elle devoit faire place à l'Evangile. Les Pharisiens mettoient leur justice à observer la Loi; mais il falloit quelque chose de plus excellent.

℣. 21. AUDISTIS QUIA DICTUM EST ANTIQUIS : NON OCCIDES. *Vous avez appris qu'il a été dit aux anciens : Vous ne tuerez point ; & quiconque tuera, méritera d'être condamné par le jugement.* Moyse avoit défendu le meurtre sous peine de mort. (*b*) Il y avoit dans chaque ville des Juges pour ces sortes de faits. (*c*) Il y en avoit outre cela de particuliers dans les villes de refuge, pour juger des meurtres casuels, & involontaires. (*d*) Voilà ce que la Loi ordonnoit sur l'homicide. Dans certains cas elle toléroit que le proche parent du mort tuât le meurtrier, s'il le rencontroit. (*e*) En un mot, la Loi ne punissoit que l'action extérieure, & consommée ; elle ne jugeoit pas des sentimens du cœur. Il n'en est pas de même de la Loi de JESUS-CHRIST ; elle condamne la haine, la colére, les injures, & à plus forte raison les actions de violence. (*f*)

Pour bien comprendre ce verset, & le suivant, il est bon de remarquer que parmi les Juifs du tems de nôtre Seigneur, il y avoit trois sortes de tribunaux : (*g*) Le premier étoit composé de trois Juges qui jugeoient des causes de moindre importance, comme le vol ; & il y en avoit un dans chaque ville. Le second étoit de vingt-trois Juges, qui jugeoient des affaires importantes & criminelles, & dont les sentences alloient ordinairement à la mort; parce qu'on ne portoit à leur tribunal que des causes qui demandoient ce châtiment. On l'appelloit le petit Sanhédrin, & on croit que c'est à ce second tribunal que JESUS-CHRIST fait ici attention, en disant : *Il sera condamné par le Jugement* ; c'est-à-dire, on prononcera contre lui la sentence de mort. Enfin, le troisiéme tribunal étoit le grand Sanhédrin, composé de soixante & douze Juges, qui décidoient

(*a*) Chrysost. hic.
(*b*) Exod. xx. 13. Num. xxxv. 30. 31. Levit. xxiv. 21.
(*c*) Deut. xvi. 18. & xxi. 2. 3.
(*d*) Num. xxxv 24. 25.
(*e*) Num. xxxv. 18. 19. 26. 27.
(*f*) Aug. l. 1. de Serm. Domini, & Chrysost. hic.
(*g*) Thalmud. lib. Sanhedrin cap. 1. Grot. & alii hic.

22. *Ego autem dico vobis, quia omnis qui irascetur fratri suo, reus erit judicio. Qui autem dixerit fratri suo: Raca, reus erit concilio. Qui autem dixerit: Fatue, reus erit gehennæ ignis.*

22. Mais moi je vous dis, que quiconque se mettra en colére contre son frere, méritera d'être condamné par le jugement. Que celui qui dira à son frere: Raca, méritera d'être condamné par le conseil. Et que celui qui lui dira: Vous êtes un foû, méritera d'être condamné au feu de l'enfer.

COMMENTAIRE.

des affaires les plus considérables qui regardoient la Religion, le Roi, le Souverain Pontife, & l'Etat en général. C'est ce dernier tribunal que JESUS-CHRIT a exprimé sous le nom de *Conseil*.

Le Sauveur veut donc dire que la simple haine, la colére, le désir de vengeance sont aussi criminels devant Dieu, que l'homicide consommé qui est puni de mort; parce que celui qui conserve de la haine contre son prochain, est censé désirer sa mort, & n'est retenu que par la crainte de commettre contre lui les derniéres violences. Et celui qui s'emporte jusqu'à dire à son frere des paroles de mépris, comme *Raca*, gueux, ou tête foible, est coupable devant Dieu des mêmes peines, dont le grand Sanhédrin punit les plus grands crimes. Enfin, celui qui joint à la haine, aux paroles de mépris, les outrages, & les discours infamans, est coupable de l'enfer. Il n'y a sur la terre aucun supplice qui puisse expier un tel crime.

Mais il est bon de remarquer que cette police, & ces trois sortes de tribunaux ne se remarquent pas de la même sorte dans l'Ecriture, & dans Joseph. On peut voir nôtre Dissertation sur la police des Hébreux, à la tête du Livre des Nombres.

℣. 22. EGO AUTEM DICO VOBIS, &c. *Mais moi je vous dis, que quiconque se met en colére contre son frere, mérite d'être condamné par le jugement*, ou par les Juges. Ou plûtôt: Je vous déclare que celui qui aura conçu de la haine contre son frere, sera traité au Jugement de Dieu, comme coupable d'homicide. Le Juge mortel ne connoît que des actions extérieures; mais vous avez un autre Juge qui condamne la haine, la colére, l'emportement, les désirs de vengeance. Si vous conservez de la haine contre vôtre frere, vous ne différez de l'homicide, que parce que vous n'osez l'imiter en portant les mains sur lui. (a) Ce n'est point tant l'amour de la vertu, ni la charité qui vous retiennent, que la crainte du supplice. Devant le souverain Juge des cœurs vous êtes aussi coupable que si

(a) *Author Operis imperf. Omnis enim qui irascitur sine causa, quantùm ad voluntatem suam, homicidium facit; etiam si non facit propter metum. Unde Joan. in Epist. I. cap. 3. ℣. 15. Omnis qui odit fratrem suum, homicida est.*

vous

vous aviez fait l'action que la Loi défend. On croit qu'il faut restreindre ceci à la colére, & aux desirs de vengeance, qui demeurent cachez dans le cœur; (*a*) car pour celle qui s'emporte à dire des paroles d'outrage, & de mépris au prochain, il en est parlé ci-après.

La plûpart des Exemplaires Grecs, (*b*) & plusieurs Latins lisent ceci avec restriction : Quiconque se met en colére, *sans raison*, contre son frere, &c. Et il semble qu'on doit l'admettre ici, de même que dans les exemples suivans, puisque JESUS-CHRIST lui-même s'est souvent mis en colére contre les Pharisiens, & qu'il les a appellez race de viperes, (*c*) & sepulchres blanchis. (*d*) S. Paul a appellé les Galates insensez, (*e*) & il a souhaité que ceux qui les seduisoient, & leur fascinoient les yeux, fussent retranchez. (*f*) Les plus anciens Peres, comme S. Justin, (*g*) S. Irénée, (*h*) & S. Cyprien; (*i*) & les plus anciens manuscrits, comme celui de Cambrige; & les plus anciennes Versions, comme la Syriaque, lisent encore aujourd'hui *sans raison*. S. Augustin le lisoit dans ses Exemplaires Latins; mais il ne l'avoit point trouvé dans les Grecs. (*k*) Saint Jérôme au contraire (*l*) veut qu'on ôte *sine causa*, des Exemplaires Latins, où il s'étoit glissé, & qu'on conserve la vraye leçon qui s'étoit conservée pure dans les meilleurs Livres. Cassien fait la même remarque. (*m*) Mais si l'on ne veut pas la recevoir dans le Texte, on ne peut au moins se dispenser de l'admettre dans le sens; car il est des cas où la colére, & l'indignation sont permises, pourvû qu'elles soient toûjours réglées par la charité, & qu'elles ayent pour objet la haine du mal, la gloire de Dieu, & le salut du prochain. Car si l'homme se recherche dans les mouvemens de sa haine, & de sa colére, nul motif ne peut le justifier.

QUI DIXERIT FRATRI SUO : RACA, REUS ERIT CONCILIO. *Celui qui dira à son frere : Raca, méritera d'être condamné par le Conseil.* Je condamne non seulement le meurtre effectif, la colére, la vengeance, mais aussi les injures, & les paroles de mépris : & je vous avertis que celui qui se servira de ces termes de mépris, Fat, écervelé, idiot, tête creuse; c'est le sens de l'Hébreu, ou du Syriaque *Raka*; sera condamné par le Conseil souverain, par le *Sanhedrin*. (*n*) Ce tribunal qui étoit composé de soixante-douze Juges des premiers de la nation, étoit

---

(*a*) *Chrysost. hîc.*

(*b*) Πᾶς ὁ ὀργιζόμενος τῷ ἀδελφῷ αὐτοῦ εἰκῆ. *Et ita codd. Græci plerique. Vide var. lect. Mill.*

(*c*) *Matt.* XXIII. 33.

(*d*) *Matt.* XXIII. 27.

(*e*) *Galat.* III. 1.

(*f*) *Galat.* V. 12.

(*g*) *Justin. Epist. ad Zen. & Seren.*

(*h*) *Iren. l.* 2. *c.* 56. *& l.* 4. *c.* 31.

(*i*) *Cyprian. l.* 3. *Testim.*

(*k*) *Aug. l.* 1. *Retract. c.* 19.

(*l*) *Ieron. in Matt hic.*

(*m*) *Cassian. Instit. l.* 8. *c.* 20.

(*n*) Ce terme est formé sur le Grec Συνέδριον, qui signifie Conseil, assemblée. C'étoit le plus célébre, & le plus redoutable tribunal qui fût parmi les Juifs. Voyez nôtre Dissert. sur la Police des Hébreux, à la tête des Nombres.

alors privé du droit de vie, & de mort; (*a*) mais il l'avoit eu originairement, & les Juifs n'avoient rien de plus grand, ni de plus terrible, que ce Jugement. Voyez Joseph *Antiq. l.* 17. *c.* 14.

On ne convient pas de la vraye signification de *Raka*. Selon quelques-uns, (*b*) c'est un terme de mépris, dont on ne peut pas bien exprimer toute la force dans une autre langue, à cause de l'idée accessoire de mépris qu'il renferme. S. Augustin dit que quelques-uns le dérivoient du Grec *Rakos*, un vieil habit, comme qui diroit *un guenilleux*, *pannosus*: mais il n'approuve point cette étymologie, qui en effet ne mérite point d'être approuvée. Ligfoot assure que dans les Livres des Juifs, *Raka* marque le mépris que l'on fait d'une chose, ou d'une personne, & qu'on accompagne de quelque geste méprisant, comme de cracher, ou de tourner la tête. *Raka* peut dériver de l'Hébreu *Rak*, du crachat. (*c*) Mais la plûpart le font venir de *Rak*, ou *Rik*, vuide, pauvre, faineant, gueux, homme de néant; ou bien, tête creuse, écervelé. Il est dit dans le Livre des Juges, (*d*) que Jephté chassé par ses freres, se mit à la tête d'une troupe de faineans, ou de gueux, *Rekim*. Et dans les Paralipoménes, (*e*) que Jéroboam fils de Nabat rassembla des gens de néant, *Rekim*, & des enfans de Bélial. Je crois que nous n'avons rien en François, qui marque mieux la force de *Raka*, que le mot de gueux, (*f*) ou celui d'écervelé, tête creuse. (*g*)

Quelques Interprétes (*h*) croyent qu'il faut sous-entendre ici, *sans raison*, de même que dans le membre précédent, puisque JESUS-CHRIST & saint Paul se sont quelquefois servis de termes équivalens à RAKA; (*i*) mais dans des rencontres où leur zéle, & leur sagesse, & non pas la colére, & la vengeance, leur inspiroient de s'en servir. Vatable l'explique d'une autre sorte; il supplée ainsi: *Vous avez appris qu'on a dit aux anciens*: Quiconque appellera son frere Raca, sera puni par le Conseil: *Mais moi je vous dis que* quiconque appellera son frere insensé, sera condamné à la gêne du feu. Il est vrai qu'on ne lit pas dans l'Ecriture la défense d'appeller son frere *Raka*; mais il prétend qu'il suffit que les Pharisiens l'ayent enseigné ainsi, fondez sur leur tradition. Nous ne croyons pas qu'il soit nécessaire de recourir à cette explication, qui d'ailleurs ne paroît nulle-

---

(*a*) *Joan.* XVIII. 31.

(*b*) *Chrysost. Theophyl. Autor Oper. imperfecti, hic. Aug. l.* 1. *de Serm. Domini in monte.*

(*c*) *Ludov. de Dieu Drus. Munst.*

(*d*) *Judic.* IX. 4. *&* XI. 3. אנשים ריקים 70 Ἄνδρες κενοί.

(*e*) 2. *Par.* XIII. 7.

(*f*) *Confer Exod.* 3. 21. XXIII. 15. XXXIV. 20. *Deut.* XV. 13. *Judic.* IX. 4. XI. 3. *&* 2. *Par.* XIII. 7. 2. *Esdr.* V. 13. *Isaï.* XXIX. 8. XXXII. 6.

(*g*) Voyez Proverb. XII. 11. מרדף ריקים חסר לב Et XXVIII. 19. מרדף ריקים ישבע ריש *Vide Ieron. Hilar. Mald. alios.*

(*h*) *Auth. Oper. imperfecti, Grot. Erasm. alii quidam.*

(*i*) *Matt.* XXIII, 17. 19. *Luc.* XXIV. 25. *Galat.* III. 1. 3.

ment dangereuse, & qui sauve la conformité apparente qui se trouve entre cette proposition, & la suivante, qui selon l'intention de JESUS-CHRIST doivent être opposées, & differentes.

QUI AUTEM DIXERIT: FATUE, REUS ERIT GEHENNÆ IGNIS. *Et celui qui lui dira : Vous êtes un foû, méritera d'être condamné au feu de l'enfer.* Il faut que le nom de foû, en cet endroit, signifie quelque chose de bien plus odieux, que celui de *Raka*, puisque celui-ci n'est condamné que par le Sanhédrin, c'est-à-dire, au plus à la lapidation, ou à quelque autre genre de mort; au lieu que celui-là est condamné au supplice de la gêne du feu, ou de l'enfer. L'Auteur de l'Ouvrage imparfait (*a*) reconnoît que ces deux mots ont dans le fond le même sens grammatical; que l'un & l'autre signifie un foû; mais *Raka* étoit, dit-il, un terme commun parmi les Juifs, qui marquoit plûtôt une maniere de mépris, & de hauteur de la part de celui qui le proféroit, que de la colére & de la haine; au lieu que le terme de foû disoit mépris, colére, orgüeil; circonstances qui augmentent la grandeur de la faute. D'autres soûtiennent que le mot de foû, est mis ici pour toutes les qualifications injurieuses, qui vont à deshonorer le prochain, & à blesser sa réputation; ou que ce terme se prend pour un méchant, un homme corrompu. Il est certain que dans le style de l'Ecriture les mots de foû, & de folie, se mettent souvent pour le crime, désordre. (*b*)

Quant à *la gêne du feu*, on ne doute pas qu'elle ne marque en cet endroit l'enfer, & le malheur éternel. Ce nom a été donné à l'enfer, à cause de la vallée des fils d'Hinnon, en Hébreu (*c*) *Ge benei hinnon*, dont on a fait *Gehenna*, où l'on brûloit autrefois des victimes humaines en l'honneur de Moloc. On entretenoit, dit-on, un feu perpétuel en ce lieu qui étoit fort près de Jerusalem, pour ces sortes de sacrifices. Josias Roi de Juda soüilla la vallée de Hinnon, (*d*) en y répandant des immondices, ou en y jettant des charognes, afin que dans la suite on n'y fit plus de sacrifices de victimes humaines; & depuis ce tems-là elle devint la voirie de Jérusalem. On assure (*e*) que pour empêcher l'infection de l'air, on y entretenoit toûjours du feu pour brûler les cadavres que l'on y jettoit; c'est ce qui la rendoit en quelque sorte la figure de l'enfer. Quelques-uns (*f*) croyent qu'à la lettre, *être jetté dans la gêne du feu*, marque simplement être jetté à la voirie, être privé de la sépulture. C'est ainsi que les plus grands scélérats sont punis, même après leur mort, pour

(*a*) *Author Operis imperfecti. homil.* XI.
(*b*) *Psal.* XI. 1. XLVIII. 11. LXXIII. 18. XCI. 7. *Baruch.* III. 28. 1. *Par.* XXI. 8. *Sap.* V. 21. *Eccli.* XVI. 20.
(*c*) גיא בני הנון *Vide Ieron. ad Matt.* X. ℣. 28.
(*d*) 4. *Reg.* XXIII. 10. *Jerem.* VII. 32.
(*e*) *Ligfoot. Spanh.*
(*f*) *Pet. t. var. Lect.* 5. *Confer Jerem.* XXII. 19. *Joseph. de Bello l.* 5. *c.* 1.

23. *Si ergò offers munus tuum ad Altare, & ibi recordatus fueris quia frater tuus habet aliquid adversùm te :*

24. *Relinque ibi munus tuum ante Altare, & vade priùs reconciliari fratri tuo : & tunc veniens offeres munus tuum.*

23. Si donc lorsque vous présentez vôtre offrande à l'Autel, vous vous souvenez que vôtre frere a quelque chose contre vous,

24. Laissez là vôtre don devant l'Autel, & allez vous réconcilier auparavant avec vôtre frere ; & puis vous reviendrez offrir vôtre don.

COMMENTAIRE.

servir d'exemple aux autres. On vient de remarquer qu'il y avoit toûjours du feu allumé dans la vallée d'Hinnon. D'autres (*a*) croyent que JESUS-CHRIST fait allusion au supplice du feu, qui étoit le plus grand des tourmens que les Juifs employassent contre les coupables. Saint Jérôme (*b*) remarque que le Sauveur est le premier qui se soit servi du mot de *Gehenna*. On le trouve dans les plus anciens Auteurs Juifs en ce sens ; (*c*) mais ces Auteurs sont postérieurs à JESUS-CHRIST.

℣. 23. SI OFFERS MUNUS TUUM AD ALTARE. *Si lorsque vous présentez vôtre offrande à l'Autel, vous vous souvenez que vôtre frere a quelque chose contre vous, laissez vôtre offrande devant l'Autel, & allez vous réconcilier avec vôtre frere.* Voici encore une maxime fort contraire à l'esprit, & à la pratique des Pharisiens. Sous prétexte qu'il ne faut rien préférer au service du Seigneur, & que les sacrifices sont établis pour remettre les péchez, ils enseignoient que l'on pouvoit offrir ces sacrifices, ayant la haine, & l'inimitié dans le cœur; que toutes les fautes qui n'étoient point de la compétence des Juges, & qui n'étoient point soûmises à des peines temporelles, par les termes de la Loi, s'expioient par des offrandes, & des sacrifices. (*d*) JESUS-CHRIST réfute ce dangereux principe, & montre que sans la charité nulle hostie n'est utile pour le salut éternel ; que le premier devoir de ceux qui sont en inimitié, est de se réconcilier. Et en effet comment demander à Dieu la paix, pendant qu'on a l'aigreur dans l'ame ? Comment appaiser le Pere céleste, pendant qu'on n'a que de la haine pour son frere ? (*e*) *Quid est ad pacem Dei accedere, sine pace ? ad remissionem debitorum, cum retentione ? Quomodo placabit Patrem iratus ad fratrem ?*

On peut considérer ceci comme un suite de ce qui a été dit ci-devant: (*f*) Vous avez appris que le meurtre étoit défendu aux anciens; & moi je

(*a*) *Malden. Vide & Canis. in Petit.*

(*b*) *Ieron. in Matt.* X *Nomen gehenna in veteribus libris non invenitur, sed primùm à Salvatore ponitur.*

(*c*) *Vide Spanh. & Ligfoot. hic. & Chald. Paraph. ad Isaï.* XXVI. 15. XXXIII. 14. 17. & *in Ruth.* II 12. & *Rab. Salom. in Isai.* XXIV. 2. & *Baal Tur. in Genes.* L. 1.

(*d*) *Vide Grot hic.*

(*e*) *Tertull. de Orat. c.* X.

(*f*) *Malden. Grot.*

25. *Esto consentiens adversario tuo citò, dum es in via cum eo : ne fortè tradat te adversarius judici, & judex tradat te ministro, & in carcerem mittaris.*

25. Accordez-vous au plûtôt avec vôtre adversaire pendant que vous êtes en chemin avec lui, de peur que vôtre adversaire ne vous livre au juge, & que le juge ne vous livre au ministre *de la justice*, & que vous ne soyez mis en prison.

COMMENTAIRE.

vous défend la haine, la colére, les injures, les paroles outrageantes. Et plus que cela : Je vous dis que si vous offrez vôtre hostie près de l'Autel, & que dans le même moment vous vous souveniez que vôtre frere a quelque peine contre vous, vous devez laisser là vôtre offrande, & courir vous réconcilier avec vôtre frere. Je ne dis pas : *Si vous avez quelque chose contre vôtre frere*, quittez toute haine, & toute aigreur ; c'est une obligation dont vous ne pouvez vous dispenser; mais, *Si vôtre frere a quelque chose contre vous*. Il ne vous suffit pas d'aimer vôtre prochain : Si vous l'avez offensé, vous devez lui faire satisfaction, & lui témoigner au dehors de l'amitié, & de la bienveillance. Sans cela ne vous flattez point que Dieu agrée vos offrandes; (*a*) & si c'est lui qui vous a offensé, ne laissez point de l'aller trouver, & de le prévenir : vous en aurez un double mérite. Le premier, de la patience; & le second, de la charité que vous aurez exercée envers lui. (*b*) Si à cause de l'éloignement vous ne pouvez pas aller à lui, ou que pour quelque autre cause il ne soit pas expédient que vous fassiez cette démarche, vous devez être dans la disposition du cœur de le faire ; sans cela il n'y a point d'offrande, qui expie vôtre péché.

On doit remarquer qu'il s'agit ici des sacrifices volontaires & de dévotion, qui se pouvoient remettre, & différer ; & non pas des sacrifices d'obligation commandez par la Loi. Ces derniers, réguliérement ne regardoient pas les particuliers ; mais les Prêtres, & les Ministres du Seigneur. Les Juifs ont une coûtume qui a quelque rapport à ce qu'on lit ici. Lorsque deux personnes sont mal ensemble, il arrive quelquefois que l'une des deux ne pouvant autrement fléchir son adversaire, va fermer le Livre de priéres, dont le Chantre se sert dans la Synagogue, & aussi tôt toute l'assemblée cesse de prier, jusqu'à ce que ces personnes soient parfaitement réconciliées : si elles ne peuvent s'accommoder, l'assemblée s'en retourne sans faire sa priére ; & si elles demeurent irréconciliables, on demeure sans prieres pendant plusieurs jours, jusqu'à ce qu'on ait pris

(*a*) *Vide Chrysost. & Ieron. & Auth. Operis imperfect. hic. & Aug. l. 1. de Serm. Domini in monte. n. 27.*

(*b*) *Chrysost. hic. & Auth. Oper. imperfect. Ne dicas : Ille mihi nocuit, non ego illi : Ille mihi satisfacere debet, non ego illi. Si pro gloria salutis tuæ jubet te Dominus amicitiam facere, magis nocitus debes rogare, ut duplicem gloriam consequaris : unam, quia nocitus es ; alteram, quia prior rogasti.*

26. Amen dico tibi, non exies inde, donec reddas novissimum quadrantem.

26. Je vous dis en vérité que vous ne sortirez point de là, que vous n'ayez payé jusqu'à la derniere obole.

COMMENTAIRE.

d'autres voyes pour les conduire à un accord.

℣. 25. ESTO CONSENTIENS ADVERSARIO TUO, &c. *Accordez-vous avec vôtre adversaire, pendant que vous êtes en chemin avec lui, de peur que vôtre adversaire ne vous livre au Juge.* L'adversaire, ou la partie avec qui nous sommes en procez, ou le créancier à qui nous devons, est nôtre prochain, de qui nous avons été offensez. (*a*) Le Juge devant qui nous devons paroitre, est Dieu même; le chemin, est la vie présente; la prison dont on nous menace, est le purgatoire selon les uns, (*b*) & l'enfer selon les autres. (*c*) Quelques-uns (*d*) veulent que cet adversaire soit le démon; d'autres, (*e*) la chair qui combat contre l'esprit; d'autres, (*f*) la Loi avec laquelle nous devons nous accorder, en vivant d'une maniére conforme à ses préceptes. D'autres (*g*) enfin, nos ennemis, nos persécuteurs, ceux qui ravissent nos biens. Nous devons conserver la paix avec ceux qui nous persécutent, & qui nous veulent du mal, si nous voulons éviter la rigueur des jugemens de Dieu.

JESUS-CHRIST fait ici allusion à la maniére de procéder en justice parmi les Hébreux. Le demandeur saisissoit lui-même sa partie, & l'amenoit au Juge. S'il faisoit quelque difficulté, on demandoit main-forte. L'affaire se jugeoit sommairement: l'accusateur plaidoit lui-même sa cause; le défendeur répondoit; le Juge prononçoit la sentence, & l'Huissier sur le champ la faisoit exécuter. Le Sauveur conseille au défendeur de s'accorder avec sa partie avant qu'il paroisse devant le Juge, & pendant qu'ils sont en chemin, pour aller se présenter devant son tribunal. Si le Juge entre en connoissance de l'affaire, il ne sera plus libre de venir à un accommodement. Il faudra payer jusqu'au dernier denier. On voit à peu près la même forme de procédure dans l'histoire de Ruth. (*h*) Les Mahométans la pratiquent encore aujourd'hui, & les Romains anciennement l'exerçoient de même. (*i*) *Si in jus vocatus, nî it, antestatus manum injicito; aurem antestati capito.*

(*a*) *Ambrof. l. 7. in Luc. Vide & Chrysost. ad* ℣℣. *23. 24.*

(*b*) *Origen. in Jerem. Hom l. 18. Vide & Aug l. 1. de Serm. Domini in monte n. 24.*

(*c*) *Aug. l. 1 de Serm Domini in monte.*

(*d*) *Clem. Alex. l. 4. Strom. Tertull. l. de anima. Quidam apud Ieron. & apud Chrysost*

(*e*) *Athan. qu. 69. Juvencus & quidam apud Ieron. & apud Hil. & apud Aug.*

(*f*) *Aug. l. 1. de Serm. Domini. Bern. Ser. 124. de Divers. Anselm. & Beda hic.*

(*g*) *Basil. Regul. brevior. Chrysost. hic.*

(*h*) *Ruth.* IV. *1. & seq.*

(*i*) *Leges* XII. *Tabul. aliàs. Si vis vocationi fiat, antestaminor; nî it, aurem capito antestati. Horat. Sat. l. 1. Sat. X. . . . Licet antestari? Ego verò*
Oppono auriculam: rapit in jus; clamor utrinque.

27. *Audistis, quia dictum est antiquis : Non mœchaberis.*	27. Vous avez appris qu'il a été dit aux anciens : Vous ne commettrez point d'adultére
28. *Ego autem dico vobis : quia omnis qui viderit mulierem ad concupiscendum eam, jam mœchatus est eam in corde suo.*	28. Mais moi je vous dis, que quiconque aura regardé une femme avec *un mauvais* désir pour elle, a déja commis l'adultére dans son cœur.

COMMENTAIRE.

℣. 26. NOVISSIMUM QUADRANTEM. *Que vous n'ayez payé la derniére obole.* Ceci montre qu'il s'agit d'un débiteur traduit en justice par son creancier. *La derniere obole*, ou *le dernier quart*, est la plus petite des monnoyes. Le *quadrans* est la quatriéme partie de l'*as* ; il valoit, dit-on, deux deniers, & un quatriéme de nôtre monnoye.

℣. 27. DICTUM EST ANTIQUIS: NON MOECHABERIS, &c. *Il a été dit aux anciens : Vous ne commettrez point d'adultére. Mais moi je vous dis que quiconque aura regardé une femme avec un mauvais désir pour elle, a déja commis un adultére dans son cœur.* De même que le Sauveur a déja condamné dans les versets précédens non-seulement le meurtre, & les violences ; mais aussi la colére, l'inimitié, le désir de vengeance, les discours injurieux ; aussi en cet endroit il nous apprend que la perfection de la Loi de Moyse ne consiste pas seulement à ne pas commettre d'adultére, & d'action honteuse; mais aussi à ne pas même former de mauvais désirs, & à ne pas donner à ses yeux la liberté de voir des objets capables de nous faire naître de mauvaises pensées. La volonté de commettre le crime, est réputée pour le fait ; & dans l'école de JESUS-CHRIST on ne met point de différence entre vouloir commettre le crime, & le commettre en effet. Dieu ne juge des actions, que par le cœur & par la volonté.

Les Pharisiens, comme on l'a déja remarqué, (a) ne comptoient point les mauvaises pensées pour péchez. Par une suite naturelle de ce principe, ils croyoient qu'il n'y avoit que l'adultére consommé, & les autres actions de cette nature, qui fussent condamnées par le précepte: *Vous ne commettrez point d'adultére.* Les mêmes Docteurs ne croyent point que la simple fornication fût comprise sous cette défense. (b) Ce n'est que par la tradition, & les ordonnances des anciens qu'ils se la croyoient défenduë. Il y a des Rabbins qui enseignent que cette défense ne commença qu'au tems du consistoire des Asmonéens. JESUS-CHRIST est venu réformer

(a) Voyez sur le ℣. 20.
(b) *Vide Grot. ad explicat. Decalogi. Exod. XX, Scalig. animadv, ad Euseb. p. 149. Maimon, more Neboch. p. 3. Selden. de jure N. & Gent. l. 6. c. 12. & l. 7. c. 5.*

29. *Quòd si oculus tuus dexter scandalizat te, erue eum, & projice abs te: expedit enim tibi, ut pereat unum membrorum tuorum, quàm totum corpus tuum mittatur in gehennam.*

29. Que si vôtre œil droit vous scandalise, arrachez-le, & jettez-le loin de vous; car il vaut mieux pour vous qu'un des membres de vôtre corps périsse, que tout vôtre corps soit jetté dans l'enfer.

COMMENTAIE.

tous ces abus, & ces relâchemens. Il remet les choses dans l'ordre naturel, & condamne, non-seulement toutes les actions honteuses, contraires à l'honnêteté, & à la pudeur; mais aussi les désirs, les pensées, les regards, & tout ce qui peut blesser l'ame, & soüiller le cœur. Il veut qu'un Chrétien ait, non-seulement le corps, mais aussi les yeux, & le cœur chastes: (*a*) car dans ces rencontres les yeux sont les premiers criminels. (*b*)

Qui videt, is peccat: Qui te non viderit, ergo
Non cupiet: facti crimina lumen habet.

℣. 29. SI OCULUS TUUS DEXTER SCANDALIZAT TE. *Si vôtre œil droit vous scandalise, arrachez-le, & jettez-le loin de vous.* C'est une suite de ce qu'il a dit au ℣. précédent. Evitez les regards trop curieux, volontaires, délibérez, accompagnez de mauvais désirs, de peur qu'ils n'allument en vous un feu criminel. (*c*) Si vôtre œil droit vous est un sujet de chûte, arrachez-le; privez-vous des plus innocens plaisirs, s'ils vous sont une occasion de piége. Faites un pacte (*d*) avec vos yeux, de ne regarder pas même une vierge. Si vous vous trouvez lié avec une personne d'un autre sexe par des liens de l'amitié, de la parenté, par les charmes de la conversation, & d'un commerce honnête & permis, & que vous vous apperceviez que vos yeux séduisent vôtre cœur, ou que vôtre cœur conçoit une tendresse dangereuse; arrachez-vous de cet objet de vôtre attachement. (*e*)

D'autres donnent à ce précepte un sens plus étendu. De même que dans la médecine, dès qu'un membre commence à se gangrener, & qu'on ne peut plus le conserver sans s'exposer au danger de perdre la vie; on ne fait nulle difficulté de le retrancher. Ainsi dans la morale quand il s'agit du salut de nôtre ame, nous devons nous priver de tout ce que nous avons de plus cher, & de plus tendre; nous devons réprimer nos pen-

(*a*) *Pericles ad Sophocl.* Τὸν Σώφοκλεα στρατηγὸν οὐ μόνον τὰς χεῖρας ἁγνὰς, καὶ τὴν ὄψιν ἔχειν ἐγκρατῆ δεῖ.

(*b*) *Propert. Eleg. 2.*

(*c*) *Vide Chrysost. ad* ℣. 28. *& August. & Hieron. ibidem.*

(*d*) *Job.* XXXI. 1. *Pepigi pactum cum oculis meis, ut ne cogitarem quidem de virgine.*

(*e*) *Chrysost. hîc, & Author Oper. imperfecti.*

chans

30. *Et si dextra manus tua scandalizat te : abscide eam, & projice abs te : expedit enim tibi ut pereat unum membrorum tuorum, quàm totum corpus tuum eat in gehennam.*

31. *Dictum est autem : Quicúmque dimiserit uxorem suam, det ei libellum repudii.*

30. Et si vôtre main droite vous scandalise, coupez-la, & la jettez loin de vous ; car il vaut mieux pour vous qu'un des membres de vôtre corps périsse, que tout vôtre corps soit jetté dans l'enfer.

31. Il a été dit encore : Quiconque veut quitter sa femme, qu'il lui donne un écrit de divorce.

COMMENTAIRE.

chans, & mortifier nos passions; (*a*) nous séparer de nos meilleurs amis, (*b*) de nos parens, des personnes avec qui nous avons de plus fortes liaisons. (*c*) On peut entendre tout cela sous le nom de l'œil droit. Mais la premiére explication que nous avons apportée paroît la plus littérale, & la mieux liée avec ce qui précéde.

℣. 30. SI DEXTRA MANUS TUA, &c. *Si vôtre main droite vous scandalise, coupez-la, & jettez-la loin de vous.* Ce verset est une suite du précédent, & on doit l'expliquer dans le même sens. Il y a quelques anciens exemplaires Grecs où il ne se lit point. (*d*)

℣. 31. DICTUM EST : QUICUMQUE DIMISERIT UXOREM, &c. *Il a été dit encore : Quiconque veut quitter sa femme, qu'il lui donne un écrit de divorce.* Le divorce fut permis aux Juifs, pour prévenir de plus grands maux. Dieu ne l'accorda qu'à la dureté de leur cœur. (*e*) Les motifs du divorce ne sont point distinctement marquez dans Moyse ; (*f*) il dit simplement : *Si quelqu'un a épousé une femme, & qu'elle ne trouve pas grace à ses yeux, à cause de quelque défaut, qu'il lui donne un écrit de divorce.* Mais nôtre Sauveur limite cette permission au seul cas d'adultére, & encore, suivant le sentiment de la plûpart des Peres, & des Interprétes, ne permet-il pas aux parties séparées dans ce cas, avec les formalitez requises, de se remarier à d'autres. Il déclare qu'un tel mariage seroit un adultére perpétuel. Nous avons traité la matiére du divorce dans une Dissertation particuliére, à la tête du Deutéronome.

Quelques anciens ont crû que dans le cas d'adultére le divorce étoit non-seulement permis, mais même ordonné ; & que celui qui retenoit une femme convaincuë d'adultére, étoit un infame & un méchant.

(*a*) *Ieron. in Matt.*
(*b*) *August. l. 1. de Serm. Domini in monte. Vide & Origen. in Matt.*
(*c*) *Hilar. Theophylact. hic. Cyrill. lib. 12. in Joan.*
(*d*) *Deest in Cantabrig. Cod. Colbert.* 2259.
(*e*) *Matt.* XIX. 3. 8.
(*f*) *Deut.* XXIV. 1.

32. *Ego autem dico vobis : Quia omnis, qui dimiserit uxorem suam, exceptâ fornicationis causâ, facit eam mœchari : & qui dimissam duxerit, adulterat.*

32. Et moi je vous dis, que quiconque aura quitté sa femme, si ce n'est en cas d'adultére, la fait devenir adultére ; & que quiconque épouse celle que son mari aura quittée, commet un adultére.

COMMENTAIRE.

On fonde ce sentiment sur ce passage qu'on lit dans le Grec, & dans le Latin ; mais non pas dans l'Hébreu des Proverbes : (*a*) *Celui qui retient une femme adultére, est un insensé, & un impie.* Et sur cet autre de l'Ecclésiastique : (*b*) *Arrachez une telle femme de vôtre chair, de peur qu'elle ne continuë à abuser de vôtre bonté.* Les Rabbins (*c*) croyent qu'un homme offense Dieu, s'il demeure avec sa femme, dont il connoît le crime, quoique faute de preuves juridiques, il ne la puisse convaincre en Justice. Il y a des Conciles (*d*) qui ordonnent aux maris de quitter leurs femmes adultéres, celui d'Elvire y oblige les Clercs, sous peine d'être privés de la communion, même à la mort. Hermas (*e*) dans le second Livre du Pasteur, saint Basile, (*f*) saint Jérôme, (*g*) saint Augustin, (*h*) saint Hilaire, (*i*) sont pour le divorce dans ces cas. On peut joindre aux Loix de l'Eglise, les Loix civiles des Grecs, & des Romains. Celles d'Athénes portent : (*k*) Qu'un mari ne peut demeurer avec sa femme surprise en adultére, s'il ne veut passer pour infame. Et dans le droit Romain (*l*) il est dit que celui qui épouse, ou qui reprend une femme convaincuë d'adultére, est puni selon la Loi Julia de la peine des corrupteurs, & des vendeurs de la jeunesse. Mais les Peres, & les Théologiens enseignent plus communément, que JESUS-CHRIST permet simplement ; mais n'ordonne pas le divorce, même dans le cas d'adultére. On peut voir nôtre Commentaire sur les Proverbes XVIII. 23.

℣. 32. ET QUI DIMISSAM DUXERIT, ADULTERAT. *Quiconque épouse celle que son mari aura quittée, commet un adultére.* Saint Augustin (*m*) remarque que ces paroles ne se trouvent point dans quelques Exemplaires Latins, parce que le sens en est déja contenu dans celles qui

(*a*) *Prov.* XVIII. 23. Ὁ δὲ κατέχων μοιχαλίδα, ἄφρων, καὶ ἀσεβής. *Vulg. Qui tenet adulteram, stultus est & insipiens.*

(*b*) *Eccli.* XXV. 36.

(*c*) *Vide Selden. uxor. Hebr. l.* 3. *c.* 13.

(*d*) *Concil. Neocaz. can.* 8. *Eliberit. c.* 65. *in Trullo. c.* 87.

(*e*) *Hermas, l.* 2. *Pastor. mand.* 4.

(*f*) *Basil. can.* 9. & 21.

(*g*) *Chrysostom. in c.* XIX. *Matth.*

(*h*) *Aug. l.* 1. *Retract. c.* 19.

(*i*) *Hilar. in Matt.* v. ℣. 32.

(*k*) *Demosth. orat. in Nearam.* Ἐπειδὰν ἕλῃ τὸν μοιχὸν, μὴ ἐξέστω τῷ ἑλόντι συνοικεῖν τῇ γυναικί. Ἐὰν δὲ συνοικῇ, ἄτιμος ἔστω.

(*l*) *Lege* v. *C. tit. Eodem C. præter DD. Qui adulterii damnatam, si quocumque modo pœnam capitalem evaserit, sciens duxerit, vel reduxerit, lege Julia, ex causa Lenocinii punitur.*

(*m*) *Augustin. apud Mill. hîc.*

33. *Iterùm audistis quia dictum est antiquis : Non perjurabis : reddes autem Domino juramenta tua.*

33. Vous avez encore appris qu'il a été dit aux anciens : Vous ne vous parjurerez point ; mais vous vous acquitterez envers le Seigneur , des sermens que vous aurez faits.

COMMENTAIRE.

précédent. On ne les lit point aussi dans l'ancien manuscrit Grec & Latin de Cambrige.

℣. 33. DICTUM EST ANTIQUIS : NON PERJURABIS, &c. *Il a été dit aux anciens : Vous ne vous parjurerez point; mais vous vous acquitterez envers le Seigneur des sermens que vous aurez faits. Et moi je vous défend de jurer en aucune sorte.* La Loi défendoit le parjure ; (*a*) elle défendoit de jurer faussement , ou en vain ; (*b*) elle ordonnoit d'accomplir les promesses qu'on avoit faites avec serment. (*c*) Le serment étant un acte de Religion , Dieu vouloit qu'il se fît en son nom ; (*d*) & défendoit de jurer au nom des Dieux étrangers. (*e*) Voilà quelle étoit la disposition de la Loi à cet égard. (*f*)

Les Pharisiens interprétoient mal ces ordonnances. Ils enseignoient que tout jurement qui n'étoit point sorti du cœur , & qui étoit simplement proféré de bouche , n'obligeoit point , non plus que ceux où le nom de Dieu , ou de ses propriétez n'entroit point. Qu'on pouvoit hardiment se parjurer , quand on n'employoit dans son serment que le nom des créatures , comme du ciel , de la terre , de sa tête , &c. De plus , ils se croyoient les juremens indifféremment permis , & pour les moindres sujets. 1°. Pourvû qu'ils ne blessassent pas la vérité évidemment connuë. 2°. Pourvû qu'ils ne jurassent point pour assurer une chose trop évidente, & trop manifeste, comme si à midi on faisoit serment qu'il est jour. 3°. Si l'on juroit de faire une chose impossible ; & 4°. De faire une chose illicite. Voilà les limitations que les Docteurs Juifs apportent à la Loi , qui défend de jurer en vain.

Le Fils de Dieu pour rétablir la Loi dans sa pureté , défend de jurer. *Non jurare omninò.* Ces paroles ont été prises diversement ; les uns ont crû qu'il falloit les expliquer sans restriction ; que le jurement étoit toûjours mauvais , & n'étoit jamais permis. Les premiers Chrétiens observoient cela à la lettre , comme on le voit dans Eusébe , (*g*) dans Tertul-

(*a*) *Levit.* XIX. 12.
(*b*) *Exod.* XX. 7.
(*c*) *Num.* XXX. 8.
(*d*) *Deut.* VI. 13. *Jerem.* IV. 2.
(*e*) *Exod.* XXIII. 13.
(*f*) *Vide Selden. de Synedriis lib.* 2. *cap.* 11. *art.* 7. *Grot. hìc. Vide infra Matt.* XXIII. 16. 17. 18.
(*g*) *Euseb. Hist. Eccl. l.* 6. *c.* 4.

lien, (*a*) dans saint Chrysostome; (*b*) ce dernier établit ce sentiment en une infinité d'endroits. Saint Basile, (*c*) saint Jérôme, (*d*) L'Auteur de l'Ouvrage imparfait sur saint Matthieu, (*e*) S. Epiphane, (*f*) Théophilacte, Euthyme, & Oecumenius sur saint Matthieu, appuyent la même opinion. C'est de cet endroit de l'Evangile que quelques Pélagiens de Syracuse, du tems de saint Augustin, (*g*) & long-tems depuis les Viclefistes, & au siécle dernier les Anabatistes, ont pris leur sentiment, qu'il n'est jamais permis de faire serment. On a voulu imputer le même sentiment à saint Hilaire; (*h*) mais on l'a bien justifié de ce reproche.

Mais les Apôtres, & la plûpart des Peres, n'ont jamais entendu que le jurement fût entiérement interdit à toutes sortes de personnes, & en toutes sortes de rencontres. On avouë qu'il seroit beaucoup meilleur de ne jurer jamais; il seroit à souhaitter que la bonne foi, la sincérité, l'amour de la vérité, & de la justice regnassent de telle sorte dans le Christianisme, qu'on ne fût jamais dans la nécessité ni d'exiger, ni de rendre le serment, & que la simple parole fût aussi forte que les plus grands juremens. (*i*) Enfin il faudroit observer à la rigueur ce que dit ici Jesus-Christ, jusques dans les choses de petite importance, & dans les moindres intérêts de la vie. Et c'est apparemment ce que les Peres que l'on a cité avoient en vûë en condamnant absolument les juremens; ils vouloient corriger l'abus si ordinaire de jurer pour des choses de néant, & pour des intérêts de nulle conséquence.

Il vaut toûjours mieux, selon saint Augustin, (*k*) ne pas jurer même en disant la vérité, que de s'exposer au parjure, en contractant l'habitude de jurer souvent. *Melius quippe nec verum juratur, quàm jurandi consuetudine, & in perjurium sæpe caditur, & semper perjurio propinquatur.* Le jurement qui se fait dans des rencontres importantes, n'est pas un crime, pourvû qu'il soit dans la justice, & dans la vérité; mais il est toûjours à craindre, à cause du danger du parjure: (*l*) *Non quia verum jurare peccatum est, sed quia pejerare immane peccatum est.* Les Esséniens, dont parle Joseph, (*m*) étoient de si bonne foi, que leur parole valoit

---

(*a*) *Tertull. l. de Idolol.*

(*b*) *Chrysost. Homil.* IX *in Acta. Homil.* XV. *in Genes. & Homil.* XVII. *in Matt. & passim.*

(*c*) *Basil. in Psalm.* XV.

(*d*) *Ieronym. in hunc locum.*

(*e*) *Author Op. imperfecti hic.*

(*f*) *Epiphan. in Panar. l* I.

(*g*) *Apud August. Ep. olim* 88. *nunc* 156. & 157.

(*h*) *Vide Hilar. in Matt. & Not. Coutantii.*

(*i*) *Aug. in Ep. ad Galat. cap* I. ℣. 20. *Non est contra præceptum juratio quæ à malo est non jurantis, sed incredulitatis ejus, cui jurare cogitur.*

(*k*) *Aug. Ep.* 157. *n.* 40.

(*l*) *Aug. Ep.* 147. *nov. Edit.*

(*m*) *Joseph. de bello Judaor. l.* 2. *cap.* 12. *in Latino. In Græco* ιβ. Πᾶν μὲν τὸ ῥηθὲν ὑπ' αὐτῶν ἰσχυρότερον ὅρκου. Τὸ δὲ ὀμνύειν αὐτοῖς περιΐσταται, χεῖρόν τι τῆς ἐπιορκίας ὑπολαμβάνοντες.

34. *Ego autem dico vobis, non jurare omnino, neque per Cœlum, quia thronus Dei est:*

34. Et moi je vous défend de jurer en aucune sorte, ni par le Ciel; parce que c'est le trône de Dieu:

COMMENTAIRE.

mieux que les plus religieux sermens. Aussi avoient-ils horreur du jurement, comme d'une chose en quelque sorte plus mauvaise que le parjure. Les Payens mêmes ont compris que le sage, & l'honnête homme ne devoit jamais jurer que dans la derniere nécessité. (*a*) Ne jurez jamais, ni vrai, ni faux, disoit Chærile. (*b*) Si les Apôtres, (*c*) & les plus grands Saints de la nouvelle alliance, (*d*) ont quelquefois juré, ce n'a été que malgré eux, & forcez par l'incrédulité de ceux à qui ils parloient. (*e*)

REDDES AUTEM DOMINO JURAMENTA TUA. *Vous acquitterez envers le Seigneur les sermens que vous aurez faits.* Ces paroles peuvent avoir deux sens: Le premier, qu'il faut accomplir les promesses, & les vœux qu'on a faits au Seigneur, suivant ces paroles des Nombres: (*f*) *Si quelqu'un a fait un vœu au Seigneur, & s'est engagé par serment; il ne négligera point sa promesse, mais il accomplira ce qu'il aura promis.* Le second, qu'il faut jurer au nom du Seigneur, lorsqu'on est obligé de jurer; ce qui est semblable à cette Loi du Deutéronome: (*g*) *Vous craindrez le Seigneur vôtre Dieu; vous ne servirez que lui seul, & vous jurerez en son nom.* C'est en ce dernier sens que l'Auteur de l'Ouvrage imparfait l'explique. Saint Chrysostome dit que ces mots signifient que celui qui jure, doit dire vrai.

℣. 34. NEQUE PER COELUM. *Ne jurez point par le Ciel, parce que c'est le trône de Dieu.* Philon (*h*) témoigne que de son tems on juroit quelquefois par la vie de son pere, & de sa mere, s'ils étoient vivans; ou par leur mémoire, s'ils étoient morts. Il approuve ces sortes de juremens, & dit qu'il vaut bien mieux jurer de cette sorte, que de prononcer le nom de Dieu. Il ajoûte pour confirmer cet usage, qu'un ancien Patriarche a juré par la frayeur de son pere. Il dit de plus, que les plus pieux

---

(*a*) Epictet. Enchirid Pythagor. apud Laërt lib. 8.

(*b*) *Charil. apud Stobæum Serm.* 27. Ὅρκον μήτ' ἄδικον χρεὼν ὀμνύναι, οὐδὲ δίκαιον.

(*c*) *Vide Rom.* I. 9. & I. *Cor.* XI. 31. & *Galat.* I. 20. & Philipp. I. 8.

(*d*) *Athan. Apolog. ad Const. Imper. Ieron. nonnullis in locis.*

(*e*) *Vide August. in Epist. ad Galat.* I. ℣. 20 & *l.* I. *de Serm. Domini in monte, n.* 51.

(*f*) *Num* XXX. 3. & *Deut.* XXIII. 21. & *ita Interp. passim.*

(*g*) *Deut.* VI. 13.

(*h*) *Philo de Specialib. Legib. initio.* Ὀμνύναι πατρὸς ἢ μητρὸς, ζώντων μὲν ὑγιείαν, τελευτηκότων δὲ τὴν μνήμην..... Ἀναγέγραπται τις ἐν τοῖς νόμοις τῶν ἀρχηγετῶν ... ὀμνὺς κατὰ τοῦ φόβου τοῦ πατρὸς..... Προφάσει τῆς ἀποκοπῆς τραχὺν ὅρκον ἢ ψευδόμενον,.. ἀλλὰ γῆν, ἥλιον, ἀστέρας, οὐρανόν. *Vide & Origen. l.* 6. *contra Celsum.*

35. *Neque per terram, quia scabellum est pedum ejus: neque per Jerosolymam, quia civitas est magni Regis.*

36. *Neque per caput tuum juraveris: quia non potes unum capillum album facere, aut nigrum.*

35. Ni par la terre, parce qu'elle sert *comme* d'escabeau à ses pieds: ni par Jérusalem, parce que c'est la ville du grand Roi:

36. Vous ne jurerez pas aussi par vôtre tête; parce que vous n'en pouvez rendre un seul cheveu blanc, ou noir.

COMMENTAIRE.

avoient beaucoup de peine à se résoudre à faire serment, & que souvent après avoir proferé les premiers mots de la formule, ils n'achevoient point: ou qu'au lieu de dire, par exemple, que Dieu, ou le Très-haut me punisse, ou me secoure; ils prenoient le nom du Ciel, de la terre, du Soleil, ou du monde. Saint Justin le Martyr rapporte un jurement, par le Ciel, tiré des prétendus vers d'Orphée. (*a*) Les Juifs employent encore ce serment dans leurs Livres. (*b*)

Jesus-Christ défend tout cela dans la vûë d'éloigner le danger du parjure. Le Ciel en lui-même n'est qu'une créature insensible, qui ne mérite pas qu'on le prenne à témoin du serment. Dieu veut que si l'on jure, ce soit en son nom. (*c*) De plus, *le Ciel est le trône de Dieu*. C'est donc toûjours manquer au respect qui est du à la Divinité, de faire serment par le Ciel; c'est offenser Dieu, de le violer. Jurer par la terre, c'est faire un serment vain, & superstitieux; si l'on ne la considére qu'en elle-même, & sans rapport à Dieu. Et si on la regarde *comme l'escabeau des pieds du Seigneur*, c'est blesser le respect infini qui est dû à sa Majesté, de jurer vainement par la terre. Il en faut dire de même du serment qui se fait par Jérusalem, ou par sa propre tête. Ces choses prises materiellement, & faisant abstraction de Dieu, ne sont point capables d'être témoins de nos sermens. Mais considérées par rapport à Dieu, elles sont au-dessus de nôtre portée, & Dieu est toûjours offensé par ces sermens, s'ils sont faux, ou inutils. En ce sens il n'y a aucun serment qui ne blesse l'honneur qui est dû au Créateur, puisqu'il est le maître de toutes les créatures, & qu'elles ne subsistent que par lui. L'Auteur de l'Ouvrage imparfait sur saint Matthieu, regarde tous ces juremens, comme des espéces d'idolâtries. *Idololatram se facit omnis qui per aliquid aliud à Deo jurat, etiamsi jurare liceret, quia non reddit Domino Deo suo juramenta sua.*

Il semble que les Hébreux avoient imité des Payens ces sermens, par

(*a*) *Justin. Martyr. Exhort. ad Græc. p. 16. Ex Orpheo.* Οὐρανὸν ὁρκίζω σε θεοῦ μεγάλου σοφὸν ἔργον.

(*b*) *Rabb. Raba Berachoth, fol. 55. Talmud. tract. Schebnoth. c. 4. Vide Maim & Ligfoot. Hor. Hebr. & Sanhedr. c. 3. halac. 2.*

(*c*) *Deut. VI. 13.*

37. *Sit autem sermo vester, est, est: non, non: Quod autem his abundantius est, à malo est.*

37. Mais contentez-vous de dire : Cela est, cela est, ou : Cela n'est pas, cela n'est pas ; car ce qui est de plus, vient du mal.

COMMENTAIRE.

le Ciel, par la terre, la mer, le Soleil ; *Terram, mare, sidera juro ;* (*a*) par leur propre tête, par la vie des Princes. Joseph dans l'Egypte jure par la vie de Pharaon. (*b*) On vouloit contraindre les prémiers Chrétiens, de jurer par la tête, ou par le génie des Empereurs. (*c*) Dans Aristophane on voit le serment, *par le Ciel ;* (*d*) & dans Sophocle, *par l'Olympe ;* (*e*) & dans Virgile, Ascanius jure par la tête d'Anchyse son ayeul.

Per caput hoc juro, per quod pater ante solebat.

Et Martial : (*f*)

Per tua jurares sacra, tuumque caput.

Et les Romains juroient par Jupiter la Pierre. (*g*) *Jurabo per Jovem Lapidem Romano vetustissimo more.* Les anciens Princes de la Gréce juroient par leur sceptre.

℣. 37. SIT AUTEM SERMO VESTER, EST, EST, &c. *Mais contentez-vous de dire : Cela est, cela est, ou : Cela n'est pas, cela n'est pas. Car ce qui est de plus, vient du mal.* Lorsque vous êtes interrogé, & que vous êtes obligé de rendre témoignage à quelque chose, dites simplement : Qu'elle est, ou n'est pas telle. Répondez, oüi, ou non, sans aucun serment. Si vous y ajoûtez quelque chose, cela ne peut venir que d'une mauvaise cause. Il y a toûjours quelque danger à jurer, même lorsque l'on ne dit rien que de vrai. Le Sauveur ne dit pas que toute affirmation avec serment est mauvaise ; mais seulement qu'elle vient d'une mauvaise source. Qu'elle est produite ou par la défiance de celui à qui vous parlez, (*h*) ou par vôtre propre légéreté, & par le peu de respect que vous avez pour la sainteté du serment, ou par une mauvaise habitude de jurer. (*i*) Plusieurs Peres Grecs (*k*) entendent ces mots : *à malo est*, comme s'il y avoit : *Cela vient du démon*. C'est le démon qui a introduit le trop fréquent usage des juremens. Platon (*l*) désaprouvoit fort l'habitude de jurer. Il ne vouloit pas qu'on proférât indifféremment le nom des Dieux.

(*a*) *Virgil. Æneid.* XII.
(*b*) *Genes.* XLII. 15.
(*c*) *Tertull Apologet.*
(*d*) *Aristoph Plut.* Νὴ τὸν οὐρανόν.
(*e*) *Sophocl. Antiq.* Ὢ τὸν Ὄλυμπον.
(*f*) *Martial.*
(*g*) *Apul. de Deo Socratis.*
(*h*) *Vide August. l. 2. de Serm. Domini in monte.*
(*i*) *Philo de Legib.* Οὐ γὰρ πίστεως ἡ πολυορκία, ἀλλὰ ἀπιστίας ἐστὶ τεκμήριον, παρὰ τοῖς εὖ φρονοῦσιν.
(*k*) *Epiphan. lib. 1. Panar. Chrysost. in Psal.* V. *& Homil.* XIX. *ad Popul. Antioch. & alibi Græc.* Ἐκ τοῦ πονηροῦ ἐστιν. *Cod. Bodl. Seld. 2. Clem. Alex. Pædag. l. 2. c.* 10. *Nyssen.* Ἐκ τοῦ διαβόλου ἐστιν.
(*l*) *Plato, de Legib. l.* XI.

28. *Audistis quia dictum est : Oculum pro oculo, dentem pro dente.*	38. Vous avez appris qu'il a été dit : Oeil pour œil, & dent pour dent.

COMMENTAIRE.

℣. 38. OCULUM PRO OCULO, ET DENTEM PRO DENTE. *Il a été dit : Oeil pour œil, & dent pour dent.* Cette Loi est en termes exprès dans Moyse. (*a*) Il est aisé de comprendre que l'intention du Législateur ne fut jamais qu'elle s'exécutât dans la rigueur de la lettre. Il permettoit simplement, ou plûtôt, il toléroit la vengeance jusqu'à une certaine mesure. Il vouloit bien que les Juifs poursuivissent devant les Juges, & suivant les régles, la satisfaction des injures qu'on leur auroit faites dans leur corps, ou dans leurs biens. Mais il ne leur en laissoit pas le jugement, ni la disposition. Il mettoit des bornes à leurs ressentimens, & à leurs emportemens, empêchant qu'ils n'exigeassent une peine plus grande que l'injure qu'ils avoient reçûë. Ainsi c'étoit plûtôt une Loi de clémence, que de violence, comme le remarque saint Chrysostome. (*b*) Les Docteurs Hébreux n'en demeuroient pas là, ils se croyoient la vengeance permise au moins jusqu'au talion. Ils ne s'en faisoient nul scrupule, en demeurant dans les termes de la Loi. Les Saducéens mêmes en exigeoient l'exécution littérale, ne permettant pas qu'on y apportât ni temperamment, ni limitation ; ne faisant pas attention que la même Loi qui tolére le talion, condamne la vengeance, & déclare qu'elle appartient à Dieu ; (*c*) & qu'encore que Dieu ne décernât aucune peine contre ceux qui se pourvoyoient en justice, contre ceux qui leur avoient fait tort, toutefois il désapprouvoit extrémement l'esprit de vengeance, & le défaut de charité, qui se rencontre d'ordinaire dans ceux qui attaquent leurs ennemis, en réparation de tort, ou d'honneur.

JESUS CHRIST révoque ici la tolérance, ou la permission que la Loi sembloit avoir acordée aux Hébreux : *Non modo vicem sed etiam ultionem, etiam recordationem, & recogitationem injuriæ prohibet*, dit Tertullien. (*d*) Et il confirme la Loi du Lévitique : (*e*) *Vous ne rechercherez point la vengeance, & vous oublierez les injures que vous aurez reçûës*, ou le tort qu'on vous aura fait. Mais comme il s'ensuivroit de là de très-grands inconvéniens, & qu'au milieu de la corruption qui regne dans le monde, on verroit bien-tôt la justice, & l'innocence opprimées, s'il n'étoit jamais permis de se défendre, & de repousser la force par la for-

(*a*) *Exod.* XXI. 24. *Levit.* XXIV. 20. *Deut.* XIX. 21.

(*b*) *Chrysost. in Matt. hic. Vide Tertull. contra Marcion. Libb.* 4. *&* 5.

(*c*) *Deut.* XXXII. 35. *Mea est ultio, & ego retribuam. Psal.* XCIII. 1. *Deus ultionum Dominus.*

(*d*) *Tertull. contra Marcion*, *l.* 4.

(*e*) *Levit.* XIX. 18.

39. *Ego autem dico vobis, non resistere malo : sed si quis te percusserit in dexteram maxillam tuam, præbe illi & alteram :*	39. Et moi je vous dis de ne point résister au mal *que l'on vous veut faire :* mais si quelqu'un vous a frappé sur la jouë droite, présentez-lui encore l'autre.

COMMENTAIRE.

ce, ou du moins par les voyes de Justice. Les Peres, (*a*) & les Interprétes expliquent la pensée de JESUS-CHRIST, en disant, que la perfection du Christianisme, est de souffrir les injures, non seulement patiemment, mais avec joye ; de ne point résister à ceux qui nous persécutent, mais de prier pour eux, & de leur rendre le bien pour le mal. Toutefois qu'il y a des cas où l'on peut, & même où l'on doit quelquefois pour l'amour de la justice, & de la vérité, sans blesser ni la charité, ni les loix de l'Evangile, résister au mal, détruire les fausses accusations qu'on forme contre nous, demander la réparation du tort qui nous est fait, en réprimant en nous-mêmes les désirs de vengeance, & demeurant dans la préparation du cœur, prêts à tout endurer, plûtôt que de perdre la charité, ou de la faire perdre à nôtre prochain.

JESUS-CHRIST lui-même, & ses Apôtres n'ont pas pratiqué dans toute la rigueur de la lettre, ce qui est ordonné ici. Lorsqu'on donna un soufflet au Sauveur, il ne tendit pas l'autre jouë. (*b*) Lorsqu'on l'accusa de chasser les démons au nom de Belsébub, (*c*) & d'être un Démoniaque, il s'en défendit. (*d*) Saint Paul se justifia plus d'une fois devant les Juges ; (*e*) il réfuta les faux bruits qu'on répandoit contre lui ; il appella à César. (*f*) JESUS-CHRIST n'ordonne pas à ses Disciples, lorsqu'ils seront devant les Tribunaux, de se taire, & de se laisser condamner sans se défendre ; mais simplement, de ne pas étudier ce qu'ils auront à dire ; parce que l'Esprit saint leur fournira sur l'heure, ce qu'ils devront avancer pour leur défense. (*g*) Saint Paul n'approuve pas que les Corinthiens ayent des disputes, & des procès ; mais aussi il ne leur en fait pas un crime. Il trouve seulement mauvais qu'ils plaident devant des Payens, & des étrangers ; (*h*) & il leur conseille de conserver la paix autant qu'ils pourront avec tout le monde. (*i*)

℣. 39. NON RESISTERE MALO. *Je vous dis de ne pas résister au mal que l'on vous fait.* (*k*) Non-seulement je vous défends la vengeance, &

(*a*) *Vide August. l. 2. de Serm. Domini in monte. Et Ep. 138. ad Marcell. & Maldonat. ad* ℣. 39. *& Jans. ad* ℣. 40. 41.
(*b*) *Johan.* XVIII. 22.
(*c*) *Matt.* XII. 24. 27.
(*d*) *Johan.* VIII. 48. 49.
(*e*) *Act.* XVIII. 13. 14. XXV. 6. 7.
(*f*) *Act.* XXV. 10. 11. 12.
(*g*) *Luc.* XXI. 14.
(*h*) 1. *Cor.* VI. 1. 2. 3. 4. 5. 6.
(*i*) *Rom.* XII. 18.
(*k*) Μὴ ἀντιστῆναι τῷ πονηρῷ.

40. *Et ei, qui vult tecum judicio contendere, & tunicam tuam tollere, dimitte ei & pallium.*	40. Si quelqu'un veut plaider contre vous, pour vous prendre vôtre robe, quittez-lui encore vôtre manteau.

COMMENTAIRE.

la haine; mais même la résistance, & la défense de vôtre droit. Pardonnez la premiere injure qu'on vous a faite, & ne résistez pas à celle que l'on veut vous faire encore. Faites place à la colére. Autrement: *Je vous dis de ne pas résister au méchant*, au démon, (*a*) qui porte vos ennemis à vous faire de la peine, & qui les anime contre vous: ne leur opposez point d'autres armes que la patience. Enfin, *ne résistez point aux méchans* (*b*) qui vous persécutent, & qui vous affligent. Le Texte Grec peut souffrir ces trois sens, qui reviennent presqu'au même. Ce n'est point assez de souffrir un premier assaut, il faut être dans la disposition de souffrir autant de fois que vôtre ennemi vous attaquera. (*c*)

SI QUIS TE PERCUSSERIT IN DEXTERAM MAXILLAM TUAM. *Si quelqu'un vous a frappé sur la jouë droite, présentez-lui encore l'autre.* Ce sont des expressions figurées, & proverbiales, (*d*) pour dire que si l'on nous maltraite, bien loin de nous venger, & de résister, nous devons céder, & pardonner à nos ennemis. Il n'est jamais permis aux particuliers de se venger par leur propre autorité; un Chrétien doit toûjours être disposé à tout souffrir pour la justice, & pour conserver la charité; cela est de précepte, & d'obligation stricte. Mais il est de simple conseil d'exécuter ce que dit ici JESUS-CHRIST à la lettre. Il est d'une plus grande perfection, & d'un plus grand mérite, (*e*) de remettre à Dieu nôtre défense, & la connoissance de nôtre bon droit.

On remarque (*f*) que dans ce verset, & dans les deux suivans, le Sauveur nous donne des exemples de trois sortes d'injures. La première, regarde le corps. Si l'on vous donne un soufflet sur une jouë, présentez encore l'autre. La seconde regarde les biens. Si l'on vous ravit vôtre tunique, abandonnez encore vôtre manteau. Et la troisiéme regarde la liberté. Si l'on vous veut faire marcher mille pas, marchez-en deux mille.

℣. 40. EI QUI VULT TECUM JUDICIO CONTENDERE, &c. *Si quelqu'un veut plaider contre vous, pour vous prendre vôtre robe, quittez-*

(*a*) *Chrysostom. Homil.* 18. *Euthym. Theophyl. hic.*
(*b*) *Erasm. Grot. Ham.*
(*c*) *August. l.* 1. *de Serm. Domini. & Chrysost. Homil.* 18.
(*d*) *Job.* XVI. 11. *Jerem.* III. 30. *Mich.* V. 1.
(*e*) *Vide Maldonat. hic. & Jans. ad* ℣. 41. & *Aug Ep.* 138. *ad Marcellin. n.* 12. *Paratus debet esse homo pius & justus patienter eorum malitiam sustinere, quos fieri bonos quærit, ut numerus potius crescat bonorum, non ut pars malitiâ se quoque numero addat malorum*
(*f*) *August. l.* 1. *de Serm. Domini in monte. Grot. & Jans. in hunc locum.*

lui encore vôtre manteau. Il condamne les procès: Non-seulement je vous défends d'attaquer personne en Justice, je veux que vous ne vous défendiez pas même dans les procès les plus injustes que l'on vous suscite. Si vôtre adversaire plaide contre vous pour avoir vôtre tunique, abandonnez-lui encore vôtre manteau. Il est évident par-là que les procès, les contestations, les empressemens pour acquérir, & pour conserver son bien, avec danger de perdre la charité, ne sont nullement du dessein de Jesus-Christ, & que les parfaits Chrétiens ne devroient jamais plaider. Saint Paul exprime les mêmes sentimens dans sa premiére Epître aux Corinthiens: (a) *C'est déja certainement une faute parmi vous, de ce que vous avez des procès les uns contre les autres: Pourquoi ne souffrez-vous pas plûtôt qu'on vous fasse tort? Pourquoi ne vous exposez-vous pas plûtôt à être trompez?* Les premiers Fidéles ne se défendoient pas en justice contre ceux qui leur ravissoient leurs biens, comme le dit Athénagore dans son Apologie. Et si l'on observoit dans le Christianisme les ordonnances de Jesus-Christ dans toute leur perfection, on ne se verroit jamais dans la nécessité de plaider, ni dans celle de se défendre; parce que personne ne feroit tort à son prochain.

Ce précepte de Jesus-Christ doit s'entendre avec les mêmes modifications que le précédent. Si l'on ne peut plaider sans blesser la charité, la vérité, & la justice; il ne faut jamais le faire; dût-il nous en coûter tout nôtre bien. Le seul danger auquel on s'expose de donner atteinte à ses vertus, par des procès, & des contestations, doit inspirer aux vrais Chrétiens un très-grand éloignement de toutes sortes de procès. Le bien qui peut revenir du meilleur procès, n'est presque jamais comparable au mal, & au danger ausquels on s'expose en plaidant. Il faut pourtant avoüer, qu'il y a des cas où ces préceptes n'obligent pas, sous peine de péché; & où l'on peut attaquer ou se défende en justice. Quelquefois même on y est obligé, & ce seroit tenter Dieu de ne le pas faire. Il est du bon ordre, du bien de l'Etat, & de la Religion, de défendre la veuve, & l'orphelin opprimez, & de réprimer les entreprises des méchans. Il n'est pas permis à un Prince de laisser piller, & opprimer ses peuples, ni à un Supérieur Ecclésiastique de négliger le soin de sa réputation; ni à celui qui n'est que dispensateur, de laisser usurper les biens qui lui sont confiez. Mais lorsque les Loix de la justice, ou de la charité permettent, ou obligent de se défendre, ou d'attaquer, ce doit toûjours être avec la modération, & la sagesse convenables, & après avoir tenté tous les moyens de paix; en sorte qu'on voye que nous ne prenons le parti de la résistance, que parce que les voyes de la paix ne nous sont point

(a) 1. Cor. VI. 7. 8.

41. *Et quicumque te angariaverit mille passus, vade cum illo & alia duo.*

41. Et si quelqu'un vous veut contraindre de faire mille pas avec lui, faites-en encore deux mille autres.

COMMENTAIRE.

ouvertes; & que si nous plaidons, c'est plûtôt pour empêcher nôtre frere de commettre une injustice, que pour conserver ce qui est à nous. (*a*)

La robe, ou *la tunique*, étoit l'habit de dessous; *le manteau* étoit celui de dessus. Les Hébreux ne portoient que ces deux habits. Le Sauveur ordonne que si on nous plaide pour avoir nôtre habit de dessous, nous abandonnions encore celui de dessus; c'est-à-dire, qu'il vaut mieux aller tout nud, & se priver des choses les plus nécessaires, que de plaider. Saint Luc (*b*) semble avoir suivi un ordre plus naturel, en disant: *Si l'on veut vous prendre vôtre manteau, quittez aussi vôtre tunique.* On commence à dépoüiller un homme par l'habit de dessus.

℣. 41. QUICUMQUE TE ANGARIAVERIT MILLE PASSUS. *Si quelqu'un vous contraint de faire mille pas avec lui, faites-en deux mille.* Le terme *angariare*, dont se sert ici l'Evangéliste, est Persan d'origine. Les Rois de Perse ayant établi des postes dans leurs Etats, les nommerent *Angaries*, & les postillons *Angares*. (*c*) On contraignoit les sujets de fournir des hommes, des chevaux, & des voitures pour porter les dépêches; cet assujettissement étoit fort onéreux aux peuples. Les Juifs depuis la captivité, vivant sous la domination des Perses, y furent aussi assujettis. Les Rois de Syrie, successeurs d'Aléxandre le Grand, les tinrent dans la même servitude, jusqu'à Démétrius Nicator, (*d*) compétiteur d'Aléxandre Balas, qui les en déchargea par une lettre écrite au Grand-Prêtre Jonathas Maccabée.

De la maniére dont nôtre Seigneur parle ici, il paroît que les Juifs étoient soumis à ces angaries sous les Romains; & en effet on voit ci-après (*e*) que les soldats Romains *angariérent*, contraignirent un passant, nommé Simon, d'aider à JESUS qui portoit sa Croix. L'usage des angaries subsiste encore aujourd'hui chez les Turcs. L'on a employé chez les Romains le mot *angariare*, pour marquer les veilles que l'on faisoit faire sous les armes aux jeunes soldats. (*f*) On le trouve aussi dans les Auteurs du Droit Civil, & dans les actes de la basse Latinité, pour désigner les

(*a*) *Vide Aug. l. 1. de Serm. Domini in monte. c. 8. & Ep. 93. c. 4. & Ser. 351. n. 5. & maximè Ep. 138. ad Marcellin.*

(*b*) *Luc VI. 29.*

(*c*) *Herodot. l. 8. c. 98. Xenoph. Instit. Cyri l. 8.*

(*d*) *Joseph. Antiq. l. XIII. c. 5.* Κελεύω μηδὲ ἀγγαρεύεσθαι τὰ Ἰουδαίων ὑποζύγια.

(*e*) *Matt. XXVII. 32.*

(*f*) *Veget. de Re militari.*

42. *Qui petit à te, da ei : & volenti mutuari à te, ne avertaris.*

43. *Audistis quia dictum est : Diliges proximum tuum, & odio habebis inimicum tuum.*

42. Donnez à celui qui vous demande, & ne rejettez point celui qui veut emprunter de vous.

43. Vous avez appris qu'il a été dit: Vous aimerez vôtre prochain, & vous haïrez vôtre ennemi.

COMMENTAIRE.

charges publiques, & particuliéres des sujets envers leurs Seigneurs, comme corvées, voyages, voitures, &c. (a) On nomme *Angaries* dans plusieurs endroits, le Jeûne des Quatre-Tems. On croit que la distance ordinaire d'une angarie à l'autre, étoit de quatre mille pas. JESUS-CHRIST veut donc ici que *si l'on nous contraint de faire mille pas*, c'est-à-dire, le quart d'une angarie, *nous en fassions deux mille*, c'est-à-dire, la moitié, ou même les deux tiers, en ajoûtant aux premiers, deux mille autres pas : *Vade & duo.*

℣. 42. QUI PETIT A TE, DA EI. *Donnez à celui qui vous demande.* Ou, selon saint Luc : (b) *Omni petenti te tribue.* On peut donner deux sens à ce passage : Ne résistez point à ceux qui veulent vous ôter ce que vous avez : Donnez librement ce qu'on veut vous ravir. 2°. Donnez libéralement l'aumône à tous ceux qui vous la demandent, sans acception de personne, étranger, ou domestique; connu, ou inconnu; Juif ou Gentil; ami, ou ennemi. Le seul cas où il est permis de distinguer les personnes, est dans le concours de deux pauvres qui demandent. On doit alors donner au plus indigent, à l'ami, au parent, au domestique, préférablement à l'inconnu, à l'indifférent, au moins pauvre. Il y a même quelquefois de la charité à refuser l'aumône, comme quand on ne la refuse que pour corriger le désordre, la faineantise, ou le crime. Alors en refusant l'aumône corporelle, on fait la spirituelle d'une maniére plus parfaite, & plus avantageuse. *Omni petenti te dabis, quamvis non semper id quod petit dabis. Et aliquandò meliùs aliquid dabis, cùm petentem injusta correxeris*, dit saint Augustin. (c)

VOLENTI MUTUARI A TE, &c. *Ne rejettez point celui qui veut emprunter de vous.* Ceci doit s'entendre avec les mêmes tempéramens, que ce que nous venons de dire de l'aumône.

℣. 43. DILIGES PROXIMUM TUUM, ET ODIO HABEBIS INIMICUM TUUM. *Il a été dit : Vous aimerez vôtre prochain, & vous haïrez vôtre ennemi.* La premiere partie de ce verset est bien marquée dans la

---

(a) *Vide Glossar du Cange, Angaria.*
(b) *Luc. VI. 30.*
(c) *Aug. l. 1. de Serm. Domini in monte.*

Loi ; (*a*) mais la ſeconde ne s'y rencontre nulle part. On y voit même tout le contraire. Dieu défend expreſſément aux Hébreux de chercher à ſe venger, & de ſe ſouvenir des injures que leurs freres leur auront faites : (*b*) *Non quæras ultionem, nec memor eris injuriæ civium tuorum.* Et ailleurs (*c*) il ordonne que ſi un Iſraëlite rencontre le bœuf, ou l'âne de ſon ennemi, il les lui raméne ; & que s'il les voit abattus, & accablez ſous le faix, il lui aide à les relever. D'où vient donc que nôtre Sauveur nous dit ici qu'il a été dit aux anciens : *Vous haïrez vôtre ennemi ?*

Quelques-uns (*d*) croyent que c'eſt une explication des Phariſiens, à laquelle ils vouloient donner force de Loi ; & que JESUS-CHRIST l'a rapportée en leur ſens, & ſuivant leur tradition. D'autres (*e*) ſoûtiennent que Dieu a véritablement permis aux Juifs, & même en quelque ſorte commandé de haïr leurs ennemis, lorſqu'il a défendu d'avoir jamais ni amitié, ni alliance avec les peuples Cananéens ; (*f*) de les exterminer, de les traiter ſans miséricorde ; (*g*) de les regarder avec horreur, & mépris : de conſerver une haine irréconciliable contre les Amalécites ; (*h*) de ne faire jamais de paix avec les Moabites, & de ne leur ſouhaiter point de biens. (*i*) Le Pſalmiſte a dit qu'il hait ſouverainement les ennemis du Seigneur, & qu'il les regarde comme ſes plus grands ennemis. (*k*) Moyſe ordonne de courre ſus, & de mettre à mort ceux des Juifs qui voudroient engager leurs freres dans le crime & dans l'idolâtrie. (*l*) Il veut auſſi qu'on lapide ſur le champ celui qui aura été oüi blaſphémant le nom de Dieu, (*m*) & ceux qui imiteront les abominations des Caldéens. (*n*) Voilà donc deux ſortes d'ennemis, dont la haine & la vengeance étoient autoriſées par la Loi : premiérement, les ennemis de Dieu, & de ſon peuple ; les Cananéens, les Amalécites, les Moabites ; 2°. Les ſéducteurs, les méchans, les blaſphémateurs, les violateurs publics de la Loi.

Les Rabbins ont encore enchéri ſur cela : Ils ne comptoient pour prochains que ceux qui étoient de leur nation, & de leur Religion. (*o*) Ils avoient pour les étrangers tant d'éloignement, & de haine, qu'ils ne daignoient point leur rendre le devoir que le droit commun, & l'humanité veulent qu'on ne refuſe à perſonne ; comme de montrer le chemin, de

(*a*) *Exod.* XXIII. 5. *Levit.* XIX. 18.
(*b*) *Levit.* XIX. 18. *Deut.* XXII. 1. 2. *& ſeq.*
(*c*) *Exod.* XXIII. 4. 5.
(*d*) *Eraſm. Druſ. Schind. Janſ. Brug. Spanh.*
(*e*) *Aug. l. 1. de Serm. Domini in monte. Grot. hic.*
(*f*) *Exod.* XXXIV. 11. 12.
(*g*) *Deut.* VII. 2. 3.
(*h*) *Deut.* XXV. 17.
(*i*) *Deut.* XXIII. 3. 6.
(*k*) *Pſal.* CXXXVIII. 21. 22.
(*l*) *Deut.* XIII. 1. 2. 3. *&c.*
(*m*) *Levit.* XXIV. 14.
(*n*) *Levit.* XVIII. 28. 29.
(*o*) *Tacit. l. 5. Hiſt. Apud ipſos fides obſtinata, miſericordia in promptu ; adversùs omnes alios, hoſtile odium.*

44. *Ego autem dico vobis : Diligite inimicos vestros, benefacite his qui oderunt vos : & orate pro persequentibus, & calumniantibus vos.*

44. Et moi je vous dis : Aimez vos ennemis, faites du bien à ceux qui vous haïssent, & priez pour ceux qui vous persécutent, & qui vous calomnient ;

COMMENTAIRE.

conduire à une fontaine. C'est ce qui leur est vivement reproché par les Auteurs étrangers. (*a*)

> *Non monstrare vias eadem nisi sacra colenti,*
> *Quæsitum ad fontem solos deducere verpos.*

Joseph (*b*) s'efforce de justifier sa nation par l'exemple des Lacédémoniens, qui ne vouloient point entretenir de commerce avec les étrangers, de peur de se corrompre. Il rapporte diverses Loix de Moyse, qui sont pleines d'humanité pour les étrangers, (*c*) & pour ceux qui voyagent dans la Palestine, & même pour ceux avec qui l'on est en guerre ; & on convient qu'en cela il ne dit rien que de vrai, & que telle étoit la disposition de la Loi. Mais il s'agit de savoir si en effet les Juifs la pratiquoient à cet égard.

On trouve dans les écrits des Rabbins (*d*) des maximes pernicieuses contre l'humanité, & la charité ; & la connoissance que l'on a de leur histoire, & de leur conduite, ne prouve que trop leur penchant à la violence, & à la vengeance. Un Docteur Juif dit que celui qui ne se venge point, mais qui conserve sa haine comme un serpent, n'est pas disciple du Sage. Ils soûtiennent que le passage du Lévitique qui défend la vengeance, (*e*) ne regarde que les biens temporels, mais non pas l'honneur. Il est permis de venger les entreprises que l'on nous fait contre l'honneur, & non celles qui ne sont que contre les biens. Ils enseignent de plus, qu'il est permis de haïr celui qui ne veut point se corriger par les avis qu'on lui donne ; que l'on peut tuer ceux qui sont hérétiques, Epicuriens, ou transgresseurs publics de la Loi ; qu'il n'est pas permis de chercher à faire mourir les Payens, avec qui l'on n'est pas en guerre ; mais aussi qu'on n'est pas obligé de les secourir, s'ils se trouvent en danger de mort. Voilà les maximes des Juifs, que le Sauveur a voulu réformer en cet endroit.

℣. 44. DILIGITE INIMICOS VESTROS. *Aimez vos ennemis.* Voilà le premier degré de charité. *Faites du bien à ceux qui vous haïssent.* Voilà le second. *Priez pour ceux qui vous calomnient, & qui vous persécutent.* Voilà le troisiéme dégré. Les Juifs haïssoient les Gentils, & les Publicains,

(*a*) *Juvenal. Satyr.* 14. v. 104.
(*b*) *Joseph. contra Appion.* l. 2. p. 1080.
(*c*) *Ibid.* p. 1025. Πᾶσι παρέχειν τοῖς δεομένοις πῦρ, ὕδωρ, τροφὴν, ὁδοὺς φράζειν, ἄταφον μὴ περιορᾶν, &c.
(*d*) *Cod. Joma, apud Cartwigt. Mellific.* l. 2. c. 1. & *Ligfoot. Hor. Hebr.*
(*e*) *Levit.* XIX. 18.

45. *Ut sitis filii Patris vestri, qui in Cœlis est: qui solem suum oriri facit super bonos, & malos: & pluit super justos, & injustos.*

46. *Si enim diligitis eos qui vos diligunt, quam mercedem habebitis? Nonne & Publicani hoc faciunt?*

45. Afin que vous soyez les enfans de vôtre Pere qui est dans les Cieux, qui fait lever son soleil sur les bons, & sur les méchans; & fait pleuvoir sur les justes, & sur les injustes.

46. Car si vous n'aimez que ceux qui vous aiment, quelle récompense *en* aurez-vous? Les Publicains ne le font-ils pas aussi?

COMMENTAIRE.

ils maudissoient les Samaritains, & leurs persécuteurs. JESUS-CHRIST veut qu'on aime toutes ces sortes de personnes, qu'on leur fasse du bien, qu'on prie pour eux. Ainsi il bannit toutes les haines publiques, & particuliéres. Le Grec de ce verset ajoûte: (a) *Bénissez ceux qui vous maudissent*; ou, dites du bien de ceux qui déchirent vôtre réputation; ce qui paroît tiré de saint Luc. (b) Il y a quelques Exemplaires où ces mots ne se lisent point; & la plûpart des Manuscrits Grecs, les Peres Latins, (c) & la Version Syriaque ne les portent point. On peut traduire *ceux qui vous calomnient* (d) par, *ceux qui vous outragent*, qui vous font tort dans vos biens, ou dans vôtre honneur. Dans le style de l'Ecriture, *calomnier* se met souvent pour *persécuter*, vexer, affliger. Le Grec *Epereazein*, signifie proprement traiter quelqu'un injurieusement, & avec mépris, de gayeté de cœur, & uniquement pour le chagriner.

℣. 45. UT SITIS FILII PATRIS VESTRI. *Afin que vous soyez les enfans de vôtre Pere, qui fait lever son soleil sur les bons, & sur les méchans.* Imitez la bonté de Dieu vôtre Créateur, & vôtre Pere, qui répand les effets de ses bontez sur les bons & sur les méchans; sur les fidéles, & sur les infidéles; sur ses amis, & sur ses ennemis. Les Payens mêmes ont reconnu, & admiré cette Providence pleine de bonté, qui se répand sur tous les hommes: *Sol & dies non oritur uni & alteri, sed & omnibus in commune*, dit Pline. (e) Ils en ont tiré cette conséquence, que l'homme de bien devoit imiter les Dieux, qui ne haïssent aucun homme, mais qui ont une amitié particuliére pour ceux qui vivent dans la piété. (f)

℣. 46. SI ENIM DILIGITIS EOS QUI VOS DILIGUNT. *Car si vous n'aimez que ceux qui vous aiment, quelle récompense en aurez-vous? Les Publicains ne le font-ils pas aussi?* Le nom de *Publicain* est tiré du La-

(a) Ἀγαπᾶτε τοὺς ἐχθροὺς ὑμῶν, εὐλογεῖτε τοὺς καταρωμένους ὑμᾶς, καλῶς ποιεῖτε τοῖς μισοῦσιν ὑμᾶς.

(b) *Luc. vi. 28.*

(c) S. Chrysostome ne l'a point lû, ni saint Augustin, ni saint Jérôme, ni Salvien, ni saint Cyprien, ni saint Fulgence, ni la Version Cophte, ni l'Edition Grecque d'Etienne *in quarto*, ni plusieurs autres. Voyez *Mill. var. lect.* & *Proleg.* 384.

(d) Προσεύχεσθε ὑπὲρ τῶν ἐπηρεαζόντων ὑμᾶς.

(e) *Plin. Panegyr.*

(f) *Hierocles apud Grot. hic.*

47. *Et si salutaveritis fratres vestros tantùm, quid ampliùs facitis? Nonne & Ethnici hoc faciunt?*

47. Et si vous ne saluez que vos freres, que faites-vous en cela de plus *que les autres?* Les Payens ne le font-ils pas aussi?

COMMENTAIRE.

tin *Publicanus*, qui signifie en cette langue ou un Fermier général, ou un Soûfermier, & un Commis qui levoit les impôts, les péages, & autres charges publiques. Ce terme répond au Grec *Telônai*, qui marque ceux qui exigent les impôts. Les Publicains du premier rang, je veux dire les Fermiers généraux de l'Empire, étoient dans une haute considération dans la République, & Ciceron les qualifie (*a*) *La fleur des Chevaliers Romains, l'ornement de la ville de Rome, la force de la République.* Mais les Commis, & les Publicains d'un rang inférieur, étoient très-odieux dans les villes, & dans les Provinces; on les considéroit comme autant de voleurs; (*b*) & les Juifs qui se piquoient de liberté plus qu'aucun peuple du monde, avoient pour eux un souverain mépris, & une haine implacable.

Ils regardoient ceux de leur nation qui entroient dans ces emplois, comme des pestes de la République, comme des Payens; (*c*) ils ne les recevoient point dans leurs Synagogues, ni à la participation de leurs priéres, ni dans les Charges de Judicature, ni à rendre témoignage en Justice. (*d*) On voit par la parabole du Pharisien, & du Publicain, (*e*) que les Publicains alloient au Temple; mais il n'est pas clair s'ils entroient dans le parvis d'Israël. *Le Publicain se tenant loin, disoit: Seigneur, ayez pitié de moi, qui ne suis qu'un pécheur.* La plûpart de ceux qui entroient dans ces emplois, étoient des affranchis, des esclaves, des gens de la lie du peuple, qui pour s'enrichir exigeoient avec rigueur ce qui étoit dû aux Princes, & étoient par leur état dans des occasions continuelles de commettre des fraudes, des concussions, des violences. Suétone, (*f*) rapporte comme un éloge fort singulier, qu'on ait érigé des statuës à Sabin pere de Vespasien, avec cette inscription: *Au bon Publicain.* Il étoit de ces Publicains, ou Fermiers généraux, dont on a parlé. Malgré l'éloge de Cicéron, leur profession n'étoit pas fort honorable, sur tout chez les étrangers. On demanda un jour à Théocrite, quelle étoit la plus cruelle de toutes les bêtes. (*g*) Il répondit l'ours, & le lion entre les animaux des montagnes; les Publicains & les Parasites parmi ceux des villes.

(*a*) *Cicero orat. pro Plancio. Flos equitum Romanorum, ornamentum civitatis, firmamentum Reipublica Publicanorum ordine continetur.*

(*b*) *Vetus Poëta.* Πάντες τελῶναι, πάντες εἰσὶν ἅρπαγες.

(*c*) *Matt.* XVIII. 17. *Sit tibi sicut Ethnicus, & Publicanus.*

(*d*) *Luc.* XVIII. 10. *Publicanus autem à longè stans.*

(*e*) *Vide Grot. hic. & VVaser. de Numis. Hebr. Ligfoot. Hor. Hebr.*

(*f*) *Sueton. in Vespas. c. 1.* Καλῶς τελωνήσαντι.

(*g*) *Theocrit. apud Musonium.*

48. *Estote ergo vos perfecti, sicut & Pater vester cœlestis perfectus est.*

48. Soyez donc vous autres parfaits, comme vôtre Pere céleste est parfait.

COMMENTAIRE.

℣. 47. ET SI SALUTAVERITIS FRATRES VESTROS TANTUM. *Et si vous ne salüez que vos freres, que faites-vous en celà de plus que les autres?* Presque tous les Exemplaires Grecs (*a*) lisent *vos amis*, au lieu de *vos freres*; & plusieurs portent *les Publicains*, au lieu des Gentils. On comprend ici sous le terme de *salüer*, tous les devoirs de civilitez, & d'honnêtetez que l'on se rend dans le commerce de la vie. La vanité, & l'orguëil des Juifs leur faisoient regarder dans les lieux où ils étoient les plus forts, tous ceux qui n'étoient pas de leur Religion, avec tant de hauteur, qu'ils ne daignoient pas les salüer. JESUS-CHRIST veut que ses Disciples salüent tout le monde, & qu'ils vivent bien avec les étrangers, comme avec les amis, & les domestiques. En un mot, il veut que nous n'ayons point d'ennemis, & que nous regardions tout le monde comme nos freres. (*b*)

Les premiers Chrétiens avoient conservé quelque chose de cette ancienne rigueur des Juifs; ils ne salüoient point les hérétiques, & ne leur rendoient pas le salut. On en usoit à peu près de même envers les excommuniez: Ils vouloient leur inspirer par-là une honte salutaire de leur égarement, & de leur hérésie, & les engager à rentrer dans l'Eglise. Ils cherchoient aussi à prémunir les foibles contre les artifices, & la séduction de ceux qui s'étoient séparez de l'Eglise, en les éloignant de leur compagnie. S. Irénée raconte (*c*) que S. Jean l'Evangéliste s'étant trouvé dans un bain public avec Cérinthe, aussi-tôt qu'il eut apperçû cet hérétique, il se retira, disant qu'il craignoit que le bain ne tombât sur lui, puisque Cérinthe ennemi de la vérité y étoit. Et saint Polycarpe ayant un jour rencontré Marcion, celui-ci lui demanda: Me connoissez-vous? Oüi, répondit saint Polycarpe, je connois le fils aîné du démon. Et saint Paul (*d*) ordonne expressément aux Fideles d'éviter les hérétiques, après la premiére, & la seconde monition. Mais tout cela n'est point contraire à ce que dit ici JESUS-CHRIST; car ce n'est pas en haine des personnes qu'on s'éloigne d'eux; mais en haine de leur erreur, & pour éviter le danger de se corrompre par leur conversation.

℣. 48. ESTOTE ERGO VOS PERFECTI, SICUT ET PATER VESTER COELESTIS. *Soyez donc parfaits, comme vôtre Pere céleste est par-*

(*a*) *Ita Stephani omnes Codd. Bodl. mſ. 7. alii quàm plurimi. Vide Mill. not. Et loco ἐθνικοὶ, plures legunt: τελῶναι.*

(*b*) *Johan.* ℣ 10 12.

(*c*) *Irenæus l.* 3. *c.* 3.

(*d*) *Tit.* III. 10.

fait. S. Luc. (*a*) dans le passage paralléle à celui-ci, porte : *Soyez donc miséricordieux, comme vôtre Pere céleste est miséricordieux* ; ce qui semble restraindre la perfection de la ressemblance que le Sauveur demande de nous, à imiter la bonté, & la clémence du Pere céleste, qui, comme il l'a dit plus haut, fait luire son soleil sur les bons, & sur les méchans ; en sorte que ce seroit ici la conclusion de tout ce qu'il a dit dans les versets précédens, touchant la charité envers le prochain. Imitez en tout cela vôtre Pere céleste, & portez vôtre charité à un aussi haut point de perfection, s'il est possible, que la porte vôtre Pere céleste.

Mais on peut s'en tenir précisément au Texte de saint Matthieu. JESUS-CHRIST nous y propose la perfection du Pere, non comme un terme auquel nous puissions parvenir ; mais comme un objet auquel nous devons tendre, comme un modéle que nous devons nous proposer. Aspirez toûjours à un nouveau dégré de perfection, & ne soyez jamais contens de celui auquel vous pouvez être arrivez. Avancez toujours en avant, & ne regardez jamais en arriére. (*b*) Dieu qui vous a créez à son image, désire que vous le retraciez en vous-mêmes, autant que vôtre foiblesse, soûtenuë de sa grace, en est capable. Les anciens Philosophes (*c*) ont compris que la souveraine perfection de l'homme consistoit dans sa ressemblance avec Dieu ; & que le moyen de parvenir à cette parfaite ressemblance, étoit de cultiver la justice, la piété, la sagesse. Les Stoïciens outroient ces maximes, ausquelles on peut donner un fort bon sens. Ils les outroient en prétendant que la vertu de Dieu, & celle de l'homme, étoient les mêmes. (*d*) Saint Clément d'Aléxandrie (*e*) accuse d'athéïsme cette opinion des Stoïciens, & Théodoret assure qu'elle est insoûtenable. (*f*)

(*a*) *Luc.* VI. 36. *Vide Maldon. Brug. Grot. hic, & Author. Oper. imperfecti in Matt. Homil.* XII.

(*b*) *Luc.* IX 62. *Philipp.* III. 13.

(*c*) *Plato in Theateto.* Ὁμοίωσις δὲ, δίκαιον, καὶ ὅσιον μετὰ φρονήσεως γενέσθαι.... Καὶ οὐκ ἔστιν αὐτῷ ὁμοιότερον οὐδὲν, ἢ ὃς ἂν ἡμῶν γένηται ὅτι δικαιότατος.

(*d*) *Cicero l.* I. *de Legib. Jam verò virtus eadem in homine, ac Deo est ; neque ullo alio ingenio præterea. Est autem virtus nihil aliud, quàm in se perfecta, & ad summum perfecta natura. Est igitur hominis cum Deo similitudo.*

(*e*) *Clem. Alex. l.* 7. *Strom.*

(*f*) *Theodoret. Serm.* XI. *de Fine & Judicio.*

CHAPITRE VI.

Continuation du discours de JESUS-CHRIST *sur la montagne. Instructions sur l'Aumône, sur la Priére, sur le Jeûne. Amasser des trésors dans le Ciel. Droiture de l'intention. Confiance en la bonté de la Providence.*

✠. 1. *ATtendite ne justitiam vestram faciatis coram hominibus, ut videamini ab eis: alioquin mercedem non habebitis apud Patrem vestrum, qui in Cœlis est.*

✠. 1. PRenez garde de ne faire pas vos bonnes œuvres devant les hommes, pour en être regardez: autrement vous n'en recevrez point la récompense de vôtre Pere, qui est dans les Cieux.

COMMENTAIRE.

✠. 1. ATTENDITE NE JUSTITIAM VESTRAM FACIATIS CORAM HOMINIBUS. *Prenez garde de ne pas faire vos bonnes œuvres devant les hommes, pour en être regardez.* Après avoir proposé dans le Chap. précédent les devoirs de charité envers le prochain, il parle ici de l'intention, qui doit accompagner nos actions. JESUS-CHRIST suit ici la même méthode qu'au Chapitre V. il nous montre les défauts de la conduite des Pharisiens, & nous fait voir en même-tems comment nous devons les éviter. Il ne défend pas de faire le bien devant les hommes, lorsque l'occasion le demande; mais de le faire pour s'attirer leur regard, leur approbation, leur estime. L'action peut & doit même quelquefois être publique; mais l'intention doit toûjours être cachée: (*a*) *Sic autem fit opus in publico, ut intentio maneat in occulto.*

La plûpart, & presque tous les Exemplaires Grecs lisent en cet endroit: (*b*) *Prenez garde de ne pas faire vôtre aumône devant les hommes, pour en être regardez.* Et les Peres Grecs (*c*) suivent communément cette leçon; mais elle n'a rien de contraire à celle de la Vulgate, qui est suivie par quelques manuscrits Grecs, par le Syriaque, par Origénes, (*d*) & par les anciens Peres Latins. L'Hébreu *Tzedakah*, qui signifie *la Justice*, se

(*a*) *Gregor Magn. Homil. XI. c. 13. in Matt.*
(*b*) Προσέχετε τὴν ἐλεημοσύνην ὑμῶν μὴ ποιεῖν ἔμπροσθεν τῶν ἀνθρώπων, πρὸς τὸ θεαθῆναι αὐτοῖς.
(*c*) *Chrysost. Theophyl. Euthym. alii plerique.*
(*d*) *Origen. Homil. 2. in Exod.*

2. *Cùm ergo facitis eleemosynam, noli tubâ canere ante te, sicut hypocritæ faciunt in Synagogis, & in vicis, ut honorificentur ab hominibus. Amen dico vobis, receperunt mercedem suam.*	2. Lors donc que vous donnerez l'aumône, ne faites point sonner de la trompette devant vous, comme font les hypocrites dans les Synagogues, & dans les ruës, pour être honorez des hommes. Je vous dis en vérité, qu'ils ont reçû leur récompense.

COMMENTAIRE.

prend aussi assez souvent, pour la miséricorde, & pour l'aumône. Le Sauveur a dit ci-devant : (a) *Si vôtre justice n'est plus abondante que celle des Scribes, & des Pharisiens, vous n'entrerez pas dans le Royaume des Cieux.* Il ajoûte ici, que ce n'est point assez de faire plus de bien que ceux qui passoient pour les plus parfaits des Juifs ; mais qu'il le faut faire uniquement dans la vûë de plaire à Dieu, & de satisfaire à ce qu'on doit au prochain, & nullement pour se montrer, & pour attirer l'estime, & l'approbation des hommes. (b) La vanité est le poison des meilleurs actions ; elle attaque également les Saints, & les méchans. C'est la derniére ressource du démon contre ceux qu'il n'a pû surmonter, en leur inspirant le mal ; il les attaque par la vaine gloire. Voyez Chap. V. ℣. 16.

℣. 2. NOLI TUBA CANERE. *Lorsque vous donnerez l'aumône, ne faites point sonner de la trompette devant vous.* Quelques Interprétes (c) ont avancé que les Pharisiens avoient coutume de faire sonner de la trompette pour assembler les pauvres, lorsqu'ils vouloient faire l'aumône. D'autres (d) s'imaginent qu'il y avoit un tronc dans le Temple, où l'on jettoit les aumônes, & que l'orifice de ce tronc étant en forme de l'ouverture d'une trompette, ceux qui y jettoient quelque aumône considérable, le faisoient avec roideur, pour faire sonner le cuivre, & pour se faire remarquer. Mais ceux qui ont le plus étudié les coutumes des anciens Hébreux, (e) soutiennent qu'on ne remarque dans leurs écrits aucune trace de ces prétendus usages ; & les Peres (f) enseignent qu'il faut prendre ceci, comme une maniére de proverbe, qui marque que l'on ne doit point faire ses aumônes avec apparat, ni dans des assemblées pour se faire remarquer. On sent assez la force de cette expression. Les Hébreux avoient coutume d'annoncer leurs fêtes, & de convoquer leurs assemblées au son de la trompette. (g)

IN SYNAGOGIS, ET IN VICIS. *Dans les Synagogues, & dans les*

(a) *Matt. v. 20.*
(b) *Chrysost. hic Homil. 19.* Οὐκ ἁπλῶς εἶπεν, ἐλεημοσύνη, ἀλλὰ τὸ ὡς χρὴ δοῦναι ἐστι τὸ ζητούμενον, καὶ διὰ τοῦτο δοῦναι.
(c) *Quid. apud Euthym. Lyr. Strabus, Brug. Tirin. Cornel. Sa.*
(d) *Vide Cleric. hic.*
(e) *Ligfoot. Hor. Heb.*
(f) *Chrysost. & Author Oper. imperfecti.*
(g) *Num. x. 2. 3. & xxix. 1. & 3. Reg. I. 41. & 4. Reg. ix. 13. xi. 14. Psal. lxxx. 4.*

3. *Te autem faciente eleemosynam, nesciat sinistra tua, quid faciat dextera tua :*	3. Mais lorsque vous ferez l'aumône ; que vôtre main gauche ne sache point ce que fait vôtre main droite ;

COMMENTAIE.

ruës. Dans les lieux de priéres, où le peuple s'assemble. Il est bon de faire l'aumône en tout lieu ; mais il n'est jamais permis de la faire avec ostentation, ni de rechercher la foule pour la faire en présence de plusieurs témoins. On pourroit entendre *in Synagogis*, des assemblées du peuple, (*a*) suivant la signification du terme Grec : Mais il n'est point nécessaire de s'éloigner de la traduction ordinaire.

SICUT HYPOCRITÆ. *Comme font les hypócrites.* Le terme Grec *hypocritès*, signifie proprement un acteur de théatre, qui représente un personnage étranger. On a donné ce nom à ceux qui se déguisent en prenant les dehors d'un homme de bien, quoiqu'ils ne soient rien moins que cela au-dedans. JESUS-CHRIST dit que ces sortes de gens, qui cherchent à tromper les simples par leurs fausses apparences de vertu, *ont déja reçû leur récompense*, c'est-à-dire, qu'ils ne doivent rien attendre dans le Ciel pour toutes leurs actions, soient qu'ils ayent réüssi à s'attirer les applaudissemens des hommes ; soit que le monde, éclairé sur leur hypocrisie, se soit raillé de leurs vaines prétentions. Quelques-uns traduisent le Grec (*b*) par : *Ils empêchent leur récompense.* Mais je ne vois pas de nécessité de quitter la traduction ordinaire ; on doit chercher la valeur des termes du nouveau Testament, dans les Livres du nouveau Testament, & non dans les Auteurs Grecs des meilleurs tems. Or *apecho*, signifie *recevoir*, dans saint Luc, VI. 24. *Philipp.* IV. 18. *Philem.* ℣. 15.

℣. 3. NESCIAT SINISTRA TUA, QUID FACIAT DEXTERA TUA. *Lorsque vous faites l'aumône, que vôtre main gauche ne sache point ce que fait vôtre main droite.* Faites-la si secrettement que vous-même n'en sachiez rien, s'il étoit possible. (*c*) Cette maniére de parler du Sauveur, exprime admirablement la circonspection & le secret dans lequel on doit faire ses bonnes œuvres aux yeux de Dieu seul. C'est à peu près dans le même sens qu'un certain disoit, que s'il savoit que sa tunique eût connoissance de son secret, il la jetteroit au feu. Quelques Peres ont cherché des explications figurées à ce passage. Les uns (*d*) par la main droite, entendent les Fidéles, & par la gauche, les Infidéles. Il ne faut pas que les Gentils connoissent les bonnes actions que nous faisons en

(*a*) *Erasm. Grot. Ham. alii quidam.*
(*b*) Ἀπέχουσι τὸν μισθὸν αὐτῶν. *Vide Knatchbull. hic.*
(*c*) *Vide Chrysost. Theophylact. Ambros. lib.* 1. *Offic. c.* 30. *Grot. Mald. alios.*
(*d*) *Aug. l.* 2. *de Serm. Domini in monte. Author Oper. imperfecti.*

4. *Ut sit eleemosyna tua in abscondito, & Pater tuus, qui videt in abscondito, reddet tibi.*

4. Afin que vôtre aumône soit dans le secret: & vôtre Pere, qui voit *ce qui se passe* dans le secret, vous en rendra la recompense.

5. *Et cum oratis, non eritis sicut hypocritæ, qui amant in Synagogis, & in angulis platearum stantes orare, ut videantur ab hominibus: Amen dico vobis, receperunt mercedem suam:*

5. De même lorsque vous priez, ne ressemblez pas aux hypocrites, qui affectent de prier, en se tenant debout dans les Synagogues, & aux coins des ruës, pour être vûs des hommes. Je vous dis en verité, qu'ils ont reçû leur récompense.

COMMENTAIRE.

présence des Fidéles. D'autres, (a) par la droite, entendent le mari; & par la gauche, la femme, qui d'ordinaire est moins libérale. Il ne faut pas qu'elle sache toûjours tout le bien que son mari fait aux pauvres. Mais ces explications sont plus spirituelles que solides.

℣. 4. PATER TUUS, QUI VIDET IN ABSCONDITO, REDDET TIBI. *Vôtre Pere qui voit ce qui se passe dans le secret, vous en rendra la récompense* Le Grec (b) ajoûte, *publiquement.* Il vous rendra à la vûë de tout le monde, ce que vous aurez fait dans le secret. Cette addition se trouve encore ci-après au ℣. 6. & au 18. Mais il y a un grand nombre de Manuscrits (c) où elle ne se lit point. Chromatius, Juvencus, S. Jérôme, Origénes, saint Augustin ne l'ont point luë. Et S. Augustin (d) remarque expressément qu'il ne l'a pas trouvée dans les Exemplaires Grecs; mais seulement dans plusieurs Latins. Aujourd'hui c'est tout le contraire.

℣. 5. ET CUM ORATIS, NON ERITIS SICUT HYPOCRITÆ, &c. *Et lorsque vous priez, ne ressemblez point aux hypocrites, qui affectent de prier en se tenant debout dans les Synagogues, & aux coins des ruës.* Les Synagogues sont des lieux de prieres; & JESUS-CHRIST ne défend point sans doute d'y prier Dieu: mais il ne veut point qu'on s'y fasse distinguer par des maniéres affectées. (e) Quelques uns croyent avec assez de raison, que *Synagoga* en cet endroit, se prend pour une place publique, un lieu d'assemblée; (f) & que les Pharisiens affectoient dans certaines heures du jour de prier par tout où ils se trouvoient, même au milieu du monde; montrant ainsi une pieté bizarre, & hors de saison. JESUS-CHRIST déclare qu'ils ont déja reçû leur récompense, & qu'ils ne

(a) *Quidam apud August. l. 2. de Serm.*
(b) Ἀποδώσει σοι ἐν τῷ φανερῷ *Ita legit August. in Latinis quibusdam, & Syr. & Græc ferè omnes.*
(c) *In Cantabrig. & Colb. duob. & aliis. Vide Mill. Not.*
(d) *August. l. 2. de Serm. Domini in monte, p. 2.*
(e) *August. l. 2. de Serm. Domini in monte. Non quia videri ab hominibus nefas est, sed quia ideo hoc agere, ut videaris.*
(f) *Hamm. Bez. Vide ad ℣. 2.*

6. *Tu autem cùm oraveris, intra in cubiculum tuum, & clauso ostio, ora Patrem tuum in abscondito: & Pater tuus qui videt in abscondito, reddet tibi.*

6. Mais vous, lorsque vous voudrez prier, entrez dans vôtre chambre, & la porte en étant fermée, priez vôtre Pere dans le secret: & vôtre Pere qui voit *ce qui se passe* dans le secret, vous en rendra la récompense.

COMMENTAIRE.

doivent rien attendre de son Pere céléste, que la juste peine de leur hypocrisie, & de leur vanité.

Il est à remarquer ici que les Juifs prioient ordinairement debout. *Amant stantes orare.* Abraham est debout devant les Anges qu'il supplie d'épargner Sodome. (*a*) Job dit à Dieu: (*b*) *Je crie vers vous, & vous ne m'écoutez point: Je suis debout, & vous ne me regardez point.* Et Jérémie: (*c*) *Quand Moyse, & Samuël seroient debout en ma présence, je ne puis aimer ce peuple*, dit le Seigneur. Et ailleurs: (*d*) *Souvenez-vous que je me suis tenu debout devant vous, pour vous prier en leur faveur, &c.* Et dans Néhémie (*e*) les Lévites disent au peuple qui étoit prosterné: *Levez-vous, & bénissez le Seigneur.* Il faut pourtant avoüer que cet usage n'étoit point général, & qu'on trouve des exemples de priéres faites à genoux, assis, & prosternez. Le Seigneur dit à Elie, (*f*) qu'il s'est réservé dans Israël sept mille hommes, qui n'ont point fléchi le genou devant Baal. Et dans Jerémie, (*g*) le Seigneur jure que ci-aprés tout genou fléchira devant lui, & que toute langue jurera en son nom. Il est remarqué que Daniel fléchissoit les genoux trois fois par jour, & adoroit le Seigneur. (*h*) Et Michée: (*i*) *Que rendrai-je au Seigneur, qui soit digne de lui? Je fléchirai le genou devant le Dieu très-haut.* Dans les Actes (*k*) les Apôtres, & les Fidéles prient à genoux. Et le Publicain dans l'Evangile. (*l*) David (*m*) va s'asseoir devant le Seigneur, pour lui rendre graces des promesses qu'il a daigné lui faire. Les premiers Chrétiens prioient ordinairement debout dans les lieux d'assemblées. Ailleurs chacun suivoit sa dévotion dans la posture qu'il tenoit en priant. On a beaucoup d'exemples de personnes qui prioient prosternez le visage contre terre. Toutes ces sortes de postures sont encore en usage dans l'Eglise.

℣. 6. TU AUTEM CUM ORAVERIS, INTRA IN CUBICULUM

(*a*) *Genes.* XVIII. 22.
(*b*) *Job.* XXX 20.
(*c*) *Jerem.* XV. 1.
(*d*) *Jerem.* XVIII. 20.
(*e*) 2 *Esdr.* IX. 2. 5. *Vide & Dan.* IX. 20.
(*f*) 3. *Reg.* XIX. 18.
(*g*) *Jerem.* XLV. 23.
(*h*) *Dan.* VI. 10.
(*i*) *Mich.* VI. 6.
(*k*) *Act.* IX. 40. & XX. 36. XXI. 5.
(*l*) *Luc.* XVIII. 13.
(*m*) 2. *Reg.* VII. 18.

TUUM.

7. *Orantes autem, nolite multum loqui, sicut Ethnici, putant enim quòd in multiloquio suo exaudiantur.*	7. N'affectez pas de parler beaucoup dans vos prieres, comme les Payens, qui s'imaginent que c'est par la multitude des paroles qu'ils méritent d'être exaucez.

COMMENTAIRE.

TUUM. *Pour vous, lorsque vous voudrez prier, entrez dans vôtre chambre.* JESUS-CHRIST ne défend point les priéres publiques & solemnelles, que l'on fait dans les assemblées des Fidéles. Il nous dit lui-même que où il y a deux, ou trois personnes rassemblées en son nom, il est là au milieu d'eux, (*a*) Mais il veut que dans les priéres particuliéres, & de simple dévotion, chacun se retire dans le secret, pour deux raisons: La premiere, afin de prier avec plus de recüeillement. La seconde, afin d'éviter l'ostentation. Les Peres (*b*) ont aussi expliqué cette chambre, où il faut entrer, & cette porte qu'il faut fermer, dans un sens moral, & figuré. La chambre est nôtre cœur, nôtre intérieur. La porte, sont nos sens. Prions donc dans le repos de l'ame, dans l'attention, dans la pureté de cœur, dans le silence. Excluons les pensées terrestres, le tumulte des passions; fermons nos sens aux objets séduisans, & capables de nous distraire. Voilà l'esprit de ce commandement.

℣. 7. ORANTES AUTEM, NOLITE MULTUM LOQUI. *N'affectez point de parler beaucoup dans vos prieres, comme les Payens.* Les longues priéres ne sont pas absolument interdites aux Chrétiens. JESUS-CHRIST nôtre Sauveur, & nôtre modéle, a passé quelquefois les nuits à prier. (*c*) Et il est expressément remarqué que dans son agonie, il demeura long-tems en priéres. (*d*) *Prolixiùs orabat.* Ce ne sont donc que les redites inutiles qui sont condamnées en cet endroit. C'est le sens du terme Grec (*e*) *Battologein.* Telle étoit la fausse opinion des Payens, qui récitoient de longues priéres, croyant par-là se rendre leurs Dieux plus aisément propices: *Putant enim quod in multiloquio suo exaudiantur.* Nous voyons dans les Livres des Rois, (*f*) que les faux Prophétes de Baal furent depuis le matin, jusqu'à midi à crier: *Baal exauce-nous*, en sautant par-dessus l'Autel, qu'ils avoient érigé, & se coupant avec leurs couteaux, suivant leurs coutumes superstitieuses: mais Baal étoit sourd à leur voix. Et Elie leur disoit, en raillant: Criez plus haut, peut-être qu'il est occu-

(*a*) *Matt.* XVIII. 20. *Vide Author. Oper. imperfecti, hic. Alterum dico, alterius cordis: Qui autem ejusdem sunt cordis, etsi multi fuerint oratores, unum sunt.*

(*b*) *Aug. Ieronym. Hilar. Author Oper. imperfecti, in hunc locum. Ambros. lib.* 1. *de Cain & Abel. c.* 9. *Chrysost. hic.*

(*c*) *Matt.* XIV. 23.

(*d*) *Matt.* XXVI. 39. 42. 44. *Luc.* XXII. 43.

(*e*) Μὴ βαττολογήσητε.

(*f*) 3. *Reg.* XVIII. 26.

8. *Nolite ergo assimilari eis, scit enim Pater vester, quid opus sit vobis, antequam petatis eum.*

8. Ne vous rendez donc pas semblables à eux; parce que vôtre Pere sait de quoi vous avez besoin, avant que vous le lui demandiez.

COMMENTAIRE.

pé, ou qu'il est en campagne, ou qu'il dort; criez, afin qu'il s'éveille. L'on a encore de certaines hymnes des anciens Payens, qui ne sont que des redites, & des amas d'épithétes, & de synonimes de leurs Dieux. (*a*) Les profanes raillent eux-mêmes cette coutume de leur religion. (*b*) *Ohe, jam desine Deos, uxor, gratulando obtundere, tuam esse inventam gnatam: Nisi illos tuo ex ingenio judicas, ut nil credas intelligere, nisi idem dictum est centies.*

On prétend (*c*) que les Juifs étoient aussi dans cet usage, ou plûtôt dans cet abus, de faire de longues priéres accompagnées de redites. On en voit des exemples dans leurs Livres de priéres; & c'est une maxime de quelques Rabbins: (*d*) *Que quiconque prie beaucoup est exaucé.* Voici la formule d'une de leurs priéres: (*e*) *Nous vous supplions, Seigneur nôtre Dieu, & Dieu de nos peres, qu'il vous plaise nous pardonner toutes nos iniquitez; & que vous nous remettiez toutes nos prévarications, & que vous nous expiiez de tous nos pechez que nous avons commis devant vous, par pensée; & des péchez que nous avons commis devant vous, par volonté; & des péchez que nous avons commis en vôtre présence, par ignorance; & des péchez que nous avons commis devant vous, en découvrant la turpitude.* Et ainsi des autres péchez, dont on trouve un ennuyeux dénombrement, & d'espace en espace, ces mots: *Pardonnez-nous; remettez-nous; expiez-nous, &c.* Il n'y a personne qui ne voye l'inconvénient de ces fades répétitions. Les plus sensez d'entre les Juifs eux-mêmes l'ont désapprouvée. (*f*) Il faut penser quand nous prions, que nous ne faisons pas le métier d'Orateurs, mais de supplians: *Non narratores, sed rogatores*, dit saint Jérôme sur cet endroit; & qu'il ne convient point ni à la grandeur, & à la majesté de Dieu, ni à nôtre bassesse, ni à nôtre misére, d'être trop longs dans nos priéres; à moins que l'Esprit de Dieu ne nous inspire d'en user autrement; car c'est l'esprit qui prie, qui gémit, & qui demande au-dedans de nous-mêmes. (*g*)

℣. 8. SCIT ENIM PATER VESTER, QUID OPUS SIT VOBIS. *Car vôtre Pere sait de quoi vous avez besoin.* Ce seroit une erreur gros-

(*a*) *Vide Selden. de Diis Syriis. proleg. c. 3.*
(*b*) *Vide Grot. hîc.*
(*c*) *Ligfoot. Le Clerc. hîc.*
(*d*) *Jerosolym. Taanith. 63.*
(*e*) *Vide apud Selden de Synedr. l. 1. c. 12.*
(*f*) *Eccli. VII. 15. Vide Grot. hîc.*
(*g*) *Rom. VIII. 26.*

9. *Sic ergo vos orabitis : Pater noster, qui es in Cœlis, sanctificetur nomen tuum.*	9. Vous prierez donc de cette maniére : Nôtre Pere, qui êtes dans les Cieux, que vôtre nom soit sanctifié.

COMMENTAIRE.

siére de croire que Dieu ne sait pas nos besoins, & qu'il a besoin de nos discours pour l'apprendre. Il n'y a que des Payens capables d'une telle stupidité. Mais il veut que nous lui exposions nôtre pauvreté, afin que pénétrez de nos besoins, & de nôtre dépendance, nous recourions à lui avec plus de confiance, d'humilité, & de soumission ; & que nous recevions ses graces avec plus de gratitude, & de reconnoissance. (*a*) Nous cherchons à le flechir en nôtre faveur, & non à l'instruire de ce que nous désirons. (*b*) Un ancien conseilloit de dire toûjours à Dieu dans la priére : *Seigneur, ayez pitié de moi, comme vous savez, & comme vous voulez.* Un Auteur Payen disoit à peu près de même. (*c*) Laissons aux Dieux le soin de nos besoins ; ils savent mieux que nous-mêmes ce qui nous convient, l'homme leur est plus cher qu'il ne l'est à soi-même. Ils nous donneront toûjours ce qui est de meilleur, au lieu de ce qui pourroit nous être plus agréable. Socrate (*d*) ne vouloit pas que l'on demandât aux Dieux, rien de particulier ; mais seulement des biens en général. Ils savent mieux ce qu'il nous faut que nous-mêmes. Demander à Dieu quelque chose en particulier, c'est, disoit-il, demander le combat, ou un jeu de hazard ; sans savoir le bon, ou le mauvais succès qu'ils auront.

℣. 9. SIC ERGO VOS ORABITIS : PATER NOSTER, &c. *Voici donc de quelle maniére vous prierez : Nôtre Pere, qui êtes dans les Cieux.* Les Apôtres ayant demandé au Sauveur, qu'il leur donnât une formule de priére, (*e*) de même que Jean-Baptiste en avoit donné une à ses Disciples ; JESUS leur donna le *Pater noster*, qui est la plus belle, & la plus parfaite oraison qui ait jamais été prononcée. Elle renferme en trèspeu de paroles, tout ce que nous devons demander à Dieu ; & les demandes y sont exprimées de la maniére que doivent être conçûës toutes les priéres, je veux dire, d'une maniére humble, soumise, pleine de confiance, & de résignation à la volonté de Dieu. (*f*) Tertullien (*g*) n'a

---

(*a*) *August. Serm. olim 48. de Divers. nunc 56. Ideo voluit ut ores, ut desideranti det, ne vilescat quod dederit, quia & ipsum desiderium ipse insinuavit.*

(*b*) *Author Operis imperfecti. Non ideo oramus, ut exponamus Deo quod volumus, sed ut placeat ei præstare quod desideramus.*

(*c*) *Juvenal. Satyr. X. v. 347.*
Permittes ipsis expendere numinibus, quid Conveniat nobis, rebusque sit utile nostris.
Nam pro jucundis aptissima quæque dabunt Di. Carior est illis homo, quàm sibi.

(*d*) *Xenophon, de Dictis & Fact. Socrat.*

(*e*) *Luc. XI. 1*

(*f*) *Vide August. Ep. 130. cap. 12. lib. 2. de Serm c. 3. & Serm 56. nov. Edit. & Cyprian de Orat Dominic.*

(*g*) *Tertull. l. de Orat. Dominica. Breviarium totius Evangelii.*

pas fait difficulté d'appeller le *Pater noster*, l'abrégé de tout l'Evangile. Et en effet, on verra dans l'examen que nous en allons faire, qu'il enseigne, non-seulement les demandes qu'un Chrétien doit faire, mais aussi les actions que nous devons pratiquer pour vivre en parfaits Chrétiens.

On prétend (*a*) que c'étoit un usage parmi les Juifs, que les principaux Docteurs donnoient à leurs Disciples des formules d'oraisons ; & on remarque dans les Livres Hébreux plusieurs traits qui ont du rapport à ce que nous lisons dans l'Oraison Dominicale ; soit qu'ils les ayent empruntez de l'Evangile, soit qu'ils les ayent formez sur les sentimens communs de leur Religion, répandus dans les Livres sacrez. Ce qui est certain, c'est que cette Oraison est toute divine, & que personne ne pouvoit nous montrer à prier comme il faut, que le Fils de Dieu même. Le Pere reconnoît volontiers dans nos priéres, les paroles de son Fils : (*b*) *Agnoscat Pater Filii sui verba cùm precem facimus* ; & il nous exauce plus aisément, lorsque nous ne lui demandons, que ce que son Fils nous a appris à lui demander. (*c*) *Ut dum oratione quam Filius docuit apud Patrem loquimur, facilius audiamur.*

PATER NOSTER, QUI ES IN COELIS. *Nôtre Pere, qui êtes dans les Cieux.* C'est une prérogative de la Loi nouvelle, de pouvoir appeller Dieu nôtre Pere. JESUS-CHRIST nous a procuré la grace, & l'honneur d'être les enfans, & les héritiers du Pere Céleste. (*d*) Quand nous appellons Dieu nôtre Pere, nous apprenons nôtre origine, & nous nous souvenons de nôtre dignité. Il n'est pas permis à des enfans de Dieu, de conserver des sentimens terrestres, & de s'attacher à la créature. Ils ont droit de s'adresser à Dieu avec confiance, comme à leur Pere. Ils doivent considérer tous les hommes, comme leurs freres, puisqu'ils ont tous un Pere commun. Comment pourroient-ils haïr les enfans du Pere Céleste, qui les menace de sa colére, s'ils ne les aiment ? Ils apprennent par ces mots : *Nôtre Pere*, à prier en commun, (*e*) à demeurer unis à l'Eglise. Et par ceux-ci : *Qui êtes dans les Cieux*, à porter leurs vûës, leurs inclinations, leurs desirs dans le Ciel, & dans l'éternité. Sous le nom de *Pere*, plusieurs anciens (*f*) ont entendu ici toute la sainte Trinité. D'autres, (*g*) le Pere Eternel : *Cui dicimus Pater noster ? Patri Christi.*

SANCTIFICETUR NOMEN TUUM. *Que vôtre nom soit sanctifié.* Le

(*a*) Voy z *Luc.* XI. 1. *Gemarr. Babil. Berachot. Ligfoot. Hor Hebr. Grot. hic. Greg. not.* 38.
(*b*) *Tertull. de Orat. Dominica.*
(*c*) *Cyprian. de Orat. Dominica.*
(*d*) *Rom* VIII. 15. 16 *Galat.* IV. 28. 29.
(*e*) *Auth. Oper. imperfecti.*
(*f*) *Chrysost. hic Cyprian. l. de Orat Dominica. Rupert. in hunc loc.*
(*g*) *Aug tract.* XXX. *in Johan. & alibi.*

10. *Adveniat Regnum tuum. Fiat voluntas tua sicut in Cœlo, & in terra.*	10. Que vôtre Regne arrive. Que vôtre volonté soit faite sur la terre, comme au Ciel.

COMMENTAIRE.

nom de Dieu, est Dieu même. Dieu est toûjours saint, toûjours glorieux, toûjours glorifié, sans que nous nous en mêlions. Il tire sa gloire du mal, comme du bien. Il n'a que faire de nous, de nos biens, ni de nos loüanges. Ainsi nous ne lui demandons pas qu'il sanctifie son nom, ni que nous le sanctifiions; mais qu'il soit sanctifié, connu, aimé, adoré, glorifié dans tout le monde, & par toutes les créatures intelligentes. (a) Nous sanctifions le Seigneur par nôtre bonne vie, par nos actions pures, & saintes; & nous lui demandons nôtre propre sanctification, & nôtre propre gloire, en lui demandant la sanctification de son nom, comme dit S. Augustin. (b) *Hoc rogas, ut quod semper sanctum est in se, sanctificetur in te, id est, sanctum habeatur, non contemnatur, &c.* Les Payens ne sanctifioient pas le nom de Dieu; ils le profanoient au contraire, en le donnant aux Idoles. Les Juifs en avoient une idée trop basse. Ils ne le servoient point avec la pureté, & la perfection qu'il demande. Ils bornoient sa bonté à la seule nation Juive, & donnoient à tous les autres peuples l'exclusion de l'alliance. JESUS-CHRIST veut que ses Disciples cherchent à répandre la connoissance de son nom dans tous les endroits du monde, & parmi toutes les nations. (c)

℣. 10. ADVENIAT REGNUM TUUM. *Que vôtre Regne arrive.* On donne plusieurs sens à ce passage. 1°. Que vous puissiez regner, mon Dieu, dans nos cœurs par la foi, & par la charité. (d) 2°. Que toutes les créatures raisonnables reconnoissent vôtre domaine, & demeurent humblement soumises aux ordres de vôtre Providence. (e) 3°. Que le Royaume du Ciel arrive bien-tôt; que bien-tôt nous puissions être reçûs dans vos tabernacles éternels, & joüir de cette vie qui n'est sujette à aucun danger, à aucunes disgraces. (f) *Nihil est aliud quàm optare, ut dignos nos faciat regno suo*, dit S. Augustin. 4°. Enfin, que le regne de JESUS CHRIST s'établisse par la foi, & par la conversion de tous les peuples du monde, (g) & qu'il se conserve, & s'augmente sans fin.

(a) *Chrysost. hic.*

(b) *Aug. Serm. olim 48. de Divers. nunc 56 & 57.*

(c) *Tertull. de Orat. Dominicâ c. 3. Id petimus ut sanctificetur in nobis, qui in illo sumus, simul & in cæteris, quos adhuc gratia Dei expectat.*

(d) *Ambros. l. 5. de Sacram. c. 4. Auct. Oper. imperfecti. Ieron. hic, & l. 3. contra Pelag. Euthym. Greg. Nyss. l. de Orat. Dominica.*

(e) *Theophyl. Rupert. Maid. Ist. Grot. Menoch. his.*

(f) *Tertull. & Cyprian. l. de Orat. Dominica. Chrysost. in Matt. Homil. 20. Aug. Ep. olim 121. nunc 130. ad Probam. c. 11.*

(g) *Aug. l. 1. de Serm. Domini in monte.*

11. *Panem nostrum supersubstantialem da nobis hodie.*

11. Donnez-nous aujourd'hui le pain qui est nécessaire à nôtre subsistance.

COMMENTAIRE.

Fiat voluntas tua sicut in Coelo, et in terra. *Que vôtre volonté soit faite sur la terre, comme au Ciel.* La volonté absoluë de Dieu s'exécute toûjours ; nulle puissance ne peut résister à ses ordres. Les plus grands pécheurs, & les plus endurcis, lors même qu'ils s'efforcent de résister aux ordres de Dieu, les exécutent. *Omnipotentis Dei consilio dum resistere nituntur, obsequuntur*, dit saint Grégoire le Grand. (*a*) Mais nous demandons ici que nos volontez, & celles de tous les hommes soient tellement soumises à la sienne, que nous n'y formions point la moindre opposition. (*b*) *Non ut Deus faciat quod vult, sed ut nos facere possimus quod Deus vult*, dit saint Cyprien. Nous le prions d'accorder aux pécheurs la grace de la conversion, afin que faisant la volonté de Dieu, cette même volonté se fasse en eux. (*c*) *Quando facimus voluntatem Dei, tunc fit voluntas ejus in nobis.* Nous souhaitons que sa volonté, ses desseins sur nous s'exécutent sur la terre, comme ils ont été résolus dans le Ciel : *Sicut fuerit voluntas in Cœlo, sic fiat ;* (*d*) afin que nous demeurions toûjours dans une parfaite soumission aux ordres de sa Providence. Enfin, saint Augustin (*e*) & l'Auteur de l'Ouvrage imparfait, (*f*) & plusieurs autres l'entendent ainsi : Que vôtre volonté s'exécute dans nous, comme elle est faite dans le Ciel par les SS. Anges : *Fiat in nobis, sicut & in Angelis qui sunt in Cœlo, voluntas tua.*

℣. 11. Panem nostrum supersubstantialem da nobis hodie. *Donnez-nous aujourd'hui le pain nécessaire à nôtre subsistance.* Sous le nom de *pain*, l'Ecriture entend toute sorte de nourriture. Ici on peut même l'étendre à toutes les autres choses nécessaires à la vie. Le pain est nécessaire, dit S. Augustin; (*g*) il y a de l'imprudence de demander des richesses, qui ne servent qu'à entretenir la vanité ; mais il n'y en a point de demander du pain, qui est une chose dont on ne peut se passer. Vous êtes comme un mendiant à la porte de Dieu; n'en rougissez point. Quelque riche que vous soyez, vous ne laissez pas d'être mendiant comme les autres. Et que demandez-vous ? Vous demandez le pain de chaque jour,

---

(*a*) *Greg. Mag. l. 6. Moral. in Job. c. 12.*
(*b*) *August. Serm. 56. nova edit.*
(*c*) *Aug. Serm. 68. n. 4.*
(*d*) *1. Macc. II. 60.*
(*e*) *Aug. lib. 1. de Serm. Domini in monte, & Serm. olim 48. de Tempore, nunc 66. Item Serm. 67. n. 6. Ita Chrysostomus Homiliâ 6. in 1. Tim. 11. & alibi.*
(*f*) *Author Oper. imperfect. Homil. 14. Ita Ieronym. hic. Chrysostom. Homil. 20. Theophyl. Euthym.*
(*g*) *Serm. olim 48. de Divers. nunc 56. n. 9. 10. Ita ferè Tertull. Cyprian. Chrysost. Nyssen. Beda, & alii innumeri.*

comme le dernier des pauvres. Car d'où vous vient ce que vous avez, sinon de la libéralité de celui qui donne tout, & qui peut dans un moment vous rendre pauvre? Qu'auriez-vous, si Dieu retiroit sa main bienfaisante?

Quelques-uns (*a*) sont d'avis que nous ne devons demander autre chose par ces paroles, *Donnez-nous nôtre pain nécessaire*, *&c.* sinon la nourriture de l'ame, la grace, la lumiére, la charité. Rien n'est plus digne de JESUS-CHRIST, & de la perfection Chrétienne, que cette demande, prise en ce sens. D'autres (*b*) l'entendent de la sainte Eucharistie: *Faites-nous la garce, ô mon Dieu, de vivre de telle sorte, que nous ne soyons jamais séparez de vôtre Autel*, dit saint Augustin. Donnez-nous la sainte Eucharistie, ce pain de tous les jours: *Eucharistiam tuam, quotidianum cibum.* Il ajoûte que la parole de Dieu qu'on nous prêche tous les jours, est encore une sorte de pain de chaque jour, que les ames désirent avec autant d'appétit, que le corps en a pour les viandes corporelles. Mais ces explications sont plûtôt morales, que littérales.

Le terme Grec, (*c*) que l'Auteur de la Vulgate a traduit dans S. Luc par *quotidianum*, & ici par *supersubstantialem*; a beaucoup exercé nos Critiques. S. Jérôme (*d*) nous avertit qu'il l'a rendu par *supersubstantialem*, dans sa traduction de S. Matthieu: mais malgré la diligence, le terme *quotidianum*, qui étoit dans l'ancienne Vulgate, & auquel le peuple étoit accoutumé, s'est maintenu dans l'usage. Le même Saint remarque que dans l'Evangile Hébreu des Nazaréens, on lisoit *Machar*, qui signifie *le lendemain*; en sorte que par-là, dit Grotius, (*e*) la dispute est finie, & le terme Grec *Epiousios*, doit s'entendre du lendemain, puisqu'incontestablement l'Original a cette signification. Toutefois il ne faut pas le borner au lendemain strictement pris, mais au tems futur. Donnez-nous à l'avenir chaque jour la nourriture nécessaire pour nous sustenter; non pas que nous demandions aujourd'hui tout ce qu'il faut pour nous nourrir le reste de nôtre vie; la demande sembleroit injurieuse à la Providence, & à la libéralité du Seigneur. Nous demandons seulement à Dieu qu'il daigne nous donner chaque jour de nôtre vie la nourriture convenable; c'est comme si nous lui disions: Seigneur, nous nous remettons pour l'avenir à vos soins, & à vôtre bonté, du soin de nôtre entretien. C'est ainsi que Salomon dans les Proverbes (*f*) disoit à Dieu: *Ne me donnez ni les richesses, ni la pauvreté; mais seulement ma mesure de pain*, ou la mesure de

(*a*) *Ieron. hic. Cyrill. Pet. Chrysolog. Rabb. Isaac apud Cassian. alii.*

(*b*) *Aug. Homil. olim 42. inter 50. nunc 58. n. 5. Tertull. & Cyprian. l. de Orat. Ambros. l. 5. de Sacram. c. 4. alii.*

(*c*) Τὸν ἄρτον ἡμῶν, τὸν ἐπιούσιον, δὸς ἡμῖν σήμερον. *Luc. xi. 3.* Δίδου ἡμῖν καθ' ἡμέραν.

(*d*) *Ieron. in Matt. l. 1. c. 6.*

(*e*) מחר *Cras. Vide Grot. & Ham. & Cleric. hic, & Mald.*

(*f*) *Prov. xxx. 8.* לחם חקי *70.* Τὰ δέοντα καὶ τὰ αὐτάρκη.

12. *Et dimitte nobis debita nostra, sicut & nos dimittimus debitoribus nostris.*

12. Et remettez-nous nos dettes, comme nous les remettons *à ceux* qui nous doivent.

COMMENTAIRE.

nouriture que vous donnez chaque jour à vos serviteurs. Suidas, Théophilacte, & quelques autres expliquent le Grec *Epiousios*, par *suffisant*, par opposition à *Periousios*, qui signifie *superflu*. Et cette explication revient assez à celle que nous venons de donner. Le Syriaque : *Donnez-nous le pain, dont nous avons besoin.*

D'autres (*a*) soutiennent la traduction de *Supersubstantialis*, nôtre pain, qui est d'une nature au-dessus de l'ordinaire, d'une nature plus relevée ; comme si par-là il falloit, comme nous avons dit, entendre ou la sainte Eucharistie, ou la parole de Dieu, ou même sa sainte volonté, qui doit être nôtre vraye nourriture, comme elle étoit celle de nôtre Sauveur: (*b*) *Meus cibus est ut faciam voluntatem ejus qui misit me.* Abaëlard (*c*) lisoit comme nous : *Panem supersubstantialem*, & il faisoit ainsi réciter le *Pater* dans le monastére du Paraclet ; il défend cette maniére de lire contre saint Bernard. D'autres traduisent : Nôtre pain *substantiel*, le pain ordinaire, & propre à nous nourrir. Nous ne demandons ni une nourriture délicate, ni superfluë, mais le simple nécessaire. Enfin la plûpart des Peres, & des Interprétes suivent cette maniére de lire : *Panem nostrum quotidianum* : Donnez-nous nôtre pain de chaque jour. Nous ne demandons point de grands biens, mais nôtre pain; nous ne portons point nos inquiétudes sur l'avenir ; nous nous contentons de la nourriture journaliére, & quotidienne ; c'est le sentiment le plus suivi. Le premier est peut-être le plus littéral, mais il ne s'éloigne que très-peu de celui-ci.

℣. 12. DIMITTE NOBIS DEBITA NOSTRA, SICUT ET NOS DIMITTIMUS. *Remettez-nous nos dettes, comme nous les remettons à nos débiteurs.* Nos dettes sont nos péchez, comme S. Luc (*d*) l'a expressément marqué. Dieu nous promet le pardon de nos péchez, mais à condition que nous pardonnerons aussi à ceux qui nous auront offensez. (*e*) La condition ne peut être ni plus douce, ni plus juste. Ceci revient à ce qu'il a dit plus haut : (*f*) *Lorsque vous êtes prêt d'offrir vôtre présent à l'Autel, si vous vous souvenez que vôtre frere a quelque chose contre vous, laissez-là vôtre offrance, & allez premiérement vous réconci-*

(*a*) *Ambros. l. 5. c. 4. de Sacram. Ieronym. alii.*
(*b*) *Johan IV. 34.*
(*c*) *Abaëlardi Epist ad D. Bernard.*
(*d*) *Luc. XI. 4. Dimitte nobis peccata nostra.*
(*e*) *Cyprian. l. de Orat. Dominica.*
(*f*) *Matt. V. 23 24.*

lier avec vôtre frere. Dieu ne reçoit point nos vœux, nos offrandes, tandis que nous conservons de la haine, & de l'inimitié contre nôtre frere. Il est bien juste que nous remettions cent deniers à nôtre frere, pendant que Dieu nous remet dix mille talens, comme parle ailleurs l'Evangile. (*a*) Et encore ce pardon des péchez que nous accordons à nos freres, n'exclut point la nécessité de faire pénitence, & de satisfaire à Dieu, & aux hommes pour les fautes que nous aurons commises contre eux. C'est une simple condition, sans laquelle Dieu ne nous accordera pas le pardon.

Saint Augustin (*b*) limite ceci à ces fautes journaliéres, que les plus justes commettent malgré toute leur vigilance. (*c*) Dieu veut bien nous les pardonner, pourvû que de nôtre part nous pardonnions à nos freres, les fautes qu'ils peuvent commettre contre nous. Dieu nous dit : Je fais un accord avec vous : pardonnez, & je vous pardonne. Si je ne vous pardonne point, il ne tient pas à moi; c'est vous qui me retenez. Vous êtes accablé de ces péchez journaliers, qui sont comme un poids qui vous charge. Qu'importe que vous soyez chargé de plomb, ou de sable? Le plomb est une seule masse; le sable est un amas de plusieurs grains; mais ces grains vous écrasent par leur nombre : ce sont de petits péchez, je l'avoüe; mais ne voyez-vous pas que les fleuves se remplissent de plusieurs gouttes, & que ces amas d'eaux entraînent les terres : *Non vides de guttis minutis flumina impleri, & fundos trahi? Minuta sunt; sed multa sunt.* C'est donc pour obtenir le pardon de ces sortes de fautes, que vous devez réciter l'Oraison Dominicale, & dire tous les jours : Pardonnez-nous, comme nous pardonnons. *Delet omnino hac oratio quotidiana peccata.* (*d*) C'est-là comme un Baptême journalier, où nous lavons les fautes où nous tombons presqu'à tout moment.

Pour les plus grands péchez, & ceux mêmes que l'on peut avoir commis avant le Baptême, ils se remettent par la pénitence, par le Sacrement de la régénération; mais toûjours sous la condition que l'on pardonne à ceux qui nous ont offensez : sans cela, il n'y a point de pardon à espérer. L'Auteur de l'Ouvrage imparfait (*e*) remarque que certaines personnes refusoient de réciter cette priére, parce qu'ils ne vouloient pas pardonner. Saint Benoît (*f*) veut qu'on la récite à haute voix tous les jours dans l'Office de Laudes, & de Vêpres, afin que les Solitaires soient avertis par-là de l'obligation où ils sont de se pardonner mutuellement les fautes journaliéres.

(*a*) *Matt.* XVIII. 24. 25. 28. Voyez ci-après ℣. 14. 15. & *Eccl.* XXVIII. 1. 2. 3. 4.

(*b*) *Aug. Serm. olim* 48. *de Divers. nunc* 56. *Serm. olim* 42. *inter* 50. *nunc* 58. *n.* 6. 7. & *Serm. aliàs* 135. *de Tempore, nunc* 59. *Idem Bonifac. l.* 1.

(*c*) 1. *Johan.* I. 8. 9. 10. & *Prov.* XX: v. 16 & *Matt.* XVIII. 21. 22.

(*d*) *Aug. Enchirid. c.* 71.

(*e*) *Author Oper. imperfect. Homil.* 14.

(*f*) *S. Bened. Regul. c.* 13.

13. *Et ne nos inducas in tentationem. Sed libera nos à malo. Amen.*

13. Et ne nous abandonnez point à la tentation ; mais délivrez-nous du mal. Ainsi soit-il.

COMMENTAIRE.

℣. 13. Et ne nos inducas (*a*) in tentationem. *Et ne nous abandonnez point à la tentation.* Ou bien : *Ne nous exposez point ;* ou, *Ne nous induisez point en tentation ;* ou *Ne permettez point que nous succombions à la tentation.* Nous sommes exposez à une infinité de tentations de la part du monde, du démon, de la chair, & de nôtre propre concupiscence. Le monde nous tente par ses caresses, comme par ses terreurs. Le démon employe toute sa ruse, & toute sa malice à nous séduire. Nous portons au dedans de nous-mêmes le plus dangereux de nos ennemis, & qui est le seul, selon saint Jacques, (*b*) qui nous entraîne, & qui nous surmonte ; je veux dire la concupiscence, qui cause en nous des combats continuels entre la chair, & l'esprit. (*c*) Dieu même par des vûës de miséricorde nous expose quelquefois à la tentation, pour nous éprouver, ou pour nous purifier ; & quelquefois par des raisons de justice, il nous livre dans sa colére à nos ennemis, & permet que nous succombions, pour punir nôtre infidélité ou nôtre orguëil ; de maniére que l'on peut dire que toute nôtre vie n'est qu'une tentation, & un combat continuel: (*d*)

Nous demandons donc à Dieu par cette priére, ou qu'il ne permette pas que nous soyons exposez à la tentation, (*e*) dont nous ne sortirons que vaincus, s'il nous abandonne à nous-mêmes, & s'il ne nous accorde sa protection, & sa grace ; ou qu'il nous donne la force, & les secours néceſsaires, pour remporter la victoire sur nos ennemis. (*f*) Cette priére étoit un des plus forts argumens, que les Catholiques employassent contre les Pélagiens, (*g*) qui soutenoient que nous pouvons éviter le péché par nos propres forces, sans le secours de la grace. *Frustra dicimus : Ne nos inferas in tentationem, si hoc in nostra positum est potestate, ut nullo illius adjutorio id valeamus implere.*

Sed libera nos a malo. *Mais délivrez nous du mal.* Les Peres Grecs, (*h*) & plusieurs Latins l'entendent ordinairement comme s'il y

(*a*) S. Cyprien, & plusieurs du tems de S. Augustin, *l. 2. de Serm Domini*, lisoient : *Et ne nos patiaris induci in tentationem.*

(*b*) *Jacobi* I. 14.

(*c*) *Galat.* v. 17.

(*d*) *Job.* VII. 1.

(*e*) *Tertull. & Cyprian. de Orat. Dominica, August. Ep. 157. c. 2. & l. de dono persev. c. 6. Chrysost. alii.*

(*f*) *Aug. l. 1. de Serm Domini, & Ep. olim 121. nunc 130. ad Probam. c. 11*

(*g*) *Hieron. l. 3. contra Pelag. & Aug. Ep. olim 89. nunc 157. ad Hilar. & olim 94. nunc 178 ad eundem.*

(*h*) *Chrysost. Homil. XX. Euthym. & Theophyl. hic. Tertull. & Cyprian. l. de Orat. Dominica, Ambros. l. 5. de Sacram. c. 4. & alii à recentioribus plurimi.*

avoit : *Délivrez-nous du méchant*, c'est-à-dire, du démon ; & le Texte Grec de ce passage leur est fort favorable. Plusieurs nouveaux Interprétes l'entendent de même. Les Peres Latins (*a*) le prennent plus communément dans le sens que nous avons exprimé dans la traduction : *Délivrez-nous du mal*, c'est-à-dire, des maux, des traverses, des miséres de cette vie, ou du péché, qui est le plus grand de tous les maux. Ce dernier sens est suivi de ceux qui croyent que les demandes de l'Oraison Dominicale sont empruntées de l'usage des Juifs, qui ont accoutumé de demander à Dieu dans leur livre de prieres, qu'il les délivre des maux, & des périls de la vie présente. (*b*) D'autres (*c*) soutiennent que ceci n'est qu'une explication de la demande précédente, & que nous demandons à Dieu qu'il nous délivre de la tentation, que nous devons regarder comme un très-grand malheur ; ou du moins que si nous y sommes exposez, nous n'y succombions point ; ce qui seroit encore un plus grand inconvénient.

Mais comme on compte ordinairement sept demandes dans le *Pater*, (*d*) & que ce sentiment les réduit à six, nous aimons mieux dire que c'est ici une demande nouvelle dans laquelle nous prions Dieu de nous délivrer des maux de cette vie, soit corporels, ou spirituels ; de peur que les peines ausquelles nous sommes exposez, ne nous engagent à perdre la grace, à tomber dans l'impatience, & à abandonner Dieu. Nous conjurons le Seigneur qu'il nous garantisse de ces maux, ou qu'il ne permette pas que nous y succombions ; qu'il nous donne la victoire par sa grace, ou qu'il nous délivre de ces dangers par une mort heureuse. De maniére que l'on peut dire que dans cette priére nous demandons pardon de nos péchez passez : *Dimitte nobis peccata nostra* ; de nos péchez futurs : *Ne nous induisez point en tentation* ; & de nos péchez présens : *Délivrez-nous du mal.* C'est ce que l'Eglise Latine semble avoir eu en vûë dans ces paroles qu'elle ajoûte dans sa Liturgie, après *Sed libera nos à malo : Délivrez-nous, Seigneur, de tous les maux passez, présens, & à venir.* (*e*)

Après ces mots, *Sed libera nos à malo* ; le Grec ajoûte : (*f*) *Parce que le Royaume, la force, & la gloire vous appartiennent dans tous les siécles : Ainsi soit-il.* On lit de même dans les Constitutions Apostoliques, dans l'Ouvrage imparfait sur saint Matthieu, dans S. Chrysostome, dans les anciennes Liturgies des Grecs, dans les Versions Syriaque, & Gotique. Mais il y a beaucoup d'apparence que ces paroles sont ajoûtées, & qu'el-

(*a*) *Cyprian. l. de Orat. Dominica, Aug. Ep 130. nov edit. c. 11. & l. 2. de Serm Domini.*

(*b*) *L. Musar. 4. 12 Berachot. fol. 16. Sedec Tephilim p 151.*

(*c*) *Aug. l. 2. de peccator. meritis c. 4. & l. 2. de Serm. Domini in monte. Author Operis imperfecti, Jans. Gandav. c. 41. Concord.*

(*d*) *Cyprian l. de Orat. Dominica, & Aug. lib. 2. de Serm. Domini in monte, & alibi Brug. Erasm.*

(*e*) *Aug. l. de peccatorum meritis. c. 4. Tertull. l. de Orat. Dominica, Maldon.*

(*f*) Ὅτι σοῦ ἐστιν ἡ βασιλεία, καὶ ἡ δύναμις, καὶ ἡ δόξα, εἰς τοὺς αἰῶνας, ἀμήν.

14. *Si enim dimiseritis hominibus peccata eorum : dimittet & vobis Pater vester cœlestis delicta vestra.*

15. *Si autem non dimiseritis hominibus : nec Pater vester dimittet vobis peccata vestra.*

16. *Cùm autem jejunatis, nolite fieri sicut hypocritæ, tristes : exterminant enim facies suas, ut appareant hominibus jejunantes. Amen dico vobis, quia receperunt mercedem suam.*

14. Car si vous pardonnez aux hommes les fautes qu'ils font *contre vous*, vôtre Pere céléste vous pardonnera aussi vos péchez.

15. Mais si vous ne pardonnez point aux hommes *lorsqu'ils vous ont offensé*, vôtre Pere ne vous pardonnera point non plus vos péchez.

16. Lorsque vous jeûnez, ne soyez point tristes comme les hypocrites : car ils affectent de paroître avec un visage défiguré, afin que les hommes connoissent qu'ils jeûnent. Je vous dis en vérité qu'ils ont reçû leur récompense.

COMMENTAIRE.

les sont passées des Liturgies dans le Texte de S. Matthieu. On ne les lit point dans S. Luc, (*a*) ni dans aucun des anciens Exemplaires Latins des Evangiles, ni dans les plus anciens Manuscrits Grecs, (*b*) ni dans les Versions Cophtes, & Arabes.

AMEN. *Ainsi soit-il.* C'est la conclusion de cette priére que JESUS-CHRIST nous a enseignée. Les Juifs, & à leur imitation les Chrétiens (*c*) avoient accoûtumé dans les priéres publiques, de répondre à la fin, *Amen.* Ce terme ne paroît point dans l'ancien Manuscrit de Cambrige, ni dans plusieurs autres, tant Grecs, que Latins ; ni Tertullien, ni S. Cyprien, ni S. Augustin, ni le Syriaque ne l'ont point lû. Il y a assez d'apparence qu'il a été ajoûté ici depuis saint Matthieu ; & depuis qu'on a commencé à le prononcer dans la Liturgie à la fin du *Pater*. (*d*)

℣. 14. SI ENIM DIMISERITIS HOMINIBUS, &c. *Car si vous pardonnez, vôtre Pere vous pardonnera.* Voyez ci-devant le ℣. 12. & *Matt.* XVIII. 24. 25. *Celui qui veut se venger, éprouvera la vengeance du Seigneur*, dit l'Auteur de l'Ecclésiastique, (*e*) *& Dieu conservera la mémoire de ses péchez, Pardonnez à vôtre prochain qui vous a offensé, & vous recevrez le pardon de vos propres fautes. L'homme garde sa colére contre son semblable, & il espére que Dieu lui accordera le pardon ? Il manque de miséricorde envers son prochain, & il prie Dieu de lui remettre ses péchez ? Lui qui n'est que chair, réserve sa colére, & il demande miséricorde à son Dieu ? Qui intercédera pour lui obtenir le pardon ?*

℣. 16. CUM JEJUNATIS, NOLITE FIERI SICUT HYPOCRI-

(*a*) *Luc.* XI. 4.
(*b*) *Vide Mill var. Lect. Maldon. Grot. hîc.*
(*c*) *Deut.* XXVII. 15. 16. 17 XXV. 26. & 1. *Esdr.* VIII. 6. & 2. *Esdr.* V. 13. 1. *Cor.* XIV. 16. *Iustin. apol.* 2.
(*d*) *Vide Not. Mill. in N. Test. & Grot. & Glass. & alios.*
(*e*) *Eccli.* XXVIII. 1. 2. 3. 4.

17. *Tu autem, cùm jejùnas, unge caput tuum, & faciem tuam lava,*	17. Mais vous, lorſque vous jeûnez, parfumez vôtre tête, & lavez vôtre viſage,

COMMENTAIRE.

℣. 16. *Lorſque vous jeûnez, ne ſoyez point triſtes, comme les hypocrites.* JESUS-CHRIST ne condamne pas le jeûne dans les Phariſiens; mais il condamne leur triſteſſe affectée, leur air ſombre, triſte, mortifié. Le Grec (*a*) ſignifie proprement *chagrin*, auſtére. Il ne parle pas des jeûnes communs, & ordonnez à toute la nation. L'orguëil des Phariſiens ne pouvoit ſe faire beaucoup diſtinguer dans ces ſortes de jeûnes, que tout le monde faiſoit comme eux; ſi ce n'eſt peut-être dans quelques affectations extérieures d'une auſtérité, & d'un accablement extraordinaire. Mais ce qu'ils affectoient le plus, & ce qui leur attiroit l'eſtime du peuple ignorant, étoient les jeûnes de ſurérogation qu'ils faiſoient, & qui étoient très-rigoureux: car ils jeûnoient ordinairement deux fois la ſemaine, (*b*) ſavoir le Lundi, & le Jeudi; ou même quelquefois le Lundi & le Mardi, le Jeudi & le Vendredi. Ces jours-là ils s'abſtenoient non ſeulement de viandes; mais de toute nourriture agréable. Ils ne mangeoient qu'au ſoir, couchoient durement, & ſouvent ſur la ſimple terre. (*c*) Ceux qui étoient mariez, n'uſoient point du mariage. Quelques-uns, ſelon ſaint Epiphane, couchoient ſur des épines; leur viſage étoit pâle, triſte, & défait; ils augmentoient encore cela par leur air morne, & auſtére. C'eſt cette affectation, & ces airs empruntez que JESUS-CHRIST déſapprouve, & qu'il défend à ſes Diſciples.

EXTERMINANT (*d*) ENIM FACIES SUAS, UT APPAREANT, &c. *Ils affectent de paroître avec un viſage défiguré, afin que les hommes connoiſſent qu'ils jeûnent.* Ce n'eſt pas à dire qu'ils ne jeûnaſſent pas, comme le croit l'Auteur de l'Ouvrage imparfait. Ils jeûnoient, & en cela ils ne faiſoient point mal: mais ils vouloient que tout le monde le ſçût; ce qui étoit une vanité ridicule. Le Grec ſe peut traduire: (*e*) *Ils gâtent*, ils contrefont, ils cachent leur viſage; ils vont le viſage couvert, (*f*) comme ceux qui ſont dans le deüil. Mais le vrai ſens eſt celui-ci: Ils affectent de paroître maigres, languiſſans, pâles, extenuez. La vaine complaiſance qu'ils tirent de cet état, & de la fauſſe eſtime des hommes, leur ſervira de récompenſe. *Receperunt mercedem ſuam.*

℣. 17. UNGE CAPUT TUUM. *Lorſque vous jeûnez, parfumez vôtre*

(*a*) Σκυθρωποί.

(*b*) *Luc.* XVIII. 12.

(*c*) *Vide Grot. hic*

(*d*) *Hieron. Demoliuntur. Chryſoſt.* Διαφθείρουσι. *Vatab. Deformant.*

(*e*) Ἀφανίζουσι γὰρ τὰ πρόσωπα αὐτῶν, ὅπως φανῶσι τοῖς ἀνθρώποις νηστεύοντες.

(*f*) *Hammond. hic.*

18. *Ne videaris hominibus jejunans, sed Patri tuo, qui est in abscondito: & Pater tuus, qui videt in abscondito, reddet tibi.*

18. Afin de ne pas faire paroître aux hommes que vous jeûnez; mais à vôtre Pere qui est présent à ce qu'il y a de plus secret. Et vôtre Pere qui voit *ce qui se passe* dans le secret, vous en rendra la récompense.

19. *Nolite thesaurizare vobis thesauros in terra: ubi ærugo, & tinea demolitur: & ubi fures effodiunt, & furantur.*

19. Ne vous faites point de trésors sur la terre, où la roüille & les vers les mangent, & où les voleurs les déterrent, & les dérobent.

20. *Thesaurizate autem vobis thesauros in Cœlo: ubi neque ærugo, neque tinea demolitur; & ubi fures non effodiunt, nec furantur.*

20. Mais faites-vous des trésors dans le Ciel, où ni la roüille, ni les vers ne les mangent point, & où il n'y a point de voleurs qui les déterrent, & qui les dérobent.

21. *Ubi enim est thesaurus tuus: ibi est, & cor tuum.*

21. Car où est vôtre trésor, là aussi est vôtre cœur.

COMMENTAIRE.

tête, & lavez vôtre visage. Dans le deüil, & dans le jeûne on n'usoit ni du bain, ni du parfum. JESUS-CHRIST n'ordonne pas de s'en servir dans ces circonstances; ce n'est pas-là l'esprit de ses paroles; il veut seulement que l'on soit si éloigné de l'affectation de paroître jeûneurs, que l'on paroisse tout le contraire; & qu'au lieu de l'air triste, & austére des Pharisiens, nous prenions des maniéres aisées, ouvertes, & toutes semblables à celles que nous avons aux autres tems. Il veut en un mot, que nous agissions sans affectation, sans vanité, sans fard, sans hypocrisie: (*a*) *Ne videaris jejunium tuum vendere hominibus, ne videaris contristari in animæ tuæ salute*, dit saint Ambroise. (*b*)

℣. 19. NOLITE THESAURIZARE. *Ne vous faites point de trésors sur la terre, où la roüille, & les vers les mangent, &c.* Sous le nom de *trésors*, les Hébreux entendent tout ce qui se met en réserve, or, argent, étain, cuivre, étoffes, habits, vin, huile, bled, & tout le reste. La roüille (*c*) s'attache aux métaux, les vers (*d*) se mettent aux habits, & aux grains; les voleurs ravissent les richesses, & percent les murailles. Ne recherchez donc point les richesses périssables, de quelque nature qu'elles soient, elles ne méritent point que vous vous y attachiez. Elles sont sujettes à trop de risques & de malheurs. Mais amassez-vous des

(*a*) *Chrysost. Homil.* XXI. *Author Oper. imperfecti Ieron. Theophylact. Euthym. alii passim inter recentiores.*

(*b*) *Ambros. l. de Elia & Jejunio.*

(*c*) Βρῶσις en cet endroit est synonime à ἰὸς, la roüille. Saint Augustin, & l'Auteur de l'Ouvrage imparfait lisent: *Comestum exterminat*, au lieu de *ærugo corrumpit.*

(*d*) Σὴς, se prend pour les vers qui rongent les habits, & pour ceux qui gâtent les bleds dans le grenier.

22 *Lucerna corporis tui est oculus tuus. Si oculus tuus fuerit simplex: totum corpus tuum lucidum erit.*

23 *Si autem oculus tuus fuerit nequam, totum corpus tuum tenebrosum erit. Si ergo lumen, quod in te est, tenebræ sunt, ipsæ tenebræ quantæ erunt?*

22. Vôtre œil est la lampe de vôtre corps. Si vôtre œil est simple, tout vôtre corps sera éclairé.

23. Mais si vôtre œil est mauvais, tout vôtre corps sera ténébreux. Si donc la lumiére qui est en vous, *n'est que* ténébres, combien seront grandes les ténébres mêmes?

COMMENTAIRE.

biens, & des trésors dans le Ciel, par le moyen de l'aumône, & des bonnes œuvres. Vous ne craindrez point que ni les vers, ni la roüille vous les gâtent, ni que les voleurs vous les enlevent. Voyez le ℣. 24. Ou selon S. Hilaire, en le joignant à ce qui précéde: Ne mettez point vôtre trésor dans l'opinion, & dans les loüanges des hommes: n'attendez point d'eux vôtre récompense; mais attendez-la de Dieu seul. C'est à Dieu, c'est au Ciel où vous devez porter vôtre attention, vôtre trésor, & vôtre cœur: *Car là où est vôtre trésor, là aussi est vôtre cœur.*

℣. 22. LUCERNA CORPORIS TUI EST OCULUS TUUS. *Vôtre œil est la lampe de vôtre corps; si vôtre œil est simple, tout vôtre corps sera éclairé: Mais si vôtre œil est mauvais, tout vôtre corps sera ténébreux.* C'est une parabole, ou une comparaison, dont le Sauveur ne fait pas l'application. Mais voici comme les Peres la font ordinairement. (*a*) Vôtre œil est comme la lampe qui éclaire tout vôtre corps; si cette lampe est claire, & lumineuse, tout le corps sera dans la lumiére: mais si vôtre œil est trouble & ténébreux, tout vôtre corps sera dans l'obscurité. Il en est de même de vôtre ame, dans le moral. Son œil est son intention. (*b*) L'intention communique la lumiére, ou répand les ténébres sur tout ce que vous faites, suivant qu'elle est bonne, ou mauvaise, lumineuse, ou ténébreuse. Ayez donc soin, si vous voulez que vos actions soient des actions de lumiére, de purifier vôtre intention, & de rectifier vos désirs. Afin que cet œil intérieur soit pur, il doit avoir, selon saint Bernard, (*c*) *la charité dans l'intention, & la vérité dans le choix.*

D'autres, (*d*) fondez sur plusieurs expressions de l'Ecriture, (*e*) ou l'*œil*

(*a*) *Aug. l. 2. de Serm. Domini, n. 45. Ambros. in Psal.* CXVIII. *Serm.* 24. *Chrysostom. hic, Hieron. Hilar. hic. Author Oper. imperfect. Ita Erasm. Est. Brug. Grot. alii.*

(*b*) *August. lib. de Serm. Domini Oculum ergo hic accipere debemus ipsam intentionem, quâ facimus quicquid facimus, quæ si munda fuerit & recta, & illud aspiciens quod aspiciendum est, omnia opera nostra necesse est bona sint.*

(*c*) *Bernard. de Præcep. & Dispensatione, cap.* 14.

(*d*) *Ligfoot. Hor. Hebr. Hamm. hic, & Cleric. in Matt.*

(*e*) *Prov.* XXII. 6 XXIII. 9. *Matt.* XX. 15. *Rom.* XII. 8. & 2. *Cor.* VIII. 2. IX. 11. 13. *Eccli.* XLV. 8. 9. 10.

24. *Nemo potest duobus dominis servire : aut enim unum odio habebit, & alterum diliget : aut unum sustinebit, & alterum contemnet. Non potestis Deo servire & mammona.*

24. Nul ne peut servir deux maîtres ; car ou il haïra l'un, & aimera l'autre ; ou il se soumettra à l'un, & méprisera l'autre. Vous ne pouvez servir Dieu, & les richesses.

COMMENTAIRE.

mauvais, se met pour l'avarice ; & *le bon œil*, & *la simplicité*, (*a*) pour la libéralité ; croyent qu'ici le Sauveur condamne l'avarice, & ordonne la libéralité, & l'aumône ; & que ceci est une suite de ce qu'il a dit un peu auparavant. N'attachez point vos cœurs aux biens de ce monde, mais portez vos désirs, & vos pensées vers le Ciel : amassez-vous des trésors dans les demeures éternelles, où vous n'avez à craindre, ni la roüille, ni les vers, ni les voleurs. Si vous êtes libéral, & bienfaisant, vôtre cœur sera dans la lumiére. Si vous êtes avare, & attaché aux choses de la terre, vôtre ame sera dans l'obscurité. En un mot, l'avarice est un vice odieux, honteux, bas, ténébreux. La libéralité au contraire est une vertu noble, glorieuse, lumineuse, éclatante. L'avarice vous tient attaché à la terre, la libéralité vous éléve en quelque sorte jusqu'à Dieu, par la conformité à sa miséricorde, & à sa bonté inépuisable. Ce sens me paroît le plus littéral, & le plus conforme au génie de la langue des Hébreux.

℣. 24. NEMO POTEST DUOBUS DOMINIS SERVIRE. *Nul ne peut servir deux maîtres.* C'est la suite de ce qu'il vient de dire de l'avarice, & du bon emploi des richesses. L'avare est esclave de Mammon. L'homme libéral, & qui use comme il faut de ses biens, qui les employe en aumônes, & en bonnes œuvres, est le serviteur de Dieu. Comme nul ne peut à la fois servir à deux maîtres ; ainsi vous ne pouvez être tout ensemble serviteur de Dieu & esclave de Mammon ; avare, & miséricordieux. Quittez donc l'avarice, & l'amour des richesses, si vous voulez être à Dieu. Il faut opter entre ces deux maîtres. JESUS-CHRIST ne défend pas absolument aux siens d'avoir des biens temporels, mais de s'y attacher, d'en être les esclaves. Or celui qui les employe utilement, qui s'en sert sans attache, & sans avarice, n'en est point esclave. (*b*)

Imperat aut servit collecta pecunia cuique.

AUT UNUM SUSTINEBIT, ET ALTERUM CONTEMNET. *Il s'attachera à l'un, & méprisera l'autre.* Haïr, & mépriser, en cet endroit, ne signifient pas proprement avoir du mépris, & de l'aversion pour un homme ; mais seulement l'aimer, & l'estimer moins, ne lui être pas entiérement dévoüé, n'être pas tout à lui. *Haïr*, se prend assez souvent en ce

(*a*) *Vide Rom.* XII. 8. *Ὁ μεταδιδοὺς ἐν ἁπλό-τητι.* 2. *Cor.* VIII. 2. IX. 11. 13.

(*b*) *Horat. Epist. l.* 1. *ep.* 10.

sens

25. *Ideò dico vobis : ne soliciti sitis animæ vestræ quid manducetis, neque corpori vestro quid induamini. Nonne anima plus est quàm esca, & corpus plus quàm vestimentum ?*	25. C'est pourquoi je vous dis : Ne vous inquiétez point où vous trouverez de quoi manger pour *le soutien* de vôtre vie, ni d'où vous aurez des vêtemens pour couvrir vôtre corps. La vie n'est-elle pas plus que la nourriture, & le corps que le vêtement ?

COMMENTAIRE.

sens dans l'ancien Testament (*a*) Dieu veut être aimé, & servi sans partage ; du moins il veut que son amour soit dominant en nous. Or celui qui a mis son inclination dans les richesses, partage son cœur, & souvent donne à l'argent toute son affection.

NON POTESTIS DEO SERVIRE, ET MAMMONÆ. *Vous ne pouvez servir Dieu, & les richesses. Mammon*, ou *Matmon*, (*b*) en Hébreu, & en langue Punique, signifie *les richesses*, le gain, un trésor. *Mammona* est Syriaque & a la même signification. Tertullien (*c*) semble dire, quoique d'une maniére fort confuse, qu'il signifie aussi le Dieu des richesses. Ainsi il répondroit à *Dis*, à *Adés*, ou *Pluton* des Grecs, & des Latins, dont les noms se mettent souvent pour l'or, l'argent, les richesses.

℣. 25. IDEO DICO VOBIS: NE SOLICITI SITIS ANIMÆ VESTRÆ. *C'est pourquoi je vous dis : Ne vous inquiétez point, où vous trouverez à manger ; ni d'où vous aurez des vêtemens, &c.* JESUS-CHRIST ne condamne point les soins justes, & raisonnables que l'on doit avoir de son entretien, & de sa subsistance. Ce seroit tenter Dieu, de négliger les moyens que la Providence nous a mis en main pour nous procurer les choses nécessaires à la vie. Aussi le terme dont il se sert, (*d*) ne signifie pas seulement avoir soin, mais être inquiet ; il marque les empressemens, les sollicitudes, les peines d'esprit que l'on se donne pour une chose que l'on désire avec trop d'ardeur. *Anima vestræ*, pour vôtre ame, pour vôtre vie, pour vôtre entretien, pour ce qui est nécessaire au corps.

NONNE ANIMA PLUS EST (*e*) QUAM ESCA ? *La vie n'est-elle pas plus que la nourriture, & le corps que le vêtement ?* Pour montrer qu'il faut abandonner à Dieu le soin de nos besoins, voici le raisonnement de JESUS-CHRIST. La vie est un plus grand bien que la nourriture ; & le corps est une chose fort au-dessus de l'habit Or le Seigneur nous a donné

(*a*) *Genes.* XXIV 31 *Deut.* XXI. 15. 16. 17. *Prov.* XXX. 23. *Judic.* XIV. 16. XV. 2. 3. *Reg.* XXII 8 *Prov.* VIII 36. XIII. 24.

(*b*) ממונה *Mammona. Syr.* מטמון *Matmon, Hebr.* מכמוני *Macmoni. Cald.*

(*c*) *Tertull. l.* 4. *contra Marcion.*

(*d*) Μὴ μεριμνᾶτε.

(*e*) *Hilar. legit : Pluris est.*

26. *Respicite volatilia Cœli, quoniam non serunt, neque metunt, neque congregant in horrea: & Pater vester cœlestis pascit illa. Nonne vos magis pluris estis illis?*

27. *Quis autem vestrum cogitans potest adjicere ad staturam suam cubitum unum?*

26. Considérez les oiseaux du Ciel. Ils ne sement point, ils ne moissonnent point, & ils n'amassent rien dans des greniers: mais vôtre Pere céleste les nourrit. N'êtes-vous pas beaucoup plus qu'eux?

27. Et qui est celui d'entre vous qui puisse avec tous ses soins, ajoûter à sa taille la hauteur d'une coudée?

COMMENTAIRE.

la vie & le corps; il nous a donné le principal; il ne nous refusera donc pas l'accessoire. (*a*) Nous avons des gages assurez de sa bonté pour le passé. Il a pensé à nous dans un tems où nous n'étions pas; nous oubliera-t'il à présent qu'il nous a fait & créé? Voilà le premier motif de confiance en Dieu. Il en touche trois autres dans la suite.

℣. 6. RESPICITE VOLATILIA COELI. *Considerez les oiseaux du Ciel.* Ils ne travaillent point, & le Pere céleste les nourrit. A plus forte raison aura-t'il soin de vôtre nourriture, vous qu'il a créé, qu'il a mis si fort au-dessus de tous les animaux; (*b*) vous qui le connoissez, & qui devez l'aimer, & le prier? Seconde raison de mettre nôtre confiance en Dieu. Mais de même que la Providence qui veille à la conservation des animaux sauvages, n'empêche pas qu'ils ne doivent chercher à vivre: Ainsi les soins pleins de tendresse que Dieu a de vous, ne doivent point exclure vos soins, & vôtre travail. Saint Hilaire en cet endroit entend par les oiseaux, les démons. D'autres entendent les Anges. (*c*) Ce sont des explications spirituelles.

℣. 27. QUIS AUTEM VESTRUM COGITANS, &c. *Qui d'entre vous peut ajoûter à sa taille la hauteur d'une coudée?* Troisiéme motif de confiance en Dieu, tiré de l'inutilité de nos soins, & de nos inquiétudes. Si dans une chose qui paroît le plus en vôtre pouvoir, & qui vous touche de plus près; je veux dire, dans ce qui regarde l'accroissement de vôtre taille, vous ne pouvez rien du tout: (*d*) Qu'espérez-vous faire dans les choses qui sont hors de vous, & au-dessus de vôtre portée, comme de faire réüssir vos projets, de tourner les cœurs, & les volontez des hommes, de disposer des tems, & des saisons, d'où dépend vôtre bonne, ou mauvaise fortune?

℣. 28. CONSIDERATE LILIA AGRI. *Considérez comment croissent les*

(*a*) *Chrysost. Homil. 22. Author Oper. imperfecti. Aug. l. 2. de Serm. Domini. Ieronym. hic. Beda, Theophyl. Euthym. Strabus, alii.*

(*b*) *Chrysost. Homil. 22. & alii passim.*

(*c*) *Quidam apud Ierom. hic.*

(*d*) *Chrysost. Euthym. Theophylact. Maldon. alii.*

28. *Et de vestimento quid soliciti estis? Considerate lilia agri quomodo crescunt: non laborant, neque nent.*

28. Pourquoi aussi vous inquiétez-vous pour le vêtement? Considérez comment croissent les lis des champs; ils ne travaillent point, ils ne filent point:

29. *Dico autem vobis, quoniam nec Salomon in omni gloria sua coopertus est sicut unum ex istis.*

29. Et cependant je vous déclare que Salomon même dans toute sa gloire, n'a jamais été vêtu comme l'un d'eux.

30. *Si autem fœnum agri, quod hodie est, & cras in clibanum mittitur, Deus sic vestit: quantò magis vos modicæ fidei?*

30. Si donc Dieu a soin de vêtir de cette sorte une herbe des champs, qui est aujourd'hui, & qui sera demain jettée dans le four; combien aura-t'il plus de soin de vous vêtir, ô hommes de peu de foi?

COMMENTAIRE.

lis des champs. Cette raison a rapport à la seconde. Si Dieu donne aux plantes tant de beauté, & s'il a tant de soin de leur accroissement, & de leur perfection; pourra-t'il ne pas penser à vous? Vous laissera-t'il aller nud, pendant qu'il revêt les lis d'une maniére si riche, & si précieuse?

℣. 29. NEC SALOMON IN OMNI GLORIA SUA, &c. *Salomon dans toute sa gloire, n'a jamais été vêtu comme l'un d'eux*. La nature peut bien être imitée; mais l'art ne parviendra jamais à la surpasser, ni même à l'imiter dans une infinité de choses. Salomon au milieu de tout l'éclat de ses habits, & de sa majesté, ne fut jamais plus magnifiquement vêtu que l'est un lis de la campagne; cette fleur est majestueuse, grande, belle, propre, d'une blancheur à éblouïr. Les anciens usoient beaucoup d'habits blancs. Salomon dans l'Ecclésiaste dit à celui qui veut vivre agréablement, qu'il ait toûjours ses habits bien blancs. (*a*) Et Joseph nous apprend que ce Prince paroissoit ordinairement dans son chariot vêtu de blanc. (*b*) On raconte que Solon étant à la Cour du Roi Crésus, ce Prince se fit voir un jour au milieu de tout l'éclat de sa majesté, vêtu magnifiquement; & demanda à Solon, s'il avoit jamais rien vû de plus beau? Ce Philosophe répondit froidement, qu'il avoit vû des cocs, des paons, des faisans. (*c*)

℣. 30. FOENUM AGRI. *Une herbe des champs*. A la lettre: *Le foin des champs*. Il donne ce nom au lis, parce que dans la Palestine cette plante croît au milieu des champs. On voit par cet endroit-ci, que dans la Judée on se servoit pour brûler de chaumes, de pailles, & de choses pareil-

(*a*) Eccle. IX. 8.
(*b*) *Joseph. Antiq.* VIII. c. 2. Λευκὴν ἠμφιεσμένος ἐσθῆτα.
(*c*) *Laërt. in Solone.*

31. *Nolite ergo soliciti esse, dicentes: Quid manducabimus, aut quid bibemus, aut quo operiemur?*

32. *Hæc enim omnia gentes inquirunt. Scit enim Pater vester, quia his omnibus indigetis.*

33. *Quærite ergò primùm Regnum Dei, & justitiam ejus: & hæc omnia adjicientur vobis.*

31. Ne vous inquiétez donc point, en disant: Que mangerons-nous, ou que boirons-nous, ou de quoi nous vêtirons-nous?

32. Comme font les Payens, qui recherchent toutes ces choses: car vôtre Pere sait que vous en avez besoin.

33. Cherchez donc premierement le Royaume de Dieu, & sa justice, & toutes ces choses vous seront données pardessus.

COMMENTAIRE.

les. (*a*) *Cras in clibanum mittitur*. La même chose se pratiquoit en Egypte, ainsi qu'on l'a montré sur l'Ecclesiastique XL. 16.

MODICÆ FIDEI. *O hommes de peu de foi.* Le terme Latin *Fides*, se prend ou pour la foi, qui nous fait croire en Dieu, & nous rend fidéles; ou pour la confiance en Dieu; ou pour la bonne foi, la fidélité, la sincérité, la droiture, l'exactitude à tenir sa parole. Ici elle se prend pour la confiance en Dieu.

℣. 31. NOLITE ERGO SOLICITI ESSE. *Ne vous inquiétez donc point, comme font les Payens.* Il ne condamne que l'inquiétude, les empressemens semblables à ceux des Payens, qui n'ayant point d'espérance solide, mettent toute leur confiance dans leur travail, & dans leur industrie. Travaillez de maniére, que vous attendiez tout de la main, & de la bénédiction de Dieu.

℣. 33. QUÆRITE PRIMUM REGNUM DEI. *Cherchez premiérement le Royaume de Dieu, & sa justice, & toutes ces choses vous seront données par-dessus*, comme par surcroît, par surérogation. Que vôtre premier soin soit de chercher le Royaume du Ciel, de travailler pour l'éternité; de vivre dans la justice, & dans l'innocence; voilà le principal. Les biens de ce monde sont l'accessoire; il ne dit pas qu'il ne faut pas travailler pour les chercher, dit S. Augustin; (*b*) mais qu'il ne les faut chercher qu'après le Royaume de Dieu. La vie éternelle est l'unique nécessaire. Si vous êtes fidéles à Dieu, si vous mettez en lui vôtre confiance, vous devez tout espérer de sa bonté. Il faut trois qualitez dans celui dont nous devons attendre quelque chose: La connoissance de nos besoins, la volonté, & le pouvoir d'y remédier. Vous trouvez tout cela dans Dieu seul. Il sait ce qui vous manque, il peut vous le donner, puisqu'il

(*a*) *Vide Sap* III 7. *Matt.* III. 12. *Luc.* XII. 28 *Eccli.* XL. 16.

(*b*) *August. lib.* 2 *de Serm. Domini in monte. Cùm enim dixit illud primum, significavit quia hoc posterius quærendum est, non tempore, sed dignitate. Illud tamquam bonum nostrum, hoc tamquam necessarium nostrum.*

34. *Nolite ergo soliciti esse in crastinum. Crastinus enim dies solicitus erit sibi ipsi : sufficit diei malitia sua.*

34. C'est pourquoi ne soyez point en inquiétude pour le lendemain ; car le lendemain aura soin de lui-même : à chaque jour suffit son mal.

COMMENTAIRE.

est tout-puissant ; enfin il est tout plein de bonté pour vous, puisqu'il est vôtre Pere. S'il vous refuse ce que vous croyez vous être nécessaire, comme il arrive en effet quelquefois, même aux serviteurs de Dieu ; Dieu saura y suppléer, & vous récompenser par d'autres biens infiniment plus estimables.

Origénes, & S. Clément d'Aléxandrie lisoient dans leurs Exemplaires en cet endroit, une addition qui ne se trouve plus. (*a*) *Demandez de grandes choses, & on vous en accordera outre cela des petites. Demandez des choses célestes, & on vous donnera les terrestres, comme par surcroît.* Il y a assez d'apparence que ces additions nous viennent de l'ancien Exemplaire des Nazaréens, où l'on avoit cousu différentes gloses.

℣. 34. NOLITE ERGO SOLICITI ESSE IN CRASTINUM. *Ne soyez donc point en inquiétude pour le lendemain :* Ou plûtôt, *pour le futur*. Faites ce que vous pouvez, & faites-le de la maniére dont Dieu le veut. Travaillez à vous acquérir les choses nécessaires pour l'entretien de la vie ; mais sans inquiétude, & sans empressement ; & du reste, remettez tout entre les mains de Dieu ; laissez-lui le soin de vous pour l'avenir. (*b*) L'indifférence qu'il demande de vous pour les biens de ce monde, n'est point une indifférence de négligence, mais une indifférence de foi, dit saint Hilaire : (*c*) *Incuria solicitudinis relaxata, non negligentiæ, sed fidei est.*

SUFFICIT DIEI MALITIA SUA. *A chaque jour suffit son mal ;* ses soins, ses peines. (*d*) Penser à l'avenir, & porter ses inquiétudes sur ce qui nous doit arriver dans la suite, c'est se faire volontairement des peines fort inutiles. Car à quoi peuvent servir ces soins, & ces inquiétudes pour un tems qui n'est pas encore, & qui ne sera peut-être jamais pour nous. Saint Hilaire (*e*) entend *malitia*, du péché. Chaque jour a assez de ses fautes, pour nous occuper jour & nuit à les expier, sans nous

(*a*) Αἰτεῖτε τὰ μεγάλα, καὶ τὰ μικρὰ ὑμῖν προστεθήσεται. Καὶ αἰτεῖτε τὰ ἐπουράνια, καὶ τὰ ἐπίγεια ὑμῖν προστεθήσεται. *Origen. de Oratione, non semel : & Clem. Alex. l. 1. Stromat.*

(*b*) *Vide Aug. loco citato. n. 58.*

(*c*) *Hilar. in Matt.*

(*d*) *Tertull. lib. 2. contra Marcion. Chrysost. in Matt Homil. 23. Euthym. Theophylact. & Ieron. hic. August l. 2. de Serm. Domini in monte.*

(*e*) *Hilar. hic.*

faire de vaines inquiétudes pour les péchez futurs. Saint Ambroise (a) l'entend de même. Mais le premier sens est suivi presque universellement.

CHAPITRE VII.

Continuation du Sermon de JESUS-CHRIST *sur la Montagne. Ne pas juger témérairement. Ne pas donner les choses saintes aux chiens. Demander, chercher, frapper avec persévérance. Faux Prophétes. Loups couverts de la peau de brebis. Bons arbres qui produisent de bons fruits. Edifice bâti sur le rocher, & non sur le sable.*

℣. 1. *Nolite judicare, ut non judicemini.*

℣. 1. Ne jugez point, afin que vous ne soyez point jugez.

COMMENTAIRE.

℣. 1. NOLITE JUDICARE, UT NON JUDICEMINI. (b) *Ne jugez point, afin que vous ne soyez point jugez.* JESUS-CHRIST ne condamne pas ici toute sorte de jugement. Il ne parle point des jugemens publics, établis pour conserver la paix & l'union dans la République; ni des jugemens que les Pasteurs de l'Eglise rendent avec connoissance de cause, ni des jugemens que nous formons dans les choses ordinaires de la vie; mais des jugemens désavantageux, malins, précipitez, téméraires, que nous portons sans connoissance contre nos freres. (c) Dieu s'est réservé la connoissance de la conduite des hommes; c'est entreprendre sur ses droits que de vouloir en juger. Rien n'est plus incertain à nôtre égard que les motifs qui engagent les hommes à agir. Il est donc téméraire d'en vouloir décider absolument. Enfin, lorsque nous ne pouvons douter du mal dont nous sommes témoins, si nous songeons à la rigueur des jugemens de Dieu, & si nous réfléchissons sur nôtre propre conduite, nous serons fort réservez à juger, & à condamner les autres.

(a) *Ambros. de Bono mortis, c.* 2

(b) Quelques Exemplaires portent: *Nolite judicare & non judicabimini, nolite condemnare, & non condemnabimini.* Les Peres ne l'ont pas lû ainsi. La Vulgate est conforme au Grec.

(c) *Jerom. hic. Non prohibuit judicare, sed docuit. Vide August. Bedam, hic. Basil. Regul. Brevior. 164. Maldon. hic.*

2. *In quo enim judicio judicaveritis, judicabimini: & in qua mensura mensi fueritis, remetietur vobis.*

2. Car vous serez jugez selon que vous aurez jugé les autres; & on se servira envers vous de la même mesure, dont vous vous serez servis *envers eux*.

3. *Quid autem vides festucam in oculo fratris tui: & trabem in oculo tuo non vides?*

3. Pourquoi voyez-vous une paille dans l'œil de votre frere, vous qui ne voyez pas une poutre dans vôtre œil?

COMMENTAIE.

Car comme dit S. Paul, (*a*) en jugeant, & en condamnant les autres, nous nous condamnons nous-mêmes, puisque nous avons peut-être fait pis que ce que nous condamnons dans nos freres (*b*)

On croit qu'en tout ceci le Sauveur en vouloit principalement aux Pharisiens, qui condamnoient sans miséricorde ce qu'ils voyoient faire aux autres, & qui étoit contraire à leurs préjugez. On voit leur esprit dans tout l'Evangile. Ils observent continuellement Jesus-Christ, & donnent de mauvaises interprétations à tout ce qu'il fait. S'il guérit les maladees un Samedi, s'il mange avec les Publicains, s'il se laisse toucher par un femme qui avoit été pécheresse, s'il remet les péchez, s'il fait des guérisons miraculeuses, ils enveniment tout, ils jugent de tout témérairement, & désavantageusement. Cet homme n'est pas envoyé de Dieu, c'est un profane, un possédé, un faux Prophéte, un séducteur, il ne fait ses miracles qu'au nom de Belsébub. Voilà la conduite des Pharisiens.

Jesus-Christ condamne leur témérité, & leur dit de ne pas juger, *afin qu'ils ne soient pas jugez*. Les hommes jugeront de vous, comme vous jugerez d'eux. Si vous examinez leur conduite sans miséricorde, ils vous observeront à leur tour, & ne vous pardonneront rien. (*c*) *Ils vous mesureront à la mesure que vous les aurez mesuré.* Ou plûtôt: (*d*) Dieu vous jugera comme vous aurez jugé les autres. Il exercera contre vous sa juste sévérité, comme vous avez exercé vôtre injuste censure contre les autres. Il vous jugera dans la justice, & dans la vérité, pour punir la témérité, & l'injustice de vos jugemens. Il n'imitera ni la précipitation, ni la légéreté, ni la malice de vos jugemens, il n'en imitera que la sévérité. Dans vous c'est injustice; dans lui c'est équité: (*e*) *Judicium sine misericordia, ei qui non facit misericordiam.* Ne faites point à autrui ce que vous ne voudriez point qu'on vous fit; & traitez les autres,

---

(*a*) Rom. II. 1. 2.
(*b*) *Vide Chrysost. August. Bedam, Anast. Euthym.*
(*c*) *Brugens. Piscat, alii quidam.*
(*d*) *Chrysostom. Homil.* 14. *August. lib.* 2. *de Serm. Domini. Auth. Oper. imperfect. Beda, Euthym. alii passim.*
(*e*) *Jacobi.* II. 13.

4. *Aut quomodo dicis fratri tuo : Sine ejiciam festucam de oculo tuo : & ecce trabs est in oculo tuo?*

5. *Hypocrita, ejice primùm trabem de oculo tuo, & tunc videbis ejicere festucam de oculo fratris tui.*

6. *Nolite dare sanctum canibus, neque mittatis margaritas vestras ante porcos : ne fortè conculcent eas pedibus suis, & conversi dirumpant vos.*

4. Ou, comment dites vous à vôtre frere : Laissez-moi tirer une paille de vôtre œil, vous qui avez une poutre dans le vôtre ?

5. Hypocrite, ôtez premiérement la poutre de vôtre œil, & alors vous verrez comment vous pourrez tirer la paille de l'œil de vôtre frere.

6. Gardez-vous bien de donner les choses saintes aux chiens ; & ne jettez point vos perles devant les pourceaux, de peur qu'ils ne les foulent sous leurs pieds, & que se tournant *contre vous*, ils ne vous déchirent.

COMMENTAIRE.

comme vous voudriez être traité. Voilà la grande régle pour la charité du prochain : Vous voulez qu'on vous traite avec indulgence, & vous traitez vôtre frere sans compassion ?

℣. 3. QUID AUTEM VIDES FESTUCAM IN OCULO FRATRIS TUI. *Pourquoi voyez-vous une paille dans l'œil de vôtre frere, vous qui ne voyez point une poutre dans vôtre œil ?* Façon de parler proverbiale. Vous êtes fort éclairé sur les défauts de vôtre frere, & fort aveugle sur les vôtres ; indulgent à vous-même, sévére aux autres : vous vous pardonnez tout, vous ne pardonnez rien à vos freres. Il parle aux Pharisiens. (*a*) La paille ou le fêtu, (*b*) ou le petit morceau de bois, marquent de petits défauts ; & la poutre, de grands vices. (*c*)

Cum tua pervideas oculis mala lippus inunctis,
Cur in amicorum vitiis tam cernis acutum ?

℣. 5. EJICE PRIMUM TRABEM DE OCULO TUO. *Otez premiérement la poutre de vôtre œil, & alors vous verrez comment vous pourrez tirer la paille de l'œil de vôtre frere.* Il seroit à désirer que ceux qui sont établis pour conduire, & pour juger les autres, fussent eux-mêmes sans défauts. Mais ils doivent au moins se faire justice, veiller sur eux-mêmes, travailler à corriger leurs imperfections, & traiter les autres avec autant de douceur & de bonté, qu'ils voudroient qu'on en eût pour eux-mêmes. Pour ceux qui n'ont aucun droit sur la conduite de leur prochain, & qui se donnent toutefois la liberté d'en juger ; ils devroient songer plûtôt à se corriger eux-mêmes, & à se juger, qu'à juger, & réformer les autres. (*d*) Il faut avoir l'ame bien pure, & l'intention bien droi-

(*a*) Voyez *Matt.* XXIII. 4.
(*b*) Κάρφος, κεραία ξύλου λεπτή. *Hesych. alii* Φρύγανα. *Sarmenta.*
(*c*) *Horat l. 1 satyr. 3.*
(*d*) *Chrysost. Homil. 24. Aug. l. 2. de Serm. Domini, &c.*

te ; il faut beaucoup de prudence, & de discernement pour ne pas excéder dans les jugemens que l'on porte contre son prochain.

℣. 6. NOLITE SANCTUM DARE CANIBUS. *Gardez-vous bien de donner les choses saintes aux chiens, & ne jettez point vos perles devant les pourceaux, de peur qu'ils ne les foulent aux pieds, & que se tournant contre vous ; ils ne vous déchirent.* Il y a ici une trajection ; il faut traduire : *De peur que les chiens ne vous déchirent, & que vos porcs ne foulent aux pieds les perles que vous leur jetterez.* Ce sont des maniéres de proverbes, pour dire qu'il ne faut point exposer les mystéres de la Religion, & les véritez du salut aux impies, aux libertins, aux endurcis, à ceux qui n'ont aucune disposition à les recevoir avec respect. (*a*) Le chien, & le porc étoient des animaux impurs, selon la Loi de Moyse. Ils communiquoient leur soüillure à ceux qui les touchoient, & on auroit regardé comme une profanation de leur jetter quelque chose de saint, & de sanctifié, comme des chairs des offrandes, ou des victimes offertes au Seigneur. Les chiens marquent les débauchez, les impies, les mauvais Chrétiens ; ou même les Juifs, les hérétiques, les apostats, qui ne sont capables que d'aboyer contre la saine doctrine, lorsqu'on la leur propose. Les porcs sont les Payens, les Infidéles, les ennemis de la Religion, qui sont toûjours disposez à mepriser, à fouler aux pieds les véritez les plus saintes, & à persécuter ceux qui les annoncent. (*b*) C'est pour obéir à ce commandement, que les Anciens peres (*c*) parloient avec tant de circonspection des mystéres du Christianisme, & qu'ils ne les découvroient qu'à ceux qui étoient baptisez, & en état de les connoître, & de les respecter.

Saint Clement d'Aléxandrie (*d*) a justifié la conduite de l'Eglise Chrétienne au sujet du secret dans les Mystéres, par l'exemple de presque tous les Philosophes anciens. Pythagore (*e*) est un de ceux qui a caché sa philosophie dans une plus grande obscurité. Il exprimoit la nécessité de ce silence par ces expressions enigmatiques. Qu'il ne faut point piquer le feu avec le fer ; qu'il ne faut point avoir d'hirondelles dans sa maison ; qu'on ne doit pas laisser sur la cendre la marque du pot qu'on en a tiré. Jesus fils de Sirach (*f*) ne veut point que l'on parle, quand on ne trouve pas des auditeurs bien disposez : *Ubi auditus non est, ne effundas sermonem.* Et S. Paul pratiqua ce précepte à l'égard des Juifs de Pisidi, qui blasphémoient, & qui contredisoient la parole du salut. (*g*) JESUS-CHRIST prêchoit devant les Juifs, & les Pharisiens, dont il n'ignoroit pas la mau-

(*a*) *Chrysost. Homil. 24. Aug. l. 2. de Serm. Domini, &c.*

(*b*) *Græc.* Μὴ δῶτε τὸ ἅγιον τοῖς κυσί. *Al i.* Τὰ ἅγια. *Ita Stephani codd. 2. & alii tres apud Mill. & Chrysost. hic.*

(*c*) Voyez saint Jérôme, saint Chrysostome, Euthym, saint Augustin, &c.

(*d*) *Stromat. l. 5. Vide Homil. 24. Chrysost. in Matt. hic.*

(*e*) *Jamblic. de vita Pythagor. l. 2. c. 12.*

(*f*) Eccli. XXXII. 6.

(*g*) *Act.* XIII. 45. 46.

7. *Petite, & dabitur vobis : quærite, & invenietis : pulsate, & aperietur vobis.*

7. Demandez, & on vous donnera ; cherchez, & vous trouverez ; frappez *à la porte*, & on vous ouvrira.

COMMENTAIRE.

vaise disposition, mais en même tems il voyoit la docilité du peuple : il regardoit l'avantage de ses Disciples, & de la multitude. (*a*) Il étoit juste que l'utilité générale l'emportât sur la malice d'un petit nombre d'esprits mal faits. De plus il leur parloit d'ordinaire d'une maniére mystérieuse, & ne découvroit pas à tout le monde le sens de ses énigmes, & de ses paraboles. (*b*)

℣. 7. PETITE, ET DABITUR VOBIS. *Demandez, & on vous donnera.* Il n'y a pas dans la fin ce discours la même liaison, que dans ce qui précéde. JESUS-CHRIST voulant beaucoup dire en peu de mots, étoit obligé de proposer ses maximes par forme de sentences, & d'une maniére fort concise, afin d'abréger. Peut-être aussi que les Evangélistes ne se sont pas proposez de les rapporter, dans l'ordre qu'il les avoit dites. Il nous ordonne ici de *demander*, de *chercher*, de *frapper*, pour obtenir la lumiére, & l'intelligence des véritez du salut, & les secours qui nous sont nécessaires pour les pratiquer. Il exprime l'ardeur, l'empressement, la persévérance, avec laquelle nous devons demander. (*c*) Il nous promet qu'on nous donnera, à condition que nous demandions comme il faut, & ce qu'il faut. (*d*) Il faut demander avec zéle, & avec ferveur une chose qui mérite infiniment d'être aimée ; nous ne l'estimerions pas assez, si elle ne nous coûtoit rien : (*e*) *Diu desiderata, dulciùs obtinentur : citò autem data, vilescunt.*

C'est par l'amour que nous demandons, que nous cherchons, que nous frappons à la porte : *Amore petitur, amore quæritur, amore pulsatur,* dit S. Augustin. (*f*) C'est l'amour qui obtient, & qui nous fait persévérer dans la pratique du bien : *Amore revelatur, amore denique in eo quod revelatum est permanetur.* La foi demande, l'espérance cherche, la charité frappe à la porte. (*g*) On demande par la priére, on cherche par la bonne vie, on frappe à la porte par la persévérance. (*h*) La foi sans les bonnes œuvres n'est rien ; si vous priez par la foi, & que vous n'y joigniez pas les bonnes œuvres, vous ne faites rien qui mérite pour l'éternité. *Si opera justitiæ non facis, id est, si non pulsas ; nec orare ex fide potes ; nam virtus orationis, est opus justitiæ.*

(*a*) *Aug. l. 2. de Serm. Domini in monte.*
(*b*) *Luc.* IX. 10. 11.
(*c*) *Aug. l. 1. c. 19. Retract.*
(*d*) *Jacob.* IV. 3. *Petitis & non accipitis, eò quòd malè petatis.*
(*e*) *Aug. Serm. 5. de verbis Domini nunc 61. in nov. Edit.*
(*f*) *Idem l. de moribus Ecclesiæ*
(*g*) *Vide Aug. Ep.* 130. *c.* 9. & 13.
(*h*) *Tertull. de Orat. Dominicâ.*

8. *Omnis enim qui petit, accipit: & qui quærit, invenit: & pulsanti aperietur.*

9. *Aut quis est ex vobis homo, quem si petierit filius suus panem, numquid lapidem porriget ei?*

10. *Aut si piscem petierit, numquid serpentem porriget ei?*

11. *Si ergo vos cùm sitis mali, nostis bona data dare filiis vestris: quantò magis Pater vester qui in Cœlis est, dabit bona petentibus se?*

8. Car quiconque demande reçoit, & qui cherche, trouve; & on ouvrira à celui qui frappe *à la porte*.

9. Aussi qui est l'homme d'entre vous qui donne une pierre à son fils, lorsqu'il lui demande du pain?

10. Ou s'il lui demande un poisson, lui donnera-t'il un serpent?

11. Si donc étant méchant comme vous êtes, vous savez donner de bonnes choses à vos enfans; à combien plus forte raison vôtre Pere qui est dans les Cieux, donnera-t'il les *vrais* biens à ceux qui les lui demandent?

COMMENTAIRE.

℣. 8. OMNIS QUI PETIT, ACCIPIT. *Quiconque demande, reçoit.* Dieu n'exclut personne des effets de sa libéralité. Il ne demande de nôtre part que de l'humilité, de la ferveur, de la persévérance. Il veut outre cela que nous ne lui demandions que des choses dignes de lui, & utiles à nôtre salut. Après cela demandez ce qu'il vous plaira, & soyez sûr de l'obtenir. (*a*) *Hortatur ut petas; negabit quod petis?* S'il differe à vous accorder vôtre demande, c'est afin d'augmenter vôtre désir. *Cùm aliquandò tardiùs dat, commendat dona, non negat.* C'est afin de vous donner quelque chose de meilleur, que ce que vous lui demandez. (*b*) *Non tribuit sæpe quod volumus, ut quod mallemus attribuat.* Si un fils demandoit du poison à son pere, celui-ci auroit-il la fausse complaisance de lui en donner? Souvent nous demandons à Dieu, ce qui nous seroit fatal, s'il nous l'accordoit. (*c*)

℣. 11. QUANTO MAGIS PATER VESTER, &c. *A combien plus forte raison vôtre Pere céleste donnera-t'il les vrais biens à ceux qui les lui demandent?* S. Luc (*d*) dit: *A combien plus forte raison donnera-t'il un bon esprit à ceux qui le demandent?* Ce bon esprit, ce bon cœur, ces bons sentimens sont ce qui est le plus nécessaire, pour aimer Dieu, & la justice, & pour pratiquer la vertu. C'est-là le précis de nos devoirs, & l'essentiel du Christianisme. Que Dieu nous refuse tout le reste; s'il nous accorde cela, nous sommes trop heureux; nous n'avons point perdu le fruit de nos priéres.

(*a*) *Aug. Serm.* 61.
(*b*) *Aug. de Paulin. Epistolâ* 3., *nov. Edit.* n. 1.
(*c*) *Vide eundem Epistolâ* 140. *nov. Edit. cap.* 7.
(*d*) *Luc.* XI. 13.

12. *Omnia ergo quæcumque vultis ut faciant vobis homines, & vos facite illis. Hæc est enim Lex, & Prophetæ.*

13. *Intrate per angustam portam: quia lata porta, & spatiosa via est, quæ ducit ad perditionem, & multi sunt qui intrant per eam.*

14. *Quàm angusta porta, & arcta via est quæ ducit ad vitam: & pauci sunt, qui inveniunt eam!*

12. Faites donc aux hommes tout ce que vous voulez qu'ils vous fassent: car c'est là la Loi, & les Prophétes.

13. Entrez par la porte étroite; parceque la porte de la perdition est large, & le chemin qui y méne est spacieux, & il y en a beaucoup qui y entrent.

14. Que la porte de la vie est petite, que la voye qui y méne est étroite, & qu'il y en a peu qui la trouvent!

COMMENTAIRE.

℣. 12. QUÆCUMQUE VULTIS UT FACIANT VOBIS HOMINES, &c. *Faites aux hommes tout ce que vous voulez qu'ils vous fassent.* C'est la conclusion de tout ce que le Sauveur a dit dans tout ce discours, touchant les devoirs des hommes envers leurs semblables. Faites aux autres ce que nous voudrions qu'on nous fît; ne leur pas faire, ce que nous ne voudrions pas qu'on nous fît. L'Empereur Sévére admiroit cette sentence des Chrétiens, & l'avoit continuellement dans la bouche. Tobie (*a*) recommandoit à son fils de ne faire jamais à un autre, ce qu'il n'auroit pas voulu qu'on lui fît. Isocrate (*b*) veut que nous gardions en faveur de nos inférieurs, la même conduite que nous voudrions que nos supérieurs gardassent à nôtre égard. La Loi, & les Prophétes ne nous prescrivent autre chose que cela, dans tout ce qu'ils nous disent de la charité envers le prochain. Ces paroles en sont comme le précis, & la recapitulation.

℣. 13. INTRATE PER ANGUSTAM PORTAM, &c. *Entrez par la porte étroite, parce que la porte de la perdition est large.* La doctrine de JESUS-CHRIST, la pratique des préceptes, & des conseils Evangéliques, sont la porte étroite; (*c*) la vie du siécle, les maximes du monde, sont la voye large. La voye étroite conduit au salut; la voye large conduit à la perdition, & à l'enfer. La vie Chrétienne est une vie de privation, de mortification, de travail; la vie du siécle est une vie aisée, une vie de plaisirs, & de satisfactions. Pour suivre JESUS-CHRIST, il faut prendre sa Croix, & le suivre. Pour être au monde, il n'y a qu'à se livrer à ses passions, & à son penchant. La Croix du Sauveur est légére, & son joug est doux, principalement à ceux qui sont embrasez de sa charité; (*d*) le chemin du siécle, & la vie des mondains se terminent à des précipices, & à des malheurs éternels. Le monde promet un bonheur qu'il ne peut donner; J. C. promet des plaisirs doux, innocens, & éternels; & il les

(*a*) *Tob.* IV. 16.
(*b*) *Isocrat. ad Nicocl.*
(*c*) Comparez *Luc.* XIII. 23. 24. *Rom.* VIII. 18. 2. *Cor.* IV. 17.
(*d*) *Matt.* XI. 30. *Chrysost. hic.*

15. *Attendite à falsis Prophetis, qui veniunt ad v s in vestimentis ovium, intrinsecùs autem sunt lupi rapaces :*	15. Gardez-vous des faux Prophétes, qui viennent à vous couverts de peaux de brebis, & qui au dedans sont des loups ravissans.

COMMENTAIRE.

fait goûter dès ce monde, à ceux qui se donnent à lui.

Hésiode (*a*) disoit que la voye qui conduisoit à la vertu est longue, roide, & raboteuse au commencement ; mais qu'à la fin elle s'élargit, & devient aisée. Pythagore conseilloit à ses Disciples d'éviter les grands chemins, & de suivre les sentiers peu fréquentez; (*b*) c'étoit une énigme, pour dire qu'il ne faut point suivre la foule, ni ce qui paroît le plus aisé. Enfin, les anciens Philosophes (*c*) se servoient à peu près de la même comparaison que fait ici JESUS-CHRIST, pour marquer la route qui conduit au bonheur, & au malheur.

℣. 15. ATTENDITE A FALSIS PROPHETIS. *Gardez-vous des faux Prophétes qui viennent à vous couverts de peaux de brebis, & qui au dedans sont des loups ravissans.* Sous le nom de *Prophétes*, les Hebreux comprennent non-seulement ceux qui prédisent l'avenir, mais aussi en général tous ceux qui se donnent pour inspirez, qui se mêlent d'interpréter l'Ecriture, & de parler en public. Les faux Prophétes imitoient les vrais en tout ce qu'ils pouvoient. Les habits des anciens, & des vrais Prophétes étoient simples, austéres : ils portoient des habits de peaux ; (*d*) ils se couvroient de sacs, & de cilices. (*e*) Tels étoient Jéremie, Elisée, & Jean Baptiste. Les faux Prophétes s'habilloient de même ; (*f*) ils prenoient l'air & l'extérieur des vrais Prophétes; annonçoient l'avenir, parloient au nom du Seigneur. Mais il y avoit une chose qui les distinguoit ; c'étoit leur maniére de vivre dans le secret, leurs œuvres & toute leur vie. On ne trouvoit qu'erreur, & que mensonge dans leurs prédictions, qu'hypocrisie dans leur conduite, qu'inconstance dans leurs discours ; c'étoient des loups revêtus de peaux de brebis. Ils flattoient les pécheurs ; ils entretenoient l'ambition, l'impiété, & le désordre des Grands ; la superstition, & l'idolâtrie des peuples ; ils corrompoient les véritez saintes dans leurs discours ; ils détruisoient la force de la Loi par leurs mauvaises explications.

(*a*) *Hesiod.* . . . Μακρὸς δὲ καὶ ὄρθιος οἶμος ἐπ' αὐτὴν,
Καὶ τρηχὺς τὸ πρῶτον, ἐπὴν δ' εἰς ἄκρον ἵκηται,
Ῥηιδίη δ' ἤπειτα πέλει, χαλεπή περ ἐοῦσα.

(*b*) *Apud Athenæum l.* 9

(*c*) *Vide Tabul. Cebetis & Sophoclem. apud Justin. de Monarchia.*
Καὶ γὰρ καθ' ᾅδην δύο τρίβους νομίζομεν,
Μίαν δικαίων, χ' ἀτέραν ἀδίκων ὁδόν.

(*d*) *Heb* XI. 37.

(*e*) 4. *Reg* I. 8. *Isai* XX 2. *Matt.* III. 4.

(*f*) *Zach.* XIII. 4. *Ne operientur pallio saccino, ut mentiantur.*

16. *A fructibus eorum cognoscetis eos. Numquid colligunt de spinis uvas, aut de tribulis ficus?*

17. *Sic omnis arbor bona fructus bonos facit: mala autem arbor malos fructus facit.*

16. Vous les connoîtrez par leurs fruits. Peut-on cueillir des raisins sur des épines, ou des figues sur des ronces?

17. Ainsi tout arbre qui est bon, produit de bons fruits; & tout arbre qui est mauvais, produit de mauvais fruits.

COMMENTAIRE.

Tels étoient la plûpart des Scribes, & des Pharisiens du tems du Sauveur; c'est à eux principalement qu'il en veut ici. Il précautionne aussi ses Disciples contre les faux Christs, & les faux Prophétes, que le démon devoit susciter après lui; par exemple, *Théodas*, (*a*) & *Bar-jesus*, (*b*) dont il est parlé dans les Actes. *Bar-cocheba*, ou le fils de l'Etoile, qui fit tant de ravage dans le siécle suivant; Simon le Magicien, Apollonius de Thiane, & tant d'autres.

Enfin, sous le nom de faux Prophétes, les Peres (*c*) ont compris tous les faux Docteurs Juifs ou Chrétiens, tant ceux qui rétrécissent la voye de l'Evangile, que ceux qui l'élargissent mal à propos; ceux qui viennent prêcher dans l'Eglise des nouveautez; ceux qui séduisent les peuples par de fausses apparence de piété, & par des pratiques nouvelles & superstitieuses; ceux qui corrompent la doctrine, ou la morale du Sauveur par leur relâchement, ou par leur doctrine outrée; tous ces gens-là, les hérétiques, les schismatiques, les hypocrites, sont ce que JESUS-CHRIST appelle de faux Prophétes, des loups ravissans, couverts de peaux de brebis.

℣. 16. A FRUCTIBUS EORUM COGNOSCETIS EOS. *Vous les connoîtrez par leurs fruits.* Pour juger si un arbre est bon, il faut voir quel fruit il porte: Pour connoître si un Docteur est un vrai, ou un faux Prophéte, un vrai Apôtre, ou un hypocrite; il faut examiner sa foi, (*d*) sa créance, ses œuvres, (*e*) sa conduite, sa doctrine. Si c'est un séducteur, & un hypocrite; il se découvrira bien-tôt; son erreur, le déréglement de son esprit, & de son cœur, éclateront bien-tôt par ses œuvres. Dieu ne permettra pas que ses fidéles soient long-tems exposez à la séduction, ni que le méchant abuse long-tems de la sainteté de sa parole, & de son nom; on le connoîtra bien-tôt pour ce qu'il est.

℣. 17. OMNIS ARBOR BONA BONOS FRUCTUS FACIT. *Tout arbre qui est bon, produit de bons fruits.* Ce n'est pas à dire que les gens de bien ne fassent jamais de mal, ni que les méchans ne fassent jamais de

(*a*) *Act* v 36.
(*b*) *Act.* XIII. 6.
(*c*) *Chrysost. hic & Auth. Oper. imperfect.*
(*d*) *Tertull. l.* 1. *contra Marcion.*
(*e*) *Aug. & veteres omnes. Vide Maldon. & Jans.*

18. *Non potest arbor bona malos fructus facere : neque arbor mala bonos fructus facere.*

18. Un bon arbre ne peut produire de mauvais fruits, & un mauvais arbre n'en peut produire de bons.

19. *Omnis arbor quæ non facit fructum bonum, excidetur, & in ignem mittetur.*

19. Tout arbre qui ne produit point de bon fruit, sera coupé, & jetté au feu.

20. *Igitur ex fructibus eorum cognoscetis eos.*

20. Vous les reconnoîtrez donc par leurs fruits.

21. *Non omnis qui dicit mihi : Domine, Domine, intrabit in Regnum Cœlorum : sed qui facit voluntatem Patris mei qui in Cœlis est, ipse intrabit in Regnum Cœlorum.*

21. Ceux qui me disent : Seigneur, Seigneur, n'entreront pas tous dans le Royaume des Cieux : mais celui-là *seulement* y entrera, qui fait la volonté de mon Pere qui est dans les Cieux.

COMMENTAIRE.

bien ; mais cela s'entend de toute la masse, de tout le corps des actions. Elles suivent naturellement l'impression du cœur : si le cœur est corrompu, quelque effort que l'on fasse, la corruption se déclare par une infinité d'endroits ; & si le cœur est droit, & pur, le corps des actions participera à cette pureté, & à cette droiture. Il peut échaper aux plus saints quelques fautes de foiblesse ; mais on les distingue bien aisément de celles qui partent d'une volonté gâtée, & déréglée.

℣. 18. NON POTEST ARBOR BONA MALOS FRUCTUS FACERE. *Un bon arbre ne peut produire de mauvais fruits*, dans le sens que nous venons de dire ; s'il demeure bon, & qu'il produise quelques mauvais fruits, c'est ou foiblesse, ou inadvertence. Mais un bon arbre peut dégénérer, & se corrompre, & alors il portera de mauvais fruits ; de même que celui qui est mauvais, peut devenir bon, & produire de bons fruits. (*a*) *Non dabit arbor mala bonos fructus, si non inseratur ; & bona malos dabit, si non colatur*, dit Tertullien. (*b*) Le bon arbre est le Docteur fidéle ; il ne donnera que de bons fruits ; il ne prêchera qu'une saine doctrine. Le mauvais arbre est l'hérétique, défiez-vous de tout ce qu'il enseigne, quelque apparence de bien qu'il vous montre, sa doctrine est corrompuë, & séduisante ; les plus saines véritez dans sa bouche, sont mêlées avec des erreurs dangereuses. Ce dernier sens paroît le plus naturel.

℣. 21. NON OMNIS QUI DICIT MIHI : DOMINE, &c. *Ceux qui me disent : Seigneur, Seigneur, n'entreront pas tous dans le Royaume des Cieux.* Ceux qui annoncent les véritez du salut, qui prêchent la pa-

(*a*) *Aug. Ieron. Chrysost. Auth. Oper. imperfecti ad hunc loc.*

(*b*) *Tertull. c. de anima.*

22. *Multi dicent mihi in illa die : Domine, Domine, nonne in nomine tuo prophetavimus, & in nomine tuo dæmonia ejecimus, & in nomine tuo virtutes multas fecimus ?*

22. Plusieurs me diront en ce jour-là : Seigneur, Seigneur, n'avons-nous pas prophétisé en vôtre nom ; n'avons-nous pas chassé les démons en vôtre nom ; & n'avons nous pas fait plusieurs miracles en vôtre nom ?

COMMENTAIRE.

role du Seigneur, qui l'invoquent par de longues prieres, qui ont souvent son nom dans la bouche, ne sont pas sûrs pour cela d'entrer dans le Royaume des Cieux. (*a*) La foi sans la charité, est morte ; (*b*) elle est inutile pour l'éternité sans les bonnes œuvres. Il faut que le cœur, & la conduite répondent à la foi, & aux paroles. (*c*) Dieu demande des fruits & non des feüilles.

22. NONNE IN NOMINE TUO PROPHETAVIMUS. *N'avons-nous pas prophétisé en vôtre nom ? N'avons-nous pas chassé les démons en vôtre nom ?* La prophétie, & le don des miracles ne sont pas des preuves certaines de la sainteté, & du mérite de ceux à qui Dieu fait part de ces dons. Tout cela ne sert de rien sans la foi, & sans la charité. (*d*) Plusieurs ont parut avec éclat dans les grands emplois de l'Eglise ; plusieurs y ont prêché, & enseigné ; plusieurs y ont prophétisé, & décidé, qui ne laissent pas d'être exclus du Royaume des Cieux par leur mauvaise vie. *Prophétiser*, se prend ici dans un sens général pour toutes les fonctions publiques, de prédire l'avenir, d'expliquer l'Ecriture, d'instruire les peuples, de prêcher, &c. *In nomine tuo*, en vôtre nom, par vôtre autorité, en vertu de vôtre mission, pour prouver vôtre doctrine en qualité de vos Disciples.

Les Peres (*e*) reconnoissent que les méchans peuvent quelquefois faire de vrais miracles ; quoique remplis d'un esprit fort différent de celui de JESUS-CHRIST. Caïphe tout corrompu qu'il étoit, prophétisa au sujet de nôtre Seigneur. (*f*) Balaam prophétisa aussi ; (*g*) & Judas ayant reçû comme les autres Apôtres le pouvoir de faire des prodiges, vint avec eux lui dire que les mauvais esprits leur obéïssoient. (*h*) Pour être digne du Royaume de Dieu, il ne suffit pas de connoître, & de publier le nom de Dieu ; il faut être animé de sa grace, & vivre de son esprit. (*i*)

℣. 23. NUMQUAM NOVI VOS. *Je ne vous ai jamais connus.* Il ne parle point d'une connoissance spéculative, mais d'une connoissance d'ap-

(*a*) *Auth. Oper. imperfecti.*
(*b*) *Jacobi* II. 20. 26.
(*c*) *Ieron. Theophyl. Euthym.*
(*d*) 1. *Cor.* XIII. 1. 2. 3.
(*e*) *Chrysost. Homil.* 25. *Ieron. hic. Euthym. Theophyl. Aug. Serm.* 90. *nov. Edit. & libro de Divers. quæst.* 83. *q.* 79. *n.* 3. 4. *& lib.* 2. *de Serm. Domini.*
(*f*) *Joan.* XI. 51.
(*g*) *Num.* XXIV. 17.
(*h*) *Matt.* X. 1. *Luc.* 10. 17.
(*i*) *Auth. Oper. imperf.*

probation,

23. *Et nunc confitebor illis : Quia numquam novi vos : discedite à me qui operamini iniquitatem.*

24. *Omnis ergo qui audit verba mea hæc, & facit ea, assimilabitur viro sapienti qui ædificavit domum suam supra petram.*

25. *Et descendit pluvia, & venerunt flumina, & flaverunt venti, & irruerunt in domum illam, & non cecidit : fundata enim erat super petram.*

26. *Et omnis qui audit verba mea hæc, & non facit ea, similis erit viro stulto, qui ædificavit domum suam super arenam :*

27. *Et descendit pluvia, & venerunt flumina, & flaverunt venti, & irruerunt in domum illam ; & cecidit : & fuit ruina illius magna.*

28. *Et factum est, cùm consummasset Jesus verba hæc, admirabantur turbæ super doctrina ejus.*

29. *Erat enim docens eos sicut potestatem habens, & non sicut Scribæ eorum, & Pharisæi.*

23. Et alors je leur dirai hautement : Je ne vous ai jamais connus : Retirez-vous de moi, vous qui faites des œuvres d'iniquité.

24. Quiconque entend donc ces paroles que je dis, & les pratique, sera comparé à un homme sage, qui a bâti sa maison sur la pierre ;

25. Et lorsque la pluye est tombée, que les fleuves se sont débordez, que les vents ont soufflé, & sont venus fondre sur cette maison, elle n'est point tombée, parce qu'elle étoit fondée sur la pierre

26. Mais quiconque entend ces paroles que je dis, & ne les pratique point, il est semblable à un homme insensé, qui a bâti sa maison sur le sable :

27. Et lorsque la pluye est tombée, que les fleuves se sont débordez, que les vents ont soufflé, & sont venus fondre sur cette maison, elle a été renversée, & la ruine en a été grande.

28. Or JESUS ayant achevé tous ces discours, les peuples étoient dans l'admiration de sa doctrine.

29. Car il les instruisoit comme ayant autorité, & non pas comme leurs Scribes, ni *comme* les Pharisiens.

COMMENTAIRE.

probation, d'amour. Vous n'avez jamais été véritablement à moi ; vous n'êtes point du nombre de ceux que le Pere m'a donné ; (*a*) je n'ai jamais approuvé vôtre conduite ; vous n'avez jamais été du nombre de mes élûs. Voyez *Joan.* x. 4. I. *Cor.* VIII. 3. & 2. *Tim.* II. 19. &c. où le verbe *connoître*, se prend pour *approuver*.

℣. 24. QUI AUDIT VERBA HÆC. *Quiconque entend ces paroles, & les pratique, sera comparé à un homme sage, qui a bâti sa maison sur la pierre.* J. C. est le rocher sur lequel nous devons bâtir l'édifice de nôtre salut. (*b*) C'est en pratiquant sa doctrine, & en suivant ses exemples, que nous parviendrons au bonheur qu'il promet à ses Disciples, & à ses amis C'est par-là que nous élevons cet édifice qui résiste à la tempête & aux inondations ; je veux dire, aux persécutions, & aux épreuves de cette vie.

℣. 29. ERAT DOCENS EOS SICUT POTESTATEM HABENS. *Il les*

(*a*) *Joan.* XVII. 2. 6. 7. 8. 11. 12. XVIII 9. (*b*) *Cor.* III. 11.

instruisoit comme ayant autorité; ou plûtôt: *Il les instruisoit en maître*, en Prophéte, en Dieu. Il parloit avec un air de Legislateur, qui ne pouvoit convenir aux Scribes, & aux Pharisiens. Ceux-ci ou s'attachoient servilement au Texte de la Loi, ou citoient les traditions, & les explications de leurs maîtres, ou se fondoient sur des preuves, & des raisonnemens; travaillant à persuader, & à convaincre par le poids des raisons. Le Sauveur au contraire décidoit; il exigeoit un aquiescement de foi; il disoit: C'est moi qui vous parle; je vous dis; je vous ordonne. Les anciens Prophétes commençoient ordinairement leurs discours, par ces mots: *Voici ce que dit le Seigneur.* Les Pharisiens, & les Scribes disoient: Moyse nous ordonne, la Loi nous prescrit, nos maîtres nous ont enseigné.

Jesus-Christ ne cherchoit point d'autorité étrangere, pour se concilier la créance: il imposoit au peuple par les grandes véritez qu'il annonçoit, par l'air dont il les disoit, par la vertu de ses discours, par l'empire qu'il exerçoit intérieurement sur les esprits, & sur les cœurs. Cette méthode est plus courte, plus aisée, plus majestueuse, plus digne de la Divinité. (a) Si dans quelques occasions il a voulu donner des preuves de sa doctrine, il s'est attaché à montrer sa Divinité, & sa mission; & s'il a voulu faire voir la conformité de sa doctrine avec celle de la Loi de Moyse, & des Prophétes, il l'a toûjours fait avec l'autorité, la dignité, & la grandeur qu'on remarque dans cet admirable Sermon, que nous venons d'expliquer, & qui contient le précis de la Religion Chrétienne.

(a) *Vide Grot. Brug. Est. Ligfoot.*

CHAPITRE VIII.

Guérison du Lépreux, du fils du Centenier, de la belle-mere de Simon. JESUS passe le lac de GénéZareth, appaise une tempête, délivre deux possédez; les Démons entrent dans des pourceaux, & les précipitent dans le lac.

℣. 1. *Cum autem descendisset de monte, secuta sunt eum turbæ multæ:*

2 *Et ecce leprosus veniens, adorabat eum, dicens: Domine, si vis, potes me mundare.*

℣. 1. JESUS étant descendu de la montagne, fut suivi par une grande foule de peuple:

2. Et un lépreux venant à lui, l'adoroit, en lui disant: Seigneur, si vous voulez, vous pouvez me guérir.

COMMENTAIRE.

℣. 1. CUM AUTEM DESCENDISSET DE MONTE. *Jesus étant descendu de la montagne, fut suivi par une grande foule de peuple.* La plûpart de ceux qui avoient oüi le Sermon qui est contenu dans les trois Chapitres précédens, suivirent JESUS, & vinrent à Capharnaüm, où il avoit fixé sa demeure.

℣. 2. ECCE LEPROSUS VENIENS ADORABAT, &c. *Un lépreux venant à lui l'adoroit.* JESUS-CHRIST n'a pas plûtôt cessé de prêcher, qu'il confirme sa doctrine par ses miracles. (*a*) Ce lépreux n'osa s'approcher de JESUS CHRIST, ni de ceux qui étoient autour de lui, parce que la Loi excluoit ces sortes de gens du commerce du monde. Il se posta sur le chemin, & comme JESUS fut près d'entrer dans la ville, le lépreux se jetta à genoux, & prosterné le visage contre terre, il le pria de le guérir. C'est ainsi qu'il faut expliquer cette histoire, pour concilier les trois Evangélistes, qui racontent le même miracle. Saint Marc (*b*) dit qu'il se jetta à genoux, & saint Luc, (*c*) que JESUS *étant dans une certaine ville*; c'est-à-dire, prêt à entrer dans la ville; car le lépreux demeuroit à la campagne, & n'osoit entrer dans la ville, *se prosterna le visage*

(*a*) *Chrysost Homil.* 26. *Item Ieron. hic, & Aug. de utilitate credend. c.* 14.

(*b*) *Marc.* I. 40. *Genu flexo dixit ei: Si vis, potes me mundare.*

(*c*) *Luc.* V. 12. *Cum esset in una civitatum, ecce vir plenus leprâ procidens in faciem, &c.*

3. *Et extendens Jesus manum, tetigit eum dicens: Volo; Mundare. Et confestim mundata est lepra ejus.*

3. JESUS étendant la main le toucha, & lui dit: Je le veux; soyez guéri; & sa lépre fut guérie au même instant.

COMMENTAIRE.

contre terre, & lui demanda la santé. Cette ville est apparemment Capharnaum. Il y en a qui croyent que le lépreux de S. Marc, & de S. Luc, est différent de celui dont parle ici S. Matthieu.

DOMINE, SI VIS, POTES ME MUNDARE. *Seigneur, si vous voulez, vous pouvez me guérir.* Plusieus anciens (*a*) ont crû que ce lépreux rendoit à JESUS-CHRIST le culte de latrie, en l'adorant, & l'appellant *Seigneur.* Sa priére marque la grandeur de sa foi, sa ferme confiance, & sa parfaite résignation. C'est un des plus beaux modéles de priéres que l'on voye dans l'Evangile. Il ne demande pas sa guérison absolument, & sans restriction; mais seulement, au cas qu'elle soit agréable à Dieu. Il ne dit pas, vous pouvez obtenir ma guérison de Dieu; mais vous pouvez me la donner, si vous le voulez. Il reconnoît sa Divinité, & sa Toute-puissance: *Voluntas Dei potestas est*, dit S. Ambroise. (*b*)

La lépre étoit une maladie fort commune dans la Palestine, & dans les pays voisins. Elle affectoit la peau, & passoit plûtôt pour une difformité, que pour une vraye maladie. Aussi le lépreux ne dit pas: *Guérissez-moi*, mais *purifiez-moi*, nettoyez-moi de ma soüillure. La Loi traitoit les lépreux comme des gens d'une impureté permanente; & dont la purification dépendoit de la main de Dieu seul. Les Médecins ordinairement ne se mêloient point de la guérir. On la regardoit comme un châtiment venu du Seigneur. Nous nous sommes expliqué sur cette maladie dans une Dissertation faite exprès, à la tête du Lévitique.

ỷ. 3. TETIGIT EUM DICENS: VOLO; MUNDARE. (*c*) *Il le toucha, & lui dit: Je le veux; soyez guéri.* La Loi défendoit aux lépreux de demeurer dans le commerce du monde, de peur que leur maladie ne se communiquât aux autres, (*d*) & que ceux qui étoient sains, ne se soüillassent par leur approche. Mais ni les Prêtres qui les touchoient, & les examinoient, ni les Médecins qui pouvoient les voir, & les soulager, n'encouroient point de soüillures. JESUS-CHRIST qui le guérit en le touchant, n'en contracta point non plus. (*e*) Il n'agissoit ni contre l'esprit, ni contre la lettre de la Loi. Il ne touche point proprement un lépreux,

(*a*) *Chrysost: Auth. Operis imperfecti, Euthym, Theophylact. hic.*
(*b*) *Ambrof. in Luc. l. 5.*
(*c*) Καθαρίσθητι. *Soyez purifiés*
(*d*) *Levit. XIII. 45. 46.*
(*e*) *Auth. Oper. imperfecti. in hunc loc. Maldo Jansen.*

4. Et ait illi Jesus : Vide nemini dixeris : sed vade, ostende te Sacerdoti, & offer munus quod præcepit Moyses, in testimonium illis.

4. *Alors* JESUS lui dit : Gardez-vous bien de parler de ceci à personne ; mais allez-vous montrer au Prêtre, & offrez le don prescrit par Moyse, afin que cela leur serve de témoignage.

COMMENTAIRE.

puisque dans le moment qu'il le touche, il le purifie de sa lépre. Les œuvres miraculeuses, & surnaturelles, n'ont jamais été soumises à la Loi. JESUS-CHRIST fait voir dans cette occasion, qu'il est non le serviteur, mais le maître de la Loi ; puisque bien loin de contracter de la soüillure en touchant cet homme, il lui communique à lui-même la pureté, & lui rend la santé. Saint Ambroise (*a*) remarque dans cette histoire la réfutation de trois hérétiques. 1°. JESUS-CHRIST dit *volo*, je le veux : il commande absolument ; contre Photin, qui nioit que la puissance du Fils fût égale à celle du Pere. 2°. Il ordonne à la maladie ; *soyez purifiés* contre Arius, qui nioit la Divinité de JESUS-CHRIST, & sa Toute-puissance. 3° Il touche le lépreux, contre l'erreur des Manichéens, qui ne croyoient pas que JESUS-CHRIT eût une chair véritable, & naturelle.

℣. 4. VIDE, NEMINI DIXERIS. *Gardez-vous bien de parler de ceci à personne.* On remarque en plus d'un endroit que JESUS-CHRIST défendoit à ceux qu'il guérissoit, & à ceux qui étoient témoins de ses merveilles, de les publier. Quelle raison pouvoit-il avoir d'en user ainsi ? La plûpart des Peres (*b*) ont crû que c'étoit par un effet de son humilité, & de sa modestie. Il vouloit par son exemple nous inspirer un grand éloignement de tout ce qui pourroit nourrir nôtre vanité, & nôtre orgueil. D'autres (*c*) ont crû qu'il en usa ainsi, pour ne pas donner prise à la jalousie, & à la malice des Prêtres, & des Pharisiens, qui ne cherchoient que l'occasion de le perdre. Il étoit de sa sagesse de ne les pas irriter, pour ne pas prévenir les momens qui étoient marquez pour sa mort, & pour sa Passion. (*d*) De plus, il étoit avantageux que la doctrine de l'Evangile se répandît, & se fortifiât sans trop de contradictions de la part de ses ennemis. Il ne falloit pas les animer par un trop grand éclat. Aussi voit-on qu'il fait taire les démons, qui publioient qu'il étoit le CHRIST ; & il se retire, lorsqu'il voit le peuple disposé à le prendre pour Roi. Il vouloit établir son regne dans la paix, & sans tumulte.

(*a*) *Ambrof. in Luc. l. 5.*
(*b*) *Ambrof. l. 5. in Luc. Chrysost. homil. 26. Euthym. Theophyl. Beda. alii.*
(*c*) *Vide Auth. Oper. imperfecti. Grot. Mald. Menoc.*
(*d*) *Joan.* II, 4. VII. 6. & 30. VIII. 20. XII. 23.

D'autres (*a*) croyent que le Sauveur, qui dispensoit avec une sagesse infinie les véritez qu'il jugeoit à propos de reveler aux hommes, ne se hâta point de publier les preuves de sa Divinité : ses miracles, & ses discours en disoient assez ; mais il falloit que sa Résurrection y mît le sceau. Alors le récit des miracles, & les réflexions sur sa doctrine, que l'on n'entendoit auparavant qu'à demi, devoient faire tout leur effet, & persuader d'une maniére bien plus efficace. De là vient aussi qu'un jour les Pharisiens lui ayant demandé un signe, ou un miracle, (*b*) il leur répondit, qu'il n'en avoit point d'autre à leur donner, que celui du Prophéte Jonas. C'est-à-dire, qu'il leur donneroit le prodige de sa Résurrection, qui confirmeroit & sa doctrine, & tous ses autres miracles. Et ailleurs (*c*) il dit aux Disciples, qui avoient été témoins de sa Transfiguration, de ne pas publier cette merveille qu'après sa Résurrection.

OSTENDE TE SACERDOTI. *Allez vous montrer au Prêtre* ; Et faites-leur voir que je ne détruis point la Loi, mais que je l'accomplis, (*d*) & que je la fais observer religieusement. Ou bien : (*e*) Allez vous montrer, mais ne dites point que je vous ai guéri, que les Prêtres n'ayent reconnu que vous l'êtes véritablement ; car s'ils savoient que c'est moi qui ai fait cette guérison, ils pourroient vous chicaner, & vous empêcher de rentrer dans le commerce des autres hommes. Enfin, présentez-vous aux Prêtres, afin qu'ils apprennent que le Messie est venu ; puisque selon les Ecritures (*f*) un de ses caractéres, est la guérison des lépreux. Il étoit important de convaincre les Prêtres, de la vérité des miracles de JESUS-CHRIST. Le tems devoit venir qu'ils seroient obligez, malgré eux, de lui rendre témoignage. JESUS-CHRIST préparoit ces preuves à ses Apôtres, pour le tems qui suivit sa Résurrection.

IN TESTIMONIUM ILLIS. *Afin que cela leur serve de témoignage.* Présentez-vous aux Prêtres, & offrez l'hostie marquée par la Loi, (*g*) afin que cela serve de témoignage, & de preuve de vôtre guérison, contre les Prêtres qui pourroient dans la suite la contester. (*h*) Autrement : (*i*) Présentez-leur vôtre hostie, afin de rendre témoignage à la venuë du Messie, dont un des caractéres est la guérison des lépreux. Enfin, présentez-vous aux Prêtres, pour preuve de vôtre entiére guérison ; afin que tout le peuple en soit convaincu. Il falloit aller exprès à Jérusalem, pour être nettoyé de la lépre, & pour y offrir son offrande. Le lépreux ne pouvoit rentrer dans la société des hommes, que les Prêtres ne

---

(*a*) *Vide Hammond. hic, & Le Clerc.*
(*b*) *Matt* XII 39.
(*c*) *Matt.* XVII. 9.
(*d*) *Tertul. l. 4. contra Marcion. Chrysost Ieron Euthym.*
(*e*) *Theophylact.*
(*f*) *Isai.* LXI. I. *Matt* XI. 5.
(*g*) *Levit* XIV. 50 51 *&c.*
(*h*) *Chrysost. & Ieron. hic. Ambros. in Luc.* ib. 5
(*i*) *Vide Hammond. hic.*

5. *Cùm autem introïsset Capharnaum, accessit ad eum Centurio, rogans eum.*

5. JESUS étant entré dans Capharnaüm, un Centenier vint le trouver, & lui fit cette priére :

COMMENTAIRE.

l'eussent expressément déclaré guéri. (*a*) Hammond dit qu'ils se présentoient à la porte de Jérusalem, & que là un Prêtre les examinoit, suivant la Loi : (*b*) S'il les trouvoit purs, il les introduisoit dans la ville, puis dans le Temple, où ils offroient leurs sacrifices : (*c*) Le premier jour deux passereaux, & le huitiéme jour deux agneaux.

℣. 5. CUM AUTEM INTROISSET CAPHARNAUM, ACCESSIT AD EUM CENTURIO. *Jesus étant entré dans Capharnaum, un Centenier vint le trouver.* Le miracle du lépreux guéri s'étoit fait à la porte de Capharnaum, ou fort près de la ville. JESUS y étant entré trouva d'abord des Sénateurs, ou des anciens des Juifs, qui vinrent le prier de la part du Centenier, (*d*) de venir chez lui pour guérir son serviteur. Comme JESUS s'avançoit avec eux vers la maison du Centenier, cet Officier lui envoya une seconde députation de quelques-uns de ses amis, pour lui dire de sa part : *Seigneur, je ne suis pas digne que vous entriez dans mon logis, & je ne me suis pas même estimé digne de venir moi-même vous trouver ; mais dites seulement une parole, & mon serviteur sera guéri.* Saint Matthieu dit que ce fut le Centenier qui vint au-devant de JESUS-CHRIST, & qui lui dit ce que nous venons de rapporter. Mais il y a beaucoup d'apparence (*e*) que cet Evangéliste n'a raconté la chose qu'en gros, & que saint Luc l'a marquée dans un plus grand détail. Tous les jours on dit qu'un homme a dit, qu'il a fait, ce qu'il a seulement fait dire, ou faire. L'Ecriture est pleine de semblables expressions. Elle dit que Pharaon pendit son Pannetier ; (*f*) que Josüé circoncit le peuple ; (*g*) qu'il pendit le Roi de Haï ; (*h*) qu'Hérode décapita saint Jean ; que Pilate foüetta JESUS, &c. Voyez aussi *Exod.* XVIII. 6. où Moyse fait parler Jétro, comme présent, quoiqu'il n'arrive au camp que le lendemain.

Quelques-uns (*i*) croyent que le Centenier envoya d'abord les principaux des Juifs, lesquels pour faire valoir leurs services auprès de cet Officier, presserent JESUS d'aller dans sa maison, quoiqu'ils ne les eût pas prié de lui demander cette grace, mais simplement la guérison de

(*a*) *Maimon tract. Tomaeth Zeraet. c. 9.*
(*b*) *Levit.* XIII. 2. 3. *& seq.*
(*c*) *Levit.* XIV. 49. 50.
(*d*) *Luc.* VII.
(*e*) *August. lib. 2. cap 30. de Consensu Evangel. & l. 33. contra Faust. & ita Leont. Beda, Grot Mald. Jans.*
(*f*) *Gen.* XL. 19. 22.
(*g*) *Josue.* V. 4.
(*h*) *Josue.* VIII. 29.
(*i*) *Chrysost. Euthym. Theophyl. hic.*

6. *Et dicens : Domine, puer meus jacet in domo paralyticus, & malè torquetur.*

7. *Et ait illi Jesus : Ego veniam, & curabo eum.*

6. Seigneur, mon serviteur est couché, & malade de paralysie dans ma maison, & il souffre extrêmement.

7. JESUS lui dit : J'irai, & je le guérirai.

COMMENTAIRE.

son serviteur. Le Centenier voyant que le Sauveur venoit dans son logis, envoya au-devant de lui de ses amis, pour lui dire, de ne se pas donner tant de peine, & que s'il ne venoit pas le trouver en personne, c'est qu'il s'en jugeoit indigne. Enfin voyant que malgré ses remontrances JESUS avançoit toûjours, il vint lui-même lui faire ses très-humbles excuses, & lui dire : *Seigneur, je ne suis pas digne que vous entriez dans ma maison, &c.* Le Centenier ajoûta, qu'il étoit un homme soumis à la puissance d'un autre, qu'il avoit des soldats qui lui obéïssoient, &c.

En effet, la charge de Centenier lui donnoit le commandement sur une compagnie de cent hommes. Mais il avoit sur lui des Tribuns, & d'autres Officiers, ausquels il obéïssoit. Les Peres (*a*) croyent communément qu'il étoit Gentil ; & en effet les Romains ne donnoient ces emplois de Centeniers, qu'à des Romains ; il pouvoit être prosélyte ; de même que le Centenier Corneille, dont il est parlé dans les Actes. (*b*) Saint Luc (*c*) remarque que ce Centenier aimoit les Juifs, & qu'il leur avoit bâti une Synagogue. Saint Hilaire (*d*) veut qu'il ait été vraiment Juif, mais que dans cette occasion il ait représenté la Gentilité en s'approchant du Sauveur.

℣. 6. PUER MEUS. *Mon serviteur.* C'est ainsi qu'il faut traduire en cet endroit le mot de *puer*. S. Luc marque clairement que c'étoit le serviteur du Centenier. Les anciens adoucissoient la malheureuse condition des esclaves par des dénominations plus humaines, & plus tendres. (*e*) Au lieu de dire mon esclave, ils disoient : Mon fils.

JACET PARALYTICUS, ET MALE TORQUETUR. *Il est malade de paralysie, & souffre extrêmement.* La paralysie pour l'ordinaire ôte le mouvement, mais ne cause point de douleur. Il y a toutefois une sorte de paralysie, qui a du rapport avec la goutte, & qui cause de vifs sentimens de douleurs. (*f*)

(*a*) *Aug. & Chrysost. Vide* ℣. 10. *& Luc.* VII. 5 6.

(*b*) *Act.* X. 1. *& seq.*

(*c*) *Luc.* VII. 5. 6.

(*d*) *Hilar. in Matt.*

(*e*) *Macrob. l.* 1. *c.* 11. *Saturnal. Nostri majores omnem Domini invidiam, omnem servis contumeliam detrahentes : Dominum patrem familias ; servos familiares appellarunt.*

(*f*) *Plater. de Functionum Læsionib. c.* 2.

℣. 8.

8. *Et respondens Centurio, ait: Domine, non sum dignus ut intres sub tectum meum, sed tantùm dic verbo, & sanabitur puer meus.*

9. *Nam & ego homo sum sub potestate constitutus, habens sub me milites, & dico huic: Vade & vadit; & alii: Veni, & venit: & servo meo: Fac hoc, & facit.*

8. Mais le Centenier lui répondit: Seigneur, je ne suis pas digne que vous entriez dans ma maison: mais dites seulement une parole, & mon serviteur sera guéri.

9. Car quoique je ne sois moi-même qu'un homme soumis à la puissance *d'un autre*, ayant *néanmoins* des soldats sous moi, je dis à l'un: Allez-*là*, & il *y* va; & à l'autre: Venez *ici*, & il *y* vient; & à mon serviteur: Faites cela, & il le fait.

COMMENTAIRE.

℣. 8. SED TANTUM DIC VERBO, &c. *Mais dites seulement une parole, & mon serviteur sera guéri.* (*a*) Ou bien: *Dites par vôtre parole;* ou enfin, *ordonnez à vôtre parole;* dites à vôtre parole d'aller guérir mon serviteur, & il sera guéri aussi-tôt. Il répésente la parole du Seigneur, comme un agent animé, qui va, qui guérit, qui obéït. Le Psalmiste: (*b*) *Dieu envoya sa parole, & elle guérit Israël.* Et l'Auteur du Livre de la Sagesse, (*c*) dit que Dieu pouvoit par sa parole exterminer tous les Cananéens, de même que sa parole guérit tous les Hebreux, qui avoient été mordus des serpens, lorsqu'ils lui obéïrent, en regardant le serpent d'airain. (*d*) Ce fut la même parole, qui étant partie du pied du trône de la Majesté, vint mettre à mort les premiers nez de l'Egypte. (*e*) Quelques-uns croyent (*f*) que le Centenier veut marquer les Anges qui obéïssoient à JESUS-CHRIST, qui étoient toûjours auprès de lui, prêts à exécuter ses ordres.

℣. 9. NAM ET EGO HOMO SUM SUB POTESTATE CONSTITUTUS. (*g*) *Car quoique je ne sois qu'un homme soumis à la puissance d'un autre,* toutefois quand je commande à mes soldats de faire quelque chose, ou d'aller en quelque endroit, je suis obéï aussi-tôt. A plus forte raison, vous qui avez un pouvoir absolu sur les maladies, sur la vie, & sur la mort, serez-vous obéï aussi-tôt que vous aurez donné vos ordres. (*h*) Ce n'est pas sans raison que le Sauveur reléve ci-après la foi de ce Centenier,

(*a*) Εἰπὲ λόγον. *Dic verbum. Sed Stephani Codd. 8. Bold. 5. Seld. 3. alii quàm plurimi*, εἰπὲ λόγῳ. *Dic verbo.*

(*b*) *Psal* CXI. 20.

(*c*) *Sap* XII. 9.

(*d*) *Sap.* XVI 12.

(*e*) *Sap* XVIII. 15. 16.

(*f*) *Author Operis imperfecti & Ieronym.*

(*g*) Le Grec ne lit pas *Constitutus.* Καὶ γὰρ ἐγὼ ἄνθρωπός εἰμι ὑπὸ ἐξουσίαν ἔχων ὑπ' ἐμαυτὸν στρατιώτας. Ce qu'on peut traduire ainsi: *Car je suis un homme qui ai sous ma puissance des soldats.* Mais saint Luc, VII. 8. lit: Καὶ γὰρ ἐγὼ ἄνθρωπός εἰμι ὑπὸ ἐξουσίαν τασσόμενος. *Sub potestate constitutus.* Voyez saint Chrysostome sur cet endroit.

(*h*) *Aug. Serm. 62. nov. Edit. Chrysostom. Homil. 26. Beda, Strabus.*

10. *Audiens autem Jesus miratus est, & sequentibus se dixit: Amen dico vobis, non inveni tantam fidem in Israël.*

10. JESUS entendant ces paroles en fut dans l'admiration, & dit à ceux qui le suivoient: Je vous dis en vérité, que je n'ai point trouvé une si grande foi dans Israël.

COMMENTAIRE.

& qu'il dit qu'il n'a rien trouvé de tel dans Israël. Il seroit difficile de rencontrer dans l'Evangile, parmi tous ceux à qui JESUS a rendu la santé, des sentimens si nobles, & si relevez. On voit dans le raisonnement de cet homme le portait d'un homme de guerre; franc, droit, sincére; il raisonne moins, mais va plus au fait.

℣. 10. AUDIENS AUTEM JESUS MIRATUS EST. *Jesus entendant ces paroles en fut dans l'admiration.* L'admiration est un effet de l'ignorance. Quelques Philosophes ont mis une grande partie du bonheur de l'homme à ne rien admirer. (a) Le Fils de Dieu ne pouvoit rien ignorer, ni par conséquent rien admirer; mais pour faire remarquer quelque chose aux autres, il pouvoit parler & agir, comme s'il eût véritablement admiré. *Jesus qui omnia præsciebat, quod mirandum aliis commendabat, mirando laudabat.* (b) C'étoit dans lui, non une preuve de son ignorance, ou de son étonnement, mais une maniére d'enseigner, un air de maître, sage, & prudent. *Tales motus ejus non perturbati animi sunt signa, sed docentis magistri,* dit saint Augustin. (c)

NON INVENI TANTAM FIDEM IN ISRAEL. *Je n'ai pas trouvé une si grande foi dans Israël.* Le mot de *Fides*, se prend en plusieurs sens dans l'Ecriture. 1°. Pour la persuasion, la créance au pouvoir de JESUS-CHRIST, par laquelle on croit que lui, & ses Disciples en son nom, peuvent faire des miracles. Cette foi est un don que Dieu fait quelquefois, même aux méchans, comme on l'a vû plus haut; puisque les méchans peuvent faire des miracles, & que Dieu en fait quelquefois en leur faveur. 2°. *Fides*, se met pour la vertu, qui nous rend fidéles, & Chrétiens, par laquelle nous croyons fermement tout ce que Dieu nous a révélé, & ce que l'Eglise Catholique enseigne. 3°. Saint Paul (d) prend quelquefois *Fides*, pour le sentiment intérieur qui nous dit qu'une chose est permise, ou défenduë. 4°. Ce terme se met pour la confiance en Dieu. 5°. Pour la fidélité dans l'exécution de ses promesses; soit qu'on l'entende de Dieu, ou des hommes. Dans ce passage la foi du Centenier marque sa créance au pouvoir de JESUS-CHRIST, & sa confiance en sa

(a) *Horat. l. 1. Ep. 6.*
Nil admirari, prope res est una, Numici,
Solaque quæ possit facere & servare beatum.

(b) *August. lib. 2. contra Adversar. Legis & Prophet. cap. 7.*

(c) *Lib. 1. de Genes. contra Manich. c. 8.*

(d) *Rom. XIV. 22. 23. Hebr. X. 22.*

11. *Dico autem vobis, quòd multi ab Oriente, & Occidente venient, & recumbent cum Abraham & Isaac, & Jacob in Regno Cœlorum.*

11. Aussi je vous déclare, que plusieurs viendront d'Orient, & d'Occident, & auront place dans le Royaume des Cieux avec Abraham, Isaac, & Jacob;

COMMENTAIRE.

bonté. Quand le Sauveur dit qu'il n'a pas trouvé une si grande foi dans Israël, il ne compare pas celle du Centenier à celle de S. Jean, de la sainte Vierge, & des Apôtres; mais à celle du peuple. (*a*) Cet étranger avoit à proportion plus de connoissance du pouvoir de Dieu, & plus de créance en ses paroles, que n'en avoit le commun des Juifs; ce qui étoit d'autant plus admirable, qu'il étoit né dans une Religion, qui ne lui fournissoit aucun secours pour s'élever à Dieu.

℣. 11. MULTI AB ORIENTE, ET OCCIDENTE VENIENT, ET RECUMBENT CUM ABRAHAM. *Plusieurs viendront d'Orient, & d'Occident, & auront place dans le Royaume des Cieux avec Abraham.* C'est une confirmation des Prophéties touchant la vocation des Gentils. Ces Prophéties sont répanduës dans tout l'ancien Testament. Les Hébreux ne daignoient pas manger avec les Gentils, (*b*) ni communiquer avec eux, (*c*) de peur de se soüiller en les touchant & en mangeant de leurs viandes. Mais le Fils de Dieu leur déclare, que dans son Eglise les Gentils, & les Juifs ne feront plus qu'un seul peuple; qu'ils mangeront à la même table, participeront aux mêmes Sacremens, & auront part aux mêmes récompenses, & à la même gloire dans le Ciel.

Les anciens Juifs s'imaginoient que dans le Royaume Dieu, & sous le regne du Messie, on verroit tous les Croyans assis à table, & servis de tout ce qu'il y a de plus exquis. Cette tradition se remarque dans les plus anciens Livres des Rabbins, (*d*) & même dans le quatriéme Livre d'Esdras. (*e*) JESUS-CHRIST semble faire allusion à cette pensée des Juifs. Il représente l'autre vie comme un festin, (*f*) où les Elus seront assis, & feront bonne chére, dans la lumiére, & dans la joye; pendant que les Payens, & les méchans seront au dehors dans les ténébres, dans le désespoir, transis de froid, & mourant de faim. C'est ce qui est marqué ici par les ténébres extérieures, par les larmes, & le grincement de dents.

Quelques Exemplaires Grecs (*g*) lisent: *Seront couchez à table dans le*

(*a*) *Vide Author. Operis imperfecti, & alios passim.*
(*b*) *Galat.* II. 12.
(*c*) *Joan* XVIII. 28. *Infrà Matt.* IX. 11. 12
(*d*) *Vide Bartholocci Bibl. Rabb. tom.* 1 *pag.* 507.
(*e*) 4 *Esdr. c.* VI.
(*f*) Voyez aussi *Luc.* XIV. 12. 15. *Matt.* XX 1. 2 *Apoc.* XIX. 7.
(*g*) Ἀνακλιθήσονται ἐν τοῖς κόλποις τοῦ Ἀβραάμ. *Vide Grot. hic.*

12. *Filii autem Regni ejicientur in tenebras exteriores: ibi erit fletus, & stridor dentium.*

12. Mais les enfans du Royaume seront jettez dans les ténébres extérieures. Il y aura là des pleurs, & des grincemens de dents.

13. *Et dixit Jesus Centurioni: Vade, & sicut credidisti, fiat tibi. Et sanatus est puer in illa hora.*

13. Alors Jesus dit au Centenier: Allez, & qu'il vous soit fait selon que vous avez crû. Et son serviteur fut guéri à la même heure.

14. *Et cùm venisset Jesus in domum Petri, vidit socrum ejus jacentem, & febricitantem:*

14. Jesus étant venu en la maison de Pierre, vit sa belle-mere qui étoit au lit, & qui avoit la fiévre;

COMMENTAIRE.

sein d'Abraham. Il fait allusion à la coutume qui regnoit alors, de se coucher à table. La place d'honneur étoit au haut bout; les conviez étoient couchez sur des lits de table, appuyez sur le coude, leurs pieds s'avançoient en dehors, derriere celui qui étoit au-dessous d'eux; de maniére que celui de dessous avoit la tête presque dans le sein de celui qui étoit au-dessus. Ainsi saint Jean l'Evangéliste avoit la tête dans le sein de nôtre Sauveur, dans le dernier souper qu'il fit avec ses Apôtres. (*a*) Ici le Sauveur dit que les Juifs mêlez avec les Gentils, seront couchez à table familiérement avec les anciens Patriarches, ayant la tête dans le sein d'Abraham, d'Isaac, & de Jacob, &c.

℣. 12. FILII AUTEM REGNI EJICIENTUR IN TENEBRAS EXTERIORES. *Les enfans du Royaume seront jettez dans les ténébres extérieures Il y aura là des pleurs & des grincemens de dents.* Les Juifs sont les enfans du Royaume, les héritiers des promesses, le peuple choisi, la race sainte. Toutefois ils sont exclus pour la plûpart du festin nuptial. En leur place les Gentils y sont reçûs, & sont assis dans le Ciel avec Abraham, Isaac, & Jacob. *Les ténébres extérieures* désignent l'enfer. (*b*) Tobie, S. Pierre, S. Jude, marquent la même chose, sous le nom d'obscurité. (*c*) JESUS-CHRIST demeure dans l'allégorie d'un festin; cela se faisoit ordinairement la nuit. Ceux qui étoient rejettez de la sale de l'assemblée, se trouvoient dans les ténébres, pleurant & grinçant les dents de dépit, & de fureur. (*d*)

Quelques anciens exemplaires Grecs (*e*) ajoûtent après le ℣. 13. ces mots: *Et le Centenier étant retourné dans sa maison à la même heure, trouva son serviteur guéri.*

(*a*) *Joan.* XIII 25. XXI. 20.
(*b*) *Aug. Serm.* 61. *nov. Edit. Chrysost. hic, & Gregor Magn Homil.* 6. *in Ezech. & Origen. in Matt. p.* 206. *& alii passim.*
(*c*) *Tob* IV. 11. 2. *Petri* II. 17. *Jud* ℣. 6.
(*d*) *Estius, Maldon. Jans. Menoch. alii.*
(*e*) *Vide N. Test. Oxon. & Not. Mill.*

15. *Et tetigit manum ejus, & dimisit eam febris, & surrexit, & ministrabat eis.*

16. *Vespere autem facto, obtulerunt ei multos dæmonia habentes: & ejiciebat spiritus verbo, & omnes malè habentes curavit:*

17. *Ut adimpleretur quod dictum est per Isaïam Prophetam, dicentem: Ipse infirmitates nostras accepit, & ægrotationes nostras portavit.*

15. Et lui ayant touché la main, la fiévre la quitta; elle se leva *aussi tôt*, & elle les servoit.

16. Sur le soir on lui présenta plusieurs possédez, & il en chassa les *malins* esprits par sa parole, & guérit tous ceux qui étoient malades;

17. Afin que cette parole du Prophéte Isaïe fût accomplie: Il a pris sur lui-même nos infirmitez, & il s'est chargé de nos maladies.

COMMENTAIRE.

℣. 14. CUM VENISSET JESUS IN DOMUM PETRI, VIDIT SOCRUM EJUS JACENTEM. *Jesus étant venu en la maison de Pierre, vit sa belle-mere qui étoit au lit, & qui avoit la fiévre.* Ceci se passa à Capharnaum, (*a*) où S. Pierre & S. André s'étoient établis, quoiqu'ils fussent de Betzaïde. Ce miracle de la guérison de la belle-mere de S. Pierre, (*b*) arriva long-tems avant celle du lépreux, & du serviteur du Centenier, & même avant le Sermon sur la montagne. Ce fut au sortir de la Synagogue de Capharnaum, où JESUS-CHRIST étoit entré pour la premiére fois, qu'il entra chez saint Pierre, n'ayant encore que cinq Disciples.

Les anciens Peres (*c*) nous apprennent que l'épouse de S. Pierre souffrit le martyre; & que cet Apôtre la voyant aller au supplice, lui dit: *O femme, souvenez-vous du Seigneur.* On ne convient pas de son nom; les uns la nomment *Marie*; d'autres, *Concorde*; & d'autres, *Perpétuë*. On lui donne pour fille *Pétronille*, que l'on croit qui souffrit aussi le martyre. La chose n'est pas toutefois sans difficulté. (*d*)

℣. 16. VESPERE AUTEM FACTO, OBTULERUNT EI MULTOS DÆMONIA HABENTES. *Sur le soir on lui présenta plusieurs possédez.* La guérison de la belle-mere de S. Pierre arriva le jour du Sabbat. Quand JESUS fut sorti de la Synagogue, lorsque le soleil fut couché, & que le repos du Sabbat fut fini, l'on amena à la porte du logis tous ceux qui étoient possédez du démon, & tous les malades de la ville, & JESUS les guérit tous par sa parole.

℣. 17. UT ADIMPLERETUR, &c. *Pour accomplir cette parole du Pro-*

(*a*) *Marc.* I. 21. 29.

(*b*) *Confer Marc.* I. 29. *Luc.* IV. 38. *& sequ.*

(*c*) *Clem. Alex. Strom. lib.* 2. *Euseb. Hist. Eccl. lib.* 3. *cap.* 30.

(*d*) Voyez Tillemont Hist. Eccl. tom. 1. en saint Pierre art. 40.

18. *Videns autem Jesus turbas multas circum se, jussit ire trans fretum.*

19. *Et accedens unus Scriba, ait illi: Magister, sequar te quocumque ieris.*

18. Or Jesus se voyant environné d'une grande foule de peuple, ordonna *à ses Disciples* de *le* passer à l'autre bord du lac.

19. Alors un Scribe, *ou Docteur de la Loi* s'approchant, lui dit : Maître, je vous suivrai en quelque lieu que vous alliez.

COMMENTAIRE.

phéte Isaïe : Il a pris sur lui-même nos infirmitez. La Prophétie d'Isaïe a trois sens. 1°. JESUS-CHRIST a pris sur lui-même nos infirmitez, nos péchez ; il s'est rendu nôtre répondant, & nôtre victime. 2° Il a pris dans son Incarnation nos foiblesses humaines. Il s'est assujetti à la faim, à la soif, à la lassitude, au dormir, à la douleur, aux larmes, à la mort. 3°. Enfin il a guéri nos infirmitez corporelles, & spirituelles. (*a*) Les infirmitez du corps, sont la figure de celles de l'ame, que le Sauveur avoit principalement en vûë, & qui étoient aussi le premier & principal objet du Prophéte dans les paroles que nous avons citées. JESUS-CHRIST a parfaitement rempli les trois vûës du Prophéte. (*b*) On voit par le Paraphraste Caldéen Jonathan, que les anciens Juifs entendoient du Messie cet endroit de la prophétie d'Isaïe.

℣. 18. JUSSIT IRE TRANS FRETUM. *Il ordonna de le passer à l'autre bord du lac* de Génézareth. Il passa de Capharnaum à Gérasa ; il voulut apparemment se délivrer des troupes importunes, ou nous donner un exemple de modestie, & d'humilité, en se retirant après tant d'actions éclatantes. (*c*)

℣. 19. SEQUAR TE QUOCUMQUE IERIS. *Maître, je vous suivrai en quelque lieu que vous alliez.* On est partagé sur le motif qui obligeoit ce Scribe à vouloir suivre JESUS-CHRIST. Les uns (*d*) croyent qu'il agissoit de bonne foi, & qu'il désiroit sincérement devenir son disciple. D'autres (*e*) croyent que l'intérêt le portoit à suivre le Sauveur, croyant qu'à la suite d'un maître, qui faisoit tant de prodiges, il ne pourroit manquer de rien. D'autres (*f*) s'imaginent que la vanité, & l'ambition avoient beaucoup de part à sa résolution ; il croyoit se distinguer & s'attirer beaucoup d'honneur à la suite d'un Maître qui étoit si fort respecté du peuple. Enfin il y en a (*g*) qui se persuadent qu'il cherchoit à surprendre JESUS-CHRIST, & à lui tendre des piéges, en examinant malicieusement sa

(*a*) *Vide 1. Pet. II. 24.*
(*b*) *Vide Chrysost. Euthym. Cornel. à Lapide, Jans. Grot.*
(*c*) *Vide Chrysost. Homil. 28.*
(*d*) *Barrad. Titelman.*
(*e*) *Ieron. hic, Chrysost. Euthym. Grot.*
(*f*) *Aug. l. 22. contra Faust. c. 48.*
(*g*) *Aug. Serm. olim 7. de Verbis Domini, nunc 100. n. 1.*

20. *Et dixit ei Jesus : Vulpes foveas habent, & volucres Cœli nidos : Filius autem hominis non habet ubi caput reclinet.*

21. *Alius autem de Discipulis ejus ait illi : Domine, permitte me primùm ire, & sepelire patrem meum.*

20. Et Jesus lui répondit : Les renards ont des taniéres, & les oiseaux du Ciel ont des nids ; mais le Fils de l'homme n'a pas où reposer sa tête.

21. Un autre de ses Disciples lui dit : Seigneur, permettez-moi d'aller ensevelir mon pere, avant que je vous suive.

COMMENTAIRE.

doctrine, & sa conduite. La réponse que lui fait Jesus-Christ insinuë, qu'il avoit en effet en le suivant, quelque vûë secrette d'intérêt, ou du moins, qu'il avoit pris une telle résolution trop à la légére, & sans savoir à quoi il s'engageoit.

℣. 20. VULPES FOVEAS HABENT. *Les renards ont des taniéres, & les oiseaux du Ciel ont des nids ; mais le Fils de l'homme n'a pas où reposer sa tête.* On ne peut pas concevoir une plus extrême pauvreté. Par ce seul trait on peut juger des peines, & des travaux de la vie de Jesus-Christ. En deux mots il renverse tous les projets d'intérêt, d'ambition, de vanité, que pouvoit avoir le Scribe qui lui parloit. Jesus-Christ s'appelle ici *le Fils de l'homme*, & il prend ce nom dans plusieurs endroits de l'Evangile ; soit qu'il voulût marquer par-là qu'il étoit vrai homme, (*a*) ayant la chair, & la nature humaine réellement, & véritablement ; comme s'il eût prévû les erreurs qui devoient naître dans l'Eglise sur cela. D'autres (*b*) croyent qu'il vouloit faire voir dans sa personne l'accomplissement de la prophétie de Daniel, où le Messie est qualifié *Fils de l'homme*. D'autres enfin se persuadent que ce nom ne marque qu'une humilité profonde, les Hébreux ayant accoûtumé d'appeller ainsi les hommes du commun, (*c*) par opposition aux fils des hommes de considération, *Filii virorum*. Grotius remarque que les Prophétes Daniel, (*d*) & Ezéchiel (*e*) prennent le nom de fils de l'homme, lorsqu'ils se trouvent avec des Anges, comme pour marquer la différence de ces deux natures, celle de l'homme, & celle de l'Ange.

℣. 21. PERMITTE ME PRIMUM IRE, ET SEPELIRE PATREM MEUM. *Permettez-moi d'aller ensevelir mon pere, avant que je vous suive.* Quelques-uns (*f*) ont prétendu que ce disciple, qui demandoit permission à Jesus-Christ d'aller ensevelir son pere, étoit Philippe, qui

(*a*) *Tertull. lib. de Carne Christi.*

(*b*) *Dan.* VII. 17. *Confer Apoc.* XIV. 14. *Epiphan. hæres. 57. Theodoret. in c. 7. Dan.*

(*c*) *Psalm.* VIII. 5. XLVIII. 3. LXXXI. *Danielis.* VII. 13.

(*d*) *Dan.* VIII. 17.

(*e*) *Ezech.* II. 1. III. 1. *& passim.*

(*f*) *Clem. Alex. l. 3. Strom. Grot. hic. De Clere.*

est un des premiers qui furent appellez à la suite du Sauveur. Il y en a (a) qui croyent que le pere de ce Disciple, quel qu'il soit, n'étoit pas encore mort; mais qu'il étoit si vieux qu'il ne pouvoit espérer de vivre que très-peu de tems. Permettez-moi d'aller assister mon pere dans son extréme vieillesse, à condition qu'après sa mort, & après lui avoir rendu les derniers devoirs, je me rendrai auprès de vous pour vous suivre. D'autres (b) prennent ceci au pied de la lettre, & croyent que véritablement le pere de cet homme étoit mort, & qu'il ne demandoit que le loisir de l'enterrer, & de lui rendre les devoirs de la sépulture; mais *Etiam sepelire patrem, tardum erat fidei*, dit Tertullien. (c) JESUS-CHRIST ne souffre point de retardement, quand il nous appelle à son service. Il veut être obéï ponctuellement, & sans délai.

Les morts dont il parle en ces termes: *Laissez les morts enterrer leurs morts*, ne sont pas ceux qui sont réellement trépassez; ceux-là ne sont plus capables de rendre aucun service ni aux vivans, ni aux autres morts. Mais à l'occasion d'un mort réel, il passe à un mort dans le sens spirituel, & moral. Laissez les pécheurs, (d) les méchans, les amateurs du monde, enterrer leurs morts, c'est-à-dire, vivre dans le monde, & rendre à ceux qui y sont comme eux, les devoirs que l'humanité, & la bienséance demandent d'eux. Pour vous, vous êtes appellé à des fonctions plus nobles, & plus relevées, & qui sont incompatibles avec tous ces soins, ces engagemens, & ces devoirs. Les morts ne demeureront pas sans sépulture, & le monde n'en sera pas moins bien servi, quand vous lui refuserez ces devoirs; laissez-les à d'autres.

Quelques Peres (e) par ces morts ont entendu les Gentils, & ils en ont inféré que celui à qui JESUS-CHRIST parloit étoit aussi Gentil, de même que son pere. Laissez à ces hommes qui sont morts par l'infidélité, le soin de servir ceux qui sont dans les mêmes engagemens de l'idolâtrie. Mais seroit-il croyable que JESUS ait voulu appeller à soi un Gentil pour annoncer son Evangile, & pour le mettre au rang de ses Disciples? La porte n'a été ouverte aux Gentils, qu'après l'Ascension du Sauveur. Dans l'ancienne Philosophie (f) on regardoit comme morts ceux qui quittoient les Ecoles, & qui abandonnoient la vie de Philosophes, pour se livrer

(a) *Lyran. Brugens. Mariana, Le Clerc, Martianay, Cyrill.*

(b) *Chrysost. Homil. 28 in Matt. Basil. l. de Constitut. Mon. c. 21. Theophyl. & Euthym. hic. Aug. Serm. olim 7. nunc 100. Hilar. in Matt. Ieron hic. Maldon. alii.*

(c) *Tertull. l. de Idololat.*

(d) *Aug lib. IV de Trinit. c. 3. & XX. de Civitate c. 20. Drutmar. hic. Ambros. l. de Abraham. c. 8. Maldon. Alii.*

(e) *Chrysost. hic. August Serm. 100. nova Edit. Hilar. hic. Ambros. in Psalm. XLVIII. Euthym. hic.*

(f) *Clem. Alex. l. 5. Strom.* Διὸ καὶ ἐν βαρβάρῳ φιλοσοφίᾳ νεκροὺς καλοῦσι τοὺς ἐκπεσόντας τῶν δογμάτων, καὶ καθυποτάξαντας τὸν νοῦν τοῖς πάθεσι τοῖς ψυχικοῖς.

à leurs

22. *Jesus autem ait illi: Sequere me, & dimitte mortuos sepelire mortuos suos.*

23. *Et ascendente eos in naviculam, secuti sunt eum Discipuli ejus.*

24. *Et ecce motus magnus factus est in mari, ita ut navicula operiretur fluctibus: ipse verò dormiebat.*

25. *Et accesserunt ad eum Discipuli ejus, & suscitaverunt eum, dicentes: Domine, salva nos, perimus.*

22. Mais JESUS lui dit: Suivez-moi, & laissez aux morts le soin d'ensevelir leurs morts.

23. Il entra *ensuite* dans la barque, accompagné de ses Disciples:

24. Et il s'éleva sur la mer une si grande tempête, que la barque étoit couverte de flots; & lui cependant dormoit.

25 Alors ses Disciples s'approcherent de lui, & l'éveillerent en lui disant: Seigneur, sauvez-nous, nous périssons.

COMMENTAIRE.

à leurs passions. On leur dressoit quelquefois des tombeaux, ou des représentations, comme à des morts.

℣. 24. ECCE MOTUS MAGNUS. *Il s'éleva sur la mer une si grande tempête, que la barque étoit couverte de flots.* La mer de Galilée étoit un simple lac, mais il avoit environ huit lieuës de long, & trois ou quatre de large; de sorte que quand il s'élevoit du vent, l'eau en étoit agitée jusqu'à submerger quelquefois les batteaux dont on se servoit pour pescher dans le lac, & pour passer d'un bord à l'autre. Il y avoit d'autres barques qui suivoient celle de JESUS. (*a*) Il y a beaucoup d'apparence qu'elles furent attaquées de la tempête aussi bien que celle du Sauveur, quoiqu'en ayent dit quelques Interprétes. (*b*) Le vent, & l'émotion de la mer ne furent point miraculeuse; mais seulement leur cessation au commandement de JESUS-CHRIST.

℣. 25. IPSE VERO DORMIEBAT. *Il dormoit*, d'un sommeil naturel, mais volontaire. Il s'étoit procuré ce sommeil, pour avoir occasion de faire le miracle qui suit. La barque où étoit JESUS-CHRIST désignoit l'Eglise, qui est exposée au milieu du monde, de cette mer orageuse, aux flots des persécutions, des tentations, jusqu'à ce que le Seigneur qui paroît endormi par la patience, où il demeure envers les pécheurs, s'éveille à la fin des siécles, réprime la violence du démon, & rende aux siens le calme, & la tranquillité. (*c*) Chacun de nous, dit S. Augustin, (*d*) est au milieu des tempêtes, & des agitations; nous sommes exposez à une infinité de tentations, & de dangers. D'où vient cela, si ce n'est que JESUS dort? c'est-à-dire, que nôtre foi est endormie. Nous voyons les méchans dans la prospérité, & nous disons: Seigneur, où est donc vôtre justice?

(*a*) *Marc.* IV. 36.
(*b*) *Vide Maldon. Menoch.*
(*c*) *Tertull. lib. de Baptismo c.* 12. *Author Operis imperfecti.*
(*d*) *Aug. Enarr.* 2. *in Ps.* XXV.

26. *Et dicit ei Jesus : Quid timidi estis, modicæ fidei ? Tunc surgens imperavit ventis, & mari, & facta est tranquillitas magna.*

26. Jesus leur répondit : Pourquoi êtes-vous timides, hommes de peu de foi ? Et se levant en même-tems, il commanda aux vents, & à la mer, & il se fit un grand calme.

27. *Porrò homines mirati sunt, dicentes : Qualis est hic, quia venti & mare obediunt ei ?*

27. Alors ceux qui étoient présens, furent dans l'admiration, & ils disoient : Quel est celui-ci, à qui les vents, & la mer obéïssent ?

28. *Et cùm venisset trans fretum in regionem Gerasenorum, occurrerunt ei duo habentes dæmonia, de monumentis exeuntes, sævi nimis, ita ut nemo posset transire per viam illam.*

28. Jesus étant passé à l'autre bord au pays des Géraséniens, deux possédez, qui étoient si furieux que personne n'osoit passer par ce chemin-là, sortirent des sépulchres, & vinrent au devant de lui :

COMMENTAIRE.

Mais le Seigneur vous demande à son tour : Où est donc vôtre foi ? N'est-ce pas là ce que je vous ai promis ? Vous ai-je assuré que vous seriez comblé de biens temporels ? Eveillez Jesus, éveillez vôtre foi.

ỷ. 26. IMPERAVIT VENTIS. *Il commanda aux vents, & à la mer.* Le Grec : (*a*) *Il menaça.* Il parla avec autorité, & menaces.

ỷ. 27. HOMINES MIRATI SUNT. *Ceux qui étoient présens, furent dans l'admiration.* Les Apôtres qui étoient dans la barque de Jesus, (*b*) & ceux qui étoient dans les autres barques. (*c*) Les Apôtres n'étoient pas encore bien instruits, ni fortement persuadez de la Divinité de Jesus-Christ. Cette grande vérité ne leur parut dans tout son éclat, qu'après la Résurrection.

ỷ. 28. IN REGIONEM GERASENORUM. *Etant passé au païs des Géraséniens.* Le Grec : (*d*) *des Gergéséniens.* Saint Luc, & saint Marc, (*e*) *des Gadaréniens.* Quelques Exemplaires Grecs de saint Mathieu lisent de même en cet endroit-ci. La difficulté n'est pas grande : *Gadara*, & *Gérasa*, autrement Gergésa, étoient deux villes assez voisines, toutes deux comprises dans la Décapole. Pline, Ptolomée, Joseph, Etienne en parlent. Eusébe, & saint Jérôme disent que quelques-uns croyoient que *Gérasa*, ou Garasa, ou Gergésa étoient la même que *Gadara* (*f*) de S. Marc, & de S. Luc ; mais Origénes dans son Commentaire sur S. Jean, & Pline (*g*) les distinguent clairement. Gadara n'étoit pas sur la mer de Tibériade ; mais étant une ville fort considérable de ce canton là, elle pouvoit enfermer dans son territoire, ou dans sa dépendance Gerasa. Ainsi le canton

(*a*) Ἐπετίμησε ; *Increpavit, objurgavit.*
(*b*) *Luc.* VIII. 25.
(*c*) *Marc.* IV. 36.
(*d*) Γεργεσηνῶν. *Gergesenorum.*
(*e*) *Luc.* VIII. 26. *Marc.* V. 1. Γαδαρηνῶν ; mais plusieurs mss. lisent : Γερασηνῶν, *Gerasenorum.*
(*f*) *Euseb. & Ieron. in locis.*
(*g*) *Plin. l.* 5. *c.* 15.

des *Géraséniens* sera aussi le territoire des *Gadaréniens*. Quelques-uns ont crû que les *Géraséniens*, ou *Gergéséniens*, étoient des restes des anciens peuples de Canaan de ce nom, dont il est quelquefois parlé dans Moyse. (*a*) Les Auteurs Grecs (*b*) dérivent Gérasa de *Gerousia* la vieillesse, & ils prétendent qu'Aléxandre le Grand laissa là une partie des vétérans, & des vieillards de son armée; mais la premiere opinion me paroît plus vraisemblable. Nous avons fixé la situtiou de Gérasa dans S. Luc VIII. 26.

Les Géraséniens étoient Gentils pour la plûpart; mais il y avoit parmi eux un bon nombre de Juifs. Joseph (*c*) raconte qu'au commencement de la derniére guerre des Juifs contre les Romains, pendant que les autres villes des Gentils mettoient à mort tous les Hébreux qui se trouvoient au milieu d'elles, Gérasa les épargna, & leur donna escorte, lorsqu'ils voulurent sortir, jusqu'à ce qu'ils fussent en lieu de sûreté. Quant à *Gadara*, c'étoit une forte place de la Pérée, distante de Tiberiade de soixante stades, (*d*) ou trois lieuës & demie. La ville étoit possédée par les Syriens; (*e*) il ne laissoit pas d'y avoir des Juifs, comme dans toutes les autres villes du pays; mais ils n'y étoient pas les maîtres. On voit ci-après que les Gadaréniens nourrissoient des porcs; ce qui prouve encore qu'ils n'étoient point Juifs; car Casaubon rapporte une Loi des Juifs publiée, dit-on, & reçûë du tems d'Hircan, & d'Aristobule, qui leur défend sous peine de malédiction, de nourrir des porcs. Ligfoot (*f*) croit que les possédez dont il s'agit ici, étoient Payens.

OCCURRERUNT EI DUO HABENTES DÆMONIA. *Deux possédez sortirent des sépulchres, & vinrent au devant de lui.* S. Marc, (*g*) & S. Luc (*h*) ne parlent que d'un possédé; mais on croit qu'ils ont voulu désigner celui qui étoit le plus furieux, & le plus mauvais; (*i*) ou simplement, celui qui étoit possédé depuis plus long-tems. (*k*) S. Luc donne lieu à cette solution, puisqu'il dit que ce démoniaque étoit possédé depuis fort long-tems, & qu'il avoit une légion de démons qui le tourmentoient. Ces possédez étant chassez des villes, demeuroient à la campagne dans des lieux écartez & solitaires, comme étoient les cavernes creusées dans le roc, où l'on mettoit les morts. Joseph (*l*) remarque qu'il y avoit quantité de cavernes creusées dans les rochers sur le bord de la mer de Tyberiade. Ces demeures passoient pour soüillées dans l'esprit des Juifs: mais

(*a*) *Genes.* x. 16 xv. 21 *Deut.* VIII. 1. *Vide & Josue* III. 10. XXIV 11. 1 *Esdr.* IX. 8.

(*b*) *Jambli. Comment in Nicomachi Arithmetic Vide not. in Stephan. Byzant.*

(*c*) *Joseph de bello l.* 2. *c.* 35.

(*d*) *Joseph de vita sua. p* 1025.

(*e*) *Casaubon adversùs Baron. Exercit.* 13 *an.* 31. *n.* 69.

(*f*) *Ligfoot in Marc.* V. 20

(*g*) *Marc* IV 2.

(*h*) *Luc.* VIII 27 Ὃς εἶχε δαιμόνια ἐκ χρόνων ἱκανῶν.

(*i*) *Chrysost. Theophyl. Euthym.*

(*k*) *Aug. l.* 2 *de Consens. Evang. c.* 24. *Beda & Strabus hic.*

(*l*) *De bello l.* 2. *c.* 41. *p.* 823. ἡ περὶ γεννησαρὲτ λίμνη σπήλαια.

29. *Et ecce clamaverunt, dicentes: Quid nobis, & tibi, Jesus Fili Dei? Venisti huc ante tempus torquere nos?*

29. Ils se mirent en même-tems à crier, & à lui dire: JESUS Fils de Dieu, qu'y a-t'il entre vous, & nous? Etes-vous venu ici pour nous tourmenter avant le tems?

COMMENTAIRE.

elles convenoient bien à des possédez; car les démons aiment ces sortes de lieux, pour entretenir les peuples dans la vaine persuasion que les ames des morts reviennent quelquefois reprendre leurs corps, pour apparoître aux vivans. (a) De-là vient peut-être l'usage de l'Eglise Chrétienne de mettre des Croix dans les cimetiéres, & de répandre de l'eau-bénite pour écarter les démons, & pour se garantir de leurs illusions.

Les Platoniciens (b) croyent que les ames qui n'étoient point encore dégagées de ce qu'elles avoient contracté de grossier, & de matériel dans leur union avec le corps, se retiroient autour des tombeaux, où l'on voit, dit Platon, assez souvent des phantômes obscurs de ces ames. Apulée (c) développe le sentiment des Platoniciens sur ce sujet, en disant que les ames des morts, qui ont été agréables aux Dieux, & qui ont mené une vie exemte de crimes, sont chargees du soin de leur propre famille; & ce sont elles qui sont honorées dans les maisons sous le nom de Dieux domestiques, *Lares*, ou *Penates*. Celles dont la vie a été dereglée, & corrompuë, sont errantes, & vagabondes dans le monde, servant à effrayer les bons & à nuire aux méchans; on les appelle en Latin *Larvæ*. Enfin, les ames dont le sort est douteux, & inconnu, à cause du mélange du bien & du mal qu'on a remarqué dans leur vie, sont appellées *Dieux Manes*, par honneur.

Origénes (d) contre Celse prouve l'immortalité de l'ame, par les apparitions qu'il suppose autour des sépulchres. Saint Augustin (e) les suppose de même comme une chose incontestable. Les anciens Juifs étoient apparemment dans des sentimens pareils, de même que les Juifs d'aujourd'hui. Du tems de saint Chrysostome (f) on croyoit que les ames de ceux qui étoient morts dans le crime, se changeoient en démons. Il croit que le diable conduisoit exprès ces possédez dans les tombeaux, pour entretenir les peuples dans cette erreur. Euthyme, & Théophylacte ont suivi saint Chrysostome, qui réfute solidement cette erreur. Voyez le Commentaire sur saint Jean, Ch. XI. ℣. 43.

(a) *Grot. Maldon. Hammond. Vide & Synes. Hymno IV.* ℣. 47. *ubi* δαίμονες τυμβοβόροι *dicuntur.*

(b) *Plato in Phædone. Vide Aug. l. 9. de Civit. c. 11.*

(c) *Apul. de Dogmate Platonis.*

(d) Origen. *l. 2. p.* 97. *Edit. Cantabrig.*

(e) *Aug. Ep.* 160. 161. & 190. & *lib. de Orig. anima.*

(f) *Chrysost. Homil.* XXIV. *in Matth.*

ỷ. 29. QUID NOBIS, ET TIBI, JESU FILI DEI. *Jesus, Fils de Dieu, qu'y a t'il entre vous, & nous?* Pourquoi venez-vous nous persécuter, & nous chasser, nous qui n'avons rien à démêler avec vous, qui n'avons rien fait contre vous. (*a*) Ils l'appellent *Fils de Dieu*, non qu'ils le crussent véritablement tel, mais ils conjecturoient que ce pouvoit être le Messie, promis par les Prophétes. (*b*) Les autres Evangélistes (*c*) disent que le plus furieux des deux démoniaques se vint jetter aux pieds de JESUS, & le conjura de ne le point tourmenter.

VENISTI HUC ANTE TEMPUS TORQUERE NOS? *Etes-vous venu ici pour nous tourmenter avant le tems?* Plusieurs anciens Peres (*d*) ont crû que les démons n'étoient point tourmentez avant le jour du Jugement, ce qui étoit fondé sur ces paroles de S. Pierre: (*e*) *Il n'a point épargné les Anges qui ont péché, mais il les a précipitez dans l'abyme, où les ténébres leur servent de chaînes, pour y être réservez aux tourmens jusqu'au Jugement: Tradidit cruciandos in judicium reservari.* Et sur cet autre de saint Jude: (*f*) *Dieu réserve pour le grand jour du Jugement, les Anges qui n'ont point conservé leur premiere dignité.* Mais l'opinion reçûë aujourd'hui dans toute l'Eglise, est que les démons sont tourmentez dès à présent, & l'ont toûjours été depuis leur chûte, en quelque lieu qu'ils fussent. Ils se plaignent que JESUS-CHRIST vient les réduire dans l'abyme, ou dans l'enfer *avant le tems*, c'est-à-dire, avant le tems qu'ils l'attendoient, ou avant le jour du Jugement; car ils ne croyoient pas qu'il dût venir si-tôt. En effet, il n'étoit pas encore venu; & quoiqu'ils ignorassent en quel tems précisément ce jour devoit arriver, ils ne croyoient pas toutefois qu'il fût encore proche. (*g*) S. Jérôme dit (*h*) que de même que des esclaves fugitifs, lorsqu'après une longe fuite ils viennent à rencontrer leur maître, ne peuvent penser à autre chose qu'aux tourmens qu'ils ont méritez; ainsi les démons voyant leur Seigneur paroître sur la terre, crurent d'abord qu'il n'étoit venu que pour les juger, & les condamner. Saint Ambroise (*i*) dit que les démons croyoient qu'à la venuë du Messie, ils devoient être renfermez dans les enfers.

Mais pour expliquer solidement ce passage, & le ỷ. précédent, il faut recourir aux sentimens des Juifs du tems de nôtre Sauveur. Joseph. (*k*) qui

(*a*) *Confer* 2. *Reg.* XVI. 10. 2. *Par.* XXXV 21.
(*b*) *Iron. hic. Aug. l.* 9 *de Civit. c.* 21. *Remig. & alii plures.*
(*c*) *Luc.* VIII. 28. *Marc.* V. 6.
(*d*) *Hilar. can.* 8. *in Matt. Quidam apud Chrysost. Aug. de Civit. l.* 8 *c.* 23. *Vide & Origenem Homil.* 8. *in* XX. *Exod.*
(*e*) 2. *Petri* II. 4.
(*f*) *Jud.* ỷ 6.
(*g*) *Aug. l.* 8. *de Civit. c.* 23. *Quia subitum illis fuit, quod subitum quidem, sed tardius opinabantur... & hoc erat ante tempus, id est, ante tempus Iudicii, quo æternâ damnatione puniendi sunt.*
(*h*) *Ieron. in Matt.* VIII.
(*i*) *Ambros in Luc.* I. 6.
(*k*) *Ios. ph. Antiq. l* 18. *c.* 2. *& de bello l.* 2. 12. 12. ψυχὴν δὲ πᾶσαν μὲν ἄφθαρτον, μεταβαίνειν δὲ εἰς ἕτερον σῶμα, τὴν τῶν ἀγαθῶν μόνην. Τὴν δὲ τῶν φαύλων ἀϊδίῳ τιμωρίᾳ κολάζεσθαι.

30. *Erat autem non longè ab illis grex multorum porcorum pascens.*

30. Or il y avoit en un lieu peu éloigné d'eux ; un grand troupeau de pourceaux qui paissoient ;

COMMENTAIRE.

étoit Pharisien, & fort instruit des sentimens de sa secte, & des opinions des Juifs de son tems, dit que les ames des gens de bien après la mort de ceux qu'elles ont animez, peuvent passer en d'autres corps, par une espéce de métempsycose, sans toutefois y être obligées; elles ont sur cela une entiére liberté, & que les ames des méchans sont renfermées dans des cachots ténébreux sous la terre, pour y souffrir éternellement la peine de leurs crimes. Mais il nous avertit ailleurs (*a*) que les démons qui obsédent les corps, ne sont autres que les ames des méchans qui entrent dans les corps des hommes vivans, & qui tuent ceux qui ne sont point secourus par des exorcismes, ou par d'autres moyens, propres à chasser ces mauvais esprits. On croyoit donc que ces démoniaques étoient possédez par des ames de certains méchans hommes, qui ne craignoient rien davantage que d'être chassez de ces corps, & d'être releguez dans les enfers, d'où ils ne devoient jamais sortir, & où ils n'attendoient que des tourmens éternels. De là vient leur frayeur, & leur plainte : c'est pour tâcher de différer leur supplice qu'ils demandent à Jesus-Christ qu'il ne les envoye point dans l'abyme ; mais de leur permettre d'entrer dans un troupeau de pourceaux. Cette demande fait bien voir quelle étoit leur extrémité, & leur peine.

On me dira peut-être que ces sentimens des Pharisiens ne sont pas dans l'exacte vérité : je n'entreprend point de les justifier; mais nôtre Seigneur ne les a point réfutez ; & soit que les démoniaques soient possédez par des vrais démons, ou par des ames des méchans ; il est toûjours vrai dans l'opinion des Pharisiens, comme dans la nôtre, que ce sont des mauvais esprits qui les obsédoient; & qu'en sortant de ces corps, ils ne pouvoient qu'être précipitez dans les enfers, pour y souffrir des supplices éternels: ce qui suffit pour expliquer tout ce qui est dit ici; mais bien plus aisément suivant l'hypotêse des Pharisiens, dont nous avons parlé. Jesus-Christ dans ses discours, & dans ses réponses a supposé plusieurs opinions populaires, qu'il n'a pas jugé à propos de réfuter, parce qu'elles n'avoient pas de dangereuses suites pour la Religion.

℣. 30. Erat non longe, &c. *Il y avoit en un lieu peu éloigné d'eux, un grand troupeau de pourceaux.* Le Texte Grec lit dans un sens

(*a*) *Idem de Bello l. 7. c. 25. p. 982.* Τὰ γὰρ καλούμενα δαιμόνια, ταῦτα δὲ πονηρῶν ἐστιν ἀνθρώπων πνεύματα, τοῖς ζῶσιν εἰσδυόμενα, καὶ κτείνοντα τοὺς βοηθείας μὴ τυγχάνοντας.

31. *Dæmones autem rogabant eum, dicentes : Si ejicis nos hinc, mitte nos in gregem porcorum.*

32. *Et ait illis : Ite. At illi exeuntes abierunt in porcos, & ecce impetu abiit totus grex per præceps in mare : & mortui sunt in aquis.*

31. Et les démons le prioient, en lui disant : Si vous nous chassez d'ici, envoyez-nous dans ce troupeau de pourceaux.

32. Il leur répondit : Allez. Et étant sortis, ils entrerent dans ces pourceaux : en même-tems tout ce troupeau courut avec impétuosité se précipiter dans la mer, & ils moururent dans les eaux.

COMMENTAIRE.

contraire : (a) *Or il y avoit loin de là un troupeau de pourceaux*. S. Luc, & saint Marc lisent : (b) *Il y avoit là dans la montagne*, ou *près de la montagne, un troupeau de pourceaux*. La différence qui paroît grande dans la lettre, l'est peu dans le fond, car ces sortes de distances ne sont grandes, ou petites, que comparées à d'autres. Les villes de Gadare, ou de Gerasa étoient sur les bords du lac de Génézareth, ou assez près du bord de cette mer. Les porcs n'en étoient point fort éloignez, comme la suite le persuade. Tout ceci se passa à la vûë des Disciples de JESUS-CHRIST. Les distances n'étoient pas fort considérables en elles-mêmes : mais elles l'étoient assez pour faire remarquer la force, & l'évidence du miracle.

℣. 31. MITTE NOS IN GREGEM PORCORUM. *Envoyez-nous dans ce troupeau de pourceaux*. Saint Luc (c) dit que le plus furieux des deux démoniaques prioit JESUS-CHRIST *de ne le pas envoyer dans l'abyme*, c'est-à-dire, dans l'enfer ; (d) de ne leur ôter pas pour toûjours le pouvoir de tourmenter & de tenter les hommes sur la terre. JESUS leur permit de se retirer dans le troupeau de pourceaux qui étoient au voisinage, pour montrer que la possession de ces deux démoniaques étoit fort réelle, & pour prouver l'existence des démons contre les Saducéens. (e) Les démons ne pouvant pas exercer leur haine contre ces hommes, puisqu'ils alloient être chassez des corps de ces possédez ; demandent qu'il leur soit permis de leur nuire au moins dans leurs biens ; (f) & le Sauveur en leur accordant cette grace, fait éclater en même tems sa puissance, & sa justice ; sa puissance, puisque les démons même ne peuvent rien sans sa permission ; (g) sa justice contre les Géraséniens, dont il voyoit les mau-

(a) Ἦν δὲ μακρὰν ἀπ' αὐτῶν.

(b) *Marc.* v. 11. Ἦν δὲ ἐκεῖ πρὸς τῷ ὄρει. *Luc.* VIII. 32. Ἦν δὲ ἐκεῖ ἐν τῷ ὄρει. Le Manuscrit G. L. de Cambrige ne lit pas *non* dans le Latin ; mais le Texte de saint Matthieu suivant l'ancienne Vulgate, donné par le P. Martianay, le lit.

(c) *Luc.* VIII. 31. Καὶ παρεκάλει αὐτὸν, ἵνα μὴ ἐπιτάξῃ αὐτοῖς εἰς τὴν ἄβυσσον ἀπελθεῖν.

(d) *Ita Maldon. hic, & alii passim. Confer Apoc* IX. 1. 2. XI. 7. XVII. 8. XX. 1. 3.

(e) *Hilarius hic.*

(f) *Ieron. in vita S. Hilarionis.*

(g) *Chrysost. Euthym. Theophyl. Athan. in vita Antonii.*

33. *Pastores autem fugerunt ; & venientes in civitatem nuntiaverunt omnia, & de eis, qui dæmonia habuerant.*

34. *Et ecce tota civitas exiit obviam Jesu : & viso eo, rogabant ut transiret à finibus eorum.*

33 Alors ceux qui les gardoient, s'enfuïrent : & étant venus à la ville ils racontèrent tout ceci, & ce qui étoit arrivé aux possédez.

34. Aussi-tôt toute la ville sortit *pour aller* au devant de JESUS ; & l'ayant vû, ils le supplierent de se retirer de leur pays.

COMMENTAIRE.

vaises dispositions, & dont il vouloit punir l'avarice, & l'attachement aux choses de la terre. L'Abbé Rupert supposant que les Géraséniens étoient Juifs, dit que JESUS-CHRIST voulut les châtier par la perte de leurs porcs, de la transgression qu'ils faisoient de la Loi, en nourrissant des animaux impurs.

℣. 34. ROGABANT EUM UT TRANSIRET A FINIBUS EORUM. *Ils le supplierent de se retirer de leur pays.* S. Jérôme, & Béde ont crû que ces peuples prierent JESUS-CHRIST de se retirer de leur pays, dans un esprit d'humilité, semblable à celui qui fit dire à S. Pierre : (*a*) *Seigneur, retirez-vous de moi, parce que je suis un pécheur* ; & à celui du Centenier, (*b*) qui prioit JESUS de ne pas venir dans sa maison, parce qu'il se croyoit indigne de l'y recevoir. Mais la plûpart (*c*) croyent que c'étoit la crainte, & l'intérêt qui leur faisoient tenir ce discours. Ils craignoient que le Sauveur ne continuât à guérir les malades, & les possédez aux dépens de leurs porcs, & de leur bétail ; car la perte fut de deux mille porcs, comme le remarque S. Marc. (*d*)

(*a*) *Luc* v. 8.
(*b*) *Matt.* VIII. 7. 8.
(*c*) *Theophyl. Euthym. hîc Ambrof. in Luc.* l. 6. *Vide Luc.* VIII. 37. *Maldon. Grot. Brug.*
(*d*) *Marc.* V 13.

CHAPITRE

CHAPITRE IX.

Guérison miraculeuse du Paralytique. Vocation de saint Matthieu. Pourquoi les Disciples de JESUS-CHRIST *ne jeûnent point? Fille de Jaïr résucitée. Hémorroïsse guérie. Deux Aveugles éclairez. Un Possédé muet, délivré. Blasphêmes des Pharisiens. Brebis sans pasteur. Moisson. Ouvriers.*

℣. 1. *Et ascendens in naviculam, transfretavit, & venit in civitatem suam.*

2. *Et ecce offerebant ei paralyticum jacentem in lecto. Et videns Jesus fidem illorum, dixit paralytico: Confide, fili, remittuntur tibi peccata tua.*

℣. 1. JESUS étant monté dans une barque, repassa le lac, & vint à sa ville.

2. Et comme on lui eut présenté un paralytique couché dans un lit, JESUS voyant leur foi, dit à ce paralytique: Mon fils, ayez confiance, vos péchez vous sont remis.

COMMENTAIRE.

℣. 1. ASCENDENS IN NAVICULAM, TRANSFRETAVIT. *Jesus étant monté dans une barque, repassa le lac, & revint à sa ville.* Il repassa du pays des Géraséniens, qui est à l'orient de la mer de Tibériade, de l'autre côté de cette mer, dans la ville de Capharnaum, qui est nommée sa ville, parce que depuis sa prédication, il y avoit fixé sa demeure ordinaire. Quelques-uns (*a*) ont crû qu'il étoit allé à Nazareth, d'où il revint peu de tems après à Capharnaum. Sédulius (*b*) veut qu'il soit allé à Bethléem, lieu de sa naissance. Mais l'opinion presque générale des Peres, & des Interprétes, est qu'il vint à Capharnaum, où se fit la guérison du paralytique, dont on va parler; quoi qu'il ne soit pas certain que cette guérison se soit faite aussi-tôt après son retour. Les uns (*c*) la mettent avant le voyage que JESUS fit au-delà de la mer de Génézareth; & d'autres (*d*) immédiatement après, selon le récit de saint Matthieu. Nous nous sommes déterminez à suivre presque par tout l'harmonie des Evangiles de M. Toinard.

(*a*) *Ieron. & Drutmar. hic. Vide & Aug. l. 2. de Consensu, c. 25.*
(*b*) *Sedul. l. 3. Carmin.*
(*c*) *Toinard, Concord. Evangel. pag. 24. Le Clerc, pag. 85.*
(*d*) *Le Roux, Concord. pag. 46. 47. Arnaud. pag. 73.*

3. *Et ecce quidam de Scribis dixerunt intra se : Hic blasphemat.*

3. Aussi-tôt quelques-uns des Scribes dirent en eux-mêmes : Cet homme blasphême.

COMMENTAIRE.

℣. 2. OFFEREBANT EI PARALYTICUM JACENTEM IN LECTO. *On lui présenta un paralytique couché dans un lit*, parce qu'il avoit entiérement perdu l'usage de ses membres,& qu'on ne pouvoit le remuer, sans lui faire souffrir de trop grandes douleurs. Saint Marc, (*a*) & saint Luc (*b*) nous apprennent que la foule du peuple qui écoutoit JESUS, & qui assiégeoit sa maison, étoit si grande, que ceux qui portoient le lit, ne pouvant le faire entrer par la porte, le tirerent au haut de la maison sur la plate-forme, & ayant découvert le toît, le descendirent avec des cordes au bas de la maison où étoit JESUS. Il faut que cette maison n'ait pas été à plusieurs étages, puisqu'il ne fallut que découvrir le toît pour descendre le malade devant JESUS-CHRIST qui parloit au peuple à la porte, ou à la fenêtre de la maison. Voyez le Commentaire sur saint Marc, II. 4.

ET VIDENS JESUS FIDEM ILLORUM, DIXIT PARALYTICO: CONFIDE, FILI, REMITTUNTUR TIBI PECCATA TUA. *Jesus voyant leur foi, dit au paralytique : Mon fils, ayez confiance, vos péchez vous sont remis.* La foi de ceux qui présentent ce paralytique au Sauveur, contribua beaucoup à lui meriter la guérison. Elle seule auroit pû suffire pour lui obtenir cette grace. *Magnus Dominus, qui aliorum merito ignoscit aliis, & dum alios probat, aliis relaxat peccata*, dit saint Ambroise. (*c*) Mais on ne doute pas que le paralytique n'ait apporté de sa part d'excellentes dispositions, qui lui mériterent d'abord le pardon de ses péchez, & ensuite la guérison du corps ; celle-ci étoit une suite de ce pardon, comme sa maladie étoit l'effet, & le symbole de son péché. (*d*) Les Hébreux (*e*) croyoient que les maladies corporelles avoient toutes leur source dans quelque péché secret, ou connu. Les maladies sur tout qui passoient pour incurables, étoient regardées comme des coups de la main de Dieu, & des châtimens des péchez. Telles étoient la lépre, la paralysie, l'obsession du démon, l'aveuglement. JESUS-CHRIST suppose cette opinion dans ce qu'il dit ici au paralytique : *Vos péchez vous sont remis.* La cause de vôtre mal est ôtée ; je vais vous délivrer de ce qui en étoit

---

(*a*) *Marc.* II. 3. 4.

(*b*) *Luc.* v. 18

(*c*) *Vide Cyrill. Jerosolym. Catech. 5. Ambros. l. 5. in Luc. Chrysost. Homil. 30. Ieronym. hic. Maldon.*

(*d*) *Vide Ieronym. Euthym Theophyl.*

(*e*) Voyez nôtre Dissertation sur la Médecine, & les Médecins des Hébreux, à la tête de l'Ecclésiastique.

4. *Et cùm vidiſſet Jeſus cogitationes eorum, dixit : Ut quid cogitatis mala in cordibus veſtris ?*

5. *Quid eſt facilius dicere : Dimittuntur tibi peccata tua ; an dicere : Surge & ambula ?*

6. *Ut autem ſciatis, quia Filius hominis habet poteſtatem in terra dimittendi peccata, tunc ait paralytico : Surge, tolle lectum tuum, & vade in domum tuam.*

7. *Et ſurrexit, & abiit in domum ſuam.*

4. Mais JESUS ayant connu ce qu'ils penſoient, leur dit : Pourquoi avez-vous de mauvaiſes penſées dans vos cœurs ?

5. Lequel eſt le plus aisé, ou de dire : Vos péchez vous ſont remis ; ou de dire : Levez-vous, & marchez ?

6. Or afin que vous ſachiez que le Fils de l'homme a le pouvoir ſur la terre de remettre les péchez : Levez-vous, dit-il alors au paralytique ; emportez vôtre lit, & vous en allez en vôtre maiſon.

7. Il ſe leva *auſſi-tôt*, & s'en alla en ſa maiſon.

COMMENTAIRE.

une ſuite. Levez-vous, & emportez vôtre lit. Je vous donne plus que vous ne me demandez : je vous accorde avec la guériſon de vôtre paralyſie, le pardon de vos péchez.

℣. 3. HIC BLASPHEMAT. *Quelques-uns des Scribes dirent entre eux : Cet homme blaſphême.* Ou plûtôt, ſuivant le Grec : (a) *Ils dirent dans eux-mêmes : Celui-ci blaſphême.* Le verſet ſuivant inſinuë, que ce n'étoit qu'une ſimple penſée ; & ſaint Marc (b) met diſtinctement qu'ils penſoient cela en eux-mêmes, & que JESUS découvrit leur penſée, & leur ſentiment intérieur. *Cognito Jeſus ſpiritu ſuo quod ſic cogitarent intra ſe.* Les Scribes ne regardant JESUS que comme un ſimple homme, avoient raiſon de dire qu'il blaſphêmoit, en s'arrogeant le pouvoir de remettre les péchez. Il n'y a que Dieu ſeul à qui cela appartienne. Et le Sauveur permit ce ſcandale, pour les convaincre qu'il étoit véritablement Dieu, ſelon leur propre raiſonnement. Pardonner les péchez n'appartient qu'à Dieu. Or je puis pardonner les péchez, donc je ſuis Dieu. Il prouve qu'il peut pardonner les péchez, parce qu'il peut guérir les maladies par ſon pouvoir abſolu, & par ſa ſeule parole. En effet, il n'y a que Dieu qui le puiſſe en ce ſens : les Scribes n'en diſconvenoient point. Il donne une preuve de ſon pouvoir inviſible de remettre les péchez, par le pouvoir ſenſible qu'il exerce ſur les maladies ; Dieu ne permettra jamais que la fauſſeté & le menſonge ſoient confirmez par un miracle, tel que celui que JESUS-CHRIST fait ici.

Le Sauveur ne prétend pas que le pouvoir de remettre les péchez ſoit égal, ou moindre que celui de guérir un paralytique, comme il ſembleroit qu'on pût l'inférer de ce qu'il dit. On ſait qu'il n'y a nulle compa-

(a) Ἐν ἑαυτοῖς.

(b) *Marc.* II. 6. 7. 8.

8. *Videntes autem turba timuerunt, & glorificaverunt Deum; qui dedit potestatem talem hominibus.*

8. Et le peuple voyant *ce miracle*, fut rempli de crainte, & rendit gloire à Dieu, de ce qu'il avoit donné une telle puissance aux hommes.

9. *Et cùm transiret inde Jesus, vidit hominem sedentem in telonio, Matthæum nomine. Et ait illi : Sequere me. Et surgens secutus est eum.*

9. Jesus passant de ce lieu, vit un homme assis au bureau des impôts, nommé Matthieu, auquel il dit : Suivez-moi ; & lui aussi-tôt se leva, & le suivit.

COMMENTAIRE.

raison entre ces deux choses. L'une & l'autre est également facile à Dieu; mais il est aussi impossible à l'homme de remettre les péchez, que de créer le ciel & la terre, comme le dit S. Augustin. (*a*) Il veut faire voir qu'il est plus aisé de convaincre d'imposture celui qui se vanteroit de pouvoir guérir les maladies, que celui qui diroit qu'il a le pouvoir de remettre les péchez. Or, ajoûte-t'il, pour vous prouver que j'ai celui de remettre les péchez, sur lesquels vous ne me pouvez convaincre de mensonge ; je vais vous donner un signe incontestable de mon autorité, dans une matiére où vous pourriez m'en convaincre, si je manquois à ma promesse ; je veux dire, dans le pouvoir de guérir les maladies. (*b*) En même tems il ordonne au paralytique de se lever & d'emporter son lit. C'est ainsi que S. Jérôme, S. Chrysostome, Béde, Théophylacte, Maldonat, Estius, Grotius, & les meilleurs Commentateurs expliquent cet endroit.

Blasphêmer, dans les Auteurs profanes, se prend pour médire, calomnier, outrager de paroles. Dans le style de l'Ecriture il signifie, les discours injurieux, & indignes, que l'on tient sur la Divinité, & les choses sacrées ; quand on attribuë à Dieu les foiblesses d'un homme, ou à l'homme les perfections de Dieu.

℣. 8. TIMUERUNT, (*c*) ET GLORIFICAVERUNT DEUM, QUI DEDIT POTESTATEM TALEM HOMINIBUS. *Le peuple fut rempli de crainte, & rendit gloire à Dieu, de ce qu'il avoit donné une telle puissance aux hommes.* L'Evangéliste semble vouloir marquer que le peuple ne comprit pas que Jesus-Christ étoit Dieu, quoiqu'il l'eût assez insinué dans son raisonnement adressé aux Scribes. Les troupes se contenterent d'admirer la puissance de Dieu, qui avoit communiqué tant de pouvoir à un homme ; (*d*) ou qui avoit fait éclater tant de marques de sa puissance parmi les hommes.

(*a*) *Aug. Tract. in Joan. 72. n. 5.*

(*b*) *Ieron hic. Fit igitur carnale signum, ut probetur spirituale : quanquam ejusdem virtutis sit & corporis, & animæ vitia dimittere.*

(*c*) *Grec.* Ἐθαύμασαν. Ils admirerent. D'autres : Ἐφοβήθησαν. Ils craignirent.

(*d*) *Brug. Est. Natal. Alexand. Grot. Hammond. alii.*

℣. 9. VIDIT HOMINEM SEDENTEM IN TELONIO. *Il vit un homme assis au bureau des impôts, nommé Matthieu.* JESUS étant sorti de la maison, où il avoit gueri le paralytique, alla sur le quay de Capharnaum, où il vit assis dans son bureau un Publicain, ou un Commis pour recevoir les impôts, nommé *Matthieu,* autrement *Lévi, fils d'Alphée.* (*a*) Il étoit Juif de naissance, & de Religion; mais son emploi le rendoit odieux à ceux de sa nation, qui regardoient avec horreur tous les Publicains. Aussi-tôt que JESUS l'eut appellé, il quitta tout, & le suivit, sans perdre un moment, & sans se mettre en peine d'arranger ses affaires; il laissa à d'autres & ses biens, & ses prétentions. (*b*)

Les anciens ennemis (*c*) de la Religion Chrétienne accusoient saint Matthieu de légereté, d'avoir suivi inconsidérément un homme qu'il ne connoissoit point. Mais saint Jérôme (*d*) ne doute point que saint Matthieu n'ait eu connoissance des miracles, & de la doctrine de JESUS-CHRIST: il avoit pu l'entendre prêcher plusieurs fois; & les prodiges qu'il opéroit par tout, sur tout à Capharnaum, étoient si célébres, qu'il lui étoit impossible de les ignorer. De plus, il se sentit vivement touché d'un attrait intérieur, qui le détermina doucement, & agréablement, mais puissamment, à suivre le Sauveur. (*e*) Enfin l'éclat & la majesté de la Divinité cachée sous l'humanité, qui brilloit sur la face de JESUS-CHRIST, étoit capable d'attirer à soi sur le champ, ceux qui le voyoient. *Fulgor ipse & majestas divinitatis occulta, quæ etiam in humana facie relucebat, ex primo ad se videntes trahere poßet aspectu*, dit saint Jérôme. (*f*) Saint Chrysostome dit que les peuples étoient comme colez à sa personne, remplis d'amour, & d'admiration pour lui, & ne se lassant jamais de le voir. (*g*) Si donc la présence corporelle de JESUS avoit tant de charmes, & d'attraits; est-il étrange que saint Matthieu s'en soit laissé toucher, & qu'il l'ait suivi dès qu'il lui fit l'honneur de l'appeller?

Je sais que ces preuves tirées de la beauté corporelle de JESUS-CHRIST sont contestables, & que plusieurs anciens n'en ont pas jugé comme saint Chrysostome, & saint Jérôme; mais aussi on peut les abandonner ici sans aucun risque pour la vérité. Les deux premiéres raisons que nous avons touchées, sont plus que suffisantes pour justifier la conduite, & l'obéissance de S. Matthieu.

(*a*) *Marc.* II. 14. *Luc.* v. 27.

(*b*) *Basil. Regul. Fusior.* 8. *Auth. ad Præsid apud Ieron. & Chrysost. hic.*

(*c*) *Julian. Imperator. & Porphyr. apud Ieron. hic.*

(*d*) *Ieronym. in Matt. Ita & Chrysostom. hic.*

(*e*) *August. de Gratia Christi contra Pelag. & Calast. cap.* 24. *& lib. de Gestis Pelagii, & alibi passim.*

(*f*) *Ieron. hic.*

(*g*) *Chrysost. Homil.* 28. Καὶ γὰρ ἦσαν αὐτῷ προσηλωμένοι φιλοῦντες αὐτὸν, καὶ θαυμάζοντες, καὶ ὁρᾷν εἰς αὐτὸν ἀεὶ βουλόμενοι.

10. *Et factum est discumbente eo in domo, ecce multi Publicani & peccatores venientes, discumbebant cum Jesu, & Discipulis ejus.*

11. *Et videntes Pharisæi, dicebant Discipulis ejus: Quare cum Publicanis, & peccatoribus manducat Magister vester?*

12. *At Jesus audiens, ait: Non est opus valentibus Medicus, sed malè habentibus.*

10. Et JESUS étant à table dans la maison *de cet homme*, il y vint beaucoup de Publicains, & de gens de mauvaise vie, qui s'y mirent avec JESUS, & ses Disciples.

11. Ce que les Pharisiens ayant vû, ils dirent à ses Disciples: Pourquoi vôtre Maître mange-t'il avec des Publicains, & des gens de mauvaise vie?

12. Mais JESUS les ayant entendus, leur dit: Ce ne sont pas les sains, mais les malades qui ont besoin de Médecin.

COMMENTAIRE.

℣. 10. ECCE MULTI PUBLICANI, ET PECCATORES, &c. *Il vint beaucoup de Publicains, & de gens de mauvaise vie qui se mirent à table avec Jesus.* Tertullien (*a*) croit que tous les Publicains étoient Gentils; cela peut être en parlant des premiers Publicains, ou des Fermiers généraux; mais non pas des Publicains d'un moindre rang, ou des commis, du nombre desquels étoit, à ce qu'on croit, saint Matthieu, & les autres gens de mauvaise vie, *Peccatores*, dont il est parlé ici. C'étoient tous des Juifs, Officiers de la doüane, ou occupez à d'autres professions odieuses parmi les Hébreux. Si JESUS-CHRIST eût mangé avec des Payens, les Pharisiens ne s'en seroient pas tû; car les Juifs étoient fort délicats sur cet article. (*b*)

℣. 12. NON EST OPUS VALENTIBUS MEDICUS. *Ce n'est pas les sains, mais les malades, qui ont besoin de Médecin.* JESUS-CHRIST fait aux Pharisiens plus d'honneur qu'ils n'en méritent: il semble supposer qu'ils sont sains, & qu'ils n'ont que faire de Médecins; du moins il les prend par leurs propres principes. Ce n'est pas des gens comme vous qui ont besoin d'instructions, ce sont des Publicains, & des gens de mauvaise vie. On reprochoit à Antisthénes, qu'il se trouvoit quelquefois avec des méchans. (*c*) Les Médecins, répondit-il, sont toûjours avec des malades, & ne sont pas malades pour cela. Diogénes le Cynique loüant les Loix des Lacédémoniens, on lui dit, pourquoi il ne vivoit pas parmi eux? Parce, dit-il, que les Médecins ne vivent pas avec ceux qui sont en santé; mais auprès de ceux qui sont malades. Le même Diogénes (*d*) répondit à ceux qui lui reprochoient d'entrer dans de mauvais lieux: Le so-

(*a*) *Tertull. l. de Pudicitia*, c. 9.
(*b*) Galat II. 11. *Joan.* XVIII. 28.
(*c*) *Antisthen. apud Laërt. lib.* 6. Ὀνειδιζόμενός ποτε ἐπὶ τῷ πονηροῖς συγγίνεσθαι, καὶ οἱ ἰατροί φασι, μετὰ τῶν ἀσθενούντων εἰσίν, ἀλλὰ οὐ πυρέττουσιν.
(*d*) *Laërt. l.* 6. Καὶ γὰρ ἥλιος εἰς τοὺς ἀποπάτους, καὶ οὐ μιαίνεται.

13. *Euntes autem discite quid est: Misericordiam volo, & non sacrificium: Non enim veni vocare justos, sed peccatores.*

13. C'est pourquoi, allez, & apprenez ce que veut dire *cette parole :* J'aime mieux la miséricorde que le sacrifice. Car je ne suis pas venu appeller les justes, mais les pécheurs.

COMMENTAIRE.

leil pénétre aussi dans les lieux sales, & n'en est point soüillé.

ỷ. 13. MISERICORDIAM VOLO, ET NON SACRIFICIUM. *J'aime mieux la miséricorde, que le sacrifice.* C'est une maniére de parler qui tient du proverbe, & qui est empruntée du Prophéte Osée. (*a*) Je préfére les œuvres de charité, aux observances cérémonielles de la Loi. J'aime mieux sauver des pécheurs, que suivre servilement, & à la lettre des coutumes, & des traditions, qui en elles-mêmes n'ont ni autorité, ni utilité. Enfin je demande de la part des pécheurs, une sincére piété, & une véritable conversion, plûtôt que des victimes, & des sacrifices. (*b*) Les Publicains, & les pécheurs avec qui je mange, reviendront plûtôt à Dieu par mes instructions, que par l'exercice des cérémonies de la Loi.

NON ENIM VENI VOCARE JUSTOS, SED PECCATORES. (*c*) *Je ne suis pas venu appeller les justes, mais les pécheurs.* Je suis venu principalement pour les pécheurs; & en quelque sorte plûtôt pour eux, que pour les justes: car ceux-ci n'ont pas si grand besoin de mon secours que les pécheurs. Ce n'est pas à dire que les justes, ou ceux qui vivoient loüablement, selon la Loi, n'eussent pas besoin du Sauveur; mais comparez aux méchans, aux pécheurs, ils en avoient moins de besoin. Ainsi dans le passage précédent, quand il dit : *Je veux la miséricorde, & non le sacrifice*, il n'exclut pas absolument les sacrifices, & les œuvres de la Loi; mais il leur préfére les œuvres de justice, & de miséricorde. La sainte Vierge, saint Jean-Baptiste, Zacharie, Elisabeth, Anne fille de Phanuël, le vieillard Siméon, Nathanaël, étoient de ces Justes que le Sauveur n'étoit pas venu appeller; ils étoient de ces hommes sains qu'il n'étoit pas venu guérir. Ils avoient en quelque sens moins besoin de sa venuë, que les autres qui vivoient mal. JESUS dit ailleurs dans le même sens, que les Anges du Ciel ont plus de joye de la conversion d'un grand pécheur, que de la bonne vie de quatre-vingt-dix-neuf Justes, qui n'ont pas besoin

(*a*) *Osee.* VI. 6.

(*b*) Voyez nôtre Commentaire sur Osée, & S. Jérôme sur le même Prophéte.

(*c*) *Græc.* Οὐκ ἦλθον καλέσαι δικαίους, ἀλλὰ ἁμαρτωλοὺς εἰς μετάνοιαν. *Et ita legunt Hilar. Euseb. Chrysost. quod additum ex Luca* V. 32. *Non habent*, εἰς μετάνοιαν. *Cod. Cantabrig. Stephani duo, alii plures, Gothic. Syr. Æthiop. Pers. Arm. Hebr. edit. Till. & Munst. Clem. Ep. 2. ad Corinth. & Barnab. in Latina vers. vetustissima.*

14. *Tunc accesserunt ad eum Discipuli Joannis, dicentes : Quare nos, & Pharisæi, jejunamus frequenter : Discipuli autem tui non jejunant ?*

14. Alors les Disciples de Jean le vinrent trouver, & lui dirent : Pourquoi les Pharisiens & nous jeûnons-nous souvent, & que vos Disciples ne jeûnent point ?

COMMENTAIRE.

de pénitence ; (*a*) c'est-à-dire, qui en ont moins besoin que d'autres.

Les Peres (*b*) reconnoissent que quand Jesus-Christ est venu dans le monde, il n'y a trouvé personne qui eût la justice par lui-même. Tous étoient pécheurs, & avoient besoin de sa grace, & de sa miséricorde ; s'il y trouva quelques Justes, il les avoit rendu tels par sa grace, & par la foi qu'ils avoient euë en lui. Mais il y en avoit plusieurs qui se flattoient d'une justice qu'ils n'avoient pas ; entr'autres les Pharisiens, qui se croyant fort irrépréhensibles, n'avoient que du mépris pour les autres, qu'ils regardoient comme des méchans. (*c*) C'est à cette sorte de faux justes, que le Sauveur en veut en cet endroit. Il leur dit, par une ironie piquante : Je ne suis pas venu pour guérir des gens qui croyent se bien porter, ni pour sauver des gens qui se croyent fort justes, comme vous. Mais je suis venu pour guérir ceux qui se croyent vraiment malades, & qui sentent le poids de leurs injustices, & de leurs péchez. (*d*) Ces derniers recourent au Médecin, & recherchent le Sauveur ; les autres le rejettent, & le méprisent. Vous êtes de ces derniers, vous croyez n'avoir que faire de mon secours ; je vous laisse à vous-mêmes. *Si vous étiez aveugles*, comme leur dit ailleurs Jesus-Christ ; (*e*) ou plûtôt, si vous vous reconnoissiez pour aveugles, *vous n'auriez point de péchez : mais parce que vous dites que vous voyez, vôtre péché demeure sur vous.*

℣. 14. Quare nos, et Pharisæi, jejunamus frequenter, &c. *Pourquoi les Pharisiens & nous, jeûnons-nous souvent, & que vos Disciples ne jeûnent point ?* S. Luc (*f*) dit que ce furent les Scribes & les Pharisiens qui firent ce reproche à Jesus-Christ, & à ses Disciples. Saint Augustin, (*g*) & S. Chrysostome (*h*) croyent que les Disciples de S. Jean se joignirent à eux dans cette occasion. D'autres (*i*) veulent que les Disciples de Jean-Baptiste se soient laissez aller aux sollicitations des Pharisiens, pour faire à Jesus-Christ cette demande. Quoiqu'il en soit, il est fort probable que ce fut à la sortie de ce repas

(*a*) *Luc.* XV. 7.
(*b*) *Vide Hilar. hic Chrysost. Homil.* 31. *in Matt. Ieron. Bedam, Theophyl. &c.*
(*c*) *Luc* XVIII. 9.
(*d*) *Vide Aug. tract.* 7. *in Joan. & Enarr. in Psal.* LVIII. *& Serm.* 278 *nov. Edit.*
(*e*) *Joan* IX. 41.
(*f*) *Luc.* V. 33.
(*g*) *Aug. l.* 2. *de Consensu, c.* 27.
(*h*) *Chrysost. Homil.* 31.
(*i*) *Maldon. Menoc.*

que

15. *Et ait illis Jesus : Numquid possunt filii sponsi lugere, quamdiu cum illis est sponsus ? Venient autem dies cùm auferetur ab eis sponsus, & tunc jejunabunt.*

15. JESUS leur répondit : Les amis de l'époux peuvent-ils être dans la tristesse, *&* dans le deüil, pendant que l'époux est avec eux ? Mais il viendra un tems que l'époux leur sera ôté, & alors ils jeûneront.

COMMENTAIRE.

que JESUS-CHRIST venoit de prendre chez saint Matthieu, qu'on lui témoigna la surprise où l'on étoit, qu'il tînt une conduite si différente de celle de saint Jean, pour qui il avoit témoigné tant d'estime.

Les Pharisiens jeûnoient au moins deux fois la semaine, (*a*) & quelquefois quatre fois ; sans compter les jours de jeûne ordonnez par la Loi. Saint Jean-Baptiste étoit d'une austérité étonnante. JESUS-CHRIST dit par une maniere de parler hyperbolique, qu'il ne buvoit, ni ne mangeoit, & que les Pharisiens disoient de lui, qu'il étoit possédé du démon. (*b*) Ses Disciples suivoient sans doute, autant qu'ils pouvoient, sa maniére de vie ; & en ce tems-là leur Maître étant en prison, il est croyable qu'ils redoubloient leurs jeûnes, pour demander à Dieu sa délivrance. Celle de JESUS-CHRIST & de ses Apôtres étoit plus populaire, & paroissoit beaucoup plus aisée, quoi qu'au fond elle fût très-laborieuse, très-pauvre, & très-pénitente. Ils se contentoient des jeûnes prescrits par la Loi, ou par la coutume, & de ceux que les circonstances les obligeoient de souffrir dans leurs voyages.

℣. 15. NUMQUID POSSUNT FILII SPONSI LUGERE ? *Les amis de l'époux peuvent-ils être dans la tristesse, pendant que l'époux est avec eux ?* A la lettre : (*c*) *Les enfans de la chambre nuptiale*, ou *les enfans de la nôce*. (*d*) Ce sont des jeunes gens que l'on donnoit à l'époux, pour lui faire honneur, & pour le servir pendant la cérémonie de son mariage. Cette cérémonie duroit ordinairement sept jours. On peut voir nôtre Dissertation sur le Mariage des anciens Hébreux, à la tête du Cantique des Cantiques. Les enfans de la nôce ne peuvent être dans la tristesse, dans le jeûne, dans la mortification, pendant qu'ils sont dans la compagnie de l'époux. Les nôces sont des cérémonies de joye, & de divertissement pour les jeunes gens. Quand ils ne seront plus aux nôces, ils feront ce qu'ils jugeront à propos. JESUS-CHRIST se représente ici comme l'époux, & le tems de sa prédication sur la terre, comme celui de sa nôce. Ses Disciples sont ses paranymphes, ses compagnons ; lors-

(*a*) *Luc.* XVIII. 12.
(*b*) *Matt.* XI. 18. 19.
(*c*) Οἱ υἱοὶ τοῦ νυμφῶνος.
(*d*) *Marc.* II. 15. Υἱοὶ τοῦ νυμφῶνος. *Vulg. Filii nuptiarum.*

16. *Nemo autem immittit commissuram panni rudis in vestimentum vetus: tollit enim plenitudinem ejus à vestimento, & pejor scissura fit.*

16. Personne ne met une piéce de drap neuf à un vieux vêtement; autrement le neuf emporteroit une partie du vieux, & le déchireroit encore davantage.

COMMENTAIRE.

que l'époux leur sera enlevé par la mort, ils auront assez d'occasion de jeûner, & de pleurer, par les travaux Evangéliques qu'ils seront obligez de soûtenir, & par les persécutions ausquelles ils seront exposez.

℣. 16. NEMO AUTEM IMMITTIT COMMISSURAM PANNI RUDIS IN VESTMENTUM VETUS. *Personne ne met une piéce de drap neuf à un vieux vêtement; autrement le neuf emporteroit une partie du vieux, & le déchireroit encore davantage.* A la lettre: *Il emporteroit sa plénitude*, c'est-à-dire, la déchirure que l'on vouloit racommoder, deviendra plus grande. Les Hébreux employent le verbe *remplir*, pour dire enchasser, raccommoder un trou, mettre une piéce à quelque chose. *Sa plénitude*, marque le trou où l'on a cousu une piéce. Saint Luc exprime la même parabole en ces termes: (a) *Nul ne prend une piéce de drap neuf pour la mettre à un vieux vêtement; autrement il rompt le vieux, & la piéce du neuf ne convient pas au vieux.* Il y a une double perte à mettre du neuf avec du vieux.

JESUS-CHRIST veut justifier sa conduite, & celle de ses Apôtres par deux comparaisons: La premiére, est celle d'une piéce de drap neuf, qu'on coud à un vieil habit: La seconde, d'un vin nouveau & fumant, qu'on met dans un outre vieux. La piéce de drap neuf déchire de plus en plus le vieil habit; & le vin nouveau fait rompre les outres vieux. Mes Disciples sont comme de vieux habits, & de vieux outres; ils ne sont pas capables d'une trop grande austérité, ni d'un exercice trop pénible, & trop violent: il faut les ménager, & les conduire avec beaucoup de temperamment, de discrétion, & de douceur, (b) si je veux qu'ils persévérent, & qu'ils résistent aux fatigues de l'Apostolat. Quand ils seront plus forts, & qu'ils seront renouvellez per l'Esprit Saint, qui doit descendre sur eux; alors je leur donnerai des pratiques plus laborieuses, & plus pénitentes. Ils sont nouveaux par leur conversion; mais ils sont vieux par leurs mauvaises habitudes. Il faut ôter ce qui est vieux, & affermir ce qui est nouveau. Alors ils seront capables, non seulement d'imiter, mais de surpasser les travaux, & les jeûnes des Pharisiens, & des Disciples de saint Jean.

(a) *Luc.* v 36.
(b) *Vide Chrysostom. Homil.* 31. *Euthym. Theophyl. Ieronym. Maldon. alios.*

17. *Neque mittunt vinum novum in utres, veteres: alioquin rumpuntur utres, & vinum effunditur, & utres pereunt. Sed vinum novum in utres novos mittunt, & ambo conservantur.*

17. Et on ne met point non plus du vin nouveau dans de vieux vaisseaux; parce que si on le fait, les vaisseaux se rompent, le vin se répand, & les vaisseaux sont perdus: mais on met le vin nouveau dans des vaisseaux neufs; & ainsi le vin, & les vaisseaux se conservent.

18. *Hæc illo loquente ad eos, ecce Princeps unus accessit, & adorabat eum, dicens: Domine, filia mea modò defuncta est: sed veni, impone manum tuam super eam, & vivet.*

18. Lorsqu'il leur disoit ceci, un Chef *de Synagogue* s'approcha de lui, & l'adoroit, en lui disant: Seigneur, ma fille vient de mourir; mais venez lui imposer les mains, & elle vivra.

COMMENTAIRE.

Quelques anciens (*a*) par le vieil habit, & les outres vieux, ont entendu la Loi ancienne, & par la piéce nouvelle, & le vin nouveau, la Loi de JESUS-CHRIST, & l'Evangile. Les Marcionites, & les Manichéens en inféroient, que ces deux Loix étoient absolument incompatibles, & qu'elles ne pouvoient avoir le même Dieu pour Auteur. (*b*) Mais il y a long-tems que ces ridicules conséquences que tiroient de là ces Hérétiques, sont tombées; & on ne les regarde plus qu'avec compassion, ou avec mépris. Les Peres (*c*) ont aussi pris ceci dans un sens moral. Il est impossible que les Pharisiens, qui sont comme de vieux habits, & de vieux outres, reçoivent la Loi Evangélique, & les Préceptes de la justice Chrétienne. Autrement: (*d*) Mes Disciples sont encore trop foibles pour leur découvrir tout ce que j'ai à leur dire. Le tems viendra qu'ils en seront capables, & que je leur découvrirai les véritez célestes dans toute leur étenduë.

Tout le monde sait que les outres sont de peaux de boucs préparées, & cousuës en forme de sacs, avec la peau d'une des quatre pattes de l'animal, qui sert d'entonnoir pour verser le vin, ou d'autres liqueurs que l'on y met. Ces outres sont fort communs dans l'Orient, & même dans quelques Provinces de France; & l'usage en est très-commode pour transporter commodément les vins, & les huiles, sur les chevaux, ou sur les hommes sans les blesser, & sans risquer de perdre ces liqueurs, si les vaisseaux venoient à tomber. Il n'y a qu'à prendre garde que ces outres soient bons & solides.

℣. 18. ECCE PRINCEPS UNUS ACCESSIT. *Un Chef de la Synago-*

(*a*) *Vide Ieronym. hic. Tertull. contra Marcion. Epiphan. Hæres. 42. August. lib. 8. contra Faust.*

(*b*) *Vide Tertull. lib. 3. & 4. contra Marcion.*

(*c*) *Ieronym.*

(*d*) *Chrysost. hic.*

19. *Et surgens Jesus, sequebatur eum, & Discipuli ejus.*	19. Alors JESUS se levant, le suivit avec ses Disciples.

COMMENTAIRE.

gue s'approcha de lui, & lui dit: Seigneur, ma fille vient de mourir; mais venez lui imposer les mains, & elle vivra. Nous apprenons des autres Evangélistes, (*a*) que cet homme s'appelloit *Jaïr*, qu'il étoit Prince, ou *Chef de la Synagogue*; car S. Matthieu ne marque pas cette circonstance; & que sa fille qui n'avoit que douze ans, se mouroit. (*b*) Quelques-uns (*c*) croyent que l'emploi de ce Prince de la Synagogue, étoit une dignité séculiére, & qu'il étoit Chef du petit Conseil, ou des vingt-trois Juges, qui jugeoient des affaires criminelles. Mais la plûpart (*d*) sont persuadez que son emploi étoit de présider aux assemblées de Religion, qui se faisoient dans la Synagogue; il prescrivoit l'ordre des séances, des lectures, des priéres. Il y en avoit plusieurs dans chaque Synagogue, sur tout dans les lieux considérables. (*e*) Mais il y en avoit toûjours un qui primoit, & qui se faisoit distinguer par sa capacité, par son autorité, par son rang. Tel étoit Jaïr, dont il est parlé ici.

Il dit à JESUS CHRIST que sa fille *venoit de mourir*, quoi qu'il l'eût laissée en vie en sortant de sa maison. Mais comme elle étoit à l'extrémité, & qu'on n'attendoit que le moment de sa mort, il jugea que depuis sa sortie, elle étoit véritablement trépassée. (*f*) Peut-être aussi que ces serviteurs venoient de lui annoncer qu'elle étoit morte dans le moment qu'il parloit à JESUS-CHRIST. Enfin il y en a qui veulent que ce pere usa d'exagération, pour engager le Sauveur à venir plus promptement à sa maison, en lui disant: *Elle est morte présentement*; au lieu de dire qu'elle étoit à l'extrémité. D'autres (*g*) croyent avec plus de raison, que Jaïr vint d'abord se jetter aux pieds de JESUS, & lui dit, que sa fille étoit à l'extrémité, & qu'il le conjuroit de venir en sa maison pour la guérir. JESUS suivit Jaïr, & s'en alla accompagné d'une foule de peuple. En chemin l'hémorroïsse le toucha, & fut guérie, comme nous l'allons voir. Dans ces entrefaites on vint dire à Jaïr que sa fille étoit morte, & qu'il

(*a*) *Marc.* V. 22. Ἔρχεται εἷς τῶν ἀρχισυναγώγων ὀνόματι Ἰάειρος. *Luc.* VIII. 41. Ἦλθεν ἀνὴρ ᾧ ὄνομα Ἰάειρος, καὶ αὐτὸς ἄρχων τῆς συναγωγῆς ὑπῆρχε.

(*b*) *Marc.* V. 23. Τὸ θυγάτριόν μου ἐσχάτως ἔχει. *Luc.* VIII. 42. Αὕτη ἀπέθνησκεν. *Matt.* Ἄρτι ἐτελεύτησεν.

(*c*) Hammond. Voyez ce qu'on a dit sur *Matt.* V. 21.

(*d*) *Grot. Ligfoot. Maldon. Camer. alii passim.*

(*e*) *Act.* XIII. 15. Voy a Grotius sur saint Matth. IX. 18.

(*f*) *August. lib.* 2. *de Consensu Evangel. c.* 28. *Chrysost. in Matt. Beda, Euthym. Theophylact.*

(*g*) *Vide Maldonat. hic, & Toinard Harm. Evang.* p. 44. 45. *Jansen. Gand c.* 34. *Arnaud. Concord. c.* 35. *Le Roux, sect.* 3.

20. *Et ecce mulier, quæ sanguinis fluxum patiebatur duodecim annis, accessit retrò, & tetigit fimbriam vestimenti ejus.*

21. *Dicebat enim intra se: Si tetigero tantùm vestimentum ejus, salva ero.*

20. En même-tems une femme qui depuis douze ans étoit affligée d'une perte de sang, s'approcha *de lui* par derriére, & toucha la frange qui étoit au bas de son vêtement :

21. Car elle disoit en elle-même : Si je puis seulement toucher son vêtement, je serai guérie.

COMMENTAIRE.

ne tourmentât pas davantage JESUS-CHRIST, pour le faire venir chez lui. Cependant Jaïr continuoit ses priéres, & demandoit qu'il ressuscitât cette enfant, qui venoit de mourir, JESUS rassura le pere, & alla avec lui à la maison, où il ressuscita la fille. Voilà la maniére la plus naturelle de concilier les Evangélistes. (*a*)

℣. 20. ECCE MULIER, QUÆ SANGUINIS FLUXUM PATIEBATUR. *Une femme qui depuis douze ans étoit affligée d'une perte de sang, s'approcha, & toucha la frange qui étoit au bas de son vêtement.* Moyse avoit ordonné aux Hébreux (*b*) de porter des houpes aux quatre coins, & de la frange aux bords de leurs manteaux. JESUS qui observoit la Loi jusqu'aux moindres choses, étoit vêtu comme les autres Juifs, d'une tunique, ou d'un habit intérieur, & d'un manteau orné de franges, & de houpes, comme ceux des autres Hébreux. La femme dont il est parlé ici, étoit incommodée, ou d'une vraye hémorragie, & d'un flux de sang, qui lui duroit depuis douze ans. D'autres veulent que ç'ait été les hémorroïdes. D'autres (*c*) l'entendent d'un flux continuel & mal réglé de ses purgations. Ce dernier sens est le plus simple, & le plus suivi. Un Auteur, cité sous le nom de saint Ambroise (*d*) a crû que cette femme étoit sainte Marthe. Eusébe (*e*) nous apprend que l'hémorroïsse étoit de Cézarée de Philippe, & qu'après sa guérison elle fit dresser dans cette ville une statuë de JESUS-CHRIST, pour conserver la mémoire de la grace qu'elle en avoit reçûë. Eusébe avoit vû la statuë, au pied de laquelle il croissoit une plante qui étant parvenuë à la hauteur de la frange, qui étoit au bord du manteau du Sauveur, contractoit une vertu de guérir les maladies.

℣. 21. SI TETIGERO TANTUM VESTIMENTUM EJUS, SALVA

(*a*) *Matt.* IX. 19. 20. 21. *Marc.* V. 22. & *sequ. Luc.* VIII. 41. 51.
(*b*) *Deut.* XXII. 12.
(*c*) *Chrysost. & Theophyl hic. Ador. de Morbis Evangel. c.* 12. *Maldon. Bez. Pisaat.*
(*d*) *Vide Serm* 47. *in Appendice nov. Edit. S. Ambros olim Libell. de Salom. c.* 5.
(*e*) *Euseb Hist. Eccles. l.* VII. *c.* 18. *Sozomen. lib.* 5. *c.* 21. *& c.*

22. *Et Jesus conversus, & videns eam, dixit: Confide, filia, fides tua te salvam fecit. Et salva facta est mulier ex illa hora.*

23. *Et cùm venisset Jesus in domum Principis, & vidisset tibicines, & turbam tumultuantem, dicebat:*

22. JESUS se retournant alors, & la voyant, lui dit: Ma fille, ayez confiance, vôtre foi vous a guérie. Et cette femme fut guérie à la même heure.

23. Lorsque JESUS fut arrivé en la maison du Chef *de la Synagogue*, voyant les joüeurs de flûte, & une troupe de personnes qui faisoient grand bruit, il leur dit,

COMMENTAIRE.

ERO. *Si je puis seulement toucher son vêtement, je serai guérie.* Cette femme ne s'approche que secrettement & par derriére, parce que sa maladie l'excluoit du commerce des personnes saines; (*a*) & que d'ailleurs elle avoit honte de déclarer son infirmité au milieu de cette foule. (*b*) Elle croyoit apparemment que la vertu de guérir étoit attachée, non-seulement à la personne, mais aussi aux habits, & à tout ce qui appartenoit au Sauveur. Ainsi elle disoit en elle-même: *Si je puis seulement toucher son vêtement, je serai guérie.* Enfin, on n'avancera pas trop, après l'éloge que JESUS-CHRIST a donné à sa foi, en disant, qu'éclairée par une lumiére intérieure, elle comprit que celui à qui elle s'adressoit, connoissant & la disposition de son cœur, & la nature de son mal, & sa ferme confiance, ne manqueroit point d'y avoir égard, quoiqu'elle ne pût lui déclarer de bouche ce qu'elle désiroit.

℣. 22. CONFIDE, FILIA. *Ma fille, ayez confiance, vôtre foi vous a guérie.* Cette femme effrayée de ce que JESUS-CHRIST s'étoit retourné, & demandoit avec quelque espece d'émotion, qui l'avoit touché, se crut perduë, & comme convaincuë d'avoir volé sa guérison, comme parle saint Chrysostome; (*c*) elle se jette à ses pieds, & lui demande pardon. Mais le Sauveur n'avoit fait cela que pour mettre en évidence la foi de cette femme, pour manifester les œuvres du Seigneur, & pour affermir la foi de Jaïr, qui par une foiblesse peu convenable à un homme si instruit dans les saintes Ecritures, croyoit qu'il étoit nécessaire que JESUS se transportât dans sa maison pour guérir, ou pour résusciter sa fille. Le Seigneur rassure donc cette pauvre femme, & louë sa foi devant tout le monde. *Turba premit, fides tangit*, dit S. Augustin. (*d*)

℣. 23. CUM VENISSET JESUS IN DOMUM PRINCIPIS, ET VIDISSET TIBICINES. *Jesus étant venu dans la maison du Chef de la Synagogue, & voyant les joüeurs de flûte, & une troupe de personnes*

(*a*) *Levit.* XV. 25.
(*b*) *Optatus lib.* 5. *contra Parmen. Et Auth. Serm.* 47. *in append. nov. Edit. S. August. Petr. Chrysolog. Serm.* 33.
(*c*) *Chrysost. Homil.* 32.
(*d*) *August. Serm.* 243. *nov. Edit.*

24. *Recedite : non est enim mortua puella, sed dormit. Et deridebant eum.*	24. Retirez-vous ; car cette fille n'est pas morte, mais elle n'est qu'endormie. Et ils se mioquoient de lui.

COMMENTAIRE.

qui faisoient grand bruit. Dans tous les Livres de l'ancien Testament, on ne voit aucun vestige des instrumens de musique employez dans les funérailles; seulement on y remarque des pleureurs, & des pleureuses à gage, (*a*) & des cantiques funébres. (*b*) Mais la musique en étoit bannie, comme une chose importune, & à contre-tems : (*c*) *Musica in luctu, importuna narratio.* Ce n'est que dans les derniers tems de leur République qu'ils prirent des Grecs, ou des Romains, l'usage des instrumens de musique dans les funérailles. Joseph (*d*) marque clairement que de son tems la coutume en étoit établie dans Israël. Il dit que dès qu'on eut répandu le faux bruit de sa mort dans Jérusalem, on fut plus de trente jours à le pleurer dans la ville ; & plusieurs loüerent des joüeurs de flûte, pour chanter des chants lugubres en son honneur.

Les Rabbins (*e*) enseignent qu'il n'étoit pas permis d'avoir moins de deux joüeurs de flûte, dans les funérailles des persónnes de moindre condition, outre la pleureuse de cérémonie. Parmi les Romains, on employoit la flûte indifféremment dans les cérémonies lugubres, comme dans celles de réjoüissances. (*f*)

Cantabat fanis, cantabat tibia ludis,
Cantabat mœstis tibia funeribus.

Quand c'étoit une personne âgée, on se servoit de la trompette ; & de la flûte, quand c'étoit une jeune personne, disent Servius, (*g*) & Stace : (*h*)

Tibia cui teneros suetum producere manes.

℣. 24. RECEDITE : NON EST ENIM MORTUA PUELLA. *Retirez-vous : car cette fille n'est pas morte ; elle n'est qu'endormie.* JÉSUS fit sortir toute la foule du monde, il ne laissa dans la chambre que le pere, & la mere de l'enfant, & ne prit avec lui que trois de ses Apôtres, Pierre, Jacques, & Jean. (*i*) Il vouloit que le miracle demeurât secret, comme on le voit encore dans la suite, lorsqu'il dit aux assistans de n'en rien

---

(*a*) *Jerem.* IX. 17. XXXI. 18. XXXIV. 5. *Amos* V. 16.
(*b*) 2. *Par.* XXXV. 25. 2. *Reg.* I. 17. 18.
(*c*) *Eccli.* XXII. 6.
(*d*) *Joseph. de Bello, l.* 3. *cap.* 15. Πλείους ᾗ μισθώσασθαι τοὺς αὐλητὰς, οἳ θρήνων ἐξῆρχον αὐτοῖς.
(*e*) *Vide Selden. uxor Hebr. lib.* 3. *c.* 8.
(*f*) *Ovid. Fast. l.* 6.
(*g*) *Servius in Æneid.* V. *ad hæc verba : Laudumque arrecta cupido. Majoris ætatis funera ad tubam proferebantur, Minoris ad tibiam.*
(*h*) *Statius Thebaïd. l.* 6 *Vide & Propert. Tibia funestâ tristior illa tubâ.* Et Ovid. *Tibia Funeribus convenit ista meis.*
(*i*) Voyez *Marc.* V. 37.

25. *Et cùm ejecta esset turba intravit : & tenuit manum ejus. Et surrexit puella.*

25. Après donc qu'on eut fait sortir tout ce monde, il entra, & lui prit la main ; & cette petite fille se leva.

COMMENTAIRE.

dire ; (*a*) & peut être que c'est dans la même vûë qu'il avance ici que la fille n'est pas morte, mais qu'elle dort ; comme si pour extenuer par modestie la grandeur du miracle qu'il alloit opérer, il vouloit faire croire que ce n'étoit point ressusciter une personne morte, mais simplement un enfant qui dort profondément. En cela il ne faisoit point de mensonge ; mais il se servoit d'un terme équivoque, non pour tromper, mais pour nous donner un exemple de modestie, & d'humilité. (*b*) Dormir se prend dans son sens propre, & littéral, pour le sommeil ; ou dans un sens figuré, pour la mort. La fille n'est pas morte pour toûjours ; elle dort simplement : je vais l'éveiller, & la ressusciter aussi facilement, & aussi promptement que si elle n'étoit qu'endormie. C'étoit la pensée du Sauveur ; mais ceux qui l'écoutoient, ne la comprenoient point.

Il y en a qui croyent que son discours est une ironie, qui ne servit qu'à exciter la curiosité, & à réveiller l'attention de ceux qui étoient présens, & qui avoient été témoins de la mort de la fille. JESUS-CHRIST veut convaincre par là & les Juifs, & toute la postérité, qu'elle étoit véritablement morte ; aussi l'Evangéliste remarque qu'ils se mocquoient de JESUS, *Et deridebant eum* ; preuve de leur conviction, & de leur persuasion. Si la chose eût été douteuse, ils l'auroient écouté, & y auroient regardé de plus près.

D'autres (*c*) l'expliquent ainsi : Elle n'est pas morte pour toûjours, comme vous le croyez, & pour n'en pas revenir ; vous l'allez voir vivante, comme si elle ne venoit que de s'éveiller : ou, elle n'est pas morte aux yeux du Dieu vivant, devant qui toutes choses sont vivantes ; elle est seulement endormie : sa mort n'est qu'un sommeil d'un moment ; je vais vous la rendre vivante, & éveillée. (*d*) Les Anciens appelloient la mort du nom de sommeil. JESUS-CHRIST parlant du Lazare : (*e*) *Nôtre ami Lazare dort ; mais je m'en vais pour l'éveiller de son sommeil.* Homére (*f*) fait le sommeil frere de la mort. Gorgias Léontinus étant accablé de vieillesse, & de maladie, dit à un de ses amis qui lui demandoit ce qu'il faisoit : (*g*) *Le sommeil*, dit-il, *commence à me livrer à son frere.* Les

(*a*) *Marc.* v. 43. *Luc.* VIII. 56.
(*b*) *Maldonat.*
(*c*) *Maldonat. Tirin.*
(*d*) *Ieronym. Chrysost. Theophylact. Brugens. Piscat.*
(*e*) *Joan.* XI. 11.
(*f*) *Homer. Iliad.* Ξ. Ἔνθ' ὕπνῳ ξύμβλητο κασιγνήτῳ θανάτοιο.
(*g*) *Ælian. l.* 2.

Chrétiens

26. *Et exiit fama hæc in universam terram illam.*

27. *Et transeunte inde Jesu, secuti sunt eum duo cæci, clamantes, & dicentes: Miserere nostri, fili David.*

28. *Cùm autem venisset domum, accesserunt ad eum cæci. Et dicit ei Jesus: Creditis quia hoc possum facere vobis? Dicunt ei: Utique, Domine.*

26. Et le bruit s'en répandit dans tout le païs.

27. Comme JESUS sortoit de ce lieu, deux aveugles le suivirent, en criant, & en disant: Fils de David, ayez pitié de nous.

28. Et lorsqu'il fut venu en la maison, ces aveugles s'approcherent de lui. Et JESUS leur dit: Croyez-vous que je puisse faire ce que vous me demandez? Ils lui répondirent: Oüi, Seigneur.

COMMENTAIRE.

Chrétiens dans leur ferme espérance d'une résurrection future, ont aussi donné à la mort le nom de Dormition; & aux tombeaux, le nom de Dortoirs, *Cœmeteria*.

℣. 25. TENUIT MANUM EJUS, ET SURREXIT PUELLA. *Il lui prit la main, & cette petite fille se leva.* Saint Marc, & saint Luc (a) ajoûtent que le Fils de Dieu ayant pris la main de cette jeune personne lui cria comme à une personne endormie: *Levez-vous, ma fille;* & qu'aussi-tôt elle se leva parfaitement guérie, qu'on lui donna à manger, & qu'il recommanda fort à ses parens de ne rien dire de ce prodige. Il n'ignoroit pas sans doute qu'une chose comme celle-là ne pouvoit se cacher: il savoit que tant de personnes qui avoient été témoins de la mort de cette fille, ne se laisseroient pas persuader qu'elle n'étoit qu'endormie; toutefois le Sauveur recommande le silence, non-seulement en cette occasion; mais dans toutes les autres, qui sont plus importantes, & plus glorieuses. Il veut par là, non-seulement nous donner une leçon de modestie; mais encore éviter la haine & la jalousie des Pharisiens. Il veut leur ôter tout prétexte de le calomnier comme un séditieux, s'il cherchoit à attirer les peuples par l'éclat de ses miracles; ou comme un homme vain, & qui agissoit par ostentation, s'il les publioit ou les faisoit à la vûë de tout le monde.

℣. 27. SECUTI SUNT EUM DUO CÆCI. *Deux aveugles suivirent Jesus; & lorsqu'il fut venu en la maison, il leur dit: Croyez-vous que je puisse faire ce que vous demandez? Ils lui répondirent: Oüi, Seigneur.* Il leur toucha les yeux, les guérit, & leur défendit d'en parler. JESUS étant sorti de la maison de Jaïr, fut suivi par ces deux aveugles; mais il ne voulut ni leur parler, ni les guérir dans la maison; & après les avoir guéris, il leur défendit de publier leur guérison; tout cela dans le même esprit, que tout ce que nous venons de voir dans la fille de Jaïr, pour éviter l'os-

(a) Marc. V. 41. Luc. VIII. 54.

29. *Tunc tetigit oculos eorum, dicens: secundùm fidem vestram fiat vobis.*

30. *Et aperti sunt oculi eorum: & comminatus est illis Jesus, dicens: Videte ne quis sciat.*

31. *Illi autem exeuntes, diffamaverunt eum in tota terra illa.*

32. *Egressis autem illis, ecce obtulerunt ei hominem mutum, dæmonium habentem.*

29. Alors il toucha leurs yeux, en disant: qu'il vous soit fait selon vôtre foi.

30. Aussi-tôt leurs yeux furent ouverts. Et Jesus leur défendit fortement d'en parler, en leur disant: Prenez bien garde que qui que ce soit ne le sache.

31. Mais eux s'en étant allez, répandirent sa réputation dans tout ce pays-là.

32. Après qu'ils furent sortis, on lui présenta un homme muet, possédé du démon.

COMMENTAIRE.

tentation, & ne pas réveiller la haine des Pharisiens. Il étoit de sa sagesse, de ne pas trop aigrir ces esprits qui auroient pû se porter à quelque excez contre lui. Il n'étoit pas des desseins de Dieu, de prévenir les tems marquez par le Pere céleste. Les Prophetes (*a*) avoient marqué la guérison des aveugles, comme une preuve de la venuë du Messie. Ces deux aveugles appellent Jesus: *Fils de David*, persuadez qu'il étoit le vrai Messie; car c'est le nom que les Juifs de ce tems-là donnoient au Christ.

℣. 30. Videte ne quis sciat. *Prenez bien garde que qui que ce soit ne le sache*. Mais étoient-ils obligez d'obéïr en cela? Les Peres (*b*) croyent que le Sauveur ne prétendoit pas se faire obéïr absolument. Il avoit seulement envie de réprimer les premiers mouvemens de ces aveugles; il souhaitoit que si le bruit de ses miracles se répandoit, ce fût sans affectation, sans éclat, & sans précipitation. Cela convenoit mieux à sa modestie, & à sa sagesse. Aussi les aveugles ne se crurent pas obligez à lui obéïr. Ils eurent plus d'égard à ses intentions, à l'interêt de sa gloire, & à leur propre reconnoissance, qu'au sens de ses paroles. Ils répandirent sa réputation dans toute la Province: *Diffamaverunt* (*c*) *eum in tota terra illa.*

℣. 32. Obtulerunt ei hominem mutum, dæmonium habentem. (*d*) *On lui présenta un homme muet possédé du démon.* Saint Luc (*e*) dit que *le démon que Jesus chassa, étoit muet*, c'est-à-dire, (*f*) qu'il rendoit muet celui qu'il possedoit. Ainsi il est vrai de dire que l'homme étoit muet, aussi bien que le démon dont il étoit obsédé. L'homme ne l'étoit que par la malice du démon. Dès-qu'il fut délivré du démon,

(*a*) *Isai.* xxxv. 5. xlii. 7.

(*b*) *Chrysost. & Theophylact. & Ieronym. & Beda in hunc loc. Gregor. Magn. moral. l.* xix. *cap.* 18.

(*c*) Διεφήμισαν. *Diffamaverunt*, se prend dans un bon sens, pour, *divulgaverunt*.

(*d*) *Matt.* ix. 32. Ἄνθρωπον κωφὸν δαιμονιζόμενον.

(*e*) *Luc.* xi. 14. Ἦν ἐκβάλλων δαιμόνιον, καὶ αὐτὸ ἦν κωφόν.

(*f*) *August. lib.* 2. *de Consensu. Maldonat. Menoch. hic.*

33. *Et ejecto dæmonio locutus est mutus, & mirata sunt turbæ dicentes: Numquam apparuit sic in Israël.*

34. *Pharisæi autem dicebant: In principe dæmoniorum ejicit dæmones.*

33. Le démon ayant été chassé, le muet parla, & le peuple en fut dans l'admiration, & ils disoient: On n'a jamais rien vû de semblable en Israël.

34. Mais les Pharisiens disoient *au contraire*: Il chasse les démons, par le prince des démons.

COMMENTAIRE.

Il commença à parler. Origénes liv. 3. des Principes Chap. 3. & saint Chrysostome Homélie 33. croyent que le démon est tellement maître de ceux qu'il posséde, qu'il ne leur laisse ni connoissance, ni sentiment. Et en effet on ne leur impute jamais ce qu'ils font, ou ce qu'ils disent en cet état. Le Grec *Côphos* signifie plûtôt un sourd, qu'un muet, selon la remarque de S. Jérôme; mais dans le nouveau Testament, il se prend indifféremment pour l'un & l'autre.

D'autres (*a*) soûtiennent que ce miracle rapporté ici dans S. Matthieu, est différent de celui qui est raconté dans S. Luc Chapitre XI. 14. & c'est le sentiment de la plûpart des Auteurs, qui ont écrit des Concordes des quatre Evangélistes. Ils veulent que saint Luc XI. 14. Matt. XII. 22. & S. Marc III. 20. 22. racontent la même guérison, toute différente de celle-ci, & qui arriva assez long-tems après; ce qui est fort probable, à cause des circonstances qui suivirent cette action, & qui sont marquées dans les quatre Evangélistes. C'est à l'occasion de ce dernier prodige, que les Pharisiens dirent que Jesus ne chassoit les démons qu'au nom de Béelsebub.

℣. 33 Numquam apparuit sic in Israel. *On n'a jamais rien vû de semblable dans Israël.* Les Juifs n'avoient jamais vû de Prophéte, même parmi les anciens, qui fit un si grand nombre de miracles, qui les fit avec autant de facilité, & d'autorité. Il leur étoit aisé de conclure que Jesus-Christ étoit le vrai Messie qu'ils attendoient, & qu'il étoit ce grand Prophéte promis par Moyse. (*b*)

℣. 34. Pharisæi dicebant: In principe dæmoniorum ejicit dæmones. *Les Pharisiens disoient au contraire: Il chasse les démons par le Prince des démons.* Jesus-Christ réfuta cette calomnie des Pharisiens, lorsqu'il guérit un autre démoniaque, dont on parlera au Chapitre XII. 24. 25. & où nous examinerons ses preuves. Il y a beau-

(*a*) Voyez Toynard, Harmon. pag. 68. Jansen. Gandav. Concord. Chap. 49. Arnaud. Chap. 49. Le Roux, sect. 5. n. 141. Le Clerc, pag. 141.

(*b*) *Deut.* XVIII. 15. 18.

35. *Et circuibat Jesus omnes civitates & castella docens in Synagogis eorum, & prædicans Evangelium Regni, & curans omnem languorem, & omnem infirmitatem.*

35. Or Jesus allant de tous côtez dans les villes, & dans les villages, enseignoit dans leurs Synagogues, & prêchoit l'Evangile du Royaume, guérissant toutes les langueurs, & toutes les maladies.

36. *Videns autem turbas, misertus est eis: quia erant vexati, & jacentes sicut oves non habentes pastorem.*

36. Et voyant tous ces peuples, il en eut compassion; parce qu'ils étoient accablez de *fatigues*, & couchez *çà & là*, comme des brebis qui n'ont point de pasteur.

37. *Tunc dicit Discipulis suis: Messis quidem multa, operarii autem pauci.*

37. Alors il dit à ses Disciples: La moisson est grande; mais il y a peu d'ouvriers.

COMMENTAIRE.

coup d'apparence qu'ici les Pharisiens ne dirent point ces paroles devant Jesus Christ, mais seulement devant le peuple, qui parloit avec admiration des œuvres du Sauveur.

℣. 35. Circuibat Jesus omnes civitates. *Jesus alloit de tous côtez dans les villes, & dans les villages.* C'est le second voyage que Jesus-Christ (*a*) entreprit, pour porter la lumiere de l'Evangile dans tout le pays. On croit que ce fut après la mort de Jean-Baptiste; & que dans ce voyage il partagea ses Apôtres, & les envoya prêcher à son exemple dans toutes les villes du pays, leur donnant le pouvoir de faire des miracles, & les instruisant des devoirs de l'Apostolat. (*b*)

℣. 36. Erant vexati, et jacentes. *Ils étoient accablez de fatigues, & couchez çà & là.* Il fut touché de compassion pour le peuple qui le suivoit, & il en prit occasion d'envoyer ses Apôtres pour les instruire dans les villes, & dans les bourgades, & leur épargner la peine de venir de si loin pour l'entendre, & pour recevoir la guérison de leurs maladies. (*c*) Le Grec lit: (*d*) *Ils étoient abattus* de fatigue, *& jettez çà & là*; mais plusieurs anciens Manuscrits sont tout conformes à la Vulgate.

℣. 37. Messis quidem multa, operarii autem pauci. *La moisson est grande, mais il y a peu d'ouvriers.* Ces peuples sont en grand nombre; ils sont tous disposez à recevoir la bonne nouvelle de l'Evangile; ils n'attendent que des Prédicateurs; priez donc le Pere de famille, le Pere céleste, qui est le créateur, & le maître de cette moisson, d'envoyer des moissonneurs pour la recüeillir, & des Prédicateurs

(*a*) Voyez ci-devant Chap. IV. 32.
(*b*) Comparez *Matt.* X. 1. 2. & *seq. Marc* VI. 7. 8. 9 *Luc.* IX 1. 2. & *seq.*
(*c*) Voyez *Matt.* X. 1.
(*d*) Ὅτι ἦσαν ἐκλελυμένοι, καὶ ἐρριμμένοι. *Alii Codd.* Ἐσκυλμένοι, καὶ ἐρριμμένοι. *Ita quam plurimi apud Mill. Ita & Gothren. Syr. Æth. Persica vers. Ita & Hilar. Ieron. Basil. Chrysost. Theophil. Vide & Hamm. hic.*

38. *Rogate ergo Dominum messis, ut mittat operarios in messem suam.*

38. Priez donc le Maître de la moisson, qu'il envoye des ouvriers en sa moisson.

COMMENTAIRE.

pour instruire ces peuples. En même tems il donna à ses Apôtres la mission, comme dispensateur du Pere de famille, & comme Fils du divin Laboureur. Comparez *Joan.* XV. 1. *Pater meus agricola est*; & *Matt.* XXII. 33. 38. *Marc.* XII. 1. *Luc.* XX. où il appelle son Pere le maître de la vigne, & ne prend que la qualité de Fils, & d'héritier du pere de famille.

Il est pourtant vrai de dire qu'en un autre sens (*a*) le Fils de Dieu est lui-même le laboureur, & le maître de la moisson, & que c'est à lui à y envoyer les moissonneurs, comme il envoye ici les Apôtres. Les Prophétes ont labouré, ont semé, la moisson est cruë, & arrivée à sa maturité; c'est à vous que sont réservez l'honneur, & le travail de la moisson. Les Scribes, les Pharisiens, les Prêtres négligent le champ du Seigneur dont ils sont chargez. Ils négligent le troupeau qui leur est confié; (*b*) hâtez vous de faire la moisson qui est mûre, & abondante. Prenez la conduite de ce troupeau fatigué & errant. Il avoit dit à ses Apôtres de prier le maître de la moisson d'y envoyer des ouvriers; mais sa bonté le presse d'y en envoyer lui-même; il n'attend pas qu'on l'en prie.

(*a*) *Chrysost. Euthym. hic. Vide August. in Joan. tract.* 80.

(*b*) *Ezech.* XXXIV. 2. *Jerem.* L. 6.

CHAPITRE X.

Mission des Apôtres pour prêcher le Royaume de Dieu dans la Judée. Leurs noms. Instructions particuliéres pour s'acquitter des devoirs de l'Apostolat. Pouvoir que JESUS-CHRIST *leur donne. Il leur recommande la prudence, la patience, la confiance en Dieu. Il leur prédit les maux qu'ils auront à souffrir; & leur promet la protection de Dieu son Pere.*

℣. 1. *ET convocatis duodecim Discipulis suis, dedit illis potestatem spirituum immundorum, ut ejicerent eos, & curarent omnem languorem, & omnem infirmitatem.*

℣. 1. ALors JESUS ayant appellé ses douze Disciples, leur donna puissance sur les esprits impurs, pour les chasser, & pour guérir toutes les langueurs, & toutes les maladies.

COMMENTAIRE.

℣. 1. CONVOCATIS DUODECIM DISCIPULIS SUIS: *Jesus ayant appellé ses douze Disciples, leur donna puissance sur les esprits impurs.* JESUS-CHRIST long-tems auparavant cette mission, & lorsqu'il commença son fameux discours sur la montagne, avoit choisi parmi tous ceux qui l'avoient suivi, douze Disciples, (*a*) qu'il attacha plus particuliérement à sa personne, & qui devoient être comme les colomnes de son Eglise. Ils commencerent à porter le nom d'*Apôtres* depuis leur premiere mission, que nous lisons ici.

Le nom d'*Apôtre*, signifie Envoyé, Ambassadeur. Les Prophétes dans l'ancien Testament, étoient comme les Apôtres, & les Ambassadeurs du Très-haut; ils annonçoient ses véritez aux hommes, & leur signifioient ses ordres. JESUS-CHRIST a fait l'office d'Apôtre dans le cours de sa vie mortelle; & il est nommé dans saint Paul, (*b*) *l'Apôtre & le Pontife de nôtre foi.* Les soixante & douze Disciples destinez à la prédication de l'Evangile, sont aussi quelquefois qualifiez de ce nom dans les Auteurs Ecclésiastiques. (*c*) Mais il a été principalement affecté aux douze, dont nous allons voir les noms.

(*a*) *Matt* v. 1. 2. Comparé à *Luc.* vi. 13. 14.

(*b*) *Hebr.* III. 1. *Considerate Apostolum & Pontificem confessionis nostræ Jesum.*

(*c*) *Irenæus, l.* 2. *c.* 37. *Tertull. l.* 4. *contra Marcion. Græci sæpiùs.*

2. Duodecim autem Apostolorum nomina sunt hæc. Primus, Simon qui dicitur Petrus, & Andræas frater ejus.	2. Or voici les noms des douze Apôtres : Le premier, Simon, qui est appellé Pierre, & André son frere,

COMMENTAIRE.

Parmi les Juifs depuis nôtre Sauveur, le nom d'*Apôtre* se donnoit à ceux d'entr'eux qui étoient destinez par leur Patriarche, à faire les cueillettes d'argent dans les Synagogues, pour remettre ensuite ces sommes entre les mains du Patriarche, à qui en appartenoit la distribution. (*a*) Saint Paul (*b*) a aussi donné le nom d'Apôtres à ceux des fidéles, qui portoient à Jérusalem les aumônes qui leur étoient confiées par les Eglises particuliéres.

DEDIT ILLIS POTESTATEM SPIRITUUM IMMUNDORUM. *Il leur donna puissance sur les esprits impurs, pour les chasser.* Les démons sont appellez impurs, non qu'ils soient tels de leur nature; Dieu n'a rien créé d'impur, ni de soüillé; mais ils sont devenus impurs par leur orgüeil, par leur révolte. Et l'Ecriture leur donne ordinairement ce nom, à cause qu'ils sont les auteurs du culte impur des idoles, que les Auteurs sacrez désignent ordinairement sous le nom de prostitution, & de fornication, & qu'ils portent autant qu'ils peuvent les hommes à toutes sortes d'impuretez, & de soüillures corporelles.

℣. 2. PRIMUS, SIMON, QUI DICITUR PETRUS. *Le premier, Simon, qui est appellé Pierre.* Saint Pierre est toûjours nommé le premier des Apôtres. Lorsque saint Matthieu écrivit son Evangile, sa primauté étoit reconnuë de toute l'Eglise. Elle n'étoit point fondée ni sur le tems de sa vocation, ni sur aucune prérogative d'esprit, ou de naissance. On sait qu'André eut l'avantage de connoître JESUS CHRIST avant lui; & que c'est saint André qui lui fit connoître le Sauveur. (*c*) Si on regarde l'amitié, & la tendresse particuliére que JESUS lui portoit; saint Jean l'Evangéliste, avoit encore en cela l'avantage sur lui. Il faut donc dire que sa primauté est un privilége tout gratuit, qu'il ne doit qu'à la pure grace du Sauveur, par laquelle il fut établi Chef de l'Eglise Chrétienne, (*d*) Prince des Apôtres, subordonné néanmoins à JESUS-CHRIST le souverain Pasteur, & le Chef invisible de l'Eglise.

(*a*) *In Codic. Theodos. lib. 16. tit. 8. de Judæis, lege 4. Quos ipsi Apostolos vocant, qui ad exigendum aurum, atque argentum à Patriarcha certo tempore designantur, à singulis Synagogis exactam summam atque susceptam ad eundem reportant.*

(*b*) 2. *Cor.* VIII. 23. Εἴτε ἀδελφοὶ ἡμῶν, Ἀπόστολοι Ἐκκλησιῶν, δόξα Χριστοῦ. *Philipp.* II. 25. Ἐπαφρόδιτον τὸν.. συστρατιώτην μου, ὑμῶν δὲ Ἀπόστολον.

(*c*) *Joan.* I. 36. 38 40 41.

(*d*) *Vide Cyprian. de Unitate Ecclesiæ. Aug.* 2. *de Bapt contra Donat c.* 1. *Cyrill. in Joan. l.* 12. *Grotium, hic. Belarm. alios.*

On lui donne le surnom de *Pierre*, que l'on joint à celui de Simon; pour le distinguer d'un autre Apôtre nommé aussi Simon, & surnommé *le Zélé*. (*a*) Le nom Grec *Petros* signifie en général une pierre, ou en particulier, un rocher, une roche. Il répond à l'Hébreu, ou plûtôt au Syriaque, *Kepha*, que JESUS-CHRIST lui-même imposa à Simon. (*b*) Ce nom étoit un avertissement de la fermeté qu'il devoit avoir dans l'exercice de son ministére, & de la fonction de pierre fondamentale qu'il devoit faire à l'égard de l'Eglise, dont JESUS-CHRIST est le fondateur, & le maître. Saint Pierre étoit fils de (*c*) *Jonas*, ou *Johanna*, ou *Jean*. (*d*) Le lieu de sa naissance étoit Bethsaïde, bourg de Galilée, sur la mer de Génézareth; il avoit fixé sa demeure à Capharnaum, où il étoit marié. (*e*) Et c'est-là où JESUS-CHRIST guérit sa belle-mere, qui avoit la fievre. (*f*)

S. Epiphane avance, comme une chose certaine, que S. André étoit l'aîné de S. Pierre. (*g*) Mais S. Chrysostome dit le contraire d'une maniére très positive. (*h*) S. Procle (*i*) dit aussi comme une chose reconnuë de tout le monde, que S. André étoit moins âgé que saint Pierre. Cassien, (*k*) & l'Auteur des noms Divins, soûtiennent que saint Pierre précédoit tous les Apôtres par l'âge aussi bien que par le rang. Quelques Auteurs Catholiques (*l*) croyent que le principal fondement de sa primauté, est qu'il fut appellé avant tous les autres Apôtres; & cette opinion est suivie par plusieurs habiles Protestans. Mais nous avons déja vû que saint André avoit connu JESUS-CHRIST avant saint Pierre; & on voit dans saint Matthieu, & dans saint Marc, qu'à la seconde vocation, ces deux freres furent appellez ensemble étant tous deux dans la même barque. (*m*)

Saint André fut d'abord Disciple de saint Jean-Baptiste, du moins il le voyoit souvent, & écoutoit ses instructions. Lui ayant une fois entendu dire que JESUS étoit l'Agneau de Dieu, il suivit le Sauveur, avec un autre Disciple de Jean, & alla dans la maison où logeoit JESUS. (*n*) Il y demeura depuis environ quatre heures du soir, jusqu'à la nuit. C'est le premier Disciple que J. C. ait reçû à sa suite. Il lui amena son frere Simon, (*o*) & ils passerent un jour avec lui; après quoi ils retournerent

(*a*) *Infra* ℣. 4.

(*b*) *Matt.* XVI. 18. *Tu es Petrus, & super hanc petram ædificabo Ecclesiam meam. Marc.* III. 16. *Imposuit Simoni nomen Petrus.*

(*c*) *Joan.* I. 43. *Matt.* XVI. 17.

(*d*) *Joan.* XXI. 15.

(*e*) *Epiphan. Hæres.* 51.

(*f*) *Matt* VIII 14. 15.

(*g*) *Epiphan. Hæres.* 51.

(*h*) *Chrysost. in Matt. Homil.* 59. Πρωτότοκος.

(*i*) *Proclus Orat.* 20. *p* 553.

(*k*) *Cassian. in Nestor. l.* 3. *c.* 12.

(*l*) *Dionys. de Divinis nominib c.* 3. §. 2. Ἡ κορυφαία, καὶ πρεσβυτάτη τῶν θεολόγων ἀκρότης

(*m*) *Matt* IV 18. 19. 20. *Marc.* I. 16. 17.

(*n*) *Joan.* I. 39.

(*o*) *Joan.* I. 41.

à leur

3. *Jacobus Zebedai, & Joannes frater ejus, Philippus, & Bartholomaus, Thomas, & Matthaus Publicanus, Jacobus Alphai, & Thadeus,*

3. Jacques *fils* de Zébédée, & Jean son frere, Philippe & Barthelemy, Thomas & Matthieu le Publicain, Jacques *fils* d'Alphée, & Thadée,

COMMENTAIRE.

à leur occupation ordinaire. Ce ne fut que quelques mois après que JESUS-CHRIST les appella, comme ils étoient occupez à la pêche, & se les attacha pour toûjours. Le nom d'*André* est Grec, il signifie généreux, brave, courageux. On ne sait pas son nom Hébreu.

℣. 3. JACOBUS ZEBEDÆI, ET JOANNES FRATER EJUS. *Jacques fils de Zébédée, & Jean son frere.* Jacques fils de Zébédée, surnommé *le Majeur*, ou l'aîné, pour le distinguer de saint Jacques surnommé le Mineur, Evêque de Jérusalem, étoit frere de saint Jean l'Evangéliste, ou le Disciple bien-aimé, & apparemment son aîné, puisqu'il est toûjours nommé le premier. Leur mere étoit Salomé, une des femmes, qui avoit accoutumé d'accompagner le Sauveur. C'est elle qui demanda à JESUS-CHRIST, que ses deux enfans fussent assis l'un à sa droite, & l'autre à sa gauche dans son Royaume. (*a*) Leur profession ordinaire étoit la pêche, & ils étoient dans leur nasselle, occupez à racommoder leurs filets, lorsque JESUS-CHRIST les appella à l'Apostolat. (*b*) Leur zéle leur fit donner le nom de *fils du Tonnerre*, ou *Boanergés*. Saint Jacques fut décapité à Jérusalem, (*c*) par Hérode Agrippa, qui voulut en cela faire plaisir aux Juifs. Nous parlerons au long de saint Jean l'Evangéliste, à la tête de son Evangile.

PHILIPPUS, ET BARTHOLOMÆUS. *Philippe, & Barthelemy.* Saint Philippe étoit natif de Bethsaïde en Galilée. Il étoit marié, & avoit plusieurs filles. (*d*) Lorsque JESUS-CHRIST s'en retournoit en Galilée, quittant le lieu où Jean baptisoit, (*e*) il rencontra Philippe, & lui commanda de le suivre. Saint Clément d'Aléxandrie (*f*) avance, comme une chose certaine, que c'étoit saint Philippe qui demanda à JESUS-CHRIST d'aller ensevelir son pere; & à qui JESUS-CHRIST répondit: *Laissez les morts ensevelir leurs morts.* (*g*) Saint Philippe amena Nathanaël à JESUS-CHRIST: (*h*) & pour lui, il le suivit toûjours depuis. Son nom est Grec, il signifie, *Amateur des chevaux.* Les Juifs d'alors prenoient indifféremment des noms Grecs, ou Hébreux.

Saint Barthelemy étoit Galiléen, comme les autres Apôtres. On ne sait

(*a*) *Matt.* xx. 21.
(*b*) *Matt.* iv. 20. 21.
(*c*) *Act.* xii. 1. 2. 12.
(*d*) *Euseb. l.* 3. *c.* 31. *Hist. Eccles.*
(*e*) *Joan.* I. 43.
(*f*) *Clem. Alex. l.* 3. *Strom.*
(*g*) *Matt.* viii. 22.
(*h*) *Joan.* I. 45.

ni le lieu de ſa naiſſance, ni ſa profeſſion, ni les circonſtances de ſa vocation, ni le genre de ſa mort. On croit qu'il prêcha dans les Indes, & qu'il y porta l'Evangile de ſaint Matthieu écrite en Hébreu. Saint Panténe l'y trouva cent ans après. (*a*) Les Hérétiques avoient fait ſous le nom de ſaint Barthelemy, un faux Evangile qui fut condamné par le Pape Gélaſe.

Quelques-uns ont crû que ſaint Barthelemy étoit le même que Nathanaël, qui fut amené à JESUS CHRIST par ſaint Philippe. (*b*) L'Abbé Rupert (*c*) paroît le plus ancien Auteur de ce ſentiment, & encore ne l'aſſure-t'il pas poſitivement. Toſtat ſur cet endroit-ci s'eſt déclaré pour cette opinion, auſſi-bien que Janſénius, & Cornélius à Lapide, & Hammond ſur ſaint Jean. Voici les preuves dont on l'appuie. 1°. S. Barthelemy ſe trouve toûjours joint à ſaint Philippe dans les dénombremens des Apôtres. (*d*) 2°. Si la vocation de Nathanaël n'eſt pas celle de ſaint Barthelemy, on ne voit pas quand cet Apôtre aura été appellé à l'Apoſtolat. 3°. Les autres Evangéliſtes qui parlent de Barthelemy, ne diſent rien de Nathanaël; & S. Jean qui parle de Nathanaël, ne nomme pas ſaint Barthelemy. 4°. Le nom de *Barthelemy* n'eſt pas un nom propre; il ſignifie, *le fils de Tolmaï*. Il pouvoit outre cela avoir ſon nom propre, qui eſt *Nathanaël*, fils de Tolmaï. 5°. Il paroîtroit fort extraordinaire que Nathanaël ayant été amené à JESUS avec les quatre premiers Apôtres, & ayant reçû de lui des marques d'eſtime & de conſidération ſi particuliéres, (*e*) il n'ait pas toutefois été appellé à l'Apoſtolat; qu'ayant commencé par une confeſſion ſi glorieuſe à JESUS-CHRIST, en diſant: (*f*) *Vous êtes le Fils de Dieu; vous êtes le Roi d'Iſraël*; il ne ſe ſoit pourtant pas attaché à la ſuite du Sauveur. 6°. S. Jean ſemble le mettre au rang des Apôtres, lorſqu'il raconte que S. Pierre, S. Thomas, les deux fils de Zébédée, Nathanaël, & deux autres Diſciples étans allez prêcher, JESUS ſe manifeſta à eux après ſa Réſurrection. (*g*) Toutes ces raiſons qui priſes ſéparément ne ſeroient pas d'une grande force, forment réünies enſemble, un argument auquel il n'eſt pas aisé de réſiſter.

Si ſaint Barthelemy eſt Nathanaël, il étoit ſavant dans la Loi, comme les anciens l'ont dit de ce dernier. (*h*) Il faudra dire auſſi qu'il étoit de Cana en Galilée, puiſque ſaint Jean nous apprend que c'étoit la patrie de Nathanaël. (*i*) C'eſt ce qui a fait dire à quelqu'un, qu'il étoit l'époux des nôces de Cana. (*k*) D'autres ſans aucune raiſon, l'ont fait deſcen-

(*a*) *Euſeb. l. 5. c. 10. Hiſt. Eccleſ.*
(*b*) *Joan.* I. 45.
(*c*) *Rupert. in Joan.* I.
(*d*) *Matt.* x. 3. *Marc.* III, 18. *Luc*, VI. 14.
(*e*) *Joan.* I. 47.
(*f*) *Joan.* I. 49.
(*g*) *Joan.* XXI. 2.
(*h*) *Vide ad Joan.* I. 45.
(*i*) *Joan.* XXI. 2.
(*k*) *Rupert. in cap.* I. *Joan. Oſor. Serm. de S. Joanne.*

dre d'un Ptolémée Roi de Syrie, qui ne fut jamais. Son nom de Barthelemy se peut dériver du Syriaque *Bar*, un fils, & *Ptolemaus*, Ptolémée, ou guerrier. Ou de l'Hébreu *Bar-tolmaï*, fils de Tolmaï. On trouve des Tolmai dans l'Ecriture ; (*a*) ou de *Bar-Talem*, qui est le même que l'Hébreu *Schalom*, fils de la paix ; ou de *Bar-tholeh-maï*, fils de celui qui suspend les eaux.

Saint Thomas est connu dans l'Evangile par trois circonstances remarquables. 1°. Lorque JESUS alla pour resusciter Lazare, S. Thomas dit aux autres Apôtres : (*b*) *Allons, & mourons avec lui.* 2°. Dans la Céne il demanda à JESUS où il alloit, & quelle étoit la voye qu'il devoit prendre ? Et JESUS lui répondit : Je suis la voye, la vérité, & la vie. (*c*) 3°. Enfin après la Résurrection ne s'étant pas trouvé avec les autres Apôtres, lorsque J. C. leur apparut, il déclara qu'il ne croiroit jamais qu'il se fût fait voir avec un corps palpable, s'il ne le touchoit de ses mains. Le Sauveur eut pour lui, & pour nous cette condescendance ; il lui apparut huit jours après, & lui dit de mettre ses doigt dans les trous de ses mains, de ses pieds, & de son côté, & de se convaincre de la vérité de sa Résurrection. (*d*) Saint Thomas crut, & s'écria : *Mon Seigneur, & mon Dieu.* On croit qu'il prêcha dans les Indes. Le genre & le tems de sa mort sont inconnus. L'Evangéliste saint Jean (*e*) fixe la signification du nom de saint Thomas, en disant qu'on l'appelloit en Grec *Didyme*, ou Jumeau. Eusébe (*f*) semble dire que S. Thomas s'appelloit aussi *Jude*. Mais aucun ancien ne l'a connu sous ce nom.

Saint Matthieu marque ici qu'il a été *Publicain*, & se place après saint Thomas, par modestie, dit S. Jérôme ; car dans les autres Evangelistes (*g*) il est ordinairement placé avant lui ; il s'appelloit aussi *Lévi*. Et S. Marc lui donne le surnom de fils d'Alphée. (*h*) C'est ce qui a fait dire à quelques anciens, & à tous les nouveaux Grecs, qu'il étoit frere de Jacques fils d'Alphée ; ce qui est contre toute apparence. Nous nous étendrons davantage sur sa personne, & sur ses Ecrits, dans la Préface sur son Evangile. Le nom de *Matthieu* est le même que celui de *Matthia*, qui signifie en Hébreu, *don de Dieu*.

Saint Jacques, fils d'Alphée, premier Evêque de Jérusalem, surnommé *le Juste*, & *le Mineur*, frere de l'Apôtre saint Jude, étoit fils d'*Alphée*, & de *Marie*, connuë dans l'Evangile, (*i*) par son attachement à la per-

(*a*) *Josue* XV. 14. & 2. *Reg.* III. 3. & XIII. 37.
(*b*) *Joan.* XI. 16.
(*c*) *Joan* XIV. 5. 6
(*d*) *Joan.* XX. 19. 29.
(*e*) *Joan.* XX. 24. Θωμᾶς ὁ λεγόμενος Δίδυμος. Ce qui a rapport à l'Hébreu תאם Jumeau
(*f*) *Euseb. Hist. Eccl. l.* 1. *c.* 13.
(*g*) *Marc.* III. 18. *Luc.* VI. 15.
(*h*) *Marc.* II. 14. *Vidit Levi Alphai.*
(*i*) *Joan.* XIX. 25.

4. *Simon Chananæus: & Judas Iscariotes, qui & tradidit eum.*	4. Simon Cananéen, & Judas Iscariote; qui est celui qui le trahit.

COMMENTAIRE.

sonne de Jesus-Christ. Il est nommé *frere du Seigneur*, parce qu'il étoit proche parent de la sainte Vierge. L'Epître (*a*) Canonique que nous avons sous le nom de saint Jacques, est de lui. Nous parlerons de cet Apôtre, à la tête de cette Epître, avec plus d'étenduë.

Saint Thadée, autrement *Jude*, est surnommé *Lebbée*. (*b*) Jude & Thadée signifient la même chose; le premier est Hébreu, & le second Syriaque; ils signifient *Confession*. *Lebbée* signifie, *homme de cœur, & de sens*. Quelques Peres (*c*) lui donnent aussi le surnom de *Zélé*. Il étoit frere de S. Jacques le Mineur, & proche parent de nôtre Seigneur, étant fils de Marie sœur de la sainte Vierge; & de Cléophas frere, à ce qu'on croit, de saint Joseph. Quant au surnom de *Lebbée*, que le Texte Grec de saint Matthieu lui donne ici, il ne se lit pas dans la Vulgate, ni dans la Version Cophte, (*d*) ni dans saint Marc. D'autres Exemplaires lisent simplement *Lebbée*, sans parler du nom de Thadée. Quelques-uns (*e*) croyent que c'est une glose, qui est passée de la marge dans le Texte, & que cette glose regardoit saint Matthieu, & non pas saint Jude, dans l'intention de celui qui l'avoit faite. Il vouloit marquer que Matthieu, étoit le même que *Lévi*, ou *Lebbi*, de saint Marc. D'autres dérivent *Lebbaios* de l'Hébreu (*f*) *Labi*, un lion, ou *Leb*, le cœur, ou *Lebba*, ville de Galilée. Nous avons une Epître Canonique, sous le nom de saint Jude. On lui a aussi attribué un faux Evangile, condamné par le Pape Gelase. Il fut marié, & eut des enfans, puisque Hegésippe (*g*) parle de deux Martyrs ses petits fils. On parlera de lui plus au long à la tête de son Epître.

℣. 4. Simon Chananæus *Simon le Cananéen*; ou plûtôt, *Simon le Zélé*; comme l'appelle saint Luc, (*h*) qui fixe ainsi l'équivoque de l'Hébreu *Canani*, (*i*) qui peut signifier un Cananéen, un Phénicien, ou un homme Zélé; suivant la différente maniére dont il s'écrit. Quelques-uns (*k*) ont crû que le surnom de *Cananéen*, lui venoit de la ville de Ca-

(*a*) *Galat.* I. 19.

(*b*) *Matt.* x. 3. Λεββαῖος ὁ ἐπικληθεὶς Θαδδαῖος.

(*c*) *Ieronym. in Galat.* iv. *& in Helvid. c.* 7. *Chrysost. tom.* 5. *Orat.* 32. *Origen. in Matt. tom.* 35. *Ms. Velez. habet* Καναναῖος, *pro* Λεββαῖος.

(*d*) *Deest in Ms. Cantabrig. Copht. Codd. aliis, teste Aug l.* 2 *de Consensu, c.* 30.

(*e*) *Mille. Proleg.* 386.

(*f*) לביא *Leo.* לב *Cor.*

(*g*) *Hegesipp. apud Euseb. Histor. Eccles. l.* 3. *c.* 20.

(*h*) *Luc.* vi. 15. *& Act.* xiii.

(*i*) *Matt hic.* Σίμων ὁ Κανανίτης. *Alii;* Καναναῖος, *vel* Χαναναῖος, *vel* Κανναῖος. *Hebr.* קנא, *vel*, קני, *vel* קנני *Zelotes.* כנעני *Cananæus.*

(*k*) *Ieron. in Matt.* x. 4. *Theodoret in Psal.* lxvii. 28. *Menoc. Tirin.*

5. *Hos duodecim misit Jesus : præcipiens eis, dicens : in viam gentium ne abieritis, & in civitates Samaritanorum ne intraveritis.*

5. JESUS envoya ces douze, après leur avoir donné les instructions suivantes: N'allez point vers les Gentils, & n'entrez point dans les villes des Samaritains :

COMMENTAIRE.

na en Galilée, dont on veut qu'il soit sorti. Théodoret dit qu'il étoit de la tribu de Nephthali ou Zabulon. Quelques-uns (*a*) ont crû qu'il étoit du nombre des *Zélez*, dont il est parlé dans Joseph, (*b*) & qui firent tant de ravages à Jérusalem, pendant le dernier siége par les Romains. Le Chef, & l'Auteur de ces Zélez est Phinéés, qui se distingua dans le désert contre les filles de Moab. (*c*) Elie est aussi du nombre de ces Zélez, lui qui tua les Prophétes de Baal. (*d*) Mathathias pere des Maccabées, (*e*) peut être mis de leur nombre avec ses fils. On croit que les Zélez du tems de nôtre Seigneur, formoient une secte, qui avoit pour auteur Judas Gaulonite, & Sadoc. Hammond veut que S. Simon ait été de cette secte ; & Grotius ne croit pas que cette opinion soit injurieuse à cet Apôtre. La vérité consiste à savoir s'il en étoit véritablement, ce que ces Auteurs ne prouvent pas. (*f*) Il n'est pas même certain si elle subsistoit du tems de nôtre Seigneur ; car de dire que S. Simon s'étoit joint aux Zélez connus dans Joseph, ce seroit certainement une injure, & une tache à sa mémoire.

JUDAS ISCARIOTES. *Judas Iscariote.* C'étoit l'opinion commune (*g*) du tems d'Eusébe, & de saint Jérôme, que Judas étoit originaire de la Tribu d'Ephraïm, & natif du bourg d'Iscariot. Il est vrai que nous ne trouvons point ce nom de lieu dans les Livres de l'ancien Testament : mais ce pouvoit être un bourg nouveau, bâti depuis le retour de la captivité.

D'autres (*h*) croyent qu'il étoit de la Tribu d'Issachar, & qu'au lieu d'Iscarioth, il faut lire, *Issachariotes*. D'autres lisent: *Isch-cariotes*, l'homme natif de *Carioth*, ville connuë dans l'Ecriture. (*i*) D'autres dérivent son surnom du Syriaque, *Isch-sckariotha*, celui qui porte la bourse. On sait que Judas tenoit l'argent commun de la compagnie des Apôtres. (*k*) D'autres (*l*) enfin le dérivent d'*Aschara*, étranglement, parce que Judas

(*a*) *Hammond. hic. Scalig. Grot. Vide & Ligfoot. & Drusium.*

(*b*) *Joseph, de Bello Jud. lib.* xv. *c.* 2. *l.* vi. *cap.* 1.

(*c*) *Num.* xxv. 13.

(*d*) 3. *Reg.* xviii. 40.

(*e*) 1. *Macc.* II. 54.

(*f*) *Bertram. de Republ. Judaor. ad finem.*

(*g*) *Euseb. in Isai.* xxviii. 1. *Ieron. in eundem Isaia locum.*

(*h*) *Ieron. in Matt. Theophyl.*

(*i*) איש קריות *V de Iosue* xv. 25. *Amos.* II. 2. *Ierem.* xlviii. 23. 41.

(*k*) *Ioan.* xii. 6.

(*l*) *Vide Iunium, Ligfoot. Ludov. de Dieu.* אשכרא *strangulatio.* אשכרה *suffocatio.*

6. Sed potiùs ite ad oves, quæ perierunt domûs Israël.

6. Mais allez plûtôt aux brebis perduës de la maison d'Israël.

COMMENTAIRE.

se pendit, & s'étrangla. Il n'y a rien dans tout cela que l'on puisse donner pour certain, & indubitable. Plusieurs anciens (*a*) lisent : *Scariôtes*, au lieu d'*Ischariôtes*.

℣. 5. IN VIAM GENTIUM NE ABIERITIS. *N'allez point vers les Gentils.* Il falloit premiérement inviter les Juifs à la foi, & leur prêcher l'Evangile. La porte de l'Eglise ne fut ouverte aux Gentils, qu'après la Résurrection de JESUS-CHRIST; alors au refus des Juifs, JESUS-CHRIST envoye ses Apôtres à toutes les Nations : (*b*) *Euntes docete omnes gentes.* Voyez *Act.* XIII. 46.

IN CIVITATES SAMARITANORUM (*c*) NE INTRAVERITIS. *N'entrez point dans les villes des Samaritains*, pour ne pas donner de jalousie aux Juifs, & pour ne les pas irriter, s'ils voyoient qu'on allât porter la parole de salut à ces peuples, & qu'on communiquât avec eux. Les Samaritains, & les Juifs professoient au fond la même Religion ; les uns & les autres observoient les Loix de Moyse, & attendoient le Messie. Mais il y avoit entr'eux dès le commencement une si grande antipathie, qu'ils ne haïssoient pas plus les Gentils, & les Idolâtres, qu'ils se haïssoient entr'eux. JESUS-CHRIST étoit entré dans Sichem ville des Samaritains au commencement de sa prédication, à l'occasion d'une femme Samaritaine, qui se trouva assise près d'un puits ; (*d*) mais il n'avoit pas continué à les instruire. Et on verra dans S. Luc, (*e*) que les Samaritains ne voulurent pas lui donner le couvert, un jour qu'il alloit à Jérusalem, tant étoit grande la haine réciproque des deux peuples.

℣. 6. ITE AD OVES QUÆ PERIERUNT DOMUS ISRAEL. *Allez aux brebis perduës de la maison d'Israël.* Il avoit dit ci-devant : (*f*) Que JESUS ayant considéré les Israëlites, *qui étoient accablez de fatigue, & couchez çà & là, comme des brebis qui n'ont point de pasteur*, en fut touché de compassion, & résolut de leur envoyer ses Apôtres, pour leur annoncer la bonne nouvelle de l'Evangile. Il leur donne ici ses ordres, & leur dit d'aller premiérement vers les brebis égarées, & de les ramener dans la bonne voye.

℣. 7. APPROPINQUAVIT REGNUM COELORUM. *Le Royaume*

(*a*) *Origen. Ms. Cantabrig. G. L. Syr. Codd. Emm. 2. vetustissim. Biblioth. Bodlei.*

(*b*) *Matt.* XXVIII. 19.

(*c*) *Græc.* Εἰς πόλιν Σαμαρειτῶν μὴ εἰσέλθητε. *In civitatem* : Comme s'il vouloit désigner Samarie.

(*d*) *Joan.* IV. 9. 10.

(*e*) *Luc* IX. 52. 53. 54.

(*f*) *Matt.* IX. 36.

7. *Euntes autem prædicate, dicentes: Quia apropinquavit Regnum Cœlorum.*	7. Et *dans les lieux* où vous irez, prêchez, en disant : Que le Royaume des Cieux est proche.
8. *Infirmos curate, mortuos suscitate, leprosos mundate, dæmones ejicite: gratis accepistis, gratis date.*	8. Rendez la santé aux malades, ressuscitez les morts, guérissez les lépreux, chassez les démons : donnez gratuitement ce que vous avez reçû gratuitement.

COMMENTAIRE.

des Cieux est proche, il est venu, il est arrivé. Faites pénitence sans délai; le Seigneur est prêt à faire éclater sa vengeance, contre ceux qui l'ont irrité. Voyez ce qu'on a dit sur saint Matthieu III. 2. Saint Marc (*a*) dit expressément, que les Apôtres prêchoient la pénitence au peuple.

ỷ. 8. INFIRMOS CURATE, MORTUOS SUSCITATE. *Rendez la santé aux malades, ressuscitez les morts.* Ce n'est pas un commandement, c'est un pouvoir qu'il leur donne. Ces mots : (*b*) *Ressuscitez les morts*, ne se lisent point dans un très-grand nombre d'anciens manuscrits Grecs. (*c*) Mais on les voit dans la Vulgate, dans le Syriaque, & dans le manuscrit de Cambrige, & dans une infinité d'autres. Il y en a qui croyent que cela a été ajoûté dans S. Matthieu. Et certainement on ne lit pas que les Apôtres ayent ressuscité des morts, au moins avant la Résurrection de JESUS-CHRIST. Saint Chrysostome, S. Jérôme, Euthyme, & Théophylacte n'ont point expliqué ces paroles dans leurs Commentaires; mais il ne s'ensuit pas qu'elles ne soient pas du Texte. Les Commentateurs n'expliquent pas toutes les paroles de leurs Auteurs. Celles-ci se lisent dans le plus grand nombre des Exemplaires. Les guérisons des maladies, & le don des miracles étoient nécessaires pour faire recevoir les véritez saintes qu'ils annonçoient; sur tout aux plus grossiers, à qui les Apôtres ne pouvoient se rendre respectables, ni recommandables par d'autres endroits, n'ayant ni éloquence ni science, ni autorité, ni réputation, ni aucune des qualitez qui attirent la considération des peuples.

GRATIS ACCEPISTIS, GRATIS DATE. *Donnez gratuitement ce que vous avez reçû gratuitement.* Prêchez, enseignez, guérissez les malades, sans interêt, & sans aucune autre vûë que celle de glorifier Dieu, qui vous a donné ce pouvoir si gratuitement. Il exclut toutes les vûës basses, & indignes de la gloire de l'Evangile. Il ne veut pas qu'on se cherche soi-même, sa gloire, sa satisfaction, son agrandissement dans la prédication des véritez du salut. Soyez libéraux des biens dont Dieu vous

---

(*a*) *Marc.* VI. 12.
(*b*) Νεκροὺς ἐγείρετε.
(*c*) *Non legunt Steph. Ms.* 9. *Barber.* 9. *Colbert.* 3. *Bodleian.* 6. *Selden.* 4. *Usser.* 2. *Alii quàm plurimi. Vide Var. Lect. Mill.*

9. *Nolite possidere aurum, neque argentum, neque pecuniam in zonis vestris.*	9. N'ayez ni or, ni argent, ni monnoye dans vôtre bourse.

COMMENTAIRE.

a comblez, & qui ne vous coutent rien. (*a*) N'enviez à personne la connoissance de la venuë du Messie, & que tout le monde sente les effets de sa venuë, par les bienfaits, les guérisons, les instructions que vous répandrez par tout. *Ut sit ministratio gratuita, muneris gratuiti*, dit ici saint Hilaire.

Mais s'il est du désintéressement des Apôtres, & de l'honneur de l'Evangile, de ne rien exiger de ceux que l'on instruit, ou que l'on guérit; il est de la justice, & de la reconnoissance de ceux-ci, de fournir aux besoins de leurs Apôtres, & de leurs Maîtres. JESUS-CHRIST ne deffend point de recevoir la subsistance, & l'honoraire de ceux à qui l'on prêche l'Evangile; mais il deffend de prêcher dans des vûës d'interêts. Saint Paul (*b*) établit solidement le droit que les Pasteurs, & les Prédicateurs ont de prendre la subsistance des peuples, qui reçoivent leurs instructions; & l'obligation où sont ceux-ci d'entretenir ceux qui les instruisent. (*c*)

℣. 9. NOLITE POSSIDERE AURUM. *N'ayez ni or, ni argent.* Ou plûtôt selon le Grec: (*d*) *Ne faites provision*, ne recherchez, n'acquérez *ni or, ni argent.* Ne vous mettez point en peine de vous disposer à ce voyage, à cette mission, comme à un voyage ordinaire, pour lequel on se fournit d'argent, de souliers d'habits à changer, de vivres, d'armes; vous n'avez que faire de toutes ces choses. Celui qui vous envoye saura pourvoir à tous vos besoins.

NEQUE PECUNIAM IN ZONIS VESTRIS. *Ni de monnoye dans vôtre bourse.* A la lettre: (*e*) *Dans vôtre ceinture.* L'on portoit autrefois la bourse suspenduë à la ceinture: (*f*)

Lævo suspensi loculos, tabulamque lacerto.

On portoit même l'argent dans la ceinture, qui étoit creuse, & large, comme le sont encore la plûpart de celles des Orientaux. Aggée: (*g*) *Celui qui travaille met son salaire dans une ceinture percée.* C. Gracchus disoit: (*h*) *J'ai apporté dans la province mes ceintures pleines d'argent, & je*

(*a*) *Maldon. Grot. Menoc. Brug.*
(*b*) 1. *Cor.* IX. 7 *Galat.* VI. 6.
(*c*) *Vide August. de Consensu Evang. lib.* 2. *cap.* 30.
(*d*) Μὴ κτήσησθε χρυσὸν. *Vide Chrysost. hic.*
(*e*) Εἰς τὰς ζώνας.
(*f*) *Horat. Epist. l.* 1. *Ep.* 1.
(*g*) *Agg.* I. 6. המשתכר משתכר אל צרור נקוב
(*h*) *Apud Aul. Gell. l.* 15. *c.* 12. *Zonas quas plenas argenti exivi, eas ex provincia inanes retuli.*

les

10. *Non peram in via, neque duas tunicas, neque calceamenta, neque virgam: dignus enim est operarius cibo suo.*

10. Ne préparez ni un sac pour le voyage, ni deux tuniques, ni souliers, ni bâton : car celui qui travaille mérite qu'on le nourrisse.

COMMENTAIRE.

les ai rapportées vuides. Et Horace : (*a*) *Celui qui aura perdu sa ceinture, ira où vous voudrez*. Suétone (*b*) raconte que Vitellius se voyant recherché pour être mis à mort, se ceignit d'une ceinture pleine de piéces d'or, & se cacha dans la chambre du portier. Pescennius Niger (*c*) défendit aux soldats Romains de porter de l'argent dans leurs ceintures. Et l'Empereur Aléxandre Sévére, (*d*) disoit que le soldat ne craint rien, tandis qu'il n'est pas richement vêtu, ni bien nourri, & qu'il n'a pas la ceinture garnie d'argent. Mais en voilà plus qu'il n'en faut pour prouver cet usage, qui est commun dans l'antiquité.

℣. 10. Non peram in via. (*e*) *Ne préparez ni un sac pour le voyage*. On ne se mettoit point en voyage sans provisions : & encore aujourd'hui dans l'Orient, on est obligé de prendre cette précaution, parce qu'on ne trouve que le couvert dans les hôtelleries ; & qu'on n'en trouve pas même par tout. On voit des preuves de ce que nous venons de dire dans la Genése, (*f*) dans Judith, (*g*) dans Tobie, (*h*) & dans cent endroits des anciens. S. Marc (*i*) porte : *Ne prenez ni sac, ni pain*, pour marquer l'usage de ce sac.

Neque duas tunicas. *Ni deux tuniques*. La tunique étoit l'habit de dessous, à peu près comme nôtre chemise. Quand on avoit un long voyage à faire, on étoit obligé de porter du linge à changer. ( ) Il ne parle pas du manteau, parce que pour l'ordinaire on n'en changeoit point, & qu'il auroit été trop incommode pour des gens de pied, d'en porter plusieurs.

Neque calceamenta. (*l*) *Ni des souliers*. S. Marc (*m*) dit que Jesus-Christ permet à ses Disciples de porter des sandales dans leurs voyages. Mais comme les termes dont se sert saint Matthieu, & que nous traduisons par *souliers*, ont la même signification que ceux de S. Marc, que l'on traduit par *sandales* : Il faut de nécessité, pour con-

---

(*a*) *Horat. l. Ep. 2. Ibit eò quò vis qui zonam perdidit.*

(*b*) *Sueton. in Vitellio. Zonâ se aureorum plenâ circumdedit, confugitque in sellam janitoris.*

(*c*) *Apud Ælian.*

(*d*) *Lampridius.*

(*e*) *Græc.* Μὴ πήραν εἰς ὁδὸν,

(*f*) *Genes.* XXVIII. 18.

(*g*) *Judith.* X. 5.

(*h*) *Tob.* VI. 6.

(*i*) *Marc.* VI. 8. Μὴ πήραν, μὴ ἄρτον.

(*k*) *Ieron. hic. Aug. l. 2. de Consensu.*

(*l*) Μηδὲ ὑποδήματα.

(*m*) *Marc.* VI. 9. Ἀλλὰ ὑποδεδεμένους σανδάλια.

cilier les deux Evangélistes, abandonner la solution qu'ont apportée la plûpart des interprétes, (*a*) qui ont prétendu que dans saint Matthieu JESUS-CHRIST défendoit l'usage des souliers ; & que dans S. Marc, il permettoit celui des sandales. S. Luc (*b*) nous jette dans un autre embarras, lorsqu'il fait dire à JESUS CHRIST parlant à ses Apôtres : *Lorsque je vous ai envoyé sans bourse, sans sac, sans chaussure, avez-vous manqué de quelque chose ?* Ce qui semble insinuer que les Apôtres alloient nuds pieds. Le terme dont il se sert, est le même qu'employe ici saint Matthieu, pour marquer la défense de porter des souliers. Dira-t'on que les Apôtres alloient entiérement pieds nuds ; C'est contredire S. Marc, qui permet les sandales : c'est contredire JESUS-CHRIST lui-même, qui marchoit avec une chaussure, suivant la coutume de son pays. Et S. Jean disoit : Qu'il n'étoit pas digne de dénoüer les courroyes de ses souliers. (*c*) On a conservé long-tems à Rome des sandales, que l'on disoit être celles du Sauveur. (*d*)

La vraye maniére de concilier tout cela, est de dire que JESUS-CHRIST défend à ses Apôtres, lorsqu'ils vont en mission pour prêcher l'Evangile ; car cette défense doit se borner à cette seule circonstance, de porter deux, ou plusieurs paires de souliers, ou de sandales, ou d'autres chaussures, suivant l'usage du pays, où ils se trouvent. C'est ainsi que l'expliquent la plûpart des meilleurs Commentateurs. (*e*) Le Prêtre Juvencus l'a pris de même. (*f*)

Nec geminas vestes, nec plantis tegmina bina.

La coutume de porter ainsi des chaussures de réserve, est connuë dans l'antiquité. Les maîtres les faisoient porter à leurs laquais, ou à leurs esclaves. Saint Matthieu fait dire à S. Jean-Baptiste, (*g*) qu'il n'est pas digne de porter les sandales de JESUS-CHRIST. Il faut répéter en cet endroit le mot *deux*, qui se trouve au commencement du ℣. 10. *Ne portez point deux tuniques, ni deux paires de sandales.*

NEQUE VIRGAM. *Ni bâton.* Plusieurs (*h*) l'entendent d'une arme offensive, ou défensive. Ne vous munissez ni d'épées, ni de bâtons ferrez, ni d'autres sortes d'armes. Mettez toute vôtre confiance au Seigneur. J.C. n'interdit point l'usage d'un bâton pour s'aider à marcher, comme le marque expressément saint Marc : (*i*) *Ne prenez qu'un simple bâton.* Saint

(*a*) *Ita ferè Ieron. hoc loco. Et August. lib. 2. de Consens. c. 30. Salmas. ad Tertull. Pall. C. 5. Bal[illegible]duin. de Calceo antiquo, c. 12. Ligfoot. Hor. Hebr. in Matt. alii.*

(*b*) *Luc. XXII. 35.* Ἄτερ βαλαντίου, καὶ πήρας, καὶ ὑποδημάτων. *Vide, si lubet, Aug. Serm. 101 nov. Edit.*

(*c*) *Marc. I. 7. Luc. III. 16.*

(*d*) *Paschas. Radbert. l. 6. in Matt.*

(*e*) *Maldonat Paul Burg. Caïetan. Gagn. Guiland Suarez, Ribera, Contzen, Piscat. Grot. Erasm. Beza. Vincent. Regius. Vide Bynaeum de calceis, Hebr. l. 1. c. 6.*

(*f*) *Juvencus, l. 2.*

(*g*) *Matt III. 11.*

(*h*) *Brugens. Piscat. Menoc Hamm.*

(*i*) *Marc. VI. 8.* Εἰ μὴ ῥάβδον μόνον.

11. *In quacumque autem civitatem, aut castellum intraveritis, interrogate, quis in ea dignus sit: & ibi manete donec exeatis.*

11. En quelque ville, ou en quelque village que vous entriez, informez-vous qui y est digne *de vous loger*, & demeurez chez lui jusqu'à ce que vous vous en alliez.

COMMENTAIRE.

Luc insinuë aussi ce que nous venons de dire, lorsqu'après que JESUS-CHRIST eut demandé à ses Apôtres : (*a*) *Lorsque je vous ai envoyé sans bourse, sans besace, sans souliers ; vous a-t'il manqué quelque chose ? Non*, lui dirent-ils. JESUS ajoûta: *Mais à présent que celui qui a une bourse, prenne aussi une besace, & que celui que n'a point d'épée vende son habit pour en achetter ;* où l'on voit qu'il a mis *l'épée*, en la place du *bâton.* Voilà ce qu'on dit de plus plausible pour cette opinion.

Mais elle est combattuë par de fort habilles gens, (*b*) qui soûtiennent que le Sauveur ne défend ici que d'avoir plusieurs bâtons de réserve, & non de se servir d'un bâton pour s'appuyer en marchant. Ils remarquent, 1°. Que plusieurs anciens manuscrits Grecs (*c*) lisent : *Des bâtons*, au plurier, au lieu *d'un bâton.* S. Luc (*d*) lit de même. 2°. Si saint Marc (*e*) dit expressément que JESUS-CHRIST ne permet à ses Apôtres de porter *qu'un seul bâton ;* donc il leur défend d'en porter plusieurs. 3°. Enfin on dit que l'on portoit en voyage plus d'un bâton pour le besoin, pour s'appuyer, ou pour porter ses hardes, ou ses provisions, lorsque les premiers qu'on avoit pris étoient rompus, ou usez. (*f*) Cette maniére de concilier les trois Evangélistes entr'eux, paroît la plus litterale.

DIGNUS ENIM EST OPERARIUS CIBO SUO. *Car celui qui travaille mérite qu'on le nourrisse.* Cela tient du proverbe. Le moins que puisse espérer un ouvrier, un manœuvre, est sa nourriture. Le Dieu que vous servez aura soin de pourvoir à vos besoins, ou par lui-même, ou en inspirant aux autres de fournir à vos nécessitez. Cela ne dispensoit pas les Apôtres de travailler pour gagner leur vie, lorsqu'ils n'étoient pas occupez actuellement au ministére de la parole. L'Apôtre saint Paul nous en donne une bonne preuve par son exemple. (*g*)

℣. 11. INTERROGATE QUIS IN EA DIGNUS SIT. *Informez-vous en entrant dans la ville, qui est digne de vous loger.* Ce n'est pas un petit honneur de loger un Apôtre, ou un homme Apostolique. (*h*) Ceux qui ont l'a-

---

(*a*) *Luc.* XXIII. 36. 37.

(*b*) *Grot. Beza, hic, Byneus de Calceo, l.* I. *c.* 6. *Natal. Alex in hunc locum.*

(*c*) Ῥάβδους, *legunt Steph. Codd.* 10. *Bodl.* 4. *Vesul.* 1. *Kunt.* 1. *Usser.* 2. *Laud.* 2. *alii plurimi. Vide Mill.*

(*d*) *Luc.* IX. 5. Μήτε ῥάβδους, μήτε πήραν.

(*e*) *Marc.* VI. 8. Εἰ μὴ ῥάβδον μόνον.

(*f*) *Vide Grot. hic.*

(*g*) *Act* XVIII. 3. & 1. *Cor.* IX. 1.

(*h*) *Ieron. Mald. Est. alii*

12. *Intrantes autem in domum, salutate eam, dicentes : Pax huic domui.*

12. Entrant dans la maison, saluez-la, en disant : Que la paix soit dans cette maison.

COMMENTAIRE.

vantage de les recevoir dans leurs maisons, doivent s'estimer aussi heureux, que s'ils y recevoient JESUS-CHRIST même; c'est une faveur qu'ils reçoivent plûtôt qu'ils ne la donnent : *Ut magis se noverint accipere gratiam, quàm dare*, dit S. Jérôme. Les Apôtres, & les Missionnaires doivent honorer leur ministére, & ne pas l'exposer au mépris, en choisissant pour demeure des lieux indignes de cet honneur. *Ergo hospes famâ eligendus est populi, & judicio vicinorum, ne prædicationis dignitas suscipientis infamiâ deturpetur*, dit le même Pere. Ce n'est ni les plus riches, ni les plus commodes, ni ceux où ils sont mieux traitez, à qui ils doivent donner la préférence : Ce sont ceux où Dieu est plus craint, & plus aimé, où la vérité est plus respectée, & mieux écoutée.

IBI MANETE DONEC EXEATIS. *Demeurez chez lui jusqu'à ce que vous vous en alliez.* C'est-à-dire, comme S. Luc l'explique : (a) *Ne passez point de maison en maison* ; ne changez point légérement de logis. Vous offenseriez celui qui vous a reçû; ce seroit une insulte à sa maison, comme si vous vous trouviez mal de la chére, ou de la réception qu'il vous a faite. Cela rendroit méprisable vôtre ministére, & scandaliseroit les foibles, qui imputeroient vôtre conduite à légéreté, ou à un trop grand attachement aux aises, & aux commoditez de la vie. (b) *Alienum est à prædicatore Regni Cœlestis cursitare per domos, inviolabilis hospitii jura mutare*, dit S. Ambroise. (c)

℣. 12. SALUTATE EAM, DICENTES : PAX HUIC DOMUI. *Entrant dans la maison ; saluez-la, en disant : Que la paix soit dans cette maison.* Pour vous faire recevoir dans une maison, vous n'avez que faire de lettres de recommandation, ni d'autre chose pour vous y faire connoître ; dites simplement : Que la paix soit dans cette maison. Dieu aura soin d'y préparer les cœurs, & de vous y donner une entrée favorable. Autrefois quand on arrivoit dans une ville où l'on avoit des connoissances, des parens, des amis, des hôtes de sa famille, on alloit sans façon loger chez eux, & ils usoient du même droit quand ils venoient dans vôtre ville : c'étoit le droit d'hospitalité, que l'on conservoit de race en race, & de pere en fils. Mais quand on n'étoit pas connu dans la famille où l'on al-

---

(a) *Luc. x. 7.*
(b) Voyez saint Chrysostome, Bede, Euthyme, Théophylacte, Brug. Mald. Grot.
(c) *Ambros. in Luc. l. 6. n. 66. Ita & Chrysostom.*

13. *Et si quidem fuerit domus illa digna, veniet pax vestra super eam : si autem non fuerit digna, pax vestra revertetur ad vos.*	13. Si cette maison en est digne, vôtre paix viendra sur elle : & si elle n'en est pas digne, vôtre paix reviendra à vous.

COMMENTAIRE.

soit, on portoit des lettres, ou des marques de confiance pour se faire connoître pour hôte, ou pour ami. JESUS-CHRIST dit ici à ses Apôtres, que quand ils viendront dans une ville, n'ayant ni argent, ni provisions, ni habits à changer, & par conséquent hors d'état d'entrer dans l'hôtelerie publique, où l'on ne trouvoit précisément que le couvert ; qu'ils ne doivent pas s'en mettre en peine. Qu'ils ayent seulement soin de voir les plus honnêtes gens, & les plus gens de bien de la ville, & de choisir leur logement où ils jugeront à propos, persuadez qu'ils font honneur à ceux chez qui ils entrent, & jalousie à ceux chez qui ils ne vont pas. Etant entré dans la maison, sans autre préambule, saluez la famille : souhaitez-lui la paix, & toutes sortes de prospéritez, comme c'étoit la coutume chez les Juifs, dont le salut ordinaire étoit : La paix soit avec vous. Et soyez assuré que vous serez bien reçû.

Les Exemplaires Grecs imprimez, ne lisent pas ces paroles : *Que la paix soit dans cette maison.* S. Jérôme ne les lit pas ni dans le Texte, ni dans le Commentaire de saint Matthieu, quoiqu'on les voye dans sa Bibliothéque Sacrée, imprimée depuis peu. On les lit aussi dans presque tous les Latins, tant imprimez que manuscrits ; dans un grand nombre de manuscrits Grecs ; (a) dans saint Hilaire, dans S. Chrysostome, & dans Théophylacte. Quelques-uns croyent toutefois qu'elles sont ajoûtées ici, & tirées de S. Luc. (b)

℣. 13. SI FUERIT ILLA DOMUS DIGNA. *Si cette maison est digne, vôtre paix viendra sur elle : sinon, elle reviendra à vous.* Si cette maison est disposée à recevoir l'Evangile de paix ; *s'il s'y trouve quelques enfans de la paix*, comme parle S. Luc, (c) & qui soient prédestinez à recevoir la parole du salut, ils vous recevront avec joye, & vous écouteront avec fruit ; *vôtre paix tombera sur eux*, ils recevront les effets de vos bons souhaits, & de vôtre heureuse arrivée : *Sinon, vôtre paix retournera sur vous*. S'ils rejettent, & s'ils méprisent le bonheur que vous leur offrez, & la parole de vérité que vous leur prêchez ; vous aurez le mérite d'avoir cherché leur salut, & l'avantage d'avoir satisfait à vôtre de-

(a) Λέγοντες, εἰρήνη τῷ οἴκῳ τούτῳ. *Ita Codd. Steph. 5 Bold. 3. Cantabrig. Parisini 3. Et alii plures apud Mill.*

(b) *Luc X. 5.*

(c) *Luc. X. 5. 6.*

14. *Et quicumque non receperit vos, neque audierit sermones vestros: exeuntes foras de domo vel civitate, excutite pulverem de pedibus vestris.*	14. Lorsque quelqu'un ne voudra point vous recevoir, ni écouter vos paroles, secoüez en sortant de cette maison, ou de cette ville, la poussiére de vos pieds.

COMMENTAIRE.

voir. (*a*) Le Pere céléste, qui juge de nos actions, non par le succez ; mais par le zéle, & la bonne volonté qui les accompagnent, saura vous en recompenser. D'autres (*b*) expliquent ainsi ces dernieres paroles: *Vôtre paix retournera sur vous.* Elle n'aura point d'effet envers ceux à qui vous la souhaitez ; elle reviendra à vous sans rien faire, & vous irez la porter à d'autres, qui en profiteront. Ainsi dans Isaïe le Seigneur dit : (*c*) *La parole que j'envoyerai, ne reviendra point à moi vuide & sans effet.*

℣. 14. EXEUNTES FORAS DE DOMO, EXCUTITE PULVEREM DE PEDIBUS VESTRIS. *Lorsqu'on ne voudra point vous écouter ; secoüez en sortant de cette maison la poussiére de vos pieds.* Par cette action symbolique, les Apôtres marquoient qu'ils ne vouloient conserver aucune participation, aucune liaison avec les lieux, & les personnes qui rejettoient la parole de Dieu. C'étoit une espece d'excommunication, dit S. Hilaire, (*d*) & une marque qu'ils regardoient ces endroits comme soüillez, en sorte qu'ils ne vouloient pas même que la poussiére en demeurât à leurs souliers. S. Luc (*e*) marque assez que c'est le vrai sens de ces paroles : *Secoüez*, dit-il, *la poussiére même de vos pieds, pour servir de témoignage contr'eux* ; Pour leur témoigner l'horreur que vous avez de leur conduite, & pour leur dire d'une maniére énigmatique, qu'au jour du Jugement, cette poussiére de leurs souliers s'élévera en témoignage contr'eux. (*f*)

On voit la pratique de ce commandement du Sauveur dans les Actes. (*g*) Les Juifs d'Antioche de Pisidie, ayant excité une persécution contre Paul & Barnabé ; les firent chasser de la ville. Mais ceux-ci en sortant secoüerent même la poussiére de leurs pieds, & se retirerent ailleurs. Dans une autre occasion (*h*) saint Paul secoüe ses habits contre ceux qui résistoient à la saine doctrine. Cet usage est ancien parmi les Juifs : on le remarque dans Esdras. (*i*) Néhémie voyant que le menu peuple de Jéru-

---

(*a*) *Aug. de Corrept. & Grat. c. 15. Ad nos revertetur, id est, nobis proderit ista prædicatio, non & illi ; si autem super eum pax prædicata requieverit ; & nobis & illi. Vide & Ieronym. hic.*

(*b*) *Maldonat. Grot. Menoch.*

(*c*) *Isai. LV. 11.*

(*d*) *Chrysost. Ieronym. & Theophilact hic. August. qu. 7. in Matt. Ambros. in Luc. Euthym. hic. Hilar. in Matt. Tertull. l. 4. contra Marcion. Grot. alii.*

(*e*) *Luc. IX. 5.*

(*f*) *Origen. Homil. 18. in Genes. Hilar. hic. Maldonat. Menoc.*

(*g*) *Act. XIII. 14. 15.*

(*h*) *Act. XVIII. 6.*

(*i*) *2. Esdr. V. 13.*

15. *Amen dico vobis : Tolerabilius erit terra Sodomorum, & Gomorrhaeorum in die Judicii, quàm illi civitati.*

15. Je vous dis en vérité, qu'au jour du Jugement, Sodome & Gomorrhe seront traitées moins rigoureusement que cette ville.

COMMENTAIRE.

salem se mutinoit contre les riches, à cause de la dureté de ceux-ci, assembla le peuple, & les Prêtres, & exhorta les créanciers à remettre les dettes à ceux qui leur doivent; & en même tems secouant son sein, il dit : *Qu'ainsi soit secoüé tout homme qui n'accomplira pas ce que j'ai dit; que Dieu le prive du fruit de ses travaux, qu'il le dépouille de ses biens; qu'il demeure vuide & secoüé.*

Quelques-uns (*a*) ont crû que cette action de secoüer la poudre des souliers étoit comme un reproche des Apôtres à ces villes, comme s'ils disoient : Nous avons travaillé inutilement pour vous, nous avons entrepris un grand & pénible voyage; voilà la poussiére de nos pieds qui en est une preuve : nous la secoüons sur vous, afin qu'elle soit un jour un témoignage pour vôtre condamnation.

℣. 15. TOLERABILIUS ERIT TERRÆ SODOMORUM. *Au jour du Jugement, Sodome, & Gomorrhe seront traitées moins rigoureusement que cette ville.* Ces deux villes impies, & corrompuës ont mérité par leur déréglement les plus affreux supplices de la justice de Dieu. Mais enfin leur crime, quelque grand qu'il soit, est beaucoup diminué par l'ignorance où ils étoient de la Loi, & des volontez de Dieu. Ils n'ont ni rejetté, ni méprisé la parole du Seigneur; à cet égard ils sont moins coupables que ceux qui péchent par malice, & par le mépris qu'ils font des Loix du Seigneur. C'est dans le même esprit que les Prophétes ont si souvent reproché aux Hébreux, que l'iniquité de Jérusalem surpassoit celle de Sodome, & Gomorrhe : (*b*) *Major effecta est iniquitas filiæ populi mei, peccato Sodomorum.* Et Ezéchiel : (*c*) *Sodome, & Samarie que j'ai traitées avec tant de rigueur, n'ont jamais commis la moitié de vos crimes.* Il parle à Jérusalem; c'est-à-dire, leurs crimes n'ont jamais été accompagnez de ces circonstances criminelles & odieuses, qui rendent les vôtres aujourd'hui si abominables aux yeux du Seigneur.

℣. 16. ECCE EGO MITTO VOS SICUT OVES IN MEDIO LUPORUM. *Je vous envoye comme des brebis au milieu des loups.* JESUS-CHRIST n'instruit pas ici seulement ses Apôtres pour la premiére mission qu'ils firent dans la Judée de son vivant; il leur donne des instructions généra-

(*a*) *Vide Chrysost. Ieron. Bedam, hic. Aug. qu. 7. in Matt.*

(*b*) *Thren.* IV. 6.
(*c*) *Ezech.* XVI. 48. 52.

16. *Ecce ego mitto vos sicut oves in medio luporum. Estote ergo prudentes sicut serpentes, & simplices sicut columbæ.*

16. Je vous envoye comme des brebis au milieu des loups. Soyez donc prudens, comme des serpens, & simples comme des colombes.

COMMENTAIRE.

les pour toutes les missions, & les voyages qu'ils devoient entreprendre tout le tems de leur Apostolat. Il leur prédit tout ce qui leur arrivera; il les prémunit contre les dangers, & contre les mauvais traittemens. Le monde étoit comme tout rempli de loups violens, & carnaciers. Les Payens qui occupoient presque toute la terre, avoient un très-grand éloignement pour les véritez du salut. Les démons devoient exercer toute leur fureur contre les Prédicateurs Evangéliques. Les Juifs eux-mêmes, dont on venoit corriger les abus, & réformer les désordres, devoient susciter une infinité de persécutions contre les Apôtres. Voilà les loups contre lesquels ces brebis avoient à combattre.

ESTOTE ERGO PRUDENTES SICUT SERPENTES, &c. *Soyez donc prudens, comme des serpens, & simples comme des colombes.* Il vient de dire qu'ils seront comme des brebis au milieu des loups; il ne leur donne là pour armes que la patience & la douceur; il ne leur recommande que la prudence, & la simplicité. Une sagesse sans déguisement, sans ruse, sans artifice; une simplicité prudente, sage, & éclairée. Si l'on vous persécute, souffrez sans ressentiment, sans fiel, sans vengeance, comme la colombe: mais évitez, si vous pouvez, la persécution avec la prudence du serpent, soit par la fuite, ou autrement. Saint Paul a souvent employé la ruse du serpent, lorsqu'il s'est trouvé entre les mains de ses ennemis. Par exemple, lorsqu'il se fit descendre des murs de Damas dans une corbeille, pour tromper l'attente de ses persécuteurs; (*a*) lorsqu'il se déclara Pharisien, après sa prise à Jérusalem, (*b*) pour diviser l'assemblée des Juifs, qui vouloient lui faire violence; Enfin lorsqu'il fit valoir plus d'une fois sa qualité de Citoyen Romain, pour se tirer des mains de ses persécuteurs. (*c*) On voit la simplicité de la colombe dans toute la vie du même Apôtre, toûjours droit, sincére, humble, patient, sans fiel, sans déguisement.

Il ne faut pas séparer ces deux qualitez; (*d*) la prudence du serpent, sans la simplicité de la colombe, ne serviroit à rien, & pourroit devenir pernicieuse; de même que la simplicité sans la prudence. Il y en a (*e*) qui

(*a*) *Act.* IX. 25.
(*b*) *Act.* XXIII. 6.
(*c*) *Act.* XVI. 37. XXII. 25.
(*d*) *Author Oper. imperfect. Tertull. lib. contra Valentin. Nazianz. Orat.* 19. *Isidor. Pelus. l.* 3. *Ep* 175. *Greg. in Job. l.* 1 *c.* 1.
(*e*) *Author Oper. imperfect. Theophyl. hic.*

veulent

veulent qu'on employe principalement la prudence envers les étrangers, & les infidéles, & la ſimplicité envers les fidéles. Mais il eſt viſible que le Sauveur demandoit l'exercice de ces deux vertus envers tous ceux à qui les Apôtres devoient prêcher, ſuivant la rencontre des diverſes circonſtances, où ils ſe pourroient trouver.

La prudence naturelle du ſerpent, qui ſert de corps à la ſimilitude que JESUS-CHRIST propoſe à ſes Apôtres, conſiſte, ſelon la plûpart des Interprétes, (*a*) en ce qu'il expoſe tout le reſte de ſon corps pour ſauver ſa tête, qu'il met à couvert ſous ſes replis, lorſqu'il eſt attaqué. D'autres (*b*) croyent qu'il vomit ſon venin lorſqu'il va boire, de peur qu'il ne s'empoiſonne lui-même en bûvant, & qu'après avoir bû, il reprend le poiſon qu'il avoit vomi. (*c*) D'autres la font conſiſter, en ce qu'au commencement de l'hyver il ſe retire ſous terre, pour éviter le grand froid; puis reparoît au printems, tout nouveau, & en quelque ſorte rajeuni, après avoir quitté ſa vieille peau en paſſant entre la fente d'un rocher. D'autres (*d*) croyent que le Sauveur fait attention, à ce qui eſt dit dans les Pſeaumes, (*e*) que le ſerpent ſe bouche les oreilles pour n'entendre pas la voix de l'Enchanteur. Grotius croit que la maniére la plus ſimple, eſt d'entendre ceci de la vûë du ſerpent, qu'il a, dit-on, excellente. (*f*)

. . . . . Tam cernis accutum
Quàm aut aquila, aut ſerpens Epidaurius.

Il eſt certain que les Anciens ont attribué beaucoup de ruſe, & de fineſſe au ſerpent. Moyſe nous dit au commencement de la Geneſe, (*g*) que le ſerpent étoit le plus fin de tous les animaux. Saint Paul (*h*) dit que le ſerpent ſéduiſit Eve par ſa fineſſe. On nous dit qu'il eſt en embuſcade pour épier le talon de la femme, & pour la mordre. Qu'il mord l'ongle du cheval pour faire tomber le cavalier. (*i*) Ariſtote reconnoît la ruſe du ſerpent. (*k*) Et Eſope dit que l'écreviſſe, & le ſerpent ayant fait alliance; l'écreviſſe exhorta le ſerpent à quitter toutes ſes ruſes. On peut voir Bochart, qui a épuiſé cette matiére dans ſon grand Ouvrage des animaux de la ſainte Ecriture. (*l*)

Quant à la ſimplicité de la colombe, elle eſt opposée à la ruſe du ſer-

(*a*) *Epiphan. Phiſiolog. c.* 15. *Et hæreſ.* 37. *Chryſoſt. in Pſal.* CXIV. *Iſidor. Peluſ. l.* 1. *Ep.* 226. *Iſidor. Hiſpal. l.* 12. *c.* 4. *alii paſſim.*
(*b*) *Epiphan. Hæreſ.* 37. *Cæſar. Dialog.* 4. *qu.* 190. *Euſthat. in Hexaëmer. Petr. Damian. Ieronym. ſeu alius Ep. ad Præſidium.*
(*c*) *Epiphan. Phyſiolog. alii paſſim.*
(*d*) *Vide Grot. hic, & Boch. de Animal. ſacr. part.* 1. *l.* 1. *c.* 4.
(*e*) *Pſal.* LVII. 6.
(*f*) *Horat l.* 1. *Satyr.* 3.
(*g*) *Geneſ.* III. 1.
(*h*) 2. *Cor.* XI. 3.
(*i*) *Geneſ.* XLIX. 17.
(*k*) *Ariſtot. Hiſtor. l.* 1. *c.* 1.
(*l*) *Bochart. de Animal. ſacr. part.* 1. *lib.* 1. *c.* 4.

17. *Cavete autem ab hominibus. Tradent enim vos in conciliis, & in Synagogis suis flagellabunt vos.*

17. Mais donnez-vous de garde des hommes. Car ils vous feront comparoître dans leurs assemblées, & ils vous feront foüetter dans leurs Synagogues.

COMMENTAIRE.

pent. L'Ecriture nous représente la colombe comme un oiseau sans finesse, qui se laisse aisément surprendre : (a) *Ephraïm est comme une colombe folle*, ou simple, *qui n'a point de cœur*, d'adresse, d'intelligence. Si vous ôtez les petits à la colombe, elle ne laisse pas de revenir au colombier, & de nicher dans le même nid. (b) On remarque aussi qu'elle se laisse prendre au filet fort aisément ; en sorte que chez les Payens même la simplicité de la colombe est passée en proverbe. (c) Le terme Grec (d) que Jesus-Christ a employé pour signifier la simplicité de la colombe, marque à la lettre ; *ce qui n'a point de corne*, ou de défense ; un animal doux, privé. D'autres l'entendent de la simplicité, de la candeur : le Grec peut signifier, *sans mélange*. Mais dans l'endroit que nous expliquons, comme la simplicité est opposée à la ruse ; nous croyons qu'il faut la prendre pour la facilité avec laquelle cet oiseau se laisse prendre ; sans défiance, sans ruse, sans malice. Ce qu'il faut entendre dans le sens de saint Paul : (e) *Ne soyez point enfans, en ce qui est du sens, & de l'intelligence ; mais soyez enfans, pour être sans malice.* On peut dire de-même ici : Soyez simple comme la colombe, n'ayant comme elle ni fiel, ni mauvaise ruse, ni malice. Mais ne soyez point simples comme manquant d'intelligence & de prudence.

℣. 17. Cavete autem ab hominibus. *Mais donnez-vous de garde des hommes*. Ce sont les loups dont je vous ai parlé, quand je vous ai dit, que je vous envoyois comme des brebis au milieu des loups. Ceux à qui vous allez annoncer la parole de salut, & l'Evangile de paix, vous persécuteront, vous outrageront, vous tendront des piéges. C'est contr'eux que vous devez employer la ruse du serpent, la douceur de la brebis, & la simplicité de la colombe.

Tradent enim vos in conciliis, et in Synagogis suis flagellabunt vos. *Car ils vous feront comparoître dans leurs assemblées, & vous feront foüetter dans leurs Synagogues. Les assemblées* (f) sont celles des Juges de chaque ville, où l'on punissoit les fau-

(a) *Osee* VII. II. כיונה פתה אין לב

(b) *Theodoret. in Osee*, VII. II. & *Ieronym. Ibid. Theophyl. hic.*

(c) *V. de Scoliast. in Juvenal. Satyr. Et Suidam in* ἀκέραιοι πελεῖαι. *Eusthat. in Iliad.* &c. *Aristophan.* & *Scoliast. in avibus.*

(d) Ἀκέραιοι ὡς αἱ περιστεραί.

(e) I. *Cor.* XIV. 20.

(f) Εἰς συνέδρια.

18. *Et ad Præsides, & ad Reges ducemini propter me, in testimonium illis, & gentibus.*

18. Et vous serez présentez, à cause de moi, aux Gouverneurs, & aux Rois, pour leur servir de témoignage aussi-bien qu'aux nations.

COMMENTAIRE.

tes contre la police, & le bien public. On vous y traînera comme des séditieux, & des broüillons, qui sous prétexte de Religion, inspirez aux peuples l'amour des nouveautez: Il y avoit de ces assemblées de Juges dans chaque ville des Juifs. (*a*) *Les Synagogues*, sont d'autres assemblées où l'on corrigeoit les fautes qui étoient simplement contre la Religion, & contre la Loi. Les Apôtres y ont souvent comparu, & S. Paul (*b*) dit aux Corinthiens, qu'il a été foüetté cinq fois par les Juifs. S. Epiphane (*c*) raconte qu'un Juif ayant voulu se faire Chrétien, fut foüetté par les Juifs dans leur Synagogue. Un ancien Auteur, qui écrivoit contre les Montanistes, sous l'Empereur Commode; (*d*) reproche à ces hérétiques qu'ils n'ont jamais été ni foüettez, ni lapidez par les Juifs. Enfin Ligfoot montre par les Rabbins, qu'il y avoit dans chaque Synagogue trois Juges, qui connoissoient des fautes qui se commettoient dans la Synagogue même, & qui condamnoient au foüet ceux qui se trouvoient coupables.

Nous voyons clairement l'exécution de ces menaces; ou de ces prédictions dans les Actes. Les Apôtres, après la descente du Saint Esprit, s'étant mis à prêcher dans Jérusalem, & ayant converti un grand nombre de personnes; furent citez au grand Conseil, ou à l'assemblée des Prêtres, des Magistrats du Temple, & des Anciens de la nation. (*e*) Dans une autre occasion les Princes des Prêtres, & les Saducéens firent arrêter les Apôtres, qui continuoient à prêcher, & les mirent en prison. (*f*) S. Etienne premier Martyr, fut aussi saisi par le peuple, & par les Scribes, amené devant l'assemblée des Juges, & accusé par de faux témoins. C'est dans les Synagogues, fort différentes de ces assemblées de Juges laïques, que S. Paul (*g*) reçût à cinq différentes rencontres, trente-neuf coups de foüet, comme on l'a déja remarqué.

℣. 18. ET AD PRÆSIDES ET AD REGES DUCEMINI. *Vous serez présentez aux Gouverneurs, & aux Rois*; aux Gouverneurs des Provinces, tels qu'ont été Pilate, Félix, Festus; & *aux Rois*, comme Agrippa, (*h*) Néron, & tant d'autres, devant qui les Apôtres, & les hommes Apostoliques ont comparu.

(*a*) Voyez ci-devant Ch. v. 22.
(*b*) 1. *Cor.* XI. 24.
(*c*) *Epiphan. apud Grotium, hic.*
(*d*) *Apud Euseb. Hist.* 4. c. 26.

(*e*) *Act.* IV. 5. 6. 7.
(*f*) *Act.* V. 17. 18.
(*g*) *Act.* VI. 12. 13.
(*h*) *Act.* XXV. XXVI.

19. *Cùm autem tradent vos, nolite cogitare quomodo aut quid loquamini: dabitur enim vobis in illa hora, quid loquamini.*

20. *Non enim vos estis qui loquimini; sed & Spiritus Patris vestri, qui loquitur in vobis.*

21. *Tradet autem frater fratrem in mortem, & pater filium: & insurgent filii in parentes, & morte eos afficient:*

19. Lors donc que l'on vous livrera entre leurs mains, ne vous mettez point en peine comment vous leur parlerez, ni de ce que vous leur direz: car ce que vous leur devez dire, vous sera donné à l'heure même;

20. Puisque ce n'est pas vous qui parlez, mais que c'est l'Esprit de vôtre Pere qui parle en vous.

21. Or le frere livrera le frere à la mort, & le pere le fils; les enfans se soûleveront contre leurs peres, & leurs meres, & les feront mourir:

COMMENTAIRE.

In testimonium illis. *Pour leur servir de témoignage, aussi-bien qu'aux nations.* Vous rendrez devant eux témoignage à ma vérité, & à ma doctrine. Vous serez mes témoins, mes Martyrs, mes défenseurs. Autrement: Vous paroîtrez en la présence des Juifs, & des Gentils, afin qu'au jour du Jugement vous vous éleviez en témoignage contre eux, pour condamner leur infidélité, & leur endurcissement. (*a*)

℣. 19. Nolite cogitare. *Ne vous mettez point en peine comment vous leur parlerez.* Il ne rejette point les soins justes & raisonnables, ni l'attention nécessaire pour parler, & pour répondre avec justesse. Il condamne uniquement les trop grandes inquiétudes, (*b*) & la défiance en la Providence. C'est à moi à défendre vôtre cause: c'est ma cause, & mon affaire, plûtôt que la vôtre: faite ce qui est en vôtre pouvoir, & pour le reste reposez-vous sur moi. Je vous donnerai mon Esprit, qui parlera par vôtre bouche.

℣. 21. Tradet autem frater fratrem. *Le frere livrera le frere à la mort, & le pere le fils, &c.* Vous vous trouverez exposez à des tems si fâcheux, que l'on ne pourra se fier à personne. Le danger sera si extrême, que pour se racheter, le frere livrera le frere, & le pere le fils. Je pense que c'est là le vrai sens de ce passage. Michée, (*c*) & Jérémie (*d*) ont la même expression pour désigner un danger éminent, où la frayeur étouffera tous les sentimens d'humanité, & où les plus proches se manqueront reciproquement au besoin, pour ne penser qu'à se garantir eux-mêmes du danger.

(*a*) *Ita ferè Hilar. Author Oper. imperfect. Euthym. Maldon. Menoch. Alii.*

(*b*) *Græc.* Μὴ μεριμνήσητε. Voyez ci-devant vi. 25. 28. & comparez *Marc.* xiii. 11. & *Luc.* xxi. 14.

(*c*) *Mich.* vii. 2. 6.

(*d*) *Jerem.* ix. 4.

22. Et eritis odio omnibus propter nomen meum : qui autem perseveraverit usque in finem, hic salvus erit.

23. Cùm autem persequentur vos in civitate ista, fugite in aliam. Amen dico vobis, non consummabitis civitates Israël, donec veniat Filius hominis.

22. Et vous serez haïs de tous *les hommes* à cause de mon nom : mais celui-là sera sauvé, qui persévérera jusqu'à la fin.

23. Lors donc qu'ils vous persécuteront dans une ville, fuyez dans un autre. Je vous dis en vérité que vous n'aurez pas achevé *d'instruire* toutes les villes d'Israël avant que le Fils de l'homme vienne.

COMMENTAIRE.

℣. 22. PROPTER NOMEN MEUM. *A cause de mon nom.* Vous serez odieux à tout le monde, précisément parce que vous êtes mes Disciples, & que vous m'appartenez. On ne vous accusera point d'autre mal, que d'être attachez à ma Religion ; vôtre nom sera vôtre crime. *Illud solum expectatur, quod odio publico necessarium est, confessio nominis, non examinatio criminis.* On vous tourmentera pour vous faire avoüer que vous êtes Chrétiens ; on vous punira, si vous demeurez fermes à confesser mon nom ; vous serez absous, si vous me renoncez. *Torquemur confitentes, & punimur perseverantes, & absolvimur negantes ; quia nominis prælium est,* dit Tertullien. *(a)*

QUI AUTEM PERSEVERAVERIT USQUE IN FINEM, &c. *Mais celui-là sera sauvé, qui persévérera jusqu'à la fin* ; ou, *(b) qui souffrira jusqu'à la fin* ; qui demeurera ferme dans la patience, dans la foi, dans la persécution. *Qui sustinuerit in finem, hic salvus erit,* dit saint Marc, *(c) Quid sustinendo, nisi persecutionem, nisi traditionem, nisi occisionem? Nec enim aliud est sustinere in finem, quàm pati in finem. (d)*

℣. 23. CUM PERSEQUENTUR VOS IN CIVITATE ISTA, &c. *Lorsqu'ils vous persécuteront dans une ville, fuyez dans une autre.* Quelques anciens manuscrits Grecs ajoûtent à la fin de ce passage, ces mots : *(e) Que si l'on vous persécute encore dans celle-là, où vous vous êtes retirez, fuyez dans un autre.* JESUS-CHRIST demande de la fermeté, de la confiance, de l'intrépidité à ses Apôtres. Il leur prédit que tout le monde se déclarera contr'eux ; qu'ils auront tout le genre humain pour ennemi ; que leur nom seul sera leur crime ; mais il ne veut point une intrépidité téméraire. Il condamne ici un courage outré ; il leur permet de se retirer d'une ville dans une autre, & de celle-là encore dans une autre ; de fuir la persécution ; de ne pas s'exposer à l'ennemi ; de ne pas affronter

(a) Tertull. Apolog. c. 2.
(b) Gr. Ὁ δὲ ὑπομείνας.
(c) Marc. XIII. 13.
(d) Tertul Scorpiac. c. 9.

(e) Κἂν ἐν ταύτῃ διώκωσιν ὑμᾶς, φεύγετε εἰς τὴν ἄλλην. Ou, φεύγετε εἰς ἑτέραν. Ou bien ; ἐὰν δὲ ἐν τῇ ἄλλῃ διώκωσιν ὑμᾶς, φεύγετε εἰς τὴν ἄλλην. Vide Var. Lect. Millii.

le péril : il veut qu'ils se réservent pour le besoin de l'Eglise : qu'il attendent les momens marquez par la Providence ; & qu'en épargnant leur propre sang, & leur vie, ils épargnent aussi les ames de leurs persécuteurs ; en les empêchant de répandre le sang innocent, & leur ôtant les occasions de commettre des injustices.

Par-là il n'autorise ni la lâcheté, ni la vaine frayeur de la mort. S'il est permis de fuir, lorsque la charité, & la prudenee le demande, la fuite devient un crime dans d'autres circonstances. (a) Lorsque l'interêt de Dieu, de la vérité & de la Religion l'exigent ; un Pasteur, un Apôtre, un Chrétien doivent s'exposer ; ou du moins, ils doivent attendre de pied ferme, confesser généreusement, & souffrir les derniers supplices, plûtôt que de manquer à ce qu'ils doivent à Dieu. Jesus-Christ s'est sauvé en Egypte, lorsqu'Hérode l'a cherché pour le faire mourir. (b) Il s'est échappé des mains des habitans de Nazareth, qui le vouloient précipiter. (c) Il s'est retiré de Judée en Galilée, ayant appris que Jean-Baptiste avoit été mis en prison. (d) Mais lorsque son heure fut venuë, il se livra volontairement aux bourreaux. (e) Il alla au devant d'eux, il ne répondit rien pour sa justification, ni devant Pilate, ni devant Hérodes. S. Paul se sauva de Damas, (f) & se fit descendre dans une corbeille ; mais le même Apôtre prêcha hardiment Jesus-Christ, & se glorifia des persécutions, des tourmens, des prisons qu'il eut à souffrir dans le cours de sa prédication. On voit la même conduite dans les hommes Apostoliques, dans saint Cyprien, dans saint Polycarpe, &c.

Quelques anciens Peres (g) ont crû que la permission de fuir que Jesus-Christ donne ici à ses Disciples, étoit bornée à la premiere mission des Apôtres ; en sorte que depuis sa Passion, & sa Résurrection, il ne leur étoit plus permis d'user de cette liberté. Mais d'autres (h) croyent avec beaucoup plus de vérité que cette permission est général ; que quoique le Sauveur l'ait donnée à l'occasion de la premiere mission des Apôtres, où il savoit très bien qu'ils ne seroient point exposez à la fuite, & aux tourmens ; il a jugé bon de leur donner des instructions plus générales, & qui regardoient un tems plus éloigné. L'Eglise a condamné l'opinion de Tertullien, qui soûtenoit qu'il n'etoit jamais permis de fuir dans la persécution ; & lui-même dans le premier Livre à sa femme, qu'il écrivit avant

(a) *Vide Aug Ep olim* 180. *nunc* 228.
(b) *Matt.* II. 14.
(c) *Luc.* IV. 30.
(d) *Joan.* IV. 1. 2. 3.
(e) *Matt.* XXVI. 47. 48. *Joan.* XVIII. 3. 4 5.
(f) *Act.* IX 25. & 2. *Cor.* XI. 33.
(g) *Tertull l. de Fuga in persecut. Chrysost Homil.* 35. *Ieronym. hic. Eutym. & Theophyl.*
(h) *Vide Origen. Homil.* IX. *in Judic. Athanas. Ep. ad Ortodox. & ad Marcum Pontif. Rom. & Nazianz Orat.* 1. *contra Julian Cyprian. Epist.* 56. *& tract. de lapsis. Chrysolog. Ser.* 151. *Martyr comprehensus debet tenere constantiam ; non comprehensus debet fugere persequentem .... Persecutorem qui provocat, facit : qui declinat, corrigit.*

24. *Non est Discipulus super Magistrum, nec servus super Dominum suum.*

24. Le Disciple n'est point au-dessus du Maître, ni l'esclave au-dessus de son Seigneur.

COMMENTAIRE.

qu'il fût Montaniste, croyoit la fuite permise dans ces circonstances.

NON CONSUMMABITIS CIVITATES ISRAEL, DONEC VENIAT FILIUS HOMINIS. *Vous n'aurez pas achevé d'instruire toutes les villes d'Israël, avant que le Fils de l'homme vienne.* On peut donner plusieurs sens à ces paroles : Vous n'aurez pas parcouru en prêchant toutes les villes de la Judée avant ma venuë, & avant que j'exerce ma colére contre les incrédules. Si vous trouvez quelque résistance de la part des Juifs, que cela ne vous rebutte pas. Lorsqu'on ne vous recevra pas dans une ville, allez dans une autre ; vous n'aurez pas parcouru toutes les villes du pays, que je ferai éclatter ma vengeance contre vos adversaires, & contre ceux qui s'opposent à vous. (a) C'est le sens le plus commode, & le plus naturel de ce passage. Ces paroles : *Avant que le Fils de l'homme arrive*, & semblables, (b) se prennent ordinairement en ce sens. L'effet suivit exactement cette promesse. J. C. visita dans sa colére les villes d'Israël, qui n'avoient point reçû sa parole, par la guerre que les Romains leur firent environ quarante ans après sa mort, & dans un tems où plusieurs de ses Disciples étoient encore en vie.

D'autres (c) l'entendent ainsi : Vous n'aurez pas parcouru les villes de la Judée, que je viendrai à vous ; j'accourerai à vôtre secours ; je vous suivrai ; j'irai achever ce que vous aurez commencé. Cette explication est fondée sur les paroles de saint Luc : (d) *Il les envoya deux à deux dans toutes les villes, & dans tous les lieux où il devoit venir lui-même.* Et sur ces autres de S. Matthieu XI. 1. *Après qu'il eut achevé ces paroles, il partit, & alla dans leurs villes pour y enseigner, & pour y prêcher* ; c'est-à-dire, il alla dans les villes d'Israël, où il venoit d'envoyer ses Apôtres.

Quelques Peres (e) expliquent cette venuë du Fils de Dieu, du Jugement dernier. Avant que vous ayez converti tous les Juifs à la foi, le Fils de l'homme viendra juger le monde. La plénitude des Gentils entrera dans l'Eglise, avant que tout Israël se convertisse au Seigneur. JESUS-CHRIST prédit obscurément la conversion des Juifs ; mais il insinuë qu'elle ne se fera que tard, & difficilement. La premiere, & la seconde

(a) *Le Clerc, Hammond. alii quidam.*
(b) Comparez *Matt.* XVI. 28. IX. 1. & *Matt.* XII 2.
(c) *Ita ferè Chrysost. Theophyl. Euthym. Brugensis.*
(d) *Luc.* X. 1.
(e) *Hilarius hic. Aug. lib.* I. *contra Gaudentium Donatist.* c. 18. *Rupert. hic. Vide & Maldon. & Tirin. &c.*

25. *Sufficit Discipulo, ut sit sicut Magister ejus; & servo, sicut Dominus ejus. Si Patrem familias Beelzebub vocaverunt, quantò magis domesticos ejus?*

26. *Ne ergo timueritis eos. Nihil enim est opertum, quod non revelabitur: & occultum, quod non scietur.*

25. C'est assez au Disciple d'être comme son Maître, & à l'esclave d'être comme son Seigneur. S'ils ont appellé le Pere de famille Béelzébub, combien plûtôt traiteront-ils *de même* ses domestiques.

26. Ne les craignez donc point. Car il n'y a rien de caché, qui ne doive être découvert; ni rien de secret qui ne doivent être connu.

COMMENTAIRE.

explication paroissent les plus naturelles.

℣. 25. SI PATREM FAMILIAS BEELZEBUB VOCAVERUNT, QUANTO MAGIS DOMESTICOS EJUS. *S'ils ont appellé le pere de famille Béelzebub, combien plûtôt traiteront-ils de même ses domestiques?* Vous n'êtes pas de meilleure condition que vôtre maître; vous ne devez pas attendre d'etre mieux traitez que moi de leur part. Ils m'ont persécuté, outragé, calomnié; vous devez vous préparer à recevoir les mêmes traitemens. (a) *Si me persecuti sunt, & vos persequentur.* S'ils m'ont traité de Béelzébub, de démon, de possédé; ils ne vous épargneront pas.

Béelzébub est une Divinité des Philistins connuë dans l'ancien, (b) & dans le nouveau Testament. Ce nom signifie, *le Dieu mouche*. Les Cananéens, (c) & les Philistins (d) adoroient cet insecte. Nous avons parlé au long de cette ridicule Divinité, dans une Dissertation sur l'origine, & la Religion des Philistins. Les Exemplaires Grecs (e) lisent *Béelzébul*, qui signifie en Caldéen, *le Dieu d'ordure*; mais la vraie leçon est *Béelzébub*, le Dieu mouche. Nous prononçons en François *Béelzebut*, par corruption.

℣. 26. NIHIL EST OPERTUM, QUOD NON REVELABITUR. *Il n'y a rien de caché, qui ne doivent être découvert.* Ne craignez point les hommes qui vous persécutent; leurs calomnies, leurs impostures, leurs mauvais desseins seront découverts, & rendus inutiles, ou dans ce monde, (f) ou au jour du Jugement. (g) Vôtre innocence paroîtra alors dans tout son éclat, & la vérité que vous annoncez, & qu'on tâche d'obscurcir, sera mise en évidence, & reconnuë de tout le monde. (h) Autre-

(a) *Jean.* xv. 20.
(b) 4. *Reg.* I. 3.
(c) *Sap* xii. 8. 23. 24. 27.
(d) 4. *Reg.* I. 2. 3. 6.
(e) Βεελζεβὰλ.
(f) *Chrysost. Homil.* 55. *Author Oper. imperfecti Homil.* 25. *Euthym. Theophyl. Maldon. Men. Grot.*
(g) *Hilar. Ieron. Beda, in hunc locum.*
(h) *Vide Brugens.*

ment;

27. *Quod dico vobis in tenebris, dicite in lumine : & quod in aure auditis, prædicate super tecta.*

27. Dites dans la lumiere, ce que je vous dis dans l'obscurité ; & prêchez sur le haut des maisons, ce qu'on vous dit à l'oreille.

COMMENTAIRE.

ment ; Ne craignez point les menaces, ni la mauvaise volonté de vos ennemis : malgré leurs efforts, il faut que la vérité soit annoncée, que l'Evangile soit prêché par tout le monde, que les peuples connoissent le mystére du Royaume du Ciel. Ce dernier sens me paroît le meilleur.

QUOD IN AURE AUDITIS, PRÆDICATE SUPER TECTA. *Prêchez sur le haut des maisons, ce qu'on vous dit à l'oreille.* C'est une espece de Proverbe. Ne feignez point de publier les véritez que je vous ai enseignées ; prêchez-les hautement, & sans crainte. Elevez vos voix du haut des toîts des maisons, afin que tout le monde les sache, & les apprenne. Cela est lié à ce qu'il vient de dire, qu'il faut que ce qui est caché devienne public. Dans la Palestine les toîts étoient en platte forme, & l'on y montoit pour faire ses lamentations dans les malheurs publics. (*a*) Les Rabbins nous apprennent qu'avant l'établissement des Synagogues dans la Judée, on y assembloit la famille le jour du Sabbat, pour y lire la Loi, & pour y faire ses priéres. Plusieurs de nos Auteurs (*b*) croyent que l'on prêchoit véritablement quelquefois sur les toîts ; ce qui n'est nullement difficile à croire, parce que les maisons n'y sont pas fort hautes, & que la platte-forme du toît est bordée d'un mur à hauteur d'appui tout autour, pour empêcher qu'on ne tombe du toît dans la ruë.

Quant à ces paroles : *Ce qu'on vous dit à l'oreille*, quelques-uns (*c*) croyent que le Sauveur fait allusion à la coûtume usitée dans les écoles des Hébreux, où le maître a auprès de lui un interpréte, ou un homme à qui il dit bas à l'oreille ce qu'il veut, & cet homme le répete tout haut à toute l'école. Parmi eux c'est une marque d'honneur, & de prérogative des maîtres, d'avoir de tels truchemens. On dit qu'encore aujourd'hui les Juifs ont cette coûtume. Il est certain qu'on en voit des preuves dans les écrits de leurs anciens Rabbins. (*d*) JESUS-CHRIST n'avoit pas accoûtumé de parler de cette sorte à ses Disciples ; l'Evangile ne nous dit rien de semblable ; il nous assure lui-même qu'il n'a rien enseigné en secret : (*e*) mais il fait allusion à un usage établi dans son pays. D'ailleurs il avoit quelquefois parlé à ses Disciples dans ses voyages ; ou à la maison, en l'absence des troupes, ausquelles il prêchoit ordinairement.

(*a*) *Isaï.* XV. 3. XXII. 1. *Jerem.* XLVIII. 38. VII. 29.

(*b*) *Anselm. Remig. Raban. Druthmar, Maldonat, Hammond. Vide & Maldon.*

(*c*) *Ligfoot. Hor. Hebr. & Hammond hic.*

(*d*) *Gemarr. tractat. Sanhedrin. c. 1. §. 7. & Berachoth. c. 9. & Elias in Thisbi. voce* תרגום

(*e*) *Joan.* XVIII. 20.

28. *Et nolite timere eos, qui occidunt corpus, animam autem non possunt occidere: sed potiùs timete eum, qui potest & animam, & corpus perdere in gehennam.*

28. Ne craignez point ceux qui tuent le corps, & qui ne peuvent tuer l'ame; mais craignez plûtôt celui qui peut perdre & l'ame, & le corps dans l'enfer.

29. *Nonne duo passeres asse veneunt: & unus ex illis non cadet super terram sine Patre vestro?*

29. N'est-il pas vrai que deux passereaux ne se vendent qu'une obole: & néanmoins il n'en tombe aucun sur la terre sans *la volonté* de vôtre Pere?

30. *Vestri autem capilli capitis omnes numerati sunt.*

30. Mais pour vous, les cheveux mêmes de vôtre tête sont tous comptez.

31 *Nolite ergo timere: multis passeribus meliores estis vos.*

31. Ainsi ne craignez point; vous valez beaucoup mieux qu'un grand nombre de passereaux.

32. *Omnis ergo qui confitebitur me coram hominibus, confitebor & ego eum coram Patre meo, qui in Cœlis est:*

32. Quiconque donc me confessera, & me reconnoîtra devant les hommes, je le reconnoîtrai aussi moi-même devant mon Pere qui est dans les Cieux:

COMMENTAIRE.

℣. 29. NONNE DUO PASSERES (*a*) ASSE VÆNEUNT? *N'est-il pas vrai que deux passereaux ne se vendent qu'une obole, & néanmoins il n'en tombe aucun sur la terre sans la volonté de vôtre Pere?* Ceci tend à affermir les Apôtres dans les peines qu'ils rencontrent dans la prédication de l'Evangile. Vous êtes sous la protection spéciale du Pere céleste; vous travaillez à son ouvrage; vous ne devez rien craindre de la part des hommes. Pourroit-il vous abandonner à la rage de vos ennemis, lui qui ne néglige pas les moindres petits animaux, lui qui étend ses soins charitables sur les choses les plus viles? L'*obole* vaut une maille, ou deux pites. L'*assarion* qui est dans le Grec, valoit, selon les uns, la moitié de l'*as* Romain, c'est-à-dire, quatre deniers, & $\frac{1}{8}$, ou seulement un quart de denier, c'est-à-dire, deux deniers, & un $\frac{5}{16}$. On vendoit des paires de passereaux, ou d'autres petits oiseaux dans le Temple, pour certains sacrifices ordonnez par la Loi. (*b*)

℣. 30. VESTRI CAPILLI CAPITIS. *Les cheveux mêmes de vôtre tête sont comptez.* On compte avec grand soin, & on conserve cherement les choses rares & précieuses. Vos cheveux, qui sont la moindre partie de vous même, sont comptez, & Dieu n'en oublie pas un seul. Quel soin ne prendra-t'il donc pas de vôtre personne, & de vôtre conservation?

℣. 32. QUI CONFITEBITUR ME (*c*) CORAM HOMINIBUS, &c.

(*a*) Δύο στρουθία, *deux passereaux*; ou en géneral, *deux petits oiseaux*. Le terme Grec στρουθίον, de même que l'Hébreu צפיר a ces deux sens.

(*b*) *Levit.* XIV. 4. *& seq.*

(*c*) Ὅστις ὁμολογήσει ἐν ἐμοί, *Vide Chrysost.*

33. *Qui autem negaverit me coram hominibus, negabo & ego eum coram Patre meo, qui in Cœlis est:*
34. *Nolite arbitrari quia pacem venerim mittere in terram: non veni pacem mittere, sed gladium.*

33. Et quiconque me renoncerà devant les hommes, je le renoncerai aussi moi-même devant mon Pere qui est dans les Cieux.
34. Ne pensez pas que je sois venu apporter la paix sur la terre : je ne suis pas venu y apporter la paix, mais l'épée.

COMMENTAIRE.

Quiconque me confessera devant les hommes, je le reconnoîtrai moi-même devant mon Pere Quiconque se déclarera mon Disciple, & fera profession de mon Evangile, je me déclarerai son Dieu, & son protecteur devant mon Pere au jour du Jugement; & celui qui rougira de mon nom, & qui me renoncera devant les hommes, je le renoncerai, & ne le connoîtrai point devant mon Pere. Il sera abandonné sans défense, & sans secours à son mauvais sort: il sera condamné sans miséricorde. Il ne suffit pas de croire de cœur, il faut confesser de bouche : *Corde enim creditur ad justitiam, ore autem confessio fit ad salutem.* (*a*) Que vos lévres & vôtre cœur s'accordent, dit S. Ambroise; (*b*) confessez sans crainte, & sans déguisement : *Dicant labia quod habet cor; hoc contra timorem : habeat cor, quod dicunt labia; hoc contra simulationem... Consentiant labia tua cordi tuo.*

℣. 34. NOLITE ARBITRARI QUIA PACEM VENERIM MITTERE IN TERRAM. *Ne pensez pas que je sois venu apporter la paix sur la terre : je ne suis pas venu y apporter la paix, mais l'épée.* Le Fils de Dieu nous est décrit dans l'Ecriture (*c*) comme un Prince de paix, un Roi pacifique, qui réconcilie l'homme à Dieu, qui n'inspire à ses Disciples que la douceur, la patience, la charité, la paix, l'union. Toutefois il nous dit ici qu'il est venu apporter le glaive, & la guerre dans le monde; mais cette guerre, & ce glaive n'ont jamais été un objet qu'il se proposât, ni une chose qu'il approuvât. C'est contre sa premiére intention, & contre ses desseins que les hommes charnels, que le monde, que le démon ont déclaré la guerre à son Evangile. Il prédit ce qui arrivera, (*d*) il ne l'approuve point. Il sait que ses Apôtres, que les Fidéles seront persécutez; c'est un effet & une suite de la mauvaise disposition de leur cœur, & de leur esprit. C'est par cette guerre, & ces oppositions qu'il exécute ses desseins sur ses Elûs, & qu'il établit dans l'Eglise la paix du cœur, la paix avec Dieu, une paix solide, une paix inconnuë au monde. Sans ces persécutions auroit-on vû des Martyrs, & des exemples héroïques

(*a*) *Rom.* x. 10.
(*b*) *Ambros. enarrat. in Psalm.* 39.
(*c*) *Isai.* IX. 6. XXXII. 17. LX. 17. *Rom.* XV. 33. I. *Cor.* XIV. 33. *Ephes.* II. 14. &c.
(*d*) *Vide Ieron. hic, & Chrysost. ad* ℣. *seq.*

35. *Veni enim separare hominem adversùs patrem suum, & filiam adversùs matrem suam, & nurum adversùs socrum suam :*

36. *Et inimici hominis, domestici ejus.*

37. *Qui amat patrem aut matrem plus quàm me, non est me dignus : & qui amat filium, aut filiam super me, non est me dignus.*

35. Car je suis venu séparer l'homme d'avec son pere, la fille d'avec sa mere, & la belle-fille d'avec sa belle-mere :

36. Et l'homme aura pour ennemis, ceux de sa propre maison.

37. Celui qui aime son pere, ou sa mere plus que moi, n'est pas digne de moi : & celui qui aime son fils, ou sa fille plus que moi, n'est pas digne de moi.

COMMENTAIRE.

de vertu, & de courage ? Ce glaive est la parole de Dieu, selon les Peres, (*a*) conformément à l'Apôtre : (*b*) *Gladium Spiritûs, quod est verbum Dei ;* ou plûtôt, c'est la persécution que l'on fait à la parole de Dieu.

℣. 35. VENI ENIM SEPARARE HOMINEM ADVERSUS PATREM SUUM. *Je suis venu séparer l'homme d'avec son pere ; la fille d'avec sa mere, &c.* Ce n'est pas une simple guerre avec des ennemis du dehors ; ce ne sont pas seulement les Gentils, les Barbares, les peuples farouches & inconnus, qui vous persécuteront ; on verra des guerres, & des divisions de famille à famille, du pere envers son fils, du fils envers son pere ; de la mere contre sa fille, & de la fille contre sa mere. Ceux qui vous persécuteront croiront rendre service à Dieu. Vos meilleurs amis, vos proches, vos freres, vos peres & meres vous regarderont comme des apostats de la Religion de vos ancêtres, & des ennemis de vôtre nation. Ils vous déclareront une guerre cruelle, & irréconciliable. Comparez les expressions de Michée, VII. 5. 6. & de Jérémie, IX. 4. & XLVII. 3. à celles du Sauveur en cet endroit. Elles marquent une guerre intestine, & un acharnement de fureur que rien n'est capable de modérer. A la prédication de l'Evangile on vit tout le monde déchaîné contre les Apôtres ; Juifs, Gentils, Barbares, Grecs, Romains, Rois, Puissances, grands & petits, parens, & étrangers, tous se crurent interessez à ruiner une Religion naissante, qui alloit elle-même à renverser toutes les fausses Religions.

℣. 36. INIMICI HOMINIS, DOMESTICI EJUS. *L'homme aura pour ennemis, ceux de sa propre maison.* Vos domestiques vous trahiront ; vos amis vous déclareront la guerre, & renonceront à vôtre amitié : (*c*) Vous verrez alors la vérité de ce proverbe : (*d*) *L'esclave naturellement*

(*a*) *Hilar. hic, Aug. qu. 3. in Matt. Auth. Oper. imperfecti & Theophylact. hic.*

(*b*) *Ephes. VI. 17.*

(*c*) Καὶ οἱ ἐχθροὶ τοῦ ἀνθρώπου οἱ οἰκιακοὶ αὐτοῦ.

(*d*) Φύσει ὁ δοῦλος τοῦ δεσπότου πολέμιος.

38. *Et qui non accepit crucem suam, & sequitur me, non est me dignus.*	38 Celui qui ne prend pas sa croix, & ne me suit pas, n'est pas digne de moi.
39. *Qui invenit animam suam, perdet illam: & qui perdiderit animam suam propter me, inveniet eam.*	39. Celui qui conserve sa vie, la perdra: & celui qui aura perdu sa vie pour l'amour de moi, la retrouvera.

COMMENTAIRE.

hait son maître. Le Grec peut marquer ou des domestiques, ou des amis.

℣. 38. QUI NON ACCIPIT CRUCEM SUAM, &c. *Celui qui ne prend pas sa croix, & ne me suit pas, n'est pas digne de moi.* Voilà une étrange expression, & qui donne une grande idée de la patience, de l'humilité, du dépoüillement où doit vivre un Chrétien. Quel maître a jamais donné de pareils préceptes à ses Disciples? Et comment est-il possible que JESUS-CHRIST ait trouvé un seul sectateur, lui qui ne leur promet que persécutions, que guerre, que travaux, que peines, que croix? Un homme qui porte l'instrument de son supplice, & qui a devant les yeux l'image d'une mort prochaine, douloureuse, & ignominieuse, peut-il encore être sensible à quelque plaisir, ou à quelque injure? Et ce n'est point là de ces exagérations, qui disent beaucoup moins dans la pratique, qu'elles n'expriment dans les paroles? JESUS-CHRIST ajoûte, que celui qui ne porte point sa croix, *n'est pas digne de lui.* Et pour preuve que c'est-là son véritable esprit, & son intention, c'est qu'il l'a portée lui-même tout le premier; toute sa vie n'a été qu'un enchaînement de croix, & de souffrances. Tous ses Apôtres, ses Disciples, & les plus parfaits de ses sectateurs l'ont ainsi entendu & pratiqué. *Le monde est crucifié à mon égard*, dit saint Paul, (*a*) *& je suis crucifié à l'égard du monde.* Je suis insensible à ses joyes, à ses plaisirs, à ses amusemens, à ses promesses, à ses menaces, à ses biens, à ses maux. Je suis prêt de tout souffrir, & à tout entreprendre pour l'amour de mon Dieu: Je suis prêt de suivre mon maître jusques sur la croix, & jusqu'à la mort: (*b*) *Domine, tecum paratus sum & in carcerem, & in mortem ire.* Je travaille tous les jours à mortifier, & à crucifier ma chair avec ses mauvais désirs. (*c*) Voilà le sens de cette expression, suivant les Peres. (*d*)

℣. 39. QUI INVENIT ANIMAM SUAM, PERDET ILLAM. *Celui qui conserve sa vie, la perdra: & celui qui la perdra pour l'amour de moi, la trouvera.* C'est une suite de ce qu'il a dit ci-devant des dangers ausquels

(*a*) *Galat.* VI. 14.
(*b*) *Luc.* XXII. 33.
(*c*) *Galat.* V. 24. *Qui carnem suam crucifixerunt cum vitiis & concupiscentiis.*
(*d*) *Vide Chrysost. Homil. 36 Auth. Oper. imperfect. Homil. 26. Theophyl. alii passim.*

40. *Qui recipit vos, me recipit: & qui me recipit, recipit eum qui me misit.*

41. *Qui recipit Prophetam in nomine Prophetæ, mercedem Prophetæ accipiet: & qui recipit Justum in nomine Justi, mercedem Justi accipiet.*

40. Celui qui vous reçoit, me reçoit; & celui qui me reçoit, reçoit celui qui m'a envoyé.

41. Celui qui reçoit un Prophéte, en qualité de Prophete, recevra la récompense du Prophéte: & celui qui reçoit un Juste en qualité de Juste, recevra la récompense du Juste.

COMMENTAIRE.

seront exposez ses Disciples. Ne croyez pas que je vous exagére, en vous montrant le péril, & que les maux ne seront pas si grands qu'on n'en échappe: Je vous déclare que se sauver du danger, c'est se perdre: conserver sa vie, c'est la perdre. Si vous voulez conserver vôtre vie & vôtre repos, aux dépens de vôtre foi, de la vérité, & de la fidélité que vous devez à Dieu, vous êtes perdus pour toûjours, & vous vous precipitez dans une mort, & un malheur éternel. Au contraire, si vous perdez la vie pour la gloire de vôtre Dieu, & pour la défense de la vérité, vous gagnez une vie immortelle, & bienheureuse: (*a*) *Mors infertur, sed immortalitas sequitur*, dit saint Cyprien; *occiso mundus eripitur, sed restituto Paradisus exhibetur: vita temporalis extinguitur; sed æterna reparatur.*

℣. 40. QUI RECIPIT VOS, ME RECIPIT. (41.) QUI RECIPIT PROPHETAM IN NOMINE PROPHETÆ. *Celui qui vous reçoit, me reçoit. (41.) Et celui qui reçoit un Prophéte en qualité de Prophéte, recevra la récompense du Prophéte.* Après avoir parlé des persécutions, & des traverses que ses Apôtres auront à souffrir de la part des hommes, il leur promet ici qu'ils ne laisseront pas de trouver des personnes qui les recevront, comme il a déja dit ci-devant, ℣℣. 11. 12. & que ceux-là ne seront pas sans récompense. S'ils vous reçoivent comme mes Disciples, & en ma considération, c'est comme s'ils me recevoient moi-même; & en me recevant, comme s'ils recevoient mon Pere céleste. Ils auront une récompense proportionnée au mérite de celui qu'ils ont envie d'honorer dans vos personnes. Mais quand ils ne vous donneroient le logement que comme *à des Prophetes*, c'est-à-dire, à des Prédicateurs, qui vont leur expliquer les Ecritures, & les instruire des véritez du salut, (*b*) sans faire attention à moi, & sans vous considérer comme mes Disciples, ils ne laisseront pas d'en être récompensez d'une maniére proportionnée à la qualité de la personne qu'ils reçoivent, & aux dispositions de leur cœur.

(*a*) *Cyprian. tract. de Laude Martyrii.*

(*b*) *Maldonat. Brug. Jans. alii.*

42. *Et quicumque potum dederit uni ex minimis istis calicem aquæ frigidæ, tantùm in nomine Discipuli: Amen dico vobis, non perdet mercedem suam.*

42. Et quiconque aura donné seulement à boire un verre d'eau froide à l'un de ces plus petits, comme étant de mes Disciples: Je vous dis en vérité, qu'il ne perdra point sa récompense.

COMMENTAIRE.

D'autres (*a*) l'expliquent ainsi: *Celui qui reçoit un Prophéte, recevra la récompense du Prophéte*; c'est-à-dire, il aura part au mérite, & à la récompense du Prophéte, puisqu'il concourt avec lui à la bonne action qu'il fait. Il participera à ses graces, à sa gloire, à son bonheur. Quand même celui que vous recevrez ne seroit ni vrai Prophéte, ni vraiment Juste, il suffit que vous le receviez en cette qualité, pour mériter que Dieu vous en tienne compte, comme s'ils étoient tels, que vous les avez crû: (*b*) *Non personas suscipiendas esse, sed nomina*, dit saint Jérôme, *& mercedem non perdere suscipientes, quamvis indignus sit, qui susceptus est*. Que si vous recevez de vrais Prophétes, & de vrais Justes, dans des motifs d'intérêt, par des vûës basses & charnelles, leur qualité ne vous servira de rien: Vous avez reçû vôtre récompense. (*c*)

℣. 42. Quicumque potum dederit uni ex minimis istis. *Quiconque aura donné à boire, seulement un verre d'eau froide à l'un de ces plus petits*, il ne perdra pas sa récompense. Un verre d'eau froide, est mis ici pour tout ce qu'on peut donner de moins. Pour peu qu'on fasse pour Dieu, & dans la charité, cela est toûjours méritoire. Ne vous excusez point sur vôtre pauvreté; si vous ne pouvez pas donner le logement, donnez l'aumône. Si vous êtes si pauvre que vous ne puissiez présenter de l'eau chaude, offrez de l'eau froide. (*d*) Dieu n'a égard qu'à la bonne volonté, au bon cœur. Si vous donnez peu, & que vous vouliez donner beaucoup, vous avez beaucoup donné. *Magna voluntas multum dedit, multum seminavit*, dit S. Augustin. (*e*)

Ces petits, dont parle le Sauveur, sont les simples fidéles, (*f*) les plus pauvres, les plus obscurs parmi ceux qui croyent en Jesus-Christ. C'est ce qu'il appelle ailleurs: (*g*) *Le petit troupeau*, & *ses petits freres*: (*h*) ou même ce sont ses Disciples, ses Apôtres, qui étoient alors en petit nombre, & peu connus dans le monde; Jesus lui-même ne passant alors que pour un Prophéte, & un homme miraculeux; car sa Divinité n'étoit point encore connuë des peuples.

(*a*) *Chrysost. hic. Remig. Maldon. Menoc. Tirin. Brug.*
(*b*) *Ieron. hic.*
(*c*) *Vide August. in Psalm. CII. n. 13.*
(*d*) *Ieron. hic.*
(*e*) *Aug. Enarr. in Psal. cxxv. n. 11. 12.*
(*f*) *Vide Matt. xviii. 6. 10. 14. Ita Interpret. passim.*
(*g*) *Luc. xii. 32.*
(*h*) *Matt. xxv. 40.*

CHAPITRE XI.

Saint Jean-Baptiste envoye deux de ses Disciples à JESUS, *pour lui demander s'il est le* CHRIST. *Eloge de Jean-Baptiste. Preuve que* JESUS *est le Messie. Jean-Baptiste, &* JESUS *tous deux rejettez des Juifs. Malheur des villes qui n'ont pas profité de la prédication de* JESUS-CHRIST. *Sages aveuglez. Simples éclairez. Joug de J. C. doux & léger.*

℣. 1. *ET factum est, cùm consummasset Jesus, præcipiens duodecim Discipulis suis, transiit inde ut doceret, & prædicaret in civitatibus eorum.*

2. *Joannes autem cùm audisset in vinculis opera Christi, mittens duos de Discipulis suis,*

℣. 1. JESUS ayant achevé de donner ces instructions à ses douze Disciples, partit de-là pour s'en aller enseigner, & prêcher dans les villes *d'alentour.*

2. Or Jean ayant appris dans la prison, les œuvres *merveilleuses* de JESUS-CHRIST, envoya deux de ses Disciples,

COMMENTAIRE.

℣. 1. FACTUM EST, CUM CONSUMMASSET JESUS, &c. *Jesus ayant achevé de donner ces instructions à ses douze Disciples, partit de-là, pour s'en aller enseigner dans leurs villes.* Dans *les villes* des Juifs, (*a*) dont il a parlé au Chap. précédent, ou *dans les villes* des Apôtres, (*b*) dans la Galilée, d'où étoient tous ses Apôtres. Le Chapitre précédent les regarde tout entier. Ou enfin, *dans leurs villes*; dans les lieux où ses Apôtres avoient été. (*c*) Il les suivit, & acheva ce qu'ils avoient commencé. Il leur avoit dit d'aller prêcher par tout le pays, en leur promettant, (*d*) *qu'ils n'auroient pas achevé les villes d'Israël, qu'il ne vînt à eux.* Et dans S. Luc: (*e*) *Il les envoye par tout, où il devoit aller lui-même.* Ce dernier sens n'est pas à mépriser.

TRANSIIT INDE. *Il partit de là.* Comme on ignore où il étoit quand il envoya ses Apôtres, on ne sait aussi d'où il partit: on croit que c'est de Capharnaum, ou des environs.

(*a*) *Beda, Euthym. Brug. Maldon. Grot. Menoc. Jans.*
(*b*) *Euthym. Hugo, alii.*
(*c*) *Ita Quid. in Mald.*
(*d*) *Matt. x. 23.*
(*e*) *Luc. x. 1.*

3. *At illi : Tu es , qui venturus es , an alium expectamus ?*	3. Lui dire : Etes-vous celui qui doit venir, ou, si nous devons en attendre un autre?

COMMENTAIRE.

℣. 2. JOANNES AUTEM CUM AUDISSET IN VINCULIS OPERA CHRISTI. *Jean ayant appris dans la prison les œuvres merveilleuses de J. C. envoya deux de ses Disciples lui dire : Etes-vous celui qui doit venir ?* On connoissoit le Messie sous ce dernier nom. (*a*) Tout l'Orient, & principalement la Judée étoient dans l'attente de ce Liberateur, qui devoit venir. L'Evangéliste ne dit pas que Jean apprit *les œuvres de Jesus*, mais, *les œuvres de Christ* ; comme pour marquer que les merveilles qu'il opéroit, faisoient croire à tout le monde, qu'il étoit ce Messie désiré depuis long-tems. C'est en effet ce qui est expressément marqué par S. Luc, (*b*) qui dit, que les Disciples de Jean rapporterent à leur maître, qui étoit alors en prison, le bruit que faisoient dans tout le pays les miracles de J. C. On croit que le divin Précurseur remarqua alors dans leurs discours, ou dans leur air, quelque espéce de jalousie contre JESUS ; (*c*) comme si sa gloire, & sa réputation eussent fait ombrage à celle de leur maître, & que ce fut pour guérir leur esprit, qu'il les envoya vers lui, pour se convaincre par leurs propres yeux, que JESUS étoit véritablement le Messie. Sa charité industrieuse lui suggéra ce moyen, pour les détromper, & pour lever leur doute : Car pour lui, il n'est nullement croyable, qu'il ait pû concevoir du doute sur le sujet de J.C. puisqu'il l'avoit annoncé d'une maniére si claire, & si solemnelle. (*d*)

Ce dernier sentiment se trouve toutefois soutenu par quelques anciens, (*e*) Tertullien a crû que l'Esprit de prophétie s'étoit rétiré de Jean, pour se reposer sur JESUS. Plusieurs Peres (*f*) remarquant que l'opinion que nous venons de voir, étoit injurieuse à S. Jean, & qu'on ne pouvoit dire, sans démentir l'Evangile, que S. Jean ne reconnut pas J. C. pour le Messie ; ont avancé que son doute ne tomboit pas sur la qualité de Messie, mais sur sa mort. Il ne pouvoit se persuader qu'il dût mourir, ni descendre aux enfers comme un autre homme. S. Jean envoye donc lui deman-

---

(*a*) *Genes.* XLIX. 10. *Donec veniat qui mittendus est. Matt.* XXI. 9. *Benedictus qui venit in nomine Domini. Joan.* XII. 13. *Hebr* X. 37. *Qui venturus est veniet, & non tardabit, &c.*

(*b*) *Luc.* VII. 18.

(*c*) *Hilar. Chrysost. Origen. in Libb. Reg. Author Oper. imperf. Euthym. Theophyl. Rupert Maldon. Grot. alii plerique tam antiqui, quam recentiores.*

(*d*) *Matt.* III. 13. 14. 15. *Joan.* I. 15. 32. 33. *Luc.* III. 21.

(*e*) *Origen. Homil.* 27. *in Luc. Justin ; seu alius Auth. quæst. ad orthodox q* 87 *Tertull. l.* 4 *adver. Marcion. & l. de Baptismo. Et l. de Præscriptionib. Le Clerc, hic. Et quid apud Origen. in Libb. Reg.*

(*f*) *Origen. Homil* 4. *in Luc. Ambros n.* 38. *lib.* 1. *in Luc. Julianus Pomer lib.* 3 *contra Judæos. Venant. exposit. in symbol. Apost. Greger. Homil.* 1. *in Ezech Euseb Emiss Origen in Libb. Reg Ieronym. Beda, Quid. apud Chrysost. & Theophyl.*

4. *Et respondens Jesus, ait illis: Euntes renuntiate Joanni, quæ audistis & vidistis.*

4. Et JESUS leur répondit: Allez, raconter à Jean, ce que vous avez entendu, & ce que vous avez vû.

COMMENTAIRE.

der, s'il viendra dans les enfers, & si lui Précurseur, y doit annoncer sa venuë à ceux qui y sont enfermez, afin qu'il fasse à leur égard la fonction de Prédicateur, comme il l'a faite à l'égard des vivans. S. Jean prévoyoit sa mort prochaine, il lui offroit ses services, & lui demandoit ses ordres pour le futur. Ce sentiment est rejetté par S. Chrysostome, par Théophylacte, & par les nouveaux Interprétes. Mais Origénes, (a) S. Hippolyte, (b) S. Grégoire de Nazianze, (c) n'ont point douté que S. Jean ne soit descendu aux enfers, & qu'il n'y ait annoncé la venuë du Messie.

L'Auteur des questions aux Ortodoxes sous le nom de S. Justin le Martyr q. 38. dit que S. Jean dans sa prison ne doutoit point que JESUS ne fût le vrai Messie, mais il doutoit si celui dont il entendoit dire tant de merveilles, étoit le même à qui il avoit rendu témoignage, & qu'il reconnoissoit indubitablement pour le Messie.

Quelques nouveaux Critiques (d) donnent un autre sens au Texte Grec, en changeant la ponctuation: (e) *Vous êtes celui qui doit venir; comment en attendrions-nous un autre?* Peut-on révoquer en doute une chose aussi claire que celle-là? C'est le témoignage que S. Jean rendit à J. C. Le Sauveur pour confirmer ce que son Précurseur lui envoyoit dire, fit plusieurs miracles en présence de ses députez; comme pour montrer qu'il n'avoit pas besoin du témoignage des hommes, & que Dieu son Pere le manifestoit assez par ses miracles. (f) *Ego autem habeo testimonium majus Joanne.* Mais il n'est nullement nécessaire de recourir à cette explication, qui est un peu forcée.

Nous lisons dans la Vulgate, & dans les Exemplaires Grecs, (g) que Jean envoya à J. C. *deux de ses Disciples.* Mais l'ancien Manuscrit de Cambrige (h) Grec & Latin porte: *Il envoya dire* par *ses Disciples.* Et les Versions Gotiques, Persane Arméniennes, Syriaques, lisent de même. Juvencus, S. Ambroise, S. Hilaire, ne marquent pas non plus le nombre des Disciples envoyez par Jean-Baptiste. (i) Tout le monde sait la raison de l'emprisonnement du Précurseur. Nous n'en parlons pas ici, on le verra mieux sur S. Marc. Ceci arriva avant la mission des Apôtres, dont on a vû le récit au Chap. précédent. Voyez la Table Chronologique.

(a) *Origen. in 1. Reg.*
(b) *Hippolyt. de Antichristo.*
(c) *Greg. Nazian. Orat. xx.*
(d) *Episcop. Institut. Theolog. l. 3. sect. 4. c. 25*
(e) Σὺ εἶ ὁ ἐρχόμενος· ἢ ἕτερον προσδοκῶμεν
(f) *Joan. v. 34. 36.*
(g) Πέμψας δύο τῶν μαθητῶν αὐτοῦ.
(h) Πέμψας διὰ τῶν μαθητῶν. *Mittens per discipulos suos.*
(i) *Vide Mill. Proleg. 387.*

5. *Cæci vident, claudi ambulant, leprosi mundantur, surdi audiunt, mortui resurgunt, pauperes evangelizantur:*	5. Les aveugles voyent, les boiteux marchent, les lépreux sont guéris, les sourds entendent, les morts ressuscitent, l'Evangile est annoncé aux pauvres :

COMMENTAIRE.

ỷ. 4. RENUNTIATE JOANNI, &c. *Racontez à Jean ce que vous avez vû : Les aveugles voyent, &c.* JESUS-CHRIST ne répond pas directement à la demande des Disciples de Jean; il se contente de leur montrer dans les guérisons qu'il fait, que les Prophéties qui regardent le Messie, sont exécutées dans sa personne. Cette maniére d'enseigner est la plus courte, la plus efficace, la plus convaincanté. Elle guérit la prévention, & la jalousie des Disciples de Jean, sans irriter leur amour propre. C'est la plus conforme à la modestie, & à l'humilité du Sauveur. Saint Luc (*a*) remarque une chose qui a été obmise par saint Matthieu : C'est que JESUS guérit plusieurs malades en la présence de ces envoyez, avant de leur faire réponse. Isaïe (*b*) avoit marqué la guérison des aveugles, & des sourds, comme un des caractéres du Messie.

ỷ. 5. LEPROSI MUNDANTUR. *Les lépreux sont guéris.* A la lettre : (*c*) *Sont nettoyez.* La lépre passoit plûtôt pour une difformité de la peau, ou pour une soüillure, que pour une vraye maladie : (*d*) *Coloris quippe vitium est, non valetudinis, aut integritatis sensuum atque membrorum*, dit S. Augustin.

MORTUI RESURGUNT. *Les morts ressuscitent.* JESUS-CHRIST en avoit ressuscité deux, savoir, la fille de Jaïr, & le fils de la veuve de Naïm. Isaïe (*e*) & les autres Prophétes ont souvent désigné l'état de servitude, & du péché sous le nom de mort ; & la guérison, sous le nom de résurrection. Le Messie devoit avoir la plénitude du don des miracles, selon les Ecritures, & selon l'attente des Juifs. La résurrection des morts, passoit pour le comble de cette puissance.

PAUPERES EVANGELIZANTUR. *L'Evangile est annoncé aux pauvres.* Ou : *Les pauvres reçoivent l'Evangile.* Le Grec peut même signifier : (*f*) *Les pauvres annoncent l'Evangile.* Ce qui se justifie dans les Apôtres, qui étoient des gens pauvres, & d'une condition méprisée ; c'est en ce sens que Théophilacte, & Euthyme l'ont pris. Mais on l'explique d'ordinaire au premier sens que nous avons proposé. Les pauvres reçoivent

---

(*a*) Luc. VII. 21.
(*b*) Isai. XXIX. 18. *Audient in die illa surdi verba libri ; & de tenebris & caligine oculi cæcorum videbunt. Et Isai. XXXV. 5. Tunc aperientur oculi cæcorum, & aures surdorum patebunt.*
(*c*) Λεπροὶ καθαρίζονται.
(*d*) *Aug. l. 2. qu. Evangel. c. 40.*
(*e*) *Isai.* XXVI. 19. XLI. 14. *Ezech.* XXXVII. 1. 2. 3 & *seq.*
(*f*) Πτωχοὶ εὐαγγελίζονται.

6. *Et beatus est, qui non fuerit scandalizatus in me.*	6. Et heureux celui qui ne prend point de moi un sujet de scandale, & de chûte.

COMMENTAIRE.

& écoutent l'Evangile. On leur annonce la bonne nouvelle, & la venuë du Messie & ils la reçoivent avec avidité. Les Prophétes l'avoient ainsi prédit. (a) *L'Esprit de Dieu s'est reposé sur moi, parce qu'il m'a oint de son huile, & qu'il m'a envoyé prêcher à ceux qui sont pauvres*, humbles, ou affligez; *à ceux qui ont le cœur brisé de douleur.* Le terme Hébreu (b) qu'on traduit par *pauvre*, signifie aussi doux, humble, affligé. Sophonie: (c) *Je laisserai au milieu de vous un peuple pauvre & dénué, & il esperera au Seigneur.* Et Zacharie: (d) *Les pauvres de mon troupeau, ceux qui gardent mon bétail, connoîtront que c'est la parole du Seigneur.*

℣. 6. BEATUS EST, QUI NON FUERIT SCANDALIZATUS IN ME. *Heureux celui qui ne prendra point de moi un sujet de scandale, & de chûte.* Le mot de *scandale*, signifie à la lettre, ce qui se rencontre dans le chemin, soit pierre, bois, creux, piége, ou autre chose qui s'y trouve par hazard, ou autrement, pour faire trébucher & tomber les passans. Dans le sens figuré, il signifie ce qui fait tomber les hommes dans le péché. Ainsi les richesses & les dignitez du siécle sont *un scandale* pour bien des gens, parce qu'elles leur donnent occasion d'oublier Dieu, & de s'élever d'orgueïl. Les mauvais discours, & les mauvais exemples sont aussi *des scandales*, parce qu'ils sont des piéges pour la plûpart de ceux qui les voyent, & qui les entendent.

Le Sauveur dit ici, que *bienheureux celui qui ne sera pas scandalizé dans ce qu'il voit en sa personne*; c'est-à-dire, à qui son extérieur, sa pauvreté, sa vie laborieuse, la sévérité de sa doctrine, ne seront pas un sujet de chûte, & qui ne se rebuttera pas de voir en apparence un simple homme, sans biens, sans éclat; au lieu d'un grand Roi, d'un Conquérant, d'un puissant Monarque que les Juifs attendoient. En effet, on peut dire que c'est-là ce qui a fait le malheur, & le scandale de ce peuple. La vie, la Mort, la Passion, & la croix du Sauveur, sont un scandale pour les Juifs, & une folie pour les Gentils, dit saint Paul: (e) *Nos autem prædicamus Jesum Christum crucifixum: Judæis quidem scandalum, Gentibus autem stultitiam.* Les Disciples de saint Jean n'étoient peut-être pas encore guéris de ces foiblesses communes à tout le reste des Juifs. Quelque positif que fût le témoignage que saint Jean rendit à JESUS-

---

(a) *Isai.* LXI. 1.
(b) לבשר ענוים שלחני *Vulg. Ad Annunciandum mansuetis misit me.*
(c) *Sophon.* III. 12.
(d) *Zach.* XI.
(e) 1. *Cor.* I. 23.

7. *Illis autem abeuntibus, cœpit Jesus dicere ad turbas de Joanne: Quid existis in desertum videre? Arundinem vento agitatam?*

8. *Sed quid existis videre? Hominem mollibus vestitum? Ecce qui mollibus vestiuntur, in domibus Regum sunt.*

7. Lorsqu'ils s'en furent allez, JESUS commença à parler de Jean au peuple, en cette sorte: Qu'êtes-vous allé voir dans le désert? Un roseau agité du vent?

8. Qu'êtes-vous, *dis-je*, allé voir? Un homme vêtu avec luxe, & avec mollesse? Vous savez que ceux qui s'habillent de cette sorte, sont dans les maisons des Rois.

COMMENTAIRE.

CHRIST, son extérieur ne laissoit pas de faire impression sur leur esprit. Les Prophétes avoient prédit que le Messie seroit une pierre de scandale à plusieurs. (*a*)

℣. 7. QUID EXISTIS IN DESERTUM VIDERE? *Qu'êtes-vous allé voir dans le désert?* JESUS-CHRIST à son tour rend témoignage à la vertu, & à la sainteté de son Précurseur; mais il ne le fait qu'après le départ des Disciples de Jean; afin qu'on ne crût pas qu'il y eût entr'eux de la collusion, & que la flatterie eût part a ses loüanges; ou même de peur qu'on n'accusât saint Jean de légéreté & d'inconstance, (*b*) d'envoyer ses Disciples demander si JESUS-CHRIST est le Messie, après que lui même en a rendu témoignage devant tout le peuple. JESUS reléve donc sa fermeté, sa constance, l'austérité de sa vie, sa mission extraordinaire, sa qualité de Prophéte, & de plus que Prophéte; & sa vertu qui l'élevoit au-dessus de tous les autres hommes.

ARUNDINEM VENTO AGITATAM? *Un roseau agité du vent?* Toute la Judée étoit allée sur le Jourdain pour recevoir le Baptême de Jean. (*c*) Elle avoit été témoin de sa vie, & de sa conduite. Ce saint homme étoit l'objet de l'estime, & de l'admiration de tout le peuple. JESUS leur demande: Qu'avez-vous vû sur ce fleuve? Un roseau agité des vents. Jean vous a-t'il paru un homme volage, léger, inconstant dans ses discours, & dans ses sentimens? Croyez-vous qu'il révoque en doute aujourd'hui, ce qu'il croyoit alors si fermement? Aujourd'hui que j'ai fait tant de prodiges, dont vous êtes témoin; au lieu qu'en ce tems-là je n'avois encore rien fait au dehors, qui pût lui donner cette idée de ma personne?

℣. 8. HOMINEM MOLLIBUS VESTITUM. *Un homme vêtu avec*

(*a*) *Isai.* v. 21. 14. 15. *Et erit vobis in sanctificationem; in lapidem autem offensionis duabus domibus Israël, &c. Luc.* 11. 34 *Ecce positus est hic in ruinam, & in resurrectionem multorum.* 1. *Petri.* II. 8. *Rom.* IX. 33.

(*b*) *Chrysost. Ieron Author Oper. imperf. &. Beda, Theophyl. Euthym. hic. Cyrill. Alexan. l.* 2. *Thesauri c.* 4.

(*c*) *Matt.* III. 5. *Luc.* III. 7.

9. *Sed quid existis videre? Prophetam? Etiam dico vobis, & plus quàm Prophetam.*

10. *Hic est enim de quo scriptum est: Ecce ego mitto Angelum meum ante faciem tuam, qui præparabit viam tuam ante te.*

9. Qu'êtes-vous donc allez voir? Un Prophéte? Oüi, je vous le dis, & plus qu'un Prophéte.

10. Car c'est de lui qu'il a été écrit: J'envoye devant vous mon Ange, qui vous préparera la voye, où vous devez marcher.

COMMENTAIRE.

luxe & mollesse. L'Evangéliste (a) nous a appris quels étoient les habits de Jean-Baptiste. Comme si JESUS-CHRIST disoit ici: Cet homme est-il de ces gens qui cherchent leurs commoditez, & leurs aises, & dont la vie est toute plongée dans la mollesse? C'est un homme vraiment sage, & sérieux, qui n'est pas capable de flatter, ni de varier dans ses sentimens.

PROPHETAM? ETIAM DICO VOBIS, ET PLUS QUAM PROPHETAM. *Etes-vous allé voir un Prophête? Oüi, je vous le dis, & plus qu'un Prophéte.* Saint Jean avoit plusieurs avantages par dessus les anciens Prophétes. Ceux-ci avoient simplement prédit la venuë de JESUS-CHRIST; ils l'avoient annoncé d'une maniére obscure, & enveloppée d'énigmes; ils ne l'avoient vû que de loin, en songe, en vision, & obscurément. Saint Jean l'anonce clairement, distinctement; il le montre, il le voit présent; il a l'avantage de le baptiser, & d'entendre la voix du Pere, qui dit: (b) *C'est mon Fils bien-aimé, en qui j'ai mis ma complaisance.* Enfin saint Jean a commencé à être Prophéte en quelque sorte avant que d'être homme, suivant la remarque de l'Auteur imparfait sur saint Matthieu, (c) puisqu'il a été rempli de l'Esprit Saint dès le sein de sa mere; & qu'avant sa naissance il a reconnu le Sauveur, par ses tressaillemens.

℣. 10. ECCE EGO MITTO ANGELUM MEUM ANTE FACIEM TUAM. *J'envoye devant vous mon Ange, qui vous préparera la voye.* L'Hébreu de Malachie, (d) dont ce passage est tiré, porte à la lettre: *Je vais envoyer mon Ange*, mon envoyé, mon ministre, *qui vous préparera la voye devant ma face.* Mais les Apôtres se contentent pour l'ordinaire dans les passages qu'ils citent de l'Ancien Testament, (e) d'en marquer le

(a) *Matt.* III 4.
(b) *Matt.* III. 17. *Luc.* IX. 35.
(c) *Author Oper. imperf. Homil.* 17. *Vide & Isidor. Pelus. l.* 1. *Ep.* 33.
(d) *Malach.* III. 1. הנני שלח מלאכי ופנה דרך לפני
(e) *Ieronym. in Isai. lib.* 3. *cap.* 7. *In multis testimoniis quæ Apostoli, vel Evangelistæ, de libris veteribus assumpserunt, curiosiùs attendendum est, non eos verborum ordinem secutos esse, sed sensum.*

11. *Amen dico vobis, non surrexit inter natos mulierum major Joanne Baptista : qui autem minor est in Regno Cœlorum, major est illo.*

11. Je vous dis en vérité, qu'entre ceux qui sont nez de femmes, il n'y en a point eu de plus grand que Jean-Baptiste : mais celui qui est le plus petit dans le Royaume des Cieux, est plus grand que lui.

COMMENTAIRE.

sens, sans s'arrêter trop scrupuleusement aux paroles. JESUS-CHRIST étant Dieu, & Fils de Dieu avoit droit de s'adapter ce passage, où Dieu parle de lui-même. Quant au sens des paroles de Malachie; quelques anciens (*a*) ont crû que le Prophéte annonçoit la venuë d'un Ange véritable, & que S. Jean étoit un Ange incarné. Et S. Cyrille d'Aléxandrie (*b*) a même prétendu que cette erreur qu'il réfute, avoit été fort commune dès le tems de JESUS-CHRIST; & que l'Apôtre saint Jean l'Evangéliste avoit eu dessein de s'y opposer, par ces paroles : *Il y eut un homme nommé Jean, qui fut envoyé de Dieu.* Eusébe, (*c*) & saint Jérôme (*d*) croyent qu'en effet la vie austére & solitaire du Précurseur, l'avoit fait prendre pour un Ange, parmi le peuple Juif. Mais le sentiment commun des Interprétes est que Jean étoit un Ange, non par sa nature, mais par sa fonction, & par la pureté de sa vie.

℣. 11. NON SURREXIT INTER NATOS MULIERUM MAJOR JOANNE BAPTISTA. *Entre ceux qui sont nez de femmes, il n'y en a point eu de plus grand que Jean-Baptiste.* Saint Luc limite le sens de cet éloge, en disant : (*e*) *Entre le enfans des femmes, il n'y a point eu de plus grand Prophéte que Jean-Baptiste.* Comme pour insinuer que dans l'Eglise de JESUS-CHRIST, & dans le nouveau Testament, il pouvoit y en avoir de plus grands. (*f*) Ou simplement, pour dire qu'il étoit par sa sainteté, & par ses lumiéres, au dessus des anciens Prophétes; (*g*) qu'il étoit *plus que Prophéte*, comme il a dit au ℣. 9. De plus, le Sauveur dit, *qu'entre les enfans des femmes*, il n'y en a point eu de plus grand, comme pour marquer qu'il ne comparoit saint Jean qu'aux autres hommes, nez & conçus par les voyes ordinaires; & non pas à lui Fils de Dieu, conçu du saint Esprit, & né d'une Vierge. (*h*) Enfin *il n'y en a point de plus grand*; mais il peut y en avoir d'égaux, selon la remarquë de saint Augustin, (*i*) & de l'Auteur de l'Ouvrage imparfait. *Non*

(*a*) *Origen. tom. 2. in Joan.*
(*b*) *Cyrill. Alex. in Joan. c. 1. ℣. 6.*
(*c*) *Euseb. l. 9 Demost.*
(*d*) *Ieronym. in Agg. I. & Proem. in Malach.*
(*e*) *Luc* VII. 28.
(*f*) *Maldonat. Jans.*
(*g*) *Hilar. in Matt. Brugens. Author Oper. imperfecti.*
(*h*) *Ambros in Luc. l. 5. & in Psal.* XXXIX. *Ieron. in Matt. Theophyl.*
(*i*) *August. contra advers. Leg. & Prophet. l. 2. c. 5.*

12. *A diebus autem Joannis Baptistæ usque nunc, Regnum Cœlorum vim patitur, & violenti rapiunt illud.*

12. Or depuis le tems de Jean-Baptiste jusqu'à présent, le Royaume des Cieux se prend par violence, & *ce sont* les violens *qui* l'emportent.

COMMENTAIRE.

dicit Joannem majorem esse cæteris sanctis, sed cæteros sanctos non esse majores Joanne. Coæquavit eum cæteris, non præposuit.

QUI AUTEM MINOR EST IN REGNO COELORUM, MAJOR EST ILLO. *Mais celui qui est le plus petit dans le Royaume des Cieux, est plus grand que lui.* Le moindre des Anges est plus grand, que le plus saint des hommes. (a) Le moindre des Bienheureux est plus éclairé, que le plus grand des Prophétes. (b) En effet, quelque mérite, quelque capacité, quelque lumiére, & quelque faveur qu'ait un homme en ce monde, il est fort au-dessous du moindre des Anges, & des Bienheureux qui joüissent de la gloire, qui voyent Dieu face à face, qui sont dans un état fixe, permanent, & éternellement heureux. *Aliud est coronam victoriæ possidere, aliud adhuc in acie pugnare*, dit S. Jérôme. Mais comme ici il ne s'agit point de comparer saint Jean aux Anges, mais aux hommes, la plûpart recourent à d'autres explications.

Plusieurs (c) l'expliquent de JESUS-CHRIST. Jean-Baptiste est le plus grand Saint, & le plus grand Prophéte, qui ait encore paru parmi les hommes; mais moi qui vous parois beaucoup au-dessous de Jean, je suis toutefois beaucoup plus grand que lui. Il n'est que ministre de l'Eglise, & du Royaume du Ciel; j'en suis le maître, & le fondement. Je suis l'Epoux; il n'est que le Paranymphe. Saint Augustin (d) a préféré ce dernier sens aux autres, & il est suivi par plusieurs Interprétes. (e) JESUS-CHRIST confirme ainsi modestement le témoignage que Jean avoit rendu de lui, en disant; (f) *Celui qui doit venir après moi, est plus grand que moi, & je ne suis pas digne de porter ses souliers.*

D'autres (g) l'entendent ainsi: Quelque grand que soit Jean-Baptiste, & quelque relevé que soit son emploi; toutefois le moindre des Prédicateurs, & des Apôtres de l'Evangile, est plus grand que lui. Maldonat croit que JESUS-CHRIST compare ici la Loi ancienne à la nouvelle, la grace de l'Evangile, à la servitude de la Loi. Le moindre de mes Fidéles est plus grand dans mon Royame, que Jean-Baptiste lui-même dans la

(a) *Aug. l. 2. contra adversar. Legis & Prophetarum. c. 5.*
(b) *Ieron. Beda, hic.*
(c) *Chrysost. Euthym. Theophilact. Hilar. hic.*
(d) *Aug. Tract. XIII. in Joan.*
(e) *Brug. Jans. Martianay, alii.*
(f) *Matt. III. 11.*
(g) *Cazar. Dialog. 3. Grot. Hammond. Le Clerc, alii.*

Synagogue.

Synagogue. La Loi ne perfectionne rien ; (*a*) l'Evangile est la consommation, & la perfection des figures de la Loi.

℣. 12. A DIEBUS JOANNIS-BAPTISTÆ USQUE NUNC, REGNUM COELORUM VIM PATITUR. *Depuis le tems de Jean-Baptiste jusqu'à présent, le Royaume des Cieux se prend par violence, & ce sont les violens qui l'emportent.* Depuis le commencement de la prédication de Jean-Baptiste, qui est aussi le commencement de la prédication de l'Evangile, c'est par la voye de la pénitence, de la mortification, de la croix ; c'est en faisant violence à la nature que l'on emporte le Ciel, & qu'on arrive à la béatitude ; (*b*) c'est-là le chemin que Jean-Baptiste vous a montré, & qu'il a suivi lui-même. Mais avant la prédication de Jean-Baptiste, y avoit-il d'autre voye pour parvenir au Ciel, que celle de la pénitence ? JESUS-CHRIST est-il venu resserrer les voyes, & y semer de nouvelles épines ? Non sans doute ; ainsi cette explication est plûtôt morale, que litterale.

D'autres (*c*) l'entendent ainsi : Depuis Jean-Baptiste le Royaume des Cieux est comme attaqué, & ravi par ceux qui cherchent à entrer dans l'Eglise. On fait effort pour se rendre maître de cet héritage, que les anciens possesseurs ont ou négligé, ou méprisé. On veut débouter, & déplacer les Juifs, pour se mettre en leur place. C'est en effet ce qu'ont fait les Gentils, en entrant dans l'Eglise de JESUS-CHRIST ; c'est ce qu'ont fait les Publicains, & les pêcheurs, en recevant avec avidité la parole du salut ; pendant que les Scribes, les Prêtres, & les Pharisiens qui sembloient être dans le Royaume, qui en étoient comme les gardiens, les chefs, & les défenseurs, qui avoient la clef de la science, & la connoissance de la Loi, en ont été exclus, (*d*) & se la sont laissé prendre, en rejettant les véritez qu'on leur annonçoit.

On peut aussi lui donner un autre sens, en le comparant avec S. Luc. Cet Evangéliste dit : (*e*) *La Loi, & les Prophétes sont jusqu'à Jean-Baptiste. Depuis lui le Royaume des Cieux est annoncé, & chacun lui fait violence; mais il est plus aisé que le Ciel, & la terre passent, que ce qu'un point de la Loi tombe par terre, sans être accompli.* JESUS-CHRIST dit cela à l'occasion du mépris que les Pharisiens faisoient de ses discours. En cet endroit-ci saint Matthieu a transposé les paroles du Sauveur, en mettant le verset treize en la place du douziéme. Voici donc l'ordre des paroles du Sauveur ℣. 14. *Jusqu'à Jean, la Loi, & les Prophétes ont prophétisé.*

(*a*) *Hebr.* VII. 19. *Nihil enim ad perfectum adduxit Lex.*

(*b*) *Aug. lib.* 2. *qu. Evang. q.* 37. *Gregor. Homil.* XX. *in Evang. Ambros. in Luc. l.* 5. *Basil. Orat. de abdicat. Chrysost. Ieron, Beda, Euthym. Theophyl. hic, alii passim.*

(*c*) *Hilar. can.* XI. *in Matt. Nazianz. Orat.* 40. *Mald. Brug. Grot. Ligfoot. Erasme. Ham.*

(*d*) *Matt.* VIII. 11.

(*e*) *Luc.* XVI. 16.

13. *Omnes enim Prophetæ & Lex, usque ad Joannem prophetaverunt.*
14. *Et si vultis recipere, ipse est Elias, qui venturus est.*

13. Car jusqu'à Jean tous les Prophétes, aussi bien que la Loi, ont prophétisé.
14. Et si vous voulez l'entendre, c'est lui-même qui est cet Elie, qui doit venir.

COMMENTAIRE.

℣. 12. *Mais depuis Jean-Baptiste jusqu'aujourd'hui, le Royaume des Cieux est attaqué avec violence, & des hommes violens le ravissent.* Il est comme exposé au pillage, & à la violence des hommes: *Diripiunt illud*, comme lisent S. Hilaire, & quelques Manuscrits. Dans tout ce Chapitre, JESUS-CHRIST compare la Loi ancienne à la nouvelle, & se plaint des mauvais traitemens qu'on a fait souffrir à son Précurseur, & du mépris que les villes de Judée ont eu pour sa prédication. La Loi & les Prophétes ont eu lieu depuis Moyse jusqu'à Jean-Baptiste. On sait quelle a été vôtre infidelité à observer la Loi, & vos mépris pour les anciens Prophétes. Jean-Baptiste, & moi sommes venus vous annoncer la venuë du Royaume de Dieu; mais comment nous traitez-vous? Chacun déchire ce Royaume que nous vous annonçons; chacun l'attaque, chacun lui fait violence. Jean est mis en prison; on rejette mes instructions; on me dresse des piéges. Jean méne une vie austére, & on dit qu'il est possédé; je m'humanise davantage, & on dit que je suis un homme de bonne-chére. Comment faire pour gagner un peuple si pervers, & si difficile? Comment mettre le Royaume des Cieux à couvert de vos outrages, & de vos violences? (*a*)

℣. 13. PROPHETÆ, ET LEX USQUE AD JOANNEM PROPHETAVERUNT. (℣. 14.) ET SI VULTIS, &c. *Jusqu'à Jean, la Loi, aussi bien que les Prophétes, ont prophétisé.* (℣. 14.) *Et si vous voulez l'entendre, c'est lui-même qui est cet Elie qui doit venir.* Jean-Baptiste est comme le nœud de la Loi, & de l'Evangile. A lui finit la Loi; à lui commence l'Evangile. Il est le dernier Prophéte de l'ancien Testament, & le premier du nouveau. C'est sous lui que doivent s'accomplir la Loi, & les Prophétes touchant le Messie. A Jean succéde JESUS-CHRIST; à l'ancienne alliance, la nouvelle; à la Synagogue, l'Eglise. Cette succession, & ce changement de la Loi en l'Evangile, ne s'est pas fait en un moment; elle n'a pas d'abord été en sa perfection; mais elle a commencé à Jean-Baptiste, & s'est achevée après la Résurrection du Sauveur. (*b*)

Et pour vous convaincre, continuë le Sauveur, qu'à Jean finissent la Loi, & les Prophétes, & que sous lui le régne du Messie doit commen-

---

(*a*) Voyez *Joseph. Mede, trigi. Dissert. Ecclef.* p. 35. & *Ligfoot. Hor. Hebr. ad Luc.* XVI. 16.

(*b*) *Maldon. Brug. Menoc. Grot.*

15. *Qui habet aures audiendi, audiat.*	15. Que celui-là entende, qui a des oreilles pour entendre.

COMMENTAIRE.

cer ; c'est que Jean est ce Prophéte Elie dont vous parle Malachie, (*a*) lequel doit précéder la venuë du grand jour du Seigneur, & qui doit réconcilier les peres aux enfans, & les enfans aux peres ; c'est-à-dire, faire cesser les divisions domestiques, qui ont regné jusqu'ici, en vous montrant le seul vrai Interpréte de la Loi, & le Maître des maîtres, le Messie, Roi, & Liberateur d'Israël.

Quelques Peres (*b*) l'expliquent ainsi : La Loi, & les Prophétes ont parlé jusqu'à Jean-Baptiste ; ils ont parlé obscurément, & énigmatiquement du Messie : mais le Précurseur l'a vû, l'a connu, l'a montré, l'a désigné ; c'est ce qui le met au-dessus des anciens Prophétes, & des Patriarches. Mais l'autre explication paroît plus simple, & plus naturelle.

Jean-Baptiste est Elie, non *en personne*, mais *en vertu*. (*c*) Il a tout le zéle de cet ancien Prophéte ; il en a le mérite, & l'esprit. Les Rabbins enseignoient qu'Elie viendroit en personne avant le Messie, pour lui préparer les voyes. (*d*) JESUS-CHRIST leur apprend que Malachie n'a point voulu dire cela ; mais seulement qu'il viendroit un homme animé du même esprit, & du même zéle qu'Elie. L'Eglise Chrétienne croit que ce Prophéte viendra en personne avant le dernier Jugement, & avant le second avenement du Fils de Dieu. (*e*) Les Juifs avoient confondu ces deux avenemens. La Prophétie de Malachie a deux vûës : la premiere regarde Jean-Baptiste, qui est Elie dans le sens que nous venons de dire ; la seconde regarde la personne d'Elie, qui doit venir en personne combattre l'Antechrist. Ainsi on concilie ce que dit saint Jean, avec ce que dit le Sauveur. Jean-Baptiste déclare aux Juifs qu'il n'est ni Prophéte, ni Elie ; (*f*) & JESUS-CHRIST prouve qu'il avoit raison, parce qu'il n'étoit ni Prophéte, ni Elie dans le sens que le prenoient les Juifs. Il étoit plus que Prophéte, puisqu'il voyoit de ses yeux, ce que les autres n'avoient vû qu'en esprit. Il n'étoit point Elie en personne ; mais il en faisoit les fonctions, & il étoit rempli de son Esprit. (*g*)

(*a*) *Malac.* IV. 5. 6. *Ecce ego mitto vobis Eliam Prophetam, antequàm veniat dies Domini magnus, & horribilis ; & convertet cor patrum ad filios, & cor filiorum ad patres eorum.*

(*b*) *Chrysost. Ieron. Beda, Euthym. Ita Brug. Bisc.*

(*c*) *Luc.* I. 17. *Ipse pracedet ante illum in spiritu, & virtute Elia.*

(*d*) *Matt.* XVII. 10. 11. *Marc.* IX. 10. 11. 12.

(*e*) *Hippolit. l. de Consum. mundi. Orig. Tract.* 5. *in Matt. Chrys. Homil.* 4. *in* 2. *Thessal. Aug. l.* LXXXII. *quastionum, qu.* 58. *& tract.* 4. *in Joan. Ieron. in Matt.* XVII. *Greg. in Job. Theodoret. in Malac.* IV. *& alii.*

(*f*) *Joan.* I. 21.

(*g*) *Vide Aug. tract.* 4. *in Joan. Greg. Homil.* 7. *in Evang. Mald. hic.*

16. *Cui autem similem æstimabo generationem istam? Similis est pueris sedentibus in foro, qui clamantes coæqualibus,*

16. Mais à qui dirai-je que ce peuple-ci est semblable? Il est semblable à ces enfans qui sont assis dans la place, & qui crient à leurs compagnons,

COMMENTAIRE.

℣. 15. QUI HABET AURES AUDIENDI, AUDIAT. *Que celui-là entende, qui a des oreilles pour entendre.* Ces paroles sont proverbiales. Jean-Baptiste est Elie; cela vous paroît tenir du paradoxe: rien pourtant n'est plus vrai. L'entende, qui a des oreilles: je parle aux personnes intelligentes, & éclairées.

℣. 16. CUI SIMILEM ÆSTIMABO GENERATIONEM ISTAM? *A qui dirai-je que ce peuple est semblable?* Il ressemble aux enfans, qui se disent l'un à l'autre: Nous avons chanté, & vous n'avez point dansé; nous avons récité des airs lugubres, & vous n'avez point pleuré. JESUS-CHRIST fait allusion à quelque jeu d'enfant des Juifs, dans lequel ils imitoient la joye des nôces, & les lamentations des funérailles. (*a*) Ils se plaignent à leurs compagnons de ce qu'ils n'entrent pas dans leur jeu, & qu'ils ne veulent prendre part ni à leur joye, ni à leur deüil. Vous ne voulez ni rire, ni pleurer avec nous. Dans le deüil des funerailles, tous ceux qui rencontroient un convoi, se joignoient aux parens, ainsi que Joseph l'enseigne expressément. (*b*) Jean, & moi nous vous avons invitez à entrer dans le Royaume des Cieux, & à retourner à Dieu par la pénitence. Jean vous y a exhortez par l'austérité de sa vie, & par les larmes de la douleur; je vous y ai invitez par des maniéres populaires, & en me familiarisant, en mangeant même avec les pécheurs; mais vous n'avez voulu ni rire avec moi, ni pleurer avec Jean. Vous n'êtes entrez dans nos vûës ni de l'un, ni de l'autre. (*c*) C'est ce qu'il marque encore aux versets 18. & 19.

Quand JESUS-CHRIST dit que le Royaume des Cieux est semblable à ces enfans, il ne prétend pas comparer le Paradis, ou la prédication de l'Evangile, à ces jeunes gens qui joüent; mais simplement la conduite des Juifs incrédules à celle de ces enfans mal-plaisans, à qui rien n'est agréable, qui ne veulent ni pleurer, ni danser. Le Grec à la lettre: (*d*) *Nous vous avons joüé de la flûte, & vous n'avez point dansé; nous vous avons chanté des cantiques de deüil, & vous n'avez point fait de lamentations.*

(*a*) *Theophylact. Lyran. Ham. Brug. Menoch.*

(*b*) *Joseph. l. 2. contra Appian. p. 1075. & Eccle.* XII. 6.

(*c*) *Vide Ieron. hic. Hugonem, Maldon. Ludov. de Dieu, Grot. Jans. alios.*

(*d*) Ηὐλήσαμεν ὑμῖν, καὶ οὐκ ὠρχήσασθε. Ἐθρηνήσαμεν ὑμῖν, καὶ οὐκ ἐκόψασθε.

17. *Dicunt : Cecinimus vobis, & non saltastis : lamentavimus, & non planxistis.*

17. Et leur disent : Nous avons chanté pour vous *réjoüir*, & vous n'avez point dansé : Nous avons récité des airs lugubres, & vous n'avez point témoigné de deüil.

18. *Venit enim Joannes, neque manducans, neque bibens, & dicunt : Dæmonium habet.*

18. Car Jean est venu ne mangeant, ni ne bûvant, & ils disent : Il est possédé du démon.

19. *Venit Filius hominis manducans, & bibens, & dicunt : Ecce homo vorax, & potator vini ; Publicanorum, & peccatorum amicus. Et justificata est sapientia à filiis suis.*

19. Le Fils de l'homme est venu mangeant, & bûvant, & ils disent : Voilà un homme qui aime à faire bonne chére, & à boire du vin ; il est ami des Publicains, & des gens de mauvaise vie : mais la sagesse a été justifiée par ses enfans.

COMMENTAIRE.

℣. 18. VENIT JOANNES NEQUE MANDUCANS, &c. *Jean est venu ne mangeant, ni ne bûvant*, & vous dites qu'il est possédé ; *le Fils de l'homme*, JESUS-CHRIST *est venu mangeant, & bûvant*, vivant comme un autre homme, & vous dites qu'il est un homme de bonne chére. Comment vous contenter, & quels moyens après cela employer pour vous rappeller à Dieu ? Ni la rigueur, ni la douceur ; ni une vie austére, & pénitente, ni une conduite plus modérée n'ont pû vous gagner. Je serai obligé de vous laisser à vous-mêmes, comme gens incorrigibles, & intraitables. *Ne mangeant, ni ne bûvant*, se met tent pour une extrême austérité. Les possedez, & les hypocondriaques sont quelquefois fort longtems sans manger. Cet endroit nous fait voir que S. Jean n'avoit pas été approuvé de tout le monde, & que ses jaloux avoient trouvé à redire à sa conduite, & à la rigueur de sa pénitence. Enfin, que sa prédication, & son baptême n'avoient pas fait un grand fruit parmi les Juifs.

℣. 19. ET JUSTIFICATA EST SAPIENTIA A FILIIS SUIS. (a) *Mais la sagesse a été justifiée par ses enfans*. La sagesse de saint Jean, & la mienne ont été justifiées par tous les hommes sages. Toutes les personnes équitables, éclairées, pieuses, conviendront que nous n'avons rien fait que de bien. L'évenement a fait voir que nous avions raison l'un & l'autre, dans la conduite que nous avons tenuë envers le peuple. Le Précurseur a trouvé des Disciples, qui ont reçû son baptême, & ont imité sa vie pénitente ; & j'ai tiré du désordre plusieurs pécheurs par ma conduite pleine de bonté, & de clémence. Nous prouvons nôtre sagesse par le succès qu'il a plû à Dieu de nous donner. Les enfans de la sagesse, les

(a) *Hilar. hîc, & Ambros. in Luc. c. VII. Et justificata est sapientia operibus suis. Ita Syr. & Coph. & Pers. Æthiop. & alii libri apud Ieron. hîc.*

20. *Tunc cœpit exprobrare civitatibus, in quibus facta sunt plurimæ virtutes ejus, quia non egissent pœnitentiam.*

20. Alors il commença à faire des reproches aux villes dans lesquelles il avoit fait beaucoup de miracles, de ce qu'elles n'avoient point fait pénitence.

COMMENTAIRE.

hommes sages & pieux nous ont écouté, & ont suivi nos conseils. (*a*) *Et omnis populus audiens, & Publicani justificaverunt Deum, baptizati baptismo Joannis.* Les autres les ont abandonnez, & s'en sont mocquez; mais leur incrédulité, & leur perte même sont nôtre apologie. (*b*) Il n'y a que les enfans de la folie, & de l'erreur, qui n'ayent pas voulu nous suivre, & qui soient capables de nous condamner. Ce sens me paroît le meilleur, & le plus lié avec la suite du discours.

D'autres (*c*) traduisent le Texte de cette sorte: *Et la sagesse a été jugée, & condamnée par ses propres enfans.* Les Scribes, & les Pharisiens, qui auroient dû être les premiers, & les plus zélez à recevoir les leçons de la sagesse, que je leur donnois, & le Baptême que Jean prêchoit, ont été les plus obstinez à les rejetter. (*d*) *Pharisæi, & Legisperiti consilium Dei spreverunt in semetipsos, non baptizati ab eo.* Le terme Grec qui signifie ordinairement *justifier*, (*e*) se prend aussi fort souvent pour *condamner.*

On peut aussi lui donner ce sens: *Mais la sagesse est plus juste que ses enfans.* Vous condamnez injustement & Jean-Baptiste, & JESUS-CHRIST; l'austérité de l'un, & l'humanité de l'autre; mais leur sagesse n'a que faire de vôtre approbation; elle se justifie assez d'elle-même par le succez de ses œuvres, & par ses enfans; je veux dire, par ceux qui la suivent, & qui se déclarent ses Disciples, par les serviteurs de Jean, & de JESUS.

Autrement: (*f*) *Et la sagesse a été justifiée par ses enfans;* c'est-à-dire, la providence du Seigneur est également justifiée par tous ses enfans, & par tous ses Disciples; tant par ceux qui sont véritablement sages, & qui ont suivi les leçons de JESUS-CHRIST, & de Jean-Baptiste, que par ceux qui n'ont que l'apparence de sagesse; comme les Scribes, & les Pharisiens, qui font profession de science, & de piété, & ne sont rien moins que doctes, & pieux. La Providence est hors de reproche à l'égard de toutes ces sortes de personnes; parce qu'elles ont toutes reçû ce qu'elles ont mérité. Les vrais sages sont admis dans le Royaume des Cieux; les autres en sont rejettez. L'Écriture avoit également prédit l'endurcissement des

(*a*) *Luc.* VII. 9.
(*b*) *Ieronym. Natal. Alex. Hamm. Grot. Vat. Le Clerc.*
(*c*) *Vide Ham. Camer. Schmit. Castal. Cocc.*
(*d*) *Luc.* VII. 30.
(*e*) Δικαιοῦσθαι, pour *condamner.* Voyez Phavorin, Suidas, Hésych. Harpocrat. Jul. Pollux. Scoliast. Thucidid.
(*f*) *Ita ferè Maldon. Menoc.*

21. *Væ tibi, Corozaïn, væ tibi, Bethsa da: quia si in Tyro, & Sidone facta essent virtutes, quæ facta sunt in vobis, olim in cilicio, & cinere pœnitentiam egissent.*	21. Malheur à toi, Corozaïn, malheur à toi, Bethsaïde; parce que si les miracles qui ont été faits au milieu de vous, avoient été faits dans Syr, & dans Sidon, il y a long-tems qu'elles auroient fait pénitence dans le sac, & dans la cendre.
22. *Verumtamen dico vobis: Tyro, & Sidoni remissius erit in die Judicii, quàm vobis.*	22. C'est pourquoi je vous déclare qu'au jour du Jugement, Tyr & Sidon seront traitées moins rigoureusement que vous.

COMMENTAIRE.

uns, & la fidélité des autres. JESUS-CHRIST devoit être pour l'édification, & pour la destruction de plusieurs.

℣. 20. TUNC COEPIT EXPROBRARE, &c. *Alors il commença à faire des reproches aux villes dans lesquelles il avoit fait beaucoup de miracles; de ce qu'elles n'avoient point fait pénitence.* Ceci arriva dans le tems que JESUS CHRIST envoya, ou un peu après qu'il eut envoyé ses Apôtres prêcher l'Evangile, & après la mort de Jean-Baptiste. Voyez *Luc.* X. 1. . . . 13. (*a*) Voyant que ces villes où il avoit si souvent annoncé l'Evangile, & où il avoit fait un si grand nombre de miracles, étoient demeurées incrédules, il envoye ses Apôtres, & va lui-même prêcher dans des villes éloignées, où il esperoit trouver de meilleures dispositions, & plus d'ouverture à l'Evangile.

℣. 21. COROZAIN étoit située sur le bord Occidental du lac de Génézareth, assez près de Capharnaum, lieu de la demeure de JESUS-CHRIST. *Bethzaïde*, ou Juliade, étoit au-delà du Jourdain, & du même lac de Génézareth; mais toutefois assez proche de Corozaïn.

SI IN TYRO ET SIDONE, &c. *Si les miracles qui ont été faits au milieu de vous, eussent été faits dans Tyr, & dans Sidon, il y a long-tems qu'elles auroient fait pénitence.* J. C. voyoit dans les villes payennes moins de dureté, d'incrédulité, & d'opposition à la foi, & à la grace, qu'il n'y en avoit dans les Juifs. Tyr, & Sidon étoient dans les ténébres; elles n'avoient ni la Loi, ni les Prophétes, ni les bons exemples des saints Personnages, ni la prédication accompagnée des miracles; les Juifs avoient tout cela. Le mépris, & l'abus que ceux-ci faisoient de ces graces, & de ces moyens, les rendoient plus coupables aux yeux de Dieu, que ne l'étoient les Tyriens dans leur idolâtrie. (*b*) On demande moins à celui à qui l'on a moins donné. Mais pourquoi J. C. n'alloit-il pas dans ces villes, puisqu'il reconnoît lui-même qu'elles auroient reçû l'Evangile, & fait

(*a*) *Ita Mald. Brugens. Toinard. pag.* 48. *Harm.*

(*b*) *Vide Ieronym.*

23. *Et tu, Capharnaum, numquid usque in Cœlum exaltaberis? Usque in infernum descendes: quia si in Sodomis factæ fuissent virtutes, quæ factæ sunt in te, fortè mansissent usque in hanc diem.*

23. Et toi, Capharnaum, t'éleveras-tu *toûjours* jusqu'au Ciel? Tu seras abaissée jusqu'au fond de l'enfer; parce que si les miracles qui ont été faits au milieu de toi, avoient été faits dans Sodome, elle subsisteroit peut-être encore aujourd'hui.

24. *Verumtamen dico vobis, quia terra Sodomorum remissius erit in die Judicii, quàm tibi.*

24. C'est pourquoi je vous déclare qu'au jour du Jugement, le pays de Sodome sera traité moins rigoureusement que toi.

COMMENTAIRE.

pénitence? C'est qu'il n'étoit envoyé qu'aux brebis qui étoient dispersées, & perduës de la maison d'Israël. (*a*) Il vouloit premierement accomplir les devoirs de l'alliance faite avec Abraham; après quoi il devoit envoyer ses Apôtres à Tyr, & à Sidon, comme aux autres. Il pouvoit dès-lors faire cette grace à ces villes; mais il n'y avoit nulle obligation. S. Augustin (*b*) dit que comme elles n'étoient point prédestinées à la foi, Dieu leur refusa la grace de la prédication, à laquelle elles auroient crû: *Sed quoniam ut crederent non erat eis datum, etiam unde crederent est negatum.* Il ne leur servit donc de rien d'être disposées à recevoir la foi, & la prédication de l'Evangile; parce que celui dont les jugemens sont toûjours justes, & impénétrables, ne les avoit pas prédestinées à ce bonheur: *Nec illis profuit quod poterant credere; quia prædestinati non erant ab eo, cujus inscrutabilia sunt judicia, & investigabiles viæ.*

℣. 23. ET TU, CAPHARNAUM, NUMQUID USQUE AD COELUM? &c. *Et toi, Capharnaum, t'éleveras-tu toûjours jusqu'au Ciel? Tu seras abaissée jusqu'au fond de l'enfer.* Ou plûtôt, *Et toi, Capharnaum, n'as-tu pas été élevée jusqu'au Ciel? Tu seras humiliée jusqu'à l'enfer*; jusqu'au centre de la terre, jusqu'au lieu le plus bas, le plus obscur, le plus triste du monde. Le Sauveur avoit prêché à Capharnaum plus long-tems qu'en aucun autre endroit; il y avoit fait sa demeure; il y avoit opéré une infinité de miracles. Ces avantages qui auroient dû élever cette ville au-dessus de Jérusalem même, ne servirent qu'à sa perte, à son malheur. Elle fut punie de son ingratitude, & de son infidélité, avec une rigueur proportionnée à sa malice.

Le Grec porte: (*c*) *Et toi, Capharnaum, qui as été élevée jusqu'au Ciel, tu seras abattuë jusqu'en enfer*, jusqu'au lieu de la demeure de Pluton, du Roi des ténébres. Mais plusieurs anciens Exemplaires Grecs sont

(*a*) *Matt.* x 6. xv. 24.
(*b*) *Aug. de don. perseverantia. c.* 14.

(*c*) Ἡ ἕως τοῦ οὐρανοῦ ὑψωθεῖσα, ἕως ᾅδου καταβιβασθήσῃ.

semblables

25. *In illo tempore respondens Jesus, dixit : Confiteor tibi, Pater, Domine Cœli & terræ, quia abscondisti hæc à sapientibus, & prudentibus, & revelasti ea parvulis.*	25. Alors JESUS dit ces paroles : Je vous rends gloire, mon Pere, Seigneur du Ciel, & de la terre, de ce que vous avez caché ces choses aux sages, & aux prudens, & que vous les avez révélées aux simples, & aux petits.

COMMENTAIRE.

semblables à la Vulgate : (a) *Et toi, Capharnaum, t'élevras-tu jusqu'au Ciel ? Tu descendras jusques dans l'enfer.* C'est une maniére de parler proverbiale : élevé jusqu'au Ciel, abaissé jusqu'à l'abîme. Les Hébreux mettoient l'enfer sous les eaux, au fond de l'abîme. (b)

FORTE MANSISSENT, &c. *Si ces prodiges avoient été faits dans Sodome, elle subsisteroit peut-être encore aujourd'hui.* On peut traduire le Grec : (c) *Elle subsisteroit certainement encore aujourd'hui.*

℣. 25. IN ILLO TEMPORE RESPONDENS JESUS, &c. *Alors Jesus dit ces paroles : Je vous rends graces, mon Pere, de ce que vous avez caché ces choses aux sages, & aux prudens, & que vous les avez révélées aux simples.* On voit par saint Luc (d) que JESUS-CHRIST rendit ces actions de graces, ou fit cette priére à son Pere, lorsque les soixante & douze Disciples étant de retour de leur mission, lui rendirent compte de l'heureux succès de leur voyage. JESUS-CHRIST ne répondit à cela que par des actions de graces à son Pere, en lui en renvoyant toute la gloire. Le Sauveur ne se réjoüit point du malheur des sages, & des prudens du siécle, des Scribes, & des Pharisiens, (e) & des sages mêmes du Paganisme, à qui le Pere céleste, par un juste, mais terrible effet de ses jugemens, n'avoit pas fait part des véritez de son Evangile. Mais il le remercie de ce qu'il a bien voulu les communiquer aux Apôtres, (f) gens simples, & sans étude, lesquels à leur tour en font part aux simples, aux petits, au peuple, qui les écoute avec soumission, & avec respect. La révélation des mystéres du Royaume n'étoit dûë ni aux uns, ni aux autres ; (g) mais les Apôtres, & le simple peuple y avoient moins d'opposition que les prétendus sages des Juifs. Quelques Peres (h) ont crû que sous le nom de

(a) *Vide Var. Lect. N. T. Mill.* Μὴ ἕως τοῦ οὐρανοῦ ὑψωθήσῃ ; ἕως ᾅδου καταβήσῃ.

(b) *Job.* XXV. 5. *Isai.* XIV. 19. *Ezech.* XXVIII. 10. *Prov.* II. 18. IX. 18. XXI. 16 LXX. 20. *Isai.* XXV. 24.

(c) Ἔμειναν ἂν μέχρι τῆς σήμερον.

(d) *Luc.* X. 17. 21.

(e) *Hilar. hic. Ieronym. Euthym. Beda, Chrysostom.*

(f) *Ieron. Chrysost. Beda, Euthym. hic.*

(g) *Bern Ep.* 146. *Tuo placito sunt id quod sunt, non suo merito ; nec enim invenis merita, sed prævenis.*

(h) *Ambros. in Psal.* CXVIII. *ser.* 17. *Theophylact. Auth. Oper. imperf. hic.*

26. *Ita Pater : quoniam sic fuit placitum ante te.*

27. *Omnia mihi tradita sunt à Patre meo. Et nemo novit Filium nisi Pater : neque Patrem quis novit, nisi Filius, & cui voluerit Filius revelare.*

26. Oüi, mon Pere, *je vous en rends gloire*, parce qu'il vous a ainsi plû.

27. Mon Pere m'a mis toutes choses entre les mains ; & nul ne connoît le Fils que le Pere : comme nul ne connoît le Pere que le Fils, & celui à qui le Fils l'aura voulu révéler.

COMMENTAIRE.

petits, il falloit ici entendre les Gentils, à qui le Pere céleste a daigné faire part de ses mystéres. Mais alors la porte de l'Evangile ne leur étoit point encore ouverte.

℣. 26. QUONIAM SIC FUIT PLACITUM ANTE TE. *Parce qu'il vous a ainsi plû.* Le Seigneur n'a pas voulu donner l'intelligence de ses mystéres aux sages présomptueux, ni aux prudens enflez d'orgueil, parce qu'ils la rejettoient & la méprisoient, disent saint Chrysostome, & Théophylacte ; il n'a pas voulu l'exposer à leurs insulte, & à leur mépris. Il l'a offerte aux simples, plus humbles, & plus dociles. En vain la sagesse humaine travaille à acquérir cette divine science, si Dieu qui éclaire les cœurs, ne la lui inspire, & ne la lui découvre. *Ostendit omnem sapientiam humanæ mentis ad intelligentiam divinæ prædicationis invalidam, nisi Deus per seipsum interiùs docens illùminet atque adjuvet audientem*, dit saint Fulgence. (*a*) Que personne n'ait la témérité de décider pourquoi l'un est attiré à la Foi par la faveur de Dieu, & l'autre en est exclus par sa propre faute ; puisque le Fils de Dieu ne nous en donne ici point d'autre raison, que la volonté de son Pere, (*b*) dit S. Grégoire le Grand.

℣. 27. OMNIA MIHI TRADITA SUNT A PATRE MEO. *Mon Pere m'a mis toutes choses entre les mains ; & nul ne connoît le Fils que le Pere : comme nul ne connoît le Pere que le Fils, ou celui à qui le Fils l'aura voulu révéler.* De peur qu'on ne s'imaginât que le Pere céleste disposoit de tout indépendamment du Fils, & qu'il communiquoit aux hommes la connoissance de ses mystéres, sans la participation du Fils, (*c*) le Sauveur ajoûte : *Mon Pere m'a mis toutes choses entre les mains.* C'est moi qui conjointement avec lui, donne la connoissance des véritez, & des mystéres. La plus grande de ces véritez, & le plus impénétrable de ces mys-

(*a*) *Fulgent. l. 1. de Verit. Prædest. & Gr. l. 1. c. 22. 23.*

(*b*) *Greg. l. XXV. Moral. c. 25. Nemo discutiat cur alius trahatur ex dono, alius repellatur ex merito... Itaque consilium summa & occulta virtutis, satisfactio sit aperta rationis. Ita Pater quoniam sic fuit placitum ante te.*

(*c*) *Hilar. Chrysostom. Euthym. Theophyl.*

28. *Venite ad me, omnes qui laboratis, & onerati estis, & ego reficiam vos.*

28. Venez à moi, vous tous qui êtes fatiguez, & qui êtes chargez, & je vous soulagerai.

COMMENTAIRE.

téres, est la connoissance du Pere & du Fils. Or personne ne peut l'avoir que par moi. Il n'entend pas par-là exclure le Saint Esprit. S. Paul (*a*) nous assure que nul ne connoît les choses de Dieu, que par l'Esprit Saint : & dans la sainte Trinité, comme il y a une parfaite unité de substance, il y a aussi une entiére unité de connoissance.

D'autres (*b*) joignent ceci à ce qui suit : Toutes choses, tous les hommes, toutes les créatures m'ont été mises entre les mains par mon Pere Eternel ; c'est par moi que l'on peut venir à lui ; c'est moi qui le fais connoître aux hommes ; comme réciproquement c'est lui qui me fait connoître. Ainsi venez à moi, vous tous qui êtes fatiguez, & surchargez, & je vous soulagerai. Venez à moi, vous qui voulez connoître le Pere ; & les véritez du Ciel, & je vous les découvrirai.

℣. 28. VENITE AD ME, OMNES QUI LABORATIS. *Venez à moi, vous tous qui êtes fatiguez, & qui êtes chargez, & je vous soulagerai.* (*c*) JESUS-CHRIST s'adresse à tous les hommes en général, & aux Juifs en particulier. Le genre humain étoit accablé de peines, & de fatigues ; chargé du poids de ses péchez, gémissant sous le joug de la concupiscence, marchant avec fatigue dans des voyes tortuës, & inconnuës, au milieu des ténébres, & de l'erreur : (*d*) *Lassati sumus in via iniquitatis & perditionis ; & ambulavimus vias difficiles ; viam autem Domini ignoravimus.* Les Juifs étoient fatiguez sous le poids des observances, & accablez sous le joug de la Loi ; joug que ni eux, ni leurs peres n'avoient jamais pû porter. (*e*) JESUS-CHRIST s'offre à les soulager les uns, & les autres. Il veut décharger les Juifs du fardeau des observances cérémonielles : il vient tirer les Gentils de leur égarement, & les ramener de leurs routes écartées, dans le droit chemin.

℣. 29. TOLLITE JUGUM MEUM SUPER VOS. *Prenez mon joug sur vous.* Au lieu du joug de la Loi, prenez celui de l'Evangile. (*f*) Celui-

(*a*) 1. *Cor.* II 11. *Quæ Dei sunt nemo cognovit, nisi Spiritus Dei.*
(*b*) *Ieron. Beda, Mald.*
(*c*) *Græc.* Ἀναπαύσω ὑμᾶς. Je vous ferai reposer.
(*d*) *Sap.* V. 7.
(*e*) *Act.* XV. 10. *Vide Hilar. & Theophyl. alios.*
(*f*) *Hilar. Beda, Nazianz. orat. 42. Maldon. Brug. Grot. Natal. Alex.*

29. *Tollite jugum meum super vos, & discite à me, quia mitis sum, & humilis corde: & invenietis requiem animabus vestris.*

30. *Jugum enim meum suave est, & onus meum est leve.*

29. Prenez mon joug sur vous, & apprenez de moi, que je suis doux, & humble de cœur; & vous trouverez le repos de vos ames:

30. Car mon joug est doux, & mon fardeau est léger.

COMMENTAIRE.

ci est doux & léger, en comparaison de l'autre. *Jugum enim meum suave est, & onus meum leve.* Je ne suis point un maître rigoureux & sévére; je ne veux point vous accabler par une multitude de préceptes, & d'observances pénibles. Je suis doux, humain, clément, humble: (a) Vous trouverez tout cela dans ma conduite, & dans les préceptes que je vous donne; & une des premiéres obligations que je veux vous imposer est d'imiter ma douceur, & mon humilité: (b) *Discite à me quia mitis sum, & humilis corde.*

(a) *Author Oper. imperfecti. Grot. Malden. alii.*

(b) *Chrysost. Homil. 39. August. Serm. olim* 10. *nunc* 69. *Item Serm. olim* 38 *nunc* 117. *alii passim.*

CHAPITRE XII.

Murmure des Pharisiens contre les Disciples, qui rompoient des épis le jour du Sabbat. Guérison d'un homme qui avoit une main séche. Blasphême des Pharisiens. Le fort armé. Péché contre le Saint Esprit. Signe de Jonas. Ninivites. Reine du Midy. La Mere & les freres de JESUS *demandent à lui parler.*

ỳ. 1. *IN illo tempore abiit Jesus per sata Sabbato: Discipuli autem ejus esurientes cœperunt vellere spicas, & manducare.*

ỳ. 1. EN ce tems-là, JESUS passoit le long des bleds un jour de Sabbat: & ses Disciples ayant faim, se mirent à rompre des épis, & à en manger.

COMMENTAIRE.

ỳ. 1. IN ILLO TEMPORE ABIIT JESUS PER SATA SABBATO. *En ce tems-là Jesus passoit le long des bleds, un jour de Sabbat.* Ceci arriva un jour de Sabbat, nommé, (*a*) *le Sabbat second premier*; c'est-à-dire, le second jour de Sabbat, qui arriva après le second jour des azymes, ou après la seconde fête de Pâque, comme nous le montrerons ailleurs. Ce qui est rapporté ici arriva donc le premier jour du Sabbat, qui suivit la seconde Pâque, marquée dans l'Evangile, comme JESUS s'en retournoit à Capharnaum. Il n'étoit pas permis de faire de longs voyages les jours de Sabbat; (*b*) & les Disciples de JESUS ne pouvoient préparer à manger ce jour-là, ni acheter de la nourriture, à cause de la défense de la Loi. (*c*) Il leur falloit donc aller demander à manger en quelque endroit, ou se résoudre à attendre le coucher du soleil, & la fin du Sabbat, pour prendre de la nourriture. Dans cette nécessité le parti qu'ils avoient à choisir, étoit de chercher dans la campagne de quoi se substenter jusqu'au soir. En effet, comme ils passoient dans les champs, ils se mirent à arracher quelques épis, & à les frier dans leurs mains. (*d*) Les Pharisiens en furent scandalisez, comme d'une infraction visible de la

(*a*) *Luc.* VI. 1.
(*b*) *Matt.* XXIV. 20. *Act.* I. 12.
(*c*) *Exod.* XVI. 22. 23. 2. *Esdr.* XIII. 15. 16.

(*d*) *Grec.* Ἤρξαντο τίλλειν στάχυας, καὶ ἐσθίειν. *Luc.* VI. 1. Ἔτιλλον.... καὶ ἤσθιον ψώχοντες, ταῖς χερσί. Le verbe τίλλειν, se met quelquefois pour *fricare. Grot.*

2. *Pharisæi autem videntes, dixerunt ei: Ecce Discipuli tui faciunt quod non licet facere Sabbatis.*

3. *At ille dixit eis: Non legistis quid fecerit David, quando esuriit, & qui cum eo erant?*

2. Ce que les Pharisiens voyant, ils lui dirent: Voilà vos Disciples qui font ce qu'il n'est point permis de faire aux jours du Sabbat.

3. Mais il leur dit: N'avez-vous point lû ce que fit David, & ceux qui l'accompagnoient, se voyant pressez de la faim?

COMMENTAIRE.

Loi qui défend de préparer à manger, & en porterent leurs plaintes à Jesus.

Quelques-uns (*a*) croyent que le scandale des Pharisiens n'étoit pas fondé sur la violation de la Loi du Sabbat; mais sur celle d'une coutume reçûë parmi les Juifs, de ne pas manger ce jour-là, & les jours de Fêtes, avant la sixiéme heure du jour, & avant l'office du Temple. On suppose que ceci arriva le matin; ce qui n'est nullement certain, non plus que cette prétenduë coutume de ne manger les jours de fête, qu'à midi. Le Sauveur n'excuse ses Disciples de la violation du Sabbat, que sur la nécessité où ils étoient de manger. Il ne nie pas que hors ce cas, leur action n'eût été contraire à la Loi. Les Rabbins (*b*) mettent au nombre des actions défenduës ce jour-là, celles d'arracher des épis, & de les froisser dans la main. Saint Irénée (*c*) soûtient qu'il étoit simplement défendu de moissonner, mais non d'arracher quelques épis pour manger le grain au jour du Sabbat. Les Juifs au contraire disent, que non-seulement *le pere*, c'est-à-dire, *la moisson*, est défenduë; mais aussi *l'enfant*, c'est-à-dire, d'arracher les épis. Ils comptent trente-neuf défenses *primitives* au jour du Sabbat, & un nombre d'autres dérivées de celles-là, entre lesquelles se remarque celle dont il s'agit ici. Ils ne trouvent point à redire à l'action des Disciples simplement prise; elle étoit permise par la Loi: (*d*) *Lorsque vous passerez dans le champ de vôtre frere, vous pourrez arracher des épis, & les frier dans la main; mais non pas y moissonner avec la faucille.* Ils ne condamnent que la circonstance du jour du Sabbat.

℣. 2. Dixerunt ei. *Ils dirent à Jesus.* Saint Luc (*e*) remarque qu'ils s'adresserent aux Disciples eux-mêmes. Mais il est très-vrai-semblable qu'après avoir repris les Disciples, ils en porterent leurs plaintes à Jesus-Christ. (*f*)

℣. 3. Non legistis quid fecerit David. *N'avez-vous point*

(*a*) *Vide Hamm. hic.*
(*b*) *Maimonid. Sabb. c. 8. Vide Grot. & Ludov. de Dieu, hic. Ligfoot.*
(*c*) *Iren. l. 4. c. 29.*
(*d*) *Deut. XXIII. 25.*
(*e*) *Luc. VI. 2.*
(*f*) *Ita Interpp. plerique.*

4. Quomodo intravit in domum Dei, & panes Propositionis comedit, quos non licebat ei edere, neque his qui cum eo erant, nisi solis Sacerdotibus.

4. Comme il entra dans la maison de Dieu, & mangea des pains de Proposition, dont il n'étoit permis de manger ni à lui, ni à ceux qui étoient avec lui ; mais aux Prêtres seuls ?

5. Aut non legistis in Lege, quia Sabbatis Sacerdotes in Templo Sabbatum violant, & sine crimine sunt ?

5. Ou n'avez-vous point lû dans la Loi, que les Prêtres aux jours du Sabbat, violent le Sabbat dans le Temple, & ne sont pas néanmoins coupables ?

COMMENTAIRE.

lû ce que fit David, & ceux qui l'accompagnoient, se voyant pressez de la faim ? David entra seul dans la maison du Grand Prêtre, mais il avoit laissé ses gens à l'écart. (*a*) Tout le monde sait l'histoire de David ; nous ne la rapportons pas ici.

℣. 4. INTRAVIT IN DOMUM DEI, ET PANES PROPOSITIONIS COMEDIT. *Il entra dans la maison de Dieu, & mangea les pains de Proposition.* Il vint à Nobé, où étoit alors l'Arche d'alliance, & le Tabernacle. Nobé est fort près de Cariath-iarim, & dans la même Tribu d'Ephraïm. *Les pains de Proposition*, (*b*) ou comme ils sont appellez dans l'Hébreu de Moyse : (*c*) *Les pains de la face*, sont ceux qu'on exposoit tous les Samedis sur la table d'or, devant le Seigneur. Il n'y avoit que les Prêtres seuls, qui eussent droit de les manger. (*d*) Mais ni le Grand-Prêtre, qui devoit être fort éclairé sur ces matiéres, ni David, qui étoit fort religieux observateur de la Loi, ne firent nulle difficulté dans le cas de nécessité, l'un de donner, & l'autre de manger ces pains. Or voici un cas de nécessité pareil. Il ne s'agit pas de manger des choses sacrées, & réservées aux Ministres du Seigneur, mais de simples grains de froment : Pourquoi donc cela ne sera-t'il pas permis à mes Disciples ?

℣. 5. AUT NON LEGISTIS IN LEGE, QUIA SABBATIS SACERDOTES IN TEMPLO SABBATUM VIOLANT. *N'avez-vous point lû dans la Loi, que les Prêtres au jour du Sabbat, violent le Sabbat dans le Temple.* Les Prêtres dans le Temple offrent des sacrifices les jours de Sabbat, tuent les animaux, les dépouïllent, les coupent en piéces, les mettent sur l'Autel, y ajustent le bois, entretiennent le feu : tout cela ne paroit-il pas un violement véritable du Sabbat ? Et cependant la Loi le permet. (*e*) JESUS-CHRIST en conclut, que ses Apôtres occupez avec lui à la publication de l'Evangile, à un œuvre qui renferme la perfection

(*a*) 1. Reg. XXI. 1. 2.
(*b*) Τοὺς ἄρτους τῆς προθέσεως ἔφαγε.
(*c*) לחמי פנים
(*d*) *Levit.* XXIV. 6. 9.
(*e*) *Num.* XXVIII. 5. 9.

6. Dico autem vobis, quia Templo major est hic.

7. Si autem sciretis quid est: Misericordiam volo, & non sacrificium: numquam condemnassetis innocentes.

6. Or je vous déclare qu'il y a ici quelqu'un plus grand que le Temple.

7. Que si vous saviez bien ce que veut dire cette parole: J'aime mieux la miséricorde, que le sacrifice; vous n'auriez jamais condamné des innocens.

COMMENTAIRE.

de la Loi, & des Prophétes; & par-dessus cela se trouvant dans la nécessité de manger, pouvoient, sans violer le Sabbat, arracher quelques épis, & les froisser dans leurs mains; la chose étant d'elle-même de si peu de conséquence, & les motifs de dispense paroissant si légitimes. Dans le concours de deux Loix, que l'on ne peut pas observer tout ensemble, il faut, selon les régles de droit, & de la raison, préférer celle qui est la plus considérable, & la plus importante à celle qui l'est moins. Or ici les raisons qui obligeoient les Apôtres, pour se conserver leur vie, à se procurer un petit secours, mais nécessaire, dans leur faim, étoient beaucoup plus fortes que celles qui les obligeoient dans les mêmes circonstances, à observer le repos du Sabbat. (*a*)

℣. 6. DICO AUTEM VOBIS, QUIA TEMPLO MAJOR EST HIC. *Je vous déclare, qu'il y a ici quelqu'un plus grand que le Temple.* Quelques Exemplaires Grecs lisent: (*b*) *Il y a ici quelque chose de plus grand que le Temple.* Si le service du Temple, & le culte du Seigneur dispensent les Prêtres de l'observance rigoureuse du repos du Sabbat; le service que me rendent mes Disciples, en me suivant, n'est pas une moindre raison, puisqu'enfin je suis plus que le Temple. Il marque assez qu'il est Dieu, & égal à son Pere. Si Dieu mon Pere peut dispenser de l'observation de ce précepte, pour son service, je n'ai pas moins de pouvoir à cet égard (*c*) S. Jérôme (*d*) l'explique ainsi: *Je vous déclare* que le lieu où je suis, est plus grand que le Temple.

℣. 7. MISERICORDIAM VOLO, ET NON SACRIFICIUM. *J'aime mieux la miséricorde, que le sacrifice.* C'est une espece de proverbe, dont le Sauveur se sert en plus d'un endroit, pour dire, qu'il aime mieux l'exercice de la piété, de la charité, de la clémence, que les œuvres d'une observance stricte & rigoureuse. Voyez aussi ci-devant Chap. XI. 29. *Apprenez de moi que je suis doux & humble de cœur.* Je n'aime point un ser-

(*a*) *Vide Chrysost. Ieron. Euthym. Malden. hic. Grot. ad* ℣. 3.

(*b*) Ὅτι τοῦ ἱεροῦ μεῖζόν ἐστιν ὧδε. *Ita Cod. plures apud Mill.*

(*c*) *Vide Euthym. Theophyl. Mald. Brug. Grot. Menoc.*

(*d*) *Ieron. hic. Quod Templo major sit locus, qui Dominum Templi teneat.*

vice

8. *Dominus enim est Filius hominis etiam Sabbati.*

9. *Et cùm inde transisset, venit in Synagogam eorum.*

8. Car le Fils de l'homme est maître du Sabbat même.

9. Etant parti de-là, il vint en leur Synagogue,

COMMENTAIRE.

vice forcé ; je hais des maniéres violentes & austéres ; je veux de la douceur & de la miséricorde.

℣. 8. DOMINUS ENIM EST FILIUS HOMINIS ETIAM SABBATI. *Le Fils de l'homme est maître du Sabbat même.* Troisiéme raison qui est peremptoire pour justifier les Disciples. Je suis maître du Sabbat ; je veux dispenser mes Apôtres de son observation dans cétte rencontre. Dieu peut abolir, supprimer, modifier les Loix positives, comme il le juge à propos. S. Marc (*a*) ajoûte une raison, que S. Matthieu n'a pas marquée ici ; C'est que *le Sabbat est fait pour l'homme, & non pas l'homme pour le Sabbat.* D'où il est aisé de conclure, qu'aussi-tôt qu'il s'agit de la vie du corps, ou de l'ame d'un homme, la Loi du Sabbat doit céder à cette nécessité.

Quelques-uns (*b*) prétendent inférer de ce passage de saint Marc, comparé avec saint Luc & saint Matthieu, que ces mots : *Le Fils de l'homme est maître du Sabbat*, sont équivalens à ceux-ci : *Le Sabbat est fait pour l'homme ;* & qu'ici *le Fils de l'homme*, est mis pour *tout homme* en général. Chacun est maître du Sabbat, pour l'observer, ou pour s'en dispenser, suivant les conjonctures. Si l'on se trouve dans quelque danger, ou dans quelque nécessité urgente, il n'y a personne qui n'ait droit de se dispenser de son observance. Mais il est visible que les deux propositions que l'on veut qui soient semblables & paralléles, sont toutes différentes l'une de l'autre ; car quoi qu'il soit vrai de dire que le Sabbat est fait pour l'homme, & que l'homme peut interpréter la Loi du Sabbat ; il n'est jamais permis d'avancer que l'homme est maître du Sabbas. Celui qui peut dispenser d'une Loi, & interpréter un précepte, n'en est pas maître pour cela. Il n'y a que le Prince, & le Législateur, quand il s'agit d'une Loi humaine ; & Dieu seul, quand il s'agit d'une Loi divine, qui en soit maître, qui puisse l'abroger, ou l'annuller. JESUS-CHRIST n'est maître du Sabbat, qu'entant qu'il est Dieu. (*c*)

℣. 9. CUM INDE TRANSISSET, VENIT IN SYNAGOGAM. *Etant parti de-là, il vint en leur Synagogue.* Dans la Synagogue de Caphar-

(*a*) *Marc* II. 27.

(*b*) Grot. & M. le Clerc sur cet endroit. Voyez aussi M. le Clerc sur Hammond, & S. Chrysostome sur cet endroit, Homel. XL.

(*c*) *Vide Hammond. hic, Maldon. Ligfoot.*

10. *Et ecce homo manum habens aridam : & interrogabant eum, dicentes : Si licet Sabbatis curare ? ut accusarent eum.*

11. *Ipse autem dixit illis : Quis erit ex vobis homo, qui habeat ovem unam, & si ceciderit hæc Sabbatis in foveam, nonne tenebit & levabit eam ?*

10. Où il trouva un homme qui avoit une main séche. Ils lui demanderent pour *avoir un sujet de l'accuser*, s'il étoit permis de guérir aux jours du Sabbat.

11. Mais il leur répondit : Qui sera l'homme d'entre vous, qui ayant une brebis qui vienne à tomber dans une fosse le jour du Sabbat, ne la prendra pas pour l'en retirer ?

COMMENTAIRE.

naum, où JESUS avoit sa demeure ordinaire. Saint Luc remarque (*a*) que ceci arriva un autre jour de Sabbat, qui suivit celui dont on a parlé ci-devant, ℣. 1.

℣. 10. ECCE HOMO HABENS MANUM ARIDAM. *Il trouva un homme qui avoit une main séche*, & paralytique, dont il ne pouvoit plus se servir pour travailler. L'Evangile des Nazaréens (*b*) portoit, que cet homme avoit dit à JESUS : *J'étois un maçon, qui gagnois ma vie en travaillant : Je vous prie, Jesus, de me guérir ; afin que je ne sois pas obligé de mandier honteusement*. Saint Luc dit que c'étoit la main droite qu'il avoit séche, ou perclufe.

℣. 11. QUIS ERIT EX VOBIS HOMO, QUI HABEAT OVEM UNAM, &c. *Qui sera l'homme d'entre vous, qui ayant une brebis tombée dans une fosse le jour du Sabbat, ne l'en retirera pas ?* JESUS élude la demande que les Pharisiens lui avoient faite. *Est-il permis de guérir aux jours du Sabbat ?* Je vous demande à mon tour ; *s'il est permis de tirer de la fosse un animal qui y sera tombé ?* Il savoit bien quel étoit l'usage, & quelle seroit leur réponse. Il vouloit les charger de confusion par leurs propres paroles.

Les Juifs d'aujourd'hui ne se croyent plus permis, ce qu'ils se permettoient du tems de nôtre Seigneur. Ils disent que si un animal étoit tombé dans une fosse, il faudroit se contenter de lui donner à manger, mais non pas l'en tirer. Grotius croit que c'est en haine des Chrétiens, qu'ils ont surchargé l'observation du Sabbat d'une infinité de minuties, & de pratiques superstitieuses, inconnuës au tems de leurs peres, & de leurs anciens Docteurs. Il est certain que les anciens Rabbins croyoient que quand il s'agissoit de la vie d'un homme, ou d'un animal, l'obligation du Sabbat cessoit. (*c*) Les guérisons miraculeuses ne sont pas de cette nature,

(*a*) *Luc.* V. 6. & *Marc.* III. 1.
(*b*) *Ieron. in Matt. hic.*
(*c*) *Misna tom.* 1. *Maimonid. Moses de Coetzi mandato negative* 65. *Vide, si places, Tertull. l.* 1. *advers. Jud. c.* 4. & *l.* 4. *contra Marcion.* & *Ieron. ad Isai.* XXVIII.

12. *Quantò magis melior est homo ove? Itaque licet Sabbatis benefacere.*

12. Or combien un homme est-il plus excellent qu'une brebis? Il est donc permis de faire du bien les jours du Sabbat.

13. *Tunc ait homini: Extende manum tuam. Et extendit, & restituta est sanitati sicut altera.*

13. Alors il dit à cet homme: Etendez vôtre main. Il l'étendit, & elle devint saine comme l'autre.

14. *Exeuntes autem Pharisæi, consilium faciebant adversùs eum, quomodo perderent eum.*

14. Mais les Pharisiens étant sortis, tinrent conseil ensemble contre lui, des moyens qu'ils pourroient prendre pour le perdre.

15. *Jesus autem sciens, recessit inde: & secuti sunt eum multi, & curavit eos omnes:*

15. JESUS le sachant, se retira de ce lieu-là; & beaucoup de personnes l'ayant suivi, il les guérit tous.

COMMENTAIRE.

puisqu'on peut les différer, & que les malades que JESUS-CHRIST guérissoit, n'étoient pas dans le danger prochain de mourir. Mais aussi les œuvres miraculeuses n'ont jamais été comprises sous les Loix ordinaires.

℣. 12. ITAQUE LICET SABBATIS BENEFACERE. *Il est donc permis de faire du bien les jours de Sabbat.* Il ne conclut pas: *Il est donc permis de guérir*; mais, *il est permis de bien faire;* parce que selon saint Marc, (*a*) & saint Luc, JESUS-CHRIST avoit demandé auparavant aux Pharisiens, *s'il étoit permis de bien faire, ou de mal faire aux jours du Sabbat? de sauver une ame, ou de la perdre?* C'est-à-dire, de conserver la vie d'une personne, ou de la laiser périr. Mais comme les Pharisiens ne répondoient rien à cette demande, S. Matthieu nous apprend que J. C. conclut, qu'il étoit permis de bien faire au jour du Sabbat, & en même-tems il guérit cet homme, qui avoit une main paralytique.

℣. 14. EXEUNTES AUTEM PHARISÆI, CONSILIUM FACIEBANT, &c. *Les Pharisiens étant sortis, tinrent conseil pour le perdre;* comme violateur du Sabbat. La Loi condamnoit à mort les transgresseurs de ce précepte. (*b*) Saint Marc (*c*) joint les Hérodiens aux Pharisiens dans ce conseil qu'ils tinrent contre JESUS. Joseph (*d*) dit que les Disciples de Juda le Galiléen, que nous croyons être les mêmes que les Hérodiens, convenoient presque en tout avec les Pharisiens. Le Sauveur ayant sçû leur mauvais dessein, se retira de la Synagogue, & sortit de la ville de Capharnaum, pour aller sur le bord de la mer de Génézareth. (*e*) Il pratiqua dans cette occasion le conseil qu'il avoit donné aux siens, de fuir lorsqu'on les persécutoit. (*f*) Il voulut conserver sa vie, pour être utile

(*a*) *Marc.* III. 4. *Luc.* VI. 9.
(*b*) *Vide Num.* XV. 35.
(*c*) *Marc.* III. 7.
(*d*) *Joseph. Antiq. l.* XVIII. *c.* 2.
(*e*) *Marc.* III. 7.
(*f*) *Matt.* X. 23.

16. *Et praecepit eis ne manifestum eum facerent ;*
17. *Ut adimpleretur quod dictum est per Isaiam Prophetam, dicentem :*

16. Et il leur commanda de ne le point découvrir ;
17. Afin que cette parole du Prophéte Isaïe fût accomplie.

COMMENTAIRE.

à ses persécuteurs, & pour ne pas les exposer à l'occasion de commettre un meurtre, & une injustice.

ỳ. 16. PRAECEPIT EIS NE MANIFESTUM EUM FACERENT. *Il leur commanda de ne le point découvrir.* Premiérement, pour nous donner un exemple d'humilité, & de modestie. Secondement, pour ne point aigrir les Pharisiens, & ses autres ennemis. Cela n'auroit pû qu'arrêter le progrez de l'Evangile, & exposer ses Apôtres à la persécution, & à de nouveaux dangers. JESUS-CHRIST ne veut pas prévenir les momens marquez par son Pere, ni fournir à ses ennemis le prétexte de le persécuter. (*a*) Aristote étant obligé de sortir d'Athénes, disoit qu'il quittoit cette ville, pour ne pas mettre les Athéniens dans le danger de se rendre coupables de sa mort, comme ils s'étoient rendus coupables de celle de Socrates.

ỳ. 17. UT ADIMPLERETUR, &c. *Afin que cette parole d'Isaïe s'accomplît : Voici mon serviteur, &c.... Je ferai reposer sur lui mon Esprit; il annoncera la justice aux Nations.* On a déja remarqué que ces paroles : *Afin que cette prophétie s'accomplît*, marquent ordinairement l'événement, & non le motif : ce qui arrive, & non la cause qui produit l'effet. On vit dans cette occasion une grande preuve de la douceur, & de la clémence de JESUS-CHRIST envers ses ennemis. Il pouvoit exterminer & faire périr les Pharisiens, lui qui faisoit tant d'autres miracles. Il pouvoit les convaincre d'une infinité de prévarications, & les rendre odieux au peuple. Mais au lieu de leur résister, il se retire, il ménage leur délicatesse, & leur mauvaise humeur. En sorte qu'on vit alors visiblement l'accomplissement d'une fameuse prophétie d'Isaïe, dans laquelle il nous donne les caracteres du Messie, en ces termes : (*b*) *Voici mon serviteur, que j'ai élû, &c.*

JESUS-CHRIST étoit Fils coéternel, consubstantiel au Pere, par sa nature; mais il s'est rendu son serviteur, en se revêtant de la chair, & des infirmitez humaines. (*c*) *In similitudinem hominum factus, & habitu inventus ut homo.* Mon bien-aimé, *dans qui j'ai mis toute mon affection;* ainsi que le Pere céleste le déclara au Baptême de JESUS, lorsque le

---

(*a*) *Gregor. Nazianz. orat.* 3.
(*b*) *Isai.* XLII, 1. 2. 3.
(*c*) *Philipp.* II. 6.

18. *Ecce puer meus, quem elegi: dilectus meus, in quo benè complacuit animæ meæ. Ponam Spiritum meum super eum, & judicium gentibus nuntiabit.*
19. *Non contendet, neque clamabit, neque audiet aliquis in plateis vocem ejus.*

18. Voici mon serviteur, que j'ai élû: mon bien-aimé, dans lequel j'ai mis toute mon affection. Je ferai reposer sur lui mon Esprit, & il annoncera la justice aux nations.
19. Il ne disputera point, il ne criera point, & personne n'entendra sa voix dans les ruës.

COMMENTAIRE.

Saint Esprit descendit sur lui en forme de colombe. (*a*) Et encore dans sa Transfiguration: (*b*) *Je ferai reposer sur lui mon Esprit;* comme il arriva visiblement au jour de son Baptême. (*c*) Il fut rempli de la plénitude de l'Esprit saint, dès le moment de sa conception; il reçut dès-lors la surabondance de ses Dons divins. Enfin, *il annoncera la justice aux nations.* Il leur annonça son Evangile, (*d*) qui contient la pratique de la plus parfaite justice. Il leur envoya ses Apôtres, qui les instruisirent & les appellerent à la Foi: car pour lui il ne prêcha jamais aux Gentils, & ses Apôtres mêmes n'y prêcherent qu'après sa mort. Quelques Peres (*e*) l'entendent du Jugement dernier. JESUS-CHRIST l'a annoncé & prédit à tous les peuples; & souvent il n'entend autre chose que cela, par *le Royaume des Cieux*, qui se trouve si fréquemment dans ses prédications.

ỷ. 19. NON CONTENDET, NEQUE CLAMABIT. *Il ne contestera point, il ne criera point.* Il n'est point de ces maîtres impérieux & violens, qui crient, qui menacent, qui contestent; il prêchera simplement sa doctrine, il l'insinuëra avec douceur; il gagnera les cœurs, & les esprits par sa bonté, & sa clémence. JESUS-CHRIST ne l'a pas pris du ton des anciens Prophétes, dont la plûpart crioient sans cesse contre les abus de leurs tems; qui n'épargnoient ni les Rois, ni les Grands, qui, suivant l'impétuosité de leur zéle, reprochoient, querelloient, invectivoient, menaçoient. On a vû Samuël faire gronder les tonneres, & les foudres, tuer de sa main Agag, résister en face à Saül. On a vû Elie faire descendre le feu du Ciel, égorger les faux Prophétes de Baal, tenir tête à Achaz. Avec quelle force Jérémie, & Isaïe n'ont ils pas soutenu les interêts de Dieu, contre les Rois, & les Princes de Juda? *Je vous ai établi aujourd'hui*, dit le Seigneur à Jérémie, (*f*) *sur les peuples, & sur les Royaumes; afin que vous arrachiez, que vous détruisiez, que vous dissipiez, que vous édifiëz, & que vous plantiez.* JESUS-CHRIST étoit rem-

(*a*) *Matth.* III. 16. *Vide Ieronym. in Isai.* XLII.
(*b*) *Matt.* XVII. 5. 2. *Petri.* I. 17.
(*c*) *Matt.* III. 16.
(*d*) *Maldon. Hammond.*
(*e*) *August. lib.* XX. *cap* 30. *de Civit. Ieron. Ep.* 30.
(*f*) *Jerem.* I. 10.

20. *Arundinem quassatam non confringet, & linum fumigans non extinguet, donec ejiciat ad victoriam judicium.*

21. *Et in nomine ejus gentes sperabunt.*

20. Il ne brisera point le roseau cassé, & il n'achevera point d'éteindre la méche qui fume encore, jusqu'à ce qu'il fasse triompher la justice *de sa cause.*

21. Et les nations espéreront en son nom.

COMMENTAIRE.

pli d'un autre esprit : s'il attaque les Pharisiens en quelques occasions, il les ménage en cent autres ; il n'entre que rarement en contestation avec eux ; il ne leur résiste point, il les convainc par raison ; il céde à leur colére, & à leur envie en se retirant, & en défendant qu'on ne publie ses miracles.

ỷ. 20. LINUM FUMIGANS NON EXTINGUET. *Il n'achévera pas d'éteindre la méche qui fume encore.* Il ne traitera pas les pécheurs dans toute la rigueur, & tandis qu'il y aura quelque espérance de conversion, il usera de miséricorde, & de clémence. Il exhortera, il priera, il rappellera avec douceur.

DONEC EJICIAT AD VICTORIAM JUDICIUM. (*a*) *Jusqu'à ce qu'il fasse triompher la justice de sa cause.* Et que tous les peuples du monde, Juifs, & Gentils, ayent reconnu la vérité de l'Evangile. (*b*) Alors, c'est-à-dire, au Jugement dernier, ce sera le tems de la rigueur. Il usera de clémence jusqu'à la fin ; mais quand le tems de la miséricorde sera passé, le pécheur ne doit plus attendre que les plus terribles effets de la colére du Tout-puissant. D'autres l'entendent ainsi : *Jusqu'à ce qu'il rejette la condamnation, & qu'il remporte la victoire ;* c'est-à-dire, jusqu'à sa mort, où il arracha l'arrêt de nôtre condamnation, (*c*) & nous donna la victoire sur le péché & sur le démon, par sa triomphante Résurrection. On peut aussi, en suivant l'accentuation de l'Edition Romaine, lire : (*d*) *Jusqu'à ce qu'il rejette le jugement dans la contestation.* JESUS-CHRIST a été un sujet de contradiction, & de contestation. *Luc.* II. 34. Il a convaincu ses ennemis d'injustice. *Joan.* XVI. 8.

ỷ. 21. IN NOMINE EJUS GENTES SPERABUNT. *Les nations espéreront en son nom.* Elles se convertiront à la prédication de son Evangile ; elles croiront, & espéreront en lui ; elles le regarderont comme leur Dieu & leur Seigneur.

Le Texte d'Isaïe, (*e*) dont ce passage est cité, est assez différent de ce

---

(*a*) *Hilar. hic. Donec cum ejiciat victoriam ad judicium.*

(*b*) Il l'a nommé *Judicium*, ỷ. 18. Voyez *S. Aug. l.* XX. *de Civit. c.* 30.

(*c*) *Coloss.* II. 14. *Vide Hilar. hic,*

(*d*) Ἕως ἂν ἐκβάλῃ εἰς νῖκος τὴν κρίσιν. Comme s'il avoit lû dans l'Hébreu, במריב au lieu de באמת

(*e*) *Isai.* XLII. 1. 2. 3.

qu'on vient de lire. Le voici, selon l'Hébreu : *Voici mon serviteur, je m'appuyerai sur lui :* Voici *mon Elû, mon ame l'a aimé ; jai mis sur lui mon Esprit ; il jugera les nations.* A la lettre : Il fera sortir le jugement aux nations. *Il ne criera point, & ne s'élevera point :* ou il n'elevera point sa voix ; *& il ne fera point entendre sa voix dans la place publique ; il ne brisera point un roseau rompu, & n'éteindra point un lin, qui ne donne qu'une lueur obscure. Il jugera dans la vérité ; il ne sera ni sombre, ni turbulent, jusqu'à ce qu'il établisse le jugement sur la terre.* Ou bien : *Il n'éteindra point, & ne brisera point, jusqu'à ce qu'il ait mis le jugement par terre.* Tout cela marque la douceur, & la clémence du regne de JESUS-CHRIST, qui vient substituer une Loi d'amour, & de douceur, à la Loi de feu, & de rigueur. Dieu disoit dans Moyse : (*a*) *Je suis un Dieu jaloux, qui punis les crimes des peres jusqu'à la troisiéme, & quatriéme génération.* Et JESUS-CHRIST dit dans l'Evangile : (*b*) *Je suis doux & humble de cœur*, ou patient, & bénin, *& mon joug est doux, & léger.*

Les Septante sont encore un peu différens & de l'Hébreu, & de saint Matthieu, dans la version du passage que nous venons de rapporter : *Jacob est mon fils*, ou mon serviteur, *& je le recevrai*, ou je le protegerai : *Israël est mon Elû, mon ame l'a pris sous sa protection. J'ai mis sur lui mon Esprit ; il portera le jugement aux nations ; il ne criera point, & ne pardonnera point ; & sa voix ne se fera point entendre au dehors. Il ne brisera point un roseau cassé, & n'éteindra point un lin fumant ; mais il portera un jugement dans la vérité. Il brillera, & ne sera point brisé, jusqu'à ce qu'il établisse le jugement sur la terre.* Saint Jérôme (*c*) sur Isaïe, semble croire que la diversité qui se remarque entre saint Matthieu, & le texte Hebreu, ne procéde que de la négligence des Copistes. Mais sur Michée (*d*) il dit qu'il y a des gens qui croyent que ces différences que l'on voit entre les Textes de l'ancien, & du nouveau Testament, ne viennent que de ce que les Apôtres & les Evangélistes ne citoient pas sur le Texte même, mais simplement de mémoire, laquelle se trompe quelquefois. Mais ce dernier principe est trop dangereux dans une matiére de cette conséquence. Nous aimons mieux dire avec le même Pere (*e*) dans un autre endroit, que ni le Sauveur, ni ses Apôtres ne se sont pas contraints à citer les propres paroles du Texte, mais seulement le sens. Méthode qui étoit

---

(*a*) Exod. XX. 5.

(*b*) *Matt.* XI. 29.

(*c*) *Ieron. in Isai.* XLII.

(*d*) *Ieron. in Mich. l. 2. c. 5. Sunt autem qui asserant in omnibus penè testimoniis quæ de veteri Testamento sumuntur, istius modi esse errorem, ut aut ordo mutetur, aut verba, & interdum sensus quoque ipse diversus sit : vel Apostolis, vel Evangelistis non ex libro carpentibus testimonia, sed memoriæ credentibus, quæ nonnumquam fallitur.*

(*e*) *Ieron. in Matt.* XXVII. *Evangelistarum & Apostolorum more vulgato, qui verborum ordine prætermisso, sensus tantum de veteri Testamento proferunt in exemplum. Vide & Ep. ß. ejusd. ad Algasiam.*

21. *Tunc oblatus est dæmonium habens, cæcus, & mutus: & curavit eum ita ut loqueretur, & videret.*

22. Alors on lui présenta un possédé, aveugle & muet; & il le guérit; en sorte qu'il commença à parler, & à voir.

23. *Et stupebant omnes turbæ, & dicebant: Numquid hic est filius David?*

23. Tout le peuple en fut rempli d'admiration; & ils disoient: N'est-ce point-là le fils de David?

24. *Pharisæi autem audientes, dixerunt: Hic non ejicit dæmones nisi in Beelzebub principe dæmoniorum.*

24. Mais les Pharisiens entendant cela, disoient: Cet homme ne chasse les démons que par la vertu de Béelzébub, prince des démons.

COMMENTAIRE.

suivie par les Scribes, & les Savans de ce tems-là, comme on le voit dans quelques endroits de l'Evangile, de Joseph, & de Philon.

℣. 22. TUNC OBLATUS EST EI DÆMONIUM HABENS, CÆCUS ET MUTUS. *Alors on lui présenta un possédé, aveugle, & muet.* Le démon qui le possédoit, lui causoit ces deux incommoditez. (*a*) En sorte que dès qu'il fut délivré du démon, il recouvra la vûë, & la parole: *Curavit eum, ita ut loqueretur & videret.* Ce miracle arriva assez long-tems après ceux qui sont rapportez dans le commencement de ce Chapitre. Voyez l'Histoire Chronologique, ou la Concorde. Le miracle rapporté dans S. Luc, Ch. XI. ℣. 14. est différent de celui-ci.

℣. 23. NUMQUID HIC EST FILIUS DAVID? *N'est-ce point-là le fils de David?* Le Messie que nous attendons. Car on le connoissoit sous le nom de fils de David. Voyez *Matt.* IX. 27. XI. 5. *&c.*

℣. 24. NON EJICIT DÆMONES, NISI IN BEELZEBUB. *Il ne chasse les démons que par la vertu de Béelsébub, prince des démons.* Il paroît par plus d'un endroit de l'Evangile, (*b*) que les Juifs d'alors reconnoissoient entre les démons, une espéce d'empire, & de subordination; & que le prince de cet empire s'appelloit *Béel-sébub*, ou le Dieu Mouche; soit qu'ils lui donnassent ce nom par dérision, soit qu'ils crussent que le démon adoré autrefois chez les Philistins sous le nom de Béelsébub, (*c*) étoit véritablement le Roi des enfers; soit enfin, que confondant la ville d'*Accaron*, où l'on adoroit le Dieu Béelsébub, avec l'*Achéron*, où les Grecs faisoient dominer le Dieu des enfers; ils se soient imaginez que Béelsébub étoit le même que Pluton, & le Dieu des manes. Les Apôtres insinuent dans plusieurs endroits qu'il y avoit un premier démon, chef de tous les autes. Ils l'appellent, *Prince des ténébres*, (*d*)

(*a*) *Chrysost. Theophyl. Brug. Mald. alii.*
(*b*) *Matt.* IX. 34. X. 35. *Luc.* XI. 15.
(*c*) 4. *Reg.* I. 2. 3. *&c.*
(*d*) *Luc.* XXII. 53.

Prince

25. *Jesus autem sciens cogitationes eorum, dixit eis : Omne Regnum divisum contra se, desolabitur, & omnis civitas, vel domus divisa contra se, non stabit.*

25. Or Jesus connoissant leurs pensées, leur dit : Tout Royaume divisé contre lui-même, sera ruiné ; & toute ville, ou maison qui est divisée contre elle-même, ne pourra subsister.

COMMENTAIRE.

Prince de ce monde, (*a*) *Prince de ce siécle*, (*b*) *Prince de la puissance de l'air.* (*c*) Et Satan ayant conduit JESUS-CHRIST sur une haute montagne, lui montra tous les Royaumes du monde, & lui promit de les lui donner, s'il vouloit se jetter à ses pieds, & l'adorer. (*d*) Il parloit selon l'idée des Juifs de ce tems, & on peut même dire selon la vérité ; puisque jusqu'à la venuë du Messie, le monde avoit été comme abandonné à la tyrannie de ce maître cruel.

Du tems de Tobie il semble que les Juifs donnoient au Prince des démons le nom d'*Asmodée.* (*e*) A présent ils le nomment plus communément *Sammaël*. Ils lui attribuent les oracles, & les faux miracles qui se faisoient chez les Payens. Les Peres le nomment ordinairement *Lucifer.* (*f*) S. Grégoire le Grand l'appelle *Behemoth.* (*g*) D'autres (*h*) lui donnent le nom d'*Archange des démons*. Les Payens regardoient *Sérapis*, *Pluton*, *Adés*, *Dis*, qui ne sont qu'une même chose ; & *Hécaté*, comme le Roi & la Reine, le maître, & la maîtresse des moindres démons. Lorsque ceux-ci n'obéïssoient point assez promptement, les magiciens interposoient ces noms pour se faire craindre. (*i*) On menaçoit Adés lui-même de révéler son nom, lorsqu'il ne faisoit pas au gré des Sorciers. (*k*) C'est ce Prince des démons, qui vouloit se faire passer pour la souveraine Divinité. (*l*) Il se qualifioit Prince du monde, & grand Général de l'armée infernale. JESUS-CHRIST dit que *le feu éternel est préparé au démon, & à ses Anges* ; (*m*) c'est-à-dire, à ses ministres, aux démons ausquels il préside.

Les Pharisiens accusent donc ici JESUS-CHRIST de magie, & de commerce avec les démons. Les nouveaux Rabbins ont renoncé à cette ancienne accusation ; mais ils en ont inventé une nouvelle. Ils prétendent que JESUS étant entré frauduleusement dans le Temple, y déroba le nom

(*a*) *Joan.* XII. 31. XIV. 30. XVI. 11.
(*b*) 1. *Cor.* II. 6. 8.
(*c*) *Ephes.* II. 1.
(*d*) *Matt.* IV. 8. 9.
(*e*) *Tobiæ c.* III. 8.
(*f*) *Patres, & Interp. & Theologi passim.*
(*g*) *Gregor. Mag. l.* 2. *moral. in Job. l.* 4. *c.* 13. 18. & 32
(*h*) *Vide Lactant. l.* 2. *c.* 15. *de orig. erroris.*
(*i*) *Vide Porphyr. apud Euseb. Præpar. lib.* 4. *cap. ult.*
(*k*) *Lucan. Pharsal. l.* 6.
Jam vos ego nomine vero
Eliciam, &c.
(*l*) *Jamblic. de Myster. c.* 30. Μέγαν ἡγεμόνα τῶν δαιμόνων.
(*m*) *Matt.* XXV. 41.

26. *Et si satanas satanam ejicit, adversùs se divisus est : Quomodo ergo stabit Regnum ejus ?*

27. *Et si ego in Beelzebub ejicio dæmones, filii vestri in quo ejiciunt ? Ideò ipsi Judices vestri erunt.*

26. Que si Satan chasse Satan, il est divisé contre soi-même : comment donc son Royaume subsistera-t'il ?

27. Et si c'est par Béelzébub que je chasse les démons, par qui vos enfans les chassent-ils ? C'est pourquoi ils seront eux-mêmes vos Juges.

COMMENTAIRE.

incommunicable, & ineffable de *Jéhova*, par le moyen duquel il fit tous les prodiges que nous lisons dans l'Evangile, & beaucoup d'autres qu'ils lui prêtent. On ne s'arrête point à réfuter leurs rêveries.

ÿ. 25. JESUS SCIENS COGITATIONES EORUM, DIXIT, &c. *Jesus connoissant leurs pensées, leur dit : Tout Royaume divisé contre lui-même sera ruiné.* JESUS-CHRIST pénétrant dans le cœur des Pharisiens, les réfute par un raisonnement qu'on appelle *ad hominem*. Il suppose avec eux, sans toutefois l'approuver, qu'il y avoit parmi les démons une domination, & un empire qui devoit durer jusqu'à la fin du monde ; que dans cet empire il y avoit un certain ordre, & une certaine subordination, qui le faisoient subsister. Sur ce principe, voici comme il raisonne : Il est impossible qu'un empire divisé subsiste long-tems, & qu'un Prince qui sait ses interêts, desunisse ses forces, en arrachant des mains de ses Officiers les conquêtes qu'ils auroient faites. C'est comme si un Prince envoyoit des troupes pour combattre ses propres Généraux, & pour faire rendre à l'ennemi, ce qu'ils auroient pris sur lui. Il n'est donc pas croyable que le Prince des démons commande aux autres démons de quitter les corps qu'ils possédent, ni par conséquent que je chasse les démons, au nom, & par l'autorité de Béelzébub.

Vous direz peut-être qu'entre moi, & le Prince des démons, il peut y avoir un certain pacte, par lequel il sera obligé de m'obéïr contre ses propres interêts ; ou qu'il y a entre moi & lui une espéce de collusion, en sorte que pendant que je parois détruire son empire d'un côté, je l'établis véritablement de l'autre ; comme un Prince qui s'obligeroit de rendre une petite place pour gagner un Royaume, ou qui sacrifieroit la perte d'un petit détachement, pour remporter une grande bataille. Mais ici on ne peut rien dire de pareil : Je suis venu pour établir le Royaume de Dieu, & pour détruire celui du démon. Je lui fais par tout une guerre ouverte ; je lui prens par tout, & ne lui rends rien : Je viens établir ma Religion, directement opposée à son regne. Mes maximes sont toutes contraires aux siennes. Je prêche par tout la pénitence, la conversion du cœur, l'amour de Dieu, & du prochain. Cela s'appelle-t'il être d'accord avec le Prince des démons ?

℣. 27. SI IN BEELZEBUB EJICIO DÆMONIA, FILII VESTRI IN QUO EJICIUNT? *Si c'est par Béelzébub que je chasse les démons, par qui vos enfans les chasseront-ils?* Voici un second raisonnement contre les Pharisiens. Si ceux d'entre vous qui chassent les démons, ne le font pas au nom de Béelzébub, vous n'avez aucun droit de m'accuser de les chasser en son nom. Or vous n'oseriez dire que vos enfans, vos exorcistes chassent les démons au nom de Béelzébub. Vous ne devez donc pas m'en accuser. Vous me direz que je ne chasse pas les démons comme eux; que je n'employe pas les exorcismes, l'invocation du Dieu des Patriarches, les herbes, les odeurs; mais s'ensuit-il que j'employe le nom de Béelzébub? Quand ai-je invoqué le nom de ce Prince des ténébres? Quelle preuve avez-vous de mon commerce avec lui? Si donc l'on peut de vôtre propre aveu, chasser les démons, sans employer l'autorité de Béelzébub; pourquoi m'accusez-vous de les chasser par sa vertu? Vôtre accusation est téméraire, & sans fondement.

On sait par l'Ecriture, & par Joseph, & même par les anciens Peres, que parmi les Juifs de ce tems-là, il y avoit des exorcistes, & des gens qui faisoient métier de chasser les démons par les exorcismes, par l'invocation du Dieu d'Abraham, d'Israël, & de Jacob, & par l'odeur de certaines herbes qu'ils mettoient au nez des possédez. Saint Marc, & saint Luc nous apprennent qu'il y avoit même des Juifs qui les chassoient au nom de JESUS-CHRIST. *Seigneur*, disent les Apôtres, (*a*) *nous avons trouvé un homme qui chasse les démons en vôtre nom, & nous l'avons empêché; parce qu'il ne vient pas avec nous*, & qu'il n'est pas de vos Disciples. Et dans les Actes, (*b*) sept fils de Sceva Prince des Prêtres Juifs, se mêloient d'exorciser les démons au nom du Sauveur JESUS; mais l'esprit leur dit: *Je connois Jesus, & je sçai qui est Paul; mais pour vous, qui êtes-vous?* Joseph (*c*) raconte qu'un certain Juif nommé Eléazar, guérissoit les possédez par le moyen d'un anneau, où étoit enchassée une racine, que l'on disoit avoir été découverte par Salomon. L'odeur de cette racine faisoit tomber le possédé, & l'exorciste conjuroit le démon de ne plus rentrer dans ce corps. S. Justin, (*d*) S. Irénée, (*e*) Origénes, (*f*) Tertullien (*g*) parlent aussi des Juifs qui se vantoient de chasser les démons, & qui les chassoient en effet quelquefois, en invoquant le Dieu d'Abraham. Voilà qui sont ceux dont JESUS-CHRIST parle, en disant: Par qui vos enfans chassent-ils les démons? (*h*) *Filii vestri in quo ejiciunt?*

(*a*) *Marc.* IX. 37. *Luc.* IX. 49.
(*b*) *Act.* XIX. 14.
(*c*) *Joseph. Antiq. l. c.* 8. 2.
(*d*) *Justin. Dialog. cum Tryphone.*
(*e*) *Iren. l.* 2. *c.* 5.
(*f*) *Origen. l.* 1. *&* 4. *contra Celsum.*
(*g*) *Tertull. l.* 4. *contra Marcion.*
(*h*) *Brug. Grot. Ligf. Drus. alii plerique ex recentioribus.*

28. *Si autem ego in Spiritu Dei ejicio dæmones, igitur pervenit in vos Regnum Dei.*

29. *Aut quomodo potest quisquam intrare in domum fortis, & vasa ejus diripere, nisi priùs alligaverit fortem? Et tunc domum illius diripiet.*

28. Que si je chasse les démons par l'Esprit de Dieu, le Royaume de Dieu est donc parvenu jusqu'à vous.

29. Mais comment quelqu'un peut-il entrer dans la maison du fort, & piller ses armes, & ce qu'il posséde, si auparavant il ne lie le fort, pour pouvoir ensuite piller sa maison?

COMMENTAIRE.

Mais plusieurs Peres (*a*) entendent sous ce nom les Apôtres mêmes; qui étoient sortis des Juifs, & qui étoient les freres, ou les enfans de ceux à qui il parloit. Si mes Apôtres chassent les démons, & s'ils les chassent en mon nom, & non au nom de Béelzébub; pourquoi m'accusez-vous d'employer le pouvoir de ce Prince des ténébres, pour les chasser? Ai-je moins de pouvoir que mes Apôtres? & peuvent-ils faire en mon nom quelque chose que je ne puisse pas moi-même? Enfin ne suis je pas au dessus du démon, puisqu'il est obligé de quitter le corps qu'il posséde, lorsqu'il entend seulement le nom de JESUS? Il paroît par tout le raisonnement des Juifs, qu'ils croyoient une certaine subordination entre les démons inférieurs, & supérieurs, de même qu'entre les Anges.

IPSI JUDICES VESTRI ERUNT. *Ils seront eux-mêmes vos Juges.* Mes Apôtres, ou vos propres exorcistes vous condamneront de mauvaise foi, & d'injustice au jour du Jugement; puisqu'ils reconnoissent mon pouvoir, & qu'ils s'en servent eux-mêmes pour chasser les démons, pendant que vous m'accusez de magie, & d'employer le nom de Béelzébub pour délivrer les possédez.

℣. 28. IGITUR PERVENIT IN VOS REGNUM DEI. *Si je chasse les démons par l'Esprit de Dieu, le Royaume de Dieu est donc parvenu jusqu'à vous.* Si je fais de vrais miracles, & si je chasse les démons par l'Esprit de Dieu qui est en moi, comme je viens de le faire voir, je suis donc le Messie. Or certainement si je ne chasse pas les démons par Béelzébub, je les chasse par l'Esprit saint, & *par le doigt de Dieu*, comme parle S. Luc. (*b*)

℣. 29. QUOMODO POTEST QUISQUAM INTRARE IN DOMUM FORTIS, &c. *Comment quelqu'un peut-il entrer dans la maison du fort, si auparavant il ne lie le fort, pour pouvoir ensuite piller sa maison?* Voici une parabole qui prouve que JESUS-CHRIST n'agit point de con-

(*a*) *Hilar. hic. Chrysost. Homil.* 42. *Iren. Athanas. de communi essentia, August. Serm.* 71. *Author Operis imperfecti Homil.* 29. *Theophylact. Euthym. Maldonat.*

(*b*) *Luc.* XI. 20.

cért avec le démon, dans les miracles qu'il opére. Quand on veut forcer une maison forte, il faut premiérement se saisir de celui qui la garde; le lier, lui ôter ses armes, & le mettre hors d'état de résister. Le démon se dit Prince de ce monde; il en garde la porte, & en défend l'entrée à quiconque veut le dépoüiller de ses biens, & piller ses richesses; je veux dire, quiconque veut lui ravir les hommes qu'il entretient dans l'erreur, dans le crime, dans l'idolâtrie, & sous sa cruelle domination. Je viens attaquer cet ennemi dans son fort; je lui enleve ce qu'il a de plus précieux: ici un Publicain; là, une femme pécheresse: tantôt un pécheur invétéré, & puis un homme, qui étoit en danger de se perdre. Je lui déclare par tout une guerre irréconciliable: j'attaque l'erreur, le mensonge, la vengeance, l'avarice, l'impiété, la superstition. Sont-ce là les marques que j'use de collusion, & que je sois d'intelligence avec lui?

FORTIS ARMATUS. *Le fort armé* étoit ce que les Anciens appelloient *Atriensis*; un Officier fidéle, & vaillant, à qui l'on confioit la garde de la porte d'une grande maison. Tel étoit le vieux Butés, dont parle Virgile. (*a*)

Antiquum in Buten: hic Dardanio Anchisæ
Armiger ante fuit, fidusque ad limina custos.

Servius (*b*) remarque que ces Portiers étoient en très-grand honneur chez les Anciens: on leur confioit la garde des choses les plus précieuses de la maison; les armes, les provisions, les Dieux domestiques. On les appelloit *Æditui* chez les Romains, comme qui diroit gardiens de la maison. *Æditunus, quasi à tuendis ædibus appellatur*, dit Aule-Gelle. (*c*) On les nommoit aussi *Atrienses*; d'où vient que saint Luc (*d*) dit: *Cùm fortis armatus custodit atrium suum*: Lorsque le fort armé garde son parvis, son entrée, sa porte; tout ce qui est sous sa garde, est en sûreté.

Ces *Atrienses* étoient des esclaves, mais des esclaves du premier rang: *In magna familia sunt alii laudatiores, ut sibi videntur servi, sed tamen servi, ut Atrienses*, dit Ciceron. (*e*) Les Anciens leur confioient leur argent; ils étoient comme les Intendans des grandes maisons: (*f*) *Atria, ubi & pecunias habebant; unde qui honoratiores erant, liminum custodes adhibebantur*, dit Servius. Dans les métairies il y avoit aussi de ces gardiens de la porte, ou de la cour, qui avoient soin de tout le détail des outils. (*g*) Dans le Temple du Seigneur, les Portiers étoient des Lévites,

(*a*) *Æneid.* IX.

(*b*) *Servius ibid. Æditunus fuit, quod in ingenti honore apud majores fuit. Illic enim & epulabantur, & Deos colebant; census etiam omnes illic servabant.*

(*c*) *Aul. Gell. l.* XII. *cap.* 10. *Vide Pignor. de servis. p.* 221.

(*d*) *Luc.* XI. 21.

(*e*) *Tullius, Paradox.* 5.

(*f*) *Servius in Æneid.* I. *v.* 730.

(*g*) *Columel. l.* 11. *c.* 1.

30. *Qui non est mecum, contra me est: & qui non congregat mecum, spargit.*

30. Celui qui n'est point avec moi, est contre moi: & celui qui n'amasse point avec moi, dissipe.

COMMENTAIRE.

chargez de la garde des trésors, (*a*) de l'or, de l'argent, des provisions de la Maison de Dieu.

℣. 30. QUI NON EST MECUM, CONTRA ME EST; ET QUI NON CONGREGAT MECUM, SPARGIT. *Celui qui n'est point avec moi, est contre moi; & celui qui n'amasse point avec moi, dissipe.* Il faut être tout à JESUS-CHRIST, ou tout à ses adversaires: il n'est pas permis de demeurer dans le doute, & dans la neutralité. Si JESUS-CHRIST n'est pas le Messie, c'est un imposteur; s'il n'est pas Fils de Dieu, c'est un faux Prophête, & un menteur. Dire qu'on suspendra son jugement, & qu'on attendra de nouvelles preuves, est une pure illusion, & une mauvaise fuite. Si les miracles qu'il a faits pour prouver sa Divinité, & sa mission, ne sont point suffisans, il n'y en aura jamais de suffisans pour aucune Religion. Personne n'en fit, & n'en fera jamais de plus grands, de plus certains, ni en plus grand nombre. J'ose le dire; si nous nous trompions, en prenant JESUS-CHRIST pour le Messie, il semble que Dieu même nous auroit induits à erreur, en autorisant par tant de merveilles, un homme qui seroit un séducteur, & un blasphémateur.

Quelques Peres (*b*) entendent ceci du démon: *Celui qui n'est point avec moi, est contre moi; & celui qui n'amasse point avec moi, dissipe.* Comment agirois-je de concert avec le démon, moi qui ne travaille qu'à ruiner son empire? Et comment useroit-il de collusion avec moi, puisqu'il s'oppose en toute maniére au progrez de mon Evangile, & de ma doctrine? Comment pourroit-il être en même-tems & pour moi, & contre moi? De même que son empire ne peut subsister, s'il est divisé; ainsi mon empire doit nécessairement être uni, & sans partage. Je viens de montrer qu'il ne peut y avoir ni union, ni intelligence entre le démon, & moi; il n'y en peut avoir non plus entre ses sujets, & les miens. Quiconque n'est pas avec moi, est contre moi. Si mes Apôtres, & mes Disciples tiennent mon parti, il faut qu'ils soient aussi opposez au parti du démon, que je le suis; & s'ils n'y sont pas opposez, ils ne sont pas à moi.

Le Sauveur dans une autre occasion a dit un mot, qui paroît contraire à ce qu'il vient de dire ici. Ses Disciples lui ayant rapporté qu'un homme qui n'étoit pas de leur compagnie, se méloit de chasser les démons en son nom, & qu'ils l'en avoient empêché; JESUS leur répondit: *Laissez-le;*

(*a*) 1. *Par.* IX. 19. 22. 26.

(*b*) *Hilar. Chrys. Ieron. Auth. Oper. imperf.*

31. *Ideò dico vobis: Omne peccatum, & blasphemia remittetur hominibus: Spiritus autem blasphemia non remittetur.*

32. *Et quicumque dixerit verbum contra Filium hominis, remittetur ei: qui autem dixerit contra Spiritum sanctum, non remittetur ei, neque in hoc sæculo, neque in futuro.*

31. C'est pourquoi je vous déclare que tout péché, & tout blasphême sera remis aux hommes: mais le blasphême contre le *Saint* Esprit ne leur sera point remis.

32. Et quiconque aura parlé contre le Fils de l'homme, il lui sera remis: mais si quelqu'un a parlé contre le Saint Esprit, il ne lui sera remis ni en ce siécle, ni dans le siécle à venir.

COMMENTAIRE.

(*a*) *celui qui n'est pas contre vous, est pour vous;* en quoi il sembloit autoriser la neutralité, qu'il condamne ici. Mais dans S. Marc (*b*) le Sauveur explique assez sa pensée: *Laissez-le*, dit il, *car celui qui fait des miracles en mon nom, n'aura garde de mal parler de nous; quiconque n'est pas contre vous, est pour vous.* Quoique cet homme qui fait ces miracles, ne nous suive pas, il ne s'ensuit pas qu'il ne croye point en moi; & quand il n'y croiroit pas, il ne m'est point opposé, & ne mérite pas que vous vous éleviez contre lui. Il ne s'agit pas là de l'obligation de croire, ou de ne pas croire; de rendre gloire à Dieu, en voyant des effets manifestes de sa puissance; ou de s'opposer à lui par une malice diabolique, & par une envie criminelle; il ne s'agit que de ne se pas opposer à ce qu'on ne connoît pas, ou du moins à ce qu'on ne connoît pas assez. Si cet homme ne croyoit point en JESUS-CHRIST, il n'avoit nulle opposition à y croire: ce qu'il faisoit étoit même un dégré pour parvenir à cette connoissance. Mais les Pharisiens qui devoient être convaincus par les miracles, & par les raisons de JESUS-CHRIST, non-seulement ne croyoient point, mais s'opposoient à lui, & blasphémoient contre le Saint Esprit; c'est ce qui les rendoit criminels, & qui vérifioit à leur égard ce que dit ici le Sauveur, que *quiconque n'étoit pas pour lui, étoit contre lui;* qu'il ne leur étoit plus permis ni d'ignorer, ni de demeurer indéterminez sur son sujet.

℣. 31. OMNE PECCATUM, ET BLASPHEMIA REMITTETUR HOMINIBUS. *Tout péché, & tout blasphême sera remis aux hommes; mais le blasphême contre le Saint Esprit ne leur sera point remis.* 32. *Quiconque aura parlé contre le Fils de l'homme, il lui sera remis: mais si quelqu'un a parlé contre le Saint Esprit, il ne lui sera remis ni en ce siécle, ni dans le siécle à venir.* Puisque vous êtes assez méchans pour m'accuser de magie, pour me traiter de possédé, (*c*) & pour dire que je n'opére des miracles que par l'autorité du Prince des démons; je vous déclare

(*a*) *Luc.* IX. 50.
(*b*) *Marc.* IX. 36. 37. 38.
(*c*) *Marc.* III. 30. *Quoniam dicebant: Spiritum immundum habet.*

33. *Aut facite arborem bonam, & fructum ejus bonum: aut facite arborem malam, & fructum ejus malum: siquidem ex fructu arbor agnoscitur.*

33. Ou dites que l'arbre est bon, & que le fruit en est bon aussi: ou dites que l'arbre étant mauvais, le fruit aussi en est mauvais; car c'est par le fruit qu'on connoît l'arbre.

COMMENTAIRE.

que vôtre blasphême est le plus grand des tous les crimes, & le plus indigne de pardon. Si vos accusations, toutes fausses & toutes atroces qu'elles sont, ne regardoient que ma personne, on pourroit les excuser; elles mériteroient quelque pardon. On peut douter que je sois le Christ, & le Fils de Dieu; mais il faut être d'une mauvaise foi diabolique, pour dire que mes miracles sont des effets de la magie. Un tel blasphême est contre le S. Esprit même, contre le doigt de Dieu, qui paroît ici si visiblement, qu'on ne peut ne le pas reconnoître. Ce crime est irrémissible de sa nature; puisque d'une part il marque dans le pécheur une malice affectée, un endurcissement volontaire; & de l'autre qu'il s'oppose à la source des graces, & qu'il met des obstacles moralement insurmontables à sa conversion, & au pardon de ses péchez, en irritant le S. Esprit, & s'opposant à l'opération de sa grace. Pour expier un tel crime il n'y a en ce monde ni hostie, ni sacrifice, ni purifications; & tout ce qu'on pourroit faire pour mériter le pardon d'un homme mort dans ces mauvaises dispositions, ne pourroit lui servir en l'autre vie. C'est un de ces crimes qui ne s'expient point, c'est-à-dire, qui ne s'expient que très-difficilement; tant à cause de leur énormité, qu'à cause de la difficulté du retour & de la conversion de ces sortes de pécheurs endurcis, & obstinez. On peut voir nôtre Dissertation sur le péché contre le S. Esprit.

℣. 33. AUT FACITE ARBOREM BONAM, ET FRUCTUM EJUS BONUM, &c. *Ou dites que l'arbre est bon, & que le fruit en est bon aussi.* Ou supposez que je suis bon, si j'agis par la vertu de l'Esprit de Dieu; ou que je suis mauvais, si mes œuvres sont mauvaises; car c'est au fruit qu'on connoît l'arbre. (*a*) Vous m'accusez d'être un magicien, un possédé, un séducteur. Un homme de cette sorte feroit-il ce que je fais? Instruiroit-il comme j'instruis? Vivroit-il, raisonneroit-il, comme je vis, & comme je raisonne? JESUS-CHRIST montre par-là que les Pharisiens ne raisonnoient pas même d'une maniére concluante.

Autrement: (*b*) Si vous voulez passer pour de bons arbres, produisez de bons fruits; ne trompez pas les simples par des apparences spécieuses. Et si vous produisez de mauvais fruits, avoüez que vous êtes de mauvais

(*a*) *Ita Hilar. Chrysost. Euthym. Theophyl. Jeron. alii Brug. Gort. &c.*

(*b*) *Vide Aug. l. 2. de Serm. Domini in monte, & l. 2. contra litt. Petiliani c. 6. & alibi frequenter. Ita Mald. Men. alii.*

arbres

34. *Progenies viperarum, quomodo potestis bona loqui, cùm sitis mali? Ex abundantia enim cordis os loquitur.*

34. Race de viperes, comment pouvez-vous dire de bonnes choses, vous qui êtes méchans? Car c'est de la plénitude du cœur que la bouche parle.

35. *Bonus homo de bono thesauro profert bona: & malus homo de malo thesauro profert mala.*

35. L'homme qui est bon, tire de bonnes choses de *son* bon trésor: & l'homme qui est méchant, tire de mauvaises choses de *son* mauvais trésor.

36. *Dico autem vobis, quoniam omne verbum otiosum, quod locuti fuerint homines, reddent rationem de eo in die Judicii.*

36. Or je vous déclare que les hommes rendront compte au jour du Jugement, de toute parole inutile qu'ils auront dite.

COMMENTAIRE.

arbres. La suite est très-favorable à cette explication. ℣. 34. *Race de vipéres, comment pouvez-vous dire de bonnes choses, vous qui êtes méchans: car c'est de la plénitude du cœur que la bouche parle.*

D'autres (*a*) l'entendent ainsi: Vous m'accusez de chasser les démons au nom de Béelzébub: & comment Béelzébub pourroit-il faire une aussi bonne action? Un esprit aussi mauvais, aussi pervers peut-il faire de bonnes œuvres? Si donc vous êtes obligez de reconnoître que ce que je fais est bon, avoüez que je ne le fais pas au nom du démon.

℣. 34. EX ABUNDANTIA CORDIS (*b*) OS LOQUITUR. *C'est de la plénitude du cœur que la bouche parle.* On connoît les sentimens, les dispositions intérieures d'un homme par ses discours. Il peut se déguiser quelque tems: mais enfin si on l'étudie bien, on le pénétrera. Il est impossible d'être toûjours tellement en garde contre son propre cœur, qu'il ne paroisse rien de nos sentimens par nos paroles. Les Pharisiens étoient rongez de dépit, & de jalousie contre JESUS-CHRIST. Ils faisoient ce qu'ils pouvoient pour cacher cette basse, & honteuse passion; mais leur mauvais cœur les trahissoit. Il dit la même chose au ℣. suivant: *Un homme qui est bon, tire de bonnes choses de son bon trésor.* (*c*) Si vous aviez le cœur bien disposé; s'il n'étoit pas gâté par l'envie, vous n'auriez garde de donner un mauvais sens à mes paroles, & de traiter mes miracles d'œuvres magiques.

℣. 36. OMNE VERBUM OTIOSUM QUOD LOCUTI FUERINT. *Les hommes rendront compte au jour du Jugement, de toute parole inutile*

(*a*) *Ieron. Beda.*

(*b*) Ἐκ γὰρ τοῦ περισσεύματος τῆς καρδίας τὸ στόμα λαλεῖ. *Ex redundantia cordis*; un cœur si plein de malice, qu'il se répand pardessus. *Chrysost.* Τὸ γὰρ ἔξωθεν λεγόμενον τὸ περιττόν ἐστι τοῦ ἔνδον.

(*c*) Le Grec lit: *Du bon trésor du cœur*; mais il y a un fort grand nombre de Manuscrits qui n'ont pas cette addition, *du cœur*.

37. *Ex verbis enim tuis justificaberis, & ex verbis tuis condemnaberis.*

37. Car vous serez justifié par vos paroles, & vous serez condamné par vos paroles.

COMMENTAIRE.

qu'ils auront dite. Une parole inutile, est celle qui se dit sans aucune utilité, ni nécessité de la part de celui qui l'écoute, ou de celui qui la profére. (*a*) Si Dieu condamne les paroles même inutiles que les hommes ont prononcées, quelle sera sa rigueur envers vous, qui proférez des mensonges, & des blasphêmes? (*b*) Saint Chrysostome remarque que quelques anciens prenoient ici *la parole inutile*, pour une parole mauvaise, bouffone, deshonnête, & de calomnie. C'est ainsi que Théophylacte, & Euthyme l'ont entendu, & plusieurs nouveaux Commentateurs après eux.

Le terme Hébreu (*c*) que l'on traduit ordinairement par vain, inutile, signifie aussi faux, menteur, calomnieux. Quelques anciens Manuscrits Grecs lisent ici, (*d*) *Parole mauvaise*, pour *parole inutile*: & les meilleurs Auteurs Latins se servent quelquefois du mot *inutilis*, pour dire, dangereux, pernicieux, (*e*) Cicéron, & Tite-Live appellent *Civis inutilis*, un mauvais citoyen. Horace: *Aurum inutile*, l'or dangereux. Velleius Paterculus dit que le meurtre de Claudius fut un coup avantageux à l'Etat, mais d'un exemple dangereux: *Exemplo inutili, facto salutari*. En sorte que, selon ces Interprétes, Jesus-Christ voudroit dire: Si Dieu condamne dans son Jugement les discours mensongers & mauvais, épargnera-t'il vos calomnies, & vos blasphêmes? La force du raisonnement du petit au grand, est plus sensible, en le prenant au premier sens, pour *une parole inutile*. (*f*)

℣. 37. Ex verbis tuis justificaberis. *Vous serez justifié, ou condamné par vos paroles*. Il n'exclut pas les actions. Dieu rendra à chacun selon ses œuvres; mais ne vous imaginez point que ce soit peu de chose qu'une parole. Il n'en faut pas davantage pour vous faire condamner, ou absoudre au Jugement de Dieu; quand même vous n'auriez point fait d'autre bien, ou d'autre mal, que le bon, ou le mauvais usage de vôtre langue.

(*a*) *Chrysost. Homil.* 43. *Hilar. hic, Origen. in Matt. tom.* 14. *Ieron. hic, Basil. Reg. brevior. interrog.* 28. *Ambros. in Psal.* XXXVIII. *n.* 5 *& l.* 1. *Offic. c.* 2. *Gregor. Homil.* 6. *in Evangel. & Moral. in Job. l.* 4. *c.* 2. *& l.* 7. *c.* 17. *Beda in Matt. Bern. l.* 2. *de Consider. alii passim.*

(*b*) *Ita Patres & Interpretes plerique omnes.*

(*c*) שוא *Schave. Vide Exod.* XX. *Prov.* XXX. 8.

(*d*) Ῥῆμα πονηρὸν, au lieu de Ῥῆμα ἀργὸν. *Ita Stephani cod.* 1. *Selden.* 4. *Bodl.* 12. *Vesbel.* 3. *Usser.* 1. *Deest* ἀργὸν *in Colbert.* 3947.

(*e*) *Vide Hamm. hic. & Grot.*

(*f*) *Brug. Maldon. alii.*

38 *Tunc responderunt ei quidam de Scribis, & Pharisæis, dicentes: Magister, volumus à te signum videre.*

38. Alors quelques-uns des Scribes, & des Pharisiens lui dirent : Maître, nous voudrions bien que vous nous fissiez voir quelque prodige.

COMMENTAIRE.

℣. 38. MAGISTER, VOLUMUS A TE SIGNUM VIDERE. *Maître, nous voudrions bien que vous nous fissiez voir quelque prodige.* Ceux qui demandent ici à JESUS-CHRIST qu'il leur fasse voir un miracle, sont apparemment différens de ceux à qui il vient de faire de si vifs reproches, sur leurs accusations de magie. Saint Luc (*a*) nous apprend que quelques-uns des Pharisiens accusoient JESUS de chasser les démons au nom de Béelzebub; mais que d'autres le tentoient, en lui demandant un prodige dans le Ciel. Il vient de répondre aux premiers; il va répondre ici aux seconds. Origénes (*b*) dit que les Pharisiens accusant le Fils de Dieu de n'employer que le nom du démon pour faire ses prodiges, crurent qu'il n'y avoit pour le charger de confusion, & pour faire voir son impuissance, qu'à lui demander un prodige dans le Ciel, ou dans les astres, où le démon n'avoit aucun empire; tout son pouvoir étant borné sur la terre, ou tout au plus dans l'air. Nous ne connoissons pas assez les sentimens des anciens Rabbins sur les démons, pour juger si celui qu'Origénes leur impute, est conforme à la vérité.

Il est certain qu'ils croyoient que le démon exerçoit son empire sur la terre, & dans l'air; il est nommé dans l'Ecriture même *le Prince du monde,* (*c*) *& le chef des puissances de l'air.* (*d*) Les Hébreux entendoient l'air sous le nom de Ciel; & si le Sauveur eût fait descendre le feu, comme fit autrefois Elie; (*e*) ou qu'il eût fait gronder le tonnerre, comme fit Samuël; (*f*) ou qu'il eût fait pleuvoir la manne, comme avoit fait Moyse; (*g*) les Pharisiens auroient été pris par leurs propres paroles, & ils n'auroient osé nier que JESUS ne leur eût donné un signe, comme ils le demandoient. Toutefois on voit par les Livres saints, que le démon a quelquefois fait de semblables prodiges, comme lorsqu'il fit tomber le feu du Ciel sur les troupeaux de Job, (*h*) & qu'il renversa ses maisons par les vents & la tempête, (*i*) & quand il imita les miracles de Moyse dans l'Egypte. Si donc les Pharisiens ne demandoient que cela au Sauveur, ils ne lui demandoient rien qui pût absolument les convaincre, ni qui fût au-dessus du

---

(*a*) *Luc* XI. 16.
(*b*) *Origen. in Matt.* XVI. *tom.* 12. *p.* 265. *Edit. Huëtii.*
(*c*) *Joan* XII. 31. XIV. 30. XVI. 11.
(*d*) *Ephes.* II. 2.
(*e*) 3. *Reg.* XVIII. 38. & 4. *Reg.* I. 10.
(*f*) *Reg.* VII. 10.
(*g*) *Exod.* VII. VIII. IX. 22.
(*h*) *Job.* I. 16.
(*i*) *Job.* I. 19.

39. *Quis respondens, ait illis: Generatio mala & adultera signum quærit: & signum non dabitur ei, nisi signum Jonæ Prophetæ.*

40. *Sicut enim fuit Jonas in ventre ceti tribus diebus, & tribus noctibus; sic erit Filius hominis in corde terræ tribus diebus, & tribus noctibus.*

39. Mais il leur répondit : Cette race méchante & adultére demande un prodige; & on ne lui en donnera point d'autre, que celui du Prophéte Jonas.

40. Car comme Jonas fut trois jours, & trois nuits dans le ventre de la baleine; ainsi le Fils de l'homme sera trois jours & trois nuits dans le cœur de la terre.

COMMENTAIRE.

pouvoir de JESUS, même dans la fausse, & impie supposition, qu'il n'agît qu'au nom de Béelzébub, comme ils le prétendoient.

Que s'ils demandoient un prodige dans les astres, semblable à celui de Josué, par exemple, qui arrêta le Soleil, & la Lune; (a) ou à celui d'Isaïe, qui fit rétrograder l'ombre du Soleil sur le cadran d'Achaz; (b) peut-être croyoient-ils que les magiciens, & les démons n'étendoient pas jusques là leur pouvoir. Je ne sai pas assez quelles ont été les opinions des anciens Juifs, pour en décider: mais je sai que les magiciens des Gentils se vantoient d'arrêter la Lune, & les Astres, de les couvrir de ténébres, de les faire obéir à leur voix. (c) Ainsi quand JESUS-CHRIST l'auroit fait, cela n'auroit toûjours servi de rien pour vaincre l'endurcissement & l'incrédulité des Pharisiens. (d) Le Fils de Dieu réservoit les miracles décisifs, & les preuves incontestables de sa Divinité, à sa Résurrection, & au tems qui la suivit. Il leur promet le signe de Jonas, auquel ils n'auront rien à répliquer. Le démon ne ressuscite pas les morts; & un homme mort ne commande plus au démon. Cette derniére preuve affermissoit toutes les précédentes. Ce dernier miracle assuroit tous les autres.

℣. 39. GENERATIO MALA ET ADULTERA. *Cette race méchante, & adultere.* Race impure, & illégitime; bien éloignée de la foi, & de la fidélité d'Abraham. Fils infidéles, qui dégénérent de la foi, & de la piété de leurs peres.

℣. 40. SICUT FUIT JONAS IN VENTRE CETI. *Comme Jonas fut trois jours & trois nuits dans le ventre de la baleine:* JESUS-CHRIST promet obscurément aux Pharisiens de leur donner dans sa Résurrection la réalité du prodige, dont Jonas dans le ventre de la baleine, n'avoit été que la figure. Je demeurerai dans le tombeau trois jours, après quoi je ressusciterai; de même que Jonas demeura dans l'estomac de la baleine.

(a) *Josue.* x. 12.
(b) 4. *Reg* xx. 9. 10. 11.
(c) *Horat. in Canidiam. Epodon, ode* 5.
Quæ sidera excantata voce Thessala, Lunamque Cœlo deripit.
(d) *Ieron. in hunc loc.*

41. *Viri Ninivitæ surgent in Judicio cum generatione ista, & condemnabunt eam, quia pœnitentiam egerunt in prædicatione Jonæ. Et ecce plus quàm Jonas hic.*

42. *Regina Austri surget in Judicio cum generatione ista, & condemnabit eam; quia venit à finibus terræ audire sapientiam Salomonis; & ecce plus quàm Salomon hic.*

41. Les Ninivites s'éléveront au jour du Jugement contre cette race, & la condamneront; parce qu'ils ont fait pénitence à la prédication de Jonas: & cependant il y a ici plus que Jonas.

42. La Reine du Midi s'élévera au jour du Jugement contre cette race, & la condamnera; parce qu'elle est venuë des extrémitez de la terre, pour entendre la sagesse de Salomon: & cependant il y a ici plus que Salomon.

COMMENTAIRE.

& après cela en sortit sain & sauf. JESUS-CHRIST ne fut pas trois jours, & trois nuits pleines dans le tombeau; il n'y fut qu'une petite partie du Vendredy, depuis le moment qu'il y fut mis sur le soir, jusqu'au commencement du jour du Sabbat; c'est-à-dire, jusqu'à l'entrée de la nuit du Vendredy au Samedy; car les Hébreux comptoient leurs fêtes d'un soir à l'autre. (*a*) Il y demeura toute la nuit, & tout le jour du Sabbat; enfin il y fut une partie du Dimanche, à commencer au soir du Samedy au Dimanche, jusques vers le milieu de la nuit. On trouve dans le Livre d'Esther (*b*) une expression pareille à celle-ci: *Trois jours & trois nuits* y sont mis, pour deux nuits, & un jour plein. Quant au poisson qui engloutit Jonas, on peut voir nôtre Dissertation sur ce sujet.

℣. 41. VIRI NINIVITÆ SURGENT IN JUDICIO. *Les Ninivites s'éleveront au jour du Jugement*. Ou bien: *Ils s'éleveront en jugement*; ils se déclareront partie, & accusateurs contre les Juifs. Ceux-ci n'ont voulu écouter ni Jean-Baptiste, ni JESUS-CHRIST; ceux-là écouterent Jonas, & à sa prédication firent pénitence de leurs péchez, dans le sac, & dans la cendre. (*c*)

℣. 42. REGINA AUSTRI SURGET IN JUDICIO. *La Reine du Midi s'élevera au jour du Jugement contre cette race.* La Reine de *Saba*, Province d'Arabie, située au Midi de la Judée, & aux extrémitez de la terre: *Venit à finibus terræ*; c'est-à-dire, à l'extrémité des terres habitables de ce côté-là; parce que plus loin est l'Océan. Cette Reine qui vint de son pays exprès pour écouter la sagesse de Salomon, s'élevera au jour du Jugement, pour condamner les Pharisiens, & les Scribes avec leur indifférence à écouter JESUS-CHRIST, infiniment plus sage que Salomon: *Ecce plus quàm Salomon hic.* JESUS est la sagesse essentielle, dont

(*a*) *Levit.* XXIII. 32. *A vespera usque ad vesperam celebrabitis Sabbatha vestra.*

(*b*) *Esther* IV. 16.

(*c*) *Jonas.* III. 5. *& seq.*

43. *Cùm autem immundus spiritus exierit ab homine, ambulat per loca arida, quærens requiem, & non invenit.*

44. *Tunc dixit: Revertar in domum meam, unde exivi. Et veniens invenit eam vacantem, scopis mundatam, & ornatam.*

43. Lorsque l'esprit impur est sorti d'un homme, il va dans des lieux arides, cherchant du repos, & n'y en trouve point.

44. Alors il dit : Je retournerai dans ma maison, d'où je suis sorti : & revenant il la trouve vuide, nettoyée & parée.

COMMENTAIRE.

Salomon empruntoit toute celle qui lui a acquis tant de gloire, & de réputation.

℣. 43. CUM AUTEM IMMUNDUS SPIRITUS EXIERIT AB HOMINE, &c. *Lorsque l'esprit immonde est sorti d'un homme, il va dans des lieux arides chercher du repos.* Les Hébreux étoient persuadez que les démons chassez d'auprès des hommes, se retiroient dans les déserts, & les solitudes. C'est ainsi que le démon Asmodée, qui avoit tué les époux de Sara, femme du jeune Tobie, fut relégué dans un désert de la haute Egypte, (*a*) comme dans un exil. D'autres (*b*) enseignent que les mauvais esprits aiment les solitudes, & s'y retirent volontiers. Psellus dit qu'ils demeurent dans les lieux les plus retirez, qui sont extrémement froids, ou extrémement secs. Le peuple croit encore que les lieux inhabitez sont occupez par les démons, & que c'est-là où se tiennent les assemblées des Sorciers. Je croirois bien plûtôt, que le démon cherche la compagnie des hommes, pour les tenter, & pour leur nuire; & qu'il ne se retire dans les déserts, que lorsque confus de sa défaite, il est obligé de cacher sa honte dans des lieux retirez. JESUS-CHRIST parloit aux Juifs, suivant leurs préjugez, & leur idée populaire.

Le but de cette parabole, est de montrer aux Pharisiens, que de même que ceux qui sont délivrez du démon, seulement pour un tems, retombent dans un état pire que le premier, lorsque ce mauvais esprit les obséde, ou les posséde de nouveau; ainsi les Pharisiens qui étoient exemts des désordres grossiers, & qui vivoient aux yeux du monde d'une maniére loüable, étoient intérieurement plus dangereusement malades, & se rendoient plus coupables aux yeux de Dieu, par leur infidélité, leur ingratitude, leur orgueil, leur envie, qu'ils ne l'auroient été, si moins réglez au dehors, ils avoient eu la bonne-foi & l'humilité de reconnoître le besoin où ils étoient de faire pénitence, & de recourir à la grace qui leur étoit offerte par JESUS-CHRIST. (*c*)

(*a*) *Tob.* VIII. 3

(*b*) *Grot. Beza. Camerar. Cnatbul.*

(*c*) *Vide Maldonat.*

45. *Tunc vadit, & assumit septem alios spiritus secum nequiores se, & intrantes habitant ibi: & fiunt novissima hominis illius pejora prioribus. Sic erit & generationi huic pessimæ.*

45. En même-tems il va prendre avec lui sept autres esprits plus méchans que lui; & entrant *dans cette maison*, ils y demeurent: & le dernier état de cet homme devient pire que le premier. C'est ce qui arrivera à cette race criminelle.

COMMENTAIRE.

L'expérience ne justifie que trop en général, ce qu'enseigne ici le Fils de Dieu, touchant les Pharisiens. Ceux qui sont exempts des grands désordres, tombent ordinairement dans de plus énormes excez que d'autres, lorsqu'une fois ils commencent à se déregler. S'ils se laissent prévenir par l'orgueil, par l'envie, par d'autres péchez spirituels, cela fait dans leur cœur de plus grand ravages, & forme de plus grands obstacles à leur retour, que n'auroient pû faire les fautes les plus grossieres qu'ils auroient commis dans une condition moins réglée au dehors. Ceux qui se corrompent dans un état saint, & dans une profession qui les éloigne du mal, deviennent d'ordinaire plus corrompus, que ceux qui vivent dans le commerce du monde; (a) comme la pourriture des plus excellentes choses, est la plus puante. Si les Pharisiens se fussent reconnus pécheurs, Jesus-Christ les auroit aisément guéris: (b) *Si vous vous reconnoissiez aveugles, vous n'auriez point de péchez: mais puisque vous dites que vous êtes clairvoyans, vôtre pêché demeure.*

Plusieurs Peres (c) l'entendent des Juifs en géneral; cette nation avoit été en quelque sorte exceptée de la malédiction commune du genre humain. Elle avoit été par distinction délivrée de la servitude du démon, pendant que tous les autres peuples du monde avoient été livrez à son empire. Après le retour de la captivité de Babylone, ils avoient été délivrez du démon impur de l'idolâtrie, qui les avoit tourmentez sous les regnes des Rois de Juda, & d'Israël. Ce malin esprit avoit fait de violens, mais vains efforts pour rentrer dans son ancien domicile, sous le regne, & pendant la persécution d'Antiochus Epiphanes. Enfin voyant qu'il n'en pouvoit venir à bout par la violence, trouvant sa maison vuide de vertus, quoiqu'exempte de superstitions Payennes, & ornée de la connoissance de la Loi de Dieu, & de l'appareil des cérémonies de la vraye Religion; il prit avec lui sept autres esprits plus mauvais que lui, & engagea les Juifs, sous prétexte de piété, dans l'hypocrisie, la vanité, la su-

(a) *August. Ep. olim 137. nunc 78. n. 9. Quomodo difficile expertus sum meliores, quàm qui in Monasteriis profecerunt; ita non sum expertus pejores, quàm qui in monasteriis ceciderunt.*

(b) *Joan. IX. 41.*

(c) *Hilar. & Ieron. & Beda, Auth. Oper. imperfecti. hic. Vide & Grot. & alios.*

46. Adhuc eo loquente ad turbas, ecce mater ejus, & fratres stabant foris, quærentes loqui ei.

46. Comme il parloit encore au peuple, sa mere & ses freres *étant arrivez*, & se tenant au dehors, demandoient à lui parler.

COMMENTAIRE.

perstition, & les fausses explications de la Loi : ce qui les remplit d'orgueil, & de faux préjugez, qui leur firent enfin rejetter JESUS-CHRIST, & son Evangile. Voilà l'état où ils étoient, lorsque le Sauveur leur parloit.

Depuis ce tems la Synagogue a été de nouveau livrée au démon, au Prince de ce siécle, qui y exerce un empire bien plus violent qu'il n'avoit fait, même avant la Loi de Moyse. Ce n'est plus un seul démon qui la posséde, c'est une légion de démons. Ce n'est plus à l'idolâtrie grossiére qu'ils sont abandonnez, c'est à de vaines traditions, à une infinité de pratiques superstitieuses, à un aveuglement grossier, à un sens réprouvé, à un dégoût des véritez du Ciel, à une horreur de JESUS-CHRIST, & de sa doctrine, qui seule seroit capable de les tirer de cet état si terrible. Ce sens me paroît le plus litteral.

Les Peres (*a*) l'entendent dans le moral, des Chrétiens, qui ayant reçû la grace de la justification dans le Baptême, tombent dans le péché, & se livrent de nouveau au démon, qui reprend dans leur cœur la place qu'il avoit abandonnée, & qui s'y fait une nouvelle demeure avec *sept démons*; c'est à dire, avec un bien plus grand nombre (*b*) qu'auparavant. *Tunc maximè sævit, cùm hominem plenè sentit liberatum : tunc plurimum accenditur, dum extinguitur*, dit Tertullien.

ỷ. 46. ADHUC EO LOQUENTE AD TURBAS, ECCE MATER EIUS, &c. *Comme il parloit encore, sa Mere & ses freres étant arrivez, & se tenant dehors, demandoient à lui parler.* Ils se tenoient dehors, parce qu'ils ne pouvoient entrer dans la maison, à cause de la foule. Les freres de JESUS-CHRIST, dont il est parlé ici, ne sont ni les fils de Marie, comme le prétendoit Hélvidius, qui croyoit qu'après la naissance de JESUS-CHRIST elle avoit eu d'autres enfans de S. Joseph. Mais ce sont les fils de Joseph, que presque tous les anciens Peres (*c*) ont crû avoir

(*a*) *Tertull. lib. de pœnitentia. Ambros. lib. 7. in Lucam. Gregor Nazianz. orat. 37. Greg. Magn. Pastoral. Cura p. 3. admon. 31. &c Aug. l. 1. Quæst. in Matt. qu. 8. Author Oper. imperfecti Homil. 31.*

(*b*) *1. Reg II. 5. & Ps. XLVIII. 164. Levit. XXVI. 24. Prov. XXIV. 16. Isai. XXX. 26. Sept*, mis pour plusieurs fois

(*c*) *Ita Græci PP. nonnulli ex Libb. apocryphis. Ita Hilar. in Matt & Ambros. in Luc. l. 7. de Instit. Virg. Epiphan. hæres. 28. & 78. Origen. in Luc. Homil. 7. & in Matt. p. 223. Edit. Huet.*

été

47. *Dixit autem ei quidam: Ecce mater tua, & fratres tui fores stant quærentes te.*	47. Et quelqu'un lui dit : Voilà vôtre mere, & vos freres, qui sont dehors, & qui vous demandent.

COMMENTAIRE.

été marié avant que d'épouser Marie, & avoir eu des enfans de ce premier mariage. Ou ce sont les cousins germains du Sauveur, nez de Marie fille, ou épouse de Cléophas, & sœur de la sainte Vierge ; ou enfin, ce sont des parens de JESUS-CHRIST, selon la chair ; car on sait que dans l'Ecriture, le nom de frere se prend dans un sens fort étendu. On en dira davantage ci-après sur le ỳ. 55. du Chap. XIII. où l'on trouve le nom de ces parens de JESUS-CHRIST.

Mais quel étoit le motif du voyage de la sainte Vierge, & des freres de JESUS dans cette occasion ? S. Marc (a) dit qu'ils croyoient qu'il étoit hors de son bon sens : *Sui exierunt tenere eum ; dicebant enim, quia in furorem versus est.* Ce qu'on ne peut admettre qu'avec restriction, en disant, que quelques-uns des parens de JESUS-CHRIST qui ne croyoient pas en lui, (b) avoient cette opinion. Mais on ne peut sans impiété, imputer cela à la sainte Vierge, par exemple, ni aux autres parens de J. C. dont la sainteté est connuë. Quelques-uns croyent (c) que c'étoit une feinte de leur part, & qu'ils dirent que le Sauveur étoit hors de son bon sens, pour tâcher de le tirer de la maison, & pour lui découvrir le complot des Pharisiens, qui avoient résolu sa perte. L'Auteur de l'Ouvrage imparfait sur S. Matthieu, (d) s'est imaginé que le démon craignant que JESUS ne convertît ceux à qui il parloit, inspira aux parens de JESUS-CHRIST, de le venir tirer du milieu d'eux. Tertullien, (e) saint Chrysostome, & Théophylacte ont attribué cette démarche à une secrette vanité de leur part, qui les portoit à faire connoître au monde, qu'ils étoient parens d'un si grand Prophéte. Mais peut-on avoir cette pensée de la sainte Vierge ? Auroit-elle pû, je ne dis pas former cette pensée ; mais se joindre à la compagnie de gens qui auroient eu cette intention ? Quelques Interprétes (f) traduisent le Grec de S. Marc, par : *Il est tombé en défaillance* ; ou, il est en danger d'y tomber. C'est ce que craignoient la Mere, & les parens de JESUS-CHRIST. Ce verbe Grec *existêmi*, dans le nouveau Testament, se prend ordinairement pour le transport de joye, ou d'étonnement, ou d'admiration. Saint Paul (g)

(a) *Marc* III. 21. Ὅτι Ἐξέστη.
(b) *Joan* VII. 5.
(c) *Maldon. Grot. in Marc.* III. 21. *&* *Casaubon. in Baron.*
(d) *Author Oper. imper. Homil.* 31.
(e) *Tertull. lib. de Carne Christi. Chrysost. & Theophylact hic.*
(f) Voyez Grot. sur S. Marc, & nôtre Commentaire sur le même Evangeliste, III. 21.
(g) 2. *Cor.* V. 13. Εἴτε γὰρ ἐξέστημεν, Θεῷ, εἴτε σωφρονοῦμεν, ὑμῖν.

48. *At ipse respondens dicenti sibi, ait : Quæ est mater mea, & qui sunt fratres mei?*

48. Mais il répondit à celui qui lui dit cela : Qui est ma mere, & qui sont mes freres?

49. *Et extendens manum in Discipulos suos, dixit : Ecce mater mea, & fratres mei.*

49. Et étendant sa main vers ses Disciples : Voici ma mere, dit-il, & mes freres.

50. *Quicumque enim fecerit voluntatem Patris mei qui in Cœlis est, ipse meus frater, & soror, & mater est.*

50. Car quiconque fait la volonté de mon Pere, qui est dans les Cieux ; celui-là est mon frere, ma sœur, & ma mere.

COMMENTAIRE.

s'en sert pour marquer l'excès qu'il a commis en se loüant devant les Corinthiens, ou l'excès de son zéle, qui l'a porté à leur raconter ce qu'il a fait pour Dieu. *Sive excedimus, Deo; sive sobrii sumus, vobis.* Mais la plûpart l'entendent comme la Vulgate : Il est tombé dans la folie, il a perdu l'esprit.

℣. 48. QUÆ EST MATER MEA, ET QUI SUNT FRATRES MEI? *Qui est ma mere, & qui sont mes freres?* Quelques Hérétiques, comme les Marcionites, & les Manichéens, abusoient de ce passage, pour montrer que JESUS-CHRIST n'avoit point eu une vraye chair, & qu'il ne reconnoissoit point de parens sur la terre. (*a*) Sa réponse ne signifie autre chose, sinon, que quand il s'agit de la gloire, & des interêts de Dieu, on ne doit plus considérer ni parens, ni amis; on ne doit écouter ni la chair, ni le sang, dès qu'ils s'opposent à ce que Dieu demande de nous. (*b*) Il nous enseigne par-là, qu'il préfére aux parens, & aux amis, selon la chair, ceux qui lui sont attachez selon l'esprit; ceux qui l'écoutent, qui l'aiment, qui le suivent. (*c*) *Non injuriosè refutantur parentes,* dit S. Ambroise; (*d*) *sed religiosiores copulæ mentium docentur esse, quàm corporum.* Comme dans une autre occasion, il répondit à celle qui disoit: (*e*) *Bienheureux le sein qui vous a porté, & les mammelles qui vous ont allaité : Mais bien plus heureux ceux qui écoutent la parole de Dieu, & qui la pratiquent.* C'est par-là que ma Mere est infiniment plus heureuse que si elle étoit ma Mere selon le corps. (*f*)

(*a*) *Vide Ieron. & Chrysost. hic. & Epiph. hæres. 42.*
(*b*) *Ieron. hic. Erasm. Brug. Grot. Vide Luc. II. 49. Joan. II. 4. Matt. XVI. 23.*
(*c*) *Maldon. hic.*
(*d*) *Ambrof. l. VI. in Luc. n. 56.*
(*e*) *Luc. XI. 27. 28.*
(*f*) *Chrysost. Homil. 45. Beda, in Luc. lib. 4. c. 49.*

CHAPITRE XIII.

Paraboles du Semeur ; du bon grain, & de l'yvroïe. Du grain de moutarde ; du levain ; du trésor caché dans le champ ; du marchand qui cherche des perles ; des filets qui enferment toute sorte de poissons. JESUS *dans les Synagogues. Scandale des Juifs.*

✝. 1. *IN illo die exiens Jesus de domo, sedebat secus mare.*

2. *Et congregatæ sunt ad eum turbæ multæ, ita ut in naviculam ascendens sederet, & omnis turba stabat in littore :*

3. *Et locutus est eis multa in parabolis, dicens : Ecce exiit qui seminat, seminare.*

✝. 1. CE même jour JESUS étant sorti de la maison, s'assit auprès de la mer.

2. Et il s'assembla autour de lui une grande foule de peuple ; c'est pourquoi il monta dans une barque, où il s'assit, tout le peuple se tenant sur le rivage ;

3. Et il leur disoit beaucoup de choses en paraboles, leur parlant *de cette sorte :* Celui qui séme est sorti pour semer ;

COMMENTAIRE.

✝. 1. EXIENS JESUS DE DOMO, SEDEBAT SECUS MARE. *Jesus étant sorti de la maison, s'assit auprès de la mer.* JESUS ayant été assiégé dans sa maison pendant toute la matinée, par le peuple qui l'écoutoit, en sorte qu'il n'avoit pas même le tems de manger ; (*a*) en sortit enfin l'après-dînée, & alla le long du lac. Il s'y vit encore bientôt environné de gens, qui étoient accourus pour le voir, & pour l'entendre. Mais comme il ne pouvoit commodément demeurer sur le bord, à cause des troupes qui le pressoient ; il monta dans une barque de pêcheur, & s'étant un peu avancé dans le lac, il commença à leur parler.

✝. 3. LOCUTUS EST EIS MULTA IN PARABOLIS, *Il leur disoit beaucoup de choses en paraboles.* JESUS CHRIST suivoit en cela le goût des Syriens, & des Juifs, suivant la remarque de S. Jérôme. (*b*) Il mêloit dans tous ses discours beaucoup de maniéres de parler proverbiales. On en a vû un très-grand nombre dans les Chap. précédens : mais ici c'est autre chose ; ce sont des similitudes, des comparaisons, des exemples, & quelquefois des espéces d'énigmes qu'il propose aux troupes, & dont il ne leur donne pas toûjours l'intelligence ; afin que cette parole d'Isaïe

(*a*) *Marc.* III. 20. (*b*) *Ieron. in Matt. c.* 18.

4. *Et dum seminat, quædam ceciderunt secus viam, & venerunt volucres Cœli, & comederunt ea.*

5. *Alia autem ceciderunt in petrosa, ubi non habebant terram multam: & continuò exorta sunt, quia non habebant altitudinem terræ.*

6. *Sole autem orto æstuaverunt: & quia non habebant radicem, aruerunt.*

7. *Alia autem ceciderunt in spinas: & creverunt spinæ, & suffocaverunt ea.*

4. Et pendant qu'il semoit, quelque partie de la semence tomba le long du chemin, & les oiseaux du Ciel étant venus, la mangerent.

5. Une autre tomba dans des lieux pierreux, où elle n'avoit pas beaucoup de terre; & elle leva aussi-tôt, parce que la terre où elle étoit, n'avoit pas de profondeur.

6. Mais le soleil s'étant levé ensuite, elle en fut brûlée; & comme elle n'avoit point de racine, elle sécha.

7. Une autre tomba dans des épines; & les épines venant à croître, l'étoufferent.

COMMENTAIRE.

(*a*) fût accomplie: *Vous écouterez sans entendre, & vous verrez sans comprendre.* Ainsi que le Sauveur lui-même nous en avertit ci-après au ℣. 14.

Cette maniére d'instruire par des similitudes, & des exemples, a quelque chose de grand & de majestueux dans les matiéres de Religion; & dans celles qui ne regardent que la Philosophie, elle applique l'esprit, & l'attache avec plaisir. Les Payens (*b*) cachoient les mystéres de leur religion, partie par honte, & partie par politique. Découvrir la vérité, disoient-ils, c'est fournir aux foux l'occasion de la mépriser, & rendre les sages paresseux; au lieu que les emblêmes, & les fables qui voilent la Religion, empêchent les uns de la mépriser, & obligent les autres à l'étudier. Mais, à dire le vrai, ils n'avoient pas interêt que les sages étudiassent le fond de leurs mystéres, & de leurs fables: ils en auroient bientôt découvert la honte, la fausseté, & le ridicule. Dans la vraye Religion, les énigmes, les obscuritez sont proposées dans d'autres vûës. Ce n'est pas précisément ni pour en dérober la connoissance aux simples, ni pour exciter les sages à les approfondir; (*c*) c'étoit un mystére de la justice de Dieu sur les Juifs. Cette nation ingrate & infidelle avoit mérité que Dieu se choisît ailleurs un peuple bien-aimé. La réprobation des Juifs étoit résoluë dans les decrets éternels. Pour éprouver leur foi, & leur attachement, il leur avoit découvert des véritez claires, & leur en avoit offert d'autres obscures. Ils ont méprisé les unes & les autres; & en rejettant les véritez claires, ils ont perdu la connoissance des véritez obscures qui auroient fait leur bonheur, & leur salut. Le Messie leur étoit clai-

(*a*) *Isai.* VI. 9.
(*b*) *Proclus.*
(*c*) *August. l.* XII. *contra Faust. c.* 7. *Ad exercitationem quærentis, & delectationem audientis.*

8. *Alia autem ceciderunt in terram bonam : & dabant fructum, aliud centesimum, aliud sexagesimum, aliud trigesimum.*

9. *Qui habet aures audiendi, audiat.*

10. *Et accedentes Discipuli, dixerunt ei : Quare in parabolis loqueris eis ?*

11. *Qui respondens, ait illis : Quia vobis datum est nosse mysteria Regni Cœlorum : illis autem non est datum.*

8. Un autre enfin tomba dans une bonne terre; & elle porta du fruit, quelques grains rendant cent pour un ; d'autres soixante, & d'autres trente.

9. Que celui-là entende, qui a des oreilles pour entendre.

10. Ses Disciples s'approchant, lui dirent : Pourquoi leur parlez-vous en paraboles ?

11. Et leur répondant, il leur dit : C'est parce que pour vous autres, il vous a été donné de connoître les mystéres du Royaume des Cieux ; mais pour eux il ne leur a pas été donné.

COMMENTAIRE.

rement promis. Les Caractéres du Messie étoient plus obscurs. Ils n'ont pas voulu reconnoître le Messie dans JESUS-CHRIST ; ils ont confondu ses Caractéres. C'est ce qui a fait leur perte & leur malheur : ils s'étoient attiré cela par une longue suite d'infidélitez, & de crimes.

ỽ. 8. ALIUD CENTESIMUM. *Cent pour un.* Cette multiplication du grain dans la terre est extraordinaire ; mais elle n'est pas impossible, comme le prouve l'exemple d'Isaac, (*a*) qui ayant semé du grain dans le territoire de Gérare, en retira le centuple. Pline remarque (*b*) que les champs de Leontium en Sicile, & ceux de toute la Bétique en Espagne, & sur toute la terre d'Egypte, produisent le centuple du froment qu'on a semé. A Bizacium en Afrique il est ordinaire de recüeillir cent cinquante pour un. Un Econome qu'Auguste avoit en ce pays-là, lui envoya par rareté près de quatre cens tiges, qui étoient sorties d'un seul grain. On en envoya trois cens quarante à Néron, produite aussi d'un seul grain.

ỽ. 9. QUI HABET AURES AUDIENDI, AUDIAT. *Que celui-là entende, qui a des oreilles pour entendre.* JESUS-CHRIST employe souvent cette maniére de parler, pour réveiller l'attention de ses Auditeurs; & pour leur faire comprendre que la chose qu'il leur dit, mérite une attention particuliére. (*c*) On la trouve dans l'ancien Testament ; (*d*) & il paroit que c'étoit une maniére de proverbe parmi les Juifs. (*e*)

ỽ. 10. ACCEDENTES DISCIPULI, DIXERUNT. *Ses Disciples s'approchant de lui, lui dirent : Pourquoi leur parlez vous en paraboles ?* On voit par S. Marc (*f*) que les Disciples ne dirent cela au Sauveur, qu'après qu'il fut de retour à la maison, & qu'ils se trouverent seuls avec lui.

(*a*) *Genes.* XXVI. 12.
(*b*) *Plin. l.* XVIII. *c.* 10.
(*c*) *Vide Ieron. hic.*
(*d*) *Deut.* XXIX 14.
(*e*) *Matt* XI. 15. *Apoc.* II 7. 11. 17. 29. III. 6. 13. 22. XIII. 9.
(*f*) *Marc.* IV. 10. *Cùm esset singularis interrogaverunt eum.*

12. *Qui enim habet, dabitur ei, & abundabit; qui autem non habet, & quod habet auferetur ab eo.*

12. Car quiconque a *déja*, on lui donnera *encore*, & il sera dans l'abondance : mais pour celui qui n'a point, on lui ôtera *même* ce qu'il a.

13. *Ideò in parabolis loquor eis: quia videntes non vident, & audientes non audiunt, neque intelligunt.*

13. C'est pourquoi je leur parle en paraboles; parce qu'en voyant ils ne voyent point, & qu'en écoutant ils n'entendent, ni ne comprennent point.

COMMENTAIRE.

℣. 11. VOBIS DATUM EST NOSSE MYSTERIA REGNI COELORUM. *Il vous a été donné de connoître les mystéres du Royaume des Cieux; mais pour eux il ne leur a pas été donné.* Il refuse aux Juifs la connoissance des véritez qu'ils ont tant de fois méprisées. Il accorde aux Apôtres cette même connoissance, dont ils s'étoient rendus dignes par leur fidélité. (*a*) C'est ainsi que plusieurs anciens, & sur tout les Grecs, l'ont entendu. Mais S. Augustin (*b*) & ceux qui l'ont suivi, rejettent la cause de ce refus que J. C. fait aux Juifs, de leur communiquer ses mystéres, sur leur réprobation. Mais est-il bien certain qu'en cet endroit il s'agisse de la réprobation, ou de la prédestination à la béatitude? Or s'il ne s'agit que de la prédestination à la Foi, rien n'empêche qu'on ne dise que les Juifs ont mérité par leur ingratitude que Dieu leur refusât ses lumiéres, dont ils s'étoient rendus indignes. Judas à qui le Sauveur révéla ses mystéres, comme aux autres Apôtres, étoit un réprouvé, & un vase d'ignominie. Et qui nous dira, si parmi ces troupes de peuples à qui J. C. refusa alors la découverte de ses véritez, il n'y en avoit aucun de prédestiné à la gloire; qu'aucun ne se convertit après, ou même avant la Résurrection du Sauveur.

℣. 12. QUI ENIM HABET, DABITUR EI. *Car quiconque a déja, on lui donnera encore; mais à celui qui n'a point, on lui ôtera même ce quil a.* Dans la rigueur, on ne peut rien ôter à celui qui n'a rien. Mais celui qui n'a que peu, est censé n'avoir rien; & lui ôter ce peu, c'est lui ôter tout. (*c*) Les Apôtres avoient reçû le don de la Foi; JESUS-CHRIST les avoit instruits familiérement, & assiduëment; il les avoit comblez des marques de sa tendresse; ils étoient riches en dons spirituels. Il ajoûte à ces richesses de nouvelles graces; il leur donne l'intelligence des paraboles, & leur découvre le mystére du Royaume des Cieux. Les Juifs au contraire, étoient dans la pauvreté des dons spirituels; dénuez de lumié-

(*a*) *Ita Hilar. Chrysost. Author Oper. imperfect. Beda, Theophyl. Euthym.*

(*b*) *Aug. l. de Prad. st. SS. c. 8 & 16. Lib. de Bono Perseverantia, c. 8. 9. 11. Lib. de Gratia, & libero arbitr. c. 23. & l. de Corrept. & Gratia, c. 4. 6. 7. 8.*

(*c*) *Juvenal. Satyr 3. Nihil habuit Codrus; quis enim negat? Et tamen illud perdidit infelix, totum nihil.*

14. *Et adimpletur in eis prophetia Isaiæ dicentis : Auditu audietis, & non intelligetis, & videntes videbitis, & non videbitis.*

15. *Incrassatum est enim cor populi hujus, & auribus graviter audierunt, & oculos suos clauserunt : nequando videant oculis, & auribus audiant, & corde intelligant, & convertantur, & sanem eos.*

14. Ainsi la prophétie d'Isaïe s'accomplit en eux, lorsqu'il dit : Vous écouterez de vos oreilles, & vous n'entendrez point ; vous regarderez de vos yeux, & vous ne verrez point.

15. Car le cœur de ce peuple s'est appésanti, & leurs oreilles sont devenuës sourdes, & ils ont fermé leurs yeux, de peur que leurs yeux ne voyent, que leurs oreilles n'entendent, que leur cœur ne comprenne ; & que s'étant convertis, je ne les guerisse.

COMMENTAIRE.

res, de foi, de sagesse : Il leur restoit quelque lueur qu'ils tiroient de la Loi de leurs peres ; Jesus-Christ leur ôte ce peu de clarté qui leur restoit ; il les livre à leur sens réprouvé ; il les abandonne à leur propre aveuglement. (*a*)

℣. 13. Videntes non vident,... (℣. 14.) Et adimpletur in eis prophetia Isaiæ. *En voyant ils ne voyent point ; & en écoutant, ils ne comprennent point :* (℣. 14.) *Ainsi la prophétie d'Isaïe s'accomplit en eux : Vous écouterez de vos oreilles, & vous n'entendrez point, &c.* Je leur parle en paraboles, pour punir leur incrédulité, & leur mépris pour ma parole. Ils n'ont point voulu recevoir mes instructions, ils ont imputé mes miracles à la magie. A mon tour je leur parlerai un langage qu'ils n'entendront point ; & ils verront les prodiges que j'opérerai, sans les comprendre. (*b*) On remarquera dans leurs personnes l'accomplissement de ce que disoit Isaïe aux Hébreux de son tems, qu'ils voyent, sans connoître ; qu'il entendent, sans comprendre, parce que leur cœur est endurci, que leurs yeux sont aveuglez, & leurs oreilles devenuë sourdes.

Saint Matthieu nous a cité le Texte d'Isaïe d'une maniére un peu différente de ce qu'on lit dans l'original. On a déja remarqué, que d'ordinaire il s'attache plûtôt au sens qu'aux paroles. Voici ce que porte l'Hébreu : (*c*) *Allez, & dites à ce peuple : Ecoutez en écoutant, & ne comprenez pas ; voyez, en voyant, & n'appercevez pas. Engraissez le cœur de ce peuple, & appesantissez ses oreilles, & fermez ses yeux, afin qu'il ne voye pas de ses yeux, qu'il n'entende pas de ses oreilles, & que son cœur ne comprenne pas, & qu'il ne se convertisse point, & qu'il ne soit point guéri.* Dans cet endroit l'Evangéliste a suivi les Septante, aussi bien que saint Paul

(*a*) *Vide Hilar. & Ieron. in hunc loc.*
(*b*) *Chrysost. hic.*
(*c*) *Isai. VI. 9.*

16. *Vestri autem beati oculi quia vident; & aures vestra quia audiunt.*

16. Mais *pour vous*, vos yeux sont heureux de ce qu'ils voyent, & vos oreilles de ce qu'elles entendent.

17. *Amen quippe dico vobis, quia multi Prophetæ & Justi cupierunt videre quæ videtis, & non viderunt; & audire quæ auditis, & non audierunt.*

17. Car je vous dis en vérité, que beaucoup de Prophétes, & de Justes ont souhaité de voir ce que vous voyez, & ne l'ont pas vû; & d'entendre ce que vous entendez, & ne l'ont pas entendu.

18. *Vos ergo audite parabolam seminantis.*

18. Ecoutez donc, vous autres, la parabole de celui qui séme.

19. *Omnis qui audit verbum Regni, & non intelligit, venit malus, & rapit quod seminatum est in corde ejus: hic est qui secus viam seminatus est.*

19. Quiconque écoute la parole du Royaume, & n'y fait point d'attention, l'*esprit* malin vient, & enléve ce qui avoit été semé dans son cœur: c'est-là celui qui a reçû la semence le long du chemin.

COMMENTAIRE.

dans les Actes. (*a*) Dieu semble ordonner à Isaïe, selon l'Hébreu, d'endurcir le peuple, & de l'empêcher d'entendre, & de voir. Ce qui ne peut s'expliquer, qu'en disant que Dieu lui commande de prédire aux Juifs ce qui doit arriver. Vous entendrez sans comprendre; vous verrez, sans appercevoir; vous aurez le cœur endurci, & les oreilles appesanties, & les yeux fermez. Vous ne vous convertirez point, & ne serez point guéris. On dit souvent dans le style des Prophétes, qu'ils font ce qu'ils prédisent. La prophétie dont nous parlons, eut son premier accomplissement sur les Juifs, du tems d'Isaïe. Elle s'exécuta encore du tems de nôtre Sauveur. Il trouva dans le cœur, & dans l'esprit de ce peuple, des mêmes dispositions qu'y avoit trouvé Isaïe.

℣. 16. VESTRI AUTEM BEATI OCULI. *Vos yeux sont heureux de voir ce qu'ils voyent*. Voilà en quoi consiste le vrai bonheur des Apôtres, & des autres Fidéles; c'est de voir, d'entendre, de comprendre, de sentir, de goûter, d'aimer les véritez célestes. Les Apôtres ont été fort privilégiez au-dessus des Justes, & des Prophétes de l'ancien Testament, en ce que le Fils de Dieu s'est découvert à eux, qu'il leur a parlé sans énigmes, qu'il a vêcu & conversé avec eux. *Abraham a désiré avec ardeur de voir mon jour*, ma venuë, dit JESUS-CHRIST. (*b*) *Il l'a vû, & s'en est réjoüi*. Mais il ne l'a vû que de loin; il ne s'en est réjoüi que dans l'espérance qu'il viendroit un jour; mais pour nous. *Nous vous annonçons la parole de vie qui étoit dès le commencement, que nous avons oüie, que nous avons vûë de nos yeux, que nous avons regardée avec attention, que nous avons touchée de nos mains*, dit l'Apôtre S. Jean. (*c*)

(*a*) *Act.* XXVIII. 26.
(*b*) *Joan.* VIII. 56.
(*c*) I. *Joan.* I, 2.

℣. 19.

20. *Qui autem super petrosa seminatus est, hic est, qui verbum audit, & continuò cum gaudio accipit illud:*

20. Celui qui reçoit la semence au milieu des pierres, c'est celui qui écoute la parole, & qui la reçoit à l'heure-même avec joye.

21. *Non habet autem in se radicem, sed est temporalis; factâ autem tribulatione, & persecutione propter verbum, continuò scandalizatur.*

21. Mais il n'a point en soi de racine, & il n'est que pour un tems: & lorsqu'il survient des traverses, & des persécutions, à cause de la parole, il en prend aussi-tôt un sujet de scandale, & de chûte.

22. *Qui autem seminatus est in spinis, hic est, qui verbum audit, & sollicitudo sæculi istius, & fallacia divitiarum, suffocat verbum, & sine fructu efficitur.*

22. Celui qui reçoit la semence parmi les épines, c'est celui qui entend la parole; mais ensuite les sollicitudes de ce siécle, & l'illusion des richesses étouffent en lui cette parole, & la rendent infructueuse.

COMMENTAIRE.

℣. 19. VERBUM REGNI. *La parole du Royaume.* La prédication de l'Evangile, la parole qui vous annonce la venuë du regne de Dieu, du regne de sa Justice, & de sa vérité. Voyez *Matth.* III. 2.

℣. 20. CUM GAUDIO. *Avec joye.* Transporté de l'amour, charmé de la beauté de la vérité qu'il entend. Mais tout cela n'est que passager, parce qu'il est trop promt, & trop léger. (℣. 21) *Il n'a point de racine.* La parole de Dieu n'a pas le tems de s'affermir en lui, ni d'y fructifier; il l'oublie, il l'abandonne presqu'aussi-tôt qu'il l'a connuë. *Il n'est que pour un tems.* Il est comme ces plantes, qui ne durent que peu de jours, & que le moindre rayon du soleil fanne, & desséche. *Temporalis*, (*a*) en cet endroit est opposé à *perennis*, qui dure toûjours; une plante qui passe en peu de jours, à un arbre qui dure plusieurs années; qui résiste aux ardeurs de l'été, aux vents, & aux tourbillons, & aux rigueurs de l'hyver.

℣. 21. CONTINUO SCANDALIZATUR. *Il prend aussi-tôt sujet de scandale & de chûte.* La moindre contradiction qu'il faut essuyer, le moindre plaisir dont il se faut priver, la moindre violence qu'il se faut faire à soi même, l'oblige à reculer en arriere, & à abandonner la vérité qu'il avoit d'abord embrassée avec tant d'ardeur.

℣. 22. FALLACIA DIVITIARUM, SUFFOCAT VERBUM. *L'illusion des richesses étouffe en lui cette parole.* Ce n'est pas assez que la terre où tombe la semence soit bonne & fertile; il faut qu'elle soit cultivée; si c'est une terre en friche, plus le fond en sera fecond, plus elle produira d'épines, & de mauvaises herbes, qui étoufferont la bonne semence. Un esprit vaste, & éclairé; un cœur bien fait, & bien placé; un excellent naturel, tout cela ne servira de rien pour faire fructifier la parole de vie, si

(*a*) Πρόσκαιρος.

23. *Qui verò in terram bonam seminatus est, hic est, qui audit verbum, & intelligit, & fructum affert, & facit aliud quidem centesimum, aliud autem sexagesimum, aliud verò trigesimum.*

23. Mais celui qui reçoit la semence dans une bonne terre, c'est celui qui écoute la parole, qui y fait attention, & qui porte du fruit, & rend cent, ou soixante, ou trente pour un.

24 *Aliam parabolam proposuit illis, dicens: Simile factum est Regnum Cœlorum homini, qui seminavit bonum semen in agro suo.*

24. Il leur proposa une autre parabole, en disant: Le Royaume des Cieux est semblable à un homme, qui avoit semé de bon grain dans son champ.

COMMENTAIRE.

on se laisse emporter à l'amour des choses terrestres, au soin des affaires, au désir d'amasser du bien; si on s'engage dans des emplois qui occupent nôtre esprit; si l'on se livre à des occupations trop fortes, & qui demandent trop d'attention. Cet amour, ces soins, ces inquiétudes, étoufferont la parole de vie. Il donne aux richesses le nom d'illusion, de tromperie, *fallacia divitiarum;* parce qu'en effet elles trompent, elles séduisent, elles éblouïssent ceux qui les cherchent, ou qui les possedent.

℣. 23. QUI VERO IN TERRAM BONAM SEMINATUS EST, HIC EST, &c. *Celui qui reçoit la semence dans une bonne terre, &c.* Il y a dans ce Chapitre plusieurs expressions un peu dures, & des paraboles tronquées, parce que l'évidence de la matiére ne souffre pas qu'on les expose dans toute leur étenduë. Ici JESUS-CHRIST confond *la bonne terre qui reçoit la semence*, avec celui qui reçoit la parole dans son cœur; parce qu'au fond c'est la même chose. Dans la bonne terre même la semence ne multiplie pas également, parce qu'il y a dans la terre plusieurs degrez de bonté, & que l'industrie du laboureur y fait beaucoup. Ainsi la parole de Dieu reçûë dans un bon cœur, n'y fructifie pas toûjours de même. Tel produit le centuple, tel le soixantiéme, & tel autre le trentiéme. C'est la même semence, mais la terre n'est pas dans le même dégré de bonté: L'une est meilleure, & l'autre est moins préparée.

Saint Augustin (*a*) attribuë le centiéme aux Martyrs, le soxantiéme aux Vierges, & le trentiéme aux personnes mariées. Saint Jérôme (*b*) donne le centiéme à celles qui gardent la continence, le soixantiéme aux veuves, & le trentiéme à ceux qui gardent la chasteté conjugale dans le mariage. L'Auteur de l'Ouvrage imparfait sur saint Matthieu, veut que les Martyrs portent le centuple, ceux qui quittent tout pour suivre JESUS-CHRIST, le soixantiéme; & ceux qui se contentent de l'observation com-

(*a*) *Aug. l. 1. Quæst. in Evang. c. 9.*
(*b*) *Ieronym. hic, & lib. contra Jovinian. & ad Pammach. & Athanas. Ep. ad Ammon. Monach.*

25. *Cùm autem dormirent homines, venit inimicus ejus, & superseminavit zizania in medio tritici, & abiit.*

26. *Cùm autem crevisset herba, & fructum fecisset, tunc apparuerunt & zizania.*

25. Mais pendant que les hommes dormoient, son ennemi vint, & séma de l'yvraïe au milieu du bled, & s'en alla.

26. L'herbe ayant donc poussé, & étant montée en épi, l'yvraïe commença aussi à paroître.

COMMENTAIRE.

mune des préceptes, le trentiéme Théophylacte donne le premier rang aux Anachorétes, le second aux Cénobites, ou Religieux vivans en communauté; & le troisiéme aux personnes mariées.

℣. 24. SIMILE FACTUM EST REGNUM COELORUM HOMINI, QUI SEMINAVIT BONUM SEMEN, &c. *Le Royaume des Cieux est semblable à un homme, qui avoit semé de bon grain dans son champ; mais pendant la nuit son ennemi vint, & séma de l'yvraïe au milieu du bled. Le Royaume des Cieux* en cet endroit, marque l'Eglise de JESUS-CHRIST, ou la prédication de l'Evangile; ou en général, le sacré ministére de la parole de Dieu. Tous les Ministres de l'Evangile, tous ceux qui font la fonction d'Apôtres, ne sont pas de vrais Apôtres. Tous ceux qui parlent au nom du Seigneur ne sont point envoyez du Seigneur; tous ceux qui prophétisent en son nom, ne sont point remplis de son Esprit. (*a*) *Væ Prophetis insipientibus qui sequuntur spiritum suum, & nihil vident*, dit Ezéchiel. (*b*) Les Scribes, & les Pharisiens se mêlent de répandre la semence de la parole de Dieu; mais au lieu de répandre un bon grain, ils sément de l'yvraïe. Moi, & mes Apôtres nous prêchons la vérité pure, & sans mélange. Mais nos ennemis les Juifs, les Herétiques, les faux freres, & tous les ministres du démon viennent pendant la nuit, & lorsqu'on y pense le moins, semer le mauvais grain au milieu du bon. C'est ce qu'on a vû de tout tems, dans l'Eglise, & dans la Synagogue. Combien de contradictions n'ont point souffert les vrais Prophétes? Combien d'oppositions n'a point rencontré JESUS-CHRIST de la part des Docteurs de la Loi, des Prêtres, & des Pharisiens? Combien de maux n'ont pas causé dans l'Eglise les Herétiques, & les Novateurs?

La zizanie, ou l'yvraïe, (*c*) est une plante qui a une feüille longue, grasse, & veluë, & sa tige plus grêle que le froment. A la cime de cette tige sort l'épi, long, & garni de petites gousses, qui l'environnent inégalement, & qui renferment trois ou quatre grains ammoncelez, & couverts d'une bourre qu'on ne rompt pas aisément. Le pain où il y a beau-

(*a*) *Jerem.* XIV. 14. 15. 16. XXIII. 25. XXVII. 10. 14. XXIX. 9. *Isai.* LIX. 13.

(*b*) *Ezech.* XIII. 2. 17.

(*c*) Ζιζάνια. *Lolium.*

27. *Accedentes autem servi patris-familias, dixerunt ei : Domine, nonne bonum semen seminasti in agro tuo? Unde ergo habet zizania ?*

27. Alors les serviteurs du pere de famille lui vinrent dire : Seigneur, n'avez-vous pas semé de bon grain dans vôtre champ ? D'où vient donc qu'il y a de l'yvraïe ?

28. *Et ait illis : Inimicus homo hoc fecit. Servi autem dixerunt ei : Vis, imus, & colligimus ea ?*

28. Il leur répondit : C'est un homme qui est mon ennemi, qui l'y a semé. Et ses serviteurs lui dirent : Voulez-vous que nous allions la cueillir ?

29. *Et ait : Non, ne fortè colligentes zizania, eradicetis simul cum eis, & triticum.*

29. Non, leur répondit-il, de peur que cueillant l'yvraïe, vous ne déraciniez en même-tems le bon grain.

30. *Sinite utraque crescere usque ad messem, & in tempore messis dicam messoribus : Colligite primum zizania, & alligate ea in fasciculos ad comburendum, triticum autem congregate in horreum meum.*

30. Laissez croître l'un & l'autre jusqu'à la moisson ; & au tems de la moisson, je dirai aux moissonneurs : Cueillez premiérement l'yvraïe, & liez-la en bottes pour la brûler : mais amassez le bled dans mon grénier.

COMMENTAIRE.

coup d'yvraïe, enyvre, cause des assoupissemens, & des tremblemens de tête, à ceux qui en ont mangé ; d'où lui vient le nom d'*yvraïe*. La feüille de l'yvraïe est assez différente de celle du froment ; mais on distingue principalement cette plante, lorsqu'elle devient grande, & commence à fleurir. Le Fils de Dieu dit ici, que les domestiques du pere de famille ne se défiant de rien, furent surpris de voir l'yvraïe dans le champ de leur maître, lorsque cette plante eut produit son épi. Ils auroient pû la distinguer auparavant, s'ils y eussent fait réfléxion. Ainsi dans l'Eglise souvent on ne remarque l'erreur, & les dangereux effets des nouveautez, que lorsqu'elles ont produit leurs fruits, & qu'elles sont trop enracinées, pour être aisément arrachées. Les ministres du Pere de famille ne manquent pas de zéle, & voudroient bien séparer l'yvraïe du froment. Mais il faut attendre la moisson, & le Jugement dernier : alors le maître de la moisson fera lui-même ce discernement. Le jour de la vengeance est souvent désigné dans l'Ecriture, sous la figure d'une moisson. (a)

Dans l'Eglise l'yvraïe sera toûjours mêlée avec le bon grain, les bons avec les méchans ; les réprouvez avec les élûs, jusqu'à ce qu'il plaise au Seigneur de les séparer. (b) Les Pasteurs séparent quelquefois de l'Eglise, ceux qui par leurs crimes se sont rendus dignes de l'excomunication, & de l'anathême. Mais ils prennent bien garde que cette séparation ne puisse attirer un schisme dans l'Eglise : *Fiat hoc ubi periculum schismatis*

(a) Voyez *Joël.* III. 13. *Apoc.* XIV. 15.
(b) *Vide Chrysost. & Ieronym. hic. August. lib. 3. contra Parmenian. c. 3.*

31. *Aliam parabolam proposuit eis, dicens: Simile est Regnum Cœlorum grano sinapis, quod accipiens homo seminavit in agro suo.*

32. *Quod minimum quidem est omnibus seminibus: cùm autem creverit, majus est omnibus oleribus, & fit arbor, ita ut volucres Cœli veniant, & habitent in ramis ejus.*

31. Il leur proposa une autre parabole, en leur disant: Le Royaume des Cieux est semblable à un grain de senevé, qu'un homme prend & séme dans son champ.

32. Ce grain est la plus petite de toutes les semences; mais lorsqu'il est cru, il est plus grand que tous les *autres* légumes, & il devient un arbre: de sorte que les oiseaux du Ciel viennent se reposer sur ses branches.

COMMENTAIRE.

nullum est, dit saint Augustin. (*a*) Car leur sévérité ne doit point aller à arracher, mais à corriger les coupables. Mais lorsque le crime est si connu, si public, si odieux, qu'il n'y a rien à craindre du côté du schisme, que le froment est en sûreté; alors le zéle des Ministres doit se réveiller, & sans manquer à ce que la charité demande, faire paroître toute la rigueur de la discipline, dans la correction du mal. *Non dormiat severitas disciplinæ, in qua tantò est efficacior emendatio pravitatis, quantò diligentior conservatio charitatis.*

℣. 31. SIMILE EST REGNUM COELORUM GRANO SINAPIS. *Le Royaume des Cieux est semblable à un grain de senevé.* La Religion Chrétienne, & la prédication de l'Evangile, désignée ici sous le nom de *Royaume des Cieux*, est semblable à un grain de senevé, en ce que de foible, d'obscure, de petite qu'elle étoit dans ses commencemens, elle devint très-illustre, très-vaste, très-connuë dans la suite; & cela avec une si grande rapidité, qu'en peu de siécles elle effaça, & fit disparoître presque toutes les autres Religions. *Les oiseaux du Ciel vinrent se reposer sur ses branches;* lorsque les Grands du monde, les Rois, les Savans, les Philosophes entrerent dans l'Eglise, se mirent à couvert sous son ombre, & se rassasierent de ses fruits.

℣. 32. QUOD MINIMUM QUIDEM EST OMNIBUS SEMINIBUS. *Ce grain est la plus petite de toute les semences.* Le grain de senevé dans la rigueur n'est pas absolument la plus petite des graines: on en voit d'aussi petites, & encore de plus petites même parmi les semences, qui produisent de très-grands arbres, comme le sapin, la graine de pavot, & celle de la ruë, & plusieurs autres. Dans ces comparaisons familiéres, on ne se pique pas d'une exactitude philosophique; il suffit que la graine de senevé soit fort petite, pour autoriser le Fils de Dieu à parler ainsi au peuple.

(*a*) *August. loco citato.*

33. *Aliam parabolam locutus est eis. Simile est Regnum Cœlorum fermento, quod acceptum mulier abscondit in farinæ satis tribus, donec fermentatum est totum.*

33. Il leur dit encore une autre parabole: Le Royaume des Cieux est semblable au levain qu'une femme prend, & qu'elle mêle dans trois mesures de farine, jusqu'à ce que la pâte soit toute levée.

COMMENTAIRE.

ET FIT ARBOR. *Il devient un arbre.* Dans les pays chauds, & dans les terroirs fertiles, les plantes deviennent d'une hauteur fort au-dessus de tout ce qu'on voit dans nos climats. Les Voyageurs nous racontent sur cela des choses surprenantes. On lit dans les Talmuds de Jérusalem, & de Babylone, (*a*) qu'un certain Simon avoit un pied de moutarde, qui devint si haut & si fort, qu'un homme auroit pû monter dessus sans le rompre. On y lit aussi d'un autre pied de moutarde, qui avoit trois branches, dont l'une servoit d'ombrage à quelques potiers de terre, qui travailloient dessous pendant l'été. Cette branche seule donna trois caques de moutarde. Cela ne doit pas paroître incroyable, après ce que dit Joseph (*b*) d'une plante de ruë, qui étoit dans le château de Macheron, & qui étoit si prodigieuse, qu'elle égaloit la grosseur, & la grandeur d'un figuier de ce pays-là. Elle y subsista plusieurs années, & ne fut coupée que pendant la derniere guerre des Juifs. Le R. Pere de Monfaucon (*c*) dans son voyage d'Italie, assure qu'il vit à Ravenne un rosier qui étoit si grand & si vaste, que quarante personnes auroient pû se mettre à couvert sous son ombre. Cela est d'un autre genre, mais prouve toûjours que l'inégalité du climat fait beaucoup pour augmenter ou diminuer la grandeur des plantes, & des arbres.

℣. 33. SIMILE EST REGNUM COELORUM FERMENTO, &c. *Le Royaume des Cieux est semblable au levain qu'une femme prend, & qu'elle mêle dans trois mesures de farine, jusqu'à ce que la pâte soit toute levée.* Cette parabole a la même signification que la précédente. La doctrine Evangélique, & la Religion Chrétienne, par des commencemens très-foibles, ont insensiblenent causé dans le monde des changemens extraordinaires. On a vû une réforme visible dans les mœurs; l'idolâtrie a été presque abolie; la Loi de Moyse perfectionnée; les coûtumes des Payens rectifiées; le regne du démon affoibli, ou anéanti.

IN FARINÆ SATIS TRIBUS. *Dans trois mesures de farine.* Le *satum*, ou *séah*, suivant l'Hébreu, est le tiers du *Bath*, ou de l'*épha*: il tient neuf pintes, chopine, demi-septier, un posson, & un peu plus. Les trois me-

(*a*) *Talmud. Jerosolym c. 7. Peach, & Talmud. Babyl. cap. Chetub.*

(*b*) *Joseph. l. VII. de Bello, cap. 25. pag. 81.* *in Græco, c. 23*

(*c*) *Diarium Italicum, c. 7.*

34. *Hæc omnia locutus est Jesus in parabolis ad turbas : & sine parabolis non loquebatur eis :*

35. *Ut impleretur quod dictum erat per Prophetam dicentem : Aperiam in parabolis os meum, eructabo abscondita à constitutione mundi.*

36. *Tunc dimissis turbis, venit in domum : & accesserunt ad eum Discipuli ejus, dicentes : Edissere nobis parabolam zizaniorum agri.*

37. *Qui respondens, ait illis : Qui seminat bonum semen, est Filius hominis.*

34. Jesus dit toutes ces choses au peuple en paraboles; & il ne leur parloit point sans paraboles :

35. Afin que cette parole du Prophéte fût accomplie : J'ouvrirai ma bouche *pour parler* en paraboles ; je publierai des choses qui ont été cachées depuis la création du monde.

36. Alors Jesus ayant renvoyé le peuple, vint en la maison; & ses Disciples s'approchant de lui, lui dirent: Expliquez-nous la parabole de l'yvraïe semé dans le champ.

37. Et leur répondant, il leur dit : Celui qui seme le bon grain, c'est le Fils de l'homme.

COMMENTAIRE.

sures, ou les trois *sata*, sont la même mesure que l'*épha*, & par conséquent de vingt-neuf pintes, chopine, demi-settier, un posson, & un peu plus. Il semble que l'épha étoit la mesure ordinaire que l'on cuisoit à la fois. Abraham fit cuire trois *sata*, pour donner à manger aux trois Anges qu'il reçut. (*a*) Gédéon cuisit la même quantité de pain, lorsqu'il voulut traiter l'Ange qui lui étoit apparu. (*b*) Anne mere de Samuël apporta au Tabernacle un épha, ou trois séahs de farine, quand elle y vint offrir le jeune Samuël. (*c*)

℣. 34. SINE PARABOLIS, *Il ne leur parloit point sans paraboles*; c'est-à-dire, il ne leur parla dans cette rencontre qu'en paraboles, dit saint Chrysostome.

℣. 35. UT ADIMPLERETUR QUOD DICTUM EST PER PROPHETAM, DICENTEM : APERIAM, &c. *Afin que cette parole du Prophéte fût accomplie : J'ouvrirai ma bouche pour parler en paraboles.* Saint Jérôme (*d*) remarque que plusieurs Exemplaires lisoient : *Quod dictum erat per Isaïam Prophetam.* L'Auteur du Commentaire sur les Pseaumes, (*e*) que l'on cite ordinairement sous le nom de ce Pere, quoiqu'il ne soit pas de lui, fait la même remarque. On la voit aussi dans la Chaîne des Peres Grecs sur les Pseaumes, (*f*) & dans le Commentaire d'Eusébe sur le même Livre. (*g*) La chose étoit si publique, & si commune, que Porphyre reprochoit aux Chrétiens que S. Matthieu étoit un ignorant, qui avoit

(*a*) *Genes.* XVIII. 6.
(*b*) *Judic.* VI. 19.
(*c*) I. *Reg.* I. 24.
(*d*) *Ieron. hic.*
(*e*) *Ieronymiaster in Psal.* LXXVII.
(*f*) *In Psal.* LXXVII.
(*g*) *Euseb. ibidem.*

38. *Ager autem est mundus. Bonum verò semen hi sunt filii Regni. Zizania autem, filii sunt nequam.*

38. Le champ est le monde. Le bon grain, ce sont les enfans du Royaume. Et l'yvraïe, ce sont les enfans d'iniquité.

39. *Inimicus autem, qui seminavit ea, est diabolus. Messis verò, consummatio sæculi est. Messores autem, Angeli sunt.*

39. L'ennemi qui l'a semé, c'est le diable. Le tems de la moisson, c'est la fin du monde. Les moissonneurs sont les Anges.

40. *Sicut ergo colliguntur zizania, & igni comburuntur; sic erit in consummatione sæculi.*

40. Comme donc on cueille l'yvraïe, & qu'on la brûle dans le feu; il en arrivera de même à la fin du monde.

COMMENTAIRE.

cité Isaïe à faux dans son Evangile. En effet, le passage que nous examinons n'est pas d'Isaïe, mais du Pseaume LXXVII. Toutefois à peine trouve-t'on un seul Exemplaire de S. Matthieu, où le nom d'Isaïe se lise, & ceux qui ont recueilli avec plus de soin les diversitez de leçons sur les Evangiles, ne l'ont remarqué qu'en un seul. (a) S. Jérôme, & l'Auteur du Commentaire sur les Pseaumes, & Eusébe croyent que l'Evangéliste avoit d'abord écrit : *Comme il a été prédit par le Prophéte Asaph*, qui est en effet l'Auteur du Pseaume dont ce passage est tiré; mais que les Copistes ne sachant qui étoit cet Asaph, y avoient substitué le nom d'Isaïe. Après cela les habiles gens, qui savoient que le Prophéte Isaïe n'avoit point dit cela, retrancherent prudemment son nom de leurs Exemplaires, & y laisserent: *Comme il a été dit par le Prophéte*, sans marquer qui étoit ce Prophéte.

ERUCTABO ABSCONDITA. *Je publierai des choses qui ont été cachées dès le commencement du monde.* Les mystéres de l'Evangile, la connoissance des véritez du salut sont ces choses cachées dès le commencement du monde, ou plûtôt dès l'éternité, & qui n'ont été révélées que depuis la venuë de JESUS-CHRIST. C'est ainsi que les Apôtres parlent des véritez Evangéliques. Voyez *Rom.* XVI. 26. *Coloss.* I. 27. 28. & 1. *Cor.* XI. 7. *Loquimur Dei sapientiam in mysterio, quæ abscondita est, quam prædestinavit Deus ante sæcula in gloriam nostram, &c.*

℣. 38. BONUM SEMEN, HI SUNT FILII REGNI. *Le bon grain, sont les enfans du Royaume; & l'yvraïe, sont les enfans d'iniquité; l'ennemi qui l'a semé, est le diable.* Il faut suppléer quelque chose à ce Texte, qui est trop abregé. Le pere de famille qui seme le bon grain, est le Fils de Dieu, & ses Ministres. L'ennemi qui seme le mauvais grain, est le démon, & ses supôts; les hérétiques, les schismatiques, les novateurs. La bonne semence, est la bonne & saine doctrine, dont se nourrissent *les enfans du Royaume*; c'est-à-dire, les vrais fideles, qui demeurent constamment at-

(a) *Vide Var. Lect. Mill. in hunc ℣.*

41. *Mittet Filius hominis Angelos suos, & colligent de Regno ejus omnia scandala, & eos qui faciunt iniquitatem :*

41. Le Fils de l'homme envoyera ses Anges, qui ramasseront, & enleveront hors de son Royaume tous ceux qui sont des occasions de chûte, & de scandale, & ceux qui commettent l'iniquité :

42. *Et mittent eos in caminum ignis. Ibi erit fletus & stridor dentium.*

42. Et ils les précipiteront dans la fournaise du feu. C'est-là qu'il y aura des pleurs & des grincemens de dents.

43. *Tunc Justi fulgebunt sicut sol in Regno Patris eorum. Qui habet aures audiendi, audiat.*

43. Alors les Justes brilleront comme le soleil, dans le Royaume de leur Pere. Que celui-là entende qui a des oreilles pour entendre.

44. *Simile est Regnum Cœlorum thesauro abscondito in agro : quem qui invenit homo, abscondit, & præ gaudio illius vadit, & vendit universa quæ habet, & emit agrum illum.*

44. Le Royaume des Cieux est semblable à un trésor caché dans un champ, qu'un homme trouve, & qu'il cache ; & dans la joye qu'il ressent, il va vendre tout ce qu'il a, & achete ce champ.

COMMENTAIRE.

tachez à l'Eglise, & au Fils de Dieu. La mauvaise semence, est la mauvaise doctrine des hérétiques, & des faux Docteurs, répanduë par l'esprit d'erreur, de malice, & de libertinage ; qui est reçûë par les enfans d'iniquité, par les impies, & les amateurs du siécle.

℣. 41. COLLIGENT DE REGNO EJUS OMNIA SCANDALA. *Ils ramasseront, & enleveront hors de son Royaume tous ceux qui sont des occasions de chûte & de scandale.* Au jour du Jugement les Anges ramasseront tous les impies, les hérétiques, les méchans, qui par leur mauvaise vie, ou par leurs pernicieux discours, ont été aux autres un sujet de chûte, & de scandale. Ils les amasseront, & les précipiteront dans l'enfer, pour y recevoir la peine de leurs crimes.

℣. 42. IN CAMINUM IGNIS. *Dans la fournaise du feu.* Il continuë dans l'allégorie d'une plante inutile, qu'on arrache. Le seul usage qu'on en peut faire, est de la jetter au feu, & d'en chauffer une fournaise. Dans la Palestine, on se servoit beaucoup de plantes de la campagne pour brûler. (*a*) Maldonat (*b*) a vû en Espagne chauffer de grands fours avec des tiges de senevé, ou de moutarde, qui étoient d'une grosseur fort considérable. On voit encore la même chose en Egypte, & ailleurs.

℣. 44. SIMILE EST REGNUM COELORUM THESAURO ABSCONDITO IN AGRO. *Le Royaume des Cieux est semblable à un trésor caché dans un champ qu'un homme trouve, & va vendre ce qu'il a pour ache-*

(*a*) Voyez ci-devant *Matt.* VI. 30.

(*b*) *Maldon. in* ℣. 32. *hujus capitis.*

45. *Iterum : Simile est Regnum Cœlorum homini negotiatori quærenti bonas margaritas.*

46. *Inventâ autem unâ pretiosâ margaritâ abiit, & vendidit omnia quæ habuit, & emit eam.*

45. Le Royaume des Cieux est semblable encore à un homme qui est dans le trafic, & qui cherche de bonnes perles ;

46. Et qui en ayant trouvé une de grand prix, va vendre tout ce qu'il avoit, & l'achete.

COMMENTAIRE.

ter ce champ. Le trésor dont on parle ici, est la doctrine Evangélique, la science du Royaume de Dieu, (*a*) la connoissance de JESUS-CHRIST. (*b*) C'est un trésor d'un prix inestimable, que l'on doit acheter au prix de tout ce que l'on a ; soit qu'il faille le sacrifier pour l'acquérir, ou pour le conserver. Le Sauveur dit que celui qui a trouvé ce trésor, le cache, non par jalousie, de peur qu'un autre ne joüisse du même bonheur ; mais par prudence, de peur que l'ennemi ne le lui enleve. Le monde, le démon, les amis, les ennemis, tout est à craindre à celui qui pense à se convertir. Les erreurs, les frayeurs, les menaces, les caresses du monde, sont des piéges qui sont tendus de toutes parts, & qu'il est de la prudence d'éviter. Dans la Syrie les trésors étoient à celui qui étoit maître du champ, comme on le voit par cet endroit, & par une histoire rapportée par Philostrate. (*c*) Ailleurs, ils étoient plus ordinairement au Souverain; (*d*) ou moitié à celui qui trouvoit le trésor, & moitié à celui à qui le champ appartenoit. (*e*)

Cette parabole du ℣. 44. n'est pas du nombre de celles que JESUS-CHRIST proposa étant assis dans la nacelle : du moins l'Evangéliste ne l'a pas rapportée ci-devant avec les autres : car nous ne sommes pas obligez de dire que S. Matthieu ait rapporté généralement tout ce que le Sauveur dit dans cette occasion.

℣. 46. INVENTA UNA PRETIOSA. *Ayant trouvé une perle de grand prix, va vendre tout ce qu'il avoit, & l'achete*. Il faut supposer qu'il la trouve à bon marché, & espérant y gagner beaucoup, il vend tout ce qu'il a pour l'acheter. Cette perle est la connoissance de l'Evangile, & le Royaume céleste qu'on nous promet. C'est acheter bien peu un si grand bien, que de l'aquérir aux dépens de tout ce que l'on peut avoir, ou qu'on peut espérer dans le monde. (*f*) Voyez *Philipp.* III. 7. 8.

(*a*) *Vide Aug. l. 1. Quæst. Evangel. cap.* 13. *Ambros. in Psalm.* CXVIII *Serm* 2. *Euthym Theophyl. Beda, Gregor. Magn. Homil.* XI. *in Evangel.*

(*b*) *Irenæus, l.* 4. *c.* 43. *Hilar. hic, Ieron. alii.*

(*c*) *Philostrat. l.* VI. *c.* 16.

(*d*) *Vide Grot. de Jure Belli & Pacis, l.* 2. *c.* 8. *art.* 7. *& in hunc locum.*

(*e*) *Vide Schmid hic.*

(*f*) *Gregor. Magn Homil.* XI. *in Evangel. Basil. Regul. Fus. disput. qu.* 8.

47. *Iterùm simile est Regnum Cœlorum sagenæ missæ in mare, & ex omni genere piscium congreganti.*	47. Le Royaume des Cieux est semblable encore à un filet jetté dans la mer, qui prend toutes sortes de poissons :
48. *Quam, cùm impleta esset, educentes, & secùs littus sedentes, elegerunt bonos in vasa, malos autem foras miserunt.*	48. Et lorsqu'il est plein, *les pêcheurs* le tirent sur le bord, où étant assis, ils mettent ensemble tous les bons dans des vaisseaux, & ils jettent dehors les mauvais.
49. *Sic erit in consummatione sæculi: exibunt Angeli, & separabunt malos de medio Justorum.*	49. C'est ce qui arrivera à la fin du monde : les Anges viendront, & sépareront les méchans du milieu des Justes ;
50. *Et mittent eos in caminum ignis: ibi erit fletus & stridor dentium.*	50. Et ils les jetteront dans la fournaise du feu. C'est-là qu'il y aura des pleurs, & des grincemens de dents.
51. *Intellexistis hæc omnia? Dicunt ei : Etiam.*	51. Avez-vous bien compris tout ceci ? Oüi, Seigneur, répondirent-ils.
52. *At illi : Ideò omnis scriba doctus in Regno Cœlorum, similis est homini patrifamilias, qui profert de thesauro suo nova & vetera.*	52. Et il ajoûta: C'est pourquoi tout docteur, *qui est bien* instruit en ce qui regarde le Royaume des Cieux, est semblable à un pere de famille, qui tire de son trésor des choses nouvelles & anciennes.

COMMENTAIRE.

℣. 47. SIMILE EST REGNUM COELORUM SAGENÆ. *Le Royaume des Cieux est semblable à un filet jetté dans la mer, qui prend toute sorte de poissons.* La mer est la figure du siécle ; les bons & les mauvais poissons renfermez dans le filet, marquent les bons, & les mauvais Chrétiens réünis dans l'Eglise : le bord est le Jugement dernier, où se fera la séparation des bons, & des méchans. En attendant, il faut que les bons souffrent les mauvais, dit S. Augustin: (a) *Boni tolerant malos, donec in fine separentur.*

℣. 52. IDEO OMNIS SCRIBA DOCTUS IN REGNO COELORUM. *C'est pourquoi tout Docteur instruit dans ce qui regarde le Royaume des Cieux, est semblable à un pere de famille, qui tire de son trésor des choses nouvelles, & anciennes.* Cette particule *Ideò*, c'est pourquoi, embarasse les Commentateurs. Les uns (b) la joignent ainsi à ce qui précéde : Vous comprenez à présent ce que j'ai voulu dire par toutes ces paraboles : *C'est pourquoi* il faut que vous soyez comme des Docteurs habiles, qui sont remplis d'une science consommée de l'ancienne, & de la nouvelle Loi ; toûjours en état de parler du Royaume des Cieux ; capables de rendre compte de leur créance, & de réfuter ceux qui attaquent la vérité. (c)

(a) *Aug. Serm. 362. Aliàs 111. de Diversis. Vide Greg. Homil. XI. in Evange.*

(b) *Natal. Alex. Brug.*

(c) *Tit. I. 9.*

53. *Et factum est cùm consummasset Jesus parabolas istas, transiit inde :*

53. Lorsque Jesus eut achevé ces paraboles, il partit de là :

COMMENTAIRE.

Saint Augustin (*a*) & quelques autres l'entendent ainsi : Vous venez d'apprendre que le Royaume des Cieux est comme un trésor caché dans un champ : c'est pourquoi je vous dis que tout Docteur bien instruit, doit être comme un riche pere de famille, toûjours prêt à donner le vieux, & le nouveau ; qui a du vin, du froment, des habits à choisir.

D'autres (*b*) croyent avec encore plus de raison, qu'*Ideò* est superflu en cet endroit ; & que c'est comme si on disoit : *De plus, le Royaume des Cieux est semblable à un riche pere de famille, qui tire de son trésor des choses vieilles, & nouvelles.* Le nom de *Trésor* en Hébreu se prend non seulement pour des amas d'or, & d'argent, & de métaux ; mais aussi des choses comestibles, comme des fruits, du bled, du vin, des huiles ; & d'autres choses, comme des habits, des meubles, &c. (*c*) Un pere de famille riche, & accommodé, est en état de tirer de ses magasins, & de ses coffres toute sorte de biens, en or, en argent, en provisions, &c. *Des choses vieilles, & nouvelles*, marquent l'affluence des biens, des choses mises en réserve de longue main, & en quantité, en sorte qu'on a à choisir. Voyez *Cantic.* VII. 13.

Les Apôtres, & les Docteurs de l'Eglise doivent à proportion être dans l'Eglise, ce qu'est ce pere de famille dans son domestique ; ce que celui-ci fait dans les biens temporels de sa maison, les autres le doivent faire dans les biens spirituels. Ils doivent être très-instruits de la Loi de Dieu, & amasser une abondante provision de toute sorte de connoissances, vieilles & nouvelles, sacrées, & profanes. Ils doivent sur tout posséder la Loi, & les Prophétes, en connoître tous les sens, en pénétrer les mystéres. Savoir en quoi l'Evangile que Jesus-Christ est venu prêcher, différe de la Loi que Moyse a publiée. Faire le paralléle des obligations de l'une, & de l'autre Loi ; montrer l'accomplissement & la perfection de l'ancienne, dans la nouvelle. C'est-là ce que les Peres (*d*) ont entendu, en disant que le Fils de Dieu exhortoit ses Apôtres à étudier, & à répandre les véritez de l'ancien, & du nouveau Testament. Ils n'ignoroient pas qu'alors les Livres du nouveau Testament n'étoient pas écrits : Mais ils ne laissoient pas d'en étudier continuellement les régles, & la

(*a*) *Aug. Quæst. in Matt. c. 16. Maldon. hîc. Menoch.*
(*b*) *Euthym Pricæus, alii.*
(*c*) *Vide Levit.* XXVI. 10.
(*d*) *Hilar. Chrysost. Ieron. Beda, Theophyl. Euthym. in hunc loc. Aug. l. Quæstionum in Matt. c. 16.*

54. *Et veniens in patriam suam, docebat eos in Synagogis eorum, ita ut mirarentur, & dicerent : Unde huic sapientia hæc, & virtutes ?*	54. Et étant venu en son pays il les instruisoit dans leurs Synagogues ; de sorte qu'étant saisis d'étonnement, ils disoient : D'où est venu à celui-ci cette sagesse, & ces miracles ?
55. *Nónne hic est fabri filius ? Nónne mater ejus dicitur Maria ; & fratres ejus Jacobus, & Joseph, & Simon, & Judas ?*	55. N'est-ce pas là le fils de ce Charpentier ? Sa mere ne s'appelle-t'elle pas Marie, & ses freres, Jacques, Joseph, Simon, & Jude ?

COMMENTAIRE.

pratique dans les discours, & dans les exemples du Sauveur.

℣. 54. VENIENS IN PATRIAM SUAM. *Etant venu en son pays, il les instruisoit dans leurs Synagogues.* JESUS-CHRIST étoit né à Bethléem, il avoit été nourri à Nazareth ; il avoit fixé sa demeure à Capharnaum: ainsi il avoit en quelque sorte trois patries. Mais on croit qu'ici on parle de Nazareth ; c'est ce que marque précisément saint Luc : (*a*) *Venit Nazareth, ubi erat nutritus.*

DOCEBAT EOS IN SYNAGOGIS. *Il les instruisoit dans leurs Synagogues.* Le Grec porte au singulier : (*b*) *Dans leur Synagogue.* Il n'est pas fort croyable que dans un aussi petit lieu que Nazareth, il y ait eu plusieurs Synagogues.

UNDE HUIC SAPIENTIA HÆC? *D'où est venu à celui-ci cette sagesse, & ces miracles ?* Rien n'est plus propre à prouver la sagesse surnaturelle de JESUS-CHRIST, & son pouvoir de faire des miracles, que cet étonnement de ses compatriotes. Ils savoient la maniére dont il avoit été élevé, les occupations de sa jeunesse ; ils connoissoient sa famille, ses parens. Il étoit tout naturel de conclure, que c'étoit un don de Dieu, & que JESUS étoit un Prophéte, ou le Messie: Mais au lieu de cela, *ils en prirent*, dit l'Evangéliste, (*c*) *un sujet de scandale ;* comme s'il y avoit eu en cela du prestige, ou de la magie.

℣. 55. NONNE HIC EST FABRI FILIUS? *N'est-ce pas là le fils de ce Charpentier ?* Le terme Grec (*d*) peut signifier toute sorte d'artisans. Mais l'opinion la plus suivie est celle qui veut qu'il ait été Charpentier. L'Auteur de l'Ouvrage imparfait sur saint Matthieu, (*e*) le Syriaque, l'Arabe, S. Thomas, & un très grand nombre de nouveaux Interprétes, sont de ce sentiment. Libanius demandoit un jour à un Chré-

(*a*) *Luc.* IV. 16.
(*b*) Ἐν τῇ συναγωγῇ αὐτῶν.
(*c*) *Infra* ℣. 54.
(*d*) Οὐχ οὗτός ἐστιν ὁ τοῦ τέκτονος υἱός.
(*e*) *Author Oper. imperfecti*, ℣. 18. *Homil.* 1. *in Matt.*

tien, ce que faisoit JESUS-CHRIST. (*a*) Il fait, lui dit-il, un cercueil pour l'Empereur Julien. On lit dans le Livre apocryphe de l'enfance de JESUS, un miracle qu'il fit dans la boutique de son pere, qui étoit Charpentier. On prétend même que le Fils de Dieu a exercé ce métier avec son pere saint Joseph. Saint Marc dit que ceux de Nazareth se demandoient l'un à l'autre avec admiration: (*b*) *N'est-ce pas-là cet Artisan*, ou ce Charpentier? S. Justin le Martyr (*c*) dit que le Sauveur a aidé son pere saint Joseph, à faire des jougs, & des charuës. Saint Ambroise (*d*) dit qu'il travailloit à abattre, & à tailler des arbres, à bâtir des maisons, & à faire d'autres ouvrages semblables. Mais au même endroit il parle des outils de serrurier qu'il manioit, & dont il se servoit; ce qu'il a pris de Théophylacte d'Antioche.

D'autres ont crû qu'il étoit serrurier, ou maréchal, comme saint Hilaire, (*e*) saint Pierre Chrysologue, (*f*) Béde le Vénérable. (*g*) L'Evangile Hébreu donné par Tillius, le marque de même. Origénes contre Celse, (*h*) soûtient qu'on ne lit en aucun endroit que JESUS-CHRIST ait été Charpentier. Il a raison: mais on ne peut nier qu'il n'ait exercé un métier, de même que saint Joseph, (*i*) puisque saint Marc le dit si positivement. *Nónne hic est faber?* Quoique saint Augustin (*k*) croye qu'on lui donnoit ce nom d'artisan; parce que son pere exerçant ce métier, on présumoit qu'il l'exerçoit lui même. Hugues le Cardinal (*l*) le fait orfévre. Il ne desaprouve pas l'opinion qui le fait masson. Cornélius à Lapide cite un Sermon sous le nom de S. Augustin, qui le fait de ce métier, & qui dit qu'il bâtissoit des maisons. Mais ce Sermon n'est ni de saint Augustin, ni dans la nouvelle Edition.

NONNE MATER EIUS DICITUR MARIA? *Sa mere ne s'appelle-t'elle pas Marie?* On croit que Joseph étoit mort, puisqu'on ne parle pas de lui ici, comme d'un homme vivant, & que depuis que JESUS-CHRIST fut trouvé dans le Temple, il n'est plus parlé de lui dans l'Evangile. Il n'étoit constamment plus en vie, lorsque JESUS fut mis en croix, puisque le Sauveur recommanda alors sa Mere désolée, à son Disciple bien-aimé. Celse (*m*) reprochoit aux Chrétiens, que la Mere de CHRIST étoit une petite femme, qui gagnoit sa vie du travail de ses mains.

ET FRATRES EIUS JACOBUS, ET JOSEPH, &c. *Ses freres, Ja-*

(*a*) *Theodoret. Histor. Ecclef. l. 3. c. 18. Sozomen. l. 6. c. 2 Hist. Ecclef.* Οὗτος ὁ τέκτονος υἱὸς θήκην αὐτῷ ξυλίνην πρὸς θάνατον κατασκευάζει.
(*b*) *Marc. VI. 3. Nónne hic est faber?*
(*c*) *Justin Dialog. cum Tryphone.*
(*d*) *Ambros. in Luc. l. 3. n. 2. pag. 1341 nov. Edit. ex Theophil. Antioch. in hunc Marc locum.*
(*e*) *Hilar. in Matt.*
(*f*) *Chrysolog. Serm. 48.*
(*g*) *Beda, in Marc. c. 6.*
(*h*) *Origen. contra Celf. l. 6.*
(*i*) *Lyran. Maldon. Grot. alii.*
(*k*) *Aug. l. 2. de Consensu Evangel. c. 42.*
(*l*) *Hugo Cardinal. in Marc. VI.*
(*m*) *Vide apud Origen. l. 6. contra Celf.*

ques, *Joseph*, *Simon*, *& Judas*. Celui qui est appellé ici Joseph, est nommé *José* dans la plûpart des Exemplaires Grecs de saint Matthieu, (*a*) & de S. Marc. (*b*) Ailleurs il est nommé Jean, *Johannes*. Jacques est celui qui est connu dans l'Eglise, sous le nom de *saint Jacques le Mineur*, ou l'Evêque de Jérusalem. Il étoit fils de Marie, épouse de Cléophas, ou Alphée; & cette Marie étoit, dit-on, (*c*) sœur de la sainte Vierge. D'autres le font fils d'une premiere femme qu'avoit eu saint Joseph : car on dit (*d*) qu'avant que d'épouser la Mere de JESUS, il en avoit eu une autre, nommée *Escha*, dont il eut des enfans, qui sont nommez dans l'Evangile, *les freres de Jesus-Christ*. Les Ebionites disoient qu'il avoit eu six enfans de cette premiere femme : Sçavoir, *Jacques*, *Joseph*, *Simon*, & *Juda*; & deux filles; sçavoir, *Esther*, & *Thamar*, autrement, *Marie*, & *Salomé*. Plusieurs anciens Peres (*e*) Grecs & Latins, ont suivi cette opinion, qui est tirée des Livres apocryphes attribuez à saint Pierre, ou à saint Jacques. Théophylacte croit que les freres de JESUS, sont les enfans que saint Joseph eut de Marie, veuve de son frere Cléophas, mort sans enfans, & dont il fut obligé d'épouser la veuve, selon la disposition de la Loi.

Mais l'opinion qui veut que saint Jacques, & les autres freres du Seigneur, soient fils de saint Joseph, & de Marie, sœur de la sainte Vierge, est absolument insoutenable; (*f*) à moins qu'on ne veuille dire que saint Joseph avoit épousé les deux sœurs, & qu'il les avoit gardées toutes deux ensemble; ce qui est absurde. La preuve de cette conséquence, est fondée sur l'Evangile même, qui nous apprend que Marie mere de Jacques, & de Joseph, vivoit encore au tems de la Passion de nôtre Sauveur. (*g*) Or saint Joseph devoit l'avoir épousée long-tems avant qu'il prît la sainte Vierge, comme on le suppose dans le sentiment que nous combattons. Il avoit donc pour femme en même tems, Marie mere de Jacques, & la sainte Vierge; & il les eut jusqu'à la mort. Il est bien plus croyable que les freres du Sauveur, étoient ses cousins germains, par Marie femme d'Alphée, ou de Cléophas. Il n'y a nul inconvenient à dire que saint Joachim, & sainte Anne ayent eu plusieurs enfans avant, ou après la sainte Vierge. Saint Jérôme (*h*) & quelques autres ont crû que saint Joseph étoit demeuré vierge jusqu'à la mort. Ce Pere traite de vision, & de folie

(*a*) *Vide Mill. Var. Lect. hic.*

(*b*) *Marc.* VI. 3. *in Græco*, Ἰωσῆ. *Vulg. Joseph Alii* Ἰωσῆτος, *Josetus, hic & Marc.* XV. 40.

(*c*) *Vide Ieron. ep.* 150. *Theodoret. ad Galat.* I. *Chrysost. alii.*

(*d*) *Epiphan. hæres.* 28. *&* 78.

(*e*) *Ieronym. in Matt.* XII. *& in Helvid. c.* 9. *Nicephor. lib.* 2 *cap.* 1. *Hilar. in Matt.* 1. *Nyssen. Homil.* 2. *de Resurr. Ambros. Instit. virg. c.* 6. *Ambrosiaster ad Galat.* 1. *Origen in Matt.* XIII.

(*f*) Voyez M. de Tillemont, note 3. sur saint Jacques le Mineur.

(*g*) *Matt.* XXVIII. 1. *Marc.* XV. 40 47. *Luc.* XXIV 10.

(*h*) *Ieron. in Helvid. c.* 9. *Petr. Damian. Opuscul.* 17. *c.* 3.

56. *Et sorores ejus, nónne omnes apud nos sunt? Unde ergo huic omnia ista?*

57. *Et scandalizabantur in eo Jesus autem dixit eis: Non est Propheta sine honore, nisi in patria sua, & in domo sua.*

58. *Et non fecit ibi virtutes multas, propter incredulitatem illorum.*

56. Et ses sœurs ne sont-elles pas toutes parmi nous? D'où viennent donc à celui ci toutes ces choses?

57. Et ainsi ils prenoient de lui un sujet de scandale. Mais JESUS leur dit: Un Prophéte n'est sans honneur que dans son pays, & dans sa maison.

58. Et il ne fit pas-là beaucoup de miracles, à cause de leur incrédulité.

COMMENTAIRE.

l'opinion que nous venons de réfuter, (*a*) qui veut que les freres du Seigneur, soient des fils de S. Joseph, nez d'un premier mariage.

Judas, dont il est parlé dans ce passage de saint Matthieu, est, à ce qu'on croit, le pere, ou l'ayeul de *ces descendans de Judas*, que Domitien fit citer pardevant lui, & dont parle Eusébe. (*b*)

ŷ. 57. NON EST PROPHETA SINE HONORE, NISI IN PATRIA SUA. *Un Prophéte n'est sans honneur que dans sa patrie.* L'on est naturellement porté à estimer moins les choses que l'on voit tous les jours, & qu'on a en sa disposition, que celles qui sont étrangéres, & éloignées de nous. Jonas fut écouté à Ninive, & les Prophétes du Seigneur étoient méprisez dans Israël. Ce qui est rare, est precieux: ce qu'on cherche est toûjours estimé meilleur que ce que l'on a. Un Philosophe n'est jamais plus mal qu'en son pays, disoit Aristide. (*c*)

ŷ. 58. NON FECIT IBI VIRTUTES MULTAS. *Il n'y fit pas beaucoup de miracles à cause de leur incrédulité.* Ils s'étoient rendus par-là indignes qu'il y fît un grand nombre de miracles. Il se contenta de guérir quelques malades; (*d*) on ne lui en présenta pas même un grand nombre, parce qu'on ne croyoit pas en lui en ce lieu-là.

(*a*) *Ieron. in Matt.* XII. *in Helvid. c. 9.*
(*b*) *Euseb. Hist. lib. Eccles. Vide not. Valesii, & Scaliger. in Euseb. p.* 188.
(*c*) *Aristid apud Grot. hic.*
(*d*) *Marc.* VI. 5.

CHAPITRE

CHAPITRE XIV.

Hérode fait mourir saint Jean-Baptiste. JESUS *donne à manger à cinq mille hommes, avec cinq pains, & deux poissons. Tempête sur la mer de Génézareth.* JESUS *marche sur les eaux. Saint Pierre ayant entrepris aussi d'y marcher, enfonce, & est soûtenu par* JESUS. *Voyage du Fils de Dieu dans le canton de Génézar.*

℣. 1. *In illo tempore audivit Herôdes Tetrarcha famam Jesu,*	℣. 1. En ce tems-là, Hérode le Tétrarque apprit ce qui se publioit de JESUS;

COMMENTAIRE.

℣. 1. IN ILLO TEMPORE AUDIVIT HERODES. *En ce tems-là Hérode le Tétrarque apprit ce qui se publioit de Jesus.* Il est surprenant qu'Hérode n'ait jusques-là rien appris des miracles de JESUS-CHRIST, quoique depuis deux ans, toute la Judée, & sur tout la Galilée où il regnoit, fût pleine du bruit de ses guérisons, & de ses prodiges. Mais les gens du caractére de ce Prince, ne pensent guéres, qu'à ce qui a rapport à leurs plaisirs, ou à leur ambition. Ils regardent tout ce qui concerne la Religion, comme des petitesses indignes de leurs soins; ils laissent cela au peuple. Cet Hérode est celui qui est nommé *Antipas* dans Joseph. Il étoit fils du Grand Hérode, & de Cléopatre. Il avoit fait mourir saint Jean-Baptiste quelques mois auparavant ce qu'on lit ici; c'est-à-dire, auparavant le retour des Apôtres de leur mission, dont on a parlé ci-devant Chapitre X. On lui donne le nom de *Tétrarque*, & non celui de *Roi*, parce qu'il ne possédoit qu'une partie des Etats du Grand Hérode son pere. Le nom de *Tétrarque* à la lettre, signifie celui qui n'a que la quatriéme partie d'un Royaume partagé en quatre. Celui-ci étoit maître de la Galilée, & de la Pérée, c'est-à-dire, de ce qui étoit au-delà du Jourdain. (*a*) On lui donne quelquefois le nom de Roi.

℣. 2. AIT PUERIS SUIS: HIC EST JOANNES-BAPTISTA. *Il dit à ses Officiers: C'est Jean-Baptiste qui est ressuscité des morts.* Hérode semble avoit crû un espéce de metempsycose, ou de passage des ames,

(*a*) *Joseph. Antiq. l.* XVII. *c.* 13.

2. *Et ait pueris suis : Hic est Joannes-Baptista : ipse surrexit à mortuis, & ideò virtutes operantur in eo.*

2. Et il dit à ses Officiers : C'est Jean-Baptiste qui est ressuscité d'entre les morts; & c'est pour cela qu'il se fait par lui tant de miracles.

COMMENTAIRE.

d'un corps dans un autre. (*a*) Car il est mal-aisé de comprendre, comment il pouvoit appeller résurrection, ce qu'il voyoit de JESUS CHRIST, que tout le monde avoit connu avant la mort de S. Jean ; à qui ce même Saint avoit rendu témoignage, & qui ne ressembloit nullement au Précurseur. Les merveilles que JESUS opéroit, n'étoient point une preuve qu'il fût Jean-Baptiste, puisque ce saint Homme n'en avoit fait aucune que l'on sache. Cependant nous voyons dans saint Luc, (*b*) que ce Prince ayant oüi parler des merveilles du Fils de Dieu, hésita d'abord, & disoit avec étonnement : *J'ai fait trancher la tête à Jean-Baptiste ; qui est donc celui-ci qui fait des miracles ?* Comme si la vertu de faire des miracles étoit bornée à ce saint Précurseur. On ne peut gueres attribuer qu'au trouble de la conscience d'Hérode, un sentiment aussi peu raisonnable que celui-là. Peut-être qu'il crut avoir interêt d'appuyer ce soupçon des peuples, afin de diminuer l'horreur qu'ils avoient conçûë du meurtre commis dans la personne de Jean-Baptiste. Nous examinerons sur saint Luc, le sentiment des Juifs d'alors sur la Métempsycose & la Résurrection. Voyez *Luc.* IX. 7.

VIRTUTES OPERANTUR IN EO. *Il se fait par lui tant de miracles.* La construction du Texte (*c*) peut marquer : *La vertu de faire des miracles se manifeste en lui* ; ou, *les Vertus célestes opérent en lui* ; (*d*) comme si le pouvoir de faire des miracles résidoit dans des puissances célestes, qui obéïssent aux hommes qui ont reçû de Dieu ce pouvoir. Dans l'Epître aux Galates, (*e*) on trouve la même expression qu'ici, pour marquer le pouvoir de Dieu, qui opére des miracles par le moyen des Fidéles : *Celui qui vous a donné son Esprit, & qui opére en vous*, ou par vous, *des prodiges*. Et ailleurs, (*f*) l'Apôtre parle de la puissance qui opéroit des merveilles en lui, ou *par lui*, ou par les fidéles : *Par la force de sa puissance, qui opére en moi*. Les Evangélistes parlent de cette puissance, comme d'une chose distinguée de celui qui opére, comme d'un être spirituel, & atta-

(*a*) Voyez Grotius sur cet endroit, & nôtre Commentaire sur S. Luc. IX.

(*b*) *Luc.* IX. 8. 9.

(*c*) Αἱ δυνάμεις ἐνεργοῦσιν ἐν αὐτῷ.

(*d*) Voyez M. le Clerc sur cet endroit, & d'autres dans Maldonat.

(*e*) *Galat.* III. 5. Ὁ ἐπιχορηγῶν ὑμῖν τὸ πνεῦμα, καὶ ἐνεργῶν δυνάμεις ἐν ὑμῖν.

(*f*) *Ephes.* III. 7. Κατὰ τὴν ἐνέργειαν τῆς δυνάμεως αὐτοῦ. 20 Τὴν δύναμιν τὴν ἐνεργουμένην ἐν ὑμῖν. *Coloss.* I. 29. Κατὰ τὴν ἐνέργειαν αὐτοῦ, τὴν ἐνεργουμένην ἐν ἐμοὶ ἐν δυνάμει.

3. *Herodes enim tenuit Joannem, & alligavit eum : & posuit in carcerem propter Herodiadem uxorem fratris sui.*	3. Car Hérode ayant fait prendre Jean, l'avoit fait lier, & mettre en prison, à cause d'Hérodiade femme de son frere,

COMMENTAIRE.

ché à la personne, qui en coule quelquefois pour faire son opération : Par exemple, quand la femme qui étoit incommodée d'une perte de sang, fût guérie par l'attouchement de la frange du manteau du Sauveur ; il est remarqué qu'il *sentit la vertu qui sortoit de lui.* (*a*) Ces maniéres de parler ne marquent pas qu'il y eût un Ange qui fût toûjours prêt à opérer les guérisons, ni qu'il sortît du corps de JESUS-CHRIST, ou des Apôtres, un écoulement substantiel, qui causât ces effets. Ce sont des expressions propres aux Hébreux, & dont on voit des vestiges dans toute l'Ecriture, qui nous représente la parole de Dieu, la famine, l'épée, la guerre, comme des choses animées, qui obéissent aux ordres de Dieu. Ici la vertu des miracles est représentée de même, comme une puissance animée & subsistante, qui opére dans JESUS-CHRIST ; ou du moins, comme une qualité distinguée de lui-même, qui pouvoit passer dans un autre. C'étoit-là l'idée des Juifs.

℣. 3. PROPTER HERODIADEM UXOREM FRATRIS SUI. *A cause d'Hérodiade femme de son frere.* Le Grec (*b*) ajoûte, de son frere *Philippe;* ce qui est aussi exprimé dans saint Marc. (*c*) Ce Philippe, nommé autrement *Hérode*, par Joseph, (*d*) étoit fils du Grand Hérode, & de Mariamne fille du Grand-Prêtre Simon. Hérode Antipas avoit épousé Hérodiade, femme de Philippe son frere, du vivant de celui-ci : Et voici comme Joseph raconte ce mariage. (*e*) Antipas allant à Rome, passa chez Philippe, ou Hérode son frere. Il y vit Hérodiade sa femme, & conçut pour elle tant de passion, qu'il lui en fit la déclaration, & lui proposa de l'épouser à son retour de Rome. Hérodiade y consentit, à condition qu'il répudieroit la fille d'Arétas qu'il avoit épousée. Antipas étant de retour de Rome, exécuta sa promesse, au scandale de tout le pays. Le zéle de Jean-Baptiste s'alluma : il fit au Roi de vifs reproches de ce mariage incestueux ; il fut mis en prison, & perdit la tête, comme nous le verrons dans la suite de ce Chapitre. Joseph attribuë son empri-

(*a*) *Marc.* v. 30. Τὴν ἐξ αὐτῦ δύναμιν ἐξελθῦσαν. *Luc.* vi. 19. Ὅτι δύναμις παρ' αὐτῦ ἐξήρχετο.

(*b*) Διὰ Ἡρῳδιάδα τὴν γυναῖκα Φιλίππυ τῦ ἀδελφῦ αὐτῦ.

(*c*) *Marc.* vi. 17.

(*d*) *Joseph. Antiq. lib.* XVIII *cap* 7 Les Juifs eux-mêmes l'appellent Philippe *Vide Josipp. Gorionid. & verba Regum Israel, & Tzemach David.*

(*e*) *Joseph. Antiq. l.* XVIII. *c.* 7. 8.

4. *Dicebat enim illi Joannes : Non licet tibi habere eam.*

5. *Et volens illum occidere, timuit populum: quia sicut Prophetam eum habebant.*

4. Parce que Jean lui disoit : Il ne vous est point permis d'avoir cette femme.

5. Hérode vouloit donc le faire mourir ; mais il appréhendoit le peuple, parce que Jean en étoit regardé comme un Prophéte.

COMMENTAIRE.

sonnement & sa mort, à une autre cause ; mais il étoit mal informé. Il a pris le prétexte dont on se servit, pour la vraye cause de sa mort. C'est ce qu'on examinera ci-après.

Quelques anciens (*a*) ont crû que Philippe n'étoit plus en vie lorsque Hérodiade épousa Antipas. Origénes, (*b*) & S. Augustin (*c*) ont avancé qu'il n'y avoit rien de certain sur cet article. Mais apparemment qu'ils n'avoient pas lû Joseph, qui le dit expressément ; (*d*) quoi qu'ailleurs (*e*) il dise que Philippe mourut sans enfans, apparemment parce que Salomé sa fille suivit sa mere, & demeura avec Antipas, comme s'il eût été son pere.

Hérodiade étoit non-seulement sa belle-sœur, puisqu'elle avoit épousé Philippe, ou Hérode son propre frere, quoique né d'une autre mere : mais elle étoit encore sa niéce, comme étant fille d'Aristobule leur frere commun à Hérode, & à lui. La Loi défendoit, non-seulement les mariages entre le frere & la sœur, le beau-frere & la belle-sœur ; (*f*) mais aussi ceux de l'oncle avec la niéce ; (*g*) suivant plusieurs Interprétes, quoi qu'il y ait sur cela quelque difficulté, comme on l'a remarqué sur le Lévitique. Ce mariage étoit donc une espéce de rapt, puisqu'Antipas avoit suborné Hérodiade, & l'avoit sollicitée à quitter son premier mari. 2°. C'étoit un inceste, puisque Philippe étoit encore vivant, & qu'il ne l'avoit point répudiée. 3°. Quand même Philippe auroit été mort, ou qu'il l'auroit répudiée, Antipas n'auroit pû l'épouser, parce qu'elle avoit un enfant de son premier mari.

℣. 5. VOLENS ILLUM OCCIDERE, TIMUIT POPULUM. *Hérode vouloit le faire mourir ; mais il craignoit le peuple.* Joseph (*h*) nous apprend qu'Hérode Antipas avoit fait mettre en prison Jean-Baptiste, parce qu'il se faisoit auprès de lui de grands concours de peuple, & que ce Prince craignoit que ce saint Précurseur n'usât de l'autorité qu'il avoit acquise sur l'esprit des Juifs, pour les porter à quelque nouveauté ; il aima

(*a*) *Tertul. lib. 4. advers. Marcion. Chrysost. Euthym. Theophyl.*
(*b*) *Origen. tom. XI in Matt.*
(*c*) *Aug. de F. de & Operib. c. 19.*
(*d*) *Joseph. Antiq. l. XVIII. c. 7. & 9.*
(*e*) *Idem ibid. c. 6.*
(*f*) *Levit. XVIII. 15. 16.*
(*g*) *Ibidem* ℣ 14.
(*h*) *Joseph. Antiq. l. XVIII. c. 7.*

6. *Die autem natalis Herodis saltavit filia Herodiadis in medio, & placuit Herodi.*	6. Mais comme Hérode célébroit le jour de sa naissance, la fille d'Hérodiade dansa devant tous les conviez, & elle plut de telle sorte à Herode,
7. *Unde cum juramento pollicitus est ei dare quodcumque postulasset ab eo.*	7. Qu'il lui promit avec serment, de lui donner tout ce qu'elle lui demanderoit.
8. *At illa præmonita à matre sua: Da mihi, inquit, hîc in disco caput Joannis-Baptistæ.*	8. Elle ayant été instruite auparavant par sa mere, lui dit: Donnez-moi présentement dans un bassin la tête de Jean-Baptiste.

COMMENTAIRE.

mieux prévenir le mal, que d'attendre à le réprimer, lorsqu'il seroit arrivé. Il le fit donc arrêter, & mettre en prison dans le château de Macheron, où il lui fit couper la tête quelque tems après. Mais cet Historien a déguisé, ou ignoré la vraye cause de la prison de S Jean. Les Evangélistes nous apprennent unanimement, que c'est à cause de la liberté qu'il avoit prise de dire à Antipas que son mariage avec Hérodiade n'étoit pas permis. Il le mit donc en prison; mais il conservoit pour lui de l'estime, & du respect; il l'écoutoit volontiers, & faisoit beaucoup de bien par ses conseils: (*a*) toutefois il ne quitta point Hérodiade; & cette femme qui craignoit que les discours de Jean Baptiste n'ébranlassent enfin le cœur du Roi, chercha toute sorte de moyens pour le faire perir. (*b*) De sorte qu'Antipas, vaincu par les importunitez de son épouse, s'étoit enfin résolu de mettre à mort Jean-Baptiste, comme nous le dit ici saint Matthieu, s'ils n'en eût été retenu par la crainte du peuple, qui regardoit Jean comme un Prophéte. (*c*)

℣. 6. DIE AUTEM NATALIS, &c. *Comme Hérode célébroit le jour de sa naissance, la fille d'Hérodiade dansa.* Tout le monde sait que les Princes célébroient le jour de leur naissance, & de leur avénement à la couronne, avec beaucoup de solemnité. On voit l'antiquité de cet usage dans la fête que Pharaon célébroit le jour de sa naissance; (*d*) & dans celle dont parle Osée, (*e*) sous les Rois d'Israël. Dans ces sortes de repas de cérémonie, on faisoit venir des joüeurs d'instrumens, des danseuses, & des farceurs, pour divertir la compagnie. Mais il étoit rare que des personnes de la qualité de cette Princesse y parussent. S. Chrysostome (*f*) croit que ce fut Hérodiade elle-même, qui prévoyant ce qui arriva,

(*a*) *Marc.* VI. 20.
(*b*) *Idem* ℣. 19.
(*c*) *Vide Euthym hîc.*
(*d*) *Genes.* XL 20.
(*e*) *Osee* VII. 5.
(*f*) *Chrysost. in Matt. Homil.* 49. *Ieronym. hîc. Ambros. l.* 3. *de Virgin.*

9. *Et contristatus est Rex : propter juramentum autem, & eos qui pariter recumbebant, jussit dari.*

9. Le Roi ressentit de la tristesse *de cette demande :* neanmoins à cause du serment *qu'il avoit fait*, & de ceux qui étoient à table avec lui, il commanda qu'on la lui donnât.

COMMENTAIRE.

poussa sa fille à une action, qui ne convenoit qu'à une comédienne, ou à une fille d'une mere telle qu'elle étoit. Le nom de *naissance*, (*a*) se prend quelquefois pour le jour du couronnement du Prince.

ỷ. 8. ILLA PRÆMONITA A MATRE SUA. *Elle ayant été instruite auparavant par sa mere.* Hérodiade n'étoit pas dans la sale du festin, lorsque sa fille Salomé y dansa, & que le Roi lui dit de lui demander ce qu'elle voudroit. Elle sortit promtement hors de la sale, & alla consulter sa mere, pour savoir ce qu'elle devoit demander au Roi. Hérodiade lui dit de ne demander autre chose que la tête de Jean-Baptiste. C'est ce que nous apprenons de S. Marc. (*b*) Le terme Grec qu'employe ici S. Matthieu, (*c*) marque qu'elle fut comme *poussée*, *pressée*, *induite*, par sa mere de demander la tête de saint Jean. Elle ne la demanda qu'à l'instigation, & à la forte persuasion de sa mere; n'ayant d'ailleurs aucune envie de cela.

DA MIHI HIC IN DISCO. *Donnez-moi présentement dans un bassin.* A la lettre: (*d*) *Donnez-moi ici dans un bassin.* Elle avoit en main un bassin, lorsqu'elle disoit cela : sa mere lui avoit apparemment fait prendre ce bassin, afin que le Roi ne remît point à un autre tems l'exécution d'une demande si hors de saison. Car, comme dit S. Ambroise (*e*) qu'y a-t'il de commun entre les réjoüissances d'une fête, & le supplice d'un malheureux? Les Princes ont coutume ce jour-là d'accorder la grace aux coupables; on attend ce moment pour leur demander la liberté. Hérode & Hérodiade firent tout le contraire. On lit dans l'histoire Romaine, (*f*) que Flaminius par complaisance pour une courtisanne, qui étoit à table à côté de lui, & qui disoit qu'elle n'avoit jamais vû couper la tête à aucun homme, ayant fait amener un criminel, & l'ayant fait décapiter en sa présence, fut chassé du Sénat par les Censeurs, pour avoir mêlé le sang à son festin, & pour avoir fait mourir un homme, quoique coupable, pour divertir une femme.

ỷ. 9. CONTRISTATUS EST REX: PROPTER JURAMENTUM

(*a*) Γενέσια. *Vide Heins. Exercit. Sacr. pag.* 48.
(*b*) *Marc.* VI. 24. 25.
(*c*) Προβιβασθεῖσα.
(*d*) Δός μοι ὧδε ἐπὶ πίνακι.
(*e*) *Ambros. l. de Virginib.*
(*f*) *Ieron. hic.*

10. *Misitque & decollavit Joannem in carcere.*	10. Il envoya en même-tems couper la tête à Jean dans la prison.
11. *Et allatum est caput ejus in disco, & datum est puellæ, & attulit matri suæ.*	11. Et sa tête fut apportée dans un bassin, & donnée à cette fille, qui la porta à sa mere.

COMMENTAIRE.

AUTEM, &c. *Le Roi ressentit de la tristesse de cette demande; mais à cause du serment qu'il avoit fait*, en lui disant que quand elle lui demanderoit la moitié de son Royaume, il la lui accorderoit; *& à cause des conviez, il commanda qu'on la lui donnât.* Voilà le caractére de l'esprit du siécle. Hérode veut paroître exact dans ses promesses, & constant dans sa résolution; & il ne feint point de commettre une injustice qui le rend odieux à tout le monde. Ignoroit-il qu'un serment de cette sorte n'oblige point, & que les conviez, qui pouvoient extérieurement ne pas désapprouver sa conduite, ne pouvoient qu'ils n'en eussent horreur intérieurement?

Quelques-uns (a) ont crû que la douleur qu'Hérode témoigna dans cette occasion, étoit une double feinte, & que ce *fin renard*, ainsi que l'Evangile l'appelle ailleurs, (b) ne fit semblant d'être touché de la mort d'un si saint Homme, que par politique, & pour ne pas entiérement aigrir le peuple. L'Evangéliste nous a dit ci-devant, (c) qu'il ne cherchoit que l'occasion de le faire mourir. Il fut bien-aise de la trouver. D'autres (d) croyent que véritablement il eut de la douleur de donner la tête de Jean-Baptiste, tant à cause d'un reste d'estime & de considération qu'il avoit pour lui, que parce que le sujet ne méritoit point qu'il le sacrifiât ainsi, & qu'il craignoit de s'attirer la haine du peuple, & de tous les gens de bien, lorsqu'ils seroient informez de la cause, & des circonstances de sa mort.

℣. 10. MISIT ET DECOLLAVIT JOANNEM. *Il envoya couper la tête à Jean dans la prison.* Tout ceci se passa au château de Machéron, (e) situé au-delà du Jourdain, près de l'embouchure de ce fleuve, dans la mer Morte. Joseph (f) dit que cette forteresse étoit en la puissance d'Arétas Roi d'Arabie, lorsque la fille du même Roi, qu'Hérode avoit épousée, s'enfuit vers son pere. Elle obéïssoit à Antipas lorsque S. Jean fut décapité. Cet Historien ne nous dit pas comment Antipas la réduisit sous son obéïssance.

℣. 11. ALLATUM EST CAPUT EJUS IN DISCO. *Sa tête fut ap-*

(a) *Hilar. Ieron. Strab. Glass. alii.*
(b) *Luc. XIII. 32.*
(c) *Matt. XIV. 4. 5.*
(d) *Chrysost. Euthym. Theophylact. Maldon. Grot. alii.*
(e) *Vide Joseph. l. XVIII. Antiq. c. 7.*
(f) *Joseph. ibid.*

12. *Et accedentes Discipuli ejus, tulerunt corpus ejus, & sepelierunt illud: & venientes nuntiaverunt Jesu.*

12. Après cela ses Disciples vinrent prendre son corps, & l'ensevelirent, & ils l'allerent dire à JESUS.

COMMENTAIRE.

portée dans un bassin. Saint Jérôme (*a*) raconte qu'Hérodiade tenant en main la tête de S. Jean-Baptiste, lui insulta, & lui perça la langue avec l'aiguille de tête qu'elle portoit: *Sancto capiti illusit, & sicut olim Fulvia linguam Ciceronis, ita hæc linguam Joannis discriminali acu confodit.* Joseph (*b*) dit que les Juifs attribuerent la défaite de l'armée d'Antipas par Arétas Roi d'Arabie, à la mort qu'il avoit fait souffrir à S. Jean-Baptiste. Quelques années après Hérodiade ne pouvant souffrir que son époux demeurât simple Tétrarque, tandis qu'Agrippa son frere à elle portoit le titre de Roi, l'engagea à aller à Rome, où elle le suivit, pour demander cette qualité à l'Empereur Caïus. Mais Caïus non-seulement ne lui accorda pas ce qu'il demandoit, il le priva aussi de sa Tétrarchie, & le relégua à Lion. (*c*) L'Empereur vouloit faire quelque grace à Hérodiade, en considération du Roi Agrippa son frere. Mais elle aima mieux suivre son mari, dans les malheurs où elle l'avoit jetté, que devoir quelque chose à la bonne fortune de son frere. Nicéphore, (*d*) & Métaphraste prétendent aussi que Salomé mourut d'une maniére tragique. Elle passoit un jour sur la glace, qui se rompit sous elle. Elle enfonça dans l'eau jusqu'au col, & la glace venant à se réünir, lui détacha la tête du reste du corps, & la fit danser d'une autre sorte qu'elle n'avoit fait devant Hérode. Mais aucun ancien n'ayant fait mention de cette histoire, nous la rangeons parmi les autres fables de Métaphraste. On sait seulement (*e*) que Salomé ayant été mariée à Philippe le Tétrarque son oncle paternel, & n'en ayant point eu d'enfans, elle se remaria à Aristobule, son cousin germain, fils d'Hérode Roi de Calcide, frere d'Agrippa & d'Hérodiade, & qu'elle en eut plusieurs enfans. On ignore le tems & la maniére de sa mort.

℣. 12. ACCEDENTES DISCIPULI EJUS, TULERUNT CORPUS EJUS. *Ses Disciples vinrent prendre son corps, & l'ensevelirent.* Les Disciples de S. Jean avoient la liberté de le voir dans sa prison, comme il paroît par la députation que ce saint Précurseur fit de quelques-uns d'eux, pour demander à JESUS-CHRIST s'il étoit le Messie. (*f*) Lorsqu'ils eurent appris sa mort, ils allerent prendre son corps, & l'enterrerent; & donnerent avis à JESUS de ce qui étoit arrivé. On ne sait pas distinc-

(*a*) *Ieron. contra Rufin. l. 3. c. 11.*
(*b*) *Joseph Antiq. l.* XVIII. 7. *Vide Chrysost. in Act. Homil. 26.*
(*c*) *Idem l.* XVIII. *Antiq. c. 9.*
(*d*) *Niceph. l. 1 c. 20. Hist. Eccles.*
(*e*) *Joseph. l.* XVIII. *Antiq. c. 7.*
(*f*) *Matt.* XI 2.

tement

13. *Quod cùm audisset Jesus, secessit inde in navicula, in locum desertum seorsùm: & cùm audissent turbæ, secuta sunt eum pedestres de civitatibus.*	13. JESUS ayant donc appris cela, partit de là dans une barque, pour se retirer à l'écart dans un lieu désert: & le peuple qui le sçut, le suivit à pied de diverses villes.

COMMENTAIRE.

tement où son corps fut mis. Quelques-uns ont avancé qu'il avoit été enterré à Sébaste, ou Samarie. Mais l'opposition qui étoit alors entre les Juifs & les Samaritains, ne permet pas qu'on le croye, sans de bonnes preuves. Or ce n'en est pas une, que ce saint corps y ait été honoré dans le quatriéme siécle. (*a*) Ses reliques pûrent y être transportées pendant, ou après la guerre des Romains contre les Juifs.

℣. 13. QUOD CUM AUDISSET JESUS, SECESSIT INDE. *Jesus ayant appris cela*; c'est-à-dire, ce qu'Hérode disoit de lui, savoir, que saint Jean-Baptiste étoit ressuscité en sa personne; & que la vertu de faire des miracles se manifestoit en lui, (*b*) *se retira dans un lieu désert.* D'autres (*c*) suppléent ainsi: JESUS ayant appris des Disciples de Jean, ce qui étoit arrivé à leur maître, se retira. Ce dernier sens paroît mieux lié avec la suite de la narration de l'Evangéliste. JESUS étoit sur le bord occidental du lac de Génézareth, lorsqu'on lui vint dire ce qui a été raconté ci-devant, des discours d'Hérode, & du peuple, à l'occasion de ses miracles. Il prit avec lui ses Apôtres, qui depuis peu étoient de retour de leur mission; & il passa avec eux dans une barque de l'autre côté du lac, dans le désert de Betzaïde, (*d*) ville située vers l'embouchure du Jourdain, dans le lac, ou la mer de Génézareth. Cette ville étoit de la haute Galilée, & de la Tétrarchie de Philippe, à qui Hérode avoit enlevé Hérodiade. Le peuple qui suivoit JESUS, s'étant apperçû de son départ, le suivit à pied, & le prévint même, (*e*) étant arrivé avant lui à Betzaïde.

Pour entendre ceci, qui a fort embarrassé nos Commentateurs, il faut supposer, 1°. Que Betzaïde, ou Juliade étoit au-delà, & au couchant de la mer de Tibériade, vers l'embouchure du Jourdain dans cette mer; c'est ce qui est indubitable. Pline, & Joseph le marquent expressément. (*f*) 2°. Que JESUS étant parti de Capharnaum, ou des environs, avoit presque autant de chemin à faire sur l'eau, pour arriver à Betzaïde, que

(*a*) Sous Julien l'Apostat, vers l'an 362. les Payens ouvrirent son tombeau, & brûlerent une partie de ses os. *Theodoret. l. 3. c. 3.*

(*b*) *Chrysost. Homil. 5. Euthym. Grot. Brug. Toynard. Harmon. p. 51.*

(*c*) *Aug. l. 2. de Consensu c. 45. Euthym. Theophylact Maldon.*

(*d*) *Luc. VI. 1.*

(*e*) *Marc. VI. 33.*

(*f*) *Joseph. l. 2. de Bello, c. 13. & Antiq. l. 18. c. 3. Plin. l. V. c. 15. Vide Cellar. Geograph. Antiq. l. 3. c. 13. p. 387.*

14. *Et exiens vidit turbam multam & misertus est eis, & curavit languidos eorum.*

15. *Vespere autem facto, accesserunt ad eum Discipuli ejus, dicentes : Desertus est locus, & hora jam præteriit : dimitte turbas, & euntes in castella emant sibi escas.*

14. Lorsqu'il sortoit, ayant vû une grande multitude de personnes, il en eut compassion, & il guérit leurs malades.

15. Le soir étant venu, ses Disciples lui vinrent dire : Ce lieu ci est désert, & il est déja bien tard : Renvoyez le peuple, afin qu'ils s'en aillent dans les villages acheter de quoi manger.

COMMENTAIRE.

les peuples en avoient par terre : pour peu que le vent soit contraire, une barque va moins vîte qu'un homme à pied ; ainsi il n'est nullement incroyable que le peuple qui étoit à pied, soit arrivé aussi-tôt, & même plûtôt que lui au-delà du fleuve ; car Jesus ne prenoit pas la mer précisément pour gagner du chemin, mais pour éviter la foule. 3°. Le peuple étant arrivé sur le bord du Jourdain, vis-à-vis de Betzaïde, passa le fleuve, ou sur un pont, ou sur des barques, pour aller joindre Jesus-Christ sur l'autre bord, dans la campagne de cette ville. De cette sorte il n'y a nulle difficulté dans le chemin ni de Jesus, ni du peuple. Jesus passe à Betzaïde, suivant saint Luc ; il passe au delà de la mer, selon S. Jean ; (*a*) le peuple le suit à pied, selon S. Marc. (*b*)

✠. 14. Exiens vidit turbam multam. *Lorsqu'il sortoit* de la barque, *il vit une grande multitude de personnes*, qui l'avoient devancé, & qui savoient le lieu où il alloit, comme l'insinuë saint Marc. (*c*)

✠. 15. Verpere autem facto. *Le soir étant venu.* Les Disciples remontrerent à Jesus qu'il se faisoit tard, & qu'il falloit renvoyer le peuple, afin que chacun se retirât chez soi avant la nuit. Ce terme *vespere*, le soir, ne se prend point ici pour le coucher du soleil, mais seulement pour son déclin. Les Hébreux avoient deux vêpres ; l'une qui commençoit vers le déclin du soleil, à deux ou trois heures après midi, suivant nôtre maniére de compter ; & l'autre au coucher du soleil. Ces deux vêpres sont quelquefois exprimées dans l'Ecriture, comme quand il est dit, que l'agneau de Pâque s'immolera *entre les deux vêpres :* (*d*) ici elles sont marquées d'une maniére encore plus claire : Les Disciples disent en cet endroit au Sauveur, qu'il se fait tard : *Vespere autem facto ;* (*e*) & qu'il faudroit renvoyer les troupes. Voilà *la premiére vêpre*. Et ciaprès au ✠. 23. après qu'il eut donné à manger à tout ce monde, qui étoit

(*a*) *Joan.* VI. 1.
(*b*) *Marc.* VI. 33.
(*c*) *Marc. loco citato.* Καὶ εἶδον αὐτοὺς ὑπάγοντας, καὶ ἐπέγνωσαν πολλοὶ, καὶ πεζῇ ἀπὸ πασῶν τῶν πόλεων συνέδραμον ἐκεῖ, καὶ προῆλθον αὐτούς.
(*d*) *Exod.* XXII. 6. *Levit.* XXIII. 5. בין ערבים *Inter duas vesperas.*
(*e*) *Matt.* XIV. 14. Ὀψίας δὲ γενομένης.

16. *Jesus autem dixit eis : Non habent necesse ire : date illis vos manducare.*

16. Mais JESUS leur dit : Il n'est pas nécessaire qu'ils y aillent : Donnez-leur vous-mêmes à manger.

COMMENTAIRE.

de cinq mille hommes, & qu'il se fut passé un tems assez considérable, *il renvoye le peuple ; il monte seul sur la montagne, & le soir étant venu, il se trouve seule en ce lieu-là*. Voilà la seconde vêpre, ou le second soir. Pour désigner le premier soir, S. Marc se sert de cette expression : (*a*) *Comme il étoit déja grand'heure*, la plus grande partie du jour étant déja passée, ou l'heure de la réfection étant passée. Et S. Luc : (*b*) *Le jour commençoit à baisser*. Mais pour signifier le second soir, ou le commencement de la nuit, il se servent tous des mêmes termes. (*c*)

DESERTUS EST LOCUS, ET HORA JAM PRÆTERIIT. *Ses Disciples lui dirent : Ce lieu-ci est désert, & il est déja bien tard.* A la lettre : *L'heure est passée, renvoyez le peuple, &c.* Il est plus de midi, l'heure de manger est passée, ce peuple n'a rien ici pour se nourrir : il faudroit les renvoyer dans leurs maisons, avant qu'il soit plus tard, afin qu'ils aillent acheter dans les villages de quoi manger. On lit dans saint Jean, (*d*) que JESUS étant débarqué, & voyant cette multitude dans un lieu désert, en eut compassion, & qu'il dit à Philippe : D'où acheterons-nous du pain pour nourrir toute cette multitude ? ce qu'il disoit, dit l'Evangile, pour le tenter ; car il savoit ce qu'il devoit faire. Philippe lui répondit, que quand on acheteroit du pain pour deux cens piéces d'argent, à peine y en auroit-il assez pour en donner un petit morceau à chacun. JESUS touché de compassion, commença à guérir les malades qu'on lui avoit amenez, & à enseigner le peuple, leur parlant du Royaume de Dieu. Après qu'il eut long-tems parlé, & comme la nuit approchoit, ses Disciples lui dirent ce que nous lisons ici dans saint Matthieu. Alors JESUS leur dit, qu'il n'étoit pas nécessaire que le peuple s'éloignât pour chercher de la nourriture, qu'ils lui donnassent à manger eux-mêmes. Il leur demanda combien ils avoient de pains. A quoi André frere de Pierre répondit, qu'il y avoit là un jeune homme, avec cinq pains d'orge, & deux poissons. JESUS se les fit apporter, les bénit, & les fit distribuer à toute la multitude. Ces cinq pains, & ces deux poissons appartenoient aux Apôtres, (*e*) & étoient toute la provision de JESUS, & de sa suite.

(*a*) *Marc.* VI. 35. Καὶ ἤδη ὥρας πολλῆς γενομένης.

(*b*) *Luc.* IX. 12. Ἡ δὲ ἡμέρα ἤρξατο κλίνειν.

(*c*) *Matt.* XIV. 23. *Marc.* VI. 47. Ὀψίας δὲ γενομένης. *Joan.* VI. 16. Ὡς δὲ ὀψία ἐγένετο.

(*d*) *Joan.* VI. 5.

(*e*) *Chrysost. Theophyl. Leont. Theodor. Mops. Ammon.*

17. *Respenderunt ei : Non habemus hîc nisi quinque panes, & duos pisces.*
18. *Qui ait eis : Afferte mihi illos huc.*
19. *Et cùm jussisset turbam discumbere super fœnum, acceptis quinque panibus, & duobus piscibus, aspiciens in Cœlum benedixit, & fregit, & dedit Discipulis panes, Discipuli autem turbis.*

17. Ils lui répondirent : Nous n'avons ici que cinq pains, & deux poissons.
18. Apportez-les moi ici, leur dit-il.
19. Et après avoir commandé au peuple de s'asseoir sur l'herbe, il prit les cinq pains & les deux poissons: & levant les yeux au Ciel, il *les* bénit; puis rompant les pains, il les donna à ses Disciples, & les Disciples au peuple.

COMMENTAIRE.

℣. 19. CUM JUSSISSET TURBAM DISCUMBERE SUPER FOENUM. *Après avoir commandé au peuple de s'asseoir sur l'herbe.* Car il y avoit beaucoup d'herbe dans cet endroit, suivant la remarque de saint Jean. (*a*) En effet la saison étoit assez avancée, puisque, selon la remarque du même Evangéliste, la fête de Pâque étoit proche ; & alors dans la Palestine les orges sont déja meurs, & les herbes prêtes à faucher. Saint Marc (*b*) dit qu'on fit asseoir le peuple par centaine, & par cinquantaine, pour leur distribuer le pain, & le poisson. On put aisément par ce moyen en connoître le nombre. Le Grec à la lettre lit : (*c*) *Qu'on les fit coucher sur l'herbe.* C'étoit alors l'usage de manger couchez.

BENEDIXIT, ET FREGIT, ET DEDIT, &c. *Prenant les cinq pains, & les deux poissons, il les bénit, les rompit, & les donna à ses Disciples.* Saint Jean ajoûte, qu'il rendit graces à son Pere. Il commença sa priére par la loüange, par l'action de grace ; & c'est peut-être ce que S. Matthieu a voulu dire par, *il bénit.* (*d*) Il bénit Dieu, ou il bénit les pains, en priant Dieu de les multiplier. Il répandit en même tems sur cette matiére la vertu de se reproduire à l'infini ; & elle se reproduisit en effet dans la distribution actuelle que les Apôtres en firent. Les Peres, & les Commentateurs demandent si ce fut dans les mains de JESUS-CHRIST, ou dans celles des Apôtres qu'ils se multiplierent. Les sentimens sont partagez là-dessus. (*e*) Mais il n'est pas difficile de les concilier, en disant que le Sauveur leur donna la vertu, dont les Apôtres furent les ministres, & les dispensateurs, par la distribution qu'ils en firent. JESUS en les rompant, y répandit l'abondance : *Frangente Domino seminarium fit cibo-*

(*a*) *Joan.* VI. 10.
(*b*) *Marc.* VI. 40.
(*c*) Κελεύσας τοὺς ὄχλους ἀνακλιθῆναι. *Marc.* Ἀνακλῖναι. *Luc.* Κατακλίνατε. *Joan.* Ποιήσατε ἀνακλῖναι .... ἀνέπεσον οὖν οἱ ἄνδρες, &c.
(*d*) *Matt. Marc. Luc.* Εὐλόγησε. *Joan.* VI. 11. Εὐχαριστήσας διέδωκε.
(*e*) S. Augustin, traité 24. sur S. Jean, & S. Jérôme veulent qu'ils se soient multipliez dans les mains de J. C. S. Chrysostome, Leontius, & Euthyme, dans les mains des Apôtres. Saint Hilaire n'ose décider.

20. *Et manducaverunt omnes, & saturati sunt. Et tulerunt reliquias, duodecim cophinos fragmentorum plenos.*

20. Ils en mangerent tous, & furent rassasiez ; & on emporta douze paniers pleins des morceaux qui étoient restez.

21. *Manducantium autem fuit numerus, quinque millia virorum, exceptis mulieribus, & parvulis.*

21. Or ceux qui mangerent étoient au nombre de cinq mille hommes, sans compter les femmes, & les petits enfans.

22. *Et statim compulit Jesus Discipulos ascendere in naviculam, & præcedere eum trans fretum, donec dimitteret turbas.*

22. Aussi-tôt JESUS obligea ses Disciples de monter dans la barque, & de passer à l'autre bord avant lui, pendant qu'il renvoyetoit le peuple.

COMMENTAIRE.

rum, dit ici S. Jérôme. La puissance étoit dans les mains du Sauveur, dit S. Augustin sur S. Jean. Il multiplie dans ses mains les cinq pains, comme il multiplie les moissons, avec un petit nombre de grains qu'on seme dans la terre. Il semble que tous les morceaux qu'on distribua au peuple, passerent par les mains de JESUS-CHRIST, & qu'il les rompoit à mesure que ses Disciples les venoient prendre pour les distribuer, ℣. 19.

℣. 20. DUODECIM COPHINOS. *On emporta douze paniers pleins des morceaux qui étoient restez.* Chacun des douze Apôtres emporta son panier plein. Cela démontroit la certitude du miracle. Cinq mille hommes, sans compter les femmes & les enfans, qui étoient épuisez de faim, mangerent tant qu'ils voulurent, & cependant on ramasse douze corbeilles pleines de ce qui fut de reste. Il n'y a pas là à chicaner ; le prodige est sensible. Mais pourquoi n'y eut-il rien de reste des deux poissons ? JESUS-CHRIST auroit pû, sans doute, s'il avoit voulu, faire le même sur le poisson, que sur le pain : mais il se contenta d'en donner abondamment au peuple, sans qu'il y en eût de reste, ne voulant pas multiplier les merveilles sans nécessité. En serions-nous plus sûrs de la vérité de la multiplication réelle du poisson, & du pain, s'il en fût resté cent paniers pleins de l'un & de l'autre ? Celui qui peut avec cinq pains, & deux poissons nourrir cinq ou six mille personnes, en pourroit bien encore nourrir dix mille.

℣. 22. JESUS COMPULIT DISCIPULOS ASCENDERE, &c. *Aussi-tôt Jesus obligea ses Disciples de monter dans la barque, & de passer à l'autre bord avant lui, pendant qu'il renvoyeroit le peuple.* Aussi-tôt que les Apôtres eurent ramassé les douze paniers de pain, JESUS les contraignit de s'embarquer sans lui, & de passer le lac pour aller à Betzaïde. (a) Il fallut les contraindre, parce qu'ils ne vouloient pas le laisser seul, ni

(a) Marc. VI. 45. Εἰς τὸ πέραν πρὸς Βηθσαϊδάν.

23. *Et dimissâ turbâ, ascendit in montem solus orare. Vespere autem facto solus erat ibi.*

23. Après l'avoir renvoyé, il monta seul sur une montagne pour prier; & le soir étant venu, il se trouva seul en ce lieu-là.

COMMENTAIRE.

se séparer de lui. Le miracle, dont on vient de parler, se fit dans le désert de Betzaïde. Cette ville & ce désert sont à l'orient du Jourdain, & vers la pointe méridionale de la mer de Tibériade. Comment donc Jesus veut-il que ses Apôtres passent la mer, & l'aillent attendre à Betzaïde? N'y a t'il pas-là de la contradiction? Voici le dénoüement de cette difficulté. 1°. On peut traduire le Grec de saint Marc: *Vis à-vis de Betzaïde*, c'est à-dire, sur le bord occidental, opposé à Betzaïde. 2°. Pour aller du désert de Betzaïde à la ville de Betzaïde, il y avoit deux voyes; l'une plus longue, qui étoit celle de terre, en côtoyant le lac de Génézareth; & l'autre plus courte, qui étoit de s'embarquer, & d'y aller tout droit, & sans détour. Le peuple suivit le chemin de terre, & Jesus obligea ses Disciples de s'embarquer, pour y aller par mer. Mais ils ne purent exécuter leur dessein, à cause que le vent se trouva contraire; ils furent obligez d'aller du nord, au midi; du désert de Betzaïde, à Tibériade; au lieu d'aller du midi au nord: du désert, à la ville de Betzaïde, comme ils se l'étoient proposez.

Une autre difficulté est de concilier S. Marc, qui dit que Jesus leur dit d'aller à Betzaïde avec saint Jean, (*a*) qui dit qu'ils s'embarquerent, & qu'ils vinrent de là à Capharnaum; & avec saint Matthieu, & saint Marc lui-même, qui disent que le lendemain matin ils se trouverent dans le pays de Génézareth. (*b*) Le pays de Génézareth, & de Capharnaum sont constamment à l'occident de la mer de Tibériade, & à l'opposite du désert de Betzaïde, d'où Jesus & ses Disciples étoient partis. Pour sauver cette difficulté, on peut dire que les Apôtres s'étoient embarquez, suivant les ordres de Jesus-Christ, dans le dessein de se rendre à Betzaïde; mais que le vent leur ayant été contraire, & les ayant emportez vers le canton de Génézareth, au midi de la mer de Tibériade, Jesus arriva vers eux à la quatriéme veille de la nuit, fit cesser le vent, & les fit aborder aux environs de Tibériade, d'où ils se rendirent le lendemain à Capharnaum. Saint Jean (*c*) lui-même insinuë cela, lorsqu'il dit, que les troupes qui étoient demeurées au-delà du lac, & qui savoient que Jesus ne s'étoit point embarqué avec ses Disciples, le cherchoient avec inquiétude. Mais que quelques barques y étant arrivées de Tibériade,

(*a*) *Joan.* VI. 17. Καὶ ἐμβάντες εἰς πλοῖον ἤρχοντο πέραν τῆς θαλάσσης εἰς Καπερναούμ.

(*b*) *Matt.* XIV. 34. *&* *Marc.* VI. 53. Καὶ διαπεράσαντες ἦλθον ἐπὶ γῆν Γεννησαρέτ.

(*c*) *Vide Joan.* VI. 22. 23. 24.

24. *Navicula autem in medio mari jactabatur fluctibus: erat enim contrarius ventus.*

25. *Quartâ autem vigiliâ noctis, venit ad eos ambulans super mare.*

26. *Et videntes eum super mare ambulantem, turbati sunt, dicentes: Quia phantasma est. Et præ timore clamaverunt.*

24. Cependant la barque étoit fort battuë des flots au milieu de la mer, parce que le vent étoit contraire.

25. Mais à la quatriéme veille de la nuit, JESUS vint à eux marchant sur la mer.

26. Lorsqu'ils le virent marcher ainsi sur la mer, ils furent troublez, & ils disoient: C'est un phantôme; & ils s'écriérent de frayeur.

COMMENTAIRE.

leur dirent, que JESUS y étoit avec ses Disciples. Alors elles y vinrent par terre, & le trouverent qui étoit arrivé depuis peu, de Tibériade à Capharnaum.

℣. 23. DIMISSA TURBA. *Après avoir renvoyé le peuple, il monta seul sur une montagne pour prier*, & il y demeura aussi pendant la plus grande partie de la nuit. JESUS sçavoit que le peuple avoit dessein de le prendre, & de l'établir Roi; il se dérobe à ses recherches, renvoye & le peuple, & ses Disciples, & se retire seul sur une montagne. Saint Jean (*a*) remarque que ce fut pour la seconde fois de ce jour-là, qu'il se retira sur cette hauteur. Il y étoit monté le matin avec ses Disciples; & après y avoir été quelque tems, il descendit pour instruire les troupes, & pour guérir les malades, & n'y remonta que tout au soir, après que tout le monde se fut retiré. (*b*)

℣. 24. QUARTA VIGILIA NOCTIS VENIT AD EOS. *A la quatriéme veille de la nuit Jesus vint à eux marchant sur la mer.* Les anciens Hébreux n'avoient que trois veilles de la nuit; (*c*) mais du tems de nôtre Seigneur ils la partageoient en quatre veilles, à la maniére des Grecs, & des Romains. Comme ceci arriva vers l'équinoxe du Printems, la quatriéme veille revient à trois heures du matin. Ces quatre veilles de chaque nuit étoient toûjours égales entre elles; mais inégales d'une nuit à l'autre suivant les saisons. JESUS après avoir laissé ses Disciples pendant plusieurs heures à combattre contre les vents, & les flots, vint enfin à eux marchant sur la mer. S. Jean (*d*) remarque qu'ils n'avoient encore fait que vingt-cinq, ou trente stades sur la mer; c'est-à-dire, environ trois milles, ou une lieuë. Le lac a 2. lieuës de large, selon Pline *l. 5. c. 15.* JESUS marcha sur l'eau sans enfoncer. Soit qu'il suspendit l'effet naturel de la pesanteur de son corps, ou qu'il affermit les eaux sous ses pieds, le miracle est égal.

(*a*) *Joan.* VI. 15. Ἀνεχώρησε πάλιν εἰς τὸ ὄρος, αὐτὸς μόνος.

(*b*) *Joan.* VI. 3. Ἀνῆλθε δὲ εἰς τὸ ὄρος ὁ Ἰησοῦς, καὶ ἐκεῖ ἐκάθητο μετὰ τῶν μαθητῶν αὐτοῦ.

(*c*) Voyez nôtre Dissertation sur la Chronologie à la tête de la Genese.

(*d*) *Joan.* VI. 19.

27. *Statimque Jesus locutus est eis, dicens: Habete fiduciam: ego sum; nolite timere.*

28. *Respondens autem Petrus, dixit: Domine, si tu es, jube me ad te venire super aquas.*

27. Aussi-tôt Jesus leur parla, & leur dit: Raffûrez-vous: c'est moi, ne craignez point.

28. Pierre lui répondit: Seigneur, si c'est vous, commandez que j'aille à vous, *en marchant* sur les eaux.

COMMENTAIRE.

℣. 26. TURBATI SUNT, DICENTES: QUIA PHANTASMA EST. *Ils furent troublez, & ils disoient: C'est un phantôme.* Les Hébreux étoient persuadez qu'il apparoissoit quelquefois des spectres, des phantômes, des bons, & des mauvais Anges. Ils avoient l'expérience de plusieurs apparitions réelles des bons Anges, marquées dans l'Ecriture. (*a*) Ils ne doutoient point que les mauvais Anges ne pussent de même apparoître, & se transfigurer, comme dit saint Paul, (*b*) en Anges de lumiére. Les Pharisiens faisoient un capital de leur doctrine de ces apparitions, comme on le voit dans les Actes. (*c*) L'histoire de l'apparition de Samuël à Saül, (*d*) prouve aussi qu'ils croyoient que les ames des hommes décedez pouvoient apparoître. JESUS-CHRIST ne détruit point ces opinions des Juifs, & de ses Apôtres. Il semble même les confirmer, lorsqu'il leur dit dans S. Luc: (*e*) *Voyez, & touchez; un esprit n'a ni chair, ni os.* Les Peres ont établi, ou du moins supposé ces sentimens. On ne doit pas les contester. Mais comment se font ces apparitions? C'est apparemment par le moyen de l'air, & de la fumée, ou du broüillard, que les esprits bons, ou mauvais, peuvent, avec la permission de Dieu, condenser, & disposer de maniére qu'ils paroissent de vrais corps organisez, quoi qu'au fond ils n'ayent rien qui résiste au tacte, qu'ils n'ayent ni consistance, ni chair, ni os, comme le déclare JESUS-CHRIST. De-là vient que ces apparitions se font ordinairement la nuit, & dans les lieux sombres; parce que là ces corps nébuleux, & aëriens paroissent davantage, font plus d'impression sur les sens, & sont plus aisez à former.

℣. 28. SI TU ES, JUBE ME VENIRE. *Si c'est vous, commandez que j'aille à vous en marchant sur les eaux.* On voit ici, comme par tout ailleurs, le génie vif & ardent de saint Pierre. Pour s'assurer s'il n'y a point d'illusion dans ce qu'il voit, & si c'est véritablement son maître qui parle, il lui dit: *Si c'est vous, commandez que j'aille à vous, en marchant sur l'eau.* Il ne doute point de la puissance de JESUS-CHRIST; mais il doute si c'est lui. Si c'est JESUS, il saura me soûtenir sur les eaux; si ce n'est pas

(*a*) *Genes.* XVIII. XIX. XXXII. 24. 25. *Exod.* III. 4. *&c.*
(*b*) 2. *Cor.* XI. 14.
(*c*) *Act.* XXIII. 8. 9.
(*d*) 1. *Reg.* XXVIII. 11 12.
(*e*) *Luc.* XXIV. 38.

lui,

29. *At ipse ait : Veni. Et descendens Petrus de navicula, ambulabat super aquam, ut veniret ad Jesum.*

30. *Videns verò ventum validum, timuit : & cùm cœpisset mergi, clamavit dicens : Domine, salvum me fac.*

31. *Et continuò Jesus extendens manum, apprehendit eum, & ait illi : Modicæ fidei, quare dubitasti ?*

32. *Et cùm ascendissent in naviculam, cessavit ventus.*

29. JESUS lui dit : Venez. Et Pierre descendant de la barque, marchoit sur l'eau pour aller trouver JESUS.

30. Mais voyant un grand vent, il eut peur, & comme il commençoit à enfoncer, il s'écria : Seigneur, sauvez moi.

31. Aussi-tôt JESUS lui tendant la main, le prit, & lui dit : Homme de peu de foi, pourquoi avez-vous douté ?

32. Et étant montez dans la barque, le vent cessa.

COMMENTAIRE.

lui, il n'en aura pas le pouvoir. Et si je puis avec sa permission marcher sur les eaux, ce n'est point un phantôme qui y marche. Ordonnez, dit S. Jérôme, (a) & aussi-tôt ou les eaux deviendront solides, ou mon corps deviendra léger. *Tu præcipe, & illicò solidabuntur aquæ : leve fiet corpus, quod per se grave est.* S. Marc (b) dit que JESUS étant arrivé près de la barque, feignit de vouloir passer outre : *Volebat præterire eos.* Il s'avança, comme s'il eût eu envie de passer.

℣. 30. VIDENS VENTUM VALIDUM, TIMUIT. *Voyant un grand vent, il eut peur.* La vûë du danger présent fit sur lui une si forte impression, qu'il oublia la présence de son Maître. Il n'usa plus de sa raison ; & cette confiance qui l'avoit soutenu jusqu'alors, l'abandonna tout à coup. Mais se sentant enfoncer, la vûë de ce nouveau péril lui fit ouvrir les yeux ; & dans l'appréhension de se noyer, il s'écria : *Seigneur, sauvez-moi.* Tout cela prouve & la vérité du miracle, & la foiblesse de l'homme, & le souverain pouvoir de Dieu. (c)

℣. 32. CUM ASCENDISSENT IN NAVICULAM, CESSAVIT VENTUS. *Jesus, & saint Pierre étant montez dans la barque, le vent cessa.* Saint Jean (d) semble dire qu'il n'entra pas dans la barque ; mais que *les Disciples l'ayant voulu recevoir dans la nasselle, elle se trouva aussi-tôt au bord du lieu où ils alloient* ; ce qu'on peut concilier avec saint Matthieu, en disant que les Apôtres ayant invité JESUS d'entrer dans leur barque, il y entra en effet, & qu'en même-tems on vit deux miracles causez par sa présence. Le premier, que la tempête s'appaisa tout à coup ; & le second, que la barque se trouva dans un instant près du bord. Saint Chry-

(a) *Ieron. in hunc locum.*
(b) *Marc. VI. 48.*
(c) *Ieron. Paululùm relinquitur tentationi, ut augeatur fides, & intelligat se non facilitate postulationis, sed potentiâ Domini conservatum.*
(d) *Joan. VI. 21.* Ἤθελον οὖν λαβεῖν αὐτὸν εἰς τὸ πλοῖον, καὶ εὐθέως τὸ πλοῖον ἐγένετο ἐπὶ τῆς γῆς εἰς ἣν ὑπῆγον.

33. *Qui autem in navicula erant, venerunt, & adoraverunt eum, dicentes: Verè Filius Dei es.*

33 Alors ceux qui étoient dans cette barque, s'approchant de lui, l'adorerent, en lui disant: Vous êtes vraiment le Fils de Dieu.

34. *Et cùm transfretassent, venerunt in terram Genesar.*

34 Ayant passé l'eau, ils vinrent dans la terre de Génésar.

COMMENTAIRE.

sostome, & Théophylacte croyent que JESUS-CHRIST ne voulut pas d'abord entrer dans la barque; mais qu'il voulut marcher un assez long espace sur les eaux avec saint Pierre, & qu'alors y étant entré, elle se trouva aussi-tôt à bord.

℣. 33. QUI IN NAVICULA ERANT, VENERUNT, ET ADORAVERUNT, &c. *Ceux qui étoient dans la barque*, les Apôtres, & peut-être quelques nautonniers, & quelques passagers qui se trouverent avec eux, vinrent se jetter aux pieds du Sauveur, & l'adorerent comme vrai Dieu, & vrai Messie, en lui disant: *Vous êtes vraiment le Fils de Dieu*, ce Messie que nous attendons.

℣. 34. CUM TRANSFRETASSENT, VENERUNT IN TERRAM GENEZAR. *Ayant passé l'eau, ils vinrent dans la terre de Génézar.* Le Grec lit *Gennésareth.* Quelques Manuscrits Grecs lisent *Génézar*, ou *Génézara.* Quelques uns croyent (*a*) que c'est le même pays de *Gérasa*, ou des *Gergéseniens*, ou *Géraséniens*, dans lequel JESUS-CHRIST avoit été si mal reçû. (*b*) D'autres (*c*) veulent avec beaucoup plus de raison, que Génézareth soit la même que *Cinnéreth*, ou *Cinnéroth*, qu'on croit être Tibériade, & qui a donné le nom de *Mer de Cinnéreth*, (*d*) au lac de Tibériade. Cette ville étoit située vers la pointe méridionale de la mer de Génézareth, sur son bord occidental. Il n'alla pas dans la ville même, mais dans la terre de Génézareth. Il débarqua aux environs de cette ville. Voyez le ℣. 22. Joseph. (*e*) parle du canton, ou du petit pays de Génézareth en ces termes: *Le lac de Génézar est bordé d'un petit pays de même nom, qui est d'une beauté, & d'une fertilité admirable. Il est arrosé de la fontaine, nommée Capharnaum; ce canton a de longueur trente stades, & vingt de largeur.* Je pense que le nom de *Génézareth* qu'on lui donna dans les derniers tems, vient de l'Hébreu *Gé*, une vallée, & *Nazareth* ou *Nézéreth*, fleurie, *Vallée fleurie.* (*f*)

(*a*) *Vide Maldon ad* ℣. 22.
(*b*) *Matt.* VIII. 28.
(*c*) *Grot. hic. Ieron in locis. Cellar. Geogr. l.* 3. *c.* 13. *p.* 298. *Ligfoot. Chorograph. in Matt. c.* 71. *Talmudista apud eundem.*
(*d*) *Josue* XI. 2. XIX. 35. *&c. Num.* XXXIV. 11. *Josue* XIII. 27.
(*e*) *Joseph de Bello, l.* 3. *c.* 35.
(*f*) גיא נצרת *Vallis florida*, ou *Germinans.*

35. *Et cùm cognovissent eum viri loci illius, miserunt in universam regionem illam, & obtulerunt ei omnes malè habentes;*

36. *Et rogabant eum ut vel fimbriam vestimenti ejus tangerent. Et quicumque tetigerunt eum, salvi facti sunt.*

35. Les hommes de ce lieu-là l'ayant connu, ils envoyerent dans tout le pays d'alentour, & lui présenterent tous les malades;

36. Le priant qu'il leur permît seulement de toucher la frange *qui étoit au bas* de son vêtement; & tous ceux qui la toucherent, furent guéris.

COMMENTAIRE.

ỷ. 36. UT VEL FIMBRIAM VESTIMENTI EJUS TANGERENT. *Qu'il leur permît de toucher seulement la frange qui étoit au bas de son habit.* Voyez ci-devant Ch. IX. 20. Les Juifs portoient des franges, ou bordures au bas de leurs manteaux, & outre cela des houpes aux quatre coins du même habit. (*a*) Tous ceux qui toucherent avec foi les franges, ou les houpes de son manteau, furent guéris.

CHAPITRE XV.

Scandale des Pharisiens de ce que les Disciples de JESUS *ne lavoient pas leurs mains avant que de manger. Les Pharisiens violent la Loi de Dieu, pour observer leurs traditions. Guérison de la fille de la Cananéenne.* JESUS-CHRIST *donne à manger à quatre mille personnes avec sept pains, & quelques petits poissons.*

ỷ. 1. *Tunc accesserunt ad eum ab Jerosolymis Scribæ, & Pharisæi, dicentes:*

ỷ. 1. Alors des Scribes, & des Pharisiens, qui étoient venus de Jérusalem, s'approcherent de JESUS, & lui dirent:

COMMENTAIRE.

ỷ. 1. TUNC ACCESSERUNT AD EUM AB JEROSOLYMIS, &c. *Alors des Scribes, & des Pharisiens, qui étoient venus de Jerusalem*, & qui avoient suivi JESUS à son retour de la fête de Pâque,

(*a*) Deut. XXII. 12.

2. *Quare Discipuli tui transgrediuntur traditionem seniorum? Non enim lavant manus suas, cùm panem manducant.*

2. Pourquoi vos Disciples violent-ils la tradition des anciens; car ils ne lavent point leurs mains, avant que de prendre leur repas?

COMMENTAIRE.

(*a*) pour observer sa conduite, & celle de ses Disciples, *lui dirent : Pourquoi vos Disciples violent-ils la tradition des Anciens ; car ils ne lavent point leurs mains, avant que de prendre leur repas.* Les Juifs outre les Loix écrites dans les Livres de Moyse, avoient plusieurs traditions, ou plusieurs Loix & observances non écrites, qu'ils avoient reçûës de leurs ancêtres, & ausquelles ils donnoient une autorité égale, ou même supérieure à celle des Loix écrites. Ils prétendoient qu'elles venoient de Moyse, & qu'elles lui avoient été données à Sinaï, de même que les autres. Ils comparent l'Ecriture à l'eau, & la tradition à un excellent vin. La Loi est le sel, disent les Rabbins; *la Misne*, ou le recueil des Traditions est comme le poivre; & *les Talmuds*, sont comme des aromates précieux. Celui qui péche contre Moyse, peut être absous; mais celui qui contredit les Docteurs mérite la mort. Si les Docteurs vous disoient que vôtre main droite est la gauche, il faudroit le croire, dit le Rabbin Béchai. Il ne faut pas croire un Prophéte, s'il ne donne des preuves de sa mission: mais vous êtes obligé de croire les Anciens sans examen. Voilà les maximes des Juifs sur leurs traditions. (*b*) Nous ne croyons pas que les Juifs ayent eu des recueils de leurs traditions avant JESUS-CHRIST. Le premier Auteur qui les recueillit, & les rédigea par écrit, fut Juda surnommé le Saint, qui vivoit au second siécle de l'Eglise, sous Antonin surnommé le Pieux, ou sous Commode.

L'Eglise Chrétienne a aussi ses traditions, ausquelles elle donne une très-grande autorité. Saint Paul (*c*) se sert quelquefois du nom de *Tradition*, pour marquer les préceptes qu'il avoit donnez aux Eglises de vive voix, & sans écrit. Lorsque JESUS-CHRIST attaque ici ces traditions, il ne les attaque que selon l'abus qu'en faisoient les Juifs. Il est moralement impossible qu'un corps de Religion subsiste, sans quelques-unes de ces traditions, qui se conservent dans l'usage, dans la mémoire, dans les cérémonies, dans les pratiques. Ce qui distingue nos traditions de celles des Pharisiens que JESUS-CHRIST condamnoit, est 1°. Qu'elles ont le Saint Esprit, ou les Apôtres, ou l'Eglise animée du Saint Esprit

(*a*) Voyez Toynard Harm. pag. 56. 57. Le Clerc Harm. p. 198.

(*b*) Voyez Ligfoot, Hor Hebr. & le supplément aux Cérémonies des Juifs par M. Simon, Ch. 1 *Ieron. Ep.* 151. *Epiphan. Heresi* 33.

(*c*) *Thessal.* II. 15. *Καὶ κρατεῖτε τὰς παραδόσεις.* Et III. 6. *Καὶ μὴ κατὰ τὴν παράδοσιν.*

3. *Ipse autem respondens, ait illis: Quare & vos transgredimini mandatum Dei propter traditionem vestram? Nam Deus dixit:*

3. Il leur répondit: Pourquoi vous-mêmes violez-vous le commandement de Dieu, pour *suivre* vôtre tradition? Car Dieu a fait ce commandement:

COMMENTAIRE.

pour auteurs. 2°. Qu'elles n'ont rien de contraire à la Loi divine, & aux saintes Ecritures. 3°. Que non-seulement elles ne sont point opposées à l'observation des Commandemens de Dieu; mais qu'elles y servent, & y contribuent. (*a*)

Quant à la tradition dont il est parlé ici en particulier, elle ne consistoit pas simplement à laver ses mains avant le repas; c'est une coûtume de soi indifférente, que l'on omet, ou que l'on pratique selon le besoin qu'on en a; & il n'est pas croyable que les Apôtres fissent habitude de manger toûjours sans laver leurs mains. (*b*) Ce que les Pharisiens leur reprochent ici, est, selon saint Marc, (*c*) non de ne laver jamais leurs mains, mais de ne les laver pas toûjours, aussi souvent, & en la maniére qu'ils le faisoient eux-mêmes, c'est-à-dire, de ne les laver pas scrupuleusement toutes les fois qu'ils revenoient de la place, ou du marché; de ne les pas laver nécessairement lorsqu'ils se mettoient à table; enfin, de ne pas plonger dans l'eau les plats ou les vases à boire; de ne pas purifier les viandes, & les lits de table, avec des soins, & des précautions trop scrupuleuses: car telles étoient les pratiques des Juifs, & les traditions des anciens. Les Apôtres ne négligeoient pas entiérement ces usages; mais aussi ils ne les pratiquoient pas avec cette exactitude qu'exigeoient les Pharisiens. Ils les considéroient comme des usages loüables, mais indifférens pour la conscience, & qu'on peut pratiquer, ou omettre selon les regles de la prudence, & selon l'exigeance du tems, & des circonstances. (*d*)

Ce n'étoit pas-là l'esprit des Pharisiens. Ils vouloient une observance stricte, & rigoureuse; ils n'admettoient pas plus de dispense dans ces bagatelles, que dans des choses importantes, & essentielles. Le Rabbin Akiba (*e*) disoit que celui qui mangeoit sans laver, étoit coupable de mort. Ce Rabbin étant un jour en prison, on lui apporta de l'eau pour boire, & pour laver ses mains. Une partie de cette eau ayant été répanduë par hasard, il employa ce qui en restoit à laver ses mains, disant qu'il valoit mieux mourir que de transgresser les traditions des Peres. Le Rabbin José dit que ce crime de manger sans laver ses mains, n'est pas moindre que

(*a*) *Vide Maldon. & Jans. & Natal. Alex. hic ad* ℣. 9.

(*b*) *Jansen. hic.*

(*c*) *Marc.* VII. 34.

(*d*) *Vide Origen. in hunc loc. tom. XI. in Matt. Chrysost. Homil.* 52. *&c.*

(*e*) *Vide Drus. Ligfoot. Buxtorf. Synag. c.* 6.

4. *Honora patrem, & matrem; & : Qui maledixerit patri, vel matri, morte morietur.*

4. Honorez vôtre pere, & vôtre mere; & cet autre : Que celui qui aura outragé de paroles son pere, ou sa mere, soit puni de mort.

5. *Vos autem dicitis : Quicumque dixerit patri, vel matri : Munus quodcumque est ex me, tibi proderit;*

5. Mais vous autres, vous dites : Quiconque aura dit à son pere, ou à sa mere : L'offrande que je fais à Dieu vous sera utile, *satisfait à la Loi :*

COMMENTAIRE.

celui de commettre un péché d'impureté. Voilà jusqu'où va l'aveuglement des Juifs sur ces minuties.

℣. 3. QUARE ET VOS TRANSGREDIMINI MANDATA DEI? *Pourquoi vous-mêmes violez-vous les Commandemans de Dieu, pour suivre vôtre tradition?* JESUS-CHRIST ne répond pas directement à l'accusation des Scribes, & des Pharisiens; il la détruit par une espece de récrimination, ou de fin de non recevoir. Vous n'êtes pas recevables à condamner mes Disciples de violer la tradition des hommes, puisque vous foulez aux pieds les Commandemens de Dieu. 2°. En montrant que cette tradition des Anciens n'étoit point une Loi qui obligeât en conscience; Que les soüillures extérieures dont ils prétendoient se purifier par ces lotions frequentes, ne rendoient pas l'ame plus pure ℣. 11. *Ce n'est pas ce qui entre dans la bouche qui soüille l'homme; mais ce qui en sort.*

℣. 5. QUICUMQUE DIXERIT PATRI, VEL MATRI, &c. *Dieu a dit : Honorez vôtre pere, & vôtre mere : & vous autres vous dites : Quiconque aura dit à son pere, ou à sa mere : L'offrande que je fais à Dieu vous sera utile, satisfait à la Loi; encore qu'après cela il n'honore, ni n'assiste point son pere, ou sa mere.* Voici la premiere réponse que JESUS-CHRIST employe contre les Pharisiens : Vous violez hautement la Loi de Dieu; vous n'êtes donc pas recevables à accuser mes Disciples de transgresser les traditions des hommes. Commencez à vous guérir vous-mêmes, & à jetter la poutre qui vous créve les yeux, avant que de tirer le fétu qui vous blesse dans l'œil des autres La Loi de Dieu ordonne d'honorer, & de secourir ses peres, & meres : car sous le nom d'*honorer*, on convient que les services effectifs sont compris, (a) aussi-bien que les marques d'estime, de respect, & d'honneur. Or vous manquez visiblement à tous ces devoirs; car lorsque vôtre pere, ou vôtre mere viennent dans leur nécessité vous demander quelque secours, vous croyez satisfaire à la Loi, en

(a) *Vide Ieronym. hic. & Num.* XXXI. 17. XXIV. 11. *Tob.* I. 16. *Prov.* III. 9. & 1. *Timot.* v. 3. 17. & *Rabbin. apud Selden. de Jure N. & G. l.* 7. *c.* 2.

6. Et non honorificabit patrem suum, aut matrem suam; & irritum fecistis mandatum Dei propter traditionem vestram.

6. Encore qu'après cela il n'honore, *& n'assiste* point son pere, ou sa mere; & ainsi vous avez rendu inutile le Commandement de Dieu par vôtre tradition,

COMMENTAIRE.

leur disant: J'ai consacré au Seigneur tous mes biens; ils ne sont plus à moi: mais je veux bien vous admettre à la participation du mérite de mon vœu, & de mon offrande. Tout ce que j'ai offert & voüé, vous profitera comme à moi. (*a*) Quelques-uns prétendent qu'ils feignoient d'avoir voüé au Seigneur tous leurs biens, ou seulement cette partie de leurs biens qu'on leur demandoit. D'autres (*b*) croyent qu'ils les offroient effectivement, ou qu'ils promettoient de les voüer au Seigneur; mais toutefois avec quelque restriction, & sans se priver entiérement de leur usage.

Origénes a avoüé (*c*) qu'il n'auroit pû pénétrer le sens de ce passage, sans le secours d'un Juif qui lui en donna l'explication. Il arrive quelquefois, lui dit-il, qu'un créancier ayant affaire à un débiteur de mauvaise foi, le force de payer sa dette, & de la donner au Temple, ou aux pauvres, en lui faisant signifier que ce qu'il lui devoit, étoit voüé à Dieu. (*d*) Alors le débiteur devient le débiteur de Dieu même, & est contraint d'aquitter promtement sa dette. Quelques-uns en usoient de même à proportion à l'égard de leurs parens. Ils leur disoient: Ce que vous pouviez attendre de moi pour vous secourir dans vôtre néceffité, n'est plus à moi; je l'ai voüé à Dieu: il appartient aux pauvres, & vous y aurez part comme eux. (*e*) Un pere religieux n'avoit garde de toucher à des choses consacrées, & les Pharisiens intéressez, & avares, s'appliquoient à leur profit, au préjudice des pauvres, les offrandes, & les vœux qu'on faisoit à Dieu. Saint Chrysostome, (*f*) S. Jérôme, (*g*) S. Ambroise. (*h*) l'entendent à peu près de même.

Enfin, d'autres (*i*) l'entendent ainsi: *Je jure par le Corban*, ou par le don qui se fait au Seigneur, *que je ne vous aiderai pas en quoi que ce soit.* (*k*)

(*a*) *Ita Chrysost. Euthym. Theophyil. Ambros. l. 8. in Luc. n. 78. 79.*

(*b*) *Hugo, Strabus, Liran. Vat. Mald. Ita & ferè Ludov. de Dieu. Vide Ieron. in Matt. & Ep. ad Ageruchiam.*

(*c*) *Origen. tom. XI. in Matt. pag. 245. Edit. Huet.*

(*d*) Κορβᾶν ἐστιν ὃ ὀφείλεις μοι. τοῦτ' ἐστι, δῶρον.

(*e*) Ὅτι ὃ ἂν ἐξ ἐμοῦ ὠφεληθῇς τοῦτο ἴσθι ἀπὸ τοῦ κορβᾶν λαμβάνειν ἐκ τοῦ λόγου τῶν Θεῷ ἀνακειμένων ποιήται.

(*f*) *Chrysost. Homil. 52.*

(*g*) *Ieron. hîc.*

(*h*) *Ambros. in Luc. l. 8. n. 78.*

(*i*) *Grot. l. 2. de Jure belli & pacis c. 13. & in hunc loc. Vide Brugens. Montan. Masium, Capell. Ligfoot. Seldon. alios.*

(*k*) Comme si l'on disoit: *Per munus*; ou *per Corban, si quodcumque est mihi, tibi proderit.*

Ou : Je veux passer pour parjure du Corban, si je vous aide en vous donnant la moindre partie de mes biens. Cette explication est fondeé 1°. sur saint Marc, (*a*) qui exprime en ces termes ce qui est dit ici par S. Matthieu : *Corban* (*quod est donum*) *quodcumque ex me, tibi profuerit*. On sait que le *Corban* étoit un serment usité parmi les Hébreux. Les Tyriens en condamnant l'usage des sermens étrangers, proscrivoient en particulier le jurement du *Corban*, au rapport de Theophraste, (*b*) cité dans Joseph, qui ajoûte que ce jurement ne se rencontre que parmi les Juifs, & qu'il signifie, *Le don de Dieu*. Saint Matthieu (*c*) en parle ailleurs, & il dit que ce qu'on affirme par les offrandes qui sont présentées au Temple du Seigneur, oblige comme les plus religieux sermens. 2°. Nous voyons dans Philon (*d*) que de son tems il y avoit des Juifs assez inhumains, pour s'engager par serment à ne vivre jamais avec certaines personnes, à ne leur faire jamais aucun bien, & à n'en recevoir jamais de leurs mains. Il dit de plus que dès qu'une chose est voüée, & consacrée à Dieu, elle devient tellement séparée des usages ordinaires, que celui qui a fait le vœu, n'y peut plus toucher lui-même : & que si un homme avoit voüé à Dieu la nourriture de sa femme, celle-ci ne pourroit plus l'exiger de son mari. Cela est confirmé par les Docteurs Juifs.

Loüis Capelle, (*e*) Selden, (*f*) & Ligfoot, (*g*) qui ont fort étudié les coûtumes, & les Livres des Hébreux, nous apprennent qu'ils ont certaines espéces de vœux par lesquels ils s'interdisent à eux-mêmes, ou à d'autres pour un certain tems, ou pour toûjours, absolument, ou sous condition l'usage de certaines choses ; par exemple : Je fais vœu de ne manger jamais de viande, ou de laitage, ou de ne me marier jamais : ou : Je jure de ne donner jamais telle chose à Pierre, ou de ne recevoir jamais de lui telle autre chose. Il y avoit diverses formules pour exprimer ces sortes de vœux. Quelquefois ils disoient : *Que cela me soit interdit pour un tel tems*, ou *pour toûjours* : ou bien : *Que cela me soit Corban* ; ou : *Que ce que je pourrois vous donner, soit Corban* ; (*h*) ou enfin, d'une maniére encore plus vague : *Que tous les services que je vous pourrois rendre, me soient Corban*. Que je sois coupable du parjure, du serment fait par le *Corban*, ou par le don qui est offert à Dieu, si je vous rends aucun service. Ces sortes de juremens sont communs dans la *Misne*, & dans les autres Livres des Hébreux.

(*a*) *Marc.* XII. 11.

(*b*) *Theophrast. l. de Legib. apud Joseph. l.* 1. *contra Appion, p.* 1047. 2.

(*c*) *Matt.* XXIII 18.

(*d*) *Philo de Specialib. Legib. c.* 1. *p.* 771. Εἰσὶ δ' ἔνιοι τὴν φύσιν ἄμικτοι, καὶ ἀκοινώνητοι δι' ὑπερβολὴν μισανθρωπίας γεγονότες, ἢ καὶ ὑπ' ὀργῆς διὰ χαλεπῆς δεσποινης, ἐκβιασθέντες ὅρκῳ τὴν ἀγελαστικὴν πιστοῦνται τοῦ ἤθους, ἤδη δὲ τινες ἢ φάσιν ὁμοτράπεζον, ἢ ὁμώροφον ἕξειν τὸν δεῖνα, ἢ πάλιν τῷδ' αὐτὸ μὴ ῥέξειν ὠφέλειαν τινά, ἢ παρ' ἐκείνου τινὰ λήψεσθαι, καὶ μέχρι τελευτῆς. *Vide eumdem apud Euseb. l.* 8. *c.* 7 *Præpar.*

(*e*) *Ludov. Capell. Dissert. in hunc loc.*

(*f*) *Joan. Selden. l.* 7. *c* 2. *de Jure Nat. & Gentium.*

(*g*) *Ligfoot. Hor. Talm. in Matt.*

(*h*) קרבן שאני נהנה לך

Pas

7. *Hypocritæ ! bene prophetavit de vobis Isaias, dicens :*
8. *Populus hic labiis me honorat : cor autem eorum longè est à me.*
9. *Sine causa autem colunt me, docentes doctrinas, & mandata hominum.*

7. Hypocrites ! Isaïe a bien prophétisé de vous, quand il a dit :
8. Ce peuple m'honore des lévres ; mais son cœur est loin de moi :
9. Et c'est en vain qu'ils m'honorent, enseignant des maximes, & des ordonnances humaines.

COMMENTAIRE.

Par ce moyen les parens pouvoient deshériter leurs enfans, & transporter leur succession à qui ils vouloient. Le mari par-là se dégageoit de l'obligation de fournir les alimens à sa femme ; & celle-ci ne pouvoit les exiger, dès que ce vœu lui étoit connu.

Il ne s'agit point ici d'examiner la justice, ou l'injustice de cette conduite. On comprend assez que rien ne peut être plus opposé à l'intention de Dieu, que de pareils abus d'une chose aussi sainte que le sont les vœux. Nous considerons seulement le sens du passage de saint Matthieu. Suivant les Auteurs que nous avons citez, & suivant le Syriaque, on peut lui donner ce sens : Lorsqu'un fils vouloit se dispenser de rendre à son pere ce que les Loix, & l'humanité exigeoient de lui, il n'avoit qu'à faire un vœu conçû en ces termes, ou en termes équivalans : *Que tout ce que je pourrois vous donner, me soit Corban.* Dès ce moment le fils n'étoit plus le maître de disposer de ses biens en faveur de son pere, & son pere n'étoit plus en droit de rien exiger de son fils ; & tout cela étoit autorisé par les traditions des Peres, & enseigné dans les écoles des Pharisiens. Voilà ce qui paroît de plus probable sur ce passage.

℣. 7. BENE PROPHETAVIT DE VOBIS ISAIAS. *Isaïe a bien prophétisé de vous, quand il a dit : Ce peuple m'honore des lévres, &c.* Isaïe vous a bien dépeints, en parlant des Juifs de son tems. Vous êtes, comme ceux d'alors, de vrais hypocrites, qui honorez Dieu du bout des lévres, pendant que vôtre cœur est bien éloigné de lui. Le Grec lit : (a) *Ce peuple s'approche de moi de bouche, & m'honore des lévres ; mais son cœur est bien loin de moi.*

℣. 9. SINE CAUSA AUTEM COLUNT ME. *C'est en vain qu'ils m'honorent, enseignant des maximes humaines.* Je compte pour rien tout leur culte, & toute leur Religion ; puisqu'ils ont substitué à mes Loix, des loix, & des traditions humaines. Ils ne doivent pas attendre de récompense de leurs services. Je ne me paye point de tels devoirs. L'Hébreu

(a) Ἐγγίζει μοι ὁ λαὸς οὗτος τῷ στόματι αὐτῶν, καὶ τοῖς χείλεσί με τιμᾷ· ἡ δὲ καρδία αὐτῶν πόῤῥω ἀπέχει ἀπ' ἐμοῦ.

10. *Et convocatis ad se turbis, dixit eis : Audite, & intelligite :*	10. Puis ayant appellé le peuple, il leur dit : Ecoutez, & comprenez bien ceci.
11. *Non quod intrat in os, coinquinat hominem : sed quod procedit ex ore, hoc coinquinat hominem.*	11. Ce n'est pas ce qui entre dans la bouche, qui soüille l'homme; mais c'est ce qui sort de la bouche de l'homme, qui le soüille.
22. *Tunc accedentes Discipuli ejus, dixerunt ei : Scis quia Pharisæi, audito verbo hoc, scandalizati sunt?*	12. Alors ses Disciples s'approchant, lui dirent : Savez-vous bien que les Pharisiens ayant entendu ce que vous venez de dire, s'en sont scandalisez ?
13. *At ille respondens ait : Omnis plantatio, quam non plantavit Pater meus cœlestis, eradicabitur.*	13. Mais il répondit : Toute plante que mon Pere céleste n'a point plantée, sera arrachée.

COMMENTAIRE.

d'Isaïe est différent : (*a*) *Et la crainte qu'ils ont de moi*, ou le culte qu'ils me rendent ; car la crainte de Dieu se met souvent pour tout l'exercice de la Religion ; *est une doctrine prescrite par les hommes* ; ou bien, *est une ordonnance enseignée par les hommes*. Toute leur religion n'est fondée que sur l'autorité, & la tradition des hommes. Le Sauveur a suivi la traduction des Septante (*b*) sur cet endroit.

℣. 10. 11. AUDITE, ET INTELLIGITE : NON QUOD INTRAT IN OS, &c. *Peuples, écoutez, & comprenez bien ceci : Ce n'est pas ce qui entre dans la bouche, qui soüille l'homme ;* (*c*) *mais ce qui en sort.* JESUS enseigne avec autorité, à son ordinaire ; il laisse là les Pharisiens, & apprend au peuple une chose de la derniere conséquence, & qui étant une fois bien établie, & bien comprise, renferme le renversement, & l'abrogation des Loix cérémonielles. Il leur montre en quoi consiste la vraye soüillure de l'homme. Ce n'est ni manger du porc, ni toucher un réptile impur, ni s'approcher d'un mort : ce n'est pas-là ce qui soüille ; mais ce sont les mauvais désirs, les mauvaises pensées, les mauvaises actions. Voilà les impuretez dont on doit se garder, & dont vos purifications, & vos ablutions ne sauroient nettoyer le cœur de l'homme.

℣. 13. OMNIS PLANTATIO QUAM NON PLANTAVIT, &c. *Toute plante que mon Pere céleste n'a point plantée, sera arrachée.* Toute

(*a*) *Isai.* XXIX. 13. ותהי יראתם אותי מצות אנשים מלמדה

(*b*) 70. *Μάτην δὲ σέβονταί με, διδάσκοντες ἐντάλματα ἀνθρώπων, καὶ διδασκαλίας.*

(*c*) *Græc.* Κοινοῖ, rend commun, profane, soüillé. Les Juifs se regardoient comme une nation sainte ; l'attouchement des choses soüillées les rendoit impurs, & les dépoüilloit de leur sainteté. Saint Augustin Livre 16. Chapitre 31. contre Fauste, lit : *Communicat*, au lieu de *Coinquinat*. Saint Jérôme lit de même en cet endroit.

14. *Sinite illos: cæci sunt, & duces cæcorum: cæcus autem si cæco ducatum præstet, ambo in foveam cadunt.*

14. Laissez-les; ce sont des aveugles qui conduisent des aveugles: que si un aveugle conduit un autre aveugle, ils tombent tous deux dans la fosse.

COMMENTAIRE.

doctrine (*a*) que mon Pere céleste n'a point établie pour durer toûjours, sera arrachée, & abrogée. Les Loix morales sont éternelles & immuables. Les Loix cérémonielles sont sujettes au changement, elles peuvent être changées, & même abrogées pour toujours. Autrement: Les traditions des Pharisiens, leurs mauvaises explications de la Loi, leurs pratiques superstitieuses, sont des plantes que le Pere céleste n'a point plantées; elles ne subsisteront point, & seront arrachées. (*b*) Ou bien: Tout homme qui dégénére de la piété de ses ancêtres, qui de plante franche, devient une plante bâtarde, qui au lieu de bons fruits, ne produit que des fruits sauvages, ou n'en produit point du tout, sera arraché. (*c*) Les Pharisiens, & leurs sectateurs se flattent mal-à-propos de leur origine; ils se vantent en vain d'être les descendans d'Abraham. Dieu ne reconnoît pour siennes, que les plantes qu'il a plantées, & que celles qui produisent de bons fruits.

℣. 14. Sinite illos: cæci sunt, &c. *Laissez-les: ce sont des aveugles, qui conduisent des aveugles.* Jesus-Christ a toûjours témoigné une grande attention à ne choquer & à ne scandaliser personne. Lorsqu'il s'est apperçu du scandale de quelqu'un, il a toûjours pris à tâche de le lever, & de justifier sa conduite, & celle de ses Apôtres. Ici il semble oublier cette conduite; il méprise le scandale des Pharisiens, à cause, sans doute, qu'il étoit, non-seulement sans fondement, mais de pure malignité, & de pure envie. Le scandale des foibles est un grand mal; on doit, autant qu'on peut, le prévenir, ou le lever. Mais quand c'est par une mauvaise délicatesse, ou par d'autres raisons encore plus frivoles, ou plus injustes que l'on prend du scandale, quand on ne peut, sans abandonner la vérité, empêcher le scandale, on doit passer sur cette considération: *Melius est ut scandalum oriatur, quàm ut veritas derelinquatur*, disent les Peres. (*d*)

Les Pharisiens étoient des aveugles, qui n'avoient nulle connoissance

(*a*) *Hilar. Theophylact. Eutym. hic. Theophyl Alexand. Homil. 1. Paschali. Ignat. Ep. ad Trallian.*

(*b*) *Origen. tom. XI. in Matt. Chrysostom. hic.*

(*c*) *Origen. Homil. 1. in Jerem. Ieron. hic Maldon.*

(*d*) *Bernard. Ep. 34. nov. Edit & Epist 78. & Gregor Magn. Homil. 7. in Ezech. & Aug. l. de Libero arbitr. & Prædestin. SS. Vide & Chrysost. Homil. 52.*

15. *Respondens autem Petrus dixit ei: Edissere nobis parabolam istam.*

16. *At ille dixit: Adhuc & vos sine intellectu estis?*

17. *Non intelligitis, quia omne quod in os intrat, in ventrem vadit, & in secessum emittitur?*

15. Pierre prenant la parole, lui dit: Expliquez-nous cette parabole.

16. Et JESUS lui répondit: Quoi, êtes-vous encore vous-mêmes, sans intelligence?

17. Ne comprenez-vous pas, que tout ce qui entre dans la bouche, descend dans le ventre, & est jetté ensuite au lieu secret?

COMMENTAIRE.

des desseins de Dieu dans l'établissement des Loix cérémonielles; ils n'étoient jamais entrez dans le véritable esprit des Commandemens de la Loi; ils n'avoient jamais pénétré le vrai sens des Prophéties; & par conséquent de vrais aveugles dans les choses qu'ils se vantoient de savoir le mieux, & qu'ils promettoient d'enseigner aux autres. Les Juifs étoient d'autres aveugles, beaucoup moins éclairez que les Scribes, & les Pharisiens sur ces mêmes chefs; & doublement aveugles, parce qu'ils ne se défioient point de l'aveuglement de leurs guides, & qu'ils avoient la foiblesse de leur donner une excessive autorité sur eux.

℣. 15. EDISSERE NOBIS PARABOLAM ISTAM. *Expliquez-nous cette parabole.* S. Pierre appelle *parabole*, ce que le Sauveur avoit dit, & qui lui paroissoit tenir du proverbe, & de l'énigme: *Ce n'est point ce qui entre dans la bouche qui soüille l'homme, &c.* Les Hébreux donnoient le nom de *Paraboles* aux proverbes, aux sentences, aux énigmes, & à tout ce qui y avoit du rapport.

℣. 17. NON INTELLIGITIS, QUIA OMNE QUOD IN OS INTRAT, &c. *Ne comprenez vous pas que tout ce qui entre dans la bouche, descend dans le ventre, & est jetté ensuite au lieu secret.* S. Marc (a) met cette pensée dans un plus grand jour: *Ne comprenez-vous pas que tout ce qui vient du dehors, & qui entre dans le corps de l'homme, ne peut le soüiller; parce que cela n'entre pas dans son cœur; mais seulement dans le ventre, & est jetté ensuite au lieu secret, emportant avec soi ce que les alimens ont d'impur.* JESUS-CHRIST pose pour fondement, qu'il n'y a que ce qui soüille le cœur, qui rende l'homme véritablement impur. C'étoit une chose reconnuë de tout le monde. Or, ajoûte-t'il, les alimens qui entrent par la bouche, ne vont pas dans le cœur pour y porter leur impureté: ce n'est donc pas cela qui soüille l'homme. Que si les alimens qui servent à nôtre nourriture ne nous soüillent pas; à plus forte raison les autres choses qui ne font que toucher au dehors, & qui n'entrent pas dans nous-mêmes.

(a) *Marc.* VII. 18. 19.

18. *Quæ autem procedunt de ore, de corde exeunt; & ea coinquinant hominem:*

18. Mais que ce qui sort de la bouche, part du cœur; & c'est ce qui rend l'homme impur?

19. *De corde enim exeunt cogitationes malæ, homicidia, adulteria, fornicationes, furta, falsa testimonia, blasphemiæ.*

19. Car c'est du cœur que partent les mauvaises pensées, les meurtres, les adultéres, les fornications, les larcins, les faux témoignages, les blasphêmes, & les médisances:

20. *Hæc sunt quæ coinquinant hominem. Non lotis autem manibus manducare, non coinquinat hominem.*

20. Ce sont-là les choses qui rendent l'homme impur. Mais de manger sans avoir lavé ses mains, ce n'est point ce qui rend un homme impur.

21. *Et egressus inde Jesus, secessit in partes Tyri, & Sidonis.*

21. JESUS étant parti de ce lieu, se retira du côté de Tyr, & de Sidon:

COMMENTAIRE.

℣. 18. QUÆ AUTEM PROCEDUNT DE ORE, &c. *Mais ce qui sort de la bouche, part du cœur; & c'est ce qui rend l'homme impur.* C'est du cœur que part la vraye impureté. Le corps par lui-même, n'est pas capable de soüillures morales, de vices, de péchez. C'est l'ame seule qui contracte cette sorte d'impureté, par les actions mauvaises qu'elle fait produire au corps. Un Juif qui auroit négligé, ou méprisé les cérémonies de la Loi, & les soüillures légales, auroit sans doute offensé Dieu; il auroit soüillé, & blessé son ame, non pas précisément pour l'omission de ces pratiques; mais à cause du mépris, ou de la négligence qu'il auroit apportée à observer ce que le Seigneur avoit ordonné. Mais si plein de respect & de soumission pour tous les Commandemens de Dieu, il avoit omis quelques cérémonies, ou laissé quelques purifications légales, persuadé qu'en elles-mêmes elles ne servent de rien pour la sanctification intérieure, & qu'elles ne sont établies que pour distinguer le Juif de l'Idolâtre, & pour servir de hayes à la Loi morale; je ne crois pas qu'on pût l'accuser de péché; & je pense que c'est-là ce que le Sauveur vouloit dire en cet endroit à ses Disciples. Il ne faut pas croire qu'il leur apprît à mépriser les observances légales; lui-même s'y étoit toûjours soumis avec une très-grande exactitude. Mais il étoit important de leur en donner une juste idée, & de détruire celles que les Scribes, & les Pharisiens en inspiroient au peuple.

℣. 21. VENIT IN PARTES TYRI, ET SIDONIS. *Jesus se retira du côté de Tyr, & de Sidon.* On ne sait pas le motif de ce voyage. JESUS n'entra point dans le pays des Phéniciens; le tems de prêcher l'Evangile aux Gentils n'étoit pas encore venu. Mais il alla sur les frontiéres de ce pays pour y prêcher aux Juifs. Il s'étoit retiré dans une maison, pour y

22. *Et ecce mulier Chananæa à finibus illis egressa clamavit, dicens ei : Miserere mei, Domine, fili David : filia mea malè à dæmonio vexatur.*

22. Et une femme Cananéene, qui étoit sortie de ce pays-là, s'écria, en lui disant: Seigneur, fils de David, ayez pitié de moi; ma fille est miserablement tourmentée par le démon.

23. *Qui non respondit ei verbum. Et accedentes Discipuli ejus rogabant eum, dicentes : Dimitte eam; quia clamat post nos.*

23. Mais il ne lui répondit pas un seul mot; & ses Disciples s'approchant de lui, le prioient, en lui disant: Accordez-lui ce qu'elle demande, afin qu'elle s'en aille, parce qu'elle crie après nous.

COMMENTAIRE.

demeurer, sans que personne le sçût; mais il fut bien-tôt découvert. (*a*)

℣. 22. MULIER CHANANÆA. *Une femme Cananéene, qui étoit sortie du pays des Phéniciens*, vint lui demander la guérison de sa fille, qui étoit cruellement tourmentée du démon. Cette femme est appellée *Cananéene*, parce que les Phéniciens sont Cananéens d'origine; Sidon fils de Canaan, ayant fondé la ville de Sidon capitale de ce pays. S. Marc (*b*) l'appelle *Grecque Syrophénicienne;* Grecque à cause de sa religion, car les Juifs d'alors appelloient *Grecs* les Payens: (*c*) *Syrophénicienne*, parce que la Phénicie passoit pour une Province de Syrie. (*d*) On donne aussi aux Phéniciens de Syrie, le nom de *Syrophéniciens*, pour les distinguer des Phéniciens d'Afrique, qui sont les Carthaginois, venus originairement des Phéniciens de Syrie. On dérive ce nom de l'Hébreu, ou du Phénicien (*e*) *Bene-anak*, ou *Benei-anakim*, fils d'Enacim, ou *Phe-anakim;* (*f*) bouche d'Anakim; parce que les Phéniciens se faisoient passer pour fils des géans Enacim, & qu'ils parloient leur langage, qui n'étoit autre que le Cananéen, ou l'Hébreu.

Saint Marc (*g*) semble dire que cette femme Phénicienne vint trouver JESUS, comme il croyoit être à couvert, & en repos dans une maison, & que s'étant jettée à ses pieds, elle le conjura de rendre la santé à sa fille. Mais saint Matthieu insinuë, qu'elle suivoit JESUS, comme il étoit en chemin, puisqu'il remarque que le Sauveur ne répondit pas un mot à ses cris, & que ses Apôtres lui dirent: *Renvoyez-la, parce qu'elle crie après nous*. Ce qu'on peut concilier en disant, qu'elle commença à crier dès qu'elle eut apperçû JESUS dans le chemin; & qu'elle le

(*a*) *Marc.* VII. 24. Εἰσελθὼν εἰς τὴν οἰκίαν, οὐδένα ἤθελε γνῶναι, καὶ οὐκ ἠδυνήθη λαθεῖν.

(*b*) *Marc.* VII. 26. Ἦν δὲ ἡ γυνὴ Ἑλληνὶς συροφοίνισσα τῷ γένει.

(*c*) *Joan.* VII. 35. *Act.* XIV. 1. XVIII. 14. *Rom.* I. 14. *& passim.*

(*d*) *Plin. l.* V. *c.* 12.

(*e*) בני־ענקים, fils d'Enacim.

(*f*) פה־ענקים Langage d'Enacim; ou bouche d'Enacim.

(*g*) *Marc.* VII. 24.

24. *Ipse autem respondens ait : Non sum missus nisi ad oves, quæ perierunt domûs Israël.*

25. *At illa venit, & adoravit eum, dicens : Domine, adjuva me.*

26. *Qui respondens ait : Non est bonum sumere panem filiorum, & mittere canibus.*

27. *At illa dixit : Etiam, Domine: nam & catelli edunt de micis, quæ cadunt de mensa dominorum suorum.*

24. Il leur répondit : Je n'ai été envoyé qu'aux brebis de la maison d'Israël, qui se sont perduës.

25. Mais elle s'approcha de lui, & l'adora, en lui disant : Seigneur, assistez-moi.

26. Il lui répondit : Il n'est pas juste de prendre le pain des enfans, & de le donner aux chiens.

27. Elle répliqua : Il est vrai, Seigneur : mais les petits chiens mangent au moins des miettes qui tombent de la table de leurs maîtres.

COMMENTAIRE.

suivit jusques dans la maison, & qu'alors elle vint se jetter à ses pieds, lui demandant toûjours qu'il eût pitié de sa fille. JESUS touché de sa constance, lui parla, & lui dit, qu'il n'étoit envoyé qu'aux enfans de la maison d'Israël, &c. On bien : Elle le suivit même après qu'il fut sorti de la maison, & obtint par son importunité, la grace qu'elle demandoit.

FILI DAVID. *Fils de David.* Les Payens, & les Etrangers eux-mêmes, étoient persuadez que le Messie devoit être de la race de David. JESUS étoit déja connu sous ce nom dans tout le pays. Les Peres (a) ont pris l'adoration de cette femme, ℣. 25. dans le sens d'une adoration de latrie.

℣. 24. NON SUM MISSUS NISI AD OVES. *Je n'ai été envoyé qu'aux brebis de la maison d'Israël qui sont perduës.* JESUS avoit aussi dessein d'appeller les Gentils à la Foi ; mais il ne devoit l'exécuter que par ses Apôtres, & non par lui-même. Suivant les décrets éternels de Dieu, l'Evangile ne devoit être prêché aux Etrangers, qu'au refus des Juifs. Le Fils de Dieu en s'attachant aux Juifs, devoit leur prouver qu'il étoit le vrai Messie, envoyé pour leur salut, & leur délivrance.

℣. 27. ETIAM, DOMINE ; NAM ET CATELLI, &c. *Il est vrai, Seigneur ; mais les petits chiens mangent au moins les miettes qui tombent de la table de leurs maîtres.* Il est vrai que je ne suis pas du nombre des enfans de la maison ; je ne suis qu'une chienne, une étrangére ; mais les petits chiens mangent au moins les miettes, &c. Accordez-moi seulement les restes des graces que vous faites aux enfans d'Israël. Vous les comblez de faveurs ; vous répandez sur eux vos lumiéres ; vous faites à tout moment des miracles pour eux : ne nous dédaignez pas jusqu'au

(a) *Origen. Ierom. hic. Ambros. in Psal.* XLIII. *S. Chrysost. Homil.* 52. *Hilar. hic. &c.*

28. *Tunc respondens Jesus, ait illi: O mulier, magna est fides tua: fiat tibi sicut vis. Et sanata est filia ejus ex illa hora.*

29. *Et cùm transisset inde Jesus, venit secùs mare Galilææ: & adscendens in montem, sedebat ibi.*

28. Alors JESUS lui répondant, lui dit: O femme, vôtre foi est grande; qu'il vous soit fait, comme vous le désirez. Et sa fille fut guérie à l'heure même.

29. JESUS ayant quitté ce lieu, vint le long de la mer de Galilée, & étant monté sur une montagne, il s'y assit.

COMMENTAIRE.

point de nous refuser tout secours. On pourroit traduire le Grec: (a) *Il est vrai, Seigneur*, qu'il seroit injuste de donner aux chiens le pain des enfans: *Mais aussi les petits chiens, &c.* Ou bien: *Je vous conjure*, Seigneur; *car au moins les petits chiens mangent les miettes, &c.* S. Marc: (b) *Il est vrai, Seigneur; mais les petits chiens mangent sous la table les miettes des enfans.* Les Gentils étoient des chiens par leur idolâtrie, & par les infamies qui se commettoient dans leur religion. Cette femme Cananéene, est la figure de l'Eglise Chrétienne convertie du Paganisme, selon la remarque des Peres.

℣. 29. CUM TRANSISSET INDE JESUS, VENIT SECUS MARE GALILÆÆ. *Jesus ayant quitté ce lieu, vint le long de la mer de Galilée.* Saint Marc (c) nous décrit plus distinctement la route que JESUS-CHRIST suivit: *Jesus étant parti des frontiéres de Tyr, passa par Sidon, & vint par le milieu de la Décapole sur la mer de Galilée.* C'est-à-dire, que des confins de Tyr, il s'avança vers le nord jusqu'à Sidon: puis retournant à l'orient au pied du Liban, il repassa le Jourdain vers sa source, ou même au-dessus de sa source, & revint au midi par le milieu de la Décapole, sur le lac de Génézareth. Le miracle que nous allons voir se fit au-delà, & à l'orient de la mer de Tibériade; puisque c'est-là qu'est la *Décapole*, comme on l'a montré plus haut; (d) & que la ville de *Mageddan*, où il alla après le miracle, & après avoir passé la mer, est au-deça, & à l'occident du Jourdain, comme on le prouvera sur le ℣. 39. Il est important de faire cette remarque, à cause du peu d'exactitude de la plûpart des Commentateurs en ce point.

℣. 30. MUTOS, CÆCOS, CLAUDOS, DEBILES. *Des muets, des aveugles, des boiteux, des estropiez.* Les termes Grecs peuvent marquer: (e) *Des aveugles, des boiteux*, ou des gens qui ne peuvent point du tout

(a) Ναὶ, Κύριε, καὶ γὰρ τὰ κυνάρια ἐσθίει ἀπὸ τῶν ψιχίων τῶν πιπτόντων ἀπὸ τῆς τραπέζης τῶν κυρίων αὐτῶν.

(b) *Marc.* VII. 28. Ναὶ, Κύριε, καὶ γὰρ τὰ κυνάρια ὑποκάτω τῆς τραπέζης ἐσθίει ἀπὸ τῶν ψιχίων τῶν παιδίων.

(c) *Marc.* VII. 31.

(d) Voyez *Matt* IV. 25.

(e) Τυφλοὺς, κωφοὺς, χωλοὺς, κυλλούς.

30. *Et accesserunt ad eum turbæ multæ, habentes secum mutos, cæcos, claudos, debiles, & alios multos: & projecerunt eos ad pedes ejus, & curavit eos:*

30. Alors de grandes troupes de peuple le vinrent trouver, ayant avec eux des muets, des aveugles, de boiteux, des estropiez, & beaucoup d'autres *malades* qu'ils mirent à ses pieds; & il les guérit:

31. *Ita ut turbæ mirarentur, videntes mutos loquentes, claudos ambulantes, cæcos videntes: & magnificabant Deum Israël.*

31. De sorte que ces peuples étoient dans l'admiration, voyant que les muets parloient, que les boiteux marchoient, & que les aveugles voyoient; & ils rendoient gloire au Dieu d'Israël.

32. *Jesus autem, convocatis Discipulis suis, dixit: Misereor turbæ, quia triduo jam perseverant mecum, & non habent quod manducent: & dimittere eos jejunos nolo, ne deficiant in via.*

32. Or JESUS ayant appellé ses Disciples, leur dit: J'ai compassion de ce peuple, parce qu'il y a déja trois jours qu'ils demeurent continuellement avec moi, & ils n'ont rien à manger; & je ne veux pas les renvoyer qu'ils n'ayent mangé, de peur qu'ils ne tombent en défaillance sur le chemin.

33. *Et dicunt ei Discipuli: Unde ergo nobis in deserto panes tantos, ut saturemus turbam tantam?*

33. Ses Disciples lui répondirent: Comment pourrons-nous trouver dans ce lieu désert assez de pain pour rassasier une si grande multitude de personnes?

34. *Et ait illis Jesus: Quot habetis panes? At illi dixerunt: Septem, & paucos pisciculos.*

34. Et JESUS leur répartit: Combien avez-vous de pains? Sept, lui dirent-ils, & quelques petits poissons.

35. *Et præcepit turbæ, ut discumberent super terram.*

35. Il commanda donc au peuple de s'asseoir sur la terre;

COMMENTAIRE.

marcher, *des sourds*, ou *des muets*, *des estropiez*, ou *des manchots*, soit que leurs membres soient coupez, ou rompus, ou paralytiques.

℣. 31. MUTOS LOQUENTES, &c. *Voyant que les muets parloient, que les boiteux marchoient, & que les aveugles voyoient.* Le Grec ajoûte: (a) *Et que les estropiez étoient guéris.* Il est fort croyable que l'ancien Auteur de la Vulgate n'a pas lû ces paroles dans son Texte. S. Augustin, S. Jérôme, les Versions Cophtes, Arabes, Ethiopiennes ne l'ont point lû, non plus que quelques manuscrits Grecs.

℣. 32. TRIDUO JAM PERSEVERANT MECUM. *Il y a deja trois jours qu'ils demeurent avec moi.* Pour affermir la foi de ses Apôtres, & pour faire voir tout à la fois la grandeur, & la nécessité du miracle, JESUS attend le troisiéme jour, & l'extrême besoin du peuple, avant que de proposer à ses Disciples de leur donner à manger. Il n'est pas croyable que le peuple ait été trois jours sans manger; l'Evangile ne le dit point; mais

(a) Κυλλοὺς ὑγιεῖς.

36. *Et accipiens septem panes, & pisces, & gratias agens fregit, & dedit Discipulis suis, & Discipuli dederunt populo.*

37. *Et comederunt omnes, & saturati sunt. Et quod superfuit de fragmentis, tulerunt septem sportas plenas.*

38. *Erant autem qui manducaverunt, quatuor millia hominum, extra parvulos & mulieres.*

39. *Et dimissâ turbâ, ascendit in naviculam : & venit in fines Magedan.*

36. Et prenant les sept pains, & les poissons, après avoir rendu graces, il les rompit, & les donna à ses Disciples, & ses Disciples les donnerent au peuple.

37. Tous en mangerent, & furent rassasiez : & on emporta sept corbeilles pleines des morceaux qui étoient restez.

38. Or ceux qui en mangerent étoient au nombre de quatre mille hommes, sans compter les petits enfans, & les femmes.

39. JESUS ayant ensuite renvoyé le peuple, il monta sur une barque, & passa au pays de Magédan.

COMMENTAIRE.

étant là depuis trois jours, leurs provisions devoient être consumées, & JESUS dit à ses Disciples, qu'ils n'ont plus rien à manger : *Nec habent quod manducent.*

℣. 39. VENIT IN FINES MAGEDAN. *Il monta sur une barque, & passa au pays de Magédan.* Saint Marc (*a*) dit qu'il vint *au pays de Dalmanutha.* Et le Grec de S. Matthieu porte, (*b*) qu'il vint *à Magdala ;* ou comme lisent plusieurs anciens Manuscrits, entr'autres celui de Cambrige, le Syriaque, & l'Arabe, *Magadan.* Les Manuscrits de l'Evangile de S. Marc, varient aussi beaucoup ; & plusieurs au lieu de *Dalmanutha*, lisent : *Magdala*, ou *Magdeada*, ou *Magédan.* (*c*) Et dès le tems de saint Augustin & de S. Jérôme, plusieurs Exemplaires de S. Marc lisoient, *Magédan.* Mais comme la Vulgate, & la plûpart des meilleurs Manuscrits, le Syriaque, l'Arabe d'Erpénius, & les Commentateurs Grecs sur cet endroit lisent dans S. Marc, *Dalmanutha*, & dans S. Matthieu, *Magédan ;* il faut croire que c'est la vraye leçon. Il s'agit seulement de fixer la situation de ces deux lieux. On ne trouve aucune ville du nom de *Dalmanutha*, ni dans l'ancien Testament, ni dans Joseph, ni dans aucun Géographe que nous sachions. Ceux qui la placent sur la carte, le font au hazard, & sans aucune preuve. Il faut donc chercher *Magédan*, pour savoir à peu près où étoit *Dalmanutha.*

Brocard (*d*) croit que *Magédan*, ou, comme le prononcent les Sarrasins, *Mé-dan*, c'est-à-dire, *les eaux de Dan ;* est la source du Jourdain, nommée *Dan*, au pied du mont Liban. Mais il s'est trompé ; *Medan* signifie *une foire.* (*e*) Il s'assemble tous les ans aux environ du lac Phiala

(*a*) *Marc.* VIII. 9. 10. Ἐις τὰ μέρη Δαλμανουθά.
(*b*) Ἐις τὰ ὅρια Μαγδαλά.
(*c*) *Vide Var. Lect. Mill. in Marc.* VIII. 10.
(*d*) *Brocard. Descript. terræ Sanctæ*, *c.* 3.
(*e*) *Vide Reland. Palestin. tom.* 1. *cap.* 41. *pag.* 265.

un grand nombre de Sarrasins, d'Arabes, de Parthes & autres, qui y demeurent tout l'été à cause de la beauté & de la commodité du lieu & du commerce (*a*) C'est ce qui lui fait donner le nom de *Medan*, ou de foire. Hegésype (*b*) appelle ce même endroit *Melda*, ou *Meldan*, qu'il interprete par *platea*, *forum*, une place, un marché, à cause de l'assemblée des peuples dont nous avons parlé, & dont il parle lui-même expressément. Or de *Meldan* on a pu faire *Dalman*, & en ajoûtant *uta*, comme il arrive quelquefois en parlant des noms de lieux, lorsque l'on marque le mouvement, *Dalmanutha*.

Eusébe, & saint Jerôme mettent Magédan aux environs de Gérasa au-delà du Jourdain. Ils disent que de leur tems ce canton s'appelloit encore Magédéne. (*c*) Il paroit par le même endroit, qu'Eusébe lisoit dans saint Marc *Magédan*, de même que dans saint Matthieu; au lieu que saint Marc porte aujourd'hui *Dalmanutha*. Or *Gérasa* étoit au delà & à l'orient de la mer de Tibériade; Magédan étoit donc aussi dans ces cantons-là.

La seule chose qui embarasse dans cette opinion, c'est que le Sauveur étant venu des confins de Sidon, passa la mer de Tibériade, y nourrit quatre mille personnes avec sept pains, & quelques poissons; de là s'embarqua, & vint à Magédan. (*Matt.* XV. 39. *Marc.* VIII. 10.) De Magédan il s'embarqua de nouveau, passa la mer, & vint à Betzaïde; (*Marc.* VIII. 13. ... 22.) & de-là à Cézarée de Philippe, vers les sources du Jourdain. (*Matt.* XVI. 13. *Marc.* VIII. 27.) Or si JESUS-CHRIST étoit au delà du Jourdain, & de la mer de Tibériade, pourquoi s'embarquer pour aller à *Magédan*, située du même côté, & sur la même mer? Je réponds qu'il s'embarqua pour arriver plûtôt, & plus aisément, comme il se pratique tous les jours sur les côtes, où l'on passe d'un lieu à un autre par eau, pour s'épargner la fatigue d'y aller par terre. Aussi l'Evangéliste ne dit pas qu'il passa la mer, mais simplement qu'il s'embarqua, & alla à Magédan, ou à Dalmanutha. De-là *il passa la mer*, & vint à Betzaïde, & de-là à Cézarée de Philippe. Ce systême ne souffre aucune difficulté.

Cellarius & Ligfoot sont pour la leçon qui porte *Magdala*; (*d*) ils croyent que cette ville étoit au voisinage de Gadare, & de Tibériade, & à l'orient du lac de Génézareth; & que *Marie Magdelaine*, connuë dans l'Evangile, tiroit son nom du bourg de *Magdala*, connu dans Joseph, (*e*) & dans le Talmud. (*f*) C'est au voisinage de cette ville de *Magdala*, qu'ils placent Dalmanutha, ville inconnuë dans l'Histoire. Cette opinion

(*a*) *Sanutus de Secretis fidel. crucis. pag.* 246.

(*b*) *Hegesyp p.* 108.

(*c*) *Euseb. in locis.* Καὶ ἔστι νῦν ἡ Μαγεδανὴ περὶ τὴν Γεράσαν.

(*d*) *Cellar. Geograph. antiq lib.* 3. *cap.* 13. *pag.* 647.

(*e*) *Joseph. l. de Vita sua, p.* 1007.

(*f*) *Talmud. in Thaanit. fol.* 10.

n'est pas éloignée de celle d'Eusébe, dont on vient de parler, puisque Gadare & Gérase sont fort près l'une de l'autre, & dans le même canton au-delà de la mer de Tibériade.

Hammond & quelques autres croyent que c'est la ville de *Mageddo*, nommée ici par le Syriaque, *Magedu*, & dans Zacharie, *Magédon*. (*a*) Cette ville étoit située au-deçà du Jourdain, dans le partage de la demie-Tribu de Manassé. (*b*) Elle est fameuse par la mort de deux Rois, Ochozias, (*c*) & Josias. Ce dernier y mourut de ses blessures dans la bataille qu'il perdit contre Néchao Roi d'Egypte. (*d*) Elle étoit près du défilé qui conduisoit de la Palestine dans la Phénicie. Il y avoit près de là une grande plaine, qui alloit presque jusqu'à Tibériade. De la mer de Génézareth, à Mageddo, il y a environ quinze lieuës. L'Evangéliste ne dit pas que JESUS ait été jusques-là, mais seulement jusqu'aux confins; ou comme portent beaucoup de Manuscrits: (*e*) *Jusqu'aux hauteurs de Magedan*: ou, comme dit saint Marc, dans le canton de *Dalmanutha*. Mais Mageddo est trop éloignée de la mer de Tiberiade, pour que l'on puisse dire que JESUS-CHRIST s'embarqua sur cette mer, pour venir à Magédan; & que de là il s'embarqua de nouveau, pour aller à Betzaïde. Magédan étoit sans doute un lieu sur cette mer, & apparemment sur son bord oriental, comme Eusébe, & saint Jérôme nous l'apprennent. C'est à leur sentiment que nous adhérons.

(*a*) *Zachar*. XII. 11.
(*b*) *Josue*. XVII. 11.
(*c*) 4. *Reg*. IX. 27.
(*d*) 4. *Reg*. XXIII. 29.
(*e*) Εἰς τὰ ὄρη Μαγεδάν.

CHAPITRE XVI.

Les Pharisiens, & les Saducéens tentent JESUS. *Signe du Prophéte Jonas. Levain des Pharisiens, & des Saducéens. Sentimens des peuples sur* JESUS-CHRIST. *Foi de saint Pierre. Clefs du Ciel. Prédictions de la Passion, de la Mort, & de la Résurrection du Sauveur.*

℣. 1. *ET accesserunt ad eum Pharisai, & Saducai tentantes : & rogaverunt eum, ut signum de Cœlo ostenderet eis.*	℣. 1. ALors les Pharisiens, & les Saducéens vinrent à lui pour le tenter, & le prierent de leur faire voir quelque prodige dans le Ciel.
2. *At ille respondens, ait illis : Facto vespere dicitis, Serenum erit, rubicundum est enim Cœlum.*	2. Mais il leur répondit : Le soir vous dites : Il fera beau, parce que le Ciel est rouge :

COMMENTAIRE.

℣. 1. ACCESSERUNT AD EUM PHARISÆI, ET SADUCÆI. *Les Pharisiens, & les Saducéens vinrent à lui pour le tenter.* Les Pharisiens, & les Saducéens étoient deux sectes très-opposées dans leurs principes ; mais quand il s'agissoit de résister à JESUS-CHRIST, toute animosité cessoit : ils se réünissoient contre leur adversaire commun.

ROGAVERUNT EUM UT SIGNUM DE COELO. *Ils le prierent de leur faire voir quelque prodige dans le Ciel.* C'est la seconde fois que les Pharisiens font cette demande à JESUS-CHRIST, (*a*) comme s'il n'eût pas eu le pouvoir de faire des prodiges dans l'air, & dans les astres, comme il en faisoit sur les élémens plus voisins de nous, comme la terre & l'eau, & sur les maladies des hommes.

℣. 2. FACTO VESPERE DICITIS : SERENUM ERIT. *Le soir vous dites : Il fera beau, parce que le Ciel est rouge, &c.* Vous faites un fort bon usage de vôtre raison dans le discernement des saisons, & des signes naturels du bon, ou du mauvais tems. Mais vous êtes aveugles & sans intelligence, quand il s'agit de discerner les signes de la venuë du Messie,

(*a*) Voyez ci-devant Chap. XII. 38. 39.

3. *Et manè : Hodie tempestas, rutilat enim triste Cœlum.*

4. *Faciem ergo Cœli dijudicare nostis : signa autem temporum non potestis scire ? Generatio mala, & adultera signum quærit: & signum non dabitur ei, nisi signum Jonæ Prophetæ. Et relictis illis, abiit.*

3. Et le matin *vous dites* : Il y aura aujourd hui de l'orage, parce que le Ciel est sombre, & rougeâtre.

4. Vous savez donc reconnoître ce que présagent les diverses apparences du Ciel ; & vous ne savez point discerner les signes des tems *que Dieu a marquez?* Cette nation corrompuë & adultére demande un prodige, & il ne lui sera point donné d'autre prodige que celui du Prophéte Jonas : & les laissant, il s'en alla.

COMMENTAIRE.

& de l'établissement de son regne, quoique ceux-ci soient plus certains, & aussi-bien marquez que le peuvent être les présages de la pluye, ou du beau tems. Consultez les Prophéties, & voyez si je ne les accomplis pas dans ma personne exactement, & à la lettre. Considérez mes miracles, & jugez si le Messie en fera de plus grands, & en plus grand nombre. Vous me demandez un prodige dans le Ciel ; & ce prodige sera-t'il plus convainquant à vôtre égard, que tout ce que je fais à vos yeux ? Vous êtes d'habiles astrologues pour prédire la pluye, ou le beau tems ; mais pour les choses de vôtre métier, vous faites profession de les ignorer. L'accomplissement des Prophéties, l'abolition du regne dans la famille de Juda, la fin des semaines de Daniel: tout cela ne vous frappe pas. (℣. 4.) *Vous savez reconnoître les apparences du Ciel, & vous ne savez point discerner les signes des tems.* Quelques-uns (*a*) lisent cela avec une interrogation ; & d'autres (*b*) sans interrogation. Mais cela ne change rien au sens.

Saint Jérôme (*c*) remarque que ces paroles, ℣. 2. *Le soir vous dites, &c.* jusqu'à celles-ci ℣. 4. *Cette nation corrompuë & adultére demande un signe, &c.* ne se lisoient pas dans la plûpart des Exemplaires ; on y lisoit simplement : *Les Pharisiens, & les Saducéens vinrent à lui pour le tenter, & le prierent de leur faire voir quelque prodige dans le Ciel : mais il leur répondit : Cette race corrompuë & adultére demande un signe, &c.* sans parler des présages du beau, & du mauvais tems. On remarque cette omission dans la Version Cophte, & dans un Manuscrit de Paris. Dans un autre de Basle ces versets sont marquez d'une obéle, comme suspects. (*d*)

℣. 4. SIGNUM JONÆ PROPHETÆ. *Le signe du Prophéte Jonas.* La

(*a*) *Chrysost. Theophylact.*
(*b*) *Ieron. Hilar. Euthym. Beda.*
(*c*) *Ieron. in hunc loc.*
(*d*) *Vide Var. Lect. Mill. hic.*

5. *Et cùm venissent Discipuli ejus trans fretum, obliti sunt panes accipere.*

6. *Qui dixit illis: intuemini, & cavete à fermento Pharisaeorum, & Saducaeorum.*

7. *At illi cogitabant intra se, dicentes: Quia panes non accepimus.*

5. Or ses Disciples étant passez au-delà de l'eau, avoient oublié de prendre des pains.

6. JESUS leur dit: Ayez soin de vous garder du levain des Pharisiens, & des Saducéens.

7. Mais ils pensoient, & disoient entre eux: C'est parce que nous n'avons point pris de pains.

COMMENTAIRE.

Résurrection de JESUS-CHRIST étoit figurée dans le miracle de Jonas. Voyez ci-devant Chap. XII. 39.

℣. 5. OBLITI SUNT PANES ACCIPERE. *Ils avoient oublié de prendre des pains.* Suivant la coutume de ce tems-là, & du pays, ils prenoient toûjours quelques provisions avant que de se mettre en voyage. Toutes les fois que le Fils de Dieu a donné à manger au peuple, ç'a toûjours été avec le pain de la provision de ses Apôtres.

℣. 6. CAVETE A FERMENTO PHARISÆORUM. *Gardez-vous du levain des Pharisiens, & des Saducéens.* Sous le nom de levain, il entend la doctrine & les sentimens. L'hypocrisie étoit le levain des Pharisiens, (*a*) avec leur attachement trop scrupuleux aux traditions de leurs peres. Celui des Saducéens étoit, (*b*) la fausse persuasion où ils étoient qu'il n'y avoit ni Anges, ni démons, ni résurrection des morts, & que l'ame n'étoit pas immortelle. Saint Marc (*c*) au lieu du levain des Saducéens, porte: *Le levain d'Hérode;* ou suivant plusieurs Manuscrits: *Du levain des Hérodiens:* d'où quelques-uns ont inferé, qu'Hérode étoit Saducéen, (*d*) ou que les Saducéens étoient attachez au parti d'Hérode, & des Romains. (*e*) Nous croyons que les Hérodiens sont les mêmes que les sectateurs de Judas de Galilée, qui soutenoit qu'il ne falloit pas payer le tribut aux Romains. Nous en parlerons plus au long dans la Dissertation sur les Sectes des Juifs. JESUS-CHRIST dit à ses Apôtres, de se donner de garde du levain des uns, & des autres; d'éviter leurs maximes, parce que de même que le levain répand son acide dans toute la pâte, ainsi les maximes des Pharisiens, & des Saducéens influënt sur toute leur vie, & sur toute leur conduite.

(*a*) *Luc.* XII. 1. *Cavete à fermento Pharisaeorum, quod est hypocrisis.*
(*b*) *Vide Matt.* XXII. 23. *Act.* XXIII. 8. *Joseph. Antiq. l.* XVIII. *c.* 2.
(*c*) *Marc.* VIII. 15. Ἀπὸ τῆς ζύμης Ἡρώδου. *Alii Codd.* Τῶν Ἡρωδιανῶν.
(*d*) *Ita Cleric. hic, ad Hammond. Haudnin, de Nummis Herodiad.*
(*e*) *Grot. Hammond.*

8. *Sciens autem Jesus dixit : Quid cogitatis intra vos, modicæ fidei, quia panes non habetis?*	8. Ce que JESUS connoissant, il leur dit : Hommes de peu de foi, pourquoi vous entretenez-vous ensemble de ce que vous n'avez point pris de pains ?
9. *Nondum intelligitis, neque recordamini quinque panum in quinque millia hominum, & quot cophinos sumpsistis?*	9. Ne comprenez-vous point encore, & ne vous souvient-il point que cinq pains ont suffi pour cinq mille hommes, & combien vous en avez remporté de paniers ?
10. *Neque septem panum in quatuor millia hominum, & quot sportas sumpsistis?*	10. Et que sept pains ont suffi pour quatre mille hommes, & combien vous en avez remporté de corbeilles ?
11. *Quare non intelligitis, quia non de pane dixi vobis : Cavete à fermento Pharisæorum, & Saducæorum?*	11. Comment ne comprenez-vous point que ce n'est pas du pain *que je vous parlois, lorsque* je vous ai dit de vous garder du levain des Pharisiens, & des Saducéens ?
12. *Tunc intellexerunt, quia non dixerit cavendum à fermento panum, sed à doctrinâ Pharisæorum, & Saducæorum.*	12. Alors ils comprirent qu'il ne leur avoit pas dit de se garder du levain qu'on met le pain ; mais de la doctrine des Pharisiens, & des Saducéens.
13. *Venit autem Jesus in partes Cæsareæ Philippi : & interrogabat Discipulos suos, dicens : Quem dicunt homines esse Filium hominis?*	13. JESUS étant venu aux environs de Césarée de Philippe, interrogea ses Disciples, & leur dit : Que disent les hommes ? Qui disent-ils qu'est le Fils de l'homme ?

COMMENTAIRE.

℣. 7. COGITABANT INTRA SE, DICENTES. *Ils pensoient & disoient entre eux.* Le Grec se peut traduire par : (*a*) *Ils s'entretenoient entre eux disant, &c.* Ils s'imaginerent d'abord entre eux que ce que JESUS-CHRIST venoit de leur dire touchant le levain des Pharisiens, & des Saducéens, étoit une défense d'acheter du pain de ces gens là. Cela les fit souvenir qu'ils avoient oublié de prendre de la provision pour leur voyage : mais le Fils de Dieu les tira bien-tôt de cette erreur, en leur disant que sous le nom de levain, il entendoit la doctrine.

℣. 13. VENIT JESUS IN PARTES CÆSAREÆ PHILIPPI. *Jesus étant venu aux environs de Césarée de Philippe.* S. Marc (*b*) nous apprend qu'avant le voyage que JESUS fit à Césarée de Philippe, il alla à Betzaïde, où il guérit un aveugle ; c'est ce que nous verrons dans le Commentaire sur cet Evangéliste. Césarée de Philippe est ainsi nommée pour la distinguer d'une autre Césarée, située sur la Méditerranée, en un lieu nommé auparavant *La Tour de Straton,* & bâtie par le Grand Hérode en l'honneur d'Auguste. Celle dont nous parlons ici, fut ornée, & augmentée par Philippe le Tétrarque, fils du Grand Hérodes, & consacrée à l'hon-

(*a*) Διελογίζοντο ἐν ἑαυτοῖς λέγοντες. ℣. 7. (*b*) *Marc.* VIII. 22. ... 27.

neur

14. *At illi dixerunt : Alii Joannem-Baptistam, alii autem Eliam, alii verò Jeremiam, aut unum ex Prophetis.*
15. *Dicit illis Jesus : Vos autem quem me esse dicitis ?*

14. Ils lui répondirent : Les uns disent *que c'est* Jean-Baptiste, les autres Elie, les autres Jérémie, ou quelqu'un des Prophétes.
15. JESUS leur dit : Et vous autres, qui dites-vous que je suis ?

COMMENTAIRE.

neur d'Auguste, d'où lui vint le nom de *Césarée de Philippe.* Il y avoit auparavant au même endroit un lieu nommé *Panéas*, près des sources du Jourdain. (*a*) Le Roi Agrippa la nomma depuis *Néroniade*, en l'honneur de Néron. (*b*) JESUS alla donc du côté de Césarée de Philippe, & parcourut les villages de ces quartiers-là. (*c*)

QUEM DICUNT HOMINES ESSE FILIUM HOMINIS? *Que disent les hommes? Qui disent-ils qu'est le Fils de l'homme?* Saint Luc (*d*) remarque que JESUS-CHRIST étoit seul en priére ; & saint Marc, qu'il étoit en chemin, (*e*) lorsque ses Disciples s'approchant de lui, il leur demanda ce que le monde pensoit de lui. S. Augustin (*f*) croit qu'ils ne s'approcherent de lui qu'après qu'il eut fait sa priére, & qu'il se fut mis de nouveau à marcher ; car il s'étoit retiré à l'écart pour prier. On lit de trois maniéres différentes le Texte de ce passage. 1°. *Qui dit-on qu'est le Fils de l'homme ?* (*g*) 2°. *Qui dit-on que je suis? Le Fils de l'homme ?* Ou simplement. 3°. (*h*) *Qui dit-on que je suis, moi qui suis le Fils de l'homme ?* Chacune de ces leçons a ses approbateurs, & elles reviennent presqu'au même. Il ne se donne point d'autre qualité que celle de Fils de l'homme, & il parle de soi-même en tierce personne par modestie, dit S. Jérôme : *Ne jactanter de se loqui videretur.*

℣. 14. ALII JOANNEM-BAPTISTAM, &c. *Les uns disent que c'est Jean-Baptiste, les autres Elie, les autres Jérémie.* On a déja remarqué (*i*) que les peuples disoient que Jean Baptiste étoit ressuscité dans la personne de JESUS-CHRIST, & Hérodes lui-même sembloit être de ce sentiment, soit qu'il crût une espéce de métempsycose, fort différente de ce qu'en disoient les Anciens, soit qu'il prétendît simplement que JESUS étoit rempli du même zéle, du même esprit, & des mêmes sentimens que Jean-Baptiste. D'autres s'imaginoient qu'il pourroit bien être Elie qu'on attendoit comme le Précurseur du Messie; car malgré la piété, & les miracles

(*a*) *Joseph. de Bello l.* 2. *c.* 13.
(*b*) *Joseph. Antiq. l.* 20. *c.* 8.
(*c*) *Marc.* VIII. 27. Ἐξῆλθεν εἰς τὰς κώμας Καισαρείας τῆς Φιλίππου.
(*d*) *Luc.* IX. 18.
(*e*) *Marc.* VIII. 27.
(*f*) *Aug. lib.* 2. *de Consensu Evang. c.* 53.
(*g*) *Ita Latini Codd. plerique. Aug. Ieron. Copht. Arab. Æthiop.*
(*h*) *Ita Græc.* Τίνα με λέγουσιν οἱ ἄνθρωποι εἶναι, τὸν υἱὸν τοῦ ἀνθρώπου. *Epiphan. Theophyl. Hilar. Aug. l.* 2. *de Conf. Greg. Mag. in mss.*
(*i*) *Matt.* XIV. 2.

16. *Respondens Simon Petrus, dixit: Tu es Christus, Filius Dei vivi.*

16. Simon Pierre prenant la parole, lui dit: Vous êtes le CHRIST, Fils du Dieu vivant.

17. *Respondens autem Jesus, dixit ei: Beatus es, Simon Bar-Jona, quia caro, & sanguis non revelavit tibi; sed Pater meus, qui in Cœlis est.*

17. JESUS lui répondit: Vous êtes bienheureux, Simon fils de Jean, parce que ce n'est point la chair, & le sang, qui vous ont révélé ceci; mais mon Pere qui est dans les Cieux.

COMMENTAIRE.

de JESUS, ils ne pouvoient se mettre dans l'esprit qu'il fût le Messie, tandis qu'ils ne le voyoient pas à la tête des armées, & environné de l'éclat, & de la majesté convenable au Roi du monde, & au Libérateur d'Israël. Enfin, il y en avoit qui remarquant sa fermeté contre les Pharisiens, & sa liberté à reprendre les désordres des Juifs, le prenoient pour Jérémie ressuscité. Chacun en jugeoit suivant ses lumieres, & son inclination. Nous avons examiné sur saint Luc IX. 7. les sentimens des Juifs d'alors sur la Métempsycose.

℣. 16. RESPONDENS SIMON PETRUS, &c. *Simon Pierre prenant la parole, lui dit: Vous êtes le Christ, Fils du Dieu vivant.* JESUS-CHRIST fit naître cette occasion pour instruire ses Apôtres des véritables sentimens qu'ils devoient avoir sur son sujet. S. Pierre répond au nom de tous avec sa vivacité, & sa promtitude ordinaire: (Aussi les Peres l'appellent, *La bouche des Apôtres,* (a) *& la voix de l'Eglise, Præco Ecclesiæ.*) (b) Vous êtes le Christ, le Messie, le Fils du Dieu vivant. Vous êtes ce Libérateur attendu depuis si long-tems: Vous êtes le Fils unique, le vrai Fils selon la nature; & non simplement selon l'adoption, comme les Saints, & les Prophétes. (c)

℣. 17. BEATUS ES, SIMON BAR-JONA. *Vous êtes bienheureux, Simon fils de Jean.* Siméon, ou Simon, est le vrai nom de l'Apôtre saint Pierre. Ce nom lui fut changé en celui de *Cépha*, une pierre, un rocher, *Petra.* Il étoit fils de *Jochanna*, ou *Jona*, ou Jean. *Jona* est l'abrégé de *Jochanna. Bar* en Caldéen, signifie *le fils.* Quelques Exemplaires Grecs lisent *Johanna*, au lieu de *Jona.* (d) Le Sauveur confirme, & approuve la réponse de saint Pierre, en lui disant qu'il est bienheureux de connoître une vérité aussi importante, que celle qu'il vient de confesser.

CARO, ET SANGUIS NON REVELAVIT TIBI. *Ce n'est point la*

(a) *Chrysost. Homil.* 55.
(b) *Cyrill. Jerosol. Catech.* XI.
(c) *Vide Hilar. hic. & l. 6. de Trinit. n.* 36. 37. *Athanas. pluribus in locis.*
(d) Βὰρ Ἰωνᾶ. *Alii* Βὰρ Ἰωάννα. *Ita Vatabl. & alii apud Joan.* XXI. 15. *& ita legendum censet Ieron. hic.*

18. *Et ego dico tibi, quia tu es Petrus, & super hanc petram ædificabo Ecclesiam meam, & portæ inferi non prævalebunt adversùs eam.*

18. Et moi aussi je vous dis que vous êtes Pierre, & que sur cette pierre je bâtirai mon Eglise; & les portes de l'enfer ne prévaudront point contre elle.

COMMENTAIRE.

chair, & le sang, qui vous ont révélé ceci; mais mon Pere qui est dans les Cieux. Ce n'est pas à l'école des hommes charnels & sensuels, que vous avez appris cette sublime vérité; ce n'est point par vos propres forces, & par une lumiére naturelle que vous l'avez pénétrée : c'est mon Pere céleste qui vous en a donné la connoissance. Il vous a donné un cœur docile, & un esprit intelligent pour reconnoître dans ma doctrine, & dans mes œuvres que je suis le vrai Messie; sans que la bassesse de ma naissance, ou la pauvreté de ma condition vous ayent causé du scandale. S. Paul se sert souvent de cette expression, *la chair, & le sang*, dans un sens opposé à l'esprit. Par exemple (*a*) *Je n'ai point acquiescé à la chair, & au sang.* Et ailleurs : (*b*) *Nous n'avons point à combattre contre la chair, & le sang; mais contre les Princes des ténébres, & les puissances de ce monde.* Et encore : (*c*) *La chair, & le sang ne posséderont pas le Royaume de Dieu.*

℣. 18. TU ES PETRUS, &c. *Vous êtes Pierre, & sur cette Pierre je bâtirai mon Eglise.* Vous êtes Pierre de nom, & d'effet; vous avez toute la solidité de la roche, & sur vous je bâtirai mon Eglise, & le lieu de l'assemblée de mes fidéles; comme on bâtit une maison sur la solidité du rocher. Il est visible que cela est adressé à Pierre seul, & que JESUS-CHRIST par ces paroles lui promet non-seulement l'honneur de l'Apostolat; il le lui avoit déja donné long-tems auparavant, mais aussi la gloire de servir de fondement à l'Eglise, d'en être la colomne, & l'appui. JESUS-CHRIST est le fondement essentiel, le Chef invisible, l'Epoux de l'Eglise. Tous les Apôtres en sont les fondemens, (*d*) les colomnes, (*e*) les portes, (*f*) selon l'expression de l'Ecriture : mais S. Pierre parmi les Apôtres a toûjours joüi dans sa personne, & dans celle de ses successeurs, des prérogatives de la primauté que JESUS-CHRIST lui a donnée. Il a toûjours été reconnu comme Chef, & Prince des Apôtres; & l'Eglise Romaine, dans laquelle il a établi son Siége, a été dans tous les siécles regardée comme le centre de l'unité de l'Eglise, & de la Religion de JESUS-CHRIST. Voilà la juste récompense de la confession de saint Pierre.

Quelques Peres (*g*) ont entendu par cette pierre, *super hanc petram*, la

(*a*) *Galat* I. 16.
(*b*) *Ephes.* VI. 12.
(*c*) 1. *Cor.* 15. 50.
(*d*) *Apoc.* XXI. 14. *Ephes.* II. 20.
(*e*) *Galat.* II. IX.
(*f*) *Apocal* XXI. 14.
(*g*) *Vide Hilar. l. 6. de Trinit. n. 36. 37. Greg Nyss. contra Judæos. Chrysost. Homil. 55. in Matt. & orat. 2. contra Jud. Cyril. Alex. l. 4. de Trinit. Ambros. in Luc. l. 6. Gregor Magnus.*

foi, ou la confession que saint Pierre venoit de faire. D'autres (*a*) de JESUS-CHRIST lui-même, qui est en effet le fondement de son Eglise, la pierre angulaire, le Chef essentiel, & premier. Mais la plûpart l'entendent de saint Pierre; (*b*) & S. Augustin, (*c*) qui avoit expliqué ce passage (*d*) comme nous avons fait, de la personne de S. Pierre sur lequel l'Eglise est fondée, avouë qu'il l'a aussi souvent entendu de JESUS-CHRIST, qui est le fondement de l'Eglise, & qu'il a dit que S. Pierre représentoit l'Eglise, lorsque le Sauveur lui dit qu'il étoit le rocher, sur lequel elle étoit fondée. Il conclut, en laissant au Lecteur le choix de celle de ces explications qui lui paroîtra la plus probable. Or il est indubitable que l'explication la plus simple, la plus naturelle, la plus littérale, est celle de l'expliquer de S. Pierre, comme fondement de l'Eglise. C'est ce qui est aujourd'hui avoüé, & prouvé par ceux mêmes qui ne sont point dans la communion de l'Eglise Romaine, (*e*) quoi qu'ils ne conviennent point avec nous dans le reste de l'explication; & malgré les diversitez qui se trouvent dans les Peres sur le sens de ce passage; aucun n'a nié que S. Pierre ne fût le fondement de l'Eglise, le Chef, & le Prince des Apôtres; mais subordonné à JESUS-CHRIST, qui est le premier Chef, & le fondement essentiel, sur lequel sont fondez & l'Eglise, & les Apôtres eux-mêmes. Dans la langue Syriaque, qui est celle que JESUS-CHRIST parloit, il n'y a point de difference de genre, comme il y en a en Latin, entre *Petrus*, & *Petra*: on ne peut y distinguer *Petrus*, Chef des Apôtres, de *Petra*, sur laquelle l'Eglise est fondée.

PORTÆ INFERI NON PRÆVALEBUNT ADVERSUS EAM. *Les portes de l'enfer ne prévaudront point contre elle.* JESUS-CHRIST vient de comparer son Eglise à un édifice, à une forteresse bâtie sur le rocher. Il dit ici qu'elle ne sera point ébranlée, ni prise de force par les portes, par la puissance de l'enfer. Les portes des ennemis, dans le style de l'Ecriture, marquent leurs forces, leurs armes, leurs efforts. *Vôtre postérité possédera les portes de ses ennemis;* (*f*) elle les subjuguera. Et dans un sens contraire: (*g*) *L'ennemi vous assiégera, & vous opprimera dans vos portes*, dans vos villes, dans vos forteresses. Le Démon nous est représenté comme le Prince du monde, comme un Monarque qui a sous son empire des légions de démons. *Les portes de l'enfer*, marquent toute sa domination, toute son armée. Le démon ne dominera donc jamais l'Eglise; il ne prévaudra point contre elle. Il pourra l'attaquer par les hérésies, la persécu-

(*a*) *Aug. pluribus in locis, ut tract.* 27. *&* 124. *in Joan. Vide & Orig. tom.* 12. *in Matt. Edit. Huëtii.*

(*b*) *Hilar hic, & in Psal.* CXXXI. *n.* 4.

(*c*) *Aug. l.* 1. *Retract. c.* 21.

(*d*) *August. l. contra Epist. Donati, & alibi passim Vide Maldon. hic.*

(*e*) *Camero Prælect. in hunc locum. Cleric. hic, not. ad Hamm. Hammond, hic. Grotius in Matt* XVI.

(*f*) *Genes.* XXII. 17. *&* XXIV. 60.

(*g*) *Deut.* XXVIII. 56.

19. *Et tibi dabo claves Regni Cælorum ; & quodcumque ligaveris super terram , erit ligatum & in Cælis : & quodcumque solveris super terram , erit solutum & in Cælis.*

19. Et je vous donnerai les clefs du Royaume des Cieux ; & tout ce que vous lierez sur la terre, sera aussi lié dans les Cieux ; & tout ce que vous délierez sur la terre , sera aussi délié dans les Cieux.

COMMENTAIRE.

ter par les tyrans , l'opprimer dans quelques-unes de ses parties , & de ses membres ; mais il n'en sera jamais le maître. (*a*) Ni la frayeur de la mort , ni la violence des persécutions , ni les artifices du démon , n'empêcheront pas que l'Eglise ne subsiste , que des hommes Apostoliques n'en défendent les véritez , & n'en soûtiennent les intérêts.

Autrement : La mort ne la dominera point. L'Eglise ne périra jamais. *Portæ inferi* peuvent marquer la mort , & le tombeau. (*b*) Les Hébreux concevoient les enfers au plus profond de la terre , au-dessous de l'abîme des eaux. C'est là où étoient enfermées les ames des méchans , (*c*) & où le démon exerçoit son empire. Il devoit dominer sur les méchans qui vivent dans le monde , jusqu'à ce qu'il fût précipité dans les enfers à la venuë du Messie. L'Epouse du Cantique (*d*) dit dans un sens à peu près semblable à celui de ce passage : *L'amour est aussi invincible que la mort ; il est aussi impérieux que le tombeau.* Ni la mort , ni le tombeau ne pourront jamais le soûmettre à leur empire. Ou plûtôt : Il est aussi mal-aisé de lui résister , qu'à la nécessité de mourir. Ici le Sauveur dit que son Eglise est affranchie des cruelles loix de l'enfer , & de la mort ; qu'elle subsistera éternellement. Les particuliers qui la composent peuvent mourir ; mais elle est immortelle. Ceux mêmes qui meurent dans son sein , meurent dans l'espérance de la résurrection , & de l'immortalité , & en ce sens , les portes de la mort ne prévalent point contre eux. (*e*) Maldonat croit que cette expression : *Et les portes de l'enfer ne prévaudront point contre elle* , est équivalente à celle-ci : *Les portes de l'enfer ne pourront lui résister.* L'Eglise de JESUS-CHRIST déclarera la guerre au démon , & à l'enfer , & elle en demeurera victorieuse ; mais le Texte Grec ne favorise pas cette explication , non plus que l'ancienne Vulgate , qui portoit : *Portæ inferi non vincent illam.*

℣. 19. ET TIBI DABO CLAVES REGNI COELORUM. *Je vous donnerai les clefs du Royaume des Cieux.* La clef marque quelquefois la souveraine puissance. Dans l'Apocalypse (*f*) le Fils de Dieu est dépeint com-

(*a*) *Aug. l. 1. de Symbolo ad Cathecum. Epiphan. Ancherat. Euthym. Theophylact.*

(*b*) *Psalm.* IX. 15. CVI. 18. *Sap.* XVI. 13. *Isai.* III. 26 XXXVIII. 10.

(*c*) *Vide Job.* XXVI. 5. *Prov.* I. 12. XXVII. 20. *Isai.* XXVIII. 15.

(*d*) *Cant.* VIII. 6.

(*e*) *Vide Grot. Cameron. Le Clerc.*

(*f*) *Apoc.* III. 7.

me ayant en main les clefs de David : *Il ouvre, & personne n'ose fermer : il ferme, & personne n'ose ouvrir.* Quelquefois la clef marque l'intendance, & l'autorité dans la maison d'un Prince. Isaïe (a) promet à Eliacim de l'établir dans la maison du Roi de Juda : *Je mettrai la clef de la maison de David sur son épaule ; il ouvrira, & personne ne fermera, il fermera, & personne n'ouvrira.* JESUS-CHRIST promet à proportion à S. Pierre la même dignité dans son Eglise, qu'Isaïe promettoit à Eliacim dans la Cour de Juda. Vous porterez la clef de mon Eglise, & du Royaume des Cieux. Vous ouvrirez, & vous fermerez, & vous n'aurez au-dessus de vous aucun Officier à qui vous ayez à rendre compte. Ce que vous aurez fait sera bien fait ; ce que vous aurez défendu, ou ordonné, subsistera. Je vous établis mon Intendant, & mon Major-dome. Voilà, je pense, le sens littéral du passage. (b)

Tout cela est parabolique ; car JESUS-CHRIST n'est pas venu établir un regne temporel en ce monde. (c) *Regnum meum non est de hoc mundo.* Le Royaume des Cieux n'est autre que l'Eglise Chrétienne ; (d) c'est-là où saint Pierre exerce son pouvoir : c'est-là où il lie, & où il délie ; où il ouvre, & où il ferme ; car *lier, & délier*, sont des termes équivalens à ouvrir, & à fermer ; parce qu'anciennement on ouvroit en déliant la barre, & on fermoit en la liant, comme on l'a montré ailleurs. (e) Ces maniéres de parler ne peuvent pas s'entendre à la letrre : l'Eglise n'est point un Palais matériel dont un homme ait l'intendance, & où il porte la clef pour ouvrir, & pour fermer. Dans les Palais mêmes des Rois de Juda, la clef étoit une marque d'honneur toute symbolique. Elle signifioit le pouvoir de condamner & d'absoudre ; de permettre, ou de défendre ; de punir, ou de récompenser ; toûjours cependant avec subordination à la volonté du Prince, & aux Loix par lui établies. S. Pierre, & ses successeurs ont dans l'Eglise la même autorité à proportion. Ils défendent, ou ils permettent ; ils condamnent, ou ils absolvent ; ils châtient, ou ils récompensent, suivant l'esprit, & les régles établies par le Fils de Dieu, & par le Saint Esprit, dont ils sont les Ministres & les Intendans.

Le Sauveur ajoûte une chose qui fait encore voir la grandeur de la dignité de S. Pierre, & l'excellence de son pouvoir ; c'est que *tout ce qu'il aura lié*, défendu ou condamné *sur la terre, sera aussi lié dans le Ciel ; & que tout ce qu'il aura délié*, absous, ou permis *sur la terre, sera aussi délié*, ou absous *dans le Ciel* ; c'est-à-dire, que le Fils de Dieu ratifiera, & confirmera dans le Ciel, tout ce que son Apôtre aura fait en son nom sur

(a) *Isai.* XXII. 22.
(b) *Vide Maldon. Menoch. Brugens. Grot. Le Clerc. hic.*
(c) *Joan.* XVIII. 36.
(d) *Vide dicta ad Matt.* III. 2. *Brug. Estiens. Natal. Alex. Maldon.*
(e) Voyez nôtre Dissertation sur les Demeures des Hebreux.

la terre. Ceux dont il remettra les péchez en ce monde seront absous dans le Ciel ; & ceux dont il retiendra les péchez, seront condamnez dans le Ciel. (*a*) On ne peut certainement pas donner un pouvoir plus étendu, & ce n'est point ici une chose de pure spéculation. S. Pierre a exercé ce pouvoir, & il l'exerce encore aujourd'hui par le moyen de ses successeurs.

Ligfoot a montré par quantité de passages des Livres des Juifs, que ces termes *lier*, & *délier*, marquoient dans leur langage, permettre, ou défendre ; déclarer juridiquement quelque chose permise, ou défenduë. Les Hébreux dans la promotion de leurs Docteurs, leur mettoient en main des clefs, en leur disant : *Recevez le pouvoir de lier, & de délier*, pour déclarer par cette cérémonie qu'on leur donnoit la puissance d'instruire les autres, d'expliquer les mistéres, & de découvrir ce qu'il y avoit de plus difficile, & de plus obscur dans la Loi, & dans les traditions. (*b*)

Mais ce pouvoir que les Docteurs Juifs recevoient dans leur promotion, étoit, sans comparaison, moins grand que celui des Apôtres, par plusieurs endroits : 1°. Les Apôtres ont reçû de JESUS-CHRIST immédiatement leur autorité. Les Docteurs Hébreux ne la recevoient que de leurs semblables, ou tout au plus de leur République, dont le pouvoir ne s'étendoit ni sur les ames, ni sur les consciences, ni sur le Ciel. 2°. Le pouvoir des Docteurs Hébreux étoit borné à enseigner les Loix, & à déclarer que quelque chose étoit permise, ou défenduë, selon Moyse, ou selon les traditions. Les Apôtres au contraire, peuvent faire de nouvelles ordonnances ; ils peuvent ordonner, ou défendre ; condamner, ou absoudre avec autorité. 3°. La puissance des Docteurs Juifs étoit subordonnée à celle des Prêtres, à celle des Rois, & de la République : celle des Apôtres n'est subordonnée, quant à ce qui regarde la jurisdiction spirituelle, qu'à Dieu seul. 4°. Les jugemens, les décisions, les ordonnances des premiers étoient sujettes au jugement, à la révision, & à l'approbation du souverain Tribunal ; celles des Apôtres sont celles de Dieu même, & du Saint Esprit. 5°. Les Docteurs Hébreux n'ont pour fondement de leur pouvoir que leurs lumiéres, & les connoissances de la Loi qu'ils peuvent avoir acquises par leurs études : les Apôtres tirent leur autorité de l'assistance du Saint Esprit, qui leur est promise, & qui ne les abandonne point jusqu'à la fin des siécles.

J'ai fait ce paralléle, pour montrer contre ceux qui veulent que le pouvoir des Apôtres soit pris sur le modéle de celui des Rabbins, que l'un est infiniment supérieur à l'autre ; & qu'on ne peut rien conclure au desavan-

(*a*) *Joan.* XX. 23.

(*b*) *Vide Ligfoot. hora Talmud. ad Matt.* XVI. *Alting. Hist. Promot. Academ. Maimon. tract. Sanhedrin, c.* 4.

20. *Tunc præcepit Discipulis suis, ut nemini dicerent, quia ipse esset Jesus Christus.*	20. En même-tems il commanda à ses Disciples de ne dire à personne qu'il fût Jesus le Christ.

COMMENTAIRE.

tage de la puissance Ecclésiastique, par la comparaison qu'on en fait avec la discipline des Juifs. On convient que le Fils de Dieu a pris bien des choses de la pratique des Hébreux, & que la plûpart de ses expressions font allusion aux usages établis dans la Synagogue: mais il ne s'ensuit pas qu'elles se prennent dans le même sens dans l'Evangile, & qu'elle n'ayent pas plus d'étenduë dans l'une que dans l'autre. Nous parlerons encore de ce passage en traitant de l'Excommunication, & sur S. Matthieu Chapitre XVIII. 17. 18.

Au reste on ne peut pas dire que S. Pierre ait reçû les clefs du Ciel, à l'exclusion des autres Apôtres; (a) comme il n'est pas déclaré la pierre fondamentale de l'Eglise, à l'exclusion de ses Confreres: mais il reçoit le pouvoir des clefs d'une maniére plus excellente; il reçoit seul la primauté. Les autres Apôtres sont aussi Chefs, & Princes de l'Eglise: mais il est le premier d'entr'eux. De même, quand il est dit: *Que tout ce qu'il liera, ou déliera sur la terre, sera lié, ou délié dans le Ciel*; on ne prétend pas par là qu'il puisse condamner, ou absoudre indifféremment, & sans raison. (b) Jesus-Christ lui permet de faire ce qu'il feroit lui-même; *Judicaturo Christo nemo præjudicet*, dit saint Cyprien. (c) De plus, quand les Apôtres lient, ou délient, ils ne déclarent pas simplement que le pécheur est condamné, ou absous, comme les Hérétiques (d) l'entendent; ils le condamnent, ou il l'absolvent véritablement. (e) Enfin, quand on dit que tout ce qu'ils lieront, ou délieront *sur la terre*, sera lié, ou délié dans le Ciel; cela ne signifie pas qu'ils ne peuvent exercer leur pouvoir sur ceux qui ne sont plus dans cette vie. L'Eglise peut priver de sa communion les vivans; elle peut priver de ses suffrages ceux qui sont morts; elle peut leur rendre sa communion, ses priéres, & ses suffrages, ou les leur refuser. (f)

(a) *Aug. Serm. 295. aliàs de Divers. 108. Has claves non homo unus, sed unitas accepit Ecclesia. Hinc ergo Petri excellentia prædicatur, quia ipsius universitatis, & unitatis Ecclesiæ figuram gessit, quando ei dictum est: Tibi trado, quod omnibus traditum est. Vide & in Psalm. CVIII. n. 1. & tract. 50. in Joan. n. 12. & tract. 118. n. 4. & Theophylact. hic.* Οὐ γὰρ πρὸς Πέτρον μόνον εἴρηται τὸ δώσω σοι, ἀλλὰ καὶ πᾶσι τοῖς Ἀποστόλοις δέδοται. *Cyprian. de unit. Eccles. Hoc erant utique & cæteri Apostoli, quod fuit Petrus pari consortio præditi honoris, & potestatis; sed exordium ab unitate proficiscitur. Vide & Orig. tom. XII. in Mat.*

(b) *Vid. D. Thom. in Matt. & Maldon. hic.*

(c) *C pr an. Ep. 52. ad Antonian. Vide & Ambros. in Ps. CXVIII. Ser. 8.*

(d) *Jerom. hic. Raban. alii quidam.*

(e) *Concil. Trident. Actu judiciali, non nudo ministerio pronuntiandi, & declarandi remissa esse peccata.*

(f) *Vide Cyprian. Ep. 66. Aug. Epist. olim 50. nunc 185. Greg. Mag. l. 4. Dialog. n. Maldon. hic.*

21. *Exinde cœpit Jesus ostendere Discipulis suis, quia oporteret eum ire Jerosolymam, & multa pati à Senioribus, & Scribis, & Principibus Sacerdotum, & occidi, & tertia die resurgere.*

22. *Et assumens eum Petrus, cœpit increpare illum, dicens: Absit à te, Domine: non erit tibi hoc.*

21. Dès lors JESUS commença à découvrir à ses Disciples qu'il falloit qu'il allât à Jérusalem; qu'il y souffrît beaucoup de la part des Sénateurs, des Scribes, & des Princes des Prêtres; qu'il y fût mis à mort; & qu'il ressuscitât le troisiéme jour.

22. Et Pierre le prenant, commença à le reprendre, en lui disant: A Dieu ne plaise, Seigneur; cela ne vous arrivera point.

COMMENTAIRE.

℣. 20. TUNC PRÆCEPIT DISCIPULIS, &c. *Alors il commanda à ses Disciples de ne dire à personne qu'il fût Jesus le Christ.* Le nom de JESUS ne se lit point ici dans plusieurs Manuscrits, tant Grecs, que Latins; (*a*) & plusieurs habiles gens le croyent superflu en cet endroit. Mais pourquoi le Fils de Dieu défend-il de publier sa qualité de Messie? C'est, dit S. Luc, (*b*) parce que le Fils de l'homme doit être exposé aux souffrances, & au mépris des Juifs; qu'il doit être rejetté par les Scribes & les Pharisiens; & enfin, qu'il doit souffrir la mort. C'étoit donc de peur que la connoissance que l'on auroit qu'il étoit le Messie, n'empêchât sa passion, & sa mort. Peut-être aussi qu'il ne vouloit pas aigrir davantage l'esprit des Scribes, & des Pharisiens; ou enfin, que les Apôtres n'étoient pas encore assez autorisez, pour persuader aux peuples qu'il étoit le Fils de Dieu. (*c*) Après sa Résurrection, il leur ordonne de le publier par tout. Cette déclaration autorisoit tout ce qu'il avoit fait jusques-là, & donnoit un nouveau poids à toutes ses autres preuves. S'il eût déclaré, & fait prêcher nettement qu'il étoit le Messie avant sa Passion, la vûë de sa mort, & de son supplice, auroit pû scandaliser les foibles, d'une maniére dont ils auroient eu beaucoup de peine à revenir. (*d*)

℣. 21. OPORTERET EUM IRE JEROSOLYMAM, &c. *Il leur déclara qu'il falloit qu'il allât à Jérusalem, & qu'il y souffrît beaucoup.* Après avoir bien affermi ses Apôtres dans la foi de sa Divinité, & de sa qualité de Messie, il leur découvre le mystére de sa Passion prochaine, afin que la vûë de ses souffrances, & de sa mort, ne les effrayât point, & ne leur causât point de scandale.

℣. 22. ET ASSUMENS EUM, &c. *Pierre le prenant, commença à le reprendre, en lui disant: A Dieu ne plaise que cela vous arrive.* Il prit JESUS par la main, ou par le vêtement; ou même il le tira à part, sui-

(*a*) *Vide Var. Lect. Mill.*
(*b*) *Luc.* IX 21. 22.
(*c*) *Euthym. Theophylact.*
(*d*) *Chrysostom. Ieronym. Beda, in hunc locum.*

23. *Qui conversus, dixit Petro: Vade post me, sathana, scandalum es mihi: quia non sapis ea quæ Dei sunt, sed ea quæ hominum.*

23. Mais Jesus se retournant, dit à Pierre : Retirez-vous de moi, sathan, vous m'êtes un sujet de scandale; parce que vous n'avez point de goût pour les choses de Dieu, mais pour les choses de la terre.

COMMENTAIRE.

vant la force du terme Grec: (a) Et il lui remontre, que de telles humiliations ne conviennent pas au Fils unique du Pere. Il se laisse aller à son humeur vive & boüillante. Plus haut il avoit marqué une foi plus ardente; ici il témoigne une affection plus tendre. *A Dieu ne plaise que cela vous arrive;* ou, (b) *Dieu vous en préserve;* ou enfin: *Epargnez-vous à vous-même tous ces maux.*

℣. 23. VADE POST ME, SATHANA. *Retirez-vous de moi, sathan, vous m'êtes un sujet de scandale.* Il dit ceci en se retirant de saint Pierre, & jettant les yeux sur ses Apôtres. (c) *Sathan*, signifie proprement un adversaire, un accusateur: Retirez-vous de moi, mon adversaire, vous cherchez à me faire tomber dans l'infidélité: j'écoute vôtre avis, comme j'écouterois dans un procès, celui de ma partie, (de mon *sathan*,) qui me conseilleroit de dire, ou de faire une chose contre l'interêt de ma cause. Vous me tendez un piége; retirez-vous de moi. Il n'y a qu'un moment que le Fils de Dieu disoit à Pierre, qu'il étoit bienheureux de connoître ce que la chair, & le sang ne lui avoient point révélé: Et tout d'un coup le voici nommé sathan, & séducteur. D'où vient cela, dit S. Augustin; (d) c'est que dans le premier cas, Pierre parloit par l'esprit de Dieu; il disoit ce qu'il avoit appris du Pere; & ici il parle par son propre esprit; il s'exprime comme un homme qui ne suit que les sentimens de la chair, & du sang: *Non sapis ea quæ Dei sunt, sed ea quæ hominum.* Le salut de l'homme est si cher à Jesus-Christ, qu'il ne peut souffrir sans indignation, que le Prince de ses Apôtres véüille l'en dissuader. (e)

Origénes, (f) S. Ambroise, (g) saint Hilaire, (h) ont crû que ces paroles: *Vade retrò post me*, ne signifioient pas, *retirez-vous de moi;* mais simplement: *Venez après moi*: suivez-moi & ne vous laissez point aller aux suggestions de sathan, qui vous inspire de l'horreur des souffrances, & des humiliations. Et en même-tems s'adressant à sathan, le Sauveur lui dit: *Sathan, tu m'es un sujet de scandale.* Il ne parle point à S. Pier-

(a) Καὶ προσλαβόμενος αὐτόν.
(b) Ἵλεώς σοι, Κύριε, οὐ μὴ ἔσται σοι τοῦτο. *Propitius sit tibi Deus, non erit hoc tibi.*
(c) *Marc.* VIII. 33.
(d) *Aug. Serm* 76. *aliàs* 13. *de Verbis Domini. Vide & Theophyl.*
(e) *Hilar. hîc. Bern. Serm.* 20. *in Cant.* II 6.
(f) *Origen. in Matt. tom.* XII.
(g) *Ambros. l.* 1. *de Abraham, c.* 6.
(h) *Hilar. in Matt.* XVI.

24. *Tunc Jesus dixit Discipulis suis: Si quis vult post me venire, abneget semetipsum, & tollat crucem suam, & sequatur me.*

25. *Qui enim voluerit animam suam salvam facere, perdet eam: qui autem perdiderit animam suam propter me, inveniet eam.*

26. *Quid enim prodest homini, si mundum universum lucretur, anima verò sua detrimentum patiatur? Aut quam dabit homo commutationem pro anima sua?*

24. Alors JESUS dit à ses Disciples: Si quelqu'un veut venir après moi, qu'il renonce à soi-même, & qu'il se charge de sa croix, & me suive.

25. Car celui qui voudra sauver sa vie, la perdra; & celui qui perdra sa vie, pour l'amour de moi, la retrouvera.

26. Et que serviroit-il à un homme de gagner tout le monde, & de perdre son ame? Ou par quel échange l'homme pourra-t'il racheter son ame, *après qu'il l'aura perduë?*

COMMENTAIRE.

re, mais au démon, qui l'avoit poussé à lui dire, pour le détourner de souffrir: *A Dieu ne plaise que cela vous arrive.* C'est ainsi qu'Eusébe, (*a*) & saint Hilaire (*b*) expliquent cette derniere partie Mais saint Jérôme (*c*) réfute cette opinion: & elle n'est aujourd'hui suivie de personne. Origénes sur cet endroit-ci, & sur S. Matthieu XVIII. 1. croit que JESUS-CHRIST appelle saint Pierre *sathan.*

℣. 24. SIQUIS VULT POST ME VENIRE, ABNEGET SEMETIPSUM. *Si quelqu'un veut venir après moi, qu'il renonce à soi-même, qu'il se charge de sa croix & me suive.* Pour guérir S. Pierre & les autres Apôtres de leur appréhension des peines, & des humiliations, le Fils de Dieu appelle les troupes qui le suivoient, (*d*) & en leur présence leur déclare à tous: Que quiconque veut devenir son Disciple, doit renoncer à ses propres penchans; (*e*) il doit se résoudre à tout souffrir pour son nom, & à le suivre dans ses souffrances, & dans ses abaissemens. Voilà les conditions de vôtre engagement: Car, ajoûte-t'il, si vous voulez conserver vôtre vie, vous perdez vôtre ame; & si vous perdez généreusement la vie, pour la défense de la vérité, & de la justice, vous sauvez vôtre ame, & vous méritez un bonheur éternel.

℣. 26. QUAM DABIT HOMO COMMUTATIONEM PRO ANIMA SUA? *Par quel échange l'homme pourra-t'il racheter son ame, après qu'il l'aura perduë?* La vie du corps est le plus précieux de tous les biens de ce monde, puisque sans elle les autres biens ne sont rien à nôtre

(*a*) *Euseb l.* 1 *contra Marcell.*
(*b*) *Hilar. hic* Mais sur le Pseaume CXXXI n. 4 il dit que c'est saint Pierre que le Fils de Dieu a traité de sathan.
(*c*) *Ieron. in hunc loc.*
(*d*) *Marc.* VIII. 34. Προσκαλεσάμενος τὸν ὄχλον σὺν τοῖς μαθηταῖς αὐτοῦ.
(*e*) *Vide Chrysost. hi*, & *Basil. Regul. fusius disp. qu.* 8. & *Aug Serm.* 96.

27. *Filius enim hominis venturus est in gloria Patris sui cum Angelis suis : & tunc reddet unicuique secundùm opera ejus.*

27. Car le Fils de l'homme doit venir dans la gloire de son Pere, avec ses Anges ; & alors il rendra à chacun selon ses œuvres.

COMMENTAIRE.

égard. Mais la vie de l'ame est une chose infiniment plus précieuse. Or si rien n'est capable de racheter la vie de nôtre corps ; à plus forte raison rien ne pourra réparer la perte de la vie de l'ame. Chacun aime son ame, dit S. Augustin ; (*a*) mais il y a un amour mortel, un mauvais amour, qui fait qu'en l'aimant on la perd : *Si amo, perdo : ergo non amem, ne perdam.* Et il y a une haine permise & avantageuse, qui fait qu'on la conserve. Les Martyrs ont eu pour elle un bon & parfait amour ; ils ont sacrifié leur vie temporelle, pour en mériter une éternelle. L'amour des plaisirs, l'amour du péché, sont la mort de l'ame ; quiconque aime vraiment son ame, les haïra : s'il les aime, il hait son ame. *Ita fit ut si diligas eam perversè, perdas illam : si oderis illam rectè, conserves illam.*

℣. 27. FILIUS ENIM HOMINIS, &c. *Car le Fils de l'homme doit venir dans la gloire de son Pere, avec ses Anges ; & alors il rendra à chacun selon ses œuvres.* Vous devez être disposez à tout souffrir pour ma gloire, si vous voulez avoir part à mon Royaume, & sauver vos ames; car le tems de la persécution n'est pas éloigné, le danger est proche, le jour de la vengeance, & des récompenses est prêt à se manifester. Celui qui demeurera constamment attaché à moi, & qui ne sera point scandalizé dans ma croix, celui qui aura le courage de la supporter avec moi jusqu'à la fin, verra bien-tôt la fin de ses travaux : *Je viendrai dans la gloire de mon Pere, avec ses Anges, pour rendre à chacun selon ses œuvres.* C'est alors que je commencerai à exercer mon empire. (*b*) On explique ordinairement ceci du Jugement dernier. Mais en cet endroit il marque plûtôt le tems qui suivra la Résurrection du Fils de Dieu, il désigne l'établissement de l'Eglise sur les ruines de la Synagogue, la destruction de Jérusalem, qui étoit la figure la plus expresse de la fin du monde, & du Jugement universel. Le ℣. suivant semble exiger qu'on l'explique ainsi.

℣. 28. SUNT QUIDAM DE HIC STANTIBUS, &c. *Il y en a ici quelques-uns qui n'éprouveront point la mort, qu'ils n'ayent vû le Fils de l'homme venir en son regne.* Plusieurs anciens (*c*) entendent ceci de la Transfiguration de JESUS-CHRIST, dont quelques-uns de ses Apôtres

(*a*) *August. Serm. 368. olim 37. Et Homil. 30.*

(*b*) *Matt.* III. 2.

(*c*) *Origen. Chrysost. Ieron. Beda, Theophyl. Euthym. hic. Ambros. in Luc. c.* IX. *August. in c.* 2. *Ep. ad Galat. Remig. alii Maldon. Menoc. Vat. Jans.*

28. *Amen dico vobis, sunt quidam de hic stantibus, qui non gustabunt mortem, donec videant Filium hominis venientem in regno suo.*	28. Je vous dis en vérité, qu'il y en a ici quelques-uns qui n'éprouveront point la mort, qu'ils n'ayent vû le Fils de l'homme venir en son regne.

COMMENTAIRE.

qui étoient présens, devoient être témoins dans peu de tems; car c'est dans ce même voyage, & six jours après cette prédiction, (*a*) qu'il se transfigura, en présence de saint Pierre, de saint Jacques, & de saint Jean. D'autres (*b*) l'entendent de la Résurrection du Sauveur, & du tems qui la suivit, où JESUS donna tant de marques de sa gloire. Mais peut-on dire que la prérogative d'être témoin de ce qui se passa alors, ait été seulement pour quelques Disciples? Ne sait-on pas que non-seulement les Apôtres, mais presque tous les Fidéles eurent l'avantage de voir le Seigneur ressuscité en différentes rencontres? Quelques-uns (*c*) l'ont entendu de la prédication de l'Evangile, & de l'établissement de l'Eglise. D'autres, de la Résurrection générale, & du Jugement dernier. Mais tous les Apôtres ont vû la prédication de l'Evangile; ils l'ont prêché eux-mêmes par tout le monde; tous les hommes en ont vû les progrès, & tous seront témoins du Jugement universel à la fin du monde.

Il y en a, (*d*) qui pour soûtenir l'opinion qui explique ceci du Jugement dernier, ont avancé que saint Jean l'Evangéliste n'étoit point mort, & que c'étoit lui que le Sauveur désignoit, lorsqu'il dit: *Il y a quelqu'un ici, qui ne mourra point qu'il ne voye le Fils de l'homme dans sa gloire.* Jean de Trébizonde a fait un traité exprès, pour montrer que S. Jean l'Evangéliste vivoit encore. Mais cet Apôtre réfute lui-même cette pensée, lorsqu'il raconte (*e*) que JESUS ayant dit: *Je veux qu'il demeure ainsi; que vous importe?* quelques Disciples s'imaginerent qu'il ne mourroit point: mais, ajoûte S. Jean, il ne dit pas, qu'il ne mourroit point: mais simplement: *Je veux qu'il demeure ainsi; que vous importe?* Toutefois l'opinion contraire a été commune parmi les anciens, (*f*) ainsi que nous le montrerons dans la Dissertation sur ce sujet.

Plusieurs nouveaux (*g*) n'ont pas été chercher d'autre avénement du Fils de Dieu, que la destruction de Jérusalem par les Romains. Alors JESUS-CHRIST vint avec son Pere dans sa majesté, pour exercer sa vengeance contre les Juifs rébéles, & incrédules. Le Seigneur y vint

(*a*) *Matt.* XVII. 1 *Marc.* IX. 1.
(*b*) *Grot. Scultet. alii.*
(*c*) *Gregor. Beda, alii apud D. Thom.*
(*d*) *Vide Strabon. hic.*
(*e*) *Joan.* XXI. 23.
(*f*) Voyez M. de Tillemont sur S. Jean l'Evangéliste, art. XI & not. 17. 18.
(*g*) *Hammond. J. Capell. & Le Clerc, in hunc locum.*

avec ses Anges; car c'est le cortége ordinaire qu'on lui donne, lorsqu'il paroît en Juge, & en Dominateur. (*a*) Il y eut quelques Apôtres, ne fût-ce que S. Jean l'Evangéliste, qui survêcurent à ce terrible événement, & qui furent témoins de l'accomplissement des menaces de JESUS-CHRIST sur cette ville malheureuse. Le Fils de Dieu prédisant la destruction de Jérusalem, (*b*) a mêlé dans son discours plusieurs traits, qui ne conviennent qu'au Jugement dernier; & comme jamais la sévérité de la Justice de Dieu n'a paru avec plus d'éclat, que dans la désolation, de Jérusalem; on peut dire aussi que jamais événement ne marqua d'une maniére plus expresse & plus vive, la rigueur du Jugement dernier.

CHAPITRE XVII.

Transfiguration de JESUS-CHRIST. *Venuë d'Elie. Guérison d'un enfant lunatique, que les Apôtres n'avoient pû guérir.* JESUS *paye le demi-sicle pour le Temple.*

ỷ. 1. *ET post dies sex assumit Jesus Petrum, & Jacobum, & Joannem fratrem ejus, & ducit illos in montem excelsum seorsùm.*

ỷ. 1. SIx jours après, JESUS ayant pris avec lui Pierre, Jacques & Jean son frere, les mena à l'écart sur une haute montagne:

COMMENTAIRE.

ỷ. 1. POST DIES SEX. *Six jours après, Jesus prit Pierre, Jacques & Jean.* Saint Luc (*c*) dit que ceci arriva *huit jours après*. Mais saint Marc (*d*) ne met que six jours, non plus que saint Matthieu. Ces deux derniers ont apparemment compté les jours pleins, & saint Luc a compté les jours commencez: ou bien saint Luc a compté le jour de la promesse, & celui de l'exécution; (*e*) au lieu que les deux autres Evangélistes n'ont compté que les six jours d'entre-deux. Le commencement de ces six jours se prend du tems auquel JESUS-CHRIST dit à ses Apôtres, qu'il y avoit quelques uns d'entr'eux, qui le verroient dans sa gloire avant leur mort. (*f*)

(*a*) *Deut.* XXXIII. 2. *Dan.* VII. 10. 3. *Reg.* XXII. 19. 2 *Thess.* I. 7.
(*b*) *Matt.* XXIV. 39.
(*c*) *Luc.* IX. 27. 28.
(*d*) *Marc.* IX. 1
(*e*) *Aug. l.* 2. *de Consensu, c.* 56. *Chrysost. hic. Theophyl. Euthym.*
(*f*) *Matt.* XV. 27. 28.

ASSUMIT PETRUM, &c. *Il prit avec lui Pierre, Jacques & Jean.* Il vouloit avoir des témoins de ſa Transfiguration, mais il n'en vouloit pas un fort grand nombre. Il étoit de ſon deſſein, que cela demeurât dans le ſecret. Or il auroit été mal-aiſé que pluſieurs perſonnes le gardaſſent ſi fidélement. Il choiſit Pierre, Jacques & Jean, comme les plus vertueux, & les plus fidéles de ſes Apôtres.

IN MONTEM EXCELSUM. *Sur une haute montagne.* Les Evangéliſtes ne nous ont pas dit quelle étoit cette montagne. Mais il y a pluſieurs ſiécles qu'on croit que c'eſt le Thabor. Euſébe, (*a*) & S. Jérôme (*b*) le diſent expreſſément. Cette montagne eſt ſituée au milieu de la baſſe Galilée, à une diſtance à peu près égale de la mer Méditerranée, & de la mer de Tibériade, vers la ſource du Ciſon, au nord de la plaine de Jézraël ou du grand Champ. Elle s'éléve au milieu d'une grande campagne, à la hauteur d'une lieuë & demie de chemin. Les Grecs (*c*) la nomment quelquefois *Hathabyrium*, ou *Ithabyrium*. Il y avoit au haut de la montagne une plaine de vingt ſix ſtades (*d*) de large. Ce lieu étoit habité, & environné de murailles, comme il paroît par Joſeph, & par Polybe. (*e*) Et dans les Paralipoménes (*f*) il eſt parlé d'une ville de Thabor, qui ſubſiſtoit au retour de la captivité, & qui étoit apparemment au-deſſus de cette montagne.

Ces raiſons font douter que ce ſoit ſur le Thabor que JESUS-CHRIST ſe transfigura; car il choiſit ſans doute pour cela une montagne à l'écart, & déſerte. Ajoûtez que le Thabor n'eſt pas ſur le chemin de Cézarée de Philippe à Capharnaum. Il eſt vrai qu'il y put venir dans l'eſpace de ſix jours, qui s'écoulérent depuis le tems auquel il étoit aux environs de Cézarée de Philippe, juſqu'à ſa Transfiguration. Mais les Evangéliſtes racontent que le lendemain de la Transfiguration, (*g*) JESUS & ſes trois Diſciples étant deſcendus de la montagne, vinrent au lieu où étoient les autres Apôtres, accompagnez d'une grande troupe de peuple. Le Fils de Dieu y guérit un enfant qui étoit lunatique, & enſuite continua à traverſer la Galilée; (*h*) il ne vouloit pas qu'on publiât dans le pays qui il étoit. Et après tout cela ils vinrent à Capharnaum. (*i*) Or il eſt certain que du Thabor à Capharnaum, il n'y a pas plus de cinq ou ſix lieuës: & dans la ſuppoſition qu'il ſeroit venu de Cézarée de Philippe au Thabor,

---

(*a*) *Euſeb. in Pſal.* LXXXVIII. 13.

(*b*) *Ieron. Ep.* 27. *ſeu Epitbap Paulæ. & Ep.* 17. *ad Marcell.*

(*c*) 70. *Ad Oſee.* v. 1. *Joſeph. l.* 4. *de Bello*, c. 6. *Polyb. l.* v. *c.* 70.

(*d*) C'eſt-à-dire 3250. pas, ou environ une lieuë & demie de tour.

(*e*) *Vide Joſeph. loco citato, & de Vita ſua*, p. 1013. *& Polyb l.* v. *c.* 70.

(*f*) I. *Par.* v. 77.

(*g*) *Luc.* IX 37. Ἐγένετο δὲ ἐν τῇ ἑξῆς ἡμέρᾳ κατελθόντων αὐτῶν ἀπὸ τοῦ ὄρους.

(*h*) *Marc* IX. 30. Κἀκεῖθεν ἐξελθόντες παρεπορεύοντο διὰ τῆς Γαλιλαίας, καὶ οὐκ ἤθελεν ἵνα τὶς γνῷ.

(*i*) *Matt.* XVII. 24. *Marc.* IX. 33.

2. Et transfiguratus est ante eos. Et resplenduit facies ejus sicut sol : vestimenta autem ejus facta sunt alba sicut nix.

2. Et il fut transfiguré devant eux : Son visage devint brillant comme le soleil, & ses vêtemens blancs comme la neige.

COMMENTAIRE.

il auroit déja parcouru la Galilée en venant. Et après la guérison de l'enfant lunatique, comment auroit-il pû demeurer caché aux environs de la mer de Tibériade, où il étoit si connu ? Il est donc fort douteux que JESUS se soit transfiguré sur le Thabor : il est beaucoup plus croyable que ce fut sur quelque montagne plus éloignée du lac de Génézareth, & de Capharnaüm. (a) Les Peres qui ont commenté ce passage ne parlent pas du mont Thabor. Et Eusébe sur le Pseaume LXXXVIII. joint le Thabor avec Hermon, qui étoit au-delà du Jourdain, disant que JESUS-CHRIST s'est transfiguré sur ces deux montagnes.

℣. 2. ET TRANSFIGURATUS EST ANTE EOS. *Il fut transfiguré devant eux.* Tout d'un coup il parut dans l'éclat de sa majesté, non plus comme un simple homme, mais comme un Homme-Dieu. Mais quelle raison avoit-il de se transfigurer ? Les Peres en donnent deux raisons principales : La premiere, pour accomplir la promesse qu'il avoit faite à ses Disciples, de leur faire voir la gloire de sa Majesté, (b) & pour les affermir dans la créance où ils étoient, qu'il étoit le vrai Messie. (c) La seconde, pour les prémunir contre le scandale de sa Passion, & de sa Croix. (d)

RESPLENDUIT FACIES EJUS SICUT SOL. *Son visage devint brillant comme le soleil, & ses vêtemens blancs comme la neige.* La gloire de sa Divinité éclata sur son visage, & la béatitude dont il joüissoit toûjours intérieurement, rejaillit sur tout son corps ; sa face, son air, ses habits ne furent point changez essentiellement ; ils furent simplement environnez d'un nouvel éclat : *Transformatio splendorem addidit, faciem non substraxit.* (e) On pourroit dire en un certain sens, que la vie commune de nôtre Sauveur, & sa bassesse extérieure, étoit une vraye transfiguration, puisqu'il y paroissoit dans un état étranger à sa nature ; au lieu que la gloire de sa transfiguration étoit son état naturel : ainsi il falloit un miracle continuel pour suspendre le rejaillissement de sa gloire, & de sa majesté sur son visage ; mais il ne falloit que laisser agir les causes naturelles, pour se montrer tel qu'il parut alors. Son corps étoit comme un

(a) *Vide Ligfoot. in Marc. IX. & Maldon hic.*
(b) *Matt. XVI. 27. 28.*
(c) *Vide Theophyl. & Ieron. hic.*
(d) *Hilar. Chrysost. Eutym. hic.*
(e) *Ieron. hic.*

3. *Et ecce apparuerunt illis Moyses, & Elias cum eo loquentes.*	3. En même-tems ils virent paroître Moyse & Elie, qui s'entretenoient avec lui.

COMMENTAIRE.

nuage autour du soleil. Naturellement il devoit être tout éclatant par la lumiére qu'il tenoit comme enveloppée.

Le Grec lit ici : (*a*) *Blancs comme la lumiére.* Saint Luc : (*b*) *Ils parurent blancs & brillans*, comme un feu qui étincelle, ou un éclair qui ébloüit. Mais saint Marc (*c*) dit qu'ils étoient brillans, & blancs comme la neige; en sorte qu'il n'y a point de foulon sur la terre, qui en puisse faire de si blancs. Plusieurs Manuscrits Grecs de saint Matthieu, lisent aussi, *blancs comme la neige*, en cet endroit, de même que la Vulgate ; ses habits pénétrez des rayons, & de la lumiére qui rejaillissoient de son corps, parurent comme une nuée mince, & transparente, pénétrée des rayons du soleil.

℣. 3. APPARUERUNT ILLIS MOYSES, ET ELIAS. *Ils virent paroître Moyse, & Elie, qui s'entretenoient avec lui.* Voici un signe du Ciel, tel que les Pharisiens l'avoient demandé un peu auparavant, dit S. Jérôme. Moyse répréfente la Loi, & Elie les Prophétes. Le Fils de Dieu veut que ces deux grands personnages paroissent dans sa Transfiguration, pour montrer à ses Apôtres, que la Loi, & les Prophétes lui rendent témoignage, & se terminent dans sa personne. (*d*) Elie étoit encore en vie, & il parut avec son corps naturel ; Moyse ressuscita pour cette cérémonie, & mourut ensuite. Les trois Apôtres reconnurent que c'étoit ces deux Saints, ou parce que JESUS-CHRIST les appella par leur nom, ou parce qu'il leur découvrit au retour, que c'étoit Moyse, & Elie: ou enfin ils les reconnurent sur la description que leurs ancêtres leur en avoient souvent faite. Car il ne faut pas douter qu'on n'eût parmi les Juifs une tradition sur la figure de Moyse, & des Prophétes, (*e*) comme nous en avons dans l'Eglise sur celle de quelques Apôtres. Strabus (*f*) a crû que ces deux saints Personnages ne parurent qu'en vision, & non en réalité. Saint Thomas (*g*) veut qu'au moins Moyse apparut avec un corps étranger & emprunté. Louis Capelle croit que Moyse ressuscita, pour ne plus mourir. Quelques Juifs (*h*) ont enseigné que ce Législateur n'étoit point mort. Grotius remarque que Joseph en parlant de la mort de Moyse, dit

(*a*) Λευκὰ ὡς τὸ φῶς.
(*b*) *Luc.* IX. 29. Λευκὸς ἐξαστράπτων.
(*c*) *Marc. c.* IX. 3. Στίλβοντα, λευκὰ λίαν ὡς χιὼν, οἷα γναφεὺς ἐπὶ τῆς γῆς οὐ δύναται λευκᾶναι.
(*d*) *Hilar. Chrysost. Beda, Ieron. Euthym. hic. & Tertull. l.* IV. *contra Marcion. Ambros. in Luc. c.* IX. *alii.*
(*e*) *Euthym. hic.*
(*f*) *Strabus in c.* IX. *Lucæ.*
(*g*) *D. Thom. in hunc loc.*
(*h*) *Maimonid. apud L. Capell. hic, in Synopsi.*

4. *Respondens autem Petrus, dixit ad Jesum: Domine, bonum est nos hîc esse: si vis, faciamus hîc tria tabernacula, tibi unum, Moysi unum, & Eliæ unum.*

4. Alors Pierre dit à JESUS: Seigneur; nous sommes bien ici: faisons-y, s'il vous plaît, trois tentes, une pour vous, une pour Moyse, & une pour Elie.

COMMENTAIRE.

qu'il disparut, & s'exprime en mêmes termes que lorsqu'il parle d'Hénoch, & d'Elie. Le Cardinal Hugues de S. Cher croit que ce furent deux Anges qui apparurent sous la forme d'Elie, & de Moyse. (*a*)

Drutmar dit qu'Origénes raconte que les Apôtres reconnurent Elie, parce qu'il vint sur un chariot de feu; & Moyse, parce qu'il parut avec les tables de la Loi en ses mains. Mais je ne trouve point cela dans Origénes: j'y remarque seulement, (*b*) qu'après cet entretien Moyse, & Elie allerent annoncer aux Saints, & aux anciens Patriarches, les nouvelles de leur prochaine délivrance; & que bien-tôt ils ressusciteroient, & monteroient au Ciel. Ce qui fut accompli, lorsque, selon saint Matthieu, (*c*) après la Résurrection du Sauveur, plusieurs Saints ressusciterent, vinrent à Jérusalem, & apparurent à plusieurs personnes.

Le sujet de l'entretien de JESUS-CHRIST avec Moyse & Elie, étoit des supplices, & de la mort qu'il devoit souffrir à Jérusalem. (*d*) Saint Luc ajoûte, que S. Pierre, & ses deux compagnons se trouverent accablez de sommeil, & que s'étant éveillez, ils apperçurent le Fils de Dieu dans sa majesté. Il permit apparemment ce sommeil, pour leur rendre ce spectacle plus nouveau, & plus admirable à leur réveil, n'ayant point été témoins du moment auquel se fit le changement sur sa personne, & sur ses habits; ni de celui de l'arrivée de Moyse, & d'Elie. S. Chrysostome (*e*) ne peut croire que ç'ait été un vrai sommeil, il aime mieux dire que ce fut un certain étonnement mêlé de frayeur, & comme une espéce d'extase.

℣. 4. RESPONDENS AUTEM PETRUS, &c. *Pierre dit à Jesus: Seigneur, nous sommes bien ici; faisons-y, s'il vous plaît, trois tentes.* A la lettre: *Pierre répondit:* Mais les Hébreux mettent souvent, *il répondit*, pour, *il dit.* Les autres Evangélistes (*f*) nous avertissent que ces trois Apôtres étoient saisis de crainte; & que saint Pierre en particulier ne savoit ce qu'il disoit, lorsqu'il proposa ceci à JESUS-CHRIST. Origénes (*g*) insinuë même que c'étoit le mauvais esprit qui le lui inspiroit. Et saint Chrysostome croit que la lumiére surnaturelle qui lui avoit fait connoître la Divinité du Fils de Dieu, l'avoit quitté dans cette occa-

(*a*) *Hugo in Luc.*
(*b*) *Origen. in Matt. Edit. Græc. Huëtii*, tom. XII.
(*c*) *Matt.* XXVII. 52.
(*d*) *Luc.* IX. 21.
(*e*) *Chrysost. hîc.*
(*f*) *Luc.* IX. 33. *Marc.* IX. 6.
(*g*) *Origen, tom.* XII. *in M.*

5. *Adhuc eo loquente, ecce nubes lucida obumbravit eos. Et ecce vox de nube, dicens: Hic est Filius meus dilectus, in quo mihi benè complacui: ipsum audite.*

5. Lorsqu'il parloit encore, une nuée lumineuse les couvrit; & il sortit une voix de cette nuée, qui fit entendre ces paroles: Celui-ci est mon Fils bien aimé, dans lequel j'ai mis toute mon affection: écoutez-le.

COMMENTAIRE.

sion. Tertullien (*a*) au contraire croit qu'en cette rencontre saint Pierre étoit ravi en extase, & hors de lui-même; & que c'est ce que l'Ecriture a voulu marquer par ces termes; il ne savoit ce qu'il disoit: *Nesciens quid diceret.* Mais tous les Interprétes prennent à la lettre le Texte de l'Ecriture. En effet, à quel usage ces trois tentes? N'auroit-il pas mieux valu en dresser une seule pour JESUS, pour Moyse, & pour Elie? Ou croyoit-il qu'en leur dressant trois tentes il pourroit les déterminer à demeurer pour toûjours, ou pour long-tems sur cette montagne? Saint Pierre ne consulte ici que son bon cœur; il se laisse transporter à sa vivacité ordinaire, & à l'ardeur de sa dévotion, ne sachant de quelle maniére témoigner sa reconnoissance & son affection à son Dieu, (*b*) *Non inconsulta petulantia, sed pramatura devotio fructum pietatis accumulat. Nam quod ignorabat, conditionis fuit; quot promittebat, devotionis.* Saint Pierre proposa ceci, dit S. Luc, (*c*) lorsque Moyse & Elie commencerent à se retirer. Les tentes dont il parle, sont des loges de branches d'arbres, qu'il s'offroit de leur faire.

ỷ. 5. ECCE NUBES LUCIDA, &c. *Lorsqu'il parloit encore, une nuée lumineuse les couvrit, & on oüit une voix, qui disoit: Celui-ci est mon Fils bien-aimé, &c.* Après que Moyse, & Elie furent disparus, & qu'une nuée lumineuse les eut dérobez aux yeux des Apôtres, Dieu fit entendre une voix, qui déclara que JESUS étoit son Fils bien-aimé, & qui ordonnoit qu'on l'écoutât. Les Peres (*d*) remarquent que cette voix ne se fit entendre qu'après que ces deux Saints se furent retirez; afin que JESUS étant seul, on ne pût douter qu'elle ne s'adressât à lui. *Ipsum audite:* Ecoutez-le. Il fait allusion à cet endroit du Deutéronome, (*e*) où Dieu dit par la bouche de Moyse: *Le Seigneur suscitera du milieu de vous, un Prophéte semblable à moi: vous l'écouterez.* Saint Pierre dans sa seconde Epître, (*f*) rend témoignage à la vérité que nous lisons ici dans l'Evangile; il la raconte en mêmes termes, & dit qu'il l'oüit étant sur la montagne sainte.

(*a*) *Tertull. l.* IV. *contra Marcion.*
(*b*) *Ambros. in Luc. c.* IX.
(*c*) *Luc.* IX. 33.
(*d*) *Chrysost. Theophyl. alii.*
(*e*) *Deut.* XVIII. 15.
(*f*) 2. *Petri*, I. 16. 17. 18.

6. *Et audientes Discipuli ceciderunt in faciem suam, & timuerunt valdè.*	6. Les Disciples les ayant oüies, tomberent le visage contre terre, & furent saisis d'une grande crainte.
7. *Et accessit Jesus, & tetigit eos: dixitque eis: Surgite, & nolite timere.*	7. Mais Jesus s'approchant, les toucha, & leur dit: Levez-vous, & ne craignez point.
8. *Levantes autem oculos suos, neminem viderunt, nisi solum Jesum.*	8. Alors levant les yeux, ils ne virent plus que Jesus seul.
9. *Et descendentibus illis de monte, præcepit eis Jesus, dicens: Nemini dixeritis visionem, donec Filius hominis à mortuis resurgat.*	9. Lorsqu'ils descendoient de la montagne, Jesus leur fit ce commandement, & leur dit: Ne parlez à personne de ce que vous avez vû, jusqu'à ce que le Fils de l'homme soit ressuscité d'entre les morts.
10. *Et interrogaverunt eum Discipuli, dicentes: Quid ergo Scribæ dicunt quòd Eliam oportet primùm venire.*	10. Ses Disciples l'interrogerent alors, & lui dirent: Pourquoi donc les Scribes disent-ils qu'il faut qu'Elie vienne auparavant?

COMMENTAIRE.

℣. 6. CECIDERUNT IN FACIEM SUAM. *Ils tomberent le visage contre terre.* La vûë de JESUS-CHRIST dans sa majesté leur avoit inspiré de la crainte, & du respect: mais la voix du Pere les terrasse. Ils ne purent soûtenir l'éclat de ce tonnerre; car il y a apparence que ceci fut accompagné de tonnerre, de même que les autres fois, lorsque le Pere a rendu témoignage à son Fils: par exemple, à son Baptême, (a) & dans le Temple. (b)

℣. 9. NEMINI DIXERITIS VISIONEM. *Ne parlez à personne de ce que vous avez vû, jusqu'à ce que le Fils de l'homme soit ressuscité d'entre les morts.* Quelques Peres (c) ont crû que cette défense n'empêchoit pas que ces trois Apôtres ne le pussent dire aux autres Disciples; mais elle défendoit qu'ils ne le divulgassent parmi le peuple. Mais si JESUS-CHR. eût voulu que les autres Apôtres le sçussent, pourquoi ne les auroit-il pas menez sur la montagne avec Pierre, Jacques, & Jean? Il y auroit eu de l'inconvénient à le publier avant la Résurrection du Sauveur: car ou la chose n'auroit point trouvé créance dans les esprits, ou ceux qui l'auroient crûë d'abord, se seroient scandalisez après & se seroient crûs trompez, en voyant les souffrances, & la croix du Sauveur. Mais après la Résurrection rien n'étoit incroyable, & trois témoins étoient capables de faire foi. Voyez ci-devant Chap. XVI. 20.

℣. 10. QUID ERGO SCRIBÆ DICUNT, &c. *Pourquoi donc les Scri-*

(a) *Matt.* II. 17.
(b) *Joan.* XII. 29.
(c) *Ieronym. Beda hic.*

11. *At ille respondens, ait eis: Elias quidem venturus est, & restituet omnia.*	11. Mais JESUS leur répondit: Il est vrai qu'Elie doit venir, & qu'il rétablira toutes choses.

COMMENTAIRE.

tes disent-ils, qu'il faut qu'Elie vienne auparavant? Les Apôtres étoient persuadez que JESUS-CHRIST étoit le Messie. (*a*) Il leur avoit dit quelques jours auparavant (*b*) que bien-tôt il seroit mis à mort dans Jérusalem. Il venoit de s'entretenir en leur présence sur la montagne de sa mort prochaine. (*c*) Il leur avoit déclaré qu'il ressusciteroit au troisiéme jour. Ils ne comprenoient point ce que vouloit dire cette Résurrection. (*d*) Ils ne pouvoient accorder ses souffrances, & sa mort, avec les idées qu'on leur avoit données du regne du Messie, de la venuë d'Elie, qui devoit rétablir le Royaume d'Israël dans son ancienne splendeur, & faire cesser toutes les divisions qui regnoient depuis si long-tems dans la nation. (*e*) S'il est vrai que vous deviez bien-tôt mourir, & ressusciter, quand est-ce donc qu'Elie viendra, & que le Royaume d'Israël sera rétabli? Devons-nous attendre un second avénement? ou differerez-vous à mourir, & à ressusciter, jusqu'à ce qu'Elie soit venu, & qu'il ait fait ce que l'Ecriture dit qu'il doit faire; ou sera-ce après cette mort, & cette résurrection, que nous verrons arriver le regne du Messie?

Queques-uns (*f*) l'entendent ainsi: S'il est vrai, comme le disent les Docteurs, qu'Elie doive paroître pour préparer les voyes au Messie, d'où vient qu'il a disparu, & qu'il n'est pas demeuré avec vous? Si c'est lui qui doit vous donner l'OnctionRoyale,& vous faire connoître aux Juifs, pourquoi est-il disparu si-tôt? D'autres: (*g*) S'il est vrai qu'Elie doive paroître avant le Messie pour lui préparer les voyes, d'où vient que vous nous défendez de publier ce que nous venons de voir sur la montagne? Ne seroit-ce pas un moyen certain de rappeller les peuples, & de les faire croire en vous, d'assurer qu'Elie est venu, & qu'il nous est apparu?

℣. 11. ELIAS QUIDEM VENIET, &c. *Il est vrai qu'Elie doit venir, & qu'il rétablira toutes choses.* (12.) *Mais je vous déclare qu'Elie est déja venu.* JESUS-CHRIST concilie les contrarietez apparentes qui embarrassoient les Apôtres. Il est vrai qu'Elie viendra, & il est vrai qu'il est venu. Il est venu en la personne de Jean-Baptiste, & les Juifs ne l'ont ni reconnu, ni écouté. Elie viendra un jour à la fin des siécles, & il rétablira

(*a*) *Matt.* XVI. 16. 17.
(*b*) *Matt.* XVI. 21.
(*c*) *Luc.* IX. 21.
(*d*) *Marc.* IX. 10.
(*e*) Voyez *Malach.* IV. 5. 6.
(*f*) *Ieronym. Grot. Le Clerc.*
(*g*) *Lud. Capel. Camero.*

toutes choses, suivant les Prophéties. Voilà le sens que les Peres, & les Interprétes Catholiques donnent à ce passage.

Mais quelques Nouveaux (a) soûtiennent qu'il ne s'agit ici que de Jean-Baptiste, (b) qui est venu dans l'esprit, & dans la vertu d'Elie. Ils soûtiennent que l'opinion des Juifs, & des Chrétiens, qui ont toûjours crû, & qui croyent encore qu'Elie doit venir en personne, avant le dernier jour du Jugement, n'est fondée que sur la vaine crédulité des peuples, & n'a jamais passé dans l'Eglise pour une tradition Apostolique, puisqu'on voit quelques Anciens qui ont été dans le doute sur cela. Mais peut-on dire que S. Jean-Baptiste ait rétabli toutes choses, *Ipse restituet omnia*, comme le dit ici Jesus-Christ d'Elie? Peut on dire que Jean-Baptiste ait précédé le jour terrible du Seigneur, *Antequàm veniat dies Domini magnus & horribilis*, (c) comme s'exprime Malachie, en parlant de la venuë de ce Prophéte? Enfin, compte-t'on pour rien le témoignage de l'Ecclésiastique, (d) qui parle clairement de la venuë d'Elie en ce dernier jour? & de l'Apocalypse, (e) qui s'en explique d'une maniére qui n'est pas moins distincte? *Je donnerai ordre à mes deux témoins*, (Elie, & Hénoch) *& couverts d'un sac ils prophétiseront durant mil deux cens soixante jours... Que si quelqu'un leur veut nuire, il sortira de leur bouche un feu qui dévorera leurs ennemis.*

Restituet omnia. *Il rétablira toutes choses*. C'est une explication de ces paroles de Malachie: (f) *Je vous envoyerai le Prophéte Elie, avant que le jour du Seigneur, ce grand & terrible jour arrive; & il réconciliera le cœur des peres avec leurs fils, & le cœur des fils avec leurs peres, de peur que je ne vienne, & que je ne frappe d'anathême*, ou que je n'extermine *toute la terre*. Cette réconciliation des cœurs des peres avec leurs fils, & des cœurs des fils avec leurs peres, ne signifie autre chose, sinon qu'il réünira l'Eglise avec la Synagogue, & la Synagogue avec l'Eglise; (g) le Chrétien avec le Juif, & le Juif avec le Chrétien. Alors le regne de Jesus-Christ sera parfaitement rétabli, lorsque tous ses ennemis seront terrassez à ses pieds, que toute langue le confessera, & que sa domination s'étendra sur tous les peuples. Alors le mur de séparation sera abattu, (h) & il n'y aura qu'une bergerie, & un pasteur. (i) Ce sera le Prohéte Elie qui procurera cette heureuse réünion, & cet heureux retour par ses

(a) *Camero. Grot. Med. l. 1. Dissert. 25. & Ligfoot, Jac Capel. Hamm le Clerc.*

(b) Grotius cite Procope & Primasius, qu'il dit l'avoir nié; & S. Grégoire de Nazianze, qui a été dans le doute.

(c) *Malach.* IV. 6.

(d) *Eccli.* XLVIII. *Qui scriptus est in judiciis temporum lenire iracundiam Domini, conciliare cor patris ad filium, &c.*

(e) *Apoc.* XI. 3. 6.

(f) *Malach.* IV. 6.

(g) *Vide Rom.* XI. 25. 26.

(h) *Ephes.* II. 13. 14. 15.

(i) *Joan.* X. 16.

12. *Dico autem vobis, quia Elias jam venit, & non cognoverunt eum, sed fecerunt in eo quodcumque voluerunt. Sic & Filius hominis passurus est ab eis.*
13. *Tunc intellexerunt Discipuli, quia de Joanne-Baptista dixisset eis.*
14. *Et cùm venisset ad turbam, accessit ad eum homo genibus provolutus ante eum, dicens: Domine, miserere filio meo, quia lunaticus est, & malè patitur: nam sæpe cadit in ignem, & crebrò in aquam:*

12. Mais je vous déclare qu'Elie est déja venu, & ils ne l'ont point connu; mais l'ont traité comme il leur a plû. C'est ainsi qu'ils feront souffrir le Fils de l'homme.
13. Alors ses Disciples comprirent que c'étoit de Jean-Baptiste qu'il leur avoit parlé.
14. Lorsqu'il fut venu vers le peuple, un homme s'approcha de lui, qui se jetta à genoux à ses pieds, & lui dit: Seigneur, ayez pitié de mon fils qui est lunatique, & qui souffre beaucoup: car il tombe souvent dans le feu, & souvent dans l'eau.

COMMENTAIRE.

miracles, & par la force de sa prédication. (*a*)

℣. 12. ELIAS JAM VENIT, ET NON COGNOVERUNT EUM. *Elie est déja venu, & ils ne l'ont point connu; ils l'ont traité comme il leur a plû.* Jean-Baptiste est venu dans l'esprit, & dans la vertu d'Elie, avec son zéle, sa véhémence, sa force. Il leur a prêché la pénitence; il les a menacez de leur prochaine ruine: mais ils ne l'ont point écouté. Ils l'ont rejetté, méprisé; ils l'ont traité de démoniaque. (*b*) Enfin, ils l'ont fait périr. (*c*) Ils en feront de même de moi. Ainsi vous devez vous attendre de voir bien-tôt la manifestation de mon regne; rien n'en empêche plus l'accomplissement. Les Prophéties vont être accomplies. Les Juifs ne s'en apperçoivent pas; mais n'imitez point leur aveuglement.

℣. 14. CUM VENISSET AD TURBAM. *Etant arrivé au lieu où étoit la troupe,* JESUS passa apparemment la nuit sur une montagne où il s'étoit transfiguré, & le lendemain matin il descendit, & vint rejoindre ses Disciples, qui étoient au bas de la montagne avec les troupes, qui attendoient le retour de JESUS. S. Luc marque expressément (*d*) que JESUS ne descendit que le lendemain de sa Transfiguration: & le sommeil dont les Apôtres se trouverent accablez d'abord, pendant que leur Maître étoit en priére, fortifie la conjecture de ceux qui croyent que cela arriva pendant la nuit. (*e*) Ce tems étoit beaucoup plus propre à l'éclat de cette apparition, que la clarté du grand jour.

QUIA LUNATICUS EST. *Ayez pitié de mon fils qui est lunatique.* JESUS étant descendu de la montagne où il s'étoit transfiguré, trouva à quelque distance de-là ses Disciples avec une grande troupe de peuple.

(*a*) *Vide Brug. Mald. Jans. Et ita Patres passim. Iren. Tertull. Hil. Ieron. Chrysost. hic. Aug. quæst. Evang. l.* 1 *q.* 11. *alii passim.*
(*b*) *Matt.* XI. 18.
(*c*) *Matt.* XIV. 10. 11.
(*d*) *Luc.* IX. 37. *Factum est sequenti die, descendentibus illis de monte.*
(*e*) *Brug. ad Luc.* IX. 32.

15. *Et obtuli eum Discipulis tuis, & non potuerunt curare eum.*

16. *Respondens autem Jesus, ait : O generatio incredula, & perversa ! quéusque ero vobiscum, usquequò patiar vos ? Afferte huc illum ad me.*

15. Je l'ai présenté à vos Disciples ; mais ils ne l'ont pû guérir.

16. Et Jesus répondit, en disant : O race incrédule, & dépravée ! jusqu'à quand serai-je avec vous ? jusqu'à quand vous souffrirai-je ? Amenez-moi ici cet enfant.

COMMENTAIRE.

Saint Luc dit qu'il ne rejoignit ses Disciples que le lendemain du jour de sa Transfiguration. Les Scribes étoient en dispute avec les Apôtres (*a*) sur la guérison qu'ils n'avoient pû faire d'un enfant, qui leur avoit été présenté. Dès que les troupes eurent apperçû Jesus, elles vinrent au devant de lui, & le reçûrent avec beaucoup d'honneur. (*b*) Un homme du milieu de la foule vint se jetter à ses pieds, pour le prier de guérir son fils qui étoit épileptique, (*c*) & lunatique, (*d*) & avec cela possédé d'un démon muet, (*e*) qui le jettoit quelquefois dans le feu, & le tourmentoit cruellement ; en sorte que l'enfant crioit, grinçoit les dents, écumoit, & étoit tout désseché. Le mal de cet enfant étoit dans ses humeurs, & dans sa mauvaise complexion : mais le démon se servoit de cette mauvaise disposition, & s'en servoit pour le tourmenter. Les Lunatiques étoient une espéce d'Epileptiques, qui étoient beaucoup plus tourmentez dans le plein de la Lune qu'aux autres tems. Voyez S. Matthieu IV. 24 Origénes, S. Chrysostome, & S. Jérôme ne reconnoissent dans cet homme aucune cause naturelle de sa maladie. Ils croyent que le démon pour tromper les hommes, & pour les engager à blasphêmer contre le Créateur de la Lune, & contre cet astre comme cause de maladies, tourmentoit plus fort les malades en certain tems qu'en d'autres, suivant l'accroissement, ou le déclin de la Lune.

℣. 15. Obtuli eum Discipulis tuis. *Je l'ai présenté à vos Disciples ; mais ils ne l'ont pû guérir.* On croit (*f*) qu'il le leur présenta pendant l'absence de Jesus, lorsqu'il étoit sur la montagne avec S. Pierre, saint Jacques, & saint Jean ; & comme ils ne le purent guérir, cela donna apparemment occasion à la dispute qui s'éleva entre eux, & les Docteurs de la Loi.

℣. 16. O generatio incredula ! *O race incrédule !* Ces reproches tombent non sur les Apôtres, mais sur le pere de cet enfant, & sur

(*a*) *Marc.* IX. 14. 16.
(*b*) *Marc.* IX. 15. *Luc.* IX. 37.
(*c*) *Luc.* IX. 39. Πνεῦμα λαμβάνει αὐτὸν, ϗ ἐξαίφνης κράζει, ϗ σπαράσσει αὐτὸν, μετ' ἀφροῦ. *Marc.* IX. 18. Ὅπου ἂν καταλάβῃ ῥήσσει αὐτὸν, ϗ ἀφρίζει.
(*d*) *Matt.* XVII. Σεληνιάζεται, ϗ κακῶς πάσχει.
(*e*) *Marc.* IX. 17. Ἔχοντα πνεῦμα ἄλαλον.
(*f*) *Hilar. Chrysost. Mald. alii.*

les

17. *Et increpavit illum Jesus, & exiit ab eo dæmonium, & curatus est puer ex illa hora.*

18. *Tunc accesserunt Discipuli ad Jesum secretò, & dixerunt : Quare non potuimus ejicere illum ?*

17. Et JESUS ayant menacé le démon, il sortit de l'enfant, lequel fut guéri au même instant.

18. Alors les Disciples vinrent trouver JESUS en particulier, & lui dirent : Pourquoi n'avons-nous pû chasser ce démon ?

COMMENTAIRE.

les autres Juifs incrédules, selon la plûpart des Peres. (*a*) Origénes (*b*) a crû qu'ils regardoient principalement les Apôtres; & d'autres (*c*) veulent qu'ils soient adressez aux Apôtres, comme au reste du peuple. Il falloit de la foi & de la part de ceux qui demandoient un miracle, & de la part de ceux à qui on le demandoit : & le Sauveur ci-après déclare en particulier aux Apôtres, que ce n'est qu'à cause de leur peu de foi qu'ils n'ont pû guérir ce malade. (*d*)

℣. 17. ET INCREPAVIT EUM. *Jesus ayant menacé le démon, il sortit de l'enfant.* Il est manifeste par les trois Evangélistes, (*e*) que c'est le démon que JESUS-CHRIST menace, & non l'enfant; ou du moins que les menaces qu'il fait à l'enfant, regardoient le démon qui le possédoit. C'est ainsi que les Peres, & les Commentateurs l'ont entendu. Toutefois S. Jérôme, Béde, & Théophilacte, & quelques Nouveaux (*f*) ont crû que ces menaces, ou ces réprimandes regardoient l'enfant. On peut concilier tout cela, en disant qu'il reprit fortement le démon, en adressant sa parole à l'enfant possédé.

℣. 18. QUARE NON POTUIMUS EJICERE ILLUM? *Pourquoi n'avons-nous pû chasser ce démon ? Jesus leur répondit : A cause de vôtre incrédulité.* Ni les Apôtres, ni le pere de l'enfant ne manquoient pas absolument de foi, puisque l'un étoit venu demander la guérison de son fils, & que les autres avoient tenté de la faire. Toutefois JESUS dit ici à ses Apôtres qu'ils en avoient manqué, & le pere de l'enfant prie JESUS avec larmes d'avoir pitié de son peu de foi. (*g*) Ils n'en avoient donc pas autant qu'il en falloit pour cela. Leur foi ne bannissoit pas tout doute, & toute défiance. Les Peres (*h*) croyent que ce ne fut pas seulement à cause du

---

(*a*) *Hilar. Chrysost. Ieron. Beda, Theophyl. Strab. & alii.*

(*b*) *Orig. tract. 4. in Matt.*

(*c*) *Ligfoot. Camero. Gloss. Le Clerc.*

(*d*) *Matt.* XVII. 20. Διὰ τὴν ἀπιστίαν ὑμῶν.

(*e*) *Matt.* XVII. 18. Καὶ ἐπετίμησεν αὐτῷ ὁ Ἰησοῦς, καὶ ἐξῆλθεν ἀπ' αὐτοῦ τὸ δαιμόνιον. *Luc.* IX. 42. Ἐπετίμησε δὲ ὁ Ἰησοῦς τῷ πνεύματι τῷ ἀκαθάρτῳ. *Marc.* IX. 25. Ἐπετίμησε τῷ πνεύματι τῷ ἀκαθάρτῳ.

(*f*) *Vide Martianai not. hic. Schmid Zeger. alios.*

(*g*) *Marc.* IX. 23. Βοήθει μου τῇ ἀπιστίᾳ.

(*h*) *Chrysost. Ieronym. Beda, Theophyl. Strab D. Thom.*

19. *Dixit illis Jesus : Propter incredulitatem vestram. Amen quippe dico vobis, si habueritis fidem sicut granum sinapis, dicetis monti huic: Transi hinc illuc, & transibit, & nihil impossibile erit vobis.*

20. *Hoc autem genus non ejicitur nisi per orationem, & jejunium.*

19. JESUS leur répondit : A cause de vôtre incrédulité. Car je vous dis en vérité, que si vous aviez de la foi comme un grain de senevé, vous diriez à cette montagne : Transporte-toi d'ici là, & elle s'y transporteroit, & rien ne vous seroit impossible.

20. Mais cette sorte *de démons* ne se chasse que par la priére, & par le jeûne.

COMMENTAIRE.

peu de foi des Apôtres, mais encore à cause de l'incrédulite du pere, qu'ils ne purent faire ce miracle.

℣. 19. SI HABUERITIS FIDEM SICUT GRANUM SINAPIS. *Si vous aviez de la foi comme un grain de senevé, vous diriez à cette montagne : Transporte-toi d'ici là.* C'est une exagération, comme quand on dit à un homme: Si vous aviez une étincelle de raison, une once de bon sens, &c. vous comprendriez aisément qu'il n'est pas de vôtre intérêt, &c. ce qui se peut dire à ceux qui ne manquent ni d'esprit, ni de raison; mais qui n'en font pas l'usage qu'ils devroient, dans la rencontre dont il s'agit. JESUS-CHRIST oppose la petitesse du grain de moutarde à la grosseur des montagnes, pour faire mieux sentir la force de son exagération. Car ce n'a jamais été son esprit, ni son intention, que ses Apôtres usassent du pouvoir de faire des miracles, par ostentation, & par vanité dans des choses aussi difficiles, que celles de transporter des montagnes; à moins qu'une évidente nécessité ne le demandât, comme il est quelquefois arrivé, ainsi que l'Histoire (*a*) nous l'apprend par l'exemple de saint Grégoire de Néocésarée, surnommé *le Thaumaturge*, ou le Faiseur de miracles.

Quelques Anciens (*b*) ont crû que le Fils de Dieu faisoit ici attention non pas simplement à la petitesse du grain de senevé; mais à la nature, & aux qualitez de cette graine. Si vous aviez une foi aussi vive, aussi forte, aussi ardente qu'un grain de senevé, rien ne vous seroit impossible. Il faut une foi parfaite pour transporter les montagnes. S. Paul (*c*) met cet exemple, comme le dernier effort de la foi la plus excellente: *Si habuero omnem fidem, ita ut montes transferam.* Cette montagne que les Apôtres renversent, est le démon, c'est l'orgüeil humain, selon les Peres. (*d*)

℣. 20. HOC GENUS NON EJICITUR NISI PER ORATIONEM. *Cette sorte de démons ne se chasse que par la priére, & par le jeûne.* Quel-

(*a*) *Euseb. Hist. Eccles. l. 7. c. 23.*
(*b*) *Origen. in Matt. Ieron. Beda, Strabus. hic. Aug. tract. 40. in Joan.*
(*c*) *Cor. XIII. 2.*
(*d*) *Hilar. Origen. Ieron. & Beda hic. Aug. l. qu. Evang. q. 29.*

21. *Conversantibus autem eis in Galilaea, dixit illis Jesus: Filius hominis tradendus est in manus hominum:*

21. Lorsqu'ils étoient en Galilée, JESUS leur dit: Le Fils de l'homme doit être livré entre les mains des hommes;

COMMENTAIRE.

ques Anciens (*a*) ont crû que le Sauveur parloit ici en général de la difficulté de chasser les démons. Cette sorte de maladie, la possession des démons n'est pas comme les autres maux du corps; elle ne se guérit que par la priére & par le jeûne, tant de la part de celui qui est malade, que de la part de celui qui entreprend de le guérir. Ils doivent l'un & l'autre exercer les œuvres de pénitence. Mais la plûpart croyent qu'il s'agit ici d'une sorte de démons différens des autres, & qui quittoient plus difficilement ceux qu'ils avoient possédez. Les Apôtres guérissoient ordinairement les maladies, & même les possedez, en leur commandant au nom de JESUS: (*b*) mais ici cela ne leur réüssit point. Ils ne savoient pas qu'il falloit y joindre la priére, & le jeûne; qu'ils avoient affaire à un démon opiniâtre & rébéle, qu'il falloit dompter par les exercices de piété.

Caméron l'entend ainsi: Ces sortes de démons ne sont pas de ceux que les Exorcistes Juifs chassent par le moyen de leurs oraisons, & de leurs charmes; il faut y employer le jeûne, aussi-bien que la priére. Knatchbulle lui donne ce sens: Ceux qui ont de la foi comme un grain de moutarde, ne peuvent faire du progrez dans la foi, que par le moyen de la priére, & du jeûne. Vantill dit à peu près de même: *Hoc genus, Apostoli scilicet, non proficit, nisi oratione, & jejunio.* Il n'y a pour vous point d'autre voye pour vous perfectionner dans la foi, que le jeûne, & l'oraison. Le Grec de S. Matthieu (*c*) pourroit peut-être recevoir ce sens; mais je ne pense pas que l'on ose expliquer de même le passage parallèle de S. Marc, qui dit expressément que *cette sorte* (de démons) *ne peut sortir que par la priére, & par le jeûne;* (*d*) & c'est ce sens que lui ont donné tous les autres Interprétes. Ce verset ne se trouve point dans les versions Cophtes & Ethiopiennes, ni dans le Canon d'Eusébe, si ce n'est dans S. Marc.

℣. 21. CONVERSANTIBUS EIS IN GALILÆA. *Lorsquils étoient en Galilée, Jesus leur dit: Le Fils de l'homme doit être livré entre les mains des hommes.* Il leur avoit déja dit la même chose avant sa Transfiguration: mais comme il étoit très-important de les désabuser du regne temporel du Messie dont ils se flattoient, & de les prévenir contre le scandale de sa Passion, qui n'étoit point éloignée, il leur répete la même cho-

(*a*) *Chrysost. Euthym. hic. Athan. l. de Virginitate.*

(*b*) *Marc.* VI 13. *Luc.* X. 17.

(*c*) *Gr.* Τοῦτο δὲ τὸ γένος οὐκ ἐκπορεύεται εἰ μὴ ἐν προσευχῇ, καὶ νηστείᾳ. Quelques Exemplaires lisent: Ἐξέρχεται. D'autres: Ἐκβάλλεται.

(*d*) *Marc.* IX 27. Τοῦτο τὸ γένος ἐν οὐδενὶ δύναται ἐξελθεῖν, εἰ μὴ ἐν προσευχῇ, καὶ νηστείᾳ.

22. *Et occident eum, & tertiâ die resurget. Et contristati sunt vehementer.*

22. Et ils le feront mourir, & il ressuscitera le troisiéme jour : ce qui les affligea extrêmement.

23. *Et cùm venisset Capharnaum, accesserunt qui didrachma accipiebant, ad Petrum, & dixerunt ei : Magister vester non solvit didrachma ?*

23. Etant venu à Capharnaum, ceux qui recevoient le tribut de deux drachmes, vinrent trouver Pierre, & lui dirent : Vôtre Maître ne paye-t'il pas le tribut ?

COMMENTAIRE.

se pour la leur inculquer davantage. Ceci arriva pendant qu'ils parcouroient encore la Galilée, & après la Transfiguration.

℣. 23. ACCESSERUNT AD PETRUM, QUI DIDRACHMA ACCIPIEBANT. *Etant arrivez à Capharnaum, ceux qui recevoient le tribut de deux drachmes vinrent trouver Pierre*, & lui demanderent si JESUS leur Maître ne payoit pas les deux drachmes, comme le reste du peuple. Les deux drachmes (*a*) étoient, à ce qu'on croit, équivalentes au demi-sicle d'argent, qui valoit de nôtre monnoye seize sols deux deniers, & $\frac{11}{16}$ de denier. C'étoit la valeur de la capitation imposée par Moyse dans le désert à chaque Israëlite, lorsqu'on en feroit le dénombrement. La somme qui en résultoit devoit être employée au service du Tabernacle. (*b*) Depuis Moyse on ne voit pas dans l'Ecriture qu'on ait levé réguliérement ce demi-sicle par tête; si ce n'est que du tems de Joas Roi de Juda, (*c*) on en fit la cueillette pour le rétablissement du Temple. Après le retour de la captivité, (*d*) Néhémie, & les Anciens du peuple se taxerent à un tiers de sicle ; le peuple à cause de sa pauvreté ne pouvant donner le demi-sicle entier pour l'entretien du Temple, & pour les frais des sacrifices, & des offrandes. Cela continua de se payer au Temple, jusqu'au tems de sa destruction par les Romains : (*e*) mais long-tems auparavant on en étoit revenu au demi-sicle, au lieu du tiers de sicle. Les Hébreux (*f*) enseignoient que cette capitation s'exigeoit avec tant de sévérité, que ceux mêmes qui ne vivoient que d'aumônes, étoient obligez de la payer. Il falloit vendre jusqu'à ses habits, plûtôt que d'y manquer.

Après la ruine du Temple, Vespasien contraignit les Juifs de porter au Capitole, ce qu'ils donnoient auparavant au Temple. (*g*) Domitien son fils l'exigea avec beaucoup de rigueur, dit Suétone. (*h*) On le payoit encore à l'Empire du tems d'Origénes, comme on le voit dans son Epître à

(*a*) Τὰ διδραχμα.
(*b*) Exod. XXX 13.
(*c*) 2. *Par.* XXIV. 5. & *seq.*
(*d*) 2. *Esdr.* X. 32.
(*e*) *Joseph. Antiq. l.* 18. *c.* 12. & *l.* 7. *de Bello c.* 26. 27. & *Dio-Cassius l.* 66.
(*f*) *Schikard. Jur. Reg. c.* 3.
(*g*) *Joseph. loco suprà citato.*
(*h*) *Sueton. in Domitiano c.* 12. *Præter cæteros Judaïcus fiscus acerbissimè actus est.*

Jules Africain Schikardus (*a*) enſeigne qu'encore aujourd'hui les Juifs le levent vers le tems de la Fête des Sorts, & l'employent en aumônes, en faveur de ceux principalement, qui font le voyage de la Terre Sainte.

Pour revenir au Texte de nôtre Evangile, les receveurs de cette taille demandent honnêtement à Pierre, ſi leur Maître veut payer les deux drachmes; apparemment parce que le tems de faire ce payement n'étoit pas encore venu, ou que l'on pouvoit le porter ſoi-même à Jéruſalem; ou enfin ils uſent de cette civilité par reſpect pour la perſonne de JESUS-CHRIST, ne voulant pas lui demander cette petite ſomme à lui-même, ni même le preſſer de payer, s'il n'en eût pas eu l'envie: car d'ailleurs ils ne l'en croyoient nullement diſpensé; s'ils l'avoient crû, ils ne la lui auroient pas demandée. Les Rabbins enſeignent que l'on commençoit à exiger le demi-ſicle au quinze, ou au vingt-cinq d'Adar, & qu'on avoit juſqu'au jour de Pâque pour le payer, c'eſt-à-dire, un mois entier. Selon nôtre maniére de ſupputer les années de JESUS-CHRIST, ceci devroit être arrivé, non un mois avant Pâque, mais aſſez peu de tems avant la Pentecôte. (*b*)

Quelques-uns (*c*) ont crû que ces deux drachmes ſe demandoient à JESUS-CHRIST, en qualité de premier-né. On ſait que les premiers-nez ſe rachetoient; mais ils ne ſe rachetoient qu'une ſeule fois, & c'étoient leurs parens qui payoient pour cela la ſomme de cinq ſicles, lors qu'ils offroient leur fils au Temple. (*d*) D'autres (*e*) veulent que ces deux drachmes étoient une impoſition faite par les Romains. Les uns (*f*) ſoûtiennent que ce fut Pompée qui l'impoſa; d'autres, (*g*) que ce fut Auguſte; d'autres, (*h*) que ce fut Tibére. Joſeph n'eſt pas bien exprès ſur cela; mais il eſt certain qu'outre le tribut qu'ils payoient au Temple, ils en payoient encore un autre à l'Empereur, (*i*) comme il paroît par l'Evangile même. (*k*) La difficulté eſt de montrer que ce tribut ait été fixé à un demi-ſicle par tête; & c'eſt ce que les défenſeurs de ce ſentiment ne pourront jamais faire. Il vaudroit mieux s'en tenir à l'opinion commune, (*l*) qui veut que ces deux drachmes ſe ſoient payées au Temple.

MAGISTER VESTER NON SOLVIT DIDRACHMA, &c. *Vôtre*

(*a*) *Schikard. Orat. in feſt. Purim.*

(*b*) *Toynard. Harmon. p.* 64 66. *art.* 220;

(*c*) *Chryſoſt. Euthym Theophil.*

(*d*) *Num.* III. 46. 47. *&* XVIII. 16.

(*e*) *Ieron. in hunc loc. Selden. l.* 6. *c.* 18. *de Jure nat. & gent. Samuël Petit Var. Lect. l.* 2 *c.* 1. *alii.*

(*f*) *Vide Joſeph. l.* 1. *de Bello. c.* 5. *& Antiq. l.* 14. *c.* 8. *Ieron. ad Matt.* 22.

(*g*) *Joſeph. Antiq. l.* 18. *c.* 1. *& de Bello l.* 2. *c.* 7. *Ieron & Maldon. hic.*

(*h*) *Samuël Petit, loc. cit.*

(*i*) *Appian. Syriac.*

(*k*) *Matt.* XXII. 16. *Marc.* XII. 14. *Luc.* XX. 20. 21.

(*l*) *Ita Hilar. hic. Grot. Camero, Brugenſ. Baron. Annal. t.* 1. *Beza, Hamm. Villalp. Caſaubon. alii paſſim.*

24. *Ait : Etiam. Et cùm intrasset in domum, prævenit eum Jesus, dicens: Quid tibi videtur, Simon ? Reges terræ à quibus accipiunt tributum, vel censum ; à filiis suis, an ab alienis ?*

24. Il leur répondit : Oüi, *il le paye.* Et étant entré dans le logis, Jesus le prévint, & lui dit : Simon, que vous en semble ? De qui est-ce que les Rois de la terre reçoivent les tributs, & les impôts ? Est-ce de leurs propres enfans, ou des étrangers ?

COMMENTAIRE.

Maître ne paye-t'il pas le tribut ? Il lui répondit : Oüi, il le paye. S. Pierre le lui avoit vû payer apparemment les années précédentes. Les Peres (*a*) croyent que c'est par considération pour les miracles de Jesus-Christ, que les receveurs du demi-sicle ne s'adressérent pas à lui, mais à saint Pierre, qui étoit le premier de ses Apôtres. Peut-être aussi (*b*) qu'ils vinrent malicieusement pour le tenter, & pour savoir s'il n'étoit pas du nombre de ceux qui refusoient le tribut à César ; & s'il n'étoit pas dans le sentiment de Judas le Galiléen, (*c*) lequel soûtenoit qu'il ne falloit pas donner le tribut aux Princes étrangers. Mais ce dernier sentiment ne peut s'accorder avec ce que nous avons dit, que le tribut dont il s'agit ici, se levoit pour le Temple, & non pour les Empereurs Romains.

℣. 24. Reges terræ a quibus accipiunt tributum ? *De qui est-ce que les Rois de la terre reçoivent les tributs ? Est-ce de leurs propres enfans, ou des étrangers ?* Pierre répondit : Des étrangers. Jesus en conclut : Les enfans en sont donc exempts. Or ce tribut se leve au nom de Dieu mon Pere, & pour l'entretien de sa Maison, & de son Temple ; j'en suis donc légitimement exemt, puisque je suis son Fils unique. Vous n'y êtes pas tenu non plus, puisque vous êtes mon domestique, & mon Disciple ; de même que les Officiers, & les domestiques des fils du Roi joüissent des prérogatives de l'exemption de leur maître.

Ceux qui croyent que ce tribut se donnoit aux Empereurs, le font raisonner ainsi : Les Princes de la terre ne tirent point de tributs ni de servitudes réelles de leurs propres sujets, mais des étrangers, (*d*) & des peuples qu'ils se sont assujettis par la force des armes. Or nous sommes les enfans du Royaume, & les sujets propres & naturels : nous sommes donc légitimement exemts des tributs. Dans le style des Hébreux, *les enfans du Royaume,* (*e*) sont les sujets naturels ; comme les Rois sont appellez les peres, & les pasteurs des peuples. Mais peut-on dire qu'à l'égar des Empereurs Romains, les Juifs étoient les enfans du Royaume

(*a*) *Ita Chrysost. Ieron. Beda, Theophyl. Euthym. alii.*

(*b*) *Ita Ieron. Ligfoot, &c.*

(*c*) *Joseph. Antiq. l. 18. c. 1. & de Bello l. 2. c. 7. v. 35. & seq.*

(*d*) *Vide 3. Reg. IX. 21. 2. Par. VIII. 9. Diodor. Sicul. l. 1. de Sesostri.*

(*e*) *Matt. XIII. 38.*

25. *Et ille dixit : Ab alienis. Dixit illi Jesus : Ergo liberi sunt filii.*

26. *Ut autem non scandalizemus eos, vade ad mare, & mitte hamum : & eum piscem, qui primus ascenderit, tolle, & aperto ore ejus invenies staterem : illum sumens, da eis pro me, & te.*

25. Des étrangers, répondit Pierre. JESUS lui dit : Les enfans *en* sont donc exemts.

26. Mais afin que nous ne les scandalizions point, allez-vous-en à la mer, & jettez vôtre ligne, & le premier poisson que vous tirerez de l'eau, prenez-le, & lui ouvrez la bouche ; vous y trouverez une piéce d'argent de quatre drachmes, que vous prendrez, & que vous leur donnerez pour moi, & pour vous.

COMMENTAIRE.

en ce sens ? N'étoient-ils pas contraire des peuples subjuguez, qui devoient supporter le poids des impositions, & des tributs ? Et si le raisonnement de JESUS-CHRIST concluoit pour sa personne, ne concluoit-il pas aussi pour tous les autres Juifs, qui étoient comme lui les enfans du Royaume terrestre des Romains? Il faut donc s'en tenir à la premiére explication, puisqu'on ne peut suivre celle-ci, sans tomber dans une absurdité visible.

℣. 26. UT NON SCANDALIZEMUS EOS. *Mais afin que nous ne les scandalizions point, &c.* JESUS avoit prouvé invinciblement qu'il ne devoit point payer le tribut ; mais il ne l'avoit prouvé qu'à saint Pierre, & à ceux qui comme lui, reconnoissoient qu'il étoit Fils de Dieu. A l'égard des autres qui ne le reconnoissoient pas en cette qualité, il veut bien afin de ne leur pas donner du scandale, leur payer le tribut pour le Temple.

INVENIES STATEREM. *Vous trouverez une piece de quatre drachmes, & vous la leur donnerez & pour moi, & pour vous.* Le *statére* valoit un sicle, ou quatre drachmes ; c'étoit le tribut de deux personnes à un demi-sicle par tête. Ce poisson avoit apparemment trouvé depuis peu cette piéce d'argent, puisqu'il ne l'avoit pas encore avalée, lorsqu'il mordit à l'hameçon de Pierre, quand il eut jetté sa ligne dans l'eau. Cet endroit fait voir quelle étoit la pauvreté de JESUS-CHRIST, qui n'avoit pas la valeur de seize sols pour payer sa capitation. Théophylacte croit que ce poisson avoit dans la bouche une perle, & non pas une piéce d'argent. Il y a assez d'apparence qu'alors les autres Apôtres n'étoient point auprès de JESUS, puisqu'il ne paye que pour lui, & pour saint Pierre. (*a*) Le Chapitre suivant favorise ce sentiment.

(*a*) *Maldon.*

CHAPITRE XVIII.

Qui est le plus grand dans le Royaume des Cieux. Scandale des petits, qui croyent en JESUS-CHRIST. *Correction fraternelle. Excommunication. Pouvoir des clefs. Pardon des injures. Parabole du serviteur qui doit dix mille talents à son maître, & de celui qui doit cent deniers à son con-serviteur.*

℣. 1. *In illa hora accesserunt Discipuli ad Jesum, dicentes: Quis putas, major est in Regno Cœlorum?*

℣. 1. En ce tems-là les Disciples s'approcherent de JESUS, & lui dirent: Qui est le plus grand dans le Royaume des Cieux?

COMMENTAIRE.

℣. 1. IN ILLA HORA ACCESSERUNT DISCIPULI, &c. *En ce tems-là les Disciples demanderent à Jesus: Qui est le plus grand dans le Royaume des Cieux?* Sur ce que J. C. avoit dit peu de tems auparavant à ses Apôtres, qu'il devoit bien-tôt mourir, & ressusciter; ils s'étoient imaginez que son Royaume étoit proche, & que bien-tôt ils le verroient assis sur le trône d'Israël. Il s'éleva donc entre-eux en chemin une dispute, savoir, qui d'entr'eux seroit le premier dans le Royaume des Cieux. J. C. ni S. Pierre n'étoient point présens à cette dispute; ils étoient allez devant, & étoient arrivez avant les autres à Capharnaum. Ce qui me fait juger qu'ils étoient seuls lorsqu'ils arriverent à la ville, c'est que J. C. ne paye que pour lui, & pour S. Pierre, sans qu'il soit dit un mot des autres Apôtres; & aussi-tôt après cela, l'Evangéliste raconte qu'à l'heure même; *In illa hora*, les Disciples arriverent en ce moment, ayant disputé dans le chemin pour savoir qui seroit le plus grand dans le Royaume des Cieux; & ils demanderent à JESUS, qui seroit le premier dans son Royaume? S. Marc ajoûte, (*a*) que J. C. leur demanda d'abord quel étoit le sujet de leur dispute en chemin; & voyant qu'ils n'osoient répondre, *il fit venir un petit enfant, & le mit au milieu d'eux, &c.* La dispute avoit apparemment été assez vive, & assez longue, & elle n'étoit point finie lorsqu'ils arriverent à la maison: Ils en laisserent la décision au Sauveur.

(*a*) *Marc.* IX, 33. 34.

Les

2. *Et advocans Jesus parvulum, statuit eum in medio eorum,*	2. Jesus ayant appellé un petit enfant, le mit au milieu d'eux,
3. *Et dixit: Amen dico vobis, nisi conversi fueritis, & efficiamini sicut parvuli, non intrabitis in Regnum Cœlorum.*	3. Et leur dit: Je vous dis en vérité, que si vous ne vous convertissez, & si vous ne devenez comme de petits enfans, vous n'entrerez point dans le Royaume des Cieux.

COMMENTAIRE.

Les Apôtres, de même que le reste des Juifs, s'étoient laissez prévenir de la fausse attente d'un Royaume purement temporel du Messie, dont les dignitez, les emplois, les rangs de distinction seroient les mêmes à peu près, que ceux des Etats politiques. Et quoique dans cette occasion le Sauveur leur en eût dit assez pour les détromper; toutefois ils ne l'avoient pas encore bien compris. Ils s'étoient bien figuré que pour y parvenir, il falloit de l'humilité, & de la simplicité: mais enfin ils ne doutoient pas qu'au moins par cette voye-là, ils ne pûssent obtenir les premieres places. On voit ces contestations se renouveller, & leur ambition se réveiller, presqu'aussi souvent que Jesus-Christ leur parle de sa mort, de sa résurrection, & de son Royaume. (*a*) Ils ne revinrent parfaitement de leur erreur sur cet article, que depuis la mort de Jesus-Christ, & depuis la descente du saint Esprit.

Les Peres (*b*) croyent que cette dispute s'émut entre les Apôtres à l'occasion du demi-sicle, qu'ils avoient vû donner pour Jesus, & pour S. Pierre. La même piéce de monnoye ayant servi à l'un, & à l'autre, marquoit une espece de préférence de S. Pierre aux autres.

℣. 2. Advocans Jesus parvulum. *Jesus ayant appellé un petit enfant, le mit au milieu deux.* Cet enfant étoit assez grand pour venir à Jesus, lorsqu'il l'appella; mais il n'étoit pas encore en âge d'avoir de la malice, de l'ambition, & de l'orgueil, puisqu'il le propose à ses Disciples pour modéle de la simplicité, de l'innocence, & de l'humilité qu'il exige d'eux. (*c*) Quelques-uns ont avancé que cet enfant étoit S. Ignace, (*d*) qui devint depuis Evêque d'Antioche, & si illustre dans l'Eglise, par le Martyre qu'il souffrit pour Jesus-Christ.

℣. 3. Nisi efficiamini sicut parvuli, non intrabitis in Regnum Coelorum. *Si vous ne devenez comme de petits enfans, vous n'entrerez point dans le Royaume des Cieux.* Si vous ne quittez

(*a*) Voyez *Matt.* xx. 21. 22. *Luc.* xxii. 16. 22.

(*b*) *Chrysostom. Origen. Ieronym. Euthym Beda.*

(*c*) *Ambros. lib.* viii. *in Luc. Non igitur pueritia, sed æmula puerilis simplicitatis bonitas designatur.*

(*d*) *Græci quid. apud Anastas. Bibliothec.*

4. *Quicumque ergo humiliaverit se sicut parvulus iste, hic est major in regno Cœlorum.*

5. *Et qui susceperit unum parvulum talem in nomine meo, me suscipit.*

4. Quiconque donc s'humiliera, *& se rendra petit* comme cet enfant, sera le plus grand dans le Royaume des Cieux.

5. Et quiconque reçoit en mon nom un enfant, tel *que je viens de dire*, c'est moi-même qu'il reçoit.

COMMENTAIRE.

ces vaines idées d'ambition, & de primauté, vous n'aurez aucune part à mon Royaume, ni en ce monde, ni en l'autre. Vous ne serez jamais ni vraiment mes Disciples, & les colomnes de mon Eglise, ni les héritiers de mes promesses, & participans des récompenses éternelles. Car voilà les deux sens que l'on doit donner aux termes *de Royaume des Cieux*, pour concilier les Ecritures. Or les Apôtres ne concevoient alors distinctement ni l'une, ni l'autre de ces deux choses. Ils les confondoient, comme nous l'avons dit, dans la fausse idée qu'ils s'étoient formée, sur le rapport des Scribes, d'un regne, & d'une domination temporelle du Messie.

℣. 4. QUICUMQUE ERGO HUMILIAVERIT SE. *Quiconque s'humiliera, & se rendra petit, comme cet enfant, sera le plus grand dans le Royaume des Cieux. S'humilier* en cet endroit, ne se prend pas rigoureusement pour l'humilité, qui consiste à avoir de bas sentimens de soi-même devant Dieu, & devant les hommes, en considération de sa foiblesse, & de sa bassesse. Il se prend en général, pour tout ce qui est opposé à l'orgueil, à l'ambition, à la vanité, à l'esprit de domination, & d'amour propre, qui nous porte à nous chercher en tout, & à nous procurer tout le relief, & les commoditez que nous pouvons. Pour être Chrétien, & Disciple de J. C. il faut renoncer à tout cela. Plus on désire être grand devant Dieu, & élevé en gloire dans le Ciel, plus on doit s'affermir dans cette humilité que le Sauveur nous recommande ici. Il a été lui-même le plus humble, & le plus doux de tous les hommes. Plus nous lui ressemblerons, & plus nous aurons de part à ses faveurs, & à sa gloire. Il aime cette enfance, qui conduit à la vraye humilité. *Amat Christus infantiam, quam primùm & animo suscepit, & corpore. Amat infantiam humilitatis magistram, innocentiæ regulam, mansuetudinis formam.* (a)

℣. 5. QUI SUSCEPERIT UNUM PARVULUM TALEM, &c. *Quiconque reçoit en mon nom un enfant, tel que je viens de dire, c'est moi-même qu'il reçoit.* Lorsque vous serez devenus semblables à des enfans & que je vous envoyerai prêcher mon Evangile, sans autre richesse que

(a) *Leo Magn. Serm. 36. de Epiphan. 7. c. 6. 7.*

6. Qui autem scandalizaverit unum de pusillis istis, qui in me credunt, expedit ei ut suspendatur mola asinaria in collo ejus, & demergatur in profundum maris.	6. Que si quelqu'un scandalise un de ces petits, qui croyent en moi, il vaudroit mieux pour lui, qu'on lui pendît au col une de ces meules qu'un âne tourne & qu'on le jettât au fond de la mer.

COMMENTAIRE.

l'humilité, & l'innocence, vous ne manquerez de rien; je tiendrai pour fait à moi-même, tout ce que l'on vous fera. Voilà la seule dignité à laquelle vous devez aspirer, à être les humbles Apôtres d'un Maître humble & pauvre. Il leur insinuë que c'est-là tout ce qu'ils doivent espérer dans son Royaume en ce monde. Voyez ci-devant Chap. x. 5... 42. où il leur donne les régles qu'ils doivent observer dans leurs missions. Il les fait souvenir en passant de ce qu'il leur dit alors : Je ne vous envoyerai point comme de grands Seigneurs, ni avec un train d'Ambassadeurs, riches, & puissans, porter ma parole par tout le monde : défaites-vous de ces vaines idées de magnificence, & de grandeur. Vous irez dans l'humilité, dans l'innocence, dans la simplicité des enfans. Mais si l'on vous attaque, on m'attaquera; & si on vous reçoit, on me recevra moi-même. Je prendrai sur moi, tout ce qu'on fera pour, ou contre vous.

℣. 6. QUI AUTEM SCANDALIZAVERIT, &c. *Si quelqu'un scandalise un de ces petits, qui croyent en moi, il vaudroit mieux qu'on lui pendît au col, une meule qu'un âne tourne, & qu'on le jettât au fond de la mer. Scandaliser* en cet endroit, est opposé à ce qu'il a dit au ℣. précédent: *Quiconque recevra un enfant, tel que je viens de dire, en mon nom;* c'est-à-dire, un de mes Disciples, recevra la même récompense que s'il m'avoit reçû. Mais *celui qui le scandalisera*, qui le maltraitera, qui le méprisera, qui le persécutera, & qui essayera par ses mauvais traitemens, ou par ses outrages, de le faire tomber, de lui faire quitter ma Foi, & mon service, il n'y a point de supplice dont il ne soit digne. Il sera puni en l'autre monde, par les plus rigoureux tourmens; & il vaudroit mieux pour lui, qu'on lui mît au col une meule, sous laquelle on écrase le grain, que de tomber dans cette faute, & de s'attirer par-là les effets de ma colére. Ce que l'on dit du danger de faire tomber un Apôtre, se doit entendre à proportion de tous les fidéles. Ceux qui les scandalisent, qui affoiblissent leur foi, leur Religion, leur piété; ou ceux qui les font tomber dans le péché, par leurs mauvais discours, ou par leurs exemples, sont dignes des plus terribles châtimens.

Avant l'usage des moulins à eau, & à vent, on se servoit de moulins à bras, que l'on faisoit tourner par des esclaves; on les enchaînoit dans ces moulins, qui étoient des espéces de cachots; & on exigeoit d'eux par jour, ou par mois une certaine quantité de farine. Quelquefois on

7 *Væ mundo à scandalis : Necesse est enim ut veniant scandala : verumtamen væ homini illi, per quem scandalum venit.*

7. Malheur au monde à cause des scandales. Car il est nécessaire qu'il arrive des scandales: mais malheur à l'homme par qui le scandale arrive.

COMMENTAIRE.

employoit à cela les ânes, ou les chevaux, & alors les meules étoient grosses à proportion. JESUS-CHRIST ne dit pas simplement, il vaudroit mieux qu'on lui mît une meule au col, mais il dit, *une meule qu'un âne tourne*, pour en marquer la grandeur, & la pesanteur. Quelques Critiques (*a*) ont cru que *mola asinaria*, marquoit la meule de dessous, qui est la plus grosse, & la plus lourde; & qui est quelquefois nommée en Grec, *onos*, un âne. Mais JESUS-CHRIST ne parloit pas Grec: & en Syriaque une meule d'âne, ne signifie que celle qui étoit conduite par un âne. (*b*) Saint Jérôme, & quelques Commentateurs (*c*) ont crû que c'étoit un supplice usité chez les anciens Hébreux, de précipiter dans la mer, avec une meule au coû, ceux qui avoient commis de grands crimes, qui les rendoient indignes de la sépulture. Ce qui est révoqué en doute par de fort habiles gens, (*d*) & ce dont on n'a aucun exemple dans l'antiquité chez les Hébreux. Toutefois les Syriens, (*e*) ou les Romains avoient pû introduire cet usage dans la Palestine, où JESUS-CHRIST parloit, & faisoit allusion aux usages présens du pays.

℣. 7. VÆ MUNDO A SCANDALIS. *Malheur au monde à cause des scandales.* A l'ocasion de ceux qui scandaliseront les petits, qui croyent en JESUS-CHRIST, le Sauveur parle en général des scandales. Malheur au monde qui sera un sujet de scandale aux foibles, qui les sollicitera à quitter la Foi, ou à s'abandonner au crime. Malheur à celui qui est exposé à ces sortes de scandales, (*f*) & qui y succombe; mais plus encore malheur à celui qui est l'occasion de la chûte des foibles, & qui est pour eux une pierre d'achoppement. *Il est nécessaire qu'il arrive du scandale.* Le monde étant aussi corrompu qu'il l'est, il est impossible qu'il n'arrive point de scandale; mais cela n'excuse ni ceux qui le donnent, ni ceux qui le reçoivent; puisque les uns & les autres le font librement, & volontairement. C'est dans le même sens que saint Paul dit, *qu'il faut qu'il y ait des hérésies:* (*g*) mais le crime des hérésiarques, & des hérétiques n'en est pas moindre pour cela.

(*a*) Voyèz Cameron. Grotius soutient au contraire que ὄνος, signifie plûtôt la meule de dessus; il le prouve par Pollux.

(*b*) *Ita Hilar. hic Ambros. Maldon. Grot. Boch. de Animal. part. 1. l. 2. c. 13.*

(*c*) *Ieron. hic. Erasm. Mald.*

(*d*) *Ligfoot. Liran. Grot. Ham. Le Clerc.*

(*e*) *Vide Grot. hic. & Casaubon in Sueton. Aug. c. 67.*

(*f*) *Vide Chrysost. Euthym. Theophyl.*

(*g*) *1. Cor. XI. 19.*

8. *Si autem manus tua, vel pes tuus scandalizat te, abscide eum, & projice abs te: bonum tibi est ad vitam ingredi debilem, vel claudum, quàm duas manus vel duos pedes habentem mitti in ignem æternum.*

8. Que si vôtre main, ou vôtre pied vous est un sujet de scandale, coupez-les, & les jettez loin de vous. Il vaut bien mieux pour vous que vous entriez dans la vie n'ayant qu'un pied, ou qu'une main, que d'en avoir deux, & être jetté dans le feu éternel.

9. *Et si oculus tuus scandalizat te, erue eum, & projice abs te: bonum tibi est cum uno oculo in vitam intrare, quàm duos oculos habentem mitti in gehennam ignis.*

9. Et si vôtre œil vous est un sujet de scandale, arrachez-le, & le jettez loin de vous. Il vaut mieux pour vous que vous entriez dans la vie n'ayant qu'un œil, que d'en avoir deux, & être précipité dans le feu de l'enfer.

10. *Videte ne contemnatis unum ex his pusillis: dico enim vobis, quia Angeli eorum in Cœlis semper vident faciem Patris mei, qui in Cœlis est.*

10. Prenez bien garde de ne mépriser aucun de ces petits. Je vous déclare que dans le Ciel leurs Anges voyent sans cesse la face de mon Pere qui est dans les Cieux.

COMMENTAIRE.

VÆ HOMINI ILLI, PER QUEM SCANDALUM VENIT. *Malheur à l'homme par qui le scandale arrive.* Plusieurs anciens (a) l'ont expliqué du traître Judas. Mais il faut l'entendre dans un sens plus étendu, de tous ceux qui causent du scandale dans l'Eglise.

℣. 8. SI AUTEM MANUS TUA. *Que si vôtre main, ou vôtre pied, vous sont un sujet de scandale, coupez-les.* Fût-ce un ami, fût-ce un parent, fût-ce vôtre propre main, vôtre pied, vôtre œil, coupez-les, arrachez-les, s'ils veulent vous engager dans le crime, & dans l'infidélité. Il vaut mieux être malheureux en ce monde, qu'en l'autre. Il vaut mieux avoir un ami, un parent, une partie de son corps de moins, que de perdre son ame, & de risquer son salut éternel. Voyez ce qui a été dit ci-devant, Chap. v. 29. 30.

℣. 10. VIDETE NE CONTEMNATIS UNUM EX HIS PUSILLIS. *Prenez bien garde de ne mépriser aucun de ces petits.* Sous ce nom de *petits*, il n'entend pas les petits enfans; mais ses Disciples, ses fidéles, ses Apôtres, qu'il a désigné sous ce nom, à cause de leur simplicité, de leur innocence, de leur humilité. Ne croyez point que mes Disciples, & ceux qui dans la suite des siécles croiront en moi, soient une troupe de gens méprisables, & sans mérite, parce qu'ils feront sans faste, & sans ambition. Les Anges du Ciel, qui assistent devant le Trône de Dieu, sont leurs gardiens, & leurs protecteurs. Jugez de là quelle est leur dignité,

(a) *Philastr. hæresi eorum qui Judæ proditionem laudabant. Ieronym. Beda, hic. Author Comment. in 1. Cor. XI. sub nomine Ambrosi.*

& leur élevation ; quelle attention Dieu a pour eux, quel danger il y a de les offenser, puisque Dieu même leur donne pour défenseurs ses Anges & ses Ministres ; en les offensant, vous offensez leurs Anges. (*a*)

L'Ecriture nous parle des Anges constituez, non-seulement sur chaque Royaume, chaque Province, chaque Nation ; mais aussi sur chaque ville, & chaque Eglise. Daniel (*b*) parle de l'Ange du Royaume de Perse, & de S. Michel protecteur de la nation des Juifs. Les Septante dans le Deutéronome, (*c*) parlent des Anges de Dieu établis sur chaque nation : *Le Seigneur dans le partage qu'il a fait des Nations, les a divisées selon le nombre des Anges de Dieu.* S. Jean dans l'Apocalypse, donne des Anges à toutes les Eglises dont il parle. (*d*) Moyse (*e*) nous dit que les Hébreux dans le désert avoient un Ange qui les conduisoit. Quant aux Anges gardiens qui sont donnez à chaque homme, pour le conduire, nous en voyons des preuves dans le nouveau Testament & dans la tradition des Juifs, des Chrétiens, & même des Payens. Jacob parle de l'Ange qui l'a toûjours conduit dans tous ses voyages, qui l'a délivré de tous ses dangers. (*f*) Le Psalmiste en plus d'un endroit parle des Anges protecteurs des Justes. (*g*) Dans les Actes (*h*) S. Pierre étant miraculeusement sorti de prison, & étant venu frapper à la porte où étoient les autres Disciples, on ne vouloit pas croire que ce fût lui ; on disoit que c'étoit son Ange. Quelques-uns ont crû que JESUS-CHRIST même avoit son Ange, & que c'est lui qui le vint consoler dans son agonie : (*i*) *Apparuit illi Angelus de Cælo confortans eum.*

Plusieurs anciens ont avancé, que non-seulement chacun de nous avoit son Ange gardien pour le conduire, & pour le défendre ; mais aussi un mauvais Ange, occupé à le tenter, & à le séduire. Origénes (*k*) n'a pas été fort constant dans ses opinions sur les Anges gardiens. En quelques endroits (*l*) il en donne à chacun deux ; l'un bon, & l'autre mauvais. Ailleurs il n'en donne qu'aux Justes, & aux Fidéles, (*m*) & ne leur en assigne que de bons : Et ailleurs il en donne à tous les hommes, même aux Infidéles. (*n*) Dans quelques endroits il doute si chacun de nous a son Ange dès le moment de sa naissance, ou seulement après son Baptême : ou

(*a*) *Ambros. l. 8. in Luc. Hilar. hic.*
(*b*) *Dan.* X. 13. 21.
(*c*) *Deut.* XXXII. 8. *Ita Patres antiqui penè omnes.*
(*d*) *Apoc.* I. 20. II. 1. 2. *& seq.*
(*e*) *Exod.* XXIII. 20. 23. XXXII. 34. XXXIII. 2.
(*f*) *Genes.* XLVIII. 16.
(*g*) *Psal.* XXXIII. 8. XC. 11.
(*h*) *Act.* XII. 15.
(*i*) *Luc.* XXII. 43.
(*k*) *Vide Huët. Origenian. l. 2. c. 5. art. 28. & seq.*
(*l*) *Origen. lib. 1. in Epist. ad Rom. Homil. 23. in Josue lib 3. de Princip. cap. 3. Homil. 35. in Luc.*
(*m*) *Vide Origen. Homil. 20. in Numeror. Homil.* XXIII. *in Josue, Homil. 1. in Exech. & l. 2. de Princip. c. 11. &c.*
(*n*) *Origen. tom.* XIII. *in Matt. pag. 370. Homil. 35. in Luc.*

si ceux qui sont parfaits, ou avancez dans la vertu, n'ont pas le Fils de Dieu lui-même pour gardien.

La plûpart de ces opinions d'Origénes (*a*) n'ont pas fait de progrès dans l'Eglise : mais celle qui assigne à chaque homme deux Anges, un bon, & un mauvais, a éte plus suivie, parce qu'elle se remarquoit dans deux ouvrages anciens, & à qui l'on donnoit beaucoup d'autorité ; c'est le Livre d'Hermas, ou du Pasteur, & l'Epître de S. Barnabé, qui contient clairement cette doctrine. Elle a été embrassée par S. Grégoire de Nysse, (*b*) par l'Auteur de l'Ouvrage imparfait sur saint Matthieu, (*c*) par Béde, (*d*) Cassien, (*e*) & quelques autres.

Origénes avoit puisé ce sentiment dans Platon. (*f*) Ce Philosophe reconnoît deux génies qui accompagnent chaque homme, & dont l'un le porte au mal, & l'autre au bien. Apulée ne parle qne d'un démon, ou d'un Ange assigné par Platon à chaque homme : (*g*) *Ex hac sublimiore dæmonum copiâ Plato autumat singulis hominibus in vita agenda testes, & custodes singulos additos, qui nemini conspicui semper adsint.* Cet Ange est témoin, non-seulement de nos actions, mais aussi de nos pensées. Et lorsqu'après le cours de cette vie, il faut que l'homme retourne à son principe, l'Ange qui a été député pour sa garde, se retire, & conduit l'ame devant le tribunal du souverain Juge, & demeure auprès d'elle pendant tout le jugement. Si elle expose faux, il la reprend, & la convainc de mensonge ; il l'appuye, lorsqu'elle dit vrai : en sorte que le Juge prononce sur le témoignage de cet esprit. Voilà comme parle Apulée.

Il a peut-être mêlé dans ce qu'il expose, comme le sentiment de Platon, quelque idée tirée du Christianisme. Mais cela prouve toûjours au moins l'opinion des Chrétiens, connuë chez les Payens même. Censorin (*h*) parle aussi de ces génies, que les Payens croyent être attachez à chaque personne, depuis le moment de sa naissance, jusqu'à sa mort : & de là venoit le grand respect des Anciens envers leurs Génies. L'antiquité de ces sentimens se remarque dans Hésiode, (*i*) le plus ancien Poëte Grec que nous ayons. Il dit qu'il y a sur la terre de bons Anges,

---

(*a*) *Vide Origen. Homil. 11. & 23. in Numer. & 2. in Josue.*

(*b*) *Greg Nyssen. in Vita Mosis.*

(*c*) *Author Operis imperfect. Homil. 5. in Matt.*

(*d*) *Beda, in c. 12 Act. Apost.*

(*e*) *Cassian. Coll.* VIII. *c.* 17. & *lib.* 13. *c.* 12.

(*f*) *Plato lib. x. de Legib. apud Theodoret. Serm. de Curandis Græcor. affect.* Δυοῖν μὲν ἔν γε τῷ ἑκάστῳ μὴ τιθῶμεν, τῆς εὐεργέτιδος, καὶ τῆς τἀναντία δυναμένης ἐργάσασθαι.

(*g*) *Apulei, libel. de Deo Socratis.*

(*h*) *Censorin. de Die Natali. Genius autem ita nobis observator appositus est, ut ne puncto quidem temporis longius abscedat ; sed ab utero matris exceptos, ad extremum vitæ diem comitetur.*

(*i*) *Hesiod. Oper. & dier l. 1. v. 121.*
Τοὶ μὲν δαίμονές εἰσι, Διὸς μεγάλου διὰ βουλὰς
Ἐσθλοὶ ἐπιχθόνιοι, φύλακες θνητῶν ἀνθρώπων,
Οἵ ῥα φυλάσσουσίν τε δίκας, καὶ σχέτλια ἔργα.

11. *Venit enim Filius hominis salvare quod perierat.*

12. *Quid vobis videtur? Si fuerint alicui centum oves, & erraverit una ex eis: nonne relinquit nonaginta novem in montibus, & vadit quærere eam quæ erravit?*

11. Car le Fils de l'homme est venu sauver ce qui étoit perdu.

12. Si un homme a cent brebis, & qu'une seule vienne à s'égarer, que pensez-vous qu'il fasse alors? Ne laisse-t'il pas les quatre-vingt-dix-neuf sur les montagnes, pour aller chercher celle qui s'est égarée?

COMMENTAIRE.

envoyez par Jupiter pour la garde des hommes, & pour observer le bien & le mal qu'ils font.

℣. 11. VENIT ENIM FILIUS HOMINIS SALVARE QUOD PERIERAT. *Car le Fils de l'homme est venu sauver ce qui étoit perdu.* Gardez-vous bien de mépriser les plus petits de mes fidéles, & ne regardez point avec indifférence ceux dont la condition étoit auparavant vile & méprisable, & dont la vie étoit peut-être déréglée: Dieu ne fait point acception de personne. Le Fils de Dieu est venu chercher les pécheurs, (*a*) & ceux qui étoient perdus. Le moindre des miens est toûjours infiniment estimable, puisque les Anges du Ciel sont destinez à sa conduite, & que le Pere céleste en fait un si grand cas. Il semble insinuer en cet endroit, que les Gentils composeroient un jour son Eglise, & que ses Apôtres ne devoient point les regarder avec mépris, à cause de leur prémier état, & de leur ancienne infidélité.

Quelques-uns (*b*) ne voyant pas bien la liaison de ce passage avec ce qui précéde, se sont imaginez qu'il étoit ajoûté, & mis ici hors de sa place. Ils remarquent qu'il y a quelques Exemplaires Grecs, où il ne se trouve point; que ni Origénes, ni S. Jérôme ne l'ont point expliqué dans leurs Commentaires; mais on le lit dans toutes les anciennes Versions, Saint Hilaire S. Chrysostome, Théophylacte, & les autres l'ont lû. Et dans les variétez de leçons du nouveau Testament de M. Mille, on ne marque qu'un seul manuscrit, où il ne se trouve point.

℣. 12. SI FUERINT ALICUI CENTUM OVES, &c. *Si un homme a cent brebis, & qu'une seule vienne à s'égarer*, ne laissera-t'il pas les quatre-vingt-dix-neuf sur les montagnes, pour aller chercher celle qui s'est égarée? Ainsi Dieu est en quelque sorte moins attentif, & moins sensible au salut des bons, qu'à la perte des pécheurs. Il donne à ces derniers des marques plus affectives de sa tendresse, qu'aux autres. C'est l'offenser davantage, de contribuer à la perte, & au malheur des foibles, qu'à la conservation des bons. J. C. continuë de montrer le danger qu'il y a de

(*a*) Voyez ci-devant Chap. IX. 12.

(*b*) *Vide Bezam hic. Vide & Erasm.*

scandaliser

13. *Et si contigerit ut inveniat eam : Amen dico vobis, quia gaudet super eam magis quàm super nonaginta novem, quæ non erraverunt.*

13. Et s'il arrive qu'il la trouve, je vous dis en vérité qu'elle lui cause plus de joye, que les quatre-vingt-dix-neuf qui ne sont point égarées.

14. *Sic non est voluntas ante Patrem vestrum, qui in Cœlis est, ut pereat unus de pusillis istis.*

14. Ainsi vôtre Pere qui est dans les Cieux, ne veut pas qu'un seul de ces petits périsse.

15. *Si autem peccaverit in te frater tuus, vade, & corripe eum inter te, & ipsum solum, si te audierit, lucratus eris fratrem tuum.*

15. Que si vôtre frere a péché contre vous, allez lui représenter sa faute en particulier entre vous & lui. S'il vous écoute, vous aurez gagné vôtre frere.

COMMENTAIRE.

scandaliser les foibles, & de les jetter dans le déréglement. Il confirme ce qu'il a dit au ℣. précédent, que le Fils de l'homme est venu pour sauver ce qui étoit perdu.

Quelques anciens Peres (*a*) ont crû que les quatre-vingt-dix-neuf brebis marquées dans la parabole, sont les Anges demeurez fidéles ; & que la brebis égarée, sont les hommes, & les Anges infidéles. Mais il est aisé de voir le danger de ce sentiment, puisqu'il conduit à dire que J. C. est venu pour sauver les hommes, & les Anges rébéles ; ce qui a été une des erreurs condamnées dans Origénes.

℣. 14. SIC NON EST VOLUNTAS ANTE PATREM VESTRUM. *Vôtre Pere ne veut pas qu'aucun de ces petits périsse.* Dieu veut que tous les hommes soient sauvez, & parviennent à la connoissance de la vérité. (*b*) Il leur prépare à tous des moyens pour se sauver, s'ils le veulent : il ne veut la perte de personne ; & il témoigne de la douleur de leur égarement. (*c*) Malheur à ceux qui n'entrent pas dans des vûës si pleines de bonté, & qui scandalisent ceux qui sont foibles. Le Grec dans plusieurs exemplaires lit : (*d*) *Mon Pere qui est dans les Cieux* ; au lieu de, *vôtre Pere, &c.*

℣. 15. SI AUTEM PECCAVERIT IN TE FRATER TUUS. *Si vôtre frere a péché contre vous, allez lui représenter sa faute entre vous & lui.* JESUS-CHRIST nous donne ici les régles pour bien exercer la correction fraternelle. C'est un des plus importans devoirs de nôtre Religion, & des plus mal-aisez à pratiquer. Quelques Peres (*e*) ont crû qu'il s'agissoit ici

(*a*) *Vide, si lubet, Irenæ lib 3. cap. 21. & 39. Origen. homil. IX. in Genes. & homil. VII. in Josue. Cyrill. Catech. 15. Hilar. hic. Ambros. Apolog. David. cap. 5. Greg. Mag. homil. 34. in Evangel.*

(*b*) 1. *Timot.* II. 4.

(*c*) *Sap.* I. 13.

(*d*) Ἔμπροσθεν τοῦ πατρός μου τοῦ ἐν οὐρανοῖς.

(*e*) *Hilar. Chrysost. Ieronym. hic. Ambros. in cap. XVII. Luca. Theophyl. Euthym. in hunc loc. August. serm. olim 16. de Verbis Domini ; nunc* 82. *c.* 7.

des fautes considérables que l'on commet contre nous, lesquelles nous devons ou pardonner, ou corriger, suivant les régles marquées ici. Car pour les moindres fautes, qui se commettent tous les jours, & qui sont presqu'inévitables même aux plus sages, & aux plus circonspects; il vaut mieux les oublier, & les pardonner, que d'en demander satisfaction; & il ne convient jamais dans ces occasions, de porter les choses au point où Jesus-Christ permet ici qu'on les porte. Il s'agit donc de fautes griéves, soit qu'elles nous regardent, ou qu'elles soient commises contre Dieu, ou contre nôtre prochain; soit en public, ou en particulier, lorsque les loix de la prudence, & de la charité nous donnent lieu d'espérer qu'en reprenant, ou en avertissant le coupable, nous pourrons le ramener à son devoir; ou lorsque nôtre emploi nous oblige à lui faire connoître sa faute; voici les régles qu'il faut suivre.

1°. L'avertir secrettement entre vous & lui, & ne point publier sa faute. S'il vous écoute, & se corrige, vous avez gagné son ame, & vous l'avez délivré du souverain malheur. 2°. S'il ne vous écoute point dans le secret, reprenez-le en présence de quelques personnes sages, & discrétes. 3°. S'il méprise encore vos avis, & les corrections des sages, avertissez-en l'Eglise, ou le peuple assemblé dans le lieu de priéres, afin que la confusion de voir son péché connu de tout le peuple, ou les exhortations de toute l'Eglise réünie, le fassent enfin revenir. 4°. S'il n'écoute ni vous, ni l'Eglise, regardez-le comme un payen, & un publicain. N'ayez plus aucune liaison avec lui; abandonnez-le à lui-même, comme incorrigible, & contentez-vous de le recommander à la miséricorde du Seigneur, qui est le maître des esprits, & qui peut changer un cœur de pierre en un cœur de chair.

Buxtorf (*a*) dit que les Juifs pour se préparer à la fête de l'expiation solemnelle, vont trouver leurs ennemis, pour se réconcilier. Si celui qui a été offensé ne veut pas pardonner, l'autre prend trois personnes, & va de nouveau essayer de le fléchir. Si celui-ci demeure infléxible, le premier prend dix hommes, & vient une troisiéme fois lui demander pardon. Que si celui qui a été offensé ne veut pas pardonner, alors celui qui a fait ces démarches, est censé absous, & innocent devant Dieu. Basnage (*b*) dit quelque chose de plus. Il enseigne que parmi les Juifs l'excommunication est précédée de la censure, ou de la correction. Elle se fait d'abord en secret: mais si le coupable ne se corrige pas, la maison du jugement, c'est-à-dire, l'assemblée des Juges lui dénonce avec menaces, qu'il ait à se corriger. S'il persiste dans sa faute, on rend la censure pu-

(*a*) *Buxtorf. Synagog. Jud. c.* 20.

(*b*) Basnage, Histoire des Juifs, livre v. chap. 18.

blique dans quatre sabbats consécutifs, où l'on proclame le nom du coupable, & la nature de sa faute, afin de lui faire honte. S'il ne se corrige pas, on le déclare excommunié, ou séparé.

Cette excommunication étoit majeure, ou mineure. (a) La premiére éloignoit l'excommunié de la société de tous les Juifs. La seconde le privoit seulement de la société d'une partie de cette assemblée; par exemple, de toute la Synagogue du lieu, où l'on avoit été excommunié. Les suites de cette séparation, étoit que personne ne pouvoit s'asseoir avec l'excommunié plus près que de la distance de quatre coudées, excepté sa femme, & ses enfans: Il ne pouvoit ni boire, ni manger avec les autres. Il ne pouvoit rendre témoignage en Justice; il étoit censé civilement mort. On dit qu'ils n'étoient point entiérement exclus du Temple, & des repas de religion; mais qu'on les distinguoit, en ce qu'ils entroient au Temple par le côté gauche, & sortoient par le droit; au lieu que les autres Israëlites sortoient par le gauche, & entroient par le droit.

Nous ne doutons pas que le Fils de Dieu ne fasse ici allusion à ces usages des Hébreux. Mais il demande de ses Disciples une bien plus grande perfection, que les Rabbins n'en demandoient de leurs éleves. Il veut qu'en ce point, comme dans tout le reste, la justice de ses fidéles soit beaucoup plus parfaite, que celle des Scribes, & des Pharisiens. 1°. Chez les Juifs c'étoit celui qui avoit offensé, qui faisoit les démarches pour obtenir le pardon de celui qu'il avoit offensé. Jesus-Christ veut au contraire que ce soit celui qui a souffert l'injure, qui recherche la correction, & l'amandement de celui de qui il a été offensé: ce n'est pas à dire qu'il permette au coupable de demeurer dans l'indifference, en attendant qu'on le vienne rechercher. Il l'oblige à demander pardon à celui contre qui il a parlé. Mais au cas que le coupable ne le fasse pas, il désire que la partie lézée fasse elle-même les démarches pour se réconcilier. 2°. Chez les Juifs l'excommunication sembloit être établie comme une peine, pour venger celui que avoit été offensé. Dans l'Eglise elle ne tend qu'à la correction du coupable: *Si vôtre frere vous écoute, vous avez gagné son ame.* Voilà le motif que vous devez vous proposer. 3°. L'excommunication des Hébreux n'étoit qu'un peine civile, dont l'effet ne s'étendoit pas sur l'ame, & ne séparoit pas le coupable de l'usage des choses saintes. Celle de l'Eglise, est une peine spirituelle, qui prive de l'usage des choses saintes; & celui qui est lié sur la terre, est aussi lié dans le Ciel, comme dit le Sauveur au ℣. 18.

℣. 16. Adhibe tecum adhuc unum, vel duos. *Prenez avec vous une, ou deux personnes.* Afin qu'ils soient témoins de ce que vous

(a) Voyez Selden, *De Synedriis, Hebr. lib.* 1. *cap.* 7. 8. 9. 10.

15. *Si autem te non audierit, adhibe tecum adhuc unum, vel duos, ut in ore duorum vel trium testium stet omne verbum.*

16. Mais s'il ne vous écoute point, prenez encore avec vous une ou deux personnes, afin que tout soit confirmé par l'autorité de deux ou trois témoins.

17. *Quodsi non audierit eos: dic Ecclesiæ; si autem Ecclesiam non audierit, sit tibi sicut ethnicus, & publicanus.*

17. Que s'il ne les écoute pas non plus, dites-le à l'Eglise; & s'il n'écoute pas l'Eglise même, qu'il soit à vôtre égard comme un payen, & un publicain.

COMMENTAIRE.

direz à vôtre frere, & qu'il puissent rendre témoignage & à l'opiniâtreté du coupable, & à la charité de celui qui exerce la correction fraternelle; (*a*) ou afin que joignant leurs priéres, & leurs instances aux vôtres, elles ayent plus d'effet sur son cœur, & sur son esprit. (*b*) Ou enfin, que voyant qu'il est condamné par d'autres que par vous, il soit plus frappé de la grandeur de sa faute. (*c*)

℣. 17. SI NON AUDIERIT EOS, DIC ECCLESIÆ. *S'il ne les écoute pas non plus, dites-le à l'Eglise.* Cette gradation suppose que l'on espére toûjours que le coupable se convertira, & qu'il profitera de la bonne volonté qu'on a pour lui. Mais si l'on jugeoit prudemment qu'il n'écoutera ni les premiéres, ni les secondes monitions; s'il est incorrigible, & endurci; s'il est dans la disposition, non seulement de ne pas écouter, mais aussi d'outrager celui qui essayeroit de le corriger, il faudroit le laisser à la miséricorde de Dieu; de peur de faire un plus grand mal, en croyant faire un bien. On doit alors suivre le conseil de JESUS-CHRIST, qui défend de jetter des perles devant les pourceaux. (*d*)

L'Eglise en cet endroit, est l'assemblée des Fidéles, qui devoient croire en JESUS-CHRIST. Comme le Sauveur parloit à ses Apôtres, qui étoient Juifs, & qui entendoient sous le nom d'*Eglise*, l'assemblée du peuple réüni dans la Synagogue; ou simplement les Chefs de la Synagogue; il vouloit leur faire comprendre que dans son nouveau Royaume, il y auroit aussi des assemblées, des lieux de priéres, des Eglises, un corps de Religion, uni par la foi, & par la communion des Sacrement, des sentimens, & des priéres, sous le gouvernement des Evêques, auquel on dénonceroit ceux dont on n'auroit pû surmonter l'opiniâtreté, & la malice, afin que l'Eglise, ou l'assemblée avec les Chefs, employassent leurs raisons, leurs priéres, ou leur autorité, pour les ramener au devoir. Voyez 1. *Timoth.* v. 20. 2. *Cor.* II. 6.

(*a*) *Chrysost. & Euthym. hic. Jac. Capell.*
(*b*) *Brug alii.*
(*c*) *Chrysost. hic. August. serm.* 82. *olim* 16. *Ieronym. hic. Theophyl. Mald. Grot.*
(*d*) *Matth.* VII. 6.

18. *Amen dico vobis, quæcumque alligaveritis super terram, erunt ligata & in cœlo: & quæcumque solveritis super terram, erunt soluta, & in cœlo.*	18. Je vous dis en vérité, que tout ce que vous lierez sur la terre sera lié aussi dans le Ciel; & que tout ce que vous délierez sur la terre, sera aussi délié dans le Ciel.

COMMENTAIRE.

SI AUTEM ECCLESIAM NON AUDIERIT, SIT TIBI SICUT ETHNICUS. *S'il n'écoute pas l'Eglise, qu'il soit à vôtre égard, comme un payen, & un publicain.* S'il n'écoute ni la voix des Pasteurs, ni les remontrances des anciens, ni les priéres de l'assemblée. S'il ne se met en peine ni du corps de l'Eglise, ni de ceux qui la gouvernent, & qui la représentent; regardez-le comme un payen, & un publicain. Evitez sa compagnie, & sa rencontre; n'ayez aucun commerce, aucune liaison avec lui; ne mangez point, ne demeurez point avec lui, ne le saluez point. Car c'est ainsi que les Juifs en usoient envers les Payens, les Publicains, les Schismatiques, les Apostats. (*a*) C'est de là que l'Eglise Chrétienne a tiré la dicipline qu'elle a toûjours observée envers les Hérétiques, & les excommuniez, comme on le voit par l'Ecriture, (*b*) & par les monumens Ecclésiastiques. (*c*) Il ne vous est permis ni de le haïr, ni de désespérer de son salut. Mais il est bon de lui causer une salutaire confusion, par l'éloignement que vous lui témoignerez, & de vous éloigner vous-mêmes de l'occasion de vous perdre, en vous tirant de sa compagnie. Redoublez vos priéres pour sa conversion, dans le même tems que vous témoignerez plus d'horreur de sa faute.

℣. 18. AMEN DICO VOBIS, QUÆCUMQUE ALLIGAVERITIS SUPER TERRAM. *Je vous dis en verité, que tout ce que vous avez lié sur la terre, sera lié aussi dans le Ciel.* Il parle à l'Eglise, composée des Chefs, & des Fidéles; car l'Eglise n'est ni le chef, sans les membres; ni les membres, sans le chef. Si le coupable n'écoute point l'Eglise, prise en ce sens, c'est-à-dire, tous les Fidéles, ayant leurs Pasteurs à leur tête; ou simplement, les Pasteurs représentant le corps de leur Eglise; séparez-vous de sa compagnie; regardez-le comme excommunié: car je vous dis en vérité, que celui qui sera ainsi séparé de l'Eglise par une sentence canonique, sera véritablement excommunié dans le Ciel; & qu'au contraire celui qui reconnoissant sa faute, viendra humblement se soumettre à l'Eglise, & recevra son absolution, sera véritablement absous, & délié dans le Ciel. Voilà le sens que les Peres, & les Docteurs Catholiques donnent à cet endroit.

(*a*) *Ligfoot. Hor. Talm. hic.*
(*b*) *Vide 1. Cor. v. 11. Tit. III. 10. & 2. Johan. v. 11. & Comment. nostr. ad Matth. v. 46. 47.*
(*c*) *Irenæ, lib. 3. cap. 3. Vide Grot. & Jac. Capell. & Maldon. hic.*

Quelques Auteurs Proteſtans lui donnent une autre explication. Selden (*a*) ſoûtient que ces paroles : *Dic Eccleſiæ*, ne marquent pas les Prélats de l'Egliſe, puiſqu'alors les Prélats Eccléſiaſtiques n'avoient aucune autorité ſur les Fidéles, pour les ſéparer de la communion par une ſentence juridique. JESUS-CHRIST parloit à des Juifs, & il leur parloit conformément à leurs uſages, & à leurs préjugez. Or parmi eux, non ſeulement les Supérieurs Eccléſiaſtiques, mais auſſi les ſimples particuliers avoient pouvoir d'excommunier les autres. Il ajoûte que chez les Juifs il n'y avoit point d'aſſemblée de Supérieurs Eccléſiaſtiques, qui répondît à ce que nous appellons dans l'Egliſe, *Presbytérion*, Sénat Eccléſiaſtique. Il croit qu'en cet endroit, *Dites-le à l'Egliſe*, ſignifie, dites-le à un nombre de Fidéles aſſemblez, ſans toutefois aucune autorité Juridique, & que c'eſt comme ſi l'on diſoit : Reprenez-le publiquement.

On convient que JESUS-CHRIST parloit conformément à l'idée, & aux uſages des Juifs, & qu'en ceci il fait alluſion à la diſcipline des Synagogues : mais s'enſuit-il qu'il n'a ni ajoûté, ni retranché à leurs uſages, & à leur diſcipline ? Ne ſavons-nous pas au contraire que par tout où il parle de l'établiſſement de ſon Royaume, il veut toûjours une plus haute perfection que la Loi n'en demandoit aux Juifs ; qu'il étoit venu pour réformer, & pour perfectionner la Loi ; & non pas pour la ſuivre ſervilement, & à la lettre Je veux que les particuliers ayent eu le pouvoir d'excommunier ; mais c'étoit un abus viſible que JESUS-CHRIST eſt venu réformer. Le Sénat Eccléſiaſtique n'étoit pas encore établi ; mais il devoit l'être dans peu de tems. Les Ordonnances de JESUS-CHRIST ne regardent pour la plûpart, que le tems qui a ſuivi ſa Réſurrection, & l'établiſſement de ſon Egliſe. Il eſt clair que ces paroles : *Dites-le à l'Egliſe*, ont rapport à l'uſage des Hébreux, dont nous avons parlé ci-devant, de dénoncer publiquement dans la Synagogue, pendant trois Sabbats conſécutifs, & le nom du coupable, & la qualité de ſa faute ; (*b*) & non pas cette prétenduë aſſemblée de quelques particuliers ſans caractére, & ſans autorité.

Le même Auteur s'efforce de montrer que ces autres paroles : *Regardez-le comme un Payen, & un Publicain*, ne peuvent s'entendre d'une excommunication ſemblable à celle des Juifs, ou telle qu'elle a été en uſage depuis dans l'Egliſe ; parce, dit-il, que les Juifs n'excommunioient ni les Payens, ni les Publicains ; & que les Juifs excommuniez n'étoient exclus ni de l'entrée du Temple, ni de la participation des choſes ſaintes. Enfin, il ſoûtient que ces paroles : *Ce que vous aurez lié ſur la terre, ſera lié dans*

(*a*) *Selden. lib. 1. de Synedriis. Hebræorum cap. 9.*

(*b*) *Vide Baba Sanhedr. fol 25. Maimon. in* אישות *c. 12. & 14. Ligfoot. hic.*

le Ciel ; & ce que vous aurez délié sur la terre, sera aussi délié dans le Ciel, ne signifient autre chose, sinon : Ce que vous aurez permis, ou défendu sur la terre, sera aussi permis, ou défendu dans le Ciel ; & non pas: Ce que vous aurez lié par l'excommunication, ou délié par l'absolution, ce que vous aurez pardonné, ou condamné, sera absous, ou condamné dans le Ciel ; parce que, comme on l'a déja dit, l'excommunication des Juifs ne privoit les excommuniez ni de l'usage des choses saintes, ni de l'entrée du Temple. Il croit, contre l'opinion de tous les Peres, des Conciles, des Scolastiques, des Commentateurs, & même des premiers Auteurs de la Prétenduë Réforme, (*a*) que l'excommunication n'est pas de Droit Divin, & que les Prélats de l'Eglise n'en sont pas les seuls vrais ministres. En un mot, son grand principe est que l'excommunication des Chrétiens est toute la même que celle des Juifs : (*b*) & comme celle-ci n'est pas de Droit Divin, n'ayant été en usage que depuis la captivité, & n'emportant aucune séparation des choses saintes, celle de l'Eglise n'a pas un plus grand effet.

Mais on répond en niant absolument le principe de Selden. Quoique l'excommunication de l'Eglise ait succedé à celle de la Synagogue, & qu'elle ait été formée en quelque sorte sur son modéle ; il s'en faut bien que ce soit la même, & qu'elle n'ait ni plus de force, ni plus d'étenduë. Nôtre Baptême est pris sur le modéle de celui des Juifs ; en peut-on inférer qu'il est le même ? Nôtre discipline a imité quelques usages de la Synagogue ; en concluëra-t'on que c'est une même chose ? Si cela étoit, que seroit venu faire JESUS-CHRIST ? Ne voyons-nous pas que dés le tems des Apôtres, (*c*) & dans la suite de tous les siécles, l'Eglise portoit sentence d'excommunication, par laquelle elle séparoit de sa communion, privoit de ses Sacremens, & chassoit de ses assemblées ceux qu'elle avoit ainsi excommuniez. Moyse a-t'il jamais donné aux Prêtres le pouvoir que JESUS-CHRIST donne à ses Apôtres, que ce qu'ils auroient lié, ou délié ; permis, ou défendu ; condamné, ou absous sur la terre, le seroit aussi dans le Ciel ? Selden dit que les Juifs n'excommunioient pas les Payens, ni les Publicains ; qui ne doute ? Il ne conclut que celui qu'on regarde comme un Payen, & un Publicain, n'étoit donc pas excommunié : J'en conclus tout le contraire. Un excommunié est à l'égard de l'Eglise, comme un Payen, & un Publicain ; parce qu'il est séparé du corps de l'Eglise, & qu'il est regardé comme un obstiné, & un incorrigible. Nous avons traité ailleurs la matiére de l'excommunication suivant la doctrine des

(*a*) C'est de son aveu, Ch. x. p. 325. du premier Livre *De Synedriis.*

(*b*) Voyez le même Selden liv. 1. ch. 10. du même Ouvrage.

(*c*) 1. *Cor.* v. 3. 4. 11. *Tit.* III. 10. 11. & 2. *Johan.* 10. 11. 2. *Timot.* II. 17. 18.

Rabbins : (*a*) mais nous avons crû devoir nous étendre ici sur la prétenduë ressemblance qu'a l'excommunication de l'Eglise avec celle de la Synagogue ; parce que l'on remarque que des Auteurs nouveaux (*b*) en abusent, pour énerver, & pour anéantir, s'ils le pouvoient, l'autorité de l'Eglise à cet égard. On peût leur opposer ce que dit Grotius sur saint Luc Chapitre VI. 22.

Je sçai que quelques Anciens (*c*) ont crû que ces paroles : *Tout ce que vous aurez lié sur la terre, sera lié dans le Ciel*, doivent s'expliquer non des Pasteurs de l'Eglise, mais des Fidéles en particulier, lesquels pouvoient ou pardonner, ou ne pas pardonner l'injure qui leur étoit faite. Si vous avez fait tous vos efforts pour corriger vôtre frere ; si vous l'avez d'abord averti en particulier, & ensuite en présence de témoins, & enfin en présence de toute l'Eglise, & qu'il ne se corrige pas, & qu'au contraire il méprise vos avertissemens ; si vous ne lui pardonnez pas l'injure, dont il ne veut pas vous faire satisfaction, je vous déclare qu'il ne lui sera pas aussi pardonné dans le Ciel. Que si au contraire il rentre dans lui même, qu'il vous écoute, & que vous lui pardonniez, Dieu lui pardonnera aussi dans le Ciel. *Cœpisti habere fratrem tuum tamquam Publicanum ; ligas illum in terra. Sed ut justè alliges, vide : nam injusta vincula disrumpit justitia. Cùm autem correxeris, & concordaveris cum fratre tuo, solvisti illum in terra*, dit saint Augustin. (*d*)

Mais 1°. ces Peres n'ont jamais nié que l'Eglise, & les Prélats qui la gouvernent, ne soient les dépositaires de la puissance de lier, & de délier, que JESUS-CHRIST a donnée aux Apôtres. 2°. Leurs expressions en cet endroit doivent s'expliquer par le sentiment, & l'usage universel de l'Eglise, qu'ils ont eux-mêmes approuvé, & qui a toûjours été que le droit d'excommunier n'appartenoit point aux particuliers offensez. Ce seroit les rendre juges en leur propre cause. 3°. Ils ont seulement voulu dire que le pécheur qui ne vouloit pas faire satisfaction à son frere, ni écouter l'Eglise, se lioit lui-même, & se fermoit l'entrée du Ciel, en refusant de faire une démarche, & une satisfaction à laquelle Dieu a voulu attacher le pardon de son péché, & en n'usant pas d'un moyen que Dieu lui fournit pour se délier. Mais cela n'empêche pas qu'il ne puisse aussi être lié par le ministére de l'Eglise, ou par l'excommunication, ou par le refus, ou le délai de l'absolution.

(*a*) Voyez nôtre Dissertation sur les supplices usitez chez les anciens Hébreux, à la tête du Deutéronome.

(*b*) *Vide Bilson. apud Jac. Capel. in Synopsi Critic. Grot. hîc.*

(*c*) *Origen. in Matt. c. 13. Theophylact. hîc. Anastas. Nican. qu. 61. in Scripturam. Ita ferè Chrysost. hîc.* Καὶ οὐκ εἶπε τῷ προέδρῳ τῆς ἐκκλησίας δῆσον τὸν τοιοῦτον, ἀλλὰ ἐὰν δήσῃς αὐτὸν τῷ λελυπημένῳ τὸ πᾶν ἐπιτρέπων, καὶ ἄλυτα μένει τὰ δεσμά. *Aug. Serm. olim 16. nunc 82. Vide Grot. hîc & Jans. & Mald.*

(*d*) *Aug. Serm. 82. n. 7. p. 442. G.*

19. *Iterùm dico vobis, quia si duo ex vobis consenserint super terram, de omni re quamcumque petierint, fiet illis à Patre meo qui in Cœlis est.*

19. Je vous dis encore, que si deux d'entre vous s'unissent ensemble sur la terre, quelque chose qu'ils demandent, elle leur sera accordée par mon Pere qui est dans les Cieux.

20. *Ubi enim sunt duo, vel tres congregati in nomine meo, ibi sum in medio eorum.*

20. Car en quelque lieu que se trouvent deux, ou trois personnes assemblées en mon nom, je m'y trouve au milieu d'eux.

COMMENTAIRE.

℣. 19. ITERUM (*a*) DICO VOBIS, QUIA SI DUO EX VOBIS, &c. *Je vous dirai encore que si deux d'entre vous s'unissent ensemble sur la terre, quelque chose qu'ils demandent, elle leur sera accordée.* Ce qu'il a dit dans les versets précédens ne tend qu'à conserver, ou à réparer l'union. Celui-ci va au même but : Si vous demeurez unis, demandez ce qu'il vous plaira, & vous l'obtiendrez. Ou bien : Si vous avez le malheur d'être dans la desunion, ne différez pas un moment de vous réconcilier. Fussiez-vous prêt à présenter vôtre offrande à Dieu, quittez-la devant l'autel, & allez promtement vous réconcilier avec vôtre frere. (*b*) C'est-là le meilleur moyen pour obtenir du Pere céleste tout ce que vous lui demanderez. La charité, & l'union des cœurs lui font une sainte, & aimable violence. Quand il dit qu'ils obtiendront tout ce qu'ils demanderont, cela doit s'entendre avec cette restriction, pourvû que ce que vous demandez soit juste, & utile à vôtre salut. Vous l'obtiendrez, ou quelque chose de plus expédient pour vôtre sanctification. (*c*)

Les Peres (*d*) pour la plûpart ont expliqué ceci dans un sens allégorique : Soyez d'accord avec vous-même ; qu'il n'y ait ni schisme, ni division entre vôtre corps, & vôtre ame ; que l'ame domine, & que le corps obéïsse ; que la partie qui doit être soumise à l'esprit, ne se révolte pas contre la partie supérieure, & alors demandez à Dieu ce qu'il vous plaira. Saint Chrysostome, & Euthyme le restreignent aux seuls Apôtres : Lorsque deux ou trois d'entre vous s'uniront pour demander quelque chose à mon Pere, il la leur accordera. Origénes (*e*) en fait l'application au mari & à la femme, qui se séparent d'un commun consentement pour un tems, afin de vaquer à l'oraison, suivant le conseil de l'Apôtre. (*f*) Mais tout cela est plûtôt allégorigue, que littéral.

(*a*) Plusieurs Exemplaires Grecs lisent : Πάλιν ἀμὴν λέγω ὑμῖν. Ou Πάλιν δὲ ἀμὴν λέγω ὑμῖν. *Iterùm amen dico vobis. Ita mss ferè triginta-quatuor, & plures Editiones apud Mill.*

(*b*) *Matth.* v. 23.

(*c*) Voyez ce qui a été dit ci-dev. *Matt.* VII. 7. 8.

(*d*) *Orig. tom.* 14. *in Matt. Ambros. de Instit. Virg. c.* 2. *& in cap.* XIV. *Luc. Ieronym. Beda, & Theophyl. hîc.*

(*e*) *Origen. in Matth.*

(*f*) 1. *Cor.* VII. 5.

21. *Tunc accedens Petrus ad eum, dixit : Domine, quoties peccabit in me frater meus, & dimittam ei? Usque septies?*

21. Alors Pierre s'approchant, lui dit : Seigneur, pardonnerai-je à mon frere toutes les fois qu'il péchera contre moi? *Le ferai-je* jusqu'à sept fois?

COMMENTAIRE.

ỷ. 20. UBI ENIM SUNT DUO, VEL TRES, &c. *Car en quelque lieu que se trouvent deux, ou trois personnes assemblées en mon nom, je m'y trouve au milieu deux.* C'est la preuve de ce qu'il a dit dans le verset précédent. Si vous vivez dans la charité, & dans l'union, mon Pere ne vous refusera rien; parce que je me trouverai au milieu de vous; j'intercederai pour vous; j'appuyerai vos demandes de mon autorité. Mais cette promesse n'est pas bornée aux priéres seules; elle s'étend aussi à toutes les assemblées, les entreprises, les délibérations, faites & commencées au nom de JESUS-CHRIST, sous son autorité, par ses ordres, dans l'union de sa charité, & de sa foi, pour sa gloire, & pour ses intérêts. Il promet de se rencontrer dans ces assemblées, & d'obtenir pour elles auprés de son Pere un heureux succez. C'est sur ces promesses qu'est fondée la créance de l'Eglise, qui a toûjours crû que le Fils de Dieu, & son Saint Esprit présidoient aux assemblées Ecclésiastiques, aux Conciles généraux, & particuliers, & en général à tous les lieux où les Fideles s'assembloient pour prier, ou pour traiter des choses qui avoient pour objet la gloire de Dieu. Le Fils de Dieu fait allusion à l'opinion des Hébreux, qui croyoient que Dieu étoit assis au milieu des Juges, (a) & qui appelloient l'assemblée du peuple, l'assemblée du Seigneur.

ỷ. 21. DOMINE, QUOTIES PECCABIT IN ME FRATER MEUS? *Seigneur, pardonnerai-je à mon frere toutes les fois qu'il péchera contre moi?* Saint Luc (b) nous apprend ce qui donna occasion à cette demande de saint Pierre. JESUS-CHRIST ayant prescrit, comme on l'a vû, les régles de la correction fraternelle, ajoûta : *Si vôtre frere se repent, pardonnez-lui, & s'il vous offense sept fois le jour,* & qu'il se repente, *pardonnez-lui autant de fois.* Si vôtre frere vous écoute, lorsque vous lui représenterez sa faute, & qu'il s'en repente; pardonnez-lui non seulement une ou deux fois, mais jusqu'à sept fois. Saint Pierre doutant si ce que le Sauveur venoit de lui dire n'étoit point une éxagération, ou si l'on le devoit prendre à la rigueur, lui dit : Seigneur, combien doit-on pardonner de fois à nôtre frere qui nous a offensé? Jusqu'à sept fois? *Non seulement jusqu'à sept fois,* répondit le Fils de Dieu, *mais jusqu'à septante fois sept fois;* c'est-à-dire quatre cens quatre-vingt-dix fois; en un

(a) *Psalm.* LXXXI. 1.

(b) *Luc.* XVII. 4

22. *Dicit illi Jesus : Non dico tibi usque septies : sed usque septuagies septies.*

23. *Ideò assimilatum est Regnum Cœlorum homini regi, qui voluit rationem ponere cum servis suis.*

24. *Et cùm cœpisset rationem ponere, oblatus est ei unus, qui debebat ei decem millia talenta.*

22. Jesus lui répondit : Je ne vous dis pas jusqu'à sept fois, mais jusqu'à septante fois sept fois.

23. C'est pourquoi le Royaume des Cieux est comparé à un homme, *& à un* Roi, qui voulut faire rendre compte à ses serviteurs;

24. Et ayant commencé à le faire, on lui en présenta un qui lui devoit dix mille talens.

COMMENTAIRE.

mot, aussi souvent que l'on pourra nous avoir offensé. *Omnia enim peccata dixit, quando septuagies septies dixit.* (a)

Dans l'Exemplaire Hébreu dont se servoient les Nazaréens, (b) on lisoit cet endroit de cette sorte : *Si vôtre frere vous offense par ses paroles, & que sept fois le jour il vous demande pardon, pardonnez-lui. Simon lui répondit : Quoi ! sept fois par jour ? Oüi, lui répondit Jesus, jusqu'à sept fois septante fois ; car les Prophétes eux-mêmes depuis qu'ils ont été remplis du Saint Esprit, n'ont pas été éxemts de péchez.*

℣. 23. Assimilatum est regnum Coelorum homini regi. *Le Royaume des Cieux est comparé à un Roi, qui voulut faire rendre compte à ses serviteurs.* Pour inculquer davantage ce qu'il vient de dire du pardon des injures, il nous propose une parabole, qui tend à faire voir que si nous ne pardonnons à nos freres, nous ne devons point espérer de pardon de la part de Dieu. *Le Royaume des Cieux est semblable, &c.* C'est-à-dire, il arrive dans mon Eglise, & parmi mes Disciples, la même chose que dans un Royaume, où un Roi veut faire rendre compte à ses serviteurs. Ou bien : A mon second avénement, & lorsquè je viendrai avec tout l'éclat de ma majesté pour juger les vivans, & les morts, & pour entrer en possession de mon regne sur toutes les créatures, on verra la même chose, que quand un Prince se fait rendre compte par ses Officiers. On voit à peu prés la même parabole ci-aprés *Matth.* xxv. 25. & *Luc.* xix. 13.

℣. 24. Decem millia talenta. *Dix mille talens.* Le talent Hébreu valoit quatre mille huit cens soixante-sept livres trois sols neuf deniers. Les dix mille talens font quarante-huit millions huit cent soixante-onze mille huit cens soixante-quinze livres de nôtre monoye. Peut-être que les talens dont parloit Jesus-Christ, n'étoient pas si forts que les

(a) *Aug. 83. de verbis Evang. n. 7. Ieronym. hic : Ut toties peccanti fratri dimitteret in die, quoties ille peccare possit.*

(b) *Apud Ieronym. l. 3. contra Pelag c. 1.*

25. *Cùm autem non haberet unde redderet, jussit eum dominus ejus venumdari, & uxorem ejus, & filios, & omnia quæ habebat, & reddi.*

26. *Procidens autem servus ille, orabat eum dicens: Patientiam habe in me, & omnia reddam tibi.*

27. *Misertus autem dominus servi illius, dimisit eum, & debitum dimisit ei.*

28. *Egressus autem servus ille, invenit unum de conservis suis, qui debebat ei centum denarios, & tenens suffocabat eum, dicens: Redde quod debes.*

25. Mais comme il n'avoit pas le moyen de *les* lui rendre, son maître commanda qu'on le vendît, lui, sa femme, & ses enfans, & tout ce qu'il avoit pour satisfaire à cette dette.

26. Ce serviteur se jettant à ses pieds, le conjuroit, en lui disant : Seigneur, ayez un peu de patience, & je vous rendrai tout.

27. Alors le maître de ce serviteur étant touché de compassion, le laissa aller, & lui remit sa dette.

28. Mais ce serviteur ne fut pas plûtôt sorti, que trouvant un de ses compagnons qui lui devoit cent deniers, il le prit à la gorge, & l'étouffoit presque, en lui disant : Rends-moi ce que tu me dois.

COMMENTAIRE.

talens des anciens Hébreux : mais quand il l'entendroit du talent Egyptien, qui valoit deux mille six cens quatre-vingt huit livres, ou du talent Athénien, qui en valoit deux mille quatre cens, c'est toûjours une somme prodigieuse pour un particulier, que celle de dix mille talens. Le Sauveur l'a mise exprès sans doute, pour nous faire comprendre ce que nous devons à Dieu, & les dettes extraordinaires que nous avons contractées à son égard.

℣. 25. JUSSIT EUM DOMINUS EJUS VENUMDARI. *Son maître commanda qu'on le vendît, lui, sa femme, & ses enfans.* Suivant l'ancien droit des Hébreux, & de plusieurs autres peuples, le créancier avoit droit de vendre, ou de réduire en esclavage ses débiteurs insolvables. On voit dans les Livres des Rois (a) une femme veuve d'un Prophéte, qui supplie Elie de lui fournir de quoi garantir ses deux fils de l'esclavage, où le créancier de son mari menaçoit de les réduire. Suivant le droit commun, on sçait que les esclaves Hébreux recouvroient leur liberté en l'année Sabbatique, & que leurs maîtres n'avoient pas droit de les vendre à des étrangers : mais les débiteurs insolvables ne joüissoient pas du privilége de cette loi. Il n'y avoit, selon les Rabbins, que les femmes, & les filles Juives, qui ne pouvoient en aucun cas être venduës à des étrangers. (b)

℣. 27. DEBITUM DIMISIT EI. *Il lui remit sa dette.* Le Grec (c)

(a) 4. Reg. IV. 1.
(b) Voyez nôtre Commentaire sur l'Exode XXI. 2. 3. 4. &c. 7. 8. Levit. XXV. 39.
(c) Τὸ δάνειον ἀφῆκεν αὐτῷ.

29. *Et procidens conservus ejus, rogabat eum, dicens: Patientiam habe in me, & omnia reddam tibi.*

29. Et son compagnon se jettant à ses pieds, le conjuroit, en lui disant: Ayez un peu de patience, & je vous rendrai tout.

30. *Ille autem noluit: sed abiit, & misit eum in carcerem, donec redderet debitum.*

30. Mais il ne voulut point l'écouter, & il s'en alla, & le fit mettre en prison, *pour l'y tenir* jusqu'à ce qu'il lui rendît ce qu'il lui devoit.

31. *Videntes autem conservi ejus quæ fiebant, contristati sunt valdè: & venerunt, & narraverunt domino suo omnia quæ facta fuerant.*

31. Les autres serviteurs ses compagnons voyant ce qui se passoit, en furent extrêmement affligez, & avertirent leur maître de tout ce qui étoit arrivé.

32. *Tunc vocavit illum dominus suus, & ait illi: Serve nequam, omne debitum dimisi tibi, quoniam rogasti me:*

32. Alors son maître l'ayant fait venir, lui dit: Méchant serviteur, je vous avois remis tout ce que vous me deviez, parce que vous m'en aviez prié:

33. *Nonne ergo oportuit & te misereri conservi tui, sicut & ego tui misertus sum.*

33. Ne falloit-il donc pas que vous eussiez aussi pitié de vôtre compagnon, comme j'avois eu de vous.

34. *Et iratus dominus ejus, tradidit eum tortoribus, quoadusque redderet universum debitum.*

34. Et ce maître étant émû de colére, le livra entre les mains des bourreaux, jusqu'à ce qu'il payât tout ce qu'il lui devoit.

COMMENTAIRE.

s'entend proprement d'un argent emprunté, sous obligation de porter intérêt.

℣. 28. CENTUM DENARIOS. *Cent deniers.* Le denier Romain vaut dix sols de France. D'autres le font de huit sols, & un denier. D'autres croyent que le terme de *denier* en cet endroit, est le même que le sicle, qui valoit trente-deux sols six deniers. La somme est peu considérable en elle-même, & elle n'est rien en comparaison de dix mille talens que le premier serviteur devoit à son maître; c'est pour nous faire comprendre la disproportion infinie qu'il y a entre ce que nous devons à Dieu & ce que nos freres nous doivent. Nous devons beaucoup à Dieu, parce que nous l'avons beaucoup offensé, & nôtre frere nous doit, parce qu'il a péché contre nous. Mais quelle proportion entre les fautes que nos freres commettent contre nous, & celles que nous commettons contre Dieu! (a)

TENENS SUFFOCABAT EUM. *Il le prit à la gorge, & l'étouffoit presque.* Ou, il se saisit par le coû & la tunique; & le tirant, il l'étouffoit presque. C'est ainsi qu'on saisissoit sa partie, pour la faire marcher devant les Juges: *Obtorto collo trahebat.*

(a) *Aug. Serm. 83. olim 15. de Verbis Domini c. 2. Omnis homo & debitor est Dei, & debitorem habet fratrem suum. Quis est enim qui non sit debitor Dei, nisi in quo nullum inveniri potest peccatum? Quis est autem qui non habeat debitorem fratrem, nisi in quem nemo peccavit?*

35. *Sic & Pater meus cœlestis faciet vobis, si non remiseritis unusquisque fratri suo de cordibus vestris.*

35. C'est ainsi que mon Pere qui est dans le Ciel vous traitera, si chacun de vous ne pardonne du fond de son cœur à son frere *qui l'a offensé.*

COMMENTAIRE.

℣. 34. TARDIDIT EUM TORTORIBUS. *Il le livra entre les mains des bourreaux.* Suivant les loix Romaines, qui étoient alors en vigueur dans la Judée, on pouvoit mettre son débiteur entre les mains des bourreaux, pour être mis en prison, & pour être puni de certaines peines, comme celle du foüet, ou des coups de balles de plomb, *Plumbatis cædi.* C'étoient des chaînettes de fer, au bout desquelles on attachoit des balles de plomb. D'autres (*a*) croyent que le nom de bourreaux (*b*) en cet endroit, est le même que celui de Geolier, & que ce serviteur est traité par son maître, comme lui-même avoit traité son conserviteur. Ce qui suit favorise cette traduction : *Jusqu'à ce qu'il payât tout ce qu'il lui devoit.* Ce maître use ici non seulement de son droit de créancier, mais aussi de celui de Juge, & de Prince. (*c*) Au reste, quand il est dit que le mauvais créancier est mis en prison, jusqu'à ce qu'il ait payé toute sa dette; ce n'est pas à dire que les damnez doivent un jour être délivrez des peines de l'enfer : comme leurs dettes sont infinies, & qu'ils sont absolument insolvables; aussi ne sortiront-ils jamais de l'enfer. (*d*)

℣. 35. SIC ET PATER MEUS (*e*) COELESTIS FACIET VOBIS. *C'est ainsi que mon Pere qui est dans le Ciel vous traitera, si chacun de vous ne pardonne du fond de son cœur à son frere.* Est-ce à dire que Dieu impute de nouveau les péchez déja pardonnez ? Non sans doute. Dieu ne juge, & ne punit pas deux fois la même faute. (*f*) Il ne revoque pas les graces qu'il a une fois accordées; mais on peut dire avec saint Augustin, (*g*) que Dieu nous pardonne afin que nous pardonnions; & que si nous ne pardonnons pas, il nous rappellera, & fera revenir ce qu'il nous avoit remis. Imitez vôtre Pere, dit-il, si vous ne voulez être deshérité. Et ailleurs : (*h*) Il paroît distinctement par l'Evangile, que les péchez une

(*a*) *Grot. Hamm. Le Clerc.*
(*b*) Βασανισταῖς.
(*c*) *Chrysost. Euthym. Theophylact.*
(*d*) *Quidam Codd. legunt :* Οὕτω καὶ ὁ πατὴρ ὑμῶν; *quod non probat Chrysost. Plures addunt in fine versûs :* Τὰ παραπτώματα αὐτῶν.
(*e*) *Nahum.* I. 9. *in* LXX. Οὐκ ἐκδικήσει δὶς ἐπὶ τὸ αὐτὸ ἐν θλίψει.
(*f*) *Rom.* XI. 29. Ἀμεταμέλητα γὰρ τὰ χαρίσματα, καὶ κλῆσις τοῦ Θεοῦ.
(*g*) *Aug. Serm. olim* 15. *nunc* 83. *n.* 7. *Dicit Deus : Dimitte, & dimittetur tibi.... Nam si non remiseris, revocabo te; & quicquid dimiseram, replicabo tibi; non enim mentitur Veritas, quæ dicit : Sic & vobis faciet Pater vester, &c. Invenis Patrem; imitare Patrem : si enim imitari Patrem non vis, exheredari disponis.*
(*h*) *Idem lib.* 1. *de Baptism. contra Donat. cap.* 12.

fois remis, sont de nouveau imputez, lorsque l'on manque de charité envers ses freres : *Redire dimissa peccata, ubi fraterna charitas non est, apertissimè Dominus in Evangelio docet in illo servo, à quo dimissum debitum Dominus repetiit.* Il ajoûte que si l'on demeure dans la haine de son prochain, après avoir reçû le Baptême, on se rend coupable non seulement de ce crime, mais aussi de tous les péchez futurs, & passez, & c'est un malheur qui n'arrive que trop souvent dans l'Eglise : *Deinceps autem reus esse omninò incipit, non solùm consequentium, sed etiam præteritorum dierum, horarum, momentorum, redeuntibus omnibus quæ dimissa sunt : & hæc sæpe contingunt in Ecclesia.*

Saint Grégoire le Grand n'est pas moins exprès pour cette opinion : (*a*) Si nous ne pardonnons de bon cœur l'offense qui nous est faite, Dieu nous demandera compte de nouveau des péchez qui nous avoient été pardonnez par le Sacrement de Pénitence : *Si hoc quod in nos delinquitur, ex corde non dimittimus ; & illud rursùs à nobis exigitur, quod nobis jam per pœnitentiam dimissum fuisse gaudebamus.* Paroles qui sont insérées dans le corps du Droit Canon. (*b*) S. Chrysostome (*c*) dit que quoique les dons de Dieu, & ses faveurs soient d'elles-mêmes irrévocables, & que Dieu ne se repente jamais du bien qu'il a fait, toutefois la dureté de l'homme l'oblige quelquefois à retirer ce qu'il lui avoit donné. Origénes (*d*) a précedé tous les Peres dans ces sentimens ; il les appuye bien clairement dans son Commentaire sur saint Matthieu.

Saint Thomas (*e*) appuye aussi ce sentiment par quelques autres autoritez. Mais enfin pour concilier les Ecritures qui disent d'une part que le péché une fois remis, ne peut plus revenir; & de l'autre que Dieu demande compte d'une faute déja pardonnée; il conclut en disant 1°. que les péchez pardonnez peuvent revivre non quant à la coulpe, mais quant à la peine éternelle qu'ils avoient méritée, & que le pécheur s'attire de nouveaux châtimens par les autres crimes qu'il commet. (*f*) 2°. Que les fautes déja remises reviennent en quelque sorte par l'ingratitude qui accompagne la rechûte. Cette ingratitude augmente si fort la difformité de cette seconde faute, que Dieu la punit avec beaucoup plus de sévérité, que si elle n'avoit pas été précédée du pardon d'une premiére ; & c'est-là la maniére dont les Théologiens (*g*) expliquent ordinairement cet endroit.

(*a*) *Greg. Mag. l. 4. Dialog. c. ult.*

(*b*) *De Pœnit. Distinct. 4. c Constat.*

(*c*) *Chrysost. homil. 62.* Καὶ τοίγε ἀμεταμέλητα τὰ χαρίσματα, ϗ αἱ δωρεαὶ τῶ Θεῶ. Ἀλλὰ τοσοῦτον ἴσχυσεν ἡ κακία, ὡς ϗ τοῦτον λῦσαι τὸν νόμον.

(*d*) *Origen. t. 14. p. 342. in Matt.*

(*e*) *D. Th. 3. part. qu. 88. art. 1. 2. 3.*

(*f*) *Ita Prosper. Respons. ad secundam objectionem Gallorum.*

(*g*) *Vide Maldon. & Grot. hic, & Ambros. in Psalm. XXXVIII. n. 4.*

CHAPITRE XIX.

Divorce. Enfans présentez à JESUS. *Jeune homme riche, qui veut se mettre à sa suite. Malheur des riches. Bonheur de ceux qui abandonnent tout pour le Ciel.*

℣. 1. ET factum est, cùm consummasset Jesus sermones istos, migravit à Galilæa, & venit in fines Judææ trans Jordanem.

℣. 1. JESUS ayant achevé ces discours, partit de Galilée, & vint aux confins de la Judée, au-delà du Jourdain.

2. Et secutæ sunt eum turbæ multæ, & curavit eos ibi.

2. Où de grandes troupes le suivirent, & il les guérit au même lieu.

3. Et accesserunt ad eum Pharisæi tentantes eum, & dicentes: Si licet homini dimittere uxorem suam, quacumque ex causa?

3. Les Pharisiens vinrent aussi à lui, pour le tenter, & ils lui dirent: Est-il permis à un homme de quitter sa femme pour quelque cause que ce soit?

COMMENTAIRE.

℣. 1. MIGRAVIT A GALILÆA. *Jesus ayant achevé ces discours, partit de Galilée, & vint aux confins de la Judée, au-delà du Jourdain.* Il se passa bien des choses entre ce qui est raconté à la fin du Chapitre précédent, & ce voyage de JESUS dans la Judée, comme on le peut voir dans l'abrégé historique de l'Evangile. JESUS partit de Capharnaüm, & vint en Judée, en passant par le pays de de-là le Jourdain. (a) L'Evangéliste a ramassé ici bien des choses, qui se sont passées en des tems assez éloignez les uns des autres.

℣. 3. SI LICET HOMINI DIMITTERE UXOREM SUAM? *Les Pharisiens lui demandérent, pour le tenter: Est-il permis à un homme de quitter sa femme, pour quelque cause que ce soit?* Les Pharisiens n'ignoroient pas sans doute, ni les Loix, ni les usages de leur pays; ils savoient que le divorce y étoit en usage, & que la Loi, ou le permettoit, ou le toléroit. (b) Mais ils avoient pû apprendre que JESUS-CHRIST le condamnoit, hors le seul cas d'adultére. (c) C'étoit donc dans le dessein de le rendre odieux au peuple, qu'ils lui viennent demander, s'il croit le di-

(a) *Ita Marc. x. 1.* Ἔρχεται εἰς τὰ ὅρια τῆς Ἰουδαίας, διὰ τοῦ πέραν τοῦ Ἰορδάνου.

(b) *Deut.* XXIV. 1.

(c) *Matth.* V. 31. 32.

vorce

4. *Qui respondens, ait eis: Non legistis, quia qui fecit hominem ab initio, masculum & feminam fecit eos? & dixit:*

5. *Propter hoc dimittet homo patrem & matrem, & adhaerebit uxori suae, & erunt duo in carne una.*

4. Il leur répondit: N'avez-vous point lû, que celui qui créa l'homme dés le commencément, les créa mâle & femelle? & qu'il dit:

5. Pour cette raison l'homme abandonnera son pere, & sa mere, & il s'attachera à sa femme, & ils seront deux dans une seule chair.

COMMENTAIRE.

vorce absolument défendu, ou non. On dit (*a*) qu'en ce tems-là les écoles des Rabbins Hillel, & Sammea, étoient partagées sur le sens des paroles de Moyse, touchant le divorce. (*b*) Hillel & ses disciples vouloient qu'il fût permis de répudier sa femme, pour quelle raison on vouloit: Sammea au contraire vouloit une raison fondée sur quelque action honteuse, ou contraire à l'honnêteté, de la part de la personne qu'on répudioit. Les Pharisiens voulant obliger le Sauveur à se déclarer sur cette matiére, lui tendoient un piége, & cherchoient à lui attirer des ennemis de la part de l'une, ou de l'autre de ces écoles, de quelque maniere qu'il repondît.

℣. 4. QUI FECIT HOMINEM AB INITIO, &c. *Celui qui créa l'homme dés le commencement, les créa mâle & femelle.* Pour prouver que le divorce, & la polygamie, qui étoient tolérez parmi les Juifs, sont contre l'institution naturelle du mariage; le Fils de Dieu remonte à la création de l'homme, & de la femme, & à l'origine de l'institution du mariage. Dieu n'ayant créé d'abord qu'un homme, & une femme, & les ayant unis par le lien du mariage, pour ne devenir qu'une même chair, il est visible que son intention n'a pas été ni que l'homme se séparât de sa femme, ni qu'il en eût plusieurs à la fois. (*c*)

℣. 5. ET DIXIT: PROPTER HOC DIMITTET HOMO, &c. *Et qu'il dit: Pour cette raison l'homme abandonnera son pere & sa mere, & il s'attachera à sa femme; & ils seront deux dans une seule chair.* (*d*) Dieu dit en créant l'homme & la femme, qu'ils ne seront qu'une seule chair, qu'ils deviendront par la génération des enfans, le principe d'une seule chair; ou enfin qu'ils seront unis d'une maniére aussi intime, & aussi indissoluble, que le sont les membres d'un seul corps. Moyse dans la Génese (*e*) semble attribuer à Adam ces paroles: *L'homme abandonnera son*

(*a*) *Selden. uxor Hebr. l. 3. c. 23.*
(*b*) *Deut* XXIV. 1.
(*c*) *Ita Chrysost. Ieronym. Auth. Oper. Imperf. Beda, Theophyl. Euthym. Strab. Mald.*
(*d*) *Heb.* לבשר אחד *Grec.* Εἰς σάρκα μίαν. *In carnem unam.*
(*e*) *Genes.* II. 24.

6. *Itaque jam non sunt duo, sed una caro. Quod ergo Deus conjunxit, homo non separet.*

7. *Dicunt illi: Quid ergo Moyses mandavit dare libellum repudii, & dimittere?*

8. *Ait illis: Quoniam Moyses ad duritiam cordis vestri permisit vobis dimittere uxores vestras: ab initio autem non fuit sic.*

6. Ainsi ils ne sont plus deux, mais une seule chair. Que l'homme donc ne sépare pas ce que Dieu a joint.

7. Mais pourquoi, lui dirent-ils, Moyse a-t'il ordonné qu'on donne à sa femme un écrit de divorce, & qu'on la renvoye?

8. Il leur répondit: C'est à cause de la dureté de vôtre cœur, que Moyse vous a permis de quitter vos femmes: mais cela n'a pas été ainsi dés le commencement.

COMMENTAIRE.

pere & sa mere, &c. Dans l'Ecriture le mot *dixit*, il a dit, se prend souvent dans un sens passif, pour, *il a été dit.* (*a*) De plus, Adam ayant parlé dans cette rencontre, par l'inspiration de Dieu, on a pû dire, que Dieu avoit dit ce que ce premier homme avoit prononcé. (*b*)

℣. 6. QUOD ERGO DEUS CONJUNXIT, HOMO NON SEPARET. *Que l'homme ne sépare pas ce que Dieu a joint.* Que le mariage demeure donc indissoluble, comme Dieu l'a établi. Que ni l'homme de son autorité, ni les Juges, ni les Princes, ne rompent point un lien si indissoluble. Le divorce pour cause d'adultére, ne rompt point le lien du mariage; il sépare seulement les parties, mais sans les mettre en liberté de se marier à d'autres.

℣. 7. QUID ERGO MOYSES MANDAVIT, &c. *Pourquoi Moyse a-t'il ordonné qu'on donne à sa femme un écrit de divorce?* Saint Marc (*c*) dit que les Pharisiens ayant demandé à JESUS-CHRIST, s'il étoit permis à un homme de répudier sa femme; le Sauveur leur demanda à son tour: *Que Moyse vous a-t'il ordonné là-dessus?* Ils répondirent: Il a commandé qu'on lui donnât un écrit de divorce. Alors JESUS dit: C'est à cause de la dureté de vôtre cœur qu'il vous a dit cela; mais il n'en étoit pas de même au commencement; Dieu créa l'homme mâle & femelle, pour demeurer unis en une seule chair; & ce que nous lisons ici dans les versets 4. 5. 6. Après quoi les Pharisiens reprirent: Mais pourquoi donc Moyse a-t'il permis au mari de répudier sa femme? JESUS répondit: *C'est à cause de la dureté de vôtre cœur. Et je vous déclare que quiconque quitte sa femme, si ce n'est en cas d'adultére, & en épouse une autre, commet un adultére.*

Les Pharisiens confondoient ce que Dieu avoit commandé, avec ce

(*a*) *Vide* 1. *Cor.* XV. 27. *Ephes.* V. 13. *Hebr.* I. 17. *&c.*
(*b*) *Vide Aug. de Genesi ad litt. l.* 9. *c.* 19. *Theophyl. Euthym. hic.*
(*c*) *Marc.* IX. 4. 5.

9. *Dico autem vobis quia quicumque dimiserit uxorem suam, nisi ob fornicationem, & aliam duxerit, mœchatur: & qui dimissam duxerit, mœchatur.*	9. Aussi je vous déclare, que quiconque quitte sa femme, si ce n'est en cas d'adultére, & en épouse une autre, commet un adultére: & que celui qui épouse celle qu'un autre a quittée, commet aussi un adultére.
10. *Dicunt ei Discipuli ejus: Si ita est causa hominis cum uxore, non expedit nubere.*	10. Ses Disciples lui dirent: Si la condition d'un homme est telle à l'égard de sa femme, il n'est pas avantageux de se marier.
11. *Qui dixit illis: Non omnes capiunt verbum istud, sed quibus datum est.*	11. Il leur dit: Tous ne comprennent pas ces paroles; mais ceux à qui il a été donné *d'enhaut.*

COMMENTAIRE.

que Moyse avoit toléré. Celui-ci avoit toléré le divorce, à cause de la dureté, & de l'indocilité des Juifs: (a) Mais Dieu avoit commandé qu'un homme demeurât avec sa femme. JESUS-CHRIST démêle ici parfaitement ces deux choses. Il révoque la permission, ou la tolérance que Moyse avoit établie, & il rétablit le mariage sur le pied où Dieu l'avoit mis au commencement. Nous ne nous étendrons pas ici sur le divorce, parce que nous en avons traité amplement dans une Dissertation exprès, à la tête du Deutéronome.

℣. 10. SI ITA EST CAUSA (b) HOMINIS CUM UXORE. *Si la condition d'un homme est telle à l'égard de sa femme, il n'est pas avantageux de se marier.* Si le lien du mariage est indissoluble, & que le divorce ne soit permis qu'au cas d'adultére; & qu'encore en ce cas il ne soit pas permis à un homme de prendre une autre femme, du vivant de la premiére; il n'est pas avantageux de s'engager dans le mariage, puisqu'il y a un grand nombre d'autres cas, où un femme peut devenir insupportable, & que d'ailleurs tout le monde n'a pas le don de continence.

℣. 11. NON OMNES CAPIUNT VERBUM ISTUD. *Tous le comprennent pas ces paroles:* Tous n'entendent pas le langage de renoncer au mariage, (c) & de vivre dans la continence. Il n'est pas donné à tout le

---

(a) Origénes tom. 14. sur S. Matthieu, & S. Jérôme sur cet endroit-ci semblent dire que Moyse permit le divorce par son propre esprit, & non par l'ordre de Dieu; de même que S. Paul dit qu'il conseille aux veuves de demeurer dans le veuvage; mais il ne leur commande pas: *Ut consilium sit hominis, non imperium Dei.* Voyez aussi S. Ambroise l. 8. *in Luc.* n. 7. *Moyses permisit, inquit, non Deus jussit.* Ajoûtez ce qui suit. n. 8. *Quæ propter fragilitatem humanam scripta sunt, non à Deo scripta.*

(b) Αἰτία. *Causa, negotium, conditio.* Ce terme est commun dans le Droit Romain, pour marquer *la condition. Grot. Camero.*

(c) *Ita Chrysost. homil.* 63. *Origen. in Matt. t.* 14. *Ambros. Exh. ad Virg. Nazianz. Orat. in hæc verba.*

12. *Sunt enim eunuchi, qui de matris utero sic nati sunt: & sunt eunuchi, qui facti sunt ab hominibus: & sunt eunuchi, qui seipsos castraverunt propter Regnum Cœlorum. Qui potest capere, capiat.*

12. Car il y a des eunuques qui sont nez tels dés le ventre de leur mere: il y en a que les hommes ont fait eunuques: & il y en a qui se sont rendus eunuques eux-mêmes, pour *gagner* le Royaume des Cieux. Qui peut comprendre ceci, le comprenne.

COMMENTAIRE.

monde de suivre dans la pratique ce que vous venez de dire: mais aussi Dieu ne refuse à personne ce don, lorsqu'on lui demande avec ferveur. (*a*) *Demandez*, dit le Sauveur, *& il vous sera donné*. Ce don est accordé à tous ceux qui le souhaitent, & qui le demandent, dit saint Chrysostome. (*b*) Dieu l'a accordé à ceux qui l'ont désiré, qui l'ont demandé, qui ont travaillé pour l'obtenir, dit saint Jerôme: *His datum est qui petierunt, qui voluerunt, qui ut acciperent laboraverunt*. Autrement: (*c*) *Tout le monde ne comprend pas ces raisons*, & ne tire pas cette conséquence, qu'il vaut mieux vivre dans le célibat, que se marier. Le premier sens est le meilleur.

℣. 12. SUNT EUNUCHI, QUI DE UTERO MATRIS SIC NATI SUNT. *Il y a des eunuques qui sont nez tels dés le ventre de leur mere, &c.* Pour montrer que la continence n'est point une chose impossible, & hors d'exemple, le Sauveur remarque trois sortes de personnes qui la pratiquent; les uns sans aucun mérite, & les autres par un principe de vertu. Les premiers sont ceux qui naissent ou avec un tempérament froid & sec, (*d*) & ceux que la nature, l'art, ou la violence des hommes ont rendus tels. Les autres sont ceux qui par des motifs plus relevez se privent volontairement de l'usage du mariage, ou qui vivent dans une continence parfaite *pour le Royaume des Cieux*, c'est-à-dire, pour la prédication de l'Evangile; par exemple, comme saint Jean-Baptiste, & saint Jean l'Evangéliste, qui ont vêcu dans la virginité jusqu'à la mort; ou pour mériter le Royaume des Cieux, & la béatitude, (*e*) comme ceux qui renoncent au mariage pour travailler à leur salut avec plus de tranquillité, & de facilité, tels que sont les Ecclésiastiques, & les Religieux, qui s'engagent par des vœux à garder la continence.

Quelques-uns ont pris ces paroles à la lettre: (*f*) *Ceux qui se sont ren-*

(*a*) *Origen. t. 14. in Matt. Chrysost. homil. 63. Ieronym. hic.*

(*b*) *Chrysost. hic.* Δίδοται γὰρ ἐκείνοις τοῖς βουλομένοις.

(*c*) *Vide Epiphan. Maldon. Grot. Brug.*

(*d*) *Vide Ieronym. & Origen in hunc locum.*

(*e*) *Origen. Hilar. Chrysost hic. Author Oper. imperf. & Euthym. Mald. Hammond. Grot. hic. Clem. Alex. Strom. 3.*

(*f*) *Haretici Valesii apud Aug. hares. 37. & Epiphan. hares. 58. Vide Orig. t. 15. pag. 369. &* 370. Il avouë qu'il avoit autrefois pris mal à propos ces paroles à la lettre, & il en infére la néceſſité des allégories contre Marcion, & quelques autres, qui sont apparemment les Valésiens.

13. *Tunc oblati sunt ei parvuli, ut manus eis imponeret, & oraret. Discipuli autem increpabant eos.*

14. *Jesus verò ait eis: Sinite parvulos, & nolite eos prohibere ad me venire: talium est enim regnum cœlorum.*

13. On lui présenta alors de petits enfans, afin qu'il leur imposât les mains, & qu'il priât *pour eux*: & comme ses diciples les repoussoient avec des paroles rudes,

14. JESUS leur dit: Laissez-là ces enfans, & ne les empêchez pas de venir à moi; car le Royaume du Ciel est pour ceux qui leur ressemblent.

COMMENTAIRE.

dus eunuques eux-mêmes, pour gagner le Royaume des Cieux. Mais l'Eglise a toûjours regardé comme des furieux, des ennemis d'eux-mêmes, & des homicides, ceux qui ont fait sur eux-mêmes cette violente opération, ou qui l'ont fait faire par d'autres, poussez par des prétendus motifs de Religion. Dieu ne demande point un service forcé; & la vertu de chasteté ne consiste point en cela: outre que cet acte n'éteint point la concupiscence, & n'arrête point le déréglement de la chair.

℣. 13. TUNC OBLATI SUNT EI PARVUIL. *On lui présenta alors de petits enfans, afin qu'il leur imposât les mains.* On croit que c'étoit la coûtume de présenter ainsi les enfans aux saints & illustres personnages, pour leur attirer la bénédiction du Ciel; à l'imitation de Jacob, qui étant au lit de la mort, (*a*) imposa les mains à Ephraïm, & à Manassé, fils de Joseph, en leur donnant sa derniére bénédiction. On étoit persuadé que l'attouchement des mains de JESUS-CHRIST ne pouvoit être que très-utile à ces petits enfans, soit pour leur attirer les bénédictions du Ciel, soit pour les préserver des maladies, dont il guérissoit les personnes plus avancées en âge.

℣. 14. SINITE PARVULOS VENIRE AD ME. *N'empêchez pas ces enfans de venir à moi; car le Royaume des Cieux est à eux, ou à ceux qui leur ressemblent.* Il paroît par saint Luc (*b*) qu'il y en avoit de fort petits, & à la mammelle: mais les autres étoient plus grandelets, puisqu'ils pouvoient s'approcher d'eux-mêmes de JESUS. Il les embrassoit, dit saint Marc, (*c*) leur imposoit les mains, & les benissoit. Et comme il prenoit occasion de tout pour instruire ses Apôtres, il leur répete ici ce qu'il leur avoit déja dit dans une autre rencontre, (*d*) que pour parvenir au Royaume des Cieux, pour entrer dans son Eglise, pour recevoir, & pratiquer l'Evangile; en un mot, pour devenir son Disciple, il falloit imiter la dou-

(*a*) *Genes.* XLVIII. 14.
(*b*) *Matt. & Marc. hîc.* Παιδία. *Luc.* XVIII. 15. Προσέφερον δὲ αὐτῷ τὰ βρέφη..., 16. Ἄφετε τὰ παιδία....,
(*c*) *Marc.* X. 16. Ἐναγκαλισάμενος αὐτὰ, τιθεὶς τὰς χεῖρας ἐπὶ αὐτὰ ηὐλόγει αὐτά.
(*d*) *Matt.* XVIII. 3. 4.

15. *Et cùm imposuisset eis manus, abiit inde.*	15. Et leur ayant imposé les mains, il partit de là.
16. *Et ecce unus accedens, ait illi: Magister bone, quid boni faciam ut habeam vitam æternam?*	16. Alors un *jeune* homme s'approcha, & lui dit: Bon maître, quel bien faut-il que je fasse pour acquérir la vie éternelle?

COMMENTAIRE.

cœur, la simplicité, le desintéressement des enfans. (*a*) Voilà ce que devroient être tous les Chrétiens. Saint Luc, & saint Marc (*b*) lui font dire: *N'empêchez pas les enfans de venir à moi; car le Royaume des Cieux est pour ceux qui leur ressemblent. Je vous dis en vérité que quiconque ne recevra point le Royaume de Dieu comme un enfant, n'y entrera pas.* Le Royaume de Dieu marque ici visiblement l'Evangile, la foi, la profession, & la pratique des maximes de la Religion Chrétienne.

℣. 16. MAGISTER BONE, QUID BONI FACIAM? *Bon Maître, quel bien faut-il que je fasse pour acquérir la vie éternelle?* ou pour joüir de la béatitude dans l'autre vie? Quelques Manuscrits (*c*) ne lisent point *Bone*, bon, mais seulement, *Maître*. Et dans la réponse du verset 17. au lieu de ces mots qu'on lit dans le Grec imprimé: *Pourquoi m'appellez-vous bon?* les meilleurs Manuscrits, (*d*) conformément à la Vulgate lisent: *Pourquoi m'interrogez-vous sur ce qui est bon? Il n'y a qu'un seul bon;* ou selon d'autres: *Il n'y a que Dieu seul qui soit bon:* & c'est au jugement de plusieurs habiles Commentateurs, (*e*) la vraye leçon de saint Matthieu. Il y a beaucoup d'apparence que les Copistes Grecs, sans faire attention à la suite du discours, ont mis dans saint Matthieu la leçon qu'ils voyoient dans saint Marc, & dans saint Luc; (*f*) voulant par-là concilier les Evangélistes, qui dans le fond n'ont rien d'opposé entre eux; saint Matthieu ayant simplement dit une parole que les deux autres n'ont pas relevée, & en ayant omis une autre qu'ils ont rapportée, comme il est arrivé en une infinité d'autres endroits.

Saint Luc (*g*) dit que cet homme qui vint interroger JESUS-CHRIST, étoit un homme de condition; & saint Marc (*h*) témoigne qu'il s'approcha fort respectueusement du Sauveur, qu'il se jetta à ses pieds, &

(*a*) *Origen. Ieron. Beda, Theophyl. Euthym. hic.*

(*b*) *Marc. x. 15. Luc. xviii. 17.*

(*c*) *Ita Cantab. & Bold. 3. Æthiop. Hilar. & antiqua Vulg. apud Martianæum.*

(*d*) *Vide Var. Lect. Mill. in* ℣. *17. impress. habent:* Τί με λέγεις ἀγαθόν.

(*e*) *Vide Erasm. Luc. Brug. Grot. Mill. Vide Orig. hic, ubi utramque lectionem agnoscit & Huët. not. in hunc locum.*

(*f*) *Marc. x. 17. 18.* Διδάσκαλε ἀγαθὲ, τί ποιήσω ἵνα ζωὴν αἰώνιον κληρονομήσω; ὁ δὲ Ἰησοῦς εἶπεν αὐτῷ, τί με λέγεις ἀγαθόν, *&c. Ita & Luc. xviii. 18.*

(*g*) *Luc. xviii. 18.* Ἐπηρώτησέ τις αὐτὸν ἄρχων λέγων, *&c.*

(*h*) *Marc. x. 17.*

17. *Qui dixit ei : Quid me interrogas de bono ? Unus est bonus Deus. Si autem vis ad vitam ingredi, serva mandata.*

17. JESUS lui répondit : Pourquoi me demandez-vous ce que vous devez faire de bien ? Il n'y a que Dieu seul qui soit bon. Que si vous voulez entrer en la vie, gardez les commandemens.

COMMENTAIRE.

qu'il lui fit sa demande. Ces circonstances le distinguent fort d'un autre qui vint pour le tenter, & dont il est parlé ailleurs dans saint Luc. (*a*) Ce dernier étoit un savant dans la Loi, & celui-ci nous est représenté comme un homme de bonne foi, & riche, ayant quelque emploi, ou quelque dignité dans sa ville. Toutefois quelques Anciens (*b*) les ont confondus, prétendant que cet homme de condition étoit le même que le savant de saint Luc.

℣. 17. QUID ME INTERROGAS DE BONO? UNUS EST BONUS DEUS. *Pourquoi me demandez-vous ce que vous devez faire de bien? Il n'y a que Dieu seul qui soit bon.* Pour accorder saint Matthieu avec saint Luc, & saint Marc, il faut suppléer ici quelques mots : *Pourquoi me demandez-vous ce que vous devez faire de bien, (& pourquoi m'appellez-vous bon?) puisqu'il n'y a que Dieu seul qui soit bon, & que vous connoissez ses Commandemens qui renferment tout le bien que vous devez faire.* Ce jeune homme avoit dit deux choses ; l'une incidente, savoir que JESUS étoit bon ; & l'autre, en quoi consistoit le bien qu'il devoit faire. Le Fils de Dieu répond à ces deux choses. Quant à la premiere, il ne nie pas qu'il ne soit bon : mais il reprend tacitement cet homme de s'adresser à lui comme au seul bon maître capable de lui enseigner ce qu'il devoit faire pour acquérir la vie éternelle, quoiqu'il ne le reconnût que pour un simple homme. Si je ne suis qu'un homme, je ne mérite pas le nom de *bon Maître* que vous me donnez ; & si je suis Dieu, comme je le suis en effet, pourquoi me regardez-vous comme un simple homme ? Il vouloit conduire ce jeune homme à la connoissance de sa divinité ; c'est pour cela qu'il releve le nom de *Bon*, que cet homme lui avoit donné fort innocemment, sans penser qu'il fût Dieu ; mais le considérant seulement comme un homme de bien, & un maître qui enseignoit la vérité, & la justice Ainsi c'est mal-à-propos que les Ariens se servoient de ce passage contre la Divinité du Verbe; il ne fait rien pour eux. Il prouve seulement que JESUS-CHRIST vouloit faire connoître sa Divinité à cet homme ; (*c*) & il prend cette

(*a*) *Luc. x. 25.*
(*b*) *Ieron. hic. Ambrof. in Luc. Cyrill. l. 2. Thesauri c. 1. Quidam apud Chrysost. quos ille refellit.*

(*c*) *Vide Epiphan. haresi 69. Ambrof. in Luc. Aug. contra Maximin. Arian. l. 3. c. 13. Cyrill. Alex. l. 2. Thesauri cap. 1. Basil. ad Amphiloc. Vide Mald.*

18. *Dicit illi: Quæ? Jesus autem dixit: Non homicidium facies: Non adulterabis: Non facies furtum: Non falsum testimonium dices.*

18. Quels commandemens, lui dit-il? Jesus lui dit: Vous ne tuërez point: Vous ne commettrez point d'adultére: Vous ne deroberez point: Vous ne direz point de faux témoignage:

19. *Honora patrem tuum, & matrem tuam: & diliges proximum tuum sicut teipsum.*

19. Honorez vôtre pere & vôtre mere; & aimez vôtre prochain comme vous-même.

COMMENTAIRE.

occasion qu'il lui présente pour lui faire entendre cette vérité.

Quant à la seconde chose que ce jeune homme lui avoit demandée: *Quel bien faut-il que je fasse pour acquérir la vie éternelle?* le Sauveur lui répond: *Pourquoi me demandez-vous quel bien vous devez faire? Si vous voulez entrer dans la vie, gardez les Commandemens.* Il y a une transposition, ou une omission dans le Texte de l'Evangile: Mais il est aisé de la suppléer de la maniére que nous venons de faire. Quelques Nouveaux (a) traduisent: *Quid me interrogas de bono?* par ces mots: *Pourquoi m'appellez-vous bon?* Mais ni le Texte Latin, ni le Grec de plusieurs anciens Manuscrits, qui lui sont conformes, ne peuvent naturellement être traduits de cette sorte.

℣. 18. QUÆ? *Quels commandemens?* Cet homme croyoit que le Fils de Dieu lui donneroit quelques nouveaux commandemens, différens de ceux de Moyse. Il est à remarquer que le Sauveur ne parle pas ici des commandemens de la premiére Table, qui regardent Dieu. Il ne parle que de ceux qui regardent le prochain: peut-être à cause que les transgressions de ces derniéres étoient bien plus communes, que celles des autres.

℣. 19. DILIGES PROXIMUM TUUM, SICUT TEIPSUM. *Aimez vôtre prochain comme vous-même.* C'est par une espéce de récapitulation qu'il renferme tout ce qu'il vient de dire sous ce précepte. En un mot, *vous aimerez vôtre prochain comme vous-même.* Origénes (b) conjecture que ces derniéres paroles ont été ajoûtées en cet endroit par les Copistes, qui ont voulu mal-à-propos corriger le Texte, sans faire assez d'attention ni à l'intention de l'Auteur, ni à la suite du discours. En effet, ces paroles ne sont ni dans saint Marc, ni dans saint Luc; & elles ne conviennent point à la personne de ce jeune homme, qui déclare ici verset 20. qu'il a observé dés sa jeunesse tout ce que JESUS-CHRIST lui dit. Or s'il a eu une

(a) Maldon Jansf. les Versions de Saci, & de Mons, & de M. Simon, & du P. Martianay.

(b) *Origen. in Matt. p.* 380.

charité

20. *Dicit illi adolescens ; Omnia hac custodivi à juventute mea ; quid adhuc mihi deest ?*

21. *Ait illi Jesus : Si vis perfectus esse, vade, vende quæ habes, & da pauperibus, & habebis thesaurum in cœlo : & veni, sequere me.*

20. Ce jeune homme lui répondit : J'ai gardé tout ces commandemens dés ma jeunesse ; que me manque-t'il encore ?

21. JESUS lui dit : Si vous voulez être parfait, allez, vendez ce que vous avez, & le donnez aux pauvres, & vous aurez un trésor dans le Ciel : puis venez, & me suivez.

COMMENTAIRE.

charité parfaite pour son prochain, que lui manquoit-il encore ? Toutefois ces paroles se trouvent dans tous les Manuscrits, dans les Imprimez, & dans tous les Peres.

A JUVENTUTE MEA. *Dés ma jeunesse.* Depuis que j'ai été capable de les observer. Ces paroles ne se lisoient pas dans les anciens Exemplaires Latins, (*a*) & ne se lisent point encore aujourd'hui dans quelques anciens Manuscrits Grecs. (*b*) On soupçonne que cela a été transmis de saint Marc, & de saint Luc, dans les Exemplaires de saint Matthieu.

℣. 21. SI VIS PERFECTUS ESSE, &c. *Si vous voulez être parfait, allez, vendez ce que vous avez, & donnez-le aux pauvres, & me suivez.* Voici ce qui vous manque : Il faut renoncer à tous vos biens, & me suivre : c'est-là le chemin de la perfection. Vous avez observé les Loix de Moyse dés vôtre jeunesse ; c'en est assez pour satisfaire aux obligations du Juif. Dieu ne vous en demande pas davantage, pour vous donner la vie éternelle. (*c*) *Si vis ad vitam ingredi, serva mandata.* Mais si vous tendez à quelque chose de plus parfait, voici le conseil que je vous donne. (*d*) Embrassez la vie pauvre, & Evangélique que je méne avec mes Apôtres ; rangez-vous sous ma discipline ; soûmettez-vous à l'Evangile, & faites-vous Chrétien. (*e*) Ce n'est pas à dire que le Fils de Dieu demande à tous les Chrétiens ce qu'il propose à cet homme, ni que l'on soit parfait dés qu'on a renoncé aux richesses, & qu'on s'est mis à la suite de J. C. Mais il est certain que par-là on se délivre d'un grand obstacle au salut, & qu'on entre dans la voye de la perfection. C'est à quoi le Fils de Dieu exhorte ce jeune homme, dont il connoissoit le foible, & dont il voyoit le trop grand attachement aux richesses. Aussi *ce jeune homme ayant entendu cela, s'en alla tout triste, parce qu'il avoit de grands biens.*

℣. 24. FACILIUS EST CAMELUM PER FORAMEN ACUS TRANSIRE. *Il est plus aisé qu'un chameau passe par le trou d'une aiguille,*

(*a*) *Ita Luc. Brug. & Grot. Bukentop. Edit. Sixt. V Ita Cyprian. Juvenc. Aug. & antiq. mss. antiquaque Vulg. apud Martianæum p. 74.*

(*b*) *Vide Var. Lect. Millii.*

(*c*) *Matth.* XIX. 17.

(*d*) *Vide Maldon. Luc. Brug.*

(*e*) *Hamm. Grot.*

22. *Cùm audisset autem adolescens verbum, abiit tristis; erat enim habens multas possessiones.*

22. Ce jeune homme entendant ces paroles, s'en alla tout triste; parce qu'il avoit de grands biens.

23. *Jesus autem dixit discipulis suis: Amen dico vobis, quia dives difficilè intrabit in regnum cœlorum.*

23. Et Jesus dit à ses Disciples: Je vous dis en vérité, qu'un riche entrera difficilement dans le Royaume des Cieux.

24. *Et iterùm dico vobis: Facilius est camelum per foramen acûs transire, quàm divitem intrare in regnum cœlorum.*

24. Je vous le dis encore une fois: Il est plus aisé qu'un chameau passe par le trou d'une aiguille, qu'un riche entre dans le Royaume des Cieux.

COMMENTAIRE.

qu'un riche entre dans le Royaume des Cieux. Celse (*a*) soûtenoit que Jesus-Christ avoit pris cette sentence de Platon, (*b*) qui dit qu'il est impossible d'être fort riche, & fort homme de bien: comme s'il étoit nécessaire que la Sagesse éternelle allât puiser dans ce Philosophe des maximes de morale. Le Fils de Dieu condamne ici l'amour, & l'attachement qu'on a pour les richesses. Il est vrai dans toute la rigueur, que cet amour lorsqu'il est dominant, & excessif, est absolument incompatible avec la vie du Chrétien, & qu'il exclut de la béatitude éternelle; & en ce sens, il n'y a nulle hyperbole dans ce que dit le Sauveur, qu'il est aussi difficile qu'un chameau passe par le trou d'une aiguille, qu'il l'est qu'un riche entre dans le Royaume des Cieux; soit qu'on entende par ces dernières paroles la béatitude du Ciel, ou la sincére profession du Christianisme. (*c*)

Mais être riche sans attachement, sans amour pour les richesses, sans empressement, ni pour les conserver, ni pour les augmenter; ne posséder des biens, que pour en user comme Dieu l'ordonne; prêt à les perder, à les donner, à les abandonner, lorsque l'ordre de Dieu, & de la providence le demande; ce n'est point là ce que Jesus-Christ condamne ici. De tels riches ne sont point dans le cas du jeune homme à qui il parle. Les biens de ce monde entre les mains des méchans, sont un piége, & une source de mort: Entre les mains des gens de bien, ce sont des instrumens de bonnes actions, & de mérites.

Quant à ce Proverbe: *Il est plus aisé qu'un chameau passe par le trou d'une aiguille, &c.* la plûpart des anciens, (*d*) & des nouveaux Interpretes (*e*) l'ont pris dans son sens naturel. C'étoit une maniére de parler commune parmi les Hébreux, lorsqu'ils vouloient marquer une chose impossible. On trouve encore dans les livres de leurs Rabbins ces expressions: (*f*)

(*a*) *Origen. l. 6. contra Celsum.*

(*b*) *Plato l. 5. de Legibus.* ὅτι ἀγαθὸν ὄντα διαφερόντως, καὶ πλούσιον εἶναι διαφερόντως ἀδύνατον.

(*c*) *Vide Chrysost. homil. 64. & Greg. Mag. Moral. in Job. l. 4. c. 3. Quod valdè rarum, & ex solo divino miraculo evenire posse monstravit.*

(*d*) *Origen. Hilar. Ieron. Chrysost. Author Oper. imperfect. Juvenc. l. 3. Sedul. l. 4. Carmin. Alii passim. Gregor. Mag. in Job. l. 4.*

(*e*) *Erasm. Baza, Mald. Men. Tir. Drus. Grot. Scultet. Ligfoot, Le Clerc, Hamm. Jans. alii passim.*

(*f*) *Thalmud. Babil. in Perech Haroë Barusoth.*

25. *Auditis autem his, Discipuli mi-*
rabantur valdè, dicentes: Quis ergo
poterit salvus esse?
26. *Aspiciens autem Jesus, dixit illis:*
Apud homines hoc impossibile est: apud
Deum autem omnia possibilia sunt.

25. Ses Disciples entendant ces paroles,
en furent fort étonnez, & ils disoient: Qui
pourra donc être sauvé?
26. JESUS les regardant, leur dit: Cela
est impossible aux hommes; mais tout est
possible à Dieu.

COMMENTAIRE.

Vous êtes apparemment de ces gens, qui font passer un éléphant par le trou d'une aiguille? c'est-à-dire, qui promettent de faire l'impossible. Et encore: *Ils ne firent jamais voir, ni une palme d'or, ni un éléphant qui passe par le trou d'une aiguille.* Enfin, c'est un proverbe encore aujourd'hui parmi les Juifs.: *Le trou d'une aiguille n'est pas trop petit, pour passer deux amis: & tout le monde n'est pas assez large pour deux ennemis.* (*a*) Le Sauveur au lieu d'un éléphant, a mis un chameau qui est un animal plus connu dans le pays où il parloit.

Mais plusieurs Nouveaux (*b*) choquez de la disproportion qu'il y a entre un chameau, & le trou d'une aiguille, ont inventé differentes maniéres d'expliquer ce proverbe, sans toutefois lui rien ôter de sa signification hyperbolique. Ils ont crû que *Camélus* signifioit ici un cable, une de ces grosses cordes dont on se sert dans les navires. Ils montrent non seulement par les Auteurs Grecs, (*c*) mais aussi par les Arabes, & les Syriens, (*d*) que le terme de l'Original se peut fort bien prendre en ce sens. On trouve dans ces Langues des proverbes fort semblables à celui-ci. Les Talmudistes disent (*e*) que la sortie de l'ame, & sa séparation du corps est aussi difficile, que le passage d'un cable par le trou d'une aiguille. Mahomet dans l'Alcoran (*f*) dit, que ceux qui nient sa doctrine, & qui s'élevent contre elle, n'entreront non plus dans le Ciel, qu'un cable passe par le trou d'une aiguille. Enfin, la suite du discours, & la proportion des membres de la comparaison, favorisent plus cette seconde explication que la premiére. On conçoit au moins quelque espéce de possibilité, quoiqu'infiniment difficile, de faire passer un cable par le trou d'une aiguille; mais il n'y en a aucune entre cela, & un chameau.

D'autres (*g*) ont avancé qu'il y avoit à Jérusalem une porte si basse, & si étroite, qu'un chameau chargé n'y pouvoit passer. On l'appelloit le trou de l'aiguille, & elle avoit, dit-on, donné lieu au proverbe, dont se sert ici J. C. mais c'est une pure fiction, qui ne mérite aucune créance. Il

(*a*) *Vide Buxtorf. Lexic. Talmud. voce* נקב *& Boch. de anim. Sacr. p. 1. l. 2. c. 5.*

(*b*) *Quid. apud Theophyl. Boch. loco citato, Castal. Canin. Camero. Vide Huetii not. in Matt. XIX. p. 69.*

(*c*) *Scoliast. Aristophan. Suidas, Phavorin. Theophyl. Euthym.*

(*d*) *Vide Boch. p 1. l. 2. c. 5. de animal.*

(*e*) *Talmud. in Moëd Katon.*

(*f*) *Alcoran Surat. de Limbis.*

(*g*) *Vide Maldon. hic.*

27. *Tunc respondens Petrus, dixit ei : Ecce nos reliquimus omnia, & secuti sumus te : quid ergo erit nobis?*

27. Alors Pierre prenant la parole, lui dit: Pour nous autres, vous voyez que nous avons tout quitté, & que nous vous avons suivi : quelle sera donc la recompense que nous en recevrons ?

COMMENTAIRE.

faut s'en tenir à l'explication naturelle de ce passage. La parabole est hyperbolique ; elle paroît outrée : mais plus elle paroît impossible, plus elle revient à l'intention de Jesus-Christ, qui vouloit marquer l'impossibilité morale du salut d'un riche, attaché à ses richesses. Il n'y a que Dieu qui puisse opérer une telle merveille : *Apud homines impossibile est ; apud Deum autem omnia possibilia sunt*. Le mot d'impossible ne se prend pas ici dans toute sa rigueur. On a vû des Philosophes abandonner, & mépriser des richesses pour des motifs bien moins forts, que ceux que nous propose l'Evangile. Mais l'impossible se met ici, pour extrêmement difficile, (a) & pour ce qui ne se peut faire méritoirement par les seules forces de la nature. Il faut une grace très-forte, pour triompher de la dureté d'un cœur possedé de l'amour des richesses.

℣. 27. Ecce nos reliquimus omnia. *Nous avons tout quitté, & nous vous avons suivi : quelle sera donc la récompense que nous en recevrons ?* S. Pierre ayant oüi le Seigneur qui exagéroit la difficulté du salut des riches, crut avoir trouvé l'occasion de lui demander ce qu'ils devoient attendre de lui, puisqu'ils avoient tout quitté pour le suivre. Jusques-là Jesus-Christ ne leur avoit guéres promis que des peines, des persécutions, des croix ; & lorsqu'ils s'étoient avisez de parler des dignitez, & des premiéres places de son Royaume, il leur avoit fait voir que les grandeurs, & les dignitez de son Royaume ne se gagnoient que par l'humilité, & en renonçant à l'ambition, & à l'amour des richesses. Tout cela ne contentoit pas des personnes qui n'étoient point encore parfaites. Ces objets ne remplissoient pas leur idée d'un Royaume temporel, & d'une vie heureuse. Saint Pierre toûjours ardent, saisit donc cette occasion pour demander au Fils de Dieu comment il récompensera leur attachement, & leur fidélité. Il est vrai qu'il avoit peu quitté, puisqu'il n'étoit pas riche ; mais enfin il avoit abandonné tout ce qu'il avoit, & tout ce qu'il pouvoit acquérir. Il avoit sacrifié jusqu'au désir de devenir riche : *Omnia contemnit, qui non solùm quantùm potuit ; sed etiam quantùm voluit habere, contemnit,* dit saint Augustin. (b)

℣. 28 In regeneratione cum sederit, &c. *Lorsqu'au tems de la résurrection, le Fils de l'homme sera assis sur le trône de sa gloire, vous serez aussi assis sur douze trônes, & vous jugerez des douze tribus*

(a) *Vide Nazianz. Orat. 36. homil. 5. in Evang. & Bernard. Declamat.*

(b) *Aug. Ep. 31. n. 5. nov. edit. Vide & Greg.*

28. *Jesus autem dixit illis: Amen dico vobis: quòd vos qui secuti estis me, in regeneratione cùm sederit Filius hominis in sede majestatis suæ, sedebitis & vos super sedes duodecim, judicantes duodecim tribus Israël.*

28. Et JESUS leur dit: Je vous dis en vérité que pour vous qui m'avez suivi, lorsqu'au tems de la résurrection le Fils de l'homme sera assis sur le trône de sa gloire, vous serez aussi assis sur douze trônes, & vous jugerez les douze tribus d'Israël.

COMMENTAIRE.

d'Israël. Il est visible que la *Regénération* en cet endroit, marque la derniére résurrection, & le second avenement du Fils de Dieu. (*a*) C'est-là proprement le commencement de son regne glorieux, lorsqu'après avoir exercé son jugement sur tous les hommes, & les Anges, & ayant rendu à un chacun selon ses œuvres; le Pere Céleste lui assujettira toutes choses, (*b*) & réduira ses ennemis à servir d'escabeau à son trône. Les Apôtres ont appellé cela Régénération, (*c*) ou Résurrection, ou nouvelle vie; parce qu'en effet alors on verra un nouveau ciel, & une terre nouvelle. (*d*) Les anciens Juifs avoient sur cela des sentimens assez particuliers, que nous avons rapportez dans la Dissertation sur les Caractéres du Messie, suivant les Docteurs Hébreux.

La plûpart des Peres des premiers siécles avoient puisé dans les traditions des Juifs leur opinion sur le regne de JESUS-CHRIST, pendant mille ans sur la terre; & cela venoit peut-être encore de plus loin, puisque les Platoniens, & les Stoïciens admettoient un renouvellement qui devoit arriver dans le monde après un certain nombre d'années. (*e*) Ils l'exprimoient par le même terme dont se sert ici l'Evangéliste; mais ils y joignoient une idée bien différente.

Quelques-uns (*f*) par ce terme de *Régénération*, ont entendu le Baptême; & il est certain que saint Paul (*g*) donne ce nom au Baptême: car alors on renaît de nouveau, comme le dit J. C. à Nicodéme. (*h*) D'autres (*i*) l'entendent du renouvellement qui arriva dans le monde, à la prédication de l'Evangile, après la Résurrection, & l'Ascension de J. C. Alors ont vit en quelque sorte un Ciel nouveau, & une terre nouvelle; & le Sauveur lui-même nous avertit qu'il est venu renouveller toutes choses. (*k*) On pourroit aussi l'expliquer du tems de la vengeance que

(*a*) *Ita Theophyl. & Euthym. hic. Aug. lib.* 20. *c.* 5. *de Civit. l.* 3. *contra duas Epist. Pelag. c.* 3. *& l.* 4. *c.* 11. *Greg. l.* 4. *Moral. c.* 23. *& Mald. Brug. alii passim.*

(*b*) 1. *Cor.* XV. 27. 28. *Ephes.* I. 22. *Hebr* II. 8.

(*c*) Παλιγγενεσία

(*d*) *Isai.* LX. 22. LXV. 17. 2. *Petr.* III. 13.

(*e*) *Vide Philon. de incorruptibilitate mundi. Marc. Antonin. l.* XI. §. *Senec. qu. nat. l.* 3. *cap. ult. Euseb. de Præpar. l.* XV. *c.* 19.

(*f*) *Hilar. Autor Operis imperfecti.*

(*g*) *Tit.* III. 5.

(*h*) *Joan.* III. 3. 4. 5.

(*i*) *Grot. Hamm. Camero, Jacob. Capell.*

(*k*) *Vide Matth.* IX. 17. 2. *Cor.* V. 17. *Galat.* 3. 15.

le Fils de Dieu devoit exercer contre les douze tribus d'Israël; (a) & de la réprobation qu'il devoit faire de la plûpart des Juifs, à cause de leur incrédulité. On peut confirmer ce sentiment, 1°. parce que J. C. limite ici le jugement qu'il rendra, & la vengeance qu'il exercera, aux seuls Juifs. Or dans le dernier Jugement tous les hommes seront jugez, & tous les méchans condamnez. 2°. Après avoir promis à ceux qui l'ont suivi, de les faire asseoir sur douze siéges, pour juger les douze tribus d'Israël, il leur promet aussi le centuple en cette vie, (b) & après cela la vie éternelle. Or après le Jugement dernier, il n'y a plus de centuple à espérer en ce monde. Mais aprés la ruine de Jérusalem, & la ruine des Juifs incrédules, les fidéles jouïront du centuple en ce monde, quoiqu'au milieu des persecutions, comme le dit expressément saint Marc. 3°. Enfin J. C. conclut ce discours en disant: *Que plusieurs de ceux qui avoient été les premiers, seront les derniers; & que plusieurs de ceux qui étoient les derniers, seront les premiers.* Ce qui marque clairement la réprobation des Juifs, & la vocation des Gentils, laquelle n'a eu proprement son exécution visible, qu'après la ruine de Jérusalem, & après la vengeance que le Seigneur a exercée contre les Juifs infidéles & incrédules. La suite conduit naturellement à cette explication. Si le Sauveur ne parloit que du Jugement dernier, il n'auroit pas mis simplement, les douze tribus d'Israël, puisque tous les hommes doivent paroître en jugement. Il n'auroit pas dit non plus que le Fils de l'homme paroîtra alors dans sa gloire, avec ses Apôtres, sans parler du Pere, qui est le Juge des vivans, & des morts; ni des Saints qui jugeront avec lui. Mais dans la vengeance que le Fils de Dieu exerça contre la nation des Juifs, après son Ascension, on peut dire que c'étoit son Jugement propre, & celui de ses Apôtres. Les Juifs l'avoient rejetté, persécuté, & mis à mort; ils en avoient usé de même envers ses Apôtres. Il étoit juste que lui, & ses Apôtres à leur tour les jugeassent, les rejettassent, & les condamnassent.

Le Fils de Dieu nous représente souvent l'appareil du Jugement dernier, sous la figure de celui qu'il exerça alors contre les Juifs. (c) Il est vrai qu'au tems du dernier siége de Jérusalem, tous les Apôtres n'étoient peut-être pas morts. On sait certainement que saint Jean l'Evangéliste étoit encore en vie, & qu'il ne put assister invisiblement comme les autres Apôtres à ce terrible jugement. Mais presqu'aussi-tôt après l'Ascension du Sauveur, les Apôtres commencérent à prêcher l'Evangile aux Gentils; ils ne regardérent plus les Juifs endurcis, que comme un peuple livré à son sens réprouvé. Le siége, & la prise de Jérusalem fut le commencement de la ruine visible des Juifs; mais leur perte totale, leur en-

(a) *Vide Ligfoot. Hor. Talm. hic.* Le verset dernier de ce Chapitre, & tout le Chap. xx. demande ce sens.

(b) *Ita Marc.* xi. 30. 31. *Luc.* xviii. 30.

(c) *Matth.* xxiv. 30. xxvi. 64. *Luc.* xxi. 27. *Matth.* xiii. 39. x. 41. & xvi. 27.

29. *Et omnis qui reliquerit domum, vel fratres, aut sorores, aut patrem, aut matrem, aut uxorem, aut filios, aut agros, propter nomen meum, centuplum accipiet, & vitam æternam possidebit.*

29. Et quiconque abandonnera pour mon nom sa maison, ou ses freres, ou ses sœurs, ou son pere, ou sa mere, ou sa femme, ou ses enfans, ou ses terres, en recevra le centuple, & aura pour héritage la vie éternelle.

COMMENTAIRE.

tiére dispersion n'arriva que sous Adrien, & alors saint Jean, & tous les Apôtres, & les Disciples qui avoient vû le Seigneur, étoient morts. Ajoutez que dans ces maniéres de parler figurées, & énigmatiques, on ne doit pas exiger une exécution littérale de toutes les parties de la parabole; si cela étoit, il y auroit un des treize Apôtres qui seroit exclus de la séance, puisqu'il n'y a que douze trônes; & l'une des treize tribus d'Israël, qui seroit exempte de la rigueur du Jugement, puisque JESUS-CHRIST dit qu'il n'y en aura que douze qui seront jugées. (a) On met ici un nombre fixe pour un nombre incertain. Au reste, cette explication n'est nullement contraire à celle des Peres, & des Interprétes Catholiques, qui expliquent ceci du Jugement dernier. Tous les Commentateurs sont d'accord que la ruine de Jérusalem étoit une figure de la fin du monde, que souvent les Auteurs sacrez réünissent ces deux objets dans un même discours, sous une seule vûë, & dans une même prophétie.

℣. 29. CENTUPLUM ACCIPIET, &c. *Quiconque abandonnera pour mon nom sa maison, &c. ou sa femme, ou ses enfans, en recevra le centuple, & aura pour héritage la vie éternelle.* Ceux qui imiteront la piété, & la foi des Apôtres, en abandonnant toutes choses pour suivre JESUS-CHRIST, ou pour pratiquer plus parfaitement ses préceptes, & ses conseils, recevront la même récompense, & le même honneur que les Apôtres; (b) & outre cela le centuple en ce monde, (c) & la vie eternelle en l'autre. Pierre abandonna sa femme, Jacques & Jean abandonnérent leur pere, Matthieu quitta son emploi, & ses biens; tous laissérent ce qu'ils avoient, & ce qu'ils pouvoient attendre dans le monde, pour suivre le Sauveur. Ils en ont reçû la récompense *au centuple;* c'est-à-dire, au lieu des biens temporels & périssables, ils en ont reçû de spirituels, qui sont d'un mérite infiniment supérieur à ceux du monde. Au lieu des secours qu'ils pouvoient espérer d'un pere, d'une femme, & des enfans, ils ont retrouvé une infinité de personnes qui les ont honorez, considérez, consolez, secourus, plus que n'auroient pû faire toutes leurs familles, & toutes les

(a) *Vide Ieronym. hic. & Bedam, & August. lib. xx. de Civit. cap. 5. & Mald.*

(b) *Chrysost. Author Oper. imperfect. Theophylact.*

(c) *Marc. x, 30. Nunc in tempore hoc. Luc. xviii, 30.*

30. *Multi autem erunt primi novissimi, & novissimi primi.*

30. Mais plusieurs *qui avoient été les* premiers, seront les derniers; & *plusieurs qui avoient été* les derniers, *seront* les premiers.

COMMENTAIRE.

personnes les plus proches, & les plus attachées pat les liens du sang. (*a*)

Origénes (*b*) & quelques autres ont crû que ce passage parloit d'une sorte de personnes d'un ordre inférieur aux Apôtres, & dont la récompense est aussi moins grande que la leur. Les Apôtres quittent généralement tout, & suivent Jesus-Christ. Leur récompense est d'être assis avec lui, pour juger les douze tribus d'Israël. Mais ceux dont il parle ici ne quittent pas tout, mais seulement, ou leur pere, ou leur mere, &c. ou s'ils quittent tout, ils ne se mettent pas à la suite du Sauveur, comme les Apôtres; aussi leur récompense est seulement le centuple en cette vie, proportionné à ce qu'ils ont quitté; & la vie éternelle en l'autre.

℣. 30. Multi autem erunt primi novissimi, et novissimi primi. *Plusieurs qui avoient été les premiers, seront les derniers; & plusieurs qui avoient été les derniers, seront les premiers.* Dans le Jugement dernier, dans l'autre vie, dans la distribution des récompenses, & des peines, on verra un terrible changement dans la condition, & dans l'état des hommes. Tel a été le premier en ce monde, qui sera le dernier en l'autre; & tel a été ici le dernier, qui sera le premier au Jugement de Dieu. Mais je crois que le sens littéral de ce passage regarde principalement la réprobation des Juifs, & l'élection des Gentils; (*c*) de sorte qu'il a un rapport naturel & à ce que nous avons dit sur le ℣. 28. de la punition des Juifs, de leur dispersion, & de leur exclusion de l'Eglise, & au Chapitre suivant, qui est une continuation de la même matiére, (*d*) où Jesus-Christ marque l'exclusion des Juifs d'une maniére encore plus sensible. Les Juifs qui sont les premiers appellez à l'Evangile, les enfans légitimes du Royaume, les héritiers des promesses, eux qui devoient occuper les premiéres places dans le Royaume du Messie, en seront exclus, & n'y auront aucune part.

(*a*) *Rom.* VIII. 18.

(*b*) *Origen. in Matth. Aug. Ep. olim.* 89 *nunc* 157. *Ieronym. Beda.*

(*c*) *Vide Grot. hîc. & Med Diss. pag.* 111. *Confer Luc.* XIII. 29. 30. *& Greg Mag. hom* 19. *Chrysost. homil.* 65. *Hilar. hîc.*

(*d*) Dans le Grec, & dans le Syriaque la liaison en est sensible; ils lisent: *Car le Royaume des Cieux est semblable, &c.* Et la conclusion de la parabole est la même que ce que nous lisons ici, Chap. XX. ℣. 16. *Sic erunt novissimi primi, & primi novissimi.*

CHAPITRE

CHAPITRE XX.

Parabole des ouvriers envoyez travailler à la vigne, à différentes heures, & toutefois récompensez également. JESUS-CHRIST *prédit sa Passion. La mere des enfans de Zébédée demande que ses deux fils ayent les deux premiéres places dans le Royaume de J. C. Deux aveugles guéris prés de Jéricho.*

℣. 1. *Simile est Regnum Cœlorum homini patrifamilias, qui exiit primo mane conducere operarios in vineam suam.*

℣. 1. Le Royaume des Cieux est semblable à un pere de famille, qui sortit dés le grand matin, afin de loüer des ouvriers *pour travailler* à sa vigne.

COMMENTAIRE.

℣. 1. SIMILE EST REGNUM COELORUM, &c. *Le Royaume des Cieux est semblable à un pere de famille, qui va de grand matin loüer des ouvriers pour travailler à sa vigne.* On a déja remarqué sur la fin du Chapitre précédent, que celui-ci en étoit une suite. Aussi le Grec lit : *Car le Royaume des Cieux, &c.* Tout ceci tend à prouver ce que JESUS-CHRIST a avancé, que plusieurs de ceux qui sont les premiers, deviendront les derniers ; c'est-à-dire que les Juifs seront exclus de l'Eglise, & du Royaume de Dieu, pendant que les Gentils y tiendront la première place. Car c'est le vrai sens de ces paroles : *Erunt novissimi primi, & primi novissimi* ; comme il paroît par saint Luc, XIII. 28. 29. 30. Le Pere de famille est Dieu ; le Royaume des Cieux, est l'Eglise Chrétienne ; sa vigne, est la Synagogue. Les ouvriers qu'il y a envoyez à toutes les heures du jour, sont les Prophétes, & les Saints de l'ancien Testament. Les derniers envoyez à la culture de la vigne, sont les Apôtres, qui y ont appellé les Gentils, en leur prêchant l'Evangile. Les Gentils reçoivent la même récompense, & sont admis dans le Royaume, de même que les Juifs, quoique ceux-ci ayent porté tout le poids du jour. On développera tout cela avec plus d'étenduë dans la suite du Commentaire.

Le Royaume des Cieux est semblable, c'est-à-dire, la conduite que Dieu a observée dans l'économie de la vocation des hommes à la Foi, & à la connoissance de la vérité, est semblable à celle d'un pere de famille, qui

2. *Conventione autem factâ cum operariis ex denario diurno, misit eos in vineam suam.*	2. Et étant convenu avec les ouvriers d'un denier pour leur journée, il les envoya à sa vigne.

COMMENTAIRE.

envoye des ouvriers pour cultiver sa vigne dans toutes les heures du jour. La Synagogue est très-souvent désignée dans les Prophétes sous l'idée d'une vigne ; (*a*) & Dieu le Pere, sous l'idée de celui qui cultive la vigne, & qui en est le maître. (*b*) Tout le tems qui s'est écoulé depuis le commencement du monde ; (*c*) ou plûtôt celui qui s'est passé depuis que le Seigneur a transporté sa vigne de l'Egypte, comme parle le Psalmiste, (*d*) & qu'il l'a plantée dans la terre de Canaan, est marqué par les diverses heures du jour. La derniére heure, selon cette hypothése, est celle de la venuë du Messie, & de la manifestation de sa gloire. Ce tems est souvent désigné dans l'Ecriture, (*e*) par *les derniers jours*. Ce fut alors que les Juifs furent réprouvez, & les Gentils appellez dans l'Eglise : alors on vit que les premiers devinrent les derniers ; & les derniers, les premiers.

Cette explication n'exclut point toutes les autres que les Peres, & les Commentateurs ont donné à ce passage. Par exemple, les uns ont dit que la vigne, étoit nôtre ame, (*f*) à la perfection de laquelle nous devons travailler tous les jours de nôtre vie. D'autres, (*g*) que c'est la justice que nous devons cultiver sans cesse. Le jour marque toute nôtre vie ; le soir, la mort, le jour du jugement. Rien de plus vrai que tout cela dans le sens moral. Chacun de nous recevra à la fin de sa vie, suivant son travail, la récompense, ou les supplices éternels. Tous joüiront de la souveraine beatitude, dit saint Augustin ; mais tous ne la posséderont pas dans le même degré, à cause de l'inégalité des mérites : (*h*) *Quamvis pro meritorum diversitate fulgebunt alius magis, alius minùs ; quod tamen ad vitam æternam attinet, æqualis erit omnibus.*

EXIIT PRIMO MANE. *Il sortit de grand matin.* Les Juifs suivoient alors la maniére de compter les heures comme les Romains. Chaque jour avoit douze heures, & la nuit autant. Ces heures du jour & de la nuit étoient inégales, suivant les saisons, & suivant la longueur, ou la bréveté des jours. *Le grand matin*, étoit la premiére heure du jour, elle revient dans l'équinoxe, à six heures du matin, suivant nôtre usage. La troisiéme heure

(*a*) *Isai.* III. v. XII. *Jerem.* II. XII. 10. *Ezech.* XVII. *Joël.* I. *Psal.* LXXIX. 9. *& seq.* *Joan.* XV. *Matth.* XXI. *&c.*

(*b*) *Joan.* XV. *Ita Patres passim.*

(*c*) *Origen. in Matth. Hilar. Beda hîc. Greg. Magn. homil.* 19. *in Evangel. Iren. lib.* 4. *cap.* 70. *Optat. Milev. lib.* 5. *contra Parmenion. Author operis imperfecti.*

(*d*) *Psal.* LXXIX.

(*e*) *Isai.* II. 2. XXX. 8. *&c.*

(*f*) *Theophylact.*

(*g*) *Irenæ. l.* 4. *c.* 70. *Chrysost. hîc. alii.*

(*h*) *August. serm.* 87. *olim* 59. *de Verbis Domini.*

3. *Et egressus circa horam tertiam, vidit alios stantes in foro otiosos,*

3. Il sortit encore sur la troisiéme heure *du jour*, & en ayant vû d'autres qui se tenoient dans la place sans rien faire,

4. *Et dixit illis: Ite & vos in vineam meam, & quod justum fuerit dabo vobis.*

4. Il leur dit: Allez-vous-en aussi vous autres à ma vigne, & je vous donnerai ce qui sera raisonnable;

5. *Illi autem abierunt. Iterùm autem exiit circa sextam, & nonam horam: & fecit similiter.*

5. Et ils s'y en allérent. Il sortit encore sur la sixiéme, & sur la neuviéme heure *du jour*, & fit la même chose.

6. *Circa undecimam verò exiit, & invenit alios stantes, & dicit illis: Quid hîc statis totâ die otiosi?*

6. Enfin étant sorti sur l'onziéme heure, il en trouva d'autres qui étoient là *sans rien faire*, ausquels il dit: Pourquoi demeurez-vous là tout le long du jour sans travailler?

COMMENTAIRE.

revient à nos neuf heures du matin. L'heure de sexte, à midi. L'heure de none, à trois heures après midi. La onziéme heure, à cinq heures du soir. Et la douziéme & derniére heure du jour, à six heures du soir dans l'équinoxe; & à l'heure du coucher du soleil dans les autres tems.

ỳ. 2. CONVENTIONE AUTEM FACTA. *Etant convenu avec les ouvriers d'un denier par jour.* On n'est pas d'accord sur la valeur d'un denier de ce tems-là. Peut-être que le denier est mis en général pour une piéce d'argent, telle qu'on la donnoit aux ouvriers chaque jour. Le denier Romain valoit, selon les uns, dix sols: selon d'autres, huit sols, & un de nos deniers: D'autres le font seulement de sept sols huit deniers, & un peu plus.

ỳ. 3. VIDIT ALIOS STANTES IN FORO OTIOSOS. *Il en vit d'autres qui se tenoient dans la place sans rien faire.* Les manœuvres se tenoient dans la place, attendant qu'on les vînt loüer, & qu'on les employât. C'est ce que nous voyons encore pratiquer dans les grandes villes.

ỳ. 6. CIRCA HORAM UNDECIMAM. *Sur l'onziéme heure.* Une heure avant la fin du jour. Ceux-ci marquent les Gentils, qui furent appellez à l'Evangile beaucoup plus tard que les Juifs. Ils ne laisserent pas d'y entrer, & de recevoir la même récompense, que ceux des Juifs qui crurent au Sauveur. *La onziéme heure*, se met pour celle qui précéde immédiatement la derniére heure de la vie. Marc Crassus disoit au Roi Déjotarus, (*a*) qui étoit fort âgé, & qui commençoit à bâtir une ville: Que veut dire cela; vous voilà presque arrivé à la douziéme heure, & vous entreprenez de fonder une ville? Quelques Manuscrits Grecs (*b*)

(*a*) *Plutarch. in Crasso, & Appian. Parthic.*

(*b*) *Vide Var. Lect. Millii hic. Ita Persica vers. & Hilar. hic.*

7. *Dicunt ei : Quia nemo nos conduxit. Dicit illis : Ite & vos in vineam meam.*

8. *Cùm serò autem factum esset, dicit dominus vineæ procuratori suo : Voca operarios, & redde illis mercedem, incipiens à novissimis usque ad primos.*

9. *Cùm venissent ergo qui circa horam undecimam venerant, acceperunt singulos denarios.*

7. Parce, lui dirent-ils, que personne ne nous a loüez. Et il leur dit : Allez-vous-en aussi vous autres à ma vigne ?

8. Le soir étant venu, le maître de la vigne dit à celui qui avoit le soin de ses affaires : Appellez les ouvriers, & payez-les, en commençant depuis les derniers jusqu'aux premiers.

9. Ceux donc qui n'étoient venus *à la vigne* que vers l'onziéme heure, s'étant approchez, reçurent chacun un denier.

COMMENTAIRE.

ici, & au ℣. 9. lisent : *La douziéme heure*, au lieu de *la onziéme.*

℣. 7. QUIA NEMO NOS CONDUXIT. *Parce que personne ne nous a loüez.* Le Seigneur laissa les nations dans l'égarement de leurs voyes, (*a*) sans les appeller à son service, & à la foi, au moins d'une maniére expresse & publique, jusqu'au tems de la prédication de l'Evangile.

℣. 8. DICIT DOMINUS VINEÆ PROCURATORI SUO. *Le maître de la vigne dit à celui qui avoit soin de ses affaires*, à son économe. C'étoit un esclave établi sur les autres esclaves de la famille, qui avoit soin de leur fournir la nourriture, & de leur distribuer leur travail. Le pere de famille se reposoit sur lui du soin de ses affaires domestiques. (*b*) Il faisoit la dépense, payoit les ouvriers, & rendoit compte de tout à son maître. L'Evangile parle assez souvent de ces économes. (*c*) Ils n'étoient pas fort différens de ce que les Latins appelloient *Villicus*, & de ce que nous nommons Intendant de la maison d'un grand. (*d*) Tel étoit Eliézer dans la maison d'Abraham ; Joseph dans celle de Pharaon. Moyse nous est représenté dans l'Ecriture, comme l'Intendant de la maison du Seigneur. (*e*)

A NOVISSIMIS USQUE AD PRIMOS. *Payez-les, en commençant depuis les derniers jusqu'aux premiers.* Les Gentils convertis au Christianisme, sont les premiers récompensez, parce que le tems de leur récompense est moins différé, que celui des Juifs, & des anciens Justes, dont la parfaite beatitude a été différée jusqu'après la Résurrection du Sauveur. De plusieurs personnes employées au même travail, ceux-là sont censez être récompensez les premiers, qui reçoivent leur salaire au même tems que les autres, qui ont commencé à travailler de meilleure heu-

(*a*) *Act.* XIV. 15.
(*b*) *Gregor. Magn. homil.* 19. *in Evangel.*
(*c*) *Genes.* XV. 2. *Matth.* XVIII. 23. 26. XXIV. 45. *&c.*
(*d*) *Vide Pignor. tract. Servit. p.* 263.
(*e*) *Num.* XII. 7. *Josue* I. 1. 2. 7. *&c.*

10. *Venientes autem & primi, arbitrati sunt, quòd plus essent accepturi: acceperunt autem & ipsi singulos denarios.*

11. *Et accipientes murmurabant adversùs patremfamilias,*

12. *Dicentes: Hi novissimi unâ horâ fecerunt, & pares illos nobis fecisti, qui portavimus pondus diei & æstus.*

13. *At ille respondens uni eorum dixit: Amice, non facio tibi injuriam: nonne ex denario convenisti mecum?*

14. *Tolle quod tuum est, & vade: volo autem & huic novissimo dare sicut & tibi.*

10. Ceux qui avoient été loüez les premiers venant à leur tour, crurent qu'on leur donneroit davantage: mais ils ne reçurent non plus qu'un denier chacun;

11. Et en le recevant ils murmuroient contre le pere de famille,

12. En disant: Ces derniers n'ont travaillé qu'une heure, & vous les rendez égaux à nous qui avons porté le poids du jour, & de la chaleur.

13. Mais pour réponse il dit à l'un d'eux: Mon ami, je ne vous fais point de tort: n'êtes-vous pas convenu avec moi d'un denier *pour vôtre journée?*

14. Prenez ce qui vous appartient, & vous en allez: pour moi je veux donner à ce dernier autant qu'à vous.

COMMENTAIRE.

re. (*a*) *Illi primi justi post multum tempus; nos post modicum tempus: quamvis simul accipiamus, priores videmur accepisse, quia merces nostra non tardabit.*

℣. 11. ACCIPIENTES MURMURABANT. *En le recevant, ils murmuroient contre le Pere de famille.* Le pere de famille avoit promis à tous ses ouvriers de leur donner ce qui seroit juste. Il excéde ses promesses à l'égard des derniers qu'il avoit envoyez; il leur donne en quelque sorte au-delà de la justice. Mais cela autorise-t'il les premiers à murmurer de sa conduite? N'est-il pas le maître de son bien? N'en peut-il pas faire largesse à qui il veut? S'il leur donne quelque chose de plus qu'aux premiers, ce n'est pas par forme de salaire, mais par forme de grace, & de faveur. (*b*) Ou bien: Il veut récompenser leur zéle & leur ferveur, qui a égalé dans le peu de tems qu'ils ont été à son service, le travail de ceux qui avoient été appellez auparavant. (*c*) En effet, l'Eglise Chrétienne, sur tout dans les premiers siécles, a témoigné tant d'ardeur, & de vivacité dans le service de son Dieu; elle a porté si loin son zéle dans la pratique des plus excellentes vertus, que l'on peut dire qu'elle a laissé beaucoup derriére soi la Synagogue, même considérée dans ses tems les plus beaux, & les plus loüables.

(*a*) *Aug. Serm. olim 59. nunc 87. n. 5. Vide & Gregor. in Ezechiel. homil. 4. n. 6. Theodoret. l. 5. Hæretic. fab. c. 12.*

(*b*) *August. Serm. 87. n. 6. Non murmuret ergo qui post multum tempus accepit, contra eum qui post modicum accepit. Illi redditur, illi donatur. Utrisque tamen una res donatur.*

(*c*) *Vide Maldon. Men. Ham.*

15. *Aut non licet mihi quod volo, facere? an oculus tuus nequam est, quia ego bonus sum?*

15. Ne m'est-il donc pas permis de faire ce que je veux? Et vôtre œil est-il mauvais, parce que je suis bon?

COMMENTAIRE.

℣. 15. AUT NON LICET MIHI QUOD VOLO FACERE? *Ne m'est-il donc pas permis de faire ce que je veux?* Quelques anciens Exemplaires lisent: (*a*) *Ne m'est-il pas permis de faire de mon bien ce que je veux?* Ce qui limite le sens de cette proposition, qui étant prise dans le sens que présente la Vulgate, sembleroit dire que Dieu pourroit récompenser, ou punir, sans aucun égard à nos mérites, où à nos démérites; ce qu'on ne pourroit soutenir sans blasphême. Dans toute la conduite qu'il tient ici envers ses ouvriers, il suit les Loix d'une justice exacte, & rigoureuse. Il leur donne à chacun ce qui leur est dû: mais outre ce qui leur est dû dans la rigueur, il exerce sa libéralité envers quelques-uns d'entr'eux. Et dans cela ne peut-il pas dire à ceux qui en murmurent: *Prenez ce qui vous est dû, & vous en allez: Ne m'est-il pas permis de faire ce que je veux?* Quel tort vous fais-je? Est-ce que je vous retiens, ou que je vous ravis ce qui vous est dû? *Fraudem tibi non feci, quia quod pactus sum reddidi. Huic non volo reddere, sed donare*, dit saint Augustin. (*b*)

AN OCULUS TUUS NEQUAM EST, QUIA EGO BONUS SUM? *Vôtre œil est-il mauvais, parce que je suis bon?* Dans le style des Hébreux, (*c*) *un mauvais œil*, est un œil jaloux, un avare. Les Grecs, & les Latins (*d*) ont la même expression. Et au contraire *l'œil bon*, (*e*) ou *les bonnes œuvres*, marquent souvent la libéralité, & les aumônes, les bienfaits. (*f*) On trouve dans les Livres des Juifs (*g*) une parabole qui a quelque rapport avec celle-ci. Un Prince loüe des ouvriers pour travailler à quelque ouvrage. L'un d'entr'eux qui n'avoit travaillé que deux heures reçut le même salaire, que ceux qui avoient travaillé tout le jour. Les autres en murmurérent; mais le Roi leur dit: Celui-ci a plus fait d'ouvrage en deux heures, que vous tous en un jour entier. Mais il y a beaucoup d'ap-

(*a*) *Gr.* Ἢ οὐκ ἔξεστί μοι ποιῆσαι ὃ θέλω ἐν τοῖς ἐμοῖς. *Ita Syr. & Antiq. Vulg. Aut non licet mihi quod volo facere de re mea. August. serm.* 87. *Non licet mihi quod volo facere de meo.*

(*b*) *August. Serm.* 87. *n.* 4.

(*c*) *Prov.* XXIII. 6. *Non comedas cum homine invido. Heb. Mali oculi. Eccli.* XXXI. 14. *Memento quoniam malus est oculus nequam. Marc.* VII. 22. *Oculus malus*, pour, *invidia. Vide & Tob.* IV. 7. 16. *Eccle.* XIV. 10.

(*d*) *Horat. lib.* 1. *carm. Ode* 28.

.... Ne parce malignus arenæ,
Ossibus & capiti inhumato.

Ovid. lib. 2. *Metamorph. de invidia. Nusquam recta acies. Liban.* Φθόνῳ χαλεποῖς ὀφθαλμοῖς, *&c.*

(*e*) *Prov.* XXII. 9. *Qui pronus est ad misericordiam. Heb. Oculus bonus. Eccli.* XXXV. 10. Ἐν ἀγαθῷ ὀφθαλμῷ δόξασον τὸν κύριον.

(*f*) *Act.* IX. 36. *Jacob.* III. 17. *Matth.* XII. 12. & 2. *Cor.* IX. 8. *Galat.* VI. 9. *&c.*

(*g*) *Gemar. Jerosol. Cod. Berachot.*

16. *Sic erunt novissimi primi, & primi novissimi: multi enim sunt vocati, pauci verò electi.*

16. Ainsi les derniers seront les premiers, & les premiers seront les derniers; parce qu'il y en a beaucoup d'appellez, mais peu d'élûs.

COMMENTAIRE.

parence que cette parabole a été imitée de celle de l'Evangile; car le livre où elle se trouve, est au moins de cent cinquante ans plus nouveau que le tems de nôtre Sauveur.

℣. 16. SIC ERUNT NOVISSIMI PRIMI, ET PRIMI NOVISSIMI. *Ainsi les premiers seront les derniers, & les derniers seront les premiers.* C'est la conclusion de cette parabole. Il avoit déja avancé la même chose au ℣. 30. du Chapitre précédent, & c'est pour la prouver, qu'il a proposé cette similitude. Les Juifs qui étoient les premiers appellez, qui avoient reçû les promesses, qui étoient le peuple choisi, que Dieu avoit comblé de graces, à qui il avoit donné sa Loi, & ses Ecritures, perdent tous ces privileges; & de premiers qu'ils étoient, ils deviennent les derniers, par le refus qu'ils font de croire en JESUS-CHRIST. Les Gentils, qui étoient un peuple abandonné aux plus affreux déreglemens, livrez à l'idolâtrie, assis dans l'ombre de la mort, sont choisis, à l'exclusion de la plûpart des Juifs, pour composer l'Eglise Chrétienne. Ainsi se vérifie ce que dit le Sauveur, que les derniers deviendront les premiers.

MULTI ENIM SUNT VOCATI, PAUCI VERO ELECTI. *Car il y en a beaucoup d'appellez, mais peu d'élûs.* C'est encore une espece de parabole, ou de proverbe. Lorsqu'on commande tout le peuple pour marcher à la guerre, & qu'on fait ce qu'on appelle en Latin *Delectus*, le choix de ceux qui sont en âge, & en état de porter les armes, tous les hommes s'assemblent, mais tous ne sont pas choisis; on prend les plus forts, les plus vigoureux, les mieux faits. (*a*) Voilà le corps de la parabole; & en voici l'application. Dieu a appellé tous les Juifs, il les a séparez du reste des nations, pour composer son peuple. Mais il y en a peu qui ayent répondu à la vocation de Dieu, qui ayent écouté sa voix, & qui se soient rendus ses Disciples. Ils ont merité par leur infidelité & par leur malice d'être exclus de la sale du festin; *Qui invitati erant, non fuerunt digni.* (*b*) Il n'y eut d'entr'eux que ceux *qui étoient préordonnez à la vie*, comme dit saint Paul, (*c*) qui reçurent la parole de salut.

Les appellez sont tous les Juifs; les *Elûs*, en cet endroit, sont ceux qui ont crû en JESUS-CHRIST, tant d'entre les Juifs, que d'entre les Gentils. Il sortit de l'Egypte six cens mille combattans; il n'y en eut que

(*a*) Voyez M. le Clerc en cet endroit.
(*b*) *Matth.* XXII. 8.
(*c*) *Act.* XIII. 48. *Crediderunt quotquot erant præordinati ad vitam æternam.*

17. *Et adscendens Jesus Jerosolymam, assumpsit duodecim Discipulos secretò, & ait illis :*

18. *Ecce ascendimus Jerosolymam, & Filius hominis tradetur Principibus Sacerdotum, & Scribis, & condemnabunt eum morte.*

17. Or JESUS s'en allant à Jérusalem, prit à part ses douze Disciples, & leur dit :

18. Nous allons à Jérusalem, & le Fils de l'homme sera livré aux Princes des Prêtres & aux Scribes, qui le condamneront à la mort.

COMMENTAIRE.

deux qui entrérent dans la terre promise. Ces deux, Josué & Caleb, sont la figure des Elûs; & les autres la figure des appellez. Les Rabbins eux-mêmes reconnoissent qu'il en sera de même du tems du Messie. (*a*) On l'explique aussi en ce sens: Il y a dans le Christianisme beaucoup d'appellez & peu d'élûs. Tous sont appellez à la vie éternelle, & au salut : (*b*) *Deus vult omnes homines salvos fieri, & ad agnitionem veritatis venire.* Mais tous ne répondent pas aux desseins de Dieu. Tous ne rendent pas leur vocation certaine par leurs bonnes œuvres. (*c*) Tous ne profitent pas des dons de Dieu. Plusieurs reçoivent la grace de la vocation; mais tous ne persévérent pas. Il ne suffit pas d'être appellé, il faut vivre d'une maniére digne de nôtre sainte vocation. (*d*) *Obsecro vos, ut dignè ambuletis vocatione quâ vocati estis.* Dieu nous élit & selon sa pure grace, & selon nôtre justice, dit saint Augustin : (*e*) *Elegit eos & secundum suam gratiam, & secundum illorum justitiam.* Mais cette justice est un don de sa grace; nous devons la reconnoître avec humilité, la conserver avec fidelité, & la faire fructifier avec perseverance.

℣. 17. ASSUMPSIT DUODECIM. *Jesus allant à Jerusalem, prit à part ses douze Disciples.* Ceci n'ariva que quelques mois après la parabole, dont on a vû l'explication dans les versets précédens. JESUS alloit à Jerusalem pour y souffrir la mort. C'étoit la derniere Pâque qu'il fit sur la terre. Il s'y rendit quelques huit ou dix jours avant la fête, (*f*) pour accomplir ce qui étoit marqué de lui dans les Prophétes. Comme il étoit en chemin avec une grande foule de peuple, il tira ses Apôtres à l'écart, pour leur parler de nouveau de sa Passion; car il la leur avoit déja prédite plus d'une fois. (*g*) Mais il étoit important de les prémunir contre le scandale, que la vûë de cet objet pourroit leur dônner. Il a soin de les tirer de la foule, pour leur découvrir ce mystére, parce qu'ils savoient

(*a*) *Rab. Sinaï, in Talmud. apud Grot. hic.*
(*b*) *1. Timot.* II. 4.
(*c*) *2. Petri* I. 10.
(*d*) *Ephes.* IV. 1.
(*e*) *August. Serm.* 7. *de Verbis Domini*; *nunc* 100. *n.* 3.

(*f*) Il proposa, selon M. Toynard, la parabole des ouvriers envoyez à la vigne avant le mois de Janvier, & ceci n'arriva qu'environ le 25. Mars, cinquiéme de Nisan, dix jours avant la fête de Pâque.
(*g*) *Vide Matth.* XVI. 21. XVII. 22.

qu'il

19. *Et tradent eum Gentibus ad illudendum & flagellandum, & crucifigendum, & tertiâ die resurget.*

19. Et le livreront aux Gentils, afin qu'ils le traitent avec moquerie, & qu'ils le foüettent, & le crucifient; & il ressuscitera le troisiéme jour

20. *Tunc accessit ad eum mater filiorum Zebedaei cum filiis suis, adorans, & petens aliquid ab eo.*

20. Alors la mere des enfans de Zébédée s'approcha de lui avec ses *deux* fils, & l'adora, en témoignant qu'elle vouloit lui demander quelque chose.

COMMENTAIRE.

qu'il étoit le CHRIST Fils de Dieu. Vérité qui n'étoit pas encore connuë au commun des Juifs, & à qui elle ne devoit être clairement manifestée qu'après sa mort, & sa résurrection. A l'égard de ces derniers, la mort de JESUS-CHRIST ne pouvoit être considérée au plus, que comme la mort d'un Juste, & d'un Prophéte. Le scandale à craindre n'étoit pas à beaucoup près si grand à leur égard, qu'à l'égard des Apôtres, plus éclairez, mais encore foibles.

℣. 19. TRADENT EUM GENTIBUS. *Ils le livreront aux Gentils.* Les Princes des Prêtres ayant résolu dans leur Conseil la mort de JESUS-CHRIST, & l'ayant déja condamné comme coupable du dernier supplice, n'osérent l'éxecuter; parce que le droit de vie, & de mort leur avoit été ôté. (*a*) Ils le livrérent donc aux Romains, qui le traitérent avec insulte, le foüettérent, & le crucifiérent. Cette circonstance *d'être livré aux Gentils*, étoit sensible, & douloureuse dans l'idée des Juifs, qui se considéroient comme un peuple libre, & fort distingué des autres peuples. Saint Luc (*b*) remarque que les Apôtres ne comprirent rien à ce que JESUS-CHRIST leur disoit. Le préjugé dont ils étoient remplis, & que le Sauveur avoit confirmé dans plusieurs rencontres par ses discours, que bien-tôt il devoit regner, & exercer sa vengeance contre ses ennemis; qu'il devoit paroître dans sa gloire, au milieu de ses Anges; être assis sur un trône, au milieu de ses Apôtres. Ces idées jointes à l'opinion dont ils étoient imbus dés l'enfance, que le Messie seroit un Prince puissant, qui délivreroit Israël de ses ennemis, ne leur permettoient pas de démêler ce qui appartenoit au Messie souffrant, & humilié, de ce qui le concernoit comme Dieu, dominateur, & vainqueur du démon, de la mort, & du péché. Ils entendoient assez ce que vouloit dire être livré aux Gentils, être exposé à la risée, aux insultes, à la mort: mais cela leur paroissant incompatible avec ce qu'ils savoient d'ailleurs, ils y concevoient du mystére; ils n'en voyoient, ni les moyens, ni les raisons, ni les suites.

℣. 20. ACCESSIT AD EUM MATER FILIORUM ZEBEDAEI. *La*

(*a*) *Johan.* XVIII. 3. 35.

(*b*) *Luc.* XVIII. 34.

21. *Qui dixit ei : Quid vis ? Ait illi : Dic ut sedeant hi duo filii mei, unus ad dexteram tuam, & unus ad sinistram, in regno tuo.*

21. Il lui dit : Que voulez-vous ? Ordonnez, lui dit-elle, que mes deux fils que voici soient assis dans vôtre Royaume, l'un à vôtre droite, & l'autre à vôtre gauche.

COMMENTAIRE.

mere des enfans de Zébédée s'approcha de lui avec ses enfans, & lui demanda que ses deux fils fussent assis dans son Royaume, l'un à sa droite, l'autre à sa gauche. Cette mere s'appelloit *Salomé ;* (*a*) elle s'étoit mise à la suite du Sauveur, peut-être après la mort de son mari Zébédée. Comme elle étoit proche parente de la sainte Vierge, & par conséquent de Jesus-Christ, elle crut être en droit en vertu de la parenté, de demander pour ses fils quelque prééminence au dessus des autres Apôtres. Depuis quelque tems le Sauveur avoit entretenu ses Apôtres de sa Résurrection, & de son Regne, comme d'une chose très prochaine. Salomé ne jugea pas à propos de différer à lui faire cette demande.

Plusieurs anciens Peres (*b*) ont soupçonné les Apôtres Jean & Jacques, de l'avoir portée à faire cette démarche. Mais il faut avoüer qu'on n'en a aucune preuve directe, & positive. Il est vrai qu'elle vient avec ses fils, & que la réponse de Jesus-Christ s'adresse à eux, & non à elle. Il est vrai aussi que saint Marc (*c*) dit qu'ils vinrent eux-mêmes, & qu'ils dirent à Jesus-Christ : *Maître, nous vous prions de nous accorder ce que nous vous demandons. Que demandez-vous, leur dit Jesus. Ils répondirent : Que nous soyons assis l'un à vôtre droite, & l'autre à vôtre gauche dans vôtre gloire.* Mais on dit à cela que cet Evangéliste leur a attribué ce que leur mere avoit dit pour eux ; & que le Sauveur leur répond, & non à leur mere ; parce que celle-ci ne demandoit pas pour elle, mais pour ses fils. Enfin, d'autres Peres (*d*) croyent que Salomé vient faire cette demande au Fils de Dieu de son propre mouvement, & sans y être sollicitée que par son amour, & sa tendresse maternelle. Elle ne consulte que son penchant, sans faire assez d'attention aux suites de sa demande. *Postulat errore muliebri, pietatis affectu, nesciens quid peteret*, dit saint Jérôme. Mais si c'est une erreur, dit saint Ambroise, c'est une erreur de tendresse ; les entrailles d'une mere ne savent ni déguiser, ni différer ce qu'elles désirent : *Si error est, pietatis tamen error est ; nesciunt enim materna viscera patientiam ... Matrem considerate ; matrem cogitate.*

(*a*) *Marc. XV. 40. Matt. 27. 12.*
(*b*) *Aug. l. 2. de Consensu c. 64. Chrysostom. homil. 66. Auth. Oper. imperfect. Theophyl. Euthym. Greg. hom. 27. in Evangelia. Ieronym.*
(*c*) *Marc. x. 35.*
(*d*) *Hilar. in Matt. Ambros. l. 5. de Fide c. 3. Vide Maldon.*

22. *Respondens autem Jesus, dixit: Nescitis quid petatis. Potestis bibere calicem, quem ego bibiturus sum? Dicunt ei: Possumus.*

22. Mais JESUS *leur* répondit: Vous ne savez ce que vous demandez. Pouvez-vous boire le calice que je dois boire? Ils lui dirent: Nous le pouvons.

COMMENTAIRE.

℣. 21. DIC UT SEDEANT HI DUO FILII MEI. *Ordonnez que mes deux fils soient assis dans vôtre Royaume, l'un à vôtre droite, & l'autre à vôtre gauche.* Le Fils de Dieu avoit dit quelque tems auparavant, (*a*) que les douze Apôtres seroient assis avec lui sur douze trônes, où ils jugeroient les douze Tribus d'Iraël. Il n'avoit pas dit qui seroient les plus près de sa personne: la mere des enfans de Zébédée crut devoir travailler à obtenir ces deux places pour ses deux fils. Origénes (*b*) dit que quelques hérétiques assuroient que la droite & la gauche, que les enfans de Zébédée demandent ici, avoient été accordées à saint Paul, & à Marcion.

℣. 22. NESCITIS QUID PETATIS. *Vous ne savez ce que vous demandez.* Savez-vous ce que c'est que d'être assis à la droite de Dieu? Croyez-vous que ce soit un honneur commun, & reservé aux hommes? (*c*) Autrement: Vous vous imaginez que je vais établir un Royaume temporel sur la terre, & que les dignitez de mon Royaume sont comme celles de ce monde. Vous ne savez encore ni ce que je dois faire, ni quel est mon Royaume. Je vous ai promis des biens, & des honneurs tout spirituels; vous m'en demandez de temporels. Vous ne savez ce que vous demandez. Vous croyez que la faveur, & la récommandation de la chair & du sang, sont les voyes par où l'on parvient aux premiéres places de mon Royaume: vous ne savez ce que vous demandez; on n'y parvient que par les souffrances, & par l'humilité; par la croix, & par les travaux. Vous demandez le triomphe avant le combat, & avant la victoire; vous mettez la fin avant les moyens.

Si la demande des enfans de Zébédée n'eût été que d'être assis en leur rang avec les autres Apôtres, elle auroit été tolérable; ou plûtôt elle auroit été inutile, puisque JESUS-CHRIST leur avoit déja promis cela. Ils demandoient les deux premiéres places au dessus des autres Apôtres. C'est ce qui excita contre eux la jalousie, & l'indignation de leurs Compagnons. ℣. 24. *Audientes decem indignati sunt.* Il paroît par toute la conduite des Apôtres qu'ils étoient encore bien imparfaits, & qu'ils n'avoient guéres profité des leçons, & des exemples d'humilité que le Sauveur leur avoit donnez en tant d'occasions.

(*a*) *Matt. xix. 28.*
(*b*) *Origen. homil. 25. in Luc.*
(*c*) *Vide Chrysost. Theophyl. Euthym.*

Potestis bibere calicem, &c. *Pouvez-vous boire le calice que je dois boire?* Puisque vous prétendez aux premiéres places de mon Royaume, êtes-vous disposez à les mériter? Etes-vous bien résolus de boire mon calice, & d'être plongez comme moi dans l'eau de la douleur, & de la tribulation? Les Hébreux exprimoient la douleur, & les maux sous le nom de calice, & de baptême. Boire le calice; être plongé dans l'eau; être submergé, & comme noyé sous les eaux, marquoient une grande désolation. *Le feu, le souffre, la tempête, sont le calice des méchans*, dit le Psalmiste (a) Et ailleurs: (b) *Le Seigneur tient en sa main un calice plein d'un vin trouble; tous les pécheurs de la terre en boiront jusqu'à la lie.* Jérémie reçoit de la main de Dieu un calice plein du vin de sa colére, & en donne à boire à tous les peuples où il est envoyé. (c) Et pour ce qui est des eaux, qui désignent les disgraces, le Psalmiste en fournit plusieurs exemples: (d) *Seigneur, étendez vôtre main vers moi, & tirez-moi de ces grandes eaux, où je suis en danger de me noyer.* Et encore: (e) *Je suis enfoncé dans un abysme profond, & marécageux, où je ne puis prendre pied.* Enfin: (f) *Lorsque nos ennemis se sont mis en colére contre nous, nous aurions été engloutis dans l'eau, sans le Seigneur. Nous avons passé le fleuve;* nous avons été conduits au-delà de l'Euphrate: mais sans lui *nous aurions passé une eau, dont nous ne serions jamais sortis, &c.* Le Grec dans la plûpart des Imprimez, ajoûte: (g) *Et pouvez-vous être baptisez du baptême dont je dois être baptisé?* C'est-à-dire: Pouvez-vous être plongez comme moi dans l'eau des souffrances? Et au verset suivant: *Vous serez baptisez du baptême, dont je serai moi-même baptisé.* Mais il y a un très-grand nombre d'excellens Manuscrits, qui ne le lisent point. (h) On croit que ces paroles sont prises de saint Marc. (i) Origénes les rapporte ici, mais comme tirées de cet Evangéliste. Saint Hilaire, saint Ambroise, saint Jérôme, les Versions Vulgate, Cophte, & Ethiopienne, n'en parlent point.

Dicunt ei: Possumus. *Ils lui dirent: Nous le pouvons.* Ils parloient sans doute fort sérieusement, & fort sincérement, ne consultant que leur inclination, & leur bon cœur, & non leur force. Ils firent voir bien-tôt après dans la Passion de leur Maître, quelle étoit leur fermeté. Ils promettent témérairement, dit saint Chrysostome, (k) une chose dont ils avoient aussi peu de connoissance, que de l'honneur qu'ils avoient désiré, en demandant d'être assis à la droite, & à la gauche du Sauveur.

(a) *Psal.* x. 7.
(b) *Psal.* lxxiv. 9.
(c) *Jerem.* xxv. 15.
(d) *Psal.* cxliii. 7.
(e) *Psal.* lxviii. 3.
(f) *Psal.* cxxiii. 4. 5.

(g) Καὶ τὸ βάπτισμα ὃ ἐγὼ βαπτίζομαι, βαπτισθῆναι.... 23. Καὶ τὸ βάπτισμα ὃ ἐγὼ βαπτίζομαι, βαπτισθήσεσθε.
(h) *Vide Var. Lect. Millii.*
(i) *Marc.* x. 38.
(k) *Chrysost. hic. Euthym. Theophyl.*

23. *Ait illis : Calicem quidem meum bibetis : sedere autem ad dexteram meam vel sinistram, non est meum dare vobis, sed quibus paratum est à Patre meo.*

23. Il leur repartit : A la vérité vous boirez le calice que je boirai : mais pour ce qui est d'être assis à ma droite, ou à ma gauche, il ne dépend pas de moi de vous le donner, mais il sera donné à ceux à qui mon Pere l'a préparé.

COMMENTAIRE.

℣. 23. CALICEM QUIDEM MEUM BIBETIS. *A la vérité vous boirez le calice que je boirai.* Si vous demeurez attachez à ma personne, & à l'Evangile, vous pouvez vous attendre de boire le calice que je boirai, & d'avoir vôtre part à mes souffrances. Je puis bien vous promettre cela. La chose est en mon pouvoir ; mais non pas de vous faire asseoir à ma droite, ou à ma gauche : c'est à mon Pere de disposer de ces séances.

On demande (*a*) comment il est vrai que saint Jacques, & saint Jean ayent bû le calice du Sauveur ? On sait que saint Jacques fut mis à mort par Hérodes ; (*b*) & qu'ainsi il eut part au calice de JESUS-CHRIST : mais saint Jean l'Evangéliste n'a pas souffert le martyre. On a même douté s'ils étoit mort. (*c*) On répond à cela que l'éxil que souffrit cet Apôtre, que les travaux de l'Apostolat, que le bain d'huile boüillante où il fut plongé, & dont il sortit sain & sauf, sont un vrai martyre. C'est-là la part du calice qui lui étoit préparé. Il ne manqua pas de bonne volonté, mais d'occasion de souffrir réellement le martyre. (*d*)

Ce que dit ici le Sauveur, *Que d'être assis à sa droite, ou à sa gauche, il ne dépend pas de lui de le donner ; mais qu'il sera donné à ceux à qui son Pere l'a préparé*, souffre de plus grandes difficultez. Les Arriens (*e*) se sont souvent servis de cet endroit pour essayer de montrer que JESUS-CHRIST avoit moins de pouvoir, & d'autorité que Dieu son Pere. Mais les Peres ont répondu à cela de trois maniéres. 1°. Que le Fils de Dieu avoit parlé ici comme homme, & non comme Dieu. (*f*) 2°. Qu'il avoit exprimé ici non ce qui étoit de son pouvoir, mais ce qui étoit de son devoir. (*g*) Cela est réservé au Pere : c'est à lui de faire cette distribution des places, & des dignitez de mon Royaume ; à peu près comme il dit ailleurs, que le Pere lui a déféré le jugement de tout : (*h*) *Omne judicium dedit Filio ;* ce qui n'exclut pas le pouvoir que le Pere a aussi de juger. 3°.

(*a*) *Vide Origen. Ieronym Chrysost Bedam.*
(*b*) *Act. xii. 2.*
(*c*) *Vide Euthym. hic, & Commentar. nost. ad Matt. xx. 28.*
(*d*) *Tertull. l. 2. de Præscriptionib. Euseb. l. c. 31. Hist. Eccles.*
(*e*) *Vide Epiphan. hæresi 69. Ambros. l. 5. de [illegible] de cap. 5. Aug. lib. 1 de Trinit. cap. 12. & [illegible]liâs.*
(*f*) *Vide Aug. l. 1. de Trinit. c. 12.*
(*g*) [illegible] *de Fide c. 5.*
(*h*) *Joan. [illegible] 2*

24. *Et audientes decem, indignati sunt de duobus fratribus.*

25. *Jesus autem vocavit eos ad se, & ait: Scitis quia Principes gentium dominantur eorum: & qui majores sunt, potestatem exercent in eos.*

26. *Non ita erit inter vos: sed quicumque voluerit inter vos major fieri, sit vester minister:*

27. *Et qui voluerit inter vos primus esse, erit vester servus.*

24. Les dix autres *Apôtres* ayant entendu ceci, en conçûrent de l'indignation contre les deux freres.

25. Et JESUS les ayant appellez à lui, leur dit: Vous savez que les Princes des nations les dominent, & que ceux qui sont grands parmi eux, les traitent avec empire.

26. Il n'en doit pas être de même parmi vous autres: mais que celui qui voudra devenir plus grand parmi vous, soit vôtre serviteur;

27. Et que celui qui voudra être le premier d'entre vous, soit vôtre esclave.

COMMENTAIRE.

JESUS-CHRIST ne dit pas qu'il n'a pas le pouvoir de donner ces places d'honneur; mais qu'il ne peut les donner qu'à ceux, à qui elles sont destinées par le Pere. (*a*) Comme s'il leur disoit: Les rangs d'honneur que vous me demandez, ne sont point des choses dont je dispose absolument: mon Pere Céleste les a reglez, selon l'ordre de son bon plaisir, & selon le mérite qu'il a mis en chacun de ses Elûs. (*b*) Vous devez tout attendre de sa justice, & rien de la chair, & du sang. Plusieurs habiles Interprétes (*c*) traduisent le Grec dans ce dernier sens: *Ce n'est point à moi à le donner, sinon à ceux à qui il est préparé par mon Pere.*

℣. 25. PRINCIPES GENTIUM DOMINANTUR EORUM. *Les Princes des nations les dominent; mais il n'en doit pas être ainsi parmi vous.* Voici la différence qu'il y a entre mon Royaume, & celui des Princes du monde. Ceux-ci dominent avec empire, commandent avec autorité, se soûtiennent par la force, assujettissent leurs ennemis par la violence. Dans mon Royaume c'est tout le contraire. Celui qui y veut dominer, ne doit employer que la douceur, la modération, l'humilité, la patience. Celui qui veut s'y maintenir, doit s'appliquer à gagner les cœurs par la douceur, à désarmer ses ennemis par la patience, à assujettir les hommes par la force de la raison, & par l'efficace de la parole de vérité. Dans la Maison de Dieu, dit saint Augustin, (*d*) ceux qui paroissent commander, sont en effet les serviteurs des autres; parce qu'ils ne commandent pas dans un esprit de domination, mais dans le désir d'être utiles aux autres: *Etiam*

(*a*) *Vide Chrisost. homil. 66. Ieronym. hic. Epiphan. hæresi 69. Ambrosi. loco citato. Cyrill. l 10. Thesauri c. 5.*

(*b*) *Ieronym. hic. Regnum Cœlorum non est dantis, sed accipientis.... Quicumque talem se præbuerit, ut Regno Cœlorum dignus fiat, hic accipiet quod non persona, sed vita paratum est.*

(*c*) *Vide Brug. Grot. Lud. de Dieu, Syr. Arab. Pers. Æthiop.* Ἀλλ᾽ pour *nisi.* Voyez *Num.* XXXV. 33. *Deut.* XI. 2. *Marc.* IV. 22. 2. *Cor.* II. 5.

(*d*) *Aug. l. 19. de Civit. c. 14.*

28. *Sicut Filius hominis non venit ministrari, sed ministrare, & dare animam suam redemptionem pro multis.*

28. Comme le Fils de l'homme n'est pas venu pour être servi, mais pour servir, & donner sa vie pour la rédemption de plusieurs.

COMMENTAIRE.

qui imperant, serviunt eis, quibus videntur imperare : nec enim dominandi cupiditate imperant, sed officio consulendi ; nec principandi superbiâ, sed providendi misericordiâ.

℣. 28. DARE ANIMAM SUAM REDEMPTIONEM PRO MULTIS. *Il est venu pour donner sa vie pour la rédemption de plusieurs.* Quand on dit qu'il est venu pour donner sa vie *pour plusieurs*, on ne prétend pas qu'il ne soit pas mort pour tout le monde. Ce nom de plusieurs se prend souvent pour la totalité ; (*a*) par exemple, dans ces paroles: *Plusieurs sont appellez; mais il y a peu d'élus :* c'est-à-dire, tous les Juifs ont été appellez de Dieu & destinez à composer la nation choisie ; mais il y en a peu qui ayent profité des bontez de Dieu. Ainsi le Sauveur est venu donner sa vie pour tous les hommes: (*b*) *Christus pro omnibus mortuus est* ; mais tous n'ont pas tiré le fruit qu'ils pouvoient de son sang. *Pro multis, id est, pro his qui credere voluerint*, dit saint Jérôme. (*c*)

Cette maniére de parler : *Donner son ame pour quelqu'un*, marque proprement racheter un autre de la mort, par sa propre mort: comme quand on offroit un sacrifice d'un animal, pour racheter sa propre vie. (*d*)

Cor pro corde, precor, pro fibris sumite fibras :
Hanc animam vobis, pro meliore damus.

Ou lorsque pour fléchir les faux Dieux, les Payens donnoient vie pour vie, homme pour homme. Telle étoit l'opinion des anciens Gaulois, (*e*) & de là venoient leurs hécatombes de plusieurs hommes, que l'on brûloit dans un bucher, formé à peu près sur la forme d'un homme. Les Romains avoient la même superstition, aussi-bien que les Grecs. Tout le monde sçait l'histoire, ou la fable d'Iphigénie, qui devoit être immolée pour le salut de l'armée des Grecs. On sçait aussi l'histoire des Décius, qui se dévoüa pour la République Romaine. Caligula étant tombé malade, plusieurs personnes se dévoüérent à la mort pour sa guérison. (*f*) La chose

---

(*a*) *Hebr.* XIX. 8. *Matt.* XXVI. 28. *Isai.* LIII. 11. 12.

(*b*) 2. *Cor.* V. 14. & 1. *Timot.* II. 6. *Unus mediator Dei, & hominum homo Jesus Christus, qui dedit redemptionem semetipsum pro omnibus.*

(*c*) *Ieronym. hic. Vide Origen. t.* 15. *hic, & Mald.*

(*d*) *Ovid. l.* 1. *Fastor.*

(*e*) *Cæsar. l.* 1. *de bello Gall. Quod pro vita hominis, nisi vita reddatur, non posse aliter Deorum immortalium numen placari.*

(*f*) *Sueton. in Calig. c.* 14.

n'étoit point inconnuë chez les Hébreux. Les sacrifices d'hosties humaines qui furent si fréquens parmi eux, & parmi les Phéniciens, les Moabites, & les autres peuples, n'étoient fondez que sur cela. Isaïe (*a*) fait allusion à cet usage, lorsqu'il fait ainsi parler le Seigneur à son peuple: *Je suis le Seigneur vôtre Dieu, & vôtre Sauveur : j'ai livré l'Egypte pour racheter vôtre vie ; j'ai abandonné le pays de Chus, & Saba pour vous.* Et ailleurs, en parlant du Messie : (*b*) *Je l'ai frappé pour expier le crime du peuple ; mais le Seigneur livrera les impies pour sa sépulture, & les riches pour sa mort. Et parce qu'il a donné son ame pour le péché, il verra une race qui ne mourra point.* C'est à cela que le Fils de Dieu fait allusion, en disant *qu'il doit donner sa vie pour le rachat de plusieurs* ; c'est-à-dire de tous les hommes.

Après le ✠. 28. on lit une longue addition dans plusieurs anciens Exemplaires. La voici toute entiére : *Pour vous, vous cherchez à devenir plus grands que vous n'êtes ; & de grands à devenir petits.* (D'autres lisent: (*c*) *Et de grands, à devenir encore plus grands.*) *Mais lorsque vous allez dîner en quelque lieu, ne prenez pas les premiéres places.* (A la lettre : *Ne vous couchez pas dans les places les plus hautes ;*) *de peur qu'il n'y ait quelqu'un d'invité plus éminent que vous, & que celui qui vous a prié à manger, ne vienne vous dire : Descendez encore plus bas ; & alors vous serez chargé de confusion. Mais si vous prenez la derniére place, & qu'il survienne quelqu'un moindre que vous ; alors le maître du festin vous dira : Montez plus haut, & cela vous sera glorieux*, ou *avantageux*. Cette addition se trouve dans l'ancien manuscrit Grec de Cambrige, dans trois manuscrits Latins dont parle le Pere Martianay dans sa nouvelle Edition de l'Evangile de saint Matthieu, suivant l'ancienne Italique, (*d*) dans deux Exemplaires Latins de la Bibliothéque de Bodley, dans quelques anciens Manuscrits de la Version Saxone, (*e*) dans saint Hilaire, (*f*) saint Leon, (*g*) & le Prêtre Juvencus, (*h*) qui vivoit au commencement du quatriéme siécle. Mais on ne la

---

(*a*) *Isai.* LXIII. 5.

(*b*) *Isai.* LIII. 9. Voyez aussi *Jerem* X 15. *Prov.* XI. 8. XXI. 18. *Psalm.* LXXVIII. ✠. 6.

(*c*) *Cantabrig.* Ὑμεῖς δὲ ζητεῖτε ἐκ μικροῦ αὐξῆσαι, καὶ ἐκ μείζονος ἔλαττον εἶναι. Εἰσερχόμενοι δὲ, καὶ παρακληθέντες δειπνῆσαι, μὴ ἀνακλίνεσθε εἰς τοὺς ἐξέχοντας τόπους, μήποτε ἐνδοξότερός σου ἐπέλθῃ, καὶ προσελθὼν ὁ δειπνοκλήτωρ εἴπῃ σοι, ἔτι κάτω χώρει, καὶ καταισχυνθήσῃ. Ἐὰν δὲ ἀναπέσῃς εἰς τὸν ἥττονα τόπον, καὶ ἐπέλθῃ σου ἥττων, ἐρεῖ σοι ὁ δειπνοκλήτωρ, σύναγε ἔτι ἄνω, καὶ ἔσται σοὶ τοῦτο χρήσιμον. Ex *ms. Monast. S. Andreæ secus Avenion. apud Martianaum Vos autem quæritis de pusillo crescere, & de magnis majores esse. Intrantes autem ad cœnam, nolite recumbere in locis eminentibus, ne fortè clarior te superveniat, & accedens qui ad cœnam vocavit te, dicat tibi : Adhuc deorsùm accede, & confundaris. Si autem in loco inferiori recubueris, & supervenerit humilior te, dicet tibi qui te ad cœnam vocavit : Accede adhuc sursùm, & hoc erit tibi utilius.*

(*d*) *Ita ms. Sangerm. & S. Andreæ Avenion.* L'autre leçon est dans le Grec de Cambrige, & dans l'ancienne Italique du P. Martianay.

(*e*) *Vide Var. Lect. Millii.*

(*f*) *Hilarius hic. n.* 12.

(*g*) *Leo Mag. Ep. ad Pulcheriam Augustam.*

(*h*) *Juvenc. Paraphr. Evang.*

voit

29. *Et egredientibus illis ab Jericho, secuta est eum turba multa :*

30. *Et ecce duo cæci sedentes secùs viam, audierunt quia Jesus transiret : & clamaverunt, dicentes : Domine, miserere nostri, fili David.*

31. *Turba autem increpabat eos, ut tacerent. At illi magis clamabant, dicentes : Domine, miserere nostri, fili David.*

32. *Et stetit Jesus, & vocavit eos, & ait : Quid vultis ut faciam vobis ?*

33. *Dicunt illi: Domine, ut aperiantur oculi nostri.*

34. *Misertus autem eorum Jesus, tetigit oculos eorum ; & confestim viderunt, & secuti sunt eum.*

29. Lorsqu'ils sortoient de Jéricho, il fut suivi d'une grande troupe de peuple :

30. Et deux aveugles qui étoient assis le long du chemin, ayant oüi dire que Jesus passoit, commencérent à crier, en disant : Seigneur, fils de David, ayez pitié de nous.

31. Et le peuple les reprenoit pour les faire taire: mais ils se mirent à crier encore plus haut, en disant : Seigneur, fils de David, ayez pitié de nous.

32. Alors Jesus s'arrêta, & les ayant appellez, il leur dit : Que voulez-vous que je vous fasse ?

33. Seigneur, lui dirent-ils, que nos yeux soient ouverts.

34. Jesus étant donc émû de compassion à leur égard, leur toucha les yeux ; & au même moment ils recouvrérent la vûë, & le suivirent.

COMMENTAIRE.

voit point dans Origénes, ni dans les autres Anciens. Depuis ces mots : *Lorsque vous êtes invité à dîner, &c.* l'Addition est tirée de saint Luc Ch. XIV. ỳ. 8. quoiqu'avec assez de différence quant aux termes.

ỳ. 30. ECCE DUO CÆCI SEDENTES SECUS VIAM. *Deux aveugles qui étoient assis le long du chemin, ayant appris que Jesus passoit, commencérent à crier, en disant : Seigneur, fils de David, ayez pitié de nous.* Cette Histoire est la même qui est racontée dans saint Marc X. 46.... 52. (a) mais fort différente de celle qui est racontée dans saint Luc XVIII. 35... 43. Celle-ci arriva lorsque Jesus entroit dans Jéricho, & l'autre arriva le lendemain quand il en sortit. Saint Marc ne parle que d'un aveugle nommé *Bar-Timée*, ou *le fils de Timée* ; apparemment parce qu'il étoit plus connu que l'autre, ou que le Fils de Dieu le distingua par quelque autre endroit. Mais saint Matthieu dit expressément qu'ils étoient deux aveugles. Pour le reste il y a fort peu de différence dans le récit de cette Histoire.

(a) *Ita Aug. lib. 2. cap. 65. de Consensu, & lib. 2. de Quæst. Evang. quæst. 48. Beda, Strab. Lyr. hic, Toynard. harm.*

CHAPITRE XXI.

Entrée triomphante de JESUS *dans Jérusalem. Il chasse du Temple les Marchands.* JESUS *va à Béthanie. Il donne sa malédiction à un figuier. Le Baptême de Jean d'où étoit-il? Parabole des deux fils envoyez à la vigne. Autre Parabole de la vigne amodiée à des ouvriers. Les Prêtres, & les Pharisiens cherchent à se saisir de* JESUS.

℣. 1. *ET cùm appropinquassent Jerosolymis, & venissent Bethphage ad Montem Oliveti, tunc Jesus misit duos Discipulos,*

℣. 1. LOrsqu'ils approchérent de Jérusalem, étant arrivez à Bethphagé près de la montagne des oliviers, JESUS envoya deux de ses Disciples,

COMMENTAIRE.

℣. 1. CUM APPROPINQUASSENT JEROSOLYMIS, ET VENISSENT BETHPHAGE. *Lorsqu'ils approchérent de Jérusalem, étant arrivez à Bethphagé.* C'étoit un village au pied du Mont des Oliviers, assez près de Jérusalem. Saint Marc, (*a*) & saint Luc (*b*) disent qu'étant près de Jerusalem, de Bethphagé, & de Béthanie, il envoya deux de ses Apôtres lui chercher une ânesse, avec son ânon. JESUS avoit couché à Béthanie: étant sorti le matin de cette bourgade, & s'approchant de Jerusalem, lorsqu'il fut vis-à-vis de Bethphagé, il envoya deux de ses Apôtres pour lui amener une ânesse, avec son ânon; avec ordre, si quelqu'un vouloit les empêcher, de lui dire que JESUS de Nazareth en avoit affaire. Il étoit assez connu & estimé dans le pays, pour qu'il n'y eût personne qui ne se fist un honneur de lui prêter tout ce qu'il avoit. D'ailleurs il savoit parfaitement ce qui devoit arriver. Saint Justin le Martyr (*c*) dit que cette ânesse, & son ânon étoient liez à une vigne, suivant ce qui est dit dans la Génese. (*d*) *Il liera son ânesse au sep, & son ânon à la vigne.*

Druthmare, Pierre le Mangeur, & Lyran croyent que cette ânesse

(*a*) *Marc.* XI. 1. Ὅτι ἐγγίζουσι εἰς Ἱερουσαλὴμ εἰς Βηθφαγὴ, καὶ Βηθανίαν.

(*b*) *Luc.* XIX. Ὡς ἤγγισεν εἰς Βηθφαγὴ, καὶ Βηθανίαν.

(*c*) *Justin. Apolog.* 2.

(*d*) *Genes.* XLIX. 11.

2. *Dicens eis: Ite in castellum, quod contra vos est, & statim invenietis asinam alligatam, & pullum cum ea: solvite, & adducite mihi:*

3. *Et si quis vobis aliquid dixerit, dicite quia Dominus his opus habet: & confestim dimittet eos.*

4. *Hoc autem totum factum est, ut adimpleretur quod dictum est per Prophetam dicentem:*

2. Et leur dit: Allez à ce village qui est devant vous, & vous y trouverez en arrivant une ânesse liée, & son ânon auprès d'elle; déliez-la, & me l'amenez,

3. Si quelqu'un vous dit quelque chose, dites-lui que le Seigneur en a besoin, & aussi-tôt il les laissera emmener.

4. Or tout ceci s'est fait, afin que cette parole du Prophéte fût accomplie.

COMMENTAIRE.

étoit publique, & destinée à l'usage des pauvres voyageurs. Mais le Texte même de saint Matthieu détruit cette opinion. Si elle avoit été publique, & au premier occupant, auroit-il fallu instruire les Apôtres de ce qu'ils auroient à répondre, si quelqu'un se fût oposé à ce qu'ils l'emmenassent. L'ânesse marquoit les Juifs, & l'ânon les Gentils, selon les Peres. Quelques-uns (*a*) ont crû que les deux Apôtres que JESUS-CHRIST envoya, étoient saint Pierre, & saint Philippe. Origénes, & Théophylacte ont nommé saint Pierre, & S. Paul; mais ils n'ont pû l'entendre que dans un sens moral; saint Pierre étant connu dans l'Eglise comme l'Apôtre des Juifs, figuré par l'ânesse; & saint Paul comme l'Apôtre des Gentils, figuré par l'ânon.

Saint Marc, & saint Luc (*b*) ne parlent point de l'ânesse, parce que JESUS-CHRIST ne s'en servit pas: (*c*) il ne monta que sur l'ânon. Saint Matthieu a marqué exprès l'ânesse, pour faire voir d'une maniére plus expresse l'accomplissement de la Prophetie de Zacharie, qui avoit exprimé ces deux animaux; & peut-être aussi pour montrer que l'ânon n'avoit jamais été monté, puisqu'il étoit encore avec sa mere. Si ces choses n'eussent été ni importantes, ni prophétiques, l'Evangeliste, ou plûtôt le S. Esprit qui l'animoit, ne les auroit pas fait exprimer avec tant d'exactitude. Quelques-uns (*d*) ont crû que le Sauveur avoit monté alternativement sur l'ânesse, & sur l'ânon; mais cela n'est pas nécessaire, même pour accomplir la Prophétie d'Isaïe. Il suffisoit que l'ânesse fût là, & qu'il pût s'en servir, s'il avoit voulu.

℣. 4. UT IMPLERETUR QUOD DICTUM EST PER PROPHETAM. *Afin que cette parabole du Prophéte fût accomplie: Dites à la fille de Sion: Voici vôtre Roi, qui vient à vous monté sur une ânesse, & sur son*

(*a*) *Hilar. Author Oper. imperfecti, Beda, Strabus, Author Hist. Scolastica.*

(*b*) *Marc. XI. 2. Luc. XIX. 30.*

(*c*) *Johan. XII. 14. 15. Vide Ieronym. hic.*

(*d*) *Vide Sanct. ad Zach. IX. 9.*

5. Dicite filiæ Sion : Ecce Rex tuus venit tibi mansuetus, sedens super asinam, & pullum filium subjugalis.

5. Dites à la fille de Sion : Voici vôtre Roi qui vient à vous, plein de douceur, monté sur un ânesse, & sur l'ânon de celle qui est sous le joug.

6. Euntes autem Discipuli fecerunt sicut præcepit illis Jesus.

6. Les Disciples s'en allérent donc, & firent ce que JESUS leur avoit commandé.

7. Et adduxerunt asinam, & pullum: & imposuerunt super eos vestimenta sua, & eum desuper sedere fecerunt.

7. Et ayant amené l'ânesse & l'ânon, ils les couvrirent de leurs vêtemens, & le firent monter dessus.

8. Plurima autem turba straverunt vestimenta sua in via: alii autem cædebant ramos de arboribus, & sternebant in via.

8. Une grande multitude de peuple étendit aussi ses vêtemens le long du chemin, & les autres coupoient des branches d'arbres, & les jettoient par où il passoit.

COMMENTAIRE.

ânon. Quelques Manuscrits lisent : (*a*) *Par le Prophéte Isaïe*. Et d'autres: *Par le Prophéte Zacharie*. En effet, la Prophétie est tirée de ces deux Prophétes. Ces paroles sont d'Isaïe : (*b*) *Dites à la fille de Sion : Voici vôtre Sauveur qui vient*. Et ces autres sont de Zacharie : (*c*) *Voici vôtre Roi qui vient à vous, plein de douceur, assis sur l'ânesse, & sur l'ânon de celle qui est sous le joug*. Ces derniers mots sont synonimes à l'ânesse. Ce n'étoit point un animal de monture, mais une ânesse destinée au travail, à porter des fardeaux, ou à conduire le chariot, ou la charuë; car en ce pays-là les ânes étoient la monture ordinaire des personnes de condition, (*d*) & on les employoit aussi à tirer, & à porter des charges, (*e*) comme en ces pays-ci les chevaux.

L'Evangéliste n'a suivi dans le passage qu'il rapporte, ni la version des Septante à la lettre, ni l'Hébreu; mais il a seulement donné le sens. Les Septante portent : (*f*) *Voici vôtre Roi, qui vient à vous juste, & Sauveur. Il est plein de douceur, & il est monté sur une bête de somme, & sur un jeune poulain*. L'Hébreu : (*g*) *Voici vôtre Roi, qui vient à vous juste, & Sauveur. Il est pauvre, & est monté sur un âne, & sur un ânon fils des ânesses*. La différence, comme on voit, n'est nullement considérable.

ỷ. 8. PLURIMA AUTEM TURBA STRAVERUNT VESTIMENTA SUA. *Une grande multitude de peuple étendirent leurs vêtemens le long du*

(*a*) *Apud Mill. hîc. Nonnus in Paraphr. & Æthiop. legunt Isaïam*

(*b*) *Isai.* LXII. 11.

(*c*) *Zach.* IX. 9. Ἰδοὺ ὁ Βασιλεύς σου ἔρχεταί σοὶ πραῢς, καὶ ἐπιβεβηκὼς ἐπὶ ὄνον, καὶ πῶλον υἱὸν ὑποζυγίου.

(*d*) *Judic.* V, 10. X, 4. XII, 14. *Num.* XXII, 21.

(*e*) *Deut.* XXII. 10. *Exod.* XXIII. 12.

(*f*) 70 *Zach.* IX. 9. Ἰδοὺ ὁ Βασιλεύς ἔρχεταί σοι, δίκαιος καὶ σώζων, αὐτὸς πραῢς, καὶ ἐπιβεβηκὼς ἐπὶ ὑποζύγιον, καὶ πῶλον νέον.

(*g*) הנה מלכך יבוא לך צדיק ונושע הוא עני ורכב על חמור ועל עיר בן אתנות

9. *Turbæ autem, quæ præcedebant, & quæ sequebantur, clamabant, dicentes: Hosanna filio David: benedictus, qui venit in nomine Domini: Hosanna in altissimis:*	9. Et tous ensemble, tant ceux qui alloient devant lui, que ceux qui le suivoient, crioient: Hosanna, *salut & gloire* au fils de David: Beni soit celui qui vient au nom du Seigneur: Hosanna, *salut & gloire lui soit* au plus haut des Cieux.
10. *Et cùm intrasset Jerosolymam, commota est universa civitas, dicens: Quis est hic?*	10. Lorsqu'il fut entré dans Jérusalem, toute la ville en fut émuë, & chacun demandoit: Qui est celui-ci?
11. *Populi autem dicebant: Hic est Jesus Propheta à Nazareth Galilææ.*	11. Mais les peuples *qui l'accompagnoient*, disoient: C'est JESUS le Prophéte, qui est de Nazareth en Galilée.

COMMENTAIRE.

chemin. Jéhu fut reconnu Roi d'Israël, par une cérémonie à peu près pareille. (*a*) On fit le même honneur à Caton d'Utique, lorsqu'il se retira. (*b*) On voit quelque chose de pareil dans l'Agamemnon d'Eschyle. (*c*)

℣. 9. HOSANNA FILIO DAVID. *Hosanna au fils de David: Béni soit celui qui vient au nom du Seigneur. Hosanna au plus haut des Cieux. Hosanna*, ou *Hosiah-na*, signifie en Hébreu: *Sauvez, je vous prie.* Mais outre cette signification littérale, il a une emphase particuliére dans les acclamations, ou dans les cris de joye; comme vive le Roi, salut au fils de David, longue vie au Christ, qui vient au nom du Seigneur, pour délivrer son peuple; *Hosanna au plus haut des Cieux.* Ecoutez, Seigneur, nos voix, du plus haut du Ciel. (*d*) Esprits célestes, joignez vos vœux, & vos priéres aux nôtres, pour désirer toute sorte de prospéritez au fils de David, au Roi d'Israël, au Messie, au souverain Libérateur.

Ce cri de joye est pris du Pseaume CXVII. 25. que l'on récitoit au jour de la fête des Tentes. Ce jour-là on amenoit à Jerusalem de tous côtez, des branches, & des feuillages, (*e*) pour dresser des tentes au peuple qui y venoit de toute la Province, & qui, en mémoire des tentes où leurs peres avoient habité pendant quarante ans dans le désert, étoit obligé de demeurer pendant huit jours sous ces feuillées. Ceux qui apportoient ces branches venoient avec de grands cris de joye, & crioient, *Hosanna.* D'où vient que l'on donne aux branches mêmes le nom d'*Hosanna.* (*f*) Dans cette circonstance-ci, le peuple par un saint transport,

(*a*) *Vide* 4. *Reg.* IX. 13.
(*b*) *Plutarch. in Catone minore.*
(*c*) *Vide Grot. hic.*
(*d*) Comparez *Luc.* II. 14. XIX. 38. & *Psal.* CXLVIII. 1. & *Luc. hic.* Εἰρήνη ἐν οὐρανῷ, καὶ δόξα ἐν ὑψίστοις.
(*e*) 2. *Esdr.* VIII. 15. 1. *Macc.* XIII. 5. 2. *Macc.* X. 7.
(*f*) *Elias Levita in Thisbé.*

12 *Et intravit Jesus in Templum Dei, & ejiciebat omnes vendentes, & ementes in Templo: & mensas numulariorum, & cathedras vendentium columbas evertit:*

12. JESUS étant entré dans le Temple de Dieu, chassa tous ceux qui vendoient, & qui achetoient dans le Temple: il renversa les tables des changeurs, & les bancs de ceux qui y vendoient des colombes;

COMMENTAIRE.

voyant dans le triomphe de JESUS-CHRIST quelque chose d'approchant de ce qui se pratiquoit à la fête des Tabernacles, quoique ce fût quelques jours avant la fête de Pâque; commença à crier: *Hosanna au fils de David.* Ces branches que nous portons, ces *hosanna*, sont en l'honneur du fils de David. Saint Luc raconte que JESUS étant arrivé près de Jérusalem, commença à pleurer, prévoyant les malheurs qui devoient arriver à cette ville; & que quelques Pharisiens lui ayant dit de faire taire ses Disciples, il leur répondit: S'ils se taisent, les pierres crieront.

ỳ. 12. INTRAVIT JESUS IN TEMPLUM DEI. *Jesus étant entré dans le Temple de Dieu*; toûjours accompagné du peuple, avec leurs branches de verdure, & des enfans qui crioient à haute voix: *Hosanna au fils de David.* (*a*)

EJICIEBAT OMNES VENDENTES. *Il chassa tous ceux qui vendoient, & qui achetoient dans le Temple: & il renversa les tables des changeurs.* Etant entré dans le parvis extérieur, qu'on appelloit le parvis *des Gentils*, parce qu'il étoit ouvert à tout le monde. C'est-là où l'on vendoit toutes les choses nécessaires pour le sacrifice, des moutons, des colombes, des veaux, des bœufs; des pains, de la farine, du vin, du sel. Il y avoit au même endroit des changeurs, ou des banquiers, pour la commodité des étrangers, qui venant de loin, étoient bien-aise de porter sur eux plûtôt de l'or, que de la monnoye, ou de l'argent, qui est incommode dans le voyage; ou bien, qui changeoient en monnoye courante, moyennant un certain profit, celle qui venoit des pays étrangers.

Saint Jérôme (*b*) croit que tout ce commerce, étoit une invention de l'avarice des Prêtres, qui faisoient vendre dans le Temple, les animaux qui devoient être offerts à Dieu dans son Temple, & dont ils devoient profiter. Il ajoute, que par un autre rafinement d'interêt, & afin que les plus pauvres mêmes servissent à leurs interêts; ils avoient mis dans le Temple des changeurs, qui prêtoient de l'argent sous gage. Et comme la Loi est expresse contre l'usure, au lieu d'argent, ces changeurs recevoient certains profits en fruits, en légumes, & en choses de cette nature, qui se consument par l'usage. Le Fils de Dieu voyant donc

(*a*) Voyez ci-après le ỳ. 15.

(*b*) *Ieronym. in hunc locum.*

de commerce indigne, & cette espéce de brigandage, s'arma de zéle, & chassa tous ces marchands d'iniquité.

On admire avec raison comment un homme seul, & sans autorité parmi le peuple, ait pû lui seul chasser ces marchands du Temple. S. Jérôme (a) entre tous les miracles de J. C. n'en reconnoît point de plus grand, que celui qu'il fit en cette occasion. En effet, quoi de plus étonnant, que de voir un seul homme, qui paroissoit alors si vil, & si méprisable, que bien-tôt après il fut mis en croix; chasser, malgré les Scribes, & les Pharisiens, une troupe de marchands, qui profanoient le Temple. Ce Pere croit qu'en cette occasion Jesus-Christ imprima par la majesté de son visage, & par l'éclat tout divin qui parut sur sa personne, une frayeur, & des sentimens de respect dans l'esprit de ces hommes, qui les empêchérent de lui résister. *Igneum enim quiddam, atque sidereum radiabat ex oculis ejus, & divinitatis majestas lucebat in facie.* Le Fils de Dieu avoit déja exercé une pareille autorité au commencement de sa prédication, quelques années auparavant, contre les marchands qui profanoient la sainteté du Temple de son Pere. (b) Ce qu'on vient de raconter dans les articles précédens, arriva le Lundy dixiéme de Nisan; & le Sauveur chassa encore les marchands du Temple, (c) le lendemain Mardy onziéme du même mois. Il y en a (d) qui croyent qu'il étoit autorisé à faire cela, par l'usage des Juifs, qui permettoit à ceux qu'ils appelloient les Zélez, de poursuivre, & même de mettre à mort, de leur autorité privée, ceux qui étoient surpris dans l'acte du violement du respect dû au Temple, ou qui commettoient publiquement quelque action contre la nation des Juifs. C'est apparemment ce qui fut cause que les Pharisiens & les Prêtres n'osérent s'opposer à ce que Jesus-Christ fit dans cette occasion. S. Jean semble insinuer cette loi de Zelez, lorsqu'il dit qu'alors les Disciples se souvinrent de ce qui est écrit: *Le zéle de vôtre maison m'a consumé.*

Mensas numulariorum. *Les tables des Changeurs.* Nous avons déja vû ce que saint Jérôme enseigne sur cela. Le Grec lit: (e) *Les tables des Colybistes.* C'est-à-dire, des banquiers, ou des changeurs; de ceux qui font métier de changer de la monnoye contre un autre, ou de donner, ou d'acquitter des lettres de change. On dit que l'emploi de ces changeurs, étoit de donner des demi-sicles en espéces, à ceux qui n'en avoient point, pour payer au Temple leur capitation, suivant la Loi. (f) Celui

(a) *Ieronym. hic. Mihi inter omnia signa quæ fecit, hoc videtur mirabilius, quod unus homo & illo tempore contemptibilis & in tantùm vilis, ut posteà crucifigeretur, Scribis & Pharisæis contra se sævientibus, posuerit, &c.*

(b) *Johan.* II. 15.

(c) *Marc.* XI. 15. 16.

(d) *Seld. de Jure N. & G. lib.* 4. c. 5.

(e) Τραπέζας τῶν κολλυβιστῶν.

(f) Exod. XXX. 15.

13. *Et dicit eis : Scriptum est: Domus mea, domus orationis vocabitur : vos autem fecistis illam speluncam latronum.*

13. Et leur dit : Il est écrit : Ma Maison sera appellée la maison de la priére, & vous autres vous en avez fait une caverne de voleurs.

COMMENTAIRE.

qui changeoit, par exemple un ficle, pour avoir deux demi-ficles, donnoit au changeur *un colybe*, qui vaut un *demi-meah*, ou douze deniers, ou la quarante-huitiéme partie du ficle. De ce colybe, leur vint le nom de *Colybistes.* Voilà comme le content Selden, (*a*) & Ligfoot, (*b*) après les Rabbins. (*c*) Ils disent que chaque personne étoit obligée de donner son demi-ficle en espéce, & non autrement. On le recevoit non seulement à Jérusalem, mais aussi dans toutes les villes du pays ; & nous avons vû que JESUS-CHRIST, & saint Pierre le payérent à Capharnaüm. (*d*) Mais il s'en payoit une très-grande quantité à Jérusalem, à cause des étrangers qui y venoient, ou qui y envoyoient de toutes les Provinces du monde. Comme le commerce de ces *Colybistes*, ou de ces changeurs étoit usuraire, JESUS-CHRIST ne le put souffrir plus long-tems. Il le traite de brigandage : *Vous avez fait*, dit-il, *de la Maison de mon Pere, une caverne de voleurs.* Les changeurs en général, étoient de grands fripons. Antiphanes, cité dans Athénée, (*e*) dit qu'après les poissonniers, il ne connoît point de plus méchans hommes que les changeurs.

Quant aux *tables des changeurs*, les Rabbins nous apprennent encore sur cela des particularitez remarquables. (*f*) Ils disent que chaque changeur avoit treize tables devant lui ; ayant chacune une espéce de tronc, dont l'ouverture étoit faite en forme de cornet, s'élargissant par le haut, & s'étrécissant par le bas. La premiére de ces tables, ou de ces troncs, étoit pour recevoir les demi-ficles, de l'année courante : La seconde, pour les ficles de l'année passée : La troisiéme, pour les offrandes de ceux qui devoient une offrande de deux tourterelles : (*g*) La quatriéme, pour ceux qui devoient offrir un oiseau en holocauste, & qui le rachetoient, en jettant dans ce tronc leur offrande, de la même valeur. Les autres n'ont nul rapport à la matiére dont il s'agit ici. Il nous suffit d'avoir exposé ce qu'on entend par les tables des changeurs que JESUS-CHRIST renversa.

℣. 13. SCRIPTUM EST : DOMUS MEA, &c. *Il est écrit : Ma Maison*

(*a*) *Selden. lib. 4. cap. 5. de Jure N. & Gent.*
(*b*) *Lygfoot. Hor. Hebr.*
(*c*) *Titul. Siklin, cap. 1. & Maimonid. tit eod. cap. 3.*
(*d*) *Matth.* XVII. 23.
(*e*) *Athenæ. l. 6. c. 2.*
(*f*) *Misn. Gemar. & Comment. ad tit. Siklin cap. 6. Maimon. Halac. eadem, cap. 2.*
(*g*) *Levit.* V. 7. XII. 8. XV. 14.

sera

14. *Et accesserunt ad eum cæci, & claudi in Templo, & sanavit eos.*

15 *Videntes autem Principes Sacerdotum, & Scribæ mirabilia, quæ fecit, & pueros clamantes in Templo, & dicentes: Hosanna filio David; indignati sunt;*

16. *Et dixerunt ei: Audis quid isti dicunt? Jesus autem dixit eis: Utique numquam legistis: quia ex ore infantium & lactentium perfecisti laudem?*

14. Alors des aveugles & des boiteux vinrent à lui dans le Temple, & il les guérit.

15. Mais les Princes des Prêtres, & les Scribes voyant les merveilles qu'il avoit faites, & les enfans qui crioient dans le Temple, & qui disoient: Hosanna: *salut & gloire* au fils de David, en conçûrent de l'indignation;

16. Et lui dirent: Entendez-vous bien ce qu'ils disent? Oüi, leur dit JESUS. Mais n'avez-vous jamais lû *cette parole*: Vous avez tiré la loüange la plus parfaite, de la bouche des petits enfans, & de ceux qui sont à la mammelle?

COMMENTAIRE.

sera appellée la maison de priére; & vous en avez fait une caverne de voleurs. Ce passage est tiré de deux endroits: Le premier, d'Isaïe, LVI. 7. *Je les aménerai dans ma maison de priéres.* Et le second, de Jérémie, VII. 11. *Cette maison est-elle devenuë une caverne de voleurs?* Le Sauveur fait allusion à l'usage de la Palestine, où les voleurs se retiroient d'ordinaire dans des cavernes inaccessibles. (*a*)

℣. 16. EX ORE INFANTIUM ET LACTENTIUM PERFECISTI LAUDEM. *Vous avez tiré la loüange la plus parfaite, de la bouche des petits enfans, & de ceux qui sont à la mammelle.* Quelques-uns (*b*) ont pris ces dernieres paroles à la lettre, comme si réellement Dieu par un effet de sa puissance, avoit ouvert la bouche, & délié la langue des petits enfans encore à la mammelle. D'autres (*c*) le prennent dans le sens d'une hyperbole, ici comme au Pseaume VIII. 3. où le Psalmiste dit, que le Seigneur tire sa gloire de la bouche des enfans même à la mammelle, pour confondre ses ennemis; c'est-à-dire, l'impiété des méchans est confonduë par toutes les créatures; les choses insensibles, les enfans à la mammelle élevent leurs voix contr'eux. L'Hébreu porte: (*d*) *Vous avez fondé la force par la bouche des enfans, & de ceux qui sont à la mammelle, à cause de vos ennemis.* Vous avez confondu vos ennemis, par la force des raisons des enfans à la mammelle. Ainsi dans cette occasion Dieu tira de la bouche des enfans, une vérité qui étoit combattuë par ceux qui auroient dû en être les premiers prédicateurs.

(*a*) *Joseph. Antiq.* XIV. 27. XIX. 11. *De bello, l.* I. *c.* 12. *Strabo l.* 16.
(*b*) *Chrysost. Euthym, Theophyl. Mald.*
(*c*) *Hilar. Author Oper. imperfect. Strab. Brug. Menoch. Grot.*
(*d*) מפי עוללים וינקים יסדת עז למען צורריך

17. *Et relictis illis, abiit foras extra civitatem in Bethaniam: ibique mansit.*

18. *Manè autem revertens in civitatem esuriit.*

19. *Et videns fici arborem unam secùs viam, venit ad eam: & nihil invenit in ea nisi folia tantùm, & ait illi: Numquam ex te fructus nascatur in sempiternum. Et arefacta est continuò ficulnea.*

17. Et les ayant laissez-là, il sortit de la ville, & s'en alla à Bethanie, où il demeura *pendant la nuit.*

18. Le matin, lorsqu'il revenoit à la ville, il eut faim.

19. Et voyant un figuier sur le chemin, il s'en approcha; mais n'y ayant trouvé que des feuilles, il lui dit: Qu'à jamais il ne naisse de toi aucun fruit; & au même moment le figuier sécha.

COMMENTAIRE.

℣. 17. ABIIT FORAS EXTRA CIVITATEM. *Il sortit de la ville, & alla à Bethanie;* sur le soir, dit saint Marc, (*a*) après avoir observé toutes choses, & sachant que les Prêtres, & les premiers du peuple étoient résolus de le perdre, (*b*) il sortit de la ville, & alla à Bethanie, bourgade éloignée de Jerusalem de quinze stades, ou d'environ demie lieuë. Il y passa la nuit apparemment chez Lazare, Marthe, & Marie.

℣. 19. VIDENS FICI ARBOREM. *Le lendemain (Mardi) revenant de Bethanie à Jerusalem, il eut faim, & s'approcha d'un figuier, qui étoit sur le chemin; mais n'y ayant trouvé que des feuilles;* car ce n'étoit pas le tems des figues, dit saint Marc, (*c*) *il le maudit.* On forme sur ce passage plusieurs difficultez. La premiére, comment JESUS au sortir de Bethanie, put avoir faim, puisqu'il étoit si matin? 2°. Pourquoi il alloit à ce figuier chercher des figues, puisqu'il ne pouvoit ignorer qu'il n'y en avoit point? 3°. Enfin, pourquoi il le maudit? Euthyme (*d*) croit qu'il n'est pas vraisemblable qu'il ait eu faim à cette heure-là: mais simplement, qu'il alla à ce figuier, de même que s'il eût eu dessein d'y trouver à manger, quoi qu'au fond, il n'eût en vûë que d'y faire le miracle marqué ci-après. Saint Chrysostome n'a pas douté que sa faim n'ait été réelle, mais il croit qu'elle fut volontaire, & qu'il se la procura exprès. Calvin s'est imaginé, ce qui n'est nullement probable, que JESUS, selon sa nature humaine, ignoroit la nature du figuier. Cet arbre étoit si commun dans le pays, que les enfans mêmes savoient en quel tems il porte ses fruits.

Les Peres (*e*) ont recouru au mystére en cette rencontre. Il étoit important que les Apôtres, & tous les siécles à venir fussent informez, mais d'un maniére vive, & forte, & qui leur entrât profondement dans l'ef-

(*a*) *Marc.* XI. 11.
(*b*) *Luc.* XIX. 47. 48.
(*c*) *Marc.* XI. 13. Οὐ γὰρ ἦν καιρὸς σύκων.
(*d*) *Vide & August. lib. 2. Quæst. Evangel.* q. 51. *& Mald. hic.*
(*e*) *Origen. in Matth. Hilar. Ieronym. hic. August. Serm.* 98. *alias* 44. *cap.* 13. *Vide Grot. Brug.*

20. *Et videntes Discipuli, mirati sunt, dicentes : Quomodo continuò aruit ?*

20. Ce que les Disciples ayant vû, ils furent saisis d'étonnement, & *se* dirent *l'un à l'autre* : Comment ce figuier s'est-il séché en un instant ?

21. *Respondens autem Jesus, ait eis : Amen dico vobis, si habueritis fidem, & non hæsitaveritis, non solùm de ficulnea facietis, sed & si monti huic dixeritis : Tolle, & jacta te in mare, fiet.*

21. Alors JESUS leur dit : Je vous dis en vérité, que si vous avez de la foi, & que vous n'hésitiez point *dans vôtre cœur*, non-seulement vous ferez *ce que vous venez de voir* en ce figuier ; mais quand même vous diriez à cette montagne : Ote-toi de là, & te jette dans la mer, cela se fera :

COMMENTAIRE.

prit, des raisons de la réprobation des Juifs. Le figuier marquoit le peuple Hébreu. Ce peuple étoit comme un arbre planté dans le fond du Seigneur. Le figuier n'étoit pas obligé d'avoir des fruits dans un tems où il n'en porte point naturellement. Mais les Juifs figurez par cet arbre, devoient en porter en tout tems. Le Fils de Dieu maudit le figuier, non à cause du figuier ; mais à cause des Juifs, qu'il répresentoit. On parlera encore sur cela dans le Commentaire sur saint Marc, XI. 13.

℣. 20. VIDENTES DISCIPULI, MIRATI SUNT. *Les Disciples ayant vû le figuier dessèché, furent saisis d'étonnement.* Ceci arriva le lendemain matin, comme le marque saint Marc ; (*a*) car quoique le figuier *se fût dessèché sur le champ*, comme dit saint Matthieu, (*b*) toutefois l'effet de la malédiction fut beaucoup plus sensible le lendemain matin, par la chûte des feuilles, & le dessèchement du bois : Car on doit distinguer plus d'un dégré dans l'effet des paroles de JESUS-CHRIST. L'arbre commença à sécher aussi-tôt après la malediction du Sauveur ; on s'en apperçut d'abord visiblement sur les feuilles ; cela alla par degrez jusqu'à un entier dessèchement.

℣. 21. SI HABUERITIS FIDEM, ET NON HÆSITAVERITIS. *Si vous avez de la foi, & que vous n'hésitiez point dans vôtre cœur.* Il parle de la foi des miracles, & non de la foi, qui est une vertu qui nous justifie. Ces deux foys ne se rencontrent pas toûjours dans la même personne. Saint Paul les distingue parfaitement. (*c*) On peut obtenir cette foi par ses priéres ; (*d*) & on peut l'augmenter, & la conserver par le bon usage qu'on en fait. JESUS-CHRIST exhorte souvent ses Apôtres à la conserver. Elle étoit absolument nécessaire dans l'emploi saint, ausquel il les destinoit. *Et si vous n'hésitez point.* Le Grec : (*e*) *Et si vous ne disputez*

(*a*) *Marc.* XI. 20.
(*b*) Καὶ ἐξηράνθη παραχρῆμα ἡ συκῆ.
(*c*) 1. *Cor.* XII. 9. 31. & XIII. 2. & *Matth.* VII. 22.
(*d*) 1. *Cor.* XII. 31. *Matth.* XVII. 19. *Marc.* XI. 22.
(*e*) Καὶ μὴ διακριθῆτε.

22. *Et omnia quæcumque petieritis in oratione credentes accipietis.*

22. Et quoi que ce soit que vous demandiez dans la priére, avec foi, vous l'obtiendrez.

23. *Et cùm venisset in Templum, accesserunt ad eum docentem, Principes Sacerdotum, & Seniores populi, dicentes: In qua potestate hæc facis? Et quis tibi dedit hanc potestatem?*

23. Etant arrivé dans le Temple, les Princes des Prêtres, & les Sénateurs du peuple *Juif*, le vinrent trouver comme il enseignoit, & lui dirent: Par quelle autorité faites-vous ces choses, & qui vous a donné ce pouvoir?

COMMENTAIRE.

point avec vous-mêmes; comme ceux qui sont irrésolus, & qui n'ont pas encore pris leur résolution. La foi des miracles veut être ferme, & assurée. Voyez saint Matthieu XVII. 19.

℣. 22. OMNIA QUÆCUMQUE PETIERITIS, &c. *Tout ce que vous demanderez dans la priére avec foi, vous l'obtiendrez.* C'est la seconde fois qu'il leur fait cette promesse. Voyez saint Matth. VII. 7. On peut l'entendre ou en général des effets de la priére, ou de la foi nécessaire pour faire des miracles: Tout ce que vous demanderez avec cette ferme foi, vous l'obtiendrez; il n'y aura point de prodiges qui vous soient impossibles.

℣. 23. IN QUA POTESTATE HÆC FACIS? *Par quelle autorité faites-vous ces choses?* Ceci arriva le Mercredy douziéme de Nisan. JESUS avoit chassé du Temple les deux jours précédens, les marchands qui y trafiquoient. Il y enseignoit hautement, & avec autorité. Il y étoit entré comme en triomphe, au bruit des acclamations du peuple; tout cela avoit étrangement irrité les Prêtres, & les Pharisiens, animez de longue-main contre JESUS-CHRIST. Ils avoient déja pris la résolution de l'arrêter, & de le faire périr. Mais il falloit un prétexte; car ils craignoient le peuple. Ils viennent donc demander au Fils de Dieu, qui lui a donné le pouvoir de faire tout ce qu'il faisoit. On dit qu'il falloit une mission, & une vocation extraordinaire du Sanhédrin, pour prêcher dans le Temple; (*a*) mais non pas pour parler en public dans la Synagogues; car personne n'avoit trouvé mauvais que JESUS y parlât par tout où il se trouvoit.

Origénes (*b*) croit que les Juifs d'alors reconnoissoient comme deux puissances, qui produisoient tous les grands effets que nous voyons dans le monde. Une puissance pleine de bonté, qui opére le bien, & une puissance qui lui est contraire, & qui fait tous les maux extraordinaires dont

(*a*) *Vide Grot. & Le Clerc, Chrysost. hic.*

(*b*) *Origen. in Matth. tom. 17. pag 452. & sequ.*

24. *Respondens Jesus dixit eis : Interrogabo vos, & ego unum sermonem : quem si dixeritis mihi, & ego vobis dicam in qua potestate hæc facio.*

25. *Baptismus Joannis unde erat? è cœlo, an ex hominibus? At illi cogitabant inter se, dicentes :*

26. *Si dixerimus, è cœlo, dicet nobis : Quare ergo non credidistis illi? Si autem dixerimus, ex hominibus, timemus turbam : omnes enim habebant Joannem sicut Prophetam.*

27. *Et respondentes Jesu, dixerunt : Nescimus. Ait illis & ipse : Nec ego dico vobis in qua potestate hæc facio.*

28. *Quid autem vobis videtur? Homo quidam habebat duos filios, & accedens ad primum, dixit : Fili, vade hodie, operare in vinea mea.*

24. JESUS leur répondit : J'ai aussi une demande à vous faire ; & si vous m'y répondez, je vous dirai par quelle autorité je fais ceci.

25. D'où étoit le baptême de Jean : du Ciel, ou des hommes? Mais eux raisonnoient *ainsi* en eux-mêmes :

26. Si nous répondons *qu'il étoit* du Ciel, il nous dira : Pourquoi donc n'y avez-vous pas crû? Et si nous répondons *qu'il étoit* des hommes, nous avons à craindre le peuple ; car Jean passoit pour un Prophéte dans l'esprit de tout le monde.

27. Ils répondirent donc à JESUS : Nous ne savons. Et il leur répondit aussi : Je ne vous dirai point non plus par quelle autorité je fais ceci.

28. Mais que vous semble, *de ce que je m'en vais vous dire?* Un homme avoit deux fils ; & s'adressant au premier, il lui dit : Mon fils, allez-vous-en aujourd'hui travailler à ma vigne.

COMMENTAIRE.

nous parle l'Ecriture. Chacune de ces deux puissances en a plusieurs autres de même nature, subordonnées à elle-même, & qui opérent chacune, suivant ce qui lui a été donné. Les Juifs demandent ici à JESUS dans quelle puissance il agit ici : si c'est par la puissance de Dieu, & de ses Anges, qui est la seule bonne ; ou par la puissance du prince des ténébres, ou de ses anges. JESUS-CHRIST ne jugea pas à propos de leur répondre là-dessus, ni de leur dire que la puissance par laquelle il agissoit, étoit supérieure à toutes les autres, & qu'elle venoit immédiatement du Pere. Mais cette explication n'est nullement littérale.

℣. 24. INTERROGABO ET EGO VOS UNUM SERMONEM. (*a*) *J'ai aussi une demande à vous faire.* JESUS ne répond pas d'une maniére directe à la question que lui font les Prêtres, il l'élude par une autre question. A demande captieuse, réponse captieuse. Dieu use de détours avec ceux qui ne vont pas droit avec lui, dit le Psalmiste. (*b*) Si les Pharisiens avoient voulu répondre à la demande qu'il leur faisoit, ils auroient dû dire, que le baptême de Jean étoit du Ciel ; & sur le champ JESUS leur auroit répondu que ce qu'il faisoit étoit aussi par l'ordre de Dieu ;

(*a*) Ἕνα λόγον. דבר אחד *Unam rem.* (*b*) *Psal.* XVII. 27.

29. *Ille autem respondens, ait: Nolo. Posteà autem pœnitentiâ motus abiit.*

30. *Accedens autem ad alterum, dixit similiter. At ille respondens, ait: Eo, Domine, & non ivit.*

31. *Quis ex duobus fecit voluntatem patris? . icunt ei: Primus. Dicit illis Jesus: Amen dico vobis, quia publicani, & meretrices præcedent vos in Regnum Dei.*

29. Son fils lui répondit: Je ne veux pas y aller; mais après, étant touché de repentir, il y alla.

30. Il vint en suite trouver l'autre, & lui fit le même commandement; mais quoi qu'il lui répondit: J'y vais, Seigneur, il n'y alla point.

31. Lequel des deux a fait la volonté de son pere? Le premier, lui dirent-ils. Et Jesus ajouta: Je vous dis en vérité, que les publicains, & les femmes prostituées vous devanceront dans le Royaume de Dieu.

COMMENTAIRE.

& qu'ainsi il n'avoit sur cela aucun compte à leur rendre. Dés là qu'ils ne veulent pas répondre, il est en droit de ne pas satisfaire à leur demande.

℣. 28. HOMO QUIDAM HABEBAT DUOS FILIOS. *Un homme avoit deux fils, &c.* Les Interprétes (*a*) reconnoissent que cet homme désigne Dieu, que ses deux fils désignent les Juifs, & les Gentils. Les Juifs sont les aînez. Ils promettent à Dieu une parfaite obéïssance, (*b*) & n'obéïssent point. Les Gentils sont les second fils; ils refusent d'abord d'obéïr; ils se livrent à l'idolâtrie, & au déréglement. Mais enfin touchez de repentir, à la prédication des Apôtres, ils se convertissent, & éxécutent fidélement ce que le Seigneur leur a commandé. Il semble aussi que le Sauveur vouloit par ces deux fils marquer deux sortes de Juifs. (*c*) Les Scribes, & les Pharisiens promettoient de suivre exactement la Loi, & ne la suivoient point du tout. Jean-Bapiste est venu les exhorter à quitter l'hypocrisie, à rentrer dans la bonne voye, & ils ne l'ont point écouté. Au contraire les pécheurs, les publicains, les femmes de mauvaise vie, dont la profession étoit en quelque sorte une profession publique de péché, se sont convertis à la prédication de Jean-Baptiste, ont écouté Jesus-Christ & ses Apôtres, & sont devenus des enfans vraiment obéïssans. Voyez ci-après le ℣. 31.

Quelques anciens Exemplaires Grecs & Latins (*d*) lisoient ici: *Qui des deux a fait la volonté de son pere? Ils lui répondirent: C'est le dernier.* Au lieu que nos Exemplaires imprimez Grecs & Latins, lisent: *C'est le premier.* Ce qui vient dans les uns, de la transposition des versets 29. &

(*a*) *Origen. in Matth. Chrysost. Author Oper. imperfect. Ieronym. Beda, Euthym. alii passim.*
(*b*) *Exod.* XIX. 8.
(*c*) *Mald. Tir. Menoc. Vide & Ieronym. & Hilar. hic.*
(*d*) *Ita Cantabrig. G. L. Copht. Arm. Leicheß. Paris. 6. apud Mill.*

32. *Venit enim ad vos Joannes in via justitiæ, & non credidistis ei : publicani autem, & meretrices crediderunt ei : vos autem videntes nec pœnitentiam habuistis posteà, ut crederetis ei.*

32. Car Jean est venu à vous dans la voye de la justice, & vous ne l'avez point crû : les Publicains au contraire, & les femmes prostituées l'ont crû : & vous, après même avoir vû leur *exemple*, vous n'avez point été touchez de repentir, ni portez à le croire.

COMMENTAIRE.

30. de cette sorte : *Le pere dit au premier* : (29.) *Mon fils, allez aujourd'hui travailler à ma vigne. Il répondit : J'y vais, mon pere ; & il n'y alla point* (30.) *Le pere dit la même chose à son second fils ; & son fils lui répondit : Je n'irai point ; mais ensuite touché de repentir, il y alla. Qui des deux a fait la volonté de son pere ? Ils répondirent : Le dernier.* Il est clair que le Texte ainsi rangé demande cette réponse. Mais d'autres Textes (*a*) conservent l'arrangement de nôtre Vulgate, & ne laissent pas de porter : *le dernier*, au lieu *du premier* ; ce qui vient apparemment de ce que quelqu'un voyant que JESUS-CHRIST, dans l'application de la parabole, donne la préférence aux publicains, & aux femmes de mauvaise vie, qui sont marquez dans la parabole, sous le symbole du second fils, comme les Pharisiens sous le nom du fils aîné ; s'est imaginé qu'il y avoit faute dans le Texte, & qu'il falloit lire, *le dernier* ; c'est-à-dire, le second fils ; & non, *le premier*, c'est-à dire, l'aîné. Mais il n'est pas dit que le premier à qui le pere s'adresse, soit l'aîné ; ni que le second, soit le cadet. L'ordre de la parabole veut au contraire que le pere se soit adressé d'abord au cadet, qui étoit la figure des pécheurs, & des gens de mauvaise vie ; & ensuite à l'aîné, qui étoit la figure des Pharisiens.

℣. 32. VENIT ENIM AD VOS JOANNES IN VIA JUSTITIÆ. *Jean est venu à vous dans la voye de la justice, & vous ne l'avez point crû.* JESUS-CHRIST répond lui-même à la question qu'il leur avoit faite ; & il répond en même-tems d'une maniére indirecte, à celle qu'ils lui avoient faite, & qu'il avoit d'abord éludée, comme nous l'avons vû. Or je vous dis que Jean est venu à vous dans la voye de la justice. C'étoit un homme vraiment juste, & envoyé de Dieu ; & toutefois vous ne l'avez point écouté. Quand je vous dirai que j'agis au nom de Dieu, par ses ordres, par son autorité, par son Esprit ; m'écouterez-vous, & me croirez-vous ? Mais à vôtre defaut, Dieu s'est suscité d'autres serviteurs fidéles, d'autres enfans, un autre peuple : ce sont ceux que vous méprisez, & que vous regardez avec mépris. Ils vous précéderont dans le Royaume de Dieu,

(*a*) *Quid. apud Ieronym. Arab. Sax. Hilar. Aug. Cod. Const. quo usus est Erasm.*

33. *Aliam parabolam audite : Homo erat paterfamilias, qui plantavit vineam, & sepem circumdedit ei, & fodit in ea torcular, & ædificavit turrim, & locavit eam agricolis ; & peregrè profectus est.*

34. *Cùm autem tempus fructuum appropinquasset, misit servos suos ad agricolas, ut acciperent fructus ejus.*

35. *Et agricolæ, apprehensis servis ejus, alium ceciderunt, alium occiderunt, alium verò lapidaverunt.*

36. *Iterum misit alios servos plures prioribus, & fecerunt illis similiter.*

33. Ecoutez un autre parabole : Il y avoit un pere de famille, qui ayant planté une vigne, l'enferma d'une haye, & creusant dans la terre, il y fit un pressoir, & y bâtit une tour : puis l'ayant loüée à des vignerons, il s'en alla en un pays éloigné.

34. Or le tems des fruits étant proche, il envoya ses serviteurs aux vignerons, pour recueillir les fruits de sa vigne.

35. Mais les vignerons s'étant saisis de ses serviteurs, battirent l'un, tuérent l'autre, & en lapidérent un autre.

36. Il leur envoya encore d'autres serviteurs en plus grand nombre que les premiers, & ils les traitérent de même.

COMMENTAIRE.

(*a*) dans l'Eglise, dans le Ciel. La porte leur sera ouverte, pendant que vous demeurerez dehors.

℣. 33. ALIAM PARABOLAM AUDITE. *Ecoutez une autre parabole.* Il disoit ceci, principalement pour les Prêtres, & les Sénateurs, qui l'avoient d'abord interrogé. Mais comme le peuple s'étoit assemblé autour d'eux, à l'occasion de cette contestation, saint Luc (*b*) dit qu'il proposa cette parabole au peuple. Celui qui plante ici la vigne, est Dieu. Cette vigne est son Eglise. Ceux à qui Dieu l'a loüée, sont les Hébreux. (*c*) Ils sont eux-mêmes assez souvent désignez dans l'Ecriture sous le nom de vigne. (*d*) Dieu plante cette vigne, en donnant la Loi aux Juifs. (*e*) Il l'environne d'une haye, ce sont les préceptes cérémoniaux, (*f*) ou la protection de Dieu ; (*g*) il y bâtit un pressoir, & une tour ; c'est son Temple, & son autel. (*h*) Enfin il fait à sa vigne tout ce qu'on y peut faire. (*i*) *Quid est quod debui ultrà facere vineæ meæ, & non feci ?* Les Prêtres, & les Savans dans la Loi, sont ceuxqui ont le plus de part à la conduite, & à la culture de cette vigne. (*k*) C'est à eux principalement que s'adresse la parabole ; & c'est à eux à qui Dieu en demande principalement les fruits, & le revenu. Ceux que le Pere de famille envoye pour en fai-

---

(*a*) *Vers.* 31. *Publicani & meretrices præcedent vos in Regno Dei.*
(*b*) *Luc* xx. 9.
(*c*) *Ambros. in Luc. Mald. Brug. alii.*
(*d*) *Psal.* LXXIX. 9. *Isai.* III. 13. *Matth.* X. I. &c.
(*e*) *August. Serm. olim* 59. *nunc* 58.
(*f*) *Irenæ. lib.* 4. *cap.* 70. *Author Oper. imperfect. homil.* 40.
(*g*) *Origen. Ieron. Author Oper. imperfect. hic. Ambros. in Luc.* xx.
(*h*) *Ita Origen. Ieronym. Euthym. Theophyl. Beda.*
(*i*) *Isai.* v. 4.
(*k*) *Origen. Hilar. Author Oper. imperfect. Euthym. Theophyl.*

37. *Novissimè autem misit ad eos filium suum, dicens: Verebuntur filium meum.*

37. Enfin il leur envoya son propre fils, disant *en lui-même*: Ils auront quelque respect pour mon fils.

38. *Agricolæ autem videntes filium, dixerunt intra se: Hic est hæres; venite, occidamus eum, & habebimus hæreditatem ejus.*

38. Mais les vignerons voyant le fils, dirent entr'eux: Voici l'héritier; venez, tuons-le, & nous serons maîtres de son héritage.

39. *Et apprehensum eum ejecerunt extra vineam, & occiderunt.*

39. Ainsi s'étant saisis de lui, ils le jettérent hors de la vigne, & le tuérent.

40. *Cùm ergo venerit Dominus vineæ, quid faciet agricolis illis?*

40. Lors donc que le Seigneur de la vigne sera venu, comment traitera-t'il ces vignerons?

41. *Aiunt illi: Malos malè perdet: & vineam suam locabit aliis agricolis, qui reddant ei fructum temporibus suis.*

41. Ils lui répondirent: Il fera périr misérablement ces méchans, & il louëra sa vigne à d'autres vignerons, qui lui en rendront les fruits en leur saison.

COMMENTAIRE.

re la vendange, sont les anciens Prophétes, & les anciens justes, que Dieu a envoyez dans tous les siécles, pour visiter sa vigne, & pour en recueillir les fruits. Mais la plûpart ont été maltraitez, frappez, chassez, lapidez, tourmentez, mis à mort. Enfin le fils du Pere de famille est JESUS-CHRIST, qui étant venu le dernier, non-seulement n'a pas été plus épargné ni plus respecté que les autres, mais a même été plus maltraité; & est enfin mort sur une croix. Plus J. C. approchoit de sa fin, plus il parloit d'une maniére distincte, libre, intrépide, contre les abus des Pharisiens, & des Prêtres.

FODIT IN EA TORCULAR. *Il y fit un pressoir, & y bâtit une tour.* Il y bâtit une tour pour le logement du vigneron, & des gardes de la vigne; & il y fit un pressoir pour pressurer le raisin. A la lettre: (a) *Il y creusa un pressoir.* Le Grec signifie proprement ces cuves souterraines, faites de bonne maçonnerie, & enduites de bon ciment, où l'on conservoit le vin sur ses lies, jusqu'à ce qu'on le mît dans des cruches de terre, ou dans des tonneaux d'argile. On peut voir ce que nous avons remarqué sur les anciens pressoirs sur Jérémie XLVIII. 11. Je pense que cette cuve souterraine, étoit au bas de la tour, ainsi que nous en avons vû en quelques endroits.

℣. 41. MALOS MALE PERDET. *Ils répondirent: Il fera périr misérablement ces méchans.* Ce furent les Prêtres, selon quelques-uns, qui firent cette réponse; ou quelques-uns du peuple, selon d'autres. Saint

(a) Ὤρυξεν ἐν αὐτῷ ληνόν. *Marc.* XII. 1. Ὤρυξεν ὑπολήνιον.

42. *Dicit illis Jesus : Numquam legistis in Scripturis : Lapidem quem reprobaverunt ædificantes, hic factus est in caput anguli ? A Domino factum est istud, & est mirabile in oculis nostris ?*

42. Jesus ajouta : N'avez-vous jamais lû *cette parole* dans les Ecritures : La pierre qui a été rejettée par ceux qui bâtissoient, est devenuë la principale pierre de l'angle ? C'est le Seigneur qui l'a fait, & nos yeux le voyent avec admiration ?

43. *Ideò dico vobis, quia auferetur à vobis regnum Dei, & dabitur genti facienti fructus ejus.*

43. C'est pourquoi je vous déclare que le Royaume de Dieu vous sera ôté, & qu'il sera donné à un peuple, qui en produira les fruits.

44. *Et qui ceciderit super lapidem istum, confringetur : super quem verò ceciderit, conteret eum.*

44. Celui qui se laissera tomber sur cette pierre, s'y brisera ; & elle écrasera celui sur qui elle tombera.

COMMENTAIRE.

Marc, & saint Luc (*a*) disent que ce fut Jesus-Christ. On peut concilier tout cela : (*b*) Les Prêtres, & le peuple conclurent tout naturellement, que de semblables fermiers méritoient de périr misérablement. Jesus approuva leur réponse, & leur fit sentir qu'ils l'avoient prononcée contre eux-mêmes. Alors ils dirent, selon saint Luc : *A Dieu ne plaise*, que cela nous arrive.

℣. 42. Lapidem quem reprobaverunt ædificantes. *La pierre qui avoit été rebutée par ceux qui bâtissoient, est devenuë la principale pierre de l'angle.* Voici une autre parabole, mais plus resserrée, & plus enveloppée. De même qu'il arrive quelquefois dans un bâtiment, que les Architectes rejettent d'abord une pierre, qu'ils sont ensuite obligez d'employer, & de mettre à l'endroit le plus apparent, & le plus important de leur édifice ; ainsi il arrivera dans la construction de la maison de Dieu. Vous m'avez rejetté comme inutile ; vous avez méprisé & ma doctrine, & ma personne : Mais le souverain Seigneur se moquera de vôtre mauvais choix ; il saura me placer au fondement, & à l'angle de l'édifice. (*c*) Je deviendrai la pierre de liaison, qui unira ensemble les deux murs du bâtiment ; (*d*) la Synagogue, & l'Eglise ; le Juif, & le Gentil dans une même foi.

℣. 43. Auferetur a vobis Regnum Dei. *Le Royaume de Dieu vous sera ôté.* La Synagogue sera dépoüillée de tous ses avantages. La connoissance de l'Evangile passera aux nations étrangéres. L'Eglise de

(*a*) *Marc.* XII. 9. *Luc.* XX. 16.
(*b*) *Vide Chrysost. Euthym. Mald.*
(*c*) *Vide Act.* IV. 11. *Ephes.* II. 20. & 1. *Petri* II. 7. 8.
(*d*) *Ephes.* II. 14. *Origen. Hilar. Ieronym. Beda, Theophyl. Euthym. hic. August. in Psalm.* LXXXVIII. & XCIX. & *tract.* IX. *in Joan. &c.*

45. *Et cùm audissent Principes Sacerdotum, & Pharisæi parabolas ejus, cognoverunt quòd de ipsis diceret.*

46. *Et quærentes eum tenere, timuerunt turbas; quoniam sicut Prophetam eum habebant.*

45. Les Princes des Prêtres, & les Pharisiens ayant entendu ces paraboles de JESUS, connurent que c'étoit d'eux qu'il parloit.

46. Et voulant se saisir de lui, ils appréhendérent le peuple: parce qu'ils le regardoient comme un Prophéte.

COMMENTAIRE.

JESUS-CHRIST sera principalement composée de Gentils convertis. *Act.* XIII. 46. 48. *Rom.* XI. 19. 20.

ỳ. 44. QUI CECIDERIT SUPER LAPIDEM ISTUM, CONFRINGETUR. *Celui que se laissera tomber sur cette pierre, sera brisé; & elle écrasera celui sur qui elle tombera.* Ceux qui tombent sur une pierre, se blessent, & se meurtrissent; mais ceux sur qui une grosse pierre tombe, sont écrasez & brisez. Les Juifs incrédules, & les payens, à qui la croix de JESUS-CHRIST est un sujet de scandale, & sa bassesse extérieure, un sujet de mépris, tombent sur la pierre; (*a*) leur chûte est dangereuse, & leur malheur est grand. Mais lorsque le Fils de Dieu viendra dans sa majesté exercer sa Justice rigoureuse contre les impies, les infidéles, les endurcis, & les incrédules; ce sera pour eux un malheur infiniment plus grand. (*b*) La pierre les écrasera, les froissera, les exterminera sans ressource. Il semble que J. C. vouloit dire aux Prêtres, aux Scribes, aux Pharisiens, & à ceux qui leur étoient attachez, & qui imitoient leur haine contre J. C. que leur malheur étoit grand, de ne pas croire en lui. Mais qu'un malheur infiniment plus grand les attendoit dans le jugement terrible qu'il devoit exercer contr'eux. Comparez *Rom.* IX. 33. I. *Petri.* II. 7. 8.

CONTERET. *Elle écrasera.* A la lettre: (*c*) *Elle mettra en poudre*, elle le jettera au vent, comme la paille quand on vanne le grain; elle le brisera & le dissipera. Le jugement dont les ménace ici JESUS-CHRIST, fut commencé, & comme ébauché dans la destruction de Jérusalem, & dans la dispersion des Juifs; mais ce n'est là qu'un prélude du souverain malheur qui attend les méchans, & les incrédules au Jugement dernier, dans les supplices éternels.

(*a*) *Chrysost. Euthym. Theophylact. August. Serm. olim 40. nunc 112. Maldon. Grot. Brug. Menoch. alii plerique.*

(*b*) *Ita PP. & Interpp. ut supra.*

(*c*) Λικμήσει αὐτόν.

CHAPITRE XXII.

Parabole d'un Roi, qui fait les nôces de son fils. Plusieurs invitez : peu y viennent. Payer le tribut à César. Les Saducéens qui nioient la Résurrection, confondus. Quel est le plus grand Commandement de la Loi? David, pere du Messie ; & le Messie, Seigneur de David.

✝. 1. *Et respondens Jesus, dixit iterùm in parabolis eis, dicens :*	✝. 1. Jesus parlant encore en paraboles, leur dit :
2. *Simile factum est Regnum Cœlorum homini Regi, qui fecit nuptias filio suo.*	2. Le Royaume des Cieux est semblable à un Roi, qui voulant faire les nôces de son fils,

COMMENTAIRE.

✝. 2. Simile factum est Regnum Coelorum, &c. *Le Royaume des Cieux est semblable à un Roi, qui voulant faire les nôces de son fils, envoya ses serviteurs pour appeller aux nôces ceux qui y étoient conviez.* On verra dans la formation de l'Eglise, qui est *le Royaume des Cieux*, la même chose qui arriva dans les nôces d'un Roi, dont je vais vous dire une histoire en parabole. Ce Prince fait un grand festin, & y invite plusieurs personnes : Les conviez refusent d'y venir ; à leur refus il y fait venir des étrangers de toutes sortes, &c. Voici l'explication de cette énigme. Le Roi qui fait les nôces de son fils, est Dieu le Pere, qui envoye son Fils sur la terre pour établir son Eglise. Les conviez qui furent d'abord invitez, sont les Juifs. (*a*) Les serviteurs qui ont été envoyez pour les appeller au festin, sont les Prophétes, Jean-Baptiste, & les Apôtres. (*b*) Les Juifs n'ont voulu écouter ni les uns, ni les autres, & ont refusé de venir au festin, & d'entrer dans la nôce. A leur refus Dieu fait appeller les Gentils ; il leur fait prêcher l'Evangile ; ils entrent en foule dans l'Eglise : Mais tous ceux qui y sont entrez ne méritent pas d'y demeurer. Celui qui n'a pas la robe nuptiale, est chassé du festin ; ce qui

(*a*) *Origen. Ieron. Beda, Euthym. Theophylact. in hunc locum, Greg. homil. 38. in Evang. Alii passim.*

(*b*) *Origen. Chrysost. Autor Oper. imperfect. Ieron. Beda, alii hic. Greg. Mag. loco citato.*

3. *Et misit servos suos vocare invitatos ad nuptias, & nolebant venire.*

3. Envoya ses serviteurs, pour appeller aux nôces ceux qui y étoient conviez; mais ils refusérent d'y venir.

4. *Iterùm misit alios servos, dicens: Dicite invitatis: Ecce prandium meum paravi; tauri mei, & altilia occisa sunt, & omnia parata: venite ad nuptias.*

4. Il envoya encore d'autres serviteurs, avec ordre de dire de sa part aux conviez: J'ai préparé mon dîner; j'ai fait tuer mes bœufs, & mes volailles; tout est prêt: venez aux nôces.

COMMENTAIRE.

marque les hérétiques, les schismatiques, les excommuniez, & les mauvais Chrétiens.

On peut comparer cette parabole à celles qui sont racontées dans saint Luc XIV. 16. & suiv. & dans saint Matthieu XX. I. & suiv. Elle vont toutes au même but, qui est de montrer la réprobation future des Juifs, & la vocation des Gentils. Celle qui est rapportée dans saint Luc est différente de celle-ci, (*a*) non seulement par un grand nombre de circonstances, mais aussi par le tems auquel elle a été rapportée. Celle de saint Matthieu a été racontée à Jérusalem le Mercrédi d'avant la derniére Pâque de nôtre Sauveur; & l'autre, plusieurs mois auparavant à Capharnaüm, dans la maison d'un des principaux Phariſiens, où JESUS avoit été invité à manger. L'union de JESUS-CHRIST avec son Eglise, & l'amour tendre qu'il a pour elle; le bonheur des Fidéles réünis dans l'Eglise, ou joüissant du bonheur dans le Ciel, (*b*) sont souvent désignez dans l'Ecriture sous le nom de mariage, de nôces, & de festin. (*c*) Le tems précis de ces nôces, est la consommation des mystéres de la vie de JESUS-CHRIST. Il a juré les promesses de ce mariage sacré, par l'alliance qu'il a faite avec les saints Patriarches, en leur promettant de venir se manifester dans le monde, pour délivrer les hommes de leur servitude. Il l'a commencée dans son Incarnation; il a préparé le festin pendant tout le tems de sa vie, & surtout pendant les années de sa prédication; il l'a consommé par sa Passion; & sa Résurrection. Alors il a répudié la Synagogue son ancienne épouse, & a épousé l'Eglise des Gentils. (*d*)

℣. 4. PRANDIUM MEUM PARAVI. *J'ai préparé mon dîner*, ou plûtôt, *mon repas*; car celui-ci peut-être appellé souper, comme il paroît par le ℣. 13. où l'on jette *dans les ténébres extérieures*, c'est-à dire, devant

(*a*) *Aug. l. 2. de Consensu c. 7. Gregor. homil. 38. in Evang. Strabus, D. Thom. Toynard. harm. Jans. Gand. Concord. 115. Arnaud, Le Roux, Le Clerc, in Concordiis.*

(*b*) *Ephes.* V. 23. *Apoc.* XXI. 2. 9. *Matt.* IX. 15. XXV. 1.

(*c*) *Luc.* XIV. 15. & XXII. 29 30.

(*d*) *Vide Origen. hic, & Hilarium, & Ieron. in Matt. Gregor. Mag. homil.* 38.

5. *Illi autem neglexerunt : & abierunt, alius in villam suam, alius verò ad negotiationem suam.*

5. Mais eux ne s'en mettant point en peine, s'en allérent l'un à sa maison des champs, & l'autre à son négoce :

6. *Reliqui verò tenuerunt servos ejus, & contumeliis affectos occiderunt.*

6. Les autres se saisirent de ses serviteurs, & les tuérent, après leur avoir fait plusieurs outrages.

7. *Rex autem cùm audisset, iratus est : & missis exercitibus suis, perdidit homicidas illos, & civitatem illorum succendit.*

7. Le Roi l'ayant appris, en fut ému de colére ; & ayant envoyé ses armées, il extermina ces meurtriers, & brûla leur ville.

COMMENTAIRE.

a porte, & dans les ténébres de la nuit, celui qui se trouve sans la robe nuptiale.

ALTILIA OCCISA SUNT. *J'ai fait tuer mes volailles.* Les termes de l'Original signifient à la lettre : (*a*) *Mes animaux que j'ai fait engraisser, sont immolez.* Soit qu'on l'entendre des gros animaux, comme des veaux, des bœufs, des moutons, ou de la volaille. Les anciens Hébreux, (*b*) & les Grecs se servent souvent du verbe *immoler*, quand il s'agit des animaux que l'on tuë simplement pour les repas ordinaires ; parce qu'anciennement on ne faisoit guéres de festins solemnels, sinon dans des fêtes de quelques divinitez : Dieu avoit ordonné que tous les animaux qu'on tuëroit dans le désert, fussent amenez à la porte du Tabernacle pour y être immolez au Seigneur : (*c*) Et dans tout Israël, de tous les animaux qui se tuoient dans les villes, Dieu en avoit destiné aux Prêtres, & aux Lévites certaines parties pour leur subsistance ; (*d*) de maniére que c'étoient toûjours en quelque sorte des sacrifices qu'on offroit à Dieu, & dont on lui rendoit hommage.

℣. 7. MISSIS EXERCITIBUS SUIS, PERDIDIT HOMICIDAS ILLOS. *Ayant envoyé ses armées, il extermina ces meurtriers*, qui avoient tué ses serviteurs. Les Juifs avoient traité indignement les Prophétes : ils en avoient fait cruellement mourir la plus grande partie. Ils avoient persécuté jusqu'à la mort Jean-Baptiste, & les Apôtres. Dieu pour venger tant de sang injustement répandu, envoya contre eux les Romains, (*e*) qui les exterminérent. Dans le style de l'Ecriture, Dieu appelle ses armées, celles qu'il envoye pour exercer sa vengeance contre son peuple. C'est ainsi qu'il appelle par exemple l'armée d'Assyrie, (*f*) celle des Cal-

(*a*) Τὰ σιτιστά μου τεθυμένα.
(*b*) *Genes.* XLIII. 15. *Deuter.* XXVIII. 31. 1. *Reg.* XXV. 11. *Genes.* XXXI. 54.
(*c*) *Levit.* XVII. 7. 8. 9.
(*d*) *Deut.* XII. 15. 21. & XVIII. 3.
(*e*) *Chrysost. Autor Oper. imperfect. Euthym. Brug. alii.*
(*f*) *Isai.* VII. 18.

8. *Tunc ait servis suis : Nuptiæ quidem paratæ sunt; sed qui invitati erant, non fuerunt digni.*

8. Alors il dit à ses serviteurs : Le festin des nôces est tout prêt ; mais ceux qui y avoient été appellez, n'en ont pas été dignes.

9. *Ite ergo ad exitus viarum, & quoscumque inveneritis, vocate ad nuptias.*

9 Allez donc sur les chemins, & appellez aux nôces tous ceux que vous trouverez.

10. *Et egressi servi ejus in vias, congregaverunt omnes quos invenerunt, malos, & bonos: & impletæ sunt nuptiæ discumbentium.*

10. Ses serviteurs s'en allant alors par les chemins, assemblérent tous ceux qu'ils trouvérent, bons, & mauvais ; & la salle des nôces fut remplie de personnes, qui se mirent à table.

11. *Intravit autem Rex ut videret discumbentes ; & vidit ibi hominem non vestitum veste nuptiali,*

11. Le Roi entra ensuite, pour voir ceux qui étoient à table ; & y ayant apperçu un homme qui n'étoit point revêtu de la robe nuptiale.

COMMENTAIRE.

déens, (a) & même les sauterelles, (b) & les autres animaux qu'il envoye contre son peuple, pour punir son insolence, ou son ingratitude.

℣. 9. AD EXITUS VIARUM. *Dans les chemins.* Ramassez dans ma salle tous les étrangers, & les voyageurs que vous trouverez. Ce sens revient mieux à celui de la parabole, & aux paroles du Texte, que la traduction qui l'entend des ruës, & des carrefours. Au verset suivant les serviteurs vont chercher, non dans les carrefours, mais dans les grands chemins. (c) *Exitus viarum* (d) en cet endroit désigne donc les portes de la ville, ou les chemins qui conduisent à la campagne.

℣. 11. VIDIT IBI HOMINEM NON VESTITUM VESTE NUPTIALI. *Il y apperçut un homme qui n'étoit pas revêtu de la robe nuptiale.* Il a remarqué dans le verset précédent, que le Roi avoit ordonné à ses Officiers de ramasser dans sa salle tous les étrangers qu'ils trouveroient, *bons, & mauvais ;* mais c'étoit à condition que chacun d'eux se mettroit en état d'y paroître d'une maniére honnête, & décente, suivant son état, sa condition, & ses facultez. Celui-ci avoit négligé toutes les bienséances, & s'étoit introduit tout mal propre, sans aucun respect ni pour la compagnie où il entroit, ni pour le Prince qui lui faisoit l'honneur de l'y inviter. C'étoit la coûtume, & ce l'est encore chez tous les peuples policez, de ne paroître dans les nôces, & dans les repas de cérémonie, qu'avec des habits de fête proportionnez à la qualité de chacun. Cicéron (e)

(a) *Isai.* XIII. 4. 5.
(b) *Joël* II. 25.
(c) Εἰς τὰς ὁδούς.
(d) Ἐπὶ τὰς διεξόδους τῶν ὁδῶν. *Vide Ezech.* XLVIII 3. תוצאות העיר *Egressus civitatis.*
(e) *Cicero in Vatinium. Cedo, quis umquam cœnavit atratus ? Quis unquam in luctu domestico, quis in funere familiari cœnavit cum toga pulla.... Cùm tot hominum millia accumberent, cùm & ipse epuli dominus Q. Arius albatus esset ?*

12. *Et ait illi : Amice, quomodò huc intrasti, non habens vestem nuptialem? At ille obmutuit.*

12. Il lui dit : Mon ami, comment êtes-vous entré ici, sans avoir la robe nuptiale ? Et cet homme demeura muët.

COMMENTAIRE.

reproche à Vatinius d'avoir paru dans un festin avec un habit de deüil, pendant que Quintus Arius qui donnoit le repas à plusieurs milliers de conviez, étoit vêtu de blanc. *Cùm ipse epuli dominus Quintus Arius albatus esset.* Joseph dit que les Esséniens avant que d'entrer dans leur refectoire, (*a*) se baignent, & prennent des habits de lin fort blancs, qu'ils quittent après le repas, pour retourner au travail. Athénée, (*b*) Plutarque, (*c*) Juvenal (*d*) parlent des habits particuliers que les Parasites avoient pour se trouver aux repas, où ils s'invitoient eux-mêmes. Pétrone (*e*) appelle les habits de table, *Vestimenta triclinaria.* Xiphilin en parle aussi dans la vie d'Adrien. (*f*)

Ce n'est donc point assez d'être entré dans l'Eglise, d'être introduit dans la salle du festin ; il faut y entrer comme il faut. Il y a dans le champ du Seigneur de l'yvraïe, & du bon grain. (*g*) Il y a dans ses filets de bons, & de mauvais poissons. (*h*) Tous ceux qui sont appellez, ne sont point élûs : (*i*) tous ceux qui ont reçû le don de la foi, n'ont pas la charité, ni les bonnes œuvres ; & tous ceux qui ont été sanctifiez dans les eaux du Baptême, ou dans les Sacremens établis par J. C. pour réconcilier les pécheurs, n'ont pas la fidélité pour conserver la grace reçûë, & pour persévérer dans le bien. Quelques anciens Peres (*k*) sous le nom de robe nuptiale, ont entendu en cet endroit le Saint Esprit, suivant cette parole: (*l*) *Demeurez ici dans Jérusalem, jusqu'à ce que vous soyez revêtu de la vertu qui vient d'enhaut.* Mais la plûpart (*m*) l'ont expliqué de la foi animée par la charité, & agissante par les bonnes œuvres. Jesus-Christ lui-même est la robe dont un Chrétien doit être revêtu, selon saint Paul: (*n*) *Quotquot in Christo baptizati estis, Christum induistis.* (*o*) Il faut se dépoüiller du vieil homme avec ses œuvres, pour se revêtir du nouveau. (*p*) *Induite novum hominem, qui secundùm Deum creatus est.* Et comment nous

(*a*) *Joseph. l. de bello c.* 12. Αὐτοὶ τε καθαροὶ καθάπερ εἰς ἅγιον τι τέμενος, παραγίνονται τὸ δειπνητήριον.

(*b*) *Athen. l. 6. Dipnosoph.*

(*c*) *Plutarc. in Symposiac.*

(*d*) *Juvenal. Satyr. 3. v. 67. Rusticus ille tuus sumit Trechedipna, Quirine.*

(*e*) *Petron. Arbit. Trimalcion.*

(*f*) *Xiphilin.* Στολὴ δειπνῆτις.

(*g*) *Matt.* XIII. 24. 38.

(*h*) *Matt.* XIII. 47. 48.

(*i*) *Matt.* XXII. 14.

(*k*) *Iren. l. 4. c. 7. Hilar. hîc.*

(*l*) *Luc.* XXIV. 49.

(*m*) *Tertull. l. 2. de Resurrect. carn. Origen. Chrysost. Autor Oper. imperf. Ieronym. Gregor. Mag. Theophyl. Euthym. Aug. Serm. 90. n. 6. Alii passim.*

(*n*) *Rom.* XIII. 14. *Induimini Dominum Jesum Christum.*

(*o*) *Galat.* III. 27.

(*p*) *Ephes.* 4. 23. 24.

13. *Tunc dixit Rex ministris: Ligatis manibus, & pedibus ejus, mittite eum in tenebras exteriores: ibi erit fletus, & stridor dentium.*

14. *Multi enim sunt vocati, pauci verò electi.*

13. Alors le Roi dit à ses gens: Liez-lui les mains, & les pieds, & jettez-le dans les ténébres extérieures: c'est-là qu'il y aura des pleurs, & des grincemens de dents.

14. Car il y en a beaucoup d'appellez, mais peu d'élûs.

COMMENTAIRE.

en revêtons-nous, si ce n'est par la charité, & par l'imitation? (*a*)

℣. 13. LIGATIS MANIBUS, ET PEDIBUS EJUS, &c. *Liez-lui les mains, & les pieds, & jettez-le dans les ténébres extérieures.* Qu'on le jette hors de la salle dans la ruë, où regne une obscurité profonde. Ce repas se faisoit la nuit. Voyez une pareille expression *Matt.* VIII. 12. Le Grec lit: *Liez-lui les pieds, & les mains; prenez-le, & le jettez dans les ténébres extérieures.* Mais ni la Vulgate, ni les Versions Cophtes, Syriaques, Arabes, Ethiopiennes, ni saint Augustin n'ont point lû ces mots: *Prenez-le.* Le manuscrit de Cambrige, & saint Irénée: *Prenez-le par les pieds, & par les mains, & jettez-le, &c.*

℣. 14. MULTI VOCATI, PAUCI VERO ELECTI. *Il y en a beaucoup d'appellez, mais peu d'élûs.* Dans le Chapitre xx. 16. on a déja vû la même maniére de parler. Là elle signifie qu'il y a eu beaucoup de Juifs appellez, & invitez au Royaume du Ciel, mais que peu en ont profité. Ici JESUS-CHRIST en fait l'application aux Chrétiens, & à ceux qui sont entrez dans l'Eglise; mais qui n'ayant pas la robe nuptiale, en sont honteusement chassez. (*b*) Mais comment dit-il qu'il *y en a beaucoup d'appellez, mais peu d'élûs*, puisque selon la parabole même, il n'y en a qu'un seul d'exclus de tout ce grand nombre qui étoit venu dans la salle du festin? Ne seroit-il pas plus naturel de dire: Il y a peu d'appellez, & encore moins d'élûs, mais presque aucun d'exclus? En effet, de tous les Juifs il y en a très-peu qui soient entrez: plusieurs Payens n'entrérent pas; & de tous ceux qui entrérent, il n'y en eut qu'un seul de chassé. Mais ce n'est pas là le sens de la parabole. Le Fils de Dieu veut dire 1°. que de tout ce grand nombre de Juifs à qui l'Evangile est prêché, il y en a si peu qui en profitent, que cela sera compté pour rien. 2°. De ceux mêmes qui croiront, tant des Juifs, que des Gentils, il y en aura encore qui seront exclus de la salle du festin, où ils étoient entrez. Ainsi beaucoup d'appellez, peu d'élûs; & de ceux mêmes qui paroissent élûs, & qui étoient entrez dans l'Eglise, il y en aura encore quelques-uns qui en seront chassez à cause

(*a*) *Vide Aug. Ser.* 90. *de Verb. olim* 14. *ex editis à Sirmundo*, *n.* 5. 6. *Item Serm.* 95. *nov. anteà in edit. n.* 5.

(*b*) *Hammond hic.*

15. *Tunc abeuntes Pharisæi, consilium inierunt, ut caperent eum in sermone.*

15. Alors les Pharisiens s'étant retirez, firent dessein entr'eux de le surprendre dans ses paroles.

16. *Et mittunt ei discipulos suos cum Herodianis, dicentes : Magister, scimus quia verax es, & viam Dei in veritate doces, & non est tibi cura de aliquo : non enim respicis personam hominum :*

16. Ils lui envoyérent donc leurs disciples avec les Hérodiens, lui dire : Maître, nous savons que vous êtes véritable, & que vous enseignez la voye de Dieu dans la vérité, sans avoir égard à qui que ce soit ; parce que vous ne considerez point la personne dans les hommes :

COMMENTAIRE.

de leur indignité. (*a*) Saint Augustin (*b*) croit que cet homme qui est chassé ignominieusement du festin, est la figure de tous les réprouvez.

℣. 15. UT CAPERENT EUM IN SERMONE. *Ils firent dessein de le surprendre dans ses paroles.* A la lettre : (*c*) *Pour le prendre au lacet*, ou au filet. De lui faire des questions captieuses, ou embarrassantes, pour trouver dans ses réponses de quoi l'accuser, & le rendre suspect au peuple; afin qu'ensuite ils pussent venir à bout plus facilement de le faire périr : car ils n'en étoient retenus que par la crainte du peuple. (*d*)

℣. 16. MITTUNT EI DISCIPULOS SUOS CUM HERODIANIS. *Ils envoyérent leurs disciples avec les Hérodiens, lui dire : Est-il libre de payer le tribut à César, ou de ne le pas payer ?* On n'est pas en peine de savoir qui sont les disciples des Pharisiens: ce sont des Pharisiens de secte, & d'opinion, & apparemment que l'on choisit les plus habiles, & les plus ardens pour une députation comme celle-ci. Saint Marc les nomme simplement des Pharisiens, & sous le nom *de disciples*, on ne doit pas se figurer ici des écoliers, & de jeunes gens ; c'étoient des hommes faits, & de bons Pharisiens. Tout homme de cette secte peut être appellé disciple des Pharisiens. Ils se joignent aux Hérodiens, que nous croyons être les disciples de Juda le Gaulonite, ou le Galiléen, lesquels, selon Joseph, (*e*) ne différoient des Pharisiens que par leur excessive ardeur pour la conservation de la liberté publique. La question qu'ils font ici à JESUS-CHRIST, est une preuve de leur opinion.

La plûpart des Interprétes enseignent que les Pharisiens, & les Hérodiens étoient dans des principes, & des sentimens tout opposez, au sujet des tributs qu'on payoit au Romains. Les Pharisiens excessivement jaloux de leur liberté, ne les payoient qu'à regret : les Hérodiens au contraire

(*a*) *Vide Maldonat. hîc.*
(*b*) *Aug. l. contra Donatist. post collation. 20. n. 27. Ita Origen. & Ieronym. in Matt.*
(*c*) Ὅπως αὐτὸν παγιδεύσωσι.
(*d*) *Luc.* XXII. 2. *Matt.* XXI. 46.
(*e*) *Antiq. l.* 18. *c.* 2.

17. *Dic ergo nobis quid tibi videtur: licet censum dare Cæsari, an non?*

17. Dites-nous donc vôtre avis sur ceci: *Nous* est il libre de payer le tribut à César, ou de ne le payer pas?

18 *Cognitâ autem Jesus nequitiâ eorum, ait: Quid me tentatis, hypocritæ?*

18 Mais JESUS connoissant leur malice, leur dit: Hypocrites, pourquoi me tentez-vous?

COMMENTAIRE.

attachez au parti dominant, qui étoit celui d'Hérodes, & des Romains, étoient pour la soûmission aux ordres de l'Empereur: de sorte que de quelque maniére que JESUS-CHRIST répondît, il ne pouvoit manquer de desobliger l'un ou l'autre parti, & de donner dans le piége des Pharisiens. S'il répond qu'il ne faut pas payer le tribut, nous l'accuserons comme ennemi de la domination des Césars; s'il dit qu'il le faut payer, nous l'accuserons comme ennemi de la liberté de la nation, & comme n'ayant point un des caracteres essentiels du Messie, qui est de remettre Israël dans son ancienne liberté, & de le délivrer de la servitude de ses ennemis. Mais le Fils de Dieu sçut éluder leurs demandes, & éviter le piége qu'ils lui tendoient. Nous avons appuyé un autre sentiment dans la Dissertation sur les sectes des Juifs, & nous avons essayé d'y montrer que les Hérodiens étoient entiérement contraires à la domination des Romains. C'est le systême que nous suivons dans ce Commentaire.

Est-il libre de payer le tribut à César? Les Romains ayant conquis la Judée par les armes de Pompée, l'assujettirent à payer le tribut comme les autres Provinces de leur Empire. (*a*) Jules César continua, ou augmenta ce tribut. (*b*) Sous Auguste, la Judée reçut pour Roi Hérode Ascalonite, surnommé le Grand, qui traita ses peuples avec beaucoup de rigueur. (*c*) Mais nous ne parlons point de ce qu'ils payoient à leurs Rois; nous nous retranchons à ce qui regardoit les Romains. Auguste ayant fait faire le dénombrement de toute la Syrie, & de la Judée, renouvella les anciens tributs. Les Juifs, soit par un principe de Religion mal entenduë; soit parce qu'ils se prétendoient alliez, & non assujettis aux Romains par la force des armes, (*d*) souffroient fort impatiemment l'imposition de ces tributs; & de tems en tems il s'élevoit des émotions, qui à la fin éclatérent à une guerre opiniâtre, & déclarée. Un certain Theudas s'étoit soulevé assez long tems avant la mort de JESUS-CHRIST. (*e*) Il

(*a*) *Joseph Antiq l. 14. c. 14. de bello. lib. 1. cap. 5.*
(*b*) *Idem Antiq. l. 14. c. 17.*
(*c*) *Vide Petit Var. Lect. l. 2. c. 1.*
(*d*) *Vide Selden de Jure Nat. & Gent. lib. 6. cap. 17.*
(*e*) *Act. v. 37.*

19. *Ostendite mihi numisma censûs. At illi obtulerunt ei denarium.*

19. Montrez-moi la piéce d'argent qu'on donne pour le tribut. Et eux lui ayant présenté un denier,

COMMENTAIRE.

fut suivi par Judas le Galiléen, ou le Gaulonite, (*a*) qui soûtenoit que les Hébreux ne devoient point reconnoître d'autre Prince que Dieu ; & que c'étoit violer leur liberté, que de les obliger à payer des tributs : que s'ils avoient à en payer, ce devoit être à leurs propres Princes, à des Rois de leur nation. Les Hérodiens qui étoient dans les principes de Theudas & de Judas, soûtenoient qu'il ne falloit pas payer la capitation ; les Pharisiens tenoient le contraire. Ils veulent engager JESUS-CHRIST à prendre parti, & à s'expliquer sur cela ; mais il les renvoye chargez de confusion.

℣. 19. OSTENDITE MIHI NUMISMA CENSUS. *Montrez moi la piéce d'argent qu'on donne pour le tribut.* Saint Marc, (*b*) & saint Luc: (*c*) *Montrez-moi le denier* ; c'est-à-dire, la monnoye avec laquelle on a coûtume de payer le tribut. Il est notoire que c'est au Prince dominant qu'est dû le tribut : or le Prince dominant (*d*) est celui qui donne le cours à la monnoye, & qui en fixe la valeur. Aussi-tôt donc que nous saurons quelle est la monnoye qui a coûrs dans la Province, vôtre question sera bien tôt décidée. De cette sorte le Fils de Dieu développe l'équivoque, & découvre le piége qui étoit caché sous la proposition des Hérodiens. Ils vouloient confondre les droits de Dieu avec ceux du Prince ; mais JESUS-CHRIST sait les distinguer.

On dispute si ce tribut étoit une taxe réelle, ou une capitation imposée à tous les sujets. On demande aussi de combien elle étoit ? Il n'est pas aisé de répondre à ces questions : mais le Syriaque, la Version Persane, & quelques Interprétes (*e*) croyent que c'étoit une capitation. Cela se confirme par un passage d'Appien, (*f*) qui dit que rien n'est plus dur aux Juifs, que le payement de la capitation ; & que tous les Syriens, & les Ciliciens payent la centiéme partie de tous leurs biens. Ce qui est confirmé par Ulpien, (*g*) qui dit que dans les Provinces de Syrie les mâles depuis l'âge de quatorze ans, & les filles depuis douze jusqu'à soixante-

---

(*a*) *Act. v. 37. & Joseph Antiq l. 18. c. 1 & de Bello l. 2 c. 12.* Τὶς ἀνὴρ Γαλιλαῖος, Ἰούδας ὄνομα, εἰς ἀπόστασιν ἐνῆγε τοὺς ἐπιχωρίους, κακίζων εἰ φόρον τε Ῥωμαίοις τελεῖν ὑπομενοῦσι, καὶ μετὰ τὸν Θεὸν οἴσουσι θνητοὺς δεσπότας

(*b*) *Marc. XII. 15.* Φέρετέ μοι δηνάριον.

(*c*) *Luc. XX. 24.* Ἐπιδείξατέ μοι δηνάριον.

(*d*) *Vide Maimonid. in Gelezath. c. 5.*

(*e*) *Natal. Alex. hic. Lips. de Magnitud. Rom. l. 2. c. 1. Freher. de Numism. censûs.*

(*f*) *Appian. in Syriac.* Ἔστι Ἰουδαίοις ἅπασιν ὁ φόρος τῶν σωμάτων βαρύτερος τῆς ἄλλης περιουσίας. Ἔστι καὶ Σύροις, καὶ Κίλιξιν ἐτήσιος ἑκατοστὴ τοῦ τιμήματος ἑκάστῳ.

(*g*) *Ulpian. leg. 3. digest. de Censib. In Syriis à quatuordecim annis masculi, à duodecim femina, usque ad sexagesimum quintum annum, tributo capitis obligantur.*

20. *Et ait illis Jesus: Cujus est imago hac, & superscriptio?*

21. JESUS leur dit : De qui est cette image, & cette inscription ?

COMMENTAIRE.

cinq ans, sont obligez à payer la capitation, ou le tribut par tête. Or la Judée étoit alors comprise sous le nom de Syrie; il y a donc toute apparence que les Juifs y payoient par tête la centiéme partie de leurs biens à l'Empereur. Le terme *census*, dont se sert ici l'Evangéliste, signifie proprement ce qu'on donne par tête, par maniére de tribut. Il semble qu'Auguste ne fit faire un dénombrement si exact (a) de tous les sujets de son Empire, & principalement de la Syrie, que pour leur imposer la capitation. C'est à cette occasion que Judas le Galiléen se révolta, (b) & c'est sur la question de droit que les Hérodiens, & les Pharisiens vouloient que JESUS-CHRIST répondît.

℣. 20. CUJUS EST IMAGO HÆC? *De qui est cette image, & cette inscription?* Les Empereurs Romains avoient répandu leur monnoye dans toutes les Provinces de leur nomination. Tout le monde sçait que dans ces monnoyes, dont il reste beaucoup aujourd'hui, on voyoit d'un côté l'empreinte de l'Empereur, & sur le revers quelque autre figure qui avoit rapport à son Empire, comme l'abondance, la victoire, la paix, &c. JESUS-CHRIST demande à voir une piéce de monnoye, qu'il nomme *denier*, & par son empreinte il convainc les Juifs qui l'interrogeoient, de deux choses : la premiére, que mal-à-propos ils se flattoient de liberté, puisqu'ils recevoient la monnoye d'un Prince étranger, & que depuis assez long-tems ils étoient dans l'usage de payer ce tribut : car la demande de JESUS-CHRIST l'insinuë ainsi, & on le sçait d'ailleurs par l'Histoire. La seconde, que cet assujettissement n'étoit pas incompatible avec le service qu'ils devoient à Dieu, comme le prétendoit Judas le Galiléen, & les Hérodiens ses sectateurs. Il en conclut *qu'il faut rendre à César ce qui lui est dû, & rendre à Dieu ce qui lui appartient.* César vous demande des tributs, & des services; Dieu vous demande des respects, des adorations, de l'amour, de la soûmission à sa volonté, de la croyance à ses paroles, de l'attention à éxécuter ses volontez, de la docilité à sa parole, & à ceux qui vous sont envoyez de sa part.

On ne peut pas fixer la valeur de la piéce de monnoye qu'on présenta à JESUS-CHRIST; parce que les termes dont se servent les Evangélistes sont généraux, & peuvent s'entendre d'une piéce de monnoye d'or, d'argent, de bronze, de grand, ou de petit volume. *Le denier* dans

(a) *Luc.* II. 1. 2.

(b) *Joseph. Antiq. l.* 18. *c.* 2.

21. *Dicunt ei: Cæsaris. Tunc ait illis: Reddite ergo quæ sunt Cæsaris, Cæsari; & quæ sunt Dei, Deo.*

22. *Et audientes mirati sunt, & relicto eo, abierunt.*

23. *In illo die accesserunt ad eum Saducæi, qui dicunt non esse résurrectionem, & interrogaverunt eum,*

24. *Dicentes: Magister, Moyses dixit: Si quis mortuus fuerit non habens filium, ut ducat frater ejus uxorem illius, & suscitet semen fratri suo.*

21. De César, lui dirent ils. Alors Jesus leur répondit: Rendez donc à César, ce qui est à César; & à Dieu, ce qui est à Dieu.

22. L'ayant entendu parler de la sorte, ils admirérent sa réponse; & le laissant, ils se retirérent.

23. Ce jour-là les Saducéens, qui nient la Résurrection, le vinrent trouver, & lui proposérent une question,

24. En lui disant: Maître, Moyse a ordonné que si quelqu'un mouroit sans enfans, son frere épousât sa femme, & qu'il suscitât des enfans à son frere *mort*.

COMMENTAIRE.

les Rabbins, (*a*) est la valeur d'un quart de sicle, c'est-à-dire, environ huit sols de nôtre monnoye. Mais dans les Livres sacrez, comme ailleurs, le mot de denier se prend très souvent pour toute sorte de monnoye, & pour de l'argent en général. (*b*) Je sçai que quelques Savans (*c*) ont crû que la monnoye qu'on donnoit pour le tribut, étoit une monnoye fixe, certaine, & particuliére, frappée exprès, & destinée à cela: mais leur opinion est abandonnée presque de tout le monde. (*d*) Le tribut chez les Hébreux se payoit en monnoye Romaine, courante, & ordinaire; mais comme il y avoit des piéces de différente valeur, de différent poids, & de différent métal, chacun le payoit suivant ses facultez, & suivant la taxe qui lui étoit imposée; aux uns plus, aux autres moins. Le denier qu'on présenta à Jesus-Christ est la premiére piéce d'argent, ou de bronze de monnoye Romaine, qui leur tomba sous la main, sur laquelle étoit l'empreinte, & le nom de Jules-César, ou d'Auguste, ou de Tibére: car quoique Tibére regnât alors, il est très-croyable que les monnoyes de ses deux prédécesseurs avoient aussi cours dans le pays.

℣. 23. Accesserunt ad eum Saducæi. *Le même jour les Saducéens le vinrent trouver*. L'on a parlé au long de cette secte, dans la Dissertation sur les trois sectes des Hébreux. Leur dogme principal étoit de nier l'éxistence des choses spirituelles, (*e*) excepté la Divinité. Ainsi ils ne croyoient ni Anges, ni démons, ni esprits, ni l'immortalité de l'ame, ni par conséquent la résurrection des morts, que tous les autres Juifs attendoient.

(*a*) *Maimonid. Hal. Siclim. c. 1 §. 3.*

(*b*) *Seld. de Jure N. & G. l. 6. c. 17.*

(*c*) *Baron. Annal. t. 1. an. Christi 34. Brug. hic. Hesych. in* Κῆνσος.

(*d*) *Vide Selden loco citato, Freher. Dissert. de Numism. censûs, Casaub. Exercit. 16. Salmas. ad Lamprid. Vales. de nummis Hebr. l. 2. c. 20. Grot. hic, alios.*

(*e*) *Vide Act. XXIII. 8. Joseph lib. 2. de bello. cap. 12.*

25. *Erant autem apud nos septem fratres, & primus uxore ductâ, defunctus est: & non habens semen, reliquit uxorem fratri suo.*

26. *Similiter secundus, & tertius, usque ad septimum.*

27. *Novissimè autem omnium & mulier defuncta est.*

28. *In resurrectione ergo cujus erit de septem uxor?*

29. *Respondens autem Jesus, ait illis: Erratis, nescientes Scripturas, neque virtutem Dei.*

25. Or il y avoit sept freres parmi nous, dont le premier ayant épousé une femme, est mort; & n'ayant point eu d'enfans, il a laissé sa femme à son frere.

26. La même chose arriva au second, & au troisiéme, *& à tous les autres*, jusqu'au septiéme.

27. Enfin, cette femme est morte aussi après eux tous.

28. Lors donc que la résurrection arrivera, duquel de ces sept sera-t'elle femme, puisqu'ils l'ont tous euë?

29. Jesus leur repondit: Vous êtes dans l'erreur, ne comprenant pas les Ecritures, ni la puissance de Dieu.

COMMENTAIRE.

24. Moyses dixit, &c. *Moyse a ordonné que si quelqu'un mouroit sans enfans, son frere épousât sa veuve, &c.* Voyez *Deuteron.* xxv. & les Commentateurs sur cet endroit. L'obligation d'épouser la femme d'un homme mort sans enfans, regardoit non seulement le frere proprement dit, mais encore son plus proche parent, comme il paroît par l'exemple de Ruth.

℣. 28. In resurrectione cujus erit de septem uxor? *A la Résurrection duquel des sept sera-t'elle femme?* Elle les a eus tous sept pour époux: à qui demeurera-t'elle après la Résurrection? Ce raisonnement étoit fort contre le commun des Juifs, qui croyoient qu'après la Résurrection le Messie regneroit sur la terre, & que les Israëlites y joüiroient de tous les plaisirs des sens. (*a*) Joseph (*b*) compare l'opinion que les Esséniens avoient du Paradis, à ce que les Poëtes nous disent des Isles fortunées. En un mot, leur Paradis étoit à peu près le même que celui de Mahomet. Mais le Sauveur réfute ici & les Saducéens sur la Résurrection, & les Pharisiens, & le commun des Juifs, sur leur fausse idée du Paradis.

℣. 29. Erratis, nescientes Scripturas, neque virtutem Dei. *Vous êtes dans l'erreur, ne comprenant point les Ecritures, ni la puissance de Dieu.* Les Saducéens ne manquoient pas de confirmer leur sentiment, par des passages de l'Ecriture mal expliquez. Ils convenoient en ce point avec les Pharisiens, que l'Ecriture étoit la régle des senti-

(*a*) Voyez nôtre Dissertation sur les Caracteres du Messie, selon les Juifs.

(*b*) *Joseph de bello Jud. l. 2. c. 7. p. 787. 788.*

30. *In resurrectione enim neque nubent, neque nubentur; sed erunt sicut Angeli Dei in Cœlo.*

31. *De resurrectione autem mortuorum, non legistis quod dictum est à Deo, dicente vobis :*

30. Car après la Résurrection les hommes n'auront point de femmes, ni les femmes de maris ; mais ils seront comme les Anges de Dieu dans le Ciel.

31. Et pour ce qui est de la résurrection des morts, n'avez-vous point lû ces paroles que Dieu vous a dites :

COMMENTAIRE.

mens, & de la conduite ; mais on assure qu'ils ne recevoient que les Livres de Moyse, & ne reconnoissoient point les Prophétes. C'étoit une suite de leurs principes. Les Pharisiens avoient sans doute beaucoup d'avantage sur eux, par les passages de Moyse, où il est parlé des Anges. Mais les Saducéens y répondoient ; car il est vrai qu'il n'y a point d'erreur si grossiére, à qui l'on ne puisse donner quelque couleur, en abusant des saintes Ecritures. JESUS-CHRIST dit donc ici aux Saducéens, qu'ils étoient de ces gens qui faisoient un abus visible de l'Ecriture, & qui n'en connoissoient, ni le sens, ni la force. Il le prouve par l'endroit même qu'ils en alléguoient. Il en tire une conséquence toute contraire à ce qu'ils en inféroient, & il leur montre que dans l'autre vie, quoique la différence des sexes s'y rencontre ; (a) toutefois il n'y aura ni mariage, ni propagation.

Les hommes ressuscitez seront en ce point semblables aux Anges ; immortels, impassibles, sans aucun goût pour les plaisirs sensuels, & sans aucun besoin qui regarde le corps. Le corps sera dans une parfaite subordination à l'ame, sans aucun déréglement, ni sans aucune passion qui domine. Ce qui rend dans ce monde les mariages nécessaires, c'est la nécessité où nous sommes de mourir ; pour faire que les hommes se succédant les uns aux autres, le monde ne demeure point dépeuplé ; il faut y pourvoir par la propagation, & la multiplication de l'espéce, qui se fait par le mariage. Or dans le Ciel, où nous serons tous immortels, la même nécessité ne subsistera plus.

℣. 31. DE RESURRECTIONE AUTEM MORTUORUM, &c. *Et pour ce qui est de la resurrection des morts, n'avez-vous pas lû ce qui est écrit : Je suis le Dieu d'Abraham, &c.* Voici les raisonnemens de JESUS-CHRIST.

(a) *Ieronym. hic, & Ep. 27 ad Eustoch. & Aug. l. 22. de Civit. c. 17. Corporibus vitia detrahentur, natura servabitur.* Quelques Anciens ont été d'un sentiment contraire. Ils ont crû que les femmes ne ressusciteroient pas dans leur propre sexe. *Origen. in Matt. Edit. Huet. pag. 487. & 491. Tertull. de Cultu femin. l. 1. c. 2. Hilar. in Matt. c. 23.* Rufin reproche à S. Jérôme d'avoir dit la même chose sur le Chap. v. de l'Epître aux Ephesiens ; mais S. Jérôme s'en défend au Ch. 6. de son Apologie contre Rufin. Origénes à l'endroit cité, enseigne, qu'au siécle futur il n'y aura plus aucune distinction de sexe, ni d'homme, ni de femme, & qu'ils seront tous comme des Anges.

Dieu

32. *Ego sum Deus Abraham, & Deus Isaac, & Deus Jacob? Non est Deus mortuorum, sed viventium.*

33. *Et audientes turbæ mirabantur in doctrina ejus.*

34. *Pharisæi autem audientes quòd silentium imposuisset Saducæis, convenerunt in unum:*

32. Je suis le Dieu d'Araham, le Dieu d'Isaac, & le Dieu de Jacob? Or Dieu n'est point le Dieu des morts, mais des vivans.

33. Et le peuple entendant ceci, étoit dans l'admiration de sa doctrine

34. Mais les Pharisiens ayant appris qu'il avoit imposé silence aux Saducéens, s'assemblérent,

COMMENTAIRE.

Dieu se qualifie le Dieu d'Abraham, d'Isaac, & de Jacob, long-tems après la mort de ces Patriarches. Or Dieu ne peut être le Dieu des morts; il faut donc que ces hommes soient vivans dans un autre monde. Les ames ne meurent donc pas avec le corps, elles sont donc immortelles. On ne peut répondre à ce raisonnement qu'une chose, qui est, que quand l'Ecriture dit que Dieu est le Dieu d'Abraham, d'Isaac, & de Jacob, elle veut dire simplement, le Dieu qu'Abraham, Isaac, & Jacob ont adoré.

Mais dans cette supposition, 1°. Il faudroit dire: *J'ai été*, & non pas, *je suis* le Dieu d'Abraham. (*a*) 2°. Si ces Patriarches ne subsistent plus absolument, Dieu n'est plus tenu à rien à leur égard; il n'a pû faire avec eux aucune alliance pour l'avenir. Que si au contraire il a contracté alliance avec eux, & qu'il n'ait pas exécuté dans le tems ce qu'il leur a promis; il s'ensuit qu'il y a une autre vie, où il doit leur faire sentir l'effet de ses promesses. *Tous ces Saints sont morts dans la foi*, dit l'Apôtre, (*b*) *avant que d'avoir reçû les biens que Dieu leur avoit promis; mais les voyant, & les saluant de loin, & confessant qu'ils étoient étrangers, & comme voyageurs sur la terre.* 3°. Etre le Dieu de quelqu'un, n'est pas simplement être, ou avoir été l'objet de son culte: c'est encore le protéger d'une maniére spéciale, le défendre, le secourir; c'est en ce sens qu'il est si souvent dit dans l'Ecriture: Vous serez mon peuple, & je serai vôtre Dieu. Ainsi: Je suis le Dieu d'Abraham, d'Isaac, & de Jacob, peut signifier; je suis leur protecteur, leur défenseur, leur maître, &c. Or Dieu ne peut être le défenseur, & l'objet des respects, & du culte de celui qui n'est point. 4°. Enfin on peut répondre avec Maldonat, que quand le raisonnement de JESUS-CHRIST ne seroit pas sans réplique en lui-même, & dans toute la rigueur; il suffit qu'il ait été capable de réduire les Saducéens au silence. Le Fils de Dieu savoit à qui il avoit à faire. Il est plus grand en les confondant par une raison facile, qu'en les accablant par un rai-

(*a*) *Ita Chrysost, Euthym. & Theophyl.*

(*b*) *Hebr. XI. 13.*

35. *Et interrogavit eum unus ex eis Legis doctor, tentans eum:*

35. Et l'un d'eux, qui étoit Docteur de la Loi, le tenta en lui faisant cette question:

COMMENTAIRE.

ſonnement ſans réplique. De plus comme les Saducéens ne recevoient que les Livres de Moyſe, le Sauveur étoit forcé de tirer de là des preuves pour l'immortalité de l'ame. Or il eſt certain qu'il y en a moins là, que dans d'autres Livres de l'Ecriture. (*a*)

Quant à la réſurrection des morts, que nioient auſſi les Saducéens, on ne peut pas la tirer ſi directement du raiſonnement de JESUS-CHRIST contre les Saducéens, mais ſeulement par conſéquence. Car s'il eſt vrai que les morts ſubſiſtent quant à l'ame; il n'eſt nullement impoſſible que leurs corps retournent en vie, & que leurs ames s'y réüniſſent, comme une graine qui étant pourrie dans la terre, renaît, & reſſuſcite en quelque ſorte par la production de la plante qui en ſort. (*b*) C'étoit remporter une victoire entiére contre un Saducéen, de lui prouver l'immortalité de l'ame, & la poſſibilité de la réſurrection. Il étoit aisé après cela, de les convaincre que l'homme reſſuſciteroit véritablement. Car ſi l'homme entier eſt toûjours vivant aux yeux du Seigneur, même après ſa mort; *Omnes enim vivunt ei*, dit le Sauveur dans ſaint Luc en cet endroit: (*c*) & ſi l'alliance, & les promeſſes de Dieu ſubſiſtent à l'égard des Juſtes, & ſes menaces à l'égard des méchans, après, comme pendant cette vie; il faut que tout l'homme, c'eſt-à-dire, le corps & l'ame, ayent part aux promeſſes, ou éprouvent les menaces, & les peines qui leur ſont promiſes. Or c'eſt ce qui ne ſe peut, ſans admettre la réſurrection des morts. Il faut donc de néceſſité la reconnoître, ou dire que les menaces, & les promeſſes de Dieu ſont vaines, ou n'auront leur effet qu'imparfaitement, & ſimplement ſur l'ame, puiſqu'il eſt de notoriété que dans le monde ni les Juſtes ne reçoivent pas toutes les récompenſes qu'ils méritent, ni les méchans ne ſouffrent pas tous les ſupplices dont ils ſont dignes. (*d*) Il n'eſt pas juſte que le corps, qui a été l'inſtrument dont l'ame s'eſt ſervie pour faire le bien, n'ait aucune part à ſes récompenſes; & qu'il n'y ait qu'une partie de l'homme qui participe aux faveurs, tandis que les deux parties ont participé aux ſouffrances.

℣. 35. LEGIS DOCTOR. *Un Docteur de la Loi le tenta, diſant: Quel*

(*a*) *Vide Origen. in Matth. Ieronym. & Beda hic. alios recentiores.*

(*b*) 1. *Cor.* XV. 35. 36. 37. 38.

(*c*) *Luc.* XX. 38.

(*d*) *Vide Grot. & Malden. hic. Vide & Hebr.* XI. 16. *Non confunditur Deus vocari Deus eorum; paravit enim illis civitatem. Et* 1. *Cor.* XV. 19. *Si in hac vita tantùm in Chriſto ſperantes ſumus, miſerabiliores ſumus omnibus hominibus.*

36. *Magister, quod est mandatum magnum in Lege?*	36 Maître, quel est le plus grand commandement de la Loi?
37. *Ait illi Jesus: Diliges Dominum Deum tuum ex toto corde tuo, & in tota anima tua, & in tota mente tua.*	37. JESUS lui répondit: Vous aimerez le Seigneur vôtre Dieu, de tout vôtre cœur, de toute vôtre ame, & de tout vôtre esprit.
38. *Hoc est maximum, & primum mandatum.*	38. C'est-là le plus grand, & le premier commandement.

COMMENTAIRE.

est le plus grand commandement de la Loi? Le Grec à la lettre: (*a*) *Un Légiste.* Saint Marc, *un Scribe*, un Docteur, qui faisoit profession d'enseigner, & d'expliquer la Loi. C'étoit la principale, & presque l'unique étude des Hébreux, dit Joseph. (*b*) Quelques-uns distinguent les Interprétes de la Loi, *les Légistes*; des Scribes, en Grec, *Grammateis.* Ceux-ci enseignoient, dit-on, (*c*) dans les Synagogues, & les autres dans les Ecoles, & dans le particulier. Ou bien: Les Scribes s'appliquoient à la théorie, & aux questions spéculatives de la Loi; & les Légistes, en Grec *Nomicoi*, aux matiéres de pratique & d'usage. (*d*) Mais la plûpart soûtiennent que ces deux termes ne signifient que la même chose. Saint Marc appelle Scribe, celui que saint Matthieu appelle Docteur de la Loi.

La question que fait ici ce Docteur, étoit apparemment du nombre de celles qui partageoient alors les esprits des Savans de la nation. (*e*) Les uns donnant la préférence au sabbat, d'autres à la circoncision, d'autres aux sacrifices. On voit dans les Prophétes des vestiges de ces sortes de contestations, par les réponses qu'ils y donnent. Mais le Fils de Dieu fixe tout d'un coup, & en maître toutes ces diversitez d'opinions, en disant, que le plus grand, & le premier des Commandemens, étoit celui qui ordonne *d'aimer Dieu de tout son cœur, de toute son ame, & de tout son esprit.* L'aimer tendrement, ardemment, fortement, sans partage, sans foiblesse, sans langeur. En un mot, que toutes nos affections, toute nôtre vie, toute nôtre force soient employées à son amour, & à son service. *Cum ait toto corde, totâ animâ, totâ mente*, dit saint Augustin, (*f*) *nullam vitæ nostræ partem reliquit, quæ vacare debeat, vel quasi locum dare, ut alia re velit frui.*

℣. 39. SECUNDUM AUTEM SIMILE EST HUIC. *Le second est sem-*

(*a*) Νομικός. *Marc.* Γραμματεύς.
(*b*) *Joseph. lib. 1. contra Appion, pag.* 1036. 1037.
(*c*) *Camero.*
(*d*) *Spanhem.*
(*e*) *Beda in Marc.* XII. *Grot. hic.*
(*f*) *August. lib. 1. cap. 22. de Doctrina Christ.*

39. *Secundum autem simile est huic: Diliges proximum tuum, sicut teipsum*	39. Et voici le second, qui est semblable à celui-là : Vous aimerez vôtre prochain comme vous-même.
40. *In his duobus mandatis universa lex pendet, & Prophetæ.*	40. Toute la Loi, & les Prophétes sont renfermez dans ces deux commandemens.
41. *Congregatis autem Pharisæis, interrogavit eos Jesus:*	41. Or les Pharisiens étant assemblez, Jesus leur fit cette demande :

COMMENTAIRE.

blable au premier : Vous aimerez vôtre prochain comme vous-même. Comme le commandement d'aimer Dieu de tout nôtre cœur, renferme tous nos devoirs envers Dieu; ainsi le commandement d'aimer nôtre prochain comme nous-mêmes, contient toutes nos obligations envers nos freres. Les aimer, leur procurer tous les secours que nous pouvons, les soulager, prendre part à leurs peines, les consoler, & sur tout employer nos soins à leur inspirer l'amour de Dieu, & à les rappeller dans la bonne voye, s'ils s'en sont écartez. Comme c'est le plus grand bien que nous puissions nous faire à nous-mêmes; c'est aussi le plus grand avantage que nous lui puissions procurer. (a) *Quisquis ergo rectè proximum diligit, hoc cum eo debet agere, ut etiam ipse toto corde, totâ animâ, totâ mente diligat Deum.*

℣. 40. IN HIS DUOBUS MANDATIS UNIVERSA LEX PENDET, ET PROPHETÆ. *Toute la Loi, & les Prophétes sont renfermez dans ces deux Commandemens.* A la lettre : *La Loi, & les Prophétes sont suspendus à ces deux préceptes ;* comme les choses que l'on attache, ou que l'on pend à un clou à une muraille. Tout ce que les Livres saints nous apprennent, tout ce qu'ils nous commandent, ou nous défendent, se rapporte à ces deux préceptes, & en dépend. C'est-là le précis, & l'abrégé de toute l'Ecriture; j'entens tout ce qui regarde le réglement des mœurs, & les régles de conduite. *Quicquid ergo Dei Lege prohibemur, & quidquid jubemur facere, ad hoc prohibemur & jubemur, ut duo ista compleamus*, dit saint Augustin. (b) La charité se découvre dans tout ce que vous savez des saintes Ecritures; elle est cachée dans tout ce que vous ne pénétrez pas. Ainsi quiconque a la charité, posséde & ce qui est caché, & ce qui est découvert dans les Livres saints. (c) *In eo quod in Scripturis intelligis, charitas patet; & in eo quod non intelligis, charitas latet: Ille itaque*

(a) *Aug. lib. 1. cap. 6. & 42. de Doctrina Christ. Vide & lib. x de Civit. cap. 3. & lib de Morib. Eccles. Cathol. cap. 26. Quod ergo agis tecum, id agendum cum proximo est; hoc est, ut ipse perfecto amore diligat Deum. Non enim eum diligis sicut teipsum, si non ad id bonum ad quod tendis, adducere satagis.*

(b) *August. de Perfectione Justitiæ hominis, cap. 5.*

(c) *August. Serm. 350. olim 39. de temp.*

42. *Dicens: Quid vobis videtur de Christo? cujus filius est? Dicunt ei: David.*

42. Et leur dit: Que vous semble du CHRIST? De qui est-il fils? Ils lui répondirent: De David.

43. *Ait illis: Quomodo ergo David in spiritu vocat eum Dominum, dicens:*

43. Et comment donc, leur dit-il, David l'appelle-t'il en esprit, son Seigneur, par ces paroles:

44. *Dixit Dominus Domino meo, sede à dextris meis, donec ponam inimicos tuos scabellum pedum tuorum?*

44. Le Seigneur a dit à mon Seigneur: Asséyez-vous à ma droite, jusqu'à ce que je réduise vos ennemis à vous servir de marchepied?

45. *Si ergo David vocat eum Dominum, quomodo filius ejus est?*

45. Si donc David l'appelle son Seigneur, comment est-il son fils?

COMMENTAIRE.

tenet & quod latet, & quod patet in divinis sermonibus, qui charitatem tenet in moribus.

℣. 42. QUID VOBIS VIDETUR DE CHRISTO? *Que vous semble du Christ? De qui est-il Fils?* Après que JESUS-CHRIST a répondu aux diverses questions des Scribes, des Hérodiens, & des Pharisiens, il leur demande à son tour une chose qui devoit les intéresser beaucoup, puisqu'il s'agissoit de savoir de qui le Messie devoit être Fils. Les Pharisiens, & tout le peuple étoient persuadez qu'il devoit sortir de la race de David; mais ils ne portoient pas pour la plûpart, leur vûë plus loin. Ils attendoient un Prince, un Conquérant, un Libérateur sorti de la famille de David. Mais ils ne songeoient guéres qu'il dût être Dieu & homme tout ensemble. JESUS-CHRIST pour les amener à reconnoître la divinité du Messie, commence à renverser, non l'opinion qui le faisoit Fils de David; mais celle qui ne croyoit pas qu'il dût être rien autre chose. Le Messie doit être fils de David. Tout le monde en convenoit. Toutefois David l'appelle son Seigneur; il doit donc avoir quelque chose par-dessus David: Et que pouvoit il avoir au-dessus d'un Roi si grand, si saint, si puissant, si rempli de l'esprit de Dieu? Sinon la divinité. C'est ce qu'il leur laissoit à conclure.

Le Sauveur nous apprend aussi d'une maniére incidente, que le Pseaume CIX. *Dixit Dominus Domino meo, &c.* est de David, que David étoit un Prophéte, & que ce Pseaume regardoit le Messie, de l'aveu même des Pharisiens. Les Juifs d'aujourd'hui font leurs efforts pour détourner le sens de ce Pseaume, & pour en faire l'application, ou à Melchisedech, ou à Abraham, ou à Ezéchias. Mais il nous suffit que leurs ancêtres l'ayent expliqué du Messie, & qu'en rigueur on ne puisse pas l'entendre d'un autre, pour les réfuter, & pour nous autoriser à l'expliquer de lui seul. Voyez nôtre Commentaire sur ce Pseaume.

46. *Et nemo poterat ei respondere verbum; neque ausus fuit quisquam ex illa die eum ampliùs interrogare.*

46. Personne ne lui put rien répondre: & depuis ce jour-là nul n'osa plus lui faire de questions.

COMMENTAIRE.

℣. 26. NEQUE AUSUS FUIT QUISQUAM, &c. *Depuis ce jour-là nul n'osa plus lui faire de questions.* Ceci arriva le Mercredy douziéme de Nisan, surveille de sa mort. Il étoit dans le Temple, & enseignoit, comme le dit saint Marc. (a) JESUS fut encore assez long-tems dans le Temple ce jour-là, enseignant, & parlant avec une très-grande liberté, comme on le voit dans le verset suivant, sans que les Pharisiens, les Scribes, ni les Prêtres l'interrompissent, ni le questionnassent. Le lendemain Jeudy, il ne monta point au Temple, & ne vint dans la ville que sur le soir, pour instituer le Sacrement de son Corps & de son Sang.

CHAPITRE XXIII.

Les Scribes, & les Pharisiens assis sur la chaire de Moyse. Il faut les écouter, & non les imiter. Hypocrisie, & vanité de ces sortes de gens. Fausses explications qu'ils donnent à la Loi. Sang des Prophétes. Jérusalem sera détruite.

℣. 1. *TUnc Jesus locutus est ad turbas, & ad Discipulos suos,*

2. *Dicens: Super cathedram Moysi sederunt Scribæ, & Pharisæi.*

℣. 1. ALors JESUS parla au peuple, & à ses Disciples,

2. En leur disant: Les Scribes, & les Pharisiens sont assis sur la chaire de Moyse.

COMMENTAIRE.

℣. 1. TUNC JESUS LOCUTUS EST AD TURBAS, &c. *Alors Jesus parla au peuple, & à ses Disciples, disant: Les Scribes, & les Pharisiens sont assis sur la chaire de Moyse.* Après avoir confondu les Pharisiens, les Hérodiens, & les Saducéens, qui étoient venus les uns après les autres, pour tenter JESUS-CHRIST, & pour essayer de le surprendre dans ses discours, le Fils de Dieu continuë à parler dans le Temple

(a) *Marc.* XII. 35.

3. *Omnia ergo quæcumque dixerint vobis, servate, & facite: secundùm opera verò eorum nolite facere: dicunt enim, & non faciunt.*

3. Observez donc & faites tout ce qu'ils vous disent: mais ne faites par ce qu'ils font; car ils disent *ce qu'il faut faire*, & *ne le* font pas.

COMMENTAIRE.

au peuple, & à ses Disciples. Tout ceci se passa de même que ce qui est rapporté au Chapitre précédent, le Mercredy qui précéda sa Passion. Il parle dans tout ce Chapitre avec une liberté, & une vigueur, qui fait bien voir que son heure étoit proche, & qu'il n'avoit plus rien à ménager avec eux. Il dit donc aux Juifs que les Scribes, & les Pharisiens sont assis sur la chaire de Moyse, qu'ils sont en possession d'enseigner les peuples, & de leur interpréter les Loix de Moyse, qu'il ne veut point toucher à leur droit, ni leur contester leur possession; mais il attaque leur mauvaise doctrine, & leurs mœurs corrompuës. Qu'ils enseignent à la bonne-heure, & qu'ils se rendent chefs, & conducteurs des peuples: mais qu'ils ne les séduisent pas par leurs mauvaises explications, qu'ils ne les corrompent point par leurs pernicieux exemples.

La chaire de Moyse signifie ici ou sa doctrine, (*a*) dont les Scribes se vantoient d'avoir la clef; ou son autorité. (*b*) Les Docteurs de la Loi, les Savans, qui expliquoient la Loi dans les Synagogues, la lisoient d'abord debout, puis l'expliquoient assis. (*c*) Le Sauveur met ici les Pharisiens parmi ceux qui avoient droit d'expliquer la Loi: non pas que cela fût attaché à leur secte, mais parce que la plûpart étoient aussi Docteurs de la Loi, & qu'ils passoient parmi les Juifs, pour les meilleurs Interprétes des loix, & des coutumes. (*d*)

℣. 3. OMNIA ERGO QUÆCUMQUE DIXERINT VOBIS, SERVATE. *Faites tout ce qu'ils vous disent, mais ne faites pas ce qu'ils font.* Obéïssez-leur en tout, sans restriction; à moins que leur doctrine, ou leur commandement ne soit contraire à la Loi, à la justice, à la vérité, à Moyse lui-même: car dans ces rencontres il faut obéir à Dieu plûtôt qu'aux hommes. (*e*) Il veut une obéïssance, & une soumission parfaite, mais éclairée & sage, & non aveugle & outrée. Il ne prétend pas que les simples particuliers s'érigent en Juges de leurs maîtres; mais il y a des cas où l'obéïssance deviendroit criminelle, parce que l'opposition est sensible entre le commandement qui nous est fait, & la Loi de Dieu qui

(*a*) *Ieronym. Beda, Mald. alii.*
(*b*) *Hammond. Ligf. Jans.*
(*c*) *Vide Luc.* IV. 17.
(*d*) *Joseph de bello Jud. lib.* 1. *cap.* 4. Φαρισαῖοι, σύνταγμά τι Ἰουδαίων δοκοῦν εὐσεβέστερον εἶναι τῶν ἄλλων, καὶ τοὺς νόμους ἀκριβέστερον ἀφηγεῖσθαι.
(*e*) *Act.* V. 29.

4. *Alligant enim onera gravia, & importabilia, & imponunt in humeros hominum: digito autem suo nolunt ea movere.*

5. *Omnia verò opera sua faciunt ut videantur ab hominibus: dilatant enim phylacteria sua, & magnificant fimbrias.*

4. Ils lient des fardeaux pesans & insupportables, & les mettent sur les épaules des hommes; & ils ne veulent pas les remuer du bout du doigt.

5. Ils font toutes leurs actions, afin d'être vûs des hommes: c'est pourquoi ils portent *les paroles de la Loi écrites dans* des bandes de parchemin plus larges que les autres, & ont aussi des franges plus longues.

COMMENTAIRE.

nous commande, ou qui nous défend. (*a*) Ce que le Fils de Dieu enseigne ici, n'est donc pas contraire à ce qu'il dit ci-après, (*b*) & à ce qu'il a déja dit ci-devant (*c*) en plusieurs rencontres, où il a relevé leur hypocrisie, & leurs fausses explications de la Loi. Aprés de telles précautions, aprés avoir dit à ses Disciples de se défier du levain de ces gens-là, il pouvoit dire, qu'on devoit leur obéir en tout, mais ne les pas imiter. Il avoit mis par-là toutes les limitations, & les explications nécessaires pour prévenir l'abus qu'on auroit pû faire de ses paroles.

℣. 4. ALLIGANT ENIM ONERA GRAVIA. *Ils lient des fardeaux pesans sur les épaules des hommes, & ils ne veulent pas les remuer du bout du doigt.* Maniére de parler proverbiale, pour montrer l'austérité, & l'exactitude des Rabbins dans l'explication des Loix de Moyse, pendant que dans la pratique ils avoient soin de s'en dispenser eux-mêmes. Ils exigeoient des autres une observation rigoureuse des Loix cérémonielles, pendant qu'ils négligeoient dans la pratique les loix morales, & indispensables. L'allégorie est prise des fardeaux qu'on attache sur le dos des chameaux, & des mulets. Les Rabbins (*d*) eux-mêmes comptent parmi les malheurs du monde, *les playes des Pharisiens*, c'est-à-dire les cérémonies, & les observances superstitieuses & superfluës, qu'ils ont ajoûtées à la Loi, & qu'ils ont introduites dans la Religion.

℣. 5. DILATANT ENIM PHYLACTERIA. *Ils portent des bandes de parchemin plus larges que les autres.* Le terme (*e*) *Phylacterion*, dont se servent les Grecs, & la Vulgate, signifie proprement, *un préservatif.* Les Juifs appelloient ainsi en Grec certaines piéces de parchemin, qu'ils portoient autour de la tête, d'une oreille à l'autre, & autour du bras en forme de brasselets, & sur lesquelles étoient écrites certaines paroles de la Loi.

(*a*) *Vide Hilar. & August. Serm. olim* 49. *nunc* 117. *cap.* 5 6. 7 *Ieronym. & Mald. hic.*
(*b*) ℣. 4. 5. 6. 7. 13. 14. 15... 17. 18. & seq.
(*c*) *Chap.* XVI. 6. & V. 20. 21. & *seq.* & VI. 1. 2. &c.
(*d*) *Talmud. tract. Sota. c.* 3. §. 4.
(*e*) Φυλακτήρια.

Nous

Nous en avons parlé dans le Commentaire sur l'Exode, (*a*) & sur le Deutéronome, (*b*) où Moyse ordonne aux Hébreux d'avoir toûjours les commandemens de Dieu, comme des pendans du front entre les yeux, & comme des brasselets sur les mains. Les anciens Juifs (*c*) prenoient ces paroles dans un sens figuré, pour signifier qu'ils ne devoient jamais perdre de vûë, ni oublier la Loi du Seigneur; mais qu'ils en devoient faire leur plus riche parure, & leur plus précieux ornement.

Mais depuis l'origine de la secte des Pharisiens, on commença à les prendre à la lettre, & à attacher à ces bandes de parchemin des vertus chimériques de préserver des maladies, & de garantir ceux qui les portoient, des insultes du démon. (*d*) D'où leur vient le nom de Phylactéres, que les Payens donnoient à certains préservatifs, que les superstitieux portoient contre les fascinations, & les sortiléges. L'Hébreu (*e*) *totaphot*, dont se sert Moyse pour désigner cela, ne signifie proprement que ces ornemens que l'on portoit sur le front, & qui pendoient sur les sourcils; c'étoit ou des pierres précieuses, ou des ornemens d'or, ou d'argent.

Plusieurs anciens (*f*) ont crû que dés le tems de Moyse, les Hébreux portoient religieusement ces bandes de parchemin sur leur front, & sur leurs bras; & plusieurs Interprétes (*g*) tiennent que du tems de JESUS-CHRIST c'étoit un usage général parmi tous les Juifs, & que nôtre Sauveur lui-même en a usé. Il ne blâme pas absolument cet usage; mais il condamne la superstition des Pharisiens, qui par une affectation ridicule, portoient ces bandes plus larges que le commun du peuple. Mais dans les Livres de l'ancien Testament nous ne voyons aucun vestige, qui nous persuade que personne ait jamais pratiqué ces choses à la lettre; & dans le nouveau il ne paroît pas que JESUS-CHRIST, & ses Apôtres ayent porté des phylactéres. Il est fort possible que plusieurs personnes dévotes, ou superstitieuses en ayent porté. (*h*) La chose étoit conseillée comme une bonne dévotion parmi les Pharisiens; eux-mêmes la pratiquoient, & les portoient beaucoup plus larges que les autres. Mais je ne crois pas que la coutume en ait été universelle. Il en étoit des phylactéres, parmi eux, à peu près de même que du chapelet parmi nous, ou des parties de l'Evangile, que saint Chrysostome, & saint Jérôme disent que quelques personnes dévotes, ou même superstitieuses, comme les appelle saint Jérôme, portoient de leur tems.

On conseille l'usage du chapelet à tout le monde; plusieurs le portent

(*a*) *Exod.* XIII. 16.
(*b*) *Deut.* VI. 8. XI. 18.
(*c*) *Ita Grot. Camer.*
(*d*) *Ligfoot. Fagius, Grot. alii.*
(*e*) טוטפות *Cald.* תפילין *Tephilin.*
(*f*) *Origen. Ieronym. Chrysost. Euthym.*
(*g*) *Ligfoot. Scalig. Maldon. alii.*
(*h*) *Vide Ieronym. Grot. Sculret.*

6. *Amant autem primos recubitus in cœnis, & primas cathedras in Synagogis.*	6. Ils aiment les premiéres places dans les festins, & les premiéres chaires dans les Synagogues.

COMMENTAIRE.

en secret; d'autres le portent à la ceinture. Les uns en ont d'une grandeur commode, & naturelle. D'autres le font fort gros, & fort long; mais l'usage n'en est pas universel. Et si quelqu'un s'avisoit de censurer ceux qui affectent de porter de grands chapelets, & qu'on en conclût que tout le monde le porte d'une grandeur médiocre, la conclusion seroit fausse. Je crois qu'il en est de même des phylactéres. JESUS-CHRIST condamne l'affectation des Pharisiens; mais il ne dit pas que les autres Juifs les portassent universellement. Saint Jérôme dit que de son tems les Juifs Indiens, Perses, Babyloniens, portoient encore de ces bandes sur le front, & que ceux d'entr'eux qui les portoient, passoient pour les plus pieux. L'usage des phylactéres ne subsistoit donc plus alors parmi les Juifs de deça l'Euphrate, & il n'étoit pas même général parmi ceux de de-là ce fleuve. Aujourd'hui les Juifs ne les mettent que durant leurs priéres du matin à la Synagogue. (*a*)

MAGNIFICANT FIMBRIAS. *Ils ont aussi des franges plus longues.* Moyse avoit ordonné aux Hébreux de porter des manteaux quarrez, & de mettre le long des bords, un galon, & aux quatre coins des houpes de fil, ou de laine couleur de bleu céleste. (*b*) Cela étoit positif, & tous les Juifs le portoient ainsi dans leur pays. Nôtre Sauveur lui-même avoit des franges, ou des houpes à son manteau, comme il paroît par l'hémorroïsse, qui disoit: (*c*) *Si je puis seulement toucher la frange de ses habits, je serai guérie.*

Les Pharisiens pour se distinguer des autres, portoient ces bordures, & ces franges, ou houpes, plus longues que le commun des Israëlites. Saint Jérôme nous apprend qu'ils y attachoient des pointes, & des épines, afin que venant à froter contre la jambe, qui étoit nuë, suivant l'usage du pays, ils se souvinssent sans cesse de la Loi de Dieu, & exerçassent sur eux-mêmes une mortification continuelle. Les Juifs d'aujourd'hui pour ne se pas rendre l'objet de la risée des peuples, au milieu desquels ils vivent, ont quitté cette forme d'habits particuliére, & se sont conformez aux lieux où ils se trouvent. Seulement ils portent sous leurs habits une piéce quarrée, avec quatre cordons éfilez par le bout

(*a*) Léon de Modéne, Cérémonies des Juifs, chap. 11.

(*b*) *Num.* 15. 38. ציצית, *zizit. Deut.* XXII. 12. גדילים *Cald.* כרוספדין. *Κράσπεδα, fimbria.*

(*c*) *Luc.* XVI. 44.

7. *Et salutationes in foro, & vocari ab hominibus, Rabbi.*

7. *Ils aiment* qu'on les saluë dans les places publiques, & que les hommes les appellent, Maîtres.

8. *Vos autem nolite vocari Rabbi. Unus est enim Magister vester, omnes autem vos fratres estis.*

8. Mais pour vous, ne désirez point qu'on vous appelle maîtres, parce que vous n'avez qu'un seul Maître, & que vous êtes tous freres.

COMMENTAIRE.

en forme de houpe; (a) & lorsqu'ils sont assemblez dans la Synagogue, les hommes mettent par-dessus leur tête, ou leurs épaules, une espéce de manteau antique, ou piéce d'étoffe oblongue quarrée, dont ils s'enveloppent comme d'un manteau.

℣. 6. AMANT AUTEM PRIMOS RECUBITUS IN COENIS. *Ils aiment les premiéres places dans les festins, & les premiéres chaires dans les Synagogues.* La vanité, & l'ambition des Pharisiens paroissoient dans toute leur conduite. Ils se ménageoient si peu sur cet article, qu'en toute occasion ils s'arrogeoient comme de plein droit, la préséance, & se mettoient en possession de primer, de décider, de dominer. Le Sauveur leur en a fait la confusion plus d'une fois. (b) Lorsqu'il les blâme de chercher les premieres chaires dans les Synagogues, il ne parle pas des premieres places qui sont dûës à ceux qui président dans les assemblées civiles, ou de Religion: ces sortes de rangs, & de prééminences, qui sont établies par la coutume, ne sont blâmables que par la vanité, l'ambition, l'affectation, qui les font rechercher avec trop d'ardeur, ou conserver avec trop d'attachement.

℣. 7. SALUTATIONES IN FORO. *Ils aiment qu'on les saluë dans les places publiques.* Basse & folle ambition: puisque ces marques extérieures de respect, qu'on rend à un homme en le saluant, sont des témoignages très-équivoques de l'estime intérieure qu'on a pour lui; & qu'ils ne décident point du mérite de celui à qui on les rend.

VOCARI AB HOMINIBUS RABBI. *Et que les hommes les appellent, maîtres.* N'ayez pas la vanité de devenir Rabbins, & maîtres dans Israël, & de porter cette qualité parmi les hommes. Enseignez sans faste, & sans ambition, sans interêt, & sans affectation. N'attendez vôtre récompense, & vôtre gloire que de Dieu seul. *Vos autem nolite vocari Rabbi.* Dieu seul mérite véritablement le nom de *Rabbi*, ou de Maître. A lui appartient tout honneur; de lui vient toute lumiére, toute sagesse, tou-

(a) Léon de Modéne, Cérémonies des Juifs, hap. 6. & 11. Voyez Buxtorf, *Synag. Jud.* ap. 4.

(b) Voyez ci-devant sur S Matth XXI. 28. l'addition qui se lit après le ℣. 28. & Luc XIV. 8.

9. *Et patrem nolite vocare vobis super terram : unus est enim Pater vester, qui in Cœlis est.*

9. N'appellez aussi personne sur la terre vôtre pere ; parce que vous n'avez qu'un Pere, qui est dans les Cieux.

COMMENTAIRE.

te connoissance. C'est lui qui élaire tout homme qui vit dans le monde: lui seul instruit véritablement, & porte la lumiére dans l'esprit, & l'amour dans le cœur. *Unus est enim Magister vester.* Le Grec lit : (*a*) *Car le Christ est vôtre seul Chef* & conducteur.

Mais plusieurs Manuscrits omettent, le Christ, & lisent, *vôtre Maître*, celui qui vous enseigne ; au lieu de *vôtre chef*, vôtre président. Et l'Hébreu *Rabbi*, marque plûtôt le maître qui enseigne : ce terme est consacré pour désigner les Docteurs Hébreux. On prétend que ce titre est nouveau parmi eux, & qu'on n'a commencé à l'employer que depuis que les Juifs se séparerent en différentes sectes, & eurent différentes écoles. Il y en a même qui n'en mettent le commencement qu'au tems du fameux Hillel, qui vivoit, dit-on, environ cent ans avant Jesus-Christ. On ne l'avoit donné à personne dans l'ancien Testament. Jesus-Christ est appellé *Rabboni*, dans saint Marc, (*b*) & dans saint Jean. (*c*) On distingue entre Rab, Rabbi, & Rabban ; ce dernier nom est le plus honorable. *Rab* l'est moins que *Rabban*; & *Rabbi*, moins que *Rab. Celui qui saluë son maître, sans lui dire : Je vous saluë Rabbi, irrite la divine majesté, & l'éloigne d'Israël*, disent les Docteurs Juifs. (*d*)

℣. 9. Patrem nolite vocare vobis super terram. *N'appellez personne vôtre pere sur la terre, parce que vous n'avez qu'un Pere, qui est dans les Cieux.* Le nom de *Pere* en cet endroit, est un nom de dignité. On donnoit ce titre aux Présidens des assemblées des vingt-trois Juges, & au second Juge du Sanhédrin ; aux Chefs des écoles, aux principaux Docteurs. Ces grands Maîtres, ou *Abbas*, Peres, nommoient leurs disciples, leurs fils. Jesus-Christ condamne tous ces titres fastueux. N'aspirez point à être appellez Maîtres, Peres, Présidens. Il ne condamne pas les titres d'honneur que l'on a donné dans l'Eglise aux Prélats, aux Evêques, aux Prêtres, aux supérieurs Ecclésiastiques ; mais il condamne la vanité, l'ambition, l'orgueil de ceux qui les recherchoient, ou les affectoient. Le premier Chef visible de l'Eglise Chrétienne & Catholique, prend pour titre le nom de Serviteur des Serviteurs de Dieu. Quelques Manuscrits lisent à la fin de ce ℣. ces paroles qui sont dans la Vulgate à la

(*a*) Εἷς γάρ ἐστιν ὑμῶν ὁ καθηγητής, ὁ Χριστός. *Alii plerique MSS.* Εἷς γάρ ἐστιν ὑμῶν ὁ διδάσκαλος. *Plures omittunt*, Ὁ Χριστός. *Var. Lect. Millii.*

(*b*) *Marc.* x. 51.

(*c*) *Johan.* xx. 16.

(*d*) *Baba Berac. apud Ligfoot.*

10. *Nec vocemini, Magistri: quia Magister vester unus est, Christus.*	10. Et qu'on ne vous appelle point Docteurs; parce que vous n'avez qu'un Docteur, & qu'un Maître, qui est le CHRIST.
11. *Qui major est vestrùm, erit minister vester.*	11. Celui qui est le plus grand parmi vous, sera vôtre serviteur.
12. *Qui autem se exaltaverit, humiliabitur; & qui se humiliaverit, exaltabitur.*	12. Car quiconque s'élevera, sera abaissé; & quiconque s'abaissera, sera élevé.
13. *Væ autem vobis, Scribæ, & Pharisæi hypocritæ, quia clauditis Regnum Cœlorum ante homines: vos enim non intratis, nec introëuntes sinitis intrare.*	13. Mais malheur à vous, Scribes, & Pharisiens hypocrites, parce que vous fermez aux hommes le Royaume des Cieux: car vous n'y entrez point vous-mêmes, & vous n'en permettez pas l'entrée à ceux qui désirent d'y entrer.

COMMENTAIRE.

fin du verset précédent: (a) *Car vous êtes tous freres.*

℣. 10. NEC VOCEMINI MAGISTRI. *Qu'on ne vous appelle point Docteurs.* Le Grec signifie plûtôt, (b) un homme qui préside, qui commande, qui gouverne, que celui qui instruit, & qui enseigne. On l'a vû dans ce dernier sens au ℣. 8. Ici JESUS-CHRIST défend les titres d'empire, de hauteur, d'autorité. Les Juifs donnoient au Président du Sanhédrin, le nom de Prince; c'étoit parmi eux la premiére dignité de la Judicature. Le Fils de Dieu dans tout ce discours veut précautionner ses Disciples contre l'ambition, & la vanité, qui étoient les vices dominans des Pharisiens. Il ajoute: *Vous n'avez qu'un maître, qui est le Christ; que celui donc qui est le plus grand parmi vous, devienne vôtre serviteur, &c.* Voilà à quoi doit aboutir vôtre ambition; à devenir le plus petit de tous, le serviteur de tous.

℣. 12. QUI AUTEM SE EXALTAVERIT, HUMILIABITUR. *Celui qui s'élevera sera abaissé; & celui qui s'abaissera, sera élevé.* C'est la conclusion de tout ce qu'il a dit ci-devant. Voulez-vous être solidement & réellement relevez, & glorieux; humiliez-vous, abaissez-vous; cherchez la derniére place; méprisez les titres d'honneur & d'ambition: plus vous vous serez humiliez en ce monde pour la gloire de Dieu, & plus vous serez élevez dans son Royaume. *Gloriam præcedit humilitas*, dit Salomon. (c)

℣. 13. VÆ AUTEM VOBIS.... QUIA CLAUDITIS REGNUM COELORUM. *Malheur à vous, Scribes, & Pharisiens, parce que vous*

(a) *Vide Var. Lect. Millii.*
(b) Μηδὲ κληθῆτε καθηγηταὶ, εἷς γὰρ ὑμῶν ἐστιν ὁ καθηγητὴς ὁ Χριστός.
(c) *Prov.* XV. 33.

14. *Væ vobis, Scribæ, & Pharisæi hypocritæ: quia comeditis domos viduarum, orationes longas orantes: propter hoc amplius accipietis judicium.*	14. Malheur à vous, Scribes, & Pharisiens hypocrites, parce que sous prétexte de vos longues priéres, vous dévorez les maisons des veuves; c'est pour cela que vous recevrez un jugement plus rigoureux.

COMMENTAIRE.

fermez le Royaume des Cieux. Vous fermez autant qu'il est en vous, l'entrée de l'Eglise à ceux qui auroient envie d'y entrer, par vôtre basse jalousie contre moi, & par les mauvais discours que vous tenez de ma personne, & de ma doctrine. Vous vous tenez sur la porte, sans entrer, & vous empêchez encore que les autres n'y entrent. (*a*) Autrement: Vous corrompez la pureté de la Loi, par vos pernicieuses explications; vous ne la pratiquez pas vous-mêmes, & vous êtes cause que les autres ne la pratiquent pas. (*b*) Vous tenez la clef de la science; (*c*) mais au lieu d'ouvrir la porte, vous la fermez, & pour vous-mêmes, & pour les autres.

On trouve les mêmes imprécations, ou plûtôt, les mêmes prédictions du malheur des Scribes, & des Pharisiens dans saint Luc; (*d*) mais elles furent prononcées dans une autre occasion, & assez long-tems avant celles-ci. (*e*) Comparez ce que dit Osée (*f*) contre les Prêtres *qui cachoient la voye du Seigneur*.

Les anciens Exemplaires ne sont pas uniformes en cet endroit. Saint Chrysostome, Euthyme, Théophylacte, & l'Auteur de l'Ouvrage imparfait sur saint Matthieu, les Exemplaires Grecs imprimez, & la plûpart des Manuscrits transposent le ℣. 13. & le mettent après le quatorziéme. D'autres le mettent auparavant. D'autres (*g*) l'omettent entiérement. Origénes, & saint Jérôme ne l'ont pas lû, & dans le canon d'Eusébe il n'est attribué qu'à saint Luc; (*h*) d'où l'on conjecture qu'il a été transporté de saint Luc, dans saint Matthieu.

℣. 14. COMEDITIS DOMOS VIDUARUM, ORATIONES LONGAS ORANTES. *Sous prétexte de vos longues priéres, vous dévorez les maisons des veuves.* Ou: (*i*) *Vous faites semblant de faire de longues priéres*, & vous dévorez les maisons des veuves. Vous trompez des femmes simples, & dévotes, sous de fausses apparences de piété, pour avoir occasion de profiter de leurs aumônes, & de leurs libéralitez. *Nonnullis in*

(*a*) *Origen. Hilar. Ieronym. Author Oper. imperfect. Beda in hunc loc. Brug. Grot. Tir.*
(*b*) *Chrysost. hic. Mald.*
(*c*) *Luc. XI. 52.*
(*d*) *Luc. XI. 39. 42. 52.*
(*e*) *August. lib. 2. de Consensu, cap. 75. Ita Toynard, & le Clerc, Harmon. Evang.*
(*f*) *Osee. VI. 9. juxta 70.*
(*g*) *Ita Cantabrig. Cod. G. L. Colb. 2. Sax. Codd. Mss. Arab. Quid. antiq. Codd. Lat. Vide Martian. & Brug. hic.*
(*h*) *Luc. XI. 52.*
(*i*) Καὶ προφάσει μακρὰ προσευχόμενοι. *In speciem multum diu orantes.*

15. *Væ vobis, Scribæ, & Pharisæi hypocritæ: quia circuitis mare & aridam, ut faciatis unum proselytum: & cùm fuerit factus, facitis eum filium gehennæ duplò quàm vos.*

15. Malheur à vous, Scribes, & Pharisiens hypocrites, parce que vous courez la mer & la terre, pour faire un prosélyte; & après qu'il l'est devenu, vous le rendez digne de l'enfer, deux fois plus que vous.

COMMENTAIRE.

usum negotiationis vertitur labor orationis, dit saint Grégoire. (*a*) Nôtre Sauveur avoit apparemment en vûë de réformer l'abus que les Pharisiens introduisoient dans la Religion, par la longueur affectée de leurs priéres, lorsqu'il disoit à ses Apôtres, de ne pas beaucoup parler, & de ne pas demeurer de bout en priant au coin des ruës, & dans les Synagogues. (*b*) Les longues & fréquentes priéres n'ont jamais été condamnées; mais l'affectation, & l'ostentation sont toûjours condamnables. On dit que les anciens dévots parmi les Juifs prioient neuf heures par jour, à trois reprises. Ils demeuroient une heure en méditation, une heure en priéres, & une heure en reciieillement après avoir prié; & cela trois fois par jour. (*c*)

℣. 15. Circuitis mare et aridam, ut faciatis unum proselytum. *Vous courez la mer & la terre, pour faire un proselyte, & après qu'il l'est devenu, vous le rendez digne de l'enfer, deux fois plus que vous*. Les Pharisiens avoient une extrême ardeur de faire entrer dans le Judaïsme quelque étranger, & quelque payen. Ces conquêtes leur faisoient un honneur infini dans leur nation. Le Fils de Dieu ne reprend pas leur zéle, il n'en blâme que le déréglement. Il se plaint qu'ils instruisent mal ces nouveaux convertis, & qu'au lieu de leur enseigner la Loi dans sa pureté, ils leur remplissent l'esprit de mille traditions fausses, & le cœur de haine, & d'animosité contre ceux qui n'étoient pas leurs approbateurs, & leurs admirateurs. (*d*) En un mot, de ce qu'ils les rendoient encore plus mauvais, & plus ennemis de la vérité qu'ils ne l'étoient eux-mêmes: *Facitis eum filium gehennæ duplò quàm vos*. Nous avons parlé assez au long des prosélytes sur l'Exode Chap. XII. 48.

Les Juifs (*e*) s'inscrivent en faux contre cet endroit de l'Evangile: ils soutiennent que leurs peres n'ont jamais cherché à augmenter le nombre des croyans, en les tirant du paganisme. Que Dieu n'ayant donné sa Loi que pour un seul peuple, il n'a point ordonné qu'on la prêchât à d'au-

(*a*) *Gregor. Moral. lib. 33. in c.* XLI. *Job. c. 23.*

(*b*) *Matth.* VI. 5. 7.

(*c*) *Gemar. Babil. in Beracoth. fol. 32. apud Ligfoot.*

(*d*) *Justin. Mart. Dial. cum Tryph.* Οἱ δὲ προσήλυτοι ὐ μόνον πιςεύεσι, ἀλλὰ διπλότερον ὑμῶν βλασφημῦσι εἰς τὸ ὄνομα αὐτῦ, καὶ ἡμᾶς τὺς εἰς ἐκεῖνον πιςεύοντας, καὶ φονεύειν, καὶ αἰκίζειν βούλονται, κατὰ πάντα γὰρ ὑμῖν ἐξομοιῦσθαι σπουδάζυσι.

(*e*) Voyez Cardoso, Las excellentias, &c. Et Basnage, Histoire des Juifs, tom. 5. l. 7. c. 11. art. 3.

16. *Væ vobis, duces cæci, qui dicitis: Quicumque juraverit per Templum, nihil est: qui autem juraverit in auro Templi, debet.*	16. Malheur à vous, conducteurs aveugles, qui dites: Si un homme jure par le Temple, cela n'est rien; mais s'il jure par l'or du Temple, il est obligé à son serment.

COMMENTAIRE.

tres. Le Seigneur ne ressemble point aux Princes de la terre, qui cherchent à s'étendre, & à faire des conquêtes; pour lui il n'en a que faire, il n'a jamais eu cette passion. Un Roi qui a une fille unique, belle, vertueuse, & héritiére de ses Etats, ne l'offre pas au premier venu. Il attend que les Souverains viennent la lui demander pour épouse. Les Talmudistes (*a*) ajoûtent, que les prosélytes sont comme l'apostume, ou la lépre d'Israël; qu'on doit prendre une très-grande précaution pour ne les y pas admettre facilement. Maimonides assure que sous les regnes de David, & de Salomon, on ne recevoit aucun prosélyte, parce qu'on avoit sujet de craindre que ce ne fût plûtôt la prospérité de ces Rois, que l'amour de la Religion qui les attirât.

Quelques-uns (*b*) ont crû que ce que nôtre Sauveur leur dit ici, qu'ils couroient la mer, & la terre, pour faire un prosélyte, étoit moins pour amener les Gentils à la foi, & à la connoissance du vrai Dieu, que pour grossir leur secte, en y amenant des Juifs étrangers des diverses Provinces, où ils étoient alors répandus. Un Pharisien qui faisoit plusieurs Pharisiens, étoit consideré avec distinction dans sa secte, & pouvoit prétendre aux plus grands honneurs. Mais nous savons par des témoignages indubitables, que dans ce tems-là les Juifs faisoient beaucoup de conversions. Horace en parle assez clairement: (*c*)

. . . . . . At veluti te
Judæi cogemus in hanc concedere turbam.

Et Juvenal dit que plusieurs Romains apprenoient les Loix, & le Droit des Juifs. (*d*)

Romanas autem soliti contemnere Leges,
Judaïcum ediscunt, & servant, ac metuunt jus.

Tacite assure que dans Rome il y avoit une infinité de gens, qui faisoient profession de suivre les cérémonies Juives. Suétone l'insinuë de même en plus d'un endroit. Je ne doute pas que quelques-uns de ces Auteurs, je veux dire, Juvenal, & Suétone, n'ayent peut-être quelquefois confondu les Juifs avec les Chrétiens; mais on ne peut pas dire cela, par

(*a*) *Vide Selden. de Synedr. lib. 2. cap. 2. art. 5.*
(*b*) Basnage liv. VII. chap. 8. art. 8. Edit. de Paris.
(*c*) *Horat. Satyr. 4. sub finem.*
(*d*) *Juvenal. Satyr. 14. v. 100.*

exemple,

17. *Stulti, & cæci: Quid enim majus est, aurum, an Templum quod sanctificat aurum?*	17. Insensez & aveugles que vous êtes, lequel doit-on plus estimer, ou l'or, ou le Temple qui sanctifie l'or?
18. *Et quicumque juraverit in altari, nihil est: quicumque autem juraverit in dono, quod est super illud, debet.*	18. Et si un homme, *dites-vous*, jure par l'autel, cela n'est rien; mais quiconque jure par le don qui est sur l'autel, est obligé à son serment.
19. *Cæci: Quid enim majus est, donum, an altare quod sanctificat donum?*	19. Aveugles que vous êtes, lequel doit-on plus estimer, ou le don, ou l'autel qui sanctifie le don?
20. *Qui ergo jurat in altari, jurat in eo, & in omnibus quæ super illud sunt.*	20. Celui donc qui jure par l'autel, jure par l'autel, & par tout ce qui est dessus.
21. *Et quicumque juraverit in Templo, jurat in illo, & in eo qui habitat in ipso:*	21. Et quiconque jure par le Temple, jure par le Temple, & par celui qui y habite.

COMMENTAIRE.

exemple, de ce que disent Horace, & Tacite, & de ce que Suétone raconte de Tibére, qui réprima dans Rome les superstitions Juives, & Egyptiennes.

℣. 16. QUICUMQUE JURAVERIT PER TEMPLUM, NIHIL EST. *Si un homme jure par le Temple, cela n'est rien; mais s'il jure par l'or du Temple, il est obligé à son serment.* Les Juifs du tems de nôtre Seigneur, ne croyoient pas qu'il fût du respect qui étoit dû au Tout-puissant, de jurer indifféremment par son nom. Ils aimoient mieux jurer par d'autres choses, comme par le Ciel, par la terre, par leurs parens: (*a*) & ils regardoient ces moindres juremens, comme étant d'une obligation bien moins stricte que les autres, où le nom de Dieu intervenoit; ou qui étoient faits par les choses consacrées à Dieu; à moins que celui qui juroit n'y attachât quelque peine, ou quelque espéce d'éxécration, ou de malédiction contre lui-même, s'il violoit sa promesse. (*b*) On ne conçoit pas trop la raison de ces distinctions entre le jurement par le temple, qui n'obligeoit pas, & le jurement par l'or du temple, qui obligeoit. Mais le fait est certain; & le Fils de Dieu fait voir ici la vanité de la distinction que les Pharisiens faisoient. On croit aussi que l'avarice des Prêtres, & des Docteurs avoit beaucoup de part à cette décision. (*c*) Il étoit de leur interêt, que la religion des offrandes faites au Temple, fût inviolable. On peut voir ce que nous avons dit ci-devant sur saint Matthieu v. 32. & xv. 5. Le serment par les offrandes, s'appelloit *corban*, parmi les Juifs. (*d*)

(*a*) *Philo de Special. Legib.*
(*b*) *Vide Grot. hic. & l. 2. c. 13. art. 11. de Jure belli & Pacis.*
(*c*) *Vide Ieronym. Theophyl. D. Thom. Grot.*
(*d*) *Joseph. lib. 1. contra Appionem.*

22. *Et qui jurat in Cœlo, jurat in throno Dei, & in eo qui sedet super eum.*

23. *Væ vobis, Scribæ, & Pharisæi hypocritæ, qui decimatis mentham, & anethum, & ciminum, & reliquistis quæ graviora sunt Legis, judicium, & misericordiam, & fidem. Hæc oportuit facere, & illa non omittere.*

22. Et celui qui jure par le Ciel, jure par le trône de Dieu, & par celui qui y est assis.

23. Malheur à vous, Scribes, & Pharisiens hypocrites, qui payez la dixme de la mente, & de l'aneth, & de cumin, & qui avez abandonné ce qu'il y a de plus important dans la Loi, savoir la justice, la misericorde, & la foi. C'étoit-là les choses qu'il falloit pratiquer, sans néanmoins omettre les autres.

COMMENTAIRE.

℣. 21. IN EO QUI HABITAT. *Il jure par celui qui y habite.* Les Juifs regardoient leur Temple, comme le palais de Dieu. Le Fils de Dieu montre ici, que ni le Temple, ni l'autel, ni le don en eux-mêmes n'étant rien, & tirant toute leur sainteté & leur mérite de celui à qui ils sont consacrez, il s'ensuit de nécessité, que quiconque viole la sainteté de ces choses, outrage celui à qui elles appartiennent, & que ces sermens doivent être rangez au nombre des grands juremens.

℣. 22. QUI JURAT IN COELO, &c. *Celui qui jure par le Ciel, jure par le trône de Dieu.* Philon, (*a*) & Origénes (*b*) parlent du jurement que les Juifs faisoient par le Ciel. Les profanes les accusoient d'adorer le Ciel, & les nuës, (*c*) peut-être parce qu'ils avoient accoutumé de jurer par ces choses-là. Les Payens qui croyoient les astres animez, & qui les honoroient comme des divinitez, juroient de même par leurs noms. (*d*) JESUS-CHRIST enseigne ici que le jurement par le Ciel, n'oblige pas moins que celui qui se fait par le nom de Dieu même, puisque le Ciel est le trône de Dieu; & que mépriser le trône, & le sceptre d'un Prince, c'est mépriser sa personne.

℣. 23. QUI DECIMATIS MENTAM. *Vous payez la dixme de la mente, de l'aneth, & de cumin, & vous avez abandonné ce qu'il y a de plus important dans la Loi.* La Loi (*e*) ordonnoit simplement de donner la dixme du froment, du vin, de l'huile, & des animaux domestiques, qui passent sous la verge du pasteur; c'est-à-dire, du bœuf, de la chévre, de la brebis. Les Docteurs Juifs avoient ajoûté à cette loi, en disant que tout ce qui se mange, tout ce qui se réserve, tout ce que la terre produit,

(*a*) *Philo de Special. Legib.*
(*b*) *Origen. lib. 6. contra Celsum.*
(*c*) *Juvenal. Satyr. 14. v. 97. Nil præter nubes, & cœli numen adorat.*
(*d*) *Aristophan. Pluto. Act. 1. serm. 2. & Act. 2. serm. 1.* Νὴ τὸν οὐρανόν.
(*e*) *Levit. XXVII. 30. Deut. XII. 17. & XIV. 23.*

24. *Duces cæci, excolantes culicem, camelum autem glutientes.*

24. Conducteurs aveugles, qui avez grand soin de passer *ce que vous buvez*, de peur d'avaler un moucheron, & vous avalez un chameau.

COMMENTAIRE.

doit la dixme. (*a*) Toutefois il y en a plusieurs parmi eux qui soutiennent qu'il n'y a que ce qu'on appelle *revenus*, qui doive être sujet à la dixme. Or la mente, l'anis, & les herbes de jardin, ne sont point comprises sous ce nom. Voyez ce que nous avons dit sur les dixmes, dans le Commentaire sur le Lévitique ch. XXVII. 30. Au lieu de *l'anis*, le Syriaque, & l'Hébreu lisent, *de la ruë*. (*b*)

Le Fils de Dieu ne condamne pas absolument l'exactitude des Pharisiens; mais il reprend leur vanité, & leur affectation, dans ces observances de surérogation, pendant qu'ils négligeoient les plus importans devoirs de la justice. *C'est-là de ces choses qu'il falloit pratiquer, sans néanmoins omettre les autres.* Le reproche que Jesus-Christ leur fait, insinuë que le commun des Juifs ne payoit pas comme eux la dixme des herbes du jardin. Si cela eût été ordinaire, pourquoi le relever dans les Pharisiens seuls? S. Jérôme semble supposer qu'on payoit aux Pharisiens la dixme, dont nous venons de parler, & que leur exactitude n'étoit fondée que sur leur intérêt. (*c*)

Judicium, misericordiam, et fidem. *Vous abandonnez la justice, la miséricorde, & la foi.* La justice, l'équité dans les jugemens, rendre à chacun ce qui lui est dû, sans acception de personne. *La miséricorde*, la tendresse envers le prochain; tous les devoirs de la charité. *La foi*, la fidélité à tenir sa parole; la droiture, la sincérité, la bonne foi dans le commerce de la vie; la créance en Dieu, la confiance en ses promesses. Les Pharisiens négligeoient tous ces devoirs essentiels, pendant qu'ils étoient d'une ponctualité scrupuleuse dans toute autre chose.

℣. 24. Excolantes culicem, &c. *Vous passez ce que vous buvez, de peur d'avaler un moucheron, & vous avalez un chameau.* Expression proverbiale, pour marquer une exactitude ridicule, jointe à une négligence énorme. La conduite des Pharisiens à l'égard de Jesus-Christ, est une preuve de la vérité de ce reproche. Ils poursuivent, ils accusent, ils font condamner Jesus-Christ, sous prétexte qu'il a violé le Sabbat en guérissant des malades; & ils demandent l'absolution d'une séditieux,

(*a*) *Talmud tr. Maasarot. cap. 1. hal. 1. & Talmud. Seder-zeraïm Massec. Macser.*
(*b*) *Lud. de Dieu, hic*
(*c*) *Ieronym. hic Quæ magna sunt devoramus, atque negligimus; & opinionem religionis in parvis quæ lucrum habent, diligentiam demonstramus.*

25. *Væ vobis, Scribæ, & Pharisæi hypocritæ, quia mundatis quod deforis est calicis & paropsidis, intùs autem pleni estis rapinâ, & immunditiâ.*

25. Malheur à vous, Scribes, & Pharisiens hypocrites, parce que vous nettoyez le dehors de la coupe, & du plat, & que vous êtes au-dedans pleins de rapine, & d'impureté.

26. *Pharisæe cæce, munda priùs, quod intùs est calicis & paropsidis, ut fiat id, quod deforis est, mundum.*

26. Pharisiens aveugles, nettoyez premiérement le dedans de la coupe, & du plat; afin que le dehors en soit net aussi.

27. *Væ vobis, Scribæ, & Pharisæi hypocritæ: quia similes estis sepulchris dealbatis, quæ à foris parent hominibus speciosa, intùs verò plena sunt ossibus mortuorum, & omni spurcitia.*

27. Malheur à vous, Scribes, & Pharisiens hypocrites, parce que vous êtes semblables à des sépulchres blanchis, qui au dehors paroissent beaux aux yeux des hommes; mais au dedans sont pleins d'ossemens de morts, & de toute sorte de pourriture.

28. *Sic & vos à foris quidem paretis hominibus justi: intùs autem pleni estis hypocrisi, & iniquitate.*

28. Ainsi au dehors vous paroissez justes aux yeux des hommes; mais au-dedans vous êtes pleins d'hypocrisie, & d'iniquité.

COMMENTAIRE.

& d'un meurtrier. Ils préférent Barabas à JESUS-CHRIST. (*a*)

℣. 25. PLENI ESTIS RAPINA, ET IMMUNDITIA. *Pleins de rapine, & d'impureté.* Soüillez par une avarice basse & sordide, & par toute sorte de désordres intérieurs. L'envie, l'orgueil, l'ambition, la haine vous dominent. Plusieurs Manuscrits Grecs (*b*) sont conformes à la Vulgate; mais les imprimez lisent: (*c*) *Vous êtes remplis de rapine, & d'intempérance.*

℣. 27. SIMILES ESTIS SEPULCHRIS DEALBATIS. *Vous êtes semblables à des sépulchres blanchis.* Au dehors vous n'avez rien que de beau & d'apparent; mais au-dedans vous êtes remplis de pourriture, & d'infection. JESUS-CHRIST fait allusion à un usage qui étoit commun parmi les Juifs. Dans la crainte qu'on ne se soüillât en touchant les tombeaux des morts, ou en marchant dessus sans y penser, ils les blanchissoient au dehors, (*d*) afin qu'on les distinguât de loin: on mettoit sur ces tombeaux des pierres, des colomnes, & d'autres marques, afin que les passans les vissent de loin, & les évitassent. Ces tombeaux pour cela n'en étoient pas plus purs; ce n'étoit toûjours au fond que pourriture, & qu'infection. Tels étoient les Pharisiens: réglez & composez aux yeux

(*a*) *Vide August. Ser. 106. n. 1. nov. edit.*

(*b*) *Vide Mill Var. Lect. hic.* Γέμουσι ἐξ ἁρπαγῆς, καὶ ἀδικίας.

(*c*) Γέμουσι ἐξ ἁρπαγῆς, καὶ ἀκρασίας.

(*d*) On dit que tous les ans au 15. du mois de Février, on les blanchissoit de nouveau. Voyez Ligfoot sur cet endroit.

29. *Væ vobis, Scribæ, & Pharisæi hypocritæ, qui ædificatis sepulchra Prophetarum, & ornatis monumenta Justorum.*

30. *Et dicitis: Si fuissemus in diebus patrum nostrorum, non essemus socii eorum in sanguine Prophetarum.*

31. *Itaque testimonio estis vobismetipsis, quia filii estis eorum, qui Prophetas occiderunt.*

32. *Et vos implete mensuram patrum vestrorum.*

33. *Serpentes, genimina viperarum, quomodo fugietis à judicio gehennæ?*

29. Malheur à vous, Scribes, & Pharisiens hypocrites, qui bâtissez des tombeaux aux Prophétes, & ornez les monumens des Justes,

30. Et qui dites: Si nous eussions été du tems de nos peres, nous n'eussions pas été leurs compagnons à répandre le sang des Prophétes.

31. Ainsi vous vous rendez témoignage à vous-mêmes, que vous êtes les enfans de ceux qui ont tué les Prophétes.

32. Achevez donc aussi de combler la mesure de vos peres.

33. Serpens, races de vipéres, comment pourrez-vous éviter d'être condamnez au feu de l'enfer?

COMMENTAIRE.

du monde; gâtez, & corrompus au dedans. Ce que dit ici nôtre Sauveur, prouve que l'on enterroit, non-seulement dans les grottes des rochers, & dans les montagnes; mais aussi en pleine terre, & le long des chemins. Nous ne nous arrêtons point ici à concilier saint Luc, (a) & saint Matthieu, parce que nous sommes persuadez que saint Luc rapporte un discours de JESUS-CHRIST, différent de celui de saint Matthieu.

℣. 29. ÆDIFICATIS SEPULCHRA PROPHETARUM. *Vous bâtissez les tombeaux des Prophétes, & vous dites: Si nous eussions été du tems de nos peres, nous n'eussions pas été leurs compagnons à répandre le sang des Prophétes.* Les Hébreux ont toûjours eu grand soin des sépultures. Depuis le retour de la captivité, ils s'appliquérent beaucoup à réparer, & à orner les anciens tombeaux. De là viennent tous ceux qu'on voyoit dans la Palestine du tems de nôtre Seigneur, & du tems de saint Jérôme. C'étoit des sépulchres renouvellez, & rebâtis en la place des anciens. Or ériger des tombeaux aux Prophétes, & aux Justes; détester la cruauté de ceux qui les avoient fait mourir; c'étoient des choses bonnes & loüables. Aussi ce n'est pas ce que JESUS-CHRIST reprend dans les Pharisiens: Il les accuse de suivre l'exemple de leurs peres, & de persécuter comme eux les Justes, & les Saints. En vain vous dites que vous n'auriez pas imité vos peres dans leur cruauté; en vain vous vous flattez de piété, & de respect envers les Prophétes. Vôtre endurcissement, vôtre jalousie, vos violences, ne prouvent que trop que

(a) *Luc.* XI. 44.

34. *Ideò ecce ego mitto ad vos Prophetas, & Sapientes, & Scribas, & ex illis occidetis, & crucifigetis, & ex eis flagellabitis in Synagogis vestris, & persequemini de civitate in civitatem:*

35. *Ut veniat super vos omnis sanguis justus, qui effusus est super terram à sanguine Abel justi usque ad sanguinem Zachariæ, filii Barachiæ, quem occidistis inter Templum & altare.*

34. C'est pourquoi je m'en vais vous envoyer des Prophétes, des Sages, & des Scribes, & vous tuerez les uns, vous crucifierez les autres; vous en foüetterez d'autres dans vos Synagogues, & vous les persécuterez de ville en ville;

35. Afin que tout le sang innocent, qui a été répandu sur la terre, retombe sur vous, depuis le sang d'Abel le juste, jusqu'au sang de Zacharie, fils de Barachie, que vous avez tué entre le Temple & l'autel.

COMMENTAIRE.

vous êtes les vrais fils, & les trop fidéles imitateurs de ces hommes de sang, dont vous tirez vôtre origine. ℣. 31. *Testimonio estis vobismetipsis, quia filii estis eorum, qui Prophetas occiderunt.*

℣. 32. IMPLETE MENSURAM PATRUM VESTRORUM. *Achevez de combler la mesure de vos peres.* Dieu ne punit pas toûjours les crimes, aussi-tôt qu'ils sont commis; sa patience attend le pécheur à pénitence, & il ne fait éclater sa colére, sur tout quand il s'agit de frapper les nations entiéres, que lorsque leurs crimes sont montez à leur comble. Les Juifs depuis Moyse jusqu'à JESUS-CHRIST, avoient toûjours été rebelles au Seigneur; ils avoient méprisé sa voix; ils avoient persécuté, outragé, massacré ses Prophétes. Par intervale il les châtioit, pour les rappeller à leur devoir. Mais il n'en vint à les rejetter, & à les exterminer de leur pays pour toûjours, qu'aprés qu'ils eurent rempli la mesure de leur iniquité, par le meurtre du Messie. C'étoit-là la consommation de l'iniquité, & le dernier trait de leur endurcissement.

℣. 34. ECCE EGO MITTO AD VOS PROPHETAS. *Je vais vous envoyer des Prophétes, des Sages, des Scribes, &c. Vous tuerez les uns, vous crucifierez les autres.* JESUS-CHRIST voyoit la mauvaise disposition du cœur des Juifs. Il savoit qu'ils ne manqueroient pas de traiter ses Apôtres, & ses Disciples, comme leurs peres avoient traité les Prophétes, & les Justes, qui leur avoient parlé en son nom. Ils persécutérent en tout lieu les Apôtres, qui étoient de vrais Prophétes: ils ont mis à mort saint Jacques, lapidé saint Etienne, mis en prison saint Pierre: En un mot, ils n'ont rien épargné pour étouffer l'Evangile dans sa naissance, & pour faire périr par eux-mêmes, ou par d'autres, tous ceux qui confessoient le nom de JESUS-CHRIST.

℣. 35. UT VENIAT SUPER VOS OMNIS SANGUIS JUSTUS, &c. *Afin que tout le sang innocent qui a été répandu sur la terre, retombe sur vous, depuis le sang d'Abel, jusqu'au sang de Zacharie, fils de Barachie.*

Après que vous aurez répandu mon ſang, & celui de mes Apôtres, & de mes Fidéles; alors la meſure de vos crimes ſera remplie, & je vengerai ſur vous tout d'un coup le ſang de tant de Juſtes, qui a été répandu parmi vous depuis le ſang d'Abel, juſqu'à celui de Zacharie fils de Barachie. Mais pourquoi depuis le ſang d'Abel? La nation des Hébreux, qui ne fut proprement formée que quand elle ſortit d'Egypte, doit-elle être reſponſable du ſang d'Abel, & des autres Juſtes, à l'effuſion duquel elle n'a eu aucune part? On répond à cela que ni la mort d'Abel, ni celle des autres Juſtes tuez avant le tems des Hébreux, ne peut leur être imputée. Dieu eſt trop juſte, pour mettre ſur leur compte ce qu'il n'ont pas fait. Mais il ne s'eſt commis aucun crime, aucune violence dans le monde, depuis le meurtre d'Abel, juſqu'au tems de la deſtruction de Jéruſalem, dont on ne trouve des exemples dans la nation des Juifs. Caïn eſt, pour ainſi dire, leur Patriarche. (a) *Va illis qui in viam Caïn abierunt.* Le Démon qui eſt homicide dés le commencement, eſt leur pere. (b) Ils ont en quelque ſorte réüni dans leur nation, & attiré ſur leur tête tout le ſang répandu dans le monde dés le commencement, par une eſpéce d'approbation tacite qu'ils ont donnée au meurtrier, en ne ſe corrigeant pas, mais en l'imitant. (c)

Ou bien: La vengeance que Dieu exercera contre cette cruelle nation, ſera telle, qu'il ſemblera que la colére divine veut expirer ſur leurs perſonnes, tous les meurtres qui ſe ſont commis dans le monde, depuis celui d'Abel par Caïn, juſqu'à la deſtruction de Jéruſalem; ſans toutefois que la ſévérité excéde la juſte peine qui leur eſt dûë. (d)

On demande qui eſt ce Zacharie, fils de Barachie, que le Sauveur met ici comme le dernier des Juſtes mis à mort par les Juifs, entre le Temple & l'autel; c'eſt-à-dire, entre l'autel des holocauſtes, & l'entrée du Saint. Les uns (e) croyent que c'eſt Zacharie fils de Joïada, qui fut mis à mort par le Roi Joas dans le parvis du Temple, comme nous l'apprend expreſſément l'Ecriture. (f) Cette derniére circonſtance que le Fils de Dieu releve exprès en cet endroit, favoriſe cette opinion; mais le nom de Joïada que portoit le pere de Zacharie, embarraſſe. Pour répondre à cela, on dit que Joïada s'appelloit auſſi Barachie: mais c'eſt de quoi on n'a aucune preuve. Il eſt vrai que l'Evangile des Nazaréens (g) portoit *Zacharie fils de Joïada*, au lieu de *Zacharie fils de Barachie*; mais n'étoit-ce pas une correction, ou une corruption du Texte?

(a) *Juda* ỽ. 11.
(b) *Johan.* VIII. 44.
(c) *Vide Chryſoſt. Theophil. Auth. Oper. imperfecti, & Ieronym Bedam, & Maldon. hic.*
(d) *Cajet. Grot. Gerhard. Le Clerc, Simon.*
(e) *Ieronym. Beda, Maldon. Le Clerc, alii plures.*
(f) 2. *Par.* XXIV. 21.
(g) *Apud. Ieronym. hic.*

D'autres (*a*) soûtiennent que Zacharie fils de Barachie est le dernier des douze petits Prophétes. Le nom de Barachie y convient parfaitement: il est le dernier des Prophétes reconnus par les Juifs ; il finit la liste des Justes persécutez depuis Abel jusqu'à lui. Mais l'Ecriture ne dit nulle part que ce Prophete ait souffert une mort violente, ni qu'il l'ait soufferte dans le Temple, & entre l'Autel des Holocaustes, & l'entrée du Saint.

Plusieurs Anciens (*b*) ont enseigné que Zacharie fils de Barachie étoit le pere de saint Jean-Baptiste, qui fut, dit-on, mis à mort par Hérodes dans le Temple ; parce qu'il avoit soustrait le petit saint Jean à la fureur de ce Prince, lorsqu'il fit massacrer les Innocens à Bethléem ; ou qu'il fut tué par les Prêtres, parce qu'il soûtenoit que la Sainte Vierge n'ayant pas perdu sa virginité en concevant, & en mettant au monde JESUS-CHRIST, on ne pouvoit l'empècher de prendre sa place ordinaire dans le Temple avec les Vierges ; ou enfin, parce qu'il annonçoit aux Juifs la venuë de JESUS-CHRIST comme du Messie. Mais toutes ces choses ne sont fondées que sur le témoignage de quelques livres apocryphes, qui ne sont d'aucune autorité dans l'Eglise. On ne sçait ni le nom du pere de Zacharie pere de saint Jean, ni le tems, ni le genre, ni la cause de sa mort.

On remarque (*c*) encore un autre Zacharie fils de Barachie, qui pourroit bien être celui dont parle ici JESUS-CHRIST. Ce Zacharie étoit un Prophéte, ou un Voyant, (*d*) qui vivoit sous Osias, & sous Achaz Roi de Juda, & auquel Isaïe (*e*) communiqua par l'ordre de Dieu, comme à un témoin fidéle, une Prophétie qu'il écrivit, & dans laquelle Dieu lui promettoit la naissance d'un fils, qui devoit être le gage, & le symbole de la délivrance de Juda. Mais ce Zacharie du tems d'Isaïe, est-il le même que celui qui vêcut sous Osias, & qui servit de conseil à ce Prince ? Cela paroît fort douteux. Osias a regné cinquante-deux ans, & Joathan seize ans, & Achaz commençoit à regner, lorsqu'Isaïe prononça la prophétie, dont il prit à témoin Zacharie, fils de Barachie. De plus ce Prophéte fut il tué entre le Temple, & l'Autel ? C'est ce qui paroît encore plus douteux que tout le reste.

Plusieurs Nouveaux (*f*) soûtiennent que ce dernier Juste, que JESUS-CHRIST reproche aux Juifs d'avoir tué, est *Zacharie fils de Baruch*, dont parle Joseph, & qui fut mis à mort assez long-tems après la Résurrection du Sauveur, un peu avant la prise de Jerusalem par les Romains. Le Fils

(*a*) *Sanct. ad Zach.* I. ℣. 1. *n.* 9. *Natal. Alex. hic & in Dissert.* 6. *Ætat.* 6. *V. T. Strabus hic.*

(*b*) Origen. *Chrysost. in Matt. Basil. homil. de hum. Christ. gener. Theophyl. & Euthym. in hunc loc. Baron. Tertull. Scorpiac. Petr. Alex. Epiphan. &c. Ex Protevangel. Jacobi.*

(*c*) Le Pere Martianay Notes sur cet endroit de S. Matthieu.

(*d*) 2. *Par.* XXVI. 5.

(*e*) *Isai.* VIII. 2.

(*f*) Grot. Hammond. L'Emper. Loüis de Dieu sur S. Matt. M. de Tillemont tit. 1. des Emper. art. 34. Voyez aussi Jans. sur cet endroit-ci.

de

de Dieu parle ici en Prophete : il met le passé pour le futur. Il prédit la mort de cet homme, qui étoit, dit Joseph, (a) un des plus illustre de la ville, & qui faisoit profession de haïr le vice, & d'aimer la liberté de sa patrie. Sa droiture, & ses richesses l'avoient rendu odieux aux Zélez. Ils chercherent un prétexte de le dépoüiller, & de le faire mourir, en l'accusant devant une assemblée de soixante & dix Juges, qu'ils avoient eux-mêmes ramassez de la lie du peuple, d'avoir voulu livrer la ville aux Romains. Zacharie n'eut pas de peine à renverser cette calomnie ; & voyant qu'ils en vouloient à sa vie, & que sa perte étoit résoluë, il leur parla sans ménagement, il leur reprocha avec liberté toutes leurs injustices, & leurs violences. Les Zélez voulant jusqu'à la fin conserver contre lui quelque espece de forme de jugement, ordonnerent aux Juges de prononcer. Ils prononcerent, & déclarerent Zacharie innocent. Mais ces furieux se saisirent de Zacharie, & le massacrerent au milieu du Temple.

Il y a une circonstance, qui donne un grand poids à ce sentiment : c'est que le Fils de Dieu menaçant les Juifs de leur entiere ruine, leur dit qu'il leur envoyera des Sages, des Prophétes, & des Savans ; & qu'ils les maltraiteront, les outrageront, & les feront mourir ; en sorte que tout le sang innocent, répandu depuis le sang d'Abel jusqu'au tems de Zacharie fils de Barachie, vienne sur eux. Il faut donc, suivant l'idée du Sauveur, renfermer ici tous les Justes, qui ont été mis à mort depuis le commencement du monde, non seulement jusqu'à sa mort, & sa Passion ; mais aussi jusqu'à celle de ses Apôtres, & de ses Disciples. Or quelque autre systême que l'on suive, soit que l'on entende par Zacharie le fils de Joïada, ou le douziéme des petits Prophétes, ou le pere de Jean-Baptiste, ou Zacharie qu'Isaïe prit pour témoin du tems d'Achaz ; il restera toûjours beaucoup d'espace, qui ne sera pas compris dans la menace de JESUS-CHRIST ; au lieu qu'en prenant ce dernier Zacharie, nous y trouvons tous les caracteres propres à verifier la prophetie. 1°. Le nom : *Zacharie fils de Baruch*, ou *Barachias* ; car c'est le même nom, les Hebreux ayant accoûtumé de mettre le nom de Dieu (*Iah*) à la fin des noms propres. 2°. Le lieu : *Au milieu du Temple*. 3°. Le tems : Un moment avant la destruction du Temple, & la dispersion des Juifs, qui est la fin de la menace que le Fils de Dieu leur fait ici. Il est vrai que ni Joseph, ni les Ecrivains Ecclesiastiques ne nous apprennent pas que ce Baruch fils de Zacharie, ait été ni Chrétien, ni baptisé, & qu'alors il n'y avoit plus de vraye justice dans la Synagogue incredule. Mais puisque cet homme étoit ennemi de toute injustice, & de tout mal, & zelé pour la liberté de

(a) *Joseph. lib. 5. c. 1. de bello, seu lib. 4 c. 19 in Græco, p 883.* Καὶ δὴ τινα τῶν ἐπιφανεστάτων ἀποκτεῖναι προθέμενοι Ζαχαρίαν υἱὸν Βαρούχου. Παρώξυνε δὲ αὐτοὺς τὸ λίαν τ' ἀνδρὸς μισοπόνηρον, καὶ φιλελεύθερον. Ἦν δὲ καὶ πλούσιος, &c.

36. *Amen dico vobis, venient hæc omnia super generationem istam.*

37. *Jerusalem, Jerusalem, quæ occidis Prophetas, & lapidas eos qui ad te missi sunt, quoties volui congregare filios tuos, quemadmodum gallina congregat pullos suos sub alas, & noluisti?*

36. Je vous dis en verité que tout cela viendra *fondre* sur cette race, qui est aujourd'hui.

37. Jerusalem, Jerusalem, qui tuës les Prophetes, & qui lapides ceux qui sont envoyez vers toi, combien de fois ai-je voulu rassembler tes enfans, comme une poule rassemble ses petits sous ses aîles, & tu ne l'as pas voulu?

COMMENTAIRE.

sa patrie, comme le marque Joseph (*a*) c'est une forte présomption qu'il étoit aussi Chrétien, le S. Esprit s'étant retiré de la Synagogue depuis la mort de nôtre Sauveur. Joseph ne distinguoit point les Chrétiens judaïsans, des autres Juifs. Il parle de S. Jacques le Mineur, comme d'un simple Juif juste & homme de bien. (*b*) Il en est de même apparemment de Baruch fils de Zacharie. Au reste Origenes (*c*) croit qu'il ne faut pas chercher l'histoire de ce Zacharie, fils de Barachie, dans les Ecritures canoniques; mais dans d'autres Ecrits moins authentiques, à qui le Fils de Dieu donnoit un nouveau degré d'autorité en les citant.

℣. 36. VENIENT HÆC OMNIA SUPER GENERATIONEM ISTAM. *Tout cela viendra sur cette race, qui est aujourd'hui.* Les maux dont je vous menace, ne sont pas éloignez: ils tomberont sur ceux, qui vivent aujourd'hui. Il ne se passera pas quarante ans, que l'on n'en voye l'exécution litterale sur Jerusalem, & sur ses habitans; & il y en a de ceux qui m'écoutent, qui en seront témoins. C'est en effet ce qu'on vit dans la derniere guerre des Romains contre les Juifs, l'an soixante & dix de l'Ere vulgaire, environ quarante ans après la mort de JESUS-CHRIST.

℣. 37. QUOTIES VOLUI CONGREGARE FILIOS TUOS, &c. *Combien de fois ai-je voulu rassembler tes enfans, & tu ne l'as pas voulu?* Ceci s'adresse à la Synagogue. J'ai fait tout ce qui a été en moi pour vous rappeller à la penitence. Je vous ai envoyé mes Prophetes, mes Apôtres, mes Prédicateurs; vous n'avez pas voulu les écouter. J'y suis venu moimême, & vous m'avez rejetté, & outragé: vous avez méprisé mes instructions; vous avez fermé les yeux aux merveilles que j'ai operées au milieu de vous; vous avez été sourde à ma voix interieure, qui vous appelloit; vous avez resisté à ma grace qui vous excitoit, aux mouvemens qui vous ébranloient, & qui auroient suffi pour vous convertir, si vous n'aviez point voulu rester dans vôtre endurcissement: (*d*) *Et noluisti.* Comparez *Prov.* I. 24. *Isaï* LXV. 12. LXVI. 4. *Jerem.* VII. 13. 14. *Ezech.* XXIV. 13. Saint Augustin (*e*) remarque ici, que la volonté absoluë, &

(*a*) *Joseph de bello, l. 4. c. 19. in Lat. l. 5. p* 883. *f. & seq.*
(*b*) *Antiq. l.* XX. *c.* 8.
(*c*) *Origen. in Matt. tom.* XI. *Edit. Huët.*
(*d*) *Vide Maldon. hic, Brug. Grot.*
(*e*) *Aug. lib.* 1. *Oper novissimi contra Julianum, Natal. Alex. & Jans. hic.*

38. *Ecce relinquetur vobis domus vestra deserta.*	38. Le tems s'approche que vôtre maison demeurera déserte.
39. *Dico enim vobis, non me videbitis amodò donec dicatis : Benedictus, qui venit in nomine Domini.*	39. Car je vous déclare que vous ne me verrez plus désormais, jusqu'à ce que vous disiez : Beni soit celui qui vient au nom du Seigneur.

COMMENTAIRE.

toute-puissante de Dieu s'accomplit toûjours, sans que l'homme y mette obstacle. Il est indubitable que Jerusalem a fait ce qu'elle a pû, pour empêcher que Jesus-Christ ne rappellât sous ses aîles, les enfans qu'il vouloit ravir à la mort : mais il n'est pas moins certain que malgré Jerusalem, il y a rassemblé tous ceux qu'il a voulu : *Sicùt certum est Jerusalem filios suos ab illo colligi noluisse ; ita certum est eum, etiam illâ nolente, quoscumque eorum voluit collegisse.*

℣. 38. Ecce relinquetur vobis domus vestra deserta. *Vôtre maison demeurera déserte.* Vôtre Temple (*a*) qui fait l'objet de vôtre vaine confiance, sera désolé, & ruiné. Vôtre ville, (*b*) dans laquelle vous vous glorifiez, sera ruinée, & renversée. Jerusalem étoit regardée comme la Metropole de tous les Juifs, de quelque pays qu'ils fussent. Enfin, la Synagogue entiere (*c*) sera rejettée, & réprouvée ; & tout cela dans très-peu de tems.

℣. 39. Non me videbitis amodo. *Vous ne me verrez plus désormais, jusqu'à ce que vous me disiez : Beni soit celui qui vient au nom du Seigneur.* Je vous quitte, & je vous laisse dans vôtre aveuglement volontaire, & opiniâtre. Vous ne me trouverez plus, & vous ne me verrez plus qu'à mon second avenement. Alors vous me connoîtrez, & vous me direz : *Beni soit celui qui vient*, ou *qui est venu au nom du Seigneur.* Alors convaincus par une lumiere à laquelle vous ne pourrez résister, vous serez contraints de venir m'adorer, & me reconnoître pour le vrai Messie. C'est ainsi que tous les Anciens (*d*) l'expliquent du second avenement du Fils de Dieu. Ceci fut dit dans le Temple le Mercredi avant la Passion de Jesus-Christ ; il n'avoit plus que deux jours à vivre.

Grotius l'entend des derniers malheurs dont les Juifs étoient menacez. Dans peu d'années vous vous trouverez accablez de tant de maux, que vous voudriez bien alors pouvoir vous en racheter, en disant : *Beni soit celui qui vient au nom du Seigneur* ; mais il ne sera plus tems. La suite du discours montre que les menaces du Sauveur regardent un tems prochain. Il est vrai : mais souvent parmi les prédictions de la ruine de Jerusalem, il mêle des traits qui regardent le Jugement dernier.

(*a*) *Ieronym. Theophyl. Euthym. alii plerique. Vide Jerem.* VII. 4.
(*b*) *Beda, Grot. Cleric. Brug. Mald.*
(*c*) *Ambrof. in Psalm.* XCV.
(*d*) *Chrysost. Euthym. Theophyl. Ieron. Auth. Oper. imperf. Mald. alii.*

CHAPITRE XXIV.

Prédictions de la ruine de Jérusalem, & du Temple. Présages qui devanceront le second avenement de JESUS-CHRIST, *& le Jugement dernier.*

℣. 1. *ET egressus Jesus de Templo, ibat. Et accesserunt Discipuli ejus, ut ostenderent ei ædificationes Templi.*

2. *Ipse autem respondens, dixit illis: Videtis hæc omnia? Amen dico vobis, non relinquetur hic lapis super lapidem, qui non destruatur.*

℣. 1. LOrsque JESUS sortoit du Temple pour s'en aller, ses Disciples s'approcherent de lui, pour lui faire remarquer la structure, & la grandeur de cet édifice.

2. Mais il leur dit: Voyez-vous tous ces bâtimens? Je vous dis en verité, ils seront tellement détruits, qu'il n'y demeurera pas pierre sur pierre.

COMMENTAIRE.

℣. 1. EGRESSUS JESUS DE TEMPLO. *Lorsque Jesus sortoit du Temple, ses Disciples s'approcherent pour lui faire remarquer la grandeur de cet édifice.* Sur le soir du Mercredi d'avant sa Passion, JESUS-CHRIST sortit du Temple, pour aller vers le mont des Oliviers, où il devoit passer la nuit. (*a*) Comme il sortoit du Temple, les Apôtres lui firent remarquer la grandeur, & la magnificence de ce superbe édifice.

℣. 2. NON RELINQUETUR HIC LAPIS SUPER LAPIDEM. *Ces bâtimens seront tellement détruits, qu'il n'y restera pas pierre sur pierre.* On vit l'accomplissement de cette prédiction quarante ans après la mort du Sauveur, qui arriva deux jours après ceci. Les Romains ruinerent si absolument le Temple, qu'ils y firent passer la charuë; c'est ce que les Juifs racontent souvent dans leurs livres, (*b*) qu'un certain Turnus Rufus, qui est apparemment le même que Terentius Rufus, qui fut laissé par Tite dans la Judée, (*c*) exécuta à la lettre ce qui avoit été prédit si long-tems auparavant par Michée, (*d*) & par Jérémie: (*e*) *Sion sera labourée comme un champ.* Toutefois les Romains n'arracherent pas tous les fondemens de

(*a*) *Matt* XXVI. 6. *Marc.* XIV. 3.
(*b*) *Vide Ligfoot. Hor. Hebr. Drus. Maimon Taanith. c.* 5.
(*c*) *Joseph de bello l.* 7. *c.* 7.
(*d*) *Michææ* III. 12.
(*e*) *Jerem.* XXVI. 18.

3. *Sedente autem eo super montem Oliveti, accesserunt ad eum Discipuli secretò, dicentes: Dic nobis, quando hæc erunt? & quod signum adventûs tui, & consummationis sæculi?*

3. Et lorsqu'il étoit assis sur la montagne des Oliviers, ses Disciples s'approcherent de lui en particulier, & lui dirent: Dites-nous quand ces choses arriveront, & quel signe il y aura de vôtre avenement, & de la consommation du siécle.

COMMENTAIRE.

ce grand édifice; ainsi il restoit encore quelque chose à accomplir dans la prédiction de Jesus-Christ, prise à la lettre. L'Empereur Julien donna lieu malgré lui à son accomplissement total, & rigoureux. Les Juifs ayant obtenu de lui la permission de rebâtir le Temple de Jérusalem, ils arracherent tout ce qui restoit d'anciens fondemens, pour s'en servir dans la construction du nouvel édifice. Mais le Ciel ne permit pas qu'ils réüssissent dans leur entreprise: des tourbillons de feu sortant des fondemens, les écarterent: ils furent obligez d'abandonner leur ouvrage, après avoir seulement démoli ce qui restoit de l'ancien Temple. (*a*)

℣. 3. Sedente eo super montem Oliveti. *Lorsqu'il étoit assis sur le mont des Oliviers, ses Disciples lui demanderent: Quand ces choses arriveront-elles, & quel sera le signe de vôtre avenement, & de la consommation du siécle?* Jesus étant sorti du Temple, descendit dans la vallée de Cédron, & monta sur la montagne des Oliviers vis-à-vis du Temple, où il avoit accoûtumé de se retirer pour prier. Etant assis en cet endroit, à l'opposite & à l'orient du Temple, un de ses Disciples (*b*) vint lui faire la demande que nous lisons ici. Comme il étoit accompagné des autres Apôtres, & que celui-là portoit la parole pour tous, saint Matthieu dit qu'ils lui firent cette demande en commun.

Les Apôtres, comme on le voit par toutes leurs demandes, & toute leur conduite, étoient fortement prévenus des idées que les Docteurs Juifs leur avoient données du regne futur du Messie. Tout ce que Jesus-Christ leur disoit, les conduisoit à croire que son regne n'étoit pas éloigné. Ils croyoient qu'avant son entiere manifestation, & avant qu'il regnât paisiblement, on verroit des guerres, & des émotions; mais ils esperoient que tout cela se termineroit à un regne temporel; & que si Jesus-Christ mouroit, comme il l'avoit prédit tant de fois, que bien-tôt il ressusciteroit, & qu'alors son Royaume commenceroit dans Jérusalem, & dans Juda. (*c*) Ce qu'il venoit de leur dire de la destruction du Temple,

---

(*a*) *Vide Ammian. Marcell. l. 23. Socrat. l. 3. c. 2. Sozomen. Ambros. Ep. ad Theodor Chrysost. Orat. 2. & 3. contra Jud. Nazianz. Orat. 2. contra Julian.*

(*b*) *Marc.* XIII. 1.

(*c*) *Vide Act. I. 6. Domine, si in tempore hoc restitues regnum Israël?*

4. *Et respondens Jesus, dixit eis: Videte ne quis vos seducat:*

4. Et JESUS leur répondit: Prenez garde que quelqu'un ne vous séduise;

COMMENTAIRE.

étoit pour eux un énigme. Ils croyoient que le Temple seroit éternel. (*a*) Toutefois ils pouvoient s'imaginer que JESUS-CHRIST après sa Résurrection le rétabliroit plus beau qu'auparavant, & qu'il subsisteroit pendant toute la suite des siécles.

Ils lui demandent *quel sera le signe de son avenement.* L'Ecriture nous parle de trois avenemens de JESUS-CHRIST. Le premier, dans son Incarnation; le second, dans sa vengeance contre Jérusalem, & contre les Juifs; (*b*) & le troisiéme, au dernier Jugement, lorsqu'il viendra juger les vivans, & les morts, (*c*) & rendre à un chacun selon ses œuvres. *La consommation du siécle* peut aussi recevoir deux sens: le premier, lorsque les Juifs seront dissipez, saccagez, exterminez, & que la Loi de Moyse sera supprimée, & abrogée quant aux cérémonies: ce qui arriva après la derniere guerre que les Romains leur firent, & dans tous les maux qu'ils ont éprouvez depuis. Le second, lorsque le monde présent passera, & que Dieu fera une nouvelle terre, & de nouveaux cieux. (*d*) Le Fils de Dieu dans tout ce discours, méle ce qui regarde le second avenement; je veux dire, la vengeance qu'il doit venir exercer contre les Juifs, avec ce qui arrivera dans le troisiéme à la fin du monde, & au Jugement universel. Il laisse ses prédictions dans une espéce de confusion, dans les termes dont il se sert, persuadé qu'une partie de la Prophétie étant une fois accomplie à la lettre dans la ruine du Temple, & de Jérusalem, serviroit d'explication aux expressions figurées qui regardent la fin du monde; (*e*) le premier évenement étant une figure, & une promesse du second. On peut donc distinguer ici trois objets: Le premier, le regne de JESUS-CHRIST, & la fondation de son Eglise: le second, la punition rigoureuse des Juifs incrédules, & la délivrance des Fideles, ou des Elûs: le troisiéme, le dernier avenement, & le Jugement universel.

Grotius, Ligfoot, Hammond, & quelques autres expliquent tout ceci du regne du Messie dans l'établissement de l'Eglise, & dans la ruine de Jérusalem. C'est le sens qui paroît le plus littéral, & le plus historique;

(*a*) 2. *Par.* VI. 2.

(*b*) *Jacobi* V. 7. 8. *Vide Matt.* XXIV. 15. 16. 23. 24. 32. 33. 34.

(*c*) 1. *Cor.* XV. 23. 27. *Unusquisque in suo ordine. Primitiæ, Christus; deinde ii qui sunt Christi, qui in adventu ejus crediderunt. Deinde finis, &c. Et* 2. *Thessal.* I. 8. II. 3. 4.

(*d*) 2. *Petri* 14. 15. Les Juifs l'entendoient à la lettre. Ils croyoient qu'au tems du Messie les Hébreux ressusciteroient, & qu'alors ce monde finiroit; & qu'on en verroit un autre, où les Justes vivroient éternellement heureux. Voyez Ligfoot sur cet endroit, & nôtre Dissertation sur les Caracteres du Messie, suivant les Juifs.

(*e*) *Vide Aug. Ep. olim* 80. *nunc* 199. *Ieron. Bedam. Maldon. alios hic.*

5. *Multi enim venient in nomine meo, dicentes: Ego sum Christus: & multos seducent.*

5. Parce plusieurs viendront sous mon nom, disant: Je suis le CHRIST; & ils en séduiront plusieurs.

COMMENTAIRE.

mais il y a dans les Textes de saint Matthieu, de saint Luc, (*a*) & de saint Marc, (*b*) des expressions, qui prises à la rigueur, semblent nous conduire à quelque chose de plus que la dispersion des Juifs. Ces manieres de parler ne se verifieront à la lettre qu'au Jugement dernier. Elles s'expliquent figurément dans l'histoire de la guerre des Romains contre les Juifs.

La plûpart des anciens Peres (*c*) ont crû que tout ceci regardoit la fin du monde, & le Jugement dernier. Saint Chrysostome, Théophylacte, & Euthyme (*d*) expliquent tout ce Chapitre jusqu'au verset 23. de la destruction de Jérusalem, & tout le reste du Jugement universel. Saint Augustin, (*e*) saint Jérôme, & Béde, (*f*) suivis de plusieurs Nouveaux, croyent que ces deux grands évenemens sont ici mêlez, & qu'il faut examiner le Texte en lui-même, pour juger dans lequel de ces deux sens il le faut entendre.

℣. 5. MULTI VENIENT IN NOMINE MEO, DICENTES: EGO SUM CHRISTUS. *Plusieurs viendront sous mon nom, disant: Je suis le Christ.* On en vit & avant, & après la destruction de Jérusalem, & on en verra encore plusieurs avant la fin du monde. Gamaliel parle d'un certain Theudas, qui se vantant d'être quelque chose, séduisit quatre cens hommes; mais il fut tué avec tous ceux qui l'avoient suivi. (*g*) On en vit un autre de même nom sous le gouvernement de Cuspius Fadus, qui promit aux Juifs de renouveller en leur faveur le miracle de la division des eaux du Jourdain. Le peuple crédule le suivit; mais Fadus les tailla tous en piéces, prit Theudas, & le fit mourir. (*h*) On met aussi de ce nombre Simon le Magicien, qui se vantoit d'être la grande vertu de Dieu, & qui séduisit long-tems les peuples par ses prestiges. (*i*) Sous le gouvernement de Felix il parut un Egyptien, (*k*) qui ayant rassemblé jusqu'à trente mille hommes sur la montagne des Oliviers, leur promit de renverser par sa parole les murailles de Jérusalem. Un autre s'éleva aussi sous le Gouverneur Porcius Festus, lequel attira plusieurs troupes dans la solitude, où

(*a*) *Luc.* XXI. 5. *& seq.*
(*b*) *Marc:* XIII. 1. *& seq.*
(*c*) *Iren. l.* 5. *c.* 25. *Hilar. in Matt. hic. Gregor. homil.* 1. *in Evang. Ambros in Luc. l.* X.
(*d*) *Chrysost. Theophyl. Euthym. in hunc loc.*
(*e*) *Aug. Ep. olim* 80. *nunc* 199. *c.* 9.
(*f*) *Ieronym. & Beda hic. Jansen. hic.*
(*g*) *Act.* V. 36.
(*h*) *Joseph. Antiq. l.* XX. *c.* 1.
(*i*) *Act* VIII. 9.
(*k*) *Act.* XXI. 38. *Joseph de bello l.* 2.

6. *Audituri enim estis prælia, & opiniones præliorum. Videte ne turbemini: oportet enim hæc fieri, sed nondum est finis.*

7. *Consurget enim gens in gentem, & regnum in regnum; & erunt pestilentiæ, & fames, & terræ motus per loca.*

6. Vous entendrez aussi parler de guerres, & de bruits de guerre : mais gardez-vous bien de vous troubler; car il faut que ces choses arrivent, mais ce ne sera pas encore la fin.

7. Car on verra se soulever peuple contre peuple, & Royaume contre Royaume; & il y aura des pestes, des famines, & des tremblemens de terre en divers lieux.

COMMENTAIRE.

il leur promettoit l'affranchissement de toute sorte de peines. (*a*) Depuis la ruine de la Ville & du Temple, *Bar-kokeba* (*b*) ou le fils de l'Etoile, voulut se faire passer pour cette Etoile de Jacob dont il est parlé dans les Nombres. (*c*) Il en a paru divers autres en differens tems, dont le dénombrement seroit trop long. Nous nous bornons à ceux qui parurent avant la ruine du Temple. Peu de tems après; c'est-à-dire, vers l'an quatre-vingt seize de Jesus-Christ, lorsque saint Jean écrivoit sa premiere Epitre, il y avoit dans le monde plusieurs *Antechrists*, c'est-à-dire, ou de faux Christs, ou des adversaires de Jesus-Christ. (*d*) *Nunc Antichristi multi facti sunt, unde scimus quia novissima hora est.*

℣. 6. Audituri enim estis prælia, &c. *Vous entendrez parler de guerres, & de bruits de guerre.* La guerre des Juifs qui se fit sous Vespasien, & sous Tite, fut précédée par plusieurs troubles dans la Province. Les Gouverneurs de la Judée par leur cruauté irritérent cette malheureuse nation en tant de manieres, qu'enfin la rébellion, & le feu de la guerre s'allumérent de toutes parts. (*e*) Ainsi les révoltes particulieres, les partis, les voleurs, les assassins qui remplissoient le pays, n'étoient, comme le dit ici le Sauveur, que *des préludes des plus grands maux qui les attendoient.* ℣. 8. *Hæc omnia initia sunt dolorum.*

℣. 7. Consurget enim gens in gentem, et regnum adversus regnum. *On verra se soulever peuple contre peuple, & Royaume contre Royaume.* Les Samaritains, les Syriens, les Romains attaquérent les Juifs en differentes occasions. Les Juifs à leur tour en differens endroits de leur pays, se mutinérent contre les Romains. Les ennemis des Hébreux les attaquérent, & les firent mourir en diverses villes, à Césarée, à Scythopolis, à Ptolémaïde, à Tyr, &c. (*f*) Sous le Gouver-

(*a*) *Joseph. Antiq. l. 20. c. 3.*
(*b*) *Euseb. Hist. Eccl. l. 4. c. 6.*
(*c*) *Num. XXIV. 17.*
(*d*) *1. Johan. II. 18.*
(*e*) Voyez *Joseph. Antiquit. l. 20. & de Bello l. 2. & S. Chrysost. homil. 76.*
(*f*) *Joseph de Bello l. 2. c. 19. & 20. in Lat. p. 813. & seq.*

nement

8. *Hæc autem omnia initia sunt dolorum.*	8. Et toutes ces choses ne seront *que* le commencement des douleurs.
9. *Tunc tradent vos in tribulationem, & occident vos : & eritis odio omnibus gentibus propter nomen meum.*	9. Alors on vous livrera aux *Magistrats* pour être tourmentez, & on vous fera mourir ; & vous serez haïs de toutes les nations, à cause de mon nom.

COMMENTAIRE.

nement de Fadus, les Juifs de de-là le Jourdain attaquérent ceux de Philadelphie pour les limites. Sous Cumanus les Juifs, & les Galiléens attaquerent les Samaritains. Ces differentes parties de la Judée étoient alors considerées comme autant de petits Royaumes. On peut aussi prendre tout ceci à la lettre, des mouvemens qui arrivérent dans l'Empire Romain, après la mort de Néron, entre Othon & Vitellius, & Vitellius & Vespasien.

PESTILENTIÆ, ET FAMES. *Des pestes, & des famines.* La famine est une suite ordinaire de la guerre, & la peste suit ordinairement la famine. Il est parlé d'une grande famine dans les Actes des Apôtres. (*a*) Et saint Paul fit une cueillette dans la Gréce, pour subvenir aux besoins des Fidéles de la Palestine. (*b*) C'est peut-être la même famine dont parle Joseph, sous le gouvernement de Fadus. (*c*) Tout le monde sait la faim cruelle que l'on souffrit dans Jérusalem pendant le dernier siége, sous Tite.

TERRÆ MOTUS PER LOCA. *Des tremblemens de terre en divers lieux.* L'histoire des Juifs ne nous a conservé aucune mémoire des tremblemens de terre arrivez en Judée en ce tems-là. Mais on en vit plusieurs dans l'Asie Mineure, & dans les Isles de l'Archipel, sous l'Empire de Claude, & sous celui de Neron. (*d*) Les anciens regardoient les tremblemens de terre comme de fâcheux présages. (*e*) *Non simplex malum, aut in ipso motu tantùm periculum est ; sed par aut majus ostentum.* C'étoit toûjours un grand malheur pour les Provinces, & pour les villes où ils arrivoient. On a vû des villes entiéres renversées, & des infinitez de malheureux accablez par des tremblemens de terre.

℣. 9. TUNC TRADENT VOS IN TRIBULATIONEM. *On vous livrera aux Magistrats, pour être tourmentez.* Le Christianisme est né au milieu des persécutions : Les Juifs envoyérent par tout le monde des lettres contre les Chrétiens, (*f*) afin qu'on les poursuivît en tous lieux. Saint

(*a*) *Act.* XI. 28.
(*b*) 1. *Cor.* XVI. 1. 2. 2. *Cor.* VIII. 13. 14.
(*c*) *Joseph. Antiq. lib.* XX. *c.* 3.
(*d*) Voyez Grotius sur cet endroit.
(*e*) *Plin. lib.* 2. *cap.* 84.
(*f*) *Euseb. in Isai.* XVIII. *Ieronym. in Isai.* XVIII. 1. 2.

10. *Et tunc scandalizabuntur multi, & invicem tradent, & odio habebunt invicem.*

11. *Et multi pseudoprophetæ surgent, & seducent multos.*

10. Alors plusieurs seront scandalisez, se trahiront, & se haïront les uns les autres.

11. Il s'élevera un grand nombre de faux prophétes, qui séduiront beaucoup de personnes.

COMMENTAIRE.

Paul avant sa conversion, fut un des plus zélez persécuteurs du nom Chrétien. (*a*) L'histoire des Actes, & les Epîtres de saint Paul ne sont qu'un tissu des persécutions faites aux Chrétiens. Suétone, (*b*) & Tacite (*c*) nous représentent les Chrétiens, comme les objets de l'horreur, & de la haine publique. Néron ayant, à ce qu'on croit, mis le feu à la ville de Rome, en déchargea la haine sur les Chrétiens, que l'on avoit en horreur comme des ennemis du genre humain. *Subdidit reos quos per flagitia invisos, vulgus Christianos appellabat .... Igitur primò correpti qui fatebantur, deinde indicio eorum multitudo ingens, haud perinde in crimine incendii, quàm odio humani generis convicti sunt*, dit Tacite. Et Suétone : *Christiani genus superstitionis novæ ac maleficæ.* On croyoit rendre service à Dieu, de persécuter de telles gens. (*d*)

℣. 10. TUNC SCANDALIZABUNTUR MULTI. *Alors plusieurs seront scandalisez.* Un scandale est un bois, ou une pierre qu'on met dans le chemin d'un homme pour le faire tomber. Etre scandalisé, à la lettre, signifie se heurter contre ce bois, ou cette pierre, & tomber. Dans le moral, celui qui scandalise, est celui qui par ses discours, par ses exemples, par ses caresses, ou par ses menaces cherche à faire tomber quelqu'un dans le péché, dans le piége, dans l'erreur. Pendant les persécutions dont parle JESUS-CHRIST, plusieurs Chrétiens, peu affermis dans la foi, cédérent aux tourmens & à la crainte, & abandonnérent la Religion. Ils furent scandalisez : *Scandalizabuntur multi.*

11. MULTI PSEUDOPROPHETÆ SURGENT. *Il s'élevera un grand nombre de faux-Prophétes.* Voyez ce qu'on a dit ci-devant sur le ℣. 5. On vit Simon le Magicien, Dosithée, (*e*) BARKOKEBA, Moyse de Créte, Manés, David El-roï, &c. qui parurent en differens tems parmi les Juifs, & qui voulurent passer pour le Messie. (*f*) Un peu avant la prise du Temple (*g*) les séditieux subornérent plusieurs faux prophétes qui promet-

(*a*) *Act.* IX. 1. 2.
(*b*) *Sueton in Nerone.*
(*c*) *Tacit. Annal lib.* XV.
(*d*) *Johan* XVI. 2. *Vide* 1. *Petri.* IV 15. 16. 17.
(*e*) *Vide Origen. lib.* 2. *contra Celsum Et in Matth tract* 27.
(*f*) Voyez Grot. Scultet, Basnage.
(*g*) *Vide Joseph. lib.* VII. *de bello, cap.* 11. *in Lat. pag.* 960.

12. *Et quoniam abundavit iniquitas, refrigescet charitas multorum*	12. Et parce que l'iniquité sera accruë, la charité de plusieurs se refroidira.
13. *Qui autem perseveraverit usque in finem, hic salvus erit.*	13. Mais celui-là sera sauvé, qui persévéra jusqu'à la fin.
14. *Et prædicabitur hoc Evangelium regni in universo orbe, in testimonium omnibus gentibus: & tunc veniet consummatio.*	14. Et cet Evangile du Royaume sera prêché dans toute la terre, pour *servir de* témoignage à toutes les nations; & c'est alors que la fin doit arriver.

COMMENTAIRE.

toient au peuple un promt secours de la part de Dieu. Saint Hilaire (*a*) met de ce nombre Nicolas, un des sept Diacres établis par les Apôtres. Et Tertullien (*b*) y met Ménandre, un des disciples de Simon le Magicien.

℣. 12. QUONIAM ABUNDAVIT INIQUITAS, &c. *Parce que l'iniquité sera accruë, la charité de plusieurs se refroidira.* Au milieu des persécutions qu'on vous suscitera de toutes parts, vous trouverez peu d'amis qui ayent assez de générosité pour se déclarer, & pour vous secourir: vous vous verrez abandonnez par ceux que vous comptiez pour vos meilleurs amis. C'est ce que saint Paul expérimenta plus d'une fois. *Dans ma premiere défense, tout le monde m'a abandonné; que Dieu ne leur impute point*, dit-il, 2. *Timot.* IV. 16.

℣. 13. QUI AUTEM PERSEVERAVERIT USQUE IN FINEM, &c. *Celui qui persevera jusqu'à la fin, sera sauvé.* Celui qui ne sera ni ébranlé par la frayeur des persécutions, ni séduit par les faux prophétes, ni scandalisé par les discours, ou par le mauvais exemple des méchans, sera sauvé; supposé qu'il persévere dans la confession de mon nom, & dans la profession de mon Evangile, & de ma Foi; alors il s'élevera au-dessus de tous ces dangers, & sera garanti de tous ces malheurs.

℣. 14. PRÆDICABITUR HOC EVANGELIUM REGNI IN UNIVERSO ORBE. *Cet Evangile du Royaume sera prêché dans toute la terre; & c'est alors que la fin doit arriver.* Quelques anciens (*c*) prenant ces paroles dans toute la rigueur, ont prétendu que tout ce que JESUS-CHRIST prédit ici, n'arrivera qu'à la fin du monde, lorsque l'Evangile aura été prêché à toutes les nations. D'autres (*d*) les expliquant d'une maniére moins rigoureuse, & moins étenduë, ont crû qu'avant la destruction de Jérusalem, c'est-à-dire, dans l'espace de quarante ans, qui s'écoula depuis la mort du Fils de Dieu, jusqu'à la guerre des Romains

(*a*) *Hilar. in Matth. hic.*
(*b*) *Tertull. de Præscript. cap.* 4.
(*c*) *Ieronym. & Beda hic.*
(*d*) *Chrysost. Hilar. in Matth. homil.* 76. *Theophylact. Maldon. Grot. Le Clerc alii.*

15. *Cùm ergo videritis abominationem desolationis, quæ dicta est à Daniele Propheta, stantem in loco sancto: qui legit, intelligat.*

15. Quand donc vous verrez que l'abomination de la désolation, qui a été prédite par le Prophéte Daniel, sera dans le lieu saint; que celui qui lit entende bien ce qu'il lit.

COMMENTAIRE.

contre les Juifs, la Foi, & l'Evangile avoient été annoncées, non-seulement aux Juifs, mais à toutes les nations qui composoient l'Empire Romain, & dans toutes les parties du monde qu'on connoissoit alors. On peut juger du progrez, & des travaux des Apôtres, qui ne nous sont point connus, par ceux de saint Paul, dont nous avons une connoissance plus distincte: combien de pays, & de Provinces ne parcourut-il pas? La Judée, la Syrie, l'Arabie, la Gréce, la Macédoine, l'Achaïe, l'Asie Mineure, l'Italie, &c. Il ne feint pas de dire en parlant aux Romains, (*a*) que leur foi est connuë par tout le monde. Et ailleurs, (*b*) il applique à la prédication de l'Evangile, ces paroles du Pseaume: (*c*) *Leur son s'est fait entendre par toute la terre, & leurs paroles jusqu'aux extrémitez monde.*

℣. 15. CUM ERGO VIDERITIS ABOMINATIONEM DESOLATIONIS. *Quand vous verrez que l'abomination de la désolation sera dans le lieu saint;* ℣. 16. *Alors que ceux qui sont dans la Judée, s'enfuyent dans les montagnes.* Le Prophéte Daniel prédit deux désolations de Jérusalem; l'une par Antiochus Epiphanes, (*d*) & l'autre par les Romains. (*e*) Ces deux désolations sont des figures de celle qui doit arriver dans l'Eglise de JESUS-CHRIST avant la fin du monde. Celle d'Antiochus Epiphanes étoit elle-même une figure de ce qui devoit arriver à Jérusalem sous les Romains; puisque nôtre Sauveur applique ici au dernier siége de Jérusalem, le même passage que Daniel, & l'Auteur du premier Livre des Maccabées (*f*) entendent de la profanation du Temple faite par Antiochus Epiphanes, lorsqu'il plaça sur l'autel des holocaustes, l'idole de Jupiter Olympien.

Mais dans le siége de Jérusalem par les Romains, que doit-on entendre par l'abomination de désolation? Il y a sur cela differens sentimens. Plusieurs (*g*) ont crû que le Sauveur faisoit allusion aux enseignes Romai-

(*a*) *Rom.* I. 8.
(*b*) *Rom.* X. 18.
(*c*) *Psalm.* XVIII. 5.
(*d*) *Dan.* IX. X XI.
(*e*) *Daniel.* VII. 19.
(*f*) 1. *Macc.* I. 57. *Ædificavit Rex Antiochus abominandum idolum desolationis, super altare Dei.*
(*g*) *Origen. Chrysost. Maldon. Grot. Scultet. Hammond. Le Clerc, Ludov. de Dieu, Gerhard. Brug. alii plures.*

nes, qui étoient regardées comme autant de divinitez, à qui l'on rendoit dans l'armée un culte religieux. (*a*) Ces enseignes furent placées dans le lieu Saint, dans la terre sainte, autour de Jérusalem, lorsque l'armée de Tite y vint camper. Alors il étoit encore tems de se sauver : *Que ceux qui sont dans la Judée, fuyent dans les montagnes.* Saint Luc confirme ce sentiment, lorsqu'au lieu de ces paroles : *Lorsque vous verrez l'abomination de la désolation, placée dans le lieu Saint*, il dit : (*b*) *Lorsque vous verrez Jérusalem assiegée par l'armée.*

Mais on peut dire plusieurs choses contre ce sentiment. 1°. L'armée de Tite, & les enseignes militaires, n'étoient pas plus l'abomination de désolation, que celles de Pompée, (*c*) de Sosius, d'Hérode, & de Cestius, qui avoient déja assiegé Jérusalem auparavant. 2°. Les Romains avoient toûjours eu dans la citadelle d'Antonia, auprès du Temple, une forte garnison. (*d*) Si les enseignes Romaines étoient l'abomination de désolation, il y avoit long-tems qu'elle étoit dans la ville avant qu'on l'assiégeât. Ainsi le Fils de Dieu n'auroit pas donné ce signe à ses Elûs pour s'enfuir dans les montagnes. 3°. L'abomination de désolation devoit être dans le Temple, *in loco Sancto*, suivant l'expression de Daniel. Or ni l'armée, ni les enseignes Romaines ne parurent dans le lieu Saint qu'après la prise de la ville; (*e*) & ainsi elles n'en pouvoient présager ni la destruction, ni la prise. 4°. Enfin lorsqu'on vit l'abomination de désolation, on pouvoit encore se sauver, comme JESUS-CHRIST le dit positivement : *Que ceux qui sont dans la Judée, se sauvent dans les montagnes.* Or quand le siége de Jérusalem fut formé, & que l'armée Romaine eut enveloppé, & enfermé la ville par des retranchemens, & même par un mur, il ne fut plus possible de se sauver, qu'en s'exposant à un danger presque égal, à celui de demeurer dans la ville.

Quant à ce que dit saint Luc : (*f*) *Quand vous verrez Jérusalem assiégée par l'armée, vous connoîtrez que sa destruction est proche. Alors que ceux qui sont dans la Judée fuyent dans les montagnes.* Cela n'est pas tout-à-fait la même chose, que ce qui est dit par saint Matthieu, & par saint Marc : *Quand vous verrez l'abomination de désolation, que ceux qui sont dans la Judée, s'enfuyent dans les montagnes.* Saint Luc a pû parler du siége de la ville, formé par Cestius, quelque tems avant l'arrivée de la grande armée commandée par Tite : (*g*) Alors on pouvoit encore se sau-

(*a*) *Tertull. Religio Romanorum tota Castrensis. Signa veneratur, signa jurat, signa omnibus Diis præponit, &c. Tacit. Fulgentibus aquilis, signisque & simulacris, Deorum, in modum Templi.* Voyez Grotius sur cet endroit.

(*b*) *Luc. XXI. 20.*

(*c*) *Joseph. Antiq. lib. XIV. c. 8.*

(*d*) *Joseph. de bello, lib. 2. cap. 13. in Latino pag. 740.*

(*e*) *Joseph. de Bello, lib. VI. cap. 6. in Latino. in Gr. Κεφ. ια. pag. 919.*

(*f*) *Luc. XXI. 20.*

(*g*) *Joseph. de Bello, lib. 2. c. 23. in Lat. in Gr. Κεφ. λζ. pag. 818.*

ver. Ou bien, saint Luc a parlé du siége commencé : Lorsque vous verrez arriver l'armée pour faire le siége de la ville, sauvez-vous dans les montagnes. Le Fils de Dieu a dit ce qui est rapporté par saint Luc; mais il a dit aussi ce qui est marqué par saint Matthieu : ce sont deux choses différentes dites dans la même conjoncture, & qui ont rapport au même événement.

Nous croyons (*a*) que l'abomination de désolation dont il est parlé en cet endroit, n'est autre que la profanation du Temple causée par les Zélez. Ces Zélez étoient des brigans, qui s'étant rendus maîtres de ce saint lieu avant le siége de Jérusalem, y commirent tous les désordres imaginables. Les meurtres, les violences, les pillages, les profanations, les parjures, toutes sortes de crimes y étoient non-seulement impunis, mais en quelque sorte honorez & récompensez. Le Temple devint une vraye caverne de voleurs; ou, comme dit Joseph, (*b*) le simetiére public des Juifs, qui y étoient cruellement massacrez. C'étoit une ancienne tradition parmi les Juifs, dit Joseph, (*c*) que la ville de Jérusalem seroit prise, & que le Temple seroit consumé par les flammes, suivant les loix de la guerre, lorsque le feu de la révolte seroit allumé parmi eux, & le Temple soüillé par les propres mains de ceux qui devoient le plus en respecter la sainteté. Les Zélez remplissoient cette prophétie par toute leur conduite; & il semble que la tradition, ou le bruit qui s'étoit répandu depuis long-tems, selon Joseph, n'étoit autre que ce discours de JESUS-CHRIST, qui avoit prédit d'une maniere si positive, les circonstances, & les présages de la ruine de la ville, & du Temple. Ces profanations commises par les Zélez, étoient les avant-coureurs, & les présages de la prochaine ruine des Juifs. Le nom d'abomination de désolation, convient admirablement aux crimes des Zélez. Lorsqu'ils commencérent à exercer leurs cruautez dans le Temple, & dans la ville, il étoit encore tems de se sauver, & de profiter de l'avis du Sauveur. Mais bien-tôt on se trouva resserré dans Jérusalem, & hors d'état d'en sortir.

Saint-Irénée, saint Ambroise, saint Hilaire, (*d*) & quelques autres ont crû que l'abomination de désolation marquoit l'Antechrist, & que tout ce que JESUS-CHRIST prédit ici, ne s'accompliroit qu'à la fin du monde. Et nous ne doutons point qu'en effet avant le Jugement dernier on ne voye, suivant la prédiction de saint Paul, (*e*) *l'homme d'iniquité*,

(*a*) *Ita Tost. Jans. Capell. Brug. Baronius.*

(*b*) *Joseph. de Bello, lib. VI initio. cap. 1. in Lat. in Gr. Κεφ. β.*

(*c*) *Joseph. lib. V. de Bello, cap. 2. in Lat. in Gr. lib. IV. cap. κβ.* Ἦν γὰρ δή τις παλαιὸς λόγος ἀνδρῶν, ἔνθα τότε τὴν πόλιν ἁλώσεσθαι, καὶ καταφλεχθήσεσθαι τὰ ἅγια νόμῳ πολέμου, Στάσις ἐὰν κατασκήψῃ, καὶ χεῖρες οἰκεῖαι προμιάνωσι τὸ τοῦ Θεοῦ τέμενος, οἷς οὐκ ἀπιστήσαντες οἱ ζηλωταὶ διακόνους ἑαυτοὺς ἐπέδωκαν.

(*d*) *Iren. lib. V. cap. 25. & Hilar. in hunc loc. & Author Oper. imperfect. & Beda, Ambros. in Luc. lib 10.*

(*e*) *2. Thessal. II. 4.*

16. *Tunc qui in Judæa sunt, fugiant ad montes.*	16. Alors que ceux qui seront dans la Judée, s'enfuyent sur les montagnes.

COMMENTAIRE.

l'enfant de perdition, qui s'éléve contre tout ce qui porte le nom de Dieu, s'asseoir dans le Temple du Très-haut, comme s'il étoit Dieu. Mais sans donner atteinte à ce sens, on peut en chercher un autre, accompli avant la prise de Jérusalem, qui étoit la figure du Jugement dernier.

Saint Jérôme (a) rapporte deux autres opinions sur ce sujet: La premiere, que l'abomination de désolation étoit la statuë de Tibére, que Pilate voulut mettre dans le Temple. (b) La seconde, que c'est la statuë équestre d'Adrien, qui fut placée dans Jérusalem, & qui y étoit encore du tems de saint Jérôme. D'autres l'expliquent de la figure de l'aigle d'or, qui fut placée par Hérode sur une des portes du Temple. (c) D'autres, de la statuë de Caligula, qu'on voulut mettre dans le Temple. (d) D'autres, (e) de la statuë de Tite, qui fut, dit-on, placée dans le saint lieu. Les statuës de Tibére, & de Caligula ne furent pas posées, quoique Pilate, & Pétronius eussent donné leurs ordres pour cela. L'image de Tite y put être placée avec les enseignes militaires: mais ce ne fut qu'après la prise du Temple; & alors il n'étoit plus tems de fuir, & de prévenir les malheurs dont JESUS-CHIST menace ici Jérusalem. L'aigle d'or d'Hérode y fut mise, & enfin même arrachée avant la naissance de JESUS-CHRIST. La statuë équestre d'Adrien ne regarde pas le tems qui précéda, ou qui accompagna la prise de Jérusalem; ce Prince ne regna qu'environ cent ans après la mort de J. C. & Jérusalem fut ruinée quarante ans après cette mort.

℣. 16. TUNC QUI IN JUDÆA SUNT, FUGIANT AD MONTES. *Alors que ceux qui seront dans la Judée, s'enfuyent dans les montagnes.* Les montagnes comparées au reste de la Judée, sont ou les montagnes de Galaad, au-delà du Jourdain; ou les montagnes de Juda dans la partie méridionale du pays, du côté de l'Idumée. Joseph dit que la guerre commença par la Galilée; & que les Zélez s'étant rendu les maîtres du Temple, & Vespasien sachant qu'il y avoit trois partis dans la ville, ne se hâta pas d'en faire le siége, prévoyant ce qui arriva, que ces partis s'affoibliroient mutuellement, & se consumeroient tandis qu'ils ne verroient pas la ville assiégée; au lieu qu'ils se réüniroient, s'ils voyoient l'armée

---

(a) *Ieronym. in hunc loc.*
(b) *Joseph. de Bello, lib. 2. cap. 2. in Lat. pag 789. & Antiq. lib. XVIII. cap 7. & Euseb Demonstr. lib. 8.*
(c) *Antiq. lib. XVII. cap. 18.*
(d) *Antiq. lib. 1. cap. 9. in Lat. ℣. in Gr. ζ. pag. 791.*
(e) *Chrysost. Euthym. Theophyl.*

17. *Et qui in tecto, non descendat tollere aliquid de domo sua.*

17. Que celui qui sera sur le toît, d'en descende point pour emporter quelque chose de sa maison.

18. *Et qui in agro, non revertatur tolere tunicam suam.*

18. Et que celui qui sera dans le champ, ne retourne point pour prendre sa robe.

19. *Væ autem prægnantibus, & nutrientibus in illis diebus.*

19. Mais malheur aux femmes qui seront grosses, ou nourrices en ce tems-là.

COMMENTAIRE.

s'approcher de leurs murailles. Eusébe (*a*) raconte que les Chrétiens, instruits par des révélations particuliéres faites à quelques-uns d'entr'eux, de la désolation prochaine de Jérusalem, se retirérent au-delà du Jourdain, à Pella, qui étoit du Royaume d'Agrippa, (*b*) où la guerre ne s'étendit point pour cette fois. Saint Epiphane (*c*) dit que ce fut JESUS-CHRIST lui-même qui leur donna cet avis, de se retirer. Et dans son Livre des Poids & Mesures, il dit que ce fut un Ange.

℣. 17. QUI IN TECTO, NON DESCENDAT. *Que celui qui sera sur le toît, ne descende point pour emporter quelque chose de sa maison.* Les toîts dans la Palestine étoient en plate-forme, & on y fréquentoit beaucoup. L'escalier qui y conduisoit étoit d'ordinaire en dehors, en sorte que l'on pouvoit monter & descendre, sans entrer dans la maison. Cela se voit par l'histoire du Paralytique, qui fut guéri par JESUS-CHRIST à Capharnaüm. (*d*) Ceux qui le portoient n'ayant pû entrer à cause de la foule, monterent sur le toît, & descendirent le malade par une ouverture qui étoit dans le toît, & le présentérent à JESUS-CHRIST, qui enseignoit en bas dans la maison. J. C. conseille donc à ces fidéles de se sauver si promtement, lorsqu'ils verront l'abomination dans le lieu Saint, qu'ils ne prennent pas même le tems d'entrer dans leur maison, pour y prendre quelque chose.

℣. 18. QUI IN AGRO, NON REVERTATUR, &c. *Que celui qui sera dans le champ, ne retourne point pour prendre sa robe.* Ceci marque encore la diligence, & la promtitude avec laquelle il faut fuir. On travailloit pour l'ordinaire à la campagne demi-nud, ou tres-peu vêtu. Si vous êtes aux champs à travailler, sans habits, & sans provisions, sauvez-vous, & ne retournez point dans vôtre maison prendre des habits. Le texte Latin porte, *tunicam*, sa tunique, l'habit de dessous. Mais le Grec (*e*) lit en général, des habits, ou un habit.

(*a*) *Euseb. Hist. Eccl. lib. 3. cap. 5.*
(*b*) *Vide Joseph. Antiq. l. XX. c. 5. p. 693.*
(*c*) *Epiphan. Hæresi Nazaræor. c. 7.*
(*d*) *Matth.* IX. 9. & *Luc.* V. 18. 19 &c.
(*e*) Τὰ *ἱμάτια*; ou selon quelques Manuscrits: Τὸ *ἱμάτιον*.

℣. 19.

20. *Orate autem ut non fiat fuga vestra in hyeme, vel sabbato.*	20. Priez donc Dieu que vôtre fuite n'arrive point pendant l'hyver, ni au jour du sabbat.
21. *Erit enim tunc tribulatio magna, qualis non fuit ab initio mundi usque modò, neque fiet.*	21. Car l'affliction de ce tems-là sera si grande, qu'il n'y en a point eu de pareille depuis le commencement du monde, & qu'il n'y en aura jamais.

COMMENTAIRE.

℣. 19. VÆ AUTEM PRÆGNANTIBUS ET NUTRIENTIBUS. *Malheur aux femmes qui seront grosses, ou nourrices en ce tems-là*; Parce qu'elles ne seront pas en état de profiter de mon avis, & de se sauver, aussi promptement qu'il seroit nécessaire, à cause de la proximité, & de la grandeur du danger.

℣. 20. ORATE AUTEM UT NON FIAT FUGA VESTRA IN HYEME, VEL SABBATO. *Priez donc Dieu que vôtre fuite n'arrive pas durant l'hyver, ni au jour du sabbat.* Durant l'hyver les jours sont courts, les chemins mauvais, les voyages incommodes: mauvais tems pour une fuite précipitée, & qui demande de la diligence. Le jour du sabbat parmi les Juifs, on ne pouvoit pas faire plus de deux mille pas, ou même deux mille coudées, c'est-à-dire un peu plus de demie lieuë. Autre inconvénient, pour des gens qui ont beaucoup de chemin à faire. (*a*) Dans les nécessitez urgentes, & dans les dangers éminents, comme lorsqu'on étoit poursuivi par l'ennemi, on pouvoit faire un plus grand chemin, même au jour du sabbat. (*b*) Mais ici il ne s'agit que d'une fuite de précaution, pour éviter un danger futur, que l'on prévoyoit simplement.

℣. 21. ERIT ENIM TUNC TRIBULATIO MAGNA. *L'affliction de ce tems-là sera si grande, qu'il n'y en a point eu de pareille depuis le commencement du monde.* La guerre que les Juifs se firent à eux-mêmes, par leurs divisions domestiques; les persécutions qu'ils souffrirent de la part de tous leurs voisins, qui en égorgérent un très-grand nombre dans leurs villes. Enfin les maux que leur firent les Romains durant la derniere guerre sous Vespasien, furent si grands, & si extraordinaires, que l'histoire ne nous fournit que très-peu d'exemples de choses semblables. Joseph compte onze cens mille morts durant cette guerre, & quatre-vingt-dix-sept mille captifs. (*c*) Il dit ailleurs, (*d*) que les crimes des sédi-

(*a*) *August. lib. 2. Evangel. qu. cap. 37. Chrysost. Ieronym. Author Op. imperf. Theophyl. Beda, &c.*

(*b*) *1. Macc. II. 32. 41. Joseph. Antiq. lib. XII. c. 8. & l. XIII. c. 1.*

(*c*) *Joseph. lib. VII. de Bello, cap. 17. in Lat. pag. 968.*

(*d*) *Joseph. lib. VI. de Bello, cap. 16. in Lat. pag. 940. in Gr. lib. V. Κεφ. λζ.* Οἶμαι Ῥωμαίων βραδυνόντων ἐπὶ τοὺς ἀλιτηρίους, ἢ καταποθῆναι ἂν ὑπὸ χάσματος, ἢ κατακλυσθῆναι τὴν πόλιν, ἢ τοὺς τῆς Σοδομηνῆς μεταλαβεῖν κεραυνούς, πολὺ γὰρ τῶν ταῦτα παθόντων ἤνεγκε γενεὰν ἀθεωτέραν.

22. *Et nisi breviati fuissent dies illi, non fieret salva omnis caro: sed propter electos breviabuntur dies illi.*

23. *Tunc si quis vobis dixerit: Ecce hic est Christus, aut illic: nolite credere.*

22. Et si ces jours n'avoient été abregez, nul homme n'auroit été sauvé; mais ces jours seront abrégez en faveur des élûs.

23. Alors si quelqu'un vous dit: Le CHRIST est ici, où il est là; ne le croyez point;

COMMENTAIRE.

tieux, qui s'étoient emparez du temple, montérent à un tel excez, que si les Romains n'étoient venus promptement pour exterminer une race si corrompuë, & si méchante; la terre se seroit ouverte pour les engloutir; ou que Dieu auroit envoyé un nouveau déluge pour les noyer, où qu'il auroit fait pleuvoir sur eux les foudres, & les feux, comme il avoit fait autrefois à Sodome; car leurs crimes étoient beaucoup plus crians que ceux de ces anciennes villes si criminelles. Les Romains eux-mêmes, tout ennemis qu'ils étoient, étoient touchez de tous ces malheurs, & déploroient le sort de tant d'innocens, qui périssoient par l'obstination de quelques séditieux, qui s'étoient rendus maîtres de la ville & du Temple, & qui faisoient plus de ravages au-dedans, que les Romains n'en faisoient au dehors.

℣. 22. NISI BREVIATI FUISSENT DIES ILLI, &c. *Si ces jours n'avoient été abrégez, nul homme n'auroit été sauvé; mais ces jours seront abrégez en faveur des élûs.* Si les massacres, & les violences que les séditieux commettoient au-dedans de la ville; si les persécutions ausquelles les Juifs étoient exposez de toutes parts au déhors de la part de leurs voisins; si la guerre que les Romains firent à ce miserable peuple; si tout cela eût duré plus long-tems, c'en étoit fait de la nation des Juifs; il n'en seroit échappé aucun. Mais Dieu ne permit pas que des maux si violens fussent de longue durée, à cause de ses élûs, & de ses fidéles; c'est-à-dire, en considération des Chrétiens (*a*) que l'on confondoit alors avec les Juifs, & que l'on persécutoit, comme faisant profession d'une même Religion. Car dans le commencement le Christianisme ne fut considéré, que comme une réforme du Judaïsme. Dans la conservation des Juifs, Dieu avoit encore une autre vûë, qui étoit de laisser une preuve vivante de la Religion Chrétienne dans leur personne. Ils sont les dépositaires des Ecritures de l'ancien Testament. Ils font voir dans leur état present, l'accomplissement des anciennes Prophéties, & de celles de JESUS-CHRIST, qui avoient prédit leur future réprobation. Il faut qu'ils subsistent; mais qu'ils subsistent malheureux; méprisez, dispersez, aveuglez

(*a*) *Chrysost. Theophyl. hic. Aug. Ep. 80. nunc 199. Jans. Brug. Grot.*

24. *Surgent enim pseudochristi, & pseudoprophetæ: & dabunt signa magna, & prodigia, ita ut in errorem inducantur (si fieri potest) etiam electi.*

24. Parce qu'il s'élevera de faux-christs, & de faux-prophétes, qui feront de grands prodiges, & des choses étonnantes, jusqu'à séduire même, s'il étoit possible, les élûs.

25. *Ecce prædixi vobis.*

25. J'ai voulu vous en avertir auparavant.

26. *Si ergo dixerint vobis: Ecce in deserto est, nolite exire: ecce in penetralibus, nolite credere.*

26. Si donc on vous dit: Le voici dans le désert; ne sortez point pour y aller. *Si on vous dit:* Le voici dans le lieu le plus retiré de la maison, ne le croyez point.

COMMENTAIRE.

endurcis, pour vérifier les prophéties, & pour voir un jour exécuter en eux les desseins de miséricorde que Dieu conserve pour les restes de leur nation, qui doit se convertir à la fin des siécles. (*a*)

℣. 24. SURGENT ENIM PSEUDO CHRISTI, &c. *Il s'élevera de faux Christs, & de faux Prophétes, qui feront de grands prodiges, jusqu'à séduire même, s'il étoit possible, les élûs.* Il étoit de la derniere importance de précautionner les Fidéles contre les faux Messies, & les faux Prophétes, parce que le démon en devoit susciter en ce tems-là un grand nombre. Aussi le Sauveur ne se contente pas de le dire une seule fois; il le répete jusqu'à trois fois dans ce discours. Voyez les versets 4. 5. 11. 23. 24. 26. Joseph dans ses Livres de la guerre des Juifs, parle de plusieurs faux prophétes, qui séduisirent le peuple & avant, & pendant le siége de Jérusalem. Les chefs des factieux, qui savoient le foible du peuple ignorant & crédule, en susoitoient eux-mêmes pour le tromper. Les miracles ne sont pas toûjours des marques certaines de la verité, & du mérite de ceux qui les font. Mais il est impossible que Dieu favorise le mensonge & la fourberie, par une longue suite de vrais miracles; il induiroit les Fidéles en erreur. Ici il précautionne ses Disciples contre les faiseurs de miracles; & par-là il ôte aux séducteurs toute créance. (*b*) Quiconque ne vient pas en son nom, & n'enseigne pas sa doctrine, & sa vérité, (*c*) est convaincu par-là même d'être faux prophéte, & faux faiseur de miracles. Les élûs peuvent bien s'y laisser surprendre pour un tems. Mais s'ils veulent user de leurs lumieres, & suivre les régles que

(*a*) *Matth.* XXIII. 39. *Rom.* XI. 26.

(*b*) *Tertull. lib.* 3. *contra Marcion. Temerariam signorum, & virtutum fidem ostendit, ut etiam apud pseudochristos facillimarum. Vide & 2. Thessal.* II. 8. *Ubi de Antechristo, Cujus adventus est secundum operationem Sathanæ, in omni virtute, & prodigiis mendacii.*

(*c*) Voyez nôtre Dissertation sur les vrais, & les faux Miracles, à la tête de l'Exode.

27. *Sicut enim fulgur exit ab oriente & paret usque in occidentem : ita erit & adventus Filii hominis.*	27. Car comme un éclair qui sort de l'orient, paroît *tout d'un coup* jusqu'à l'occident ; ainsi sera l'avénement du Fils de l'homme.
28. *Ubicumque fuerit corpus, illic congregabuntur & aquilæ.*	28. Par tout où il y aura un corps, là les aigles s'assembleront.

COMMENTAIRE.

JESUS-CHRIST leur donne en cet endroit, ils ne demeureront pas long-tems dans l'erreur. (*a*)

℣. 27. SICUT ENIM FULGUR EXIT AB ORIENTE. *Car comme un éclair qui sort de l'orient, paroît tout d'un coup jusqu'à l'occident; ainsi sera l'avénement du Fils de l'homme.* On donne trois sens à ce passage. Le premier l'explique de la ruine de Jérusalem : (*b*) Lorsque le Fils de Dieu viendra pour exercer sa vengeance contre cette ville, il paroîtra comme un éclair. Les Romains, dont il se servira comme d'instrumens, vinrent tout d'un coup surprendre cette ville ; en sorte qu'une infinité d'étrangers, qui s'y trouvoient pour la fête de Pâque, n'eurent pas le loisir d'en sortir, & y périrent malheureusement. (*c*) D'autres (*d*) l'expliquent de la prédication de l'Evangile : Ne croyez pas légérement à ceux qui se diront Prophétes, ou envoyez de Dieu ; encore moins à ceux qui voudront passer pour le Messie ; parce que mon Evangile, le regne de Dieu, la prédication des veritez du salut, s'entendront presqu'en un moment par tout le monde. Voilà la marque la plus certaine que je vous donne de la vérité de ma venuë. Enfin les Peres (*e*) l'entendent plus communément du second avenement de JESUS-CHRIST, ou du Jugement dernier. Le Fils de Dieu viendra surprendre les hommes, lorsqu'ils y penseront le moins. Malgré toutes les marques de sa venuë, & tous les présages d'une fin prochaine du monde, les hommes vivront à leur ordinaire, & le souverain Juge les surprendra, comme un éclair qui paroît, & puis disparoit tout-à coup.

℣. 28. UBICUMQUE FUERIT CORPUS (*f*) ILLIC CONGREGABUNTUR ET AQUILÆ. *Par tout où il y aura un corps, là les aigles s'assembleront.* C'est une espece de proverbe tiré de Job, (*g*) où il est dit, que l'aigle a sa demeure sur les plus hauts rochers, que de là il considere sa proye, & la discerne de fort loin ; que ses petits boivent le sang avec

---

(*a*) *August. de Corrept. & Grat. c.* 7. Voyez aussi Maldonat, & Grotius sur cet endroit.

(*b*) *Ligfoot. Hammond.*

(*c*) *Joseph. de Bello, lib.* VII. *cap.* 17. *in Lat. pag.* 968.

(*d*) *Origen. August. Grot. & Gerhard. & Beza in hunc loc.*

(*e*) *Hilar. Ieronym. Author Oper. imperfect. Chrysost. Euthym. Ita Mald. Brug. alii.*

(*f*) Πτῶμα, *id est*, Cadaver.

(*g*) *Job.* XXXIX. 30. *Ubicumque fuerit cadaver statim adest.*

avidité, & qu'*aussi-tôt qu'il y a un corps mort en quelque endroit, il s'y trouve aussi-tôt.* Les aigles ordinaires ne mangent point, à ce qu'on dit, de charognes : Mais les Naturalistes (*a*) reconnoissent qu'il y en a une espece particuliere qui se nourrit de cadavres, comme le corbeau. JESUS-CHRIST veut dire en cet endroit, (*b*) que les Juifs se trouveront tout d'un coup enveloppez de leurs ennemis, de toutes parts, sans qu'ils puissent échapper de leurs mains. Par tout où il y aura des Juifs, là se trouveront des ennemis pour les exterminer. Dans la Syrie, dans l'Egypte, dans la Phénicie, à Antioche, à Alexandrie, à Césarée, à Ptolémaïde, à Tyr, à Ascalon, à Scytopolis, dans les villes de Galilée, dans la Judée, à Jérusalem : par tout ils sentiront la main de Dieu appesantie sur eux. Les Prophétes (*c*) expriment souvent le jour de la vengeance du Seigneur, sous l'idée d'un festin que Dieu fait aux oiseaux carnaciers, & aux animaux de la campagne. Il les invite à venir se rassasier de la chair de ses ennemis. Il n'y invite ici que les aigles, peut-être pour montrer plus exactement la promtitude, & l'avidité des ennemis des Juifs. Habacuc (*d*) parlant des Chaldéens, dit qu'ils viendront fondre sur les Juifs, comme les aigles sur leur proye : *Volabunt quasi aquila festinans ad comedendum.*

Les anciens (*e*) l'expliquent communément du corps de JESUS-CHRIST. Aussi-tôt que ce divin Sauveur paroîtra pour juger les vivans, & les morts, les Saints, les Elûs, les Anges ; les hommes vivans, & les morts accoureront autour de lui pour assister à son Jugement, & pour subir sa sentence. Il est aisé de tirer de cet endroit d'excellentes moralitez, sur le Sacrement du corps, & du sang de JESUS-CHRIST. Par tout où se trouve ce Corps adorable, là se trouvent aussi les aigles, les ames grandes, & parfaites. Les applications qu'on en fait à l'humanité de JESUS-CHRIST glorifiée, paroissent un peu violentes, parce que le Grec porte ; *Un cadavre*, au lieu *d'un corps.* Les bons auteurs Grecs, (*f*) & Latins, mettent assez souvent le seul nom *de corps*, pour marquer un cadavre.

℣. 29. STATIM AUTEM POST TRIBULATIONEM DIERUM ILLORUM, SOL OBSCURABITUR. *Après ses jours d'affliction, le soleil*

(*a*) *Aristot. Hist. Anim. lib. 9. cap. 32. & Plin. lib. x. cap. 3.*

(*b*) *Ligfoot. Hamm. Le Clerc.*

(*c*) *Isai.* XXXIV. 6. *Victima Domini in Bozra, &c. Jerem.* XLVI. 10. *Victima Dei exercituum in terra aquilonis, &c. Ezechiel.* XXXIX. 17. *Dic omni volucri, & universis avibus, cunctisque bestiis agri : convenite, properate, convenite undique ad victimam meam, quam ego immolo vobis, &c.*

(*d*) *Habacuc.* I. 8. *Vide & Isai:* XVIII. 6.

(*e*) *Vide Irena. lib. 4. 18. Hilar. Author operis imperf. &. Chrysost. Euthym. Theophyl. Beda, alii.*

(*f*) *Homer. Iliad.* Σ.

Ὡς δ' ἀπὸ σώματος ὔτι λέοντ' αἴθωνα δυνάσται,
Ποίμενες ἀγραυλοι μέγα πεινάοντα δίεσθαι.

29. *Statim autem post tribulationem dierum illorum, sol obscurabitur, & luna non dabit lumen suum, & stellæ cadent de cœlo, & virtutes cœlorum commovebuntur.*

29. Aussi-tôt après ces jours d'affliction, le soleil s'obscurcira : & la lune ne donnera plus sa lumiere ; les étoiles tomberont du ciel, & les puissances des cieux en seront ébranlées.

COMMENTAIRE.

s'obscurcira, la lune ne donnera plus sa lumiére; les étoiles tomberont du ciel. Après tous les malheurs qu'il vient de prédire ; après la prise, & la désolation de Jérusalem ; après cela la colere de Dieu n'est point encore appaisée, son bras est encore étendu, & prêt à frapper. Après de si affreuses ténébres, la nation Juive ne verra pas le soleil se lever sur elle, ni la lune donner sa lumiere : une nuit obscure succedera à cette obscurité. Un enchaînement de malheurs, & de disgraces les envelopera de toutes parts. (*a*) Tout ce que l'exil, la servitude, l'esclavage, la captivité, la pauvreté, l'oppression, ont de plus dur, tombera sur eux. Ceux qui survêcurent à la ruine de leur patrie, furent ou dispersez en differens pays, ou vendus pour esclaves, ou réduits en un état encore plus malheureux ; sans demeure, sans bien, sans espérance, sans religion, sans temple, sans patrie. Ceux qui furent conduits à Rome, servirent à orner le triomphe du vainqueur. (*b*) Ceux d'Antioche furent cruellement massacrez dans la ville. (*c*) Ce qui restoit de places, & de châteaux dans la Judée, fut pris, brûlé, saccagé. (*d*) Ceux qui s'étoient sauvez à Thébes, & à Aléxandrie, y périrent. (*e*) On ferma le temple d'Onion qu'ils avoient dans ce pays-là. (*f*) Plusieurs Juifs de Cyréne ayant sottement suivi un faux prophéte nommé Jonathas, furent taillez en piéces par un Général des troupes Romaines. (*g*) Tout cela presque immédiatement après la ruine de Jérusalem.

Sous l'Empire de Trajan, & la dix-huitiéme année de ce Prince, les Juifs d'Egypte s'étant révoltez, furent défaits, & passez au fil de l'épée par les Romains. L'année suivante ceux de Chypre s'attirérent un pareil châtiment. En Mésopotamie ils furent vaincus en bataille rangée, & chassez du pays. Tout cela sous l'Empire de Trajan. (*h*) Sous celui d'Adrien éclata la révolte de Palestine ; le fameux Barchochebas la soûtint assez long-tems par ses artifices, & par ses prestiges : mais cela ne fit

---

(*a*) *Vide Ligfoot. Hammond. Le Clerc.*
(*b*) *Joseph. lib.* VII. *de Bello, cap.* 20. *&* 24.
(*c*) *Ibidem c.* 21. *p.* 973.
(*d*) *Ibidem, c.* 25. *p.* 980. *& c.* 28. *p.* 985.
(*e*) *Ibid. c.* 29. *p.* 995.
(*f*) *Ibid. c.* 30. *p.* 996.
(*g*) *Ibid. c.* XXXI. *in Latino, p.* 996.
(*h*) Voyez Eusébe, Dion, Spartien. Basnage, Hist. des Juifs, liv. 4. c. 1. tom. 2.

qu'irriter les Romains ; & attirer sur les Juifs les plus grands maux qu'ils eussent essuyez depuis la guerre de Tite. Ce qui restoit de villes, & de châteaux dans la Judée, fut entiérement ruiné. On compte cinquante châteaux, & neuf cens quatre-vingt-cinq bourgs de ruinez dans le pays, & cinq cens huit mille hommes tuez dans diverses rencontres ; sans parler de ceux qui étoient péris par la faim, par les maladies, & par le feu. En voila plus qu'il n'en faut pour vérifier ce que dit ici le Sauveur, qu'après ces terribles jours dont il a parlé, le soleil s'obscurcira, & la lune demeurera sans lumiere pour cette malheureuse nation.

On sait que ces manieres de parler hyperboliques sont fort fréquentes dans l'Ecriture pour désigner des malheurs extraordinaires. Isaïe parlant des disgraces futures de Babylone, s'exprime ainsi : (a) *Voici le jour du Seigneur plein de cruauté, d'indignation, de colere, & de fureur, qui réduira la terre en solitude, & qui exterminera les méchans qui l'habitent. Les étoiles du Ciel ne donneront plus leur lumiere, le Soleil sera obscurci à son lever, & la Lune ne brillera point à son ordinaire.* Il parle à peu près de même en d'autres endroits, lorsqu'il menace les nations. (b) Ezéchiel parlant au Roi d'Egypte, lui dit : (c) Je te prendrai dans mes filets comme un grand poisson ; je te jetterai sur la terre ; tu sera mis en piéces, & donné en proye à tous les animaux des champs, & à tous les oiseaux du Ciel ; & lorsque tu seras mort, *je couvrirai le Ciel de deüil ; je rendrai noires, & obscures ses étoiles ; je cacherai le Soleil avec une nuée, & la Lune ne donnera plus sa lumiere : tous les astres du Ciel feront le deüil de ta mort.* Joël décrivant les effets d'une famine, & d'une sécheresse extraordinaire, se sert à peu près des mêmes expressions. (d) Job, (e) & Jérémie (f) déplorant les malheurs ausquels ils se voyoient exposez, en parlent sur le même ton. Ce style est fréquent parmi les Orientaux ; & Grotius montre que les auteurs profanes ont quelquefois usé des mêmes exagérations, pour marquer des maux extrêmes. Et ce qui persuade qu'il s'agit ici dans le sens premier & immédiat, de la ruine de Jérusalem, c'est que saint Luc (g) dit que quand on verra tout cela, qu'alors les Apôtres n'ont qu'à lever la tête, parce que leur salut est proche ; & saint Matthieu dit *qu'aussi-tôt après* ce qu'il vient de dire, on verra le Soleil s'obscurcir ; & saint Marc, (h) que cela arrivera *dans ce jour-là, & après ces grands malheurs.*

Les Peres, & la plûpart des Interprétes entendent tout ce passage des signes avant-coureurs du Jugement universel. Mais chacun explique à sa

---

(a) *Isaï.* XII. 7. 10.
(b) *Isaï.* XXIV. 23. & LX. 20.
(c) *Ezech.* XXXII. 7. 8.
(d) *Joël.* II. 30.
(e) *Job.* III. 3. 4. 9.
(f) *Jerem.* XX. 14.
(g) *Luc.* XXI. 28.
(h) *Marc.* XIII. 24.

30. *Et tunc parebit signum Filii hominis in Cœlo: & tunc plangent omnes tribus terræ: & videbunt Filium hominis venientem in nubibus Cœli cum virtute multa, & majestate.*

30. Alors le signe du Fils de l'homme paroîtra dans le Ciel, & tous les peuples de la terre seront dans les pleurs, & dans les gémissemens; & ils verront le Fils de l'homme qui viendra sur les nuées du Ciel avec une grande puissance, & une grande majesté.

COMMENTAIRE.

maniere le soleil obscurci, la lune éclypsée, les étoiles qui tombent du Ciel. Les uns prennent tout cela à la lettre; les autres recourent à l'allégorie. D'autres (*a*) croyent que l'éclat de la majesté du Fils de Dieu qui paroîtra alors, sera tel, qu'il obscurcira le soleil, la lune, & les étoiles, comme le soleil couvre, pour ainsi dire, de ténébres tous les autres astres.

La chûte des étoiles est un phénoméne encore plus difficile à expliquer, & sur quoi les opinions sont encore plus partagées. Les uns croyent que les étoiles tomberont veritablement: mais où tomberont-elles ces masses immenses de matiere, tant de fois plus grandes que toute la terre? D'autres veulent que Jesus-Christ parle des comêtes, ou des étoiles chevelues; d'autres, qu'il entend les démons, dont ils prétendent que l'air est tout rempli. Origénes, & quelques autres disent tout simplement, que les étoiles perdront ce qu'elles ont de terrestre, qui tombera sur la terre; ce qui n'est nullement aisé à expliquer. Mais après avoir bien raisonné sur tout cela, il en faut revenir à cet aveu sincere, qu'on n'a que des conjectures sur la maniere dont ces menaces du Fils de Dieu s'exécuteront au Jugement dernier. Et si toutes ces manieres de parler ne sont que des figures, pourquoi se tourmenter à en chercher l'exécution litterale?

Virtutes Coelorum commovebuntur. *Les puissances des Cieux seront ébranlées.* Sous le nom de puissances du Ciel, les uns (*b*) entendent les Anges. Au second avenement du Fils de Dieu, ils seront saisis d'étonnement à la vûë de sa majesté redoutable. D'autres (*c*) l'expliquent des astres, qui sont souvent désignez dans l'Ecriture sous le nom d'armée, ou de force du Ciel. (*d*) D'autres; (*e*) les fondemens des Cieux, ou les Cieux mêmes tout solides qu'ils sont, seront ébranlez. *La force des Cieux* peut marquer ou ce qui les rend fermes, & inébranlables, ou leur solidité, & leur force même. Nous croyons que le plus simple est de l'expliquer des étoiles. C'est la notion la plus commune de force, ou d'armée du Ciel.

(*a*) *Ieronym. Chrysost. Theophyl. Euthym.*
(*b*) *Ambrosf. l. x. in Lect. Orig. Chrys. Beda, Euthym. Theophyl. Vide 3. Reg. XXII. 19.*
(*c*) *Hamm. alii.*
(*d*) *Genes. II. 1. Deut. XVII. 3. 4. Reg. XVII. 16. XXI. 3. 5. & passim.*
(*e*) *Mald. Piscat. alii. Job. XXVI. 11. & 2. Petri III. 10.*

℣. 30.

℣. 30. TUNC PAREBIT SIGNUM FILII HOMINIS IN COELO. *Alors le ſigne du Fils de l'homme paroîtra dans le Ciel.* Les anciens Peres, (*a*) & la plûpart des Commentateurs conviennent que ce ſigne du Fils de l'homme, eſt ſa Croix qui paroîtra dans le Ciel à ſon ſecond avénement; & l'Egliſe a adopté ce ſentiment, puiſqu'elle chante dans ſon Office: *Ce ſigne de la Croix paroîtra dans le Ciel, lorſque le Seigneur viendra pour juger le monde.* Quelques uns (*b*) ont crû que c'étoit le Fils de Dieu lui-même, qui étoit déſigné ici ſous *le ſigne du Fils de l'homme.* Il paroîtra dans toute ſa majeſté, & répandra l'effroi dans le cœur de tous les hommes.

D'autres encore plus ſimplement: Alors on verra les marques de ſa preſence, par la vengeance terrible qu'il exercera contre les mechans. Peut-être auſſi veut-il inſinuer les prodiges effrayans qui précéderont la ruine de Jéruſalem, & dont Joſeph (*c*) a laiſſé la deſcription, qui fait encore fremir ceux qui la liſent. Le Fils de Dieu ayant prédit tout ce qu'on a lû juſqu'ici, il étoit aiſé à ceux qui le ſavoient de comprendre que ces ſignes ſi extraordinaires, étoient les préſages de la venuë du ſouverain Juge, qui venoit exercer ſa rigueur contre Jéruſalem. (*d*) Les autres Evangeliſtes ne parlent point de ce ſigne du Fils de l'homme. Ils portent ſimplement, de même que ſaint Matthieu au verſet ſuivant, qu'alors *tous les peuples du monde verront le Fils de l'homme, qui viendra ſur les nuées du Ciel*; ce qui paroît un explication du ſigne du Fils de l'homme, qu'il a marqué auparavant. Ce qui peut favoriſer cette derniere explication, eſt qu'au verſet 34. le Fils de Dieu dit que ceux qui vivoient alors, ne paſſeroient point, qu'on ne vît l'accompliſſement de ce qu'il diſoit. Mais il faut avoüer que les verſets 29. 30. & 31. s'expliquent plus naturellement des ſignes du Jugement dernier, que de la deſtruction de Jéruſalem. On peut comparer *Dan.* VIII. 9. & ſuiv. où la vengeance que Dieu doit exercer contre Antiochus Epiphanes, & contre les autres perſécuteurs des Juifs, eſt repreſentée ſous la figure du Jugement de l'Ancien des jours, & de tous ſes Aſſeſſeurs.

TUNC PLANGENT OMNES TRIBUS TERRÆ. *Tous les peuples de la terre ſeront dans les pleurs, & dans les gémiſſemens*; lorſqu'ils verront paroître le Fils de Dieu, qui viendra juger les vivans, & les morts. Les Juifs incrédules qui l'ont rejetté, & crucifié; les infidéles qui l'ont perſécuté dans ſes membres; ceux qui ſont morts ſans Loi, & ſans connoiſſance du vrai Dieu, & qui ſe ſont plongez dans toute ſorte de déſordres, contre les lumieres de leur propre conſcience; tous ces gens

(*a*) *Hilar. Ieron. Beda, Chryſoſt. Euthym Theophyl Brug. Mald. Menoch. alii.*
(*b*) *Ita ferè Origen. Beza, Gerhard. Piſcat.*
(*c*) *Joſeph. de Bello Jud. 7. l. c. 12. in Lat. p. 960. In Gr Κεφ. λϛ.*
(*d*) *Ligfoot Hamm. Le Clerc.*

31. *Et mittet Angelos suos cum tuba, & voce magna ; & congregabunt electos ejus à quatuor ventis, à summis Cœlorum usque ad terminos eorum.*

31. Et il envoyera ses Anges, qui feront entendre la voix éclatante de leurs trompettes, & qui rassembleront ses Elûs des quatre coins du monde, depuis une extrémité du Ciel jusqu'à l'autre.

COMMENTAIRE.

seront dans la consternation, & dans la douleur.

Ce passage est pris de Zacharie : (*a*) *Alors*, dit le Prophéte, *je répandrai sur Jérusalem, & sur la maison de David l'esprit de graces, & de priéres, & ils jetteront les yeux sur moi qu'ils ont percé, & ils me pleureront comme on pleure un enfant premier-né, & unique. Tout le pays le pleurera, & toutes les familles séparément.* Zacharie exprime visiblement les sentimens de componction des Juifs après leur conversion. Suivant cette ouverture, ne pourroit-on pas dire que le Sauveur en cet endroit par les cris de douleur, & les battemens de poitrine dont il parle, n'exprime pas le désespoir des Juifs, & des peuples infidéles ; mais leur retour à Dieu, & leur regret ? Peut-on douter que plusieurs Juifs, & même plusieurs Payens voyant l'exact accomplissement des Prophéties de JESUS-CHRIST contre Jérusalem, ne se soient convertis, & n'ayent déploré leur aveuglement ? Et ne seroit-il pas permis de rapporter à ceci l'apparition de la Croix que l'on vit sous Constantin, (*b*) qui fut comme le dernier signe de la destruction du paganisme, & de l'établissement de la Religion Chrétienne. Depuis que le signe de la Croix fut devenu l'étendard des armées Romaines, & que le grand Constantin se fut déclaré protecteur du Christianisme, les peuples y entiérent en foule, & les nations qui jusques-là avoient résisté à la vérité, & à l'Evangile, commencerent à concevoir des sentimens de regret de leur égarement, & de leurs erreurs passées.

℣. 31. MITTET ANGELOS SUOS CUM TUBA. (*c*) *Il envoyera ses Anges, qui feront entendre la voix éclatante de leur trompette, & qui rassembleront ses Elûs des quatre coins du monde.* Saint Paul nous décrit la venuë du Fils de Dieu au Jugement dernier, à peu près dans les mêmes termes. Il nous parle du son de la trompette, qui fera lever les morts de leurs tombeaux. (*d*) Il semble que l'Evangile veuille nous representer ce Jugement terrible, comme ces assemblées générales, où l'on appelloit

(*a*) *Zach.* XII. 10. 11. 12 *Confer Apoc.* I. 7.

(*b*) *Euseb. de Vita Constantini l.* 1. *c.* 28. 29. *Edit. Vales.*

(*c*) *Gr.* Μετὰ σάλπιγγος φωνῆς μεγάλης. *Cum tuba vocis magna. Alii plures :* Μετὰ σάλπιγγος μεγάλης. *Vide Mill.*

(*d*) 1. *Cor.* XV. 52. *In novissima tuba ; canet enim tuba, & mortui resurgent incorrupti. Et* 1. *Thessal.* IV. 15. 16. *Ipse Dominus in jussu, & in voce Archangeli, & in tuba Dei descendet de Cœlo ; & mortui qui in Christo sunt, resurgent primi.*

32. *Ab arbore autem fici discite parabolam. Cùm jam ramus ejus tener fuerit, & folia nata, scitis quia propè est æstas.*

32. Ecoutez une comparaison prise du figuier. Quand ses branches sont déja tendres, & qu'il pousse ses feüilles, vous jugez que l'Eté s'approche.

COMMENTAIRE.

tout le peuple au son de la trompette, suivant l'ordre de Moyse. (*a*) Saint Jean (*b*) dans l'Apocalypse nous represente les Anges, qui sonnent eux-mêmes de la trompette au jour de la vengeance du Seigneur. On ne peut pas décider si véritablement on entendra alors le bruit de la trompette, ou simplement un tonnerre, ou un bruit éclatant, comme celui de la trompette.

Il est fort probable que le Sauveur, & les Auteurs sacrez ont employé dans la description de ce dernier jour, les traits les plus vifs, & les plus propres à frapper l'esprit des peuples : mais l'Eglise n'a jamais imposé aux Fidéles l'obligation de les entendre à la lettre. (*c*) La trompette est un symbole de la presence de la Majesté souveraine. Dieu la fait entendre, lorsqu'il descend à Sinaï. (*d*) Il monte au Ciel au son des trompettes. (*e*) Lorsqu'il vient au secours de son peuple, il est accompagné de trompettes. (*f*) Balaam est frappé du son des trompettes qu'il entendoit dans le camp du Seigneur, & il en est pénétré de respect. (*g*) Ces manieres de parler sont populaires ; mais grandes, & expressives, pour inspirer la crainte, & la vénération, qui est dûë à cette Majesté adorable.

Ceux qui rapportent tout ceci au tems qui suivit immédiatement la destruction de Jérusalem, (*h*) expliquent métaphoriquement le son de la trompette, & disent que le Fils de Dieu ayant exercé sa vengeance d'une maniere si éclatante contre les Juifs, les força en quelque façon malgré qu'ils en eussent, à le reconnoître ; & que ce fut alors que la porte de l'Evangile fut proprement ouverte à toutes les nations du monde, les Anges du Seigneur, les Apôtres, les hommes Apostoliques ayant par leurs prédications rassemblé des quatre coins de la terre, tous les élûs ; c'est-à-dire, tous ceux à qui Dieu ouvrit les yeux pour voir la lumiere de l'Evangile. Saint Luc, (*i*) & l'ancien manuscrit Grec & Latin de Cambrige (*k*) ajoûtent ici dans saint Matthieu ces paroles : *Lorsque vous verrez que tout cela commencera à s'exécuter, dressez-vous, & levez vos têtes, car*

(*a*) *Num.* x. 1. 2. *& seq. Isai.* XXVII. 13.
(*b*) *Apoc.* VIII. 6. IX. 1. XI. 15.
(*c*) *Vide Mald.*
(*d*) *Exod.* XX. 18.
(*e*) *Psalm.* XLVI. 5. 6.
(*f*) *Zach.* IX. 14. *Isai.* XVIII. 3.
(*g*) *Num.* XXIII. 21. *Dominus Deus ejus cum eo est, & clangor victoriæ Regis in illo.*
(*h*) *Ligfoot, Hamm. Le Clerc.*
(*i*) *Luc.* XXI. 28
(*k*) *Apud Mill. hic.*

33. *Ita & vos cùm videritis hæc omnia, scitote quia propè est in januis.*

34. *Amen dico vobis, quia non præteribit generatio hæc, donec omnia hæc fiant.*

35. *Cælum, & terra transibunt; verba autem mea non præteribunt.*

36. *De die autem illâ & horâ nemo scit, neque Angeli Cælorum, nisi solus Pater.*

33. De même, lorsque vous verrez toutes ces choses, sachez que *le Royaume de Dieu* est proche, & qu'il est *comme* à la porte.

34. Je vous dis en vérité que cette race ne finira point, que toutes ces choses ne soient accomplies.

35. Le Ciel, & la terre passeront; mais mes paroles ne passeront point.

36. Or nul autre que mon Pere ne sait ce jour, & cette heure; non pas même les Anges du Ciel.

COMMENTAIRE.

votre rédemption est proche. Ce qui favorise assez l'explication qu'on vient de rapporter.

℣. 32. AB ARBORE FICI DISCITE PARABOLAM. *Ecoutez une comparaison prise du figuier.* De même que les feüilles, & les boutons du figuier sont des marques certaines, & naturelles de l'approche de l'Eté; ainsi tous les présages que je viens de vous proposer, sont des signes certains, & infaillibles de ma venuë, & de mon regne; c'est-à-dire, ou de l'établissement de mon Eglise, ou de la vengeance que je dois exercer contre les Juifs; ou enfin, de la fin du monde, & du Jugement dernier; car *le royaume des Cieux* peut recevoir ces trois sens.

℣. 34. NON PRÆTERIBIT GENERATIO HÆC, DONEC OMNIA HÆC FIANT. *Cette race ne finira point que toutes ces choses ne soient accomplies.* Tout ce qui regarde la ruine de Jérusalem, & la punition des Juifs, devoit s'exécuter du vivant de ceux à qui JESUS-CHRIST parloit, ou du moins de ceux qui vivoient alors. (*a*) Les anciens qui en rapportent, au moins la derniere partie, à la fin du monde, doivent, suivant leur hypothése, ou restraindre ce que dit ici le Sauveur, à la premiere partie qui regarde la dispersion des Juifs, & la guerre des Romains contre eux, ou dire que ces paroles: *Cette race ne finira point que tout ceci ne soit accompli*, signifient que tout cela arrivera avant la fin du monde, avant la destruction du genre humain, (*b*) avant la résurrection générale. Ou bien: *Cette race*, mon Eglise, mes Fidéles (*c*) *ne périront point, que tout cela ne s'accomplisse.* L'Eglise Chrétienne subsistera jusqu'à la fin, malgré toutes ces calamitez: rien de tout cela ne sera capable de l'ébranler. Mais l'explication qui l'entend de la ruine de Jérusalem par les Romains, est bien plus naturelle.

(*a*) *Ita Brug. Grot. Ligfoot, Gerhard. Camer. Hamm. Munst. Pisc. & olim quidam apud Origen. Confer Matt.* XVI. 28.

(*b*) *Ieronym. Malden.*

(*c*) *Chrysost. Author Oper. imperfecti, Euthym. Theophyl. Vide & Origen. & Hilar. hic.*

℣. 36. De die autem illa, et hora nemo scit, &c. *Nul autre que mon Pere ne sçait ce jour, & cette heure; non pas même les Anges du Ciel.* Saint Marc ajoûte ici, (*a*) *que le Fils lui-même ne le sçait pas*, & on trouve la même chose dans S. Matthieu, suivant l'ancien manuscrit de Cambrige, & dans quelques autres. (*b*) Cet endroit fut autrefois le sujet d'une grande contestation entre les Catholiques, & les Ariens, ceux-ci prétendant inferer de ce passage que J. C. n'étoit donc pas Dieu, puisqu'il avoit ignoré quelque chose. Pour se débarrasser de cette objection, qui étoit fort plausible, saint Ambroise (*c*) soûtenoit que le Texte de saint Marc étoit corrompu; mais tous les exemplaires Grecs & Latins, imprimez & manuscrits d'aujourd'hui, le lisent uniformément dans saint Marc, & plusieurs manuscrits même dans saint Matthieu. De plus, les autres Peres comme saint Hilaire, saint Augustin, saint Athanase, saint Chrysostome, & tous les anciens l'on lû.

D'autres, (*d*) pour répondre au fond de la difficulté, ont dit que Jesus-Christ en tant qu'homme, ignoroit le jour du Jugement; mais non pas en tant que Dieu. Ce n'est pas à dire que Jesus-Christ comme homme ait ignoré quelque chose, puisqu'en vertu de son union hypostatique avec la Divinité, *tous les trésors de la sagesse, & de la science étoient cachez dans lui;* (*e*) mais seulement que l'humanité seule considerée séparément de la Divinité, ne peut par elle-même, & par ses seules lumieres avoir cette connoissance; ou plûtôt, que la connoissance du jour du Jugement, n'est point une chose qu'un simple homme puisse découvrir par les lumieres de la raison. C'est ainsi qu'il réprime la curiosité de ses Apôtres, qui lui avoient demandé quand arriveroit son Royaume, & la fin du monde? Il leur répond: Ce sont de ces secrets, dont Dieu s'est réservé la connoissance à lui seul; ainsi n'en attendez l'explication d'aucun homme, ni d'aucun Ange; pas même de ma part: je ne vous réponds pas sur cet article. Voyez Hammond sur le verset 32. du Chap. xiii. de saint Marc.

D'autres Peres (*f*) ont crû que le Fils de Dieu avoit simplement voulu

---

(*a*) *Marc.* xiii. 32. *Nemo scit, neque Angeli in Cœlo, neque Filius, nisi Pater.*

(*b*) *Ita ms. Cantabrig. Chrysost. Paris. Cod. 6. Codd. alii apud Ieronym. hic.*

S Hilaire, S. Ambroise, S. Augustin, Théophylacte expliquent ces paroles en cet endroit; mais on n'en peut pas conclure assurément qu'ils les ayent lûës dans leurs Exemplaires. Ils les prenoient de S. Marc, pour répondre aux Ariens. Saint Jérôme remarque que les Exemplaires d'Origénes, & de Pierius ne les portoient point. On les lit dans l'ancienne Vulgate du Pere Martianay.

(*c*) *Ambros. lib. 5. de fide. c. 8. Veteres Græci codices non habent: Quod nec Filius scit; sed non mirum est, si & hoc falsarunt, qui Scripturas interpolavêre divinas.*

(*d*) *Athanas. serm. 4. contra Arian. Ambr. l. 8. in Lucam, Nazianz. Orat. 4. de Theologia. Theodoret. Anathem. 4. contra Cyrill. Cyrill. l. 9. Thesauri c. 4. Author Op. r. imperf. Iren. lib. 4. c. 48. 49. Vide Grot. in Marc* xiii. 32. *&c.*

(*e*) *Coloss.* II 3. *Vide Maldonat. hic.*

(*f*) *Origen. in Matt. & Epiphan. hæresi 69. Chrysost. homil. de Trinitate, Bern. c. 3. tractat. de Humilit.*

37. *Sicut autem in diebus Noë, ita erit & adventus Filii hominis.*

38. *Sicut enim erant in diebus ante diluvium comedentes, & bibentes; nubentes, & nuptui tradentes, usque ad eum diem, quo intravit Noë in arcam;*

39. *Et non cognoverunt donec venit diluvium, & tulit omnes: ita erit & adventus Filii hominis.*

37. Et il arrivera à l'avénement du Fils de l'homme, ce qui arriva au tems de Noé.

38. Car comme les derniers jours avant le déluge les hommes mangeoient, & buvoient; se marioient, & marioient leurs enfans, jusqu'au jour que Noé entra dans l'arche;

39. Et qu'ils ne connurent le *moment du* déluge que lorsqu'il survint, & emporta tout le monde: ainsi arrrivera-t'il à l'avénement du Fils de l'homme.

COMMENTAIRE.

dire qu'il n'avoit pas sur cela une expérience, ou une science expérimentale. Il le connoissoit bien spéculativement, mais non par expérience. C'est ainsi qu'on explique comment JESUS pouvoit croître en sagesse, en vertu, & même en connoissance. Ce n'étoit pas sans doute qu'il acquît de nouvelles habitudes de science, de vertu, ou de sagesse: mais il en faisoit tous les jours de nouvelles épreuves; il en pratiquoit de jour en jour de nouveaux actes. Il en étoit de même de cette science, qui avoit pour objet le jour du Jugement.

D'autres (a) disent que JESUS-CHRIST ignoroit en un certain sens, ce qu'il ne jugeoit pas à propos de nous découvrir. Il l'ignoroit pour nous. Il vouloit que nous l'ignorassions: il vouloit réprimer en cela nôtre vaine curiosité. On dit quelquefois dans l'Ecriture que Dieu fait, ce qu'il permet simplement; ou même ce qu'il prédit, ou ce qu'il fait prédire. C'est en ce sens qu'il endurcit, qu'il ferme les yeux, & les oreilles, qu'il appesantit le cœur des méchans. Ainsi l'on peut dire en cette sorte qu'il ignore ce qu'il nous fait ignorer, ou ce qu'il ne permet pas que nous connoissions, & que nous ne pouvons connoître que par son moyen. Saint Paul disoit à peu près de même; (b) *Qu'il ne savoit parmi ses Disciples que Jesus crucifié;* c'est-à-dire, qu'il ne leur donnoit point d'autre leçon que celle-là. On peut choisir parmi ces diverses explications, qui sont proposées par les Peres, & par les Commentateurs.

℣. 37. SICUT IN DIEBUS NOE. *Il arrivera à l'avénement du Fils de l'homme, ce qui arriva au tems de Noé.* Le déluge surprit les hommes, lorsqu'ils y pensoient le moins: ainsi la ville de Jérusalem sera tout d'un

(a) *Vide si placet, Origen. & Chrysost. hic. & Aug. lib. 83. Quæst. qu. 61. & lib. 1. de Trinit. c. 12. & lib. de Genesi contra Manich. c. 23. Greg. l. 8. Registri Ep. 42. Ieron. Bedam, Theophyl. hic. Ambros. in Luc. l. 8. Novit sibi, nescit mihi.*

(b) 1. *Cor.* II. 2.

40. *Tunc duo erunt in agro: unus assumetur, & unus relinquetur.*

40. Alors de deux hommes qui seront dans un champ, l'un sera pris, & l'autre laissé.

41. *Duæ molentes in mola: una assumetur, & una relinquetur.*

41. De deux femmes qui moudront à un moulin, l'une sera prise, & l'autre laissée.

COMMENTAIRE.

coup enveloppée par ses ennemis, & les Juifs surpris par les Romains, au moment qu'ils se croyoient le plus en sûreté.

℣. 40. DUO ERUNT IN AGRO, UNUS ASSUMETUR, &c. *De deux hommes qui seront dans un champ, l'un sera pris, & l'autre sera laissé.* Ils travailleront à leur ordinaire aux travaux de la campagne; l'ennemi tout d'un coup tombera sur eux: l'un se sauvera, & l'autre sera pris. (*a*) Cela marque ce qu'il a dit d'abord, une grande sécurité de la part des Juifs, & une irruption subite des ennemis, qui ne laissera pas aux Juifs le loisir de s'entre-secourir. Chacun se sauvera comme il pourra; ainsi qu'il arrive dans les terreurs paniques, & soudaines. Plusieurs anciens entendent ceci de la Prédestination, & de la Réprobation. (*b*)

℣. 41. DUÆ MOLENTES. *De deux femmes qui moudront à un moulin, l'une sera prise, & l'autre laissée.* Les femmes comme les hommes, vaqueront sans inquietude à leurs travaux: l'ennemi les y surprendra. De deux servantes qui travailleront ensemble à tourner la meule, pour moudre le grain dans la maison de leur maître, l'une se sauvera, & l'autre sera prise. Nous avons déja remarqué plus d'une fois que les moulins d'alors étoient fort differens de ceux d'aujourd'hui. Des esclaves enfermées dans une espéce de prison, étoient occupées à moudre le grain à force de bras, & à l'écraser sous des meules, qu'elles tournoient elles-mêmes. C'étoit l'occupation des plus malheureux, & des plus viles esclaves de l'un, & de l'autre sexe. (*c*)

Plusieurs anciens manuscrits Grecs & Latins, (*d*) & quelques Peres ajoûtent en cet endroit ces paroles, qui sont prises de saint Luc: (*e*) *Deux personnes seront couchées sur un même lit; l'une sera prise, & l'autre sera laissée.* Mais le Sauveur dans saint Luc dit ceci dans une autre occasion, quoiqu'il parlât comme ici de la destruction de Jérusalem, ou de la fin du monde.

(*a*) *Chrysost. homil.* 78.
(*b*) *Ieronym. hic. Ambros. l.* 8. *in Luc. Hilar. hic.*
(*c*) *Vide Exod.* XI. 5. *Isai.* XLVII. 2. *Judic.* XVI. 21. *Homer. Odyss.* XX.
(*d*) *Ita Cantab. Stephan.* B. *cod. Leicestr. Sax. Heb. Munst. & Tilii. Codd. Latini multi. Chrys. Hilar. Juvenc.*
(*e*) *Luc.* XVII. 34.

42. *Vigilate ergo, quia nescitis quâ horâ Dominus vester venturus sit.*

43. *Illud autem scitote, quoniam si sciret paterfamilias, quâ horâ fur venturus esset, vigilaret utique, & non sineret perfodi domum suam.*

44. *Ideò & vos estote parati: quia quâ nescitis horâ, Filius hominis venturus est.*

45. *Quis, putas, est fidelis servus, & prudens, quem constituit dominus suus super familiam suam, ut det illis cibum in tempore?*

46. *Beatus ille servus, quem cùm venerit dominus ejus, invenerit sic facientem.*

42. Veillez donc, parce que vous ne savez pas à quelle heure vôtre Seigneur doit venir.

43. Car sachez que si le pere de famille étoit averti de l'heure, à laquelle le voleur doit venir; il est sans doute qu'il veilleroit, & qu'il ne laisseroit pas percer sa maison.

44. Tenez-vous donc aussi vous autres toûjours prêts; parce que le Fils de l'homme viendra à l'heure que vous ne pensez pas.

45. Qui est le serviteur fidéle, & prudent, que son maître a établi sur tous ses serviteurs, pour leur distribuer dans le tems leur nourriture?

46. Heureux ce serviteur, si son maître à son arrivée le trouve agissant de la sorte.

COMMENTAIRE.

℣. 43. SI SCIRET PATER FAMILIAS QUA HORA, &c. *Si le pere de famille étoit averti de l'heure à laquelle le voleur doit venir.* Le Grec à la lettre: (*a*) *S'il savoit dans quelle veille de la nuit.* On sait que les Juifs partageoient alors la nuit en quatre veilles. (*b*) JESUS-CHRIST recommande ici à ses Disciples une attention continuelle à tout ce qu'il leur a dit, afin qu'ils ne se laissent pas surprendre, & qu'ils ne soient pas enveloppez dans la disgrace des Juifs.

℣. 45. QUIS, PUTAS, EST FIDELIS SERVUS, ET PRUDENS, &c. *Qui est le serviteur fidéle, & prudent, que son maître a établi sur tous ses serviteurs.* Dans les grandes maisons où il y avoit beaucoup d'esclaves, le maître donnoit l'intendance à l'un d'eux sur ses conserviteurs, afin qu'il veillât sur leur conduite, qu'il réglât leurs travaux, & qu'il leur distribuât la nourriture, par mois, par jour, ou par semaine. C'étoit d'ordinaire celui des serviteurs, qui étoit reconnu pour le plus sage, le plus fidéle, & le plus attaché aux interêts de son maître. Cet emploi lui tenoit lieu de récompense. Tel étoit Eliézer dans la maison d'Abraham, Joseph dans celle de Pharaon. Les Romains appelloient *Dispensator*, celui qui étoit préposé sur ses conserviteurs: & ceux-ci étoient appellez *Vicarii*, ou *Conservi*. La mesure ordinaire du froment, ou du pain qu'on donnoit par jour à un esclave, étoit d'une livre. (*c*)

(*a*) Ποίᾳ φυλακῇ ὁ κλέπτης ἔρχεται.
(*b*) *Matt.* XIV. 25.

(*c*) *Horat Satyr.* 5. *lib.* 1. *Rogabat. Denique cur umquam fugisset, cui satis una Farris libra foret, tenui sic, tamque pusillo.*

47. *Amen dico vobis, quoniam super omnia bona sua constituet eum.*

48. *Si autem dixerit malus servus ille in corde suo: Moram facit dominus meus venire;*

49. *Et cœperit percutere conservos suos; manducet autem, & bibat cum ebriosis:*

50. *Veniet dominus servi illius, in die quâ non sperat, & horâ quâ ignorat:*

51. *Et dividet eum, partemque ejus ponet cum hypocritis, illic erit fletus, & stridor dentium.*

47. Je vous dis en vérité, qu'il l'établira sur tous ses biens.

48. Mais si ce serviteur est méchant, & que disant en son cœur: Mon maître n'est pas prêt de venir,

49. Il se mette à battre ses compagnons, & à manger, & à boire avec des yvrognes:

50. Le maître de ce serviteur viendra au jour qu'il ne s'y attend pas, & à l'heure qu'il ne sait pas:

51. Il le séparera, & lui donnera pour partage *d'être puni* avec les hypocrites. C'est-là qu'il y aura des pleurs, & des grincemens de dents.

COMMENTAIRE.

℣. 51. DIVIDET EUM, PORTIONEMQUE EJUS PONET CUM HYPOCRITIS. *Il le séparera, & lui donnera pour partage d'être puni avec les hypocrites.* Le pere de famille séparera de sa compagnie, & retranchera de son emploi ce serviteur qui aura abusé de son autorité. Au lieu du premier rang qu'il lui avoit donné au dessus de ses conserviteurs, il le traitera comme on traite les serviteurs fugitifs, infidéles, trompeurs, perfides; car c'est ce qu'on doit entendre sous le nom d'*hypocrites* en cet endroit. Saint Luc lit: Il le rangera avec les serviteurs infidéles, (a) *Cum infidelibus.* Il le jettera dans une affreuse prison, *où il y aura des pleurs, & des grincemens de dents.* Il y souffrira tout ce que son insolence, & son infidélité meritent. (b)

Quelques uns (c) traduisent: (d) *Il le coupera par le milieu du corps.* C'étoit, dit-on, un supplice assez commun dans l'Orient. Daniel dit à un des anciens qui avoient condamné Susanne: (e) *L'Ange du Seigneur te coupera par le milieu.* L'Auteur de l'Epître aux Hébreux (f) fait allusion à ce supplice, en parlant, comme l'on croit, du genre de la mort d'Isaïe.

D'autres: (g) *Il le fera mourir.* Il séparera son ame du corps. Dans le Texte Hébreu, le verbe *séparer*, ou diviser, se prend quelquefois dans le sens de faire mourir. *Allez*, dit le Seigneur à Moyse, (h) *dites au*

(a) *Luc* XII 46.
(b) *Vide Ieronym. Auth. Oper. imperfect. Euthym. Mald.*
(c) *Montan. Tremel. Hammond. ex Tertull. Apolog. c. 3. Camero, alii.*
(d) Καὶ διχοτομήσει αὐτόν.
(e) *Dan* XIII 54.
(f) *Heb* XI 37.
(g) *Mald. Beza. Schmit. alii.*
(h) *Exod.* XIX. 24.

peuple de ne pas approcher de la montagne, de peur que je ne le divise. Et lorsque l'Auteur sacré parle de la mort d'Oza, il dit, (*a*) *Que le Seigneur sépara Oza.* Mais il y a une chose, qui renverse ces explications ; c'est qu'après que le Fils de Dieu a dit que le maître divisera son mauvais serviteur, il ajoûte qu'il le mettra avec les esclaves infidéles dans un cachot, où il y aura des pleurs, & des grincemens de dents. Il suppose donc qu'il sera encore vivant ; à moins qu'on ne prenne cette seconde partie dans un sens figuré, pour dire qu'il le jettera dans l'enfer, où il demeurera dans la douleur, & dans le désespoir.

CHAPITRE XXV.

Paraboles des dix Vierges, & du Maître qui distribuë des sommes à ses serviteurs, pour les faire profiter. Jugement de Dieu auquel assisteront les bons, & les méchans. Oeuvres de miséricordes faites, ou refusées à JESUS-CHRIST *dans la personne de ses membres.*

℣. 1. *TUnc simile erit Regnum Cælorum decem virginibus : quæ accipientes lampades suas, exierunt obviam sponso, & sponsæ.*

℣. 1. ALors le Royaume des Cieux sera semblable à dix vierges, qui ayant pris leurs lampes, s'en allerent au-devant de l'époux, & de l'épouse.

COMMENTAIRE.

℣. 1. SIMILE ERIT REGNUM COELORUM, &c. *Le Royaume des Cieux sera semblable à dix vierges, qui ayant pris leurs lampes, s'en allerent au devant de l'époux, & de l'épouse.* (*b*) Cette parabole est une suite du Chapitre précédent. JESUS-CHRIST y exhorte ses Disciples à la vigilance, dans l'attente du jour terrible de son dernier avenement, dont la ruine de Jérusalem étoit la figure. Il dit que *le Royaume des Cieux est semblable à dix vierges qui vont au devant de l'époux ;* c'est-à-dire, que les Fidéles qui sont dans l'Eglise, (*c*) doivent être dans une attention semblable à celle d'une troupe de vierges, qui sont sorties de

(*a*) 2. *Reg.* VI. 8.

(*b*) Le Grec lit simplement : *Au devant de l'époux.* Ἐξῆλθον εἰς ἀπάντησιν τοῦ νυμφίου. La plûpart des Manuscrits lisent de même, & on ne voit pas par les Commentaires d'Origénes, de saint Hilaire, de saint Jérôme, de saint Chrysostome, que ces Peres y ayent lû le nom *de l'épouse.*

(*c*) *August. Serm. olim* 23. *nunc* 93. *Origen. Ieronym. Mald. alii hic.*

leurs maisons pour aller au devant d'un époux, qui amene chez lui sa nouvelle épouse. Comme l'Eglise est composée de bons, & de mauvais, d'élûs, & de réprouvez: il y a ici des vierges sages, & des vierges folles. L'Epoux est JESUS-CHRIST, l'Epouse est l'Eglise; le jour de son arrivée dans sa maison, est le jour du Jugement.

Pour bien comprendre le sens de la parabole, il est bon de considerer quelle étoit autrefois la coutume des nôces, à laquelle JESUS-CHRIST fait ici allusion. L'époux alloit chercher son épouse, & l'amenoit dans sa maison, ordinairement pendant la nuit, & en grande solemnité. C'étoit-là la conclusion de la cérémonie du mariage. Quand on l'amenoit d'une ville à une autre, les filles de la ville où elle venoit, alloient au devant d'elle par honneur, avec des lampes allumées: c'est ce que font ici nos dix vierges. Outre cela l'épouse amenoit avec elle ses compagnes, & ses suivantes, selon sa qualité, & sa condition. Ces usages se voyent presque chez tous les Orientaux encore aujourd'hui. (*a*) Nous lisons dans les Livres des Maccabées, (*b*) ce qui arriva dans les nôces d'un homme puissant, nommé Jambri, qui amenoit chez lui une épouse qu'il avoit prise à Médaba. Hésiode (*c*) décrivant la pompe d'un mariage, dit qu'on voyoit sur un char magnifique, des personnes qui conduisoient une épouse à son époux. L'air retentissoit des chants de réjoüissance: la lumiere des flambeaux portez par les serviteurs, éclatoit fort. L'épouse étoit précédée par des Dames d'une excellente beauté. Stace represente un mariage, où les neuf Muses se trouverent avec des lampes. *Sylv. lib.* I.

Demigrant Helicone Deæ, quatiuntque novenâ,
Lampade solemnem thalamis coëuntibus ignem.

En Perse l'épouse est suivie d'une longue suite de serviteurs, & de filles, avec des flambeaux.

ACCIPIENTES LAMPADES SUAS. *Elles prirent leurs lampes.* Ailleurs on prenoit des flambeaux, ou des fallots de bois gras, & enduits d'une matiere combustible. Chez les Hébreux, on prenoit des lampes, disent les Rabbins; & il en étoit de même parmi les Ismaëlites, ou les Arabes. (*d*) Mais ces lampes étoient fort differentes des nôtres: & il faut éclaircir cet endroit, parce que dans la supposition que ç'ait été des lampes ordinaires, on n'entend pas bien ce qui est dit ci après, que les vierges folles ayant pris leurs lampes, ne prirent pas de l'huile avec elles; & que voyant que leurs lampes s'éteignoient, elles en demanderent à emprunter à leurs compagnes.

C'étoit de ces lampes, ou fallots à l'antique, que l'on entretenoit avec de l'huile, que l'on portoit avec soi dans un vase, & que l'on répandoit

(*a*) Chardin, voyage de Perse, pag. 263. & Cotovic, voyage de Jérusalem, ch. 9. & plusieurs autres.

(*b*) 1. *Maccab.* IX. 37.

(*c*) *Hesiod. Scut. Hercul* v. 271.

(*d*) *Selden. Uxor. Hebr* l. 2. c. 1.

2. *Quinque autem ex eis erant fatuæ, & quinque prudentes.*

2. Il y en avoit cinq d'entr'elles qui étoient folles, & cinq sages.

COMMENTAIRE.

dessus à mesure. Gallonius (a) les décrit ainsi : C'étoient des vases de terre, ou de fer, (b) larges & ouverts par enhaut de la largeur d'une palme, ou de quatre pouces, ou un peu plus, & finissant en pointe par le bas ; & entez dans un morceau de bois, qui servoit de manche, par où on les tenoit. On mettoit dans ces vases une matiere inflammable avec de l'huile, ou autre chose, pour entretenir le feu, & la lumiere. On trouve encore des restes de ces lampes dans les ruines de la ville de Rome. M. Bernier (c) dit que les Grands de la Cour du Mogol, vont à la tente du Roi pendant la nuit, à la lueur des flambeaux : *Mais ces flambeaux ne sont pas de cire, comme les nôtres. Ceux des Indiens durent très-long-tems ; ce n'est qu'un fer emmanché dans un bâton, au bout duquel on entoure du vieux linge, qu'on arrose d'huile de tems en tems. C'est le porte flambeau qui l'arrose d'un vase d'airain, ou de fer blanc à long col, rempli d'huile, qu'il porte toûjours à la main.*

Voilà quelles étoient les lampes de nos vierges. Les vierges sages avoient eu soin d'emplir d'huile leurs vases, prévoyant que l'époux pourroit tarder à venir. Les vierges folles se contenterent d'une petite quantité d'huile, qui fut bien-tôt usée ; & leurs lampes n'étant pas suffisamment arrosées, s'éteignirent bien-tôt. Je pense que les lampes de ces soldats de Gédéon, (d) étoient de la même sorte que celles de ces vierges. C'étoient des espéces de fallots, enveloppez de vieux linge, sur lequel on jettoit de l'huile à mesure qu'il brûloit, pour y entretenir le feu, & la lumiere ; des lampes ordinaires n'auroient pû servir aux usages à quoi celles-ci étoient destinées. Comment auroient-elles pû demeurer allumées dans l'agitation d'un combat, & d'une poursuite des ennemis pendant la nuit? Comment les porter à la campagne, exposées au vent, à la pluye, au danger d'en répandre l'huile ? Ajoûtez que la lueur n'en est pas assez forte, pour briller dans une grande cérémonie, comme celle dont parle ici Jesus-Christ ; ou dans une affaire, comme celle de Gédéon.

℣. 2. Quinque autem ex eis erant fatuæ, et quinque prudentes. *Il y en avoit cinq d'entr'elles qui étoient folles, & cinq qui étoient sages.* La folie, & la sagesse en cet endroit, marquent plûtôt

(a) *Gallonius de Cruciatib. Martyr. c. 6.*
(b) *Columell. l. XVIII. c. 18. Vasa vinaria quæ demissa sunt humi ferratis lampadibus ardentibus calefiunt.*
(c) Bernier, Lettre 2. à M. de Merville, pag. 34.
(d) *Judic.* VII. 16.

3. *Sed quinque fatuæ, acceptis lampadibus, non sumpserunt oleum secum.*

3. Les cinq qui étoient folles, ayant pris leurs lampes, ne prirent point d'huile avec elles.

4. *Prudentes verò acceperunt oleum in vasis suis cum lampadibus.*

4. Les sages au contraire, prirent de l'huile dans leurs vases, avec leurs lampes.

5. *Moram autem faciente sponso, dormitaverunt omnes, & dormierunt.*

5. Et l'époux tardant à venir, elles s'assoupirent toutes, & s'endormirent.

6. *Mediâ autem nocte clamor factus est: Ecce sponsus venit, exite obviam ei.*

6. Mais sur le minuit on entendit un grand cri: Voici l'époux qui vient; allez au-devant de lui.

COMMENTAIRE.

l'imprudence, ou la prudence; la prévoyance, ou la négligence. L'huile qui manque aux vierges folles, est la foi, la charité, les bonnes œuvres, la vigilance. (*a*) Les vierges folles n'ont qu'une foi mourante, une charité languissante; leur attention n'est ni continuelle, ni persévérante. Les lampes, marquent la foi; (*b*) les vierges folles l'ont reçuë, aussi-bien que les sages: mais elles n'y ont pas joint la charité, ni les bonnes œuvres.

℣. 5. MORAM AUTEM FACIENTE SPONSO, DORMITAVERUNT. *L'époux tardant à venir, elles s'assoupirent toutes, & s'endormirent.* Le retardement de l'époux, marque que son second avenement n'est pas proche. Le sommeil des dix vierges peut désigner leur mort. (*c*) Il peut aussi signifier cette vie, où les bons, & les méchans vivent dans un état d'ignorance, & d'incertitude sur le tems du second avenement de JESUS-CHRIST, & de leur propre mort. Mais il y a entr'eux cette difference, que les Justes, quoi qu'ils ne soient pas toûjours actuellement occupez de cet objet, ne sont toutefois jamais sans crainte; ils conservent toûjours la foi, & la charité; ils vivent dans la pratique des bonnes œuvres: quoiqu'ils semblent endormis, ils sont toûjours prêts à partir, & à allumer leurs lampes. Au lieu que les méchans vivent dans une entiere sécurité, sans attention sur le présent, sans crainte sur l'avenir, & dans une négligence totale sur leurs devoirs.

℣. 6. MEDIA AUTEM NOCTE CLAMOR FACTUS EST. *Sur le minuit on entendit un grand cri: Voici l'époux qui vient.* Cette nuit marque l'incertitude où nous sommes du moment de la venuë du Fils de Dieu. (*d*) Il nous appellera, & il viendra lorsque nous y penserons le

(*a*) *Chrysost. Theophyl. Euthym. Origen. Hilar. Ieronym. Auth. Oper. imperfect.*

(*b*) *Orig. Hilar. Ieron. Author Oper. imperfect. August. Serm. 93. nov. edit. olim 23.*

(*c*) *Hilar. & Chrysost. hic. Aug. Ep. olim 120 c. 32. nunc 140.*

(*d*) *Ieronym. Theophyl. Beda. Hilar. hic. Aug. Ep. 120. nunc 140. Greg. homil. 12 in Evang.*

7. *Tunc surrexerunt omnes virgines illæ, & ornaverunt lampades suas.*

8. *Fatuæ autem sapientibus dixerunt: Date nobis de oleo vestro: quia lampades nostræ extinguuntur.*

9. *Responderunt prudentes, dicentes: Ne fortè non sufficiat nobis & vobis, ite potiùs ad vendentes, & emite vobis.*

10. *Dum autem irent emere, venit sponsus: & quæ paratæ erant, intraverunt cum eo ad nuptias, & clausa est janua.*

11. *Novissimè verò veniunt & reliquæ virgines, dicentes: Domine, Domine; aperi nobis.*

7. Aussi-tôt toutes ces vierges se leverent, & préparerent leurs lampes.

8. Mais les folles dirent aux sages: Donnez nous de vôtre huile, parce que nos lampes s'éteignent.

9. Les sages leur répondirent: De peur que ce que nous en avons ne suffise pas pour nous, & pour vous; allez plûtôt à ceux qui en vendent, & achetez-en ce qu'il vous en faut.

10. Mais pendant qu'elles alloient en acheter, l'époux vint; & celles qui étoient prêtes entrerent avec lui aux nôces, & la porte fut fermée.

11. Enfin les autres vierges vinrent aussi, & lui dirent: Seigneur, Seigneur, ouvreznous.

COMMENTAIRE.

moins. Quelques Anciens (*a*) prenoient ceci à la lettre, & croyoient que le Fils de Dieu viendroit au milieu de la nuit. Saint Jérôme dit que c'étoit l'opinion des Juifs, que le Messie devoit venir pendant la nuit; d'où est venuë, dit-il, la tradition Apostolique, qui défend de congédier le peuple avant minuit, aux veilles de la nuit de Pâque, parce qu'on attend la venuë du Seigneur jusqu'à minuit. *Le grand bruit* qu'on entendit à la venuë de l'époux, est le même qui a été marqué au Chapitre précédent, (*b*) par le son de la trompette, qui doit se faire entendre à l'avenement du Seigneur. (*c*)

℣. 9. Ite potius ad vendentes. *Allez plûtôt à ceux qui en vendent.* Saint Hilaire (*d*) dit qu'en l'autre vie nous ne devons faire aucun fond sur le mérite des autres, mais uniquement sur nos bonnes œuvres: *Alienis scilicet operibus ac meritis neminem adjuvandum.* Chacun sera jugé, selon ce qu'il aura fait de bien, ou de mal: *Neque possunt in die judicii aliorum virtutes, aliorum vitia sublevare*, dit saint Jérôme. Saint Augustin (*e*) croit que la réponse des vierges sages est une ironie: *Non consulentium, sed irridentium est ista responsio.*

℣. 10. Dum autem irent emere, venit sponsus. *Pendant qu'elles alloient en acheter, l'époux vint.* Cela marque les regrets inutiles,

(*a*) *Vide Chrysost. Euthym. Ieronym. hic.*

(*b*) *Matth. XXIV. 31. Confer 1. Thess. IV. 15. & 1. Cor. XV.*

(*c*) *Ita PP. Origen. Chrysost. Auth. Oper. imperf. Ieronym. Euthym. Theophyl. Aug. Ep. 140. nov. Edit.*

(*d*) *Hilar. hic; & ita & Chrysost. homil. 79.*

(*e*) *August. serm. 93. olim 23.*

12. *At ille respondens ait : Amen dico vobis, nescio vos.*	12. Mais il leur répondit : Je vous dis en vérité, que je ne vous connois point.
13. *Vigilate itaque, quia nescitis diem, neque horam.*	13. Veillez donc, parce que vous ne savez ni le jour, ni l'heure.
14 *Sicut enim homo peregrè proficiscens, vocavit servos suos, & tradidit illis bona sua.*	14. Car *le Seigneur* agit comme un homme, qui devant faire un long voyage hors de son pays, appella ses serviteurs, & leur mit son bien entre les mains.

COMMENTAIRE.

& les désirs infructueux des méchans, au jour terrible du Jugement de Dieu. La pénitence qui se fait à la mort, n'est pas toûjours inutile; la miséricorde de Dieu n'est attachée à aucun moment : il peut sauver en tout tems. Le bon Larron à la croix, eut le bonheur de connoître, & de confesser Jesus-Christ. Mais l'Eglise, & les Saints ont toûjours eu pour fort suspecte la conversion de ceux, qui ne reviennent à Dieu qu'au moment de leur mort, & qui ne quittent le péché, que lorsque les objets de leur cupidité les abandonnent. Et combien y en a-t'il qui sont surpris par la mort, avant qu'ils ayent pensé à retourner à Dieu? *Dum autem irent emere, venit sponsus.*

℣. 12. Nescio vos. *Je ne vous connois point.* Vous n'êtes point de ma nôce; vous êtes des étrangeres, qui n'avez rien fait ni pour moi, ni pour mon épouse. Je ne vous connois point d'une connoissance d'amitié, de bienveillance, d'approbation. *Sufficit virginibus pro pœna, quod ignorantur à sponso*, dit saint Jérôme sur cet endroit.

℣. 14. Sicut enim homo peregre proficiscens. *Le Seigneur agit comme un homme, qui devant faire un long voyage, mit son bien entre les mains de ses serviteurs.* C'est une nouvelle parabole, qui a beaucoup de conformité avec la précédente, par rapport au but que le Fils de Dieu se propose dans l'une, & dans l'autre. Il nous apprend ici que chacun de nous rendra compte au Jugement de Dieu, de tout ce qu'il aura reçû de lui, tant des graces intérieures, que des dons extérieurs; des moyens qu'il a eu en main pour sa sanctification; des emplois qui lui ont été confiez; des personnes dont il a été chargé, & en un mot, de toutes ses actions, & de toute sa conduite. Saint Luc (*a*) nous raconte une parabole, à peu près semblable à celle-ci : mais elle fut proposée par nôtre Seigneur dans une autre occasion; & il y a même dans celle-là des circonstances, qui sont toutes differentes de celles-ci.

Cet homme qui entreprend un voyage, est Jesus-Christ, qui en mon-

(*a*) *Luc.* XIX. 11.

15. *Et uni dedit quinque talenta, alii autem duo; alii verò unum, unicuique secundùm propriam virtutem, & profectus est statim.*

15. Et ayant donné cinq talens à l'un, deux à l'autre, & un à l'autre, selon la capacité différente de chacun d'eux, il partit aussi-tôt.

COMMENTAIRE.

tant au Ciel, a privé l'Eglise de sa presence corporelle. (*a*) Ses serviteurs sont tous les fidéles, & plus particulierement les Apôtres, & les Pasteurs qui leur ont succédé dans le ministere Apostolique. (*b*) Les talens qu'il leur confie, qu'il veut qu'ils fassent profiter, & dont il leur demandera compte, sont les dons naturels du corps, & de l'esprit; les graces intérieures & surnaturelles; les talens de la science, de l'éloquence; les charges, les emplois, les dignitez; en un mot, tout ce que Dieu nous donne pour être employé à son service, à sa gloire, & à nôtre sanctification.

On peut aussi l'expliquer d'une maniere plus litterale, & qui me paroît aller plus directement au but de nôtre Seigneur, qui est de montrer aux Juifs, que le mépris qu'ils font de ses instructions, & des veritez qu'il leur prêche, sera la cause de leur reprobation. Les serviteurs fidéles & diligens, qui font profiter les talens de leur maître, sont les Apôtres, & ceux d'entre les Juifs, qui eurent le bonheur de croire en Jesus-Christ. Le mauvais serviteur qui cache l'argent de son Maître, & qui n'en fait aucun profit, marque les Juifs endurcis, & infidéles, qui n'ayant pas connu le tems de leur visite, & de leur bonheur, ont négligé d'écouter l'Evangile, & d'en faire profit. Ces malheureux sont rejettez, comme serviteur inutiles, qui ne sont bons à rien, de viles, de chétives, d'indignes esclaves; ils sont chassez de la maison de leur Seigneur, & exclus de la salle de son festin. La parabole des dix mines distribuées à dix serviteurs, & racontée dans saint Luc XIX. 11. est dans le même dessein que celle ci.

℣. 15. Unicuique secundum propriam virtutem. (*c*) *Selon la capacité differente de chacun d'eux.* Anciennement plusieurs maîtres faisoient profiter leurs biens par les mains de leurs esclaves. Ils les employoient chacun, selon sa capacité, sa portée, son mérite, sa fidélité: ils les faisoient travailler à la terre, ou à des métiers, ou à la marchandise, & au commerce, ou à cent autres choses, où l'industrie, & le travail peuvent faire profiter l'argent. (*d*) Le maître dont il s'agit ici

(*a*) *Orig. Ieron. Beda, Auth. Oper. in perf.*
(*b*) *Chrysost. Ieronym. Beda. Euthym. Theo Phyl. Maldon. hîc. Ambros. in Luc. XIX. Et alii plerique.*
(*c*) Κατὰ τὴν ἰδίαν δύναμιν.

(*d*) *Petron. Trimalcion. Postquam cœpi plus habere, quàm tota patria mea habet, manum de tabula: sustuli me de negotiatione, & cœpi libertos fœnerare.* C'est-à-dire, je leur ai donné de l'argent à rente, afin qu'ils en fissent profit.

ayant

16. *Abiit autem qui quinque talenta acceperat, & operatus est in eis, & lucratus est alia quinque.*

17. *Similiter & qui duo acceperat, lucratus est alia duo.*

18. *Qui autem unum acceperat, abiens fodit in terram, & abscondit pecuniam domini sui.*

16. Celui donc qui avoit reçû cinq talens, s'en alla ; il trafiqua avec cet argent, & il en gagna cinq autres.

17. Celui qui en avoit reçû deux, en gagna de même encore deux autres.

18. Mais celui qui n'en avoit reçû qu'un, alla creuser dans la terre, & y cacha l'argent de son maître.

COMMENTAIRE.

ayant un voyage à faire, & ne pouvant veiller par soi-même au détail de ses affaires ; distribuë tout son argent à ses esclaves, afin qu'ils lui en rendent du profit. Dans la conduite que Dieu tient à l'égard de ses Ministres, on remarque à peu près la même économie. Il leur donne à chacun son talent, & leur demande compte de l'usage qu'ils en ont fait. (*a*)

Mais il y a cette difference entre les maîtres ordinaires, & le souverain Pere de famille ; que celui-ci est auteur & des graces qu'il fait, & des dispositions naturelles, ou surnaturelles qu'il met dans ceux qu'il employe, & du bon usage qu'ils en peuvent faire : au lieu que les maîtres ordinaires trouvent l'industrie, la fidélité, la sagesse, ou les supposent dans ceux à qui ils confient leur argent. Dieu pour marquer d'une maniere plus sensible sa toute-puissance, se plaît à mettre en œuvre des instrumens, qui paroissent peu propres à ses desseins, afin que l'homme ne se glorifie pas. Il a choisi ce que le monde a de plus foible, pour confondre ce qu'il avoit de plus fort. Il a pris ce que le monde estimoit de moins sage, pour confondre la fausse prudence des sages. (*b*) C'est lui qui donne aux Ministres, qu'il a placez de sa main, les secours, & les lumieres proportionnées à leurs besoins ; & c'est ce qui est marqué ici par ces mots : *Secundum propriam virtutem.* Chacun de nous a reçû de Dieu son talent ; chacun a son compte à rendre. Nul ne peut dire : Je n'ai rien reçû ; je ne dois rien. Nous devons tout à Dieu, parce que nous avons tout reçû de sa main. (*c*)

℣. 16. QUI QUINQUE TALENTA ACCEPERAT, LUCRATUS EST ALIA QUINQUE. *Celui qui avoit reçû cinq talens, en gagna cinq autres.* On mérite l'augmentation des graces, & des dons de Dieu, par le bon usage que l'on en fait. (*d*) Ceux sur tout qui travaillent à la conversion, & au salut des ames, méritent que Dieu leur en donne une sur-

(*a*) 1 Cor. XII. 4. 5. & seq. *Divisiones gratiarum sunt. . . . & divisiones ministeriorum sunt, . . . & divisiones operationum sunt ; idem autem Deus qui operatur omnia in omnibus.*

(*b*) 1. Cor. I. 27.

(*c*) *Vide Chrysost. homil. 79. in Matth. Greg. homil. 9. in Matth.*

(*d*) *Auth. Oper. imperf. Mald. alii.*

19. *Post multum verò temporis venit dominus servorum illorum, & posuit rationem cum eis.*

19. Long-tems après, le maître de ces serviteurs étant revenu, leur fit rendre compte.

20. *Et accedens qui quinque talenta acceperat, obtulit alia quinque talenta, dicens: Domine, quinque talenta tradidisti mihi, ecce alia quinque superlucratus sum.*

20. Et celui qui avoit reçû cinq talens, vint lui en presenter cinq autres, en lui disant: Seigneur, vous m'aviez mis cinq talens entre les mains; en voici, outre ceux-là, cinq autres que j'ai gagnez.

21. *Ait illi Dominus ejus: Euge serve bone, & fidelis, quia super pauca fuisti fidelis, super multa te constituam, intra in gaudium Domini tui.*

21. Son maître lui répondit: O bon & fidéle serviteur, parce que vous avez été fidéle en peu de chose, je vous établirai sur beaucoup *d'autres*: entrez dans la joye de vôtre Seigneur.

22. *Accessit autem & qui duo talenta acceperat, & ait: Domine, duo talenta tradidisti mihi, ecce alia duo lucratus sum.*

22. Celui qui avoit reçû deux talens, vint aussi se presenter à lui, & lui dit: Seigneur, vous m'aviez mis deux talens entre les mains; en voici, outre ceux-là, deux autres que j'ai gagnez.

23. *Ait illi Dominus ejus: Euge, serve bone, & fidelis, quia super pauca fuisti fidelis, super multa te constituam, intra in gaudium Domini tui.*

23. Son maître lui répondit: O bon & fidéle serviteur, parce que vous avez été fidéle en peu de chose, je vous établirai sur beaucoup *d'autres*: entrez dans la joye de vôtre Seigneur.

COMMENTAIRE.

abondance, lorsqu'ils en usent fidélement pour son service.

℣. 18. ABSCONDIT PECUNIAM DOMINI SUI. *Il cacha dans la terre l'argent de son Maître.* Il ne l'employe ni à la gloire de son Maître, ni au salut de ses freres, ni à sa propre sanctification. Il reçoit en vain la grace de son Dieu; (*a*) il étouffe le feu que JESUS-CHRIST est venu apporter sur la terre: il cache la lumiere sous le boisseau; il ravit à son Dieu la gloire qui lui est dûë; & à son prochain, le secours qu'il lui doit. C'est une impiété, c'est une cruauté d'être inutile aux autres, lorsqu'on peut leur être utile, dit saint Augustin: (*b*) *Nulli prodesse impium & crudele est.* Le Pere de famille ne condamna pas son serviteur, comme frauduleux, comme voleur, comme dissipateur; mais simplement comme paresseux. *Non enim damnavit servum qui intervertit quod accepit; sed qui non erogavit.* Quelle sera la peine d'un dissipateur, si un négligent est puni de cette sorte? *Intelligatur pœna interversoris, ex pœna pigri.* Dieu est avare de nôtre salut.

℣. 21. INTRA IN GAUDIUM DOMINI TUI. *Entrez dans la joye de*

(*a*) 2. *Cor.* VI. 1.

(*b*) *August. Enarrat. in Psalm.* XCIX.

24. *Accedens autem & qui unum talentum acceperat, ait : Domine, scio quia homo durus es : metis ubi non seminasti, & congregas ubi non sparsisti :*

24. Celui qui n'avoit reçû qu'un talent, vint ensuite, & lui dit : Seigneur, je sai que vous êtes un homme dur, que vous moissonnez où vous n'avez point semé, & que vous recueillez où vous n'avez rien mis :

25. *Et timens, abii, & abscondi talentum tuum in terra : ecce habes quod tuum est :*

25. C'est pourquoi, comme je vous appréhendois, j'ai été cacher vôtre talent dans la terre ; le voici, je vous rends ce qui est à vous.

26. *Respondens autem dominus ejus dixit ei : Serve male, & piger, sciebas quia meto ubi non semino, & congrego ubi non sparsi :*

26. Mais son maître lui répondit : Serviteur méchant, & paresseux, vous saviez que je moissonne où je n'ai point semé, & que je recueille où je n'ai rien mis.

27. *Oportuit ergo te committere pecuniam meam numulariis, & veniens ego recepissem utique quod meum est cum usura.*

27. Vous deviez donc mettre mon argent entre les mains des banquiers, afin qu'à mon retour je retirasse avec usure ce qui est à moi.

COMMENTAIRE.

vôtre Seigneur. Ou plûtôt, *dans le festin*, dans la nôce. C'est le sens du mot *joye*, en cet endroit. Dans l'Hébreu les fêtes, les repas, sont quelquefois simplement nommez *joyes*, ou réjoüissances. (*a*) Cela est opposé à ce qui est dit du mauvais serviteur, qu'il sera exclus du festin, chassé de la maison, exposé nud aux injures de l'air, & au froid de la nuit : *In tenebras exteriores*. ℣. 30.

℣. 24. SCIO QUIA HOMO DURUS ES. *Je sai que vous êtes un homme dur, que vous moissonnez où vous n'avez point semé.* C'est une mauvaise excuse de ce serviteur paresseux, qui rejette sur la prétenduë dureté de son maître, la négligence qu'il a euë de faire profiter le talent qu'il lui avoit mis en main. Le Fils de Dieu ne s'attache pas à détruire cette mauvaise raison, parce que quand elle subsisteroit, elle ne serviroit qu'à augmenter la faute de celui qui s'en sert. Voyez le ℣. 27. Voyez aussi Luc XIX. 22. *De ore tuo te judico, serve nequam*. Dieu ne nous demande pas ce qu'il ne nous a pas donné ; mais il veut qu'on lui rende un compte exact de tout ce qu'on a reçû, dit saint Bernard. (*b*) *De solo tibi credito talento respondere para, securus de reliquo... Totum da, quia totum repetendus es, usque ad novissimum quadrantem : sed sanè quod habes, non quod non habes.*

℣. 27. OPORTUIT ERGO TE COMMITTERE PECUNIAM MEAM

(*a*) שמחה *Vide Genes.* XXXI. 27. 1. *Par* XXIX. 22. *Esther.* IX. 19. *Le Clerc, Pisc. Scult.*

(*b*) *Bernard. Ep.* 101.

28. *Tollite itaque ab eo talentum, & date ei qui habet decem talenta.*

29. *Omni enim habenti dabitur, & abundabit : ei autem qui non habet, & quod videtur habere, offeretur ab eo.*

28. Qu'on lui ôte le talent qu'il a, & qu'on le donne à celui qui a dix talens.

29. Car on donnera à tous ceux qui ont *déja*, & ils seront comblez de biens ; mais pour celui qui n'a point, on lui ôtera même ce qu'il semble avoir.

COMMENTAIRE.

NUMULARIIS. *Vous deviez donc mettre mon argent entre les mains des banquiers, afin qu'à mon retour je retirasse ce qui est à moi avec usure.* Si l'on prend ici *l'usure* dans la rigueur, il faut dire que JESUS-CHRIST fait raisonner ce pere de famille, suivant tous les faux principes que son mauvais serviteur lui imputoit. Tu dis que je suis un homme dur, impitoyable, cruel, avare, usurier ; que ne faisois-tu donc au moins profiter mon argent, en le prêtant à usure ? Il ne convient pas ni que le maître soit cruel & avare, ni qu'il approuve l'usure : Mais il veut confondre ce mauvais serviteur par sa propre réponse. On peut dire aussi que ces *banquiers* à qui ce serviteur devoit donner l'argent de son maître pour le faire profiter, sont de simples changeurs, (*a*) qui partageoient avec le prêteur, le gain qu'ils faisoient dans le change. Enfin comme les Hébreux se croyoient l'usure permise envers les étrangers, (*b*) on peut croire que ces changeurs ne prêtoient à usure qu'à des étrangers ; ainsi l'usure étoit tolerée à leur égard. Mais sans presser les termes de la parabole sur ce sujet, il est visible que le but du Sauveur est de nous apprendre, que nous ne devons rien négliger pour faire valoir les graces que Dieu nous a faites en quelque état que nous soyons, soit pour nôtre propre perfection, ou pour le salut, & l'avantage de nos freres. Les Peres (*c*) qui entendent par ce talent la parole de Dieu, expliquent l'usure du profit qu'elle produit dans ceux qui l'écoutent.

℣. 28. TOLLITE ITAQUE AB EO TALENTUM. *Qu'on lui ôte le talent qu'il a, & qu'on le donne à celui qui a dix talens.* Dieu retire ses graces de ceux qui les négligent, ou qui n'en font pas l'usage qu'il demande, (*d*) & il les donne à d'autres. Les Juifs ont refusé la grace de l'Evangile, JESUS-CHRIST l'a communiquée aux peuples Gentils. Combien de personnes appellées à un état saint, comblées d'abord de graces, & de lumieres, ont fait naufrage dans la foi, & sont tombez dans les plus grands désordres ? pendant que Dieu en tire d'autres du milieu des désordres, & qui étoient des vaisseaux d'ignominie, pour en faire des vases de

(*a*) Vide sup. Matth. XXII. 12.
(*b*) Deut. XXIII. 20.
(*c*) Origen. Hilar. Chrysost. Ieronym.
(*d*) Vide Chrysost. hic, homil. 79.

30. *Et inutilem servum ejicite in tenebras exteriores : illic erit fletus, & stridor dentium.*	30. Et qu'on jette ce serviteur inutile dans les ténébres extérieures. C'est-là qu'il y aura des pleurs, & des grincemens de dents.
31. *Cùm autem venerit Filius hominis in majestate sua, & omnes Angeli cum eo, tunc sedebit super sedem majestatis suæ :*	31. Or quand le Fils de l'homme viendra dans sa majesté, accompagné de tous ses Anges, il s'asseyera sur le trône de sa gloire,
32. *Et congregabuntur ante eum omnes gentes, & separabit eos ab invicem, sicut pastor segregat oves ab hædis :*	32. Et toutes les nations étant assemblées devant lui, il séparera les uns d'avec les autres, comme un berger sépare les brebis d'avec les boucs.

COMMENTAIRE.

gloire. Judas se corrompt à la suite de JESUS-CHRIST, saint Paul se convertit en persécutant JESUS-CHRIST. Au jour du Jugement dernier, qui est désigné dans la parabole, par le tems auquel le maître fait rendre compte à ses serviteurs, le Seigneur n'ôtera pas aux méchans les graces dont ils ont abusé ; mais il donnera aux Justes la gloire dont les méchans se sont rendus indignes par leur paresse, & qu'ils auroient pû acquerir par leur fidelité.

℣. 30. SERVUM INUTILEM. *Un serviteur inutile.* Un esclave qui ne sert à rien, ne vaut rien ; & un esclave qui ne vaut rien, est un méchant esclave. Son maître ne l'a acheté, que pour le servir, & pour en tirer du profit. Le terme d'*inutile*, se prend souvent dans l'Ecriture (*a*) dans le sens *de mauvais.* Ici il peut marquer un serviteur qui n'a point de zéle pour le service, & pour les intérêts de son maître. Voyez saint Luc XVII. 10. Ciceron *lib. 2. de offic.* appelle un mauvais citoyen, un citoyen inutile : *Seditiosum, & inutilem civem C. Norbanum in judicium vocavit.*

℣. 31. IN MAJESTATE SUA. *Dans sa majesté.* Le Grec (*b*) *Dans sa gloire.* Et de même un peu après : *Il s'asseyera sur le trône de sa gloire ;* au lieu *du trône de sa majesté.*

℣. 32. CONGREGABUNTUR ANTE EUM OMNES GENTES *Toutes les nations étant assemblées devant lui*, il séparera comme un berger les boucs d'avec les brebis, les bons d'avec les méchans, les prédestinez d'avec les réprouvez. Ce Texte est formel pour le Jugement de tous les hommes généralement ; toutefois quelques Anciens (*c*) fondez sur un autre Texte, (*d*) qui porte : *Celui qui ne croit point est déja jugé*, ont douté si tous les hommes, payens & Chrétiens, devoient paroître en jugement.

(*a*) Voyez *Matt.* XII. 36. *Job.* XV. 16. *Psalm.* XIII. 3. LII. 4. *Prov.* VI. 12. *Eccli.* XV. 20 *Mich.* II. 1. *&c.*

(*b*) Ἐν τῇ δόξῃ αὐτοῦ.... ἐπὶ θρόνου τῆς δόξης αὐτοῦ.

(*c*) *Vide Origen. hic. in Matth. & Euthym.*

(*d*) *Johan.* III. 18.

33. *Et statuet oves quidem à dextris suis; hædos autem à sinistris.*	33. Et il placera les brebis à sa droite, & les boucs à sa gauche.

COMMENTAIRE.

L'Eglise s'est déterminée au premier sentiment, & les Théologiens expliquent le passage de saint Jean, en disant que ceux qui ne croyent point sont déja jugez; c'est-à-dire, que leur condamnation est si certaine, qu'il n'est pas besoin de les juger de nouveau, ni d'examiner leur cause. Il suffit qu'ils soient infidéles, pour être condamnez. Béde distingue quatre ordres de personnes au Jugement dernier: Les uns jugeront, & ne seront pas jugez; ce sont les Apôtres à qui le Fils de Dieu a promis (*a*) qu'ils seroient assis avec lui pour juger les douze Tribus d'Israël. Les autres ne jugeront pas, & ne seront pas jugez; parce que l'arrêt de leur condamnation est deja prononcé; ce sont les impies, & les infidéles. Les troisiémes seront jugez, mais ne jugeront pas; ce sont les simples Fidéles, qui ont crû, & pratiqué l'Evangile. Enfin, les quatriémes ne jugeront pas, mais seront jugez, & condamnez; ce sont les mauvais Juifs qui ont vêcu avant JESUS-CHRIST, & les mauvais Chrétiens qui ont vêcu depuis la prédication de l'Evangile, & qui ont deshonoré par leur vie la sainteté de leur créance.

La maniere dont le Fils de Dieu s'exprime ici, fait croire que l'assemblée de ce Jugement se tiendra en un certain lieu. Quelques Anciens (*b*) ont crû que ce seroit dans la vallée de Josaphat; & c'est un sentiment fort commun, & fort populaire aujourd'hui. Il est fondé sur ce passage de Joël: (*c*) *J'assemblerai toutes les nations, & je les conduirai dans la vallée de Josaphat, & j'entrerai avec elles en jugement, sur l'injuste conduite qu'elles ont gardée envers mon peuple.* Le souverain Juge sera assis sur le mont des Oliviers, suivant cette parole de Zacharie: (*d*) *Le Seigneur marchera contre ces nations, comme en un jour de combat, & ses pieds s'arrêteront sur la montagne des Oliviers, &c.* & les peuples seront au pied de la même montagne, dans la vallée de Josaphat, ainsi qu'on le vient de dire.

D'autres (*e*) veulent que ce Jugement se fera sur le Calvaire. Saint Paul (*f*) dit que les Elûs s'éleveront dans l'air, & iront au-devant de JESUS-CHRIST, lorsqu'il viendra juger la terre. Origénes (*g*) a crû que les nations s'assembleroient sur toute la terre; & si elles doivent se trouver au Jugement avec leurs corps, comme il n'en faut pas douter, il faudra sans doute

(*a*) *Matth.* XIX. 28.
(*b*) *Ieronym. in Joël.* III. 2. *Albert Remig. Haim. Lyran. Vat. Sa. Jans. Tir. alii passim.*
(*c*) *Joel.* III. 1.
(*d*) *Zach.* XIV. 4.
(*e*) *Vide Hilar. can.* 23. *in Matt.* XXIV. *seu* XXV. *in nov Edit. Ita & in c.* XXVIII. *n.* 2.
(*f*) 1. *Thessal.* IV. 16.
(*g*) *Origen. homil.* IX. *in divers. loc.*

34. *Tunc dicet Rex his, qui à dextris ejus erunt: Venite, benedicti Patris mei, possidete paratum vobis regnum à constitutione mundi.*

34. Alors le Roi dira à ceux qui seront à sa droite: Venez, vous qui avez été benis par mon Pere, possedez le Royaume qui vous a été préparé dès le commencement du monde.

35. *Esurivi enim, & dedistis mihi manducare: sitivi, & dedistis mihi bibere: hospes eram, & collegistis me:*

35. Car j'ai eu faim, & vous m'avez donné à manger: j'ai eu soif, & vous m'avez donné à boire: j'ai eu besoin de logement, & vous m'avez logé:

36. *Nudus, & cooperuistis me: infirmus, & visitastis me: in carcere eram, & venistis ad me.*

36. J'ai été nud, & vous m'avez revêtu: j'ai été malade, & vous m'avez visité: j'étois en prison, & vous m'êtes venu voir.

37. *Tunc respondebunt ei justi, dicentes: Domine, quando te vidimus esurientem, & pavimus te; sitientem, & dedimus tibi potum?*

37. Alors les Justes lui répondront: Seigneur, quand est-ce que nous vous avons ûavoir faim, & que nous vous avons donné à manger; ou avoir soif, & que nous vous avons donné à boire?

38. *Quando autem te vidimus hospitem, & collegimus te: aut nudum, & cooperuimus te?*

38. Quand est-ce que nous vous avons vû sans logement, & que nous vous avons logé; ou nud, & que nous vous avons revêtu?

COMMENTAIRE.

un très-grand espace pour les contenir. S. Jérôme sur le ℣. 27. dit qu'il est ridicule de croire que l'on trouvera le Sauveur dans un lieu resserré & caché, lui qui est la lumiere de tout le monde. *Stultum est eum in parvo loco, vel abscondito quærere, qui totius mundi lumen sit.* Je ne répondrois pas que la vallée de Josaphat dans Joël, marquât un endroit particulier de la Palestine. Les Géographes anciens n'en ont point connu de ce nom. *Josaphat* signifie le Jugement de Dieu. La vallée de Josaphat est celle en général, où Dieu exercera ses jugemens.

℣. 34. POSSIDETE PARATUM VOBIS REGNUM. *Possedez le Royaume qui vous a été préparé dès le commencement du monde.* Le Grec: (a) *Héritez du Royaume;* possedez-le comme les héritiers du Pere, & les cohéritiers du Fils, ce Royaume qui vous a été mérité par la mort de JESUS-CHRIST, prédestiné d'une maniere purement gratuite dès avant le commencement du monde, & que vous avez mérité par vos bonnes œuvres: *Car j'ai eu faim, & vous m'avez donné à manger, &c.* Par ce dénombrement le Fils de Dieu nous montre le mérite des œuvres de miséricorde.

℣. 38. Ce verset manque dans quelques anciens exemplaires Grecs. (b)

(a) Κληρονομήσατε τὴν ἡτοιμασμένην ὑμῖν βασιλείαν, &c.

(b) Voyez les Variétez de Leçons de M. Il.

39. *Aut quando te vidimus infirmum, aut in carcere, & venimus ad te?*

40. *Et respondens Rex, dicet illis: Amen dico vobis, quamdiu fecistis uni ex his fratribus meis minimis, mihi fecistis.*

41. *Tunc dicet & his, qui à sinistris erunt: Discedite à me, maledicti, in ignem aternum, qui paratus est Diabolo, & Angelis ejus.*

42. *Esurivi enim, & non dedistis mihi manducare: sitivi, & non dedistis mihi potum.*

39. Et quand est-ce que nous vous avons vû malade, ou en prison, & que nous vous sommes venus visiter?

40. Et le Roi leur répondra: Je vous dis en vérité qu'autant de fois que vous l'avez fait à l'égard d'un de ces plus petits de mes freres, c'est à moi-même que vous l'avez fait.

41. Il dira ensuite à ceux qui sont à la gauche: Retirez-vous de moi, maudits, allez au feu éternel, qui avoit été préparé pour le Diable, & pour ses Anges,

42. Car j'ai eu faim, & vous ne m'avez pas donné à manger: j'ai eu soif, & vous ne m'avez pas donné à boire:

COMMENTAIRE.

℣. 41. In ignem æternum, qui paratus est Diabolo, et Angelis ejus. *Allez au feu éternel, qui avoit été préparé pour le Diable, & pour ses Anges.* Il ne dit pas comme au verset 34. *Qui vous est destiné dès le commencement du monde*; parce que le feu éternel, & la damnation n'ont jamais été de son premier dessein. C'est en quelque sorte malgré lui qu'il a créé l'enfer pour y punir les Anges rebelles, & les hommes pécheurs. (a) C'est par la seule malice du Démon que la mort est entrée dans le monde (b) Dieu ne se plaît point dans la perte des méchans. (c) Les pécheurs s'attirent la mort, & les supplices (d) par leurs crimes, & leur malice. Nul ne périt, que celui qui veut périr. Jesus-Christ punit les méchans par un feu, & un feu éternel; non un feu chymérique, ou allégorique, & passager; mais un feu réel, corporel, qui ne s'éteindra jamais. Le supplice des méchans ne recevra ni fin, ni diminution: il agira éternellement & sur leurs ames, & sur leurs corps; parce que leur malice ne changera point, & que leur obstination demeurera inflexible.

℣. 42. Esurivi enim, &c. *Car j'ai eu faim, & vous ne m'avez pas donné à manger* Que peuvent esperer dans l'autre vie les méchans qui vivent dans le crime, puisque ceux qui n'ont pas fait le bien, seront condamnez au supplice eternel? *Quam enim spem habere possunt, qui mala faciunt; quando illi perituri sunt, qui bona non faciunt?* dit saint Augustin. (e)

(a) *Origen. Chrysost. Theophyl. Euthym. Mald.*
(b) *Sap. II. 24.*
(c) *Sap. I. 13.*
(d) *Sap. I. 16.*
(e) *Aug. Serm. olim 38. nunc append. 77.*

CHAPITRE

43. *Hospes eram, & non collegistis me: nudus, & non cooperuistis me: infirmus, & in carcere, & non visitastis me.*

43. J'ai eu besoin de logement, & vous ne m'avez pas logé: j'ai été sans habits, & vous ne m'avez pas revêtu: j'ai été malade, & en prison, & vous ne m'avez pas visité.

44. *Tunc respondebunt ei & ipsi, dicentes: Domine, quando te vidimus esurientem, aut sitientem, aut hospitem, aut nudum, aut infirmum, aut in carcere, & non ministravimus tibi?*

44. Alors ils lui répondront aussi: Seigneur, quand est-ce que nous vous avons vû avoir faim, ou avoir soif, ou sans logement, ou sans habits, ou malade, & dans la prison; & que nous avons manqué à vous assister?

45. *Tunc respondebit illis, dicens: Amen dico vobis, quamdiu non fecistis uni de minoribus his, nec mihi fecistis.*

45. Mais il leur répondra: Je vous dis en vérité qu'autant de fois que vous avez manqué à rendre ces assistances à l'un de ces plus petits, vous avez manqué à me les rendre à moi-même.

46. *Et ibunt hi in supplicium aeternum: justi autem in vitam aeternam.*

46. Et *alors* ceux-ci iront dans le supplice éternel, & les Justes dans la vie éternelle.

CHAPITRE XXVI.

Derniere Pâque de nôtre Seigneur. Les Prêtres cherchent les moyens d'arrêter JESUS. *Il mange chez Simon le Lépreux. Une femme répand un parfum sur ses pieds. Murmure de Judas, sa trahison, derniere Céne. Eucharistie. Agonie de* JESUS *dans le jardin. Il est pris, conduit chez Caïphe, accusé, condamné. Renoncement de saint Pierre.*

℣. 1. *ET factum est, cùm consummasset Jesus sermones hos omnes, dixit Discipulis suis:*

2. *Scitis quia post biduum Pascha fiet, & Filius hominis tradetur, ut crucifigatur.*

℣. 1. JESUS ayant achevé tous ces discours, dit à ses Disciples:

2. Vous savez que la Pâque se fera dans deux jours; & le Fils de l'homme sera livré, pour être crucifié.

COMMENTAIRE.

℣. 2. SCITIS QUIA POST BIDUUM PASCHA FIET. *Vous savez que la Pâque se fera dans deux jours.* JESUS ayant passé le Mercredi tout le jour dans le Temple, se retira sur le soir au mont des Oliviers, où il avoit accoûtumé de passer la nuit. (*a*) C'est sur cette

(*a*) *Luc.* 21. 37. Ἦν δὲ τὰς ἡμέρας διδάσκων ἐν τῷ ἱερῷ, τὰς δὲ νύκτας ἐξερχόμενος ηὐλίζετο εἰς τὸ ὄρος τὸ καλούμενον ἐλαιῶν.

3. *Tunc congregati sunt Principes Sacerdotum, & Seniores populi in atrium Principis Sacerdotum, qui dicebatur Caïphas :*

3. Au même tems les Princes des Prêtres, & les Anciens du peuple s'assemblérent dans la salle du Grand-Prêtre, appellé Caïphe ;

COMMENTAIRE.

montagne qu'il dit à ses Apôtres tout ce que nous lisons dans les Chapitres XXIV. & XXV. C'est au même endroit, & immédiatement après, c'est-à-dire, assez tard, qu'il leur dit que dans deux jours étoit la Pâque, c'est-à-dire, le Vendredi suivant : (*a*) car c'est ainsi que l'entend M. Toynard, que nous nous sommes proposez de suivre dans l'harmonie des Evangélistes. Son systême sauve toutes les difficultez, & concilie admirablement saint Jean avec saint Matthieu, ainsi qu'on le verra dans toute la suite de ce Commentaire, & comme on l'a deja pû voir dans l'histoire suivie, & harmonique des quatre Evangiles, qui est à la tête de ce Tome.

℣. 3. TUNC CONGREGATI SUNT PRINCIPES SACERDOTUM. *Au même tems les Princes des Prêtres, & les Anciens du peuple s'assemblerent.* Le soir du Mercredi, & après que JESUS-CHRIST se fut retiré hors de la ville. C'est la tradition constante de l'Eglise, qui pendant plusieurs siécles a jeûné ce jour-là, (*b*) pour marquer son horreur du complot des Juifs. *Les Princes des Prêtres* sont ou les Chefs des familles Sacerdotales, ou les premiers d'entre les Prêtres, ou ceux qui avoient possédé la souveraine Sacrificature ; car depuis Hérodes cette suprême dignité n'étoit plus à vie. *Les Anciens du peuple*, sont les Magistrats de la Ville, ou les principaux membres du *Sanhédrin*, ou du Sénat de Jérusalem. Le Grec, & le Syriaque ajoûtent : (*c*) *Et les Scribes* ; ce qui est conforme à S. Luc, (*d*) & à S. Marc : (*e*) mais ces mots ne se trouvent pas dans un grand nombre d'Exemplaires manuscrits de S. Matthieu. (*f*)

IN ATRIUM PRINCIPIS SACERDOTUM. *Dans la salle du Grand-Prêtre, appellé Caïphe*, ou *dans son parvis*, dans sa cour. Les Evangélistes (*g*) se servent ordinairement du mot *Aulé*, pour marquer la cour du Grand-Prêtre. C'étoit un endroit vaste & découvert, où se trouva toute cette grande assemblée. *Caïphe*, ou *Caïaphe*, ou *Joseph*, comme il est nom-

(*a*) *Vide Victorem Antiochen. & Apollinar. apud Toynard. in Notis ad Harmon. p. 151. & Præfat. Chron. Alex.* Voyez aussi le P. Lami, & Vecchietti, Grot. Euthy. Théophylacte, &c.

(b) On continua à le jeûner, & à garder l'abstinence ce jour-là, jusques vers le neuviéme siécle. Voyez le Traité des Jeûnes du Pere Thomassin.

(*c*) *Καὶ οἱ γραμματεῖς.*

(*d*) *Luc* XXII. 2.

(*e*) *Marc.* XIV. 1.

(*f*) *Var. Lect. Mill.*

(*g*) *Αὐλή. Matth.* XXVI. 58. XXVI. 69. Ὁ δὲ Πέτρος ἔξω ἐκάθητο ἐν τῇ αὐλῇ. *Marc.* XIV. 54. Ἕως ἔσω εἰς τὴν αὐλήν. *Vide &* 66. *&* XV. 16. *Luc.* XI. 21. XXII. 55. Ἁψάντων δὲ πῦρ ἐν μέσῳ αὐλῆς.

4. *Et consilium fecerunt, ut Jesum dolo tenerent, & occiderent.*	4. Et tinrent conseil ensemble pour trouver moyen de se saisir adroitement de Jesus, & de le faire mourir.
5. *Dicebant autem : Non in die festo, ne fortè tumultus fieret in populo.*	5. Et ils disoient : Il ne faut point que ce soit pendant la fête, de peur qu'il ne s'excite quelque tumulte parmi le peuple.

COMMENTAIRE.

mé par l'Historien Juif, (*a*) avoit acheté la charge de Grand-Prêtre de Valérius Gratus, prédécesseur de Pilate. Il fut dépossédé par Vitellius, après avoir exercé la grande Sacrificature pendant dix ans.

℣. 5. Non in die festo. *Il ne faut pas que ce soit pendant la Fête, de peur qu'il ne s'excite quelque tumulte parmi le peuple.* Ils disoient qu'il ne falloit pas attendre la fête de Pâque ; mais qu'il falloit la prévenir, & se saisir promtement de Jesus ; la nuit même, ou le lendemain, ou enfin le Vendredi, & avant que toute la multitude fût assemblée dans la Ville. *Non in die festo*, ni pendant la fête, ni au milieu du peuple, mais quand il sera seul. Ils savoient que Jesus étant à Jérusalem, ou aux environs, ne manqueroit pas de venir selon sa coûtume, (*b*) le lendemain au Temple ; & qu'alors ils pourroient l'arrêter, & le faire condamner promtement avant l'arrivée de la multitude, qui regardoit Jesus comme le Messie, ou du moins comme un Prophéte. Mais le Sauveur qui savoit leur résolution, & qui étoit maître de tous les momens de sa vie, ne parut point le lendemain dans le Temple. Il vint seulement dans la Ville sur le soir, pour faire son dernier repas avec ses Apôtres. Les délibérations des Juifs qui vouloient arrêter J. C. ne pouvoient regarder que les jours d'avant la Pâque, ou le jour même de la fête ; car immédiatement après la fête, la plûpart des pelerins s'en retournoient, & il étoit hors de propos de délibérer si on arrêteroit alors Jesus, puisqu'on ignoroit s'il demeureroit après la fête. Il s'en retournoit d'ordinaire avec les autres en Galilée. Jérusalem n'étoit point sa demeure. Ce sentiment qu'on vient de proposer, est suivi par un assez bon nombre de Commentateurs : (*c*) mais il ne se peut soûtenir dans la supposition que Jesus-Christ soit mort le jour même de la fête de Pâque ; autrement les Juifs auroient agi en cela contre leur propre résolution. Aussi saint Chrysostome, (*d*) Théophylacte, & quelques autres croyent que les Juifs ayant trouvé l'occasion de le saisir par le moyen du traître Judas, ne jugérent pas à propos de la manquer. Ils changerent donc de résolution ; & le firent mourir le jour même de la fête.

(*a*) *Joseph. Antiq. l. 18. c. 3.*
(*b*) *Luc. XXI. 37.*
(*c*) *Mald. Belg. alii plures.*
(*d*) *Chrysost. Homil. 79. Theophyl. hic.*

6. *Cùm autem Jesus esset in Bethania, in domo Simonis Leprosi,*	6. Or Jesus étant en Béthanie, dans la maison de Simon le Lépreux,

COMMENTAIRE.

Plusieurs autres (*a*) croyent que les Juifs n'avoient envie d'arrêter Jesus-Christ qu'après la fête. Ce sentiment a grand nombre de défenseurs; mais je ne vois pas comment on le peut soûtenir : car si c'eût été là leur dessein, pourquoi ne pas garder Jesus en prison, jusqu'après l'octave de Pâque? D'ailleurs quelle assurance avoient-ils qu'il demeureroit à Jérusalem jusqu'après la fête, puisque plusieurs s'en retournoient dès le second jour, ou dès le lendemain de la premiere fête de Pâque?

On dit que les Juifs attendoient les jours de fête, pour faire mourir les criminels; (*b*) mais cela doit s'entendre des jours qui précédoient, ou qui suivoient les fêtes. Car pour les jours mêmes de fête, il est certain qu'ils ne supplicioient personne. (*c*) On voit dans les Actes (*d*) que saint Jacques fut mis à mort quelques jours avant Pâque, & qu'Hérodes vouloit faire mourir aussi saint Pierre quelques jours après la fête; & les Talmudistes (*e*) enseignent que Jesus fils de Pandir, c'est nôtre Seigneur Jesus-Christ, fut mis à mort à Diospolis la veille de la Pâque. Nous sommes persuadez que les Prêtres, & les Pharisiens exécutérent leur dessein de faire mourir Jesus-Christ avant la Pâque, & l'Evangile l'insinuë assez en cet endroit.

℣. 6. Cum autem esset Jesus in Bethania. *Jesus étant à Béthanie dans la maison de Simon le Lépreux, &c.* Ceci arriva six jours avant Pâque, (*f*) comme le marque expressément S. Jean. (*g*) Les autres Evangélistes le rapportent en cet endroit-ci par récapitulation, (*h*) pour montrer l'avarice de Judas, qui murmure de la dépense d'une boëte de parfum, répanduë sur Jesus-Christ; & parce que ce jour-là Judas prit la résolution de le livrer aux Juifs, qu'il alla trouver les Prêtres pour cela, & qu'il convint avec eux de la somme de trente sicles, qu'ils lui devoient donner. (*i*)

Simon le Lépreux étoit un homme de Béthanie, apparemment bon ami de la famille de Lazare, de Marie, & de Marthe; puisque Lazare que Jesus-Christ avoit ressuscité, étoit du festin, que Marthe y servoit, & que Marie leur sœur répandit un parfum sur la tête de Jesus. Simon

---

(*a*) *Chrysost. loc. citato. Grot. Byna. de morte Christi. l.* 1. *c.* 2. *n.* 29. *alii.*

(*b*) *Pesichta fol.* 75. *Col.* 4. *Rab. Salom. ad Deut.* XVII. 13. *alii.*

(*c*) *Misch. tit. Sanhedrin. c.* 4. 5.

(*d*) *Act.* XII. 34.

(*e*) *Talmud. tract. Sanhedrin.*

(*f*) Le Lundi 29. Mars, 9. de Nisan.

(*g*) *Johan.* XII. 1.

(*h*) *Toynard. Harm. Grot. Hammond alii.*

(*i*) *Vide Johan.* XII. 9. 10. 11. *Luc.* XXII. 3. *Matt.* XXVI. 14. *Marc.* XIV. 10.

7. *Accessit ad eum mulier habens alabastrum unguenti pretiosi, & effudit super caput ipsius recumbentis.*

7. Une femme vint à lui avec un vase d'albâtre, plein d'une huile de parfum de grand prix, qu'elle lui répandit sur la tête, lorsqu'il étoit à table.

COMMENTAIRE.

étoit surnommé *le Lépreux*, ou parce qu'il l'avoit été, ou parce que le surnom lui en étoit venu de quelqu'un de sa famille.

℣. 7. ACCESSIT AD EUM MULIER HABENS ALABASTRUM UNGUENTI. *Une femme vint à lui avec un vase d'albâtre, plein d'une huile de parfum.* Cette femme étoit Marie, sœur de Marthe & de Lazare, comme le marque saint Jean. (*a*) Cette histoire est fort différente de celle qui arriva à Naïm, (*b*) chez Simon le Pharisien, où une femme pécheresse vint oindre les pieds de JESUS. (*c*) Marie apporta un vase *d'albâtre*, c'est-à-dire, d'une certaine espéce de marbre blanc, dans lequel on conservoit les liqueurs précieuses. On voit encore quelques morceaux de ces vases d'albâtre dans les ruines des Palais de Rome. On l'appelloit pierre *d'onyx*, ou pierre *d'albâtre*. Pline dit qu'on la trouvoit aux environs de Thébes d'Egypte, & de Damas en Syrie. (*d*) *Hunc* (*onychem*) *aliqui lapidem alabastritem vocant, quem cavant ad vasa unguentaria, quoniam optimè servare incorrupta dicitur.... Nascitur circa Thebas Ægyptias, & Damascum Syriæ.* On assure que la forme de ces vases étoit ronde, & alloit en s'élargissant par enhaut. Les Grammairiens ont crû qu'ils prenoient le nom *d'albâtre*, de ce qu'ils étoient sans anses. (*e*) Mais il est bien plus naturel de le dériver de l'Arabe *al-batzaron*, (*f*) albâtre. M. Chevreau soûtient qu'en général on appelloit albâtres, tous les vases où l'on mettoit du parfum, de quelque matiere qu'ils fussent. Saint Epiphane dit précisément que celui-ci étoit de verre. La femme en rompit l'ouverture, qui étoit trop étroite, pour en répandre plus aisément la liqueur.

Quant à la coûtume de répandre des parfums sur la tête des conviez dans les festins, elle est connuë dans toute l'Antiquité. Les Hébreux mettoient l'usage des huiles de senteurs, parmi les plus grandes délices. Les Grecs, & les Romains avoient le même usage. (*g*) Martial dit:

Unguentum, fateor, bonum dedisti
Convivis, here; sed nihil scidisti...

(*a*) *Johan.* XII. 3.
(*b*) *Luc.* VII. 37... 50. *Vide Aug. Bedam, alios.*
(*c*) *Vide Ieronym. hic.*
(*d*) *Plin. l.* 36. *c.* 8.
(*e*) *Ἀλάβαστρον, ab alpha privativo, & λάβαι, ansa.*
(*f*) אל-בצרה *Vide Cleric. ad Hamm. hic.*
(*g*) *Martial.* 3. *Epigr.* 12. *Vide Byna. de morte Christi. l.* 1. *c.* 3. *art.* 32

Qui non canat, & ungitur, Fabulle,
Hic verò mihi mortuus videtur.

Saint Matthieu n'a pas exprimé la nature du parfum, que Marie répandit sur JESUS-CHRIST; mais saint Jean, & saint Marc l'ont marquée. Celui-ci (*a*) le nomme : *Nardus spicatus pretiosus*; & saint Jean : (*b*) *Nardus pisticus pretiosus*. Quelques-uns ont crû que le Texte de saint Jean étoit corrompu, & qu'au lieu de *Nardi pistici*, il falloit lire, *Nardi spicati*. Béde a lû de même, & n'a marqué aucune diversité de leçon sur cet endroit. Mais nos Exemplaires Grecs & Latins, imprimez & manuscrits, sont aujourd'hui uniformes, & portent constamment *Nardi pistici*. Quelques-uns (*c*) ont crû que ce nom de *Pisticus*, venoit du Grec *Pistis*, la foi, la sincérité, & qu'il signifioit du nard pur, & sans mélange. *Pura distillant tempora nardo*, dit Tibulle. Mais l'analogie de la langue Grecque demanderoit plûtôt qu'on lût dans le Grec *Nardou pistés*, que *Nardou pisticés*, pour désigner du franc nard. D'autres voudroient qu'on l'expliquât du nard potable. On sait qu'autrefois on a mêlé du nard à la boisson. (*d*) Mais pour appuyer ce sentiment, il faudroit lire *pistés*, & non *Pisticés*. Jean Hartungus lit : *Nardi Opistici*, du nard de la ville d'Opis près de Babylone, & fameuse par ses excellens parfums; ou *Nardi pistici*, du nard de la ville de *Bista*, ou *Pista*, Capitale de Carmanie, ou de la Province de Cabul dans les Indes.

Mais s'il faut recourir à une autre maniere de lire, il n'y a pas de difficulté que la leçon de saint Marc ne soit préferable. (*e*) Le nard en épis, *nardus spicatus*, est connu. On le nomme en François *Spic-nard*. C'est une plante qui vient dans les Indes, qui pousse une tige longue, & mince, & qui a plusieurs épis à fleur de terre. Le plus estimé de tous les nards, est celui qui se fait de l'épi dont on vient de parler. L'autre nommé *Nard de feüilles*, & composé du jus des feüilles de cette plante, l'est beaucoup moins. (*f*)

EFFUDIT SUPER CAPUT IPSIUS RECUMBENTIS. *Elle lui répandit ce parfum sur la tête, lorsqu'il étoit à table.* Saint Marc dit que Marie rompit le vase, & le répandit sur la tête de JESUS; (*g*) & saint Jean, (*h*) qu'elle lui oignit les pieds, & les essuya de ses cheveux Rien de tout cela n'est incompatible. Elle rompit ou le vase, ou son orifice,

---

(*a*) *Marc.* XIV. 3.
(*b*) *Johan.* XII. 3.
(*c*) *Le Clerc hic Vadian. Ep. de Insul. Mar. Medit. apud Hamm. Vat Erasm. Capell. de Dieu.*
(*d*) *Hist. de Bello Hispanico. Ipse de tempore canavit; vinum & nardum identidem sibi infudit.* Æschyle nomme Φάρμακα πιστὰ, ceux qu'on donne à boire; & Χριστὰ, ceux dont on se frotte.
(*e*) *Erasm. Grot Hamm. Brug. Bez. Camero.*
(*f*) *Plin. l.* XII. *c.* 12. *Cacumina nardi in aristas se spargunt, ideò geminâ dote nardi spicas, & folia celebrant.*
(*g*) *Marc* XIV. 3. Συντρίψασα τὸ ἀλάβαστρον κατέχεεν αὐτοῦ κατὰ τῆς κεφαλῆς.
(*h*) *Johan.* XII. 3. *Unxit pedes Jesu.*

8. *Videntes autem Discipuli indignati sunt, dicentes: Ut quid perditio hac?*

8. Ce que ses Disciples voyant, ils s'en fâcherent, & dirent: A quoi bon cette perte?

9. *Potuit enim istud venumdari multò, & dari pauperibus.*

9. Car on auroit pû vendre ce parfum bien cher. & en donner l'argent aux pauvres.

10. *Sciens autem Jesus, ait illis: Quid molesti estis huic mulieri? Opus enim bonum operata est in me:*

10. Mais JESUS sachant ce qu'ils disoient, leur dit: Pourquoi tourmentez-vous cette femme? Ce qu'elle vient de faire envers moi est une bonne œuvre.

11. *Nam semper pauperes habetis vobiscum, me autem non semper habetis.*

11. Car vous aurez toûjours des pauvres parmi vous; mais pour moi, vous ne m'aurez pas toûjours.

12. *Mittens enim hac unguentum hoc in corpus meum, ad sepeliendum me fecit.*

12. Et lorsqu'elle a répandu ce parfum sur mon corps, elle l'a fait en vûë de ma sépulture.

COMMENTAIRE.

ou ce qui le couvroit, (*a*) ou simplement elle remüa (*b*) ce qui étoit dans le vase, répandit sur la tête de JESUS, & oignit ses pieds de ce qui resta au fond du vase. Suidas (*c*) dit que ce vase fut conservé à Constantinople parmi d'autres Reliques que Constantin y amassa. JESUS-CHRIST étoit couché à table, tête nuë, & pieds nuds, comme c'étoit la coûtume.

℣. 8. VIDENTES AUTEM DISCIPULI, INDIGNATI SUNT. *Ce que ses Disciples voyant, ils s'en fâcherent.* Ce fut principalement Judas qui témoigna hautement sa douleur de cette profusion, qu'il regardoit comme une pure perte. (*d*) Quelques autres Apôtres la désapprouvérent aussi intérieurement; (*e*) & peut-être même lâchérent-ils tous quelques paroles de murmure: mais Judas s'en plaignit hautement. *Idem & alii Apostoli senserant*, dit saint Ambroise, (*f*) *sed alio affectu; ille per avaritiam, isti per misericordiam.*

℣. 12. MITTENS ENIM HÆC UNGUENTUM HOC IN CORPUS MEUM, &c. *Lorsqu'elle a répandu ce parfum sur mon corps, elle l'a fait en vûë de ma sepulture.* Elle a voulu m'embaumer par avance, & prévenir ma sépulture. JESUS-CHRIST insinuë par-là que le jour de sa mort étoit proche, & que cette femme sembloit en avoir un pressentiment dans ce qu'elle venoit de faire. Saint Jean fait dire au Sauveur: (*g*) *Lais-*

(*a*) *Vide Hamm. hic. Syr. Cophticam vers. Toynard. not. p.* 149. *Lud. de Dieu, Drus. Grot.*

(*b*) *Hamm hic.* Συντρίβω dans Hesychius, signifie quelquefois agiter, remuer, comme quand on agite une liqueur pour la rendre plus coulante.

(*c*) *Suid. in* Φίερς.

(*d*) *Johan.* XII. 4.

(*e*) *Marc.* XIV. 4. Ἦσαν δὲ τινες ἀγανακτοῦντες πρὸς ἑαυτούς. *Ita Patres plerique.*

(*f*) *Ambros. in Psal.* XL *n.* 3.

(*g*) *Johan.* XII. 7. Ἄφις αὐτὴν, ἵνα εἰς τὴν ἡμέραν τοῦ ἐνταφιασμοῦ μου τηρήσῃ αὐτό.

13. *Amen dico vobis, ubicumque prædicatum fuerit hoc Evangelium in toto mundo, dicetur & quod hæc fecit in memoriam ejus.*

14. *Tunc abiit unus de duodecim, qui dicebatur Judas Iscariotes, ad Principes Sacerdotum:*

15. *Et ait illis: Quid vultis mihi dare, & ego vobis eum tradam? At illi constituerunt ei triginta argenteos.*

16. *Et exinde quærebat opportunitatem, ut eum traderet.*

13. Je vous dis en vérité, que partout où sera prêché cet Evangile; c'est-à-dire, dans tout le monde, on racontera à la loüange de cette femme ce qu'elle vient de faire.

14. Alors l'un des douze, appellé Judas Iscariote, alla trouver les Princes des Prêtres,

15. Et leur dit: Que voulez-vous me donner, & je vous le mettrai entre les mains? Et ils convinrent *de lui donner* trente piéces d'argent.

16. Depuis ce tems-là il cherchoit une occasion favorable, pour le livrer entre leurs mains.

COMMENTAIRE.

sez-la, afin qu'elle le garde pour le jour de ma sépulture. Ou, laissez-la faire, parce qu'elle a ménagé ce parfum pout le jour de ma sépulture. Elle l'a réservé exprès pour me rendre aujourd'hui par avance le devoir que l'on rend aux morts en les embaumant. Il fait l'apologie de la libéralité de Marie, & il dissipe le soupçon qu'on auroit pû concevoir de sa trop grande délicatesse.

℣. 14. TUNC ABIIT UNUS DE DUODECIM, *Alors un des douze, nommé Judas Iscariote, alla trouver les Princes des Prêtres*, & convint avec eux de leur livrer JESUS. Ceci arriva immédiatement après ce souper que JESUS fit chez Simon le Lépreux; (*a*) c'est-à-dire, six jours avant Pâque, ou le Lundi d'avant Pâque, qui commençoit cette année le Vendredi au soir. Ce fut donc ensuite de cette petite mortification qu'il avoit reçûë dans cette rencontre, que Judas se détermina à trahir son Maître.

℣. 15. CONSTITUERUNT EI TRIGINTA ARGENTEOS. *Ils convinrent de lui donner trente piéces d'argent*, ou trente sicles, qui font de nôtre monnoye précisément quarante-huit livres douze sols six deniers. Les trente sicles étoient le prix ordinaire d'un esclave, comme on le voit dans Moyse (*b*) On a montré à Rome, & à Paris deux piéces d'argent, (*c*) que l'on prétendoit être de celles dont nôtre Seigneur avoit été vendu: mais les connoisseurs conviennent que ce sont d'anciennes médailles de Rhodes, marquées de la tête du colosse qui representoit le Soleil; & sur le revers, d'une rose, qui est le symbole de la ville de Rhodes.

(*a*) Chrysost. Theophyl. Euthym. alii.
(*b*) Exod. XXI. 32.
(*c*) Vide Baron. t. 1. Annal. an. 34. & Selden de Jure N. & G. l. 2. c. 8.

℣. 17.

17. *Primâ autem die azymorum accesserunt Discipuli ad Jesum, dicentes: Ubi vis paremus tibi comedere Pascha?*

17. Or le premier jour des azymes, les Disciples vinrent trouver JESUS, & lui dirent : Où voulez vous que nous vous préparions ce qu'il faut, pour manger la Pâque ?

COMMENTAIRE.

℣. 17. PRIMA DIE AZYMORUM. *Le premier jour des azymes les Disciples vinrent trouver Jesus*, pour lui demander où il souhaitoit manger la Pâque. La Paque s'immoloit au Temple le quatorziéme du mois de Nisan sur le soir, c'est-à dire, depuis deux heures après midi jusqu'au coucher du soleil; & elle se mangeoit le même soir, & pendant la nuit, qui étoit le commencement du quinziéme jour de Nisan, lequel étoit proprement la fête de Pâque; (*a*) car on sait que les fêtes des Hébreux commençoient au soir, & finissoient au soir, & se célébroient d'une vêpre à l'autre. (*b*) Pour se disposer à celébrer la Pâque, les étrangers qui venoient à Jérusalem, avoient soin de retenir de bonne-heure une salle, ou une chambre, où ils pussent manger la Pâque, & de la nettoyer auparavant de tout levain par une exacte perquisition. (*c*) Ces chambres se donnoient gratuitement. (*d*) L'eau dont on devoit pêtrir les pains sans levain, devoit être tirée dès la veille, & être reposée douze heures. (*e*) On faisoit les pains sans levain au matin du quatorziéme de Nisan, & on commençoit à en user au soir du même jour, qui commençoit le quinziéme de ce mois, & dans le repas où se mangeoit l'agneau Paschal. Toutes ces remarques sont tirées des livres des Juifs, & on en verra l'application ci-après dans les circonstances particulieres de cette Histoire.

Ce fut donc le Jeudi sur le soir, auquel soir commençoit le quatorziéme de Nisan, que les Disciples vinrent demander à JESUS-CHRIST où il souhaitoit faire la Pâque, afin qu'ils pussent y aller retenir une salle, & nettoyer le lieu du pain levé, en sorte que le lendemain au soir on y pût manger l'agneau de la Pâque. Le lendemain Vendredi quatorziéme de Nisan sur le soir, auquel soir commençoit le quinziéme de Nisan, l'agneau Paschal devoit être immolé, & mangé. *Le premier jour des azymes* en cet endroit, signifie donc, selon Apollinaire, (*f*) le jour de devant les azymes.

(*a*) Voyez *Exod.* XII. 6. 7. *& sequ.*
(*b*) *Levit* XXIII. 32.
(*c*) *Vide Not. Toynard. in Harmon. p.* 87. *&* 149. *col* 1. 151. *& Grot. hic*, *& lib. Pesachim* X. 9. *& Sebachim* V. 8.
(*d*) *Codd. Joma fol.* 12. a. *Gemarr. Megill. fol.* 26. a. *& Glossa ibid.*
(*e*) *Pesachim fol.* 42. a. *Gemarr. cum Orach-Chaimin.* 455.
(*f*) *Apollinarius in Catenâ Gr. in Johan.* XVIII. 28. *in cod. Reg.* 247. *apud Toynard. not. in Harm. p.* 149. *col.* 1.

18. *At Jesus dixit : Ite in civitatem ad quemdam, & dicite ei : Magister dicit : Tempus meum propè est ; apud te facio Pascha cum Discipulis meis.*

19. *Et fecerunt Discipuli sicut constituit illis Jesus, & paraverunt Pascha.*

18. JESUS leur répondit : Allez dans la ville chez un tel, & lui dites : Le maître vous envoye dire : Mon tems est proche ; je viens faire la Pâque chez vous avec mes Disciples.

19. Les Disciples firent ce que JESUS leur avoit commandé, & préparérent *ce qu'il falloit pour* la Pâque.

COMMENTAIRE.

℣. 18. ITE AD CIVITATEM AD QUEMDAM. (*a*) *Allez dans la Ville chez un tel*, dont l'Evangéliste n'a pas jugé à propos de mettre ici le nom ; peut-être aussi que le Sauveur ne le nomma pas, mais qu'il leur dit de suivre un porteur d'eau, qu'ils trouveroient en entrant dans la Ville ; (*b*) & que c'étoit dans la maison où l'on portoit cette eau, qu'il vouloit qu'ils préparassent la salle, pour y faire la Pâque le lendemain. Il y en a (*c*) qui veulent que cet homme, chez qui nôtre Seigneur envoye, étoit S. Jean l'Evangéliste ; ou du moins, que la maison étoit à lui. Mais comment cela pourroit-il être, puisque c'est saint Jean lui-même avec saint Pierre, qui furent envoyez porter la parole de la part de JESUS-CHRIST au maître de cette maison. D'autres (*d*) veulent que ç'ait été la maison de la mere de Jean Marc Disciple des Apôtres, dont il est parlé dans les Actes. (*e*) Mais on ne trouve aucune preuve de ce sentiment chez les Anciens. Il y a toute apparence que JESUS-CHRIST étoit bien connu au maître de cette maison, & que celui-ci se tint fort honoré qu'il eût choisi son logis préférablement aux autres. M. Toynard (*f*) conjecture que l'eau que l'on portoit ainsi le Jeudi au soir, étoit destinée à pêtrir les pains sans levain, qui se devoient faire le lendemain au matin. Les deux Disciples qui furent envoyez pour préparer toutes choses, sont Pierre & Jean, comme le remarque saint Luc. (*g*) On a déja dit que ces logemens pour la Pâque se donnoient gratuitement.

℣. 19. PARAVERUNT PASCHA. *Ils préparérent ce qu'il falloit pour la Pâque*. Ils disposérent la chambre, les tables, les lits de table, la farine, & l'eau pour faire les pains sans levain. Ils purifiérent la salle de tout levain avec la diligence requise, & accoûtumée dans ces occasions. On sait par les livres des Rabbins, & par les Auteurs qui ont parlé des rits, & des coûtumes des Juifs, avec quelle exactitude on faisoit cette

(*a*) Πρὸς τὸν δεῖνα.
(*b*) *Luc.* XXII. 10. *Marc.* XIV. 13.
(*c*) *Nicephor. l.* 1. *c.* 18. *Cedren. alii Græci apud Baron. an.* 34.
(*d*) *Alexander apud Surium* XI. *Junii.*
(*e*) *Act.* XII. 25.
(*f*) *Toynard. not. in harmon. p.* 151.
(*g*) *Luc.* XXII. 8.

20. *Vespere autem facto, discumbebat cum duodecim Discipulis suis.*

21. *Et edentibus illis, dixit: Amen dico vobis, quia unus vestrûm me traditurus est.*

20. Le soir étant donc venu, il se mit à table avec ses douze Disciples.

21. Et lorsqu'ils mangeoient, il leur dit: Je vous dis en vérité que l'un de vous me doit trahir.

COMMENTAIRE.

recherche. Ils purent aussi acheter un agneau, s'ils n'en avoient déja préparé un auparavant: car Moyse (*a*) semble ordonner qu'on le prépare quatre ou cinq jours avant la Pâque.

℣. 20. Vespere autem facto, discumbebat cum Discipulis suis. *Le soir étant donc venu, il se mit à table avec ses douze Disciples.* Jesus étoit demeuré sur le mont des Oliviers pendant tout le jour du Jeudi. Il n'entra à Jérusalem que sur le soir, & après que Pierre, & Jean eurent préparé toutes choses. Le Texte (*b*) porte à la lettre que Jesus étoit couché à table avec ses Disciples. Il y avoit des lits rangez autour de trois côtez de la table, qui étoit quarrée, & oblongue. La partie d'enbas étoit libre, afin qu'on pût servir, & déservir. La place d'honneur étoit en haut au milieu: les conviez étoient couchez, ou appuyez sur le coude, ayant les pieds en dehors, & derriere celui qui étoit au-dessous, & la tête à peu près vers le sein de celui qui étoit au-dessus. C'est ainsi qu'il faut entendre ce qui est dit, (*c*) que saint Jean l'Evangéliste a reposé sur la poitrine du Fils de Dieu. Il étoit à la droite ou à la gauche du Sauveur, & par conséquent sa tête vers son sein, & il étoit par-là à portée de l'interroger en secret, & de lui demander tout bas qui étoit celui qui le devoit trahir.

Moyse (*d*) avoit ordonné de manger l'agneau de la Pâque debout, ceint, chaussé, ayant le bâton à la main, en équipage de voyageur; ce qui est fort different de ce que nous voyons ici. Nous ne croyons pas que ce souper soit celui de la Pâque légale; mais ce n'est pas par la raison qu'on vient de dire. (*e*) Les Juifs (*f*) ne mangent plus la Pâque qu'assis à table; & on ne voit pas l'origine de cette coûtume. Plusieurs (*g*) croyent que ce que Moyse prescrit à cet égard, ne devoit s'observer qu'à la seule premiere Pâque qui se fit avant la sortie de l'Egypte.

℣. 21. Amen dico vobis, quia unus vestrum me tra-

(*a*) *Exod.* XII. 5.

(*b*) Ἀνέκειτο μετὰ τῶν δώδεκα. *Marc.* XIV 18. Ἀνακειμένων αὐτῶν.

(*c*) *Johan.* XIII. 23. 24.

(*d*) *Exod.* XII. 11.

(*e*) S. Chrysost. Théophyl. & quelques autres croyent qu'il mangea d'abord l'agneau pascal debout selon la Loi, & qu'ensuite il prit un souper ordinaire, couché à table.

(*f*) *Vide Pesachim c.* 10. *Halach.* 1. *Buxtorf. Dissert. de Cœna Domini.*

(*g*) *Scalig. l.* 1. *de Emend. temp. Tremel.* & *Pareus ad Matt.* XXVI. 20. &c.

22. *Et contristati valdè cœperunt singuli dicere : Numquid ego sum, Domine ?*

22. Cette parole leur ayant causé une grande tristesse, chacun deux commença à lui dire : Seroit-ce moi, Seigneur ?

COMMENTAIRE.

DITURUS EST. *Je vous dis en vérité que l'un de vous me doit trahir.* JESUS prédit trois fois qu'un de ses Apôtres le devoit trahir. 1°. Au commencement du soûper, comme il est rapporté par saint Matthieu, & par saint Marc. (*a*) 2°. Après qu'il eut lavé les pieds à ses Disciples, comme il est marqué dans saint Jean. (*b*) 3°. Après l'institution de l'Eucharistie, comme saint Luc, & saint Jean le racontent. (*c*) Il étoit important de confirmer ses Apôtres dans la créance que sa mort étoit toute volontaire, & que la trahison de Judas ne lui étoit nullement inconnuë : qu'il auroit pû la prévenir, & l'éviter, s'il l'avoit voulu. (*d*) Quelques Peres (*e*) ont cru qu'il vouloit donner lieu à Judas de se repentir, & de rentrer dans lui-même; il l'épargna jusqu'à la fin, & ne le voulut pas nommer, par un pur effet de sa bonté infinie.

℣. 23. QUI INTINGIT MECUM MANUM IN PAROPSIDE. *Celui qui met la main avec moi dans le plat, me doit trahir.* JESUS dit apparemment cèci dans le même-tems que Judas avoit la main au plat avec lui : ou bien, il jetta un regard vers ce traître, qui lui fit comprendre que c'étoit à lui qu'il en vouloit : Ou enfin, Judas pressé par le remord de sa conscience, sentit que ce reproche ne pouvoit tomber que sur lui ; c'est pourquoi il demanda impudemment au Sauveur, ℣. 25. *Est ce moi, mon Maître ?* JESUS lui répondit tout bas: *C'est vous-même.* En sorte que les autres Apôtres ne purent sçavoir qui c'étoit.

Quelques Anciens (*f*) ont crû que Judas n'avoit point assisté à l'institution de l'Eucharistie ; & qu'aussi-tôt que JESUS l'eut désigné comme celui qui le devoit trahir, il sortit. Saint Hilaire croit qu'il n'acheva pas le souper avec JESUS-CHRIST, & cette opinion est assez commune dans l'antiquité. Mais le commun des Peres, (*g*) & des Théologiens (*h*) croyent que, conformément à ce que dit saint Luc : (*i*) le Sauveur après

(*a*) *Matt. hic, Marc.* XIV. 18.
(*b*) *Johan.* XIII. 18.
(*c*) *Luc.* XXII. 21. *Joan.* XIII. 21.
(*d*) *Vide Maldon. Jans. alios.*
(*e*) *Vide Chrysost. Euthym. Theophyl. Ieron. Bedam.*
(*f*) *Constit. Apost. lib. 5. cap. 13. Innocent III. lib. 4. cap. 11. de Myst. altaris. Hilar. in Matth. cap. 30. Rupert. in Johan. lib.* XII. *& in Matth. lib.* X. *Vide & Theophyl. hic, & Victor. Antioch. ad Marc.* XIV.
(*g*) *Origen. homil. 35. in Matth. Victor. Antioch. in Marc.* XIV. *Cyrill. Jerosol. Cathech. 13. Cyrill. in Johan. l. 9. c. 13. Chrysost. homil. 82. & 83. in Matth. Theodoret. ad 1. Cor.* XI. 23. *Ep. 44. n. 10. Ieron. lib. 2. contra Jovin. &c.*
(*h*) *Abaelard serm. de Pass. Domini Petr. Lombard. l b. 4. sent. dist. 11. Alens. parte 4. qu. 11. D. Thom. sent. 4. dist. 11. art. 2. Soto ad sent. 4. dist. 12. q. 2. art. 2. &c.*
(*i*) *Luc.* XXII. 21.

23. *At ipse respondens, ait: Qui intingit mecum manum in paropside, hic me tradet.*

24. *Filius quidem hominis vadit, sicut scriptum est de illo: vae autem homini illi, per quem Filius hominis tradetur: bonum erat ei, si natus non fuisset homo ille.*

23. Il leur répondit: Celui qui met la main avec moi dans le plat, me doit trahir.

24. Pour ce qui est du Fils de l'homme, il s'en va, selon ce qui a été écrit de lui: mais malheur à l'homme par qui le Fils de l'homme sera trahi: il vaudroit mieux pour lui qu'il ne fût jamais né.

COMMENTAIRE.

avoir institué l'Eucharistie, dit ces paroles: *La main de celui qui me doit trahir, est avec moi dans cette table.* Et que ce discours ayant jetté les Apôtres dans le trouble, comme le dit saint Jean, (*a*) ils se demandoient l'un à l'autre, qui c'étoit qui le devoit trahir. Alors saint Pierre fit signe à saint Jean de demander à JÉSUS, qu'il lui désignât le traître. Il le fit en presentant à Judas un morceau de pain trempé dans la sausse. Ce qui n'empêcha pas que les autres Disciples, voyant Judas sortir aussi-tôt, ne s'imaginassent qu'il alloit acheter ce qui étoit necessaire pour la Pâque.

Plusieurs Anciens (*b*) ont crû que ce morceau de pain trempé, faisoit partie de l'Eucharistie que JESUS-CHRIST, donna à Judas. D'autres, (*c*) qu'en trempant ce pain, il lui ôta la consécration. Mais il est visible, en comparant les Evangélistes les uns avec les autres, que ceci n'arriva qu'après qu'il eut distribué l'Eucharistie à ses Disciples. Origénes sur saint Jean rapporte trois opinions sur la communion de Judas, & il ne se déclare pour aucune des trois. Les uns croyoient que Judas avoit reçû le Corps du Sauveur: D'autres, que sathan l'en avoit empêché: Et enfin il y en avoit d'autres qui croyoient que ce que JESUS-CHRIST donna à ce traître, n'étoit que du pain; au lieu que ce qu'il présentoit aux autres, étoit son Corps.

℣. 24. BONUM ERAT EI, SI NATUS NON FUISSET HOMO ILLE. *C'étoit un avantage pour cette homme, s'il n'étoit point né.* On doit regarder Judas comme un réprouvé. Les Peres traitent sa pénitence de désespoir, & on ne voit dans sa vie, ni dans sa mort aucune marque d'un vrai repentir, ni aucun des caractéres des prédestinez. Toutefois quelques anciens hérétiques, comme les Caïnites, l'honoroient comme un saint, & avoient un Evangile qu'ils lui attribuoient, ainsi que

(*a*) *Joban.* XIII. 21. 22. 23.

(*b*) *Vide Concil. Bracar.* 3 *cap.* 1. 2. *Jul. Papa Ep. ad Episcopos per Ægyp. dist* 2. *de Consecr. cap.* 7. *Burcard. decret.* 5. 1. *Ivo parte* 2. *cap.* 11. *Allat. dist.* 1. *de lib. Grac. &c.*

(*c*) Voyez Denis Bar-salibi, traité du Jeudy saint, dans la Perpetuité de la Foi, tom. 4. liv. 2. ch. 5. p. 148.

25. *Respondens autem Judas, qui tradidit eum, dixit : Numquid ego sum, Rabbi ? Ait illi : Tu dixisti.*

26. *Cœnantibus autem eis, accepit Jesus panem, & benedixit, ac fregit, deditque Discipulis suis, & ait : Accipite, & comedite : hoc est corpus meum.*

25. Judas, qui fut celui qui le trahit, prenant la parole, lui dit : Est-ce moi, mon Maître ? Il lui répondit : C'est vous-même.

26 Or pendant qu'ils soupoient, JESUS prit du pain, & l'ayant béni, il le rompit, & le donna à ses Disciples, en disant : Prenez, & mangez : Ceci est mon corps.

COMMENTAIRE.

saint Irénée. (*a*) saint Epiphane, (*b*) & Théodoret (*c*) le témoignent.

℣. 26. COENANTIBUS AUTEM EIS, ACCEPIT JESUS PANEM. *Pendant qu'ils soupoient, Jesus prit du pain, & l'ayant beni, il le rompit, & le donna à ses Disciples, en disant : Prenez, & mangez : Ceci est mon Corps.* Plusieurs Exemplaires au lieu de : *Il le benit*, portent : *Il rendit graces.* Les Apôtres s'étant d'abord mis à table tous ensemble, prirent leur repas à l'ordinaire. Et comme ils mangeoient, le Sauveur leur déclara que l'un d'eux le devoit livrer à ses ennemis, de la maniere que nous l'avons expliqué sur le ℣. 23. Sur la fin du souper, & comme on mangeoit encore, JESUS institua le Sacrement de son Corps, & de son Sang. Il dit d'abord à ses Apôtres : (*d*) Qu'il avoit eu un trés-ardent désir de manger cette Pâque avec eux : il parloit de la Pâque de son Corps, & de son Sang, (*e*) dont la pâque Judaïque n'étoit que le type, & la figure. Il leur déclara que c'étoit la derniere fois qu'il la mangeroit avec eux avant sa mort ; mais qu'après sa Résurrection, il la mangeroit de nouveau. (*f*) Puis il prit du pain, & après avoir rendu graces à Dieu, il le rompit en autant de morceaux qu'ils étoient de personnes ; il les leur distribua, & en mangea lui-même, (*g*) disant, que c'étoit son Corps. Il en fit de même du calice ; il en but, & leur en fit boire à tous, disant que c'étoit son Sang ; le Sang d'une nouvelle alliance. C'est ainsi qu'on peut concilier le récit des Evangelistes.

JESUS-CHRIST exécuta ici ce qu'il avoit promis autrefois à ses Disciples, qu'il leur donneroit à manger sa propre Chair, & son Sang à boire ; (*h*) non pas, comme l'avoient conçu les Capharnaïtes, d'une maniere grossiere, & dégoûtante ; non un corps sanglant & mis en piéces ; mais son vrai Corps, son Corps réel, & substantiel, sous l'apparence du pain. Il leur offroit sous ces espéces la réalité, dont le sacrifice de l'agneau Pascal n'étoit que le symbole. C'étoit la ratification de la nouvelle alliance ; le

(*a*) *Iren. lib. 1. cap. 35. contra Hæres.*
(*b*) *Epiphan. Hæres. 28. n. 1.*
(*c*) *Theodoret. Hæretic. fab. l. 1. c. 25.*
(*d*) *Luc. XXII. 15. 16. 17.*
(*e*) *Ita Chrysost. & Origen.*
(*f*) *Matth. XXVI. 29. Marc. XIV. 25.*
(*g*) *Vide Matth. XXVI. 26. 27. 28. Marc. XIV. 22. 23. 24. Luc. XX. 17. 18. 19. 20.*
(*h*) *Johan. VI. 35. & 56.*

27. *Et accipiens calicem, gratias egit, & dedit illis, dicens: Bibite ex hoc omnes.*

27. Et prenant le calice, il rendit graces, & il le leur donna, en disant: Buvez-en tous:

COMMENTAIRE.

gage, & le prix de leur rachat. Au lieu d'un agneau qu'on immoloit, en mémoire de la délivrance de l'Egypte, il leur donne son propre Corps, qui est la victime d'expiation pour leur péché, & l'assurance de leur affranchissement. Au lieu du sang dont on oignoit les portes, pour les garantir de l'Ange exterminateur, il nous oint de son propre Sang, pour nous mettre à couvert de la puissance du démon.

Par la même puissance que le Pere employa pour tirer du néant toutes les créatures au commencement, le Fils de Dieu change ici en son Corps & en son Sang, la substance du pain, & du vin. Lorsqu'il dit: Ceci est mon Corps, & ceci est mon Sang, sa parole opere ce qu'il dit, & le changement substantiel se fait d'une maniere ineffable, & invisible. *Il avoit auparavant changé l'eau en vin aux nôces de Cana*, dit saint Cyrille de Jérusalem, (a) *& nous ne le croirons pas lorsqu'il nous assure qu'il change le vin en son Sang? Si dans des nôces charnelles il a operé un tel miracle, pourquoi n'en operera-t'il pas un autre, en donnant à ses propres enfans son Corps, & son Sang? Recevons donc avec une entiere certitude son Corps, & son Sang, sous les espéces du pain & du vin; afin que nous devenions en quelque sorte un même corps, & un même sang avec lui, & que nous soyons de vrais porte-Christs.* Ce qui vous paroît pain dans l'Euchariſtie, ne l'est plus, dit-il, au même endroit; (b) c'est le Corps de JESUS-CHRST; & ce qui vous paroît vin, n'est pas du vin, quoiqu'il le paroisse au goût; c'est le Sang de J. C.

Saint Ambroise (c) pour prouver le changement admirable qui se fait dans ce Sacrement, parcourt la plûpart des miracles arrivez dans l'ancien Testament; la verge changée en serpent, l'eau du Nil convertie en sang, la mer Rouge, & le Jourdain mis à sec, l'eau qui sort du rocher, l'eau de Mara adoucie, &c. Il ajoûte, que si la parole toute-puissante de Dieu a pû faire que ce qui n'étoit point, sortît du néant; ne pourra-t'elle pas que ce qui est, soit changé en ce qu'il n'étoit pas? *Sermo ergo Christi qui potuit ex nihilo facere quod non erat, non posset ea quæ sunt, mutare in id quod non erant?* Saint Hilaire: (d) Depuis que JESUS-CHRIST

(a) *Cyrill. Jerosolym. Cathech. 4.*
(b) *Idem eadem Cathechef. sub finem.*
(c) *Ambrof de his qui Mysteriis initiantur, cap 9.*
(d) *Hilar. lib. 8. de Trinit. De veritate carnis & sanguinis non relictus est ambigendi locus; nunc enim & ipsius Domini professione, & fide nostra verè caro est, & verè sanguis est. Et hæc accepta atque hausta id efficiunt ut & nos in Christo, & Christus in nobis sit.*

28. *Hic est enim sanguis meus novi testamenti, qui pro multis effundetur in remissionem peccatorum.*

29. *Dico autem vobis : non bibam amodò de hoc genimine vitis, usque in diem illum, cùm illud bibam vobiscum novum in regno Patris mei.*

28. Car ceci est mon Sang, *le Sang* de la nouvelle alliance ; qui sera répandu pour plusieurs pour la rémission des péchez.

29. Or je vous dis que je ne boirai plus désormais de ce fruit de la vigne, jusqu'à ce jour auquel je le boirai nouveau avec vous dans le Royaume de mon Pere.

COMMENTAIRE.

a parlé d'une maniere si claire, & si précise, il n'y a plus lieu de douter de la vérité de son Corps, & de son Sang dans l'Eucharistie : & lorsque nous l'y recevons, nous sommes véritablement en lui, comme il est en nous. Il est en nous par sa chair, dont il nous nourrit ; & nous sommes en lui par l'union qu'il a faite de la nature humaine à sa divinité. On pourroit rapporter une infinité de témoignages des Peres : Mais depuis Bérenger, & depuis les dernieres hérésies, on a tant écrit sur cette matiere, qu'il vaut mieux renvoyer à ceux qui l'ont traitée à fond, & exprès. Jamais vérité de foi n'a été combattuë avec plus d'artifice, ni mieux défenduë.

On a vû des peuples qui dans leurs alliances buvoient réciproquement de leur propre sang, comme les Scythes, & les Médes, dont parle Solin, (*a*) & Hérodote. (*b*) Catilina fit boire du sang humain à ses conjurez, pour les tenir plus fortement attachez à son parti. (*c*) Ciaxarés Roi des Médes, & Haliattes Roi de Lydie firent alliance ensemble, en suçant le sang l'un de l'autre. (*d*) Les peuples de Carmanie (*e*) dans leurs festins, se font des incisions au visage, & faisant couler le sang dans leur coupe, le présentent à boire à leurs amis, pour preuve de leur amitié. Il y a encore dans l'Amérique des peuples qui cimentent leurs alliances par leur propre sang. (*f*) Mais a-t'on jamais vû un pere qui ait nourri ses enfans de sa chair, & de son sang ? A-t'on vû des pasteurs qui ayent donné à leurs troupeaux pour nourriture les membres de leurs corps, dit saint Chrysostome ? (*g*) A-t'on vû des maîtres se livrer eux-mêmes, abandonner leur vie, & leur sang pour le rachat de leurs esclaves ? Il n'y a que l'amour incompréhensible du Fils de Dieu, qui ait été capable d'aller jusques-là.

℣. 29. NON BIBAM MODO, &c. *Je ne boirai plus désormais de ce fruit de la vigne, jusqu'à ce jour auquel je le boirai nouveau avec vous dans le Royaume de mon Pere.* Le Fils de Dieu semble faire allusion à l'i-

(*a*) *Solin. cap.* 25.
(*b*) *Herodot. lib.* 4.
(*c*) *Salust. Conjurat. Catilinæ.*
(*d*) *Herodot. lib.* 1.
(*e*) *Athen. lib.* 2. *cap.* 7.
(*f*) *Horn. lib.* 3. *cap.* 18. *de Origin. Gent. Americ.*
(*g*) *Chrysost. homil.* 83. *in Matt.*

30 *Et hymno dicto, exierunt in montem Oliveti.*

30. Et ayant chanté le cantique *d'action de graces*, ils allérent à la montagne des Oliviers.

COMMENTAIRE.

dée des Juifs, qui esperoient d'être dans la joye, & dans des festins continuels, dans le Royaume du Messie. Dans saint Luc il insinuë ce sentiment d'une maniere encore plus sensible : (*a*) *Je vous prépare un Royaume, comme mon Pere me l'a préparé, afin que vous buviez, & que vous mangiez sur ma table dans mon Royaume.* Mais JESUS-CHRIST entendoit cela dans un sens tout spirituel. Le festin qu'il prépare sur la terre à ses élûs, est celui de son Corps, & de son Sang dans l'Eucharistie; & celui qu'il leur destine dans le Ciel est ce torrent de plaisir dont il les y enyvrera: (*b*) ce sont ces délices que l'œil n'a point vû, que l'oreille n'a point entendu, & que le cœur de l'homme n'a jamais compris. (*c*) Plusieurs Peres (*d*) l'entendent ainsi: Je ne boirai plus avant ma mort de ce Calice que je vous offre; mais après ma Résurrection, je le boirai de nouveau avec vous. Il appelle sa Résurrection, *son Royaume*, parce qu'alors il commença à former son Eglise, & à y regner d'une façon plus parfaite. Et c'est l'explication la plus littérale, & la plus suivie.

℣. 30. ET HYMNO DICTO EXIERUNT. *Et ayant chanté le cantique d'action de graces, ils allerent à la montagne des Oliviers.* Ceux qui croyent que JESUS-CHRIST fit avec ses Disciples la Céne pascale ordonnée par la Loi, veulent que ceci marque les actions de graces qui se trouvent dans les Rituels des Juifs, (*e*) savoir les Pseaumes CXII. *Laudate pueri Dominum, &c.* CXIII. CXIV. CXV. CXVI. & CXVII. *Confitemini Domino, quoniam bonus.* D'autres (*f*) ont prétendu que le Sauveur avoit composé un hymne nouveau; & on en voyoit un autrefois, (*g*) que l'on disoit avoir été chanté par JESUS-CHRIST dans cette occasion. Mais cette piéce venoit de certains Livres apocryphes des Priscillianistes, & elle ne fut jamais reçûë dans l'Eglise. En voici quelques fragmens que nous avons recueilli de la lettre de saint Augustin à Céréthius.

Hymne du Seigneur qu'il apprit dans le secret à ses Disciples, parce qu'il est écrit : Et ayant dit un hymne il alla à la montagne. Ces hymne n'est pas mis dans le Canon des Ecritures, à cause de ceux qui sont attachez à leurs propres sentimens, & qui ne pensent pas selon l'esprit, & la vérité de Dieu ;

(*a*) *Luc* XXII. 29.
(*b*) *Psalm.* XXXV. 9.
(*c*) 1. *Cor* II 9.
(*d*) *Chrysost Theophyl. Euthym. Vide & Origen. Ieronym. Bedam.*
(*e*) *Vide Brug. in Psalm.* CXII. *Drus. Observ. lib.* 7. *cap.* 15. *Buxtorf. Lex. Talmud.*
(*f*) *Vide Bedam & Grot. hic.*
(*g*) *Vide August. Ep* 237. *ad Ceretium Episcop. n.* 2. *&* 4. *In nov. Edit.*

car il est écrit : Il est bon de cacher le secret du Roi ; mais il est honorable de découvrir les actions de Dieu.

Je veux délier, & je veux être délié.
Je veux sauver, & je veux être sauvé.
Je veux engendrer, & je veux être engendré
Je veux chanter, dansez tous de joye.
Je veux pleurer, frappez-vous tous de douleur.
Je veux orner, & je veux être orné.
Je suis la lampe, pour vous qui me voyez.
Je suis la porte, pour vous qui y frappez.
Vous qui voyez ce que je fais, ne dites point ce que je fais.
J'ai joüé tout cela dans ce discours, & je n'ai point du tout été joüé.

Ce Cantique, comme on voit, est tout énigmatique, & c'est ce qui le faisoit le plus estimer par les Priscillianistes. Saint Augustin en fait le commentaire dans la lettre que nous avons citée, & il montre qu'il n'y a rien de bon dans cette piéce, qu'on ne trouve équivalemment dans les Livres sacrez & canoniques, & qu'ainsi l'Eglise ne perd rien à ne la pas recevoir. Ce saint Docteur n'a pas prétendu donner tout le Cantique, & nous ne garantissons pas même que ce qu'on en vient de lire, ait été de suite dans cet Ouvrage.

Grotius conjecture que cet hymne, dont parle ici l'Evangéliste, n'est autre que l'action de graces que nous lisons dans saint Jean, depuis ces paroles : (*a*) *Mon Pere, l'heure est venuë, glorifiez vôtre Fils.* Et tout ce qui suit dans le Chapitre XVII. D'où vient qu'aussi-tôt après il est dit, qu'alors il sortit avec ses Apôtres, & passa le torrent de Cédron. (*b*) Mais je ne vois pas pourquoi il n'auroit pas récité la formule de priéres accoutumée parmi les Juifs dans ces occasions. On voit par Joseph, que les Esséniens ne se mettoient jamais à table, & n'en sortoient point, qu'après avoir solemnellement rendu graces à Dieu, qui est l'auteur de tous les biens. (*c*) L'Auteur de l'Ecclésiastique recommande la même pratique. (*d*)

On lit dans les livres de priéres des Hébreux, les actions de graces qu'ils rendent à Dieu à la fin du repas. Le plus distingué de la compagnie prend en main une verre de vin, & dit tout haut : *Rendons graces à Dieu, des biens qu'il nous a donné.* Les assistans répondent : *Que nôtre Dieu soit béni, puisqu'il nous a nourri de ses biens, & que nous sommes rassasiez de ses dons.* Le maître ajoûte : *Qu'il soit loüé, & que son nom soit béni.* Après quelqu'autres bénédictions de même nature, tous les conviez

---

(*a*) *Johan.* XVII. 1. *per totum.*
(*b*) *Johan.* XVIII. 1.
(*c*) *Joseph. de Bello, lib.* 2. *cap.* 12. *pag.* 784. *& seq.*
(*d*) *Eccli.* XXXII. 17.

31. *Tunc dicit illis Jesus: Omnes vos scandalum patiemini in me, in ista nocte. Scriptum est enim: Percutiam Pastorem, & dispergentur oves gregis.*

32. *Postquam autem resurrexero, præcedam vos in Galilæam.*

33. *Respondens autem Petrus, ait illi: Etsi omnes scandalizati fuerint in te, ego nunquam scandalizabor.*

31. Alors Jesus leur dit: Je vous serai à tous cette nuit une occasion de scandale; car il est écrit: Je frapperai le Pasteur, & les brebis du troupeau seront dispersées.

32. Mais après que je serai ressuscité, j'irai devant vous en Galilée.

33. Pierre lui répondit: Quand vous seriez pour tous les autres un sujet de scandale, vous ne le serez jamais pour moi.

COMMENTAIRE.

récitent tout bas cette priére: (*a*) *Craignez le Seigneur, vous tous qui êtes ses saints, parce que ceux qui le craignent ne tomberont pas dans la disette: les riches auront faim, & seront dans le besoin; mais ceux qui cherchent le Seigneur, ne manqueront de rien.* Alors le maître du repas dit tout haut: *Soyez béni, Seigneur nôtre Dieu, Roi du monde, qui créez le fruit de la vigne.* Et alors il goûte du vin qu'il a dans sa coupe, & il la fait passer à tous les conviez, qui en boivent chacun un peu.

℣. 31. Omnes vos scandalum patiemini in me. *Je vous serai à tous une occasion de scandale*, & de chûte. La vûë de ma Passion vous fera tomber dans la défiance, & dans le doute. L'un me trahira, l'autre me renoncera; tous m'abandonneront. Ce n'est pas à dire que les Apôtres ayent entiérement manqué de foi dans cette occasion, ni qu'ils soient tombez dans le doute formel; mais leur foi fut chancelante, & leur confiance ébranlée. S'ils firent un faux pas, ils se relevérent aussi-tôt; s'ils furent dispersez, ils se réünirent fort promtement.

℣. 32. Præcedam vos in Galilæam. *J'irai devant vous en Galilée.* Je me trouverai en ce pays, avant que vous y soyez retournez. J'aurai fait mon voyage avant vous. Il montroit par là que sa Résurrection seroit prompte, & qu'avant que l'octave de la Pâque fût passée, & qu'ils eussent accompli ce que la Loi demandoit d'eux dans le Temple durant cette fête, il seroit ressuscité, & se trouveroit en Galilée. On pouvoit se mettre en chemin dés le second jour de la fête, pour s'en retourner en son pays, (*b* comme il paroît par l'exemple des deux Disciples que Jesus-Christ accompagna à Emaüs. (*c*)

℣. 33. Etsi omnes scandalizati fuerint. *Quand vous seriez pour tous les autres un sujet de scandale, vous ne le serez jamais pour moi.* Saint Pierre suit le mouvement de son ardeur, sans consulter ses forces. Il croit qu'il peut tout, parce qu'il voudroit tout entreprendre,

(*a*) *Psal.* xxxiii. 10. 11.
(*b*) *Deut.* xvi. 7. *Manéque consurgens, vades in tabernacula tua.*
(*c*) *Luc.* xxiii. 13.

34. *Ait illi Jesus, Amen dico tibi, quia in hac nocte, antequam gallus cantet, ter me negabis.*

34. JESUS lui répartit: Je vous dis en vérité, qu'en cette même nuit, avant que le coq chante, vous me renoncerez trois fois.

COMMENTAIRE.

& tout souffrir pour son Maître. Saint Chrysostome (*a*) remarque trois fautes dans la réponse de saint Pierre. La prémiere, le peu de considération qu'il témoigne pour les prédictions de JESUS-CHRIST. La seconde, la préférence qu'il se donne par-dessus les autres Apôtres, en disant que quand tous les autres seroient scandalisez, il ne le seroit pas. Et la troisiéme, la présomption en ses propres forces, au lieu de demander humblement à J. C. qu'il daignât secourir sa foiblesse. Aussi le Fils de Dieu permit la chûte de son Apôtre, afin de guérir sa présomption, & son orgueil. Il le laissa à lui-même, pour le punir de son arrogance. Le même Pere remarque que depuis ce tems S. Pierre parut d'autant plus humble, qu'il avoit été plus présomptueux auparavant. S. Ambroise (*b*) dit que cet Apôtre fut justement puni de Dieu par sa chûte, parce qu'il avoit promis inconsidérément, qu'il livreroit son ame pour son Dieu; ce qui surpasse les forces de la nature: *Multatus quia dixit se animam ponere: quod non humanæ est infirmitatis, sed divinæ est potestatis.* Saint Jerome (*c*) bien loin de condamner saint Pierre de témérité, ou d'orgueil, louë son ardeur & la grandeur de sa foi. *Non est temeritas, nec mendacium, sed fides est Apostoli Petri, & ardens affectus erga Deum salvatorem.*

℣. 34. ANTEQUAM GALLUS CANTET, TER ME NEGABIS. *Avant que le coq chante, vous me renoncerez trois fois.* Saint Marc lit: (*d*) *Avant que le coq ait chanté deux fois, vous me renoncerez trois fois.* Ou, vous me renoncerez trois fois, avant le second chant du coq. Car le coq chante, dit-on, ordinairement deux fois la nuit: La premiére, vers minuit; & la seconde, vers le point du jour. Cette derniére fois est proprement ce qu'on appelle le chant du coq; (*e*) & il paroît par la comparaison des Textes de saint Marc, & de saint Jean, que ceci ne doit s'expliquer que du chant du coq, qui se fait vers le point du jour. Cet animal chante alors plus d'une fois. Saint Pierre renonça d'abord une fois, & aussi-tôt le coq chanta. (*f*) Après quelque intervalle il fut de nouveau

(*a*) *Chrysost. in Matth. homil.* 83. Σφόδρα αὐτὸν ἐγύμνωσεν ὁ Θεὸς τῆς ἑαυτοῦ ῥοπῆς....... οὐκ ἐθέλων αὐτὸν ἐπὶ τὴν ἄρνησιν, μὴ γένοιτο, ἀλλ' ἔρημον τῆς αὐτοῦ βοηθείας ἀφεὶς, καὶ τὴν φύσιν ἐλέγχων τὴν ἀνθρωπίνην.

(*b*) *Ambros. in Luc. lib.* 10. *n.* 74.

(*c*) *Ieronym. hic.*

(*d*) *Marc.* XIV. 30.

(*e*) *Bochar. de Animal. sacr. part.* 2. *lib.* 1. *cap.* 17.

(*f*) *Marc.* XIV. 68.

35. *Ait illi Petrus : Etiamsi oportuerit me mori tecum, non te negabo. Similiter & omnes Discipuli dixerunt.*

35. Mais Pierre lui dit : Quand il me faudroit mourir avec vous, je ne vous renoncerai point. Et tous les autres Disciples dirent aussi la même chose.

36. *Tunc venit Jesus cum illis in villam, qui dicitur Geth-semani, & dixit Discipulis suis : Sedete hic, donec vadam illuc, & orem.*

36. Alors JESUS arriva avec eux en un lieu appellé Geth-semani ; & ayant dit à ses Disciples : Asséyez-vous ici pendant que je m'en irai prier là :

37. *Et assumpto Petro, & duobus filiis Zebedai, cœpit contristari, & mœstus esse.*

37. Il prit avec lui Pierre, & les deux fils de Zébédée, & il commença à être triste, & accablé de douleur.

COMMENTAIRE.

reconnu pour Galiléen, & pour Disciple de JESUS-CHRIST; & il le renonça encore deux fois : alors le coq chanta pour la seconde fois. (*a*) Saint Luc met environ une heure entre le second & le troisiéme renoncement. (*b*)

ỳ. 36. VENIT JESUS CUM ILLIS IN VILLAM, QUÆ DICITUR GETH-SEMANI. *Jesus arriva avec eux en un lieu appellé Geth-semani.* C'étoit une métairie, qui étoit au pied de la montagne des Oliviers, au delà du torrent du Cédron, à l'orient de la ville de Jérusalem. *Geth-semani*, signifie la vallée des Oliviers, ou le pressoir des olives.

ỳ. 47. ASSUMPTO PETRO, ET DUOBUS FILIIS ZEBEDÆI. *Il prit avec lui Pierre, & les deux fils de Zébédée.* Les mêmes qui l'avoient accompagné sur le Thabor; (*c*) afin que comme ils avoient été témoins de sa gloire, ils le fussent aussi de sa douleur, de sa priére, & de son agonie.

COEPIT CONTRISTARI, ET MOESTUS ESSE. *Il commença à être triste, & accablé d'affliction, & de douleur.* Le terme Grec (*d*) signifie, l'accablement de douleur d'un homme sans ressource, & qui se voit dans un danger dont il ne peut sortir. Une tristesse accompagnée d'anxiété, de peines d'esprit, d'irrésolution : une douleur mortelle & accablante. Cette disposition étoit toute volontaire dans le Sauveur ; il s'y livra par son choix. Son ame joüissoit cependant de la béatitude. Il a voulu, dit saint Augustin, (*e*) prendre en lui l'infirmité de ses membres, & parler comme eux ; *Loquebantur membra in capite, & loquebatur caput pro membris.* Il suspend, dit saint Ambroise, (*f*) la joye, & le plaisir dont il joüissoit en vertu de son union hypostatique à la Divinité, pour s'affli-

(*a*) *Johan.* XVII. 27.
(*b*) *Luc.* XXII. 59.
(*c*) *Matth.* XVIII, 2. *Vide Hilar. Chrysost. Theophyl. alios.*
(*d*) Ἤρξατο λυπεῖσθαι, καὶ ἀδημονεῖν.
(*e*) *August. in Psalm.* XL. *Vide & in Psalm.* LXXXVII. *& tract.* 60. *in Johan.*
(*f*) *Ambros. in Luc lib.* x.

38. *Tunc ait illis: Tristis est anima mea usque ad mortem: sustinete hic, & vigilate mecum.*	38. Alors il leur dit: Mon ame est triste jusqu'à la mort: demeurez ici, & veillez avec moi.
39. *Et progressus pusillum, procidit in faciem suam, orans, & dicens: Pater mi, si possibile est, transeat à me calix iste: verumtamen non sicut ego volo, sed sicut tu.*	39. Et s'en allant un peu plus loin, il se prosterna le visage contre terre, priant, & disant: Mon Pere, s'il est possible, *faites* que ce calice s'éloigne de moi: néanmoins que ma volonté ne s'accomplisse pas; mais la vôtre.

COMMENTAIRE.

ger de mes maux, & pour expier mes joyes criminelles: *Sequestratâ delectatione divinitatis æternæ, tædio meæ infirmitatis afficitur.* La tristesse de Jesus est en même-tems une preuve de son humanité, & un sujet de consolation pour ceux de ses membres qui sont dans l'affliction, & qui achévent, selon l'expression de l'Apôtre, (*a*) dans eux mêmes, ce qui manque aux souffrances de leur Chef. Origénes, saint Jérôme, & saint Hilaire croyent que Jesus-Christ ne s'affligea point à la vûë de la mort qu'il devoit souffrir; mais à cause de la fuite, & de la dispersion de ses Disciples, qui devoit arriver au tems de sa mort.

ỳ. 39. Pater mi, si possibile est, transeat a me calix iste. *Mon pere, s'il est possible, faites que ce calice s'éloigne de moi.* Sous le nom de *Calice*, (*b*) on entend dans l'Ecriture les souffrances, & les peines. J. C. fait allusion à la coûtume qui s'observoit dans les repas de cérémonie, & de religion, où l'on présentoit à tous les conviez une coupe pleine de vin, dont chacun buvoit à la ronde. Ceux qui ne pouvoient, ou qui ne vouloient pas boire, s'en excusoient, en disant: *Transeat à me calix*: Que je sois dispensé de boire à mon tour. On voit ici dans Jesus-Christ une double volonté; l'une humaine, & inferieure, qui répugne à souffrir les tourmens, & la mort; l'autre supérieure, qui se soumet aux ordres du Pere Eternel, tout sévéres, & tout difficiles qu'ils paroissent. *S'il est possible;* ou comme dit saint Luc: (*c*) *Mon Pere, si vous le voulez, éloignez de moi ce calice.* Ou, selon saint Marc: (*d*) *Mon Pere, tout vous est possible; éloignez de moi ce calice.* Il ne doute point du pouvoir du Pere; ni même de sa résolution, & de son decret éternel. Mais il parle d'une maniére humaine. *Prima petitio infirmitatis est*, dit saint Léon, (*e*) *secunda virtutis: illud optavit ex nostro,*

(*a*) *Coloss.* I. 24. *Adimpleo ea quæ desunt Passionum Christi, in carne mea, &c.*
(*b*) *Vide Sup.* XX. 22. *Psal.* X. 7. LXXIV. 9. *Isai.* LI. 17. *alibi passim.*
(*c*) *Luc.* XXII. 42.
(*d*) *Marc.* XIV. 36.
(*e*) *Leo Magn. serm.* 5. *de Passione.*

40. *Et venit ad Discipulos suos, & invenit eos dormientes, & dicit Petro: Sic non potuistis unâ horâ vigilare mecum?*

41. *Vigilate, & orate, ut non intretis in tentationem. Spiritus quidem promptus est, caro autem infirma.*

42. *Iterum secundò abiit, & oravit, dicens: Pater mi, si non potest hic calix transire nisi bibam illum, fiat voluntas tua.*

43. *Et venit iterum, & invenit eos dormientes: erant enim oculi eorum gravati.*

44. *Et relictis illis, iterum abiit, & oravit tertiò, eundem sermonem dicens.*

40. Il vint ensuite vers ses Disciples, & les ayant trouvez dormant, il dit à Pierre: Quoi, vous n'avez pû veiller une heure avec moi?

41. Veillez, & priez, afin que vous ne tombiez point dans la tentation; l'esprit est prompt, mais la chair est foible.

42. Il s'en alla encore prier une seconde fois, en disant: Mon Pere, si ce calice ne peut passer sans que je le boive, que vôtre volonté soit faite.

43. Il retourna ensuite vers eux, & les trouva encore endormis, parce que leurs yeux étoient appésantis *de sommeil.*

44. Et les quittant, il s'en alla encore prier pour la troisiéme fois, disant les mêmes paroles.

COMMENTAIRE.

hoc elegit ex proprio. Superiori voluntati, voluntas cessit inferior. L'Humanité dit: *Faites que ce calice s'éloigne de moi.* L'Homme-Dieu dit: *Mais que vôtre volonté soit faite, & non pas la mienne.*

℣. 40. INVENIT EOS DORMIENTES. *Il les trouva endormis.* Saint Luc (*a*) dit qu'ils étoient endormis de tristesse. Les discours que le Seigneur leur avoit faits pendant tout le souper, & encore depuis l'institution de l'Eucharistie, & ce qu'ils venoient d'entendre au commencement de sa priére, leur avoit serré le cœur; & l'abattement où ils étoient tombez, les avoit assoupis. Le sommeil est assez souvent causé, ou du moins occasionné par la tristesse.

℣. 41. SPIRITUS QUIDEM PROMPTUS EST, CARO AUTEM INFIRMA. *L'esprit est prompt, mais la chair est foible.* Vous expérimentez que la foiblesse de vôtre corps ne répond point à l'ardeur de vôtre volonté, & qu'il y a bien de la différence entre promettre de donner sa vie pour son Maître, & la donner effectivement, puisque vous n'avez pas même pû veiller une heure avec moi: *Sic non potuistis unâ horâ vigilare mecum?* Enfin que vous devez autant vous défier de vôtre propre foiblesse, que vous avez eu de présomption en vôtre propre force: *Itaque quantùm de ardore mentis confidimus, tantùm de carnis fragilitate timeamus;* dit saint Jérôme. (*b*) Quelques-uns (*c*) expliquent ainsi: *Spiritus quidem promptus est, caro autem infirma.* Le démon est vigilant;

(*a*) *Luc.* XXII. 45.
(*b*) *Hieronym. hic. Vide & Chrysost. hic.*
(*c*) *Vatab.*

45. *Tunc venit ad Discipulos suos, & dicit illis : Dormite jam, & requiescite : ecce appropinquavit hora, & Filius hominis tradetur in manus peccatorum.*

46. *Surgite, eamus : ecce appropinquavit qui me tradet.*

47. *Adhuc eo loquente, ecce Judas unus de duodecim venit, & cum eo turba multa, cum gladiis & fustibus, missi à Principibus Sacerdotum, & senioribus populi.*

48. *Qui autem tradidit eum, dedit illis signum, dicens : Quemcumque osculatus fuero ipse est, tenete eum.*

45. Aprés il vint trouver ses Disciples, & leur dit : Dormez maintenant, & vous reposez : voici l'heure qui est proche, & le Fils de l'homme va être livré entre les mains des pécheurs.

46. Levez-vous, allons : voilà celui qui me doit trahir tout près d'ici.

47. Il n'avoit pas encore achevé ces mots, que Judas un de douze arriva, & avec lui une grande troupe de gens armez d'épées, & de bâtons, qui avoient été envoyez par les Princes de Prêtres, & par les anciens du peuple.

48. Or celui qui le trahissoit leur avoit donné un signal *pour le connoître*, en leur disant : Celui que je baiserai, c'est celui-là même *que vous cherchez* : Saisissez-vous de lui.

COMMENTAIRE.

ce mauvais esprit est prompt : mais la chair est foible. Vous ne faites qu'une trés-foible résistance à ce dangereux ennemi.

℣. 45. DORMITE JAM, ET REQUIESCITE. *Dormez maintenant, & vous reposez : voici l'heure qui est proche.* C'est une irronie : (*a*) Dormez à présent, si vous voulez, il n'est plus question de veiller ; l'heure est venuë. On pourroit traduire le Grec (*b*) par : *Vous dormez encore, & vous vous reposez :* (*c*) Certes, vous prenez bien vôtre tems. D'autres l'entendent au sérieux : (*d*) Dormez à présent, & reposez-vous ; c'est assez veillé : *Sufficit*, dit saint Marc : (*e*) Il ne s'agit plus de se préparer au combat ; il faut combattre tout de bon ; l'ennemi est proche, l'heure est venuë. Ce dernier sens nous paroît le meilleur.

℣. 47. CUM GLADIIS ET FUSTIBUS. *Armez d'épées & de bâtons.* D'épées & de bâtons ferrez, ou de bâtons durcis au feu ; ou enfin de massuës ; comme le dit Juvencus.

Pars strictis gladiis, pars fidens pondere clavæ.

℣. 48. QUEMCUMQUE OSCULATUS FUERO, &c. *Celui que je baiserai, est celui-là même que vous cherchez : Saisissez-vous de lui.* Judas donne pour signal de sa trahison, la marque la plus ordinaire de l'amitié. Il

(*a*) *Chrysost. Euthym. Theophylact. Maldon. Erasm. Munst. Pisc. alii.*

(*b*) Καθεύδετε τὸ λοιπὸν, καὶ ἀναπαύεσθε.

(*c*) *Ita Henric. Steph. & Colomiez Observ. S. pag. 44. Gerhard. Harmon. Evangel. in Passion. cap. 2*

(*d*) *Aug. Beda, Grot.*

(*e*) *Marc. XIV. 41.* Καθεύδετε τὸ λοιπὸν, καὶ ἀναπαύεσθε· ἀπέχει.

semble

49. *Et confestim accedens ad Jesum, dixit : Ave, Rabbi. Et osculatus est eum.*	49. Aussi-tôt donc il s'approcha de Jesus, & lui dit : Je vous saluë, mon Maître. Et il le baisa.
50. *Dixitque illi Jesus : Amice, ad quid venisti ? Tunc accesserunt, & manus injecerunt in Jesum, & tenuerunt eum.*	50. Jesus lui répondit : Mon ami, qu'êtes-vous venu faire ici ? Et en même-tems tous les autres s'avançant se jettérent sur Jesus, & se saisirent de lui.

COMMENTAIRE.

semble qu'en donnant aux soldats ce signal pour arrêter Jesus-Christ, il vouloit, s'il eût pû, dérober au Sauveur, & à ses Apôtres, la connoissance de sa félonie. Quelques anciens (*a*) ont crû que la precaution de Judas, pour empêcher que les soldats ne se trompassent en arrêtant un autre au lieu de Jesus, étoit fondée sur ce que le Fils de Dieu avoit quelques tems auparavant paru aux yeux de ces gens d'une maniére si différente de ce qu'il paroissoit ordinairement, qu'ils ne le prirent pas pour lui-même. Et Origénes (*b*) dit que l'on tenoit par tradition, que le Sauveur paroissoit tantôt sous sa forme ordinaire, & tantôt sous celle qu'il avoit euë sur le Thabor. Dans cette rencontre il parut d'abord sous cette dérniere forme, qui effraya les soldats, & les empêcha de le reconnoître. Ce que Judas ayant apperçû, leur dit : Saisissez hardiment celui que je vais baiser ; c'est lui-même que vous cherchez.

Mais il est beaucoup plus probable que la plûpart de ceux qui furent envoyez, étoient des payens, qui ne connoissoient pas Jesus ; ou des domestiques des Prêtres, qui ne le connoissoient pas assez, pour le distinguer pendant la nuit, quoiqu'ils eussent des flambeaux, & de la lumiére. (*c*) Enfin dans une circonstance aussi importante, & aussi odieuse que celle-là, le traître ne négligea rien pour ne pas manquer son coup. Car pour les prodiges qu'il avoit vû faire si souvent au Fils de Dieu, il les attribuoit à la magie : (*d*) il ne croyoit nullement en lui. (*e*)

℣ 50. AMICE, AD QUID VENISTI? *Mon ami, qu'êtes vous venu faire ici ?* Jesus montre assez à Judas, qu'il n'ignore pas le motif qui le fait agir. Falloit-il me trahir par un baiser ? *Osculo Filium hominis tradis ?* dit-il dans S. Luc. (*f*) Aussi-tôt qu'il eut reçû le baiser de ce perfide, il s'avança vers ceux qui étoient venus pour le prendre, & leur demanda : *Qui cherchez-vous ? Ils lui répondirent : Jesus de Nazareth.* Et aussi-tôt ils tombérent à la renverse : c'est ce que l'on verra plus au long dans saint Jean, XVIII. 4. 9.

(*a*) *Leontius in Johan.* XVIII. 5. *Theodor. Heracl. in Catena. Chrysost. Theophyl. Cyrill. in Joan.* XVIII. 5.
(*b*) *Origen. hic, in Matth.*
(*c*) *Joan.* XVIII. 3.
(*d*) *Ieronym. Beda.*
(*e*) *Joan.* VI. 64.
(*f*) *Luc.* XXII. 48.

51. *Et ecce unus ex his qui erant cum Jesu, extendens manum, exemit gladium suum, & percutiens servum Principis sacerdotum, amputavit auriculam ejus.*

52. *Tunc ait illi Jesus: Converte gladium tuum in locum suum. Omnes enim, qui acceperint gladium, gladio peribunt.*

53. *An putas, quia non possum rogare Patrem meum, & exhibebit mihi modò plusquam duodecim legiones Angelorum?*

51. Alors un de ceux qui étoient avec Jesus, portant la main à son épée, & la tirant, en frappa un des serviteurs du Grand-Prêtre, & lui coupa une oreille.

52. Mais Jesus lui dit: Remettez vôtre épée en son lieu; car tous ceux qui prendront l'épée, périront par l'épée.

53. Croyez-vous que je ne puisse pas prier mon Pere, & qu'il ne m'envoyeroit pas ici en même-tems plus de douze légions d'Anges?

COMMENTAIRE.

℣. 51. Ecce unus ..... extendens manum. *Un de ceux qui étoient avec Jesus portant la main à son épée*, coupa l'oreille à un des serviteurs du grand-Prêtre. Ce fut saint Pierre, qui voyant qu'on se mettoit en devoir de lier son Maître, tira l'épée pour le défendre par les armes. (a) Il avoit apparemment apporté l'une des deux épées qui se trouvérent dans la salle où l'on avoit soupé, ayant pris comme une permission tacite de Jesus-Christ ce qu'il avoit dit: (b) *Que celui qui n'a point d'épée, vende sa tunique pour en acheter.* Et comme on lui eût dit qu'il y avoit là deux épées, Jesus répondit: *C'est assez.* On voit ici comme dans tout le reste, l'humeur vive & prompte de saint Pierre.

℣. 52. Omnes enim qui acceperint gladium, &c. *Tous ceux qui prendront l'épée, périront par l'épée.* Jesus-Christ semble faire allusion à ce passage de la Genése: (c) *Quiconque répandra le sang humain, sera puni de la même peine.* Tous ceux qui de leur autorité privée prennent l'épée, & exercent leur propre vengeance, méritent eux-mêmes de périr par l'épée. Ce n'est pas à dire que tous les meurtriers, perissent toûjours d'une mort violente; mais ils méritent d'être punis par l'épée, lorsqu'ils ont tiré l'épée contre les loix.

℣. 53. Plusquam duodecim legiones Angelorum. *Il m'envoyeroit plus de douze légions d'Anges.* La légion étoit dans la milice Romaine, un corps de troupe composé de six mille hommes. Les douze légions font soixante & douze mille Anges. Si j'avois besoin d'un secours etranger, je n'employerois pas douze hommes comme vous sans armes, & sans expérience dans la guerre. Je pourrois demander à

(a) *Johan.* XVIII.
(b) *Luc.* XXIII. 36.... 38.
(c) *Genes.* IX. 6.

54. *Quomodo ergo implebuntur Scriptura, quia sic oportet fieri?*

54. Comment donc s'accompliront les Ecritures, *qui déclarent* que cela se doit faire ainsi.

55. *In illâ horâ dixit Jesus turbis: Tamquam ad latronem existis cum gladiis & fustibus comprehendere me: quotidie apud vos sedebam docens in Templo, & non me tenuistis.*

55. En même-tems JESUS s'adressant à cette troupe, leur dit: Vous êtes venus ici armez d'épées, & de bâtons pour me prendre, comme si j'étois un voleur: j'étois tous les jours assis au milieu de vous, enseignant dans le Temple, & vous ne m'avez point pris.

56. *Hoc autem totum factum est ut adimplerentur Scriptura Prophetarum. Tunc Discipuli omnes, relicto eo, fugerunt.*

56. Mais tout cela s'est fait, afin que ce que les Prophétes ont écrit fût accompli. Alors les Disciples l'abandonnant, s'enfuirent tous.

57. *At illi tenentes Jesum, duxerunt ad Caïpham Principem Sacerdotum, ubi Scribæ, & seniores convenerant.*

57. Ces gens s'étant dont saisis de JESUS, l'emmenerent chez Caïphe, qui étoit Grand-prêtre, où les Scribes, & les anciens étoient assemblez.

COMMENTAIRE.

mon Pere soixante & douze mille Anges pour me défendre. Mais si je ne souffre point, comment s'accompliront les Ecritures, qui parlent de ma mort, de mes souffrances, de ma Passion, de ma Résurrection? (54.) *Quomodo ergo implebuntur Scripturæ?*

℣. 55. QUOTIDIE APUD VOS SEDEBAM DOCENS IN TEMPLO. *J'étois tous les jours au milieu de vous, enseignant dans le Temple; & vous ne m'avez point arrêté.* Je venois à Jérusalem à toutes les grandes fêtes, & j'y enseignois publiquement; j'y demeurois un tems considérable, & vous n'avez jamais osé m'arrêter: pourquoi? Sinon parce que je ne le voulois pas, & que mon heure n'étoit pas encore venuë. *Mais voilà vôtre heure, & la puissance des ténébres.* (*a*) Vous pouvez à présent faire ce que vous voudrez.

℣. 56. DISCIPULI OMNES FUGERUNT. *Tous ses Disciples s'enfuirent.* Alors on vit l'accomplissement de ce que JESUS-CHRIST leur avoit dit: (*b*) Qu'ils seroient tous scandalisez en lui, parce qu'il étoit écrit: Je frapperai le Pasteur, & le troupeau sera dispersé. On verra par la suitte (*c*) que saint Pierre & saint Jean revintent, & suivirent JESUS de loin. Ils se retirerent d'abord, craignant qu'on ne voulût aussi les arrêter. Mais voyant qu'on ne pensoit point à eux, ces deux Disciples revinrent, pour voir ce qui arriveroit de leur Maître.

(*a*) *Luc.* XXII. 53.
(*b*) *Matth.* XXVI. 31.
(*c*) *Johan.* XVIII. 15.

58. *Petrus autem sequebatur eum à longè usque in atrium Principis Sacerdotum. Et ingressus intrò, sedebat cum ministris, ut videret finem.*

59. *Principes autem Sacerdotum, & omne consilium, quærebant falsum testimonium contra Jesum, ut eum morti traderent.*

58. Or Pierre le suivoit de loin, jusqu'à la cour *de la maison* du Grand-prêtre; & étant entré, il s'assit avec les gens pour voir la fin de tout ceci.

59. Cependant les Princes des Prêtres, & tout le Conseil, cherchoient un faux témoignage contre Jesus pour le faire mourir:

COMMENTAIRE.

ỳ. 57. AD CAIPHAM. *Chez Caïphe.* S. Jean (*a*) raconte qu'on le conduisit d'abord chez Anne, beau-pere de Caïphe, qui avoit aussi été Grand-Prêtre. Anne l'interrogea sur sa doctrine, & sur ses Disciples. Jesus lui répondit avec liberté, que n'ayant rien enseigné en secret; mais ayant toûjours parlé en public, & dans le Temple, il pouvoit s'en informer de ceux qui l'avoient entendu. Alors un des serviteurs du Pontife lui donna un soufflet, en lui disant: Est ce ainsi que tu parles au Grand-Prêtre? Jesus répondit: Si j'ai mal parlé, fais-le voir; & si je n'ai pas mal parlé, pourquoi me frappes-tu? Alors Anne le fit conduire, lié comme il étoit, chez son gendre Caïphe, qui demeuroit, selon quelques-uns, (*b*) dans le même palais.

ỳ. 59. QUÆREBANT ADVERSUS EUM FALSUM TESTIMONIUM. *Ils cherchoient un faux témoignage contre Jesus, pour le faire mourir.* Ils vouloient le faire mourir, de quelque maniére que ce fût: mais ils étoient bien-aises d'y observer quelque espéce de forme de justice. Ils subornent eux-mêmes des faux témoins, pour déposer contre lui. Dans les causes où ils s'agissoit de condamner un faux Prophéte, ou un homme qui séduisoit le peuple sous prétexte de Réligion, toute sorte de témoins étoient admis, suivant les Rabbins, & nul ne prenoit la défense de l'accusé. On ne lui accordoit aucun délai pour se justifier; on le condamnoit, & on le punissoit sur le champ. (*c*).

Tout ceci se passa pendant la nuit, quoique les Rabbins (*d*) enseignent que dans les causes capitales on ne doit point tenir d'assemblées la nuit. Tout au plus on pouvoit prononcer la nuit une sentence qui condamne au foüet ou à l'amende, après avoir suffisamment agité l'affaire pendant le jour. De tout cela il s'ensuit que les Prêtres qui firent comparoître le Sauveur devant eux, & qui le jugérent digne de mort, n'observérent envers lui aucune formalité juridique. Je ne sçai si ce n'est point pour réparer en

(*a*) *Johan.* XVIII. 12..... 24.
(*b*) *Teynard Harm. p.* 117.
(*c*) *Vide Fag. in Cald. Paraph. Deut.* XIII. 8 *Maimon in Hilcoth. Sanhedr c.* XI. *Ham. hic.*
(*d*) *Vide Selden de Synedr. lib.* 2. *c.* 9. *art.* 2. *pag.* 425.

60. *Et non invenerunt, cùm multi falsi testes accessissent. Novissimè autem venerunt duo falsi testes,*	60. Et ils n'en trouvoient point *qui fût* suffisant, quoque plusieurs faux témoins se fussent présentez. Enfin il vint deux faux témoins,
61. *Et dixerunt : Hic dixit : Possum destruere templum Dei, & post triduum readificare illud.*	61. Qui dirent : Celui-ci a dit : Je puis détruire le Temple de Dieu, & le rebâtir en trois jours.

COMMENTAIRE.

quelque sorte ce manque de formalité, qu'ils s'assemblérent de nouveau en plus grand nombre le matin, lorsqu'il fut jour. Voyez ci-après Chapitre XXVII. I.

Les mêmes Docteurs (*a*) enseignent qu'on ne pouvoit exercer aucun acte, ni tenir aucune assemblée juridique pour des causes criminelles, les veilles, ou les jours de fête. En quoi ils manquérent encore dans l'affaire de nôtre Sauveur, puisque le jour qu'il fut pris, interrogé, & condamné par eux, étoit ou le jour de Pâque, selon la plûpart ; ou au moins la veille, suivant le systême que nous suivons. Ils enseignent aussi que le *Sanhédrin* s'assembla pour cette fois extraordinairement dans la salle au pavé de pierre dans le Temple, pour condamner JESUS-CHRIST à mort, quoiqu'il y eût fort long-tems que l'on ne s'y fût assemblé. Ce dernier fait n'est pas bien clairement marqué dans nôtre Evangile. Ils s'assemblérent d'abord chez Anne, puis chez Caïphe ; mais pour la troisiéme fois, on ne sait si c'est chez le même Caïphe, ou dans une salle du Temple. Il est toutefois fort croyable que l'Evangéliste n'auroit pas omis cette circonstance, si JESUS eût été conduit au Temple, pour comparoître devant tout le Sanhédrin.

℣. 61. POSSUM DESTRUERE TEMPLUM DEI. *Je puis détruire le Temple de Dieu, & le rebâtir en trois jours*. Cette accusation étoit fausse, de même que les précédentes ; mais le Fils de Dieu avoit avancé quelque chose qui y avoit donné lieu, lorsqu'en parlant de son propre corps, il avoit dit : (*b*) *Détruisez ce temple, & dans trois jours je le rebâtirai.* Détruisez mon corps, & faites-le mourir ; je le ressusciterai dans trois jours. C'est ce qu'il vouloit marquer : mais on le prenoit dans un sens tout différent. Avec tout cela saint Marc (*c*) témoigne que leur déposition n'étoit pas suffisante pour le condamner ; apparemment parce que la Justice ne connoît que des faits réels. Or il étoit constant que JESUS-CHRIST n'avoit rien fait de ce qu'on l'accusoit d'avoir dit. Il avoit simplement mé-

(*a*) *Misna, tit. Sanhedrin. c. 4. & 5. & Maimon. Halach. Sanhedr. c. 11.*
(*b*) *Johan.* II. 29.
(*c*) *Marc.* XIV. 59. Οὐδὲ οὕτως ἴση ἦν ἡ μαρτυρία αὐτῶν.

62. *Et surgens princeps sacerdotum, ait illi: Nihil respondens ad ea, quæ ipsi adversum te testificantur?*

63. *Jesus autem tacebat. Et princeps sacerdotum ait illi: Adjuro te per Deum vivum, ut dicas nobis si tu es Christus Filius Dei?*

64. *Dicit illi Jesus: Tu dixisti: Verumtamen dico vobis, amodò videbitis Filium hominis sedentem à dextris virtutis Dei, & venientem in nubibus cœli.*

62. Alors le Grand-Prêtre se levant, lui dit: Vous ne répondez rien à ce qu'ils déposent contre vous?

63. Mais Jesus demeuroit dans le silence. Et le Grand-Prêtre lui dit: Je vous commande par le Dieu vivant de nous dire si vous êtes Christ Fils de Dieu?

64. Jesus lui répondit: Vous l'avez dit: *Je le suis*: mais je vous déclare que vous verrez dans la suite le Fils de l'homme assis à la droite de la majesté de Dieu, qui viendra sur les nuées du Ciel.

COMMENTAIRE.

nacé; ou, selon eux, ils s'étoit fait fort de détruire le Temple, & rien davantage. Il n'y avoit pas de quoi le faire mourir. Le Grand-Prêtre veut donc l'obliger à lui dire s'il est le Messie, Fils de Dieu, & Roi des Juifs. C'est sur cela qu'il vouloit fonder sa sentence de condamnation. S'il se disoit Messie, & Fils de Dieu, ils le condamneroient comme blasphémateur; s'il se disoit Roi des Juifs, ils étoient sûrs de le faire condamner par le Gouverneur, qui étoit dans le Pays de la part des Romains. Voyez ci-après les versets 63. & 64.

℣. 63. ADJURO TE PER DEUM VIVUM. *Je vous commande par le Dieu vivant de nous dire si vous êtes le Christ.* Les Juifs avoient coûtume de conjurer par le nom de Dieu, & d'exiger le serment de ceux dont la faute n'étoit pas connue par la voye des témoins, ou par d'autres moyens. La formule ordinaire dont les Juges se servoient, étoit: *Rends gloire à Dieu*; dis la vérité; reconnois ta faute. Celui qui étoit ainsi conjuré, étoit obligé de parler, & de rendre témoignage à la vérité; (a) & son aveu, sa confession dans les choses douteuses, étoient decisifs pour le faire condamner, ou pour l'absoudre. D'où vient que le Fils de Dieu qui jusqu'alors avoit gardé le silence, le rompit dans cette occasion, & répondit au Grand-Prêtre.

℣. TU DIXISTI: VERUMTAMEN.... AMODO VIDEBITIS FILIUM HOMINIS. *Vous l'avez dit: Mais je vous déclare que vous verrez dans la suite le Fils de l'homme assis à la droite de la majesté de Dieu.* JESUS-CHRIST fait plus que ne lui demande le Grand-Prêtre. Non seulement il avouë qu'il est le Fils de Dieu, il dit aussi qu'il paroîtra un jour à la droite de Dieu, & qu'il viendra dans les nuées pour juger le

(a) *Vide Levit.* V. 1. *Num.* V. 21. *Prov.* XXIX. 24 *Judic.* XVII. 2. & 3. *Reg.* VIII. 31. *Hammond. hic.*

65. Tunc princeps sacerdotum scidit vestimenta sua, dicens : Blasphemavit : quid adhuc egemus testibus ? Ecce nunc audistis blasphemiam :

66. Quid vobis videtur ? At illi respondentes, dixerunt : Reus est mortis.

65. Alors le Grand-Prêtre déchira ses vêtemens, en disant : Il a blasphêmé ? qu'avons-nous plus besoin de témoins ? Vous venez vous-même de l'entendre blasphêmer :

66. Qu'en jugez-vous ? Ils répondirent : Il a mérité la mort.

COMMENTAIRE.

monde. Mais auparavant ils devoient voir la terrible vengeance qu'il devoit exercer sur Jérusalem, & sur les Juifs incrédules : car ces paroles du Sauveur regardent ces deux choses ; le Jugement dernier, & la ruine de Jérusalem. Ces mots : (*a*) *Tu dixisti : vous l'avez dit* : sont une maniére d'aveu. La chose est comme vous la dites. (*b*) Voyez ci-devant ℣. 23. & *Matt.* XXVII. 11. Les Profanes s'expriment quelquefois de même. (*c*)

℣. 65. TUNC PRINCEPS SACERDOTUM SCIDIT VESTIMENTA SUA. *Alors le Grand-Prêtre déchira ses habits, disant : Il a blasphêmé.* Il est digne de mort, suivant la Loi : (*d*) il mérite d'être lapidé. En même tems il déchira ses habits, pour marquer l'horreur qu'il avoit de son blasphême ; car c'est ainsi qu'on en usoit dans ces occasions. (*e*) Quelques-uns (*f*) se sont imaginé que Caïphe avoit en cela violé la Loi, qui défend au souverain Sacrificateur de rompre ses habits. (*g*) Mais les meilleurs Interprétes enseignent que la défense de Moyse ne regarde que le tems auquel les Prêtres sont dans le Temple, & occupez actuellement au service du Seigneur. Alors il leur est défendu de faire le deüil de leurs proches, & d'en prendre sur eux, & sur leurs habits les marques ordinaires. Mais hors du Temple, & après le tems de leur service, ils pouvoient comme les autres Israëlites, rendre les derniers devoirs à leurs proches, toutefois avec certaines limitations exprimées dans Moyse. (*h*) Les Rabbins (*i*) enseignent que le Grand-Prêtre ne déchire jamais ses habits sacrez, & de cérémonie ; mais à l'égard de ses autres habits, il peut les déchirer de bas en haut, au lieu que les autres Prêtres les déchirent de haut en bas, environ de la longueur d'une palme, ou de six doigts.

Quant au prétendu blasphême de JESUS-CHRIST, les Docteurs Juifs (*k*)

(*a*) *Matt.* XIX. 28. XXIV. 30.

(*b*) *Mald. Grot. Brug. Capell. alii passim.*

(*c*) *Euripid.* Σὺ δὴ λέγεις ταῦτα, οὐκ ἐγώ. *Aristoph. Pluto v.* 96. *&* 143. Φήμ' ἐγώ. *Ita est. Plaut. Scio. Jam miserum dices : Tu dixisti.*

(*d*) *Levit.* XXIV. 16.

(*e*) 4. *Reg.* XIX. 1. *Act.* XIV. 13.

(*f*) *Baron. t.* 1. *Annal. an.* 34. *Brug. alii. Vide & Ieronym. & Origen. & Theophylact. & maximè Leon. Mag. homil.* 55.

(*g*) *Levit.* X. 6. *Capita vestra nolite nudare, & vestimenta nolite scindere.*

(*h*) *Levit.* XXI. 1. 2. *& seq.* 10. 11. *& seq.*

(*i*) *Misna tit. Horaioth. cap.* 3. *Vide Hamm. hic. & Selden. de Jure N. & G. l.* 2. *c.* 12. *p.* 266.

(*k*) *Misna tit. Sanhedr. c.* 7. *Gemar. Babil. ibid. fol.* 56. *Jarchi ad Levit.* XXIV. 15. *Maimon. Halac. Aboda.*

67. *Tunc expuerunt in faciem ejus, & colaphis eum ceciderunt: alii autem palmas in faciem ejus dederunt.*
68. *Dicentes: Prophetisa nobis, Christe, quis est qui te percussit?*

67. Alors il lui crachérent au visage, & ils le frappérent à coups de poing, & d'autres lui donnérent des soufflets,
68. En disant: CHRIST, prophétisez-nous qui est celui qui t'a frappé?

COMMENTAIRE.

enseignent que pour être soûmis à la peine de mort en vertu des paroles de la Loi, il falloit avoir prononcé le nom sacré, & incommunicable de Jéhova, ou quelqu'un des sept noms sacrez, Jéhova, Elohé, Elohim, Adonaï, Eheihé, Sadaï, Zabaoth. Mais d'autres soûtiennent que la Loi s'étendoit à toute sorte de blasphême. Enfin il y en a qui tenant le milieu, conviennent que tout blasphême, de quelque nature qu'il soit, mérite la mort; non en vertu de la Loi de Moyse, mais en vertu des loix civiles, qui défendent toute sorte de blasphême. Or JESUS-CHRIST ayant déclaré 1°. qu'il étoit *Fils de Dieu*, non pas simplement par adoption, comme le sont les saints personages; mais véritablement, & étant Dieu lui-même. 2°. Ayant dit que les Juifs le verroient un jour assis *à la droite de la puissance*, c'est à dire, selon le style des Hébreux, à la droite de Dieu: c'en étoit plus qu'il n'en falloit pour le condamner à mort comme blasphêmateur. La Loi vouloit qu'il fût lapidé. Mais Pilate qui étoit Romain, & qui ignoroit les Loix des Juifs, le fit crucifier.

℣. 67. TUNC EXPUERUNT IN FACIEM EJUS. *Alors ils lui crachérent au visage, & le frappérent à coups de poing, & d'autres lui donnérent des soufflets.* Aussi-tôt que l'arrêt de condamnation fut prononcé contre JESUS-CHRIST, le Grand-Prêtre congédia l'assemblée, (*a*) & JESUS fut conduit de la salle dans le parvis, où étoient les Gardes qui se chauffoient, & saint Pierre avec eux. Ce fut là que les soldats, & les serviteurs du Grand-Prêtre pour se divertir en attendant que le jour parût, bandérent les yeux du Sauveur, lui crachérent au visage, & le frappant à coups de poing, & du plat de la main en lui donnant des soufflets, lui demandoient avec insulte, qu'il devînat qui l'avoit frappé. C'étoit un outrage sanglant qui lui reprochoit tacitement qu'il étoit faux Prophéte. Puisque tu te mêles de prophétiser, devine qui t'a frappé. Pollux (*b*) parle de ce jeu des Anciens, dans lequel on couvroit à quelqu'un les yeux & le visage, puis on lui demandoit qui étoit celui qui l'avoit frappé. C'est à peu près ce qu'on appelle en François le jeu de *Colin-Maillard*, ou *Cligne-Musette* Le mot Grec (*c*) que l'on traduit par *Donner des soufflets*, signi-

(*a*) *Matt.* XXVII. 1. *Marc.* XV. 1. *Luc.* XXII. 66.

(*b*) *Pollux. l.* 9. *c.* 7.
(*c*) Ἐῤῥάπισαν.

fie

69. *Petrus verò sedebat foris in atrio: & accessit ad eum una ancilla, dicens: Et tu cum Jesu Galilæo eras.*

69. Pierre cependant étoit au dehors assis dans la cour. Et une servante s'approchant, lui dit : Vous étiez aussi avec Jesus de Galilée.

70. *At ille negavit coram omnibus, dicens: Nescio quid dicis.*

70. Mais il le nia devant tout le monde, en disant : Je ne sai ce que vous dites.

71. *Exeunte autem illo januam, vidit eum alia ancilla, & ait his qui erant ibi: Et hic erat cum Jesu Nazareno.*

71. Et lorsqu'il sortoit hors la porte *pour entrer dans le vestibule*, une autre servante l'ayant vû, dit à ceux qui se trouvérent là : Celui-ci étoit aussi avec Jesus de Nazareth.

COMMENTAIRE.

fie aussi battre avec la semelle d'une sandale, ou d'un soûlier. (*a*) Tout le monde sait que cracher au visage de quelqu'un, est le dernier de tous les outrages. (*b*) *Expuerunt in faciem ejus.*

℣. 69. PETRUS SEDEBAT FORIS IN ATRIO. *Pierre étoit au dehors assis dans la cour.* Saint Pierre après avoir d'abord abandonné son divin Maître, s'étoit rassuré, & l'avoit suivi à la faveur des ténébres, jusques dans la cour du Grand-Prêtre, où il avoit été introduit par un Disciple de Jesus, dont il étoit connu. (*c*) Comme donc il étoit là avec les serviteurs de Caïphe, & les soldats qui gardoient Jesus, & qui en faisoient leur joüet, comme on la vû, & qu'ils se chauffoient ensemble dans la cour, & à découvert, la portiére qui l'avoit introduit, (*d*) l'ayant regardé de plus prés, lui dit qu'il étoit de la suite de Jesus. Pierre le nia devant tous ceux qui étoient présens. Voilà le premier renoncement avant le chant du coq.

℣. 71. EXEUNTE AUTEM ILLO JANUAM. *Et lorsqu'il sortoit hors la porte pour entrer dans le vestibule, une autre servante dit à ceux qui se trouverent là : Celui-ci étoit avec Jesus de Nazareth.* Saint Marc (*e*) raconte que S. Pierre après le premier renoncement sortit de la cour intérieure pour aller dans le vestibule, & qu'alors le coq chanta pour la premiere fois. Il étoit allé dans le vestibule, peut-être dans le dessein de se retirer de cette maison, ou pour rompre le discours, & divertir l'attention de ceux qui le soupçonnoient d'être des Disciples de Jesus. Toutefois il rentra bien tôt, & une autre servante, differente de la premiere, l'ayant remarqué au milieu de la troupe de ceux qui étoient auprès du feu, dit

(*a*) *Heins. Aristarch Mald. hîc. Pers. Satyr.* 5. *Soleâ, puer, objurgabere rubrâ.*

(*b*) *Num* XII. 14. *Deut.* XXV. 9. *Job.* XXX. 10. *Vide Byna. de morte Christi l.* 2. *c.* 15. *art.* 31.

(*c*) *Johan.* XVIII. 15. 16.

(*d*) *Johan.* XVIII. 17.

(*e*) *Marc.* XIV. 68. Καὶ ἐξῆλθεν ἔξω εἰς τὸ προαύλιον, καὶ ἀλέκτωρ ἐφώνησε.

72. *Et iterùm negavit cum juramento : Quia non novi hominem.*

72. Pierre le nia une seconde fois, en disant avec serment : Je ne connois point cet homme.

73. *Et post pusillum accesserunt qui stabant, & dixerunt Petro : Verè & tu ex illis es ; nam & loquela tua manifestum te facit.*

73. Peu après ceux qui étoient là, s'avançant, dirent à Pierre : Vous êtes certainement de ces gens-là ; car vôtre langage vous fait assez connoître.

74. *Tunc cœpit detestari, & jurare quia non novisset hominem. Et continuò gallus cantavit.*

74. Il se mit alors à faire des sermens éxécrables, & à dire en jurant : Qu'il n'avoit aucune connoissance de cet homme ; & aussi-tôt le coq chanta.

COMMENTAIRE.

aux assistans qu'assurément cet homme étoit de la suite de Jesus. (*a*) En effet quelqu'un le reconnut, & lui dit (*b*) qu'il étoit d'avec Jesus ; mais Pierre le nia encore fortement.

℣. 73. Et post pusillum. *Peu après ceux qui étoient là, dirent à Pierre : Vous êtes certainment de ces gens-là ; car vôtre langage vous fait assez connoître.* Les Juifs parloient tous Syriaque : les Galiléens comme les autres du pays. Mais les Galiléens avoient certains mauvais accens, & certaines maniéres de prononcer, qui les distinguoient des autres. (*c*) Saint Luc (*d*) dit qu'il s'écoula prés d'une heure, entre le second, & le troisiéme renoncement de Pierre ; & saint Jean (*e*) remarque que l'un des serviteurs de Caïphe, & qui étoit parent de Malchus, à qui saint Pierre avoit coupé l'oreille, le reconnut, & lui demanda s'il ne l'avoit point vû dans le jardin. Saint Pierre pressé de toute part, commença à jurer avec serment qu'il ne connoissoit point Jesus. Alors le coq chanta pour la seconde fois ; & ainsi fut vérifiée la prédiction de Jesus-Christ, ci-devant ℣. 34.

℣. 75. Et recordatus est Petrus verbi Jesu. *Saint Pierre se souvint de la parole que Jesus lui avoit dite, & étant sorti dehors, il pleura amérement.* Saint Luc (*f*) remarque qu'à ce moment le Seigneur Jesus se retourna, & jetta les yeux sur Pierre ; car alors Jesus étoit dans la même cour que saint Pierre avec les soldats, & les serviteurs de Caïphe, qui s'étant lassez de joüer, lui avoient donné un peu de relâche. Alors Jesus jetta sur saint Pierre un coup d'œil, qui perça le cœur du Disciple. Il ne

(*a*) *Vide Johan.* xviii. 25. *Marc.* xiv. 69.
(*b*) *Luc.* xxii. 58. *Johan.* xviii. 25.
(*c*) *Vide Buxtorf. Lexic. voce* גלילי *Bochart. Phaleg. l.* 1. *c.* 15. *& Chanaan. lib.* 2. *cap.* 1. *& Act.* II. 7.
(*d*) *Luc.* xxii. 59.
(*e*) *Johan.* xviii. 26.
(*f*) *Luc.* xxii. 61. Καὶ ἀποστραφεὶς ὁ Κύριος ἐνέβλεψε τῷ Πέτρῳ

75. *Et recordatus est Petrus verbi Jesu quod dixerat : Priusquàm gallus cantet, ter me negabis. Et egressus foras flevit amarè.*

75. Et Pierre se ressouvint de la parole que JESUS lui avoit dite : Avant que le coq chante, vous me renoncerez trois fois. Etant donc sorti dehors, il pleura amérement.

COMMENTAIRE.

put plus tenir ses larmes : il se retira promtement, & ne parut plus de tout le jour.

Quelques Anciens (*a*) ont fort travaillé à exténuer la faute de saint Pierre. Les uns ont dit que ce saint Apôtre avoit déguisé la vérité ; mais qu'il n'avoit pas menti, & qu'il avoit renonçé JESUS en qualité d'homme ; mais non en qualité de Fils de Dieu ; qu'il avoit simplement dit : *Non novi hominem*, je ne connois point l'homme, & non pas je ne connois point JESUS-CHRIST comme Dieu. Saint Jérome (*b*) ne ménage nullement ces vaines excuses, quoiqu'il épargne les Auteurs qui les ont produites : car c'est-là, dit-il, vouloir accuser JESUS-CHRIST de mensonge, en voulant en excuser saint Pierre. Le Sauveur lui prédit : Avant que le coq ait chanté deux fois, vous me renonçerez trois fois. Il ne dit pas : Vous renoncerez l'homme ; mais : Vous me renoncerez. On peut aussi voir saint Augustin sur saint Jean. (*c*)

Mais quoique la faute de saint Pierre ait été trés-grande, elle n'alla pas toutefois jusqu'à lui faire perdre la foi. Il renonça JESUS-CHRIST, mais sans le haïr, ni le mépriser. (*d*) *Peccavit autem non odiendo, aut spernendo Christum, sed se nimis amando.* Il s'aimoit plus qu'il n'aimoit son Maître, & il n'en savoit rien. Dieu a permis sa chûte, pour guérir sa présomption, & la nôtre. (*e*) Il avoit la vérité dans le cœur ; mais la frayeur dont il étoit saisi, lui mettoit le mensonge dans la bouche, dit saint Augustin. (*f*) *In illa negatione intùs veritatem tenebat, foris mendacium proferebat.* Le cœur étoit fidéle, mais la bouche étoit infidelle. (*g*)

Flevit negator denique
Ex ore prolapsum nefas ;
Cùm mens maneret innocens,
Animusque servaret fidem.

Saint Ambroise que l'on cite comme un des plus forts pour excuser saint

(*a*). *Ambros. in Luc. l. x. Leo Mag. Serm. 58. Hilar. in Matt.*

(*b*) *Vide Ieronym. hic, & Ep. 149. ad Marcellam.*

(*c*) *Aug. tract. 66. in Johan.*

(*d*) *Vide Bernard. lib. de Gratiâ, & lib. Arbitrio c. 12*

(*e*) *S. Leo Serm. 68.*

(*f*) *Aug. l. contra Mendac. c. 6.*

(*g*) *Prudent. l. Cathemerin.*

Pierre, dit lui-même que c'est en vain qu'il entreprend de l'excuser, puisque saint Pierre ne s'excuse point: *Nos excusamus; ipse non excusavit.* Il assure que saint Pierre reconnut qu'il étoit véritablement coupable, en pleurant la faute qu'il avoit faite, non en trompant par une équivoque ceux qui l'interrogoient; mais en renonçant JESUS-CHRIST: *Et ideò Petrus non de industria sic respondisse inducitur, quia posteà recordatus est, & tamen flevit.*

CHAPITRE XXVII.

JESUS est conduit à Pilate. Judas se pend de désespoir. Barabbas est préféré à JESUS. Condamnation de JESUS. Il est conduit au Calvaire, & crucifié. Sa mort. Tremblement de terre. Résurrection de plusieurs morts. JESUS est détaché de la Croix, & mis dans le tombeau.

℣. 1. *Mane autem facto, consilium inierunt omnes principes sacerdotum, & seniores populi adversùs Jesum, ut eum morti traderent.*

℣. 1. LE matin étant venu, tous les Princes des Prêtres, & les Sénateurs du peuple *Juif*, tinrent conseil contre Jesus pour le faire mourir.

COMMENTAIRE.

℣. 1. MANE AUTEM FACTO, CONSILIUM INIERUNT, &c. *Le matin étant venu, tous les Princes des Prêtres, & les Sénateurs tinrent conseil contre Jesus, pour le faire mourir.* L'assemblée qui s'étoit tenuë pendant la nuit, & où JESUS avoit été déclaré coupable de mort, (*a*) n'étoit ni générale, ni juridique, suivant la rigueur des Loix; puisqu'on ne rend pas la Justice en secret, & durant la nuit. On fit donc de nouveau paroître JESUS devant tous les Princes des Prêtres, & tous les principaux membres du Sanhédrin. On l'interrogea de nouveau, (*b*) & on lui demanda s'il étoit le Christ. Il leur répondit comme la premiére fois qu'il l'étoit, & qu'ils le verroient un jour assis à la droite de la puissance de Dieu. Alors ils déclarérent qu'il étoit convaincu de blasphême par sa propre confession, & par conséquent digne de mort. On a examiné

(*a*) *Matth.* XXVI. 57.... 65. 66.

(*b*) *Luc.* XXII. 66. 67. *& sequ.*

2. Et vinctum adduxerunt eum, & tradiderunt Pontio Pilato præsidi.

2. Et l'ayant lié, ils l'amenérent, & le mirent entre les mains de Ponce Pilate leur Gouverneur.

COMMENTAIRE.

ci-devant Chap. xxvi. 59. en quel endroit s'étoit tenuë cette assemblée. Ligfoot (*a*) croit qu'elle se tint dans la salle du Sanhédrin, & il montre qu'on ne s'y assembloit pas avant la troisiéme heure du jour, qui revient à neuf heures du matin. Mais cela ne s'accorde pas avec toute la suite du discours des Evangélistes. Il est plus probable qu'ils s'assemblérent de nouveau chez Caïphe.

℣. 2. Et vinctum adduxerunt, &c. *Et l'ayant lié, ils l'amenérent, & le mirent entre les mains de Ponce Pilate*, qui étoit alors Gouverneur de la Province de la part des Romains. Mais pourquoi les Princes des Prêtres, & les principaux du Sanhédrin, ne font-ils pas eux-mêmes mourir Jesus suivant leur Loi, puisqu'ils reconnoissent qu'il est digne de mort? C'est, dit-on, qu'alors ils n'avoient plus le droit de vie, & de mort sur les coupables, comme ils le reconnoissent eux-mêmes; car Pilate leur ayant dit de le prendre, & de le faire mourir eux-mêmes selon leur Loi, ils le refusérent, disant: (*b*) *Qu'il ne leur étoit pas permis de faire mourir personne.* D'autres soûtiennent que les Juifs ont toûjours joüi du droit de faire mourir ceux que la Loi condamnoit expressément à la mort; mais non pas ceux qui méritoient ce supplice pour quelque autre cause. On prouve cette opinion par le Martyre de saint Etienne, (*c*) & par l'histoire de la femme adultére, (*d*) & par d'autres exemples de personnes mises à mort par les Juifs; & ne sait-on pas qu'ils ont pris des pierres plus d'une fois pour lapider Jesus-Christ, même dans le Temple? (*e*) Si donc ils ne voulurent pas condamner, ni éxécuter Jesus-Christ à mort, c'est, selon S. Chrysostome, & saint Augustin, que ce jour-là étoit un jour de fête, (*f*) où l'on n'éxécute point d'arrêt de mort. Ils craignoient de se soüiller par le sang d'un homme. C'étoit aussi pour prévenir le trouble de la part du peuple, qui regardoit Jesus comme un Prophéte.

Mais malgré ces raisons, nous ne feignons pas d'assurer que les Juifs n'avoient alors aucun droit de faire mourir, ni de condamner juridiquement, & dans les formes, ceux qui violoient les Loix de Moyse, non plus

---

(*a*) *Ligfoot, Hor. Heb. ad Marc.* xv. 25.
(*b*) *Johan.* xviii. 31.
(*c*) *Act.* vii. 57.
(*d*) *Johan.* viii. 3. *& sequ.*
(*e*) *Johan.* viii. 59. x. 31.
(*f*) *Chrysost. homil.* 86. *Aug. tract.* 114. *in Joan.*

3. *Tunc videns Judas, qui eum tradidit, quòd damnatus esset; pœnitentia ductus, retulit triginta argenteos principibus sacerdotum & senioribus,*	3. Cependant Judas qui l'avoit trahi, voyant qu'il étoit condamné, se repentit *de ce qu'il avoit fait;* & reportant les trente piéces d'argent aux Princes des Prêtres, & aux Sénateurs,

COMMENTAIRE.

que les autres coupables. Ils pouvoient les tuer sur le champ; ce qu'ils appelloient *Le Jugement de zéle*, qui leur fut toûjours permis, lorsque la multitude emportée par son ardeur, & par son amour pour les Loix, se jettoit sur ceux qui les violoient hautement, & impunément. Or JESUS ayant été pris, & conduit chez Caïphe; interrogé juridiquement, & convaincu par sa confession d'être le Messie, & Fils de Dieu, *le Jugement de zele* n'avoit plus de lieu. Il falloit une sentence juridique qui le condamnât, & qui le fit éxécuter à mort.

Si Pilate leur dit de le prendre eux-mêmes, & de le faire mourir, c'est qu'il vouloit se décharger de la haine & de l'injustice de cette condamnation; & si les Juifs ne veulent pas s'en charger, c'est qu'ils craignoient le peuple, & qu'ils ne voulent pas se rendre odieux par cette mort. Enfin, s'ils ne veulent pas entrer dans le Prétoire de peur de se soüiller, c'est que le soir même ils devoient manger la Pâque, suivant nôtre systême; au lieu que suivant le sentiment ordinaire, ils l'avoient déja mangée, & n'avoient plus de précaution à prendre sur cela; & l'on doit bien remarquer ici que dans les instances qu'ils font à Pilate de condamner JESUS-CHRIST, ils insistent principalement sur ce que lè Sauveur se disoit Roi des Juifs; qu'il contredisoit à César; qu'il inspiroit au peuple l'esprit de révolte; qu'il empêchoit qu'on ne payât le tribut aux Romains: (a) tout cela étoit faux dans le sens qu'ils le disoient; mais ils savoient que Pilate ne se mettroit guéres en peine de l'accusation du blasphême prétendu, & de ce que JESUS-CHRIST se disoit Fils de Dieu. Pilate n'entroit pas dans ces discussions, & le peuple ne se seroit pas contenté de cela. Il s'agissoit de savoir si JESUS avoit fait des œuvres qui prouvassent ce qu'il avoit dit. Car s'il avoit suffisamment montré qu'il étoit le Messie, où étoit le blasphême? Il falloit examiner la chose à fond, & non pas se récrier sur ce qu'il avançoit.

℣ 3. TUNC VIDENS JUDAS, &c. *Cependant Judas qui l'avoit trahi, voyant qu'il étoit condamné, se repentit, & reporta les trente piéces d'argent* Judas ne croyoit point apparemment que la chose dût aller si vîte, ni que les Prêtres dûssent porter leur animosité jusqu'à faire mourir JESUS-

---

(a) *Luc.* XXIII. 2.

4. *Dicens : Peccavi tradens sanguinem justum. At illi dixerunt : Quid ad nos ? Tu videris.*

4. Il leur dit : J'ai péché en trahissant le sang innocent. Ils lui répondirent : Que nous importe ? C'est vôtre affaire.

COMMENTAIRE.

CHRIST. (*a*) Il s'étoit figuré ou qu'il se tireroit de leurs mains par quelque miracle, ou que les principaux de la nation retenus par la crainte du peuple, n'oseroient rien attenter contre lui jusqu'après la fête de Pâque ; & que pendant cet intervalle il arriveroit quelque changement en faveur de son Maître. Quoi qu'il en soit, voyant que JESUS-CHRIST étoit déclaré coupable, & digne de mort, & que les Princes des Prêtres l'avoient fait conduire chez Pilate, pour lui demander qu'il le fît mourir, il ne douta plus qu'il ne succombât aux poursuites de ses ennemis. (*b*) Il alla trouver les principaux des Prêtres, & des Sénateurs, ou chez Caïphe, ou dans le Temple, & leur rendit l'argent qu'il avoit reçû d'eux, déclarant qu'il avoit péché en livrant le sang innocent.

Les Interprétes sont partagez sur le tems auquel arriva ce que nous lisons du repentir, & du désespoir de Judas. Les uns (*c*) soûtiennent qu'il ne reporta les trente sicles d'argent, qu'après que Pilate eut prononcé la sentence de mort contre JESUS. D'autres, qu'il alla trouver les Prêtres pendant qu'ils étoient encore assemblez chez Caïphe, ou pendant qu'ils étoient devant le Prétoire, insistant à ce que Pilate le condamnât à mort. Mais je ne vois aucune raison de s'éloigner de l'ordre de la narration marquée dans saint Matthieu, ni de placer cet événement ailleurs qu'en cet endroit-ci.

Les Peres condamnent unanimement le vain repentir de Judas, non pas que ce repentir soit une mauvaise chose ; (*d*) mais parce que Judas dans sa douleur, désespera de la misericorde du Sauveur. Il poussa son repentir jusqu'au désespoir : *Consummato scelere tam perversa impii conversio fuit, ut etiam pœnitendo peccaret.* (*e*) Il porta sa crainte, jusqu'à exclure toute espérance de pardon. Mais si sa pénitence lui fut inutile, elle sert au moins à convaincre la malice, & l'incrédulité des Juifs, qui ne se rendent pas même à l'aveu du traître, qui leur a livré son Maître. (*f*) Origénes, & Théophylacte (*g*) avancent une chose qui a fort l'air de fable ; qui est que Judas voyant que JESUS-CHRIST étoit condamné

(*a*) *Theophylact. Mald. Brug. Camero.*

(*b*) *Mald. Men. Brug. Est. Grot.*

(*c*) *Juvencus lib. 4. Evangel. hist & alii plures è recentiorib.*

(*d*) Voyez Origénes sur saint Matthieu, traité 35. & liv. 2. contre Celse, & saint Jérôme sur cet endroit, où ils semblent loüer la pénitence de Judas, aussi-bien que saint Ambroise, *in Luc. lib. x. & Chrysost homil 86.*

(*e*) *Leo Magn. ser. de Passione Domini.*

(*f*) *Ambros. lib. x. in Luc.*

(*g*) *In Matth.*

5. *Et projectis argenteis in Templo, recessit: & abiens laqueo se suspendit.*	5. Alors il jetta cet argent dans le Temple, & s'étant retiré, il alla se pendre.

COMMENTAIRE.

& que sa mort étoit résoluë; ne pouvant plus obtenir de lui le pardon en cette vie, prit le parti de l'aller attendre en l'autre monde, pour le prier de lui faire miséricorde.

℣. 4. QUID AD NOS? TU VIDERIS. *Que nous importe? c'est vôtre affaire.* Comme si le crime de traître, ne regardoit pas ceux qui sont les auteurs de la trahison: comme si la condamnation d'un innocent, reconnu par celui même qui l'a trahi, n'étoit qu'un jeu. (*a*) Telle étoit l'aveugle passion des Juifs.

℣. 5. ABIENS LAQUEO SE SUSPENDIT. *S'étant retiré, il s'alla pendre.* Saint Pierre dans les Actes, (*b*) dit que Judas s'étant précipité, se creva, & répandit tous ses intestins. Pour concilier cette variété, les Commentateurs ont cherché divers expédiens. Théophylacte croit que Judas s'étant d'abord pendu, comme le dit saint Matthieu, le poids de son corps fit pancher l'arbre auquel il s'étoit attaché; & qu'ayant été secouru, il vécut quelque-tems; mais qu'ayant gagné une hydropisie, il en creva, & mourut. Euthyme dit que comme Judas venoit de se pendre, quelque paysan le détacha, & le mit dans un endroit où il vécut quelque tems; mais qu'étant tombé d'un lieu élevé, il se creva dans sa chûte, & répandit ses entrailles. Papias disoit, (*c*) que le lien qui attachoit Judas à l'arbre auquel il s'étoit pendu, s'étant rompu, il vécut encore quelque tems, & enfla si prodigieusement, qu'il creva enfin par le milieu.

Mais sans aller chercher tant de détours, ne peut-on pas dire que ce traître s'étant pendu, demeura attaché au poteau, & y creva; ou qu'ayant été détaché, il tomba par hazard sur des rochers, ou sur des pieux, qui le creverent; (*d*) ou qu'enfin, ce qui est encore plus probable, qu'ayant été détaché du lieu où il étoit pendu, il fut jetté à la voirie, & y creva, comme il arrive aux cadavres qui y demeurent exposez. On sait par Joseph, (*e*) que chez les Hébreux on laissoit sans sépulture jusqu'au soir ceux qui se donnoient la mort à eux-mêmes.

Quelque nouveaux (*f*) ont prétendu que le Texte grec de saint Mat-

(*a*) *Vide Ambrof. in Luc. x.*

(*b*) *Act.* I. 18. Πρηνὴς γενόμενος ἐλάκησε μέσος, καὶ ἐξεχύθη πάντα τὰ σπλάγχνα αὐτοῦ.

(*c*) *Papias apud Oecumen. in Acta. c.* I. *& Auth. Hist. Scolastica.*

(*d*) *Vide Pricaum hic, & Cleric. ad Hammond. Maldon. alios passim.*

(*e*) *Joseph. de Bello Jud. lib.* 3. *cap* 25. Τοὺς γοῦν ἀνελόντας ἑαυτοὺς, παρὰ μὲν ἡμῖν μέχρις ἡλίου δύσεως ἀτάφους κρίνειν ἐκβάλλειν, καὶ τοι καὶ πολεμίους θάπτειν θεμιτὸν ἡγούμενος.

(*f*) *Vide Erasm. Heinf. Grot. Hamm. Gronov. Dissert. de Casu Juda.*

thieu

6. *Principes autem Sacerdotum, acceptis argenteis, dixerunt: Non licet eos mittere in corbonam: quia pretium sanguinis est.*	6. Mais les Princes des Prêtres ayant pris l'argent, dirent: Il ne nous est pas permis de le mettre dans le trésor; parce que c'est le prix du sang.

COMMENTAIRE.

thieu. (*a*) n'étoit pas exprés pour montrer qu'il se fût pendu, ni celui des Actes, qu'il se fût précipité; mais simplement, qu'il fut étouffé de douleur, de melancholie, de désespoir; & que dans l'excez de son mal, il tomba sur son visage, creva, & expira. On dit que ceux qui meurent d'esquinancie, crevent quelquefois: ou bien que pressé par les remords de sa conscience, & de son désespoir, il voulut se précipiter, & se précipita en effet, & creva de sa chûte; mais ces explications sont trop subtiles, & trop éloignées de la premiére idée que les Textes de saint Matthieu, & des Actes offrent d'abord à l'esprit. Origenes, saint Chrysostome & Théophylacte sur saint Matthieu, & S. Léon Sermon 52. croyent que Judas se pendit avant que JESUS-CHRIST fût mort. L'ancien Auteur des Questions sur l'ancien & le nouveau Testament, soûtient que ce fut quelques jours aprés. (*b*)

℣. 6. NON LICET EOS MITTERE IN CORBONAM. *Il ne nous est pas permis de le mettre dans le trésor, parce que c'est le prix du sang.* Le terme Hébreu *Corbona*, signifie les dons, & les offrandes que l'on faisoit au Temple; ou le coffre, dans lequel on les mettoit; ou le trésor du Temple. (*c*) La Loi défendoit de recevoir les présens des choses honteuses, comme le prix de la prostitution. (*d*) L'usage avoit étendu cette défense aux choses qui enferment quelque idée d'infamie, ou de cruauté: on ne recevoit pas les présens des publicains, des exacteurs, des boureaux, ni l'argent qu'un homme avoit reçû pour un faux serment, pour trahison, pour faire périr un homme; tout cela s'apelle, *pretium sanguinis.* Il auroit paru qu'on autorisoit le crime, ou le meurtre en recevant ces sortes d'offrandes. Les anciens Chrétiens conservérent ces pratiques. (*e*) On voit ici le vrai caractére des Prêtres Juifs; ils ne veulent pas mettre dans le trésor le prix de la trahison de Judas, & ils ne feignent pas de poursuivre la mort de JESUS-CHRIST, sur des prétextes, & des accusations vaines & frivoles.

(*a*) *Matth.* XXVII. 5. *Καὶ ἀπελθὼν ἀπήγξατο. Vide Tob* III. 11. *de Sara filia Raguelis.* Ἐλυπήθη σφόδρα ὥστε ἀπάγξασθαι. *Job.* VII. 15. *Suspendium elegit anima mea.*

(*b*) *Ita Syr. Arab. Vat.*

(*c*) *Joseph. de Bello, lib.* 2. *cap.* 8. *Suid. Phavorin. Lud. de Dieu. Ieronym hic.*

(*d*) *Deut.* XXIII. 18. *Non offeres mercedem prostibuli, nec pretium canis in domo Domini.*

(*e*) *Vide Constitut. Clem. apud Hammond. hic.*

7. *Consilio autem inito, emerunt ex illis agrum figuli, in sepulturam peregrinorum.*

8. *Propter hoc vocatus est ager ille, Haceldama, hoc est, ager sanguinis, usque in hodiernum diem.*

9. *Tunc impletum est, quod dictum est per Jeremiam Prophetam, dicentem: Et acceperunt triginta argenteos pretium appretiati, quem appretiaverunt à filiis Israel :*

7. Et ayant délibéré là-dessus, ils en achetérent le champ d'un potier, pour la sépulture des étrangers.

8. C'est pour cela que ce champ est appellé encore aujourd'hui Halceldama ; c'est-à-dire, le champ du sang.

9. Ainsi fut accomplie cette parole du Prophéte Jérémie : ils ont reçû les trente piéces d'argent, qui étoient le prix de celui qui a été mis à prix, & dont ils avoient fait le marché avec les enfans d'Israël ;

COMMENTAIRE.

℣. 7. EMERUNT EX ILLIS AGRUM FIGULI. *Ils en achetérent le champ d'un potier, pour la sépulture des étrangers* ; des Juifs étrangers, (a) ou même des Payens, (b) ou des Prosélytes, (c) qui mouroient dans Jérusalem. Les trente sicles faisoient, comme on l'a déja dit, quarante-huit livres douze sols six deniers. Comme ils concevoient que cet argent étoit soüillé, ils jugérent à propos de l'employer à l'achat d'une chose qui passoit aussi pour impure dans leur idée : je veux dire un cimetiére. Ceci ne se fit pas aussi-tôt ; mais l'Evangeliste a mis tout de suite ce qui regardoit l'histoire du traître Judas.

℣. 8. HACELDAMA, HOC EST, AGER SANGUINIS. *Haceldama, c'est-à-dire, le champ du sang.* Les mots *Hacel-dama*, (d) sont Syriaques ; ils ne se lisent point dans les Exemplaires Grecs : on croit qu'ils sont passez du Livre des Actes dans S. Matthieu. Ils se trouvent dans les plus anciens Exemplaires Latins, comme dans le fameux manuscrit Grec & Latin de Cambrige, & dans l'ancienne Vulgate de saint Matthieu, donnée par le Pere Martianay. Ce champ portoit encore ce nom, lorsque l'Evangéliste écrivoit son Evangile, sept ou huit ans aprés la mort du Sauveur. Saint Jérôme (e) dit que ce cimetiére étoit au midi de Jérusalem, qu'on y enterroit les corps des pauvres, & qu'on y jettoit ceux à qui on ne vouloit pas donner la sépulture. Drutmare dit que de son tems il y avoit là un hôpital pour les pélerins francs qui alloient en Terre-sainte. Les nouveaux Voyageurs rapportent que ce champ est fort petit, enfermé sous une voûte, sur laquelle on marche comme sur une terrasse, & d'où l'on regarde au-dessous à travers de grands trous, qui sont comme des soupiraux. On assure que la terre de cet endroit consume les corps en moins de trois jours.

℣. 9. TUNC IMPLETUM EST QUOD DICTUM EST PER JEREMIAM, &c. *Ainsi fut accomplie cette parole de Jérémie : Ils ont reçû les trente piéces d'argent, qui étoient le prix de celui qui a été mis à prix.* La

(a) *Grot hic.*
(b) *Hilar. in Matth. can. 32.*
(c) *Gerhard. Hammond. Byna. lib. 2. c. 8. de Morte Christi.*
(d) חקל דמא Ἀγρὸς Αἵματος.
(e) *Ieronym. in locis.*

Prophétie qui a été citée sous le nom de Jérémie, ne se trouve pas dans les écrits qui nous restent de ce Prophéte; mais dans ceux de Zacharie, où nous lisons ce qui suit: (a) *Je leur dis: Si vous l'avez pour agréable, donnez-moi mon salaire; sinon, faites ce qu'il vous plaira: & ils me délivrérent trente piéces d'argent pour mon salaire, & le Seigneur me dit: Allez jetter à un statuaire cette belle somme, cet argent, qu'ils ont crû que je valois, lorsqu'ils m'ont mis à prix; & j'allai à la maison du Seigneur, les porter à un ouvrier en argile.* Ce Prophéte parle en cet endroit du Messie, sous l'idée d'un berger qui se charge de paître un troupeau abandonné, & destiné à la boucherie. Après avoir assez long-tems conduit ce troupeau, il en demande la récompense, comme il est marqué ici. Les Juifs comme pour renoncer à la conduite de leur pasteur, lui donnent trente piéces d'argent: Ou plûtôt, ils les donnent à un traître, qui les délivre de ce pasteur, dont ils ne pouvoient souffrir les répréhensions, & la juste séverité. Voyez nôtre Commentaire sur Zacharie.

Mais d'où vient ici le nom de Jérémie, au lieu de celui de Zacharie? Quelques-uns (b) ont crû que c'étoit une faute de quelque Copiste, qui auroit mis Jérémie au lieu de Zacharie. Si c'est une faute, elle est trés-ancienne, puisque dés le tems d'Origénes, on étoit embarassé à résoudre cette difficulté. D'autres (c) ont crû que l'Evangéliste n'avoit exprimé le nom d'aucun Prophéte en cet endroit, & que quelque Copiste y avoit substitué de sa tête le nom de Jérémie, que l'on y auroit laissé dans la suite par respect pour l'antiquité. Il y a toutefois beaucoup d'exemplaires Grecs, Latins, Syriaques, Arabes, Persans, (d) où ce nom ne se trouve pas, soit qu'ils ayent été copiez sur de plus anciens où il n'étoit pas; soit qu'on en ait ôté ce nom, qui n'y devoit pas être. D'autres (e) soûtiennent que S. Matthieu citant de mémoire, aura pris par inadvertance le nom de Jérémie, pour celui de Zacharie; & que ceux qui sont venus depuis, quoiqu'ils ayent fort bien reconnu la faute, n'ont pas jugé à propos de la corriger, parce qu'elle n'étoit pas de conséquence pour le fond.

Il y en a d'autres (f) qui veulent que le passage soit de Jérémie, aussi-bien que de Zacharie; mais que l'endroit de Jérémie que cite saint Matthieu, ne se trouve plus dans les écrits qui nous restent de ce Prophéte; soit que les Juifs l'ayent supprimé malicieusement, soit qu'ils soient pé-

(a) *Zachar* XI. 11. 12. 13.

(b) *Ita Author Comment. in Psalm. sub nomine Ieronymi, in Psal.* LXXVII. 1. *Euseb lib.* X. *Demonstr. cap* 4. *Beza, Gomar. Piscat. Bynaus, lib.* 2. *de morte Christi, c.* 8. *art.* 23. 24. 25. 26. *&c. ubi fuse de hoc loco disputat.*

(c) *Brug. Jansen. Mald. Baron.*

(d) *Vide Var. Lect. Mill. Aug. lib.* 3. *de Consensu c.* 7. *Lir. Brug. Jans. Mald. alios.*

(e) *Aug. lib.* 3. *de Consensu cap.* 7. 8. *Beda, hîc. Erasm. Drus. Cnatchbul Gloss. ordinar. Glass. Philol. l.* 1. *tract.* 2.

(f) *Zeger hîc. Ger. Johan. Vossius harm. Evang. lib.* 2. *c* 3. *Colomes. observ. sacr. p.* 32. *Vide Grotium hîc.*

ris par quelque autre accident. Certes Dominique Magrius dans un petit Livre qu'il a fait *des contradictions apparentes de l'Ecriture*, dit qu'Abraham Echellensis lui a fait voir un manuscrit Arabe, intitulé: *Les perles precieuses*, dont l'Auteur assuroit que les Juifs en haine de JESUS-CHRIST, avoient effacé le passage de Jérémie, cité par saint Matthieu: Et voici ce passage comme il s'étoit conservé, malgré leur malice, dans quelques livres cachez: *Alors Jérémie dit à Phassur: Il y a long-tems que vous, & vos peres vous vous opposez à la vérité; mais vos enfans qui viendront après vous, commettront un crime encore plus énorme que le vôtre, parce qu'ils mettront à prix celui qui n'a point de prix; & qu'ils feront souffrir celui qui guérit les maladies, & qui pardonne les péchez: & ils recevront les trente piéces d'argent, qui ont été le prix qui a été donné par les enfans d'Israël, pour celui qu'ils ont acheté.*

Origénes (*a*) a soupçonné depuis long-tems que ce passage pouvoit avoir été lû par saint Matthieu, dans quelque livre apocryphe de Jérémie. Et saint Jerôme assure qu'un Nazaréen lui avoit fait voir un livre apocryphe de ce Prophéte, où ce passage se lisoit tout au long. On cite dans les Maccabées (*b*) quelques traits de Jérémie, qui ne se trouvent plus dans ses ouvrages. Il y avoit dans la mémoire des peuples bien des choses, & des discours des Prophétes qui n'étoient point dans leurs écrits, comme on le voit dans Joseph, (*c*) & dans les vies des Prophétes écrites par le faux Epiphanes, & par Dorothée.

Grotius a remarqué en particulier dans Zacharie (*d*) plusieurs expressions imitées de Jérémie. Les Juifs eux-mêmes disent que l'esprit de Jérémie résidoit dans Zacharie. Ainsi il est fort possible que ce dernier ait écrit dans sa prophétie, ce qui avoit été dit, mais non écrit, auparavant par Jérémie. Les Grecs (*e*) enseignent que ces paroles de saint Paul: (*f*) *C'est pourquoi il dit: Levez-vous, vous qui dormez, & ressuscitez des morts, & le Christ vous éclairera;* sont tirées des écrits de Jérémie, qui n'ont pas été mis dans le canon.

Joseph Méde (*g*) & Hammond (*h*) semblent douter que les Chapitres IX. X. & XI. de Zacharie, soient véritablement de lui. Ils croyent y remarquer des choses qui ne conviennent pas au tems de ce Prophéte; mais à celui de Jérémie. On sait que le Livre des Pseaumes contient plusieurs piéces qui ne sont point de David, quoi que tout le recueil porte le nom de ce Prophéte; & qu'il y a dans le Livre des Proverbes plusieurs sen-

(*a*) *Vide Origen. in Matth. hic.*
(*b*) *2. Macc. II. 1.*
(*c*) *Vide Joseph. de Bello, lib. 5. cap. 2. in Latino, seu lib. 4. c. 18. in Græco. &c.*
(*d*) Comparez Zach. I. 4. & Jerem. XVIII. 11. & XXXV. 15. Zach. I. 16. & Thren. II. 17. & Zach. III. 8. avec Jerem. XXIII. 5. &c.
(*e*) *Grot. hic.*
(*f*) *Ephes. V. 14.*
(*g*) *Med. lib. 4. Ep. 31.*
(*h*) *Hamm. ad Hebr. VIII.*

10. *Et dederunt eos in agrum figuli, ficut constituit mihi Dominus.*

11. *Jesus autem stetit ante Præsidem, & interrogavit eum Præses, dicens: Tu es Rex Judæorum? Dicit illi Jesus: Tu dicis.*

10. Et ils les ont données pour *en acheter* le champ d'un potier, comme le Seigneur me l'a ordonné.

11. Or JESUS fut présenté devant le Gouverneur; & le Gouverneur l'interrogea en ces termes: Etes-vous le Roi des Juifs? JESUS lui répondit: Vous le dites: *Je le suis.*

COMMENTAIRE.

tences qu'on attribuë à Agur fils de *Jaké*. Ils soutiennent que nulle autorité canonique ne nous assure que tout ce qu'on lit sous le nom de Zacharie, soit de lui. Et S. Matthieu nous dit expressément que ce passage qui se lit dans son onziéme Chapitre, est de Jérémie. Voilà ce que disent sur cela ces Auteurs. Je crains qu'ils n'entreprennent trop en voulant contester trois Chapitres à Zacharie, pour restituer un seul passage à Jérémie. D'autres (*a*) croyent que l'Evangéliste en cet endroit a cité tout à la fois deux passages; l'un de Jérémie, & l'autre de Zacharie. Il est indubitable que souvent les Auteurs sacrez du nouveau Testament en usent ainsi: on a divers exemples & dans l'Evangile, & dans saint Paul. (*b*) Ils mêlent plusieurs témoignages, & n'en font qu'un, qui vient à leur sujet, & qu'ils citent ou en général sous le nom des Prophétes, ou en particulier sous le nom d'un des Auteurs, ou des Prophétes dont ils rapportent les paroles, sans parler des autres. Dans l'endroit que nous examinons, l'Evangéliste cite Jérémie, parce que ce Prophéte achéta un champ à Anathoth, pour preuve qu'au retour de la captivité on acheteroit, & on vendroit encore des champs dans le pays. (*c*) Ce champ étoit la figure de celui qui fut achété de l'argent rendu par Judas. Mais il ne cite pas Zacharie, qui parle des trente sicles, qui est le prix qu'on a donné pour le salaire du Pasteur. On peut s'en tenir à cette solution, ou adopter le sentiment qui reconnoît ici une faute de Copiste; ou celui qui croit que ce passage est tiré de quelque ancien écrit de Jérémie, qui n'est pas passé jusqu'à nous, & qui a été adopté par Zacharie. L'Evangéliste n'a pas suivi exactement la lettre de ce Prophéte; il s'est contenté de donner le sens de sa prophétie, & de l'adapter à son sujet. (*d*)

℣. 11. JESUS AUTEM STETIT ANTE PRÆSIDEM. *Or Jesus fut*

(*a*) *August. lib. 3. de Consensu, cap. 7. Heinsius. Exercit. sacr. in Matth.* XXVII. *& Sanctius ad Zach.* XI. 12. *& ad Jerem.* XXXII. 14. *& Glass. Philol. sacr. l. 1. tract* 2.

(*b*) Voyez Matth. XXI. 5. où il cite Isai. LXII. 11. & Zach. IX. 9. Voyez aussi Matth. XXI. 13. où il cite Isai. LVI. 7. & Jerem. VII. 11. Voyez Act. I. 20. tiré du Pseaume LXVIII. 26. & CVIII. 8. Voyez aussi Rom. III. 10. & IX. 33.

(*c*) *Jerem.* XXXII. 9. 14. 15. 43.

(*d*) *Ieronym lib. 2. in Amos, c.* V *In omnibus Scripturis sanctis observandum est, Apostolos & Apostolicos viros in ponendis testimoniis de veteri Testamento, non verba considerare, sed sensum.*

12. *Et cùm accusaretur à Principibus Sacerdotum, & Senioribus, nihil respondit.*

13. *Tunc dicit illi Pilatus: Non audis quanta adversùm te dicunt testimonia?*

14. *Et non respondit ei ad ullum verbum; ita ut miraretur præses vehementer.*

15. *Per diem autem solemnem consueverat præses populo dimittere unum vinctum, quèm voluissent.*

12. Et étant accusé par les Princes des Prêtres, & les Sénateurs, il ne répondit rien.

13. Alors Pilate lui dit: N'entendez vous pas de combien de choses ces personnes vous accusent?

14. Mais il ne répondit rien à tout ce qu'il lui pût dire; de sorte que le Gouverneur en étoit tout étonné.

15. Or le Gouverneur avoit accoutumé à toutes les fêtes *de Pâque*, de délivrer celui des prisonniers que le peuple lui demandoit:

COMMENTAIRE.

présenté devant le Gouverneur. Saint Jean (*a*) raconte ceci dans un plus grand détail. JESUS fut amené au prétoire, ou à la maison du Gouverneur assez matin. Les Prêtres, & les Sénateurs, qui étoient venus pour demander sa condamnation, n'ayant pas voulu y entrer de peur de se soüiller, parce qu'ils devoient manger la Pâque ce jour-là au soir, Pilate sortit de sa maison, & demanda aux Prêtres de quoi ils accusoient JESUS? Ils répondirent, que s'il n'étoit pas malfaicteur, ils ne le lui auroient pas amené. Pilate leur dit: S'il est coupable, prenez-le vous-mêmes, & le faites mourir selon vos Loix. Il ne nous est pas permis de faire mourir personne, dirent les Juifs. Saint Luc ajoûte, (*b*) qu'ils accusérent JESUS de soûlever la nation, d'empêcher qu'on ne payât le tribut à César, & de se dire le Roi des Juifs. Pilate rentra dans le prétoire, s'assit sur son tribunal, & interrogea JESUS sur ces trois articles. (*c*) Il lui demanda s'il étoit vrai qu'il fût Roi. JESUS répondit qu'il l'étoit en effet; mais que son Royaume n'étoit pas de ce monde. Alors Pilate sortit de nouveau du prétoire, & déclara aux Juifs, qu'il ne trouvoit dans cet homme aucun crime qui méritât la mort.

℣. 12. ET CUM ACCUSARETUR A PRINCIPIBUS SACERDOTUM, &c. *Et étant accusé par les Princes des Prêtres, & les Sénateurs, il ne répondit rien.* Les Prêtres insistérent puissamment à faire condamner JESUS. Mais JESUS ne répondit rien ni à leurs accusations, ni aux interrogatoires de Pilate, qui l'interrogea de nouveau. Comme les accusateurs crioient que JESUS excitoit le peuple à la révolte, & qu'il n'avoit cessé de le faire, en commençant par la Galilée, Pilate demanda si cet homme étoit Galiléen; & ayant appris qu'il étoit sujet d'Herodes, il le ren-

(*a*) *Johan.* XVIII. 28. *& seq.*
(*b*) *Luc.* XXIII. 2.
(*c*) *Joan.* XVIII. 33.

16. *Habebat autem tunc vinctum insignem, qui dicebatur Barabbas.*

17. *Congregatis ergo illis, dixit Pilatus: Quem vultis dimittam vobis: Barrabam, an Jesum, qui dicitur Christus?*

18. *Sciebat enim quod per invidiam tradidissent eum.*

19. *Sedente autem illo pro tribunali, misit ad eum uxor ejus dicens: Nihil tibi, & justo illi: multa enim passa sum hodie per visum propter eum.*

16. Et il en avoit alors un insigne, nommé Barabbas.

17. Lorsqu'ils étoient donc tous assemblez, Pilate leur dit: Lequel voulez-vous que je vous délivre, de Barabbas, ou de JESUS, qui est appellé CHRIST?

18. Car il savoit bien que c'étoit par envie qu'ils l'avoient livré *entre ses mains.*

19. Cependant, lorsqu'il étoit assis dans son siége, sa femme lui envoya dire: Ne vous embarrassez point dans l'affaire de ce Juste; car j'ai été aujourd'hui étrangement tourmentée dans un songe, à cause de lui.

COMMENTAIRE.

voya à ce Prince. (*a*) Pendant que JESUS, & les Prêtres ses accusateurs étoient allez vers Hérode, Pilate fut informé que les Juifs ne poursuivoient JESUS que par jalousie. (*b*)

℣. 15. PER DIEM AUTEM SOLEMNEM. *Or le Gouverneur avoit accoutumé à toutes les fêtes de Pâque, de délivrer celui des prisonniers que le peuple lui demandoit.* Il crut que cela lui ouvriroit un moyen de tirer JESUS des mains des Prêtres, en faisant demander JESUS par le peuple. Quant à cet usage de délivrer un prisonnier le jour de Pâque, on n'en voit point l'origine ni dans la Loi, ni dans l'histoire des Juifs. Mais on en remarque la continuation dans les Rescrits de quelques Empereurs Chrétiens, qui ordonnent qu'au jour de Pâque, on délivre tous les prisonniers qui sont dans les cachots; à l'exception de certains cas particuliers énoncez dans leurs Rescrits. (*c*) Le Syriaque, & quelques autres (*d*) croyent que les Gouverneurs Romains leur délivroient un prisonnier aux trois fêtes principales de l'année, Pâque, la Pentecôte, & les Tabernacles.

℣. 16. HABEBAT AUTEM TUNC VINCTUM INSIGNEM. *Il avoit alors un insigne prisonnier, nommé Barabbas*, lequel avoit été mis en prison, pour s'être trouvé dans une sedition, & pour avoir tué un homme. (*e*) Pilate crut que JESUS mis en paralléle avec un tel homme, ne manqueroit pas d'être préferé, & délivré.

℣. 19. MISIT AD EUM UXOR EJUS DICENS. *Lorsqu'il étoit assis sur son tribunal, sa femme lui envoya dire: Ne vous embarrassez point dans l'affaire de ce Juste.* Depuis l'Empire de Tibére les Gouverneurs de Province commencérent à mener leurs femmes avec eux dans leur gouver-

(*a*) *Luc.* XXIII. 5. 6. 7.
(*b*) *Matth.* XXVII. 18. *Marc.* XV. 10.
(*c*) Valentinien, Théodose, & Arcade. Voyez Grotius sur cet endroit.
(*d*) *Beza, Schmid. Coccei. alii.*
(*e*) *Luc.* XXIII. 19. *Marc.* XV. 7.

20. *Principes autem Sacerdotum, & seniores persuaserunt populis ut peterent Barabbam, Jesum verò perderent.*

21. *Respondens autem præses, ait illis: Quem vultis vobis de duobus dimitti? At illi dixerunt: Barabbam.*

22. *Dixit illis Pilatus: Quid igitur faciam de Jesu, qui dicitur Christus?*

23. *Dicunt omnes: Crucifigatur. Ait illis Præses: Quid enim mali fecit? At illi magis clamabant, dicentes: Crucifigatur.*

20. Mais les Princes des Prêtres, & les Sénateurs persuadérent au peuple de demander Barabbas, & de faire périr Jesus.

21. Le Gouverneur leur ayant donc dit: Lequel de deux voulez-vous que je vous délivre? Ils lui répondirent: Barabbas.

22. Pilate leur dit: Que ferai-je donc de Jesus, qui est appellé Christ?

23. Ils répondirent tous: Qu'il soit crucifié. Le Gouverneur leur dit: Mais quel mal a-t'il fait? Et ils se mirent à crier encore plus fort, en disant: Qu'il soit crucifié.

COMMENTAIRE.

nement; ce qui ne leur étoit pas permis auparavant. Ceci est rapporté en cet endroit par récapitulation. La femme de Pilate lui envoya dire cela dés le commencement, lorsqu'il s'assit pour interroger Jesus, versets 11. 12. Cette femme dit *qu'elle a été étrangement tourmentée dans un songe, à cause de ce Juste.* Les uns (*a*) attribuent ce songe au démon; ce mauvais esprit commençoit à se douter de quelque chose; il craignoit que la mort de Jesus, ne fût la destruction de son empire. D'autres (*b*) croyent que ce songe lui fut envoyé de Dieu. Origénes, saint Chrysostome, & Théophylacte, semblent croire que cette femme craignoit Dieu, & qu'elle a été sauvée. Cornélius à Lapide assure que les Grecs l'ont mise au nombre des Saintes. Vincent de Beauvais cite l'Evangile apocryphe de Nicodéme, qui l'appelle *Claudia Proscula.* Le faux Lucius Dexter, & Nicéphore (*c*) qui la font Chrétienne, lui donnent le même nom. Mais tout cela est fort apocryphe.

D'autres enfin soûtiennent que cette femme ayant sçû d'ailleurs la prise de Jesus, & connoissant par la réputation que c'étoit un Saint, & un homme de bien, son imagination frappée de ces idées, produisit naturellement le songe que nous lisons ici. Mais il n'y a nulle apparence que cette femme ait pû être informée de la prise de Jesus-Christ avant son sommeil. Il fut pris vers le minuit, hors la ville, & sans la participation de Pilate. Il fut conduit, & demeura enfermé chez les Prêtres jusqu'au jour. Dés le matin on l'amena à Pilate. Ce Gouverneur apprit sa prise, & sa condamnation tout à la fois. Dieu permit que ce songe fut envoyé à la femme de Pilate, & non à lui-même, de peur qu'on ne dit, que

(*a*) *Author Epistol. sub nomine Ignat. ad Philippens. Author serm. de Passione sub nomine Cypriani. Beda, Anselm. Hist. Scolast. Anastas. tract ad Maximum. lib. 1. p. 163.*

(*b*) *Ambros. lib. x. in Luc. Origen. Ieronym. Chrysost. Euthym. Theophyl. Leo Magn. serm. XI. de Passione. Grot. Mald. Brug.*

(*c*) *Nicephor. lib. 1. c. 30.*

24. *Videns autem Pilatus quia nihil proficeret, sed magis tumultus fieret: acceptâ aquâ, lavit manus coram populo, dicens: Innocens ego sum à sanguine justi hujus: vos videritis.*

24. Pilate voyant qu'il n'y gagnoit rien, mais que le tumulte s'excitoit toûjours de plus en plus, se fit apporter de l'eau, & se lavant les mains devant le peuple, il leur dit: Je suis innocent du sang de ce Juste; ce sera à vous à en répondre.

COMMENTAIRE.

que ce Juge feignoit de l'avoir eu, pour avoir occasion de délivrer JESUS-CHRIST.

℣. 24. ACCEPTA AQUA, LAVIT MANUS. *Pilate se fit apporter de l'eau, & se lava les mains devant le peuple.* Saint Jean (*a*) raconte la chose plus au long que les autres Evangélistes. Pilate ayant fait tous ses efforts pour delivrer JESUS, & ayant déclaré qu'il le trouvoit innocent, jugea que pour les contenter en quelque sorte, il devoit maltraiter JESUS, & le renvoyer. Il le fit donc foüetter, & permit à ses soldats de le revêtir d'une espéce de manteau rouge, de lui mettre une couronne d'épine sur la tête, & de lui donner en main au lieu de sceptre, une méchante cane; & en cet état il le présenta au peuple, croyant qu'à ce spectacle leur fureur s'appaiseroit: mais ce fut inutilement. Il conduisit une troisiéme fois JESUS dans le Prétoire, & l'ayant interrogé, il sortit encore, & dit aux Juifs, qu'il ne trouvoit en lui aucune cause légitime de condamnation. Le peuple criant de plus en plus, & usant même en quelque sorte de menaces, Pilate lava ses mains, pour marque qu'il ne vouloit avoir aucune part à la mort de JESUS-CHRIST.

Cette cérémonie de laver ses mains n'étoit pas usitée dans ces rencontres, ni chez les Grecs, ni chez les Romains, que l'on sache; seulement dans les alliances on se purifioit en se lavant tout le corps, ou seulement les mains lorsque l'on sacrifioit aux Dieux superieurs. (*b*) Mais quand on sacrifioit seulement aux Dieux des enfers, on se contentoit de s'arroser d'eau lustrale (*c*)

Spargens rore levi, & ramo felicis olivæ.

Lorsqu'ils vouloient expier un meurtre, ou se purifier du sang répandu même dans la guerre, (*d*) ils se lavoient les mains, ou tout le corps: (*e*)

Me bello è tanto digressum, & cade recenti
Attrectare nefas, donec me flumine vivo
Abluero.

(*a*) *Joan.* XIX. 1....15.
(*b*) *Homer. Iliad.* Γ.
Α'ὖτ βασιλεῦσιν ὕδωρ ἐπὶ χεῖρας ἔχεαν.
(*c*) *Virgil. Æneid.* VI.
(*d*) *Triclin. in Sophoclem.* Ἔθος ἦν τοῖς παλαιοῖς ὅτε ἢ φόνον ἀνθρώπου, ἢ ἄλλας σφαγὰς ἐποίουν, ὕδατι ἀπονίπτειν τὰς χεῖρας εἰς καθαρσιν τοῦ μιάσματος.
(*e*) *Æneid.* II.

25. *Et respondens universus populus, dixit : Sanguis ejus super nos, & super filios nostros.*

25. Et tout le peuple lui répondit : Que son sang retombe sur nous, & sur nos enfans.

COMMENTAIRE.

Pilate donc par allusion à ces pratiques des Payens, & pour se purger du sang de ce Juste, voulut en leur présence se laver les mains ; afin de leur faire voir d'une maniére plus marquée, combien il avoit d'horreur de leur injuste haine. Et c'est en ce sens que l'expliquent Casaubon, Beze, Heinsius, Merylle, Schmid, & quelques autres. (*a*)

Mais la plûpart veulent que ce Gouverneur ait fait allusion aux usages des Juifs, & qu'il ait donné cela à leur goût, qui étoit de déclarer leur sentiment, non-seulement par des paroles, mais aussi par des actions symboliques & par des marques significatives. On en voit plusieurs exemples dans les saintes Ecritures. Mais pour nous borner à la chose dont il s'agit, le Psalmiste dit en deux endroits, (*b*) qu'il *a lavé ses mains parmi les innocens ;* c'est-à-dire, qu'il a vêcu dans la justice & dans l'équité ; & qu'il ne s'est soüillé ni par le sang, ni par l'homicide. Et dans le Deutéronome (*c*) il est ordonné aux anciens d'une ville, dans le territoire de laquelle on aura trouvé un homme assassiné, de laver leurs mains sur la tête d'une genisse, qu'on doit immoler pour expier le pays de ce sang répandu. Saint Jérôme (*d*) semble ici excuser Pilate, & rejetter toute la faute sur les Juifs. Je ne suis que l'exécuteur des Loix : Vous dites que selon vos Loix cet homme mérite la mort ; je m'en décharge.

℣. 25. SANGUIS EIUS SUPER NOS. *Que son sang retombe sur nous, & sur nos enfans.* Nous nous chargeons du crime, & de la peine de sa mort : s'il est innocent. Cette expression est commune chez les Hébreux. Moyse dit en plus d'un endroit, (*e*) en parlant des criminels dignes de mort : *Il sera mis à mort, son sang demeurera sur lui.* L'effet de cette horrible sentence que les Juifs ont prononcée contre eux-mêmes, est encore aujourd'hui sensible, & le sera jusqu'à la fin des siécles sur toute la nation des Hébreux. (*f*) Le crime de ceux-ci est sans doute beaucoup plus grand, que celui de Pilate. Mais Pilate est-il innocent, d'avoir ainsi trahi sa propre conscience, & d'avoir livré un innocent, reconnu par luimême, à une troupe de séditieux ? N'est-ce pas là se rendre complice, & en quelque sorte auteur d'un crime, qu'il auroit pû, & qu'il auroit dû

(*a*) *Vide Bynæum, lib. 3. cap. 4. art. 51.*
(*b*) *Psal.* XXV. 6. *&* LXXII. 13.
(*c*) *Deut.* XXI. 5.
(*d*) *Ieronym. hic. Ego minister sum legum : vestra vox sanguinem fundit.*
(*e*) *Levit.* XX. 9. 11, 16.
(*f*) *Ieronym. hic.*

26. *Tunc dimisit illis Barabbam: Jesum autem flagellatum tradidit eis ut crucifigeretur.*

26. Alors il leur délivra Barabbas; & ayant fait foüetter Jesus, il le remit entre leurs mains pour être crucifié.

COMMENTAIRE.

empêcher? (*a*) *Nec ipse evasit reatum, qui cooperatus seditiosis, reliquit judicium proprium, & in crimen transivit alienum.*

℣. 26. Jesum autem flagellatum tradidit eis. *Ayant fait foüetter Jesus, il le remit entre leurs mains pour être crucifié.* Il l'avoit fait foüetter auparavant, (*b*) pour tâcher d'adoucir le peuple en sa faveur. Les Hébreux ne donnoient ordinairement que trente-neuf coups de foüet; (*c*) mais les Romains n'avoient sur cela aucune régle. Ils avoient deux maniéres de foüetter; ou avec des verges, ou avec des courroyes, ou laniéres. Cette derniere façon étoit la plus cruelle. On ne sait pas de quelle sorte ils exercerent ce supplice envers Jesus-Christ; mais on montre aujourd'hui à Rome à sainte Praxede, la colomne à laquelle le Sauveur fut attaché par les Soldats Romains, laquelle est encore teinte de son sang. (*d*) Le foüet étoit une peine ignominieuse que l'on n'employoit qu'envers les esclaves, les voleurs, & gens de cette sorte. Les Loix défendoient d'en user envers les honnêtes gens, (*e*) & sur tout envers les citoyens Romains: (*f*) *Facinus est vincire civem Romanum, scelus verberare, propè parricidium necare. Quid dicam in crucem tollere? Verbo satis digno res tam nefaria exprimi nullatenùs potest.* Saint Jérôme, & quelques autres (*g*) ont crû que cette flagellation étoit différente de la premiére, & que c'étoit une loi parmi les Romains, de faire foüetter avant leur mort, ceux qui devoient être éxécutez. Mais nous ne voyons pas de nécessité de reconnoître ici deux flagellations.

Quelques anciens (*h*) ont prétendu que Pilate n'avoit pas condamné expressément Jesus-Christ, mais qu'il avoit simplement consenti à la volonté des Juifs; il leur permit d'éxécuter contre lui l'arrêt de mort qu'ils avoient eux-mêmes porté. Ce passage de S. Matthieu est assez favorable à cette opinion. Mais tout le reste du recit de l'Evangéliste, & sur tout ce que dit saint Luc, (*i*) que Pilate leur accorda leur demande: *Adjudicavit fieri petitionem eorum;* ne prouve que trop qu'il prononça en Juge: Il s'assit sur son tribunal; il interrogea juridiquement Jesus; il fit mettre l'inscription sur la croix; il le livra aux soldats pour être

(*a*) *S. Leo Serm 8 de Passione.*
(*b*) *Luc.* XXIII. 22. *Joan.* XIX. 1.
(*c*) 2 *Cor.* XI. 24. 25. *Deut.* XXV. 3.
(*d*) *Ieronym. Ep.* 27. *Prudentius, alii.*
(*e*) *D. Titul. de Pœnis.*
(*f*) *Cicero in Verrem.*
(*g*) *Ieronym. hic. Vide & Drus. & Vatab. apud Byna. l.* 3. *c.* 4. *art.* 4. *de morte Christi, & Lips. de Cruce lib.* 2. *c.* 2.
(*h*) *Chrysost. orat. de Eleemosyna. Lactant. lib.* 4. *Instit. c.* 8.
(*i*) *Luc.* XXIII. 24.

27. *Tunc milites Præsidis suscipientes Jesum in prætorium, congregaverunt ad eum universam cohortem :*

28. *Et exuentes eum, chlamidem coccineam circumdederunt ei :*

27. Les soldats du Gouverneur menérent ensuite JESUS dans le prétoire ; & ayant assemblé autour de lui toute la compagnie ;

28. Ils lui ôtérent ses habits, & le revêtirent d'un manteau d'écarlate :

COMMENTAIRE.

crucifié ; il donne son corps à Joseph d'Arimathie ; enfin il agit partout en Juge. (*a*)

Le supplice de la croix étoit la peine des esclaves, (*b*) des voleurs, des séditieux, sur tout de ces derniers, suivant les loix Romaines. (*c*) Constantin abolit ce supplice, par respect pour JESUS-CHRIST. Les Hébreux réguliérement ne crucifioient point les hommes en vie ; (*d*) mais après leur mort, ils les attachoient au poteau, & les en détachoient avant le coucher du soleil. (*e*)

℣. 27. TUNC MILITES PRÆSIDIS SUSCIPIENTES JESUM. *Les soldats du Gouverneur menérent ensuite Jesus dans le Prétoire, &c.* C'est la seconde fois que les soldats traitérent ainsi JESUS-CHRIST, qu'ils le dépoüillérent, qu'ils le revêtirent de pourpre, & qu'ils en firent leur joüet, comme d'un Roi de théatre. (*f*) La premiére fois avant sa condamnation ; & la seconde, depuis la sentence prononcée. *La compagnie*, ou *la cohorte Romaine*, étoit la dixiéme partie d'une legion. Chaque cohorte avoit vingt-cinq manipules ; & chaque manipule vingt-cinq hommes ; ainsi la cohorte étoit de six cens vingt-cinq hommes ; mais elles n'étoient pas toûjours complettes, ni toutes également fortes.

℣. 28. CHLAMIDEM COCCINEAM CIRCUMDEDERUNT EI. *Ils le revêtirent d'un manteau d'écarlate*, ou *de cramoisi* : car *coccineus* (*g*) signifie proprement le cramoisi. Saint Marc, (*h*) & saint Jean disent, *de la pourpre*. Ces couleurs se confondent souvent dans les Ecrivains : La pourpre étoit d'un rouge foncé, & tirant sur le violet. Le cramoisi est plus gay, & plus déchargé. *Chlamys* étoit un espece de manteau, que l'on mettoit par-dessus la cuirasse, ou par-dessus les habits. Tout ceci se fit en dérision de JESUS-CHRIST, comme pour se moquer de l'ambition qu'on lui imputoit, d'avoir voulu se faire Roi. Les soldats ajoûtent au manteau de pourpre, *une couronne d'épines*. Dans ce pays-là les épines étoient alors en fleurs ; & on sait que leurs fleurs viennent en bouquets,

(*a*) *Vide Grot. hic.*

(*b*) *Vide Byna. lib. 2. c. 1. art. 37. de morte Christi.*

(*c*) *Paulus 5. Sent tit. 22.*

(*d*) *Maim. Halac. Sanhedr. c. 14*

(*e*) *Deut.* XXI. 23. Voyez nôtre Dissertation sur les Supplices.

(*f*) Comparez *Joan.* XIX. 1. 2. 3. à S. Matt. XXVII. 27. & à S. Marc. XV. 16.

(*g*) *Matt hic* Χλάμυδα κοκκίνην.

(*h*) *Marc.* XV 17. Ἐνδύουσι αὐτὸν πορφύραν, *Joan.* XIX. 2. Ἱμάτιον πορφυροῦν,

29. *Et plectentes coronam de spinis, posuerunt super caput ejus, & arundinem in dextera ejus. Et genuflexo ante eum, illudebant ei, dicentes: Ave Rex Judaeorum.*

29. Puis ayant fait une couronne d'épines entrelassée, ils la lui mirent sur la tête, avec un roseau dans la main droite. Et se mettant à genoux devant lui, ils se moquoient de lui, en disant: Salut au Roi des Juifs.

30. *Et exspuentes in eum, acceperunt arundinem, & percutiebant caput ejus.*

30. Et lui crachant au visage, ils prenoient le roseau *qu'il tenoit*, & lui en frappoient la tête.

31. *Et postquam illuserunt ei, exuerunt eum chlamyde, & induerunt eum vestimentis ejus, & duxerunt eum ut crucifigerent.*

31. Après s'être ainsi joüez de lui, ils lui ôterent ce manteau décarlate; & lui ayant remis ses habits, ils l'emmenérent pour le crucifier.

32. *Exeuntes autem, invenerunt hominem Cyrenaeum, nomine Simonem; hunc angariaverunt ut tolleret crucem ejus.*

32. Lorsqu'ils sortoient, ils rencontrérent un homme de Cyréne, nommé Simon, qu'ils contraignirent de porter la croix de Jesus.

COMMENTAIRE.

comme des couronnes. (*a*) Les soldats voulurent donc imiter les vrayes couronnes; mais ils en choisirent, qui sous des fleurs cachoient de rudes épines. *Le roseau* qu'ils lui mirent en main, représentoit le sceptre, ou haste royale. Les habitans d'Aléxandrie voulant se railler d'Agrippa, nouvellement déclaré Roi des Juifs, (*b*) revêtirent un certain Caraba d'ornemens semblables à ceux des Rois, & lui mirent autour de la tête une feüille de jonc, au lieu de diadême; ils lui donnérent en main un méchant morceau de roseau, au lieu de sceptre, & un haillon, ou un mauvais tapis de pied, pour manteau royal.

℣. 29. Plectentes coronam de spinis. *Ayant fait une couronne d'épines.* Il y en a qui croyent que la couronne d'épines de Nôtre-Seigneur étoit faite avec des branches d'acacie, parce que cet arbre est nommé épine, *achanthé*, sans addition. D'autres, comme Bollon, croyent qu'elle étoit de *rhamnus*, c'est-à-dire de noir-prun, ou bouc-épine, parce que c'est la seule espéce d'épine qui se trouve autour de Jérusalem.

℣. 32. Exeuntes autem invenerunt hominem Cyrenaeum. *Lorsqu'ils sortoient, ils rencontrérent un homme de Cyréne, nommé Simon, qu'ils contraignirent de porter la croix de Jesus.* Jesus fut d'abord chargé du bois de sa croix, comme c'étoit la coûtume, de contraindre les criminels de porter les instrumens de leurs supplices. (*c*) On les y attachoit même par les bras, afin qu'ils ne les pussent quitter. Jesus étant arrivé hors la ville, (*d*) accablé de fatigue, & tombant en défaillance,

(*a*) *Vide Athen. l. xv. c. 7. p. 680.*

(*b*) *Philo in Flaccum* Βίβλον μὲν εὐρύναντες ἀντὶ διαδήματος ἐπιτιθέασιν αὐτοῦ τῇ κεφαλῇ. Χαμαιστρώτῳ δὲ τὸ ἄλλο σῶμα περιβάλλουσιν ἀντὶ χλαμύδος. Ἀντὶ δὲ σκήπτρου βραχύ τι παπύρου τμῆμα.

(*c*) *Nonius ex Plauto. Patibulum ferat per urbem; deinde affigatur cruci. Vide & Artemidorum. & Grot. hic. & Hamm.*

(*d*) *Joan. xix. 17.*

les soldats contraignirent un homme natif de Cyréne, en Afrique, de porter sa croix. Le Texte des Evangélistes (*a*) paroît exprés, pour dire qu'il la porta entiére, à la suite de JESUS, quoque nos Peintres nous dépeignent Simon, qui en porte seulement une extrémité, pendant que JESUS est chargé de tout le reste. Les Peres (*b*) croyent que JESUS la porta d'abord entiére, & puis Simon de même, depuis la porte de la ville, jusqu'au haut du Calvaire. On remarque ici une ancienne coutume des Hébreux, (*c*) & des Romains, de ne faire mourir les coupables que hors de la ville. Les Soldats étoient parmi les Romains les éxécuteurs des criminels. (*d*) Ce sont eux qui ménent JESUS au Calvaire, & qui l'y attachent à la croix. Il n'est pas tout-à-fait certain si le Sauveur porta la croix entiére, ou seulement le travers. Il est mal-aisé qu'un homme seul puisse porter pendant un espace considérable, une croix grosse & solide, composée du poteau, & du travers. La tradition veut que la croix de JESUS-CHRIST ait eu quinze pieds de haut, & le travers sept pieds. Ordinairement on plantoit le poteau au lieu du supplice, avant que le criminel y arrivât : & souvent ces poteaux y demeuroient fort long-tems, pour servir à d'autres. Quelquefois on attachoit les esclaves rebelles, & les criminels, à un bois de travers, qui leur tenoit les bras étendus. Ce bois s'appelloit une croix, ou une fourche, & les liens de fer qui les y tenoient liez, se nommoient *canis*, un chien.

Etant arrivez au lieu du supplice en cette posture, on les tiroit au haut du poteau par le moyen d'une poulie, & d'une corde, & on les y lioit par les pieds, & par le corps avec des liens, ou avec des cloux. On voit tout cela par plusieurs endroits des anciens. C'est ainsi qu'Ulysse (*e*) fit élever Mélanthius au haut d'un poteau, ou d'un pilier. Il commanda d'abord qu'on l'attachât par derriere à un ais ; il le fit ensuite tirer en haut avec une chaîne qu'ils lui passérent en travers. Je pense que Prométhée (*f*) étoit attaché à sa colomne dans la même posture que Mélanthius. Tout cela est assez différent de la maniére dont JESUS-CHRIST fut crucifié, mais il ne laisse pas de donner quelque ouverture pour bien comprendre le sens des Evangélistes, & pour réformer l'idée de nos Peintres, qui nous représentent le bois de la croix renversé, auquel l'on attache JESUS

(*a*) *Matth.* XXVII. 32. *Marc.* XV. 21. Ἵνα ἄρῃ τὸν σταυρὸν αὐτοῦ. *Luc.* XXIII. 26. Ἐπέθηκαν αὐτῷ τὸν σταυρὸν φέρειν ὄπισθεν τοῦ Ἰησοῦ.

(*b*) *Chrysost. Ieronym. Beda, Theophyl. Euthym hîc. Athanas. serm. de Passione Domini. August. lib. 3. cap. 10. de Consensu. Ambros. l. x. in Luc. alii.*

(*c*) *Num.* XV. 35. 3. *Reg.* XXI, 13. *Vide Grot. hîc.*

(*d*) Voyez Grotius sur cet endroit, & nôtre Dissertation sur les Supplices.

(*e*) *Homer. Odyss.* X.

. . . . . Σανίδας δ' ἐκδῆσαι ὄπιθε
Σειρὴν δὲ πλεκτὴν ἐξ αὐτοῦ πειρήναντες,
Κίον' ἀν' ὑψηλὴν ἐρύσαι πελάσαι τε δοκοῖσι.

(*f*) *Hesiod Theogen. v.* 520.

Δῆσε δ' ἀλυκτοπέδῃσι Προμηθέα ποικιλόβουλον,
Δεσμοῖς ἀργαλέοισι μέσον διὰ κίον' ἐλάσσας.

avec des cloux, pour l'élever ensuite avec la croix; comme si pour attacher un homme à une potence, on abattoit d'abord la potence, pour la relever ensuite, lorsque le criminel y est attaché. Les secousses, & l'ébranlement de la croix auroient seules été capables de briser les pieds, & les mains du crucifié, & de le détacher de sa croix, avec des douleurs inexplicables. Nonnus, & l'ancien Auteur de la Tragédie intitulée, Jesus souffrant, S. Augustin, & les plus savans Interprétes ne l'ont pas conçû autrement, non plus que ceux qui ont écrit exprés sur cette matiére. (a)

Il faut dire ici un mot de la croix, & de ses parties; car il y a sur cela bien des remarques à faire, & bien des sentimens divers. Le terme Grec *Stauros*, que l'on traduit ordinairement par *une croix*, se prend aussi chez les anciens Auteurs Grecs, (b) pour un poteau, ou une palissade; un bois droit, pointu, & fiché en terre. C'est apparemment ce qui a donné lieu à quelques Peres (c) de comparer la croix du Sauveur, à la corne du rhinocéros, parce que le bois dressé qui en fait la principale partie, étoit justement ce que les anciens Grecs appelloient *Stauros*. Saint Jérôme, (d) & saint Isidore (e) disent que la croix avoit la figure de la lettre X, ou de la croix de saint André: c'est sur cela que se fondent ceux qui disent que le Thau des anciens Hébreux avoit la figure de la croix; & que c'est cette figure que Dieu ordonne de tracer sur le front de ceux qui doivent être sauvez: (f) *Signa Thau super frontes virorum gementium, &c.*

Mais sans nous arrêter à tout cela, il est certain que la croix dont se servoient les Romains, (g) étoit composée d'un bois droit, & élevé; & d'un autre qui le traversoit, à angles égaux, & qui étoit pour l'ordinaire surmonté d'un autre bois, qui s'élevoit au-dessus de la tête du crucifié, afin qu'on y pût attacher le titre de sa condamnation. Outre ces parties sur lesquelles on est assez d'accord, quelques-uns (h) prétendent qu'il y avoit au-dessous des pieds du crucifié une espéce de bois avancé, sur lequel ses pieds étoient appuyez, & attachez. Saint Gregoire de Tours (i) le marque d'une maniére fort expresse: *In stipite erecto foramen factum manifestum est; pes quoque parvulæ tabulæ in hoc foramen insertus est: super hanc verò tabulam, tamquam stantis hominis sacra affixa sunt plantæ.*

(a) Voyez *Bynæus de morte Christi, lib. 3. c. 6. art. 7. Lips. de cruce, lib. 2. c. 7.*

(b) *Homer Iliad. ω. & Odyss. ξ. v. 11.* Σταυροὺς δ' ἐκτὸς ἔλασσε διαμπερὲς ἔνθα, καὶ ἔνθα Πυκνοὺς καὶ θαμέας. *Vide Didym. & Eustat. ibidem.*

(c) *Justin. Dialog. cum Triphon. Tertull. contra Judæos, & alibi non semel.*

(d) *Ieron. in Jerem. XXXI.*

(e) *Isidor. lib. 1. Orig. cap. 3. Vide Lips. de cruce, lib. 1. cap. 7.*

(f) *Ezech. IX. 4.*

(g) *Justin. Dialog. cum Tryphone. Tertull. advers. Gentes lib. 1. c. 12. Scalig. ad Eus. n. 1617. in lib. X.*

(h) *Nansius ad Nonni Paraphr. in Joan. XIX. 18. Feuardent. not. ad Irenæ lib. 2. cap. 42. Lips. not. in lib 2. de Cruce. cap. 10.*

(i) *Gregor. Turon. lib. 1. de Gloria Martyrum. cap. 6.*

C'est sur ce modéle qu'on a fait un grand nombre de croix, qui se voyent presque par tout, dans lesquelles le Sauveur est représenté ayant les pieds appuyez sur une espéce de marche-pied. On dit de plus, qu'il auroit été malaisé autrement, qu'un homme pût demeurer long-tems suspendu, attaché par les mains, lesquelles auroient soutenu tout le poids de son corps.

D'autres (*a*) prétendent qu'on ne voit aucun vestige de ce prétendu marche-pied, dans les descriptions de la croix, que les plus anciens Auteurs Grecs, ou Latins nous ont laissez. Mais on y remarque une autre partie, dont saint Grégoire de Tours n'a point parlé ; c'est une espece de chevalet, ou un bois en forme d'une assez grosse cheville, sur laquelle le patient étoit à cheval, & qui supportoit le poids de son corps. Saint Justin le Martyr le marque d'une maniére assez claire, (*b*) en expliquant ce passage de Moyse : (*c*) *Ces cornes sont comme celles du monoceros.* Il dit que ces cornes représentent la croix où JESUS-CHRIST a été attaché ; *cette croix est composée d'un bois dressé, au-dessus duquel s'éleve comme une corne.* Il parle de ce qui est au-dessus de la tête du crucifié. *A cette piéce de bois droite & élevée, est attachée une autre piéce qui traverse, & qui forme deux autres espéces de cornes ;* ce sont les bras de la croix: *Enfin il y a une autre maniére de corne fichée au milieu, sur lequel est à cheval celui qui est crucifié.*

Saint Irénée (*d*) semble avoir voulu marquer la même chose par ces paroles : La croix a cinq extrémitez ; deux en longueur, deux en largeur, & une au milieu, où se repose celui qui y est attaché. C'est apparemment aussi ce que Tertullien a voulu marquer par ces termes : (*e*) *Nobis tota crux imputatur, cum antenna scilicet sua, & cum illo sedilis excessu.* L'antenne, est le bois qui traverse, ou les bras de la croix ; & le siége, *sedilis excessus*, est ce bois qui déborde, & sur lequel le patient est à cheval. Et ailleurs (*f*) il l'appelle, un piquet qui sort du milieu du tronc de la croix : *E medio stipitis palus.* Saumaise (*g*) explique de ce siége, ce qu'on lit dans Séneque, (*h*) où Mécenas dit ces paroles : *Je suis content, pourvû que j'aye la vie. Conservez-la moi, quand même je serois assis sur une croix tranchante.* C'est que quelquefois pour augmenter la peine des suppliciez,

---

(*a*) *Scaliger. animadv. in Euseb. Digressione de litt. Ionic. orig. littera T. Bym. lib. 3. cap. 5. art. 11. 12. 13.*

(*b*) *Justin. Martyr. Dialog. cum Tryphone.* Ὄρθιον γὰρ ἕν ἐστι τὸ ἓν ξύλον, ἀφ' οὗ ἐστι τὸ ἀνώτατον μέρος εἰς κέρας ὑπερηρμένον, ὅταν τὸ ἄλλο ξύλον προσαρμοσθῇ, καὶ ἑκατέρωθεν ὡς κέρατα τῷ ἑνὶ κέρατι παρεζευγμένα τὰ ἄκρα φαίνηται, καὶ τὸ ἐν μέσῳ πηγνύμενον ὡς κέρας, καὶ αὐτὸ ἐξέχον ἐστὶν, ἐφ' ᾧ ἐποχοῦνται οἱ σταυρούμενοι.

(*c*) *Deut.* XXXIII. 17.

(*d*) *Iren. lib. 2. cap. 46. contra Haeres. Ipse habitus crucis fines & summitates habet quinque, duos in longitudine, & duos in latitudine, & unum in medio, ubi requiescit qui clavis affigitur.*

(*e*) *Tertull. lib. 2. advers. Nationes.*

(*f*) *Idem, adversus Judaeos cap. 10.*

(*g*) *Salmas. de Cruce, pag. 232. & 242.*

(*h*) *Senec. Ep. 101.*

on tailloit en vive arrête ce morceau de bois sur lequel ils étoient assis :

Vita dum superest, benè est
Hanc mihi, vel acutâ
Si sedeam cruce, sustine.

Les témoignages de saint Justin, & de Tertullien sont d'autant plus remarquables en cette matiére, qu'ils vivoient dans un tems où le supplice de la croix n'étoit point encore supprimé, comme il le fut dans la suite par l'Empereur Constantin. (*a*) Ce qu'on vient de proposer sur cela, est appuyé par Joseph Scaliger, (*b*) Thomas Bartolin, (*c*) Bynæus, (*d*) Saumaise, (*e*) Gérard Jean Vossius, (*f*) & quelques autres.

Quoique les poids du corps vivant, & même encore quelque tems après la mort, puisse être aisément soûtenu par les deux mains percées de cloux, (*g*) toutefois il est impossible qu'elles le soûtiennent pendant un long tems ; & comme on laissoit souvent les corps des crucifiez attachez au poteau, jusqu'à ce qu'ils tombassent en piéces, ou qu'ils fussent dévorez par les oiseaux, & par les bêtes carnaciéres ; il étoit nécessaire de les soûtenir de la maniére que nous l'avons expliqué, ou en leur attachant les mains, non-seulement avec des cloux, mais aussi avec des cordes. D'où vient que les Anciens font assez souvent mention de la corde des crucifiez : *Spartum è cruce*, dit Pline. (*h*) Saint Hilaire (*i*) fait une mention expresse des cordes qui soûtenoient Nôtre-Seigneur ; & Nonnus de Panapolis lui donne des chaînes, pour lui attacher les pieds, & les mains.

Pour le nombre des cloux dont le Sauveur fut attaché à la croix, la plus constante opinion est qu'il y en eut quatre, un à chaque main, & autant à chaque pied. Saint Grégoire de Tours marque expressément ce nombre. (*k*) Il ajoûte que l'Imperatrice Héléne fit mettre deux de ces cloux dans le mords de la bride du cheval de Constantin, & qu'elle en jetta un dans la mer Adriatique, pour en calmer les agitations. D'autres Peres enseignent que la même Impératrice mit aussi un de ces cloux dans le casque de l'Empereur son fils. (*l*) On peut voir cette matiére traitée au long dans Bynæus, *De morte Christi*, *l.* 3. *c.* 6. *art.* 10. Et ci-après ℣. 35.

Quant à la personne de Simon le Cyrénéen, que les soldats contraignirent de porter la croix de JESUS ; saint Marc (*m*) dit qu'il étoit pere d'A-

(*a*) *Vide Lips. de Cruce, lib.* 3. *cap.* 14.
(*b*) *Scalig. loco citato in Euseb.*
(*c*) *Th. Bartholin de Latere Christi aperto, cap.* 9 *& Hypomn.* 1. *de Cruce.* §. 13.
(*d*) *Byna. lib.* 3. *cap.* 5. *art.* 12.
(*e*) *Salmas. de Cruce.*
(*f*) *Harmon. Evang. lib.* 2. *cap.* 7. §. 28.
(*g*) *Vide Nisium Ep. de Cruce, & Nicol. Fontan. de hac re singulari opusculo.*
(*h*) *Plin. lib* 28. *cap.* 14.
(*i*) *Hilar. lib.* x. *de Trinit. n.* 13.
(*k*) *Greg. Turon. lib.* 1. *de Gloria Martyr. cap.* 6.
(*l*) *Theodoret. lib.* 1 *Hist. Eccl. cap.* 18. *Ambros. alii.*
(*m*) *Marc.* xv. 21.

33. *Et venerunt in locum, qui dicitur Golgotha, quod est Calvariæ locus.*

33. Et étant arrivez au lieu appellé Golgotha; c'est-à-dire, le lieu du Calvaire.

COMMENTAIRE.

léxandre & de Rufus, apparemment parce qu'Aléxandre & Rufus se rendirent recommendables dans l'Eglise, & que leur nom y étoit connu, lorsqu'il écrivoit son Evangile. Il y en a (a) qui soupçonnent que Simon étoit Juif, & même Disciple de JESUS-CHRIST; & quelques-uns vont même jusqu'à dire, que ce fut en haine de JESUS-CHRIST, qu'on le chargea de la croix du Sauveur, parce qu'il etoit attaché à sa doctrine. Saint Ambroise, (b) saint Hilaire, (c) saint Léon, (d) & quelques autres (e) ont avancé qu'il étoit Payen. Mais son nom de *Simon*, est un nom de Juif. Il y en avoit un trés-grand nombre dans la Province de Cyréne, (f) voisine de l'Egypte; & comme c'étoit la fête de Pâque, il étoit arrivé des Juifs à Jérusalem de toutes les parties du monde. Quelques-uns ont conjecturé que Simon, surnommé Niger dans les *Actes*, XIII. I. étoit Simon le Cyrénéen, & que Rufe marqué dans S. Paul, *Rom.* XVI. 3. & dans le Lettre de saint Polycarpe aux Philippiens; & dans les anciens Martyrologes, le dix-huitiéme Décembre, pouvoit être le fils de Simon le Cyrénéen. Les Espagnols veulent que saint Rufe Evêque de Tortose, & saint Aléxandre son frere martyrisé à Carthagéne, soient les deux fils de Simon; mais on n'a aucune assurance de tout cela.

℣. 33. IN LOCUM QUI DICITUR GOLGOTHA. *Etant arrivez au lieu appellé Golgotha, ou le lieu du Calvaire*, ou *du Crâne*. C'est une montagne qui est au nord, & au couchant de Jérusalem. Saint Jérôme croit qu'elle prit le nom *du Crâne*, à cause qu'on y tranchoit la tête aux criminels. C'étoit l'endroit ordinaire où l'on éxécutoit les coupables. Quelques anciens (g) ont crû que le nom de Calvaire lui avoit été donné, à cause du crâne d'Adam nôtre premiere pere, qui y avoit été enterré. Mais rien n'est plus mal fondé que cette tradition. Le nom de *Golgotha* n'est pas Hébreu; il est formé de l'Hébreu *Golgoleth*, qui signifie l'os de la tête. Le Syriaque lit *Gogultha*. On remarque dans le peu de termes Syriaques qu'on lit dans l'Evangile, que le Syriaque que l'on parloit en Judée du tems de Nôtre-Seigneur, n'étoit nullement pur. On appelle souvent une montagne stérile, *une montagne chauve*, *calvus mons*, comme un crâne nud & desséché.

(a) *Mald. Brug. Grot. Jansen.*
(b) *Ambrof. in Luc. lib. X.*
(c) *Hilar. in Matth. hic.*
(d) *Leo Magn. Serm 8 de Passione.*
(e) *Beda, Drutmar. Vide & Ieronym. hic.*
(f) *Act. II. 10. VI. 9.*

(g) *Origen. in Matth. Ambrof. lib. X. in Luc. Epiphan. Hæresi 46. Ieronym. hic. Athanas. serm. de Passione Domini. Basil. in Isai. V. Chrysost. in Joan. homil. 84. August. lib. 16. de Civit. cap. 32. alii.*

34. *Et dederunt ei vinum bibere cum felle mistum. Et cùm gustasset, noluit bibere.*	34. Ils lui donnérent à boire du vin mêlé de fiel : mais en ayant goûté, il ne voulut point en boire.

COMMENTAIRE.

℣. 34. DEDERUNT EI VINUM BIBERE CUM FELLE MISTUM. *Ils lui donnérent à boire du vin mêlé de fiel.* Le texte Grec lit : (*a*) *Ils lui donnérent du vinaigre mêlé avec du fiel.* Mais plusieurs bons manuscrits lisent : (*b*) *Du vin,* de même que la Vulgate. Saint Marc : (*c*) *Du vin de myrrhe*, ou *du vin mêlé avec de la myrrhe.* Pour concilier les deux Evangélistes entr'eux, on dit (*d*) que la myrrhe étant une chose extrêmement amére, elle est mise ici pour le fiel. Que saint Matthieu qui a écrit en Hébreu, ou en Syriaque, a pû se servir du mot *Rosch*, qui signifie de l'amertume, du poison, une herbe amére ; & que saint Marc a spécifié ce que c'étoit que cette amertume, dont parloit saint Matthieu, en disant que c'étoit de la myrrhe, au lieu que l'ancien Interpréte Grec de saint Matthieu l'avoit pris pour du fiel. D'autres (*e*) croyent que d'abord on avoit préparé d'un vin mêlé avec de la myrrhe à JESUS-CHRIST ; mais que les soldats, ou les Juifs, pour lui insulter, & pour augmenter sa douleur, y mirent aussi du fiel. Il y en a (*f*) qui ont prétendu que cette premiére boisson marquée dans saint Marc, fut offerte au Sauveur, lorsqu'il fut arrivé au Calvaire ; & que celle de saint Matthieu lui fut offerte étant sur la croix. Mais saint Matthieu lui-même (*g*) distingue les deux boissons ; l'une qu'on lui présenta avant qu'il fût crucifié, & l'autre qui lui fut présentée sur la croix. Nous avons encore proposé une autre conjecture sur cela dans le Commentaire sur saint Marc, XV. 23.

Mais quel étoit l'usage de cette mixtion de vin, & de myrrhe ? Les Rabbins (*h*) enseignent que l'on avoit accoutumé de donner aux personnes condamnées à la mort, une boisson forte, pour leur ôter le sentiment de la douleur ; & on croit que le Sage faisoit illusion à cette coutume, lorsqu'il disoit : (*i*) *Donnez du vin à ceux qui sont dans l'affliction.* C'étoit des honnêtes femmes qui préparoient cette boisson, & qui la donnoient à ceux qu'on alloit faire mourir. (*k*) Baronius, Maldonat, & plu-

---

(*a*) Ἔδωκαν αὐτῷ πιεῖν ὄξος μετὰ χολῆς μεμιγμένον. *Et ita legunt Origen. Chrysost. Ieronym Syr.*

(*b*) *Ita Cantabrig. Armen. Copht. Æthiop. Hilar. August. Sedul. Juvencus. Vulg. alii apud Mill. hic. & Toynard.* Ἔδωκαν αὐτῷ πιεῖν οἶνον, *&c.*

(*c*) *Marc.* XV. 22. Ἐδίδουν αὐτῷ πιεῖν ἐσμυρνισμένον οἶνον.

(*d*) *Vide August. lib. 3. de Consensu cap. 11. Drus. Pisc. Lud. de Dieu. Grot.*

(*e*) *August. lib. 3. de Consensu, cap. 11. Beda, Strabus.*

(*f*) *Chrysost. Euthym.*

(*g*) *Matth.* XXVII. 48.

(*h*) *Talmud. Liran. Brug. Hammon. Ligfoot.*

(*i*) *Prov.* XXXI. 6.

(*k*) *Galatin. lib. 8. cap. 19. Casaubon. in Baron.*

35. *Postquam autem crucifixerunt eum, diviserunt vestimenta ejus, sortem mittentes: ut impleretur quod dictum est per Prophetam dicentem: Diviserunt sibi vestimenta mea, & super vestem meam miserunt sortem.*

35. Après qu'ils l'eurent crucifié, ils partagérent entr'eux ses vêtemens, les jettant au sort; afin que cette parole du Prophéte fût accomplie: Ils ont partagé entr'eux mes vêtemens, & ont jetté ma robe au sort.

COMMENTAIRE.

sieurs autres croyent que ce fut par humanité qu'on le présenta au Sauveur. On y mêloit exprès de la myrrhe pour le rendre fort, & assoupissant. Le vin de myrrhe étoit un vin délicieux, & fort estimé des anciens. Pline (*a*) dit qu'en matiére de vin les anciens ne connoissoient rien de plus délicieux que le vin où l'on mêloit de la myrrhe, pour lui en donner l'odeur. *Lautissima apud Priscos vina erant, myrrhæ odore condita.* On en présentoit au Temple des Dieux, & les Loix des douze Tables défendoient d'en répandre sur les os des morts: *Ne murrata potio mortuo inderetur.* Tertullien (*b*) fait un crime aux Catholiques d'avoir donné à boire du vin mixtionné à un Martyr, le jour qu'il devoit paroître devant le Juge, & de lui en avoir fait boire en si grande quantité, qu'il ne put dire quel Dieu il confessoit: *Conditio mero tamquam antidoto præmedicatum ita enervarunt, ut ...... quem Dominum confiteretur interroganti præsidi respondere non potuerit amplius.* Quoi qu'il en soit, il est certain que JESUS-CHRIST (*c*) *en ayant goûté, n'en voulut point boire:* Il ne le refusa pas absolument, afin que la Prophétie fût accomplie: (*d*) *Ils m'ont donné du fiel pour ma nourriture; & dans ma soif ils m'ont présenté du vinaigre.* Mais il n'en voulut point boire, afin que l'on ne pût pas dire qu'il avoit cherché à adoucir sa peine, & à assoupir ses sens par cette liqueur. Il voulut boire le calice de sa Passion dans toute son amertume. (*e*)

℣. 35. POSTQUAM AUTEM CRUCIFIXERUNT EUM. *Après qu'ils l'eurent crucifié.* Nous avons déja dit quelque chose de sa crucifixion sur le ℣. 32. Les Romains qui mirent JESUS-CHRIST en croix, l'y attachérent avec des cloux. On dispute sur le nombre des cloux. Les Grecs le représentent toûjours avec quatre cloux, (*f*) un à chaque pied, & un à chaque main, avec une espéce de base sous ses pieds pour les arrêter; afin que le poids de son corps ne l'attirât point en bas. D'autres (*g*) soûtiennent qu'il n'y en a eu que trois: & l'usage des Occidentaux paroît plus conforme à ce dernier sentiment. La plûpart des anciens crucifix ne mettent qu'un seul clou aux deux pieds, Tertullien (*h*) croit qu'il fut cru-

(*a*) *Plin lib. 14 cap. 13.*
(*b*) *Tertull. advers. Psychic. pag. 778.*
(*c*) *Matth hic.* Γεὐσάμενος οὐκ ἤθελε πιεῖν. *Marc. XV. 23.* καὶ οὐκ ἔλαβε.
(*d*) *Psal. LXVIII. 22.*
(*e*) *Ieronym. hic. Brug. Mald. Grot. alii.*
(*f*) *Ita & Greg. Turon.*
(*g*) *Nonnus in Joan. & Nazianz. Poëmate de Christo.*
(*h*) *Tertull. lib. contra Judaos. cap. 13. Ita & Origen. in Matth. homil. 55.*

cifié avec sa couronne d'épines, ce qui n'est nullement probable. L'Evangéliste remarque (*a*) que les soldats après s'être joüé de JESUS-CHRIST, & après lui avoir insulté tant qu'ils voulurent, lui ôtérent les marques de sa royauté prétenduë, & le revêtirent de ses propres habits, & le menérent au Calvaire.

Quelques-uns (*b*) ont douté que JESUS-CHRIST ait été mis tout nud sur la croix. Les crucifix anciens sont représentez ou avec un large périzône, qui les couvre depuis les reins jusqu'aux genoux; ou avec un simple voile, qui leur couvre ce qui la pudeur veut qui soit caché. On en voit même quelques-uns en Italie, & en Espagne, où JESUS-CHRIST est représenté couvert d'une tunique qui lui couvre tout le corps, & même les bras & les jambes. Tel est le fameux crucifix de la ville de Luques, dont on voit une copie dans l'Eglise de l'Abbaye S. Denis en France, & celui de la Cathédrale de Senlis sur la porte du Chœur; & un autre sur l'Autel de l'Eglise Cathédrale de Langres. Mais on croit (*c*) que nôtre Sauveur fut attaché entiérement nud sur la croix. Les Romains n'avoient pas coutume d'épargner la pudeur de ceux à qu'ils faisoient souffrir le dernier supplice. Les Evangélistes nous apprennent expressément, que les soldats tirérent au sort sa tunique, qui étoit son habit de dessous, & qui se mettoit immédiatement sur la chair. Ce que l'on a ajoûté pour cacher la nudité des crucifix exposez en public, est une marque du respect, & de la pudeur des fidéles; mais non pas une preuve de la vérité du fait. Sédulius & l'Auteur du Commentaire sur saint Marc, sous le nom de saint Jérôme, enseignent que JESUS attaché à la croix avoit le dos tourné vers Jérusalem, & le visage vers l'occident, comme pour marquer qu'il abandonnoit les Juifs, & se tournoit vers le Gentils, suivant ces deux Prophéties: (*d*) *Je leur tournerai le dos, & non pas ma face, au jour de leur perte.* Et celle-ci: (*e*) *Ses yeux sont tournez vers les nations.* Mais cette circonstance est fort douteuse.

DIVISERUNT VESTIMENTA EJUS. *Ils partagérent entr'eux ses vêtemens, les jettant au sort.* Saint Jean l'Evangeliste (*f*) nous raconte cela plus distinctement. Il dit que les quatre soldats qui avoient amené JESUS-CHRIST, & qui l'avoient crucifié, ayant pris ses habits, les partagérent entr'eux; mais que pour sa tunique, qui étoit toute d'une piece, & faite au métier, ils dirent qu'il ne la falloit pas rompre, mais tirer au sort à qui des quatre elle appartiendroit. On croit (*g*) que cette tuni-

(*a*) *Matth.* XXVII. 31.

(*b*) *Ita S. Brigitta Revelat. lib. 4. cap. 70. Menoc. de Repub. Hebr. lib. 6. cap. 2. Tostat. paradox. 5. c. 41. Salmero. t. X. tract. 35. alii.*

(*c*) *Vide Ambros. lib. X. in Luc August. de Civit. lib. 16. cap. 2. & contra Faust. lib. 12. cap. 23. Medit. de vita Christi cap. 78. Salmas. de Cruce. & Jac. Gretser, de Cruce, lib. I. c. 22. Brug. in Matth. hic. Cornel. à Lapid. in Isai. XX. 2. Ligfoot. hic. Gerhard Johan. Voss. Harm. Evang. lib. 2. cap. 7. alii.*

(*d*) *Jerem.* XVIII. 17.

(*e*) *Psalm.* LXV. 7.

(*f*) *Joan.* XIX. 23. 24.

(*g*) *Euthym. hic. & alii. Vide ad Joan.* XIX. 23. 24.

36. *Et sedentes servabant eum.*
37. *Et imposuerunt super caput ejus causam ipsius scriptam : HIC EST JESUS REX JUDÆORUM.*

36. Et s'étant assis, ils le gardoient.
37. Ils mirent aussi au dessus de sa tête le sujet de sa condamnation, écrit *en ces termes :* C'est Jesus le Roi des Juifs.

COMMENTAIRE.

que étoit la robe que Jesus-Christ portoit immédiatement sur la chair, & qui avoit été tissuë par la sainte Vierge sa mere. Il y en a qui avancent, mais sans preuve, que cette tunique avoit crû avec nôtre Sauveur, & que c'étoit la même que sa sainte Mere lui avoit faite lorsqu'il étoit encore enfant. Les habits des suppliciez appartenoient aux exécuteur sde la Justice, selon les Loix. L'Empereur Adrien leur défendit de s'en saisir de leur propre autorité, & sans la permission des Juges, & des Présidens. (*a*) Il n'y a point de doute que les soldats qui crucifiérent les deux voleurs, ne se soient partagez de même leurs habits.

Ut impleretur quod dictum est, &c. *Afin que cette parole du Prophéte fût accomplie : Ils ont partagé entr'eux mes vêtemens.* On ne trouve point ces paroles dans Origénes, dans Euthyme, dans Théophylacte, dans saint Hilaire, dans saint Augustin, dans Tite de Bostre, dans les Versions Syriaque, Cophte, Arabe, Ethiopienne, dans un trés-grand nombre de Manuscrits Grecs, & dans plusieurs Exemplaires Latins, (*b*) & dans l'ancienne Vulgate ; ce qui fait juger qu'elles sont passées de l'Evangile de saint Jean dans le Texte de saint Matthieu, (*c*) par la hardiesse des Copistes.

℣. 36. Sedentes servabant eum. *Les soldats s'étant assis, ils le gardoient.* Les soldats exécuteurs de la sentence du Juge, ne quittoient pas le lieu du supplice, que les corps ne fussent détachez par ordre du Juge ; de peur que les parens, ou les amis des criminels, ne les enlevassent. Cette coutume est bien marquée dans Pétrone. (*d*)

℣. 37. Et imposuerunt super caput ejus, causam ipsius. *Ils mirent au-dessus de sa tête, le sujet de sa condamnation, écrit en ces termes : Jesus Roi des Juifs.* Saint Jean (*e*) dit qu'on écrivit cette sentence séparément en trois Langues ; *en Hébreu*, ou en Syriaque ; *en Grec, & en Latin ;* & qu'on y lisoit : *Jesus le Nazaréen*, ou de Nazareth, *Roi des Juifs*. On conserve encore aujourd'hui à Rome, une partie de l'Inscription de la croix du Sauveur, gravée sur un ais. Et les Anciens (*f*)

(*a*) *Vide Grot. hîc.*
(*b*) *Vide Var. Lect. Millii. & Martianaum Not. in veter. Vulg. S. Matth.*
(*c*) *Vide Erasm. Grot. Vat. Beza. Mill. &c.*
(*d*) *Petron. Satyric. ubi de Matrona Ephes. Miles qui cruces servabat, ne quis ad sepulturam corpora detraheret.*
(*e*) *Joan.* XIX. 19.
(*f*) *Ambros. de obitu Theodos. Rufin. lib. 1. Hist. Eccles. cap. 7.*

38. *Tunc crucifixi sunt cum eo duo latrones; unus à dextris, & unus à sinistris.*

38. En même-tems on crucifia avec lui deux voleurs; l'un à sa droite, & l'autre à sa gauche.

COMMENTAIRE.

nous apprennent qu'Héléne mere de l'Empereur Constantin, la trouva séparée de la croix du Sauveur. Pilate exprime dans cette inscription le nom du coupable, *Jesus*; sa patrie, *de Nazareth*; le sujet de sa condamnation, *Roi des Juifs*. Ceux qui l'avoient fait condamner auroient voulu qu'on changeât ce titre, & que l'on mît: *Jesus de Nazareth, qui se dit Roi des Juifs*, ou *prétendu Roi des Juifs*. Mais Le Gouverneur n'y voulut rien changer: (*a*) J'ai écrit, ce que j'ai écrit. Dieu permit ainsi qu'à la mort même, & sur la croix, JESUS fût reconnu pour ce qu'il étoit, par ses ennemis, & par ceux qui l'avoient condamné. Il écrivit ce titre en trois Langues. 1°. En Hébreu, ou en Syriaque, qui étoit la Langue du pays. 2°. En Grec, qui étoit la Languede commerce de presque tout l'Orient. 3°. En Latin, à cause de la majesté de l'Empire Romain, qui dominoit alors presque par tout le monde.

L'usage de mettre sur le poteau des criminels, ou de leur faire porter à eux-mêmes le sujet de leur condamnation, est connu dans l'antiquité. Par exemple, on mit sur un nommé Parmularius: (*b*) *Parmularius a parlé d'une maniére impie.* (*c*) Et sur le Martyr saint Attale: (*d*) *Voici Attale le Chrétien.* Quelquefois on faisoit publier par des crieurs publics, la cause de la condamnation. (*e*) *Par exemple: Ne jurez point témérairement.* Un autre: (*f*) *Pour avoir porté la ville à prendre les armes.* Un autre: (*g*) *Homme de la lie du peuple, n'embrassez jamais un Ambassadeur.* Un autre: (*h*) *Celui qui a vendu de la fumée, est puni par la fumée.* Et dans le martyre de saint Polycarpe: (*i*) *Polycarpe s'est déclaré Chrétien.* Et dans saint Ambroise: *On abandonne aux lieux infames, Agnés vierge sacrilége, qui a blasphémé contre les Dieux.* Saint Paul fait allusion à cette pratique, lorsqu'il dit que JESUS-CHRIST, a attaché à sa croix la cédule de nôtre dette: (*k*) c'est pour satisfaire à nos péchez qu'il est mort sur la croix.

℣. 38. CRUCIFIXI SUNT CUM EO DUO LATRONES. *On crucifia avec lui deux voleurs.* La croix étoit le supplice ordinaire des voleurs. (*l*)

(*a*) *Joan.* XIX 21. 22.
(*b*) *Lege Grot. hic.*
(*c*) *Apud Suetonium.*
(*d*) *Apud Euseb. Hist. Eccles. lib. 5. cap. 1.*
(*e*) *L. Si duo D. de jurejurando.*
(*f*) *Apud Diod. Sicul.*
(*g*) *Apud Spartianum.*
(*h*) *Apud Lamprid.*
(*i*) *Euseb. lib. 4 cap. 15. Histor. Eccles.*
(*k*) *Coloss.* II. 14.
(*l*) *Petron. Interim Imperator Provinciæ latrones jussit crucibus affigi. Horat. Furtum non feci: non pasces in cruce corvos.*

39. *Prætereuntes autem blasphemabant eum moventes capita sua,*

40. *Et dicentes: Vah qui destruis Templum Dei, & in triduo illud reædificas, salva temetipsum: Si filius Dei es, descende de cruce.*

41. *Similiter & Principes Sacerdotum illudentes cum Scribis, & Senioribus dicebant:*

42. *Alios salvos fecit, seipsum non potest salvum facere: si Rex Israël est, descendat nunc de cruce, & credimus ei:*

39. Et ceux qui passoient par-là le blasphêmoient, en branlant la tête,

40. Et lui disant: Toi qui détruis le Temple de Dieu, & qui le rebâtis en trois jours, que te ne sauve-tu toi-même? Si tu es le Fils de Dieu, descens de la croix.

41. Les Princes des Prêtres se moquoient de lui, avec les Scribes, & les Sénateurs, en disant:

42. Il a sauvé les autres, & il ne peut se sauver lui-même. S'il est le Roi d'Israël, qu'il descende présentement de la croix, & nous le croirons.

COMMENTAIRE.

JESUS est mis au milieu de deux voleurs, comme s'il eût été le chef de leur parti. Saint Hilaire (a) met le bon larron à la droite, & le mauvais à la gauche du Sauveur. Saint Jérôme, (b) & saint Augustin (c) entendent ces deux voleurs, par les deux animaux dont il est parlé dans le texte Grec d'Habacuc, III. 2. *In medio duorum animalium cognoscêris.*

On dit (d) qu'on attendoit des jours de fête pour faire mourir les criminels; afin qu'il y eût plus de témoins de leur supplice, & que l'exemple fût utile à la populace. (e) Mais il n'est nullement croyable qu'on les ait fait mourir le jour même de la fête. Cela se faisoit ou la veille, ou dans l'octave, dans les jours où il étoit permis de travailler: car il n'y avoit que le premier, & le septiéme jour où les œuvres serviles fussent défenduës. Le mouvement que se donnent ici les Prêtres, & le peuple, le chemin qu'ils font, le travail de porter la croix, dont on charge Simon le Cyrénéen; & celui de détacher le corps de JESUS de la croix, de l'embaumer, de le mettre dans le tombeau; la commission que les Apôtres croyent que JESUS donne à Judas, d'acheter ce qui est nécessaire pour le fête, ne conviennent nullement au jour de la Pâque, comme on le suppose dans l'opinion ordinaire, qui met la mort du Sauveur le jour même de cette fête. Tout cela est trop incompatible avec le repos, & la joye de ce grand jour.

Les Livres des Hébreux disent, (f) qu'aux jours de fêtes il est défendu de monter sur un arbre, d'aller à cheval, de nager, de danser, de frapper dans les mains les uns des autres; de juger, d'arrêter un mariage,

(a) *Hilar. in Matth.*
(b) *Ieronym. in Abac.* III.
(c) *August. lib.* 18. *de Civit. cap.* 32.
(d) *Vide Grot. hic, & Hamm. ad cap.* XXVI. 2.
(e) *Deut* XVII. 13.
(f) *Misna fol.* 36. *de Obligationib. diei boni.*

&

43. *Confidit in Deo: liberet nunc, si vult, eum: dixit enim: Quia Filius Dei sum.*	43. Il met sa confiance en Dieu: si donc Dieu l'aime, qu'il le délivre maintenant; puisqu'il a dit: Je suis le Fils de Dieu.
44. *Idipsum autem & latrones, qui crucifixi erant cum eo, improperabant ei.*	44. Les voleurs qui étoient crucifiez avec lui, lui faisoient aussi les mêmes reproches.

COMMENTAIRE.

& de faire aucun acte judiciaire. On ne consacre point une chose à Dieu, on n'apprête point une chose, on ne vend, ni on n'achette: en un mot, tout ce qui est défendu le jour du Sabbat, l'est aussi le jour de la Fête solemnelle; à l'exception de la nourriture que l'on peut cuire le jour de la Fête, & non le jour du Sabbat. Or si cela est, comme on n'en peut douter, qui croira que les Juifs ayent fait le jour même de la Pâque, tout ce qu'on lit dans l'histoire de la Passion de Nôtre-Seigneur?

℣. 43. CONFIDIT IN DEO; LIBERET NUNC, SI VULT. *Il met sa confiance en Dieu; si donc Dieu l'aime, qu'il le délivre maintenant.* En suivant la lettre du texte Latin, il faudroit traduire: *Que Dieu le délivre, s'il veut.* Mais le Grec (a) détermine à dire: *Qu'il le délivre, s'il l'aime.* Ces paroles sont imitées du Livre de la Sagesse: (b) *Si enim est verus Filius Dei, suscipiet illum, & liberabit eum de manibus contrariorum.*

℣. 44. IDIPSUM AUTEM ET LATRONES *Les voleurs qui étoient crucifiez avec lui, lui faisoient aussi les mêmes reproches.* Plusieurs (c) ont crû que d'abord les deux voleurs insultérent au Fils de Dieu; mais qu'ensuite l'un d'eux touché de la grace, & remarquant la patience, & la modération infinie de JESUS-CHRIST, se couvertit, & essaya de réprimer l'insolence de son compagnon, en lui remontrant, selon saint Luc, (d) que pour eux ils avoient bien mérité la mort; mais que JESUS n'avoit rien mérité de semblable. Et c'est ainsi que l'on concilie saint Luc avec saint Matthieu. Mais d'autres, (e) sans recourir à cette solution, ont crû que saint Matthieu avoit parlé des voleurs indistinctement, & avoit mis le plurier pour le singulier; les voleurs, pour l'un des deux. C'est ainsi que l'Auteur de l'Epître aux Hébreux (f) a dit, en parlant des Prophétes: *Qu'ils ont fermé la gueule des lions; qu'ils ont été sciez par le milieu.* C'est-à-dire, quelques-uns d'eux ont fait, ou souffert ces choses.

(a) Ῥυσάσθω νῦν αὐτὸν, εἰ θέλει αὐτόν.
(b) *Sap.* II. 18.
(c) *Origen. Athanas. serm. contra Hæreses. Hilar. Chrysost. Euthym. Theophylact. Juvencus. Favent. Ambros. Ieronym. Beda.*
(d) *Luc.* XXIII. 39. 40. 41.
(e) *Ita Cyprian. seu alius serm. de Passione Domini August. lib. 3. de Consensu, cap. 16. Ambros. in Lucam. Ieronym. hic. Leo Mag. serm. 2. de Pass. Greg. Mag. lib. 27. in Job. cap. 16. Mald. Grot. Erasm. Hammond.*
(f) *Hebr.* XI. 33. 37.

45. *A sexta autem hora tenebræ factæ sunt super universam terram usque ad horam nonam.*

45. Or depuis la sixiéme heure du jour jusqu'à la neuviéme, toute la terre fut couverte de ténébres.

COMMENTAIRE.

℣. 45. A SEXTA AUTEM HORA TENEBRÆ FACTÆ SUNT.... USQUE AD HORAM NONAM. *Depuis la sixiéme heure du jour, jusqu'à la neuviéme, toute la terre fut couverte de tenébres.* Les Juifs d'alors partageoient le jour en douze heures, à commencer au lever du soleil, & à finir au coucher. Ces heures étoient égales entr'elles; mais inégales par rapport à la grandeur, ou à la bréveté des jours. A l'équinoxe du printems, où la Pâque se célébroit, & qui est le tems dont il s'agit ici, la premiére heure revenoit, selon nôtre maniere de compter, à six heures du matin: la troisiéme, à nos neuf heures: la sixiéme, à midi: la neuviéme, à trois heures après midi: & la douziéme, à six heures du soir.

JESUS ayant été pris vers le minuit, fut d'abord conduit chez Anne, puis chez Caïphe, où il fut déclaré coupable de mort, par l'assemblée des Prêtres. Après la séparation de l'assemblée, il fut laissé entre les mains des serviteurs jusqu'au matin, (a) que tous les Prêtres, & les Sénateurs s'étant assemblez de nouveau, firent comparoître JESUS, & le déclarérent blasphémateur, & digne de mort. De là ils le conduisirent chez Pilate. (b) Ce Gouverneur interroge JESUS juridiquement, le renvoye à Hérodes, l'interroge de nouveau, s'efforce de le délivrer, & déclare hautement son innocence; enfin vaincu par leurs instances, il le condamne. Il étoit alors, dit saint Jean, (c) environ *la troisiéme heure du jour*, ou neuf heures du matin. (La plûpart des Exemplaires lisent, *la sixiéme heure*, c'est-à-dire, midi.) Mais ce qui fait croire qu'il faut lire, *la troisiéme heure du jour*, c'est que saint Marc (d) dit qu'on crucifia JESUS-CHRIST à la troisiéme heure, c'est-à-dire environ neuf heures du matin; il devoit même être un peu plus tard, puisqu'il fallut du tems pour venir du Prétoire au Calvaire. JESUS demeura attaché à la croix, exposé à toutes les insultes, & à toutes les railleries des Juifs, jusqu'à l'heure de midi, ou jusqu'à *la sixiéme heure*, comme le marquent saint Matthieu, saint Marc, & saint Luc. (e) Alors tout le pays fut couvert de tenébres, qui durérent jusqu'à la neuviéme heure, ou trois heures après midi. Ces ténébres s'étant dissipées à la neuviéme heure, (f) JE-

(a) *Matth* XXVII. 1. Πρωίας δὲ γενομένης. *Marc.* XV. 1 Καὶ εὐθὺς ἐπὶ τὸ πρωΐ.

(b) *Matth.* XXVII. 2. *Luc.* XXIII 1.

(c) *Joan.* XIX. 14. Ὥρα δὲ ὡσεὶ τρίτη. *Alii Codd.* Ὡσεὶ ἕκτη.

(d) *Marc.* XV. 25. Ἦν δὲ ὥρα τρίτη, καὶ ἐσταύρωσαν αὐτόν.

(e) *Matth.* XXVII. 45. *Marc.* XV. 33. *Luc.* XXIII. *Vide & Ignat. & Clem. Constit. lib.* V. c. 14. *& lib.* VIII. c. 35. *apud Grot. hic.*

(f) *Vide Matth.* XXVII. 46. *Marc.* XV. 34.

SUS demanda à boire, & criant à haute voix : *Tout est consommé ;* il expira.

Voilà les heures de la Passion, ainsi qu'elles nous sont distinctement marquées par les Evangélistes. La seule difficulté qui s'y trouve, regar de saint Jean, & saint Marc. Saint Jean, suivant la plûpart des Exemplaires, dit qu'à *la sixiéme heure* JESUS fut condamné par Pilate. Et saint Marc dit qu'il ne fut mis à la croix qu'à *la troisiéme heure.* Il est visible qu'il y a contrariété dans ces dattes, & que l'une, ou l'autre est corrompuë. L'ancien Auteur du Commentaire sur les Pseaumes, sous le nom de saint Jérôme, (a) soûtient que c'est dans saint Marc qu'est la corruption, & que ses Exemplaires anciennement lisoient, *la sixiéme heure ;* de même que ceux de saint Jean. D'autres au contraire croyent que c'est le Texte de saint Jean, qui est fautif, & qu'au lieu de *la sixiéme heure*, il y faut lire *la troisiéme heure ;* ce qui nous paroît bien plus probable. Cette leçon est fondée sur le Grec de l'ancien manuscrit de Cambrige, & sur quelques autres. (b) On lit de même dans Nonnus, dans la Chronique d'Aléxandrie, dans un fragment sur la Pâque, attribué à saint Pierre Archevêque d'Aléxandrie, (c) qui vivoit sur la fin du second siécle ; Voici ce qu'il dit : *Il étoit environ la troisiéme heure, comme portent les Exemplaires les plus corrects, & l'Original même de la main de l'Evangéliste saint Jean, que l'on conserve dans la sainte Eglise d'Ephése, & qui y est honoré par les fidéles du pays.*

Ceux qui ne veulent pas toucher au Texte des Evangélistes, ni y reconnoître en cet endroit une faute de Copistes, (d) disent que les Hébreux, outre la distribution du jour en douze heures, comme nous l'avons marqué ci-dessus, en avoient une autre fondée sur l'usage du Temple, & sur la distribution des heures de la priére publique, qui se faisoit à tierce, à sexte, & à none ; (e) c'est-à-dire à neuf heures du matin, à midi, & à trois heures du soir. Ce trois heures étoient annoncées au son de la trompette, dans les jours solemnels ; & le peuple se rendoit au Temple pour prier, ou prioit dans sa maison. L'usage avoit établi que l'on dénommât l'espace qui s'écouloit d'une de ces trois heures à l'autre, du nom de l'heure qui précédoit, ou du nom de celle qui suivoit, selon

(a) *In Psalm* LXXVII. 1. *Videtur esse diversum, sed non est diversum. Error scriptorum fuit: & in Marco hora* VI. *scriptum fuit, sed multi Episemum ϛ, putaverunt esse γ. Ita aliqui apud Theophylact. & Petav. Doctr. Temp. pag.* 454. *Ita & Caiet. & Canus.*

(b) *Codex vet. Camerar. Vechel. Beza, Bynaus, Toynard. Codd. Regii duo, nempe* 1007. *&* 1558. *sive* 2860. *&* 2861.

(c) *Petr. Alex. Ms. de Paschate apud Usser. & Petav.* Ὥρα ἦν ὡσεὶ τρίτη, καθὼς τὰ ἀκριβῆ βιβλία περιέχει, αὐτό τε ἰδιόχειρον τοῦ Εὐαγγελιστοῦ (Ἰωάννου) ὅπερ μέχρι τοῦ νῦν πεφύλακται χάριτι Θεοῦ ἐν τῇ Ἐφεσίων ἁγιωτάτῃ ἐκκλησίᾳ, καὶ ὑπὸ τῶν πιστῶν ἐκεῖσε προσκυνεῖται.

(d) *Grot. Mald. Lir. Ligfoot. Menoc. Tillemont, alii.*

(e) *Vide Act.* III. 1. X. 3. *Matth.* XX. 3. 5. *Ieronym. & Cyprian. apud Grot. hic.*

qu'on le jugeoit plus à propos. JESUS-CHRIST ayant été condamné & crucifié entre la troisiéme, & la sixiéme heure ; c'est-à-dire, entre neuf heures du matin, & midi, saint Marc a pû dire qu'il avoit été mis en croix à la troisiéme heure ; & saint Jean, qu'il avoit été condamné par Pilate, à la sixiéme heure. Saint Marc parle de la troisiéme heure passée, ou fort prés de sa fin ; & saint Jean, de la sixiéme heure commencée. Nous dirions, suivant nôtre maniére de compter, que JESUS-CHRIST fut condamné, & mené au supplice vers onze heures, & qu'il fut crucifié vers midi. Tout cela se passa entre la troisiéme, & la sixiéme heure. Quelque tems après qu'il eut été mis en croix, les ténébres se répandirent sur tout le pays, & il étoit alors la sixiéme heure, ou midi ; c'est-à-dire un peu plus de midi.

Saint Augustin (*a*) pour concilier les Evangélistes, dit que JESUS-CHRIST fut crucifié par les langues des Juifs à la troisiéme heure, c'est-à-dire qu'alors les Juifs demandérent qu'il fût mis en croix ; mais qu'il ne fut réellement crucifié qu'à la sixiéme heure. Ou bien, dit-il ailleurs, il fut condamné, selon saint Jean, *à la sixiéme heure*, non du jour, mais de la nuit ; & il fut crucifié *à la troisiéme heure*, selon saint Marc, non de la nuit, mais du jour. Cette explication est ingénieuse, mais elle est un peu forcée. Celle que l'on a proposée immédiatement auparavant, est la plus suivie. On en proposera encore une autre sur saint Jean, XIX. 14.

TENEBRÆ FACTÆ SUNT SUPER UNIVERSAM TERRAM. *Toute la terre fut couverte de ténébres*. Origénes suivi de plusieurs autres, (*b*) a crû que cette éclypse n'avoit été que pour la Judée, qui est assez souvent désignée sous le nom *de toute la terre*. D'autres (*c*) soûtiennent que toute nôtre hémisphére, ou au moins la plus grande partie, fut alors couverte de ténébres. Africain, (*d*) Eusébe, & saint Jérôme (*e*) ont cité Phlégon affranchi de l'Empereur Adrien, qui dit qu'en la quatriéme année de la deux cens deuxiéme Olympiade, qui est celle de la mort de JESUS-CHRIST, il y eut une éclypse de soleil, la plus grande qu'on eût encore vûë, puisqu'à l'heure de midi, on voyoit les étoiles dans le Ciel. Il ajoûtoit, que dans le même tems il y avoit eu un fort grand tremblement de terre dans la Bythinie. Tertullien (*f*) renvoye les Payens aux archives publiques, pour y trouver la nuit arrivée en plein midi, au tems de la Passion. Rufin (*g*) fait dire à saint Lucien Prêtre d'Antioche, martyrisé

(*a*) *August. lib 3 de Consensu, cap. 13. & tractat. 116. in Joan.*

(*b*) *Origen. in Matth. Maldon. Erasm. Vatab. alii.*

(*c*) *Chrysost. Euthym. Theophyl. alii plerique.*

(*d*) *African. apud Syncell. pag. 322.*

(*e*) *Euseb. & Ieronym. in Chronic.*

(*f*) *Apologetic. cap. 21. Et tamen eum mundi casum relatum in Arcanis vestris habetis.*

(*g*) *Rufin, lib. 9. cap. 6.*

en trois cens douze, parlant aux Payens: Consultez vos annales, & vous trouverez que lorsque JESUS-CHRIST souffrit sous Ponce-Pilate, le soleil cessa de paroître, & le jour fut interrompu par des ténébres extraordinaires. Thallus Auteur ancien, est aussi cité par Jules Africain, comme ayant marqué les ténébres de la Passion de nôtre Sauveur. Enfin l'Auteur connu sous le nom de saint Denys l'Aréopagite, (*a*) dit qu'étant à Héliopolis en Egypte, il remarqua l'éclypse arrivée au tems de la Passion de J. C. & comme il savoit que suivant les régles d'astronomie, elle ne pouvoit arriver en ce tems-là; Allophanes qui étudioit alors avec lui, s'écria: *Ce sont-là, mon cher Denys, des changemens surnaturels & divins*; ou, *ce sont-là des changemens des choses divines.* Suidas fait dire à saint Denys lui-même dans cette occasion: (*b*) *Ou la Divinité souffre, ou elle compatit à celui qui souffre.*

Tout le monde sait quel fond on doit faire sur le témoignage d'un pareil Auteur. Origénes (*c*) ne veut pas même que l'on s'attache avec trop de confiance au témoignage de Phlégon, Auteur Payen, pour montrer que les ténébres dont il parle, sont celles qui arrivérent au tems de la Passion de JESUS-CHRIST, parce que cet Ecrivain suppose que ce fut une vraye éclypse; ce qui est insoûtenable, puisqu'alors la lune étoit dans son plein, & que les éclypses du soleil n'arrivent qu'au commencement, ou au déclin de la lune: (*d*) *Solis defectum non nisi novissimâ primâve fieri lunâ.* Les actes dont parlent Tertullien, & le Martyr saint Lucien, sont apparemment les Lettres envoyées par Pilate à Tibére en ce tems-là. Mais comme on ne les a point, on ne peut dire de quelle sorte il parloit de ces ténébres miraculeuses. Origénes (*e*) a crû qu'elles étoient causées par un broüillard épais, qui déroba aux hommes la vûë du soleil. Mais si cela étoit, auroit-on pû voir les étoiles dans le Ciel, comme le veut Phlégon, & comme l'ont crû ceux qui l'ont suivi? Phlégon nous jette dans une autre difficulté, lorsqu'il avance que c'étoit une éclypse. Il est indubitable qu'il ne pouvoit y en avoir alors de naturelle, comme on l'a déja dit: & pour en causer une extraordinaire & surnaturelle, il faut faire quitter à la lune la place où elle étoit, & la faire venir tout d'un coup au-dessus du soleil; ce qui ne se peut faire sans un enchaînement de plusieurs miracles. Saint Jérôme sans entrer dans l'examen de la maniére, & de la cause de ce grand événement, dit (*f*) que le soleil en quelque sorte sensible à l'outrage que souffroit le Seigneur, & aux blasphêmes que les Juifs vomissoient contre lui, retira ses rayons, & ne vou-

(*a*) *Dionis. pseudo-Areopag. Ep. 7. ad Polycarp.* Ταῦτα, ὦ καλὲ Διονύσιε, θείων ἀμοιβαὶ πραγμάτων.

(*b*) *Dionys. apud Suid.* Ἢ τὸ θεῖον πάσχει, ἢ τῷ πάσχοντι συμπάσχει.

(*c*) *Origen. in Matth. homil. 35.*

(*d*) *Plin. lib. 2. cap. 13.*

(*e*) *Origen. loco citato, & ita ferè Chrysost. Euthym. Theophyl. hic.*

(*f*) *Ieronym. hic. & in Amos. I 3.*

46. Et circa horam nonam clamavit Jesus voce magna, dicens: Eli, Eli, lamma sabacthani? hoc est: Deus meus, Deus meus, ut quid dereliquisti me?

46. Et sur la neuviéme heure JESUS jetta un grand cri, en disant : Eli, Eli, lamma, sabacthani ? c'est-à-dire : Mon Dieu, mon Dieu, pourquoi m'avez-vous abandonné ?

COMMENTAIRE.

lut plus les éclairer. Saint Leon (*a*) parle à peu prés de même. Nous n'osons déterminer ni la maniére, ni l'étenduë de ces ténébres ; nous nous contentons de les reconnoître pour miraculeuses.

Il est fort possible que dans cette occasion, il se soit formé dans le tourbillon du soleil, de ces croutes, ou de ces corps opaques, que l'on y a remarqué quelquefois, qui en ayent couvert tout le disque, par rapport à la Judée, & peut-être même aux Provinces voisines assez au loin. Cela est bien plus simple que d'y faire venir la lune, ou de simples nuages, ou quelques planetes. Les Tables Astronomiques (*b*) nous apprennent que le même jour de la mort du Sauveur, à trois heures aprés midi, c'est-à-dire immediatement aprés la grande éclypse surnaturelle du soleil, qui commença à midi, & qui ne finit que trois heures aprés, il y en eut une de lune, mais naturelle, qui dura environ trois heures, & où la lune fut éclypsée dans la moitié de sa grandeur. En sorte qu'en ce même jour on vit l'accomplissement litteral de deux Prophéties, l'une de Joël : (*c*) *En sa présence la terre fut ébranlée, les cieux furent émus, le soleil, & la lune ont été couverts de ténébres ; les étoiles ont retiré leur éclat.* Et Amos : (*d*) *En ce jour-là, dit le Seigneur, le soleil s'éclypsera en plein midi, & la terre sera couverte d'obscurité en plein jour. Je changerai vos fêtes en tristesse, & vos cantiques en deüil.*

℣. 46. CIRCA HORAM NONAM CLAMAVIT JESUS &c. *Sur la neuviéme heure Jesus jetta un grand cri, en disant : Eli, Eli, lamma sabacthani ?* (*e*) *c'est-à-dire, mon Dieu, mon Dieu, pourquoi m'avez vous abandonné ?* Ces paroles sont tirées du Pseaume XXI. 1. où nous lisons dans l'Hébreu: (*f*) *Eli, Eli, lamah zabadtani.* Ces mots signifient *Pourquoi m'avez-vous sacrifié ?* au lieu que le texte du Pseaume porte : *Pourquoi m'avez-vous abandonné ?* Le Sauveur les prononça en langage du pays, qui n'étoit ni Hébreu pur, ni Syriaque pur ; mais un mauvais mélange de l'un & de l'autre. Le Sauveur ne crie pas ici pour soi, mais pour ses membres, disent les Peres ; (*g*) il représentoit alors la personne des pécheurs, qui

---

(*a*) *S. Leo serm. X. de Passione.*

(*b*) *Vide Toynard. harmon. pag. 131. & Not. pag. 148. col. 2. ima.*

(*c*) *Joël* II. 10.

(*d*) *Amos.* VIII. 9. 10.

(*e*) Saint Marc lit : Ἐλωὶ, Ἐλωὶ, λαμμᾶ σαβαχθανί.

(*f*) אלי אלי למה עזבתני

(*g*) *Vide Athanas. orat. 1. 2. 3. & 4 contra Arianos. Gregor. Nazianz. orat. 4. de Theologia. Cyrill. Alex. de Fide ad Reginas. Augus. in Psal.* XXI. *Leo Mag. serm. 16. & 17. de Passione Domini.*

47. *Quidam autem illic stantes, & audientes, dicebant: Eliam vocat iste.*

48. *Et continuò currens unus ex eis acceptam spongiam implevit aceto, & imposuit arundini, & dabat ei bibere.*

47. Quelques-uns de ceux qui étoient présens, l'ayant entendu crier de la sorte, disoient : Il appelle Elie.

48. Et aussi-tôt l'un d'eux courut emplir une éponge de vinaigre, & l'ayant mise au bout d'un roseau, il lui présenta à boire.

COMMENTAIRE.

méritoient d'être justement abandonnez de Dieu, pour leurs crimes. (*a*) Ou bien, il parle ici suivant son Humanité : Il représente en sa personne la foiblesse de nôtre nature, de même qu'au Jardin des Oliviers, il demandoit à Dieu son Pere, que le calice de sa Passion passât loin de lui. *Vox ista doctrina est, non querela*, dit saint Leon Pape, *pro nobis trepidis & infirmis interrogat, cur caro pati metuens exaudita non fuerit.*

℣. 47. ELIAM VOCAT ISTE. *Il appelle Elie.* Apparemment quelque Romain (*b*) qui n'entendoit pas la langue du pays, l'ayant oüi crier : *Eli, Eli, lamma sabacthani*, crut qu'il appelloit Elie à son secours. Ce qui confirme cette opinion, qui veut que ç'ait été des Romains, & non des Juifs, c'est que les mêmes gens présentérent aussi-tôt du vinaigre à JESUS. Or ceux qui lui présentérent à boire étoient des soldats qui le gardoient, comme le marquent saint Luc, & saint Jean. (*c*)

℣. 48. CONTINUO CURRENS UNUS EX EIS. *Aussi-tôt l'un deux courut emplir une éponge de vinaigre, & l'ayant mise au bout d'un roseau, lui présenta à boire.* Saint Jean (*d*) nous dit que l'on attacha cette éponge à de l'hyssope ; sur quoi on forme quelque difficulté, parce que l'hyssope n'est pas assez grande, pour donner une tige qui puisse porter à la bouche d'un homme qui est en croix. Mais on répond, 1°. Que l'on put se servir d'une échelle pour monter à la hauteur convenable, afin de présenter cette éponge à la bouche du Sauveur. 2°. Il y a plusieurs sortes d'hyssope. L'hyssope pariétaire, qui est fort basse ; & l'hyssope de campagne, *vallataria*, qui s'éleve à la hauteur d'un pied & demi, ou de deux pieds : (*e*) Or un homme d'une grandeur raisonnable, peut en élevant le bras, avec un bâton de deux pieds, porter à plus de neuf pieds de haut ; ce qui suffit pour parvenir à la bouche d'un homme attaché à la croix ; car pour l'ordinaire on n'y élevoit pas fort haut les suppliciez. Et on sait par l'Histoire que plusieurs ont été dévorez à la croix par les bêtes carnacières. Louis de

(*a*) Vide Tertull. advers. Praxeam. Hilar. hic Epiphan. hæres. 69. Cyrill. lib. x. thesauri c. 2. Ambros. lib x. in Luc. Ieronym. hic.

(*b*) Ieronym. Beda, Strab. Euthym. Maldon. alii.

(*c*) Joan. XIX. 29. Luc. XXIII. 36.

(*d*) Joan. XIX. 29.

(*e*) Vide Dodonæum, lib. 4. cap. 19. de Stirpibus.

49. *Cæteri verò dicebant : Sine videamus an veniat Elias liberans eum.*	49. Les autres disoient : Attendez, voyons si Elie viendra le délivrer.

COMMENTAIRE.

Dieu (*a*) conjecture que la canne, *calamus*, dont il est parlé ici, pouvoit être une canne odorante entiére, apportée là pour conforter par la force de son odeur le crucifié. Il ne propose cette conjecture qu'avec beaucoup de modestie ; & il a raison : Elle ne peut être reçûë que par une trés-grande indulgence. *Calamos* en Grec, se prend pour toute sorte de tige de plante, ou même pour un bâton, un roseau, une canne. C'étoit une tige d'hyssope.

On demande aussi d'où venoit là du vinaigre, & pourquoi on en donne à JESUS, après qu'il eut crié : *Eli, Eli, lamma sabacthani ?* A l'égard de cette seconde demande, saint Jean (*b*) nous dit qu'il cria aussi : *J'ai soif ;* & qu'aussi-tôt on courut pour lui donner à boire. Quant au vinaigre, on dit (*c*) que l'on en faisoit provision dans ces rencontres pour rafraîchir ceux qui étoient en croix, pour les empêcher de tomber en défaillance, & pour les faire revenir lorsqu'ils y étoient tombez. Quelques-uns (*d*) croyent que les soldats Romains avoient apporté là ce vinaigre pour leur boisson, & que ce n'étoit que pour insulter à JESUS-CHRIST qu'ils lui en offrirent à boire. Ce qui semble insinué par saint Luc, (*e*) qui dit, que les soldats se railloient de lui en lui offrant du vinaigre, & lui disant : *Si tu es Roi des Juifs, délivre toi.*

On peut réünir en un la plûpart de ces sentimens, en disant que les soldats Romains, qui avoient été chargez de conduire, de crucifier, & de garder JESUS-CHRIST à la croix, prévoyant qu'ils seroient obligez de demeurer assez long-tems sur le Calvaire, y avoient apporté du vinaigre, & en même-tems avoient fait provision d'une éponge, pour rafraîchir ceux des suppliciez qui pourroient demander à boire : que JESUS en ayant demandé, l'un d'eux lui en donna, en lui insultant, & le raillant sur sa prétenduë qualité de Roi des Juifs. La boisson ordinaire des soldats Romains, étoit un petit vin nommé *posca*, ou du vinaigre simple mêlé avec de l'eau. Pescennius Niger défendit le vin à ses troupes ; il ne leur permit que le vinaigre. Le Grand Constantin leur permit le vin, & le vinaigre à l'alternative, de deux jours l'un. Ruth mangea son pain trempé dans le vinaigre avec les moissonneurs de Booz. (*f*) On dit qu'encore au-

(*a*) *Ludov. de Dieu in Joan.* XIX. 29.
(*b*) *Joan.* XIX. 28.
(*c*) *Vide Casaub. in Baron. Exercit.* 16. *c.* 88. *Grot. ad Joan.* XIX. 29. *alii. Vissembach. not. in Pass. Chr. ad Joan.* XIX. 29. *Lightfoot. Hor. Heb. in Luc.* XXIII. 36. *alii.*
(*d*) *Mylill. not. Philol. in Passion. Christi.*
(*e*) *Luc.* XXIII. 36.
(*f*) *Ruth.* II. 14.

50. *Jesus autem iterum clamans voce magna emisit spiritum.*

51. *Et ecce velum Templi scissum est in duas partes à summo usque deorsum, & terra mota est, & petræ scissæ sunt.*

50. Mais JESUS jettant un grand cri pour la seconde fois, rendit l'esprit.

51. En même-tems le voile du Temple se déchira en deux depuis le haut jusqu'en bas: la terre trembla: les pierres se fendirent:

COMMENTAIRE.

jourd'hui en Hollande, & dans les vaisseaux, l'on mange du pain trempé dans du vinaigre.

℣. 49. CÆTERI VERO DICEBANT: SINE, VIDEAMUS. *Les autres disoient: Attendez, voyons si Elie viendra le délivrer.* Saint Marc (*a*) attribuë ceci au soldat qui lui donnoit à boire pour le fortifier. Celui-ci commença à dire cela, & les troupes qui étoient prés de là dirent la même chose, selon saint Matthieu. Quelques Manuscrits (*b*) ajoûtent en cet endroit: *Un autre soldat prenant une lance, lui perça le côté, d'où il sortit de l'eau & du sang;* ce qui est tiré de saint Jean, (*c*) & qui revient fort mal en cet endroit, puisque ce ne fut qu'après la mort de JESUS, qu'on lui perça le côté.

℣. 50. JESUS AUTEM ITERUM CLAMANS VOCE MAGNA, &c. *Jesus jettant un grand cri pour la seconde fois, rendit l'esprit.* JESUS crie à haute voix, avant que de rendre l'esprit, pour montrer que ce n'est ni par nécessité, ni par l'épuisement de ses forces, qu'il rend l'esprit. (*d*) Il meurt librement, volontairement, & à l'heure qu'il a choisie. Saint Jean (*e*) dit qu'il cria: *Tout est consommé.* Et saint Luc, (*f*) qu'il recommanda son esprit à son Pere. C'est ce que l'on examinera dans le Commentaire sur ces Evangélistes.

℣. 51. ET ECCE VELUM TEMPLI SCISSUM EST. *En même-tems le voile du Temple se déchira en deux, depuis le haut jusqu'en bas.* Dans le Tabernacle érigé par Moyse dans le desert, il y avoit trois voiles: Le premier, à l'entrée du parvis: le second, à la porte du Saint: & le troisiéme, à l'entrée du Sanctuaire. Dans le Temple de Salomon, & dans celui qui fut bâti au retour de la captivité, il n'y avoit que deux voiles; (*g*) le premier, à la porte du Saint; & le second, à la porte du Saint des Saints, Origénes, & saint Jérôme ont crû que c'étoit le voile du Saint qui s'étoit rompu. Mais la plûpart des autres Interprétes croyent que c'est celui du

(*a*) *Marc.* XV. 36. *Sinite videamus.* Ἄφετε. ἴδωμεν, εἰ ἔρχεται Ἠλίας. *Matth.* XXVII. 49. Οἱ δὲ λοιποὶ ἔλεγον, ἄφες ἴδωμεν εἰ ἔρχεται Ἠλίας.

(*b*) *Stephan S. N. Bold.* 7. *Hunt.* 2. *Chrysost. Æthiop Paris.* 9.

(*c*) *Joan.* XIX. 34.

(*d*) *Cyrill. Jerosol. Cathech.* 13. *Chrysost Ieronym. Euthym. Theophyl. hîc. Cyprian. ad Demetrian. August. tract.* 119. *in Joan.*

(*e*) *Joan.* XIX. 30.

(*f*) *Luc.* XXIII. 46. *ex Psalm.* XXX. 6.

(*g*) *Joseph. de Bello, lib.* 6. *c.* 14. *Ieronym. Ep.* 115. *ad Hedibiam. Grot. hîc.*

52. *Et monumenta aperta sunt: & multa corpora Sanctorum, qui dormierant, surrexerunt.*

52. Les sépulchres s'ouvrirent; & plusieurs corps des Saints, qui étoient dans le sommeil *de la mort*, ressusciterent.

COMMENTAIRE.

Sanctuaire. Saint Paul (*a*) semble confirmer ce dernier sentiment, lorsqu'il dit que JESUS en qualité de Grand-Prêtre, nous a ouvert le chemin du Sanctuaire au travers du voile; c'est-à-dire, par les souffrances de sa chair. Cette rupture du voile du Sanctuaire, montroit que le chemin du Ciel nous étoit ouvert par la mort du JESUS-CHRIST; que les ombres de la Loi étoient dissipées; que le véritable Grand-Prêtre étoit entré dans l'intérieur du Temple, pour y expier les péchez de tous les hommes. (*b*) Saint Ephrem (*c*) dit que l'on vit en même-tems une colombe sortir du fond du Sanctuaire. Et l'Evangile des Nazaréens ajoûtoit que la pierre du haut de la porte s'étoit rompuë. (*d*)

TERRA MOTA EST, ET PETRÆ SCISSÆ SUNT. *La terre trembla, & les pierres se fendirent.* On a déja vû ci-devant, que Phlégon (*e*) disoit qu'avec l'éclypse qui arriva au milieu du jour, & durant laquelle on vit les étoiles, il y avoit eu un trés-grand tremblement de terre, dont les effets s'étoient fait sentir principalement dans la Bythinie. Tacite, (*f*) & Suétone (*g*) parlent aussi d'un fort grand tremblement arrivé sous le regne de Tibére. Plusieurs (*h*) ont crû que ce mouvement se fit sentir par tout le monde. D'autres (*i*) croyent qu'il ne fut sensible que dans la Judée, ou même dans le Temple, (*k*) dont il ébranla les portes, & dont il brisa le voile. Saint Cyrille de Jérusalem (*l*) dit qu'on montroit sur le Calvaire des rochers fendus par la force de ce tremblement. Il faut que ce mouvement ait été fort remarquable, & accompagné de circonstances effrayantes, puisque le Centurion, & ceux qui étoient avec lui en furent touchez, & reconnurent en cela la colére de Dieu, & l'injustice de la condamnation de JESUS. (*m*)

℣. 52. MONUMENTA APERTA SUNT. *Les tombeaux s'ouvrirent, & plusieurs corps des Saints ressuscitérent.* Quelques anciens (*n*) ont crû

(*a*) *Hebr.* x 20.
(*b*) *Vide, si lubet, Origen. in Matth. hic Ambros. lib.* x. *in Luc. Leo Magn. serm* 10. *de Passion. Ieronym. hic. Augùst. in Psalm.* LXIV. *&* LXV. *& alibi.*
(*c*) *Ephrem serm.* 1. *de Passione.*
(*d*) *Ieronym Ep.* 150. *addit Evangelium Nazaræorum etiam superliminare Templi infinita magnitudinis fractum esse, atque divisum.*
(*e*) *Apud Euseb. & Ieronym. in Chronic.*
(*f*) *Tacit. Annal. l.* 2. *c.* 47.
(*g*) *Sueton. in Tiber. c.* 48.
(*h*) *Euseb. Ieronym. Author Mirabil. sacr. Script. l.* 2. *c.* 3. *alii.*
(*i*) *Origen. in Matth.*
(*k*) *Hammond. hic.*
(*l*) *Cyrill. Jerosolym Cathech. communi* 13.
(*m*) *Luc.* XXIII. 47.
(*n*) *Vide Chrysost. & Theophylact.*

53. *Et exeuntes de monumentis post resurrectionem ejus, venerunt in sanctam civitatem, & apparuerunt multis.*

53. Et sortant de leurs tombeaux après sa résurrection, ils vinrent en la ville sainte, & furent vûs de plusieurs personnes.

COMMENTAIRE.

que les corps des Saints étoient ressuscitez, & que leurs tombeaux s'étoient ouverts ou en même-tems, ou un peu avant la mort du Sauveur; afin de l'accompagner dans sa descente aux enfers. Mais la plûpart des anciens, (*a*) & des nouveaux Commentateurs (*b*) croyent que les tombeaux s'ouvrirent aussi tôt après que le Sauveur eut expiré; mais que les corps des Saints ne ressuscitérent qu'avec lui. Il descendit dans les enfers, où il visita ces saintes ames: il leur porta la nouvelle de leur délivrance; & étant remonté pour reprendre son corps, il les ramena avec lui, & en ressuscita quelques-uns. Ils demeurérent avec lui sur la terre, & apparurent à plusieurs pendant les quarante jours qui suivirent sa Résurrection. On croit qu'ils montérent au Ciel avec lui, & qu'ils servirent à orner son triomphe. C'est l'opinion de plusieurs anciens, (*c*) & de plusieurs nouveaux Interprétes. (*d*)

Elle n'est toutefois pas sans difficulté: car si quelque Saint a dû ressusciter, c'est sans doute David, Abraham, Joseph, Samuël, Elisée, saint Jean-Baptiste. Or saint Pierre parlant aux Juifs le jour de la Pentecôte, cinquante jours après la Résurrection de JESUS-CHRIST, leur dit, que le corps de David étoit encore dans son tombeau. (*e*) Il n'étoit donc pas monté au Ciel. Saint Paul dans l'Epître aux Hébreux, (*f*) dit que les Patriarches n'ont point encore reçû leur récompense, Dieu ayant voulu qu'ils ne reçussent qu'avec nous l'accomplissement de leur bonheur. Enfin l'on a trouvé les Reliques de saint Jean-Baptiste, & de quelques Prophétes depuis l'Ascension de Nôtre-Seigneur. Il faut donc conclure que leurs corps n'étoient pas montez au Ciel avec JESUS-CHRIST. La plûpart des Peres (*g*) enseignent que les Saints de l'ancienne Loi ne recevront leur récompense parfaite qu'avec nous; à la fin du monde; & que les Saints qui ressuscitérent avec J. C. moururent quelque tems après, lorsqu'ils eurent accompli l'œuvre à laquelle Dieu les destinoit, qui étoit de rendre témoignage à la Résurrection du Sauveur. (*h*) Ils ne ressuscité-

(*a*) *Ieronym. Beda, Tertull. lib. de Anima, cap.* 33.

(*b*) *Maldon. & alii hic, & in Cor.* XV. 20. *& in Coloss.* I. 18.

(*c*) *Hilar. in Matth Euseb. Demonstrat. lib.* X. *c.* 8. *Origen. in Cantica. Ignatius ad Magnesian. Epiphan. heresi* 75.

(*d*) *Malden. Cornel. Jans. Tirin. Beza.*

(*e*) *Act.* II. 29. 34.

(*f*) *Hebr.* XI. 39. 40.

(*g*) Voyez ci-devant chap. XX. 11. 12. *& seq. August. tract.* 124. *in Joan. n.* 2. *Ep.* 164. *aliàs* 99. *Theodoret. in c.* XI. *Ep. ad Hebr. Chrysost. homil.* 28. *in Ep. ad Hebr.*

(*h*) *Vide Chrysost. in prim. ad Corinth. homil.* 40. *Ambros. l.* 6. *in Luc. n.* 60. *avit. in fragmentis. S. Thom.* 3. *parte, qu.* 53. *art.* 3. *ad* 2. *Aug. in Joan. tract.* 124.

54. *Centurio autem, & qui cum eo erant, custodientes Jesum, viso terræ motu, & his quæ fiebant, timuerunt valde, dicentes: Vere Filius Dei erat iste.*

55. *Erant autem ibi mulieres multæ à longè, quæ secutæ erant Jesum à Galilæa, ministrantes ei:*

54. Le Centenier, & ceux qui étoient avec lui pour garder JESUS, ayant vû le tremblement de terre, & tout ce qui se passoit, furent saisis d'une extrême crainte, & dirent: Cet homme étoit vraiment Fils de Dieu.

55. Il y avoit là aussi plusieurs femmes qui regardoient de loin, & qui avoient suivi JESUS depuis la Galilée, ayant soin de l'assister;

COMMENTAIRE.

rent que comme avoit fait Moyse lorsqu'il parut sur le Thabor, & comme Lazare, & les autres à qui J. C. avoit rendu la vie.

℣. 54. CENTURIO AUTEM, ET QUI CUM EO ERANT. *Le Centenier, & ceux qui étoient avec lui pour garder Jesus, ayant vû le tremblement de terre, & tout ce qui se passoit, furent saisis d'une extrême crainte, & dirent: Cet homme étoit vraiment Fils de Dieu.* S. Luc lui fait dire: (a) *Cet homme étoit Juste.* Et saint Marc (b) dit qu'ayant remarqué que JESUS-CHRIST avoit jetté un grand cri en expirant, il en avoit conclu qu'il étoit Fils de Dieu. Rien de tout cela n'est incompatible. Le Centenier fut touché de toutes les circonstances qui accompagnérent, & qui suivirent la mort du Sauveur; il le reconnut non-seulement pour un homme condamné injustement, mais aussi pour Fils de Dieu. Quelques Peres (c) ont entendu ses paroles, comme une confession de la divinité du Sauveur. Mais saint Augustin (d) semble plûtôt croire qu'il le reconnut simplement pour un homme saint, & enfant de Dieu, dans le même sens que les autres Saints le sont tous. Métaphraste donne à ce Centenier le nom de Longin. Quelques-uns dans saint Chysostome (e) ont dit qu'il a souffert le martyre. On a plusieurs actes de saint Longin le Centenier, & les Grecs en font l'Office dans leurs Livres Ecclésiastiques. Mais tout ce qu'on en lit paroît entiérement fabuleux. On raconte qu'ayant déserté des troupes Romaines, où il servoit, il s'en retourna en Cappadoce, où il commença à prêcher JESUS-CHRIST. Il y fut décapité, & sa tête apportée à Pilate. (f) C'est ce qu'en content les Grecs. Les Latins honorent aussi un saint Longin, qu'ils croyent être celui qui perça le côté de nôtre Sauveur après sa mort. Mais l'histoire qu'on a de ce Saint est trés-apocryphe, & ne mérite nulle créance.

(a) *Luc.* XXIII. 47.
(b) *Marc.* XV. 39.
(c) *Cyrill. l.* XII. *Thesauri c.* 14. *Basil. in Gordian. Mart.*
(d) *August. l.* 3. *de Consensu, c.* 20.
(e) *Quid. apud Chrysost. homil.* 88. *Jans.*
(f) Voyez les Notes de M. de Tillemont sur J. C. note 38.

56. *Inter quas erat Maria Magdalene, & Maria Jacobi, & Joseph mater, & mater filiorum Zebedæi.*

56. Entre lesquelles étoient Marie Madelaine, Marie mere de Jacque & de Joseph, & la mere des fils de Zébédée.

COMMENTAIRE.

℣. 55. ERANT AUTEM IBI MULIERES MULTÆ A LONGE. *Il y avoit là plusieurs femmes qui regardoient de loin*, & qui l'avoient suivi depuis la Galilée, pour l'assister de leurs biens, dit saint Luc. *(a)* La plûpart des Apôtres (*b*) avoient en leur compagnie quelques femmes pieuses pour les servir ; c'étoit la coutume parmi les Juifs, & cela n'y causoit aucun scandale, comme le remarque ici saint Jérôme. L'Evangéliste nomme quelques-unes de ces femmes, qui avoient suivi le Sauveur.

Marie Madelaine. Plusieurs (*c*) ont crû que c'étoit Marie sœur de Lazare, mais ce sentiment manque de preuve. C'est plûtôt cette pécheresse d'où JESUS-CHRIST avoit chassé sept démons. *(d)* Elle étoit Galiléenne, & le nom de *Madelaine* lui vient apparemment du château, ou de la ville de *Magdalum.* Elle fut la premiére à qui J. C. se fit voir après sa Résurrection. On dit qu'elle suivit la sainte Vierge, & S. Jean à Ephése, & qu'elle y mourut, (*e*) étant demeurée jusqu'à la fin attachée au service, & à la personne de ce saint Apôtre & Evangéliste.

Marie mere de Jacque & de Joseph, ou de *José*, suivant plusieurs Exemplaires. Ce *Jacque* est saint Jacque le Mineur, Evêque de Jérusalem. Quant à *José*, ou *Joseph*, on n'en trouve rien dans l'Histoire ; on pourroit soupçonner que c'est le même que Joseph Barsabas, surnommé le Juste, qui fut proposé avec saint Matthias pour être élevé à l'Apostolat ; (*f*) mais on n'a aucune certitude de ce sentiment. Marie mere de ces deux Saints étoit sœur de la sainte Vierge, & épouse de Cléophas, (*g*) ou Alphée, qui étoit frere de saint Joseph. (*h*) M. Toynard fait Marie fille de Cléophas, épouse d'Alphée, & mere de José.

La mere des deux fils de Zébédée, se nommoit *Salomé*, selon Origénes, & plusieurs autres. Elle étoit mere de saint Jacque le Majeur, & de saint Jean Evangéliste. Outre ces femmes, il y avoit aussi des hommes, selon saint Luc, (*i*) qui dit que tous ceux de sa connoissance étoient loin de la croix, qui regardoient ce qui se faisoit. Il faut excepter de ce nombre les Apôtres, qui ne s'y trouvérent pas. J'en excepte saint Jean l'Evangé-

(*a*) *Luc.* VIII. 3.
(*b*) 1. *Cor.* IX. 5. *Numquid non habemus potestatem mulierem sororem circumducendi, sicut & cæteri Apostoli?*
(*c*) *Ita plerique omnes apud Maldon. hîc.*
(*d*) *Luc.* VIII. 2. 4. & *Marc.* XVI. 9.
(*e*) *Photius cod.* 275.
(*f*) *Act.* I. 23.
(*g*) *Joan.* XIX. 25.
(*h*) *Hegesipp. apud Euseb. l.* 3. *hist. Eccl. c.* 11. & *l.* 4. *c.* 22.
(*i*) *Luc.* XXIII. 49

57. *Cùm autem verò factum esset, venit quidam homo dives ab Arimathæa, nomine Joseph, qui & ipse Discipulus erat Jesu,*

58. *Hic accessit ad Pilatum, & petiit corpus Jesu. Tunc Pilatus jussit reddi corpus.*

57. Sur le soir un homme riche, de la ville d'Arimathie, nommé Joseph, qui étoit aussi Disciple de JESUS,

58. Vint trouver Pilate, & lui ayant demandé le corps de JESUS, Pilate commanda qu'on le lui donnât.

COMMENTAIRE.

liste. Les Disciples qui y étoient, n'étoient point connus, & ne couroient pas le même risque qu'auroient fait les Apôtres, s'il y avoient été. Les deux femmes Marie Magdelaine, & Marie mere de Jacques & de Joseph, étoient prés de la croix, avec Marie mere de JESUS, & saint Jean l'Evangéliste; (a) les autres se tenoient plus loin, comme le remarquent saint Matthieu, (b) & saint Marc. (c) Ou bien, après avoir été quelque tems au pied de la croix, elles se retirérent plus loin avec les autres, & y demeurérent jusqu'après la mort du Sauveur.

℣. 57. CUM AUTEM SERO FACTUM ESSET. *Sur le soir un homme riche, de la ville d'Arimathie, nommé Joseph,* (58.) *Vint trouver Pilate, & lui demanda le corps de Jesus.* Sur le soir, c'est-à-dire, vers quatre heures après midi, environ un heure après que JESUS eut rendu l'esprit; car depuis le coucher du soleil il n'étoit plus permis de travailler, à cause du Sabbat, qui commençoit alors. Joseph d'Arimathie étoit Sénateur de la ville de Jérusalem, & n'avoit point eu de part à la résolution des autres Sénateurs, pour faire condamner JESUS-CHRIST. Il étoit même Disciple du Sauveur, (d) & attendoit le Royaume de Dieu. Mais il se tenoit caché à cause des Juifs, dont il craignoit les violences. La ville d'Arimathie d'où il étoit, est ordinairement placée à six ou sept lieuës de Jérusalem, vers l'occident septentrional. D'autres croyent que c'est Ramathaïm Sophim, d'où étoit Samuël. (e) Il vint *hardiment* (f) demander le corps de JESUS, soit que l'esprit de Dieu lui donnât ce courage, ou que sa qualité, & son rang lui inspirassent plus de confiance d'obtenir du Gouverneur ce qu'il souhaitoit. (g) Les Evangélistes remarquent qu'il étoit riche, peut-être pour vérifier la prophétie d'Isaïe, qui porte: (h) *Il lui donnera les méchans pour sa sépulture, & les riches pour sa mort.* Joseph quoique natif d'Arimathie, avoit fixé sa demeure à Jérusalem, & s'y étoit préparé un tombeau.

Les Loix Romaines défendoient de donner la sépulture aux criminels

(a) *Joan.* XIX. 25.
(b) *Matth.* XXVII. 55.
(c) *Marc.* XV. 40.
(d) *Joan.* XIX. 38.
(e) 1. *Reg.* I.
(f) *Marc.* XV. 43.
(g) *Chrysost. & Ieronym. hic. August. l.* 3. *de Consensu.*
(h) *Isai.* LIII. 9.

59. *Et accepto corpore, Joseph involvit illud in sindone munda.*

60. *Et posuit illud in monumento suo novo, quod exciderat in petra. Et advolvit saxum magnum ad ostium monumenti, & abiit.*

59. Joseph ayant donc pris le corps, l'enveloppa dans un linceul blanc,

60. Le mit dans son sépulchre, qui n'avoit point encore servi, & qu'il avoit fait tailler dans le roc; & puis ayant roulé une grande pierre à l'entrée du sepulchre, il se retira.

COMMENTAIRE.

après leur mort, sans la permission des Juges. (*a*) Mais on ne refusoit point cette grace, si ce n'est lorsque le coupable étoit criminel de lézemajesté. Pilate n'avoit jamais été persuadé que JESUS-CHRIST fût ni séditieux, ni encore moins criminel d'Etat, comme les Juifs l'avoient voulu faire croire: c'est pourquoi il ne fut pas difficile à accorder ce qu'on lui demandoit. Il étoit ordinaire parmi les Romains, de laisser mourir les criminels sur la croix, de les y laisser attachez pendant quelques jours, pour servir d'exemple aux autres. Mais comme les Loix des Juifs (*b*) ne permettoient pas qu'ils y demeurassent plus d'un jour, les Gouverneurs dérogeoient à leurs coutumes, (*c*) & on descendoit les corps le soir même, selon Moyse; & s'ils n'étoient pas encore expirez, on leur rompoit les jambes, pour hâter leur mort, & on les détachoit de la croix, pour les rendre aux parens, ou pour les jetter dans les tombeaux publics. C'est ce qu'on fit aux deux voleurs, qui avoient été crucifiez avec J.C. (*d*)

La Misne c. 6. n. 14. 15. dit qu'on ne permettoit pas aux parens des suppliciez de mettre le corps de leurs proches dans le tombeau de leur famille, sinon après que leurs chairs avoient été consumées dans les sepulchres publics. Alors il leur étoit permis de transporter leurs os dans leurs monumens particuliers. C'est peut-être pour cette raison que Joseph d'Arimathie demande ici à Pilate le corps de JESUS, afin qu'il ne fût pas mis dans les sépulchres publics destinez aux criminels.

℣. 59. ACCEPTO CORPORE, INVOLVIT ILLUD IN SIDONE MUNDA. *Joseph ayant pris le corps, l'enveloppa dans un linceul blanc.* Il faut suppléer ici quelques circonstances tirées des autres Evangélistes. Saint Jean (*e*) dit que Nicodéme acheta cent livres d'aromates, pour embaumer le corps du Sauveur. Il insinuë qu'outre le linceul, il y avoit aussi des bandelettes, dont on enveloppa son corps, (*f*) & un suaire dont on lui couvrit la tête. (*g*) Le linceul dans lequel il fut mis, étoit neuf, selon saint Marc, (*h*) aussi-bien que le tombeau dans lequel on l'enferma.

(*a*) *Ulpian. Eorum in quos animadvertitur corpora non aliter sepeliuntur, quàm si fuerit petitum, & permissum. Vide Grot. hic.*
(*b*) *Deut.* XXI. 23.
(*c*) *Joseph. l.* VI. *c.* II. *in Luc. p.* 930.
(*d*) *Joan.* XIX. 31. 32.
(*e*) *Joan.* XIX. 39.
(*f*) *Joan.* XIX. 40.
(*g*) *Idem* XX. 6. 7.
(*h*) *Marc.* XV. 46.

61. *Erat autem ibi Maria Magdalene, & altera Maria, sedentes contra sepulchrum.*

62. *Altera autem die, quæ est post parasceven; convenerunt Principes Sacerdotum & Pharisæi ad Pilatum.*

61. Marie Madelaine, & l'autre Marie étoient là, se tenant assises auprès du sepulchre.

62. Le lendemain, qui étoit le jour du Sabbat, les Princes des Prêtres, & les Pharisiens s'étant assemblez, vinrent trouver Pilate.

COMMENTAIRE.

Ces particularitez servent à confirmer la vérité de la Résurrection de J. C. faite par sa propre vertu. Si ce qui devoit toucher son corps avoit servi àd'autres, on auroit pû dire, que c'étoit là ce qui lui avoit mérité l'avantage de ressusciter, comme ce mort qu'on jetta par hazard dans le sépulchre d'Elisée. (*a*)

℣. 60. IN MONUMENTO QUOD EXCIDERAT IN PETRA. *Il le mit dans son sépulchre, qu'il avoit fait tailler dans le roc.* C'étoit l'usage dans ce pays, de faire creuser dans le roc les tombeaux pour les personnes de considération. On en voit encore aujourd'hui dans la Palestine de trés-vastes, où il y a plusieurs niches taillées autour d'une espéce de chambre, dans lesquelles on mettoit les corps de toute une famille. Celui de Joseph d'Arimathie étoit pour lui seul; il n'y avoit qu'une assez petite chambre, & un seul tombeau. Il étoit sur la montagne du Calvaire, dans un jardin qui étoit à côté du lieu où le Sauveur fut crucifié.

℣. 61. MARIA MAGDALENE, ET ALTERA MARIA. *Marie Magdelaine, & l'autre Marie.* Les mêmes dont on a parlé sur le ℣. 55. Cette autre Marie, (*b*) est la mere de saint Jacque le Mineur, & de Josê, épouse d'Alphée, & sœur de la sainte Vierge: elles étoient demeurées sur le Calvaire, avec Marie mere de JESUS, afin de savoir ce qu'on feroit du corps du Sauveur, & pour aider à l'embaumer.

℣. 62. ALTERA AUTEM DIE, QUÆ EST POST PARASCEVEN. *Le lendemain, qui étoit le jour du Sabbat,* les Princes des Prêtres vinrent trouver Pilate, & lui dirent: Cet imposteur a dit: Je ressusciterai trois jours après ma mort. Commandez donc que le sepulchre soit gardé jusqu'au troisiéme jour. L'Evangéliste au lieu de dire, *le jour du Sabbat* tout court, se sert d'une circonlocution, & dit: *Le jour d'après la préparation,* ou *d'après la parascéve.* C'est ainsi que les Juifs appelloient le Vendredi, (*c*) parce qu'on y preparoit à manger pour le jour du Sabbat, auquel il n'étoit pas permis d'allumer du feu, ni de cuire de la nourriture. (*d*) Ce

(*a*) 4. *Reg.* XIII. 21. *Vide Ieronym. hic. ad* ℣. 60. & *Ambros. in Luc. Beda, Euthym. Theophyl. hic.*

(*b*) *Vide Luc.* XXIII. 55. & XXIV. 10.

(*c*) *Marc.* XV. 42. Ἦν παρασκευὴ, ὅ ἐστι προσάββατον.

(*d*) *Exod.* XVI. 5.

fut

63. *Dicentes : Domine, recordati sumus, quia seductor ille dixit adhuc vivens : Post tres dies resurgam.*

64. *Jube ergo custodiri sepulchrum usque in diem tertium : ne fortè veniant Discipuli ejus, & furentur eum, & dicant plebi : Surrexit à mortuis : & erit novissimus error pejor priore.*

65. *Ait illis Pilatus : Habetis custodiam, ite : custodite sicut scitis.*

63. Et lui dirent : Seigneur, nous nous sommes souvenus que cet imposteur a dit, lorsqu'il étoit encore en vie : Je ressusciterai trois jours après *ma mort :*

64. Commandez donc que le sépulchre soit gardé jusqu'au troisiéme jour, de peur que ses Disciples ne viennent dérober son corps, & ne disent au peuple : Il est ressuscité d'entre les morts ; & ainsi la derniére erreur seroit pire que la premiére.

65. Pilate leur répondit : Vous avez des gardes ; allez, faites-le garder comme vous l'entendrez.

COMMENTAIRE.

fut le Vendredi après le coucher du soleil, qui étoit le commencement du Sabbat, selon les Juifs. (*a*) La rencontre de la fête de Pâque avec le jour du Sabbat, l'a fait nommer par saint Jean : (*b*) *Le grand jour du Sabbat ;* & par saint Matthieu : *Le jour qui suivit la parascéve*, ou la préparation.

℣. 63. Post tres dies resurgam. *Je ressusciterai trois jours après ma mort.* Il n'avoit jamais prédit en public sa Résurrection d'une maniére si claire, ni si positive. Mais il avoit dit qu'il donneroit aux Juifs dans sa personne le miracle du Prophéte Jonas : (*c*) & que comme Jonas avoit été trois jours & trois nuits dans le ventre d'un poisson, ainsi le Fils de l'homme seroit autant de tems dans le sein de la terre : Et ailleurs, (*d*) en parlant de son corps, il avoit dit, que s'ils détruisoient ce temple, il le rebâtiroit dans trois jours. Mais il s'étoit expliqué bien plus distinctement en presence de ses Apôtres, & il est croyable que par leur canal la prédiction de sa Résurrection au bout de trois jours, s'étoit répanduë parmi le peuple. C'est ce qui donnoit de l'inquiétude aux Prêtres, & aux Pharisiens. Il jugeoient avec raison, que si le Sauveur ressuscitoit, le mal seroit beaucoup plus grand pour eux, qu'il n'avoit été jusqu'alors : *Et erit novissimus error pejor priore.*

℣. 65. Habetis custodiam. *Vous avez des gardes ; allez, faites-le garder comme vous l'entendrez.* Vous avez vos Lévites (*e*) occupez à la garde du Temple, employez-les à garder ce tombeau. Qu'est-il besoin d'y envoyer des troupes réglées ? Les Chefs de ces Lévites sont nom-

(*a*) Voyez M. Toynard, harmon. p. 131.
(*b*) *Joan.* XIX. 31. Ἦν γὰρ μεγάλη ἡ ἡμέρα ἐκείνη τοῦ σαββάτου.
(*c*) *Matth.* XII. 39 40.
(*d*) *Joan.* II. 19.
(*e*) 1. *Par.* XXVI. 1. & *seq.*

LIII

66. Illi autem abeuntes munierunt sepulchrum, signantes lapidem, cum custodibus.

66. Ils s'en allérent donc, & pour s'assurer du sepulchre, ils en scélérent la pierre, & y mirent des gardes.

COMMENTAIRE.

mez dans saint Luc : (*a*) *Les Capitaines du Temple.* D'autres traduisent : (*b*) *Prenez la garde du Temple* & faites le garder comme il vous plaira. On croit que cette garde du Temple, étoit une compagnie de soldats Romains, qui demeuroit en armes dans les portiques du Temple aux jours de fête, pour empêcher que dans cette foule il n'arrivât quelque désordre. (*c*) Les Prêtres purent prendre quelques-uns de ces soldats pour garder le tombeau de JESUS-CHRIST. Il paroît par la suite (*d*) que ces troupes étoient dépendantes de Pilate, & soumises à sa correction, & par conséquent que c'étoit des soldats Romains.

℣. 66. MUNIERUNT SEPULCHRUM. *Ils scélérent la pierre du sépulchre, & y mirent des gardes* Ou bien : Ils mirent le sceau sur la pierre qui fermoit le tombeau, en présence des gardes. (*e*) Grotius croit qu'on y imprima le cachet de Pilate, comme à une chose où il s'agissoit de la foi publique. C'est ainsi que Daniel fut enfermé dans la fosse aux lions, (*f*) sous le sceau du Roy de Babylone, & de ses Conseillers. Les Prêtres en ceci servent aux desseins de la Providence, & à la certitude de la Résurrection du Sauveur, contre leur intention. Ces gardes nous ôtent tout soupçon de vol, & de supercherie de la part des Apôtres. La timidité, & la pauvreté de ceux-ci les mettent à couvert de l'accusation d'avoir fait violence aux soldats, ou de les avoir corrompus par argent. Dieu veut donner à la Résurrection de son Fils, tous les degrez de certitude dont elle est capable, & fermer la bouche à ses ennemis, & à ses calomniateurs, par les moyens qu'eux-mêmes ont employez pour s'assurer contre l'erreur, & l'illusion de sa part, ou de la part de ses Apôtres. Nicéphore (*g*) dit que l'on attacha la pierre qui fermoit le tombeau, par une grosse chaîne, dont on voyoit encore des vestiges sur cette pierre du tems de Béde. (*h*) L'ancien Manuscrit Grec & Latin de Cambrige, qui a appartenu à Béze, dit sur saint Luc, (*i*) que cette pierre étoit si grosse qu'à peine vingt hommes l'auroient pû remuer. Fables.

(*a*) *Luc.* XXII. 4. .. 52. Στρατηγοὶ τοῦ ἱεροῦ.
(*b*) *Matth.* XXVII. 65. Ἔχετε κουστωδίαν. *Accipite custodiam.*
(*c*) *Joseph. de Bello, l.* V. *c.* 15. *in Græco, p.* 919. *Et in Latino, l.* VI. *c.* 6. *& Antiq. l.* XX *c.* 4. *Ita Grot. Le Clerc, Natal. Alex.*
(*d*) *Matth.* XXVIII. 14.
(*e*) *Chrysost. Euthym. Brug.*
(*f*) *Dan.* VI. 17.
(*g*) *Nicephor. l.* 2. *c.* 32.
(*h*) *Beda in locis.*
(*i*) *Luc.* XXIV.

CHAPITRE XXVIII.

Résurrection de JESUS-CHRIST. *Apparition de l'Ange aux saintes femmes. Les Princes des Prêtres corrompent les Gardes du tombeau de* JESUS-CHRIST. *Apparition du Sauveur à plusieurs Disciples sur une montagne de Galilée. Mission des Apôtres.*

℣. 1. *Vesperè autem Sabbathi, quæ lucescit in prima Sabbathi, venit Maria Magdalene, & altera Maria videre sepulchrum.*

℣. 1. La nuit du Sabbat, au premier jour de la semaine, Marie Magdelaine & une autre Marie vinrent pour voir le sépulchre.

COMMENTAIRE.

℣. 1. VESPERE AUTEM SABBATHI, &c. *La nuit du Sabbat au premier jour de la semaine, Marie Magdelaine, & une autre Marie vinrent pour voir le sepulchre.* Ou bien : (*a*) *La semaine étoit passée, & le premier jour de la semaine suivante commençant à paroître.* Pour concilier les Evangélistes entr'eux, il faut dire que les saintes femmes dés le soir du Sabbat, c'est-à-dire après le coucher du Soleil, lorsque la solemnité fut passée, & que le premier jour de la semaine fut commencé, allérent acheter des parfums, pour aller le lendemain de grand matin embaumer le corps de JESUS. C'est ce que saint Marc (*b*) nous apprend. Elles ne savoient rien des soldats qui avoient été envoyez le jour précédent pour garder le tombeau. Pendant cette nuit du Samedi au Dimanche, elles préparérent donc leurs aromates, & le lendemain *avant le jour*, (*c*) elles partirent de la ville pour aller au tombeau. Elles y arrivérent (*d*) *après le lever du Soleil.*

Saint Matthieu ne marque ici que Marie Magdelaine, & Marie mere de Jacques, & de Joseph. Mais saint Marc (*e*) leur donne pour compagne Salomé mere des enfans de Zébédée ; & saint Luc (*f*) y joint Jeanne,

---

(*a*) *Matt.* XXVIII. 1. Ὀψὲ δὲ σαββάτων τῇ ἐπιφωσκούσῃ εἰς μίαν σαββάτων.

(*b*) *Marc.* XVI. 1. Καὶ διαγενομένου τοῦ σαββάτου Μαρία ἡ Μαγδαληνὴ, καὶ Μαρία ἡ τοῦ Ἰακώβου, καὶ Σαλώμη ἠγόρασαν ἀρώματα ἵνα ἐλθοῦσαι ἀλείψωσιν αὐτόν.

(*c*) *Luc.* XXIV. 1. Ὄρθρου βαθέος. *Joan.* XX. 1. Πρωῒ σκοτίας ἔτι οὔσης.

(*d*) *Marc.* XVI. 2. Ἔρχονται ἐπὶ τὸ μνημεῖον ἀνατείλαντος τοῦ ἡλίου.

(*e*) *Marc.* XVI. 1.

(*f*) *Luc.* XXIV. 1. 10. *Græc.*

2. *Et ecce terræ motus factus est magnus: Angelus enim Domini descendit de Cœlo; & accedens revolvit lapidem, & sedebat super eum.*

2. Et tout d'un coup il se fit un grand tremblement de terre; car un Ange du Seigneur descendit du Ciel, & vint renverser la pierre *qui fermoit le sépulchre*, & s'assit dessus.

COMMENTAIRE.

& les autres femmes qui avoient suivi JESUS en revenant de Galilée. L'expression littérale de S. Matthieu en cet endroit, est remarquable. Il dit que *le soir du Sabbat, auquel le premier jour de la semaine commence à luire*, ou à paroître, les deux Maries allérent voir le sépulchre: c'est une maniére de parler fort impropre dans les langues Latine & Françoise, de dire que le soir est le moment auquel le jour commence à naître, ou à luire; mais elle n'est point étrangere aux Hébreux, qui commençoient leurs jours au soir: & on la remarque encore ailleurs; par exemple, saint Luc (*a*) parlant du soir auquel JESUS-CHRIST fut mis dans le sépulchre, dit que *c'étoit le jour de la Préparation, & que le Sabbat commençoit à naître*, ou *à luire*. C'étoit le Vendredi au soir, & le Sabbat commençoit au lever des astres; car le terme *commencoit à luire*, se dit également de la lune, & des astres de la nuit, comme du soleil. Saint Marc est en cet endroit l'interpréte naturel de saint Matthieu. Il dit dans un plus grand détail, ce que saint Matthieu dit d'une maniére plus concise. Celui-ci dit que ces saintes femmes allérent dés le soir voir le sépulchre, c'est-à-dire, qu'elles se préparérent à y aller en achetant les aromates, & en les préparant. Elles vouloient que leur action fût secrete; elles marchérent une partie de la nuit. (*b*)

℣. 2. ET ECCE TERRÆ MOTUS. *Tout d'un coup il se fit un grand tremblement de terre*. Ceci arriva avant l'arrivée des saintes femmes au tombeau; elles n'arrivérent qu'après la Resurrection de JESUS-CHRIST, & le soleil étant déja levé; (*c*) & ce mouvement se fit dans le moment même de la Résurrection. Elles entendirent le bruit, & furent témoins du tremblement de terre; mais elles ne virent pas JESUS-CHRIST sortant du tombeau. On apprit ces autres circonstances, ou des soldats eux-mêmes, ou de JESUS-CHRIST après sa Résurrection. Quelques-uns (*d*) croyent que le terme Grec (*e*) signifie non un tremblement de terre, mais une agitation de l'air, un tourbillon, une tempête; puisque ce fut le signe de la descente de l'Ange, qui arracha la pierre qui fermoit le tombeau. Le Grec ne lit pas le nom de *terre*, mais seulement *un grand mouvement*,

(*a*) *Luc.* XXIII. 54. Καὶ σάββατον ἐπέφωσκε.
(*b*) *Vide Grot. hic, & Lud. de Dieu. Vide & Bedam, Rupert. Strab. Liran.*
(*c*) *Marc.* XVI. 2.
(*d*) *Hammond. Le Clerc.*
(*e*) Καὶ ἰδοὺ σεισμὸς ἐγένετο μέγας.

3. *Erat autem aspectus ejus sicut fulgur, & vestimentum ejus sicut nix.*

3. Son visage étoit *brillant* comme un éclair, & ses vêtemens *blancs* comme la neige.

4. *Præ timore autem ejus exterriti sunt custodes, & facti sunt velut mortui.*

4. Les Gardes en furent tellement saisis de frayeur, qu'ils devinrent comme morts.

COMMENTAIRE.

une grande agitation. Mais dans le nouveau Testament (*a*) ce terme seul se met toûjours pour un tremblement de terre, & ici il désignoit non seulement la descente de l'Ange; mais aussi, & principalement, la Résurrection de JESUS-CHRIST, sa sortie du tombeau, & la Résurrection de plusieurs saints personnages.

On demande ici à quelle heure JESUS-CHRIST ressuscita: l'Ecriture n'ayant rien dit de précis sur cela, les sentimens se sont trouvez assez partagez. (*b*) Quelques Anciens (*c*) ont avancé qu'il étoit ressuscité dés le soir, ou au commencement de la nuit qui suivit le jour du Sabbat. Mais ce sentiment, qui n'est fondé que sur ces paroles de saint Matthieu: *Le soir du Sabbat, auquel commence le premier jour de la semaine, Marie Magdelaine, & les autres vinrent pour voir le sépulchre*, n'a point eu de cours dans l'Eglise.

D'autres (*d*) ont crû avec bien plus de raison qu'il étoit ressuscité à minuit, parce que l'usage ancien de l'Eglise étoit de ne rompre le jeûne du dernier jour de Carême, qu'après minuit du jour de Pâque; & ce sentiment a eu un grand nombre de défenseurs, & on peut même avancer que c'est comme l'opinion générale de l'Eglise. Toutefois il y en a plusieurs d'entre les anciens, & les modernes, (*e*) qui ont fixé le moment de la Résurrection au point du jour, c'est-à-dire, dans l'équinoxe vers quatre heures du matin. Les Chrétiens de Rome ne rompoient leur jeûne de la veille de Pâque, que vers l'aurore du Dimanche. Ce sentiment est fondé dans l'Ecriture même. Il est certain que le Sauveur ressuscita ou en même-tems, ou trés-peu auparavant la descente de l'Ange qui ouvrit le saint Sépulchre, & avant le tremblement de terre qu'il causa. Or tout cela arriva pendant que les saintes femmes étoient en chemin pour venir au Sépulchre, où elles arrivérent un peu aprés le lever du so-

(*a*) *Vide Act.* XVI. 26. *Apoc.* VI. 12. XI. 13 *Matth.* XXIV. 7. XXVII. 54. *Marc.* XIII 8. *Luc.* XXI. 11. *Apoc.* VIII. 5. XI. 19. XVI. 18. Il est à remarquer que nulle part on ne trouve Σεισμὸς τῆς γῆς, *tremblement de terre*; mais simplement, Σεισμὸς, *tremblement.*

(*b*) *Vide Ieron. ad Hedibiam, & Euthym. hic.*

(*c*) *Dionys. Alexandr. Ep. ad Basilidem.*

(*d*) *V. de Dionys. Epist. suprà citatâ, Synod. in Trullo c.* 89.

(*e*) *Vide Gregor. Nissen. orat.* 2. *de Resurrect. Euthym. hic, Dionys. Ep. suprà citat. Maldon. hic.*

leil. Ce fut donc quelque tems avant le lever du Soleil, & par conséquent vers l'aurore, que le Sauveur ressuscita.

ET ACCEDENS REVOLVIT LAPIDEM. *Il vint renverser la pierre, qui fermoit le sépulchre*, ou pour ouvrir le tombeau, & donner passage au Corps glorieux du Sauveur, comme l'ont enseigné quelques Peres, (*a*) & quelques nouveaux Commentateurs; non pas que JESUS-CHRIST en eût besoin, mais pour lui faire honneur, ou plûtôt pour écarter les gardes & pour ouvrir le sépulche, afin que les saintes femmes vissent que JESUS étoit vraiment ressuscité: car la plûpart des Peres (*b*) & des Commentateurs enseignent que JESUS-CHRIST sortit de son tombeau comme du sein de sa mere, sans en rompre le sceau. Saint Luc (*c*) dit que ces saintes femmes virent deux Anges qui se présentérent devant elles, avec des habits tout lumineux, & étincellans comme des éclairs; au lieu que saint Marc XV. ℣. 5. ne met qu'un Ange assis à la droite du tombeau, & couvert d'un habit blanc. Saint Matthieu ne parle aussi que d'un Ange dans cette occasion. Ces deux derniers Evangélistes ont principalement fait attention à celui des deux Anges qui a le plus paru dans cette occasion, & qui a parlé aux saintes femmes. Mais saint Luc a jugé à propos de marquer plus en particulier le nombre des Anges, & suivant l'usage ordinaire de l'Ecriture, il a attribué aux deux Anges, ce qui avoit été dit, & fait par un seul au nom des deux.

S. Jean (*d*) parle aussi de deux Anges, lorsqu'il décrit l'apparition qui fut faite à Marie Magdelaine quelque tems après celle-ci. Il leur donne des habits blancs, comme saint Matthieu, & saint Marc: mais ces habits jettoient un éclat comme de feu, ainsi que le dit saint Luc. Celui-ci semble dire que les Anges étoient debout, au lieu que les trois autres les représentent assis. Mais d'habiles Interprétes (*e*) croyent que le terme qui signifie ordinairement être assis, se met aussi pour *se présenter*, paroître devant quelqu'un. L'Ange étant descendu du Ciel, renversa d'abord la pierre qui fermoit l'entrée du tombeau, & s'assit sur cette pierre. C'est-là où il fut vû des soldats qui gardoient le sépulchre. (*f*) Quelque tems après les saintes femmes étant arrivées, entrérent dans le vestibule du tombeau, & ayant vû la pierre qui en fermoit l'entrée, renversée, elles voulurent pénétrer jusques dans l'intérieur du sépulchre. (*g*) Elles y vi-

(*a*) *Hilar. hic. Leo Ep. 83. ad Monachos Palæst. Vide Grot. & Maldon. hic.*

(*b*) *Author quæst. ad Orthodox. sub nomin Justini qu. 117. Chrysost. homil. 2. de Johan. Bas. Nazianz. Traged. de Christo patiente. Ieronym. qu. 6. ad Hedibiam. Aug. seu alius Serm. olim 159. nunc 169. Append. Alii.*

(*c*) *Luc. XXIV. 4.* Καὶ ἰδοὺ δύο ἄνδρες ἐπέστησαν αὐταῖς, ἐν ἐσθήσεσιν ἀστραπτούσαις.

(*d*) *Johan. XX. 11. 12. 13.*

(*e*) *Mald. Grot.* Ἐφιστάναι.

(*f*) *Matt. XXVIII. 2.* Ἀπεκύλισε τὸν λίθον, καὶ ἐκάθητο ἐπάνω αὐτοῦ.

(*g*) *Marc. XVI. 5.* Εἰσελθοῦσαι εἰς τὸ μνημεῖον εἶδον νεανίσκον καθήμενον. *Luc. XXIV. 3.* Καὶ εἰσελθοῦσαι οὐχ εὗρον τὸ σῶμα.... Καὶ ἰδοὺ δύο ἄνδρες ἐπέστησαν αὐταῖς.

rent deux Anges assis, l'un à la tête, & l'autre au pied du lieu où avoit été le corps. Celui qui étoit à la droite, c'est-à-dire, à la tête du sépulchre, se leva, & leur parla, comme nous le voyons ici, & dans les autres Evangélistes.

Pour comprendre distinctement toute cette Histoire, il faut avoir devant les yeux le plan du sépulchre de nôtre Sauveur. Le voici comme le dépeignent les voyageurs. C'est un quarré oblong, taillé dans le roc, ayant son ouverture du côte de l'Orient, A. Il contient deux parties, ou deux grottes, tenant l'une à l'autre, dont la premiére E. sert de vestibule à l'autre F. La premiere a neuf pieds & demi de long d'Orient en Occident, A. B. & neuf pieds de large, du Midi au Septentrion. D.C. Sa porte H. tournée à l'Orient, est de la grandeur d'une porte ordinaire, de six à sept pieds de haut. C'est dans cette premiére grotte que l'Ange apparut aux Gardes, assis sur la pierre, K. qui avoit servi de fermeture à la porte du tombeau, I.

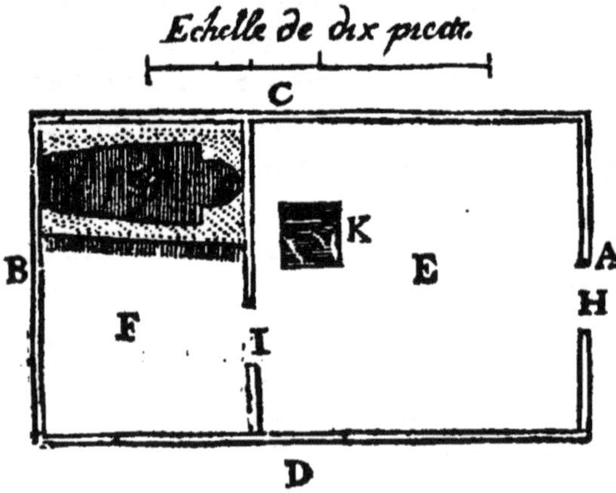

La seconde partie du saint sépulchre dans laquelle on entre par le vestibule dont on vient de faire la description, est une grotte F. toute taillée dans le roc, n'ayant que six pieds de longueur d'Orient en Occident, & six pieds de large dans le fond vers l'Occident; & seulement cinq pieds & demi, vers la porte à l'Orient. Sa hauteur est d'environ huit pieds. La porte I. est fort petite, n'ayant que trois pieds deux pouces & demi de haut, & un pied dix pouces de large, & un pied sept pouces d'épaisseur. Elle étoit fermée par une pierre qui en remplissoit toute la capacité, & c'est cette pierre où les Prêtres mirent le sceau, & que les saintes femmes craignoient de ne pouvoir remüer, en disant : *Qui nous ôtera la pierre, qui ferme l'ouverture du tombeau?* Car elle étoit fort grosse pour des personnes foibles, & qui ne sont point accoûtumées à manier de telles choses; & il étoit mal-aisé de l'arracher du trou qu'elle fermoit éxactement, & sans donner aucun prise pour l'ôter de là. C'est ce qui causoit leur embarras.

A la droite en entrant dans la grotte, est le tombeau G. dans lequel fut mis le Corps de nôtre Sauveur. Il est de six pieds de long, comme le reste de la grotte, de trois pieds de large vers l'Occident, où étoient tournez les pieds; & trois pieds & demi du côté de l'Orient, où etoit la tête. Il est élevé au-dessus du rez de chaussée, de deux pieds, & cinq pouces.

5. *Respondens autem Angelus, dixit mulieribus: Nolite timere vos: scio enim quòd Jesum, qui crucifixus est, quæritis.*

6. *Non est hîc: surrexit enim, sicut dixit: venite, & videte locum, ubi positus erat Dominus.*

7. *Et citò euntes, dicite Discipulis ejus, quia surrexit: & ecce præcedet vos in Galilæam: ibi eum videbitis. Ecce prædixi vobis.*

8. *Et exierunt citò de monumento cum timore, & gaudio magno; currentes nuntiare Discipulis ejus.*

5. Mais l'Ange s'adressant aux femmes, leur dit: Pour vous, ne craignez point; car je sçai que vous cherchez JESUS, qui a été crucifié.

6. Il n'est point ici: car il est ressuscité, comme il l'avoit dit. Venez, & voyez le lieu où le Seigneur avoit été mis.

7. Et hâtez-vous d'aller dire à ses Disciples qu'il est ressuscité. Il sera devant vous en Galilée. C'est-là que vous le verrez: je vous en avertis auparavant.

8. Ces femmes sortirent aussi-tôt du sépulchre avec crainte, & beaucoup de joye; & elles coururent annoncer ceci aux Disciples.

COMMENTAIRE.

C'est-là où Marie Magdelaine vit les deux Anges assis, l'un à la tête, & l'autre au pied du tombeau. Il est remarqué (*a*) qu'elle se baissa pour regarder dans le sépulchre, parce qu'étant dans la premiére chambre, ou vestibule, il falloit se pancher pour entrer dans la grotte, qui étoit fort basse, & fort étroite, comme on le vient de dire.

℣. 6. VENITE, ET VIDETE LOCUM. *Venez, & voyez le lieu où le Seigneur avoit été mis.* Ces saintes femmes étoient demeurées sur la porte de la grotte où étoit le tombeau, n'osant entrer par respect à cause de la présence des Anges. Mais celui qui leur parloit les invite d'entrer, & de voir le lieu où le Corps du Sauveur avoit été mis. Il ne fut pas nécessaire d'entrer pour le voir. Elles le virent de la porte où elles avoient mis la tête, & une partie du corps; car l'entrée étoit fort basse.

℣. 7. PRÆCEDET VOS IN GALILÆAM. *Il sera devant vous en Galilée.* Tous ceux qui étoient de la suite de JESUS, étoient Galiléens, ou Galiléennes, & étoient venus de Galilée à Jérusalem pour la fête de Pâque. L'Ange dit donc à ces saintes femmes: Vous allez vous en retourner tous en Galilée; mais il y sera avant vous, & vous l'y verrez. Quelques Disciples partirent en effet le même jour, & JESUS se fit voir à eux à Emmaüs sur le chemin de Jérusalem en Galilée. Saint Pierre & les autres Apôtres attendirent quelques jours avant que de partir, & JESUS leur apparut à Jérusalem. JESUS-CHRIST fit plus qu'il ne leur avoit promis. Il se manifesta plusieurs fois à Jérusalem, & dans le jardin, avant que de se faire voir en Galilée.

(*a*) *Johan.* XX. 11. Ὡς οὖν ἔκλαιε, παρέκυψεν εἰς τὸ μνημεῖον, καὶ θεωρεῖ δύο ἀγγέλους ἐν λευκοῖς καθεζομένους, ἕνα πρὸς τῇ κεφαλῇ, καὶ ἕνα πρὸς τοῖς ποσίν, ὅπου ἔκειτο τὸ σῶμα Ἰησοῦ.

℣. 8.

9. *Et ecce Jesus occurrit illis, dicens: Avete. Illa autem accesserunt, & tenuerunt pedes ejus, & adoraverunt eum.*

10. *Tunc ait illis Jesus: Nolite timere: ite, nuntiate fratribus meis, ut eant in Galilæam, ibi me videbunt.*

9. En chemin JESUS se présenta devant elles, & leur dit: Je vous saluë. Et elles s'approchant, lui embrassérent les pieds, & l'adorérent.

10. Alors JESUS leur dit: Ne craignez point. Allez dire à mes freres qu'ils aillent en Galilée: c'est-là qu'ils me verront.

COMMENTAIRE.

℣. 8. EXIERUNT CITO DE MONUMENTO. *Elles sortirent aussitôt du sépulchre, avec crainte & beaucoup de joye.* Effrayées de la vûë des Anges, réjoüies d'apprendre que le Sauveur étoit ressuscité. Saint Jean (*a*) nous apprend que Marie Magdelaine courut à Jérusalem donner avis à Pierre, & à Jean, que le corps du Sauveur n'étoit plus dans le tombeau, qu'on l'en avoit ôté, & qu'elle ne savoit ce qu'on en avoit fait. Pierre & Jean y accoururent, & trouvérent les choses, comme elle les leur avoit dit. Saint Marc (*b*) ajoûte, que les autres femmes s'en allant à Jérusalem, toutes saisies de crainte, ne parlérent à personne en chemin de ce qu'elles avoient vû. Marie Magdelaine, qui avoit été plus prompte que les autres, ayant averti Pierre & Jean, retourna au sépulchre, où elle vit de nouveau les deux Anges, & où le Sauveur lui-même s'apparut à elle (*c*) sous la forme d'un Jardinier. C'est la premiere apparition du Sauveur: Il apparut ensuite aux saintes femmes qui s'en retournoient à Jérusalem, comme nous l'allons voir au ℣. 9.

℣. 9. ET ECCE JESUS OCCURRIT ILLIS, DICENS: AVETE: *En chemin Jesus se présenta devant elles, & leur dit: Je vous saluë.* C'est la seconde apparition de JESUS-CHRIST depuis sa Résurrection. Il dit à ces saintes femmes d'aller avertir ses Apôtres de sa Résurrection, qu'ils pouvoient s'en retourner en Galilée, & que là il se manifesteroit à eux. Saint Luc (*d*) dit qu'étant arrivées à Jérusalem, elles allérent annoncer aux Apôtres ce qu'elles avoient vû. Marie Magdelaine y étoit déja arrivée, (*e*) & confirmoit ce que les autres femmes disoient. Mais la chose leur paroissoit si extraordinaire, qu'ils ne la pouvoient croire. Saint Pierre vint une seconde fois au sépulchre: (*f*) il y vit les linges dans lesquels le Sauveur avoit été mis, & s'en retourna rempli d'admiration.

℣. 10. NUNTIATE FRATRIBUS MEIS. *Dites à mes freres qu'ils aillent en Galilée.* Dites à Jacque, & à Simon, mes proches parens; à Pierre, & à mes autres Disciples, qu'ils peuvent s'en retourner en Gali-

(*a*) *Joan.* XX. 2. 3.
(*b*) *Mar.* XVI. 8.
(*c*) *Joan.* XX. 14. 15.
(*d*) *Luc.* XXIV. 9.
(*e*) *Marc.* XVI. 10. 11.
(*f*) *Luc.* XXIV. 12.

11. *Quæ cùm abiissent, ecce quidam de custodibus venerunt in civitatem, & nuntiaverunt Principibus Sacerdotum omnia quæ facta fuerant.*

12. *Et congregati cum senioribus, consilio accepto, pecuniam copiosam dederunt militibus.*

13. *Dicentes : Dicite quia Discipuli ejus nocte venerunt, & furati sunt eum, nobis dormientibus.*

11. Pendant qu'elles y alloient, quelques-uns des gardes vinrent à la ville, & rapportérent tout ce qui s'étoit passé aux Princes des Prêtres ;

12. Qui s'étant assemblez avec les Sénateurs, & ayant délibéré ensemble, donnérent une grande somme d'argent aux soldats,

13. En leur disant : Dites que ses Disciples sont venus la nuit, & ont dérobé son corps, pendant que vous dormiez.

COMMENTAIRE.

lée : qu'il n'est pas besoin qu'ils demeurent plus long-tems à Jérusalem ; que tout ce qui regarde le Fils de Dieu, & ce qui devoit s'exécuter à Jérusalem, est accompli. Il nomme ses Apôtres ses freres, pour les rassurer, & pour leur faire comprendre que ni sa Résurrection, ni leur foiblesse n'avoient pas changé son cœur, & son amour envers eux : qu'ils trouveroient toûjours en lui un frere, & un Maître plein de tendresse.

℣. 11. QUÆ CUM ABIISSENT, (a) ECCE QUIDAM DE CUSTODIBUS. *Pendant qu'elles y alloient, quelques-uns des gardes vinrent à la ville, & rapporterent tout ce qui s'étoit passé.* Ces soldats ayant vû tout ce qui s'étoit passé à la Résurrection de JESUS-CHRIST, & ayant sérieusement examiné toutes choses, voyant que le corps n'y étoit plus, prirent le parti de s'en retourner, & allérent raconter aux Princes des Prêtres, ce dont ils avoient été les témoins. Ils n'étoient déja plus au sépulchre, lorsque les femmes y arrivérent ; ainsi ils furent dans la ville avant qu'elles y fussent revenuës.

℣. 13. FURATI SUNT EUM, NOBIS (b) DORMIENTIBUS. *Dites que ses Disciples ont dérobé son corps pendant que vous dormiez.* Comme si l'on pouvoit rendre témoignage de ce qui se passe pendant nôtre sommeil. *Stulta insania! si vigilabas, quare permisisti? Si dormiebas, unde scisti?* dit saint Augustin. (c) Quelle apparence que ses Disciples, gens foibles, timides, étrangers, simples, sans armes, ayent osé entreprendre d'aller enlever un corps, enfermé au fond d'un tombeau, sous une porte de pierre bien fermée, & bien scellée ; & avec cela gardé par un nombre de soldats bien armez ? Qui croira que plusieurs hommes entrent dans un tombeau, qu'ils passent au travers des soldats, même en-

(a) Πορευομένων δὲ αὐτῶν, ἰδού τινες τῆς κουστωδίας. Comme elles étoient en chemin pour venir à la ville.

(b) Ἡμῶν κοιμωμένων. Quid. κτλ. Vobis dormientibus.

(c) *August. in Psal.* XXXVI. *serm.* 2.

14. *Et si hoc auditum fuerit à præside, nos suadebimus ei, & securos vos faciemus.*

15. *At illi acceptâ pecuniâ, fecerunt sicut erant edocti. Et divulgatum est verbum istud apud Judæos, usque in hodiernum diem.*

14. Et si le Gouverneur vient à le savoir, nous ferons si bien qu'il le croira, & nous vous mettrons en sûreté.

15. Les soldats ayant reçû cet argent, firent ce qu'on leur avoit dit : & ce bruit qu'ils répandirent, dure encore aujourd'hui parmi les Juifs.

COMMENTAIRE.

dormis : qu'ils arrachent au milieu des ténébres une grosse pierre enchassée dans une porte ; qu'ils enlévent un corps, qu'ils le dévelopent de ses suaires, & de ses linges, sans que ceux qu'on suppose endormis autour de ce tombeau, s'éveillent, & s'en apperçoivent ? (*a*) Est-il croyable que de tout ce nombre de gardes, aucun ne soit demeuré attentif & vigilant, dans une chose qui leur étoit si fort recommandée ? Enfin, se peut-il faire que ceux qui auroient pû former le dessein d'enlever avec tant de risque le corps du Sauveur, ayent pû tenir cela caché avec tant de sagesse, & d'opiniâtreté, que personne n'ait violé ce secret ; & qu'ils ayent même souffert la mort, pour soûtenir contre leur propre conscience, que Jesus-Christ étoit ressuscité ? Le mensonge des soldats, & la fourberie des Prêtres se découvrent de toutes parts.

℣. 14. Si hoc auditum fuerit a Præside, nos suadebimus ei. *Si le Gouverneur vient à le savoir, nous ferons si bien qu'il le croira.* Nous lui persuaderons que la chose est comme nous vous disons de la publier. D'autres (*b*) traduisent le Grec par : *Nous l'appaiserons* ; & nous vous mettrons en sureté. Nous lui ferons entendre qu'il n'y a point de faute de vôtre part : Ou bien, en suivant la Vulgate : *Nous lui persuaderons*, qu'il est de son honneur, & de son interêt, comme du nôtre, de dire que son corps a été dérobé. On sait pourtant que Pilate avoit envoyé à Tibére une relation de ce qui s'étoit passé ; & on présume qu'il n'oublia point de lui marquer, que l'on tenoit que Jesus étoit ressuscité. Tertullien insinuë que dans cette relation, il parloit comme auroit fait un Chrétien. (*c*)

℣. 15. Divulgatum est verbum istud apud Judæos. *Ce bruit qu'ils répandirent, dure encore aujourd'hui parmi les Juifs.* Quelques uns (*d*) ont crû que l'Evangéliste vouloit marquer ici, que l'on savoit parmi les Juifs, que les gardes avoient été corrompus par les Prin-

(*a*) *Vide Chrysost. & Sedul. & Grot. hic.*
(*b*) Πείσομεν αὐτόν. *Grot. Heins. Hammon. Vat. Erasm. Vide Gal. I. 10.*
(*c*) *Tertull. in Apolog. Ea omnia super Christo Pilatus, & ipse jam pro sua conscientia Christianus, Cæsari tunc Tiberio nuntiavit.*
(*d*) *Maldon.*

16. *Undecim autem Discipuli abierunt in Galilaam, in montem, ubi constituerat illis Jesus.*

16. Or les onze Disciples s'en allérent en Galilée, sur la montagne où JESUS leur avoit commandé de se trouver.

COMMENTAIRE.

ces des Prêtres, pour dire que le corps de JESUS-CHRIST avoit été enlevé par ses Disciples. Mais les Peres, (*a*) & la plûpart des Commentateurs (*b*) croyent au contraire, que le bruit se répandit parmi les Juifs que les Disciples de JESUS-CHRIST étoient venus la nuit, & avoient dérobé son corps. Saint Justin le Martyr (*c*) fait mention des Lettres envoyées par tout le monde par les principaux des Juifs à ce sujet. Tertullien (*d*) nous apprend aussi l'affectation des Juifs à répandre partout ce faux bruit, dont ils étoient les auteurs. Eusébe, & saint Jérôme en parloient à peu prés de même. (*e*) Les Vies de JESUS-CHRIST écrites par les Juifs, (*f*) prouvent la même chose; elles ne sont pas entiérement uniformes entr'elles, mais on y voit qu'aprés la mort de JESUS, ses défenseurs s'armérent contre les Juifs, soûtenant qu'il étoit ressuscité, & qu'aprés sa Résurrection il avoit fait descendre le feu du Ciel. Mais, ajoûtent-ils, Judas montroit son corps à Jérusalem, à tous ceux qui le vouloient voir. Il l'avoit caché dans un lieu sale, pour marquer l'horreur qu'il en avoit. Voilà ce que la malice des Juifs leur a fait imaginer en haine de la Religion Chrétienne.

USQUE IN HODIERNUM DIEM. *Jusqu'aujourd'hui.* Jusqu'au tems auquel saint Matthieu écrivoit son Evangile; c'est-à-dire, comme l'on croit, environ huit ans après la mort du Sauveur. Ce faux bruit n'a jamais été entiérement dissipé parmi les Juifs; ils le croyent encore à présent.

℣. 16. ABIERUNT IN GALILÆAM, IN MONTEM, UBI CONSTITUERAT ILLIS JESUS. *Ils s'en allérent en Galilée, sur la montagne, où Jesus leur avoit commandé de se trouver.* On ne lit pas ni quand, ni à qui JESUS-CHRIST avoit marqué une certaine montagne, où ses Disciples se devoient trouver. On ne sait pas non plus quelle fut cette montagne. Quelques-uns ont prétendu que c'étoit le Thabor. (*g*) D'autres le mont des Oliviers. Mais ce ne peut être ce dernier, puisqu'il est au voisinage de Jérusalem. Le Thabor est dans la Galilée; mais étoit-il assez solitaire pour le dessein du Sauveur? Je pense qu'alors la croupe du Thabor étoit habitée. Maldonat croit que la montagne où JESUS se mani-

(*a*) *Chrysost. Euthym. Sever. Raban. alii.*
(*b*) *Vide Grot.*
(*c*) *Justin. Dialog. cum Tryphone.*
(*d*) *Tertull. Apologet.*
(*e*) *Euseb. in Isai.* XVIII. I. *Ieronym. in eund.m Isai.* XVIII. I.
(*f*) *Toldos. Jesu ab Huldric. p.* 96.
(*g*) *Grotius hic, ex antiqua fama.*

17. *Et videntes eum adoraverunt: quidam autem dubitaverunt.*

18. *Et accedens Jesus locutus est eis, dicens: Data est mihi omnis potestas in Cælo, & in terra.*

17. Et le voyant là, ils l'adorérent: quelques-uns néanmoins furent en doute.

18. Mais JESUS s'approchant, leur parla ainsi: Toute puissance m'a été donnée dans le Ciel, & dans la terre.

COMMENTAIRE.

festa, étoit plus prés du lac de Tibériade: ce dont on n'a aucune preuve. C'est apparemment de cette apparition solemnelle dont parle saint Paul, (*a*) lorsqu'il dit que le Sauveur se fit voir à plus de cinq cens freres ensemble.

℣. 17. VIDENTES EUM ADORAVERUNT: QUIDAM AUTEM DUBITAVERUNT. *Le voyant là, ils l'adorérent: quelques-uns néanmoins furent en doute.* Les onze Apôtres, & les principaux Disciples, convaincus que JESUS-CHRIST étoit véritablement ressuscité, l'adorérent comme vrai Fils de Dieu. *Mais quelques-uns doutérent*, non quelques-uns des Apôtres, puisque Thomas, qui seul avoit témoigné du doute, étoit alors pleinement convaincu de la vérité de la Résurrection. Ce fut donc quelqu'autres des Disciples, qui doutérent si ce qu'ils voyoient, étoit le vrai corps de J. C. ou si ce n'étoit pas seulement un fantôme. La Résurrection étoit indubitable; mais on pouvoit douter de la réalité du corps qui apparoissoit.

Quelques-uns (*b*) voudroient traduire: *Ils le virent, & l'adorérent: mais quelques-uns d'eux avoient douté:* par exemple, saint Thomas. Ou bien: (*c*) *Ils l'adorérent; & ceux-là même qui avoient douté.* Béze voudroit qu'on lût dans la texte Grec: *Et ils ne doutérent pas.* Le changement n'est pas fort grand dans les lettres du Texte: (*d*) mais il n'est appuyé d'aucun manuscrit.

℣. 18. ACCEDENS JESUS LOCUTUS EST EIS. *Jesus s'approchant, leur parla ainsi, &c.* Voyant que quelques-uns le prenoient pour un fantôme, il s'approcha d'eux, afin qu'ils l'examinassent de prés, & leur parla, afin de les convaincre que c'étoit lui-même.

DATA EST MIHI OMNIS POTESTAS. *Toute puissance m'a été donnée dans le Ciel, & dans la terre.* JESUS-CHRIST comme Dieu avoit toûjours une souveraine puissance au Ciel, & en la terre: mais comme Homme-Dieu, il reçut un accroissement de puissance aprés sa Résurrec-

(*a*) *1. Cor. xv. 6.*

(*b*) *Προσεκύνησαν αὐτῷ, οἱ δὲ ἐδίστασαν. Vide Theophylact. hîc, Grot. Brug. Maldon. Estium.*

(*c*) M. le Clerc, Notes sur le nouveau Testament. Grot. Brug.

(*d*) *Οὐδὲ ἐδίστασαν*; au lieu de, *οἱ δὲ ἐδίστασαν.*

19. *Euntes ergo docete omnes gentes, baptizantes eos in nomine Patris, & Filii, & Spiritûs sancti.*

19. Allez donc, & instruisez tous les peuples, les baptisant au nom du Pere, du Fils, & du Saint Esprit;

COMMENTAIRE.

tion. Jusques-là JESUS-CHRIST avoit borné sa mission, & celle de ses Apôtres à la Judée, & à la nation des Juifs. Depuis sa mort, & sa Résurrection, il regardoit toutes les nations comme son héritage: (*a*) *Postula à me, & dabo tibi gentes hæreditatem tuam.* En récompense de la victoire qu'il avoit remportée sur la mort, sur l'enfer, & sur le démon, Dieu lui donna un nom au-dessus de tout nom. En sorte qu'au nom de JESUS, (*b*) tout génouil fléchît dans le Ciel, sur la terre, & dans les enfers. Le Pere éxécuta alors la promesse qu'il lui avoit faite, de réduire tous ses ennemis à servir de marche-pied à son trône: (*c*) *Donec ponam inimicos tuos, scabellum pedum tuorum.* JESUS-CHRIST parle ici comme Rédempteur, comme Sauveur du monde, comme Chef & fondateur de son Eglise; d'où vient qu'il envoye ses Apôtres enseigner toutes les Nations.

ỳ. 19. EUNTES ERGO DOCETE OMNES GENTES BAPTIZANTES EOS, &c. *Instruisez tous les peuples, les baptisant au nom du Pere, du Fils, & du Saint Esprit.* Quoique JESUS-CHRIST ait donné à ses Apôtres le pouvoir d'aller prêcher l'Evangile à tous les peuples du monde; aux Payens, comme aux Juifs, ils firent toutefois dans le commencement quelques difficultez de communiquer aux Gentils la connoissance de l'Evangile. Il fallut que Dieu les y déterminât par des marques extraordinaires de sa volonté, & de son approbation. Ce ne fut qu'au refus des Juifs, & forcez par leur obstination, qu'ils ouvrirent la porte de la verité aux Gentils. (*d*)

Le Sauveur leur ordonne d'instruire, & de baptiser ceux qui croiront. Il exige de ceux qui reçoivent le baptême deux choses: La premiére, qu'ils soient instruits; la seconde, qu'ils croyent. Ils doivent savoir quelle est la Religion qu'ils embrassent; quelle est la vérité qu'ils font profession de croire; quelles sont les obligations qu'ils contractent. Cela n'empêche pas que l'Eglise, conduite par l'Esprit de Dieu, n'ait toûjours crû pouvoir recevoir au baptême les enfans qui y étoient présentez par leurs parens fidéles, dans le cas de nécéssité. La foi des pa-

(*a*) *Psalm.* II. 8.
(*b*) *Philipp.* II. 10.
(*c*) *Psalm.* CIX.
(*d*) Voyez l'Histoire des Actes, chap. VI. & x. XI.

20. *Docentes eos servare omnia quacumque mandavi vobis. Et ecce ego vobiscum sum omnibus diebus, usque ad consummationem sæculi.*

20. Et leur apprenant à observer toutes les choses que je vous ai commandées. Et assurez-vous que je serai toûjours avec vous jusqu'à la consommation des siécles.

COMMENTAIRE.

rens dans ces rencontres, supplée à celle des enfans, & le danger des enfans est un autre motif, qui détermine l'Eglise à tenir cette conduite.

Les Payens avoient dans leur fausse religion certaines maniéres de baptême, par lesquelles ils expioient les grands crimes. Les Hébreux en avoient d'autres pour admettre dans leur Religion les étrangers qui vouloient y entrer. Les effets qu'ils attribuoient à ce baptême, étoient admirables : mais comme ils n'étoient fondez ni sur les promesses de Dieu, ni sur ses ordres, ni sur ceux de ses Prophétes, que l'on sache, on a lieu de douter de leur réalité. Au lieu que le Baptême de JESUS-CHRIST se donne au nom de toute la Sainte Trinité ; & que le Fils de Dieu même qui l'institue, y attache la promesse du salut : (a) *Celui qui croira, & sera baptisé, sera sauvé ; & celui qui ne croira pas, sera condamné.*

Enfin, le Sauveur veut que l'on baptise *au nom du Pere, & du Fils, & du Saint Esprit ;* en prononcant le nom des trois Personnes divines, comme ne faisant qu'un seul Dieu. D'où vient que l'on dit, *in nomine*, au nom, au singulier, & non pas, *in nominibus*, au plurier ; pour marquer que ce ne sont pas trois Divinitez ; mais trois Personnes en un seul Dieu. (b) L'homme qui administre ce Sacrement, n'agit point en son nom, ni par sa propre autorité : mais au nom, de l'autorité, & de la part du Pere, du Fils, & du Saint Esprit : Et celui qui le reçoit fait en même tems une profession publique de la Religion prêchée par J. C. dont le principal article est la créance d'un Dieu en trois Personnes.

℣. 20. ECCE EGO VOBISCUM SUM OMNIBUS DIEBUS, USQUE AD CONSUMMATIONEM SÆCULI. *Je serai toûjours avec vous jusqu'à la consommation des siécles.* Les Juifs attendoient sous le regne du Messie, un siécle nouveau, un renouvellement du monde. JESUS CHRIST promet ici à ses Apôtres, & à ceux qui croiront en lui, (c) son assistance, sa protection, sa présence jusqu'à la consommation des siécles. Il montre par là que son regne sera éternel ; que son Eglise subsistera jusqu'à la fin du monde. Que ses Apôtres, & leurs successeurs ne manqueront d'aucun

(a) *Marc XVI. 16.*
(b) *Basil. lib. 3. contra Eunom. Ambros. lib 1. de Spiritu Sancto. Alii passim. Vide Maldon. hic*
(c) *Chrisost. homil. 91. & Ieronym. hic.*

des secours qui sont nécessaires pour le gouvernement de l'Eglise, & pour l'acquit de leur ministére. (a)

Le Grec ajoûte *Amen*, à la fin de l'Evangile; mais on croit que c'est une addition faite depuis l'Evangéliste; l'Eglise ayant ajoûté ce mot, ou pour marquer simplement la fin, ou pour exprimer son consentement. Plusieurs manuscrits Grecs portent, qu'il a été écrit en Hébreu par saint Matthieu, huit ans après l'Ascension du Sauveur. Il faut voir la Préface.

(a) *Vide Chrysost. hic. Ieronym. Ep. ad Damas. Bedam, Euthym. Prosp. lib. 2. de Vocat. Gent. cap. 2. alios.*

Fin du Commentaire sur saint Matthieu.

TABLE

TABLE DES MATIERES DE L'EVANGILE DE SAINT MATTHIEU,

PAR ORDRE ALPHABETIQUE.

Le Chiffre Romain désigne les pages des Préfaces, de l'Harmonie, & des Dissertations ; & le chiffre ordinaire, les pages du Texte, & du Commentaire.

A

G

N

R

S

Fin de la Table des Matiéres.

ADDITIONS.

PAge CXIX. *l.* 14. En parlant des actes de Pilate sur la mort de nôtre Sauveur, il faut ajoûter que nous n'avons plus aucuns vrais actes de Pilate, & que peut-être n'en a-t'on jamais eu de sinceres. Tous ceux que l'on a, & qui sont en assez grand nombre, tant imprimez, que manuscrits, sont tous faux. Cette matiere mérite d'être traitée plus au long dans une Dissertation particuliere. Les Payens inventerent de faux Actes de la Passion de JESUS-CHRIST dès le commencement du quatriéme siécle. Les Quartodécimans (*a*) avoient de prétendus Actes de Pilate. Les Bollandistes (*b*) en ont aussi publiez; on trouve une Lettre de Pilate à Tibere dans la récapitulation du faux Hégésippe; (*c*) Florentinius (*d*) en rapporte une autre fort différente, que l'on donne comme ayant été écrite aussi-tôt après la mort de JESUS-CHRIST, & dattée du second Avril. M. Cotelier dit que l'on en lit une dans un Manuscrit de la Bibliothéque du Roi, nº. 2431. M. Fabricius dans ses Livres apocryphes du nouveau Testament, en donne une en Grec & en Latin, tirée d'un Manuscrit de M. de Colbert, nº. 2493. Mais quand on examine toutes ces pieces avec un peu d'attention, on en découvre facilement la fausseté.

(*a*) *Epiphan. hæres.* 50. *c.* 1.
(*b*) *Vide Bolland.* 4. *Februar.*
(*c*) *Bibliot. PP. t.* 7. *p.* 573.
(*d*) *Florentin. p.* 112. 113.

Il est étonnant que l'on ait perdu les vrais Actes de Pilate, s'ils ont jamais existé, pendant que l'on nous en a conservé un si grand nombre de faux, & de mauvais. Les faux Actes de la Passion de Jesus-Christ, que les Payens publierent au commencement du quatriéme siécle, étoient dattez de la huitiéme année de Tibere, (*a*) ce qui suffisoit pour en faire voir la fausseté; étant certain, selon Joseph, que Pilate ne fut Gouverneur de Judée, que plusieurs années après celle-là.

Page 26. *lig. derniere.* On ne doutoit pas parmi les Juifs que le Messie ne dût être Dieu; ce qui paroît contraire à ce qui est dit ailleurs, *page* 485. *l.* 11. que les Juifs attendoient un Monarque; un Conquérant; mais ils ne songeoient guéres qu'il dût être Dieu, & homme. Pour concilier cela, il faut distinguer ce que les Juifs croyoient distinctement, de ce qu'ils ne savoient que confusément; ce que les Savans, & les Juifs spirituels, & éclairez croyoient, de ce que le peuple grossier, & charnel entendoit du Messie; & enfin ce qu'ils savoient tous en gros d'une maniere distincte, quoiqu'ils n'en conçussent distinctement, ni la maniere, ni les circonstances. Les Prophétes marquoient clairement la divinité du Messie; mais ils n'étoient pas si clairs sur la maniere dont la Divinité, & l'humanité devoient se réünir dans une même personne. Ainsi la Divinité du Messie étoit douteuse, & certaine à l'égard des Juifs, sous divers rapports. Voyez nôtre Dissertation sur les caracteres du Messie, à la tête de Jeremie, *p.* XXII. XXIII.

Page 397. *l.* 14. Sous ce nom de *petits*, il n'entend pas les petits enfans, mais ses Disciples. Ajoûtez: Pour entendre cette explication, il faut joindre ce que saint Marc, (*b*) & saint Luc (*c*) nous apprennent, qui est que pendant que Jesus-Christ parloit à ses Apôtres de l'estime qu'ils devoient faire de l'humilité, & de la simplicité des enfans, saint Jean le Disciple bien-aimé, lui dit: *Seigneur, nous avons trouvé un homme qui ne vous suit point, & qui se mêle de chasser les Démons en vôtre nom, & nous l'avons empêché.* Jesus *lui répondit: Ne l'empêchez point,... car quiconque vous donnera un verre d'eau en mon nom, ne perdra pas sa récompense; & celui qui aura scandalisé un de ces petits qui croyent en moi, il vaudroit mieux qu'on lui mît une meule de moulin au col, & qu'on le jettât dans la mer.* On voit qu'il réünit ici les deux idées, celle de petits enfans, humbles, simples, & doux de cœur; à celle de ses Disciples, auquels il recommande la pratique de l'humilité, & de la modestie.

Page 435. *l.* 17. Une heure avant la fin du jour. Ajoûtez: Il n'est point ordinaire parmi nous de prendre des ouvriers pour une, ou deux heures. On les prend communément pour la journée. Chez les Juifs il n'en étoit

(*a*) *Euseb. l.* 1. *c.* 9. *p.* 27.
(*b*) *Marc.* IX. 38. 39.
(*c*) *Luc.* IX. 49.

pas ainsi. Joseph (*a*) nous apprend que pendant qu'on travailloit au Temple, à ce grand ouvrage qui fut commencé par le premier Herodes, & qui ne fut achevé que huit ans avant la ruine du même Temple par les Romains, on payoit exactement dix-huit mille ouvriers qui y travailloient, chacun selon son travail, quand même ils n'auroient travaillé qu'une heure le jour. Et on ne leur faisoit point attendre leur salaire : on les leur payoit sur l'heure même.

Page 561. *l.* 1. PRIMA DIE AZYMORUM. *Le premier jour des Azymes.* Quelques personnes ont paru surprises que nous expliquions ce passage comme s'il y avoit, *le jour qui précéde les Azymes.* Elles croyent ce passage de saint Matthieu décisif pour montrer que le Jeudi étoit la veille de Pâque, & que le Vendredi fut le jour même de la Fête. Mais il est aisé de montrer dans l'Ecriture, que le terme *primus*, se met souvent pour *avant que*, & qu'il ne marque pas toûjours une vraye primauté immédiate d'ordre, ou de tems ; mais seulement une primauté médiate, & éloignée. Par exemple, (*b*) Moyse ordonne que la main des témoins soit la premiere qui tuë le coupable : *Manus testium prima interficiet eum* ; c'est-à-dire, que les témoins lui porteront le premier coup, après quoi tous les assistans le tuëront. Car s'il étoit déja tué par les témoins, on ne le tuëroit pas une seconde fois. *Prima interficiet* est donc mis pour, *percutiet ante quàm interficiatur.* Dans les Livres des Rois (*c*) il est dit que Seméï vint le premier au-devant de David, avant la maison de Joseph : *Primus veni de omni domo Joseph* ; c'est-àdire, qu'il vint avant que la maison de Joseph, & la tribu d'Ephraïm, & de Manassé vinssent reconnoître le Roi. Séméï n'étoit pas à leur tête, comme il sembleroit le vouloir dire ; il étoit avec ceux de la tribu de Juda.

Dans le premier Livre des Maccabées, (*d*) il est dit deux fois qu'Aléxandre le Grand a le premier regné dans la Gréce, *qui primus regnavit in Græcia.* On sait qu'avant lui il y avoit eu plusieurs Rois en Macédoine ; il faut donc dire que *primus* est mis pour avant que. Il avoit régné en Macédoine, avant qu'il regnât dans l'Asie. Dans l'Ecclésiastique, (*e*) la Sagesse dit qu'elle est la premiere née des créatures, *primogenita ante omnem creaturam* ; ce n'est pas à dire qu'elle soit créée comme les créatures, & qu'elle n'ait sur elles que la primauté d'âge. Elle est increéee, & éternelle, produite, & engendrée dans Dieu avant qu'aucune créature fût produite au dehors. Dans saint Luc, (*f*) il est dit que le dénombrement pour lequel saint Joseph, & la sainte Vierge allerent à Bethléem, est le premier qui se fit par Cyrinus, *hæc descriptio prima facta est à Preside Syriæ Cyrino.* Or on sait qu'alors Cyrinus n'étoit pas encore Gouver-

(*a*) *Joseph. Antiq. l.* 20. *c.* 8. Καὶ γὰρ εἰ μίαν τις ὥραν τῆς ἡμέρας εἰργάσατο, τὸν μισθὸν ὑπὲρ ταύτης εὐθέως ἐλάμβανεν.

(*b*) *Deut.* XVII. 7.

(*c*) 2. *Reg.* XIX. 20.

(*d*) 1. *Macc.* I. I. VI. 2.

(*e*) *Eccli.* XXIV. 5.

(*f*) *Luc.* II. 2.

neur de Syrie ; il faut donc traduire : *Ce dénombrement se fit avant que Cyrinus fût Gouverneur de Syrie*. Saint Paul aux Colossiens, (*a*) dit que JESUS-CHRIST est le premier-né de toute créature ; c'est-à-dire, qu'il est engendré du Pere avant la production d'aucune créature. Et aux Thessaloniciens, (*b*) il dit que ceux qui sont morts dans la foi de JESUS-CHRIST, ressusciteront les premiers ; c'est-à-dire, qu'ils ressusciteront avant que d'aller dans les nuës au-devant de JESUS-CHRIST. Et dans la premiere Epître à Timothée : (*c*) *Dieu m'a fait miséricorde afin que* JESUS-CHRIST *fît voir premierement en moi toute sa patience : Ut in me primo ostenderet Dominus* JESUS *omnem patientiam*. S. Paul est-il le premier sujet dans qui la miséricorde de Dieu, & sa patience ayent éclatté ? Non sans doute. Mais il a fait d'abord éclatter dans la conversion de cet Apôtre sa bonté infinie, pour le rendre un modéle de ceux qui se convertiroient dans la suite : *Ad informationem illorum qui credituri sunt illi*. Et dans la seconde Epître au même Timothée, (*d*) il dit : Il faut que le laboureur laboure pour recevoir le premier le fruit de son travail ; c'est-à-dire : Il faut qu'il travaille avant que de retirer le fruit de son travail. Dans le Commentaire sur saint Luc, j'ai rapporté quelques exemples tirez des Auteurs prophanes, pour prouver l'usage de mettre *primus*, pour avant que. Ainsi on ne doit pas si fort s'étonner si nous entendons *prima die Azymorum*, comme s'il y avoit, le jour de devant les Azymes.

Page 595. *l.* 26. D'autres soûtiennent que S. Matthieu citant de mémoire, aura pris par inadvertance le nom de Jérémie pour celui de Zacharie. Dans la Note (*e*) j'ai cité dans S. Augustin, *lib.* 3. *de consensu*, *cap.* 7. 8. Ajoûtez : Ce saint Docteur, c. 7. n. 30. dit que cela s'est fait par un effet d'une providence particuliere de Dieu, qui gouvernoit la mémoire des Evangélistes, qui permit que le nom de Jérémie se présentât, au lieu de celui de Zacharie, à l'esprit de S. Matthieu, lorsqu'il écrivoit son Evangile. Ce saint Evangéliste auroit bien pû, s'il avoit voulu, corriger cela, au moins après que ceux qui lurent son Evangile, le lui eurent fait remarquer : mais il ne jugea pas le devoir faire, persuadé que ce n'étoit pas sans une raison particuliere que le Saint-Esprit lui avoit suggéré en cet endroit Jérémie plûtôt que Zacharie. Voilà le sentiment de S. Augustin ; que j'ai crû devoir mettre ici plus au long. Il est visible qu'il a crû que l'Evangeliste n'avoit pas fait usage de sa mémoire dans cette occasion, & que les Ecrivains sacrez en écrivant, ne sont que comme la plume du Saint-Esprit.

(*a*) *Coloss.* I. 15.
(*b*) I. *Thessal.* IV. 15.
(*c*) I. *Timot.* I. 16.
(*d*) 2. *Timoth.* II. 6. *Laborantem agricolam oportet primum de fructibus percipere.* Τὸν κοπιῶντα γεωργὸν δεῖ πρῶτον τῶν καρπῶν μεταλαμβάνειν.

Fin des Additions.

Lightning Source UK Ltd.
Milton Keynes UK
UKHW031001240819
348481UK00007B/966/P

9 781247 176970